CB009973

PERÍCIAS EM
MEDICINA & ODONTOLOGIA
LEGAL

PERÍCIAS EM
MEDICINA & ODONTOLOGIA
LEGAL

Rodrigo Camargos Couto

Cirurgião-Dentista

Especialista em Prótese Dentária

Especialista em Odontologia Legal

Mestre em Ciências da Saúde – Faculdade de Medicina – UFMG

Doutorando em Ciências da Saúde – Faculdade de Medicina – UFMG

Curso Superior de Planejamento Estratégico (CESPE)

Perito Criminal Nível Especial

Chefe de Divisão Técnico-Científica – Superintendência de Polícia Técnico-Científica da Polícia Civil de Minas Gerais

Professor de Odontologia Legal da Academia de Polícia Civil de Minas Gerais

Professor da Pós-graduação da Universidade UNA – BH

Professor da Pós-graduação da Faculdade de Ciências Médicas Virtual de Minas Gerais

Professor da Pós-graduação da Fundação UNIMED

Med**book**

EDITORA CIENTÍFICA LTDA.

Perícias em Medicina Legal & Odontologia Legal
Direitos exclusivos para a língua portuguesa
Copyright © 2011 by
MEDBOOK – Editora Científica Ltda.

NOTA DA EDITORA: O autor desta obra verificou cuidadosamente os nomes genéricos e comerciais dos medicamentos mencionados; também conferiu os dados referentes à posologia, objetivando informações acuradas e de acordo com os padrões atualmente aceitos. Entretanto, em função do dinamismo da área de saúde, os leitores devem prestar atenção às informações fornecidas pelos fabricantes, a fim de se certificarem de que as doses preconizadas ou as contraindicações não sofreram modificações, principalmente em relação a substâncias novas ou prescritas com pouca frequência. O autor e a editora não podem ser responsabilizados pelo uso impróprio nem pela aplicação incorreta de produto apresentado nesta obra.

Apesar de terem envidados o máximo de esforço para localizar os detentores dos direitos autorais de qualquer material utilizado, o autor e editor desta obra estão dispostos a acertos posteriores caso, inadvertidamente, a identificação de algum deles tenha sido omitida.

Editoração Eletrônica: REDB – Produções Gráficas e Editorial Ltda.

CIP-BRASIL.   CATALOGAÇÃO-NA-FONTE
SINDICATO NACIONAL DOS EDITORES DE LIVROS, RJ

C912p

Couto, Rodrigo Camargos
   Perícias em medicina legal & odontologia legal / Rodrigo Camargos Couto. – Rio de Janeiro: MedBook, 2011.
   680p.

   Inclui bibliografia
   ISBN 978-85-99977-63-7

   1. Medicina legal. 2. Odontologia legal. I. Título.

11-0913.	CDD: 614.1	
	CDU: 340.6	
16.02.11 16.02.11		024582

Editora Científica Ltda.
Rua Mariz e Barros 711 – Maracanã – Cep 20270-004
Rio de Janeiro – RJ – Telefones e Fax: (21) 2502-4438 – 2569-2524
contato@medbookeditora.com.br – medbook@superig.com.br
www.medbookeditora.com.br

AGRADECIMENTOS

Primeiramente a Deus, que a tudo vê e permite! Concedeu-me Ele a Graça de poder contribuir profissionalmente para o bem da Justiça e de lograr êxito em reunir tão renomados intelectuais da área pericial em projeto da envergadura desta obra.

Penhoradamente a todos os eminentes colaboradores de diversos estados do Brasil, que aceitaram o desafio de, juntos, escrevermos este livro. Tiveram a disposição de transmitir seus preciosos conhecimentos, obtidos a duras penas, mediante anos de estudos e de prática diária em suas especialidades.

Aos companheiros de ideal da Polícia Civil do Estado de Minas Gerais, especialmente aos integrantes do Instituto Médico-Legal, do Instituto de Criminalística e do Hospital da Corporação, que muito me apoiaram em todos os momentos importantes da carreira.

Ao grupo de estudos filosóficos a que pertenço, especialmente ao seu coordenador, meu amigo, José Alberto Sartório de Souza.

Por fim, mas em mesmo grau de importância, agradeço a MedBook Editora, que encampou irrestritamente este empreendimento.

Rodrigo Camargos Couto

DEDICATÓRIA

A meus pais Renato e Maria de Lourdes.

A minha esposa Rosana e meus filhos,
Marina e Pedro, cujo amor e suporte tornaram
todas as realizações possíveis.

COLABORADORES

Adriana de Moraes Correia

Cirurgião-Dentista.

Perito Legista – Odontologia da Perícia Forense do Ceará (PEFOCE – CE).

Especialista em Odontologia Legal (ABO – CE).

Adriana Maria Carneiro Moreira

Perito Criminal da Secretaria de Defesa Social do Estado de Minas Gerais.

Odontolegista no IML de Belo Horizonte – MG.

Especialista em Odontologia Legal.

Alan de Freitas Passos

Psiquiatra.

Médico-legista Classe Especial – Polícia Civil de Minas Gerais.

Psiquiatra Forense do IML – BH.

Psiquiatra Perito dos Serviços Especializados em Engenharia de Segurança e Medicina do Trabalho (SESMT) da Prefeitura Municipal de Betim – MG.

Coordenador do Departamento de Psiquiatria Forense da Associação Acadêmica Psiquiátrica de Minas Gerais (AAP – MG).

Anderson Flores Busnello

Perito Criminal Federal – Odontologia Forense.

Ex-Perito Odontolegista do Instituto Geral de Perícias – RS.

Professor da Academia Nacional de Polícia.

André Lorenzon de Oliveira

Doutorando em Bioética pela Universidade do Porto-Portugal.

Conselheiro do Conselho Regional de Medicina do Estado de Minas Gerais (CRMMG).

Especialista em Medicina Legal do ABML.

Especialista em Anestesiologia TSA/SBA.

Médico-legista do SEDS – MG.

Arnaldo de Almeida Garrocho

Cirurgião-Dentista.

Especialista, Mestre e Doutor em Patologia Odontológica.

Presidente do CRO – MG.

Carla Massaoka

Perito Criminal.

Cirurgião-Dentista do Núcleo de Odontologia Legal do Instituto Médico-Legal de São Paulo.

Especialista em Odontologia Legal pela Faculdade de Odontologia da Universidade de São Paulo.

Carlos Eduardo Palhares Machado

Perito Criminal Federal – Odontologia Forense.

Especialista em Odontologia Legal (ABO – MG).

Mestre e Doutorando em Ciências da Saúde (UnB).

Doutorando em Ciências Médicas (USP – RP).

Christobaldo Motta de Almeida

Professor da Faculdade de Ciências Médicas de Minas Gerais.

Professor da Faculdade de Medicina de Itajubá – MG.

Membro do Instituto Mineiro de História da Medicina.

Acadêmico Titular da Academia Mineira de Medicina.

Membro do Colegiado do Centro de Memória da Medicina.

Pesquisador do Centro de Memória da Medicina de Minas Gerais.

Cibele Fontes Alves

Médico-legista do Laboratório de Patologia Forense do IML de Belo Horizonte – MG.

Mestranda do Programa de Pós-graduação em Patologia Médica da Faculdade de Medicina da UFMG.

Professora de Anatomia Patológica da Faculdade de Medicina da Universidade de Itaúna – MG.

Cristiane Miranda Carvalho

Cirurgião-Dentista.

Especialista em Odontologia Legal e Odontologia do Trabalho.

Daniela Mieko Abe

Perito Criminal.

Cirurgião-Dentista do Núcleo de Odontologia Legal do Instituto Médico-Legal de São Paulo.

Especialista em Radiologia pela Faculdade de Odontologia da Universidade de São Paulo.

Mestre em Odontologia Legal pela Faculdade de Odontologia de Piracicaba da Universidade Estadual de Campinas.

Daniela Savi

Patologista (Especialista MEC e SBP).

Citopatologista (Especialista e SBC).

Médico-legista (Especialista ABML).

Chefe do Laboratório de Patologia Forense do IML de Belo Horizonte – MG.

Eduardo Camargos Couto

Advogado.

Analista de Sistemas.

Especialista em Gestão Estratégica.

Fiscal Sanitário.

Eduardo de Menezes Gomes

Perito Criminal.

Cirurgião-Dentista do Núcleo de Odontologia Legal do Instituto Médico-Legal de São Paulo.

Especialista e Mestre em Odontologia Legal pela Faculdade de Odontologia da Universidade de São Paulo.

Fábio Leandro dos Santos Correia

Perito Médico-legista IMLNR/Salvador – BA. Especialista em Urologia pela Sociedade Brasileira de Urologia.

Residência Médica em Urologia no Monte Tabor – Hospital São Rafael.

Residência Médica em Cirurgia Geral Hospital Universitário Professor Edgard Santos.

Fabíola Soares Pereira

Farmacêutica Bioquímica.

Mestre em Ciências Biológicas: Farmacologia Bioquímica e Molecular pelo Programa de Pós-graduação do Departamento de Farmacologia da UFMG.

Perita Criminal do Instituto de Criminalística de Minas Gerais.

Fernanda Capurucho Horta Bouchardet

Cirurgião-Dentista.

Especialista em Odontologia Legal – Fundecto – USP.

Pós-graduada em Avaliação do Dano Corporal Pós-traumático – Universidade de Coimbra.

Mestre e Doutoranda em Medicina Legal e Ciências Forenses – Universidade de Coimbra.

Flávio Veras Nunes de Oliveira

Perito Criminal.

Cirurgião-Dentista do Núcleo de Odontologia Legal do Instituto Médico-Legal de São Paulo.

Especialista em Radiologia e Odontologia Legal pela Faculdade de Odontologia da Universidade de São Paulo.

Gilberto Paiva de Carvalho

Mestre em Odontologia Legal e Deontologia pela UNICAMP.

Especialista em Bioética Pela UnB.

Perito Odontolegista da Polícia Civil – IML – RR.

Coordenador do Curso de Odontologia – Faculdade Cathedral – RR.

Professor de Anatomia e Odontologia Legal.

Gracie de Araújo Eguchi Moreira

Perito Médico-legista do IMLNR/Salvador – BA.

Especialista em Ginecologia e Obstetrícia pela FEBRASGO (TEGO de 2005).

Gustavo Brabalho Guedes Emiliano

Cirurgião-Dentista.

Especialização em Odontologia Legal pela ABO – RN.

Doutorando em Biotecnologia do RENORBIO.

Professor da Universidade do Estado do Rio Grande do Norte – Curso de Odontologia – Caicó – RN.

Jamilly de Oliveira Musse

Cirurgião-Dentista.

Mestre e Doutora em Ciências Odontológicas pela FO – USP.

Professora da Universidade Estadual de Feira de Santana – UEFS.

Jeidson Antônio Morais Marques

Cirurgião-Dentista.

Mestre em Deontologia e Odontologia Legal – USP.

Doutor em Odontologia Preventiva e Social – UNESP.

Professor Adjunto da Universidade Estadual de Feira de Santana – UEFS.

João Pedro Pedrosa Cruz

Mestre em Ciências Odontológicas – Odontologia Social pela Universidade de São Paulo – USP.

Professor de Odontologia Legal da Universidade Estadual do Sudoeste da Bahia – UESB.

Perito Odontolegista do Departamento de Polícia Técnica da Bahia – SSP – BA.

José Geraldo de Freitas Drumond

Médico.

Professor Titular de Medicina Legal e Ética da Universidade Estadual de Montes Claros – UNIMONTES.

Professor do Mestrado a Distância em Medicina Forense da Universidade de Valência – Espanha.

Membro Titular da International Academy of Legal Medicine (Zurich).

José Roberto de Rezende Costa

Médico-legista III (Especialista-ABML) do IML de Belo Horizonte – MG.

Mestre em Farmacologia – ICB – UFMG.

Anestesiologista (Título Superior em Anestesiologia – SBA) do Hospital Mater Dei – Belo Horizonte – MG.

Juliana Vilela Bastos

Professora-assistente da Faculdade de Odontologia – UFMG.
Coordenadora do Programa Traumatismos Dentários da FO – UFMG.

Doutoranda em Biologia Celular – ICB – UFMG.

Mestre em Endodontia pela FO – UFMG.

Karla Cristhina Alves de Sousa

Médico. Residência Médica em Psiquiatria pelo Hospital das Clínicas da Universidade Federal de Minas Gerais (HC – UFMG).

Especialista em Psiquiatria pela Associação Brasileira de Psiquiatria (TEP – ABP).

Pós-graduação em Perícias Médicas pela Universidade Gama Filho.

Médico-legista.

Psiquiatra Forense no Serviço de Psiquiatria e Psicologia Forense do Instituto Médico-Legal de Belo Horizonte (IML – BH).

Karla Cristina Giacomin

Médico Geriatra.

PhD.

Liz Magalhães Brito

Perito Odontolegista do IMLNR/Salvador – BA.

Especialista em Odontologia Legal – PUC – MG.

Pós-graduada em Avaliação do Dano Corporal – Universidade de Coimbra – Portugal.

Mestranda em Odontologia Legal – USP – SP.

Luiz Eduardo Toledo Avelar

Médico-legista da Polícia Civil de Minas Gerais.

Pós-graduação em Cirurgia Geral Plástica.

Especialista e Titular da Sociedade Brasileira de Cirurgia Plástica.

Luíza Valéria de Abreu Maia

Cirurgião-Dentista.

Especialista em Odontologia Legal ABO – MG.

Perito Criminal da Polícia Civil de Minas Gerais.

Odontolegista do Instituto Médico-Legal de Belo Horizonte – MG.

Marcelo Mari de Castro

Médico-Cirurgião Geral.
Médico Intervencionista e Regulador de Serviço Pré-hospitalar.
Médico-legista do IML – BH.
Mestrando em Ciências Criminológico-Forenses – ESJUS – Escola Superior de Justiça – UCES.

Marco Antonio Ribeiro Paiva

Biólogo.

Bacharel em Bioquímica e Imunologia pelo ICB-UFMG.

Farmacêutico pela Faculdade de Farmácia – UFMG.

Perito Criminal do Laboratório de Toxicologia do IML – Polícia Civil de Minas Gerais.

Marcos Paulo Salles Machado

Perito Legista da Polícia Civil do Estado do Rio de Janeiro.

Especialista em Odontologia Legal – UFRJ.

Especialista em Dor Orofacial e Disfunção da Articulação Temporomandibular – CFO.

Marcus Luiz de Oliveira Penido

Farmacêutico Bioquímico pela Faculdade de Farmácia – UFMG.

Mestre em Bioquímica e Imunologia – UFMG.

Doutor em Bioquímica e Imunologia – UFMG.

Perito Criminal do Laboratório de Toxicologia do IML – Polícia Civil de Minas Gerais.

Maria Flávia Brandão

Médico-legista.

Especialista em Ginecologia e Obstetrícia e Medicina Legal.

Maria Ilma de Souza Côrtes

Professor Adjunto da Faculdade de Odontologia – UFMG e do Departamento de Odontologia – PUC – Minas.

Coordenadora do Programa Traumatismos Dentários da FO – UFMG.

Doutora em Epidemiologia e Saúde Pública – University College London – UK.

Especialista e Mestre em Endodontia pela Faculdade de Odontologia – UFMG.

Mario Jorge Tsuchiya

Médico-legista.

Diretor do Núcleo de Antropologia Forense do Instituto Médico-Legal de São Paulo.

Especialista em Medicina Legal pelo Departamento de Medicina Legal, Ética Médica e Medicina Social e do Trabalho da Faculdade de Medicina da Universidade de São Paulo.

Paulo Sérgio Peixoto de Araújo

Perito Médico-legista do IMLNR/Salvador – BA.

Coordenador do Setor de Antropologia Forense do IMLNR/Salvador – BA.

Pós-graduado em Medicina do Trabalho pela Escola Baiana de Medicina e Saúde Pública.

Especialista em Medicina Legal.

Especialista em Gestão em Segurança Pública pela Universidade do Estado da Bahia – UNEB.

Regina Lúcia Rosa Fernandes

Graduada em Medicina Pela Ufes.

Pós-graduada em Clínica Médica pelo HPMMG.

Pós-graduada em Medicina do Trabalho.

Pós-graduada em Saúde Pública.

Pós-graduada em Administração Hospitalar.

Médico-legista Nível Especial do Instituto Médico-Legal – Polícia Civil – Secretaria da Defesa Social de Belo Horizonte – MG.

Renato Assunção Rodrigues da Silva Maciel

Conselheiro do Conselho Regional de Medicina de Minas Gerais.

Médico Especialista em Anatomia Patológica e Medicina Legal.

Médico-legista da Secretaria de Defesa Social de Minas Gerais.

Professor Doutor de Patologia da FASEH.

Ricardo Nazar

Especialista em Odontologia Legal.

Especialista em Direito Público.

Especialista em Saúde Pública.

Rodrigo Camargos Couto

Cirurgião-Dentista.

Especialista em Prótese Dentária.

Especialista em Odontologia Legal.

Mestre em Ciências da Saúde – Faculdade de Medicina – UFMG.

Doutorando em Ciências da Saúde – Faculdade de Medicina – UFMG.

Curso Superior de Planejamento Estratégico (CESPE).

Perito Criminal Nível Especial.

Chefe de Divisão Técnico-Científica – Superintendência de Polícia Técnico-Científica da Polícia Civil de Minas Gerais.

Professor de Odontologia Legal da Academia de Polícia Civil de Minas Gerais.

Professor da Pós-graduação da Universidade UNA – BH.

Professor da Pós-graduação da Faculdade de Ciências Médicas Virtual de Minas Gerais.

Professor da Pós-graduação da Fundação UNIMED.

Rogério Batista Araújo Filho

Médico-legista I do Instituto Médico-Legal de Belo Horizonte – MG.

Médico Especializado em Radiologia e Diagnóstico por Imagem pela Mater Imagem – Hospital Mater Dei – BH – MG.

Selma da Paixão Argollo

Perita Odontolegal do IMLNR/Salvador – BA.

Pós-graduanda em Odontologia Legal pela Escola Bahiana de Medicina e Saúde Pública.

Bacharel em Direito pela Universidade Católica de Salvador.

Silas Prado de Sousa

Médico. Residência Médica em Psiquiatria pelo Hospital das Clínicas da Universidade Federal de Minas Gerais (HC-UFMG).

Pós-graduação em Perícias Médicas pela Universidade Gama Filho.

Médico-legista.

Psiquiatra Forense no Serviço de Psiquiatria e Psicologia Forense do Instituto Médico-Legal de Belo Horizonte (IML – BH).

Silberto Marques de Assis Azevedo

Farmacêutico Bioquímico pela Faculdade de Farmácia – UFMG.

Especialista em Gestão de Sistemas de Saúde – IBMEC-BH.

Mestre em Administração – FDC – PUC – Minas.

Perito Criminal do Laboratório de Toxicologia do IML – BH – Polícia Civil de Minas Gerais.

Silvia Virgínia Tedeschi-Oliveira

Cirurgião-Dentista. Graduada pela Faculdade de Odontologia de Piracicaba – Universidade Estadual de Campinas – FOP – UNICAMP.

Especialista em Odontologia Legal pela Fundação para o Desenvolvimento Científico e Tecnológico da Odontologia – FUNDECTO – USP.

Mestre em Ciências Odontológicas pela Faculdade de Odontologia da Universidade de São Paulo – FOUSP.

Doutora em Ciências Odontológicas pela Faculdade de Odontologia da Universidade de São Paulo – FOUSP.

Professora-assistente no Curso de Especialização em Odontologia Legal da Fundação para o Desenvolvimento Científico e Tecnológico da Odontologia – FUNDECTO – USP.

Sordaini Maria Caligiorne

Bióloga.

Doutora em Ciências Biológicas pelo Programa de Pós-graduação do Departamento de Fisiologia da UFMG.

Perito Criminal do Instituto de Criminalística de Minas Gerais.

Tácio Pinheiro Bezerra

Cirurgião-Dentista.

Perito Legista de Odontologia da Perícia Forense do Ceará (PEFOCE).

Especialista em Odontologia Legal – ABO – CE.

Mestre e Doutorando em Odontologia pela Universidade Federal do Ceará.

Valéria Rosalina Dias e Santos

Bióloga.

Mestre e Doutoranda em Genética pelo Programa de Pós-graduação do Departamento de Biologia Geral da UFMG.

Perito Criminal do Instituto de Criminalística de Minas Gerais.

Valter Miguel da Silva

Biólogo do Centro Universitário Metodista Izabela Hendrix.

Mestre em Fisiologia e Farmacologia – ICB-UFMG.

Perito Criminal do Laboratório de Toxicologia do IML – BH – Polícia Civil de Minas Gerais.

Wagner Fonseca Moreira da Silva

Médico-legista da Polícia Civil do Estado de Minas Gerais.

Especialista em Medicina Legal – ABML.

Pós-graduação em Avaliação do Dano Corporal Pós-traumático em Direito Civil – UCPT.

Máster em Medicina Forense – UVES.

Mestrando em Ciências Forenses – UPPT.

Waterson Rocha Gomes Brandão

Médico-legista III.

Especialista em Ginecologia e Obstetrícia e Medicina do Trabalho.

PREFÁCIO

Neste Ano Comemorativo do Centenário do Instituto Médico-Legal em Minas Gerais, considero honraria inigualável prefaciar este magnífico trabalho científico coordenado pelo cirurgião-dentista e perito criminal odontolegista, o professor Rodrigo Camargos Couto.

Na década de 1950, o cirurgião-dentista, professor Jorge de Souza Lima começou a trabalhar no IML, em Belo Horizonte, como odontolegista. Foi o pioneiro nessa área e, no I Congresso Brasileiro de Medicina Legal, em Petrópolis, lá estava ele, apresentando um trabalho científico.

A Odontologia Legal era ministrada por ele na Faculdade de Odontologia da UFMG. Prestigiei a classe mantendo no IML, além do professor Jorge, seus alunos.

Consolidam-se, definitivamente, nesta obra, duas áreas do conhecimento pericial: a Odontologia Legal e a Medicina Legal. Este é um Tratado Odontomédico Legal.

Literatura ímpar na ciência pericial. Teve a colaboração de uma plêiade de profissionais, isto é, de quem lida por ofício, em ambas as áreas, diuturnamente, para levar à Polícia, à Advocacia Penal, ao Ministério Público e à Magistratura, os esclarecimentos necessários à consumação da justiça.

Esta obra serve, também, aos interesses acadêmicos de ensino para estudantes de Medicina, Odontologia, Direito; às Academias de Polícia Civil e Militar e à Formação de odontolegistas e médico-legistas.

São dezenas de temas, alguns habituais nos livros de Medicina Legal, porém atualizados, tendo sido inseridas as novidades tecnológicas. Outros de presença mais recente em compêndios contemporâneos, e alguns ineditamente presentes na produção científica nacional em obras dessa natureza, tais como: *Gestão Operacional no Modelo de Qualidade, Desastre de Massa – Desastre Aéreo, Levantamento Pericial de Local de Crime, Laboratórios Forenses e Reconstrução Facial Forense.*

Há um número expressivo de referências em cada capítulo, trazendo, portanto, forte embasamento na produção técnico-científica mais atual, assim como centenas de fotos e ilustrações, que tornam a obra um verdadeiro "Atlas". Ou seja, duas obras em uma.

Além da atual e moderna perícia, o livro não descuida das áreas de responsabilidade profissional; Ética, Bioética e História da Ciência Odontomédica Legal.

Enfim, uma obra completa para o aprendizado, pesquisa, consulta e referência bibliográfica em perícias e pareceres.

Christobaldo Motta de Almeida

APRESENTAÇÃO

O autor-coordenador, Rodrigo Camargos Couto, Perito Criminal Odontolegista da Polícia Civil mineira, há muito sonhou com este livro. Durante três anos, vem trabalhando obstinadamente para concretizá-lo. Seja no planejamento; convidando muitos dos melhores talentos brasileiros de cada especialidade para dele participarem; coordenando os trabalhos; escrevendo os capítulos que lhe couberam; ou ainda formando a parceria com a editora.

Pois bem, hoje apresento, com orgulho, uma obra escrita a 56 mãos, por renomados odontolegistas, médicos-legistas, peritos criminais que atuam em diversas especialidades, professores universitários, policiais e profissionais ligados à área.

Contém ela importante carga de conhecimento teórico, baseado na mais recente produção científica mundial, em uma linguagem acessível e agradável ao leitor, acompanhada de farto material ilustrativo, composto por fotografias, esquemas, tabelas e gráficos, que muito facilitam a compreensão e aplicação das técnicas.

Pretende-se despertar no iniciante, a curiosidade e trazer o enriquecimento cultural; nos mais experientes, proporcionar uma rica discussão temática, com a eventual fundamentação de seu *savoir faire*, ou mesmo a oferta de novas alternativas para soluções operacionais; e no pesquisador, a fascinante sensação de que ainda existe um imenso universo a explorar.

Parabéns a todos, especialmente aos leitores, que passam a dispor de uma extraordinária fonte de consulta.

Diógenes Coelho Vieira
Médico-legista Nível Especial
Professor de Medicina Legal da Academia de
Polícia Civil de Minas Gerais
Superintendente de Polícia Técnico-Científica da
Polícia Civil de Minas Gerais.
Membro do Conselho Superior da
Polícia Civil do Estado de Minas Gerais
Chefe da IV Clínica de Cirurgia da Santa Casa de
Misericórdia de Belo Horizonte
Professor da disciplina de Tecnologia da Informação do
Curso de Gestão em Saúde da PUC – MINAS.
Membro do Conselho Científico da Federação das
Santas Casas e Hospitais Filantrópicos de Minas Gerais.
Cirurgião Coordenador do Serviço de Urgências Cirúrgicas dos
Hospitais da Santa Casa de Misericórdia de Belo Horizonte.

SUMÁRIO

PERÍCIAS EM
MEDICINA & ODONTOLOGIA
LEGAL

CAPÍTULO 1

História da Medicina e Odontologia Legal

Parte A
História da Medicina Legal

Christobaldo Mota de Almeida • Marcelo Mari de Castro

A história da Medicina Legal é, sem dúvida, muito interessante e envolvente. Só conseguimos edificar nossos avanços no futuro quando conhecemos o que já foi realizado, seus sucessos e insucessos. Ela se confunde com momentos marcantes da história da própria humanidade, assim como com o desenvolvimento da técnica médica e, principalmente, com a evolução dos valores, da moral e dos princípios vigentes nas sociedades e do Direito que os acompanha passo a passo no decurso do tempo.

Para se entender a trajetória dessa fascinante ciência/arte deve-se atentar para a união de fragmentos resgatados de frágeis vestígios coletados na literatura geral. A história da ciência médica, que ora confunde arte com técnica, baseia-se em cinco períodos distintos, como classificado didaticamente por diversos autores: Antigo, Romano, Medieval, Canônico e Moderno ou Científico. Apesar de amplamente utilizada e rotineiramente difundida, essa importante divisão deve nos valer apenas como referência, pois a história encontra-se repleta de entremeios que, somados, fascinam até os menos observadores.

Tomaremos como ponto de partida a Babilônia, no século XVIII a.C., e o povo hebreu, que dá origem aos povos semitas, representados pelos árabes e israelitas, em um período denominado *Período Antigo*.

Naquela época se pode constatar, por meio de escritos no *Código de Hamurabi* (1700 a.C.), e também sob a Legislação proferida por Moisés, registrada no Antigo Testamento, que os "médicos" eram convidados a dar pareceres com o propósito de auxiliar a aplicação da Justiça em questões relacionadas com a saúde, como nos diagnósticos de gravidez, parto, doenças venéreas, suplícios, assassinatos e sinais de virgindade, tidas como essenciais para o diagnóstico de alguns crimes puníveis pelas leis morais e do Direito, que se confundiam naquele período. Esses pareceres eram posteriormente apresentados às figuras hierárquicas mais representativas da época: os sacerdotes e os governantes, que os examinavam e os julgavam segundo mandamentos.

Por volta de 1300 a 800 a.C., na Índia, as *Leis de Manu* indicavam os crimes que necessitavam de perícia médica para seu esclarecimento, além de impedirem loucos, crianças, velhos e embriagados de testemunhar. Na época, o adultério, o defloramento, o atentado ao pudor, os homicídios, entre outros, eram os crimes normalmente passíveis de avaliação. Há relatos até de punições aos descobridores de veneno que não indicassem o antídoto.

O *Hsi yuan lu*, tratado elaborado na China por volta de 1240 a.C., orientava sobre o exame cadavérico, listava antídotos e instruía, até mesmo, sobre técnicas de respiração artificial.

No Egito, inicialmente por volta de 2600 a.C. e se estendendo até 30 a.C., as práticas de embalsamento e o suplício às mulheres grávidas eram exemplos de práticas consideradas de natureza "médico-legais". Para a realização dessas atividades sempre se fazia necessária a presença da figura religiosa, normalmente o sacerdote.

Na literatura, há também diversos relatos de associações da arte médica à mitologia grega. Podemos citar, como exemplo, a figura de *Machaon,* filho de *Esculápio* com *Epione.* Esculápio (Figura 1.1), também chamado Asclépio (no latim), era filho de Apolo, porém criado por Quirião, um centauro. Considerado o Deus da Medicina e da cura, casou-se com Epione, uma dançarina de circo, com quem teve cinco descendentes (Figura 1.2):

Figura 1.1 ▶ Esculápio

Figura 1.2 ▶ Esculápio com três de seus descendentes (Laso, Higeia e Panaceia)

Figura 1.3 ▶ Na mitologia grega, **Machaon** (Μαχάων, gen:. Μαχάωνος) era filho de Esculápio. Com Podalirius, seu irmão, liderou um exército de Tessália (ou possivelmente Messênia) na Guerra de Troia, ao lado dos gregos. Ambos eram altamente valorizados como cirurgiões e médicos. Na *Ilíada*, ele foi ferido e posto fora de ação por Páris. Machaon (ou seu irmão) teria curado Filoctetes e Télefo durante a guerra. Morto por Eurypylus no décimo ano da guerra, foi enterrado em Gerenia, na Messênia, onde era adorado pelo povo

Panaceia, Higeia, Laso, Aglaea e *Machaon* (Figura 1.3). Este último, por sua experiência e sabedoria, foi solicitado a realizar um parecer sobre qual ferida teria sido fatal na morte de *Penthesileu.*

Durante o comando de Eumenes, sucessor de Alexandre, duas mulheres se propuseram à condenação de morte após enviuvar, porém, após exames periciais, uma foi condenada à "vida" por estar grávida (previsão das *leis de Menés*). A partir desses escritos percebemos a formação, mesmo que de maneira rudimentar, da figura que posteriormente se tornaria *"aquele que sabe por experiência"* – o perito em Medicina.

Entre os inúmeros escritos de Hipócrates e Aristóteles, 460 a 377 a.C. e 469 a 399 a.C., respectivamente, temos descrições sobre prematuros e reanimação. Surgiram, então, os primeiros manuscritos sobre as docimásias.

Nesse período ainda estávamos longe das realizações de exames em cadáveres, uma vez que a profanação era um pecado e o corpo, sagrado. Todo o conhecimento de anatomia humana dessa época era obtido por meio de estudos por correspondência e similaridade realizados em corpos de animais.

Seguindo a linha cronológica, no Ocidente (Figura 1.4) passamos pelo ano de 449 a.C., quando uma comissão formada por 10 membros, após estudar as *leis de Sólon,* confeccionou o que se conheceria posteriormente como *Lei das XXII Tábuas* (*Lex Duodecim Tabularum* ou simplesmente *Duodecim Tabulae,* em latim) – *451 a.C.* Iniciava-se um novo período – o Período Romano.

No ano de 44 a.C., designou-se um médico, conhecido como Antísio, que era servidor do Império Roma-

Figura 1.4 ▶ Império Romano – Ruínas do Fórum romano (Fotografia de Carla Tavares – Fonte: Wikipédia.)

no, para realizar o exame no corpo do Imperador Júlio César, golpeado 23 vezes em seu assassinato. Após exame, o médico, na figura de um "perito", declarou ser apenas uma a lesão com êxito mortal. Assim, obteve-se o primeiro relato de exame externo de um cadáver, afirmando definitivamente a dependência da Justiça com relação aos conhecimentos da arte médica.

Acompanhando paralelamente a história do direito romano desde as *Doze Tábuas* até o *Corpus Iuris Civilis*, com Justiniano, vemos o crescimento exponencial do papel da Medicina Legal e foi em Roma, sob o domínio do Imperador Justiniano, que o Direito e a Medicina se emanciparam, adquirindo finalmente autonomia.

Foi na era justiniana que houve a criação do *Digesto* ou *Pandectas*, considerado o código mais completo e mais elaborado da época, tendo como base as obras dos jurisconsultos clássicos. Relacionado com o *Digesto*, por meio das *Leis de Corpus Iuris Civilis*, tínhamos as práticas das parteiras, que examinavam as prenhezes duvidosas a pedido da Justiça. E, por meio das *Leis de Numa*, as realizações de histerectomia *post mortem* configuraram, então, o primeiro exame interno em um cadáver.

Medici non sunt proprie test, sed magis est judicium quam testimonium.

Casamentos eram avaliados e anulados, caso fosse confirmada a impotência sexual; a determinação da época de um nascimento e a viabilidade fetal após avaliações médicas também eram exemplos de atos médicos realizados por solicitações da Justiça da época.

O Período Romano foi ainda dividido, por alguns autores, em duas fases distintas: fase pré-justiniano e fase pós-justiniano.

A Medicina Legal parecia iniciar um novo ciclo, em que a participação cada vez mais crescente do médico, nas questões jurídicas, se fazia presente. Disseminava-se por todo o Ocidente a importância do testemunho médico em julgamentos de natureza criminal.

Com a *Lei Aquilia* (século III d.C.), introduziu-se a ideia da reparação pecuniária do dano, criando uma evolução, mas de modo ainda rudimentar de indenização. Ela apoiava-se nas conclusões de laudos médico-legais, que se tornaram mais elaborados e precisos, frutos de estudos mais detalhados e descrições cada vez mais ricas.

Na *Lei Sálica* (século V) e na *Lei Germânica*, assim como nas *Capitulares de Carlos Magno* (ano de 806), encontramos registros detalhados da anatomia do corpo humano e sua relação com as respectivas lesões, determinando sua gravidade e consequência para indenização das vítimas. Foi por meio dessas leis e capitulares que os Juízos de Bruxaria, nos séculos XVI e XVII (*Leis de Carolinas*), impuseram, também, a intervenção pericial dos médicos perante a Justiça.

Após esse período, já na Idade Média, em razão do vandalismo, da prática das inquisições e das *Ordálias*, a Medicina Legal conheceu um período de declínio. Com as *Ordálias*, a aplicação da Justiça era baseada em elementos da natureza, interpretados com o "juízo divino" – *judicium Dei* (latim) (Figura 1.5).

O reaparecimento da Medicina Legal ocorreu após a posse do Papa Inocêncio III (Figura 1.6), que colocou a prática médico-legal como rotina nas avaliações das feridas que tivessem repercussão jurídica. Terminava desse modo o período denominado Período Medieval da Medicina Legal, abrindo espaço para uma nova fase, conhecida didaticamente como Período Canônico.

Como exemplo de um fato marcante desse período, temos o decreto do Papa Inocêncio III, através da Legislação Canônica, afirmando que os médicos poderiam e deveriam se dedicar, nos feriados, à causa da Justiça.

Figura 1.5 ▶ "A prova de fogo" – Dierec Bouts (1415-1475)

Figura 1.6 ▶ Papa Inocêncio III (Anagni, Itália, 1160 – 16 de julho de 1216 na Perugia)

Figura 1.8 ▶ Necropsia (capa do livro *Vademecum de Medicina Legal e Odontologia Legal* – Jorge Paulete Vanrell – Editora Mizuno, 2007)

exames necroscópicos clandestinos. Porém, na Itália, no tempo de Fortunato Fidelis (Figura 1.9), realizou-se a primeira necropsia autorizada, no cadáver do Papa Leão XIII, morto sob suspeita de envenenamento.

Fortunato Fidelis, formado em Medicina na Universidade de Palermo, tendo como mestre Giovanni Filippo Ingrassia, Fidelis exerceu a profissão na Sicília especialmente em Palermo, e adquiriu grande fama. Ele é lembrado, principalmente, por seu trabalho *quatuor De Medicorum livros relationibus*. E em *Quibus omnia, quae em forensibus, Publicis causis médicos ac referre plenissime, traduntur Solent* , publicado em Palermo, em 1602 , de considerável importância na história da Medicina Forense.

Certamente, os dois países de maior importância para o desenvolvimento da Medicina Legal foram a Itália e a França. Em 1525, na Itália, com *Editto della gran carta della Vicaria de Napoli*, tornaram-se obrigatórios o exame e o parecer de cirurgiões e parteiras (Figura 1.9) antes das sentenças dos juízes.

Figura 1.7 ▶ Papa Gregório IX (Anagni, c. 1160 – Roma, 22 de agosto de 1241)

Sob a influência do Cristianismo, iniciado no primeiro século d.C., e com os *decretais de Gregório IX* (Figura 1.7), o Direito Civil e o Direito Criminal tomaram novas forma e dimensão.

Em 1234, com *Decretales Peritorum Indicio Medicorum* e *De Probatione*, o médico conquistou novamente seu espaço perdido junto aos interesses da Justiça.

A Medicina Legal ainda percorria um caminho paralelo para o aprimoramento dos estudos da anatomia e das autopsias (Figura 1.8), por meio de dissecções e

Figura 1.9 ▶ Ação de parteiras no Período Canônico

Figura 1.10 ▶ Ambroise Paré – 1510-1590

Figura 1.11 ▶ Paulus Zacchias – 1584-1659

Em 1532, sob o governo de Carlos Magno, por meio do chamado *Código Criminal de Carolino*, ficou estabelecida a intervenção do médico nos crimes de homicídio, aborto, infanticídio e ofensas físicas, obrigando não só exame na vítima, mas também no acusado. Estabeleceu-se, desse modo, a prática médico-legal oficializada. No ano de 1575, na França, Ambroise Paré (Figura 1.10) escreveu o primeiro trabalho científico, denominado *Tratado dos Relatórios*, que abordava temas cirúrgicos e outros também relacionados com a Medicina Legal. Ambroise Paré nasceu em Bourg-Hersent, em 1510, e tornou-se aprendiz de cirurgião-barbeiro, atingindo a categoria de mestre em 1536, baseado em novos conhecimentos anatômicos. Renomou-se como cirurgião militar e, na Europa, foi apontado como pai da cirurgia moderna, vindo a falecer em 1590, aos 80 anos de idade.

Há divergência na literatura quanto ao surgimento do primeiro livro de Medicina Legal. Nesse período, dito Científico ou Moderno, dos inúmeros autores que contribuíram para o engrandecimento científico da Medicina Legal, há aqueles que atribuíram a João Felipe Ingrassia a autoria da primeira obra relacionada com aquela especialidade, em 1578, na Itália. Outros indicavam Fortunato Fidelis, na Itália, no ano de 1602. Apesar das divergências entre os autores, todos concordam que ambas as obras não despertaram a curiosidade do meio médico da época. Porém, foi com Paulus Zacchias (1584-1659), também na Itália, em 1621, que surgiu a primeira obra consagrada e respeitada, dando a esse autor o título de "pai da Medicina Legal" (Figura 1.11). A essa obra, de três volumes e 1.200 páginas, dava-se o nome de *Questões Médico-Legais*.

Em diversas partes do mundo surgiam nomes que, de um modo ou de outro, contribuíram para o enrique-cimento dessa ciência/arte – na Alemanha, Wagner, Telchmeyer, Bent e Carper; na Itália, Barzelloti, Martini, Perrone, Garófolo, Virgílio, Nicéforo, Falconi e Ferri, De Grecchio e Augusto Filippi; na França, Orfília, Rollet, Thoinot, Tardieu, Divergie, Lacassagne, Mahon e Brouardel; na Inglaterra, Christison, Hunter e Cooper; na Rússia: Balk, Gromev, Schimidt e Poelchan, Dragendorff e Pirogoff.

▶ A MEDICINA LEGAL NO BRASIL

A Medicina Legal no Brasil é relativamente recente, iniciando-se a partir de 1830, com o primeiro Código Criminal Brasileiro, o qual declarava textualmente, em seu art. 195: "*O mal se julgará mortal a juízo dos facultativos.*"

Com a necessidade da intervenção do médico na Justiça brasileira, não demorou muito para que as escolas médicas introduzissem a disciplina de Medicina Legal em seus currículos. Em 1832, as pioneiras foram as Escolas de Medicina do Rio de Janeiro e da Bahia (Figuras 1.12 e 1.13).

No Rio de Janeiro, foi pelas mãos do conselheiro José Martins da Cruz Jobim, seguido pelo Dr. Ferreira de Abreu e Barão de Teresópolis, que a cadeira de Medicina Legal pôde seguir seu curso na Faculdade Nacional de Medicina da Universidade do Brasil.

Em 1835, o Dr. Hércules Octávio Muzzi, médico-cirurgião da Família Imperial na época, publicava pela primeira vez, no Diário da Saúde, uma autopsia no Brasil. O exame realizado por ele aconteceu em 21 de setembro de 1835, às 14 horas, no corpo do senhor regente Bráulio Muniz, passadas 22 horas de sua morte.

Concomitantemente à introdução dessa nova disciplina na grade curricular, e à rápida ascensão no

Figura 1.12 ▸ Faculdade de Medicina do Rio de Janeiro, Praia Vermelha, 1918 (Fonte: Maia, GD. Biografia de uma faculdade: história e estórias da Faculdade de Medicina da Praia Vermelha. São Paulo: Atheneu, 1996.)

Figura 1.13 ▸ Faculdade de Medicina da Bahia (1905) – O Terreiro de Jesus. Fotografia s.d. (Fonte: www.medicina/ufba/br)

Brasil, Portugal também instituía a Medicina Legal em suas doutrinas da Medicina.

Por volta de 1839, Antônio Pereira das Neves apresentou a primeira tese sobre um tema médico-legal, acerca de um caso de infanticídio.

Portugal, em 1845, avança com a tradução do livro de Sedillot, por Lima Leitão.

No Brasil, por intermédio do primeiro conselheiro a assumir a cátedra na escola do Rio de Janeiro (Jobim), foram publicadas, nos *Anais da Medicina Brasileira*, as reflexões sobre um caso julgado de ferimento mortal.

No Maranhão, em 1867, Pedro Autran da Motta publica seu trabalho, intitulado *A Loucura Instantânea ou Transitória*.

Em 1877, após a jubilação dos catedráticos da Escola de Medicina no Rio de Janeiro, assume o Dr. Agostinho de Souza Lima, que em 1881 deu início à prática da Medicina Legal. Ainda naquele ano foi criado o primeiro curso de tanatologia forense no Brasil.

Os estudos se intensificavam, sobretudo, na área de toxicologia. Na época, as reproduções de trabalhos estrangeiros realizados até então davam lugar aos tratados, publicações e pesquisas forenses.

Foram inúmeros os autores de destaque no Brasil, entre os quais destacamos: 1901 – Raimundo Nina Rodrigues (*Manual de Autópsia Médico-Legal*); 1910 – Afrânio Peixoto (*Elementos de Medicina Legal*); 1938 – Flamínio Fávero (trabalho premiado pela Faculdade de Medicina da Universidade de São Paulo e pela Sociedade de Medicina Legal e Criminologia de São Paulo – Figura 1.14); 1942 – Hélio Gomes; 1943 – Veiga de Carvalho (*Lições de Medicina Legal*); 1948 – A. Almeida Júnior (*Lições de Medicina Legal*).

A partir de 1900, finalmente a Medicina Legal em nosso país tomava outro rumo. Com a aprovação de marco legal de 1902, que possibilitou a divisão da Polícia do Distrito Federal em Polícia Civil e Polícia Militar, e com o Decreto 6.440, em 1907, Afrânio Peixoto reestruturou a Medicina Legal, transformando o até então gabinete de Medicina Legal em Serviço Médico-Legal. Tal autonomia levou à necessidade da construção de um novo necrotério, na Praça XV, que trazia a inscrição *"Fideliter ad lucem per árdua tamen"* (fidelidade à verdade custe o que custar).

Em 22 de junho de 1911, paralelamente à evolução da Medicina Legal no Rio de Janeiro, surgia a Instituição Serviço de Medicina Legal da Capital, em Minas Gerais.

No entanto, a autonomia durou pouco e, na década de 1920, o Instituto Médico-Legal (IML) voltou a ser subordinado à Polícia Civil do Distrito Federal.

Inúmeros autores surgiam e se destacavam, deixando suas contribuições. Desses, dois merecem maior destaque, sendo considerados, inclusive, patronos da Medicina Legal no Brasil: Afrânio Peixoto e Nina Rodrigues (Figuras 1.15 e 1.16).

Figura 1.14 ▸ Capa do livro de Flamínio Fávero – 1938

Figura 1.15 ▶ Júlio Afrânio Peixoto (1876-1947)

Figura 1.16 ▶ Nina Rodrigues (1862-1906)

Em 1923, por meio do art. 1º do Decreto 16.670, foi regulamentada a organização do Instituto Médico-Legal: "O Instituto Médico-Legal do Rio de Janeiro constitui uma repartição técnica autônoma, administrativamente subordinada ao Ministério da Justiça e Negócios Interiores" (Imprensa Nacional, 1923).

Em 1932, com Getúlio Vargas, inaugurou-se o anfiteatro no IML da cidade do Rio de Janeiro, onde eram ministradas aulas práticas para os alunos das Escolas de Medicina. Naquela época de autoritarismo, a Medicina Legal sofreu grande influência e, certamente, essa ditadura in-

viabilizou os trabalhos, o que se refletiu na evolução dessa arte. Emergia, então, uma fase de descrédito público.

Em 1933, com o chefe de Polícia do Distrito Federal, comandante Filinto Strubing Müller, mudanças eram instaladas na tentativa de modernizar e retomar a credibilidade da polícia. Com uma política assistencial mais efetiva, a Medicina Legal voltou a ascender.

Por volta do ano de 1935, a Instituição Serviço de Medicina Legal da Capital (MG) transformava-se em "Departamento", alterando seu antigo nome para *Departamento de Assistência Policial e Medicina Legal de Minas Gerais*, do mesmo modo que, em 1938, "nasce" o *Departamento Nacional de Segurança Pública no Rio de Janeiro* (Velloso, p. 99).

Com essa nova fase, e durante o governo de Eurico Gaspar Dutra, foi inaugurado o Instituto Médico-Legal Afrânio Peixoto (31 de janeiro de 1949).

Desde então, a Medicina Legal segue em constante progresso. Seus aprimoramentos e suas constantes aquisições científicas tornam este último e valioso período (Período Científico ou Moderno) um marco de prosperidade e enriquecimento para essa fabulosa arte.

Em resumo, podemos descrever didaticamente em "atos" a História da Medicina Legal no Brasil.

Atos Preliminares

Antes de entrarmos na cronologia dos atos médico-periciais, que se iniciaram no Brasil em 1638, é conveniente referir quem fazia os exames, como estes eram feitos e a que se prestavam.

Os exames eram realizados pelos antigos físicos e cirurgiões, que redigiam os laudos e respondiam aos quesitos formulados. Os solicitantes desses exames eram autoridades judiciárias, executivas e até do legislativo.

Os cirurgiões estavam obrigados a presenciar execuções e constatar a morte dos supliciados. Também acompanhavam a aplicação das penas corporais (como nos castigos por açoitamento) e opinavam sobre o estado da vítima, se resistiriam ou se haveria perigo de vida, ordenando a paralisação da punição.

As obrigações profissionais estavam previstas na legislação das câmaras das vilas mais importantes e, além das citadas, os cirurgiões praticavam exames de corpo de delito e outros exames médico-legais.

Como não havia profissionais suficientes, estes eram substituídos por boticários e, em sua falta, pelo barbeiro ou, até mesmo, por alguém considerado entendido, nomeado pela autoridade requisitante.

Lycurgo Santos Filho cita, em sua obra *História Geral da Medicina Brasileira*, um atestado de sanidade física de 1638, uma perícia em 1711, outro ato médico pericial em 1743 e um atestado em 1750.

1º Ato – 1638: 1º atestado de sanidade física.

2º Ato – 1711: 1º auto de corpo de delito no vivo. Avaliação do estado de saúde de duas escravas.

3º Ato – 1743: atestado de presença ou ausência da circulação sanguínea.

4º **Ato – 1750:** atestado sob juramento.

5º **Ato – 1780:** 1ª exumação médico-legal.

6º **Ato – 1789:** 1º exame cadavérico.

7º **Ato – 1798:** 1º exame de sanidade mental.

8º **Ato – 1814:** perícia de impugnação.

9º **Ato – 1832:** criação da cadeira de Medicina Legal e perícia oficial.

10º **Ato – 1835:** 1ª necropsia médico-legal documentada.

11º **Ato – 1839:** 1ª publicação científica de natureza médico-legal.

12º **Ato – 1848:** 1ª requisição oficial de exumação médico-legal.

13º **Ato – 1856:** criação do Serviço Médico-Legal do Rio de Janeiro.

14º **Ato – 1876:** atestado de óbito.

15º **Ato – 1891:** ensino de Medicina Legal nas Escolas de Direito.

16º **Ato – 1899:** 1ª diligência médico-legal documentada.

1º Ato – 1º Atestado de Sanidade Física

Em 1638 foi assinado o primeiro atestado de sanidade física, quando um juiz de São Paulo autorizou o cirurgião Paulo Rodrigues Brandão a tratar de um órfão portador de "duas grandes chagas, na perna esquerda, de que corre perigo" e o profissional emitiu um misto de recibo e atestado com o seguinte texto: "Certifico que curei a Pedro, filho de João de Souza, já defunto, e lhe dei o azougue (remédio) do que tudo me deu dez patacas."

2º Ato – 1º Auto de Corpo de Delito no Vivo

Em 1711, em São Paulo de Piratininga, os cirurgiões João Lopes e João Gulhote fizeram, como peritos, um exame em duas escravas negras para avaliar seu estado de saúde. Após jurarem, sobre os Santos Evangelhos, somente afirmar o que de verdade encontrassem, relataram que uma delas "padecia de obstrução já antiga, de que podia ter cura", ao passo que a outra "tinha duas mulas, ambas de duas abertas, e uma delas formada sobre uma banda, de que podia ter cura, tomando os medicamentos necessários".

3º Ato – Atestar Presença ou Ausência da Circulação Sanguínea

Em 1743, também em São Paulo, o Capitão-General D. Luís de Mascarenhas designou o cirurgião Domingos da Fonsêca "para tomar o fluxo de sangue no patíbulo ao padecente Miguel".

4º Ato – Atestado de Óbito sob Juramento

Em 1750, na Bahia, cresceu o rumor de que Francisco Dias de Ávila tinha morrido envenenado por sua mulher. As dúvidas somente cessaram após o cirurgião que o assistira ter atestado, sob juramento, que o senhor morgado da Casa Torre falecera em consequência de antigos achaques e não por envenenamento.

5º Ato – 1ª Exumação Médico-Legal

Segundo pesquisa do cirurgião-dentista Cyro Gomide, o primeiro ato médico-legal realizado no Brasil, porém não requisitado, foi executado em Minas Gerais por um militar e prático extrator dentário, o alferes Joaquim José da Silva Xavier, o Tiradentes, mártir da Inconfidência Mineira. Em Minas Gerais, alguns historiadores tendem a considerá-lo como cirurgião prático, indo as suas funções além das de um dentista prático.

Tiradentes realizou, por volta de 1780, uma exumação de dois corpos, enterrados na mata, em cova única, e comprovou, por meio de exames efetuados, que as vítimas haviam sido assassinadas. Além disso, identificou-as, observando cicatrizes e fazendo comunicação do ato às autoridades superiores. Pediu providências para o policiamento da região, pois as vítimas haviam sido assaltadas. Em seguida, procedeu ao sepultamento, em Barbacena, à margem da Estrada Real, no adro da Capela da Fazenda Borda do Campo, de propriedade do Sr. José Aires, de conformidade com as normas cristãs.

6º Ato – 1º Exame Cadavérico

Nas *Efemérides mineiras*, conjunto de ocorrências anotadas cronologicamente por José Pedro Xavier da Veiga, lê-se na página 646: "Na manhã de 4 de julho de 1789, na prisão em que se achava como conspirador político, em Vila Rica, é encontrado morto o advogado Dr. Cláudio Manoel da Costa, um dos inconfidentes. Pendia o cadáver de uma liga ou cadarço, atado a uma espécie de armário." Comparecendo logo o desembargador Pedro José Araújo de Saldanha e o doutor José Caetano César Maniti, acompanhados de um tabelião e do escrivão da Ouvidoria, foi deferido juramento aos cirurgiões Caetano José Cardoso e Manuel Fernandes Santiago, lavrou a Justiça auto de corpo de delito e exame, mandando depois sepultar o cadáver. Desse auto consta o seguinte:

Achou-se de pé, encostado a uma prateleira, com o joelho firme em uma tábua dela e o braço direito fazendo força em outra tábua, na qual se achava passada em torno uma liga de cadarço encarnado atada à dita tábua, e a outra ponta com uma laçada, e no corrediço deitado ao pescoço do dito cadáver, que tinha esganado e sufocado por lhe haver inteiramente impedido a respiração, por efeito do grande aperto que lhe fez com a força e gravidade do corpo na parte superior da laringe, onde se divisava do lado direito uma pequena contusão, que mostrava ser feita com o mesmo laço quando correu; e examinado mais todo o corpo pelos referidos cirurgiões, em todo ele se não achou ferida, nódoa ou contusão alguma, assentado uniformemente que a morte do referido Dr. Cláudio Manuel da Costa só fora procedida daquele mesmo laço e sufocação, enforcando-se voluntariamente por suas mãos, como denotava a figura e posição em que o dito cadáver se achava (Devassa de Minas Gerais, apenso nº 4).

7º Ato – 1º Exame de Sanidade Mental

Em 1798, na Bahia, os réus da Inconfidência Bahiana ou Revolução dos Alfaiates foram inquiridos por um desembargador que nomeou os médicos Francisco José Novais e Campos, José Antônio Costa Ferreira, Inácio José Bitencourt e Câmara e Estevão da Silveira Meneses e o cirurgião Francisco Luís Reina para, sob juramento, examinarem um dos acusados que, na prisão, manifestava sinais de doença mental ou simulava loucura. Os peritos responderam pela simulação como descrito a seguir:

Assentaram uniformemente que a indisposição que tem mostrado o dito réu tem sido toda fingida, e afetada, a fim de escapar às perguntas, e mais procedimentos judiciais, a que de necessidade devia sujeitar-se, em razão do delito, por que foi feito, pois a alma humana pensando em qualquer objeto, desprezando tudo o mais, seria fácil de conhecer que ele por não poder executar os seus intentos, se pusesse maníaco, até que desenganado que nenhum desses princípios o livravam das perguntas e o mais que se seguiria, se desenganou, a desterrar os seus fingimentos, o que prova porque repentinamente sem remédio algum da arte, se acha bom, respondendo com formalidade às perguntas que lhe fizeram eles professores.

8º Ato – Perícia de Impugnação

Em São Paulo, os professores Flamínio Fávero e Oscar Freire fazem referência ao primeiro registro médico-legal brasileiro, classificação ora ultrapassada. Trata-se de uma perícia elaborada por um médico mineiro, Antônio Gonçalves Gomide, intitulada:

Impugnação do exame feito pelos clínicos Antônio Pedro de Souza e Manuel Quintão da Silva, em uma rapariga que julgaram Santa, na Capela de Nossa Senhora da Piedade da Serra, próxima da Vila Nova da Rainha de Caeté, Comarca de Sabará, oferecida ao Dr. Manuel Vieira da Silva.

Esse trabalho, datado de 1814, foi publicado na *Imprensa Régia* no Rio de Janeiro. Não vamos reproduzi-lo, mas apenas informar sobre a periciada.

Trata-se de uma religiosa, Irmã Germana, de 20 anos de idade, que, numa noite de Quinta-feira Santa no ano de 1813, subitamente caiu em êxtase, voltando a si às 15 horas de sexta-feira. Permanecia de braços abertos, como se crucificada, sem atender a ninguém, a não ser seu padre assistente. Reproduzindo a imagem de Jesus crucificado, com a mesma posição dos braços e das pernas, gemendo e agitando-se, caminhando apenas alguns passos e alimentando-se pouco, fazia o povo julgá-la santa. Segundo Agripa de Vasconcelos, faleceu em 1856, no recolhimento de Macaúbas, tendo, sempre às sextas-feiras, os mesmos fenômenos.

9º Ato – Criação da Cadeira de Medicina Legal

Em 1832, a cadeira de Medicina Legal foi criada simultaneamente nas Escolas de Medicina da Bahia e do Rio de Janeiro, ano em que o Código de Processo do Império do Brasil estabeleceu a perícia oficial, ditando em seu artigo 259:

Havendo no lugar, médicos, cirurgiões, boticários ou outros quaisquer profissionais e mestres de ofício que pertençam a algum estabelecimento público ou por qualquer motivo tenham vencimento da Fazenda Nacional serão chamados para fazer os corpos de delito primeiro que outros quaisquer salvo o caso de urgência em que não possam concorrer prontamente.

10º Ato – 1ª Necropsia Médico-Legal Documentada

Em 1835, no Rio de Janeiro, o cirurgião da família imperial brasileira, Hércules Octávio Muzzi, no dia 21 de setembro, às 14 horas, fez a necropsia do Regente Bráulio Muniz, falecido 22 horas antes, e a publicou no *Diário da Saúde*.

11º Ato – 1ª Publicação Científica de Natureza Médico-Legal

Em 1839, é apresentada pela primeira vez, por Antônio Pereira das Neves, uma tese de Medicina Legal, intitulada *Dissertação Médico-Legal acerca do Infanticídio*.

12º Ato – 1ª Requisição Oficial de Exumação Médico-Legal

Datado de 1848, esse documento, no qual consta "proseda-se a exhumação na faculdade do Reverendo Parocho afim de proseder-se corpo de delito", indica ser esse um ato de rotina à época, pois não há recomendações especiais (Figuras 1.17 e 1.18).

13º Ato – Criação do Serviço Médico-Legal do Rio de Janeiro

Em 1856, foi criado o Serviço Médico-Legal do Rio de Janeiro, que somente em 1907 tornou-se uma instituição.

14º Ato – Atestado de Óbito

Antes de 1876, atestados de óbito como o mostrado na Figura 1.19 eram emitidos rotineiramente na Santa Casa de Misericórdia do Rio de Janeiro, como se depreende de sua numeração.

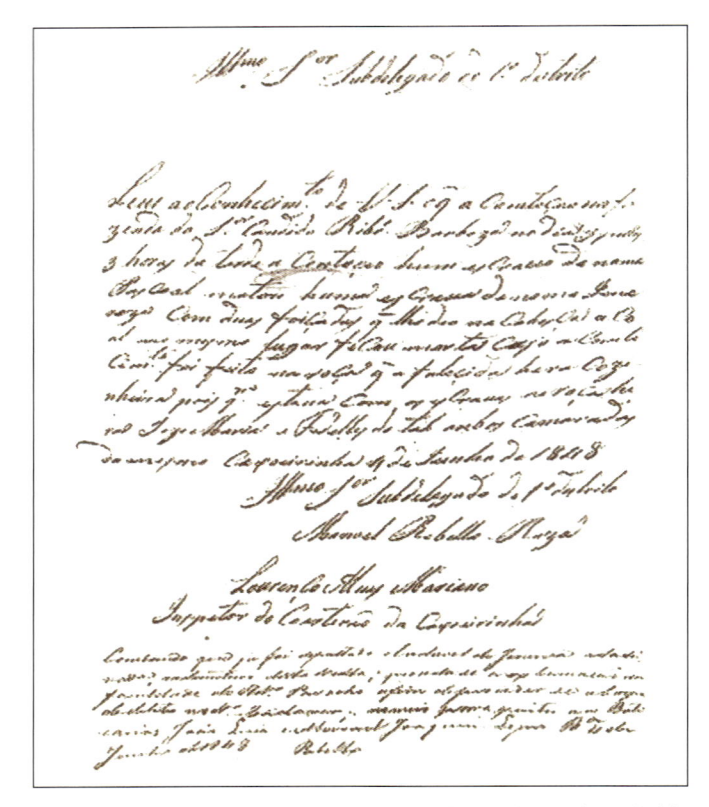

Figura 1.17 ▶ Documento gentilmente cedido pelo Dr. Christobaldo Motta (arquivo particular)

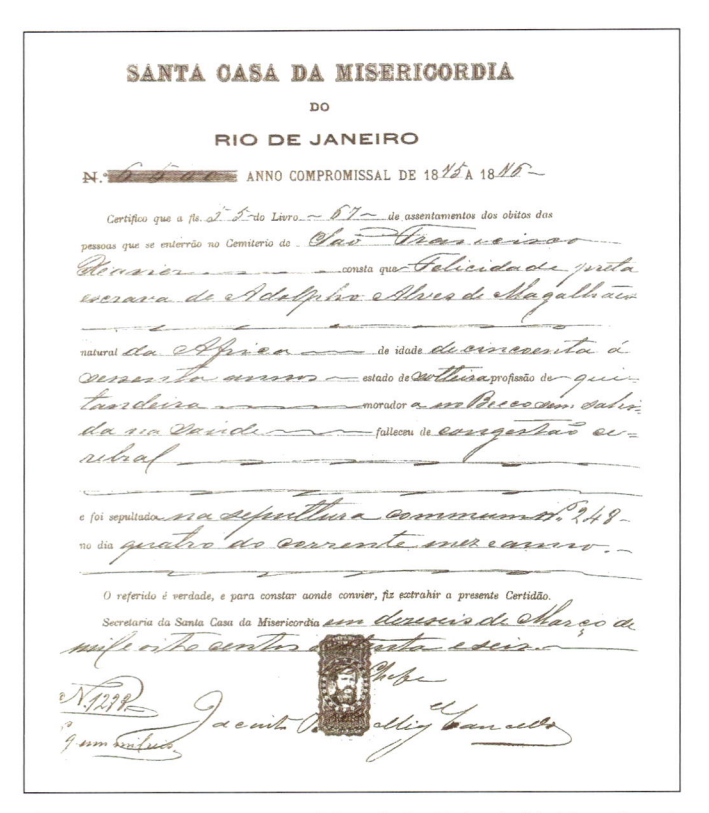

Figura 1.19 ▶ Documento cedido pelo Dr. Christobaldo Motta (arquivo particular)

Illmo Sor Subdelegado do 1° distrito

Levo ao conhecim^to de V.S. o q aconteceo na fazenda do Sr Claudio Ribr^o Barboza no dia 3 pellas 3 horas da tarde aconteceo hum escravo de nome Pascoal matou huma escrava de nome Jene roza com duas foiçadas q lhe deu na cabeça a coal no mesmo lugar ficou morta cujo acontecim^to foi feito na roça q a falecida hera cozinheira pois q^do estava com escravos na roça herão Joze Maria e Fidelles de Tal, ambos camaradas do mesmo. Caxoeirinha 4 de junho de 1848

Illmo Sor Subdelegado do 1° distrito
Manoel Rebello Souza

Lourenço Alves Mariano
Inspetor do Coarteirão da Caxoeirinha

Constando que ja foi sepultado o cadaver de Jeneroza assassi nada no semitério desta Villa; proseda-se a exhumação na faculdade do Rev^do Parocho afim de proceder-se o corpo de delito no d^o cadaver; nomeio por nossos peritos aos Boti carios João Luiz e Manoel Joaquim Lopes B^a 4 de junho de 1848   Rebello

Obs.: Faculdades: S.f.pl. Rel. Permissão dada pelo Bispo a um sacerdote para exercer o seu ministério nos limites da Diocese.
Fonte: Novo Aurélio. Dic. da Língua Portuguesa.

Figura 1.18 ▶ Documento gentilmente cedido pelo Dr. Christobaldo Motta (arquivo particular)

15º Ato – Ensino de Medicina Legal nas Escolas de Direito

Em 1891, torna-se obrigatório o ensino da Medicina Legal nas Faculdades de Direito, por proposta de Rui Barbosa na Câmara dos Deputados.

16º Ato – 1ª Diligência Médico-Legal Documentada

O *Jornal Oficial do Governo do Estado de Minas Gerais*, de 13 de outubro de 1899, relata que o Dr. Bejamim Moss, médico da Força Pública do Estado e responsável pelos exames médico-legais em Belo Horizonte, capital do Estado,

> *ao tomar parte de uma diligência policial, hoje conhecida ou entendida como diligência médico-legal para esclarecimento de um crime cometido em Aranha (município de Ouro Preto), teve que viajar a cavalo de Belo Horizonte até lá e perdeu-se no outro lado da Serra do Curral, tendo que passar a noite no mato. No dia seguinte procedeu a duas exumações e autopsias sob ameaças de partidários dos criminosos, gente poderosa local.*

Certamente houve inúmeras outras passagens significativas da Medicina Legal pelo mundo e também pelo Brasil. A imensidão dos fatos se perde nos poucos relatos. Com relação à Medicina Legal mineira, deixamos a belíssima obra do nosso querido Dr. Christobaldo Motta de Almeida como referência literária.

▶ BIBLIOGRAFIA

Almeida CM. Medicina Legal em Minas Gerais. História de vidas presentes e passadas 2004.

Biblioteca Virtual de Literatura (http://www.biblio.com.br), acesso em 14/7/2010.

Costa JP. Origens da Medicina Legal. <anatomistaenecropsista.blogspot.com/.../historia-da-medicina-legal.html>, acesso em 13/6/2010.

Croce D, Croce Jr. D. Manual de Medicina Legal. São Paulo: Saraiva. 6 ed. Revisada, 2009.

Dicionário Histórico-Biográfico das Ciências da Saúde no Brasil (1832-1930). Casa de Oswaldo Cruz/Fiocruz. <http://www.dichistoriasaude.coc.fiocruz.br>, acesso em 21/5/2010.

Fávero F. Medicina Legal. 12. ed. Belo Horizonte: Vila Rica, 1991.

Fávero F. Medicina Legal. 4. ed. São Paulo: Martins, 1948.

Hércules HC (ed.). Medicina Legal – Texto e atlas. São Paulo: Atheneu, 2005.

Patitó JA. Tratado de Medicina Legal y Elementos de Patologia Forense. Buenos Aires: Quorum, 2003.

Rojas N. Medicina Legal. 9. ed. Buenos Aires: El Atheneu, 1966.

Vanrell JP. Vademecum de Medicina Legal e Odontologia Legal. São Paulo: JH Mizuno, 2007.

Parte B
História da Odontologia Legal

Gustavo Brabalho Guedes Emiliano

Esta parte abordará assuntos que cercam o mundo da Odontologia Legal sob a perspectiva da historiografia, isto é, do registro escrito de autores passados e contemporâneos, análise de documentos oficiais, bem como do ensino e pesquisa como forças capazes de transformar o estado da arte e da ciência. O tema está organizado em sete partes que se complementam. *À Guisa de Informação, Odontologia Legal na História, Ensino e Pesquisa, Notas Finais, Cronologia, Justas Homenagens*, além das *Referências*.

▶ À GUISA DE INFORMAÇÃO

Pesa na história da Odontologia Legal um passado longo e umbilicalmente ligado à Medicina Legal. Prova disso está estampada no livro francês *L'art dentaire et Médicine Légale* (Figura 1.20), de Oscar Amoedo, de 1898. Ao que tudo indica, na América do Sul a união foi ainda mais longeva, conforme se observa nos títulos das obras *Medicina Legal aplicada à Arte Dentária*, de Tanner de Abreu, publicada em 1922 (Brasil), e *Medicina Legal para la enseñanza de La Odontologia Legal y Social*, de Juan Ramon de Beltran, de 1932 (Argentina). Essas obras com títulos claramente ligados à Medicina Legal antecederam outros trabalhos de transição para uma área com ares próprios e limites de atuação definidos. A obra que inaugurou o novo momento da Odontologia Legal no Brasil foi escrita por Luiz Lustosa Silva, cujo título, *Odontologia Legal*, de 1924, anunciava a independência e definia limites de atuação. Essa denominação foi tão bem recebida que consagrou o termo no país. As obras que a sucederam só reforçavam a autonomia da Odontologia Legal, a independência e o caráter colaborativo e multidisciplinar.

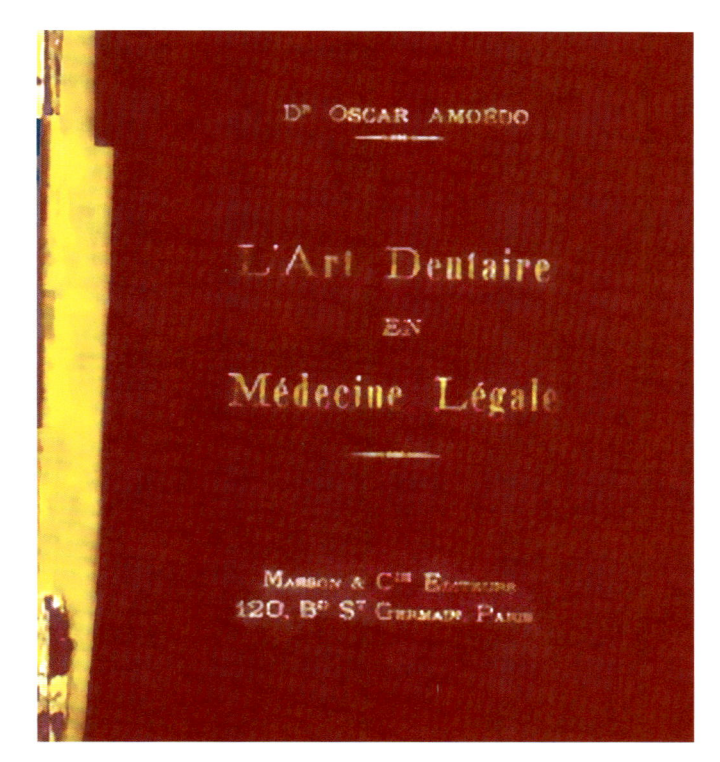

Figura 1.20 ▶ Livro *L'art dentaire et Médicine Légale*, 1898, Paris, França

Como se percebe, até pouco tempo a Odontologia Legal serviu à Medicina Legal como um dos métodos de identificação humana. O incêndio do Bazar da Caridade, o naufrágio do Titanic e outros casos notórios deram grande contribuição para a divulgação e popularização da identificação humana pelos arcos dentários, que, aliás, chegou aos dias de hoje a partir dos desastres aéreos, catástrofes naturais, conflitos bélicos e ataques terroristas que ilustram manchetes de tempos em tempos e ajudam a difundir a eficiência desse método. Entretanto, o que por muito tempo definiu todo o campo de atuação da Odontologia Legal é hoje apenas uma das diversas áreas de competência da Odontologia Legal, a saber, em foro civil e criminal, área trabalhista, securitário, previdenciário etc. Certamente, o rescaldo desse pensamento reducionista ainda está muito presente na consciência da população, estudantes recém-ingressos de Odontologia, profissionais de saúde e alguns gestores da segurança pública, pois pode ser sentido por afirmações como "dentista dos mortos", "dentista de IML" ou mais acintosamente pela desimportância dada a esse profissional nos Institutos de Medicina Legal e congêneres de alguns estados brasileiros que lamentavelmente não o possuem no quadro efetivo. Fato inadmissível, tendo em vista que as perícias do sistema estomatognático podem ser criminosamente negligenciadas ou ficar a cargo de outros profissionais que naturalmente não possuem formação para tal, de modo que as primeiras vítimas são sempre a verdade e a justiça.

Merece também, nesse momento, um breve esclarecimento a respeito das diversas denominações acerca da Odontologia Legal, expressão essa consagrada no Brasil e demais países da América Latina. Entretanto, outros registros são conhecidos, como "Odontologia Forense", "Odontologia Judiciária", "Jurisprudência Odontológica" e outros. Nota-se, comumente, o emprego desses termos sem fazer distinção. Divergência conceitual ou uso equivocado da palavra? As duas denominações mais conhecidas são Odontologia Legal e Odontologia Forense. Para alguns, a Odontologia Legal seria a aplicação do Direito, lei, normas, resoluções, atos etc. ao exercício da profissão. Outros advogam que a Odontologia Forense seria a aplicação dos conhecimentos técnico-científicos próprios da Odontologia a serviço do Judiciário. A bem da verdade, essas e outras denominações não definem por si só essa área da Odontologia, portanto, não se comete um ou outro sacrilégio se empregadas como sinônimos, pois, a rigor, os adjetivos "legal", "forense", "judiciária" não são suficientes para descrever totalmente os campos de atuação da Odontologia Legal. O fato é que no Brasil a denominação Odontologia Legal foi consagrada e é citada nos textos oficiais.

▶ ODONTOLOGIA LEGAL NA HISTÓRIA

Pode-se pensar que a Odontologia Legal surge na história do ser humano no momento em que os aspectos social, jurídico e científico se encontram no tempo para satisfazer as demandas da sociedade. Assim, nessa óptica, a identificação pelos arcos dentários vem da necessidade de preencher o vazio instalado em grupos sociais que perderam entes vítimas de crimes ou de casos fortuitos e que permaneceram não identificados por limitações de outros métodos. Do ponto de vista

jurídico, é importante a determinação da identidade, haja vista ser uma exigência legal para imputação de responsabilidades jurídicas. Noutro aspecto, o estabelecimento de metodologias próprias, sistematizadas, e o reconhecimento inexorável da unicidade, imutabilidade e perenidade das características odontológicas marcam cientificamente o nascimento da Odontologia Legal como ramo das Ciências Odontológicas a serviço do indivíduo, coletivo ou da justiça, porém ainda ligado à Medicina Legal. Nesta parte buscaremos retratar sem paixões os fatos predecessores até o nascimento da Odontologia Legal nos fins do século XIX ao século XX, por meio dos casos notórios, trabalhos clássicos e personalidades.

O primeiro registro escrito, embora de alcance apenas da Odontologia Legal atual, está no clássico texto do Código de Hamurabi, datado de 2000 a.C., nos termos: "Se alguém romper um dente a um homem, seu próprio dente deverá ser rompido; quando ele for um escravo, deverá pagar de uma a três minas de prata." Nesse exemplo, observam-se a importância do elemento dentário e o dever de reparar pelos danos provocados sem, no entanto, possuir o sentido de responsabilidade profissional do cirurgião-dentista como conhecemos hoje. Outro registro imemorável está no capítulo 21 do *Êxodo*, Antigo Testamento, no qual pode ser considerado o prelúdio do Código Penal, a saber:

> *As leis acerca dos que ferem qualquer pessoa... Mas se houver morte, então darás vida por vida, olho por olho, dente por dente, mão por mão, pé por pé, queimadura por queimadura, ferida por ferida, golpe por golpe, [...]. E se tirar o dente do seu servo, ou o dente da sua serva, o deixará ir livre pelo seu dente.*

Outra fonte que inspirou a responsabilidade profissional pode ser encontrada no Direito Romano, que, pela sua descrição na lei V, parágrafo 7º, estabelece que "não cabe ao médico culpa pela contingência eventual da morte, e sim pelo resultado de sua imperícia". Outrossim, no título XXVIII, diz: "Grande negligência constitui culpa; excessiva negligência caracteriza grande culpa; desconhecimento daquilo que todo mundo sabe implica grave culpa."

A historiografia romana registra (49 a.D.) aquele que foi o primeiro caso de identificação humana pelos arcos dentários. Relata-se que Agripina (Figura 1.21), mãe de Nero, tramara a morte de Lollia Paulina, por acreditar que esta representava uma ameaça ao seu matrimônio com Cláudio – imperador de Roma. Assim, ordenou que a matassem e trouxessem sua cabeça como prova. Entretanto, devido ao avançado estado de putrefação em que se encontrava, o reconhecimento foi prejudicado. Foi então que a própria Agripina inspecionou a boca, identificando-a depois de reconhecer características particulares nos dentes.

O príncipe herdeiro da França, Luís XVII, filho de Luís XVI e Maria Antonieta, foi morto na prisão de Paris

Figura 1.21 ▸ Agripina

Figura 1.23 ▸ Joseph Warren

em 1795, aos 10 anos e 2 meses de idade. A necropsia revelou como *causa mortis* a tuberculose, tendo o corpo sido cremado. Em 1826 foram prestadas homenagens, entretanto o corpo não foi encontrado, o que causou rumores que davam conta de que ele não teria morrido e teriam sepultado outro em seu lugar. Finalmente, em 1846, foi encontrado um esqueleto que acreditava-se ser o do príncipe herdeiro, entretanto um meticuloso estudo, conduzido pelos doutores Recamiere e Backer nos maxilares e dentes, revelou que o corpo possuía 28 dentes permanentes e terceiros molares irrompendo, achado este compatível com um adolescente com aproximadamente 16 ou 18 anos. Nesse caso, o estudo da cronologia de erupção dos dentes foi fundamental para estimativa de idade e subsequente exclusão da identidade, permanecendo o mistério.

Nos EUA, em 1775, Paul Revere (Figura 1.22) confeccionou uma prótese fixa em marfim e fios de prata

para o General Joseph Warren (Figura 1.23). Warren foi morto em batalha na Guerra da Independência Americana por uma bala que lhe deformou a face. Dez meses depois da morte o corpo foi exumado e Revere identificou o próprio trabalho, sendo o primeiro registro de identificação odontolegal realizada por cirurgião-dentista.

Em 1809, a identificação do príncipe Napoleão IV, morto na África e transladado à Inglaterra, foi possível graças à presença de uma restauração em ouro. Outro palpitante caso foi a identificação do assassino do presidente americano Abraham Lincoln, John W. Booth, por uma malformação na mandíbula.

Em 1849, o eminente professor e químico Webster assassina e incinera no forno de seu laboratório um rico filantropo de Chicago. Entre os restos da incineração havia uma prótese em porcelana que resistiu à elevada temperatura, permitindo a identificação da vítima.

No século XIX, a Europa era palco de grande efervecência científica. A Odontologia atravessava um período de inovações tecnológicas, desenvolvimento de técnicas e introdução de materiais restauradores, obturadores e protéticos. É nesse contexto que surge a Odontologia Legal.

O marco que lançou as bases científicas para o nascimento da Odontologia Legal foi um pavoroso desastre. A tragédia ocorreu na tarde de 4 de maio de 1897, em Paris, França. No Bazar da Caridade, inaugurado horas antes, havia uma multidão de 1.200 pessoas reunidas em prol de obras beneficentes. O espaço de cerca de 80 metros ocupado por 22 lojas, separadas por um passeio central, foi rapidamente consumido pelas chamas. O incêndio resultou em 200 feridos gravemente e 126 mortos. Controlado o incêndio, os corpos foram transladados para o Palácio da Indústria, onde familiares acotovelavam-se para reconhecer seus entes. Do total de mortos, 30 permaneciam não identificados. Entre estes carbonizados encontravam-se condessas, duquesas e

Figura 1.22 ▸ Paul Revere

outras distintas senhoras da aristocracia francesa. Foi então que o Sr. Albert Hans (embaixador do Paraguai) sugeriu às autoridades que a identificação fosse realizada pelos dentistas das vítimas, baseados nos trabalhos odontológicos realizados. Após a sugestão, os dentistas foram convocados a proceder à identificação por meio de restaurações de amálgama, trabalhos em ouro, próteses e ausências de elementos dentários presentes nas fichas odontológicas. Quatro anos após o incêndio foi erguido no lugar do bazar, na rua Jean-Goujon, a capela de Notre Dame de Consolation, em memória às vítimas que sucumbiram nesse dia (Figuras 1.24 e 1.25).

Chocado com o que presenciou, o Dr. Oscar Luís Amoedo Valdés, cirurgião-dentista cubano e professor da Faculdade de Odontologia de Paris, teria dito: "Que pesadelo!... Cabeças carbonizadas; encolhidas e reduzidas a nada ou a quase isso! Apenas os dentes resistiram." Em 1897, publica na revista *Dental Cosmos* um breve artigo descrevendo os procedimentos de identificação empregados pelos dentistas, bem como estabelece

a metodologia a ser aplicada em casos futuros. Em 1898, isto é, um ano após o incêndio, Amoedo publica o primeiro livro de escopo odontolegal da história, cujo título é *L'art dentaire et Médicine Légale*. Nesse livro, descreve o desastre com a propriedade de alguém que acompanhou de perto os trabalhos de identificação. Ele relata as cenas do incêndio, publica os depoimentos dos dentistas do caso, escreve sobre diversos assuntos de interesse odontolegal, como anatomia dentária, diferenças morfológicas dos dentes em diferentes grupos étnicos, relação dos dentes com a idade e o sexo, os dentes das prostitutas, criminosos e anões, as lesões cariosas e não cariosas, manifestações das patologias gerais nos dentes, lesões profissionais e traumáticas dos dentes, as mordidas, alterações dentárias *post mortem*, jurisprudência, notação dentária, e discute 52 pontos para serem observados em casos práticos de identificação. O Dr. Oscar Amoedo obteve o reconhecimento da classe e hoje é aclamado como o pai da Odontologia Legal no mundo (Figura 1.26). O esforço de todos os dentistas no caso do Bazar da Caridade foi tão exitoso que mereceu o reconhecimento da sociedade e a consagração do papel da Odontologia nos processos de identificação humana.

Outro caso clássico ocorreu em 1909, na embaixada da Alemanha, em Santiago, Chile. O prédio da embaixada foi incendiado, embora naquele momento houvesse apenas duas pessoas ali, o porteiro Ezequiel Tapia e o cônsul alemão Willy Becker. O cônsul alemão foi declarado morto. Os exames necroscópicos indicavam que a morte havia sido anterior ao incêndio e o corpo apresentava contusões no crânio e ferimentos no coração. As

Figura 1.24 ▸ Bazar da Caridade, Paris, França

Figura 1.26 ▸ Oscar Amoedo e família

Figura 1.25 ▸ Incêndio no Bazar da Caridade

suspeitas da autoria do crime recaíram sobre o porteiro, que havia desaparecido. Enquanto todos presumiam que o corpo era mesmo do cônsul, Germán Valenzuela Bastarriga, cirurgião-dentista chileno, removeu os maxilares e os confrontou com a ficha clínica do diplomata. Horas antes do sepultamento, Bastarriga concluiu que os despojos não eram do cônsul alemão. O sepultamento foi suspenso e começaram as diligências para deter o alemão, que foi preso na fronteira do Chile com a Argentina. Becker confessou ter cometido fraudes contábeis e simulado a própria morte, colocando o porteiro em seu lugar, além de ter seccionado a bochecha da vítima e queimado a prótese com um maçarico na vã tentativa de impedir a identificação pelos dentes e peça protética.

Foram muitos os casos de identificação de nazistas procurados por crimes de guerra e contra a humanidade. Nessa longa lista encontram-se Adolf Hitler e Eva Braun, identificados pelo dentista particular por meio da ficha clínica, de próteses e de radiografia do seio frontal. Em 1972, o Dr. Hugo Blaschke esclareceu o controvertido caso de desaparecimento do chancelar do Terceiro Reich alemão, Matin Bormann. À época, existiam relatos de que ele havia sido visto na Alemanha, na Itália e em países da América do Sul. O Dr. Blaschke encontrou 16 características dentárias compatíveis *ante* e *post mortem* com a ficha clínica do alemão. Assim, concluiu de maneira inequívoca pela identidade do chancelar. Em 1985, o caso de Josef Mengele alcançou repercussão internacional. Foi um trabalho multidisciplinar envolvendo brasileiros, entre eles o cirurgião-dentista e professor de Odontologia Legal Moacir Silva. Documentos e relatos davam conta de se tratar de um alemão, que se cogitava ser o médico nazista Mengele, o Anjo da Morte, responsabilizado pelas atrocidades cometidas nos campos de concentração de Auschwitz. Os restos mortais foram exumados no cemitério de Embu, São Paulo, e a partir de meticulosas pesquisas médico e odontolegais comprovou-se tratar do nazista por meio da comparação da ficha clínica encontrada em Auschwitz. Além desses exames, foram realizados outros estudos antropológicos, como o método de Carrea, todos indicando características antropológicas compatíveis com o Anjo da Morte.

É importante registrar aquele que parece ser o primeiro caso devidamente documentado de identificação por trabalho odontológico no Brasil. É uma transcrição de revista policial, em 1919:

> *Nas matas de Piaí, próximo à Santa Cruz, foi encontrado, nos primeiros dias de março de 1919, um cadáver de homem, em adiantado estado de putrefação, e que incompletamente estava enterrado. Extensa e profunda ferida incisa do pescoço realizava a quase decapitação, havia fratura do crânio, diversos ferimentos no tórax, e a mão direita havia sido amputada. O estudo da conformação craniana e dos cabelos em parte ainda aderidos ao crânio levou Rodrigues Caó à presunção de tratar-se de indivíduo moço e de origem germânica. Mas, foi uma peça protética, encontrada na boca do cadáver, um tra-*
> *balho de ponte com dois dentes, um incisivo central direito e um incisivo lateral esquerdo, que permitiu estabelecer a identidade do morto e como que apontar o autor do assassinato. Os dois dentes eram um Gosles e outro Steele. E a importação desses dentes para o Rio e para S. Paulo, feita exclusivamente pela casa Hermany, foi iniciada em 1914, 1915, o que permitia concluir que era relativamente recente o trabalho de prótese em questão. Por outro lado, o estado de asseio destes dentes artificiais fez acreditar que provavelmente se tratava de pessoa de certo tratamento. Com esses elementos de orientação, a Inspetoria de Segurança entrou a fazer investigações em vários gabinetes dentários e reproduziu em jornais de grande circulação fotografias da peça. Não tardou que comparecesse à sede da Inspetoria um dentista alemão que reconheceu a peça protética como tendo saído do seu gabinete e, de acordo com os dados colhidos no seu registro e na sua coleção de moldes, pode fazer a identificação do morto asseverando tratar-se do alemão Alfredo Schenek, para quem tinha feito, havia menos de dois anos, o referido trabalho de ponte. O assassino que tivera o cuidado de amputar a mão direita do cadáver, a qual se assinalava pela falta do polegar (alguns anos amputado), deixou na boca da vítima o instrumento que o havia de denunciar, a peça protética, que, favorecendo o reconhecimento do morto, permitiu atribuir a autoria do crime ao seu antigo sócio, outro alemão, que desapareceu após a prática do crime (Fávero, 1945, p. 107).*

Outro caso de repercussão foi o da identificação do famoso cantor de tango Carlos Gardel, morto em desastre aéreo em 1935, em Medelín, Colômbia. Gardel foi identificado pelos trabalhos de porcelana em seus dentes.

No ano de 1990 ocorreu um dos maiores desastres navais da história, do Scandinaviam Star, que ceifou a vida de 158 indivíduos. A participação da Odontologia foi preponderante na identificação das vítimas, sendo responsável pela resolução de 107 casos.

Em 1997, outro caso de repercussão mundial foi a notícia da identificação dos restos mortais do médico e revolucionário argentino Ernesto Guevara de La Sierna, o Che Guevara, assassinado 30 anos antes na selva boliviana. Os restos mortais de Che foram exumados junto aos de outros seis corpos na localidade de Vallegrande, Bolívia. Os peritos constataram a ausência das mãos, que serviram na época do assassinato para a identificação por peritos argentinos enviados a Vellegrande para atestar a identidade. Após uma semana de exaustivo trabalho, os peritos o identificaram pelo molde de gesso e uma radiografia odontológica. Hoje, os restos mortais encontram-se em Havana, Cuba.

▶ ENSINO E PESQUISA EM ODONTOLOGIA LEGAL

O primeiro programa de ensino de interesse odontolegal foi na disciplina de Medicina Legal aplicada à Arte Dentária, ministrada pela primeira vez em 1920, pelo Professor Tanner de Abreu, na Faculdade de Medicina do Rio de Janeiro.

Em 1924, o professor paulista Luiz Lustosa Silva empregou pela primeira vez na história a denominação "Odontologia Legal", nome que, aliás, dá título a sua obra publicada nesse mesmo ano. Essa obra estabelece pela primeira vez os limites de atuação da Odontologia Legal.

O programa de Odontologia Legal no Brasil começa oficialmente a fazer parte do currículo de graduação das Faculdades de Odontologia em 1931, com o nome da disciplina de Higiene e Odontologia Legal por força do Decreto 19.852, artigos 218, 219 e 311.

A permanência da Odontologia Legal atrelada à disciplina de Higiene foi mutuamente prejudicial. Nas últimas décadas, com as reformas dos cursos de graduação, houve a dissociação das duas áreas. Entretanto, em vários cursos de Odontologia, a Odontologia Legal ficou sob os auspícios da Odontologia Social. É quase unânime entre a classe docente e profissional a necessidade de reformular o plano pedagógico da disciplina na graduação, por meio de várias estratégias, como, por exemplo, aumentar a carga horária, definir programas mínimos, inserir tópicos de Ética e Responsabilidade Profissional nas disciplinas profissionalizantes e participar do dia a dia das clínicas integradas, entre outras.

Por outro lado, é crescente a procura por cursos de pós-graduação *lato sensu*, muitas vezes como medida para suprir carências básicas deixadas pelo ensino de graduação. Com o propósito de discutir com a classe docente os rumos do ensino da Odontologia Legal na graduação, foi realizado no ano de 2009, na cidade de Lauro de Freitas, Bahia, o I Encontro Brasileiro de Docentes de Odontologia Legal. Nele foi possível traçar os problemas, ouvir sugestões e experiências e definir diretrizes para o enfrentamento do problema.

Com relação à pós-graduação *stricto sensu*, ou seja, mestrado e doutorado, são poucos os cursos oferecidos no país. A USP e a Unicamp oferecem excelentes cursos de Odontologia. São compostos por valorosos professores/pesquisadores, que cumprem muito bem o papel de formar mestres e doutores e alavancar a pesquisa em Odontologia Legal no Brasil.

▶ NOTAS FINAIS

Como percebe-se, a História é pródiga em casos emblemáticos. Portanto, não se buscou aqui resgatar todos os casos, pelo menos os mais vultuosos; primeiro porque seria impossível revirar toda a história sem cometer erros; depois, pelo fato de buscar-se com este capítulo delinear os fatos que contribuíram para a evolução técnico-científica da Odontologia Legal, como, por exemplo, a publicação de obras de escopo odontolegal que metodificam as pesquisas e as perícias e demonstram a importância dos registros clínicos em prontuários odontológicos.

Vale lembrar que a Odontologia Legal não é uma especialidade que age em benefício próprio, dos pacientes/vítimas, tampouco do pensamento classista, é uma especialidade que age em prol da sociedade.

Apesar da separação da Odontologia Legal da Medicina Legal, ambas mantêm completa sintonia e são amplamente colaborativas na atividade pericial e promoção de eventos científicos, ora com discussões pertinentes à Odontologia, ora à Medicina, ora a programas de interesse comum.

No tocante à carreira, é uma das mais apaixonantes e estimulantes especialidades odontológicas. Não por outra razão, senão pelo seu caráter interdisciplinar e interativo, em que uma boa formação profissional, aliada à perspicácia do observador em interpretar dados, articular saberes e apresentar resultados, vem conquistando a atenção de jovens a experientes cirurgiões-dentistas. Tendo em vista o galopante aumento do acesso à informação, o aumento das lides éticas e judiciais, a ampliação do acesso ao Judiciário, a função do assistente técnico, bem como o papel dos odontolegistas em Institutos de Medicina Legal e congêneres, fazem dessa especialidade uma das mais promissoras entre as odontológicas.

▶ CRONOLOGIA DA HISTÓRIA DA ODONTOLOGIA LEGAL

- Em 1728: a obra de Pierre Fauchard (Figura 1.27), *Le Chirugien Dentiste – Au Traité des Dents,* marca o início da fase científica da Odontologia.

- Em 1746: Claude Mouton publicou o primeiro trabalho de prótese, no qual descreve facetas em ouro para esmalte de dentes anteriores e grampos para próteses parciais.

Figura 1.27 ▶ Pierre Fauchard

- Em 1794: John Greenwood confeccionou a primeira coroa de porcelana.
- Em 1826: introdução do amálgama de prata na Odontologia.
- Em 1840: primeiras coroas de porcelana a pino.
- Em 1844: Horace Wells, cirurgião-dentista de Connecticut, EUA, observou o poder anestésico do óxido nitroso. Sob efeito desse gás, submeteu-se à exodontia de molar sem dor, havendo descoberto a anestesia.
- Em 1847: Hill desenvolveu o primeiro material obturador à base de guta-percha, à época conhecido como "obturador de Hill". Em 1848, foi introduzido na Odontologia.
- Em 1887: a S.S. White Company iniciou a produção de guta-percha em escala comercial.
- Em 1895: Wilhelm Conrad Roentgen, físico de Lennen, Alemanha, descobriu os raios X, marcando o nascimento da imagenologia.
- Em 1895: Otto Walkoff, um dentista de Braunschweig, Alemanha, realiza a primeira radiografia odontológica (duas semanas após os experimentos de Roentgen com os raios X).
- Em 1930: utilização dos cones de prata como material obturador de canais radiculares.
- Em 1934: introdução da resina acrílica.
- Em 1971: introdução dos cimentos de ionômero de vidro por Wilson & Kent.

▶ JUSTAS HOMENAGENS

Não existe presente sem passado. Por isso, agradecemos aos grandes mestres que contribuíram com suas obras para o desenvolvimento da Odontologia Legal no Brasil, sem esquecer aqueles mestres que preferiram centrar suas obras nas palavras não escritas.

São alguns: Armando Samico, Almino dos Reis, Raimundo Nina Rodrigues, Guilherme Osvaldo Arbenz, Valdemar da Graça Leite, Luiz Lustosa Silva, Armando Samico (*in memoriam*), Jorge de Souza Lima e aos atuais Moacyr Silva, Genival Veloso de França, Luiz Carlos Cavalcante Galvão, Luiz Rodolpho Penna Lima, Dila-

na Duarte Penna Lima, Nilo Jorge Gonçalves e demais entusiastas e professores de Odontologia Legal que, em suas faculdades, cumprem a nobre missão de inspirar, por meio de seus exemplos, todos os jovens.

▶ BIBLIOGRAFIA

Amoedo O. Fire on the Charity Bazaar. Rev Museo Fac Odontol B Aires jun 1998; 13(6): 16-20.

Bruce-Chwatt RM. A brief history of forensic odontology since 1775. Journal of Forensic and Legal Medicine 2010; 17: 127-30.

Cohem S, Hargreaves KM. Caminhos da polpa. Rio de Janeiro: Elsevier, 2007.

Coiradas GMR. Métodos de identificação humana: a importância da identificação pela arcada dentária nas forças armadas. Trabalho de conclusão de curso no curso de formação de oficiais em saúde, 2008.

Conceição EW *et al*. Dentística: saúde e estética. 2. ed. São Paulo: Santos, 2002: 343p.

Doubleday FN. The contribuitions of King's College London to the Science of Dentistry. Joint Discussion, 2, march, 1949.

Fávero F. Antropologia médico-legal in Medicina Legal. 3. ed. São Paulo: Martins, 1945; 1: 56-173.

Martins WD. History Horace Wells – 160 years of the discovery of anesthesia (1884-2004). Rev Clin Pesq Odontol jul/ago 2004; 1(1).

Martins WD. Wilhelm Conrad Roentgen. Rev Clin Pesq Odontol jan/mar 2005; 1(3).

Nacif RB, Nascimento RA. Revisando a prática odontológica: origem, evolução e perspectivas. Curso de Especialização em Saúde Coletiva, ABO-DF, 2003.

Oliveira RN *et al*. Contribuição da Odontologia Legal para a identificação "post mortem". RBO Rio de Janeiro 1998; 55(2): 117-22.

Rodrigues R. A cátedra de Odontologia Legal em face da reformulação do ensino odontológico. Rio de Janeiro: UFRJ, 1970.

Samico A. Aspectos da história da Odontologia Legal. II Congr. Bras. de Hist. da Med. e Cienc. Afins. Recife: Imprensa Oficial, 1953.

Silva RHA, Sales-Peres A. Odontologia: um breve histórico. Odontología Clín-Científ, Recife, jan/mar, 2007; 6(1): 7-11.

Silva SCP. Universidade do Porto. Curso de mestrado em ciências forenses. Tese de mestrado. Porto, 2007.

Siveira EMSZSF. Odontologia Legal: conceito, origem, aplicações e história da perícia. Saúde, Ética & Justiça 2008; 13(1): 33-6.

Vanrell JP. Conceitos e noções históricas em Odontologia Legal. In: Vanrell JP *et al*. Odontologia Legal e Antropologia Forense. 1. ed. Rio de Janeiro: Guanabara Koogan, 2002.

CAPÍTULO 2

A Evolução da Ética e da Bioética – Ética e Prática Pericial em Saúde

José Geraldo de Freitas Drumond

▶ INTRODUÇÃO HISTÓRICA E CONCEITUAL DA ÉTICA

Ética é o ramo da Filosofia que trata do comportamento moral humano. Denominada Filosofia Moral, equivale ao pensamento filosófico sobre a moralidade, os problemas morais e os juízos de valor, segundo Frankena (1981). Como ciência, estabelece metodologias para a discussão acerca do agir humano, espelhando-se em princípios morais que se tornaram fundamentais em razão da necessidade de preservação da dignidade do ser humano e de seu pertencimento à grande família universal, que é a humanidade.

Ética, tal como a conhecemos hoje, nos foi legada pelos gregos antigos que, na descrição de Rocha (2001), ousaram semear espiritualidade no homem, tendo como fonte de inspiração seu especial relevo geográfico, como o céu, o mar e a terra, assim como toda a atmosfera circundante, de modo tão singular e paradigmático, que resultou na edificação de uma civilização fundamentada no sentido ético e estético da vida.

Na cultura grega, a noção de ética foi divulgada ao povo por meio dos poetas Homero e Hesíodo. Homero (século VII a.C.), que se notabilizou como grande educador, afirmava em seus poemas épicos que os homens nobres (*aristói*) eram portadores de um atributo vigoroso (*areté*), que se achava entrelaçado ao dever e à honra, legado de seus ancestrais. A *areté* homérica era um conceito fisiológico e representava os atributos próprios dos homens nobres, como a coragem, a bravura e a excelência, que caracterizavam uma superioridade ostentada somente pelos deuses.

Os poemas de Homero – *Ilíada* e *Odisseia* – se transformaram nos textos básicos da educação do povo grego, não só por causa de seu estilo épico, mas, principalmente, devido ao ideal ético que eles preceituavam, tão importante na formação do caráter nacional que os historiadores passaram a nomeá-los, em conjunto, por "educação homérica" (*omeriké paideia*), como materialização de uma moral heroica, cultivadora do sentimento da honra. O cavalheiro homérico estava representado por Aquiles e tinha na *areté* seu caráter, que o transformava em herói e portador do segredo da glória: a coragem e a honra.

Hesíodo se especializou na educação do homem do meio rural e em descrever os feitos históricos matizados pelos atos de honra e justiça. Segundo ele, o homem só veio a adquirir sua autonomia depois que Prometeu conseguiu roubar o fogo de Zeus e destiná-lo à humanidade. A partir desse fato, Hesíodo descreve a história das raças por meio das renhidas lutas travadas pelos homens para vencer os deuses. Por intermédio do mito de Prometeu desenvolve a noção do trabalho e pelo mito das raças, a noção de Justiça. Hesíodo foi o poeta defensor do Direito ao enaltecer a deusa da Justiça (*Diké*), destacando-a para um lugar privilegiado junto a Zeus, o maior de todos os deuses gregos.

No entanto, foi Sócrates quem elevou a Ética a sua dimensão racional como resultado da reflexão do conhecimento, transformando-a em virtude ou bem que refreia os impulsos da alma e propicia oportunidades para a superação da ignorância e da vaidade daqueles que se julgam sábios.

Sócrates mereceu de Aristóteles o título de "fundador da ciência do *ethos*", por ter aceitado o desafio de elaborar tal ciência quando os sofistas se empenhavam em demolir as diretrizes éticas e religiosas da sabedoria grega tradicional. Foi essa ciência do *ethos* que se tornou matriz da ética na tradição do pensamento ocidental, como ensina Vaz (1986).

Platão, discípulo de Sócrates, afirmava que a filosofia era indispensável à política, pois, no seu entender, é a razão que comanda o bem. Somente ao conhecer o bem é possível organizar a pólis, não mais de acordo com as opiniões extraídas de interesses subalternos, mas fundamentado no verdadeiro conhecimento. Para Platão, os governos teriam três finalidades: satisfazer as necessidades básicas dos cidadãos, defender o território e administrar a sociedade. Se a população se divide de acordo com funções e aptidões de cada indivíduo, aqueles que mais se destacassem no conhecimento e na educação deveriam ser os preferidos para governar.

Em síntese, o homem deve procurar seguir o caminho da retidão, da justiça e da felicidade, ou seja, o caminho das virtudes. Essa ética, conhecida como a ética das virtudes, teria sua origem na íntima relação dos deuses com o homem para posteriormente evoluir através do pensamento racional desenvolvido por Sócrates, Platão e Aristóteles.

Surge daí a tradição filosófica ocidental, patrimônio moral que permanece até os dias atuais e, como discorre Marcos (1999), desde então o pensamento humano vem se orientando pela representação de três visões do mundo: a cosmocêntrica, em que o universo é o centro das indagações; a teocêntrica, centrada num deus criador e irradiador de tudo; e a antropocêntrica, cujo eixo é o próprio homem. Caberá ao homem a tarefa de discernir o caminho por esses três eixos fenomenológicos, utilizando-se de sua razão materializada em atos e deveres ou obrigações resultantes das ações bem-intencionadas. Em síntese, cabe ao homem, como desiderato de sua essencial humanidade, agir pelo bem e de modo correto: *"Ratio recta factibilium."*

Ética deriva do vocábulo grego *ethos*, que significa costumes e tem como correspondente latino o vocábulo *mor*, sinônimo de moral. Na prática, os dois vocábulos se confundem, embora sejam diferentes na própria grafia grega: *Ethos* grafado com vogal *"E"* maiúscula tem o significado de morada do homem na terra, o seu abrigo protetor, a sua casa; e *ethos* com vogal *"e"* minúscula representa caráter, índole individual, temperamento, ou seja, a constituição física e psicológica do indivíduo.

Boff (2000) acentua que o *Ethos* (vogal maiúscula ou épsilon) constitui um conjunto de valores e hábitos consagrados pela tradição cultural de um povo. É o que denominamos MORAL, ou seja, costumes, hábitos e valores de uma determinada cultura que constroem o *ethos* plural. Já o *ethos* (vogal minúscula) é a soma dos princípios fundamentais e valores imprescindíveis, que presidem as ações de cada indivíduo.

Na Antiguidade, a Ética se fundamentava na religião e tinha no temor aos deuses seu padrão de conduta. A "ética antiga" ou se encontrava codificada – como no primeiro código conhecido, o Código de Hamurabi (século XVIII a.C.) – ou, então, se achava acoplada a determinados rituais, preceitos legais ou regras de higiene, como na religião judaica.

A dessacralização da Ética teve início com os filósofos da Antiguidade grega. Sócrates, por exemplo, a compreendia como obrigações do cidadão para consigo próprio e com o Estado, enquanto Platão aplicou-a aos governantes e ao Estado.

Aristóteles foi quem, de fato, sistematizou o pensamento sobre a Ética, legando-nos notáveis obras, como *Ética a Nicômaco, Magna Ética* e *Ética a Eudemo*, e logrando vasta influência, tanto que, ao final da Idade Média, uma versão de seu pensamento passou a ser adotada oficialmente pela Igreja de Roma. Aristóteles se transformou em grande fonte de inspiração para Kant, Hegel e Marx. Ele assinalava que o homem tem na felicidade sua causa final e seu objetivo supremo e, para atingi-la, deve adotar uma moral balizada pela moderação, equidistante dos extremos. A isso denominou virtude, que deve ser desenvolvida pela aquisição de hábitos que se aprimoram preponderantemente pelo uso da razão no campo da moral.

Sobreveio a era cristã e com ela sobressaíram Agostinho e Tomás de Aquino, doutores da Igreja Católica, que souberam acoplar o pensamento cristão à racionalidade ética de Sócrates, Platão e Aristóteles.

Agostinho teve sua autobiografia narrada em *Confissões*, na qual insere seu pensamento. Entre os séculos IV e V, a filosofia se encontrava diante de uma crise de confiança na razão, tendo Santo Agostinho contribuído decisivamente para a restauração da certeza da razão. Situando-se na transição entre o mundo greco-romano e a Idade Média, o pensamento agostiniano colaborou para o surgimento de um mundo ocidental cujos valores são preponderantemente derivados do cristianismo. Entre seus temas mais preferidos, além da fé em Deus e sua relação com a razão ("Compreender para crer, crer para compreender"), estão "o universo e o princípio que o governa" e "a ética e a política", todos, obviamente, de conotação ideológica cristã.

Tomás de Aquino, teólogo e religioso dominicano, professor da Universidade de Paris e de outras universidades europeias, defendeu a filosofia a serviço da fé, de tal modo que, em caso de conflito entre uma e outra, deveria prevalecer a fé em detrimento da filosofia, que restaria equivocada. Para ele, existe uma área comum à razão e à fé que deve ser bem demarcada para evitar que a razão ultrapasse a fé e que aquela possa se desenvolver adequadamente dentro de seus limites.

Por sua importância, salientamos outras duas referências históricas da Ética: o budismo, no Oriente, e o epicurismo, no Ocidente. O budismo Zen propõe o alcance da felicidade pela aceitação completa da vida tal como a vivemos, sem a necessidade da aplicação de juízos de valor sobre o que é bom ou ruim. Ou seja, propõe-se aceitar completamente a vida tal qual ela se apresenta, sem questionamentos ou limitações.

Epicuro, filósofo grego que viveu entre 341 e 270 a.C., adotou a ataraxia (estado de ausência de perturbação ou agitação da alma) e costumava reunir seus discípulos numa escola denominada Jardim. Para ele felicidade é sinônimo de prazer, satisfação dos desejos físicos, não de modo insaciável, mas estável, comedido, uma espécie de estado do desejo saciado, ou seja, um "prazer em repouso".

Para Epicuro, a filosofia é a razão última da libertação e cura do homem: à semelhança dos médicos e sua Medicina, que trata das doenças e dos sofrimentos corporais, a Filosofia se encarregaria dos sofrimentos da alma, tornando-se a terapia das causas da infelicidade humana.

Na Modernidade, a Ética avolumou-se ainda mais racional, desenvolvendo a ideia de que está nas mãos do próprio homem sua completa realização enquanto ser mais desenvolvido da natureza. Os exemplos vão de Descartes e Pascal a Nietzsche.

René Descartes, francês do final século XVI, considerava a razão a faculdade humana por excelência: "*Cogito ergo sum*" é a famosa fórmula de seu *Discurso do método*, ao reconhecer na vontade de cada pessoa a causa de seus erros. Sua obra é baseada em estudos matemáticos, que se transforma em "*mathesis universalis*". Em *As paixões da alma*, apresenta o homem como a soma de alma e corpo, cuja união possibilita a relação do "cogito", originado num órgão localizado na parte inferior do cérebro, correspondente à glândula pineal.

Blaise Pascal, também nascido na França, no século XVII, revelou-se vigoroso opositor a Descartes, citado em sua obra póstuma, denominada *Pensamentos*. Em *Pensées*, Pascal afirma que "*Le coeur a ses raisons que la raison ne comprends pas*" ("O coração tem suas razões, que a razão não conhece"), cujas "razões do coração" representam os princípios, como os da geometria, que não são demonstráveis e escapam à razão, mas o fato de não admiti-los como verdades impediria qualquer raciocínio. Pascal foi matemático e físico, mas, sobretudo, fervoroso cristão. Baseou-se em suas práticas científicas e vivência religiosa para criticar o racionalismo cartesiano. Para Pascal, a "*mathesis universalis*" não tem nada de universal e sua validade somente é aplicável à Matemática.

Friedrich Nietzsche, alemão do século XIX, que se autointitulou "primeiro niilista perfeito da Europa", questionou o valor absoluto dos critérios que serviam como base à civilização ocidental e propugnou pela existência de uma base extramoral para a moral, afirmando ser a Ética uma estratégia dos fracos para dominar os fortes e infundir-lhes um sentimento de culpa. Em

Humano, demasiado humano, criticou os valores da sociedade e em *Assim falou Zaratustra*, descreveu a morte de Deus na sociedade europeia do final do século XIX, o que implicava a dissolução dos valores morais: o fim do Deus cristão causando o fim de toda a moral derivada do cristianismo.

Saliente-se ainda, por sua importância, Spinoza e sua obra denominada *Ética demonstrada à maneira dos geômetras*, em que associa suas concepções de Deus, do homem e do mundo.

Immanuel Kant foi importante filósofo da Modernidade, cuja obra se baseia na ética da autonomia. Em conjunto com Bentham e Kierkegaard, desenvolveu a ideia de uma ética racional, uma ética utilitária e uma ética com base na singularidade da existência humana. Na ética de Kant, sobressai-se a autonomia e, como fundamento ético, a escolha de uma regra que possa ser de aplicação universal, estabelecendo-se que o ser humano é um fim em si mesmo: "Aja somente segundo a máxima através da qual você possa, ao mesmo tempo, desejar que ela se transforme numa lei universal." Ou, dizendo de outro modo: "Opera de tal modo que trates sempre a humanidade, seja em tua pessoa ou na de outro, como fim, e que não te sirvas jamais dele como um meio."

Menção deve ser feita, ainda, a Karl Marx, que embora elegesse a economia política como fundamento para a compreensão da História sob a forma do materialismo histórico, entendia ser a Ética parte da superestrutura social, uma "ideologia" a serviço da dominação de uma classe.

O engenheiro inglês Herbert Spencer teve contribuição importante na Biologia. Sua obra tenta demonstrar, pela primeira vez, que a evolução das espécies constitui o princípio básico que serve de explicação para todo e qualquer fenômeno, biológico ou social. Escreveu *Princípios de Ética* em 1893, no qual propôs uma ética "natural" espelhada na Biologia, que viria substituir a moral ligada à fé tradicional. Sua máxima era: "A mais nobre conduta é aquela que conduz à maior extensão, amplitude e plenitude da vida."

A Pós-modernidade, nossa era atual, encontra a humanidade envolta no que podemos chamar de uma perplexidade ética, caracterizada pela constatação de que a maioria das conquistas propiciadas pelo conhecimento humano – todo o desenvolvimento científico e tecnológico da humanidade – permanece inacessível para a maior parte da família universal. O consumismo tornou-se um fim em si mesmo nos países ricos, que submetem os demais povos à dominação econômica, ideológica e até mesmo religiosa, em alguns casos.

Na singularíssima transição histórica vivida pela sociedade contemporânea, nunca foi tão importante desenvolver a reflexão ética para modular o comportamento humano, de modo que as ações de homens e mulheres possam convergir para resultados benéficos e de alcance planetário, afastando-se de atos cujas consequências podem colocar em risco a própria sobrevivência dos seres humanos e da biosfera.

Ética é, pois, uma opção de agir pelo bem comum; melhor dizendo, o lema máximo da Ética é o bem comum e uma decisão ética pressupõe necessariamente liberdade e responsabilidade. Daí porque uma decisão ética deve estar condicionada a um ato consciente que leva em consideração a existência dos outros seres humanos e de outros seres vivos, submetendo nossa tomada de decisão ao âmbito do saber concreto e experimentado, como afirma Barros (1980).

Os problemas éticos do mundo atual constituem enormes e complexos desafios, como a individualização (privatização) da ética, a invasão da tecnologia no cotidiano pessoal e profissional (causadora do extraordinário progresso material e do aparecimento de uma sociedade consumista do supérfluo e do descartável, da competição pelo acúmulo de bens), a insensibilidade individual e social e, finalmente, a racionalização dos fenômenos sociais na visão economicista do mundo.

As reflexões propiciadas pela Ética, não obstante, estarão sempre a demonstrar que o homem é o fim último e o maior de todos os valores. Assim, a consciência do compromisso de solidariedade em razão da família humana universal é tão importante quanto o compromisso com a própria dignidade pessoal.

Singer (1998) prefere definir Ética pelo que ela não é, ou seja, por exclusão. Para ele, Ética não significa um rol de proibições ligadas ao sexo, um sistema ideal de nobres atributos teóricos, mas sem aplicação prática; normas vinculadas ao contexto religioso ou algo bastante subjetivo e relativo.

A primeira negativa explica-se pelo fato de que o sexo em si não exige situação moral específica, senão questões que envolvam honestidade, preocupação com os outros ou observância da prudência, por exemplo. No segundo caso – um sistema ideal de nobres atributos teóricos – entende-se que um juízo ético destituído de uma boa aplicação prática apresenta, também, um defeito teórico, pois a razão primeira dos juízos éticos é orientar a prática cotidiana. Na terceira conceituação negativa, deve-se inferir que, embora as religiões tenham suas éticas, a Ética não é necessariamente uma religião nem se alinha com nenhuma delas especificamente.

Reafirma o autor que a Ética terá sempre um referencial social, uma sociedade específica e as pessoas nela engajadas. Destarte, não poderá haver uma opção ética individual isolada desse contexto. Não existe um "eu" sem o "outro", já que a Ética exige sempre uma postura dialética. Recorramos, novamente, a Barros (1980), que nos ensina:

> Mesmo quando um homem se tornasse absolutamente só, perdido numa ilha deserta, ao tomar uma decisão ética a respeito de si mesmo – por exemplo, continuar vivendo ou matar-se – só poderia fazê-lo porque chegou a ser, anteriormente, um "eu" em virtude de sua relação dialética com o "outro".

▶ O APARECIMENTO DA BIOÉTICA

O mundo, após o século XX, vive a realidade de desenvolvimentos das capacidades tecnológicas do homem, por meio das quais se pode intervir e transformar o meio ambiente e a própria natureza humana causando, a um só tempo, perplexidades científicas e éticas.

As perplexidades científicas se constatam ao notar a renovação da base do conhecimento humano, que no século pretérito se situava a cada 50 anos e, nesses alvores de novo milênio, ocorre a cada década.

O século XX ficou conhecido como o século da tecnologia por ter imprimido uma velocidade muito grande na aplicação do conhecimento humano, o suficiente para revolucionar os hábitos das pessoas em praticamente todos os quadrantes do planeta. Nunca o homem foi tão longe em conquistas, no macro e no microcosmo, na produção de novas formas de vida e na capacidade de sua destruição.

Os exemplos são muitos, mas três podem ser tomados como ícones dessa era de realizações científicas: os projetos Manhattan, Apolo e Genoma.

O projeto Manhattan, desenvolvido nos EUA, resultou na descoberta da fissão do átomo. No entanto, suas terríveis consequências foram causadas pela construção dos artefatos atômicos que destruíram Hiroshima e Nagasaki, no Japão, das quais os japoneses ainda padecem até os dias atuais.

O projeto Apolo fez desenvolver a tecnologia dos foguetes de propulsão, que culminou com o envio da primeira nave tripulada à Lua e a primeira incursão do homem no espaço infinito do Universo, até então inexplorado diretamente pelo homem.

O Projeto Genoma Humano (PGH) teve início em outubro de 1990 por meio de um consórcio de 16 centros oficiais, compreendendo universidades e institutos científicos dos EUA, Reino Unido, Japão, França e China. Custeado pelo Departamento de Energia norte-americano e programado para ser concluído no ano de 2005, tinha por objetivo decifrar o código genético do homem a um custo aproximado de três bilhões de dólares. Devido à concorrência estabelecida entre os institutos de pesquisa públicos e privados (Celera Genomics) dos EUA, o PGH teve sua finalização antecipada para o ano 2000, obtendo-se a decifração de cerca de 26.000 genes codificadores de proteínas dos cerca de 100 mil anteriormente previstos, confirmando-se que a maior parte das sequências do código genético não tem significado aparente.

Em relação às inúmeras inovações tecnológicas da área biomédica, com repercussões imediatas sobre a vida e a saúde do cidadão, destacam-se a produção de antibióticos mais potentes, a reprodução medicamente assistida, a terapia gênica, o uso de novos materiais e medicamentos nas áreas de estética e sexologia, além do desenvolvimento de equipamentos de diagnóstico que esquadrinham toda a intimidade anatômica e fisiológica do corpo humano, fazendo crer que talvez a última fronteira a desvendar seja a própria alma humana.

A biotecnologia médica vem alimentando três grandes utopias humanas, que são a utopia da eternidade (pelo aumento da longevidade), a utopia da beleza (pelas mudanças cosmetológicas) e a utopia do prazer (pelo aparecimento de novas drogas que suprimem a dor e promovem o prazer físico e psíquico). Segundo Sfez (1997), a nova obsessão humana é a utopia da saúde e corpo perfeitos.

As perplexidades éticas ocorrem à medida que se constata o grande paradoxo entre o progresso científico e as carências da humanidade. E, não obstante tamanho progresso material, o mundo se encontra na fronteira de graves responsabilidades morais, determinadas pelo processo de intervenção cada vez mais agressivo na biosfera, acelerando seu processo de deterioração, e no próprio homem, ao interferir em sua identidade genética.

Organismos internacionais vêm se posicionando sobre essa realidade, como fez a Unesco, ao promulgar a Declaração Universal do Genoma e Direitos Humanos, no ano de 1997, e a Declaração Universal sobre Bioética e Direitos Humanos, em 2005, as quais representam conquistas comparáveis e adicionais à Declaração Internacional dos Direitos Humanos, de dezembro de 1948.

As preocupações provocadas pelas inovações tecnológicas se referem ao fato de que elas podem não só beneficiar a humanidade, mas também serem utilizadas contra ela.

Uma reação a essas perplexidades surgiu na década de 1970, nos EUA, por meio de uma nova proposta ética, denominada Bioética, cujo escopo é o de balizar o progresso humano tendo como norte a preservação da dignidade do homem.

Na realidade, o vocábulo "bioética" surgiu no ano de 1927, com Fritz Jahr, um pastor protestante, filósofo e educador em Halle an der Saale, ao publicar um artigo intitulado "Bio-ética: uma revisão das relações éticas dos seres humanos aos animais e plantas". A proposta de Jahr significava um "imperativo bioético", ao ampliar o imperativo moral de Kant para todas as formas de vida. Jahr, com base na revisão dos conceitos da fisiologia e nos desafios da moral ante o desenvolvimento de uma sociedade secular e pluralista, propôs uma redefinição das obrigações morais em relação a todas as formas de vida, além da humana. Embora não tenha tido influência imediata devido a um tempo política e moralmente conturbado, sua tese de que as novas ciências e tecnologias exigem reflexões ética e filosófica novas ressurgiu em solo norte-americano dentro de um contexto mais denso de desenvolvimento científico e tecnológico.

Graças a Potter (1971), a bioética tornou-se um divisor de águas na caminhada da humanidade rumo a um futuro imprevisível, porém mais solidário. Potter propôs que os avanços da ciência, principalmente através da biotecnologia aplicada ao homem, mereceriam

nova discussão filosófica ampla para a definição de balizas morais suficientes para impedir o abuso da tecnologia contra a humanidade. Van Rensselaer Potter, um oncologista da Universidade de Wisconsin, usou o termo no sentido evolucionista, algo diferente do que se tem atualmente.

Na realidade, Potter escreveu uma trilogia de sua proposta dessa nova ética planetária. No ano de 1998, descreveu o que chamou de Bioética-ponte, uma referência a seu artigo-chave de 1970 e ao livro de 1971, *Bioethics: bridge to the future*, em que o vocábulo "bioética" significava uma metáfora que buscava a harmonia entre ciência e filosofia, uma ponte a unir duas culturas. A segunda denominação de Potter foi a da Bioética Global, descrita pela primeira vez no ano de 1988 para significar o elo entre a ética biomédica e a ética ecológica, ou seja, a ética planetária em que a sobrevivência das espécies era seu maior desiderato. Finalmente, a denominação da Bioética Profunda, usada pela primeira vez no ano de 1988, em que se aprofunda a reflexão sobre a sobrevivência humana e sua integridade genética, arbitrando a necessidade de controle das pesquisas com seres humanos deixada ao arbítrio dos cientistas.

Por sua parte, Andre Hellegers, de origem holandesa, deu ao instituto que se fundara em 1971 na Universidade de Georgetown o nome de The Joseph and Rose Kennedy Institute for the Study of Human Reproduction and Bioethics, que mais tarde se transformaria no Kennedy Institute of Ethics. Contribuiu para o estabelecimento definitivo do termo no horizonte intelectual a publicação da *Encyclopedia of Bioethics*, editada por Warren T. Reich, publicada em 1978, cujos 285 colaboradores foram convocados ao projeto desde 1971. O livro foi reeditado em 1982 e teve uma edição revisada em 1995. Até então, o número de colaboradores havia subido para 437.

Lolas & Drumond (2007) confirmam que a intenção original de Potter era um projeto global, que combinaria o conhecimento biológico com o conhecimento dos sistemas de valores humanos. Seu projeto era o encontro, ou o reencontro, entre os fatos e os valores, o que originaria um paradigma disciplinar em tudo semelhante ao programa holístico de algumas versões da medicina psicossomática, outro movimento integrador que se propôs um fim semelhante.

A dicotomia que a Bioética tenta superar é a de *bios* entendido não como vida simplesmente, mas como vida humana (isto é, antropologia) e ética, em sua dupla acepção de caráter ou disposição moral (*Ethos*) e costume ou hábito (*ethos*), sem descuidar de sua acepção ontológica e não moral, como o próprio, o íntimo, o domiciliar.

A bioética estadunidense tem sido identificada com a ideia do principialismo. Tanto o Relatório Belmont, que concluiu o trabalho das comissões para "proteção" dos sujeitos humanos na pesquisa biomédica, como outros livros influentes da primeira época estiveram inspirados pela ideia de que há princípios "intermediários", *prima facie*, que são suficientes para dirigir a vida pessoal e grupal. A ideia procede do filósofo britânico W. D. Ross e foi adotada em diversas variantes pelos escritos fundadores do movimento bioético. Enquanto o Relatório Belmont distinguia três princípios, o livro de Beauchamp & Childress (1979) recolhia quatro.

Beauchamp, que se incorporou em 1976 ao trabalho da Comissão para redigir o Relatório Belmont, se associou a Childress para elaborar um trabalho que fosse aplicável não só à pesquisa, mas também ao entorno clínico. Ambos os autores são de convicções filosóficas diferentes, Beauchamp um utilitarista e Childress um deontologista, e o resultado pretende satisfazer às pessoas de ambas as convicções, pelo qual consideram que os princípios ou regras têm a mesma categoria e só se priorizam em situações concretas de conflito. O princípio "respeito pelas pessoas" se reexpressou em dois: "autonomia" e "não maleficência", e modificou algo no sentido dos princípios de "beneficência" e "justiça".

O "mantra de Georgetown", como são chamados os quatro princípios, pode ser adotado dogmaticamente, caso em que não significa avanço algum em relação às deontologias rígidas, ou criticamente, caso em que é lícito se perguntar pela hierarquia ou prioridade que numa situação ou circunstância pode-se dar aos princípios. Sem dúvida, as tradições de países não anglo-saxões tendem ao fundamentalismo e podem ter a tentação de tomar os princípios intermediários, puramente procedimentais e regularizadores, como regras ou leis a aplicar mecanicamente. Parte das críticas ao principialismo deriva de outras tradições e do valor relativo destinado à casuística, à narrativa, às virtudes e aos deveres, concluem Lolas & Drumond (2007).

Gracia (1991) sustenta assim mesmo que os princípios de não maleficência e de justiça são a expressão bioética dos deveres perfeitos, sempre vinculadores, enquanto autonomia e beneficência o são de deveres imperfeitos, razão por que os dois primeiros hão de ter prioridade sobre os segundos.

Essa postura não é universalmente compartilhada, e é evidente que a ênfase e a hierarquia dependem de considerações sociais e culturais e não podem derivar dos princípios em si próprios. Em todo caso, no trabalho concreto dos comitês de ética pode-se designar a estes a tarefa de priorizar e hierarquizar os princípios *prima facie* em torno de um caso concreto e levantar consensos fundamentados que permitam satisfazer profissionais e usuários dos serviços de saúde.

Lolas & Drumond (2007) afirmam que não se deve esquecer, ainda que esteja repetido de sobra, que bioética é produto específico de uma cultura e que seu momento germinal sucedeu num ponto de desenvolvimento do liberalismo individualista norte-americano que lhe foi favorável, sob o impacto de desenvolvimentos tecnológicos impensáveis em outras latitudes e num clima de "descobrimento" de atos e práticas incompatíveis com a autoimagem que de si mesma tinha a sociedade norte-americana. Sua tarefa de "desmistificação", "denúncia", "compromisso", que poderia ter compartilhado com as ciências sociais quando combativamente invadiram o reduto do médico, se converteu num papel "regularizador" ou de "mediação" entre interesses especializados e interesses leigos no campo da saúde. Tal mediação proveio da teologia moral e da filosofia, que, revitalizadas por fatos, se converteram em ferramenta de trabalho. Deve-se notar que foram antes de tudo teólogos protestantes aqueles que contribuíram para o desenvolvimento da hora primeira e que todo o debate causado por "o bioético" esteve acompanhado desde o começo de uma cobertura jornalística espetacular. Os "casos" públicos o foram porque "se fizeram públicos". Ao longo dos anos, pode ser comprovado que a bioética não tem sido uma força hostil, mas sim amistosa no seio da instituição médica. Suas incursões dentro e fora do campo da saúde têm oscilado entre os dois extremos, o das proibições totais ou o das aceitações totais. Não obstante, mais além de sua institucionalização e burocratização, segue mantendo uma maleabilidade aceitável. Em mãos mais ou menos conservadoras ou progressistas, sempre constitui – ou é de esperar que assim seja – uma resposta ampla, ecumênica, secular e não confessional aos problemas das ciências biológicas e médicas em sua vertente social. De fato, uma bioética confessional ou religiosa é uma contradição em si mesma (Lolas & Drumond, 2007).

Acrescentam que a bioética deve ser aplicada às atividades cotidianas, pois ela estabelece uma relação dialógica com todos os ângulos da vida humana em relação à si própria e à biosfera. Discorrem os autores que, mais do que constituir uma disciplina, o que se deveria esperar do discurso bioético é que provesse chaves para o entendimento. Sem dúvida, tais chaves são importantes na Medicina e nas ciências; no entanto, é mister não esquecer que a Medicina e as ciências são só aspectos parciais da vida social geral. A reorientação de que dá testemunho a emergência da bioética não se restringe somente aos aspectos manifestos da atividade científica, inclui também outros. Seria um logro mesquinho que a bioética se convertesse numa disciplina a mais e replicasse o modelo "expertocrático" das já existentes. Ocorreria que os novos "especialistas" se somariam aos antigos, competiriam entre si por financiamento e posição social, imporiam seu ponto de vista, desenvolveriam novas teorias (por definição, parciais) e ao cabo de um tempo seu potencial crítico e sua capacidade renovadora se tornariam desgastados. Isso parece estar acontecendo ao se considerar a quantidade de sociedades, revistas especializadas, cursos avançados e títulos existentes em todo o mundo, mas é conveniente resgatar a noção central: o movimento bioético, com as particularidades próprias de cada região e de cada país, tem reimplantado o diálogo como ferramenta para a tomada de decisões em matérias cruciais. Poder-se-ia dizer, sem temer o neologismo, que se trata de uma ética global da biosfera que utiliza, como as leis consuetudinárias, as reservas argumentais de todos os falantes. Não somente a "democratização" e a "horizontalidade" da tomada de decisões devem ser destacadas, mas também a natureza construtiva de toda ação humana, que forja os objetos e as realidades. É também possível afirmar que a práxis – tal como a entendemos mais acima – é fonte de iniciação, pois a partir dela se configuram todas as realidades, as atuais enquanto atuais e as possíveis enquanto possíveis. Querendo resumir numa fórmula, poder-se-ia dizer que a bioética tem estabelecido a práxis dialógica como núcleo da vida social naquilo que importa a tudo e a todos: *a vida*. Não são normas rígidas nem prescrições inamovíveis o que demanda a pós-modernidade. São modestas regras de jogo para a convivência e a tolerância que trazem à memória a dignidade e a integridade dos seres humanos sem a unilateralidade do fanatismo nem a leviandade da indiferença (Lolas & Drumond, 2007).

Observa-se uma crescente conscientização da população, estimulada pela mídia, em todas as suas matizes, a respeito da responsabilidade moral pela utilização do conhecimento atual nas várias áreas de aplicação da biotecnologia no homem e na Natureza, como se pode comprovar pela constituição de grupos e organizações de defesa dos alimentos em seu estado puro, repudiando e brandindo pela eliminação dos alimentos transgênicos, enquanto outros já aceitam conviver com tais produtos, desde que estejam adequadamente identificados e, por conseguinte, possam ser alvo da opção do consumidor consciente.

A adequação da legislação a esses prodigiosos avanços da tecnociência faz com que países como o Brasil disponham de normas que regulam não só a investigação científica de organismos adultos, mas, também, a utilização de embriões humanos para pesquisa de células-tronco.

Como ocorreu no caso da lei de transplantes, em que o cidadão brasileiro se transformou em doador compulsório de tecidos e órgãos, desde que não manifeste o contrário em documentos de identificação, o que levou a uma desconfiança generalizada e consequente diminuição de doadores *in vida*, também se pode prever algo semelhante a partir da divulgação de notícias, como foi fartamente divulgado o verdadeiro "estelionato científico" produzido por um grupo de pesquisadores de células-tronco na Coreia do Sul e com pesquisadores americanos que reconhecem terem modificado os resultados de seus projetos de pesquisa, cedendo a pressões de seus financiadores, conforme divulgação da revista *Nature* (2005).

▶ ÉTICA E CIÊNCIA

A ciência avançou tão celeremente que, paradoxalmente, a confiança em seu poder e em sua eficácia vem sendo substituída, nos dias atuais, por sentimentos de medo e desconfiança.

A humanidade do pós-guerra sabe, desde Nuremberg, que a ciência não é ingênua, sequer neutra, pois representa um poder e este poder poderá ser utilizado para finalidades deletérias ao homem e à biosfera.

Os primeiros a se conscientizarem do lado perverso do uso da ciência foram os físicos. Bronowski (1979) admite que os físicos só tiveram consciência de humanidade após terem visitado Nagasaki, três meses decorridos da explosão da bomba atômica, quando se aperceberam do poder destruidor do artefato nuclear. Para Bronowski foi como se a Física despertasse de um sono de 2.500 anos, durante os quais se desenvolveu e desvinculou-se, progressiva e sistematicamente, das concepções deistas sobre os fenômenos naturais, desde que o primeiro físico pôde formular a explicação do mundo, substituindo crenças e mitos pela percepção fática da realidade, à custa de um instrumento que, para ele, seria neutro: a lógica do pensamento.

Foi desse modo que a ciência logrou evoluir: cada avanço no conhecimento da realidade correspondia a um recuo no conjunto mítico utilizado para explicar o mundo. Ou seja: a ciência evoluiu à custa da compreensão dos fenômenos naturais, mediante a construção de modelos racionais para explicação dos fatos.

No que se refere à Ética, a ciência exibe três distintas fases de comportamento evolutivo. A primeira, de caráter apenas elucidativo, se caracteriza pela superação de uma concepção deista do mundo. A segunda se alcança pela demonstração do poder transformador da técnica, que prescinde de princípios éticos. Finalmente, a terceira fase se materializa quando o poder transformador da técnica provoca situações danosas e até catastróficas, o que impõe ao cientista a busca de um comportamento ético, em geral de natureza normativa, para a utilização da ciência.

Ao desenvolverem a técnica da fissão nuclear, os físicos se julgavam protegidos moralmente e alegavam que suas descobertas só seriam utilizadas após aprovadas pelo conjunto da sociedade e que caberia aos políticos a responsabilidade por sua aplicação. Como se revelou mais tarde, essa era uma falsa convicção, pois achavam que tal atitude poderia fazê-los abdicar de suas responsabilidades morais.

Foi, então, que a Física concluiu seu ciclo evolutivo de três tempos, iniciado com a abolição de uma ética explicativa e culminado com a exigência de uma ética reguladora.

No século XXI estamos presenciando o fechamento do ciclo evolutivo de uma nova ciência – a Biotecnologia – em relação à ética, ao se prenunciarem o advento da clonagem humana e a ruptura das barreiras genéticas que até aqui separavam as espécies animais e vegetais.

Há quem julgue que o momento final desse ciclo da ciência ocorrerá mediante a união da microeletrônica com a engenharia genética, ensejando o surgimento de espécies mutantes de indivíduos, que certamente provocarão o maior desequilíbrio já observado na natureza.

Na primeira edição de seu *Admirável mundo novo*, em 1932, Huxley (1989) anteviu um futuro dominado pela técnica e pelo saber científico, que originaria uma sociedade totalitária no remotíssimo ano de 2532. Quando do lançamento de sua segunda edição, em 1946, o mundo já assistira à Segunda Grande Guerra, ao êxito das ciências da matéria (com destaque para a Física e a Química) e à fissão nuclear que, a um só tempo, proporcionou grandes benefícios e infelicidade à humanidade.

Para Huxley, genuíno profeta da clonagem humana, a libertação da energia nuclear – que assinalou a grande revolução da história da ciência – não seria a final, nem a mais profunda de todas as transformações humanas. São suas palavras:

> *A liberação da energia atômica assinala uma grande revolução na história humana e, a não ser que nos façamos saltar em pedaços e coloquemos, assim, fim à história, esta não é a revolução final e a mais profunda. A revolução verdadeiramente revolucionária realizar-se-á não no mundo exterior, mas na alma e na carne dos humanos.*

Essa revolução "verdadeiramente revolucionária" teve início na década de 1970 e invadiu, inexoravelmente, os insondáveis mistérios da biologia: inseminação artificial nos animais, fecundação *in vitro* nos humanos, transgenia nos vegetais e animais e, finalmente, o advento da medicina regenerativa, baseada na clonagem terapêutica. Eis os mais espetaculares feitos da tecnologia biológica atual.

A análise da evolução desses resultados do progresso científico contemporâneo nos leva a admitir que a prática regular da clonagem humana será uma mera questão de tempo, principalmente porque os experimentos em biotecnologia e suas aplicações em vegetais, animais e, mais recentemente, no homem têm obedecido a duas lógicas: o utilitarismo científico e os imperativos do mercado.

Ao se curvar a essas demandas, a clonagem humana será o desdobramento lógico do próprio desenvolvimento da biotecnologia, que nasceu do fascínio dos cientistas pela partenogênese, no século XIX.

Nesse ritmo de conquistas tecnológicas pode-se antever que a biotecnologia conseguirá convencer a sociedade não só de sua aceitação, mas, também, da necessidade da clonagem humana, mesmo porque, como ciência, seus dois primeiros tempos de evolução já foram ultrapassados: destruíram-se os conceitos tradicionais de vida, morte, nascimento, corporeidade e reprodução, contestando uma humanidade que tinha por sagrada a vida, fazendo surgir uma nova humanidade que certamente não tem mais na inviolabilidade da vida um valor fundamental e inquestionável.

Bobbio (1992) diagnostica os grandes desafios da humanidade do século XX em relação à geração de direitos e ensina:

> *Os direitos nascem quando o aumento do poder do homem sobre o homem – que acompanha, inevitavelmente, o processo tecnológico (a capacidade do homem de dominar a natureza*

e os outros homens) – ou cria novas ameaças à liberdade do indivíduo ou permite novas remédios para suas indigências.

Quando a humanidade descobriu os horrores perpetrados pela ciência biomédica a serviço da ideologia nazista, durante a Segunda Grande Guerra, houve imediata reação com a criação do Tribunal de Nuremberg para julgar os criminosos de guerra e a Declaração de Nuremberg, aprovada no ano de 1946, cujas linhas mestras estabelecem como eixo principal o consentimento voluntário: (1) é absolutamente necessário o consentimento voluntário do paciente na experimentação; (2) o experimento deve buscar resultados saudáveis para a sociedade; (3) o experimento deve ser conduzido de modo que evite todo sofrimento ou lesão física e mental; (4) o grau de risco a ser corrido pelo paciente não deve exceder a importância do problema a ser resolvido pelo experimento; (5) o experimento só pode ser realizado por pessoal tecnicamente qualificado; e (6) deverá haver suspensão da experiência a qualquer momento que possa colocar em risco sério a saúde do paciente.

A Declaração de Helsinque, já em sua quinta versão (outubro de 2000), desde que foi editada pela primeira vez em 1964 pela Assembleia Geral da Associação Médica Mundial, é o documento internacional mais importante para a regulação da pesquisa em seres humanos, desde o Código de Nuremberg.

Sua atual reforma é a mais extensa e a mais profunda de todas as anteriores, tendo como pontos principais o aumento das exigências para pesquisas feitas sem o consentimento informado, que devem constituir-se em exceção; deve-se esperar que as populações sobre as quais se desenvolve a pesquisa se beneficiem dela; devem ser declarados os conflitos de interesse; é reforçado o direito de cada participante numa pesquisa, ainda que seja integrante de um grupo de controle, de obter o melhor tratamento provado disponível (com o que o uso do placebo fica reservado para o caso em que não haja qualquer outro tratamento disponível para a situação que se vai investigar); os participantes da pesquisa devem ter acesso ao melhor tratamento disponível, identificado pela pesquisa a seu término. Finalmente, a Declaração de Helsinque inclui não só a investigação do material humano propriamente dito, como também dos materiais de informação, identificáveis como tais.

Em regra, a aplicação de novas tecnologias à medicina e à saúde humana tem que levar em conta os princípios fundamentais da pessoa humana, a saber: princípio da dignidade e inviolabilidade; princípio da não comercialização do corpo humano; princípio da não discriminação; princípio da confidencialidade; e princípio da autonomia, mediante o consentimento livre e esclarecido.

Toda vez que se submeter o ser humano à experimentação clínica e a procedimentos propedêuticos e terapêuticos, é necessário responder às seguintes indagações: (1) o novo método ou procedimento é seguro?; (2) o novo método ou procedimento é eficaz?; (3) qual é o benefício real do novo método ou procedimento em relação ao preexistente?; (4) qual é a relação custo/benefício do novo método ou procedimento?; (5) que repercussão social terá o novo método ou procedimento?

▶ BIOÉTICA E ÉTICA NA PRÁTICA PERICIAL MÉDICO-ODONTOLÓGICA

Perito é uma palavra derivada do latim (*peritus*), que tem o significado de douto, experimentado, prático em uma ciência ou arte. A outra designação é experto (do latim, *expertus*), que tem o mesmo significado.

Para Bonnet (1980), perito é uma pessoa que possui determinados conhecimentos científicos ou simplesmente práticos, requisitada para decidir sobre fatos cuja apreciação não pode ser feita por qualquer outra pessoa, enquanto Calabuig (2004) define perito como aquele que possui conhecimentos especiais e cujo concurso é requerido para ilustrar ou assessorar os juízes ou os tribunais. Em geral, perito pode ser definido como uma pessoa que possui conhecimentos especializados em determinada matéria, que é escolhido para auxiliar a Justiça. No entanto, o título profissional não converte quem o possui em perito, pois perito significa, acima de tudo, experiência.

Perícia médico-odontológica, no âmbito jurídico ou judicial, pode ser definida como o meio de prova pelo qual o médico e o odontolegista aportam conhecimentos científicos e práticos e concluem, sobre a questão apresentada, a convicção – absoluta, provável ou possível – que pode extrair dos dados obtidos.

A perícia tem por objeto a demonstração do fato, mediante a prova, ou seja, como afirma Gómez de Liaño (1979), "a demonstração da verdade de uma afirmação, da existência de uma coisa ou da realidade de um fato".

Parafraseando Pascual & Drumond (2007) com relação à missão do perito, podemos dizer que "o perito médico ou odontolegista é para o Juiz o que a lupa é para um profissional da crítica de obras de arte: pode e deve ajudá-lo a ver melhor os detalhes da obra, mas em nenhum caso lhe dirá se esta é boa ou má".

Qualidades Morais dos Peritos

Os peritos devem ser profissionais com as seguintes características: possuir conhecimentos científicos de sua ciência; possuir conhecimentos jurídicos; ter paciência para examinar; ter objetividade para interpretar; ter reflexão e senso comum ao analisar; apresentar juízo para hierarquizar os feitos; ter prudência para concluir e, finalmente, ter imparcialidade e veracidade para concluir.

O primeiro e único objetivo do laudo pericial é dar à autoridade que julga elementos precisos para sua convicção e, por isso, a substância da análise que o laudo reflete é oferecer uma imagem a mais real possível do dano e da etiopatogenia da qual resultou, adverte França (2008).

A finalidade da perícia é demonstrar a materialidade da prova, que significa a demonstração da verdade de uma afirmação, da existência de uma coisa ou da realidade de um fato.

Numa perícia deve-se procurar estabelecer o nexo causal entre a doença ou lesão e a morte (*causa mortis*), a doença ou sequela de acidente e a incapacidade ou invalidez física e/ou mental, o acidente e a lesão, a doença ou acidente e o exercício da atividade laboral, a doença ou acidente e sequela temporária ou permanente e o desempenho de atividade e riscos para si e terceiros.

Exigem-se de um bom perito médico ou odontolegista qualidades naturais, uma formação médica ou odontológica básica e conhecimentos jurídicos. Entre as primeiras, é importante que o perito desenvolva objetividade, reflexão, juízo, senso comum, prudência, humildade, imparcialidade e veracidade.

- **Objetividade,** para saber interpretar as provas materiais.

- **Reflexão e senso comum**, para expor e esclarecer o problema mais complexo da maneira mais simples possível; capacidade de julgar.

- **Juízo**, para hierarquizar os fatos e correlacioná-los entre si.

- **Prudência**: perito prudente é aquele que sabe duvidar, desconfia dos sinais patognomônicos, defende-se de todo dogmatismo, tem por verdade aquilo que é admitido pelas sociedades científicas, sabe que a técnica não é infalível e cultiva um ceticismo moderado e compatível com a eficiência e o labor. A prudência, pelas palavras de Mazei (*apud* Calabuig, 2004), se alcança quando afirma que "as conclusões do laudo devem ir o mais longe possível nos limites impostos pela ciência, pela consciência e pelo senso comum".

- **Humildade**: Calabuig (2004) cita Brouardel, para quem "a qualidade maior que deve ter o perito não é a extensão de seus conhecimentos, senão a exata noção do que sabe e do que ignora".

- **Imparcialidade**: o perito tem nessa qualidade um imperativo moral e um dever legal. Imparcialidade é aquilo que faz com que o médico, ainda que perito das partes, em nenhum caso poderá faltar com a verdade científica.

- **Veracidade**: a verdade científica deve prevalecer, quaisquer que sejam as consequências jurídicas e sociais que dela derivarem. É importante ressaltar que a verdade científica não é absoluta e permanece apenas até que surja outra verdade ou explicação sobre o fenômeno.

É França (2008) quem adverte:

O primeiro e único objetivo do laudo pericial é dar à autoridade que julga elementos precisos para sua convicção e, por isso, a substância da análise que o laudo reflete é oferecer uma imagem a mais real possível do dano e da etiopatogenia da qual resultou.

Simonin (1982) define um laudo pericial como descritivo e completo, redigido em estilo claro, preciso e conciso e, finalmente, deve conduzir a conclusões lógicas. E termina por enunciar os desvios de caráter incompatíveis com a missão pericial: o orgulho que cega; a ignorância, que faz o perito não duvidar de nada, e a desonestidade, que envilece e degrada o perito.

Requisitos para o Perito Médico ou Odontolegista

Rojas (1984) assevera que a função pericial requer duas condições ao profissional, a técnica e a moral. Não pode ser um bom perito quem faltar com uma dessas condições, porque o dever da perícia é dizer a verdade (e, para isso, é necessário primeiro encontrá-la) e, depois, querer dizê-la. O primeiro é um problema científico, enquanto o segundo é um problema moral.

A preparação técnica se dá pela formação profissional médica ou odontológica básica, acrescida do treinamento especializado. Só pode ser um bom perito quem, antes, tem a formação médica ou odontológica genérica, com o aprimoramento na matéria em que presta informação. Ou seja, o perito deve ser um especialista nas questões em que é solicitado esclarecer, para os diversos fins a que presta a atividade pericial médica.

Para Calabuig (2004), as qualidades pré-requisitos de um bom perito são: possuir condições ético-científicas, ter formação especializada teórica e prática, além de outras como a objetividade, a reflexão, o senso comum, o juízo, a prudência, a imparcialidade e a veracidade. O conhecimento e o cumprimento dos deveres éticos e legais da função de perito médico ou odontolegista são uma condição básica para o exercício correto da especialidade.

O Código de Ética Odontológica, aprovado pela Resolução CFO-42, de 20 de maio de 2003, e o Código de Ética Médica, aprovado pela Resolução CFM 1.931, de 17 de setembro de 2009, além das resoluções e pareceres dos conselhos regionais de Medicina e Odontologia, constituem os balizamentos éticos para o cumprimento dos deveres de perito, com repercussões legais, pois os códigos deontológicos de profissionais liberais no Brasil são considerados mandamentos legais comparados às leis ordinárias, especificamente aplicadas às respectivas categorias.

A Ética pode se dividir em direitos e deveres dos profissionais para os quais ela é dirigida. Assim, os direitos profissionais se denominam diceologia e, no caso dos peritos, esses direitos correspondem a remuneração adequada, boas condições de trabalho, autonomia profissional, exercer a perícia sem discriminação alguma, indicar falhas institucionais, recusar a perícia quando as condições de trabalho não forem dignas ou forem prejudiciais para o examinando, suspensão das atividades, individual ou coletivamente, quando não tiver condições mínimas de trabalho e remuneração, e dedicar à perícia o tempo que sua experiência e capacidade profissional indicarem.

São deveres éticos (deontologia) a serem observados pelos peritos: não prejudicar, não discriminar, atuar com diligência, manter-se atualizado, respeitar o examinado, manter a autonomia profissional, não delegar a outros atos exclusivos do perito, manter o segredo profissional e pericial, respeitar os colegas, respeitar outros profissionais, não praticar o mercantilismo e não assumir responsabilidade por atos não executados.

Resumindo, os peritos médicos e odontolegistas possuem duas categorias de deveres: os deveres de médico ou cirurgião-dentista (p. ex., *leges artis*, consentimento informado, registro, confidencialidade, proteção de dados) e os deveres de perito (p. ex., objetividade, neutralidade, integridade do testemunho pericial, independência econômica, atualização científica, adequada resposta às questões da Justiça, registro no conselho, demonstração científica da prova para a Justiça, informação adequada, responsabilidade no laudo, coincidência de informação do relatório e o testemunho no tribunal).

▶ PRINCÍPIOS BIOÉTICOS DA PERÍCIA MÉDICA E ODONTOLÓGICA

Os peritos médicos e os odontolegistas se encontram sob a égide dos princípios e valores morais de suas carreiras e, portanto, devem balizar sua ação nos códigos de ética, tendo-se em conta os princípios éticos atinentes à perícia na esfera da saúde, que são: princípio da não maleficência; princípio da autonomia; princípio da confidencialidade; princípio da objetividade; princípio da honestidade; princípio da verdade; e princípio da justiça.

A não maleficência significa não prejudicar, não ter intenção danosa. Alguns admitem que esse princípio, na realidade, deriva do princípio da beneficência, pois evitar um dano significa o mesmo que promover o bem. O princípio origina-se de Hipócrates que, no livro I de Epidemias, em torno do ano 430 a.C., já ensinava: "Ao se tratar uma enfermidade, deve-se ter dois objetivos: ser útil e não causar dano." Daí a versão latina *Primum non nocere*. Na área de saúde, o princípio da não maleficência deve ser traduzido como a obrigação de não ser negligente ou imprudente, para não se produzirem danos. Dos princípios da beneficência e não maleficência derivam as seguintes regras morais: não matar, não causar dor, não incapacitar, não privar de liberdade e não privar do prazer. Para Ross (1939), outras características também tornam as ações humanas moralmente corretas: são os deveres *prima facie*, como a fidelidade às promessas, a honestidade e a justiça.

A autonomia, também chamada de princípio do respeito à pessoa ou princípio de respeito à autonomia, significa o direito à autodeterminação, ao autogoverno da pessoa humana que, por isso, tem o direito de decidir sobre si própria. A autodeterminação depende da maturidade do indivíduo e, depois de adquirida, pode ser temporária ou definitivamente perdida, em casos de doenças ou circunstâncias que venham a restringir acentuadamente tal direito. Na área da saúde, a autonomia será, em regra, exercida por uma pessoa competente mentalmente, que tem o direito de optar por essa ou aquela intervenção. Para responder aos princípios éticos, a autonomia deve ser exercida livre de qualquer restrição, estando destinada à produção de ações benéficas para todos e não apenas para satisfazer um ponto de vista pessoal ou egoísta. Esse é o princípio mais hipertrofiado da bioética norte-americana, fato que não é observado entre nós, latino-americanos.

O princípio da justiça é um princípio com duas vertentes: a justiça distributiva, que rege as relações entre governante e súditos, e a justiça comutativa, que regula as relações das pessoas entre si. Para a Bioética, não há justiça quando se nega, sem justificativa, um benefício a uma pessoa que o merece ou quando se lhe impõe um ônus indevido. Essa é a interpretação que se aplica à área da saúde, em relação a governos e governantes que não proporcionam a cada cidadão o que lhe é minimamente necessário e de direito.

▶ A RESPONSABILIDADE ÉTICA DOS PERITOS MÉDICOS E ODONTOLEGISTAS

Responsabilidade é uma palavra derivada do latim e significa a obrigação de responder por nossos atos, quando esses causarem prejuízo aos outros. Por conseguinte, responsabilidade médica e odontológica significa a obrigação que os médicos e cirurgiões-dentistas têm de reparar as consequências de seus atos (por omissões ou erros voluntários e involuntários, dentro dos limites estabelecidos em lei), quando esses resultarem em prejuízos ao paciente.

Essa responsabilidade fundamenta-se na necessidade jurídica e social de que todo médico ou cirurgião-dentista responda pelos danos ou prejuízos causados a pacientes, no exercício de sua profissão.

A expressão responsabilidade tanto pode ser empregada no sentido ético como no sentido jurídico, visto que, em se tratando do exercício de uma profissão, intrincam-se necessariamente os valores morais e legais, pois as razões de natureza jurídica não podem ser dissociadas dos motivos de ordem moral.

O exercício da Medicina e da Odontologia pressupõe deveres de conduta que são indispensáveis para a construção das virtudes inerentes à qualidade do ato praticado. Se observados a contento e, mais que isso, se estimulados e desenvolvidos, contribuem de fato para amenizar ou reduzir ao mínimo a possibilidade do erro profissional.

Qualquer que seja a forma de avaliar a responsabilidade de um médico ou cirurgião-dentista em determinado ato, no âmbito ético ou legal, é imprescindível que sejam levados em conta seus deveres de conduta.

É claro que, com o passar dos anos, os imperativos de ordem pública foram se impondo pouco a pouco, até que surgiram as normas disciplinadoras do exercício profissional como conquista da sociedade organizada.

Assim é que, por exemplo, o fato de o médico e o cirurgião-dentista serem portadores de um diploma não os exime de seu estado de falibilidade. Por outro lado, considerar um médico ou cirurgião-dentista algumas vezes infrator diante de um erro de conduta na profissão não significa que sua reputação está sem garantia. Significa somente que seus atos podem e devem ser submetidos a uma equânime apreciação, como são as ações dos demais cidadãos, independente de seu estado ou sua condição. Espera-se, também, que, na avaliação dessa responsabilidade, haja transparência no curso da apreciação, dando-se ao acusado o direito de ampla defesa.

Outra finalidade da apuração da responsabilidade profissional é a de evitar macular o prestígio dos médicos e dos cirurgiões-dentistas pela conduta indesculpável e isolada de alguns.

No entanto, na apuração da responsabilidade do médico ou do cirurgião-dentista deve-se buscar a materialização dos seguintes fatos: (1) inobservância de regras técnicas e científicas ou conduta atípica, (2) nexo causal entre a conduta e o dano e (3) relação de antijuridicidade do ato médico com seu resultado danoso.

A responsabilidade do médico e do cirurgião-dentista estará caracterizada toda vez que houver um desvio de conduta e que esta seja contrária às regras vigentes e adotadas pela prudência e pelos cuidados habituais; que exista o nexo de causalidade entre a ação ou omissão e o dano e que este esteja bem evidente.

Aplicando-se as regras de conduta arguidas na avaliação da responsabilidade do médico, chamadas de deveres de conduta por Gomes, Drumond & França (2002), à prática pericial do médico e do cirurgião-dentista, definimos os deveres de informação, de atualização, de vigilância, cuidados e atenção e de abstenção de abuso.

Na perícia médica ou odontológica, os deveres de conduta do profissional devem ser levados em conta ao se questionarem a probidade e a correção de um laudo ou relatório pericial. Destarte, será importante caracterizar os quatro deveres de conduta do perito, a saber:

O Dever de Informação

Compreende todos os esclarecimentos considerados imprescindíveis para caracterizar a relação do médico e do odontolegista perito com o periciando no desempenho de seu mister, principalmente nos casos mais complexos, de maior intimidade ou de benefício discutível.

Os princípios que envolvem o dever de informação são o da transparência e da vulnerabilidade do cidadão a ser periciado, sendo essencial para que tenha conhecimento sobre as práticas, condutas, manobras ou quaisquer intervenções que nele vão ser realizadas, seus riscos e consequências.

O dever de informação é básico e indispensável para a obtenção do consentimento do municipando, já que a ele, ou a seu responsável, devem ser dadas todas as informações sobre as providências que serão tomadas, incluindo técnicas, para o esclarecimento do objeto da perícia.

Deve-se respeitar o princípio da autonomia, sinônimo da liberdade da pessoa para optar sobre seu destino, ou seja, o direito sagrado de decidir sobre si própria.

Essas informações devem ser registradas, inclusive aquelas relativas às condições de trabalho, que se referem à infraestrutura de que dispõe, às condições dos equipamentos (idade, manutenção etc.), ao pessoal auxiliar e à correlação dessa infraestrutura com a finalidade da perícia e seus possíveis resultados.

Há, também, as informações destinadas a outros profissionais. Quando for necessário, ou havendo o concurso de outro médico, cirurgião-dentista ou profissional de saúde que participe de uma avaliação inicial, periódica ou permanente, conforme o caso, as impressões desses profissionais devem ser registradas no relatório, se forem indispensáveis e importantes para a conclusão do laudo.

O Dever de Atualização

O exercício regular da Medicina e da Odontologia não requer apenas uma habilitação legal. Exige mais, como o aprimoramento continuado, adquirido mediante os conhecimentos mais recentes de sua profissão. Os meios usados para a atualização permanente da profissão são as publicações especializadas, os congressos, os cursos de especialização, os estágios em centros de referência ou, ainda, por meio da maior rede mundial de informações, que é a internet. Esse dever profissional é sempre ajuizado toda vez que se discute uma responsabilidade do médico.

Por perito se entende alguém portador de notórios conhecimentos, distinguido entre seus pares ou na sociedade. Seria irônico supor que um "especialista" em determinada área do conhecimento possa falhar na execução de seu mister devido à falta de atualização científica. Na realidade, e para efeito de responsabilização profissional, qualquer ato, mesmo o de um perito, poderá ser caracterizado como imperícia se resultar em dano para o periciado ou para a sociedade, o qual se deveu à inobservância de normas técnicas ou ao despreparo profissional, devido à inadequação de conhecimentos científicos e práticos da Medicina e da Odontologia.

O que se procura, em tais avaliações, é saber se o médico e o cirurgião-dentista agiram por falta de conhecimentos e habilidades minimamente exigidos aos que exercem a especialidade. Ou seja, se ele não está suficientemente credenciado para o saber ordinário da profissão e da especialidade, ou se poderia ter evitado o dano, caso não lhe faltasse o que ordinariamente é conhecido em suas atividades.

Em síntese, é muito importante que o perito na área da saúde se mantenha atualizado com os avanços de sua profissão. A cada dia, maiores são as ocasiões em que ele é chamado para prestar contas de seus conhecimentos à sociedade.

O Dever de Vigilância, de Cuidados e de Atenção

O dever de vigilância significa o apuro e a atenção na execução de um ato pericial, pois a legitimidade e a liceidade de um ato profissional exigem a ausência de qualquer tipo de omissão caracterizada por inércia, passividade ou descaso.

O modelo a ser seguido pelo perito é o da diligência, atuando com atenção e cuidado, sendo diligente em não propiciar danos ou prejuízos ao periciando e à sociedade. Está claro que, quanto maior o risco do dano, maior será a exigência da diligência sobre o que investigar, fazendo constar no laudo todos os detalhes que o caso requer. A negação a esse dever significa negligência, omissão, deixar de fazer o que deveria ser feito.

O dever de vigilância implica, ainda, a adoção de técnicas consagradas pelas sociedades científicas e o estado da arte, tendo o perito a obrigação de referir-se à(s) técnica(s) utilizada(s), para que haja possibilidade de comprovação, além de cotejamento com publicações científicas.

O Dever de Abstenção de Abuso

O perito deve abster-se de agir com precipitação, sofreguidão ou insensatez. Isso porque a norma penal relativa aos atos culposos exige das pessoas o cumprimento de certas regras cuja finalidade é evitar danos aos bens jurídicos protegidos.

Qualquer ato profissional mais ousado ou inovador, fora do consentimento esclarecido do examinando ou de seu representante legal, não tem amparo legal ou ético. De igual modo, estão vedadas todas as práticas que não são aprovadas pela ciência e especialidade médica ou odontológica.

O dever de abstenção de abuso está, muitas vezes, comprometido pela vaidade do profissional que decide ousar em técnicas audaciosas ou recém-criadas, sem a eficiência comprovada, abandonando uma prática convencional e segura, apenas para demonstrar uma capacidade inusitada. Diante do dano em tal situação, não se pode rotular o médico e o cirurgião-dentista de imperitos, mas, com justa razão, de imprudentes. Até porque, num mesmo ato, não pode coexistir a imperícia com a imprudência: uma exclui a outra. Resumindo, o dever de abstenção de abuso em perícia médica ou odontológica consiste em não se exceder em medidas arbitrárias e desnecessárias, como a obtenção de provas ilícitas ou ilegítimas, obrigar o periciando a fazer o que a lei não obriga ou deixar de fazer o que a lei manda, ou seja, violar a dignidade da pessoa no seu direito de decidir, aceitar ou não determinadas práticas, obter elementos por sortilégios etc.

► ÉTICA APLICADA À PERÍCIA MÉDICA E ODONTOLÓGICA

Os Códigos de Ética Odontológica e Ética Médica se aplicam, respectivamente, a todos os profissionais da Medicina e da Odontologia, independentemente de suas especialidades ou áreas de atuação. Assim, os princípios fundamentais que regem as práticas médica e odontológica são os que devem nortear a atividade da perícia, dos quais é importante destacar o respeito à dignidade da pessoa, alvo da ação profissional, o direito às boas condições de trabalho e remuneração de maneira justa, o necessário aprimoramento do conhecimento, a preservação da autonomia profissional, o zelo pelo bom conceito da profissão, a manutenção do sigilo, respeito e a solidariedade aos pares e demais profissionais de saúde, entre outros.

É necessário frisar, *ab initio*, que a relação entre o médico ou cirurgião-dentista e o periciando não é a mesma observada na relação entre o médico ou cirurgião-dentista e o paciente. Enquanto nesta prevalecem a amizade e os interesses legítimos do paciente, naquela o perito tem apenas o compromisso com a verdade pericial técnico-científica, pois a finalidade primeira da perícia é a de esclarecer um fato de interesse da Justiça e da sociedade.

Ainda que participando de uma lide na qualidade de assistente técnico de uma das partes, o perito não poderá olvidar seu compromisso para com a Justiça.

Levando-se em conta que nem sempre os interesses do periciando estarão em conformidade com a verdade pericial, surgem conflitos nessa relação perito-periciando que, em certas ocasiões, poderão se transformar em situações beligerantes.

Daí a necessidade de o médico ou odontolegista se acercar das devidas cautelas para evitar equívocos e interpretações não adequadas pelo periciando, que deve ser previamente esclarecido das finalidades do ato pericial.

Do ponto de vista diceológico, o perito tem direito a não ser discriminado, sob quaisquer pretextos, direito a apontar falhas nas instituições para as quais trabalha, direito de ser adequadamente remunerado, direito de suspender suas atividades em instituições públicas ou privadas, quando não existirem condições mínimas para o trabalho, e direito de dedicar o tempo considerado suficiente para a elaboração de seu relatório, observadas as normas legais.

A perícia médica ou odontológica só poderá ser exercida por médico ou cirurgião-dentista, portanto, por quem já detém as prerrogativas legais da profissão, não se podendo delegar suas atribuições especializadas para outras pessoas, ainda que sejam médicos ou cirurgiões-dentistas, porém não especialistas na matéria e não designados para exercer tal função, menos ainda se se tratar de outros profissionais ou estudantes.

Quanto à responsabilidade profissional, saliente-se que o médico e o odontolegista podem ser responsabilizados pelo dano que vierem a causar ao periciando ou à sociedade, que é representada pelas instituições para as quais trabalha ou pela Previdência Social, se o dano for resultado de uma conduta imperita, negligente ou imprudente, conforme já assinalado anteriormente, razão pela qual se deve apurar o cumprimento de seus deveres de conduta ética.

Não poderá o perito discriminar o periciando, sob qualquer forma, limitar seu direito de decidir livremente sobre sua pessoa, usar de procedimento para alterar sua personalidade ou consciência, ou usar de sua profissão para corromper os costumes. Outros mandamentos deontológicos se referem a atuar com absoluta isenção, não ser perito de paciente seu, de pessoa de sua família ou de quaisquer pessoas com quem tenha relações que possam influir em seu julgamento pericial, não ultrapassar os limites permitidos por sua ciência, não assinar laudos quando não tenha participado do exame e não intervir em atos profissionais de outros colegas, nem sequer fazer apreciação desairosa sobre eles em presença do periciando.

Uma das mais tradicionais obrigações do médico e do cirurgião-dentista, independente de sua área de atuação, é a de manter o sigilo profissional. Por isso, é conveniente recordar aquilo que está disposto para sua custódia, seja do ponto de vista ético, deontológico ou legal. Infelizmente, pode-se constatar que esse preceito de tamanha importância para a Medicina e a Odontologia nem sempre é obedecido como deveria.

No exercício da Medicina e da Odontologia, independente de sua modalidade, deve-se procurar cumprir de maneira estrita uma de suas obrigações mais proverbiais: a manutenção e custódia do segredo profissional. É importante recordar uma definição de segredo profissional que permitirá, posteriormente, desenvolver sucintamente o emaranhado de normas que o regulam e propor as diferentes situações que podem ocorrer na prática.

O segredo profissional é a obrigação permanente de silêncio que assume o médico e o cirurgião-dentista no transcurso de qualquer relação profissional, com respeito a tudo o que souber ou intuir sobre uma ou mais pessoas.

Nesta definição devem ser destacados os três elementos-chave da obrigação de sigilo:

1. Sua permanência, imutável no tempo.
2. Sua presença em todas e cada uma das formas de exercício profissional.
3. O conjunto de seu conteúdo, expresso pela palavra *tudo*.

Lamentavelmente, falar a respeito de um paciente com colega, independentemente da relação que se tenha com este, é habitual e rotineiro, mesmo que em desconformidade com as disposições que regulam o segredo profissional.

Todavia, há que ser feita uma clara distinção: uma coisa é falar, divulgar o segredo de um paciente com um colega a quem se quer pedir uma opinião sobre um caso concreto. Trata-se da reconhecida figura do "segredo compartilhado", que busca a melhor assistência para quem, profissionalmente, confiou em um médico ou cirurgião-dentista. É uma atitude perfeitamente lícita, ética e está amparada pela obrigação de sigilo que compete ao colega consultado.

No entanto, quando a finalidade não for assistencial, deve-se ter extremo cuidado com o que se revela ao falar com outro colega. Nessas ocasiões, devem ser mantidos os mecanismos de controle para que, de modo direto ou indireto, não se possa conhecer a identidade de quem se está falando.

É um fato muito evidente e deve ser compartilhado por todos: desempenhar uma profissão como a de médico ou cirurgião-dentista não outorga a ninguém um mandato acima das normas vigentes para poder acessar a informação médica de todas as pessoas. Para fazê-lo, deve-se ter uma justificativa baseada em uma necessidade assistencial. Ao se cuidar desse aspecto, que não deve gerar recusa do colega, podem ser evitados conflitos posteriores.

Ao atuarem desse modo, o médico e o cirurgião-dentista evitarão que um colega, ao qual descuidadamente se abriu a intimidade de um paciente, possa dar destino da informação que recebeu de maneira indevida.

Um médico ou cirurgião-dentista de um paciente não pode participar como perito em um procedimento judicial, por instância deste. No entanto, pode intervir. A única diferença é que, em lugar de participar como perito, poderá fazê-lo como testemunha.

Pascual & Drumond (2007) lembram que as funções de testemunha e perito são diferentes, ainda que ambas tenham a mesma finalidade: são provas que perseguem uma melhor administração da Justiça. A testemunha é chamada a declarar sobre as coisas que conhece, pelo simples fato de havê-las conhecido ou presenciado. Por sua vez, o perito é chamado por seus especiais "conhecimentos científicos, artísticos, técnicos ou práticos para valorar fatos ou circunstâncias relevantes no assunto ou adquirir certeza sobre eles".

Por isso, um médico ou cirurgião-dentista de um paciente, adequando-se sempre às regras da ética e da deontologia no que se refere ao direito à confidencialidade, pode ser chamado perante um tribunal, como testemunha, para que se manifeste sobre aquilo que conhece de seu paciente, pelo simples fato de prestar-lhe assistência.

A função pericial é distinta, posto que nela o mais importante é que quem a exerce como tal tem conhecimentos específicos numa determinada matéria. Quando o médico ou cirurgião-dentista comparece como testemunha, está obrigado, como todas as testemunhas, unicamente a dizer a verdade do que conhece. No caso de não fazê-lo, poderá ser acusado do delito de falso testemunho.

Como testemunha, na qualidade de pessoa que presencia ou adquire direto e verdadeiro conhecimento de uma coisa, era intimado (e se continuará intimando) para que declare algo que possa conhecer sobre um paciente. Acudir ao chamamento legal como testemunha é, recorde-se, uma das situações que libera o médico e o cirurgião-dentista de suas obrigações de guardar segredo daquilo que conheceram de seu paciente.

O comparecimento como testemunha é uma atuação para a qual não existe estipulada nenhuma remuneração.

Quando a intimação se faz como perito, qualidade de pessoa que possui conhecimentos especiais, e informa o julgador sob juramento sobre pontos litigiosos que se relacionam com seu especial saber, existem duas possibilidades: caso se trate de um procedimento penal, o cargo é indeclinável; caso se trate de um pleito civil, o perito pode aceitar ou recusar o cargo. O cargo de perito deve ser remunerado.

No que tange à relação dos peritos com os meios de comunicação social, ou seja, a mídia, a questão do sigilo profissional é um aspecto sempre espinhoso e deve ser abordado a partir de uma premissa: quebrar o segredo com a autorização do paciente é a última das circunstâncias eximentes previstas nos códigos de ética.

França (2008) define um decálogo do médico perito, que pode ser aplicado ao médico e ao odontolegista: (1) evitar conclusões intuitivas e precipitadas; (2) falar pouco e com seriedade; (3) atuar com modéstia e sem vaidade; (4) manter o sigilo exigido; (5) ter autoridade para ser acreditado; (6) ser livre para atuar com isenção; (7) não aceitar intromissão de ninguém; (8) ser honesto e ter uma vida pessoal correta; (9) ter coragem para decidir; (10) ser competente para ser respeitado.

A função de perito, repetimos, é uma missão voltada para a busca da verdade científica através da prova material, cuja verdade deve estar comprometida com os interesses da sociedade, por meio da Justiça.

▶ REFERÊNCIAS

Barros RSM. O médico e o problema ético. In: Carisma – formação do médico. Santo Amaro (SP) 1980; 1(1):8-21.

Beauchamp TL, Childress JF. Princípios de ética biomédica. São Paulo: Loyola, 2002.

Beauchamp TL, Childress JF. Principles of biomedical ethics. 1. ed. New York: Oxford University Press, 1979.

Bobbio N. A era dos direitos. Rio de Janeiro: Campus, 1992.

Boff L. Ethos mundial: um consenso mínimo entre os humanos. Brasília, DF: Letraviva, 2000.

Bonnet EFP. Medicina Legal. 2. ed. Buenos Aires: Lopes Libreros Editores, 1980. Tomos 1 e 2.

Bronowski J. Science and human values. New York: Harper & Row Publishers, 1972.

Calabuig GJA. Medicina Legal y toxicología. 6. ed. Barcelona: Masson S.A., 2004.

França GV. Medicina legal. 8. ed. Rio de Janeiro: Guanabara Koogan, 2008.

Frankena WK. Ética. 3. ed. Rio de Janeiro: Zahar, 1981.

Gomes de Liaño. Dicionário jurídico. Salamanca, 1979.

Gomes JCM, Drumond JGF, França GV. Erro médico. 4. ed. Rio de Janeiro: Guanabara Koogan, 2002.

Gracia D. Procedimientos de decisión en ética clínica. Madrid: Eudema Universidad, 1991.

Huxley A. Admirável mundo novo. Trad. Vidal de Oliveira e Lino Vallandro. 17. ed. São Paulo: Globo, 1989.

Marcos B. Ética e profissionais de saúde. São Paulo: Santos Livraria e Editora, 1999.

Nature. One on three scientists confesses to having sinned. Vol 435/9, June 2005.

Pascual FV, Drumond JGF. Medicina Legal do esporte: aspectos éticos e legais da Medicina Esportiva. Montes Claros: Editora Unimontes, 2007.

Potter VR. Bioethics: bridge to the future. New Jersey: Prentice-Hall Inc., 1971.

Rocha Z. A morte de Sócrates: monólogo filosófico. São Paulo: Escuta, 2001.

Rojas N. Medicina Legal. 12. ed. Buenos Aires: El Ateneo, 1984.

Ross WD. The foundations of ethics. Oxford: Clarendon Press, 1939.

Sfez L. A saúde perfeita: crítica de uma nova utopia. São Paulo: Piaget, 1997.

Simonin C. Medicina Legal judicial: legislación y jurisprudencia españolas. Barcelona: Editorial Jims S.A., 1982.

Singer P. Ética prática. 2. ed. São Paulo: Martins Fontes, 1998.

Vaz HCL. Escritos filosóficos: problemas de fronteiras. São Paulo: Loyola, 1986.

CAPÍTULO 3

Perícias no Foro Ético em Medicina e Odontologia

Parte A

Perícias no Foro Ético em Medicina – Regulamentação do Exercício da Medicina

Renato Assunção Rodrigues da Silva Maciel

▶ BASES LEGAIS E ÉTICAS

O exercício legal da Medicina, como o de qualquer outra profissão, deve, num Estado de direito, obedecer aos princípios jurídicos que regem as relações humanas em sociedade, encabeçados pela Constituição Federal e seguidos, num contexto hierárquico/normativo, por dispositivos legais contidos em Leis Complementares, Leis Ordinárias, Decretos, Súmulas e em Portarias e outras peças legislativas.

A lei regulamentadora da profissão médica no Brasil é o Decreto 20.931/1932, de 11 de janeiro de 1932, ainda em vigor, que estabelece os princípios legais exigíveis para o exercício profissional do médico. De maneira geral, exigem-se habilitação profissional adquirida com a graduação em Faculdade de Medicina autorizada ou reconhecida pelo poder público e habilitação legal, obtida com o registro do diploma nas instituições competentes. Hoje, são exigidos o registro do diploma no Ministério da Educação e a inscrição no órgão responsável pela fiscalização do exercício profissional do médico, ou seja, o Conselho Regional de Medicina (CRM) da jurisdição competente.

Grande avanço para se regulamentar, disciplinar e fiscalizar o exercício profissional do médico foi promovido pela instituição dos conselhos de classe pelo Decreto-Lei 7.955, de 13 de setembro de 1945, que criou o Conselho Federal e os Conselhos Regionais de Medicina. Contudo, a regulamentação do funcionamento dos conselhos somente ocorreu no governo Juscelino Kubitschek por meio da Lei 3.268/1957, de 30 de setembro de 1957, regulamentada pelo Decreto Federal 44.045/1958, de 19 de junho de 1958, no qual se aprova o regulamento do Conselho Federal e Conselhos Regionais de Medicina a que se refere a lei supracitada.

O exercício ético da profissão é norteado pelo Código de Ética Médica (CEM), que tem força de lei e foi elaborado pelo Conselho Federal de Medicina (CFM) nos termos do art. 30, da Lei 3.268/1957, ouvidos os Conselhos Regionais, as instituições de classe e a sociedade civil. O atual CEM, instituído por meio da Resolução CFM 1.931/2009, publicada no Diário Oficial da União

(DOU) em 24 de setembro de 2009 e ratificada no mesmo instrumento em 13 de outubro de 2009, encontra-se em vigor desde 13 de abril de 2010. A elaboração desse Código constitui atribuição do CFM conferida pela citada Lei 3.268/1957, regulamentada pelo Decreto Federal 44.045/1958, modificado pelo Decreto 6.821/2009 e pela Lei 11.000/2004 e consubstanciado na Lei 9.784/1999.

Questões conflitantes ou geradoras de dúvidas, que não encontram rápido esclarecimento nos dispositivos do CEM, visto que este muitas vezes não contempla situações muito específicas do dia a dia profissional ou situações novas criadas pelo rápido avanço da tecnologia ou pela mudança de dispositivos legais, são disciplinadas por meio de Resoluções emanadas do CFM ou dos CRM, que são considerados dispositivos éticos complementares ao Código. Situações aparentemente não esclarecidas nem nas Resoluções podem ser orientadas mediante Pareceres emitidos pelo CFM e respectivos CRM.

Tais ordenamentos legais e éticos constituem, portanto, os princípios norteadores e disciplinadores do exercício profissional do médico, sendo necessário, especialmente na complexa sociedade dos dias atuais, que o profissional venha a conhecê-los e que tais dispositivos sejam ensinados, discutidos e incutidos nas mentes dos futuros e dos atuais médicos, pelas Faculdades de Medicina, pelos Conselhos Federal e Regionais de Medicina e pelos Programas de Educação Médica Continuada. Hoje, mais do que nunca, não se concebe o exercício profissional fundado apenas em bases técnicas – por melhores e mais sofisticadas que sejam – e dissociado das normas éticas, que constituem o pilar básico da atuação do médico, já que a Medicina é profissão essencialmente humanística, dirigida que é para a promoção da saúde física e mental do ser humano.

A seguir, trataremos dos principais dispositivos éticos e legais regulamentadores do exercício profissional médico em geral e depois, especificamente, da área pericial.

► DOS CONSELHOS FEDERAL E REGIONAIS DE MEDICINA (CFM E CRM)

De mais relevante, podemos citar, em relação à **Lei 3.268/1957**, modificada, que dispõe sobre os Conselhos de Medicina:

Art. 1º. O Conselho Federal e os Conselhos Regionais de Medicina, instituídos pelo Decreto-Lei 7.955, de 13 de setembro de 1945, passam a constituir em seu conjunto uma autarquia, sendo cada um deles dotado de personalidade jurídica de direito público, com autonomia administrativa e financeira.

Art. 2º. O Conselho Federal e os Conselhos Regionais de Medicina são os órgãos supervisores da ética profissional em toda a República e, ao mesmo tempo, julgadores e disciplinadores da classe médica, cabendo-lhes zelar e trabalhar, por todos os meios ao seu alcance, pelo perfeito desempenho ético da me-

dicina e pelo prestígio e bom conceito da profissão e dos que a exerçam legalmente.

Art. 4º. O Conselho Federal de Medicina compor-se-á de 28 (vinte e oito) conselheiros titulares, sendo:

I – 1 (um) representante de cada Estado da Federação;

II – 1 (um) representante do Distrito Federal;

III – 1 (um) representante e respectivo suplente indicado pela Associação Médica Brasileira.

§ 1º. Os Conselheiros e respectivos suplentes de que tratam os incisos I e II serão escolhidos por escrutínio secreto e maioria de votos, presentes no mínimo 20% (vinte por cento) dentre os médicos regularmente inscritos em cada Conselho Regional.

Art. 5º. São atribuições do Conselho Federal:

a) organizar o seu regimento interno;

b) aprovar os regimentos internos organizados pelos Conselhos Regionais;

c) eleger o presidente e o secretário-geral do Conselho;

d) votar e alterar o Código de Deontologia Médica, ouvidos os Conselhos Regionais;

e) promover quaisquer diligências ou verificações relativas ao funcionamento dos Conselhos de Medicina, nos Estados ou Territórios e Distrito Federal, e adotar, quando necessárias, providências convenientes a bem da sua eficiência e regularidade, inclusive a designação de diretoria provisória;

f) propor ao Governo Federal a emenda ou alteração do Regulamento desta Lei;

g) expedir as instruções necessárias ao bom funcionamento dos Conselhos Regionais;

h) tomar conhecimento de quaisquer dúvidas suscitadas pelos Conselhos Regionais e dirimi-las;

i) em grau de recurso por provocação dos Conselhos Regionais ou de qualquer interessado, deliberar sobre admissão de membros aos Conselhos Regionais e sobre penalidades impostas aos mesmos pelos referidos Conselhos;

j) fixar e alterar o valor da anuidade única, cobrada aos inscritos nos Conselhos Regionais de Medicina;

k) normatizar a concessão de diárias, jetons e auxílio de representação, fixando o valor máximo para todos os Conselhos Regionais.

Art. 6º. O mandato dos membros do Conselho Federal de Medicina será meramente honorífico e durará 5 (cinco) anos.

Art. 12. Os Conselhos Regionais serão instalados em cada capital de Estado, na de Território e no Distrito Federal, onde terão sua sede, sendo compostos de 21 (vinte e um) membros, quando excedido o número de 300 (trezentos) médicos inscritos.

Art. 13. Os membros dos Conselhos Regionais de Medicina, com exceção de um, que será escolhido pela Associação Médica sediada na Capital do respectivo Estado, federada à Associação Médica Brasileira, serão eleitos em escrutínio secreto, em assembleia dos inscritos de cada região e que estejam em pleno gozo de seus direitos.

§ 2º. O mandato dos membros dos Conselhos Regionais será meramente honorífico e exigido como requisito para eleição a qualidade de brasileiro nato ou naturalizado.

Art. 15. São atribuições dos Conselhos Regionais:

a) deliberar sobre a inscrição e o cancelamento no quadro do Conselho;

b) manter um registro dos médicos legalmente habilitados, com exercício na respectiva Região;

c) fiscalizar o exercício da profissão de médico;

d) conhecer, apreciar e decidir os assuntos atinentes à ética profissional, impondo as penalidades que couberem;

e) elaborar a proposta do seu regimento interno, submetendo-a à aprovação do Conselho Federal;

f) expedir carteira profissional;

g) velar pela conservação da honra e da independência do Conselho e pelo livre exercício legal dos direitos dos médicos;

h) promover, por todos os meios ao seu alcance, o perfeito desempenho técnico e moral da medicina e o prestígio e bom conceito da medicina, da profissão e dos que a exerçam;

i) publicar relatórios anuais de seus trabalhos e a relação dos profissionais registrados;

j) exercer os atos de jurisdição que por lei lhes sejam cometidos;

k) representar ao Conselho Federal de Medicina sobre providências necessárias para a regularidade dos serviços e da fiscalização do exercício da profissão.

Art. 17. *Os médicos só poderão exercer legalmente a medicina, em qualquer de seus ramos ou especialidades, após o prévio registro de seus títulos, diplomas, certificados ou cartas no Ministério da Educação e Cultura e de sua inscrição no Conselho Regional de Medicina sob cuja jurisdição se achar o local de sua atividade.*

Art. 18. *Aos profissionais registrados de acordo com esta Lei será entregue uma carteira profissional que os habilitará ao exercício da medicina em todo o País.*

§ 1º. *No caso em que o profissional tiver de exercer temporariamente a medicina em outra jurisdição, apresentará sua carteira para ser visada pelo Presidente do Conselho Regional desta jurisdição.*

§ 2º. *Se o médico inscrito no Conselho Regional de um Estado passar a exercer, de modo permanente, atividade em outra região, assim se entendendo o exercício da profissão por mais de 90 (noventa) dias na nova jurisdição, ficará obrigado a requerer inscrição secundária no quadro respectivo, ou para ele se transferir, sujeito, em ambos os casos, à jurisdição do Conselho local pelos atos praticados em qualquer jurisdição.*

§ 3º. *Quando deixar, temporária ou definitivamente, de exercer atividade profissional, o profissional restituirá a carteira à secretaria do Conselho onde estiver inscrito.*

§ 4º. *No prontuário do médico serão feitas quaisquer anotações referentes ao mesmo, inclusive elogios e penalidades.*

Art. 19. *A carteira profissional de que trata o art. 18 valerá como documento de identidade e terá fé pública.*

Art. 21. *O poder de disciplinar e aplicar penalidades aos médicos compete exclusivamente ao Conselho Regional em que estavam inscritos ao tempo do fato punível ou em que ocorreu, nos termos do art. 18, § 1º.*

Art. 22. *As penas disciplinares aplicáveis pelos Conselhos Regionais aos seus membros são as seguintes:*

a) advertência confidencial em aviso reservado;

b) censura confidencial em aviso reservado;

c) censura pública em publicação oficial;

d) suspensão do exercício profissional até 30 (trinta) dias;

e) cassação do exercício profissional, ad referendum do Conselho Federal.

Art. 26. *O voto é pessoal e obrigatório em toda eleição, salvo doença ou ausência, comprovadas plenamente.*

O **Decreto-Lei 44.045/1958**, modificado, aprova o Regulamento do Conselho Federal e Regionais de Medicina a que se refere a Lei 3.268/1957, disciplinando, especificamente:

- Capítulo I: A inscrição dos médicos no Conselho;

- Capítulo II: As taxas, carteiras profissionais e anuidades dos Conselhos Regionais;

- Capítulo III: As penalidades impostas nos Processos Ético-profissionais;

- Capítulo IV: A composição e as eleições para os Conselhos Regionais;

- Capítulo V: A composição e as eleições para o Conselho Federal;

- Capítulo VI: As disposições gerais e

- Capítulo VII: As disposições transitórias.

▶ O CÓDIGO DE ÉTICA MÉDICA (CEM)

Desde 13 de abril de 2010 está em vigor o novo CEM atualizado, fruto de propostas formuladas ao longo dos anos de 2008 e 2009 pelos Conselhos Regionais de Medicina, pelas Entidades Médicas, pelos médicos e por instituições científicas e universitárias, que culminaram nas decisões da IV Conferência Nacional de Ética Médica que elaborou, com participação de delegados médicos de todo o Brasil, um novo CEM revisado. O novo Código foi elaborado sob a égide de que as normas éticas devem submeter-se aos dispositivos constitucionais vigentes, buscando sempre melhor relacionamento com o paciente e a garantia de maior autonomia à sua vontade. Nesse novo Código manteve-se o eixo ético, base do bom Código de 1988, ampliando-se os princípios fundamentais, havendo eliminação, fusão e incorporação de Resoluções a novos artigos. Tópicos relevantes e atuais, como doação e transplante de órgãos e tecidos, esterilização, fecundação artificial, manipulação ou terapia genética, documentação médica, auditoria e perícia, ensino e pesquisa médica, foram mais detalhados e atualizados, ante os avanços da ciência e a complexidade progressiva da sociedade.

O presente Código, como bem colocado em seu preâmbulo, contém as normas que devem ser seguidas pelos médicos no exercício de sua profissão, inclusive no exercício de atividades relativas ao ensino, à pesquisa e à administração de serviços de saúde, bem como no exercício de quaisquer outras atividades em que se utilize o conhecimento advindo do estudo da Medicina, também estando sujeitas a ele as organizações de prestação de serviços médicos.

A fim de garantir o acatamento e a cabal execução das normas do Código, o médico comunicará ao CRM, com discrição e fundamento, fatos de que tenha conhecimento e que caracterizem possível infração do presente Código e das demais normas que regulam o exercício da Medicina. A fiscalização do cumprimento das normas estabelecidas é atribuição dos Conselhos de Medicina, das Comissões de Ética e dos médicos em geral.

O novo CEM é composto de 25 princípios fundamentais do exercício da Medicina, 10 normas diceológicas (direitos do médico) e 118 normas deontológicas (deveres do médico), divididos nos seguintes capítulos: responsabilidade profissional, direitos humanos, relação com pacientes e familiares, doação e transplante de órgãos e tecidos, relação entre médicos, remuneração profissional, sigilo profissional, documentos médicos, auditoria e perícia médica, ensino e pesquisa médica e publicidade médica, culminando em quatro disposições gerais. A transgressão das normas deontológicas (118 artigos) sujeitará os infratores às penas disciplinares previstas em lei e já citadas anteriormente.

O novo Código é enviado gratuitamente para todos os médicos inscritos no CRM e pode ser acessado na íntegra nos endereços eletrônicos do CRM (www.crmmg.org.br) e do CFM (www.cfm.org.br).

▶ O CÓDIGO DE PROCESSO ÉTICO-PROFISSIONAL (CPEP)

O Código de Processo Ético-Profissional (CPEP) – Resolução CFM 1.897/2009, também atualizado recentemente, aprova e explicita as normas processuais que regulamentam as Sindicâncias, Processos Ético-Profissionais e o rito dos Julgamentos, nos Conselhos Federal e Regionais de Medicina. No CPEP, toda a atividade judicante dos Conselhos é regulamentada, estabelecendo-se as normas processualísticas obrigatórias a serem observadas, servindo de guia e suporte para conduta dos conselheiros, de denunciantes, de médicos denunciados e dos respectivos procuradores, quando for o caso. Referimos, a seguir, alguns itens relevantes do CPEP, que pode ser consultado na íntegra nos endereços eletrônicos do CFM e CRM:

> *Art. 1º. Os Processos Ético-Profissionais e as Sindicâncias, nos Conselhos de Medicina, reger-se-ão por este Código e tramitarão em sigilo processual.*
> *Art. 2º. A competência para apreciar e julgar infrações éticas será atribuída ao Conselho Regional de Medicina onde o médico estiver inscrito ao tempo do fato punível ou de sua ocorrência.*
> *Art. 3º. O Processo terá a forma de autos judiciais, com as peças anexadas por termo, e os despachos, pareceres e decisões serão exarados em ordem cronológica e numérica.*
> *Art. 4º. Os presidentes dos Conselhos de Medicina poderão delegar aos Corregedores a designação, mediante o critério de distribuição ou sorteio, dos Conselheiros Sindicante, Instrutor, Relator e Revisor.*
> *Art. 5º. Os Conselhos de Medicina poderão ser compostos em Câmaras, sendo obrigatória a existência de Câmara(s) de julgamento de Sindicâncias.*
> *Art. 6º. A Sindicância será instaurada:*
> *I – ex officio;*
> *II – mediante denúncia por escrito ou tomada a termo, na qual conste o relato dos fatos e a identificação completa do denunciante;*
> *III – pela Comissão de Ética Médica, Delegacia Regional ou Representação que tiver ciência do fato com supostos indícios de infração ética, devendo esta informar, de imediato, tal acontecimento ao Conselho Regional.*

> *§ 1º. As denúncias apresentadas aos Conselhos Regionais de Medicina somente serão recebidas quando devidamente assinadas e, se possível, documentadas.*
> *Observação: O Corregedor designará um Conselheiro Sindicante que investigará minuciosamente o(s) fato(s) denunciado(s), podendo pedir esclarecimentos às partes ou a qualquer pessoa ou instituição, podendo também solicitar documentos de instituições públicas e privadas (entre eles os prontuários médicos), tudo no intuito de bem esclarecer os fatos. A seguir o Conselheiro Sindicante apresentará relatório contendo descrição dos fatos, circunstâncias em que ocorreram e sua conclusão pessoal sobre a existência ou não de indícios de infração ética. No CRMMG, as Sindicâncias são julgadas em Câmaras com quorum mínimo de seis Conselheiros.*
> *Art. 8º. Do julgamento do relatório da Sindicância poderá resultar:*
> *I – arquivamento fundamentado da denúncia;*
> *II – homologação de procedimento de conciliação;*
> *III – instauração do Processo Ético-Profissional.*
> *Parágrafo único. Do termo de abertura do Processo Ético-Profissional constarão os fatos e a capitulação de indícios de delito ético (de acordo com os princípios deontológicos contidos no CEM).*

Uma vez protocolada uma denúncia no CRM, devidamente descrita e assinada, é instaurada a competente Sindicância, que visa apurar os fatos denunciados de maneira adequada e decidir pela necessidade ou não de instauração de processo ético. Com a crescente judicialização da Medicina, tem havido um evidente e progressivo aumento do número de denúncias nos Conselhos, pelos mais variados motivos, atingindo, no CRMMG, o preocupante número de mais de uma centena por mês, nos dias de hoje.

Decidida a instauração do Processo Ético-Profissional (PEP), será designado um Conselheiro Instrutor (art. 11) que comandará todo o processo investigativo. Aberto o PEP, o mesmo não poderá ser arquivado por desistência das partes, exceto por óbito do denunciado (§ 2º). O denunciado será, inicialmente, intimado a apresentar sua defesa prévia escrita (art. 12), sendo facultada vista aos autos ou cópias do processo. Tanto denunciantes quanto denunciados serão ouvidos em audiência reduzida a termo, podendo cada um indicar até cinco testemunhas que deverão também ser ouvidas, podendo, ainda, o Conselheiro Instrutor arrolar as testemunhas que julgar convenientes (art. 14 a 28). Concluída a instrução, tanto denunciantes quanto denunciados poderão, ainda, apresentar suas razões ou alegações finais, sendo, então, o processo enviado para análise processual pelo Departamento Jurídico do CRM, após o que serão designados os Conselheiros Relator e Revisor e marcada a data do julgamento (art. 28 a 32).

Na sessão de julgamento do PEP, após leitura do relatório expositivo pelos Conselheiros Relator e Revisor, é aberta a palavra aos denunciantes e denunciados, nessa ordem, para suas alegações, sendo facultada a presença e manifestação de procuradores. Feita a sustentação oral pelas partes, os Conselheiros poderão solicitar esclarecimentos sobre fatos do processo ao Relator, Revisor ou às partes, sendo, depois disso, permitida aos senhores Conselheiros a manifestação oral quanto ao mérito. Após a análise de possíveis preliminares, é dada novamente a palavra às partes para suas manifestações finais, entrando-se então em período de votação, quando os Conselheiros Relator e Revisor lerão seus relatórios conclusivos, posicionando-se quanto ao mérito por absolvição ou condenação, especificando, no último caso, a penalidade proposta (voto). É permitida a emissão de voto divergente pela plenária. Em caso de mais de uma proposição a votação será, então, colhida de todos os Conselheiros presentes à plenária, sendo feito o cômputo dos respectivos votos, lido o resultado do julgamento e designado o Conselheiro Relator do Acórdão (art. 33 a 40). Cabe recurso da decisão ao CFM em prazo hábil (art. 50).

Atualmente, as denúncias mais frequentes estão relacionadas com as atividades periciais, os documentos médicos e os atendimentos em serviços de prontos-atendimentos e prontos-socorros. Com relação às perícias, as principais denúncias dizem respeito à perícia previdenciária, por inconformismo do periciado ao não ver contemplado seu pleito ou por supostas inadequações da atividade pericial. São também comuns as denúncias relacionadas com a atuação de médicos do trabalho, médicos peritos de instituições públicas, peritos judiciais e, eventualmente, médicos legistas. Quanto aos documentos médicos, pululam as denúncias em relação a atestados médicos graciosos, falsos ou elaborados de maneira inadequada. Eventos relacionados com preenchimento de declarações de óbitos constituem fatos motivadores de frequentes denúncias. Por fim, abundam as denúncias, especialmente em unidades de urgência, por insatisfação do paciente ou familiares com o atendimento prestado, sendo comuns as queixas de negligência (pouco-caso do médico, atendimento sumário, não realização de exame físico ou exames complementares), inadequações na relação médico-paciente ou maus resultados. A Obstetrícia e a Pediatria ainda se encontram entre as especialidades mais denunciadas.

Quem denuncia médicos ao CRM? Em tese, a qualquer cidadão é facultada a denúncia, desde que fundamentada e devidamente assinada.

Comumente as denúncias são formuladas pelos próprios pacientes, familiares ou responsáveis legais. Muito comuns são as denúncias de médicos contra médicos, motivadas por desavenças no exercício profissional. Denúncias institucionais são também muito frequentes, formuladas por juízes de Direito, representantes do Ministério Público, delegados de polícia, administradores de serviços de saúde, perícia e auditoria. Nas denúncias de caráter institucional é frequente o CRM assumir o papel de denunciante, transformando-a em denúncia *ex officio*.

Quais são as capitulações mais frequentes nessas denúncias? Em que artigos do CEM os médicos denun-

ciados são geralmente enquadrados? Com base na experiência adquirida na área judicante do CRMMG, podemos relacionar as principais denúncias de ilícitos éticos com os artigos específicos do Código de Ética, já fazendo a correlação com o novo Código recentemente em vigor. Assim, citamos a seguir os artigos mais comumente capitulados no CEM nos processos éticos.

É vedado ao médico:

Responsabilidade Profissional

Art. 1º. Causar dano ao paciente por ação ou omissão, caracterizável como imperícia, imprudência ou negligência.

Trata-se da acusação, talvez, mais pesada do Código, visto que uma condenação neste item caracteriza o erro médico propriamente dito. Condenações no art. 1º têm, frequentemente, desdobramentos na área judicial, tanto cível como penal, já que os magistrados interpretam a decisão do Conselho como uma análise técnica e ética, pericial e de mérito, portanto, que vem a fornecer subsídios valiosos para sua decisão.

Convém, aqui, um comentário pertinente sobre a caracterização de imperícia, imprudência ou negligência. Tal definição implica julgamento, sendo, portanto, prerrogativa exclusiva do magistrado, na área jurídica e dos Conselhos de Medicina, na área ética e administrativa, não podendo ser caracterizada por peritos, sejam peritos judiciais ou mesmo médicos-legistas, que não possuem competência para tal. Tal fato realça ainda mais a importância do julgamento ético dos Conselhos nesse mister e os desdobramentos possíveis a partir de uma condenação ou absolvição.

Art. 2º. Delegar a outros profissionais atos ou atribuições exclusivos da profissão médica.

Atos médicos são repassados pelo facultativo para outros profissionais da saúde, especialmente biomédicos, enfermeiros ou técnicos e auxiliares de enfermagem. Nos últimos tempos vêm se avolumando os casos de acadêmicos de Medicina exercendo atividade médica sem orientação, fora de programas de estágios curriculares, o que caracteriza exercício ilegal da profissão. Tais fatos são da responsabilidade de diretores técnicos e clínicos de instituições de saúde que sejam incentivadores ou omissos em relação a eles, podendo os próprios serem acionados ética e judicialmente por tais atitudes.

Art. 5º. Assumir responsabilidade por ato médico que não praticou ou do qual não participou.

Relacionado intimamente com o art. 2º, aqui se inserem, também, os casos de médicos que cobram ou recebem por procedimentos que não executaram, como, por exemplo, atividades de auxiliares de cirurgia.

Art. 7º. Deixar de atender em setores de urgência e emergência, quando for de sua obrigação fazê-lo, expondo a risco a vida de pacientes, mesmo respaldado por decisão majoritária da categoria.

Art. 8º. Afastar-se de suas atividades profissionais, mesmo temporariamente, sem deixar outro médico encarregado do atendimento de seus pacientes internados ou em estado grave.
Art. 9º. Deixar de comparecer a plantão em horário preestabelecido ou abandoná-lo sem a presença de substituto, salvo por justo impedimento.

Esses três artigos expõem situações corriqueiras nos dias de hoje, especialmente nos plantões hospitalares ou de prontos-atendimentos, quando o profissional escalado não comparece ao plantão, não comunica o fato em tempo hábil ou o abandona, deixando expostos pacientes de risco.

Art. 11. Receitar, atestar ou emitir laudos de forma secreta ou ilegível, sem a devida identificação de seu número de registro no Conselho Regional de Medicina de sua jurisdição, bem como assinar em branco folhas de receituários, atestados, laudos ou quaisquer documentos médicos.

Constitui motivo de denúncias dos mais frequentes, expondo o pouco zelo que muitos profissionais demonstram ao redigir os documentos médicos. Com a nova redação do Código valorizou-se como ilícito ético o preenchimento de documentos de maneira ilegível, o que, sem dúvida, contribuirá para aumentar as denúncias e condenações nesse mister.

Art. 14. Praticar ou indicar atos médicos desnecessários ou proibidos pela legislação vigente no País.

Aqui se incluem o exagero no número de consultas, exames complementares ou procedimentos cirúrgicos, com finalidade apenas pecuniária. Também se incluem as terapêuticas experimentais e não aprovadas oficialmente.

Art. 17. Deixar de cumprir, salvo por motivo justo, as normas emanadas dos Conselhos Federal e Regionais de Medicina e de atender às suas requisições administrativas, intimações ou notificações no prazo determinado.
Art. 18. Desobedecer aos Acórdãos e às Resoluções dos Conselhos Federal e Regionais de Medicina ou desrespeitá-los.

Denunciam o pouco caso com as normas éticas e com os órgãos responsáveis pela fiscalização do exercício ético-profissional. É de se salientar que a alegação de desconhecimento da norma ética (contida no CEM ou em Resoluções) não exime o profissional de responsabilidade, da mesma maneira que na área judicial não se pode alegar o desconhecimento de leis como fator atenuante. Além do mais, a falta de respostas às solicitações ou intimações do Conselho não pode ser descaracterizada com alegações de mudanças de endereços, já que é dever do médico manter seu endereço sempre atualizado no órgão de classe.

Art. 19. Deixar de assegurar, quando investido em cargo ou função de direção, os direitos dos médicos e as demais condições adequadas para o desempenho ético-profissional da Medicina.

Artigo de importância crescente nos dias de hoje, relacionado com atuação de diretores técnicos e clínicos, médicos administradores de hospitais, serviços de saúde, de cooperativas, planos de saúde ou convênios, assim como médicos em função de gestão pública de saúde.

Direitos Humanos

Art. 23. Tratar o ser humano sem civilidade ou consideração, desrespeitar sua dignidade ou discriminá-lo de qualquer forma ou sob qualquer pretexto.

Artigo mais bem explicitado no novo Código, fazendo menção específica ao tratamento desrespeitoso, grosseiro, indiferente ou mal-educado, motivo de queixas frequentes quando a relação médico-paciente é precária.

Art. 30. Usar da profissão para corromper costumes, cometer ou favorecer crime.

Corolário ético da infração penal que, uma vez estabelecida, implica tacitamente infração ética. Constitui infração pesada, relacionada diretamente com a prática criminal.

Relação com Pacientes e Familiares

Art. 32. Deixar de usar todos os meios disponíveis de diagnóstico e tratamento, cientificamente reconhecidos e a seu alcance, em favor do paciente.

Trata-se de denúncia das mais comuns, geralmente envolvendo resultados insatisfatórios ou evolução desfavorável e associada a queixas de negligência, imperícia ou imprudência, ou seja, erro médico propriamente dito.

Art. 35. Exagerar a gravidade do diagnóstico ou do prognóstico, complicar a terapêutica ou exceder-se no número de visitas, consultas ou quaisquer outros procedimentos médicos.

Tema relacionado com o art. 14 e o exercício mercantilista da profissão.

Art. 36. Abandonar paciente sob seus cuidados.

Intimamente relacionado com os artigos 8º e 9º.

Art. 37. Prescrever tratamento ou outros procedimentos sem exame direto do paciente, salvo em casos de urgência ou emergência ou impossibilidade comprovada de realizá-lo, devendo, nesse caso, fazê-lo imediatamente após cessar o impedimento.

Infração ética comumente levantada a partir da análise de prontuários ou mesmo por queixas dos próprios pacientes ou familiares. Constitui denúncia comum, especialmente em pacientes internados, com evolução desfavorável e medicados via telefone, sem exame e contato com o médico responsável.

Art. 38. Desrespeitar o pudor de qualquer pessoa sob seus cuidados profissionais.

É o artigo do assédio sexual ou de práticas libidinosas, sendo objeto de denúncias crescentes. Embora de difícil caracterização, uma vez comprovado, associa-se a punições graves, frequentemente com a cassação do direito de exercício profissional.

Art. 40. Aproveitar-se de situações decorrentes da relação médico-paciente para obter vantagem física, emocional, financeira ou de qualquer outra natureza.

Relacionado também com delitos em relação à sexualidade e infrações de natureza pecuniária (p. ex., cobranças indevidas).

Relação entre Médicos

Art. 47. Usar de sua posição hierárquica para impedir, por motivo de crença religiosa, convicção filosófica, política, interesse econômico ou qualquer outro que não técnico-científico ou ético, que as instalações e os demais recursos da instituição sob sua direção sejam utilizados por outros médicos no exercício da profissão, particularmente se forem os únicos existentes no local.

Trata-se de tema mais afeito a médicos administradores hospitalares ou diretores técnicos que cerceiam o uso da instituição por colegas não membros do corpo clínico da própria.

Art. 48. Assumir emprego, cargo ou função para suceder médico demitido ou afastado em represália à atitude de defesa de movimentos legítimos da categoria ou da aplicação deste Código.

Grande sensibilidade demonstraram os legisladores éticos ao se preocuparem, nesse artigo, em proteger aquele que, defendendo interesses legítimos da categoria ou mandamentos éticos, é retaliado e substituído por colegas de espírito oportunista.

Art. 50. Acobertar erro ou conduta antiética de médico.

O médico não pode se omitir em denunciar atitudes ou condutas médicas que possam estar trazendo prejuízo a pacientes, sob pena de conivência e infração ética.

Art. 55. Deixar de informar ao substituto o quadro clínico dos pacientes sob sua responsabilidade ao ser substituído ao fim do seu turno de trabalho.

Problema grave e comum, vislumbrado especialmente nas trocas de plantões em locais com pacientes sob observação que demandam continuidade de conduta ou novos procedimentos específicos.

Remuneração Profissional

Art. 58. O exercício mercantilista da Medicina.
Art. 59. Oferecer ou aceitar remuneração ou vantagens por paciente encaminhado ou recebido, bem como por atendimentos não prestados.
Art. 60. Permitir a inclusão de nomes de profissionais que não participaram do ato médico para efeito de cobrança de honorários.
Art. 65. Cobrar honorários de paciente assistido em instituição que se destina à prestação de serviços públicos, ou receber remuneração de paciente como complemento de salário ou de honorários.
Art. 66. Praticar dupla cobrança por ato médico realizado.

Nos artigos deste capítulo estão enquadradas práticas desonestas ou que caracterizem atitudes comerciais em relação ao ato médico.

Art. 68. Exercer a profissão com interação ou dependência de farmácia, indústria farmacêutica, óptica ou qualquer orga-

nização destinada a fabricação, manipulação, promoção ou comercialização de produtos de prescrição médicos, qualquer que seja sua natureza.
Art. 69. Exercer simultaneamente a Medicina e a Farmácia ou obter vantagem pelo encaminhamento de procedimentos, pela comercialização de medicamentos, órteses, próteses ou implantes de qualquer natureza, cuja compra decorra de influência direta em virtude de sua atividade profissional.
Art. 72. Estabelecer vínculo de qualquer natureza com empresas que anunciam ou comercializam planos de financiamento, cartões de descontos ou consórcios para procedimentos médicos.

Trata-se de práticas comerciais mercantilistas que aviltam o exercício humanístico da profissão. Nos últimos tempos – e essa foi uma das preocupações dos legisladores em relação ao novo Código – têm se avolumado denúncias de relacionamentos promíscuos de médicos com a indústria farmacêutica e de tecnologia médica visando única e exclusivamente a finalidades pecuniárias em detrimento de fazer-se o melhor e mais conveniente para o paciente, objetivo básico da ação médica.

Sigilo Profissional

Art. 73. Revelar fato de que tenha conhecimento em virtude do exercício de sua profissão, salvo por motivo justo, dever legal ou consentimento, por escrito, do paciente.
Art. 78. Deixar de orientar seus auxiliares e alunos a respeitar o sigilo profissional e zelar para que seja por eles mantido.

A letra da lei visa tutelar um dos pilares do exercício profissional, qual seja, o sigilo, base da relação de confiança total que deve existir entre o paciente e seu médico. Nesse item, revestem-se da maior importância os cuidados com o prontuário e demais documentos médicos.

Documentos Médicos

Art. 80. Expedir documento médico sem ter praticado ato profissional que o justifique, seja tendencioso ou que não corresponda à verdade.
Art. 81. Atestar como forma de obter vantagens.

Aqui se concentra grande parte das demandas éticas devido ao pouco caso que vários profissionais demonstram em relação ao preenchimento de documentos médicos. Assim, atestados e declarações graciosas, tendenciosas ou inverídicas, e mesmo falsas, estão na base dos acontecimentos que mais contribuem para o desprestígio do profissional médico e a desconfiança com que muitas vezes é visto pela sociedade.

Art. 87. Deixar de elaborar prontuário legível para cada paciente.
§ 1º. O prontuário deve conter os dados clínicos necessários para a boa conduta do caso, sendo preenchido, em cada avaliação, em ordem cronológica com data, hora, assinatura e número de registro do médico no Conselho Regional de Medicina.

Problemas com preenchimento adequado de prontuários são dos mais frequentes na seara ética. Prontuários preenchidos de maneira inadequada e desleixada, sem menção à hora, ao dia do atendimento, aos achados do exame físico, aos exames complementares mais relevantes e aos dados da evolução e da conduta abundam em nossas instituições de saúde, isso sem mencionar dois outros grandes pecados – a letra ilegível e a não identificação adequada do médico.

Não custa lembrar que, além dos óbvios prejuízos ao paciente na condução atual e futura de seu caso, o próprio médico poderá vir futuramente a ser prejudicado por sua incúria nesse mister, uma vez que constitui o prontuário adequadamente preenchido a melhor defesa contra acusações de má prática. Prontuários inadequados não se prestam para essa finalidade e levam, ainda, a mais uma capitulação de provável falta ética.

Auditoria e Perícia Médica

Art. 93. Ser perito ou auditor do próprio paciente, de pessoa de sua família ou de qualquer outra com a qual tenha relações capazes de influir em seu trabalho, ou de empresa em que atue ou tenha atuado.

São frequentes as situações de peritos e auditores que atuam quando são suspeitos ou impedidos em virtude de terem atuado como médicos assistentes do periciado, de terem atuado como médico de empresa com interesse na causa ou em função de parentesco ou relações próximas com o periciado.

Art. 98. Deixar de atuar com absoluta isenção quando designado para servir como perito ou como auditor, bem como ultrapassar os limites de suas atribuições e de sua competência.

Publicidade Médica

Art. 112. Divulgar informação sobre assunto médico de forma sensacionalista, promocional ou de conteúdo inverídico.
Art. 113. Divulgar, fora do meio científico, processo de tratamento ou descoberta cujo valor ainda não esteja expressamente reconhecido cientificamente por órgão competente.

A publicidade e a divulgação de assuntos médico-científicos apresentam determinados fatores limitantes, frequentemente transgredidos, seja por desconhecimento da legislação ética, seja por má-fé.

Art. 115. Anunciar títulos científicos que não possa comprovar e especialidade ou área de atuação para a qual não esteja qualificado e registrado no Conselho Regional de Medicina.

Transgressão ética frequente, que eventualmente gera denúncias administrativas ou demandas judiciais. A divulgação de especialidade ou área de atuação, por quaisquer meios ou formas tais como carimbos, bloco de receituário, placas, anúncios ou relação de especialistas de convênios ou planos de saúde, implica que o médico tenha o registro formal da(s) mesma(s) no CRM de sua jurisdição. O novo Código valorizou essa exigência ao incluir especificamente na letra da lei a necessidade do registro formal do título no CRM.

▶ REGULAMENTAÇÃO ÉTICA DA PERÍCIA MÉDICA

Inicialmente, deve ficar claro que não existe, no âmbito da Medicina, a especialidade de perito, exceção feita ao médico legista e ao médico do trabalho, que possuem formação e atribuição peculiares, previstas em lei. Portanto, perícia ou auditoria médica não são especialidades contempladas pelo CFM, a quem compete estabelecer a relação de especialidades e áreas de atuação na Medicina. Assim, qualquer médico pode vir a ser perito, desde que convocado para atuar como tal por autoridade competente, lembrando-se que, por força de lei, qualquer médico é considerado especialista em Medicina e em qualquer um de seus campos de conhecimento, não havendo, portanto, a necessidade legal de ser especialista em determinada área para ser designado perito, apesar de desejável. Em outras palavras, qualquer médico pode ser designado perito quando o fato a ser esclarecido for de natureza médica, já que sua especialidade é a Medicina.

Visando dar uma ideia do alcance da função pericial na sociedade, nos reportamos ao Parecer-Consulta CRMMG 1.811/1998, de lavra do Cons. José Geraldo de Freitas Drumond, que em suas conclusões estabelece:

1 – Qualquer médico, quer na atividade privada, quer no exercício de cargo público, pode ser nomeado por autoridades judiciárias, policiais, militares e administrativas perito para elucidar um fato de natureza médica;
2 – No Direito Penal, a nomeação do perito recai preferencialmente sobre os médicos legistas, lotados nos Institutos Médico-Legais. Na ausência desses profissionais, qualquer médico pode ser nomeado perito ad hoc;
3 – No Direito Civil, existe o perito oficial, de livre escolha do Juiz;
4 – No Direito Trabalhista, o perito é nomeado pelo Juiz, cabendo às partes litigantes direito de indicar, cada uma, um assistente técnico;
5 – Na Administração Pública, a autoridade pode se valer, conforme a situação, de peritos lotados em departamentos específicos ou de servidores médicos designados para o exercício da função.
Do ponto de vista legal e ético, pode o médico designado perito declinar de sua nomeação, desde que justificadamente, à autoridade que o nomeou.
Não pode, outrossim, negar-se a prestar seus esclarecimentos justificando não ser "especialista em perícia médica", pois que perito é todo especialista em determinado assunto, tornando-se uma incongruência falar em "especialista em perícia".
Assim, pode o médico, na qualidade de "especialista em medicina", atuar como perito toda vez que nomeado por uma autoridade competente, obedecidos os cânones legais e éticos que balizam o exercício de sua profissão.

O exercício profissional da atividade pericial ou da auditoria médica, seja perícia no âmbito da Medicina Legal, perícia judicial, previdenciária ou administrativa, encontra-se sob a égide de normas legais (CPC, CPP, outras disposições legais), normas administrativas e éticas, que visam normatizar e disciplinar a atividade, no intuito de que se cumpra da melhor maneira com suas nobres finalidades, tão essenciais para dirimir dúvidas e levar à tomada de decisão nessas instâncias. Na seara ética, nosso objetivo, o tema é disciplinado por meio do CEM e de Resoluções e Pareceres do CFM e dos CRM.

O tema, no CEM, encontra-se contemplado tanto nas disposições gerais a que estão afeitos todos os médicos (a função pericial médica é considerada, antes de tudo, um ato médico) quanto, especificamente, em capítulo próprio, demonstrando a grande relevância dessa atividade nos últimos anos. Ali se encontram alguns princípios éticos basilares:

É vedado ao médico:

Art. 92. *Assinar laudos periciais, auditoriais ou de verificação médico-legal quando não tenha realizado pessoalmente o exame.*

Art. 93. *Ser perito ou auditor do próprio paciente, de pessoa de sua família ou de qualquer outra com a qual tenha relações capazes de influir em seu trabalho, ou de empresa em que atue ou tenha atuado.*

Art. 94. *Intervir, quando em função de auditor, assistente técnico ou perito, nos atos profissionais de outro médico, ou fazer qualquer apreciação em presença do examinado, reservando suas observações para o relatório.*

Art. 95. *Realizar exames médicos periciais de corpo de delito em seres humanos no interior de prédios ou de dependências de delegacias de polícia, unidades militares, casas de detenção e presídios.*

Art. 96. *Receber remuneração ou gratificação por valores vinculados à glosa ou ao sucesso de causa, quando na função de perito ou de auditor.*

Art. 97. *Autorizar, vetar, bem como modificar, quando na função de auditor ou de perito, procedimentos propedêuticos ou terapêuticos instituídos, salvo, no último caso, em situações de urgência, emergência ou iminente perigo de morte do paciente, comunicando, por escrito, o fato ao médico assistente.*

Art. 98. *Deixar de atuar com absoluta isenção quando designado para servir como perito ou como auditor, bem como ultrapassar os limites de suas atribuições e de sua competência.*

Parágrafo único. *O médico tem direito a justa remuneração pela realização do exame pericial.*

Como se depreende facilmente, o objetivo do legislador ético foi disciplinar as relações dos peritos com outros médicos, especialmente os assistentes, e salvaguardar a atividade pericial com relação a impedimentos ou qualquer motivo de suspeição que pudessem vir a comprometer a necessária isenção da mesma, assim como impedir que o ato pericial ou auditorial se faça sob estímulos mercantilistas.

O CFM, visando regulamentar com mais detalhes as atividades periciais e de auditoria, promulgou Resoluções específicas que podem ser consultadas no endereço eletrônico do próprio. Entre as mais relevantes, citamos a Resolução CFM 1.614/2001, que normatiza a atuação do médico no exercício da auditoria, a Resolução CFM 1.488/1998, que normatiza as atividades dos médicos que prestam assistência médica ao trabalhador (médico do trabalho) e peritos médicos judiciais e assistentes técnicos, e a Resolução CFM 1.497/1998, referente ao médico designado perito.

▶ BIBLIOGRAFIA

Conselho Federal de Medicina. Resolução CFM 1.897/2009, de 6 de maio de 2009. Código de Processo Ético-profissional. Belo Horizonte (MG): CRMMG, 2010.

Conselho Federal de Medicina. Resolução CFM 1.931/2009, de 24 de setembro de 2009. Código de Ética Médica. Belo Horizonte (MG): CRMMG, 2010.

Conselho Regional de Medicina de Minas Gerais. Parecer-consulta CRMMG 1811/1998. Belo Horizonte (MG): CRMMG, 1998.

Epiphanio EB, Xavier Vilela JRP. Perícias médicas – Teoria e prática. 1. ed. Rio de Janeiro: Guanabara Koogan, 2009.

França GV. Comentários ao Código de Ética Médica. 5. ed. Rio de Janeiro: Guanabara Koogan, 2006.

França GV. Medicina Legal. 8. ed. Rio de Janeiro: Guanabara Koogan, 2008.

Parte B

Perícias no Foro Ético em Odontologia-Deontologia Odontológica

Arnaldo de Almeida Garrocho • Cristiane Miranda Carvalho
Fernanda Capurucho Horta Bouchardet

▶ REGULAMENTAÇÃO DA ODONTOLOGIA

O exercício ético e legal da Odontologia no Brasil é regulamentado pela Lei 5.081, de 24 de agosto de 1966, Código de Ética Odontológica, Conselho Federal de Odontologia – Resolução 179 de 19/12/1991, alterada pelo Regulamento 1 de 5 de junho de 1998.

De acordo com o Ministério da Saúde (Brasil, 2006), as atividades profissionais privativas do cirurgião-dentista estão previstas na Lei 4.324, de 14 de abril de 1964, na Lei 5.081, de 24 de agosto de 1966, e no Decreto 68.704, de 3 de junho de 1971. Os direitos e deveres do cirurgião-dentista, bem como o que lhe é vedado, encontram-se no Código de Ética Odontológica (CEO); os do técnico em saúde bucal (TSB) e do auxiliar de saúde bucal (ASB), na Resolução CFO 157, de 31 de julho de 1987, e os do técnico em prótese dentária (TPD) e do auxiliar em prótese dentária (APD), na Lei 6.710, de 5 de novembro de 1979, no Decreto 87.689, de 11 de outubro de 1982, e na Consolidação das Normas para Procedimentos nos Conselhos de Odontologia, aprovada pela Resolução CFO 63/2005.

Compete aos Conselhos a fiscalização do exercício da Odontologia no Brasil a partir da Lei 5.081/1966 e da Resolução CFO 63/2005, que estabelece a competência de cada integrante da profissão (Silva, 1997):

> **Art. 1º.** *O exercício da Odontologia no território nacional é regido pelo disposto na presente Lei.*
>
> **Art. 2º.** *O exercício da Odontologia no território nacional só é permitido ao cirurgião-dentista habilitado por escola ou faculdade oficial ou reconhecida, após o registro do diploma na Diretoria de Ensino Superior, no Serviço Nacional de fiscalização da Odontologia, na repartição sanitária estadual competente e inscrição no Conselho Regional de Odontologia, sob cuja jurisdição se achar o local de sua atividade.*
>
> **Art. 3º.** *Poderão exercer a Odontologia no território nacional os habilitados por escolas estrangeiras, após revalidação do diploma e satisfeitas as demais exigências do artigo anterior.*
>
> **Art. 4º.** *É assegurado o direito ao exercício da Odontologia, com as restrições legais, ao diplomado nas condições mencionadas no Decreto-Lei 7.718, de 9 de julho de 1945, que regularmente se tenha habilitado para o exercício profissional, somente nos limites territoriais do Estado onde funcionou a escola ou faculdade que o diplomou.*
>
> **Art. 5º.** *É nula qualquer autorização administrativa a quem não for legalmente habilitado para o exercício da Odontologia.*
>
> **Art. 6º.** *Compete ao cirurgião-dentista:*
> *I – praticar todos os atos pertinentes à Odontologia, decorrentes de conhecimentos adquiridos em curso regular ou em cursos de pós-graduação;*
> *II – prescrever e aplicar especialidades farmacêuticas de uso interno e externo, indicadas em Odontologia;*
> *III – atestar, no setor de sua atividade profissional, estados mórbidos e outros, inclusive para a justificação de faltas ao emprego (Redação alterada pela Lei 6.215, de 30 de junho de 1975);*
> *IV – proceder à perícia odonto legal em foro civil, criminal, trabalhista e em sede administrativa;*
> *V – aplicar anestesia local e troncular;*
> *VI – empregar a analgesia e a hipnose, desde que comprovadamente habilitado, quando constituírem meios eficazes para o tratamento;*
> *VII – manter em anexo ao consultório, laboratório de prótese, aparelhagem e instalação adequadas para pesquisas e análises clínicas, relacionadas com os casos específicos de sua especialidade, bem como aparelhos de Raio X para diagnóstico, e aparelhagem de fisioterapia;*
> *VIII – prescrever e aplicar medicação de urgência no caso de acidentes graves que comprometam a vida e a saúde do paciente;*
> *IX – utilizar, no exercício da função de perito odontólogo, em caso de necropsia, as vias de acesso do pescoço e da cabeça.*

> **Art. 7º.** *É vedado ao cirurgião-dentista:*
> *a) expor em público trabalhos odontológicos e usar artifícios de propaganda para granjear clientela;*
> *b) anunciar cura de determinadas doenças, para as quais não haja tratamento eficaz;*
> *c) exercício de mais de duas especialidades;*
> *d) consultas mediante correspondência, rádio, televisão ou meios semelhantes;*
> *e) prestação de serviço gratuito em consultórios particulares;*
> *f) divulgar benefícios recebidos de clientes;*
> *g) anunciar preços de serviços, modalidades de pagamento e outras formas de comercialização de clínica que signifiquem competição desleal.*

De acordo com o Código Penal (1964), art. 282:

> *Exercer, ainda que a título gratuito, a profissão de médico, dentista ou farmacêutico, sem autorização legal, ou excedendo-lhe os limites.*
> *Pena – detenção de seis meses a dois anos.*
> *Parágrafo único – Se o crime é cometido com o fim de lucro, aplica-se também multa.*

▶ CÓDIGO DE ÉTICA ODONTOLÓGICA – NORMATIVIDADE

Durante o período babilônico, o *Código de Hamurabi* (1728-1646 a.C.), baseado na *Lei de Talião*: "Olho por olho, dente por dente", passou a reger todos os aspectos da vida civil. No âmbito da saúde, Hipócrates (460-370 a.C.) fazia registros importantes a natureza ética, uma proposta de prática virtuosa, cabendo ao indivíduo assumi-la ou respeitá-la, sem compulsório imperativo. A deontologia assume historicamente as relações com as profissões liberais, englobando um corpo de normas ou deveres inerentes ao exercício profissional, sendo aí designados sob a forma de códigos de ética – códigos de deontologia (Badeia, 1999).

Um requisito necessário em qualquer área da Odontologia diz respeito ao conhecimento das normas éticas vigentes, previstas no Código de Ética Odontológica (CEO), aprovado pela Resolução de 6 de junho de 2006. O CEO regula os direitos e deveres dos profissionais com inscrição nos Conselhos de Odontologia, segundo suas atribuições específicas.

Uma explicação é necessária para se diferenciar o que vem a ser Ética e o que vem a ser Moral, tendo em vista que Ética e Moral se formam numa mesma realidade. A relação entre Ética e Moral deve ser harmonizada, ou seja, a Moral está aí porque a Ética falta às pessoas. Se não houver atitudes, na maior parte do tempo, em conformidade com as leis do amor, que são as da Ética, mister se faz seguir, então, o dever da Moral (Comte-Sponville).

Existe uma confusão entre os conceitos de Moral e Ética, sendo uma dúvida que perdura há muitos séculos. Enfim, *Moral* é o discurso normativo e imperativo que resulta da composição do Bem e do Mal, considerados como valores absolutos e universais. Torna-se, portanto, o conjunto de nossos deveres. A *Moral* responde à pergunta: "o que devo fazer?", enquanto a *Ética* é todo discurso normativo, mas não imperativo, implicando um conjunto ponderado de nossos desejos, respondendo, assim, à pergunta: "como viver?", sendo sempre particular a um indivíduo ou a um grupo (Comte-Sponville, 2006).

O Que É Ser um "Profissional Ético"?[1]

É agir direito, proceder bem, sem prejudicar os outros.

É ser altruísta, é estar tranquilo com a consciência pessoal.

Ser ético é também agir de acordo com os valores morais de uma determinada sociedade. As regras morais são resultado da própria cultura de uma comunidade e variam de acordo com o tempo e sua localização no mapa.

A regra ética (ética geral) é uma questão de atitude, de escolha. Já a regra jurídica não precisa de convicção íntima – as leis devem ser cumpridas, independentemente da vontade das pessoas.

O Conselho Regional de Odontologia é uma autarquia que regulamenta as atividades e o comportamento ético-profissional dos cirurgiões-dentistas. As acusações de má prática profissional serão apuradas pelas Comissões de Ética e Câmaras de Instrução a partir de processos ético-disciplinares.

O que é a responsabilidade disciplinar?

É a que resulta da violação dos deveres dos cirurgiões-dentistas como profissionais, perante o paciente, os colegas e a sociedade em geral.

Código de Ética Profissional é um conjunto de regras, direitos e deveres. É um Código de atitudes, condutas. É para educar e não só para punir.

Já o procedimento disciplinar visa apurar a existência ou não de um ilícito disciplinar e a fazer-lhe aplicar, em caso de se considerar que tal ilícito teve lugar, a respectiva sanção disciplinar.

O reconhecimento da responsabilidade disciplinar dos cirurgiões-dentistas é competência exclusiva dos Conselhos Regionais de Odontologia.

A infração disciplinar dá origem a um procedimento administrativo, que se traduz numa sucessão ordenada de atos e formalidades.

O processo ético se realiza através do disposto no Código de Processo Ético, aprovado pela resolução CFO 59/2004. Ele é composto de 13 capítulos, com seus artigos, incisos e parágrafos.

O Processo Ético poderá ser instaurado pelo Presidente do Conselho, mediante representação ou denúncia, após Parecer inicial da Comissão de Ética e da Câmara de Instrução de Ética. A Comissão apontará o enquadramento da possível infração ao Código de Ética Odontológica.

_____
[1]Regina Juhás. Informação pessoal. Núcleo de Odontologia Legal – USP.

São duas as formas de instauração:

- **De ofício:** a fiscalização notifica o profissional, através do termo de visita, quando constata uma possível infração ética.

- Mediante **representação ou denúncia**: devendo conter assinatura e qualificação do denunciante, exposição do fato em suas circunstâncias e demais elementos que possam ser necessários.

Os indeferimentos ocorrem quando a denúncia não apresenta os elementos imprescindíveis, quando o fato narrado não constitui infração ética de competência do Conselho, ou ainda, se estiver extinta a punibilidade – caso da prescrição em 5 anos. Assim ocorre o arquivamento do processo, podendo haver recurso em até 30 dias.

Quando houver deferimento, o Presidente da Comissão de Ética ou da Câmara de Instrução de Ética designará dia e hora para audiência de conciliação e instrução e citará o indiciado/denunciante. As partes poderão estar acompanhadas de advogado, ocasião em que será, preliminarmente, tentada a conciliação. O denunciado deverá apresentar defesa, por escrito, e inclusive produzir as provas que julgar necessárias. Nos casos de instauração de Processo Ético, de ofício, isto é, pelo próprio Conselho – como, por exemplo, propaganda irregular, não inscrição de profissional e clínica, entre outros – não existe a possibilidade de conciliação.

Alguns cirurgiões-dentistas chegam à audiência sem saber o motivo e como proceder, mesmo tendo recebido citação acompanhada do parecer ou denúncia.

Caso o denunciado não compareça, ser-lhe-á nomeado um defensor dativo. Não havendo sucesso na tentativa de conciliação, o acusado apresentará defesa por escrito e, nos casos pertinentes, apresentará suas testemunhas, em número máximo de três. As testemunhas serão arroladas e conduzidas pelas partes, sob pena de renúncia da prova. Tratando-se de denúncia referente a tratamento, o Presidente da Comissão encaminhará o processo para a perícia técnica.

O parecer final será emitido após avaliação dos documentos no processo juntamente à perícia técnica em 30 dias. As partes terão conhecimento desse primeiro resultado, que não é definitivo, pois haverá, na sequência, a fase do julgamento realizada pelos Conselheiros.

O Presidente do Conselho, após o recebimento do processo devidamente instruído, marcará a data do julgamento e designará, entre os Conselheiros que não participaram da instrução, relator para o processo, o qual deverá apresentar relatório final sobre a questão em pauta, até 10 dias antes da Reunião Plenária de julgamento.

Iniciada a sessão, será imediatamente dada a palavra ao relator do processo para leitura de seu relatório final, no qual, obrigatoriamente, deverá constar resumo do fato imputado, da defesa, da instrução realizada e das provas colhidas.

Após a leitura, o Presidente do Conselho Regional dará a palavra, para sustentação das alegações, em primeiro lugar ao denunciante ou seu procurador e, em seguida, ao denunciado/acusado ou seu procurador.

A decisão proferida em processo ético é denominada Acórdão.

Quando da condenação às penas cominadas nos incisos III, IV e V do art. 40 do Código de Ética Odontológica, o acórdão será publicado, em resumo, na Imprensa Oficial, em jornal de grande circulação nas jurisdições dos Conselhos onde o apenado tiver inscrição principal e onde foi cometido o delito. O condenado fará o ressarcimento das custas e despesas ocasionadas em decorrência do processo. Têm efeito suspensivo da execução da pena os recursos das decisões que hajam imposto pena de censura pública, cassação ou suspensão do exercício da profissão.

Das decisões dos Conselhos Regionais caberá recurso ao Conselho Federal, no prazo de 30 dias, a contar da ciência dada aos interessados.

Julgada procedente a ação ética, por decisão final da qual não caiba recurso com efeito suspensivo, ou cabendo, não tenha ele sido interposto, o Conselho Regional executará o Acórdão.

De acordo com o Código de Ética Odontológica, o cirurgião-dentista designado para atuar como perito deverá agir com absoluta isenção e não ultrapassar os limites de suas atribuições e de sua competência. Não intervir nos atos de outro profissional, ou fazer qualquer apreciação na presença do examinado, reservando suas observações, sempre fundamentadas, para o relatório sigiloso (Fonte: http://www.cfo.org.br/download/pdf/codigo_proc_etico.pdf).

O cirurgião-dentista, para atuar como perito do Conselho, deverá estar com suas anuidades em dia e não possuir vínculo com nenhuma das partes envolvidas no processo ético.

O laudo pericial ético é composto de:

- Preâmbulo
- Histórico médico
- Descrição
- Discussão
- Conclusão
- Resposta aos quesitos
- Assinatura, CRO e data

O *preâmbulo* é a parte do laudo onde constam data, hora e local do exame pericial, autoridade requisitante do exame, dados de identificação do periciando (examinado), conferindo documentos de fé pública, peritos designados e os quesitos formulados, informação da presença ou não de assistentes técnicos e a finalidade da perícia.

O *histórico* é a parte do laudo creditada ao periciando, não devendo imputar ao perito nenhuma responsabilidade sobre seu conteúdo. Trata-se de dados relacionados com o fato, fornecidos pela autoridade requisitante e/ou pelo periciando. Deve ser sucinto e não envolver as circunstâncias do fato, que serão analisadas no decorrer do processo.

A anamnese deverá conter queixa principal, história do evento, dados documentais, história pregressa pessoal e familiar.

A *descrição* das lesões encontradas deve ser clara, em linguagem adequada, situando-as, ou seja, localizando suas dimensões e características, valendo-se muitas vezes do auxílio de fotografias e/ou desenhos gráficos (croquis). É o item mais importante do laudo pericial e o que deve ser considerado com maior atenção pelos interessados no caso.

Os documentos de interesse pericial deverão conter e salientar as informações importantes ou as contradições encontradas.

Na *discussão e conclusão* o perito analisará, numa linguagem acessível a todos, os vários componentes do dano resultante, relacionando as lesões com as alterações encontradas e com as queixas do examinado, de modo a fundamentar suas conclusões.

A *resposta aos quesitos* deve ser objetiva e, quando necessitar de algum complemento, este deve ser sucinto. Não devem ser deixados quesitos sem resposta, podendo ser sim, não, prejudicado, sem elementos para afirmar ou negar.

▶ ROTEIRO PARA CONFECÇÃO DO LAUDO PERICIAL ÉTICO

Processo nº:
PROCESSO ÉTICO – CRO-MG
Denunciante:
Denunciado:

I. Preâmbulo
A. Entidade Requisitante
Exame solicitado pelo Conselho Regional de Odontologia de Minas Gerais, através do Ofício nº _____, no âmbito do processo nº _____.
A perícia foi realizada, dia..........., no consultório odontológico, sito à Rua............., com a presença de (assistentes técnicos).

B. Identificação do Examinando(a)
Nome:
Sexo: ( ) Masc. ( ) Fem.
Data de nascimento:
Filiação:
Naturalidade:
Residência:
Telefone:
Estado civil:
Profissão atual:
Documento de identificação:

II. Estado Atual
Exame Objetivo
1. Estado Geral
O examinado(a) apresenta-se (estado geral, consciência, orientação, colaboração). O examinado(a) é (lado dominante), tipo físico etc.

2. Exame Extraoral
- *Exame da pele;*
- *Simetria ou assimetria, do nível inferior da face em relação ao plano sagital mediano;*
- *Descrever as cicatrizes cutâneas e mucosas e apreciar os reflexos, ao mesmo tempo, sensitivos e motores – alteração da mímica, diminuição de profundidade do vestíbulo etc.;*
- *Examinar a articulação temporomandibular (ATM), notar se existem rangidos com dores, uma subluxação com desnível.*

3. Exame Intraoral
Exame bucodentário geral:
- *Descrever os elementos dentários por extenso e a nomenclatura de acordo com a Federação Dentária Internacional (FDI);*
- *Exame da oclusão;*
- *Medir a abertura da boca do bordo do incisivo central superior ao bordo do incisivo central inferior;*
- *Exame dos dentes;*
- *Exame da função fonética;*
- *Exame da função mastigatória;*
- *Nervos.*

Adaptar e acrescentar conforme o caso específico.
Exames Complementares de Diagnóstico
- *Apresentados pelo denunciante – Descrever:*
- *Presentes nos autos/solicitados pelo Perito – Descrever:*

III. Discussão
Embasamento científico relacionando ou excluindo os danos encontrados com o tratamento clínico (causa e efeito) – confrontação de hipóteses.

IV. Conclusões
Devem ser fundamentadas na discussão e ser objetivas e didáticas.

V. Quesitos
Transcrever a pergunta e responder aos quesitos formulados pela comissão de ética, denunciante e denunciado. Respostas objetivas e precisas.

VI. Anexos
Fotografias, esquemas, radiografias e outros recursos que o perito julgar necessários para esclarecimento da perícia.

► ANÁLISE DE PROCESSOS ÉTICOS – CROMG

A verificação da validade de frequência e modalidade das queixas pôde ser constatada em levantamento realizado no ano de 2006 dos processos éticos instaurados no CROMG.

Considerando os princípios éticos e morais do profissional cirurgião-dentista, ocorreram várias instaurações procedimentais em algumas especialidades odontológicas, tendo em vista os entreveros envolvendo clientes, colegas de profissão, publicidade indevida, entre outros aspectos.

Para melhor entendimento, as queixas processuais foram divididas em sete categorias:

1. **Tratamento inadequado:** discordância ou não realização do tratamento, resultado insatisfatório, falta de cuidado ou causa de lesão.

2. **Clínica irregular:** clínica funcionando sem inscrição no Conselho.

3. **Falta ética:** atuação excedendo limites da profissão de cirurgião-dentista, problemas na relação profissional/paciente, quebra de sigilo, desvio de paciente, não permitir ao paciente acesso à ficha clínica, criticar colega, acobertar exercício ilegal, venda de recibo, discriminação.

4. **Propaganda:** não obedecer aos preceitos dispostos no Código de Ética como: anúncio de preços, serviços gratuitos ou modalidades de pagamento; anúncio de especialidade sem registro no CFO, entre outros.

5. **Laboratório não inscrito:** laboratório funcionando sem inscrição no Conselho.

6. **Técnico em prótese dentária atuou como cirurgião-dentista:** excedendo limites da profissão de técnico em prótese dentária.

7. **Técnico em prótese dentária não inscrito:** técnico em prótese dentária atuando sem inscrição no Conselho.

No total foram 88 processos, dois dos quais estavam enquadrados em mais de uma categoria de questões envolvidas. Desse modo, as Tabelas 3.1 e 3.2 mostram um número total de 90 casos, mas os percentuais relativos são calculados com base no total de processos

Tabela 3.1 ▶ Distribuição de frequência dos processos instaurados e especialidades envolvidas

Categorias	Frequência	Percentual	Percentual acumulado
Propaganda e/ou clínica irregular	35	40%	40%
Ortodontia	7	8%	48%
Cirurgia e traumatologia	7	8%	56%
Prótese dentária	6	7%	63%
Clínica geral/ endodontia	5	6%	69%
Implante/prótese	5	6%	75%
CD contra CD ou outros profissionais	3	3%	78%
TPD/THD/APD exercendo função de CD	2	2%	80%
Outros	20	23%	102%
Total	**90**	**102%**	

Fonte: processos do CROMG.
Obs.: o percentual representa a proporção de processos instaurados de um total de 88 casos.

instaurados (88). É possível que os percentuais calculados para a proporção de processos somem mais de 100% porque os processos podem ser enquadrados em mais de um tipo de questão, queixa e artigos citados. Além disso, é possível que mais de um profissional esteja envolvido em cada processo, seja ele cirurgião-dentista (CD) ou técnico em prótese dentária (TPD).

Os processos envolveram 106 profissionais, sendo 96 CD e 10 TPD. A Comissão de Ética I analisou 56 processos e a Câmara de Ética I, 32 processos.

Em primeiro lugar apresenta-se a descrição das categorias pelo tipo de especialidade envolvida, conforme expressa a Tabela 3.1.

Nota-se que os casos de propaganda e/ou clínica irregular representam a maior parte dos casos de processos instaurados (40% do total de processos), enquanto os demais casos representam separadamente menos de 10% do total. Ainda dentro da categoria *outros* – acobertamento de exercício ilegal, laboratório não inscrito, venda de recibos, falta ética – emergem 23% do total de casos.

Considerando as queixas dos processos, nota-se uma presença expressiva de queixas referentes a tratamento inadequado e clínica irregular. Cabe ressaltar que as proporções listadas referem-se ao total de processos e que um mesmo processo pode ser instaurado considerando mais de uma queixa. Os resultados são expressos na Tabela 3.2.

Nota-se que o tratamento inadequado e a clínica irregular são as principais queixas dos processos, seguidos por falta de ética e propaganda irregular. Os demais processos representam uma parcela pequena do total abordado. Tal resultado está expresso na Figura 3.1.

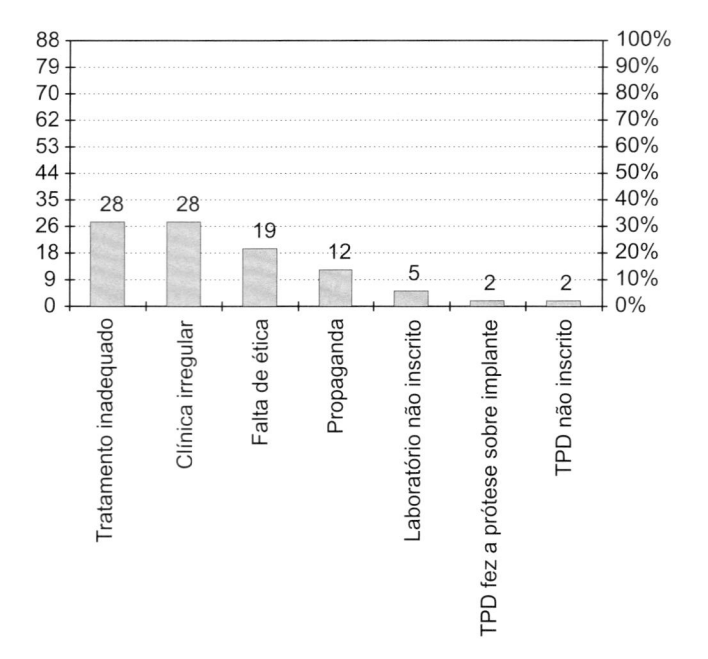

Figura 3.1 ▶ Distribuição de frequência das queixas dos processos instaurados (Fonte: processos do CROMG. Obs.: o percentual representa a proporção de processos instaurados de um total de 88 casos.)

▶ ALGUNS DOS ARTIGOS DO CÓDIGO DE ÉTICA ODONTOLÓGICA SUBDIVIDIDOS POR ASSUNTO

CAPÍTULO I
DISPOSIÇÕES PRELIMINARES

Art. 1º. *O Código de Ética Odontológica regula os direitos e deveres dos profissionais, das entidades e das operadoras de planos de saúde, com inscrição nos Conselhos de Odontologia, segundo suas atribuições específicas.*

Parágrafo único. *As normas éticas deste Código devem ser seguidas pelos cirurgiões-dentistas, pelos profissionais de outras categorias auxiliares reconhecidas pelo CFO, independentemente da função ou cargo que ocupem, bem como pelas pessoas jurídicas.*

Em seguida, são listados alguns artigos e incisos do CEO 2006 subdivididos por assuntos, de acordo com Regina Juhás.[2]

1. Boas Práticas da Odontologia

A] Sociedade/Comunidade

CAPÍTULO I
DISPOSIÇÕES PRELIMINARES

Art. 2º. *A Odontologia é uma profissão que se exerce em benefício da saúde do ser humano e da coletividade, sem discriminação de qualquer forma ou pretexto.*

Tabela 3.2 ▶ Distribuição de frequência das queixas dos processos instaurados

Categorias	Frequência	Percentual	Percentual acumulado
Tratamento inadequado	28	32%	32%
Clínica irregular	28	32%	64%
Falta ética	19	22%	85%
Propaganda	12	14%	99%
Laboratório não inscrito	5	6%	105%
TPD fez a prótese sobre implante	2	2%	107%
TPD não inscrito	2	2%	109%
Total	**96**	**109%**	

Fonte: processos do CROMG.
Obs.: o percentual representa a proporção de processos instaurados de um total de 88 casos.

[2]Regina Juhás. Informação pessoal. Núcleo de Odontologia Legal – USP.

CAPÍTULO III
DOS DEVERES FUNDAMENTAIS

Art. 4º. *A fim de garantir o acatamento e cabal execução deste Código, cabe ao cirurgião-dentista e demais inscritos comunicar ao CRO, com discrição e fundamento, fatos de que tenha conhecimento e caracterizem possível infringência do presente Código e das Normas que regulam o exercício da Odontologia.*
Art. 5º. *Constituem deveres fundamentais dos profissionais e entidades de Odontologia:*
III – exercer a profissão mantendo comportamento digno;
VII – promover a saúde coletiva no desempenho de suas funções, cargos e cidadania, independentemente de exercer a profissão no setor público ou privado;
XI – abster-se da prática de atos que impliquem mercantilização da Odontologia ou sua má conceituação;

CAPÍTULO V
DO RELACIONAMENTO – SEÇÃO I – COM O PACIENTE

Art. 7º. *Constitui infração ética:*
I – discriminar o ser humano de qualquer forma ou sob qualquer pretexto;

Capítulo VIII
Dos Honorários Profissionais

Art. 12. *Constitui infração ética:*
I – oferecer serviços gratuitos a quem possa remunerá-los adequadamente;
II – oferecer seus serviços profissionais como prêmio em concurso de qualquer natureza;
IV – instituir cobrança através de procedimento mercantilista;

CAPÍTULO VIII
DAS ESPECIALIDADES

Art. 16. *É vedado intitular-se especialista sem inscrição da especialidade no Conselho Regional.*

CAPÍTULO X
DAS ENTIDADES COM ATIVIDADES – NO ÂMBITO DA ODONTOLOGIA

Art. 23. *As entidades mencionadas no artigo 21 ficam obrigadas a:*
V – restringir-se à elaboração de planos ou programas de saúde bucal que tenham respaldo técnico, administrativo e financeiro;
Art. 24. *Constitui infração ética:*
VII – deixar de prestar os serviços ajustados no contrato;
VIII – oferecer serviços profissionais como prêmio em concurso de qualquer natureza;

CAPÍTULO XIV
DA COMUNICAÇÃO

Art. 31. *A comunicação e a divulgação em Odontologia obedecerão ao disposto neste Código.*
§ 1º. É vedado aos profissionais auxiliares, como os técnicos em prótese dentária, atendente de consultório dentário, técnico em higiene dental, auxiliar de prótese dentária, bem como aos laboratórios de prótese dentária, fazer anúncios, propagandas ou publicidade dirigida ao público em geral.
§ 2º. Aos profissionais citados no § 1º serão permitidas propagandas em revistas, jornais ou folhetos especializados, desde que dirigidas aos cirurgiões-dentistas, e acompanhadas do

nome do profissional ou do laboratório, do seu responsável técnico e do número de inscrição no Conselho Regional de Odontologia.

SEÇÃO I
DO ANÚNCIO DA PROPAGANDA – E DA PUBLICIDADE

Art. 32. *Os anúncios, a propaganda e a publicidade poderão ser feitos desde que obedecidos os preceitos deste Código como da veracidade, da decência, da respeitabilidade e da honestidade.*
Art. 34. *Constitui infração ética:*
I – anunciar preços, serviços gratuitos e modalidades de pagamento,...;
V – da consulta, diagnóstico ou prescrição de tratamento por meio de qualquer veículo de comunicação de massa, bem como permitir que sua participação na divulgação de assuntos odontológicos deixe de ter caráter exclusivo de esclarecimento e educação da coletividade;
VII – aliciar pacientes...;
VIII – induzir a opinião pública a acreditar que exista reserva de atuação clínica em Odontologia;
X – oferecer trabalho gratuito com intenção de autopromoção ou promover campanhas políticas oferecendo trocas de favores;
XIV – expor ao público leigo artifícios de propaganda, com o intuito de granjear clientela, especialmente a utilização de expressões antes e depois.

SEÇÃO II
DA ENTREVISTA

Art. 37. *O professor inscrito poderá utilizar-se de meios de comunicação para conceder entrevistas ou palestras públicas sobre assuntos odontológicos de sua atribuição, com finalidade de esclarecimento e de educação no interesse da coletividade, sem que haja autopromoção ou sensacionalismo, preservando sempre o decoro da profissão.*

SEÇÃO III
DA PUBLICAÇÃO CIENTÍFICA

Art. 38. *Constitui infração ética:*
V – divulgar, fora do meio científico, processo de tratamento ou descoberta cujo valor ainda não esteja expressamente reconhecido cientificamente;

CAPÍTULO XII
DO MAGISTÉRIO

Art. 26. *No exercício do magistério, o profissional inscrito exaltará os princípios éticos e promoverá a divulgação deste Código.*

B] Relacionamento com o Paciente

CAPÍTULO II
DOS DIREITOS FUNDAMENTAIS

Art. 3º. *Constituem direitos fundamentais dos profissionais inscritos, segundo suas atribuições específicas:*
II – resguardar o segredo profissional;

CAPÍTULO III
DOS DEVERES FUNDAMENTAIS

Art. 5º. *Constituem deveres fundamentais dos profissionais e entidades de Odontologia:*

V – zelar pela saúde e pela dignidade do paciente;
VI – guardar segredo profissional;
XIII – resguardar sempre a privacidade do paciente;

CAPÍTULO V
DO RELACIONAMENTO

SEÇÃO I
COM O PACIENTE

Art. 7º. *Constitui infração ética:*
II – aproveitar-se de situações decorrentes da relação profissional/paciente para obter vantagem física, emocional, financeira ou política;
III – exagerar em diagnóstico, prognóstico ou terapêutica;
IV – deixar de esclarecer adequadamente os propósitos, riscos, custos e alternativas do tratamento;
V – executar ou propor tratamento desnecessário ou para o qual não esteja capacitado;
VI – abandonar paciente, salvo por motivo justificável, circunstância em que serão conciliados os honorários e indicado substituto;
VII – deixar de atender paciente que procure cuidados profissionais em caso de urgência, quando não haja outro cirurgião-dentista em condições de fazê-lo;
IX – desrespeitar ou permitir que seja desrespeitado o paciente;

CAPÍTULO VI
DO SIGILO PROFISSIONAL

Art. 10. *Constitui infração ética:*
I – revelar, sem justa causa, fato sigiloso de que tenha conhecimento em razão do exercício de sua profissão;
III – fazer referência a casos clínicos identificáveis, exibir pacientes ou seus retratos em anúncios profissionais ou na divulgação de assuntos odontológicos em programas de rádio, televisão ou cinema e em artigos, entrevistas ou reportagens em jornais, revistas ou outras publicações legais, salvo se autorizado pelo paciente ou responsável;

CAPÍTULO VII
DOS HONORÁRIOS PROFISSIONAIS

Art. 12. *Constitui infração ética:*
V – abusar da confiança do paciente, submetendo-o a tratamento de custo inesperado;

CAPÍTULO X
DAS ENTIDADES COM ATIVIDADES – NO ÂMBITO DA ODONTOLOGIA

Art. 23. *As entidades mencionadas no artigo 21 ficam obrigadas a: Incisos I ao VI.*

C] Atuação Profissional

CAPÍTULO II
DOS DIREITOS FUNDAMENTAIS

Art. 3º. *Constituem direitos fundamentais dos profissionais inscritos, segundo suas atribuições específicas:*
I – diagnosticar, planejar e executar tratamentos, com liberdade de convicção, nos limites de suas atribuições, observado o estado atual da ciência e sua dignidade profissional;
V – direito de renunciar ao atendimento do paciente, durante o tratamento, quando da constatação de fatos que, a critério

do profissional, prejudiquem o bom relacionamento com o paciente ou o pleno desempenho profissional. Nestes casos tem o profissional o dever de comunicar previamente ao paciente ou seu responsável legal, assegurando-se da continuidade do tratamento e fornecendo todas as informações necessárias ao cirurgião-dentista que lhe suceder;*

CAPÍTULO III
DOS DEVERES FUNDAMENTAIS

Art. 5º. *Constituem deveres fundamentais dos profissionais e entidades de Odontologia:*
I – zelar e trabalhar pelo perfeito desempenho ético da Odontologia e pelo prestígio e bom conceito da profissão;
IV – manter atualizados os conhecimentos profissionais, técnico-científicos e culturais, necessários ao pleno desempenho do exercício profissional;

CAPÍTULO VII
DOS HONORÁRIOS PROFISSIONAIS

Art. 11. *Na fixação dos honorários profissionais, serão considerados:*
I – a condição socioeconômica do paciente e da comunidade;
II – o conceito do profissional;
III – o costume do lugar;
IV – a complexidade do caso;
V – o tempo utilizado no atendimento;
VI – o caráter de permanência, temporariedade ou eventualidade do trabalho;
VII – a circunstância em que tenha sido prestado o tratamento;
VIII – a cooperação do paciente durante o tratamento;
IX – o custo operacional.
Art. 13. *O cirurgião-dentista deve evitar o aviltamento, ou submeter-se a tal situação inclusive por parte de convênios e credenciamentos, de valores dos serviços profissionais, não os fixando de forma irrisória ou inferior aos valores referenciais para procedimentos odontológicos.*

CAPÍTULO X
DAS ENTIDADES COM ATIVIDADES – NO ÂMBITO DA ODONTOLOGIA

Art. 23. *As entidades mencionadas no artigo 21 ficam obrigadas a:*
III – propiciar ao profissional condições adequadas de instalações, recursos materiais, humanos e tecnológicos definidas pelo Conselho Federal de Odontologia, as quais garantam o seu desempenho pleno e seguro, exceto em condições de emergência ou iminente perigo de vida;
V – restringir-se à elaboração de planos ou programas de saúde bucal que tenham respaldo técnico, administrativo e financeiro;
Art. 24. *Constitui infração ética:*
VI – deixar de manter os usuários informados sobre os recursos disponíveis para o atendimento e de responder às reclamações dos mesmos;
VII – deixar de prestar os serviços ajustados no contrato;

CAPÍTULO XII
DO MAGISTÉRIO

Art. 27. *Constitui infração ética:*
I – utilizar-se do paciente e/ou do aluno de forma abusiva em aula ou pesquisa;

CAPÍTULO XIV
DA COMUNICAÇÃO

SEÇÃO I
DO ANÚNCIO, DA PROPAGANDA – E DA PUBLICIDADE
Art. 34. Constitui infração ética:
VI – divulgar nome, endereço ou qualquer outro elemento que identifique o paciente, a não ser com seu consentimento livre e esclarecido, ou de seu responsável legal;

SEÇÃO III
DA PUBLICAÇÃO CIENTÍFICA

Art. 38. Constitui infração ética:
III – publicar, sem autorização, elemento que identifique o paciente;

CAPÍTULO XV
DA PESQUISA CIENTÍFICA

Art. 39. Constitui infração ética:
VI – realizar pesquisa em ser humano sem que este ou seu responsável, ou representante legal, tenha dado consentimento, livre e esclarecido, por escrito, sobre a natureza das consequências da pesquisa;
VII – usar, experimentalmente sem autorização da autoridade competente, e sem o conhecimento e o consentimento prévios do paciente ou de seu representante legal qualquer tipo de terapêutica ainda não liberada para uso no país;

2. Documentação/Prontuário/Anúncios

CAPÍTULO III
DOS DEVERES FUNDAMENTAIS

Art. 5º. Constituem deveres fundamentais dos profissionais e entidades de Odontologia:
VIII – elaborar e manter atualizados os prontuários de pacientes, conservando-os em arquivo próprio;
XVI – garantir ao paciente ou seu responsável legal acesso a seu prontuário, sempre que for expressamente solicitado, podendo conceder cópia do documento, mediante recibo de entrega;
XVII – registrar os procedimentos técnico-laboratoriais efetuados, mantendo-se em arquivo próprio, quando técnico em prótese dentária.

CAPÍTULO XIV
DA COMUNICAÇÃO

SEÇÃO I
DO ANÚNCIO, DA PROPAGANDA – E DA PUBLICIDADE

Art. 33. Na comunicação e divulgação é obrigatório constar o nome e o número de inscrição da pessoa física ou jurídica, bem como o nome representativo da profissão de cirurgião-dentista e também das demais profissões auxiliares regulamentadas. No caso de pessoas jurídicas, também o nome e o número de inscrição do responsável técnico.
Parágrafo único. Poderão ainda constar na comunicação e divulgação:
I – áreas de atuação, procedimentos e técnicas de tratamento, desde que precedidos do título da especialidade registrada no CRO ou qualificação profissional de clínico geral. Áreas de atuação são procedimentos pertinentes às especialidades reconhecidas pelo CFO;
II – as especialidades as quais o cirurgião esteja inscrito no CRO;

III – os títulos de formação acadêmica stricto sensu e do magistério relativos à profissão;
IV – endereço, telefone, fax, endereço eletrônico, horário de trabalho, convênios, credenciamentos e atendimento domiciliar;
V – logomarca e/ou logotipo;
VI – a expressão "CLÍNICO GERAL" pelos profissionais que exerçam atividades pertinentes à Odontologia decorrentes de conhecimentos adquiridos em curso de graduação ou em cursos de pós-graduação.
Art. 34. Constitui infração ética:
II – anunciar ou divulgar títulos, qualificações, especialidades que não possua ou que não seja reconhecida pelo CFO;
III – anunciar ou divulgar técnicas, terapias de tratamento, área de atuação, que não estejam devidamente comprovadas cientificamente, assim como instalações e equipamentos que não tenham seu registro validado pelos órgãos competentes;
IX – anunciar especialidade odontológica não regulamentada pelo Conselho Federal de Odontologia;
Art. 35. Caracteriza infração ética se beneficiar de propaganda irregular ou em desacordo com o previsto neste capítulo, ainda que aquele sujeito às Normas deste Código de Ética não tenha sido responsável direto pela veiculação da publicidade.
Art. 36. Aplicam-se, também, as normas deste Capítulo a todos aqueles que exerçam a Odontologia, ainda que de forma indireta, sejam pessoas físicas ou jurídicas, clínicas, policlínicas, cooperativas, planos de assistência à saúde, convênios de qualquer forma, credenciamentos, administradoras, intermediadoras, seguradoras de saúde, ou quaisquer outras entidades.

3. Relacionamento com Colega

CAPÍTULO III
DOS DEVERES FUNDAMENTAIS

Art. 5º. Constituem deveres fundamentais dos profissionais e entidades de Odontologia:
X – propugnar pela harmonia da classe;

CAPÍTULO V
DO RELACIONAMENTO

SEÇÃO II
COM A EQUIPE DE SAÚDE

Art. 8º. No relacionamento entre os membros da equipe de saúde serão mantidos o respeito, a lealdade e a colaboração técnico-científica.
Art. 9º. Constitui infração ética:
I – desviar paciente de colega;
II – assumir emprego ou função sucedendo o profissional demitido ou afastado em represália por atitude de defesa de movimento legítimo da categoria ou da aplicação deste Código;
III – praticar ou permitir que se pratique concorrência desleal;
IV – ser conivente em erros técnicos ou infrações éticas, ou com o exercício irregular ou ilegal da Odontologia;
V – negar, injustificadamente, colaboração técnica de emergência ou serviços profissionais a colega;
VI – criticar erro técnico-científico de colega ausente, salvo por meio de representação ao Conselho Regional;
VII – explorar colega nas relações de emprego ou quando compartilhar honorários;
VIII – ceder consultório ou laboratório, sem a observância da legislação pertinente;

CAPÍTULO VII
DOS HONORÁRIOS PROFISSIONAIS

Art. 12. Constitui infração ética:
III – receber ou dar gratificação por encaminhamento de paciente;

CAPÍTULO VIII
DAS ESPECIALIDADES

Art. 15. O especialista, atendendo a paciente encaminhado por cirurgião-dentista, atuará somente na área de sua especialidade. **Parágrafo único.** Após o atendimento, o paciente será, com os informes pertinentes, restituído ao cirurgião-dentista que o encaminhou.
Art. 17. Para fins de diagnóstico e tratamento o especialista poderá conferenciar com outros profissionais.

CAPÍTULO X
DAS ENTIDADES COM ATIVIDADES – NO ÂMBITO DA ODONTOLOGIA

Art. 24. Constitui infração ética:
I – apregoar vantagens irreais visando a estabelecer concorrência com entidades congêneres;
III – executar e anunciar trabalho gratuito ou com desconto com finalidade de aliciamento;
V – valer-se do poder econômico visando a estabelecer concorrência desleal com entidades congêneres ou profissionais individualmente;
IX – elaborar planos de tratamento para serem executados por terceiros;

CAPÍTULO XII
DO MAGISTÉRIO

Art. 27. Constitui infração ética:
V – utilizar-se de material didático de outrem, sem as devidas anuências e autorização.

CAPÍTULO XIII
DAS ENTIDADES DA CLASSE

Art. 30. Constitui infração ética:
IV – desrespeitar entidade, injuriar ou difamar os seus diretores.

CAPÍTULO XIV
DA COMUNICAÇÃO

SEÇÃO I
DO ANÚNCIO, DA PROPAGANDA – E DA PUBLICIDADE

Art. 34. Constitui infração ética:
IV – criticar técnicas utilizadas por outros profissionais como sendo inadequadas ou ultrapassadas;
X – oferecer trabalho gratuito com intenção de autopromoção ou promover campanhas políticas oferecendo trocas de favores;

SEÇÃO III
DA PUBLICAÇÃO CIENTÍFICA

Art. 38. Constitui infração ética:
I – aproveitar-se de posição hierárquica para fazer constar seu nome na coautoria de obra científica;
II – apresentar como sua, no todo ou em parte, obra científica de outrem, ainda que não publicada;
IV – utilizar-se, sem referência ao autor, ou sem sua autorização expressa, de dados, informações ou opiniões coletadas em partes publicadas ou não de sua obra;

4. Perícia – Auditoria

CAPÍTULO IV
DAS AUDITORIAS E PERÍCIAS ODONTOLÓGICAS

Art. 6º. Constitui infração ética:
I – deixar de atuar com absoluta isenção quando designado para servir como perito ou auditor, assim como ultrapassar os limites de suas atribuições e de sua competência;
II – intervir, quando na qualidade de perito ou auditor, nos atos de outro profissional, ou fazer qualquer apreciação na presença do examinado, reservando suas observações, sempre fundamentadas, para o relatório sigiloso e lacrado, que deve ser encaminhado a quem de direito;

CAPÍTULO X
DAS ENTIDADES COM ATIVIDADES – NO ÂMBITO DA ODONTOLOGIA

Art. 23. As entidades mencionadas no artigo 21 ficam obrigadas a:
IV – manter auditorias odontológicas constantes, através de profissionais capacitados;

5. Atuação em Empresas

A] Área Administrativa

CAPÍTULO II
DOS DIREITOS FUNDAMENTAIS

Art. 3º. Constituem direitos fundamentais dos profissionais inscritos, segundo suas atribuições específicas:
III – contratar serviços profissionais de acordo com os preceitos deste Código;

CAPÍTULO III
DOS DEVERES FUNDAMENTAIS

Art. 5º. Constituem deveres fundamentais dos profissionais e entidades de Odontologia:
II – assegurar as condições adequadas para o desempenho ético-profissional da Odontologia, quando investido em função de direção ou responsável técnico;
IX – apontar falhas nos regulamentos e nas normas das instituições em que trabalha quando as julgar indignas para o exercício da profissão ou prejudiciais ao paciente, devendo dirigir-se, nesses casos, aos órgãos competentes;
XIV – não manter vínculo com entidade, empresas ou outros desígnios que os caracterizem como empregado, credenciado ou cooperado quando as mesmas se encontrarem em situação ilegal, irregular ou inidônea.

CAPÍTULO X
DAS ENTIDADES COM ATIVIDADES – NO ÂMBITO DA ODONTOLOGIA

Art. 21. Aplicam-se as disposições deste Código de Ética e as normas dos Conselhos de Odontologia a todos aqueles que exerçam a Odontologia, ainda que de forma indireta, sejam pessoas físicas ou jurídicas, clínicas, policlínicas, cooperativas, planos de assistência à saúde, convênios de qualquer forma, credenciamento, administradoras, intermediadoras, seguradoras de saúde, ou quaisquer outras entidades.
VIII – agenciar, aliciar ou desviar, por qualquer meio, paciente de instituição pública ou privada, para clínica particular.

CAPÍTULO IX
DA ODONTOLOGIA HOSPITALAR

Art. 18. Compete ao cirurgião-dentista internar e assistir paciente em hospitais públicos e privados, com e sem caráter filantrópico, respeitadas as normas técnico-administrativas das instituições.

CAPÍTULO XII
DO MAGISTÉRIO

Art. 27. Constitui infração ética:
III – utilizar-se da influência do cargo para aliciamento e/ou encaminhamento de pacientes para clínica particular;

6. Responsabilidade Profissional

CAPÍTULO V
DO RELACIONAMENTO

SEÇÃO I
COM O PACIENTE

Art. 7º. Constitui infração ética:
VIII – iniciar tratamento de menores sem a autorização de seus responsáveis ou representantes legais, exceto em casos de urgência ou emergência;
X – adotar novas técnicas ou materiais que não tenham efetiva comprovação científica;
XI – fornecer atestado que não corresponda à veracidade dos fatos ou dos quais não tenha participado;
XII – iniciar qualquer procedimento ou tratamento odontológico sem o consentimento prévio do paciente ou do seu responsável legal, exceto em casos de urgência ou emergência.

CAPÍTULO V
DO REALCIONAMENTO

SEÇÃO II
COM A EQUIPE DE SAÚDE

Art. 9º. Constitui infração ética:
IX – utilizar-se de serviços prestados por profissionais não habilitados legalmente ou por profissionais da área odontológica, não regularmente inscritos no Conselho Regional de sua jurisdição.

CAPÍTULO VI
DO SIGILO PROFISSIONAL

Art. 10. Constitui infração ética:
II – negligenciar na orientação de seus colaboradores quanto ao sigilo profissional;

CAPÍTULO IX
DA ODONTOLOGIA HOSPITALAR

Art. 19. As atividades odontológicas exercidas em hospital obedecerão às normas do Conselho Federal.
Art. 20. Constitui infração ética, mesmo em ambiente hospitalar, executar intervenção cirúrgica fora do âmbito da Odontologia.

CAPÍTULO X
DAS ENTIDADES COM ATIVIDADES – NO ÂMBITO DA ODONTOLOGIA

Art. 22. Os profissionais inscritos, quando proprietários, ou o responsável técnico responderão solidariamente com o infrator pelas infrações éticas cometidas.

Art. 23. As entidades mencionadas no artigo 21 ficam obrigadas a: Incisos I ao VI.

CAPÍTULO XI
DO RESPONSÁVEL TÉCNICO

Art. 25. Ao responsável técnico cabe a fiscalização técnica e ética da empresa pela qual é responsável, devendo orientá-la, por escrito, inclusive sobre as técnicas de propaganda utilizadas.
Parágrafo único. É dever do responsável técnico primar pela fiel aplicação deste Código na entidade em que trabalha.

CAPÍTULO XIII
DAS ENTIDADES DA CLASSE

Art. 30. Constitui infração ética:
I – servir-se da entidade para promoção própria, ou obtenção de vantagens pessoais;
II – prejudicar moral ou materialmente a entidade;

A] Área Clínica

CAPÍTULO II
DOS DIREITOS FUNDAMENTAIS

Art. 3º. Constituem direitos fundamentais dos profissionais inscritos, segundo suas atribuições específicas:
IV – recusar-se a exercer a profissão em âmbito público ou privado onde as condições de trabalho não sejam dignas, seguras e salubres;
VI – recusar qualquer disposição estatutária ou regimental de instituição pública ou privada que limite a escolha dos meios a serem postos em prática para o estabelecimento do diagnóstico e para a execução do tratamento, salvo quando em benefício ou à livre escolha do paciente.

CAPÍTULO III
DOS DEVERES FUNDAMENTAIS

Art. 5º. Constituem deveres fundamentais dos profissionais e entidades de Odontologia:
IX – apontar falhas nos regulamentos e nas normas das instituições em que trabalhe, quando as julgar indignas para o exercício da profissão ou prejudiciais ao paciente, devendo dirigir-se, nesses casos, aos órgãos competentes;
XIV – não manter vínculo com entidade, empresas ou outros desígnios que os caracterizem como empregado, credenciado ou cooperado quando as mesmas se encontrarem em situação ilegal, irregular ou inidônea;

CAPÍTULO IV
DAS AUDITORIAS E PERÍCIAS ODONTOLÓGICAS

Art. 6º. Constitui infração ética:
III – acumular as funções de perito/auditor e procedimentos terapêuticos odontológicos na mesma entidade prestadora de serviços odontológicos;
IV – prestar serviços de auditoria a empresas não inscritas no CRO da jurisdição em que estiver exercendo suas atividades.

CAPÍTULO VII
DOS HONORÁRIOS PROFISSIONAIS

Art. 12. Constitui infração ética:
I – indicar um responsável técnico de acordo com as normas do Conselho Federal, bem como respeitar as orientações éticas fornecidas pelo mesmo;

II – manter a qualidade técnico-científica dos trabalhos realizados;

VI – receber ou cobrar honorários complementares de paciente atendido em instituições públicas;

VII – receber ou cobrar remuneração adicional de paciente atendido sob convênio ou contrato;

Art. 24. *Constitui infração ética:*

II – oferecer tratamento abaixo dos padrões de qualidade recomendáveis;

IV – anunciar especialidades sem as respectivas inscrições de especialistas no Conselho Regional:

X – prestar assistência e serviços odontológicos a empresas não inscritas nos Conselhos Regionais.

CAPÍTULO XII
DO MAGISTÉRIO

Art. 27. *Constitui infração ética:*

II – eximir-se de responsabilidade nos trabalhos executados em pacientes pelos alunos;

IV – participar direta ou indiretamente da comercialização de órgãos e tecidos humanos;

CAPÍTULO XIII
DAS ENTIDADES DA CLASSE

Art. 28. *Compete às entidades da classe, através de seu presidente, fazer as comunicações pertinentes que sejam de indiscutível interesse público.*

Parágrafo único. *Esta atribuição poderá ser delegada, sem prejuízo da responsabilidade solidária do titular.*

Art. 29. *Cabe ao presidente e ao infrator a responsabilidade pelas infrações éticas cometidas em nome da entidade.*

Art. 30. *Constitui infração ética:*

III – usar o nome da entidade para promoção de produtos comerciais sem que os mesmos tenham sido testados e comprovada sua eficácia na forma da Lei;

CAPÍTULO XIV
DA COMUNICAÇÃO

SEÇÃO III
DA PUBLICAÇÃO CIENTÍFICA

Art. 38. *Constitui infração ética:*

II – apresentar como sua, no todo ou em parte, obra científica de outrem, ainda que não publicada;

III – publicar, sem autorização, elemento que identifique o paciente;

IV – utilizar-se, sem referência ao autor ou sem sua autorização expressa, de dados, informações ou opiniões coletadas em partes publicadas ou não de sua obra;

VI – falsear dados estatísticos ou deturpar sua interpretação.

CAPÍTULO XV
DA PESQUISA CIENTÍFICA

Art. 39. *Constitui infração ética:*

I – desatender às normas do órgão competente e à legislação sobre pesquisa em saúde;

II – utilizar-se de animais de experimentação sem objetivos claros e honestos de enriquecer os horizontes do conhecimento odontológico e, consequentemente, de ampliar os benefícios à sociedade;

III – desrespeitar as limitações legais da profissão nos casos de experiência in anima nobili;

IV – infringir a legislação que regula a utilização do cadáver para estudo e/ou exercícios de técnicas cirúrgicas;

V – infringir a legislação que regula os transplantes de órgãos e tecidos post mortem e do "próprio corpo vivo";

VI – realizar pesquisa em ser humano sem que este ou seu responsável, ou representante legal, tenha dado consentimento, livre e esclarecido, por escrito, sobre a natureza das consequências da pesquisa;

VII – usar, experimentalmente, sem autorização da autoridade competente, e sem o conhecimento e o consentimento prévios do paciente ou de seu representante legal, qualquer tipo de terapêutica ainda não liberada para uso no país;

VIII – manipular dados da pesquisa em benefício próprio ou de empresas e/ou instituições. (http://www.cfo.org.br/download/pdf/codigo_etica.pdf)

▶ REFERÊNCIAS

Badeia M. Ética e profissionais da saúde. São Paulo: Editora Santos, 1999: 175-8.

Brasil. Ministério da Saúde. Anvisa. Serviços Odontológicos. Prevenção e Controle de Riscos. ed: Anvisa, Brasília, 2006. Disponível em: <http://www.anvisa.gov.br/servicosaude/manuais/serie.htm> Acesso em 24/2/2010.

Calhau LB. Exercício ilegal da profissão de farmacêutico: artigo 282 do código penal. Disponível em: <http://www.direitopenalvirtual.com.br/artigos/leiamais/default.asp?id=388> Acesso em 24/2/2010.

Comte-Sponville A. A arte do meio termo. In: Charles S *et al.* É possível viver o que eles pensam? São Paulo: Barcarolla, 2006: 13-33.

Conselho Federal de Odontologia. Código de ética odontológico. Rio de Janeiro: CFO; 2006. Disponível em: http://www.cfo.org.br [2008 jan. 15].

Conselho Federal de Odontologia. Código de processo ético odontológico. Rio de Janeiro: CFO; 2006. Disponível em: http://www.cfo.org.br/download/pdf/codigo_proc_etico.pdf [2008 jan. 15].

Conselho Federal De Odontologia. Lei nº 5081 de 24 de agosto de 1966. Regula o exercício da profissão odontológica, 1966. Disponível em: < http://cfo.org.br/wp-content/uploads/2009/09/lei5081.pdf> Acesso em 24/2/2010.

Silva M. Compêndio de Odontologia Legal. Rio de Janeiro: Guanabara Koogan, 1997: 490p.

CAPÍTULO 4

Os Profissionais de Saúde e o Código Penal

Ricardo Nazar

Tanto a Medicina como a Odontologia Legal são especialidades que se distinguem das demais por conta de seus objetivos e por suas atribuições, tendo como campo de estudos e de atuações das mais extensas e variadas, constituindo-se em doutrinas sistematizadas, que reúnem em seu escopo um somatório, congregando vários níveis de conhecimentos, que passam pelas ciências biológicas, aliados ao fascinante campo da biomedicina técnica e científica, sendo essas especialidades entrelaçadas às ramificações da Sociologia e, principalmente, do Direito, seja ele público ou privado, constituindo-se, pois, numa das bases dos pilares do estudo médico e odontolegal.

Além dos conhecimentos adquiridos em sua formação universitária, nas carreiras ligadas às Ciências da Saúde, o legista necessita lidar com as normas de Direito Penal, uma vez que seu trabalho relaciona-se diretamente com o Judiciário e, na maioria das vezes, envolve ações penais. As perícias têm como finalidade trazer ao processo judicial os detalhes de um suposto ilícito ocorrido. Esses detalhes configuram-se em esclarecimentos técnicos que serão apreciados pelo magistrado para que ele forme sua convicção sobre a verdade dos fatos, por ocasião de sua sentença. Em se tratando da atuação como perito nos diversos foros, conhecer os conceitos basilares do Direito é condição mínima necessária para que o legista desenvolva bem sua função. Essa cultura se faz necessária para o entendimento das finalidades de seus trabalhos, a compreensão dos objetivos e, até mesmo, a adequação dos termos e do vocabulário

em seus trabalhos nos institutos médico-legais (IML), fóruns e conselhos regionais de suas carreiras. Nessa função não se lida mais com a prevenção, o tratamento ou a cura dos examinados, mas com as sequelas e reflexões de caráter social e jurídico.

Em vista do exposto, devemos entender a relevância e a enorme responsabilidade desses profissionais legistas, dos quais se espera uma formação especializada, consubstanciada em aprendizado e em harmonia com a boa prática, bem como o desenvolvimento dos conhecimentos técnico-científicos da *Lex arts* médica e odontológica, assim como da evolução das normas jurídicas. Espera-se, portanto, uma efetiva e importante participação desses como integrantes das carreiras que colaboram com a Justiça, posto médico ou perito criminal (odontolegista), quando na emissão dos frutos de sua observação e análise traduzidos em forma de laudos, pareceres, relatórios e declarações.

Para analisarmos essa interface da Medicina e da Odontologia com o Direito, devemos rever alguns conceitos básicos dessa ciência, com a devida contextualização que é cabível numa linguagem que se pretende palatável para os profissionais da saúde, que reúne um nível de informações elevadíssimo. Não devemos entender como um tratado de Direito Penal, porque para tanto existem inúmeras obras no mercado de eminentes autoridades no tema, sob as mais variadas visões. Pretendemos apenas comentar superficialmente alguns artigos do Código que são notadamente de interesse para o público da Saúde.

Devemos primeiramente saber que o Direito se divide em direito público e direito privado. O direito público compõe-se predominantemente de normas imperativas inafastáveis, por se tratar do zelo com o Bem Público, o que for de interesse coletivo e que represente ameaça ao equilíbrio do Bem Comum. O direito privado, ao contrário, compõe-se predominantemente de normas mais flexíveis, que podem ser modificadas por acordo com os interesses das partes envolvidas.

A dicotomia direito público/direito privado, apesar de superada na Pós-modernidade, ainda traz benefícios didáticos. O princípio prevalente no direito público é o da soberania. As normas de interesse da sociedade, de direito público, são tuteladas pelo Estado, o qual imprime um caráter obrigatório ao seu cumprimento, em seu papel de proteger a sociedade e seus valores. Já no direito privado prevalece o princípio da autonomia da vontade.

O campo de estudo do Direito, bem como em outras profissões, pode nos remeter a estudos de suas interdisciplinas, como os direitos processuais, aqui não descritos, entre outros. Importa saber suas mais importantes e diversas áreas de atuação, o que nos remete a um breve resumo. Os diversos ramos do Direito classificam-se, esquematicamente, conforme o que segue abaixo, havendo, entretanto, autores que classificam o direito trabalhista em direito privado:

DIREITO
- Direito público
  - Direito constitucional
  - Direito administrativo
  - Direito eleitoral
  - **Direito penal**
  - Direito tributário
  - Direito ambiental
  - Direito processual, civil e penal
- Direito privado
  - Direito trabalhista
  - Direito civil
  - Direito comercial

Necessário se faz o entendimento de alguns conceitos básicos, dentro das generalidades do Direito. A lei é a norma que pode ser entendida como posta pelo Estado. A doutrina é (ou representa) a lição dos mestres e estudiosos do Direito a respeito do tema. A jurisprudência é, num conceito bem simples, a interpretação da lei dada pelos tribunais, o que se denomina Direito Vivo, ou seja, os últimos entendimentos de decisões de quem está no exercício da magistratura. Os costumes podem ser resumidos como práticas habituais, tidas como obrigatórias, que o juiz pode aplicar, na falta de lei específica, sobre determinado assunto. Os princípios gerais de direito são critérios maiores, às vezes até não escritos, percebidos pela lógica ou por indução.[1]

A Constituição Federal[2] foi promulgada em 5 de outubro de 1988 e aclamada por muitos como uma constituição cidadã, elaborada com mestria e de modo democrático, textualmente avançadíssima nos moldes atuais, a ponto de ser vista como modelo de constituição ideal para vários países do Primeiro Mundo. Essa constituição também faz menção, obviamente, aos direitos e deveres individuais e coletivos. Desses, podemos salientar algumas partes que se referem ao campo penal, em que se pode destacar a parte referente a Dos Direitos e Deveres Individuais e Coletivos, em seu Capítulo I, transcrito *in verbis*:

> ***X*** *– são invioláveis a intimidade, a vida privada, a honra e a imagem das pessoas, assegurado o direito à indenização pelo dano material ou moral decorrente de sua violação;*
> ***XXXIX*** *– não há pena crime sem lei anterior que a defina, nem pena sem prévia cominação legal;*
> ***XL*** *– a lei penal não retroagirá, salvo para beneficiar o réu;*
> ***XLVI*** *– a lei regulará a individualização da pena e adotará, entre outras, as seguintes:*
> *a) privação ou restrição da liberdade;*
> *b) perda de bens;*
> *c) multa;*
> *d) prestação social alternativa;*
> *e) suspensão ou interdição de direitos;*
> ***XLVII*** *– não haverá penas: de morte, salvo em caso de guerra declarada, nos termos do art. 84, XIX; de caráter perpétuo; de trabalho forçado; de banimento; cruéis.*

Ao fazermos uma breve revisão, podemos observar que o Direito Penal teve seu início em 1830, como Código Criminal do Império, com evolução em 1890 e 1930, por meio do Decreto-Lei 2.848, datado de 7 de dezembro de 1940, pelo então Presidente Getúlio Vargas, tendo como Ministro da Justiça Francisco Campos. Apesar da criação em 1940, o atual Código só entrou em vigor no dia 1º de janeiro de 1942. A substituição do Código Penal foi tentada pelo Decreto-Lei 1.004, de 21 de outubro de 1969, mas as críticas foram tão grandes que foi ele modificado substancialmente pela Lei 6.016, de 31 de dezembro de 1973. Apesar de vários adiamentos para o começo de sua vigência, foi revogado pela Lei 6.578, de 11 de outubro de 1978.

Após o fracasso de uma grande revisão no sistema penal, em 27 de novembro de 1980 foi instituída uma comissão para elaboração de um anteprojeto de lei de reforma da Parte Geral do Código Penal de 1940. Dos debates da comissão e alterações legislativas, a Lei 7.209, de 11 de julho de 1984, fez as alterações da Parte Geral, passando a vigir 6 meses após a data da publicação. Embora seja um diploma relativamente extenso, o Código Penal (Direito Penal fundamental) não esgota toda a matéria penal prevista na lei brasileira. Há uma quantidade extraordinária de leis penais especiais – Direito Penal complementar.

O Direito Penal foi definido e dividido em duas partes: geral e especial, passando posteriormente por reformas e por constantes atualizações, acompanhado de legislações complementares. Tem o Direito Penal a finalidade de proteção dos bens mais importantes e

---

[1]Führer A e Füher E. Resumo de Processo Penal. 22 ed., Malheiros Editores, 2007.
[2]Brasil – Constituição – 1988.

necessários para a própria sobrevivência da sociedade, entre os quais destacamos, pela evidente importância: a vida, a honra, a liberdade e o patrimônio. O Direito Penal é o ramo do ordenamento jurídico que se ocupa dos mais graves conflitos existentes, devendo ser utilizado como última opção do legislador para fazer valerem as regras legalmente impostas à comunidade. Evita abusos e intromissões indevidas na esfera de liberdade individual.

Tanto na doutrina como nos códigos, distinguem-se no Direito Penal a Parte Geral e a Parte Especial, mesmo que muitas vezes não haja na lei penal um elo lógico entre as duas partes (Geral e Especial), o que gera constantes remissões e repetições às interpretações.

A Parte Geral vem composta de um corpo de disposições genéricas para definir conceitos, evoluções, princípios, fontes, aplicação da lei penal, do crime, da imputabilidade penal, do concurso de pessoas, das penas que são um instrumento de coerção de que se vale o Direito Penal (espécies/multas/condenação/livramento), das medidas de segurança, da ação penal e da extinção de punibilidade.

A Parte Especial precedeu historicamente a Parte Geral por uma exigência da ordem prática, pois as leis eram elaboradas à medida que surgiam os fatos de natureza nociva à ordem pública, exigindo, portanto, a repressão penal, com a formação de institutos, como a causalidade, o dolo, a culpa, a tentativa, a legítima defesa, entre outros.

Numa Parte Especial do nosso Código Penal fazem-se referências aos crimes contra a pessoa. Neste, em especial, devemos atentar para o Capítulo II – das lesões corporais – art. 129, de relevante importância e de amplo estudo para os médicos e odontolegistas, principalmente aqueles atuantes em Institutos Médico-Legais, e que terá, neste compêndio, uma revisão à parte; dos crimes contra o patrimônio; dos crimes contra a propriedade imaterial; dos crimes contra a organização do trabalho; dos crimes contra o sentimento religioso e contra o respeito aos mortos; dos crimes contra os costumes; dos crimes contra a família; dos crimes contra a incolumidade pública; dos crimes contra a fé pública; dos crimes contra a Administração Pública.[4]

Devemos atentar para a estrutura do tipo penal, assim como suas generalidades. O tipo penal é o conjunto dos elementos descritivos do crime contidos na lei penal. O fato que configura o crime não é somente a ação que contraria uma norma de Direito, mas "aquele que, além disso, ou primordialmente, se ajusta, nas suas condições elementares, a uma das fórmulas em que a lei descreve os crimes em espécie".[5]

O jurista tem de pensar e de se orientar por meio de tipos penais. O ponto de partida deve ser sempre um tipo legal.[6]

O tipo penal é a descrição do comportamento ilícito, compreendendo as características ou elementos objetivos (tipo objetivo) e subjetivos (tipo subjetivo) do fato punível; a avaliação destes passa a ser o centro do estudo dos crimes. A Parte Especial do Código Penal dividiu os capítulos em itens correspondentes aos elementos objetivos, como conduta, objeto, material, entre outros, e aos elementos objetivo e subjetivo, além de destacar a objetividade jurídica e os sujeitos do delito, a consumação e a tentativa e, eventualmente, as questões de distinção com outros delitos, como o concurso de crimes, ação penal etc.

Vejamos então a conduta, que se traduz em ação ou omissão, quando, por vezes, o tipo penal abriga várias modalidades de conduta, em alguns casos, fases do mesmo fato criminoso, caracterizando-se o que denominamos crime de ação múltipla ou de conteúdo variado. Nesses casos, o agente responderá apenas por um delito, embora pratique duas ou mais condutas típicas, tomando-se como exemplo aquele que não só instiga, mas também auxilia materialmente o suicida. O homicídio pode ser praticado por ação ou por omissão, a tiros ou por envenenamento, entre outros.

Devemos também compreender um pouco mais sobre dolo e culpa e suas caracterizações. O dolo é a consciência e vontade de realização da conduta típica. O dolo pode ser direto, em que o agente quer determinado resultado, ou indireto, em que o resultado não é definido ou preciso. Fala-se em dolo alternativo ou dolo eventual, quando consideramos que o agente pode agir querendo matar ou ferir, ou o agente não quer o resultado, mas conscientemente o aceita como possível. No dolo eventual, o agente se arrisca a causar o resultado, mesmo sabendo que pode matar se agir, mas que se arrisca a causar o resultado.

O crime culposo tem a conduta voluntária (ação ou omissão) que produz um resultado não querido, mas previsível (culpa inconsciente), e excepcionalmente previsto (culpa consciente), que poderia ser evitado. A culpa, na doutrina tradicional, está fundada na previsibilidade do resultado, tendo neste seu elemento fundamental. Não é possível que se afirme imprudência, imperícia ou negligência do cuidado objetivo configurado na antijuridicidade de um comportamento apenas porque sobreveio certo resultado.[7] Em síntese, há crime culposo quando o agente, por meio de negligência, imprudência ou imperícia, viola o dever de cuidado, atenção ou diligência a que estava obrigado e causa um resultado típico.

No Direito Penal temos que tipificar os sujeitos. O sujeito ativo é quem pratica o crime, seja como autor único, coautor ou partícipe de algum modo. A qualidade do

[3]Brasil – Código Penal Brasileiro – 1940.
[4]Marques JF. Tratado de Direito Penal: parte especial. Vol. 4. São Paulo: Saraiva, 1961: 9.
[5]Bruno A. Crimes contra a pessoa. 3. ed. São Paulo: Rio Gráfica, 1975: 23-24.

[6]Vargas JC. Introdução ao estudo dos crimes em espécie. Belo Horizonte: Del Rey, 1993: 9.
[7]Hungria N, Fragoso HC. Comentários. Ob. cit. v. 1, t. 2, p. 567-568.

agente exigida pela lei deve estar presente no momento da ação e o agente deve ter consciência da mesma, sendo essencial o erro a esse respeito.[8] O sujeito passivo do crime (vítima, ofendido) é o titular do bem jurídico lesado ou ameaçado pela conduta criminosa. Não se deve confundir a figura do sujeito passivo com a do prejudicado pelo crime, pessoa que sofre, indiretamente, algum prejuízo com o ilícito penal.[9]

Devemos observar ainda, no campo do Direito Penal, os temas e questões gerais da Parte Especial, os meios e modos de execução, dentro das tipificações penais, que se tornam circunstâncias qualificadoras ou causas de aumento de pena.

A violência com que é cometido um ato delituoso penal é prevista em muitos casos como elemento constitutivo do crime. A violência consiste no "desenvolvimento de força física para vencer resistência, real ou suposta",[10] ou "emprego de força material cometida contra uma pessoa".[11] Os médicos e odontolegistas que respondem aos quesitos oficiais devem estar atentos, pois a violência é qualificadora ou causa especial de aumento de pena decorrente de prática grave, existindo em alguns delitos, quando desta resulta lesão corporal grave ou morte. Faz-se uma observação quanto à violência que ocorre quando o omitente tem o dever de agir, como, por exemplo, um médico que não permite a saída do doente que já obteve alta no hospital. Tenta-se incluir no conceito legal de violência o emprego de narcóticos, bebidas alcoólicas, inebriantes, ou o uso da hipnose, de violência imprópria. A ameaça, também chamada violência moral, é a promessa da prática de um mal a alguém, dependente da vontade do agente, perturbando-lhe a liberdade psíquica e a tranquilidade.[12] Necessário se faz, para a existência da ameaça, que o mal prenunciado seja certo e não vago, *verossímil*, iminente e inevitável. Não importa que o agente tenha ou não a intenção de executar a ameaça, ou tenha condições de fazê-lo, bastando que o prenúncio do mal seja hábil a intimidar.[13]

A fraude é produzida pelo agente para levar alguém a erro, a fim de que este atue com uma falsa representação da realidade. A fraude é produzida por artifício, ardil ou qualquer ato insidioso (traiçoeiro), clandestino, enganoso. Vejamos que a simples mentira pode constituir-se num meio capaz de iludir outrem. O próprio silêncio daquele que tem o dever de dizer a verdade ou alertar para que não seja induzido ou mantido em erro é meio fraudulento. Daí a importância de

relatos fiéis, respeitando o *visum at repertum* (repetir o que se vê), nos pareceres e laudos emitidos pelos médicos e odontolegistas, tanto em descrições necropsiais como nos exames nos vivos (lesões corporais), entre outros.

Não se distingue, para qualificar um ato delituoso, uma garrafa empunhada ou um pedaço de madeira de um estilete ou um revólver. Até mesmo uma arma de brinquedo (simulada), um revólver sem bala, cujo uso é capaz de intimidar a vítima desconhecedora dessa situação, constitui a qualificadora quando mencionado na lei o emprego de arma.[14] A Lei 9.437, de 20 de fevereiro de 1997, passou a tipificar como crime "utilizar arma de brinquedo, simulacro de arma capaz de atemorizar *outrem*, para o fim de cometer crimes".

O Código Penal, assim como em outras partes do ordenamento jurídico, vem regido de alguns princípios basilares que fundamentam e norteiam o referido Código.[15] Destacamos alguns princípios:

- **Legalidade:** não há crime, nem pena, sem expressa previsão.
- **Responsabilidade:** a pena não passará da pessoa do condenado.
- **Individualização:** não haverá padronização da pena.
- **Humanidade:** não haverá penas cruéis.
- **Culpabilidade:** não há crime sem dolo ou sem culpa.
- **Taxatividade:** lei bem-definida, para não gerar dúvidas quanto à sua aplicação e seu alcance.
- **Proporcionalidade:** proporcionais à gravidade da infração penal.

Quando observamos a Parte Geral do Código Penal, podemos fazer referência a algumas particularidades à aplicação da lei penal,[16] das quais podemos destacar algumas:

- **Anterioridade da lei:** não há crime sem lei anterior que o defina, bem como não há pena sem prévia cominação legal.
- **Tempo do crime:** considera-se praticado o crime no momento da ação ou omissão, ainda que outro seja o momento do resultado.
- **Lugar do crime:** considera-se praticado o crime no lugar em que ocorreu a ação ou omissão, no todo ou em parte, bem como onde se produziu ou deveria produzir o resultado.
- **Pena cumprida no estrangeiro:** a pena cumprida no estrangeiro atenua a pena imposta no Brasil pelo

[8]Fragoso HC. Lições de Direito Penal: parte geral. Ob. cit. p. 276.
[9]Mirabete F. Manual de Direito Penal – parte especial. vol. 2. São Paulo: Atlas, 2001.
[10]Fragoso HC. Lições de Direito Penal: parte especial. 3. ed. vol. 1, São Paulo: José Bushatsky, 1976: 23.
[11]Marques JF. Tratado de Direito Penal. vol. 4, São Paulo: Saraiva, 1961:194.
[12]Direito Penal. Ob. cit. v. 2, p. 259.
[13]Bruno A. Crimes contra a pessoa. Ob. cit. p. 344.

[14]Hungria N, Fragoso HC. Comentários. vol. 7. p. 58; Sabino Júnior V. Direito Penal. V. 3. p. 739; Cogan A. O roubo com o emprego de arma. Justitia, 94:211-214.
[15]Código Penal brasileiro comentado. vol. 4. Rio de Janeiro: Recor, 1959: 65.
[16]Código Penal brasileiro comentado. vol. 4. Rio de Janeiro: Recor, 1959: 84.

mesmo crime, quando diversas, ou nela é computada, quando idênticas. Lembrando que a sentença estrangeira, quando a aplicação da lei brasileira produz na espécie as mesmas consequências, podendo ser homologada no Brasil para: obrigar o condenado à reparação do dano, a restituições e a outros efeitos civis, sujeitar o sentenciado à medida de segurança.

- **Contagem de prazo:** o dia do começo inclui-se no cômputo (contagem) do prazo. Para este fim contam-se os dias, os meses e os anos pelo calendário comum; desprezam-se, nas penas privativas de liberdade e nas restritivas de direito, as frações de dia e, na pena de multa, as frações de espécie em dinheiro.

Com relação ao crime, podemos destacar algumas figuras presentes no Código Penal:

- **Crime doloso** é aquele em que o agente quis o resultado ou assumiu o risco de produzi-lo. Exemplifica-se na Odontologia, fato raro, onde cirurgião-dentista injetava substância altamente tóxica, capaz de produzir risco ao paciente.

- **Crime culposo** é aquele em que o agente deu causa ao resultado por culpa, podendo ser dividido didaticamente em três modalidades:
  - **Imprudência:** excessiva confiança, ato afoito. Audácia na conduta e atitudes não justificadas nem reconhecidas pela experiência.
  - **Negligência:** ausência de cuidados comuns, omissão de cuidados e precauções necessários.
  - **Imperícia:** desconhecimento de regras técnico-científicas. Incapacidade técnica, falta de habilidade, ignorância grave na realização de atos profissionais.

- **Crime preterdoloso** é aquele em que o dolo é somado à culpa.

Devemos observar a relação de causalidade (nexo causal), em que se observa o resultado, de que depende a existência do crime, somente é imputável a quem lhe deu causa. Considera-se causa a ação ou omissão sem a qual o resultado não teria ocorrido. Aqui devemos observar a relevância da omissão, a qual é penalmente relevante quando o omitente devia e podia agir para evitar o resultado.

O dever de agir incumbe a quem tenha por lei obrigação de cuidado, proteção ou vigilância ou, de outra forma, assumiu a responsabilidade de impedir o resultado e com seu comportamento anterior criou o risco da ocorrência do resultado. Devemos neste parágrafo refletir sobre a relevância da omissão, quando um médico ou cirurgião-dentista faz uma cirurgia em paciente sem exames prévios e sem anamnese, mesmo com este apresentando quadro gravíssimo de risco cirúrgico, deixando de medicar tal paciente devidamente e, após constatar grave risco de morte, com uma infecção do alvéolo

dentário (alveolite) que se vê evoluindo para osteomielite, não o assiste adequadamente ou se omite ao dever do cuidado e proteção.

Há agravamento pelo resultado, agravando especialmente a pena, respondendo somente o agente que o houver causado, ao menos culposamente. Responde pelo crime o terceiro que determina o erro. Poderá haver arrependimento posterior quando houver crime cometido sem violência ou grave ameaça à pessoa, reparando-se o dano ou restituída a coisa, até o recebimento da denúncia ou da queixa, por ato voluntário do agente. Também o erro quanto à pessoa contra a qual o crime é praticado não isenta da pena.

Devemos observar que o Código Penal deixa claro que o desconhecimento da lei é inescusável, imperdoável, mas, se cometido o fato sob coação irresistível ou em estrita obediência à ordem, não manifestamente ilegal, de superior hierárquico, pune-se o autor da coação ou o autor da ordem. Não pode ser entendido como crime quando o agente pratica o fato em estado de necessidade, que é entendido como quem pratica o fato para salvar-se de perigo atual que não provocou, por sua vontade, nem podia de outro modo evitar, direito próprio ou alheio, cujo sacrifício, nas circunstâncias, não era razoável exigir, excetuando-se quem tem o dever legal de enfrentar o perigo, em legítima defesa (uso moderado dos meios necessários e compatíveis com os do agressor, para repelir injusta agressão, atual ou iminente, a direito seu ou de outrem), ou em estrito cumprimento de dever legal, caracterizando assim o dever do garante (um policial que atira em um assaltante prestes a atirar neste ou em outrem) ou no exercício regular do Direito, quando um policial tem o dever, por exercício da profissão, de atirar em um meliante.

Há imputabilidade penal, que pode ser definida como aquele que não pode ser responsabilizado penalmente, aquele que se apresenta incapaz, como o doente mental, ou com desenvolvimento sociomental incompleto ou retardado – em que o agente do crime não possui aptidão para entender a diferença entre o certo e o errado, sendo, ao tempo da ação ou da omissão, inteiramente incapaz de entender o caráter ilícito do fato ou de determinar-se de acordo com esse entendimento. Podemos observar, nesses casos, a importância efetiva de exames psicológicos (Psiquiatria Forense), para análise do estado do autor, no que se refere a essa capacidade, traduzidos em forma de laudos psiquiátricos ou pareceres, por meio de exames médicos especializados. Os doentes mentais, para nosso melhor entendimento, podem ser caracterizados em dois grupos específicos:

- **Biológico:** exclusivamente por caráter biológico; encaixam-se aqui, por exemplo, os portadores de síndrome de Down.

- **Psicológico:** perturbação mental, transtorno do comportamento; tomemos como exemplo os portadores de distúrbios psiquiátricos que, em momentos de "crise", possam cometer ato delituoso.

Não se excluem da imputabilidade fatos penais que foram regidos pela emoção ou pela paixão – entendidas como as vias para o alívio da tensão, das pulsões e a apreciação do prazer. Freud já as situava: elas também podem servir ao ego, ajudando-o a evitar a tomada da consciência de certas lembranças e situações; lembrando-se da coação moral que se traduz no sentimento do irresistível e insuportável (realizada pelo superego), no avivamento e na excitação do sentimento em seu grau maior. A embriaguez também não exclui a imputabilidade, embora aqui se abram precedentes para embriaguez crônica, ou quando de ilusões, dissociações de ideias, aplicando-se a medida de segurança para absolvição destes. Menores de 18 anos são também penalmente inimputáveis, ficando sujeitos às normas estabelecidas na legislação especial. Alguns doutrinadores determinam a menoridade da seguinte forma:

- Dia em que comemora 18 anos.
- Hora exata em que nasceu.
- A partir do último instante do dia do aniversário.

Devemos observar, entretanto, alguns elementos circunstanciais da pena, vistos de modo resumido:

- **Culpabilidade:** intensidade do dolo e graus da culpa (leve, grave, gravíssima).
- **Antecedentes:** vida pregressa.
- **Personalidade:** conjunto psicossomático – frieza, passionalidade, impulsividade, emotividade.
- **Motivos:** consciente (vingança), inconsciente (sadismo) – eutanásia, recompensa.
- **Circunstância:** agravante e atenuante (acidental ou premeditado).
- **Comportamento da vítima:** legítima defesa.

Citamos aqui breve comentário sobre algumas situações consideradas de clemência do Estado em relação a delitos penais (leis):[17]

- **Decadência:** 6 meses a partir do conhecimento do ofendido, do autor do crime.
- **Perdão:** desistência do ofendido de prosseguir com a ação penal.
- **Retratação:** desdizer, voltar atrás quanto à versão dos fatos. Muito comum em casos de calúnia e falsa perícia.
- **Prescrição:** perda da capacidade do Estado de punir ou executar a pena em razão do decurso do tempo.
- **Detração:** estando preso provisoriamente por 1 ano, com pena estabelecida em 6 anos, em que cumprirá apenas mais 5 anos.

- **Delação premiada:** diminuição da pena por delação de fatos de que tem conhecimento e que possam contribuir para o bom exercício da Justiça.

As penas de multas, fixadas pelos juízes, consistem no pagamento, por parte do autor, da quantia fixada na sentença e calculada em dias-multa, ao fundo penitenciário, sendo permitidos o mínimo de 10 e o máximo de 360 dias de multa, não podendo ser inferior ao valor de um trigésimo do maior salário mínimo mensal vigente ao tempo do fato nem superior a cinco vezes esse salário. As multas podem ser atualizadas, quando da execução, pelos índices da correção monetária, podendo ser efetuadas mediante descontos no vencimento ou salário do condenado, não podendo incidir sobre os recursos indispensáveis ao sustento do condenado e de sua família, ou podendo ser suspensa a execução da pena de multa se sobrevém ao condenado que tenha alguma doença mental. As multas são destinadas ao Fundo Penitenciário, por meio da Lei 11.343/2006, que as destina ao Fundo Nacional Antidrogas.

Quanto às espécies de penas, podemos destacar sucintamente as seguintes tipificações:

- **Reclusão:** deve ser cumprida em regime fechado, semiaberto ou aberto. Cumprida em primeiro lugar em crimes mais graves com perda do pátrio-poder (Código Civil – da tutela), internação ambulatorial. Período: mais de 4 anos e máximo de 30 anos.
- **Detenção:** deve ser cumprida em regime semiaberto e aberto. Aplicada a crimes menos graves, sinalização à sociedade de gravidade do delito. Período: menos de 4 anos.
- **Prisão simples:** aplicada no caso das contravenções penais.

Quanto ao regime progressivo de cumprimento penal, devemos considerar quando há caracterização de bom comportamento e respeito às normas penais, em que há algumas tipificações: a cada 1/6 em regime mais rigoroso (reclusão), pode o condenado ir para regime mais brando (p. ex., a evolução de regime fechado para semiaberto).

Para tal caracterização será constituída uma Comissão Técnica de Avaliação, composta por diretor do presídio, dois chefes de serviço, psiquiatra, psicólogo e um assistente social.

Das espécies de pena, ainda de maneira bem sucinta, podemos considerar aquelas privativas de liberdade:

- **Regime fechado:** quando a pena for superior a 8 anos, deverá começar a ser cumprida em regime fechado, em estabelecimento de segurança máxima ou média, com o condenado sujeito a trabalhos (em conformidade com as aptidões ou ocupações anteriores do condenado, sendo admissível o trabalho em serviços ou em obras públicas), sob vigilância, no período diurno, e a isolamento durante o repouso noturno. Para o estrangeiro deverá haver o regime fechado até

---

[17]Brasil – Código Penal brasileiro – 1940.

sua expulsão do país. Os reincidentes cumprem, via de regra, o regime fechado.

- **Regime semiaberto:** para não reincidentes, quando a pena for superior a 4 anos e não exceder a 8 anos. Trabalho durante o dia, podendo fazer curso profissionalizante à noite. Poderá o condenado trabalhar externamente (por avaliação por critério de merecimento), em colônias penais agrícolas ou industriais. São permitidas visitas à família sem vigilância. Para os índios e silvícolas, é sempre empregado o regime semiaberto, salvo naqueles casos considerados perigosos.

- **Regime aberto:** baseia-se na autodisciplina do condenado, o qual exerce atividades laborativas durante o dia e se recolhe à noite, devendo estar sempre recolhido em dias de folga. Pode cumprir o regime na Casa do Albergado, onde não há obstáculos para fuga.

- **Regime especial:** as mulheres cumprem pena em estabelecimento próprio, observando-se os deveres e direitos inerentes a sua condição pessoal.

Façamos uma ressalva à interdição temporária de direitos, por meio do art. 47 – II, que faz menção à proibição do exercício de profissão, atividade ou ofício que dependa de habilitação especial, licença ou autorização do poder público.

Não podemos deixar de lembrar os direitos dos presos:

- Visita íntima: com propósito de acalmar, diminuir a violência sexual e fomentar os laços familiares.

- Cumprir pena no lugar do cometimento do crime/ conforme órgãos penais (perigosos).

- Assegurados aos presos o respeito e a integridade física e moral – exame de lesão corporal, também conhecido por exame de corpo de delito.

- Atividades laborativas não forçadas e não havendo castigos corporais.

- Superveniência de doença mental: antes/durante/ pós-crime.

- Remição: para cada 3 dias trabalhados, 1 dia de pena.

Alguns artigos do Código Penal brasileiro merecem, neste capítulo, destaque especial por estarem direta ou indiretamente envolvidos com a especialidade penal, aos quais os médicos e peritos odontolegistas devem estar atentos. Seria evidentemente extenuante ao leitor citar todos aqueles que possam, de algum modo, envolver aspectos direcionados às especialidades supracitadas. Serão descritos os artigos mais importantes, lembrando ao leitor que o art. 129 do Código Penal, que registra as lesões corporais, considerado de extrema importância, principalmente para quem está mais diretamente ligado às perícias e aos profissionais que as fazem em IML, será explicitado em capítulo à parte:

Art. 121. *Dos crimes contra a vida – Matar alguém. Pena – reclusão de 6 meses a 1 ano.*

Em caso de homicídio culposo, a pena é aumentada em um terço, ou se esse mesmo crime resultar da inobservância de regra técnica de profissão, arte ou ofício. Nesta situação, o profissional de saúde, submetido ao juramento hipocrático e com o dever de zelar pela saúde do paciente, não deveria carregar consigo a imperícia, a imprudência ou a negligência para o cometimento de tal crime, ou não procuraria diminuir as consequências de seus atos, com prestação de auxílio, seja ele de ordem técnica, financeira ou até mesmo moral.

Art. 132. *Expor a vida ou a saúde de outrem a perigo direto e iminente. Pena – detenção 3 meses a 1 ano, se o fato não constitui crime mais grave.*

Na espécie, o crime mais grave poderá ser o de lesão corporal, grave ou gravíssimo, ou homicídio culposo, e até mesmo, em certos casos, o de constrangimento ilegal, embora este tenha a mesma pena privativa de liberdade, que poderá ser substituída pela de multa. Nesse caso, estaremos definindo o crime de perigo de maneira genérica, incriminando todo fato que coloque em risco a vida ou a saúde da pessoa humana. Trata-se de crime doloso. Para a existência de crime "é preciso que o ato de que resulta o risco seja contrário às normas de cultura, aos princípios que regulam a vida social".[18]

No parágrafo anterior pudemos observar que o agente assume o perigo ao assumir o risco de produzi-lo. Caso não ocorra dano à vida ou à saúde e esse risco não ocorrer, haverá tentativa de homicídio ou lesão corporal. O perigo criado deve ser individual. Se ocorre perigo comum, ou seja, extensivo a um número indeterminado de pessoas, o crime passará a ser "contra a incolumidade pública".[19]

Devemos lembrar que há um ato inescusável quando do uso de um tubete de anestésico, pela metade, por um cirurgião-dentista, reservando a outra metade para novo paciente. Além de estar cometendo um ato de extremo risco para a saúde do paciente, o profissional estará sendo danoso à saúde do paciente, caso este seja contaminado por aquele tubete já usado. Há também alguns casos de pacientes que vêm a óbito, em cirurgias estéticas do tipo lipoaspiração, quando são usadas cânulas aspiradoras de tecido adiposo por médicos sem experiência técnica e habilitação para tal.

Ainda fazendo reflexões sobre o Código Penal, poderemos observar alguns enquadramentos. Quanto aos crimes contra a honra, poderemos refletir sobre a diferença, por muitas vezes mal-interpretada, entre calúnia, injúria e difamação. Tais crimes atingem a integridade ou incolumidade moral da pessoa humana, além de

---

[18]Marques JF. Direito Penal. Ob. cit. v. 2. p. 95.
[19]Hungria N, Fragoso HC. Comentários. Ob. cit. v. 5. p. 418-419.

atingirem a própria. A honra pode caracterizar-se por um conjunto de atributos morais, intelectuais e físicos inerentes a uma pessoa. Tornou-se jurisprudente a decisão de não haver calúnia, injúria e difamação quando em calorosa discussão, em incontinência verbal, provocada por impulso explosivo de emoção.

Vejamos:

> *Art. 138. Caluniar alguém, imputando-lhe fato definido como crime. Pena – Detenção de 6 meses a 2 anos e multa.*

A calúnia é crime comum que pode ser praticado por qualquer pessoa, por fato determinado, concreto, específico, utilizando-se de palavras, gestos ou escritos, feita ou não, na ausência do ofendido. Atinge a honra objetiva da pessoa, atribuindo-lhe um fato desairoso, falso.[20] Não se exclui da proteção legal os já desonrados, infames, depravados, prostitutas ou criminosos, nos quais sempre resta uma parcela de honra. É importante que os profissionais do campo da Medicina Legal, que lidam em seu cotidiano com perícias necropsiais, saibam que há calúnia contra os mortos, pois se ofende sua memória, podendo seus parentes sofrer pela ofensa. Há calúnia quando se atribui a alguém, falsamente, fato definido como crime. Caluniar é fazer acusação falsa, tirando a credibilidade de uma pessoa no seio social. Haverá calúnia na imputação falsa de fulano ter subtraído um pertence.

> *Art. 139. Difamar alguém, imputando-lhe fato ofensivo à sua reputação. Pena – Detenção de 3 meses a 1 ano e multa.*

Difamar é desacreditar publicamente uma pessoa, maculando sua reputação, por meio de qualquer fato ofensivo, desonroso, seja falso ou verdadeiro, desde que fira sua reputação, sem caráter criminoso. Considera-se crime de difamação aquele que fere a reputação, tanto das pessoas jurídicas, como de órgãos coletivos ou entidades concretas ou abstratas. Há palavras que, dispondo de dois sentidos, um próprio e outro figurado ou popular, podem ser ofensivas e configuradoras do delito de difamação. Não há necessidade que fique ciente uma pluralidade de pessoas, bastando a ciência de qualquer uma, além da ofendida.[21]

> *Art. 140. Injuriar alguém, ofendendo-lhe a dignidade ou o decoro. Pena – Detenção de 1 a 6 meses ou multa.*

Distingue-se da difamação e calúnia por não conter fato preciso e determinado, criminoso ou não. Podemos observar que a injúria é mais típica aos valores de um profissional, com valores depreciativos, atingindo a reputação, o prestígio, a honra subjetiva (interna). É uma manifestação de desprezo e desrespeito, atingindo os atributos morais (dignidade), físicos, intelectuais, profissionais e sociais.

> *Dos crimes contra o patrimônio – Art. 171 – Estelionato – Fraude para recebimento de indenização ou valor de seguro.*
> *V – destrói, total ou parcialmente, ou oculta coisa própria, ou lesa o próprio corpo ou a saúde, ou agrava as consequências da lesão ou doença.*

O terceiro que colabora com o agente, produzindo o ferimento, também responde pelo crime. Reza o artigo: "lesa o próprio corpo ou a saúde, ou agrava as consequências da lesão ou doença." Por exemplo, médicos e odontolegistas que se veem diante de uma lesão corporal que poderia ter sido agravada pelo periciado em virtude deu uma futura aposentadoria ou recebimento de seguro. Devemos lembrar também que as práticas cabalísticas, os "passes", palavras ou rituais, que constituem a contravenção de exploração de credulidade pública ou do delito de curandeirismo, podem constituir, em concurso formal, o delito de estelionato quando o agente se propõe a resolver problemas de saúde obtendo vantagens ilícitas de sua vítima.

Dos crimes contra o respeito aos mortos. Trata-se, além de uma espécie delituosa perante o Código Penal, de valor precioso nos campos ético e moral. Os profissionais que lidam com necropsias em suas várias peculiaridades, estando em seu dia a dia em contato com várias perícias de identificação, marcas de mordida, enfim, mantendo qualquer envolvimento pericial com cadáveres, devem estar sempre atentos a esse respeito.

> *Destruição, subtração ou ocultação de cadáver. Art. 211 – Destruir, subtrair ou ocultar cadáver ou parte dele. Pena – reclusão de 1 a 3 anos, e multa.*

Exige este dispositivo apenas o dolo genérico, ou seja, a vontade de destruir, subtrair ou ocultar o cadáver, qualquer que seja o motivo ou fim do agente, mesmo que para apagar vestígio de crime, frustrar uma sucessão, obter lucro com a ulterior venda do cadáver, necrofilia, entre outros.[22] Há leis que regulam a remoção de órgãos, tecidos e partes do corpo humano para fins de transplante e tratamento, prevendo vários crimes: comprar ou vender tecidos, órgãos ou partes do corpo humano. Aos profissionais que lidam com as várias fases da necropsia, desde os recolhedores de corpos humanos (rabequeiros) aos peritos de local do crime, auxiliares de necropsia, médicos e odontolegistas, enfim, todos os envolvidos no processo de necropsia, seria incabível pensar na possibilidade de que esses profissionais possam ocultar, subtrair e/ou destruir peças do corpo humano, seja para quaisquer finalidades. Há crime ao deixar de recompor cadáver, devolvendo-lhe aspecto condigno para sepultamento, ou deixar de entregar ou retardar sua entrega aos familiares ou interessados.

> *Art. 212. Vilipendiar cadáver ou suas cinzas. Pena – detenção de 1 a 3 anos e multa.*

---

[20]Bruno A. Crimes contra a pessoa. 3. ed. São Paulo: Rio Gráfica, 1975: 221.

[21]Mirabete F. Manual de Direito Penal – Parte Especial. Vol. 2, São Paulo: Atlas, 2001: 48.

[22]Mirabete F. Manual de Direito Penal – Parte Especial – Vol. 2, São Paulo: Atlas, 2001:48.

Vilipendiar é desprezar ou aviltar, podendo ser por gestos ou palavras, escritas ou verbais. São exemplos do crime: cortar algum membro (com o fim de escárnio ou sem finalidade investigativa técnico-científica) e atos de necrofilia. Há leis reguladoras para a remoção de órgãos, para fins de transplantes e tratamento, didáticos ou científicos.

Dos crimes contra a inviolabilidade dos segredos – Art. 153. Divulgação de segredo – Divulgar de alguém, sem justa causa, conteúdo de documento particular ou de correspondência confidencial, de que é destinatário ou detentor, e cuja divulgação possa produzir dano a outrem. Pena – 1 a 6 meses ou multa.

Nesse artigo é possível observar que não é necessário que estejam contidos em qualquer documento dizeres como confidencial ou secreto, sendo indispensável que o segredo esteja concretizado na forma escrita, e não oral. O simples ato de divulgar pode se restringir à comunicação do fato em segredo a apenas uma pessoa e haverá nessa divulgação de segredo algum tipo de dano a outrem, seja de ordem moral, patrimonial ou mista. Permite-se, pois, que se apresente correspondência, que tenha caráter sigiloso, como prova em processos judiciais, desde que esta esteja revestida do exercício regular do Direito. É permitido testemunhar revelando o segredo quando se está no estrito cumprimento do dever legal.

Art. 154. Violação de segredo profissional. Revelar alguém, sem justa causa, segredo de que tem ciência em razão de função, ministério, ofício ou profissão e cuja revelação possa produzir dano a outrem. Pena – detenção de 3 meses a 1 ano ou multa.
***Parágrafo único.** Somente se procede mediante representação.*

O sigilo profissional faz parte dos valores éticos que devem ser seguidos pelos profissionais da saúde. Na proposta de um novo Código Penal,[23] atualmente tramitando no Congresso Nacional, esse artigo está mantido em sua essência, tendo sido suprimida apenas a palavra "alguém". Devemos atentar para que todas as informações devam ser preservadas e não apenas os segredos, salvo se o legislador tenha tido a intenção de caracterizar segredos como as referências à intimidade da pessoa.

Muitas vezes se faz necessária a revelação de um segredo a um profissional, como ocorre com o paciente a seu médico. Portanto, imperativamente, deve haver um acobertamento jurídico nessa relação entre o titular do segredo e o profissional que dele toma conhecimento. Existindo, assim, uma garantia jurídica de fidelidade, imposta pelo *jus puniendi*, tranquilizando e pacificando essas relações.

Devemos entender que a quebra de segredo profissional é uma inviolabilidade, a qual muitas vezes pode passar despercebida por alguns profissionais, em especial os profissionais de saúde, por estarem trabalhando

em consultórios, sejam modulares ou não, em hospitais ou unidades de saúde públicas ou privadas, faculdades e até mesmo em clínicas particulares, onde há mais de um paciente a ser atendido num mesmo horário (clínicas odontológicas modulares), ou em cirurgias ou procedimentos médicos, onde um corpo clínico ou uma equipe atende a um caso determinado, ou em momento onde se explicita, seja em exames ou em anamneses respondidas, por um paciente e é ouvido por outrem, até mesmo em exames que possam ser comentados a alheios.

Reportando-nos, por um momento, ao Código Civil,[24] podemos rever o artigo 229, Lei 10.406/2002, que propõe que o profissional não está obrigado a depor caso haja o envolvimento de informações obtidas durante o exercício profissional.

Desse modo, testemunhar em corte judicial não configuraria "justa causa". Diz o artigo 229 supra: ninguém pode ser obrigado a depor sobre fato:

I – a cujo respeito, por estado ou profissão, deva guardar segredo;

II – a que não possa responder sem desonra própria, de seu cônjuge, parente em grau sucessível, ou amigo íntimo;

III – que o exponha, ou às pessoas referidas no inciso antecedente, a perigo de vida, de demanda, ou de dano patrimonial imediato.

Por essas duas leis, penal e cível, os profissionais de saúde, estão resguardados de eventuais constrangimentos que possam sofrer no sentido de terem que revelar informações que tiveram acesso privilegiado em função de sua atividade.

Quanto aos agentes referidos nesse artigo, vejamos alguns exemplos:

* **Função:** diretores de escola, hospitais, síndicos.
* **Ministério:** sacerdotes, assistentes sociais, pastores.
* **Ofício:** costureiros, sapateiros, serralheiros.
* **Profissão:** médicos, cirurgiões-dentistas, enfermeiros, terapeutas, psicólogos etc.

Respondem por crimes, além dos referidos anteriormente, alguns profissionais de saúde que estejam envolvidos com aqueles: ASB (assistente de saúde bucal), TSB (técnico em saúde bucal), auxiliares e técnicos de enfermagem, secretárias de consultórios médicos e odontológicos, estagiários, responsáveis por arquivos de prontuários, digitadores de laudos, enfim, todos os profissionais que tenham por dever a guarda do sigilo profissional.

Não importa se a ação delituosa seja na forma oral, escrita ou através de exames, fichas clínicas, pareceres, laudos. Não se exclui da responsabilidade da guarda do segredo profissional quem deixou de exercer a profissão, seja por simples abandono, seja por aposentadoria ou por outro motivo. Lembramos sempre que os profis-

---

[23]Código Penal brasileiro – Decreto-lei 2.848, de 7/9/1940.

[24]Código Civil brasileiro. Lei 10.406, de 10/1/2002.

sionais que devem zelar por tal segredo não são obrigados a depor como testemunhas.

Não se comete o crime supracitado em algumas ocorrências, como:

- Notificação de doença compulsória.
- Cobrança de honorários.
- Na defesa pela imputação de crime.
- Iminência de o paciente cometer um crime.

Quando os profissionais de saúde encontram-se revestidos da prerrogativa de funcionários públicos, podem ocorrer ainda: dos crimes praticados por funcionário público contra a administração em geral (art. 325 – Violação de sigilo funcional. Revelar fato de que tem ciência em razão do cargo e que deva permanecer em segredo ou facilitar-lhe a revelação. Pena – detenção de 6 meses a 2 anos ou multa).

Citamos como exemplo um médico-legista que, em função de ser servidor público em Institutos Médico-Legais, ou ao exercer outras funções da administração pública, detém informações periciais, muitas das vezes de outros profissionais de vários setores e explicita dados sigilosos, seja por um simples descuido, seja por má-fé. Esse servidor público incorre ainda mais gravemente quando viola o sigilo funcional.

Vejamos agora o que descreve o Código Penal com relação aos crimes contra a propriedade intelectual:

__Art. 184.__ Violação de direito autoral. Pena – detenção de 3 meses a 1 ano ou multa.

Muitas vezes o exaustivo e minucioso trabalho de elaboração de monografias, capítulos de livros, publicações, teses de mestrados, entre as várias produções autorais, exige a máxima dedicação e desempenho. Nesse caso, mirando na parte científica, não se perde por violação de direito autoral em suas várias formas. A reprodução total ou parcial de uma obra, tomando como exemplo a cópia xerográfica não autorizada de qualquer parte de um livro, a comercialização de obras originais ou as citações de outro autor como se fossem próprias, constitui ato delituoso desse artigo.

Não é cabível punição para aquele que reproduz trechos de obras citando a fonte, recomendando-se o zelo e o dever de citar a obra, o autor, a editora, o ano, o volume e as páginas.

Dos crimes contra a administração pública – Art. 313 – Inserir ou facilitar, o funcionário autorizado, a inserção de dados falsos, alterar ou excluir indevidamente dados corretos nos sistemas informatizados ou bancos de dados da Administração Pública, com o fim de obter vantagem indevida para si ou para outrem ou para causar dano. Pena – reclusão de 2 a 12 anos e multa.

Novamente devemos salientar que cabe às instituições públicas e a seus funcionários, em especial àqueles da administração pública, em atenção maior aos profissionais de saúde envolvidos em instituições como

os IML, que mantêm seu banco de dados, seja este informatizado ou não, zelar pela total segurança desses, sejam laudos ou pareceres médicos, odontológicos, laboratoriais, e outros, tendo total responsabilidade pela sua guarda. Cabem aqui alguns detalhes sobre o artigo:

- Há que se ter vontade livre e consciência em praticar tal conduta.
- Incriminam-se a alteração, a exclusão e a desfiguração de arquivos e/ou registros.

O Código Penal prevê ainda os seguintes crimes: dos crimes contra a saúde pública – Epidemia – Art. 267 – Causar epidemia, mediante a propagação de germes patogênicos. Pena – reclusão de 10 a 15 anos. Em caso de morte, dobra-se a pena. Em caso de culpa: detenção de 1 a 2 anos; em caso de morte: 2 a 4 anos.

Os profissionais da saúde têm o dever de zelar pela qualidade de atendimento aos pacientes. A biossegurança é fator singular para esse atendimento. Há que se respeitarem todas as técnicas exigidas e impostas por agentes reguladores de vigilância sanitária. A evolução das técnicas de esterilização vem sendo considerada eficiente (ebulição de materiais, pastilhas de formaldeídos, flambagem, entre outros), passando pelas estufas e autoclaves, até chegar às atuais técnicas de biossegurança, em todos os setores de ação biomédica. Medidas imperativas, com equipes de alto gabarito, têm sido aplicadas no que se refere à biossegurança. Para que se incorra no artigo supracitado é necessário que a moléstia seja grave, mesmo que infectando uma só pessoa. Deve ser comprovada a inobservância de cuidados.

Infração de medida sanitária preventiva – Art. 268 – Infringir determinação do poder público, destinada a impedir introdução ou propagação de doença contagiosa. Pena – detenção de 1 mês a 1 ano e multa.
__Parágrafo único.__ Aumentada de um terço se o agente é funcionário público ou exerce a profissão de médico, farmacêutico, dentista ou enfermeiro.

Nesse artigo fica explícita a referência ao profissional das áreas médica, farmacêutica, de enfermagem e odontológica, ficando evidente que o poder público, ao exercer seu papel fiscalizador, mediante seus órgãos competentes de vigilância sanitária, aumenta em um terço a pena do profissional que exerce função pública. Cabe-nos, portanto, exigir das várias entidades públicas que exercem atividades de saúde que também deem condições favoráveis para o desempenho dessas atividades.

Exercício ilegal da medicina, arte dentária ou farmacêutica – Art. 282 – Exercer, ainda que a título gratuito, a profissão de médico, dentista ou farmacêutico, sem autorização legal ou excedendo-lhe os limites. Pena – detenção de 6 meses a 2 anos.

Novamente, mediante o princípio taxativista, a lei explicita as atividades: médica, do dentista e farmacêutica. O texto da lei deixa claro que, mesmo usando-se do artifício de que não houve benefícios, sejam eles financeiros ou em outras modalidades, não se pode exercer a profissão sem autorização legal (com certificação legal de conclusão de curso e registro em conselhos de classe, não havendo nenhuma punição desses conselhos), enfim, estar o profissional habilitado, sem exceder os limites da área de atuação previstos na lei que regula o exercício profissional de cada área. Portanto, o profissional tem de estar habilitado legalmente. Profissionais suspensos pelos respectivos conselhos de classe ao exercer a profissão: há uma desobediência à decisão judicial, sob perda ou suspensão do direito. Deve haver habitualidade nesse ato, porém temos que pesar aqui a possibilidade de atender pacientes que, em atos urgenciais/emergenciais, necessitam de nossos préstimos que, algumas vezes, não nos podem ressarcir por tal; portanto, não há delito em manifesto estado de necessidade. Atentamos para o fato de que o artigo supracitado não se refere à medicina veterinária.

Charlatanismo – Art. 283 – Inculcar ou anunciar cura por meio secreto ou infalível. Pena – detenção de 3 meses a 1 ano e multa.

O charlatão tem por sinônimos: embusteiro, trapaceiro, indivíduo que exerce a profissão médica de maneira enganosa, exagerando ou apregoando virtudes a algum tipo de droga ou tratamento.[25]

Nestes casos há um profissional habilitado legalmente que, por meios secretos, com infalibilidade da cura, vem inculcar, ou seja, apregoar, propor vantagens, suscitando desse modo um tipo de tratamento odontológico que só esse profissional detém e não se tem experimentação científica comprobatória para tal. Não há necessidade da habitualidade. Podemos citar como exemplo o caso de um ortodontista que, ao fazer uma intervenção corretiva de elementos dentários em um paciente com síndrome de Down (que apresenta detalhes faciais inerentes à síndrome), venha "minorar" as desoclusões e os apinhamentos, o que pode causar mudanças nas características faciais do paciente, mas definitivamente não há intervenção alguma nas capacidades mentais desse indivíduo com tal síndrome especial.

Vale aqui uma breve distinção entre o charlatanismo e o curandeirismo.

Diferentemente do artigo penal citado anteriormente, o curandeirismo é visto como a última forma do exercício ilícito de uma profissão.

Art. 284. *Exercer o curandeirismo. Pena de detenção de 6 meses a 2 anos e multa.*

Há nesse caso, o exercício da atividade profissional por quem não possui habilitação profissional. Trata-se do "emprírico" ou "falso profissional", denominações mais recomendáveis para tal situação jurídica. Ressalte-se que, nesses casos, a legislação prevê que o exercício profissional é restrito aos limites territoriais da localidade

para a qual tenha sido expedida a licença. Pratica-se o curandeirismo prescrevendo, ministrando ou aplicando, de modo habitual, qualquer substância a outrem, fazendo diagnósticos, bem como fazendo uso de gestos, palavras ou qualquer outro meio.

Falsidade de atestado médico – Art. 302 – Dar o médico, no exercício de sua profissão, atestado falso. Pena – detenção de 1 mês a 1 ano.
Parágrafo único. *Se o crime é cometido com o fim de lucro, aplica-se também multa.*

O artigo é bem claro: "dar o médico", e somente a este profissional há referência no escopo desse artigo. Portanto, atestar falsamente é crime penal, ainda mais inconcebível quando o atestado tem finalidade lucrativa.

Falsidade ideológica – Art. 299 – Omitir, em documento público ou particular, declaração que dele devia constar, ou nele inserir ou fazer inserir declaração falsa ou diversa da que devia ser escrita, com o fim de prejudicar direito, criar obrigação ou alterar a verdade sobre fato juridicamente relevante.

Não se explicita nesse artigo o cirurgião-dentista, mas aqui se classificam tal profissional e todos aqueles que por dever de ofício tenham que emitir alguma declaração. Quando atestamos, estamos emitindo documento (público ou particular) ou declaração que cria a obrigação da verdade. Caso haja declaração falsa ou diversa, alterando fato juridicamente relevante – atestado para determinado fim – estamos incorrendo na falsidade ideológica, crime que pode inclusive dar demissão por justa causa ao declarado, além de sanções penais e administrativas ao declarante.

Dos crimes contra a Administração da Justiça – Falso testemunho ou falsa perícia – Art. 342 – Fazer afirmação falsa, ou negar ou calar a verdade, como testemunha, PERITO, tradutor ou intérprete em processo administrativo, ou em juízo arbitral. Pena – reclusão de 1 a 3 anos e multa.

Vejamos alguns detalhes verbais:
* **Negar:** contrariar a verdade.
* **Calar:** fazer silêncio à verdade.

Devemos aqui refletir sobre o fato de que profissionais de saúde que fazem afirmação falsa, principalmente aqueles que emitem pareceres em Institutos Médico-Legais, têm a responsabilidade do *visum ad repertum*, ou seja, repetir necessariamente o que veem, de maneira exata, clara, objetiva, e em especial com todo o cunho da verdade. Não devem, pois, emitir um falso testemunho ou falsa perícia, seja em juízo arbitral, seja em processos administrativos, como refere o artigo supra.

§ 1º. Com o fim de obter prova destinada a produzir efeito em processo penal. Pena – reclusão de 2 a 6 anos e multa.
§ 2º. Aumenta de um terço se praticado mediante suborno.
§ 3º. Deixa de ser punível se, antes da sentença, o agente se retrata ou declara a verdade.

[25]Holanda AB. Dicionário da Língua Portuguesa. 6. ed. Curitiba: Positivo, 2004.

Art. 135. Omissão de socorro – Deixar de prestar assistência, quando possível fazê-lo sem risco pessoal, à criança abandonada ou extraviada, ou à pessoa inválida ou ferida, ao desamparado ou em grave e iminente perigo; ou não pedir, nesses casos, o socorro da autoridade pública. Pena – detenção de 1 a 6 meses ou multa.

Parágrafo único. A pena é aumentada de metade, se da omissão resulta lesão corporal de natureza grave, e triplicada, se resulta em morte.

O socorro deve ser imediato, pois a demora ou a dilação importa o descumprimento do dever imposto por lei. Qualquer pessoa pode cometer tal delito, pois há um dever moral de solidariedade humana de amparar aqueles que necessitam de socorro. O dever da assistência é limitado pela possibilidade e a capacidade individual.[26] Limita-se a lei a excluir o dever de assistência quando se trata de risco pessoal. Persiste o dever de agir no caso de risco a outro bem jurídico, como o patrimonial ou o moral. Quando duas ou mais pessoas omitem o socorro, todas respondem pelo crime, mas, se uma delas o presta, as outras se desobrigam, não respondendo pela omissão porém não se isenta aquele que se omite no socorro apenas porque, posteriormente, socorreu a vítima.

Não se pode responsabilizar o médico, por exemplo, pela morte da vítima se esta necessitava de tratamento especializado, impossível de ser ministrado no hospital em que ele trabalhava. Se o lugar impossibilita o socorro, deverá prestar assistência mediante pedido de ajuda de autoridade ou profissional que o possa fazer – por exemplo: ligar para o serviço de atendimento médico urgencial. A omissão também se faz presente quando não pedimos socorro à autoridade pública (Delegacia de Polícia, Pronto-atendimento, Corpo de Bombeiros).

Importante lembrar que não podemos arriscar a integridade corporal para auxílio (falta de luvas, respiração boca a boca), pois o artigo é bem explícito quanto a não haver risco pessoal.

Art. 13. § 2º. Relevância da omissão.

A omissão é penalmente relevante quando o omitente devia e podia agir para evitar o resultado. O dever de agir incumbe a quem tenha por lei obrigação de cuidado, proteção ou vigilância: policial, bombeiro, salva-vidas, médico e enfermeiro.

---

[26]Silva AJC. Omissão de socorro. Justilia 32:8.

CAPÍTULO 5

Gestão Operacional

Rodrigo Camargos Couto • Silberto Marques de Assis Azevedo

▶ INTRODUÇÃO

Uma das maneiras de conquistar maior produtividade consiste em se ter um ambiente propício para as pessoas executarem suas tarefas, o que se consegue, segundo Abrantes (2009), mediante a implantação de Sistemas da Qualidade.

A qualidade vem, no decorrer dos tempos, sendo praticada sem ter uma definição exata. Segundo Abrantes (2009), a China já executava serviços e produtos com qualidade predefinida há mais de 3 mil anos, por meio de decretos e leis imperiais que regulavam a qualidade, por exemplo, da seda e do algodão produzidos.

A necessidade da prática da qualidade existe desde o crepúsculo da História, conforme cita Juran (1990), porém os processos de gerenciamento para a qualidade sofreram mudanças com o passar dos anos. Quando o comércio se expandiu além dos limites das aldeias, tecnologia, conceitos e ferramentas adicionais foram sendo implementados para assistir ao gerenciamento da qualidade. No final do século XIX, os EUA adotaram o sistema Taylor de gerenciamento científico, introduzindo os conceitos de separação, planejamento e execução, dando ênfase à produtividade e criando a necessidade de um departamento de inspeção central.

▶ RESUMO HISTÓRICO

O passar dos anos e a complexidade dos bens e serviços criaram, na visão de Juran (1990), exigências para a qualidade e, além disso, as indústrias de serviços também cresceram consideravelmente. A maioria das estratégias que surgiram para lidar com essas forças de volume e complexidade crescentes foram agrupadas na *engenharia da qualidade* (especialização surgida com a aplicação de métodos estatísticos para o controle da qualidade em fabricação) e na *engenharia de confiabilidade* (da década de 1950), gerando vasta literatura relacionada com a conformação de confiabilidade e fórmulas e bancos de dados para quantificar a confiabilidade. Isso reduziu o número de componentes nos produtos e manteve a qualidade em níveis de peças, por milhão.

Abrantes (2009) subdivide a qualidade em quatro eras, a partir do século XX, com o início da Administração Científica de Taylor, conforme se vê a seguir:

- **A inspeção da qualidade**, com foco na produtividade, ocorreu entre 1900 e 1940, sendo a máxima adotada: primeiro produzir para depois verificar se o produto estava dentro das especificações, detectando os erros e os corrigindo. Eram gerados desperdícios enormes por causa das rejeições de produtos.

- **O controle da qualidade** ocorreu entre 1940 e 1970, com foco tanto no controle como no produto final. Foram estabelecidas ações como sistemas de qualidade, custos de não qualidade, métodos de solução de problemas, ciclo PDCA e planejamento de qualidade.

- **A garantia de qualidade** teve seu auge entre os anos de 1970 e 1980, primando pelos processos e com foco nos clientes, tendo por base a metodologia japonesa de produção e controle.

Em 1976, a ISO (Organização Internacional para Normalização [portugues europeu]) implantou o Comitê "Técnico 176 – Garantia da Qualidade", com o objetivo de criar normas genéricas para garantir a qualidade dos processos utilizados na geração de produtos controlados. Em 1986, esse Comitê iniciou a publicação das séries de normas ISO 9000, que se transformou num *best-seller* internacional.

A expressão *ISO 9000* designa um grupo de normas sistêmicas, genéricas, que estabelecem um modelo de gestão da qualidade para organizações em geral, qualquer que seja seu tipo ou dimensão.

A sigla "ISO" refere-se à *International Organization for Standardization*, organização não governamental fundada em 1947, em Genebra, com a participação do Brasil, e que hoje está presente em cerca de 157 países. Sua função é a de promover a normatização de produtos e sistemas para que a qualidade dos mesmos seja permanentemente melhorada. O termo "produto" tem também o significado de "serviço".

A família de normas ISO 9000 estabelece requisitos que auxiliam a melhoria dos processos internos, a maior capacitação dos colaboradores, o monitoramento do ambiente de trabalho, a verificação da satisfação dos clientes, colaboradores e fornecedores, num processo contínuo de melhoria do sistema de gestão da qualidade. Aplica-se a campos tão distintos quanto os materiais, produtos, processos e serviços.

A adoção das normas ISO é vantajosa para as organizações uma vez que lhes confere mais organização, produtividade e credibilidade, elementos facilmente identificáveis pelos clientes, aumentando sua competitividade nos mercados nacionais e internacionais. Os processos organizacionais necessitam de verificação por meio de auditorias externas independentes.

As normas foram elaboradas por meio de um consenso internacional acerca das práticas que uma empresa deve adotar a fim de atender plenamente aos requisitos de qualidade total. A ISO 9000 não fixa metas a serem atingidas pelas organizações a serem certificadas; as próprias organizações é que estabelecem essas metas.

Uma organização deve seguir alguns passos e atender a alguns requisitos para serem certificadas. Entre esses, podem ser citados:

- Padronização de todos os processos-chave da organização, processos que afetam o produto e, consequentemente, o cliente.

- Monitoramento e medição dos processos de fabricação para assegurar a qualidade do produto/serviço por meio de indicadores de desempenho e de desvios.

- Implementar e manter os registros adequados e necessários para garantir a rastreabilidade do processo.

- Inspeção de qualidade e meios apropriados de ações corretivas quando necessário.

- Revisão sistemática dos processos e do sistema *de gestão* da qualidade para garantir sua eficácia e melhoria.

A última e mais recente versão da família ISO 9000 foi publicada em dezembro de 2008 e passou a ser denominada ISO 9001:2008. A nova família consiste em três normas:

- **ABNT NBR ISO 9000:2005:** descreve os fundamentos de sistemas de gestão da qualidade e estabelece a terminologia para esses sistemas.

- **ABNT NBR ISO 9001:2008:** especifica requisitos para implementar um sistema de gestão da qualidade, em que uma organização precisa demonstrar sua capacidade para fornecer produtos que atendam aos requisitos do cliente e aos requisitos regulamentares aplicáveis e objetivam aumentar a satisfação do cliente.

- **ABNT NBR ISO 9004:2010:** fornece diretrizes que consideram tanto a eficácia como a eficiência do sistema de gestão da qualidade. O objetivo dessa norma é melhorar o desempenho da organização e a satisfação dos clientes e das outras partes interessadas.

Destas, a única norma que é mandatória para a obtenção de certificação é a ABNT NBR ISO 9001:2008.

A norma ISO 9001:2008 promove a adoção de uma abordagem de processo para desenvolvimento, implementação e melhoria da eficácia de um sistema de gestão da qualidade, visando aumentar a satisfação do cliente pelo atendimento a seus requisitos.

Segundo essa norma, para uma organização funcionar de maneira eficaz ela tem que determinar e gerenciar diversas atividades interligadas. Uma atividade ou conjunto de atividades que usa recursos e que é gerenciada de modo a possibilitar a transformação de entradas em saídas pode ser considerada um processo. Com frequência, a saída de um processo é a entrada para o processo seguinte.

A aplicação de um sistema de processos em uma organização, junto a identificação, interações desses processos e sua gestão para produzir o resultado desejado, pode ser referenciada como a "abordagem de processo". Uma vantagem da abordagem de processo é o controle contínuo que ela permite sobre a ligação entre os processos individuais, dentro do sistema de processos, bem como sua combinação e interação. Quando usada em um sistema de gestão da qualidade, essa abordagem enfatiza a importância do entendimento e atendimento dos requisitos, a necessidade de considerar os processos em termos de valor agregado, a obtenção de resultados de desempenho e eficácia de processo e a melhoria contínua de processos, com base em medições objetivas.

A conjugação da metodologia japonesa com a aplicação das normas ISO 9000 fornece, às organizações, a possibilidade de estruturar sistemas de gestão da qualidade aptos a liderar também o treinamento de operadores para a solução de problemas de não qualidade nas áreas operacionais. A norma NBR ISO 9001:2005 permite ainda, como já mencionado, que as organizações obtenham certificações internacionais para seus sistemas de gestão da qualidade.

A *administração da qualidade total* ou gestão total da qualidade, iniciada em 1980, levou à atual era da qualidade e atua com foco nos processos e nos clientes, aperfeiçoando a filosofia da garantia da qualidade. Baseia-se no princípio de que todos estão comprometidos e participam de todas as operações, planejamento estratégico da qualidade e do envolvimento de consumidores e fornecedores, valorizando, assim, todos os colaboradores.

▶ IMPLEMENTAÇÃO DA QUALIDADE NAS ORGANIZAÇÕES

Uma forma básica para a implantação eficaz de um sistema de qualidade seria estabelecer responsáveis pelo processo, conforme sugerem Juran (1990) e as normas da Série ISO 9000 (1986). A reestruturação seria iniciada com a definição e publicação das responsabilidades dos membros escolhidos para coordenar o processo de desenvolvimento e implantação do sistema de gestão da qualidade. Nesse processo, seria nomeado um representante da direção para liderar o treinamento de um grupo de apoio, chamado de Comitê da Qualidade, composto por representantes de áreas estratégicas e que recebam poder de decisão.

A Série ISO 9000 também propõe a criação de uma política da qualidade para a empresa, a definição de objetivos da qualidade, metas da qualidade, indicadores de desempenho, bem como a elaboração de um manual da qualidade, que descreve a organização e relaciona seus procedimentos padronizados. Essa implementação é necessária para que se estabeleçam a formulação da política de melhoramento da qualidade, o dimensionamento e a comparação entre a qualidade da empresa e a da concorrência.

Tanto para as normas da Série ISO 9000 (1986) como para Juran (1990), para se ter uma empresa norteada para a qualidade será necessário que ela atravesse as fases que operacionalizam a produção. Essa proposição ficou conhecida como Trilogia de Juran: *planejamento de qualidade, controle da qualidade* e *melhoramento da qualidade*.

Planejamento da Qualidade

Apesar das variabilidades de bens, serviços e processos operacionais, o planejamento de qualidade pode ser generalizado em uma série de etapas de entradas e saídas:

- **Identificar quais são os clientes e fornecedores:** os clientes e fornecedores podem ser classificados em: vitais, internos e externos.
- **Determinar as necessidades desses clientes e fornecedores:** as empresas e seus fornecedores devem descobrir qual o benefício que os clientes esperam receber do produto (que inclui serviços) e quais as características que os levaram a comprar tal produto em vez de um do concorrente (organização das necessidades).
- **Traduzir essas necessidades na linguagem da empresa:** as necessidades dos clientes devem estabelecer requisitos que podem ser formulados em sua própria linguagem, na linguagem do cliente, na linguagem do fornecedor e na linguagem comum, por meio de números de códigos, acrônimos, palavras e frases.
- **Desenvolver características de produtos que respondam a essas necessidades:** determinar as características do produto que respondem às necessidades dos clientes, traduzidas em pontualidade, confiabilidade, segurança, espaço e pureza. As características resultantes desses requisitos são: tempo de entrega, tempo médio entre não conformidades, resistências, dimensões espaciais e partes por milhão de impurezas.
- **Desenvolver um processo que seja capaz de produzir as características exigidas:** consiste na escolha do processo e do projeto do processo de revisão do produto e dos meios utilizados pelas forças operacionais para atingir as metas dos produtos.
- **Transferir o processo para as forças operacionais:** trata-se de delegar a utilização da capacidade do processo e a solução de problemas para os gerentes operacionais.

Controle da Qualidade

Processo gerencial no qual se avalia o desempenho real, comparando esse desempenho com as metas e atuando nessa diferença.

Melhoramento da Qualidade

Consiste na criação organizada de mudanças benéficas que promovam o desenvolvimento da organização. Hoje, tornou-se necessário que os colaboradores tomem conhecimento das estratégias utilizadas e do papel de cada um no contexto organizacional para que comecem a sentir que fazem parte da cultura de qualidade na empresa. Para que isso aconteça é necessário utilizar ferramentas que facilitem a disseminação dessas informações pela empresa e, ao mesmo tempo, demonstrem como cada um poderá contribuir para que haja êxito na empreitada pela qualidade.

▶ TÉCNICAS DE GESTÃO CIENTÍFICA

Contextualização do Tema

Para o devido desenvolvimento do assunto *gestão operacional*, devemos entender e contextualizar para situar em que ambiência pretendemos aplicar o conteúdo proposto neste capítulo. Sabemos que a Justiça é atribuição do Estado, assim como a Saúde, a Educação e a Segurança Pública. A Odontologia e a Medicina Legal, como os próprios nomes dizem, têm interação com todas essas áreas: são carreiras da área da saúde, mas que normalmente estão inseridas em cargos no contexto das secretarias de Segurança Pública ou Defesa Social. O fruto de seu trabalho, quando inserido no contexto das polícias, é destinado ao "cliente interno", ou seja, delegado de polícia, promotor de justiça ou presidente de inquérito policial militar. Suas atividades são demandadas no processo central, ou principal, inquérito policial, destinado ao "cliente interno": Judiciário ou Ministério Público, ou para coordenadores de sindicâncias administrativas, previdenciárias ou securitárias. Finalmente, todos esses trabalhos se destinam ao "cliente externo": Sociedade. Estamos lidando, portanto, na grande maioria dos casos, com um serviço de natureza pública.

Os serviços de Medicina e Odontologia Legal estão inseridos no contexto do Estado para garantir equidade, integralidade, universalidade e igualdade na distribuição dos serviços e no atendimento à Sociedade. Esses deveres do Estado e direitos da Sociedade são garantidos por força da Constituição Brasileira de 1988, chamada por muitos de Constituição Cidadã.

Para o cumprimento do estabelecido nos preceitos legais com competência, temos que ter uma máquina administrativa e operacional muito bem estruturada. Se pretendermos entregar para a sociedade pagadora um trabalho que seja útil para os fins que se pretende, que traga a resolutividade pretendida, temos que buscar profissionalismo e competência.

Os critérios que se aplicam à gestão profissional de empresas são perfeitamente aplicáveis à gestão de instituições públicas. As interpretações têm diferenças consideráveis, mas a luta pela eficiência e eficácia é de interesse dos gestores de ambas as instituições, de seus funcionários e de todas as partes interessadas.

Para gerar um ambiente de mudanças primeiramente devemos contar com o trabalho em equipe e, principalmente, contar com a ação de boas lideranças. Sem liderança, as transformações não surgem ou não chegam a uma boa velocidade. Em qualquer empresa, naturalmente, existem pessoas que se destacam por sua postura diante do trabalho e que merecem ser ouvidas e seguidas. Os funcionários e colegas enxergam nesses profissionais um modelo a seguir. Normalmente, são pessoas competentes profissionalmente, têm domínio tecnológico do trabalho que desempenham, com uma boa noção de posicionamento no contexto da empresa e com uma postura moral compatível para o cargo. São interessadas em produzir dentro dos critérios estabelecidos e, se for o caso, de sugerir mudanças que venham acrescentar algo mais às rotinas do trabalho. A avaliação de um profissional pelos colegas não vem apenas pelo respeito a seu desempenho medido por critérios técnicos. Passa muito pelo critério moral, pelo respeito como colega e como profissional.

Devemos contar, primeiramente, com o apoio da alta gestão do órgão em que pretendemos trabalhar. A técnica da qualidade emana de seus líderes. Sem um comprometimento da alta gestão, as mudanças não ocorrem. As lideranças setoriais têm que perceber que há um entendimento e alinhamento de metas da alta gestão com as das chefias e, consequentemente, com as do restante dos funcionários ou, como se diz na indústria, do pessoal do chão de fábrica. Sem essa harmonia, que deve ter início na equipe da alta gestão, o trabalho, geralmente, não irá se concretizar como deveria.

Em virtude da natureza multifuncional ou interdisciplinar dos processos de trabalho, as soluções adequadas exigem equipes multidepartamentais que, somadas a outros fatores, permitem o alcance de uma meta de maneira mais eficiente e eficaz.

Justificativa para o Emprego das Técnicas de Gestão Científica

Solucionar problemas, reduzir desperdício ou eliminar defeitos não são suficientes para tornar as empresas mais eficientes e competitivas. Na nova era econômica, é necessário ir além e procurar por oportunidades para uma melhoria contínua (Scherkenbach, 1993).

A Norma NBR ISO 9000:2005[1] (citado por Bureau Veritas do Brasil, 2006, p. 13) define melhoria contínua como "atividade regular para aumentar a capacidade de atender requisitos", o que significa agir constantemente na busca por otimizações que elevem produtos e serviços a padrões de qualidade ainda melhores.

Atentas a essa realidade, as organizações têm procurado por melhorias em seus processos para se tornarem ainda mais competitivas, destacando-se no contexto em que estão inseridas.

Não há dúvida de que a implementação de Sistemas de Gestão da Qualidade (SGQ) fornece boas diretrizes para a operacionalidade delas, devido à padronização e à formalização de seus procedimentos. Contudo, o sistema da qualidade deve ser periodicamente avaliado, verificando-se a conformidade das práticas, com o que nele está escrito, com o objetivo de assegurar sua manutenção (Horta, 2003). Caso contrário, o sistema da qualidade perde o dinamismo, bem como importantes oportunidades de prover a melhoria contínua.

Ao ser iniciado um processo de implementação de SGQ pode ocorrer, na organização, todo um processo de reestruturação e treinamentos dos colaboradores. Destacam-se também, nessa etapa, os novos aprendizados de planejamento e tratamento de não conformidades com as respectivas ações corretivas e preventivas, o chamado ciclo de melhorias. Com ele, os processos existentes po-

---

[1]NBR ISO 9000:2005: Sistema de gestão da qualidade – Fundamentos e vocabulário.

dem ser otimizados e amplamente renovados mediante o estabelecimento de fluxos mais coesos, "enxutos" e alinhados aos conceitos de gestão por processos.

O ciclo de melhorias deve abranger o tratamento adequado das não conformidades reais, bem como a prevenção das não conformidades potenciais, ou seja, deve possuir em seu escopo, respectivamente, sistemas de ações corretivas e preventivas eficientes.[2]

As ações corretivas caracterizam-se pela eliminação da não conformidade identificada, ou outra situação indesejável, ao passo que as ações preventivas são aquelas adotadas para eliminar as causas de uma não conformidade potencial. A ação corretiva pretende prevenir a repetição e a ação preventiva pretende prevenir a ocorrência (NBR ISO 9000:2005,[3] citada por Bureau Veritas do Brasil, 2006).

Para que se definam ações corretivas e preventivas adequadas, é necessário identificar as verdadeiras causas das não conformidades surgidas, bem como detectar as não conformidades potenciais. Para tanto, as organizações devem aplicar métodos e ferramentas de análise e de gestão que permitam tratar dados e monitorar e controlar processos de maneira objetiva, consistente, eficiente e constante. Assim, pode-se lançar mão das chamadas ferramentas da qualidade que, segundo Werkema (1995), são métodos empregados no tratamento de dados que, aplicados em conjunto com técnicas de gestão, permitirão às empresas tanto manter como melhorar seus processos.

De modo geral, as ferramentas da qualidade são diversos tipos de esquemas, diagramas, gráficos, tabelas de controle etc., que são empregadas para planejamento de atividades, execução, organização do dia a dia, controle das atividades mediante coletas de dados para o entendimento dos fatos e elaboração de soluções de problemas para entendimento, controle e avanço no sentido de ajudar a elaborar soluções para o dia a dia e para traçar projetos para a sobrevivência e para o futuro das empresas de forma competitiva.

Pinto, Carvalho & Ho (2006), em pesquisa tipo *survey*,[4] realizada com 198 empresas brasileiras de grande porte, puderam constatar que um dos itens que mais colaboraram para a implantação de diferentes programas de qualidade, entre eles a ISO 9001:2000, foi o manuseio das ferramentas da qualidade, demonstrando sua grande utilidade para os sistemas de gestão.

Há muitas ferramentas descritas na literatura, com diversas aplicações, devendo cada empresa determinar aquelas que melhor se alinhem com sua cultura e visão organizacionais para, assim, obterem sucesso em sua implementação (Brocka & Brocka, 1994).

Além de ferramentas da qualidade, também se faz útil estabelecer um método de gestão para o controle dos processos. Entre os métodos de gestão existentes, destaca-se o PDCA,[5] cujas letras iniciais significam, em inglês, "*plan*, *do*, *check* e *act*", ou seja, planejar, executar, verificar e atuar. Essa sequência segue os passos básicos de execução do método (Andrade, 2003). Trata-se de um método de gestão bastante difundido e empregado por ser de execução relativamente fácil (Andrade, 2003; Pinto, Carvalho & Ho, 2006).

Procedimentos Operacionais Padronizados

Quando se trabalha em empresas e de maneira coletiva com diversas pessoas de diversos processos de trabalho, contribuindo para um fim último, deve-se procurar a mais básica das ferramentas da qualidade: a padronização. Primeiramente deve-se ter em mente que, em se tratando de trabalho empresarial, certo tipo de informação não é poder. O verdadeiro poder reside na habilidade de coletar, processar e dispor a informação de tal modo a transformá-la em conhecimento, que pode ser utilizado para atingir metas. Não basta que somente uma pessoa tenha conhecimento, desenvolva habilidades e desenvolva atitudes. *É necessário que TODOS sejam hábeis planejadores e executores de suas tarefas* para que a empresa atinja as metas de que necessita para a sobrevivência.

De modo geral, esses procedimentos documentados são os chamados Procedimentos Operacionais Padrões (POP), expressão vinda de *Standard Operation Procedure*, ou simplesmente, SOP. Representa o registro escrito, ou gravado em mídia, do conjunto de tarefas utilizadas na realização de um produto ou de um serviço.

De acordo com a Associação Brasileira de Normas Técnicas (ABNT), as diretrizes para o tratamento de não conformidades e de ações corretivas e preventivas devem estar contidas em procedimentos documentados que determinem o direcionamento adequado a seus executores (NBR ISO 900:2000).

O procedimento operacional padrão é preparado para as pessoas diretamente ligadas à tarefa e deve conter, do modo mais simples possível, todas as informações necessárias a seu bom desempenho. O mais relevante de um procedimento operacional é levar a cada executor todas as informações necessárias à execução das etapas básicas fundamentais, devendo as atividades críticas serem detalhadas em um manual de treinamento (Cabral, 2002). Contudo, alguns autores atribuem uma importância ainda maior ao procedimento operacional padrão, chegando a afirmar que "se for suficientemente claro, simples, completo (incluir todos os passos críti-

---

[2]www.datalyzer.com.br

[3]NBR ISO, 9000:2005: Sistema de gestão da qualidade – Fundamentos e vocabulário.

[4]A pesquisa tipo *survey*, também chamada de levantamento, caracteriza-se pela interrogação direta das pessoas, cujo comportamento se deseja conhecer. Em seguida, mediante análise quantitativa, obtêm-se as conclusões quanto aos dados coletados (Gil, 2002, p. 50).

[5]Alguns autores tratam o próprio PDCA como uma ferramenta da qualidade e não, necessariamente, como um método de gestão (Brocka & Brocka, 1994; Pinto, Carvalho & Ho, 2006).

cos), [...] o Manual de Treinamento poderá ser dispensado" (Campos, 2002, p. 58).

Dessa maneira, é possível observar que, quando os procedimentos operacionais padrões apresentam o nível de detalhamento adequado, tornam-se de mais fácil compreensão e, consequentemente, também a aplicação e a execução são facilitadas, contribuindo para que as ações fluam com rapidez e correção.

Além disso, a aplicação correta dos conceitos necessários é de suma importância; caso contrário, pode-se dar um direcionamento equivocado ou, simplesmente, corre-se o risco de não explorar o assunto tanto quanto possível.

Assim, pela análise dos procedimentos, tratamento de não conformidades e ações corretivas e preventivas, observou-se que poderiam ser otimizados e amplamente renovados pelo estabelecimento de fluxos mais coesos e por uma melhor aplicação dos conceitos de correção, ações corretivas e preventivas.

A grande similaridade entre os dois documentos, que deveriam abordar assuntos distintos, levantou dúvidas quanto à adequação dos procedimentos para a condução do tratamento de não conformidades e de ações corretivas e preventivas, que são alguns dos importantes alicerces para o Ciclo de Melhorias das empresas.

A partir dessa percepção, surgiu o desejo de uma análise mais detalhada do Ciclo de Melhorias empregado por essa empresa, verificando como são conduzidos o tratamento de não conformidades e as ações corretivas e preventivas, para, assim, propor melhorias e otimizações em seus procedimentos operacionais padrões e, consequentemente, nas práticas da empresa.

Padronizar significa reunir as pessoas e discutir a melhor maneira de realizar determinado procedimento ou produto, registrar, treinar as pessoas e garantir a realização de modo consensual. Em seguida, coletam-se os dados dos resultados dos procedimentos e os transformam em informações. A partir daí, adotam-se as diretrizes gerenciais para a implementação melhorada do processo, gerando o que se denomina melhoria contínua.

O planejamento do trabalho é possível na atividade, na esfera das rotinas da perícia, considerando-se que, apesar de não haver casos idênticos, na maioria das vezes a atividade é caracterizada por rotinas repetitivas, previsíveis, com caráter científico e racional, possibilitando avaliação, sistematização e planejamento. São, portanto, padronizáveis para a obtenção de eficiência (ligada aos meios de realizar os procedimentos operacionais) e eficácia (termo empregado em qualidade para aferir os resultados das rotinas diárias).

Exemplos de padrões, inseridos em nossas vidas atuais, são: a linguagem, roupas, tráfego nas ruas, energia, materiais de construção etc.

A padronização das rotinas do dia a dia atende aos seguintes objetivos:

1. Levar até o executor as características da qualidade que o cliente externo deseja no produto final e pelas quais seu subprocesso é responsável.

2. Estabilizar os resultados do processo, minimizando as variações de seus diversos componentes (procedimentos, equipamentos etc.).

3. Registrar a tecnologia do órgão por meio da documentação do conjunto de procedimentos, materiais, equipamentos e medidas necessárias para chegar ao produto desejado.

4. Facilitar a transferência dessa tecnologia ao longo do tempo, por meio de treinamentos.

5. Ter o domínio tecnológico da função, ou seja, é necessário pertencer à empresa não só o executor, mas também o "como fazer", na forma de rotinas escritas. Se somente um funcionário souber utilizar a tecnologia, quando ele se ausentar por qualquer motivo que seja, o que acontecerá?

6. Transferir para o executor da função a responsabilidade pelo gerenciamento de seu processo, liberando o gerente para outras atividades. Somente a padronização e o treinamento podem levar à delegação de rotinas.

A partir da padronização, definem-se os objetivos da área da gerência e da execução, que são:

- A função do executor é executar a tarefa da maneira padronizada e sugerir melhorias.

- A função do gerente é criar o padrão, treinar, delegar ao executor a função e monitorar o processo, através de itens de controle – e então planejar melhorias.

- O gerente que não tem tempo de parar para pensar, por estar envolvido com a execução da rotina, não está cumprindo sua função.

Normalmente, dissemina-se o domínio tecnológico dos processos, assim definido:

- Ser capaz de estabelecer sistemas (incluir e projetar produtos e processos, *hardware*, *software* etc.).

- Assegurar-se, por monitoramento (auditoria técnica), de que o que está sendo executado pelas pessoas corresponde ao que está registrado no sistema.

- Assegurar a obtenção dos objetivos (qualidade, custo, atendimento, moral, segurança).

- Ser capaz de analisar o sistema, para garantir o atendimento de suas metas (controle de qualidade).

O método de padronização deve seguir os seguintes preceitos:

1. **Especialização:** escolha do sistema a ser padronizado e verificação de sua aplicabilidade e sua repetibilidade. Deve atender sempre e de maneira rigorosa aos preceitos técnicos, éticos e legais.

2. **Simplificação:** redução do número de componentes, diminuindo custos.

3. **Redação:** em linguagem que as pessoas entendam, inclusive coloquial.

4. **Comunicação:** conversar com todas as pessoas envolvidas.

5. **Educação e treinamento:** conseguir que as pessoas façam aquilo que tem de ser feito e sempre da mesma maneira.

6. **Verificação de conformidade aos padrões:** o supervisor audita o trabalho do operador e o ensina. Atender aos requisitos da qualidade e do cliente.

São critérios perseguidos na padronização:

1. **Qualidade intrínseca:** processo de trabalho com evidências científicas de oferecer mais benefício disponível ao cliente.

2. **Custo:** o mais baixo custo possível para a execução desse processo.

3. **Atendimento:** a entrega do produto certo para a pessoa certa, na quantidade certa e na hora certa.

4. **Moral:** nível de conforto e harmonia interpessoal no desenvolvimento do trabalho.

5. **Segurança:** utilizar processo seguro para o cliente, o trabalhador e toda a sociedade.

Exemplos Práticos de Procedimento Operacional Padrão

Exemplo de esqueleto para o protocolo de descrição do POP:

Procedimento Operacional
Padrão

PROCEDIMENTO OPERACIONAL Nº	VERSÃO: 01	
TÍTULO:	ELABORADO POR:	DATA:
RESPONSÁVEL:	APROVADO POR:	DATA:

1) objetivo (descrever o que se pretende com a utilização desse procedimento);

2) aplicação (descrever a que área se aplica tal documento);

3) definições (descrever as definições dos termos menos conhecidos e mais importantes no procedimento);

4) amostras (descrever o tipo e a quantidade da amostra necessária para realização do exame ou procedimento);

5) materiais empregados (descrever os materiais necessários para a realização do exame ou procedimento);

6) metodologia (descrever qual a metodologia técnica com adequação técnica, ética e jurídica desse procedimento);

7) procedimento técnico (descrever o passo a passo da realização do procedimento);

8) calibração e controle de qualidade (descrever como se calibram instrumentos/equipamentos e pessoas e como se controla a qualidade do exame ou procedimento);

9) critério para liberação de resultado (descrever quais os pontos críticos que devem ser avaliados e verificados antes da finalização do exame ou procedimento – *check out*);

10) interpretação (descrever de que modo se interpreta o resultado final, se possível com valores ou dados de referência, isto é, uma espécie de conclusão sucinta do laudo);

11) apêndices (inserir figuras, esquemas, gráficos e modelos de formulários que devem ser preenchidos);

12) referências (descrever a referência bibliográfica que suporta esse procedimento, de acordo com a norma ABNT).

Ações Corretivas:

Aprovação:

| Executor | Executor | Executor | Chefia | Chefia |

Exemplo 1

- *Padrão nº 01; estabelecido em:* 05/01/05; *revisado em:* 10/06/05.

- *Número da revisão:* 01; *nome da tarefa:* limpeza do chão do necrotério; responsável: faxineira.

- *Material necessário:* carrinho, vassoura, rodo, baldes, sacos plásticos, máquina de lavar piso, toalha de papel, pano de chão, mangueira plástica, EPI, hipoclorito de sódio a 1% ou quaternário de amônio a 0,03%.

- *Atividades críticas:* limpar duas vezes ao dia, uma no período da manhã e uma no período da tarde, ou de acordo com a necessidade, sem interferir nas atividades do necrotério.

- *Manuseio do material:* usando EPI, distribuir a água no piso, esfregar com máquina de lavar piso, enxaguar, repetir a operação com água e sabão em pó, enxaguar, repetir a operação com hipoclorito de sódio a 0,1% e aguardar 10 minutos. Esfregar os cantos com a vassoura, enxaguar usando mangueira até retirar os resíduos, passar o rodo e secar com pano.

- *Resultados esperados:* chão limpo, desinfetado e seco com o mínimo de esforço, economia de material e em menos tempo possível.

- *Ações corretivas:* na falta de hipoclorito de sódio, usar quaternário de amônio a 0,03%.

Aprovação:

| Executor | Executor | Executor | Chefia | Chefia |

Exemplo 2

Número: OL-2	DATA: 15/09/2007	VERSÃO: 03
TÍTULO: POP PARA EXAME DE IDENTIFICAÇÃO DE CADÁVER DESCONHECIDO, PELO MÉTODO ODONTOLÓGICO			
Responsável: Perito Odontolegista	Aprovado por: Equipe	Data: 01/08/08
Elaboração: Fernanda e Adriana Revisado: Richard e Rodrigo		

1. OBJETIVO

Realizar exame odontológico no IML-BH, pelo método odontológico e de maneira padronizada, nos casos de identificação criminal de cadáveres que derem entrada com a classificação "identificação desconhecida".

2. APLICAÇÃO

Aplica-se à sala de exames no morto, do IML-BH (necrotério), e à sala de exames da Seção de Odontologia Legal.

3. DEFINIÇÕES

Nomenclatura padrão:

Ag	Restauração em amálgama
Ax	Ausente por extração em vida
Ai	Ausente por causa indeterminada
Am	Ausente por manuseio
C	Cariado
Co	Coroa protética
Cr	Curativo
De	Desgaste (abrasão, erosão, atrição)
Fc	Fratura de coroa
Fr	Fratura de raiz
H	hígido
In	Incluso
Nu	Núcleo metálico fundido
Pc	Preparo cavitário
Pt	Perda de tecido de sustentação
Pf	Prótese fixa
Pr	Restauração provisória
Rr	Remanescente radicular
Re	Restauração estética
Rm	Restauração metálica fundida
Se	Selante
Si	Semi-incluso
Te	Tratamento endodôntico

4. AMOSTRAS

Cadáver com entrada no IML-BH, classificado como desconhecido e não reconhecido 24 horas depois.

5. MATERIAIS

Sala com iluminação e ventilação adequadas do tipo necrotério, instrumentais clínicos odontológicos básicos (espelho, sonda, pinça clínica, afastador de tecidos moles, rugina, tesoura cirúrgica, cabo com lâmina de bisturi), câmera fotográfica digital, equipamento de proteção individual (avental, gorro, máscara, luvas, bota, óculos de proteção), sabonete líquido, toalha de papel, equipamento de informática – monitor, teclado, HD, impressora, escâner, sistema de informática próprio para uso da Odontologia Legal.

6. METODOLOGIA

Exame de identificação pelo método odontológico, de maneira padronizada e de acordo com a literatura odontolegal atual.

7. PROCEDIMENTO TÉCNICO

Após exame médico de necropsia e identificação do cadáver, passa-se à identificação odontológica. Entre os dados que mostram o exame odontológico, figuram:

- Espécie.
- Idade.
- Individualidade.

Deve-se possuir, previamente, arquivo odontológico (prontuário ou outro documento de valor odontolegal) para estabelecer comparativo de características para a identidade individual.

O perito deve avaliar com cuidado os pontos de coincidência e discordância que não sejam incompatíveis para estabelecer a identidade do sujeito. Realiza-se a comparação dos dados e elementos técnicos *ante mortem* com os *post mortem*. Para tanto, deve-se:

- Solicitar a documentação odontológica (prontuário odontológico, exames complementares como radiografias, modelos de gesso ou fotografias) aos familiares do suposto.
- Receber a documentação odontológica por ofício, ou dos familiares; quando fornecida pelos familiares, colher recibo.
- Após escanear toda a documentação recebida dos familiares do suposto, devolvê-la, registrando no livro de protocolo, ou devolvê-la por ofício à DELPD.
- Confrontar com as informações já registradas no laudo odontolegal do morto, cadastrado no sistema de informática.
- Elaborar o laudo de identificação positiva, negativa ou prejudicada.
- Entregar duas vias para o Serviço de Assistência Social, sendo uma para ser entregue à família e outra para ser arquivada junto ao laudo de necropsia.
- Arquivar outra via no setor de Odontologia Legal, em arquivo próprio.
- Arquivar os dados em meio eletrônico, para possibilitar possíveis buscas de desconhecidos.

8. CALIBRAÇÃO E CONTROLE DE QUALIDADE

- **Calibração:** aplicação adequada da metodologia, como estabelecido na literatura.

- **Controle da qualidade:** conferência pelo segundo signatário do laudo.

9. Critério para liberação de resultado

- Verificar se todos os passos da metodologia foram analisados e seguidos.
- Checar se foi efetuado o registro no arquivo próprio de entrada de exames no morto.
- Garantir a inserção dos dados odontológicos no sistema de informática de Odontologia Legal.

10. Interpretação

Identificação positiva, negativa ou prejudicada de cadáveres desconhecidos.

Apêndice D

Laudo de identificação pelo método odontológico.

Apêndice E

Exame odontolegal do desconhecido.

Exemplo 3

Outro exemplo, para outras áreas do IML, como o modelo da área de Laboratório, descrito a seguir:

Número:	DATA:	VERSÃO:
TÍTULO: DETECÇÃO E IDENTIFICAÇÃO DE ORGÂNICOS FIXOS EM EXTRATOS		
Responsável: Perito	Aprovado por:	Data:
Elaborado por: Marco e Silberto		

1. Conceito

A *detecção* refere-se ao conjunto de procedimentos analíticos utilizados para fazer a triagem dos exames, estabelecendo, muitas vezes, os que apresentam resultado "positivo" ou resultado "não detectado". Os de resultado "positivo" são submetidos a outro conjunto de procedimentos analíticos, para *identificar* a substância detectada. Os *orgânicos fixos* se referem aos princípios ativos e metabólitos de drogas de abuso, medicamentos e praguicidas.

2. Objetivo

Padronizar o conjunto de procedimentos usados para detecção e identificação de orgânicos fixos nos extratos de sangue, urina e vísceras.

3. Aplicação

Aplica-se ao Laboratório de Toxicologia.

4. Definições

- **ÉTER I:** extrato obtido em pH entre 3 e 4, de onde são extraídas drogas de caráter ácido.

- **ÉTER II:** extrato obtido em pH entre 8 e 9, de onde são extraídas drogas de caráter básico.
- **NEP:** extrato obtido usando éter de petróleo e isopropanol como solventes.
- **NC:** extrato obtido usando clorofórmio como solvente.

5. Materiais

- Extratos ÉTER I, ÉTER II, NEP e NC
- Padrões de medicamentos
- Padrões de drogas de abuso
- Padrões de praguicidas
- Capilares
- Solução de éter etílico: clorofórmio (1:2)
- Acetona
- Pipetas (volumétricas, graduadas e automáticas), béqueres e provetas
- Papel de filtro
- Placas escavadas
- Secador
- Placas cromatográficas
- Cubas cromatográficas
- Fases móveis
- Câmara com lâmpada de luz ultravioleta
- Reveladores e aspersor
- Frascos conta-gotas
- Bomba de vácuo
- Capela de exaustão
- Estufa
- Espectrofotômetro
- Soluções de HC1 e de NaOH a 0,1 mol/L
- Cubetas de quartzo para espectrofotômetro
- Computadores
- Impressoras
- Livros, *softwares* e outras fontes para comparação de resultados obtidos

A preparação dos reveladores está descrita no POA *"Preparo de reagentes"*. Os reagentes devem ser de grau analítico (P.A.).

6. Descrições

6.1. Detecção (TRIAGEM)

- Ressuspender extratos em pequeno volume de acetona, solução de éter: clorofórmio ou outro solvente orgânico (conforme o caso).
- Aplicar extratos em placa cromatográfica, filtro de papel e/ou placa escavada, de acordo com a pesquisa que será procedida. Fica a critério do perito responsável pelo exame o melhor procedimento a ser seguido, de acordo com o caso específico de cada exame.

Diferentes pesquisas devem ser realizadas em cada tipo de extrato, conforme o grupo de medicamentos, drogas ou praguicidas que nele é extraído, preferencialmente. As pesquisas de rotina são listadas abaixo:

– pesquisa de carbamatos;

– pesquisa de fosforados;

– pesquisa de cumarínicos;

– pesquisa de clorados;

– pesquisa de clorofosforados;

– pesquisa de aminas (o que inclui alcaloides e a grande maioria dos medicamentos);

– pesquisa de aminas aromáticas;

– pesquisa de derivados do ácido malonil-ureia (o que inclui os barbitúricos);

– pesquisa de fenotiazinas;

– pesquisa de benzodiazepínicos;

A aplicação de vários exames em uma mesma placa deve seguir ordem crescente do número dos exames, devendo-se identificar, previamente e na placa, os pontos de aplicação dos respectivos exames.

6.1.1. Filtro de Papel

a) Usando um capilar, aplicar separadamente os extratos em tiras de filtro de papel. Secar completamente.

b) Com o auxílio de um conta-gotas, aplicar os reveladores cabíveis próximo ao ponto de aplicação da amostra.

c) Observar alterações pertinentes e anotar resultados e impressões diagnósticas nas respectivas fichas de exame.

6.1.2. Placa Escavada

a) Utilizando um capilar, transferir alíquotas dos extratos para os poços de uma placa escavada. Secar completamente.

b) Com o auxílio de um conta-gotas, aplicar os reagentes cabíveis nos poços da placa, contendo amostras.

c) Aguardar o tempo necessário para que ocorram as reações e observar alterações pertinentes, anotando os resultados e as impressões diagnósticas nas respectivas fichas de exame.

6.1.3. Cromatografia em Camada Delgada

a) Em uma placa cromatográfica previamente ativada em estufa, aplicar alíquotas dos extratos e dos padrões pertinentes à pesquisa a ser procedida, em diferentes pontos da placa cromatográfica, ficando todos eles à mesma distância (cerca de 2 cm) da base da placa. Secar completamente.

b) Transferir a placa para o interior da cuba cromatográfica previamente saturada com a fase móvel adequada. Deixar fase móvel subir pela placa até a dis-tância necessária (de 10 a 15 cm), retirando a placa, em seguida, do interior da cuba. Deixar a placa secar. Realizar esses procedimentos, preferencialmente, em capela de exaustão.

c) Colocar a placa seca na capela de exaustão e borrifar sobre ela os reveladores específicos para cada tipo de pesquisa. Alguns tipos de pesquisa exigem também etapas de aquecimento em estufa, submissão da placa a vapores reativos (p. ex., NH_3 e I_2) ou exposição à luz ultravioleta (UV).

d) Anotar, na ficha dos respectivos exames, as alterações observadas nas sucessivas etapas de revelação, bem como as impressões diagnósticas.

6.2. Identificação

• Ressuspender extratos em pequeno volume de acetona, solução de éter, clorofórmio ou outro solvente orgânico (conforme o caso).

• Fica a critério do perito responsável pelo exame o melhor procedimento a ser seguido, de acordo com o caso específico de cada exame e com os resultados obtidos na triagem.

6.2.1. Cromatografia em Camada Delgada

a) Proceder como acima, porém escolhendo os padrões a serem aplicados, de acordo com a suspeita e a impressão diagnóstica da triagem de cada exame.

b) Verificar se o RF da amostra permanece coincidindo com o RF de um dos padrões, mesmo quando se usam fases móveis diferentes. Verificar também se a variação de coloração na amostra, ao longo das revelações, acompanha a variação de cores do mesmo padrão.

c) Anotar na ficha de cada exame os resultados obtidos e outras observações pertinentes (p. ex., manchas em arraste, compatíveis com putrefação e extrato gorduroso, dificultando avaliação de RF).

6.2.2. Fluorescência/Fosforescência sob UV

a) Quando existir suspeita de que uma substância específica apresenta fluorescência ou fosforescência sob luz UV (p. ex., cumarínicos), observar a placa cromatográfica em uma câmara, com luz UV, com amostras e padrões já corridos. Observar se há fluorescência/fosforescência da amostra e se esta coincide em RF com a fluorescência/fosforescência do padrão.

b) Anotar resultados na ficha de cada exame.

6.2.3. Espectro UV-Visível

a) Ressuspender uma alíquota de um extrato em um solvente apropriado (p. ex., metanol, clorofórmio, solução de HCl, solução de NaOH). A escolha do solvente apropriado deverá levar em consideração a solubilidade e as propriedades absortivas das substâncias suspeitas de estarem presentes na amostra.

b) Homogeneizar e fazer leitura de 200 a 400 nm no espectrofotômetro UV-visível. Se a solução com a amostra for colorida, fazer a leitura de 200 a 800 nm.

c) Comparar os picos e o perfil do espectro de absorção, obtido em um dado solvente, com os espectros de substâncias conhecidas, disponíveis nos bancos de dados do laboratório (livros, CDs, catálogos etc.). Ao fazer a comparação, avaliar possíveis interferências (p. ex., presença de mais de uma substância, deslocamento de picos em função do pH, ou da presença de outras espécies absorventes, mudanças do perfil do espectro de acordo com a concentração do analito etc.).

d) Anotar os resultados nas fichas de cada exame.

e) Efetuar nova cromatografia em camada delgada, se os espectros sugerirem a presença de substâncias ainda não avaliadas.

6.2.4. Reações colorimétricas

a) Proceder às reações colorimétricas disponíveis no laboratório para a substância ou grupo de substâncias supostamente presentes na amostra.

b) Anotar os resultados nas fichas de cada exame.

6.2.5. Cromatografia líquida de alta eficiência, cromatografia gasosa e cromatografia gasosa acoplada à espectrometria de massas

Proceder de acordo com os POP dos respectivos equipamentos.

7. Apêndices

Não se aplicam.

Procedimentos para padronização da área de trabalho

Para a devida instituição da padronização, é recomendada a adoção da seguinte sequência (Campos 1999): clima para padronização → preparação das pessoas → estabelecimento do sistema de padronização → organização → planejamento do estabelecimento dos padrões da empresa → preparação das propostas dos padrões → deliberação e decisão dos padrões → edição dos padrões → distribuição e arquivamento → condução do trabalho de acordo com os padrões.

Para a obtenção de um Manual de Procedimentos Operacionais da área de trabalho recomenda-se, portanto, o seguinte planejamento das ações:

1. PLANEJAMENTO		
1.1 Aplicação: Todos os setores do IML	1.2 Data: início 27/07/07	1.3 Versão: final 15/09/07
1.4 Título: Padronização dos Procedimentos Operacionais (POP) do IML.		
1.5 Responsável pela comissão: Líderes de comitês setoriais:		

2. PROPOSTA DE MELHORIA
2.1 Situação atual: Ausência dos POP (formalização das rotinas dos processos de trabalho) e de indicadores da qualidade e produtividade.
2.2 Situação proposta • Constituição da Comissão de Gestão da Qualidade (CGQ) do IML; • Mapeamento dos processos de todas as áreas do IML; • Revisão de todos os procedimentos operacionais; • Treinamento dos envolvidos para a realização das tarefas.
2.3 Resultados esperados: • Conscientizar o funcionário com a real noção de seu papel no todo e sua responsabilidade na composição do produto ou serviço final; • Levar até o executor das atividades as características da qualidade que o cliente final deseja; • Registrar as tecnologias do IML-BH, ou seja, documentar o conjunto dos procedimentos, materiais, pessoas envolvidas, máquinas e equipamentos e medidas necessárias para chegar ao produto final; • Facilitar o domínio e a transferência de tecnologia, ao longo do tempo, para os atuais e novos funcionários, por meio de treinamentos; • Estabilizar os resultados do processo de trabalho em nível de excelência, minimizando as variações em seus diversos componentes; • Ter o domínio tecnológico formalizado das atividades, difundindo-o pela instituição; • Transferir para o executor a responsabilidade pelo gerenciamento de seu processo, liberando as chefias para outras atividades de cunho administrativo, político ou conceitual; • Aumentar a eficácia e eficiência do sistema, atendendo aos requisitos especificados pelos clientes internos e externos; • Encaminhar às instâncias superiores para provisão de recursos necessários.

3. PLANO DE AÇÃO				
Ações	**Responsável(eis)**	**Prazo**	**Conclusão**	**Resultado**
Deliberar, politicamente, sobre o início do mapeamento de processos e padronização dos trabalhos do IML	Diretoria			
Formular os grupos de trabalho de acordo com o organograma para o IML-BH	Diretoria			
Definir o líder de cada grupo	Diretoria			
Promover reunião com os líderes setoriais, para a formulação de políticas e estratégias, visando à obtenção das metas estabelecidas pela Diretoria	Diretoria e CGQ			
Delegar responsabilidade aos grupos e aos respectivos líderes, por comunicado oficial	Diretoria			
Ministrar palestra de sensibilização teórica e capacitação mínima dos envolvidos no processo	CGQ			
Formular cronograma de reuniões	Líder dos comitês			
Formular os modelos de POP e POA do IML-BH	Diretoria e CGQ			
Redigir os procedimentos, de acordo com os padrões estabelecidos	Líder do grupo			
Revisar os procedimentos escritos pelos grupos	CGQ e Diretoria			
Aprovar procedimentos finalizados	Diretoria, CGQ			
Revisar a ortografia e editorar	Revisor			
Editar o manual da qualidade	Editora			
Realizar e evidenciar o treinamento dos funcionários nos procedimentos estabelecidos	Líderes setoriais			
Estabelecer um grupo responsável pelo controle de treinamento e da versão dos documentos	CGQ			
Revisar procedimentos operacionais padrões (2ª versão)	CGQ e Diretoria			

3.1 Prazo final para implantação do processo: _____/_____/_____

3.2 Aprovação:
[ ] Aprovado [ ] Não Aprovado
Diretor: _____ Data:_____/_____/_____

[ ] Aprovado [ ] Não Aprovado
Superintendência de P.T.C.: _____ Data:_____/_____/_____
Obs.:

Grupos da qualidade e padronização

Em qualquer instituição deve haver lugar para o debate, onde se apresentem os argumentos e se negociem os termos que estão presentes nos POP. Para isso, a técnica da qualidade admite sempre a formação do que se denomina grupos da qualidade. Nestes, os integrantes têm a oportunidade de aprender e ensinar aos executores e é realizada a redação dos POP. Esse é o foro adequado para a apresentação de todos os argumentos cabíveis em nível técnico, ético e legal. Para o estudo e aprofundamento teórico a respeito da técnica da qualidade costuma-se eleger uma obra, considerada própria para a atividade principal da instituição e que será estudada em conjunto, obedecendo o seguinte critério:

- Forme um grupo com 6 pessoas (no mínimo 4).

- Faça um encontro de 2 horas por semana, sempre nos mesmos dia e hora.
- A sala de reunião tem transparências ou montagem tipo *power-point* de todas as figuras demonstrativas do texto.
- Todos estudam o capítulo do livro-texto. Na reunião é sorteado um componente para expor o tema.
- Caso o apresentador não tenha estudado, a reunião é desfeita.
- Após o sorteio, o nome volta para a caixa com os outros nomes.

▶ MAPEAMENTO DE PROCESSOS

O processo organizacional pode ser definido como o conjunto de atividades relacionadas com o objetivo de entregar, ao cliente, um produto ou um serviço (seja ele interno ou externo). Para a gestão eficiente de processos é preciso ter uma visão sistêmica da organização, porque os processos não estão isolados, mas interagem fortemente entre si.

Na visão dos processos, as unidades de funcionamento de um órgão, ou instituições, funcionam como miniempresas que oferecem produtos ou serviços. Eles são realizados com o fim de atender a um cliente, seja ele interno ou externo. Denomina-se, portanto, cliente aquele real interessado final no produto ou serviço. É ele, inclusive, quem especifica as qualidades ou atributos (alguns as denominam atributos) que devem estar contidos nos resultados finais dos processos de trabalho. Portanto, todo o fluxo do trabalho é realizado para atender aos clientes internos que, por sua vez, atendem ao cliente externo.

Poderíamos representar esquematicamente da seguinte maneira:

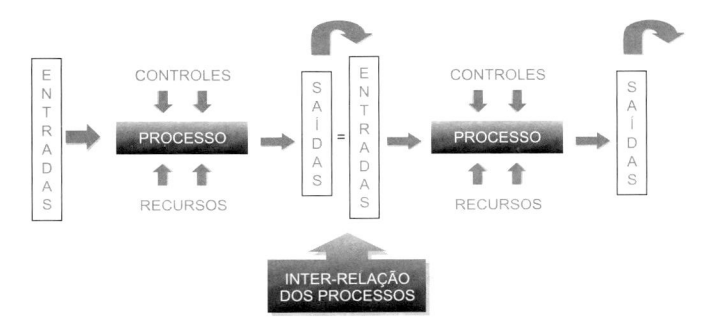

Definições de Processo

- Ordenação específica de trabalho no tempo e no espaço, com começo, fim, entradas e saídas claramente identificados (Davenport, 1994).

- Conjunto de atividades inter-relacionadas, ou interativas, que transformam insumos (entradas) em serviços (saídas) – NBR-ISO 9000:2000.

- Grupo de tarefas interligadas logicamente, que utilizam recursos da organização para gerar resultados definidos, de modo a apoiar seus objetivos (Harrington, 1993).

Podemos destacar as seguintes características:

- A entrada deve ser limitada a *itens consumidos* e não deve incluir equipamentos, instalações ou infraestrutura permanente, que são *recursos*.

- Compreender o fluxo e a variação no trabalho, ao longo do tempo. Itens que são permanentes tornam-se *parte* do processo e não são caracterizados como entradas.

- Itens consumidos podem ser materiais ou informações.

- As saídas (entrada dos processos subsequentes) devem atender aos requisitos especificados pelo cliente (atributos), que devem ser definidos de maneira específica e objetiva.

Podem ser assim classificados:

- **Centrais ou primários:** são os que produzem valor para o cliente externo.

- **Suporte ou de apoio:** fornecem recursos vitais ou entradas para atividades de valor.

- **Gerenciais:** aqueles que existem para coordenar as atividades de apoio e os processos centrais.

- **Atividades:** são ações que ocorrem dentro do processo ou subprocesso. São desempenhadas por uma unidade (pessoa ou departamento) para produzir um resultado particular. Representam a maior parte do fluxograma.

- **Tarefa:** é a parte específica do trabalho, ou melhor, o menor microenfoque do processo, podendo ser o único elemento e/ou um subconjunto de uma atividade.

Exemplos:

- **Central:** inquérito policial.

- **Suporte ou de apoio:** perícias criminais, médicos legistas, perícias odontolegais (que compõem as provas objetivas) e investigação policial (provas subjetivas).

- **Gerenciais:** transporte e logística, gestão de pessoas, gestão de materiais, equipamentos e infraestrutura.

- **Atividades:** necropsia, exame de sangue.

- **Tarefa:** radiografia, coleta de exame, digitação.

- **Clientes internos:** médico legista, odontolegista, perito criminal, delegado de Polícia, Judiciário, Ministério Público etc.

- **Clientes externos:** a sociedade.

Atributos da qualidade perseguidos no trabalho de mapeamento de processos:

1. **Efetividade:** que produz um efeito real, permanente, fixo e de acordo com as necessidades do cliente final.

2. **Eficiência:** emprego de recursos como máquinas e equipamentos, mão de obra, meio ambiente, materiais, métodos de trabalho e mensurações, o mais racionalmente possível.

3. **Otimização:** uso racional dos recursos na medida da necessidade.

4. **Aceitabilidade:** ser científico, idôneo, apresentável, compreensível.

5. **Legitimidade:** atender aos preceitos éticos e legais.

6. **Equidade:** ser justo, respeitar e atender aos direitos de cada um.

MEDIDAS: INDICADORES DE DESEMPENHO

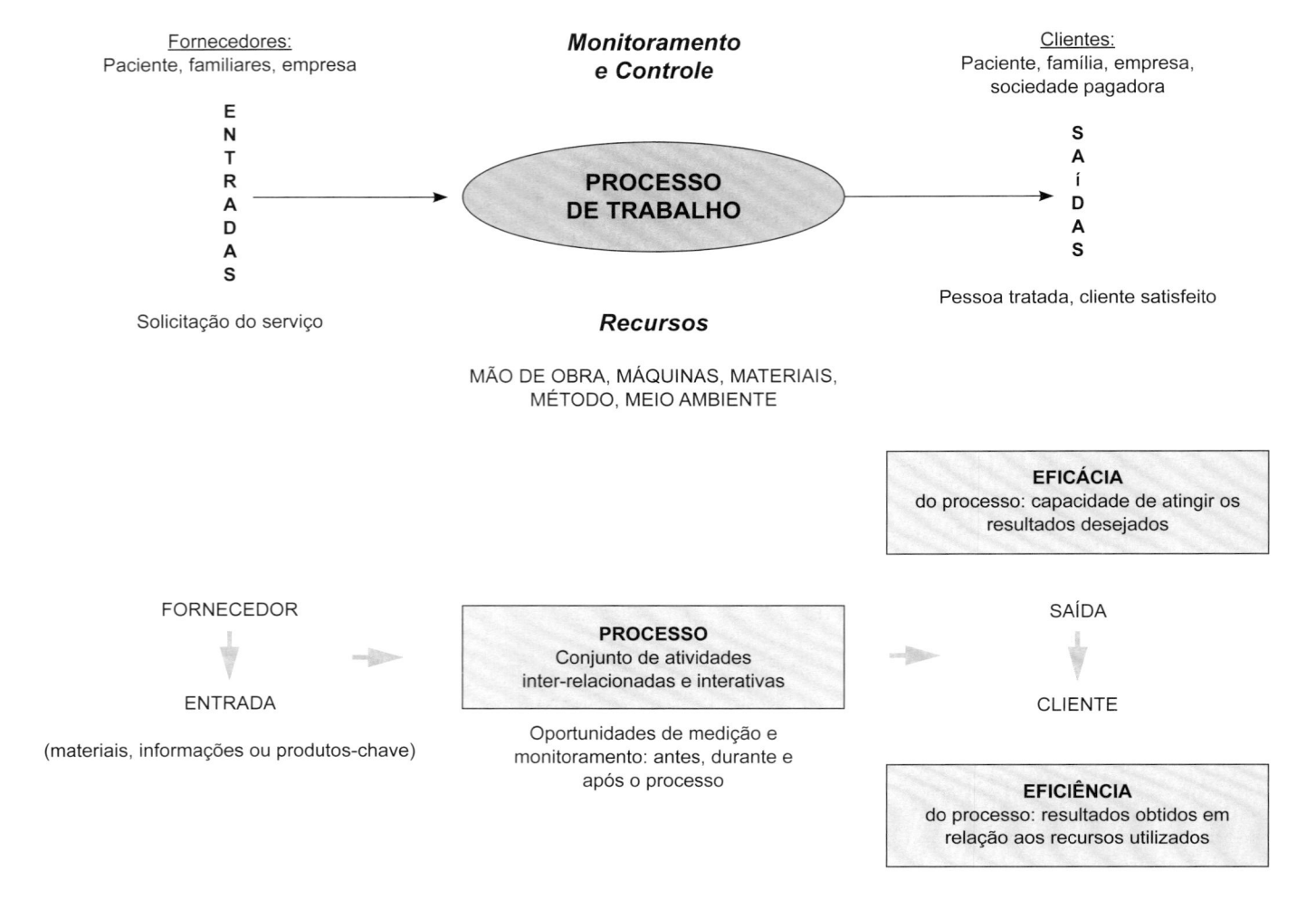

▶ SISTEMA DE GESTÃO DA QUALIDADE – SGQ

Cada vez mais, empresas de portes diversos investem quantias significativas em seus Sistemas de Gestão da Qualidade, seja pela provisão de treinamentos, seja pela implantação de diferentes certificações da qualidade, como as das normas ISO, entre outras.

Assim, é de se esperar que essas organizações estejam preocupadas com a manutenção e a atualização de suas práticas relacionadas com a gestão da qualidade. Buscam, assim, obter retorno duradouro do investimento feito, por meio da manutenção e aprimoramento da qualidade de seus produtos e/ou serviços e, em última análise, mediante a satisfação de seus clientes.

O interesse mundial relativo à gestão da qualidade tem sido crescente nas últimas décadas. Esse fato está associado às profundas transformações no cenário econômico, político e social, que ocasionaram uma necessidade de reavaliação e questionamento da postura empresarial adotada (Paula & Melhado, 2005).[6]

Um Passo de Cada Vez

Deve-se estabelecer, inicialmente, a relação entre os elementos abordados neste capítulo: tratamento de não conformidades, ações corretivas, ações preventivas, ciclo PDCA e ferramentas da qualidade. Para tanto, cada item será conceituado e descrito nas seções que se seguem.

O Tratamento de Não Conformidades como Ferramenta de Melhoria

Segundo a Associação Brasileira de Normas Técnicas (ABNT), *conformidade* é o atendimento a um requisito (NBR ISO 9000:2005[7], citada por Bureau Veritas do Brasil, 2006). Desse modo, um produto ou um processo conforme é aquele que atende integralmente às exigências estabelecidas para sua realização, cumprindo com suas especificações (Comunidade Politec, 2005).[8]

---

[6]http://publicacoes.pcc.usp.br/PDF2005/BT395-%20dePaula.pdf

[7]NBR ISO 9000:2005: Sistema de gestão da qualidade – Fundamentos e vocabulário.

[8]http://www.pmigo.org.br/boletins_qualidade/boletim_139.pdf

Logo, é possível afirmar que *não conformidade* é o não atendimento a um requisito. De maneira mais ampla, consiste em qualquer defeito de um item quanto aos requisitos especificados; é qualquer falha em atender às necessidades ou expectativas do cliente; é o estado ou condição de um sistema, processo, produto ou serviço em que há uma ou mais características divergentes ou irregulares com a especificação ou outro padrão de desempenho/inspeção; inclui, também, situações indesejadas e quebras da harmonia organizacional (Comunidade Politec, 2004b). [9]

Segundo Campos (2002, p. 62),

uma anomalia é uma não conformidade. É tudo que for "diferente" do usual ou for anormal. Pode ser um problema com o produto, um ponto fora dos limites do gráfico, um barulho estranho no equipamento, uma rugosidade não usual num componente, uma reclamação do cliente etc.

Desse modo, qualquer não conformidade está relacionada com a situação indesejada, incorreta e prejudicial, devendo sua causa ser sanada rapidamente (*Ação Corretiva*). Muitas vezes, porém, não é possível identificar rápida e imediatamente a(s) causa(s) da não conformidade, sendo necessário investigá-la(s) primeiro. Contudo, enquanto as investigações são realizadas, ações de contenção devem ser implementadas, com o objetivo de resolver o problema ocorrido, ou seja, deve-se proceder o quanto antes, à *correção* da não conformidade.

Assim, entende-se por Ação Corretiva a ação realizada para eliminar a causa de uma não conformidade identificada ou outra situação indesejável. Compreende o conjunto de medidas para identificar e eliminar as causas em sua gênese e equacionar todos os problemas relacionados com sua origem, ao passo que Correção é a ação realizada para eliminar a não conformidade, para corrigir uma falha, um defeito, uma irregularidade detectada em um produto ou outra situação indesejada. Pode ser, por exemplo, um retrabalho, um conserto etc. (Comunidade Politec, 2004). [10]

Pelo que foi exposto, é possível observar a relevância de se tratar as não conformidades por meio de Ações Corretivas adequadas, cujo foco está na origem, no fato gerador do problema, o que é de fundamental importância, por prevenir a recorrência da situação indesejada. Além disso, as ações de Correção, por sua vez, ainda que sejam de simples execução, sempre implicam retrabalho e perda de tempo, significando aumento de custo do produto ou serviço (Comunidade Politec, 2004b). [11]

Deve-se atentar para o fato de que, muitas vezes, uma não conformidade aparentemente pouco complexa e menor pode se agravar, tornando-se de difícil solução (Horta, 2003). Por este motivo, mais que Ações Corretivas adequadas, devem as empresas preocupar-

se em instituir Ações Preventivas com o objetivo de eliminar as causas das não conformidades potenciais, que são aquelas situações que representam "risco iminente".

É muito importante compreender que as Ações Preventivas destinam-se a evitar as não conformidades *nunca* antes ocorridas, ao passo que as Ações Corretivas destinam-se a solucionar as causas das não conformidades identificadas, com o objetivo de se *evitar sua repetição*. Assim, a constituição de um bom sistema de Ações Preventivas é tão importante quanto o de Ações Corretivas, pois ambos proporcionarão o adequado tratamento das não conformidades como um todo, contribuindo para a manutenção do SGQ.

Além da manutenção do SGQ, o tratamento de não conformidades deve ser utilizado como ferramenta de melhoria, pois "[...] o aperfeiçoamento será atingido com a correção de falhas, erros e imperfeições na medida em que as não conformidades sistêmicas, *reais* e *potenciais*, forem corrigidas e prevenidas" (Comunidade Politec, 2002, p. 1, grifo nosso). [12]

Ainda de acordo com a Norma NBR ISO 9004:2000 [13] (citada por Comunidade Politec, 2004b, p. 2, grifo nosso), [14]

[...] convém que o planejamento das ações corretivas inclua a avaliação da importância dos problemas e considere a influência potencial em aspectos como custos operacionais, custos de não conformidades, desempenho do produto, segurança e garantia e funcionamento e satisfação dos clientes e outras partes interessadas. [...] **Também é conveniente que sejam enfatizadas a eficiência e a eficácia dos processos, quando ações são tomadas, e que essas ações sejam monitoradas para assegurar que as metas desejadas sejam cumpridas.**

Portanto, é possível compreender que o sistema apropriado para o tratamento de não conformidades é de suma importância para o Ciclo de Melhorias, porque permite manter e melhorar os processos. Manter na medida em que, "vigilante", permite identificar e tratar os desvios reais e potenciais e melhorar na medida em que permite a extrapolação da análise do problema por meio da reflexão quanto a sua abrangência e quanto ao sucesso, ou não, das ações tomadas.

Gestão e Tratamento de Dados para Análise de Não Conformidades

Pelo que foi descrito na seção anterior, é possível entender a importância de uma boa gestão do processo de tratamento de não conformidades reais e potenciais.

Para isso, as empresas utilizam métodos gerenciais que visam sistematizar as ações de maneira coerente e organizada, com o objetivo de facilitar e melhorar a análise do processo em foco e, consequentemente, a tomada de decisões. Entre esses métodos de gestão de processos está

---

[9] http://www.pmigo.org.br/boletins_qualidade/boletim_075.pdf
[10] http://www.pmigo.org.br/boletins_qualidade/boletim_075.pdf
[11] http://www.pmigo.org.br/boletins_qualidade/boletim_075.pdf

[12] http://www.pmigo.org.br/boletins – qualidade/boletim_005.pdf
[13] NBR ISO 9004: 2000 – 8.5.2.
[14] http://www.pmigo.org.br/boletins_qualidade/boletim_075.pdf

o *PDCA*, que foi o método escolhido para este capítulo em virtude de sua ampla divulgação e por ser considerado de fácil compreensão (Andrade, 2003).

Além disso, até mesmo a Norma ISO 9001:2000 recomenda o PDCA para a gestão de todos os processos, estabelecendo ainda que,

> *a organização deve* **determinar, coletar e analisar dados apropriados** *para demonstrar a adequação e eficácia do sistema de gestão da qualidade e para avaliar onde melhorias contínuas da eficácia do sistema de gestão da qualidade podem ser realizadas.* **Isso deve incluir dados gerados como resultado do monitoramento e das medições e de outras fontes pertinentes** *(NBR ISO 9001, dez. 2000, p.11, grifo nosso).*

Além de bons métodos de gestão, as empresas também podem lançar mão de Ferramentas da Qualidade, com o objetivo de coletar e analisar adequadamente os dados necessários para alimentar o método de gestão escolhido.

Nas seções seguintes serão detalhados o método de gestão PDCA e algumas das Ferramentas da Qualidade mais relevantes, com o objetivo de analisá-las comparativamente com as práticas da DiaMed Latino América S.A.

▶ GESTÃO DA QUALIDADE

O Método PDCA

Definições

Foi mencionado anteriormente que as letras que formam o nome do método PDCA vêm do inglês: *plan, do, check, act* e significam planejar, executar, verificar e atuar, correspondendo aos passos básicos de execução (já citado em Andrade, 2003).

Diferentes autores trazem definições diversas para o método PDCA, sendo muitas vezes a mesma definição, apenas descrita de diferentes maneiras, como *método de resolução de problemas* (Faesarella *et al.*[15] – citados por Gerolamo, Carpinetti & Esposto, 2002; Shiba *et al.*[16] – citados por Gerolamo, 2003; Campos, 2002); *ferramenta que orienta a sequência de atividades para se gerenciar* (Moura[17] – citado por Andrade, 2003) ou, ainda, *método gerencial de tomada de decisões* (Werkema, 1995).

Campos (2002) atribui ao PDCA definições diversas, conforme a situação, tais como método de controle de processos ou método para o controle estatístico de processos (CEP), caminho para se atingirem as metas e também método de solução de problemas.

Muitos autores, como Brocka & Brocka (1994), Cabral (2002) e Pinto, Carvalho & Ho (2006), não veem o PDCA como um método de gestão, mas sim como mais uma ferramenta da qualidade. Brocka & Brocka (1994), por exemplo, classificam o PDCA como uma ferramenta de planejamento a ser utilizada na fase de desenvolvimento, apesar de reconhecerem sua utilidade em todo o ciclo de vida do produto ou serviço.

Andrade (2003, p. 5) resume a definição do PDCA como "um método de gerenciamento de processos ou de sistemas, utilizado pela maioria, com o objetivo de Gerenciamento da Rotina e Melhoria Contínua dos Processos".

Englobando todas as definições apresentadas pelos diferentes autores, é possível sintetizar que o PDCA é um método de gestão estruturado e ordenado nas etapas de planejamento, execução, verificação e atuação. É aplicável à gestão de processos e atividades, tanto na manutenção da rotina e solução de problemas como para a melhoria contínua dos processos. Tem o objetivo de facilitar a tomada de decisões e, consequentemente, atingir as metas estabelecidas e resolver os problemas, conforme o caso.

Diante do exposto, é possível observar a grande utilidade do PDCA, que pode ser aplicado pelas empresas em diferentes situações e processos, inclusive no tratamento de não conformidades, uma vez que é considerado um método de solução de problemas.

Execução do PDCA

O PDCA é sempre representado como um círculo, para indicar sua natureza contínua, bem como a necessidade de realimentação constante do Ciclo de Melhoria, como pode ser observado na Figura 5.1. Por esse motivo, é chamado de ciclo PDCA e Método de Melhorias (Shiba, Graham & Walden,[18] citados por Gerolamo, 2003).

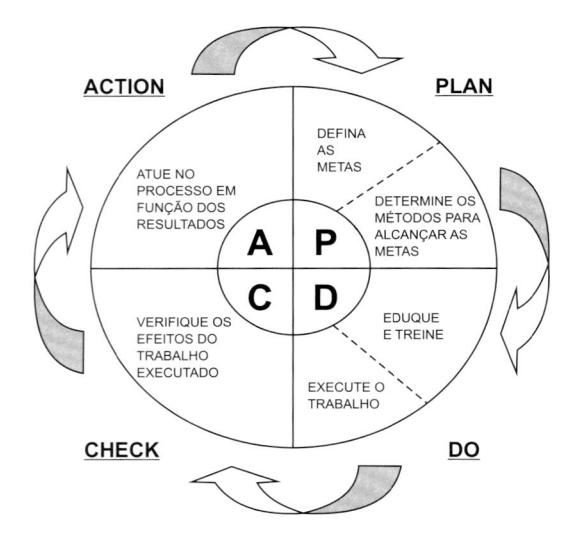

Figura 5.1 ▶ PDCA – Método de Gerenciamento de Processos (Fonte: Campos, 2002: 180.)

[15]Faesarella IS, Sacomano JB, Carpinetti LCR. Gestão da qualidade: conceitos e ferramentas. Seção de Publicações da EESC-USP, São Carlos-SP, 1996.

[16]Shiba S, Graham A, Walden D. TQM: quatro revoluções na gestão da qualidade. Porto Alegre: Artes Médicas, 1997.

[17]Moura LR. Qualidade simplesmente total: uma abordagem simples e prática da gestão da qualidade. Rio de Janeiro: Qualitymark, 1997.

[18]Shiba S, Graham A, Walden D. TQM: quatro revoluções na gestão da qualidade. Porto Alegre: Artes Médicas, 1997.

De acordo com Werkema (1995) e Campos (2002), o ciclo PDCA pode ser aplicado tanto para atingir metas de manutenção como para atingir metas para melhorar.

As metas de manutenção destinam-se aos resultados dentro de uma faixa de valores denominada meta padrão, ao passo que as metas para melhorar os resultados destinam-se a atingir ou superar determinada meta preestabelecida (Campos, 2002).

As metas padrões são atingidas por meio de operações padronizadas, "planejadas" nos POP e o PDCA, neste caso, é chamado de SDCA (S para *Standard* ou Padrão). O controle das metas para manter é conduzido, principalmente, pelas funções operacionais, ficando as funções gerenciais centradas no tratamento das não conformidades e ações corretivas (Campos, 2002).

No caso das metas para melhorar, deve-se modificar a maneira de trabalhar, ou seja, modificar os POP (Campos, 2002), alterando, assim, o SDCA, por colocar o ciclo para manter em um novo patamar de desempenho (Werkema, 1995). No caso do controle para melhorar, a condução é feita, principalmente, pelas funções gerenciais (Campos, 2002).

A Figura 5.2 mostra a integração dos ciclos para manter e melhorar.

Dentro de cada uma das etapas do PDCA – planejamento, execução, verificação e atuação – há etapas intermediárias, estabelecidas conforme a aplicação e os objetivos pretendidos. Werkema (1995) esquematiza a execução do PDCA da seguinte maneira:

- **Planejamento (P)**
  - Estabelecer metas;
  - Estabelecer o método para alcançar as metas propostas.

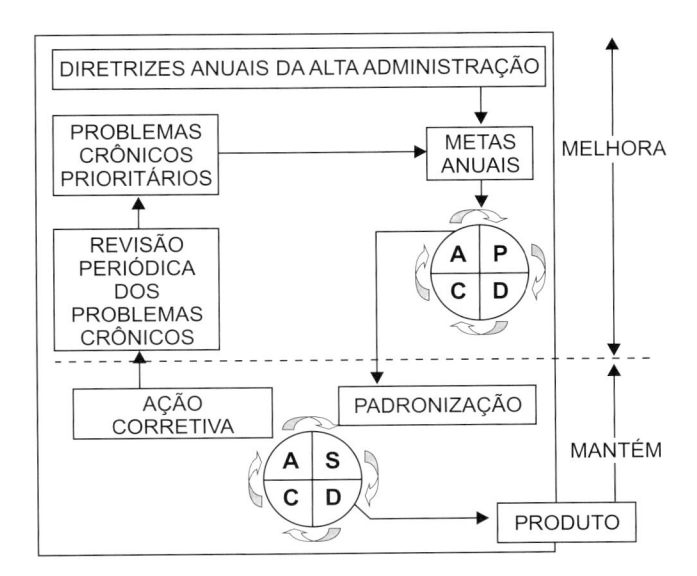

Figura 5.2 ▶ Funcionamento conjugado dos ciclos SDCA e PDCA (Fonte: Campos, 2002: 184.)

- **Execução (D)**
  - Executar as tarefas exatamente como foi determinado na etapa de planejamento;
  - Coletar dados que serão utilizados na próxima etapa de verificação.
- **Verificação (C)**
  - Comparar o resultado obtido com a meta planejada, por meio da análise dos dados coletados durante a etapa de execução.
- **Atuação Corretiva (A)**
  - Consiste em atuar no processo em função dos resultados obtidos, havendo duas formas possíveis de atuação:
    ◦ adotar como padrão o plano proposto, caso a meta tenha sido alcançada;
    ◦ agir sobre as causas do não alcance da meta, caso o plano não tenha sido efetivo.

Esse não alcance da meta, sob o ponto de vista deste capítulo, poderá ser uma não conformidade real, ou potencial, a ser tratada.

Campos (2002, p. 215) descreve as etapas do ciclo PDCA sob a óptica de "método de solução de problemas" ("*QC-Story*"),[19] como detalhado na Figura 5.3.

Analisando a Figura 5.3, é possível associar o PDCA, enquanto método de solução de problemas, ao próprio tratamento de não conformidades:

- Identificação do problema = identificação da não conformidade.
- Observação = investigação das causas da não conformidade.
- Análise = identificação das causas principais da não conformidade.
- Plano de ação = planejamento das ações corretivas.
- Execução = realização das ações corretivas planejadas.
- Verificação = verificação da efetividade das ações corretivas.
- Padronização = estabelecer as ações que deram certo como novos padrões a serem seguidos e prevenir, assim, o reaparecimento daquela não conformidade.
- Conclusão = encerramento da não conformidade, documentando e registrando todas as etapas realizadas, tanto o que "deu" como o que "não deu" certo.

Vale lembrar que as alíneas acima se aplicam tanto ao tratamento das não conformidades reais e que demandam ações corretivas como ao das não conformidades potenciais, que demandam ações preventivas.

---

[19] O *QC Story* é justamente o procedimento para resolução de problemas esquematizado na Figura 5.3. O nome foi mantido em sua versão inglesa original, porém, para o leitor interessado em uma versão em português, sugere-se o uso da expressão História de CQ ou Processo de Resolução de Problemas de CQ, em que CQ é Controle de Qualidade" (Kume, 1993).

PDCA	FLUXOGRAMA	FASE	OBJETIVO
P	(1)	Identificação do problema	Definir claramente o problema e reconhecer sua importância
P	(2)	Observação	Investigar as características específicas do problema com uma visão ampla e sob vários pontos de vista
P	(3)	Análise	Descobrir as causas fundamentais
P	(4)	Plano de ação	Conceber um plano para bloquear as causas fundamentais
D	(5)	Execução	Bloquear as causas fundamentais
C	(6)	Verificação	Verificar se o bloqueio foi efetivo
C	N ◇ ? S	(Bloqueio foi efetivo?)	
A	(7)	Padronização	Prevenir contra o reaparecimento do problema
A	(8)	Conclusão	Recapitular todo o processo de solução do problema, para trabalho futuro

Figura 5.3 ▸ Método de solução de problemas – *QC-Story* (Fonte: Campos, 2002: 215.)

Ferramentas para a Gestão da Qualidade

As primeiras Ferramentas para a Gestão da Qualidade foram estabelecidas por Kaoru Ishikawa, um químico japonês, considerado um grande impulsionador da qualidade em seu país.

Ishikawa foi o idealizador dos princípios do Controle de Qualidade Total[20] e das *Sete Ferramentas do Controle de Qualidade*, que contribuíram sobremaneira para as práticas de gestão da qualidade nas empresas. Ishikawa nasceu em 1915 e faleceu em 1989, deixando registrado na história da Qualidade princípios de gestão de grande sucesso em todo o mundo, que são seguidos até os dias de hoje (Brocka & Brocka, 1994).

Características Gerais

Para a realização do PDCA faz-se necessário coletar, tratar e analisar dados em todas as suas fases, e para isso existem as chamadas Ferramentas da Qualidade.

Segundo Werkema (1995, p. 39), "as Ferramentas da Qualidade são utilizadas para coletar, processar e dispor as informações necessárias ao giro dos ciclos PDCA para manter e melhorar resultados".

[20]O Controle de Qualidade Total é um sistema gerencial baseado na participação de todos os setores e empregados de uma empresa no estudo e na condução do controle de qualidade (Werkema, 1995, p. 1).

As Ferramentas da Qualidade são utilizadas para identificar e melhorar a qualidade dos produtos, serviços e processos, por meio da descrição e priorização dos problemas, identificação de suas possíveis causas básicas e desenvolvimento e implementação de soluções efetivas para eles. Com isso, são capazes de eliminar ou reduzir as variações, mantendo os processos estáveis (Olinto Filho & Silva, 2005).

Desse modo, as Ferramentas da Qualidade são úteis para organização e tratamento de dados, para resolução de problemas e, até mesmo, para a implementação de soluções, demonstrando sua grande importância e utilidade.

Pinto, Carvalho & Ho (2006) observaram a grande utilidade das Ferramentas da Qualidade por meio de relatos de empresas[21] que declararam que sua aplicação foi um dos grandes facilitadores para a implantação de programas de qualidade, como a ISO 9001:2000.

Seleção das Ferramentas da Qualidade

É possível encontrar muitas Ferramentas da Qualidade descritas na literatura. Utilizadas sob diferentes pontos de vista, é muito importante que cada empresa selecione aquelas que mais se adaptem a seu estilo de gestão e cultura organizacionais, pois, além de haver uma ferramenta certa para cada trabalho, existem técnicas de diferentes níveis de complexidade (Brocka & Brocka, 1994).

O sucesso da implementação das Ferramentas da Qualidade depende de um estudo cuidadoso das técnicas existentes ante o processo e a realidade em que se pretende inseri-las.

Neste capítulo também se fez necessário selecionar as ferramentas a serem descritas, uma vez que o universo de técnicas existentes é vasto[22] e descrever todas elas tornaria o tema desnecessariamente extenso. Por meio da seleção de algumas dessas ferramentas é possível "alimentar" o ciclo PDCA em todas as suas etapas, satisfatoriamente.

Uma ampla verificação da literatura tornou possível perceber que havia uma série de Ferramentas da Qualidade, constantemente citadas e empregadas, fazendo concluir que eram as ferramentas mais conhecidas e amplamente empregadas em todo o mundo. Assim, para este capítulo, optou-se por descrever 11 dessas ferramentas muito abordadas, a saber: as Sete Ferramentas da Qualidade de Ishikawa (diagrama de Pareto, diagrama de causa e efeito, fluxograma, folhas de verificação e de coleta de dados, histograma, diagrama de dispersão e gráfico de controle) e, ainda, o *brainstorming*,

o 5W1H, os 5 por quês e o FMEA (análise do modo e efeito das falhas).[23]

Observou-se um destaque especial, na literatura consultada, para as *Sete Ferramentas da Qualidade de Ishikawa,* também conhecidas por "Ferramentas Básicas da Qualidade" (Comunidade Politec, 2004),[24] ou ainda "instrumentos clássicos de CCQ" (Abreu, 1987).

Ishikawa afirmava que o uso das Sete Ferramentas resolve, aproximadamente, 95% dos problemas de qualidade em qualquer tipo de organização, seja ela industrial, comercial, de prestação de serviços ou pesquisa, demonstrando sua grande utilidade e versatilidade de aplicações (Galuch, 2002). Além disso, ele acreditava que eram de tão fácil emprego, que "qualquer trabalhador fabril poderia efetivamente utilizá-las" (Brocka & Brocka, 1994, p. 91).

As pesquisadoras Pinto, Carvalho & Ho (2006) observaram que empresas brasileiras de grande porte utilizam bastante as Ferramentas da Qualidade, destacando-se o diagrama de causa e efeito, o diagrama de Pareto, o diagrama de dispersão e o histograma.

Outra ferramenta da qualidade, selecionada para discussão, foi a FTA (análise da árvore de falhas),[25] por se tratar de mais uma opção para o tratamento de não conformidades potenciais, ao lado do FMEA, como será visto mais adiante.

Nas seções seguintes, cada ferramenta será descrita, bem como sua integração ao ciclo PDCA.

Folhas de verificação e folhas de coleta de dados

IMPORTÂNCIA DA COLETA DE DADOS

Os dados são a base para a tomada de decisões durante a análise de qualquer problema. Sem eles, os esforços para a resolução de problemas seriam reduzidos a um "jogo de adivinhação", com mínimas possibilidades de sucesso. Por esse motivo, é muito importante determinar exatamente *quais* dados devem ser coletados e *como* serão coletados, para dispô-los de maneira organizada e objetiva, de modo a facilitar seu tratamento (Godfrey, 1994; Kume, 1993; Werkema, 1995).

Para direcionar a coleta de dados, Godfrey (1994) orienta a fazê-la por meio das respostas às seguintes perguntas:

- Às quais perguntas é preciso responder?
- Como serão reconhecidas e comunicadas as respostas à pergunta?
- Quais ferramentas de análise de dados (diagrama de Pareto, histograma, gráfico de barras etc.) se pretendem usar e como os resultados serão comunicados?

---

[21]Dados obtidos por meio de pesquisa tipo *survey* realizada com 198 empresas brasileiras de grande porte.

[22]Ao final deste capítulo, no Apêndice 5.1, há um quadro que apresenta muitas outras Ferramentas da Qualidade, além daquelas selecionadas para compor este capítulo.

[23]Tradução de Failure Mode and Effects Analysis.

[24]http://www.pmigo.org.br/boletins_qualidade/boletim_094.pdf

[25]Tradução de Faut Tree Analyis.

- Que tipos de dados são necessários à elaboração desse instrumento?
- Onde, no processo, esses dados podem ser obtidos?
- Quem, no processo, poderá fornecer esses dados?
- Como coletar esses dados com mínimo esforço e mínima possibilidade de erro?
- Quais informações adicionais serão necessárias para análise, referência e rastreamento futuros?

Agindo conforme as diretrizes citadas, a coleta de dados será adequada à geração de informações úteis, evitando-se a perda de tempo pela coleta e registro de dados irrelevantes. Pelo exposto, é possível concluir, também, que se deve preocupar não só com o dado em si, mas também com as maneiras pelas quais será registrado (simplicidade, funcionalidade quanto aos objetivos pretendidos etc.), bem como com a necessidade de informação ou outro dado de suporte.

Além disso, observa-se que a coleta de dados é uma base importante ao manuseio das demais Ferramentas da Qualidade, sem a qual estas não têm como ser operadas.

As folhas de verificação e de coleta de dados são as Ferramentas da Qualidade utilizadas no processo de coleta e de registro de dados e são úteis em todas as etapas do ciclo PDCA, uma vez que dados são gerados em todo o ciclo.

FOLHA DE VERIFICAÇÃO

A folha de verificação é um formulário no qual os itens a serem examinados já estão impressos, definidos e planejados antes da coleta (Kume, 1993; Werkema, 1995b).

De acordo com Kume (1994), existem diferentes tipos de folhas de verificação, entre os quais podem ser citados:

- **Folha de verificação para distribuição de um item de controle de um processo de produção:** os dados são classificados no momento da coleta por meio de um formulário, cujo preenchimento completo produz um histograma, possibilitando analisar o perfil de distribuição do item de controle em análise (Kume, 1993; Werkema, 1995) (Figura 5.4).
- **Folha de verificação para localização de defeito:** esse tipo de folha de verificação é muito útil para identificar a ocorrência de defeitos relacionados com a aparência externa de produtos acabados, como arranhões, rebarbas, bolhas, manchas etc. Essas folhas apresentam uma imagem do produto impresso, onde são anotadas as marcas que identificam o local da ocorrência dos defeitos (Kume, 1993; Werkema, 1995) (Figura 5.5).
- **Folha de verificação de itens defeituosos:** geralmente, é empregada na inspeção final de produtos. É utilizada para classificação de itens defeituosos, segundo os tipos de defeitos observados. Ao final do

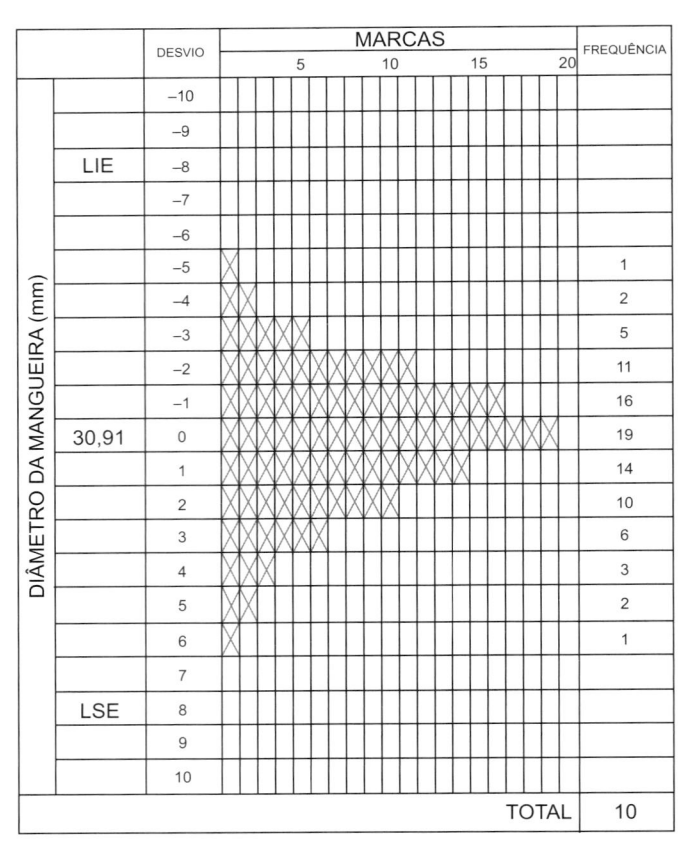

DIÂMETRO DA MANGUEIRA (mm)	DESVIO	MARCAS	FREQUÊNCIA
	-10		
	-9		
LIE	-8		
	-7		
	-6		
	-5		1
	-4		2
	-3		5
	-2		11
	-1		16
30,91	0		19
	1		14
	2		10
	3		6
	4		3
	5		2
	6		1
	7		
LSE	8		
	9		
	10		
		TOTAL	10

Figura 5.4 ▸ Exemplo de uma folha de verificação para distribuição de um item de controle de um processo produtivo (Fonte: Werkema, 1995, p. 61.)

FOLHA DE VERIFICAÇÃO PARA LOCALIZAÇÃO DE BOLHA

Nome do produto: Para-brisa modelo xyz

Material: vidro

Data: 04/01/07

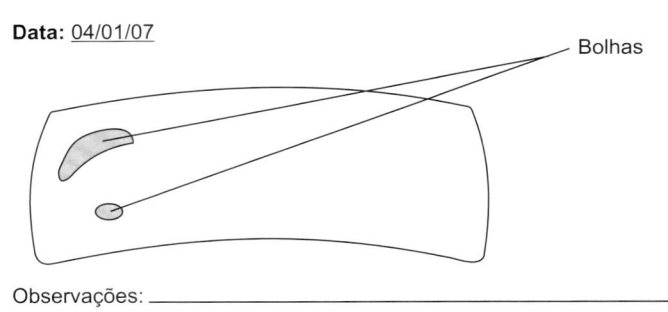

Observações: _____

Figura 5.5 ▸ Exemplo de uma folha de verificação para localização de defeito (Fonte: adaptada de Werkema, 1995, p. 66.)

período de preenchimento é possível verificar rapidamente a quantidade total e os tipos de defeitos que ocorreram (Figura 5.6).

- **Folha de verificação de causas de defeitos:** essa folha possibilita maior estratificação dos fatores que constituem o processo em análise, facilitando a identificação das causas de defeitos (Figura 5.7).

FOLHA DE VERIFICAÇÃO PARA CLASSIFICAÇÃO DE PRODUTO DEFEITUOSO

Produto: <u>Lente</u>

Estágio de Fabricação: <u>Inspeção final</u>

Tipo de defeito: <u>Arranhão, Trinca, Revestimento Inadequado, Muito Grossa ou Muito Fina, Não Acabada.</u>

Total inspecionado: <u>1200</u>

Data: <u>03/01/95</u>

Seção: <u>INSPROD.</u>

Inspetor: <u>Augusto Bicalho</u>

Observações: _____

Defeito	Contagem	Subtotal
Arranhão	☑☑⊓	12
Trinca	☑☑☑☑☑☑☑☑|	41
Revestimento inadequado	☑☑☑☑☑☑☑☑☑☑☑	55
Muito grossa ou muito fina	☑☑|	11
Não acabada	☑	5
Outros	⊓	3
	Total	**127**
Total rejeitado	☑☑☑☑☑☑☑☑ ☑☑☑☑☑☑☑☑	90

Figura 5.6 ▶ Exemplo de uma folha de verificação de itens defeituosos (Fonte: Werkema, 1995, p. 63.)

No exemplo da Figura 5.7, numa rápida análise da folha de verificação, é possível detectar que o operador A produz mais defeitos e que o tipo de defeito mais frequente é a rebarba (representado pelo símbolo "✗").

Como se pode observar, as folhas de verificação são de preenchimento rápido, utilizando marcações gráficas simples, e apresentam diversas aplicações úteis.

FOLHA DE COLETA DE DADOS

As *folhas de coleta de dados* (ou formulários de registro) são empregadas quando os valores a serem registrados não são conhecidos antes da coleta. Em outras palavras, o usuário deve escrever a informação e não apenas "checá-la". As entradas podem ser numéricas ou textuais (dados variáveis, medições etc.) (Brocka & Brocka, 1994).

Na Figura 5.8 encontra-se um exemplo de folha de coleta de dados.

Diagrama de Pareto

Também conhecido por Regra 80-20 (20% das causas produzem 80% dos efeitos), gráfico de Pareto e análise de Pareto, o diagrama de Pareto é uma representação gráfica em barras verticais que dispõe a informação de modo a tornar evidente e visual qual problema deve ser priorizado.

A técnica é baseada no Princípio de Pareto, que estabelece que poucas causas são responsáveis pela maior

FOLHA DE VERIFICAÇÃO PARA CAUSA DE DEFEITO

Produto: <u>Engrenagem</u>   **Total Inspecionado:** <u>10.000</u>   **Semana:** <u>02 a 05/01/07</u>

Observações: _____

Turno	Operador	Segunda-Feira		Terça-Feira		Quarta-Feira		Quinta-Feira		Sexta-Feira	
		M	T	M	T	M	T	M	T	M	T
I	A	○○ △△△ ✗✗✗✗ □□	△ ✗✗✗✗ □ ●	○○ △△△△ ✗✗✗ □□	○○○ △△ ✗✗✗✗✗ □□□	○ △△ ✗✗✗✗✗ □□ ●	○○ △ ✗✗✗ □□	○○○ △△△ ✗✗✗ □	○ △△ ✗✗✗✗✗ □□□	○○ △△ ✗✗✗✗✗ □□	○ △ ✗✗✗✗✗ □□ ●
	B	○ ✗✗	△ ✗	✗✗ □	✗✗✗ □	✗✗ □ ●	✗✗ □	✗✗ □	○ ✗	○ △ ✗ □	○ △ ✗

○ Diâmetro interno inadequado
△ Diâmetro externo inadequado
✗ Rebarba
□ Geometria do dente incorreta
● Outros

Figura 5.7 ▶ Exemplo de uma folha de verificação para a identificação de causa de defeitos (Fonte: adaptada de Werkema, 1995, p. 68.)

FOLHA DE DADOS – PROBLEMA X

Data [_____] Tempo [_____]

Fase [_____] Tempo na Fase [_____]

Última Fase [_____] Turno [_____]

Condições registradas antes do início – Tempo

Pressão [_____] Condenação [_____] Vazão [_____]

Temperatura A [__] Temperatura B [__] Temperatura C [__]

Taxa de mistura [__] Densidade [__] Taxa de fusão [__]

Condições no início

Pressão [_____] Condenação [_____] Vazão [_____]

Temperatura A [__] Temperatura B [__] Temperatura C [__]

Taxa de mistura [__] Densidade [__] Taxa de fusão [__]

Condições uma hora e meia depois do início

Pressão [_____] Condenação [_____] Vazão [_____]

Temperatura A [__] Temperatura B [__] Temperatura C [__]

Taxa de mistura [__] Densidade [__] Taxa de fusão [__]

Condições uma hora depois do início

Pressão [_____] Condenação [_____] Vazão [_____]

Temperatura A [__] Temperatura B [__] Temperatura C [__]

Taxa de mistura [__] Densidade [__] Taxa de fusão [__]

Figura 5.8 ▸ Exemplo de uma folha de coleta de dados.[26]

parte dos problemas. Por este princípio, os problemas podem ser classificados em duas categorias: *poucos vitais* e *muitos triviais*. A primeira categoria representa um pequeno número de problemas, mas que resultam em grandes perdas para a empresa. Já a segunda categoria representa uma extensa lista de problemas mas que, apesar de seu grande número, convertem-se em perdas pouco significativas (Brocka & Brocka, 1994; Werkema, 1995).

Desse modo, o diagrama de Pareto possibilita visualizar as prioridades para que se concentrem esforços para sanar, justamente, essas poucas causas vitais, mas que são responsáveis pelos problemas de maior impacto. Com isso, é possível solucionar os problemas mais críticos de maneira mais eficiente, por meio de um menor número de ações.

Sob o ponto de vista da resolução de problemas, o diagrama de Pareto é usado principalmente para identificar e avaliar as não conformidades, sendo especialmente útil quando encontrar várias causas para uma mesma não conformidade, ou ainda uma causa comum com múltiplas ocorrências (Comunidade Politec, 2004b).[27]

---

[26]http://www.afpu.unicamp.br/Gerentes/Estatistica/12%20Form_col_dados.pdf

[27]http://www.pmigo.org.br/boletins_qualidade/boletim_094.pdf

Existem dois tipos de diagrama de Pareto: *por efeitos* e *por causas*. O diagrama de Pareto por efeitos é utilizado para descobrir qual é o *maior problema* entre todos os existentes e detectados, enquanto o diagrama de Pareto por causas é empregado para descobrir qual é a *maior causa* do problema (operador, máquina, matéria-prima etc.) (Kume, 1994).

Na Figura 5.9 há, por exemplo, um diagrama de Pareto por efeito. Por ele é possível concluir que o revestimento inadequado é o maior problema entre os demais defeitos de lentes.

Para hierarquizar as categorias, o diagrama de Pareto é mais efetivo quando são usados fatos e dados objetivos, em vez de opiniões e "achismos" (Godfrey, 1994). Por esse motivo, é muito importante e oportuno que se sigam alguns passos para organizar dados e fatos de maneira sistematizada e planejada. Caso contrário, os esforços serão mal direcionados e de baixo retorno, devido à má execução da ferramenta. No entanto, para que se determinem bem as categorias e os dados sejam estratificados em um nível de detalhamento adequado, recomenda-se seguir os passos detalhados no Apêndice 5.2, no final deste capítulo.

O erro mais comum com relação ao diagrama de Pareto é justamente deixar de usar os passos de elaboração, o que pode ocasionar barras de altura muito próximas, ou então fazer com que seja necessário mais da metade das categorias para explicar mais de 60% do efeito em análise. Em outras palavras, obtém-se um diagrama inexpressivo, pelo qual não é possível detectar, com precisão, quais os efeitos/causas mais importantes.

Brainstorming

O *brainstorming* é uma técnica de grupo para a geração de ideias novas e úteis por meio de um conjunto de regras simples de discussão, que incentivam a criatividade e a inovação (Godfrey, 1994). Na língua portuguesa, o termo é traduzido como tempestade cerebral ou tempestade de ideias, entre outras expressões similares.

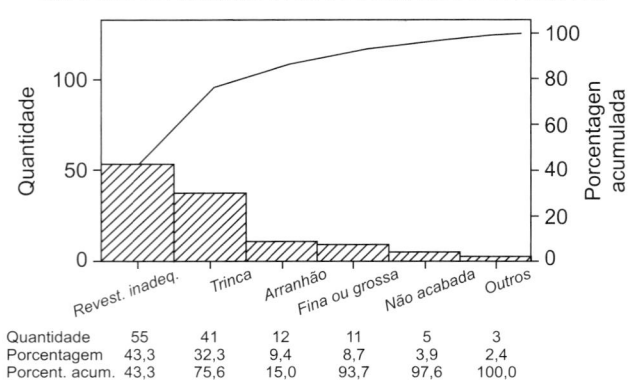

GRÁFICO DE PARETO PARA OS DEFEITOS DE LENTES

	Revest. inadeq.	Trinca	Arranhão	Fina ou grossa	Não acabada	Outros
Quantidade	55	41	12	11	5	3
Porcentagem	43,3	32,3	9,4	8,7	3,9	2,4
Porcent. acum.	43,3	75,6	15,0	93,7	97,6	100,0

Figura 5.9 ▸ Exemplo de diagrama de Pareto por efeito (Fonte: Werkema, 1995, p. 78.)

Essa técnica é utilizada, principalmente, para propor soluções a um problema, mas pode ser empregada em várias outras situações, especialmente quando se faz necessário inovar e criar.

Para a condução de uma boa sessão de *brainstorming*, é necessário seguir algumas regras, conforme detalhadas na Tabela 5.1.

Tabela 5.1 ▸ Regras do *brainstorming*

a) **Deve ser escolhido um líder para dirigir as atividades do grupo.**
O líder deve fazer com que todos compreendam o objetivo do *brainstorming* antes de seu início.

b) **O ambiente deve ser informal e descontraído.**

c) **Todas as pessoas do grupo devem dar sua opinião.**
Todos devem participar e ser incentivados a isso. Devem apresentar suas ideias naturalmente, à medida que forem surgindo.

d) **Nenhuma ideia deve ser criticada.**
As críticas podem inibir a participação de alguns membros do grupo.

e) **Não deve haver debate sobre as ideias durante a sessão.**
Isso mudaria o foco da sessão, dissipando as ideias.

f) **As ideias devem ser escritas em um quadro.**
A exposição das ideias facilita o processo de enriquecimento da opinião inicial de um participante.

g) **A tendência de culpar pessoas deve ser evitada.**
Esta é uma tendência destrutiva que desvia a atenção do objeto da reunião, que é descobrir as causas específicas do problema e não os supostos responsáveis (pelo menos, nesse momento).

Fonte: tabela da autora, baseada em informações de Cabral, 2002.

É muito importante que essas regras sejam lidas para todos os participantes, antes do início da sessão, devendo o líder ater-se a elas durante todo o seu curso.

No Apêndice 5.3, no final deste capítulo, são apresentadas algumas dicas de como conduzir e executar uma seção de *brainstorming*.

Diagrama de Causa e Efeito

O diagrama de causa e efeito, também conhecido por diagrama de Ishikawa e diagrama espinha de peixe (devido a sua aparência), "é uma representação gráfica que relaciona, ordena e registra as causas que dão origem a um efeito" (Azevedo, 2005).

O diagrama de causa e efeito é muito útil para identificar todas as possíveis causas de um efeito, auxiliar a diferenciação entre causas principais e secundárias e melhorar a visualização da relação entre esses elementos (Coraiola, 2001).

Em geral, o efeito que se quer analisar é um problema cujas causas precisam ser identificadas. Assim, o efeito (problema) é registrado na extremidade do diagrama e as causas são enumeradas ao longo da estrutura.

As categorias de causas mais frequentemente empregadas são os "6M": métodos, mão de obra, máquinas, meio ambiente, material e medição (Figura 5.10), as

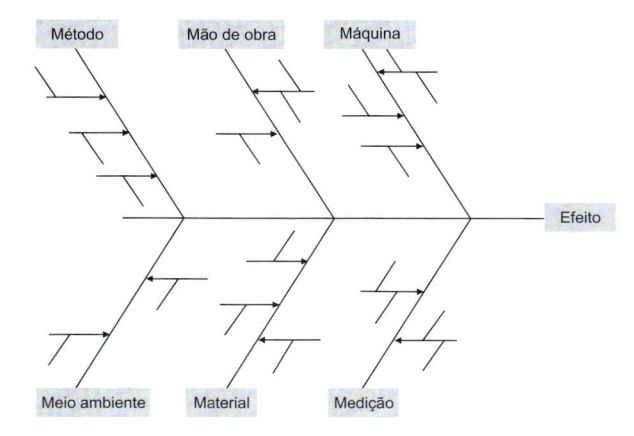

Figura 5.10 ▸ Estrutura do diagrama de causa e efeito (Adaptada de http://www.gerenciamento.ufba.br.)

quais são muito úteis à análise de problemas no meio industrial. Desse modo, para problemas em outros ambientes profissionais, poderá ser mais apropriado o estabelecimento de categorias específicas, como pode ser observado no exemplo apresentado na Figura 5.11.

Além da análise de problemas, também é possível trabalhar com uma meta desejada: a meta é registrada na extremidade e ao longo da estrutura do diagrama são enumerados os fatores importantes para que ela seja atingida.

Vários autores são enfáticos quanto à necessidade de participação do maior número possível de pessoas envolvidas no processo para que não haja omissão de nenhuma causa importante. Aconselham, inclusive, que haja uma reunião para realização de uma sessão de *brainstorming* para enumerar todas as causas possíveis. No entanto, não é aconselhável preencher o diagrama durante a sessão, pois isso poderá dificultar que as ideias fluam, devido aos esforços em se determinar onde os itens serão inseridos (Kume, 1993; Werkema, 1995).

Godfrey (1994, grifo nosso) alerta para o fato de que o diagrama de causa e efeito apresenta e organiza *teorias*. Apenas quando essas teorias são testadas, apresentando dados e fatos concretos, é que se pode provar a relação causa/efeito. É extremamente importante testar cada relação causal para obter consistência lógica; caso contrário, o diagrama terá sua utilidade reduzida. Outra recomendação desse autor é a de que se analisem profundamente todos os sintomas antes da construção do diagrama. É um erro construí-lo diretamente, sem uma análise detalhada prévia.

No Apêndice 5.4, no final deste capítulo, é apresentada uma sugestão de procedimento para a construção de um diagrama de causa e efeito.

Fluxograma

O fluxograma é uma representação gráfica da sequência de passos executados para produzir algum resultado, que pode ser um produto, um serviço, uma informação ou uma combinação desses (Brocka & Brocka,

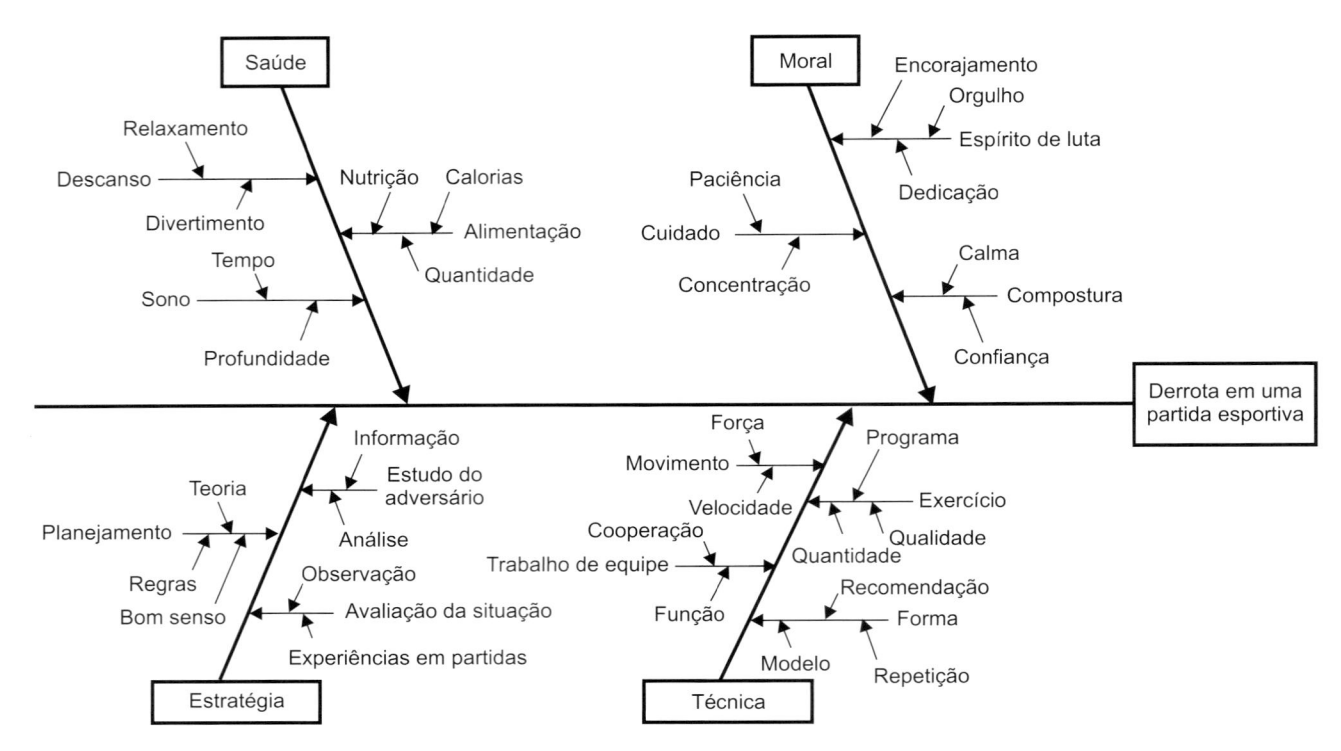

Figura 5.11 ▸ Exemplo de um diagrama de causa e efeito, apresentando categorias diferentes dos "6M" (Fonte: Kume, 1993, p. 32.)

1994; Godfrey, 1994). Essa ferramenta facilita a visualização das diversas etapas que compõem um determinado processo, possibilitando identificar pontos críticos, bem como pontos de melhoria.

Além disso, os fluxogramas são utilizados para (Coraiola, 2001):

- conhecer o processo;
- mapear o fluxo atual do processo em análise;
- identificar o fluxo ideal;
- verificar se os passos estão realmente relacionados entre si;
- identificar etapas desnecessárias;
- definição de projetos;
- identificar as oportunidades de mudanças;
- identificar e definir limites para o processo;
- documentação de cada etapa do processo, registrando as atividades, as decisões e os documentos relativos a ele;
- verificar o descumprimento ou a elaboração incorreta de alguma etapa do processo.

Para a elaboração de um fluxograma é necessário utilizar símbolos que contenham significados específicos. Na Figura 5.12 estão representados alguns dos símbolos mais comuns.[28]

---

[28]Existem muitos outros símbolos que devem ser considerados para a elaboração de fluxogramas. O American National Standards Institute (ANSI) comercializa norma específica contendo esses símbolos.

SIMBOLOGIA DE FLUXOGRAMAS

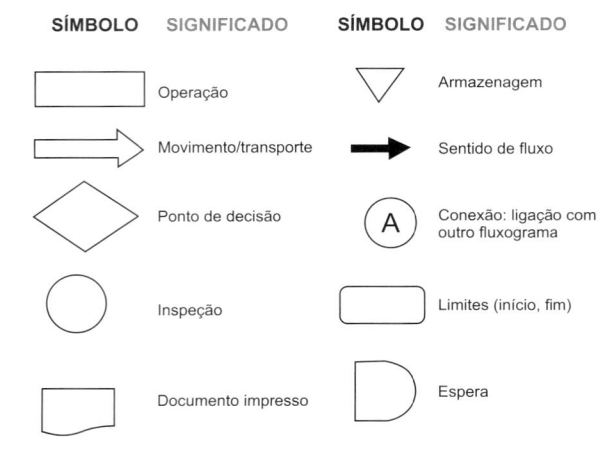

Figura 5.12 ▸ Alguns símbolos empregados na elaboração de fluxogramas (Adaptada de http://www.lgti.ufsc.br/O&m/aulas/Aula5/aula5.pdf.)

Godfrey (1994) alerta para algumas "armadilhas" quando da elaboração de fluxogramas, ou seja: deixar de documentar o processo verdadeiro e deixar de atualizar o fluxograma à medida que surjam novas informações e modificações.

Um fluxograma, para ser realmente útil, deve ser dinâmico e acompanhar as modificações que surgirem no processo, ou seja, deve ser, tanto quanto possível, uma "fotografia" do processo que representa.

No Apêndice 5.5, no final deste capítulo, encontra-se uma sugestão de como elaborar um fluxograma.

Histograma

Histograma é um gráfico que resume as informações contidas em um grande conjunto de dados, demonstrando sua variação e padrão de distribuição (Godfrey, 1994; Werkema, 1995).

No histograma,

o eixo horizontal é subdividido em vários pequenos intervalos, apresentando os valores assumidos por uma variável de interesse. Para cada um destes intervalos, é construída uma barra vertical, cuja área deve ser proporcional ao número de observações na amostra, cujos valores pertencem ao intervalo correspondente (Werkema, 1995, p. 119).

São várias as aplicações dos histogramas, como verificar o número de produtos não conformes, determinar a dispersão dos valores de medições, análise de processos que necessitam ações corretivas, verificar o número de unidades por cada categoria etc. (Coraiola, 2001; Rossato, 1996).

O histograma dispõe as informações de modo que seja possível a visualização da forma da distribuição de um conjunto de dados, da localização do valor central e da dispersão dos dados em torno dele. Por isso, cada padrão de distribuição tem seu significado, como é possível verificar na Figura 5.13.

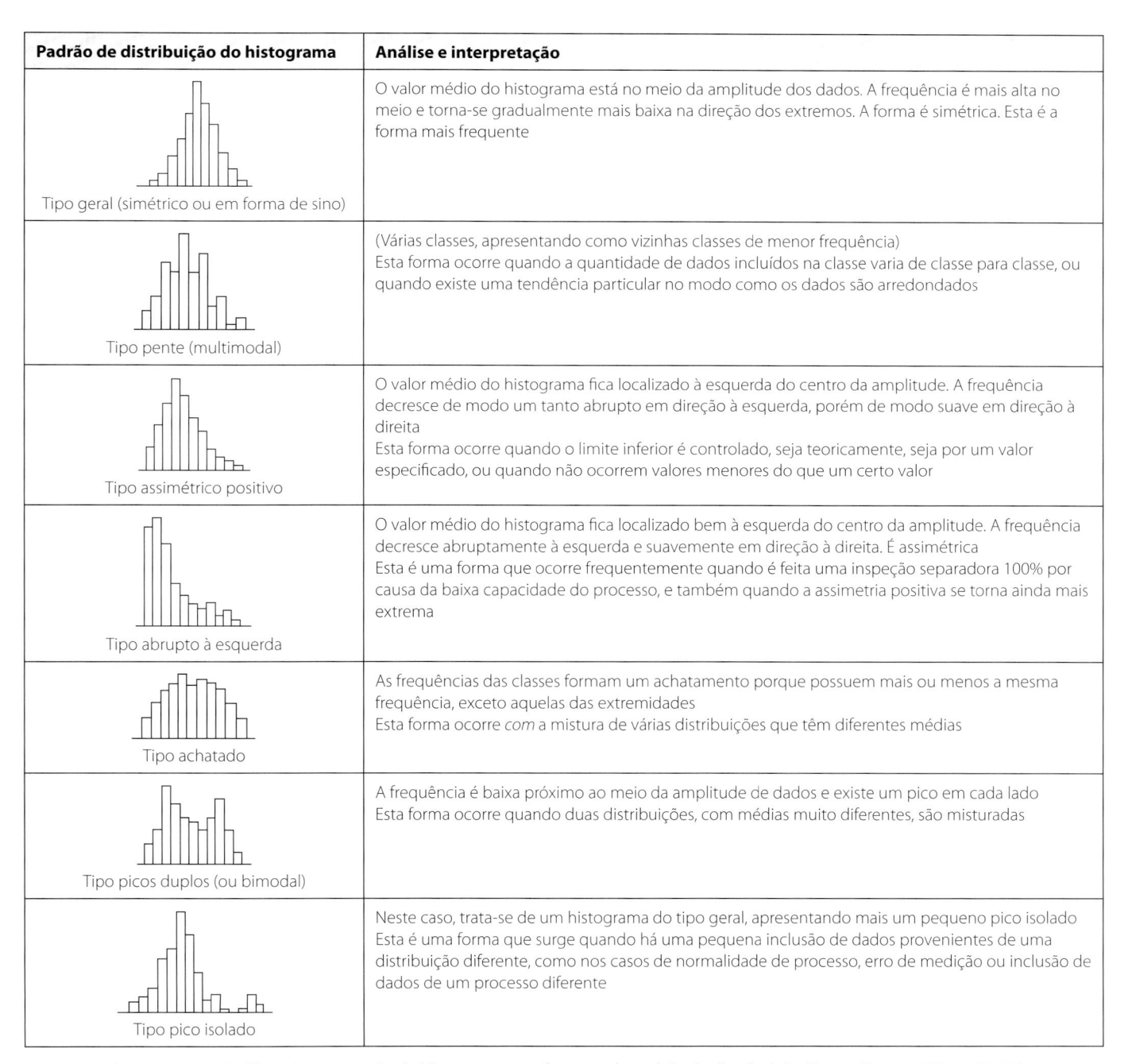

Padrão de distribuição do histograma	Análise e interpretação
Tipo geral (simétrico ou em forma de sino)	O valor médio do histograma está no meio da amplitude dos dados. A frequência é mais alta no meio e torna-se gradualmente mais baixa na direção dos extremos. A forma é simétrica. Esta é a forma mais frequente
Tipo pente (multimodal)	(Várias classes, apresentando como vizinhas classes de menor frequência) Esta forma ocorre quando a quantidade de dados incluídos na classe varia de classe para classe, ou quando existe uma tendência particular no modo como os dados são arredondados
Tipo assimétrico positivo	O valor médio do histograma fica localizado à esquerda do centro da amplitude. A frequência decresce de modo um tanto abrupto em direção à esquerda, porém de modo suave em direção à direita Esta forma ocorre quando o limite inferior é controlado, seja teoricamente, seja por um valor especificado, ou quando não ocorrem valores menores do que um certo valor
Tipo abrupto à esquerda	O valor médio do histograma fica localizado bem à esquerda do centro da amplitude. A frequência decresce abruptamente à esquerda e suavemente em direção à direita. É assimétrica Esta é uma forma que ocorre frequentemente quando é feita uma inspeção separadora 100% por causa da baixa capacidade do processo, e também quando a assimetria positiva se torna ainda mais extrema
Tipo achatado	As frequências das classes formam um achatamento porque possuem mais ou menos a mesma frequência, exceto aquelas das extremidades Esta forma ocorre *com* a mistura de várias distribuições que têm diferentes médias
Tipo picos duplos (ou bimodal)	A frequência é baixa próximo ao meio da amplitude de dados e existe um pico em cada lado Esta forma ocorre quando duas distribuições, com médias muito diferentes, são misturadas
Tipo pico isolado	Neste caso, trata-se de um histograma do tipo geral, apresentando mais um pequeno pico isolado Esta é uma forma que surge quando há uma pequena inclusão de dados provenientes de uma distribuição diferente, como nos casos de normalidade de processo, erro de medição ou inclusão de dados de um processo diferente

Figura 5.13 ▸ Análise e interpretação de histogramas conforme cada padrão de distribuição (Fonte: Kume, 1993, p. 53-55.)

Apesar dessas análises padrões, a interpretação, na prática, deverá ser baseada no conhecimento e na observação sobre a situação específica em que se está trabalhando. Além disso, essa interpretação deverá ser confirmada por meio de análises adicionais, como, por exemplo, por meio do emprego de outras Ferramentas da Qualidade.

O Apêndice 5.6 apresenta o passo a passo para a construção de um histograma.

Diagrama de Dispersão

O diagrama de dispersão é um gráfico utilizado para a visualização do tipo de relacionamento existente entre duas variáreis. Serve para analisar os tipos de relações existentes entre as variáveis de um processo, contribuindo para melhorar o entendimento sobre ele. Com isso, facilita a detecção de possíveis problemas, otimizando o controle do processo e o planejamento das ações de melhoria (Godfrey, 1994; Rossato, 1996; Werkema, 1995).

O diagrama de dispersão pode ser empregado logo após o diagrama de causa e efeito, pois nele é possível verificar se há mesmo a relação entre cada uma das *causas* e o *efeito*, ou seja, é possível comprovar a relação entre eles e em que intensidade ela existe (Coraiola, 2001; Rossato, 1996).

Na Figura 5.14 está representado um exemplo de um diagrama de dispersão.

Para interpretar um diagrama de dispersão é necessário observar o padrão da dispersão dos pontos, como indicado na Figura 5.15.

Na Figura 5.15 estão representados os diferentes padrões de distribuição para diagramas de dispersão, a saber (Godfrey, 1994):

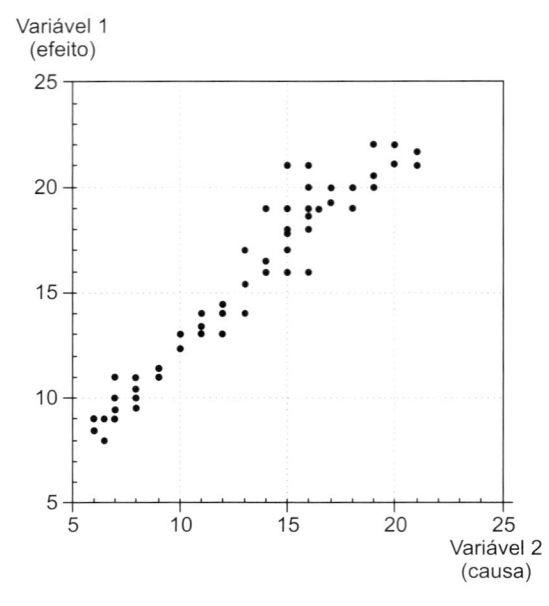

Figura 5.14 ▸ Exemplo de diagrama de dispersão (Adaptada de http://elsmar.com/pdf_files/Seven%20Quality%20Tools.ppt.)

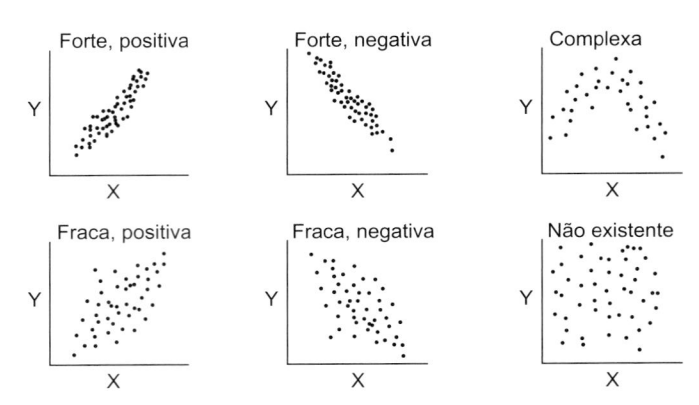

Figura 5.15 ▸ Diferentes padrões de correlação (Fonte: Godfrey, 1994.)

- **Correlações fortes positivas e negativas:** nesses dois casos, pode-se dizer que o controle de uma variável resulta no controle da outra. Para a positiva, o valor de Y aumenta à medida que aumenta o valor de X, ao passo que para a correlação negativa o valor de Y claramente diminui à medida que aumenta o valor de X.

- **Correlação fraca, positiva:** o valor de Y aumenta um pouco à medida que aumenta o valor de X.

- **Correlação fraca, negativa:** o valor de Y diminui um pouco à medida que aumenta o valor de X.

- **Correlação complexa:** o valor de Y parece estar relacionado com o valor de X, mas a relação não é simples nem linear.

- **Correlação não existente:** para qualquer valor de X, o Y pode tanto ter valores grandes como pequenos. Não parece haver nenhuma relação particular entre X e Y. Nesse caso, deve-se procurar por outras variáveis (causas) que influenciem o Y (efeito).

O Apêndice 5.7 descreve como preparar diagramas de dispersão.

Gráfico (Carta) de Controle

Os gráficos (ou cartas) de controle são ferramentas para o *monitoramento* da variabilidade e para a avaliação da estabilidade de um processo (Werkema, 1995).

Por meio desse gráfico é possível verificar se o processo está, ou não, operando sob controle, dentro dos limites preestabelecidos. Contudo, não é possível detectar as causas de um desvio por meio dele, sendo necessário utilizar outras Ferramentas da Qualidade.

Os gráficos de controle possuem três linhas paralelas ao eixo X (Galuch, 2002):

- **Linha central:** representa o valor médio estabelecido para a característica de qualidade.

- **Linha superior:** representa o limite superior de controle (LSC).

- **Linha inferior:** representa o limite inferior de controle (LIC).

A faixa entre os limites de controle define a variação aleatória no processo. Se os pontos traçados no gráfico estiverem dentro dos limites de controle e estiverem dispostos de maneira aleatória, pode-se dizer que o processo está sob controle estatístico. Caso contrário, se um ou mais pontos estiverem fora dos limites de controle ou estiverem dispostos de maneira não aleatória (tendência), pode-se dizer que o processo está fora de controle estatístico (Figura 5.16), indicando uma ou mais causas determináveis de variação. Assim, faz-se necessário identificar os fatores que causam essas variações para que esses pontos sejam eliminados (Galuch, 2002).

Existem dois tipos de gráficos de controle, o gráfico de controle para variáveis e o gráfico de controle para atributos. O gráfico de controle para variáveis é utilizado quando a característica da qualidade é expressa por um número em uma escala contínua de medidas. O gráfico de controle para atributos, por sua vez, é utilizado quando as medidas representadas no gráfico resultam de contagens do número de itens do produto que apresentam uma característica particular de interesse (atributo) (Werkema, 1995).

O tipo de gráfico a ser utilizado será determinado pelo tipo de característica da qualidade que se deseja avaliar.

Veja o Apêndice 5.8 para verificar como preparar gráficos de controle.

Técnica 5W1H

O "5W1H" é um método que sistematiza, de modo organizado, todos os elementos necessários à execução de uma tarefa. "Serve como orientação para que todas as pessoas envolvidas não tenham dúvidas quanto à realização do trabalho, facilitando seu acompanhamento e desenvolvimento" (Chaves, 2003, p. 45).

É considerado um plano de ação, por meio do qual é possível acompanhar facilmente o andamento de cada etapa, evidenciando exatamente o que será feito, quem é o responsável, em quanto tempo etc. (Horta, 2003; Werkema, 1995).

O nome 5W1H é composto pelas iniciais das palavras em inglês *what*, *where*, *why*, *who*, *when* e *how*, que correspondem aos seguintes elementos (Chaves, 2003):

WHAT (O QUÊ?)

Relaciona as ações que se deseja implementar. Começa sempre por um verbo no infinitivo: construir, comprar, treinar, soldar, testar etc.

WHERE (ONDE?)

Local onde a ação será executada.

WHY (POR QUÊ?)

Motivo pelo qual a ação será implementada.

WHO (QUEM?)

Nome da pessoa ou entidade responsável pela execução da ação.

De acordo com Barbosa *et al.* (1994), o quadro do 5W1H é preenchido para todos os níveis hierárquicos e, por isso, pode acontecer de a pessoa que for analisar não ser a mesma pessoa responsável pela execução das ações. Por esse motivo, é muito importante delimitar exatamente quem é o responsável por cada medida, seja ela operacional, seja ela de análise ou planejamento.

WHEN (QUANDO?)

Prazo para o término da ação, ou, conforme o caso, o elemento *when* pode ser a frequência com que a ação deverá ser realizada (semestralmente, mensalmente etc.).

(A) Processo sob controle

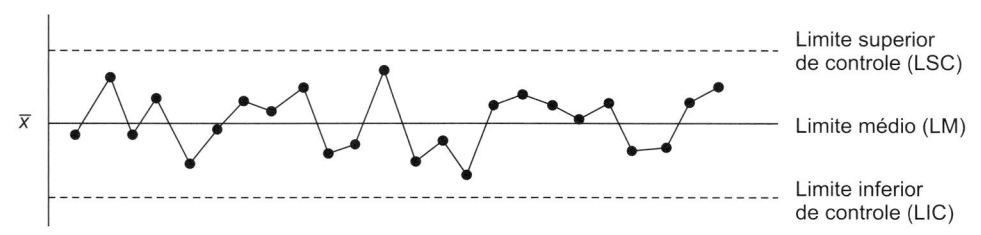

(B) Processo fora de controle

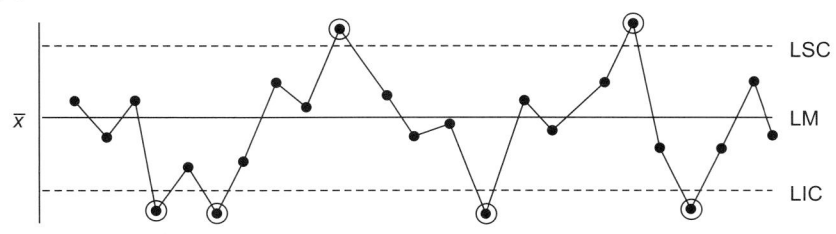

Figura 5.16 ▸ Exemplos de gráficos de controle (Fonte: Werkema, 1995, p. 200.)

Tabela 5.2 ▸ Exemplo de um 5W1H

PLANO DE AÇÕES						
O quê?	**Quando?**	**Quem?**	**Onde?**	**Como?**	**Por quê?**	*Status*
Treinar o auxiliar administrativo Roberto Farias	23/06/2007	Juliana Leite do RH	Sala de treinamentos	Apresentação *data show* e exercícios práticos.	Porque é novo na função	Não iniciado

Aprovação: _____   Data: _____/_____/_____

Fonte: adaptada de Vieira Filho, 2003, p. 58.

How (COMO?)

Corresponde aos passos necessários para garantir que a ação seja executada. O "como" é determinado respondendo-se com verbos no gerúndio (cortando, projetando etc.) ou, como também são ações, podem começar com o verbo no infinitivo (cortar, projetar etc.).

Fala-se também de um segundo H, que significa *how much*, ou "quanto custa", útil quando for importante levantar os custos para a implementação das ações, tornando a sigla 5W2H.

Segundo Rossato (1996), o 5W1H é especialmente útil quando for necessário relacionar as decisões de cada etapa no desenvolvimento do trabalho, identificar as ações e responsabilidades por cada uma das ações e planejar as diversas etapas que serão desenvolvidas.

Em geral, os itens são dispostos em uma tabela, por meio da qual é possível obter, rapidamente, uma visão do todo, como no exemplo mostrado na Tabela 5.2.

Dependendo da natureza das ações, poderá ser útil acrescentar uma coluna de *status* à tabela, que servirá para acompanhar a situação da execução de *planos de ações de longo prazo*. Assim, de tempos em tempos, um responsável deverá verificar em que situação está cada ação e registrar nesse espaço (Viera Filho, 2003).

Técnica dos 5 Por Quês

A técnica dos 5 por quês é utilizada para priorização ou identificação das raízes de um defeito ou problema, isto é, das chamadas causas fundamentais de um problema.

Consiste em fazer uma série de perguntas ("por quês"), até que se alcance um nível em que não haja mais respostas relevantes. De acordo com a experiência, esse nível é alcançado até o "quinto por quê", origem do nome dessa técnica (Azevedo, 2005).

Na Tabela 5.3 há um exemplo que auxilia a melhor compreensão da ferramenta.

De acordo com José (2007, grifo nosso),[29]

[...] não é necessário que sejam exatamente cinco perguntas. Podem ser menos ou mais, desde que você che-

gue à real causa do problema. O importante é que essa ferramenta sirva para exercitar as ideias e tire a pessoa de sua zona de conforto. Também é importante entender que essa **é uma ferramenta limitada. Fazer cinco perguntas não substitui uma análise de qualidade detalhada.** Uma das principais críticas à ferramenta é que pessoas diferentes provavelmente chegarão a causas-raízes diferentes com essas perguntas. Por isso, o ideal é que as perguntas sejam feitas com a participação de toda a equipe, para que gere um debate em torno das causas verdadeiras. Além disso, frequentemente a causa de um problema será mais de uma. Se você usa somente essa ferramenta, pode estar deixando de lado outros fatores importantes para a melhoria de seus processos.

Assim, para o emprego dessa técnica são necessários bom senso e análise cuidadosa, caso a caso. Wilson (2007)[30] alerta para a necessidade de se criticar a suposta causa encontrada por meio dos 5 por quês, respondendo as seguintes questões:

Tabela 5.3 ▸ Exemplo de aplicação da técnica dos 5 por quês

Problema: os clientes estão reclamando muito dos atrasos nas entregas
1º Por que há atrasos? Porque o produto nunca sai da fábrica no momento que deveria
2º Por que o produto não sai quando deveria? Porque as ordens de produção estão atrasando
3º Por que essas ordens atrasam? Porque o cálculo das horas de produção sempre fica menor do que a realidade
4º Por que o cálculo das horas está errado? Porque estamos usando um *software* ultrapassado
5º Por que estamos usando este *software*? Porque o engenheiro responsável ainda não recebeu treinamento no *software* mais atual.

Pelo exemplo, podemos ver que a causa-raiz das reclamações dos clientes é a falta de treinamento do engenheiro em *softwares* de produção mais atuais. Se o responsável somente fizesse a primeira pergunta, tentaria mudar o sistema de transportes da empresa, o que provavelmente seria mais caro e não resolveria realmente o problema.

Fonte: adaptada de José, 2007 (http://ogerente.com/logisticando/2007/02/02/5-porques/)

---

[29]http://ogerente.com/logisticando/2007/02/02/5-porques/

[30]http://www.bill-wilson.net/b73.html

- que provas tenho de que essa causa existe? (é concreta? é mensurável?);

- que provas tenho de que essa causa levará ao problema identificado? (ou estou apenas fazendo suposições?);

- que provas tenho de que essa causa, verdadeiramente, contribui para o problema em análise? (mesmo que seja um fator causal importante, como posso saber se não seria, na verdade, devido a um outro fator?);

- há algo mais que seja necessário ocorrer juntamente com essa causa para que o problema exista? (a suposta causa é autossuficiente ou é necessária uma combinação de fatores?);

- há outra causa, além dessa encontrada, que explique melhor e alternativamente o problema em análise? (há outros riscos?).

Em síntese, "esta é uma boa técnica para resolver problemas simples e tomar os primeiros passos para problemas mais complexos, desde que você não se acomode e ache que seu problema está resolvido com cinco perguntinhas" (José, 2007).[31]

FMEA e FTA

A FMEA (*Failure Mode and Effects Analysis* – Análise dos Modos e Efeitos das Falhas) e a FTA (*Fault Tree Analysis* – Análise da Árvore de Falhas, ou Análise da Sequência de Falhas) são dois métodos para a análise de falhas em produtos e processos – técnicos ou administrativos – empregados tanto em processos e produtos em uso/operação como na fase de projeto.

A diferença básica entre as duas ferramentas é que na FTA parte-se do efeito e chega-se à causa (decomposição de cima para baixo), ao passo que na FMEA parte-se da causa em direção ao efeito (análise de baixo para cima). Além dessas, na Tabela 5.4 podem ser observadas outras diferenças (Helman & Andery, 1995).

As principais aplicações dessas ferramentas são (Helman & Andery, 1995):

- Melhoria de um produto ou processo já em operação, a partir da identificação das causas das falhas ocorridas e seu posterior bloqueio.

- Detecção e bloqueio das causas de falhas potenciais (antes que aconteçam) em produtos ou processos já em operação.

- Detecção e bloqueio das causas de falhas potenciais em produtos ou processos ainda na fase de projeto.

Segundo Werkema (1995), o uso ideal dessas ferramentas é na etapa de projeto do produto ou processo, quando são detectadas todas as possíveis falhas potenciais e estabelecidas contramedidas para evitá-las *antes* que aconteçam. Por esse motivo, são muito úteis ao es-

[31]http://ogerente.com/logisticando/2007/02/02/5-porques/

Tabela 5.4 ▶ Comparativo entre as ferramentas da qualidade FTA e FMEA

	FTA	FMEA
Objetivo	• Identificar as causas básicas primárias das falhas • Elaborar uma relação lógica entre falhas primárias e falha final do produto • Analisar a confiabilidade do sistema	• Identificar as falhas críticas em cada componente, suas causas e consequências • Hierarquizar as falhas • Analisar a confiabilidade do sistema
Procedimento	• Identificação da falha (evento) pelo usuário do produto • Relacionar essa falha com falhas intermediárias e eventos mais básicos, por meio de símbolos lógicos	• Análise das falhas em potencial de todos os elementos do sistema e previsão das consequências • Relação de ações corretivas (ou preventivas) a serem tomadas
Características básicas	• Melhor método para análise individual de uma falha específica • O enfoque é dado à falha final do sistema	• Pode ser utilizada na análise de falhas simultâneas ou correlacionadas • Todos os componentes do sistema são passíveis de análise

Fonte: Helman & Andery, 1995.

tabelecimento de ações preventivas. Essas ferramentas podem ser utilizadas tanto para detecção de causas de problemas já existentes como na previsão de causas para falhas potenciais, demonstrando-se, assim, bastante versáteis e úteis ao estabelecimento tanto de ações corretivas como de ações preventivas.

Nas subseções seguintes, cada uma dessas ferramentas será detalhada.

FMEA – *FAILURE MODE AND EFFECTS ANALYSIS*

A FMEA (Análise dos Modos e Efeitos das Falhas) é um método de análise de projetos – de produtos ou processos, administrativos e/ou industriais – empregado para identificar *todos* os possíveis modos potenciais de falhas e determinar o efeito de cada uma sobre o desempenho do sistema, por meio de um raciocínio dedutivo (Helman & Andery, 1995).

Apesar de ter sido desenvolvida com enfoque no projeto de novos produtos e processos, a metodologia FMEA, em virtude de sua grande utilidade, passou a ser aplicada também em processos e produtos já existentes, com o objetivo de se detectarem não conformidades potenciais. Por isso, pode-se dizer que, aplicando a FMEA, estão sendo reduzidas as possibilidades de o produto/processo falhar.

Existem dois tipos principais de FMEA, a de produto e a de processo:

- **FMEA de produto** é utilizada para avaliar possíveis falhas no projeto do produto, antes de sua liberação para a manufatura. Enfoca as falhas do projeto em relação ao cumprimento dos objetivos definidos para cada uma de suas características e está diretamente ligada à capacidade do *projeto* em atender aos objetivos predefinidos.

- **FMEA de processo** é utilizada para avaliar as falhas em processos, antes de sua liberação para produção. Enfoca as falhas do processo em relação ao cumprimento de seus objetivos predefinidos e está diretamente ligada à capacidade do *processo* em cumprir esses objetivos (Stamatis, 2003, citado por Fernandes & Rebelato, 2006, p. 248, grifo nosso).[32]

É muito importante que se identifique, no início da elaboração da FMEA, qual é o tipo aplicável (de produto ou processo), caso contrário o direcionamento da análise poderá ser equivocado.

Para realizar a FMEA é necessário: (1) identificar modos de falha conhecidos e potenciais; (2) identificar os efeitos de cada modo de falha e sua respectiva gravidade; (3) identificar as causas possíveis para cada modo de falha e sua probabilidade de ocorrência; (4) identificar os meios de detecção do modo de falha e sua probabilidade de detecção; e (5) avaliar o potencial de risco de cada modo de falha e definir medidas para sua eliminação ou redução (Fernandes & Rebelato, 2006).

Responder as perguntas a seguir pode ajudar na condução da análise de FMEA:

- De quais maneiras um componente pode falhar?
- Que tipos de falhas são observadas?
- Quais são os efeitos da falha sobre o sistema?
- Qual é a importância da falha?
- Como preveni-la?

Para sistematizar e organizar a elaboração da FMEA é utilizada uma tabela, como o exemplo da Tabela 5.5.

Etapa importante da elaboração da tabela de FMEA é a determinação dos índices de gravidade (G), ocorrência (O) e detecção (D), que são utilizados para determinar o risco (R) associado a cada modo de falha. O risco é calculado multiplicando-se as pontuações dos três índices, e para classificá-los pode-se ter, por exemplo, uma escala que vai de 1 a 1.000 pontos, sendo 1 baixíssimo risco e 1.000 um risco crítico.

O Apêndice 5.9 apresenta um passo a passo para a elaboração de uma FMEA.

FTA – *FAUT TREE ANALYIS*

A FTA (Análise da Árvore de Falhas) é um método sistemático e padronizado, capaz de fornecer bases objetivas para funções diversas, como a análise de modos comuns de falhas em sistemas, justificação de alterações

Tabela 5.5 ▸ Exemplo de uma tabela de FMEA

EXEMPLO	FMEA ⊠ PRODUTO ☐ PROCESSO						DATA DA ELABORAÇÃO:		CLIENTE/REF.
							DATA DA PRÓXIMA REVISÃO:		PRODUTO:
							COORDENADO POR		

ITEM	NOME DO COMPONENTE	FUNÇÃO	FALHAS POSSÍVEIS			CONTROLES ATUAIS	ÍNDICES			
			MODO	EFEITO	CAUSAS		**G**	**O**	**D**	**R**
2	MANCAL DE ROLAMENTO: ANEL EXTERNO	GARANTIR A ROTAÇÃO	FADIGA	TRAVAMENTO DO EIXO E QUEBRA DO ROLAMENTO	VIBRAÇÃO EXCESSIVA		10	6	9	540
					SOBRECARGA		10	4	3	120
					ROTAÇÃO EXCESSIVA		10	2	2	40
					CICLO TÉRMICO MUITO FREQUENTE		10	2	5	100
			FRATURA	QUEBRA DO ROLAMENTO OU DIMINUIÇÃO DA VIDA ÚTIL TRAVAMENTO DO EIXO	INCLUSÕES NO MATERIAL		10	5	2	100
					MATERIAL INADEQUADO		10	2	6	120

Fonte: Helman & Andery, 1995, p. 62.

---

[32]Stamatis DH. Failure mode and effect analysis: FMEA from theory to execution. 2. ed. ASQC, Milwaukee: Quality Press, 2003. 494p.

em sistemas e demonstração de atendimento a requisitos regulamentares e/ou contratuais, entre outras.

É particularmente útil para auxiliar o analista a identificar dedutivamente as falhas do sistema e assinalar os aspectos mais relevantes em relação a uma falha particular.

É um procedimento altamente detalhado e, por isso, exige um elevado volume de informações e um profundo conhecimento do produto ou processo em estudo.

A análise inicia-se a partir de uma falha ou problema, motivo do estudo, denominada *evento de topo*, e continua com a elaboração da sequência e da combinação de fatos, capazes de conduzir ao evento em análise, até chegar a um nível cuja análise não se considera necessário aprofundar.

Para a execução da FTA são utilizados símbolos gráficos específicos, como os símbolos de eventos e os símbolos de portas lógicas, demonstrados nas Figuras 5.17 e 5.18.

Na Figura 5.19 encontra-se um exemplo de uma FTA, demonstrando o emprego de alguns dos símbolos gráficos citados.

A FTA pode ser associada à FMEA. Assim, a FTA pode demonstrar o relacionamento hierárquico entre os modos de falhas identificados pela FMEA.

O Apêndice 5.10 apresenta um passo a passo para elaboração de uma FTA.

Ferramentas da Qualidade Integradas ao PDCA

Como anteriormente relatado, o PDCA necessita ser "alimentado" por dados e informações em cada uma de

SÍMBOLO	NOME	RELAÇÃO CAUSAL
	E	Evento de saída só ocorre se todos os de entrada ocorrerem
	OU	Evento de saída ocorre se pelo menos um dos de entrada ocorrer
	INIBIÇÃO (CONDICIONAL)	Evento de entrada só conduz ao de saída se o condicional ocorrer
	E DE PRIORIDADE	Evento de saída ocorre se os de entrada ocorrerem na ordem da esquerda para a direita
	OU EXCLUSIVA	Evento de saída ocorre se um mas não ambos os de entrada ocorrerem
	M em N	Evento de saída ocorre se **M** em **N** dos de entrada ocorrerem

Figura 5.18 ▸ Símbolos de portas lógicas para construção da árvore de FTA (Fonte: Helman & Andery, 1995, p. 70.)

suas etapas de planejamento, execução, verificação e avaliação. Isto é conseguido por meio do emprego das Ferramentas da Qualidade, já aqui descritas. Assim, convém estudar como é possível aplicar cada ferramenta, em cada uma das etapas, de modo a se obterem as informações desejadas, fazendo com que o PDCA funcione e cumpra seus objetivos, quais sejam, o alcance de metas, a resolução de problemas ou a manutenção de resultados (SDCA).[33]

Vale ressaltar que algumas ferramentas poderão ser aplicadas em diferentes momentos do ciclo PDCA, porém, como os objetivos de cada fase do ciclo são diferentes, também difere o foco para a aplicação dessas ferramentas. Também vale dizer que, apesar de poderem ser empregadas em mais de uma etapa do ciclo PDCA, pode ser que determinada ferramenta seja mais útil e efetiva em uma etapa específica do que em outra etapa em que ela seja igualmente aplicável. A Tabela 5.6 apresenta essa ideia: nela, as Ferramentas da Qualidade estão distribuídas em cada etapa do ciclo PDCA, conforme foram consideradas *muito efetivas* ou apenas *efetivas* (Werkema, 1995).

Desse modo, o usuário das Ferramentas da Qualidade deve ser capaz de analisá-las criticamente para,

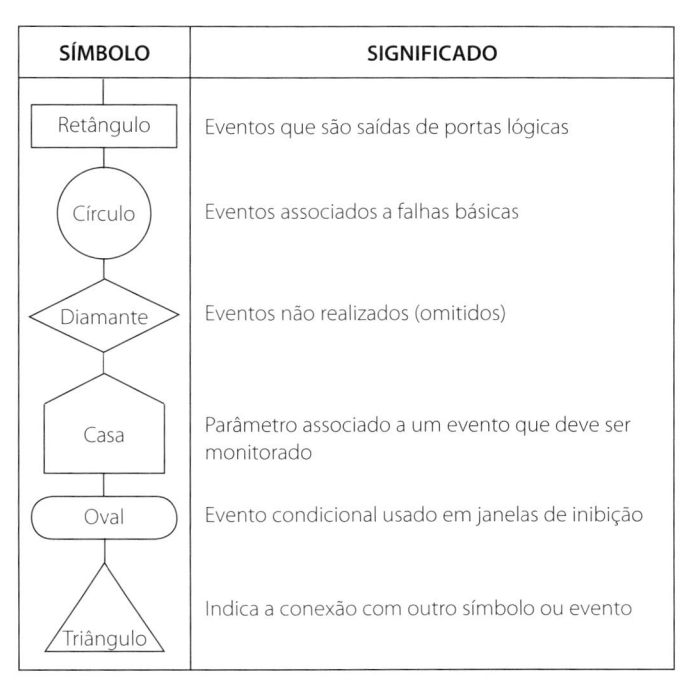

SÍMBOLO	SIGNIFICADO
Retângulo	Eventos que são saídas de portas lógicas
Círculo	Eventos associados a falhas básicas
Diamante	Eventos não realizados (omitidos)
Casa	Parâmetro associado a um evento que deve ser monitorado
Oval	Evento condicional usado em janelas de inibição
Triângulo	Indica a conexão com outro símbolo ou evento

Figura 5.17 ▸ Símbolos de eventos para construção da árvore de FTA (Fonte: Helman & Andery, 1995, p. 69.)

---

[33] *Standard, Do, Check, Act* (detalhado anteriormente neste capítulo).

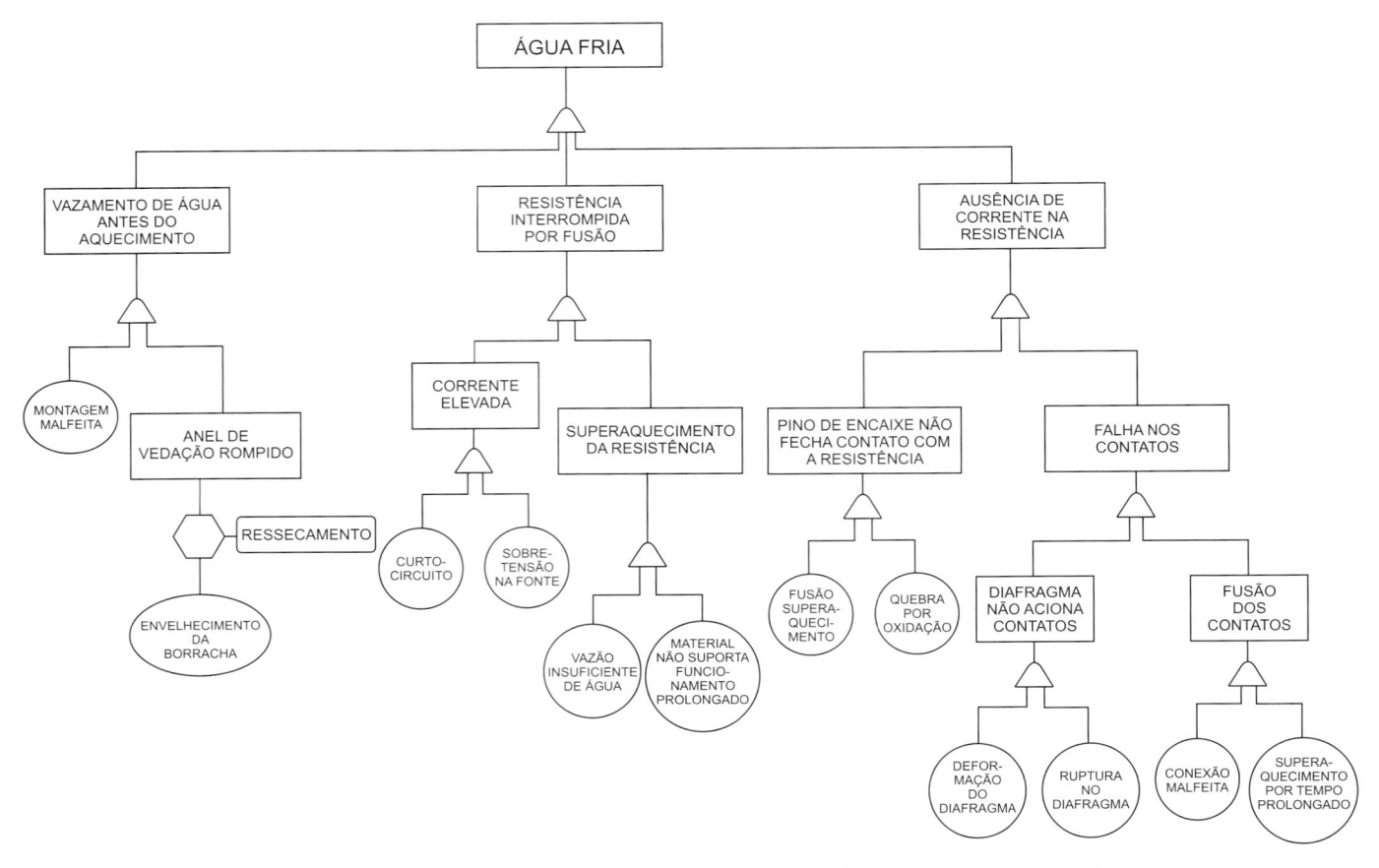

Figura 5.19 ▶ Exemplo de FTA – chuveiro elétrico (Fonte: Helman & Andery, 1995, p. 81.)

sempre que possível, selecionar aquelas que demonstrarem ser as mais efetivas às suas necessidades.

Além do nível de efetividade, também se devem considerar a complexidade e a preparação do pessoal que irá trabalhar diretamente com as ferramentas: de nada adianta selecionar as ferramentas mais efetivas se ainda não há maturidade organizacional suficiente para lidar com elas.

Na Tabela 5.7 está sintetizada uma proposta de integração aos ciclos PDCA e SDCA de todas as Ferramentas da Qualidade abordadas neste capítulo, por meio do "cruzamento" dos conceitos anteriormente explorados para cada ferramenta, com os objetivos de cada etapa dos ciclos PDCA e SDCA.

Portanto, o estudo aprofundado das Ferramentas da Qualidade, dos objetivos de cada etapa dos ciclos PDCA e SDCA e da situação em análise (atingir uma nova meta ou solucionar um problema) será a chave para o sucesso da implementação desses recursos.

O Sistema de Gestão da Qualidade

A norma ISO 9001:2000 provê direcionamento ao gerenciamento da qualidade com requisitos genéricos, "aplicáveis a todas as organizações, sem levar em consideração o tipo, o tamanho e o produto forneci-

do" (NBR ISO 9001, dez. 2000, p. 3). A ISO 13485:2003, por sua vez, tem por objetivo facilitar a harmonização dos requisitos regulatórios para gestão da qualidade de produtos para saúde e, portanto, contém requisitos particulares desse segmento.[34] As Boas Práticas de Fabricação (BPF) têm como foco principal o processo produtivo e todos aqueles que o influenciem diretamente. Desse modo, enquanto as normas ISO apresentam como foco principal a gestão e administração da qualidade em toda a empresa, as BPF dão atenção especial ao processo produtivo.

A padronização de métodos e processos pode representar um grande benefício para as organizações, pois

a padronização de métodos e processos é de interesse antigo e sua importância na busca da melhoria contínua de produtos e serviços está reconhecida em todo o mundo. [...] Perdas e retrabalhos são observados, em muitos casos, unicamente pela falta de padronização (Santarém, 1999, p.1).[35]

Ainda, conforme Campos (2002, p. 51), o padrão é o

A. [...] instrumento básico do "Gerenciamento da Rotina do Trabalho do Dia a dia".

[34]http://www.iso.org/iso/en/CatalogueDetailPage.CatalogueDetail?CSNUMBER=36786&I

[35]http://www.squalidade.com.br/ArtigoPadronizaroTodo.html

Tabela 5.6 ▸ Nível de efetividade de algumas Ferramentas da Qualidade, conforme etapa do ciclo PDCA em que são aplicadas

PDCA	FASE	Ferramentas da Qualidade consideradas MUITO efetivas	Ferramentas da Qualidade consideradas efetivas
P	Identificação do problema	Gráfico de Pareto Gráfico (Carta) de Controle	Folha de Verificação e de Coleta de Dados Diagrama de Causa e Efeito Histograma
	Observação	Folha de Verificação e de Coleta de Dados Histograma Diagrama de Dispersão Gráfico (Carta) de Controle	Gráfico de Pareto Diagrama de Causa e Efeito
	Análise	Folha de Verificação e de Coleta de Dados Gráfico de Pareto Diagrama de Causa e Efeito Histograma Diagrama de Dispersão Gráfico (Carta) de Controle	
	Plano de ação		
D	Execução	Folha de Verificação e de Coleta de Dados	Gráfico (Carta) de Controle
C	Verificação	Folha de Verificação e de Coleta de Dados Gráfico de Pareto Histograma Gráfico (Carta) de Controle	Diagrama de Dispersão
	(Bloqueio foi efetivo?)		
A	Padronização	Folha de Verificação e de Coleta de Dados	
	Conclusão		Gráfico de Pareto Histograma Gráfico (Carta) de Controle

Fonte: informações adaptadas pelos autores com base em Werkema, 1995, p. 59-60.

B. [...] instrumento que indica a meta (fim) e os procedimentos (meios) para execução dos trabalhos, de tal maneira que cada um tenha condições de assumir a responsabilidade pelos resultados de seu trabalho.

C. [...] é o próprio planejamento do trabalho a ser executado pelo indivíduo ou pela organização.

[...] Não existe gerenciamento sem padronização.

Contudo, é necessário revisar as práticas, periodicamente. O objetivo é atualizá-las por meio da busca e emprego de métodos ainda melhores, que possam otimizar a gestão de um modo geral. Por esse motivo, surgiu a necessidade de se buscar mais do que as certificações ISO e BPF recomendam, fazendo com que a organização revisse seu modelo de gestão. Por esse motivo, essas organizações são levadas a implantar um projeto para instituir a Gestão por Processos. Na Gestão Operacional, isso leva a novos treinamentos e reflexões sobre a maneira como as atividades vinham sendo conduzidas. Cada gestor envolvido pôde perceber vários pontos de melhorias em seus processos, destacando-se grandes oportunidades para o SGQ.

Tabela 5.7 ▸ Sugestão de integração das Ferramentas da Qualidade aos ciclos PDCA e SDCA

	PDCA PARA MELHORAR RESULTADOS (resolução de problemas ou atingimento de metas)		PDCA PARA MANTER RESULTADOS (SDCA) (manutenção de resultados)
P	**FASE 1: Identificação do problema/meta.** *Consiste em definir claramente o problema e reconhecer sua importância ou, ainda, estabelecer a meta a ser alcançada* • Folhas de Verificação e de Coleta de Dados • Histograma • Gráfico de Pareto • Gráfico (Carta) de Controle • *Brainstorming* • 5 por quês • Fluxograma • FMEA e FTA **FASE 2: Observação do problema/meta.** *Consiste em investigar as características específicas do problema/meta, sob vários pontos de vista* • Folhas de Verificação e de Coleta de Dados • Gráfico de Pareto • Histograma • Diagrama de Dispersão • Gráfico (Carta) de Controle • *Brainstorming* • 5 por quês • Fluxograma • FMEA e FTA **FASE 3: Análise do problema/meta.** *Consiste em descobrir as causas fundamentais do problema ou, ainda, os meios para se alcançarem as metas* • Folhas de Verificação e de Coleta de Dados • Gráfico de Pareto • Diagrama de Causa e Efeito • Histograma • Diagrama de Dispersão • Gráfico (Carta) de Controle • *Brainstorming* • 5 por quês • Fluxograma • FMEA e FTA **FASE 4: Plano de ação.** *Conceber um plano para bloquear as causas fundamentais do problema ou plano para se atingir a meta* • 5W1H • Fluxograma • FMEA	S	**FASE 1: Meta operacional padrão** **FASE 2: Procedimento operacional padrão (POP)** Não é necessário aplicar ferramentas nessas fases, pois o POP é o método para se atingir a meta padrão (valores de especificação para controle de um item)
D	**FASE 5: Execução do plano de ação.** *Bloquear as causas fundamentais* • Folhas de Verificação e de Coleta de Dados • Gráfico (Carta) de Controle	D	**FASE 3: Execução (cumprimento do POP).** *Consiste na coleta de dados para as fases seguintes do ciclo SDCA* • Gráfico (Carta) de Controle • Folha de Verificação e de Coleta de Dados
C	**FASE 6: Verificação.** *Verificar se o bloqueio foi efetivo* • Folhas de Verificação e de Coleta de Dados • Gráfico de Pareto • Histograma • Gráfico (Carta) de Controle • Fluxograma	C	**FASE 4: Verificação.** *Consiste na confirmação da efetividade do POP* • Histograma • Gráfico (Carta) de Controle • Fluxograma
A	**FASE 7: Padronização.** *Prevenir contra o reaparecimento do problema* • Folha de Verificação e de Coleta de Dados • 5W1H • Fluxograma • FMEA e FTA **FASE 8: Conclusão.** *Recapitular todo o processo de solução do problema para trabalho futuro* • Gráfico de Pareto • Histograma • Gráfico (Carta) de Controle	A	**FASE 5: Ação corretiva.** *Empregada quando o POP não for considerado efetivo. Nesse caso, deverão ser feitos o relato da anomalia, a **ação de contenção** e a **ação corretiva*** • Diagrama de Causa e Efeito • Histograma • Diagrama de Dispersão • Gráfico (Carta) de Controle • *Brainstorming* • 5 por quês • Fluxograma • 5W1H • FMEA

Fonte: quadro dos autores, baseado em informações de Werkema, 1995, p. 59-60; Ferreira, 2005.

▶ REFERÊNCIAS

Abreu RCL de. Círculos de controle de qualidade CCQ. Rio de Janeiro: Edição do Autor, 1987. 196 p.

Andrade FF de. O método de melhorias PDCA. São Paulo: 2003. 157f. Dissertação (Mestrado em Engenharia de Construção Civil e Urbana) Escola Politécnica, Universidade de São Paulo, São Paulo, 2003.

Associação Brasileira de Normas Técnicas. NBR ISO 9001: Sistemas de gestão da qualidade – Requisitos. Rio de Janeiro, dez. 2000.

Barbosa EF *et al*. Gerência da qualidade total na educação. Belo Horizonte: Fundação Christiano Ottoni, Escola de Engenharia da UFMG, 1994.

Bill W. Five-by-five Whys. Disponível em: http://www.bill-wilson.net/b73.html>. Acesso: em 6 abr. 2007.

Bureau Veritas do Brasil. Norma NBR ISO 9000 – DEZ/2005: Sistemas de gestão da qualidade – Fundamentos e vocabulário. In: _____. ISO 9001 – Interpretação e implantação da gestão da qualidade. Apostila de treinamento. Revisão 0. São Paulo: 2006.

Brocka B, Brocka SM. Gerenciamento da qualidade. Tradução e revisão técnica Valdênio Ortiz de Souza. São Paulo: Makron Books do Brasil Editora Ltda., 1994. 427p.

Cabral JH. Gerenciamento do processo produtivo para o aperfeiçoamento contínuo de uma célula de produção no setor automobilístico. Taubaté: 2002. 84 f. Monografia (Especialização MBA em Gerência de Produção) – Departamento de Economia, Contabilidade, Administração e Secretariado - ECASE, Universidade de Taubaté, Taubaté, 2002. Disponível em: <http://www.unitau.br/prppg/cursos/ppga/mba/2002.htm> Acesso em: 12 fev. 2007.

Campos VF. Gerenciamento da rotina do trabalho do dia-a-dia. 8. ed. Belo Horizonte: Editora de Desenvolvimento Gerencial, 2002. 266 p.

Carvalho MC de. Construindo o saber. 15. ed. São Paulo: Papirus, 1989.

Chaves NMD. Caderno de campo das equipes de melhoria contínua. Belo Horizonte: Editora de Desenvolvimento Gerencial, 2003. 68 p.

Como desenvolver um brainstorming eficiente. Disponível em: <http://www.grandesprofissionais.com.br/html/rh/brainstorming/brainstorming.htm> Acesso em: 19 out. 2006.

Comunidade Politec. PDCA: Processo de solução de problemas e ciclo de melhoria contínua. Boletim Qualidade. Goiânia, ano 1, n. 5, nov. 2002. Disponível em: <http://www.pmigo.org.br/boletins_qualidade/boletim_005.pdf> Acesso em: 8 nov. 2006.

_____. Ações corretivas. Boletim Qualidade. Goiânia, ano 2, n. 75, jun. 2004. Disponível em: <http://www.pmigo.org.br/boletins_qualidade/boletim_075.pdf> Acesso em: 8 nov. 2006.

_____. Instrumentos de gestão: Diagrama de Pareto. Boletim Qualidade. Goiânia, ano 3, n. 94, dez. 2004. Disponível em: <http://www.pmigo.org.br/boletins_qualidade> Acesso em: 1º dez. 2006.

_____. Classificação das não-conformidades. Boletim Qualidade. Goiânia, ano 3, n. 139, out. 2005. Disponível em <http://www.pmigo.org.br/boletins_qualidade> Acesso em: 8 nov. 2006.

Coraiola JR. Gerenciamento da rotina: Uma metodologia de aplicação das Ferramentas da Qualidade numa disciplina específica do curso superior de Tecnologia em Eletrotécnica do CEFET-PR. Florianópolis: 2001. 134 f. Dissertação (Mestrado em Engenharia de Produção) – Engenharia de Produção e Sistemas, Universidade Federal de Santa Catarina, Florianópolis, 2001. Disponível em: < http://teses.eps.ufsc.br> Acesso em: 12 fev. 2007.

Fernandes JMR, Rebelato MG. Proposta de um método para integração entre QFD e FMEA. Gest. Prod., São Carlos, v. 13, n. 2, 2006. Disponível em: <http://www.scielo.br/pdf/gp/v13n2/31171.pdf> Acesso em: 8 mar. 2007.

Ferreira E. Método de solução de problemas "QC Story". Disponível em: <http://www.gerenciamento.ufba.br/Disciplinas_arquivos/M%C3%B3dulo%20XVI%20Ferramentas/Ferramentas%20da%20Qualidade.pdf> Acesso em: 5 mar. 2007.

França JL *et al*. Manual para normalização de publicações técnico-científicas. 7. ed. ver. amp. Belo Horizonte: UFMG, 2004.

Galuch L. Modelo para implementação das ferramentas básicas do controle estatístico do processo – CEP em pequenas empresas manufatureiras. Florianópolis: 2002. 86 f. Dissertação (Mestrado em Engenharia de Produção) – Engenharia de Produção, Universidade Federal de Santa Catarina. Florianópolis, 2002. Disponível em: < http://teses.eps.ufsc.br/defesa/pdf/7969.pdf> Acesso em: 14 fev. 2007.

Gerolamo MC. Proposta de sistematização para o processo de gestão de melhorias e mudanças de desempenho. São Carlos: 2003. 151 f. Dissertação (Mestrado em Engenharia de Produção) – Escola de Engenharia de São Carlos, Universidade de São Paulo, São Carlos, 2003. Disponível em: <www.prod.eesc.usp.br/gmme/teses_e_dissertacoes.htm> Acesso em: 26 nov. 2006.

Gerolamo MC, Carpinetti LCR, Esposto KF. Uma proposta para gestão estratégica da melhoria e mudança. In: V SIMPOI – FGV, 2002, São Paulo. Anais do V SIMPOI. 2002. Disponível em: <www.prod.eesc.usp.br/gmme/publicacoes.htm> Acesso em: 26 nov. 2006.

Gil AC. Como elaborar projetos de pesquisa. 4. ed. São Paulo: Atlas, 2002.

Godfrey B. Ferramentas de melhoria da qualidade com uso das novas tecnologias. Manual de orientação que acompanha o vídeo. Câmara de Comércio dos Estados Unidos e The Training Edge. Produção: Sete Empreendimentos Apresentação: Blanton Godfrey. Duração: 112 minutos.

Helman H, Andery PRP. Análise de falhas (aplicação dos métodos de FMEA – FTA). Belo Horizonte: Fundação Christiano Ottoni, Escola de Engenharia da UFMG, 1995. 156 p. (Série Ferramentas da Qualidade, volume 11).

Horta G. Resolvendo problemas. Contagem: Gustavo Horta Consultoria Técnica S/C Ltda. 2003 (xerocopiado).

José LHP. 5 por quês. Disponível em: <http://ogerente.com/logisticando/2007/02/02/5-porques/>. Acesso em: 6 abr. 2007.

Kume H. Métodos estatísticos para melhoria da qualidade. Tradução Dario Ikuo Miyake. Revisão Técnica Alberto Wunderler Ramos. São Paulo: Editora Gente, 1993. 217 p.

Melhoria contínua. Guaratinguetá, ano I, n. 11, nov. 2004. Disponível em <http://www.datalyzer.com.br/site/suporte/administrador/info/arquivos/info36/36.html> Acesso em: 7 nov. 2006.

Morais N *et al*. Ferramentas da Qualidade. Disponível em: <http://www.geocities.com/CapeCanaveral/Runway/2922/index.htm> Acesso em: 14 fev. 2007.

Olinto Filho J, Silva PF da. Custos da qualidade – I. IETEC. Disponível em: <http://www.ietec.com.br/ietec/techoje/techoje/administracao/2003/03/14/2003_03_14_0003.2xt/-template_interna> Acesso em: 7 nov. 2006.

Paula AT de, Melhado SB. Avaliação do impacto potencial da Versão 2000 das Normas ISO 9000 na gestão e certificação da qualidade: o caso das empresas construtoras. Boletim Técnico da Escola Politécnica da USP. São Paulo. Série BT/PCC. 2005. Disponível em: http://publicacoes.pcc.usp.br/PDF2005/BT395-%20dePaula.pdf> Acesso em: 16 abr. 2007.

Pinto SHB, Carvalho MM de, Ho LL. Implementação de programas de qualidade: um survey em empresas de grande porte no Brasil. Gest. Prod., São Carlos, v. 13, n. 2, 2006. Disponível em: <http://www.scie-

lo.br/scielo.php?script=sci_arttext&pid=S0104-530X20060002000 03&lng=en&nrm=iso> Acesso em: 27 jan. 2007.

Ramos A W. Ferramentas básicas da qualidade. Disponível em: <http://www.prd.usp.br/disciplinas/docs/pro2712-2005-Alberto_ Gregorio/1Ferbasq.pdf> Acesso em: 14 fev. 2007.

Ricci R. Guia Prático ISO 9000: tudo o que você precisa saber sobre ISO 9000. Rio de Janeiro: Qualitymark, 1995.

Rossato IF. Uma metodologia para a análise e solução de problemas. Florianópolis: 1996. Dissertação (Mestrado em Engenharia) Universidade Federal de Santa Catarina, Florianópolis, 1996. Disponível em: <http://www.eps.ufsc.br/disserta96/rossato/indice/> Acesso em: 4 mar. 2007.

Santana SA de. Relatório final de atividades realizadas no setor de assuntos regulatórios da DiaMed. 2005, 28 f. Trabalho de Conclusão de Curso (Graduação) – Graduação em Farmácia Industrial, Universidade Federal de Minas Gerais, Belo Horizonte, 2005.

Santarém C. Padronizar o todo. Disponível em: <http://www.squalidade.com.br/ArtigoPadronizaroTodo.html>. Acesso em: 27 jan. 2007.

Scherkenbach WW. Os processos do mundo de amanhã: melhoria contínua. In: _____. O caminho de Deming para a melhoria contínua. Tradução Heloísa Martins Costa. Rio de Janeiro: Qualitymark, 1993. cap. 2, p. 47-64.

The Company. Disponível em: <http://www.diamed.com/content.aspx ?id=8&nav=corporate&navId=1> Acesso em: 29 dez. 2006.

TÜV CERT. Certificate DIN ISO 9001/EN 29001/BS5750 Part 1: registration n. 70 100 M 578, expirado em novembro de 1997. Conferido à DiaMed AG em Bonn, Alemanha, 21 mar. 1995.

Universidade Estadual de Campinas. Programa de desenvolvimento gerencial. Disciplina de Estatística para Melhoria. Análise de dados: formulário para coleta de dados. Revisão 1. Disponível em: <http://www.afpu.unicamp.br/Gerentes/Estatistica/12%20Form_col_dados.pdf>Acesso em: 5 mar. 2007.

Universidade Federal de Santa Catarina. Departamento de Ciência da Informação. Laboratório de Gestão Tecnologia e Informação. Centro de Ciências da Educação. Curso de Biblioteconomia. Aula 5: Fluxograma, Organograma Funcionograma e QDT. Disponível em: <http://www.lgti.ufsc.br/O&m/aulas/Aula5/aula5.pdf>. Acesso em: 5 mar. 2007.

Vieira Filho G. Gestão da Qualidade Total: uma abordagem prática. Campinas: Editora Alínea, 2003. 134 p.

Werkema MCC. Ferramentas estatísticas básicas para o gerenciamento de processos. Belo Horizonte: Fundação Christiano Ottoni, Escola de Engenharia da UFMG, 1995. 384 p. (Série Ferramentas da Qualidade, volume 2).

Werkema MCC. As Ferramentas da Qualidade no gerenciamento de processos. 6. ed. Belo Horizonte: Editora de Desenvolvimento Gerencial, 1995. 108 p.

APÊNDICES

Apêndice 5.1 ▸ Descrição das principais técnicas, ferramentas e métodos de melhoria

Classificação	Ferramenta/Técnica	Descrição
Ferramenta Estatística da Qualidade	*Folha de Verificação*	Utilizada quando se deseja obter dados baseados em observações amostrais. Tem como objetivo a verificação: do processo de produção, de itens defeituosos, da localização dos defeitos e das causas dos defeitos
	Diagrama de Pareto	Ressalta a importância relativa entre vários problemas. Auxilia o direcionamento da atenção e dos esforços para os problemas mais importantes. Permite separar os problemas em duas classes: os poucos vitais e os muito triviais
	Diagramas de Causa e Efeito (Ishikawa)	Usados quando se deseja identificar, explorar e ressaltar as causas possíveis de um problema, representando a relação entre o efeito (resultado) e suas possíveis causas
	Diagrama de Dispersão	Usado para visualizar a dependência entre um parâmetro de qualidade e uma variável do processo, analisando uma possível relação entre elas, bem como sua intensidade
	Cartas de Controle	Fornecem informações sobre um dado processo, com base em amostras periodicamente coletadas. Essas cartas monitoram o processo, mantendo-o sob controle estatístico, mas não garantem que ele seja capaz de atender às especificações
	Capacidade do Processo	Utilizada para julgar se o processo, com suas variações naturais, é capaz de atender às especificações estabelecidas, mostrando assim o potencial que o processo tem de produzir peças dentro do limite especificado
	Flowcharts *(Fluxogramas)*	As pessoas que conhecem bem o processo desenham o fluxograma do processo atual e o fluxograma do processo ideal e comparam os dois esquemas para identificar oportunidades de melhoramento
Ferramenta Gerencial da Qualidade	*Diagrama de Afinidades*	Expressa os fatos, opiniões ou ideias de um confuso ou incerto problema com o objetivo de esclarecer, organizar e solucionar esse problema
	Diagramas de Relações	Projetados para solucionar problemas complicados por meio de agrupamento. Permitem fortalecer a relação causa e efeito e desenvolvem meios para alcançar propostas
	Diagrama em Árvore	Projetado para expandir os meios para alcançar objetivos. Traça a relação entre os objetivos e os meios para esclarecer os elementos estruturais do objetivo e suas inter-relações
	Matriz de Relações	Projetada para obter um ponto de vista para solucionar um problema pela combinação de elementos de eventos ou assuntos a serem registrados
	Matriz de Priorização	Projetada para alocação de dados numa matriz de forma organizada. Assim, é possível estabelecer prioridades
	PDPC	Projetado para prever o futuro no desenvolvimento de um evento e conduz a um resultado desejável. Além disso, auxilia a antecipação de problemas
	Diagrama de Atividades	Projetado para fazer a programação ideal para realizar um plano e controlar seu progresso eficientemente

(continua)

Apêndice 5.1 ▸ Descrição das principais técnicas, ferramentas e métodos de melhoria (*continuação*)

Classificação	Ferramenta/ Técnica	Descrição
Outras Técnicas e Ferramentas Organizacionais	5S	É a criação de um ambiente de trabalho digno, em constante melhoria, e no qual os funcionários sintam-se à vontade para desenvolver suas atividades
	Brainstorming	Usada em reunião para auxiliar o processo criativo de uma equipe de trabalho para a resolução de um problema
	Padronização	Reunião das pessoas envolvidas em uma atividade, discutindo o melhor procedimento para realizá-la. Deve-se treinar as pessoas e certificar-se de que a execução está de acordo com o estabelecido
	SETFI – Ferramenta de Priorização	Usada para analisar problemas existentes e priorizar a resolução dos problemas, de acordo com a pontuação nos seguintes aspectos: segurança, emergência, tendência, facilidade e investimento
	Análise de Input e Output	Ajuda a criar uma clara visão do escopo da organização mediante a identificação dos processos nela existentes e das entradas e saídas desses processos, provenientes dos fornecedores e clientes
	Modelagem de Processos	Representação da lógica de funcionamento de uma organização real por meio de formalismo descritivo ou modelos
	ARA (Árvore da Realidade Atual)	Inter-relacionar os problemas levantados, que podem ser chamados de efeitos indesejáveis, procurando, a partir de uma relação de causa e efeito, identificar as causas-raízes dos problemas
Práticas e Métodos para Melhoria e Mudança	QFD (Quality Function Deployment)	Usada para traduzir as necessidades e os desejos dos clientes em requisitos de projetos dos produtos e serviços, em cada estágio do seu ciclo de desenvolvimento, desde a pesquisa até a engenharia, *marketing*, produção, vendas e distribuição
	Benchmarking	Um processo contínuo de medir e comparar os processos de negócio de uma organização em relação aos líderes mundiais para conseguir informações que ajudarão a organização a implementar ações para a melhoria de desempenho
	Avaliação de Desempenho e Diagnóstico das Operações	Processo de quantificar ou qualificar o desempenho de um produto ou processo de uma organização
	Medição de Desempenho	Processo de quantificar a eficiência e eficácia das atividades de um negócio por meio de métricas ou indicadores de desempenho
	Seis Sigma	O Seis Sigma focaliza técnicas estatísticas objetivando o aperfeiçoamento dos processos com foco na eliminação de defeitos e nas necessidades dos clientes
	Lean Production	Visa tornar as empresas mais flexíveis e capazes de responder efetivamente às necessidades dos clientes

Fonte: adaptado de Gerolamo *et al.*, 2003, p. 43-45.

Apêndice 5.2 ▶ Passo a passo para a construção de um diagrama de Pareto

Como construir diagramas de Pareto

Etapa 1 – Defina quais problemas serão investigados e como os dados serão coletados

1º Decida que tipo de problema você quer investigar
   Exemplo: itens defeituosos; perdas financeiras; acidentes; baixa produtividade etc.
2º Defina quais dados serão necessários e como serão classificados
   Exemplo: por tipo de defeito; localização, processo, equipe, local, método etc.
3º Determine o método e o período de coleta dos dados
   Exemplo: Folhas de Verificação, Folhas de Coleta de Dados etc.

Etapa 2 – Crie o formulário conforme anteriormente determinado

Crie uma folha de contagem e registro de dados, listando os itens, deixando espaço para anotar os respectivos totais

Etapa 3 – Colete os dados e calcule os totais

Preencha o formulário com o número de vezes em que cada item foi observado e com o número total de observações (total geral)

Exemplo de Folha de Contagem de Dados

Tipo de defeito	Marcas	Total
Trinca	//// ////	
Risco	//// //// //// ////	10
Mancha	.... //// //	42
Deformação	//// /	6
Fenda	//// //// //// ////	104
Porosidade	.... //// ////	4
Outros	////	20
	//// //// //// ////	14
	//// //// ////	
Total		**200**

Etapa 4 – Prepare uma planilha de dados para elaborar o diagrama de Pareto

Nessa planilha, liste cada item com seus respectivos totais individuais, totais acumulados e percentuais individuais. Depois, calcule também os percentuais acumulados

Etapa 5 – Classifique os itens em ordem decrescente

Ordene os itens em ordem decrescente de quantidade.
Caso tenha feito o item "outros", mantenha-o na última linha, qualquer que seja sua grandeza. Isso se deve ao fato de ele ser constituído de um grupo de itens individuais menores que o menor item listado fora dele. Se o valor desse grupo for muito grande, provavelmente ele deve conter algum item significativo, que deverá será tratado à parte

Exemplo de Planilha de Dados

Tipo de defeito	Quantidade de defeitos	Total acumulado	Porcentagem de total geral (%)	Porcentagem acumulada (%)
Deformação	104	104	52	52
Risco	42	146	21	73
Porosidade	20	166	10	83
Trinca	10	176	5	88
Mancha	6	182	3	91
Fenda	4	186	2	93
Outros	14	200	7	100
TOTAL	200	–	100	–

Etapa 6 – Trace a estrutura do diagrama de Pareto

Trace dois eixos verticais, um à esquerda e outro à direita:
• Eixo vertical esquerdo: marque com uma escala de zero até o valor do Total Geral
• Eixo vertical direito: marque com uma escala de porcentagem 0 a 100% (zero a cem por cento)
Trace um eixo horizontal, à base dos eixos verticais, dividindo-o em um número de intervalos igual ao número de itens da classificação

Como construir diagramas de Pareto

(continua)

Apêndice 5.2 ▸ Passo a passo para a construção de um diagrama de Pareto (*continuação*)

Etapa 7 – Construa um diagrama de barras
Plote os valores organizados na etapa 5 e trace as barras.

Etapa 8 – Desenhe a curva acumulada (curva de Pareto)
Marque os valores acumulados até cada item (total acumulado ou porcentagem acumulada) sobre o eixo direito do respectivo intervalo e ligue os pontos com segmentos de reta

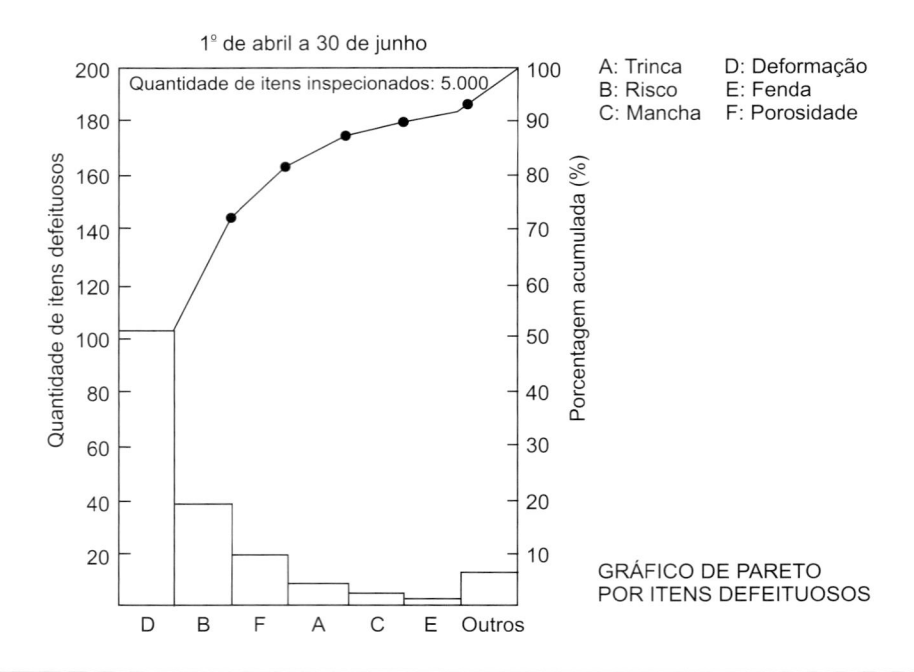

Etapa 9 – Registre demais informações faltantes
Identifique o diagrama com um título adequado, bem como todos os eixos, unidades de medidas, período de coleta/análise etc.

Etapa 10 – Analise o diagrama de Pareto obtido
Classifique os itens conforme as categorias "poucos vitais" e "muitos triviais":
*   Observe o ponto de "quebra do gráfico", para separar as duas categorias
*   Caso não esteja visível, identifique aqueles poucos fatores que são responsáveis por cerca de 60% do efeito sob análise
*   Classifique-os como "poucos vitais" e inicie o diagnóstico e as ações pertinentes
*   Concluído o ataque aos "poucos vitais", repita todo o processo: os fatores que estavam na zona intermediária provavelmente passarão a ser os mais significativos
*   Repita os passos até sanar todo o problema ou obter as respostas desejadas

Fonte: adaptado de Ferreira, 2005; Godfrey, 1994; Kume, 1993.

Apêndice 5.3 ▶ Passo a passo para a realização de uma sessão de *brainstorming*

Como fazer uma sessão de *brainstorming*

Etapa 1 – Defina o problema a ser discutido
Etapa 2 – Organize um grupo de pessoas
Etapa 3 – Selecione um líder e um secretário para o grupo
Etapa 4 – Leia as regras do *brainstorming* para todos
Etapa 5 – Anote o tema em um quadro ou painel visível a todos os participantes
Etapa 6 – Inicie a sessão, marcando o horário de início. Recomenda-se delimitar o tempo total da sessão (geralmente de 25 a 30 minutos)
Etapa 7 – Anote todas as ideias no momento em que surgirem, de modo que fiquem visíveis a todos durante toda a sessão
Etapa 8 – Mantenha todos os participantes envolvidos
Etapa 9 – Terminado o tempo, encerre o registro das sugestões
Etapa 10 – Inicie, nesse ou em outro momento, a classificação e a análise das ideias
Etapa 11 – Combine e agrupe ideias semelhantes
Etapa 12 – Estabeleça, juntamente com o grupo, aproximadamente cinco critérios de seleção. Os critérios devem começar com a palavra "deve". Por exemplo, "deve ter valor efetivo", "deve ser legal", "deve ser possível de terminar antes de" etc.
Etapa 13 – Estabeleça uma pontuação para cada critério (0 a 5 pontos, por exemplo), que retrate o grau de importância relativa de cada um
Etapa 14 – Analise as ideias, classificando-as conforme os critérios preestabelecidos
Etapa 15 – Some os pontos para cada ideia: a ideia de maior pontuação resolverá melhor o problema. Apesar disso, deve-se manter um registro de todas as ideias e suas pontuações para o caso de a melhor ideia não se mostrar executável naquele momento

Fonte: adaptado de Godfrey, 1994; Rossato, 1996 (http://www.grandesprofissionais.com.br/html/rh/brainstorming/brainstorming.htm)

Apêndice 5.4 ▶ Passo a passo para a construção de um diagrama de causa e efeito

Como construir diagramas de causa e efeito

Etapa 1 – Defina qual problema será analisado ou qual a meta desejada
Etapa 2 – Escreva o problema ou meta em um retângulo no lado direito do gráfico e na espinha dorsal ao lado esquerdo as causas primárias e secundárias, fazendo a pergunta "por que isso ocorre?"
Etapa 3 – Reúna um grupo de pessoas para uma sessão de *brainstorming* sobre as causas possíveis
Etapa 4 – Anote as possíveis causas e, quando houver um número razoável de ideias, agrupe-as por categoria, preenchendo o diagrama
Etapa 5 – Revise todo o diagrama para verificar se nada foi esquecido
Etapa 6 – Analise o gráfico com o objetivo de encontrar a causa principal, observando as causas que aparecem repetidas e se essas causas estão relacionadas com o efeito
Etapa 7 – Obtenha o consenso de todos do grupo e inicie o planejamento das ações

Fonte: adaptado de Rossato, 1996.

Apêndice 5.5 ▶ Passo a passo para a construção de um fluxograma

Como construir fluxogramas

OBS.: todas as pessoas que realmente participam do processo devem estar envolvidas na montagem do fluxograma.

Etapa 1 – Discuta como pretende usar o fluxograma
Etapa 2 – Decida sobre o resultado desejado
Etapa 3 – Identifique os limites do processo, mostrando o início e o fim, por meio da simbologia adequada
Etapa 4 – Documente cada etapa do processo, registrando as atividades, as decisões e os documentos relativos a ele
Etapa 5 – Faça uma revisão para verificar se alguma etapa foi esquecida ou se foi elaborada de maneira incorreta
Etapa 6 – Analise o fluxograma proposto, juntamente com a equipe, verificando se está consistente e condizente com a realidade do processo
Etapa 7 – Faça os ajustes, caso necessário

Fonte: Godfrey, 1994; Rossato, 1996.

Apêndice 5.6 ▸ Passo a passo para a construção de um histograma

Como construir histogramas

Etapa 1 – Colete *n* dados referentes à variável cuja distribuição será analisada

É aconselhável que *n* seja superior a 50 para se obter um padrão representativo

Etapa 2 – Escolha o número de intervalos ou classes (*k*)

Alguns autores recomendam utilizar K = V*n*, ou, ainda, seguir o guia abaixo:

Tamanho da amostra (*n*)	Número de Intervalos (*k*)
< 50	5 a 7
50 a 100	6 a 10
100 a 25	7 a 12
> 250	10 a 20

Fonte: Ishikawa K. Guide to Quality Control. Tokyo: Asian Productivity Organization, 1982 – citado por Werkema, 1995.

Etapa 3 – Identifique o maior e o menor valor do conjunto de dados

Etapa 4 – Calcule a amplitude total dos dados (R)

R = maior valor – menor valor

Etapa 5 – Calcule o comprimento de cada intervalo (classe) (*h*)

h = R/*k*, onde h é amplitude de classe

Etapa 6 – Arredonde o valor de *h* de modo que seja obtido um número conveniente, que deve ser um múltiplo inteiro da unidade de medida dos dados da amostra

Etapa 7 – Calcule os limites de cada intervalo

Primeiro intervalo	**Segundo intervalo**	***i*-ésimo intervalo**
Limite inferior: LI1= menor valor – *h*/2	Limite inferior: LI2= LS1	Limite inferior: LLi= LSi-1
Limite superior: LS1= LI1 + *h*	Limite superior: LS2= LI2 + *h*	Limite superior: LSi= LLi + *h*

Continue esses cálculos até que seja obtido um intervalo que contenha o maior valor da amostra entre seus limites. Observe que, seguindo esse procedimento, o número total de intervalos será igual a *k*+1.

Etapa 8 – Construa uma tabela de distribuição de frequências, constituída pelas seguintes colunas

Intervalo *i*	Limites dos intervalos	Ponto médio	Tabulação	Frequência f_i	Frequência relativa f_i/n

Onde

Ponto médio x_i do i-ésimo intervalo: $x_i = (LI_i + LS_i)/2$

Tabulação: contagem dos dados pertencentes a cada intervalo

Frequência (*f*) do i-ésimo intervalo: f_i = número de observações do i-ésimo intervalo

Etapa 9 – Desenhe o histograma

Eixo horizontal: escala para os limites dos intervalos

Eixo vertical: escala para as frequências dos intervalos

Desenhe um retângulo em cada intervalo, com base igual ao comprimento (*h*) e altura igual à frequência (*f*) do intervalo

Etapa 10 – Registre as demais informações importantes: título, período de coleta, tamanho da amostra

Fonte: Rossato, 1996; Werkema, 1995.

Apêndice 5.7 ▶ Passo a passo para a construção de um diagrama de dispersão

Como construir diagramas de dispersão

Etapa 1 – Colete pelo menos 30 pares de observações (x, y) das variáveis cujo relacionamento será estudado
Etapa 2 – Registre os dados em uma tabela
Etapa 3 – Construa os eixos "x, y": a variável **causa** no eixo horizontal e a variável **efeito** no eixo vertical. Os comprimentos dos dois eixos devem ser aproximadamente iguais
Etapa 4 – Escolha escalas apropriadas e de fácil leitura
Etapa 5 – Marque no gráfico os pares de observações (x, y). Se houver valores repetidos, trace um círculo concêntrico (◉)
Etapa 6 – Adicione as informações complementares, como título, nome das variáveis, período de coleta, tamanho da amostra e outras
Etapa 7 – Analise o diagrama obtido para concluir sobre a relação existente entre as duas variáveis

Fonte: adaptado de Rossato, 1996; Werkema, 1995.

Apêndice 5.8 ▶ Passo a passo para a construção de um gráfico de controle*

Como construir gráfico de controle

Etapa 1 – Escolher a característica da qualidade a ser controlada
Etapa 2 – Coletar dados
Etapa 3 – Calcular os parâmetros estatísticos conforme o tipo de gráfico
Etapa 4 – Desenhar as linhas de controle
Etapa 5 – Plotar as médias das amostras no gráfico
Etapa 6 – Verificar se os pontos estão fora ou dentro dos limites de controle

*Existem vários tipos de gráficos de controle, tanto para variáveis como para atributos, cada qual com suas especificidades e cálculos estatísticos. Estes não serão aqui abordados em razão da profundidade e da extensão do tema. Desse modo, recomenda-se ao leitor interessado consultar a seguinte obra de Werkema: Ferramentas estatísticas básicas para o gerenciamento de processos. Belo Horizonte: Fundação Christiano Ottoni, Escola de Engenharia da UFMG, 1995. 384 p. (Série Ferramentas da Qualidade, v 2).
Fonte: adaptado de Werkema, 1995.

Apêndice 5.9 ▶ Passo a passo para a elaboração de uma FMEA

Como elaborar uma FMEA

Etapa 1 – Definir a equipe responsável pela execução
Etapa 2 – Definir os itens do sistema que serão considerados
Etapa 3 – Preparação prévia: coleta de dados
Etapa 4 – Análise preliminar
Etapa 5 – Identificação dos tipos de falha e seus efeitos
Etapa 6 – Identificação das causas das falhas
Etapa 7 – Identificação dos controles atuais
Etapa 8 – Análise das falhas para determinação de índices
Etapa 9 – Análise das recomendações
Etapa 10 – Revisão dos procedimentos
Etapa 11 – Preenchimento dos formulários de FMEA
Etapa 12 – Reflexão sobre o processo

Fonte: adaptado de Helman & Andery, 1995; Werkema, 1995.

Apêndice 5.10 ▶ Passo a passo para a elaboração de uma FTA

Como elaborar uma FTA

Etapa 1 – Definir a equipe responsável pela execução
Etapa 2 – Selecionar o "evento de topo" para análise
Etapa 3 – Coleta de dados
Etapa 4 – Definir quais são as interfaces ou fronteiras do sistema
Etapa 5 – Análise detalhada do sistema
Etapa 6 – Montagem preliminar da árvore de falhas
Etapa 7 – Revisão da árvore de falhas
Etapa 8 – Cálculo da probabilidade do evento de topo
Etapa 9 – Análise de recomendações
Etapa 10 – Reflexão sobre o processo

Fonte: adaptado de Helman & Andery, 1995; Werkema, 1995.

CAPÍTULO 6

Peritos e Perícias

Rodrigo Camargos Couto • Adriana de Moraes Correia

▶ INTRODUÇÃO

A Odontologia Legal e a Medicina Legal, contidas na categoria de Ciências Forenses, dedicam-se a uma perspectiva de trabalho completamente diferente das outras especialidades dessas profissões: elas se prestam à realização de perícias. Mais ainda se diferenciam os profissionais que se entregam a essa especialidade: os peritos.

A designação legal emprestada a essas ciências indica que elas se servem, no cumprimento de sua nobre missão, também às ciências jurídicas e sociais, com as quais guardam, portanto, íntimas relações,[1] ganhando importância capital nos IML, Fóruns e Conselhos Regionais de todo o país. Utilizam-se da arte de aplicar todos os conhecimentos da Medicina e da Odontologia à ação dos poderes públicos. São também chamadas de Odontologia/Medicina Forenses; são as especialidades que têm como objetivo a pesquisa de fenômenos psíquicos, físicos e biológicos que podem atingir ou ter atingido o homem vivo, morto ou em ossada, e mesmo fragmentos ou vestígios, resultando lesões parciais ou totais, reversíveis ou irreversíveis.

A Medicina Legal e a Odontologia Legal transcendem os conhecimentos de suas respectivas áreas e relacionam-se diretamente com todas as especialidades médicas, odontológicas e criminalísticas (Química, Física, Balística, Toxicologia, Datiloscopia etc.). Também se relacionam com a Sociologia, Assistência Social, Psicologia, Economia, Demografia, Filosofia, Estatística, Informática e Ecologia, além do Direito Penal, Civil, Admi-nistrativo, Processual Penal e Processual Civil, Constitucional, Lei das Contravenções Penais, Trabalhista, Penitenciário, Desportos, Internacional Público e Privado, Ambiental, Canônico e Comercial.

A busca da especialização dos profissionais, dado o volume de informações que abarcam, torna-se condição indispensável ao futuro médico/odontolegista. Estes, além de todos os conhecimentos gerais, próprios de suas carreiras, devem possuir, ainda, uma soma de conhecimentos outros, ligados ao exercício consciente da carreira.[2] Isso se deve ao fato de que a atuação do perito médico/odontolegista abrange coleta, análise, perícia, vistoria e avaliação de eventos relacionados com sua área de competência, podendo, quando as circunstâncias o exigirem, estender-se a outras áreas, se disso depender a busca da verdade, no estrito interesse da Justiça e administração.[3]

Além disso, precisam somar a seus conhecimentos teóricos uma boa experiência de atuações periciais, uma vez que estas constam de métodos e processos de exames que não obedecem à orientação habitual de se fazer diagnóstico, estimar prognóstico e instituir tratamento, porque não objetivam a cura, e sim o esclarecimento da verdade dos fatos à autoridade judiciária ou policial. O médico/odontolegista, por conseguinte, tem de possuir uma mentalidade especial, *sui generis*, que talvez se possa chamar de clínico-jurídica.[2]

Urge, por conseguinte, que a administração pública reconheça a função e crie o cargo de odontolegista nos Estados, a exemplo da carreira de médico-legista, onde não o tenham em seu quadro funcional, o qual passará a exercer a atividade pericial com vantagem, para ele e para a sociedade. Para ele, porque o exercício reiterado da perícia o fará perfeito conhecedor de todos os aspectos teóricos e práticos da Odontologia Legal; para a sociedade, porque assim disporá de odontoperitos à altura das necessidades sociais, sempre que se faça mister uma intervenção pericial de cunho odontológico para a realização dos respectivos exames.[2]

Não podemos conceituar perícias e peritos sem abordarmos as classificações e conceitos da Medicina Legal.

Segundo França (2007),[4] a Medicina Legal pode ser classificada sob os pontos de vista histórico, profissional, doutrinário e didático.

a) Historicamente, a Medicina Legal pode ser classificada como:

- **Pericial:** é sua forma mais antiga e está relacionada com os interesses legispericiais da administração.
- **Legislativa:** ligada diretamente à elaboração e revisão de leis acerca das ciências biológicas e áreas afins.
- **Doutrinária:** contribui na discussão e fundamentação de institutos jurídicos ligados às áreas médica e biológica.
- **Filosófica:** relacionada com a ética, a moral e a religiosidade, agregou, por último, conceitos sobre natalidade, morte digna, reprodução assistida e transplantes de órgãos e tecidos.

b) Quanto à classificação profissional, que se relaciona com o exercício prático da atividade, temos: Medicina Legal Pericial, Criminalística e Antropologia Médico-Legal.

c) Sob o prisma doutrinário, temos: Medicina Legal Penal, Medicina Legal Civil, Medicina Legal Trabalhista, Medicina Legal Canônica e Medicina Legal Administrativa.

d) Didaticamente, a Medicina Legal pode ser:

- Medicina Legal Geral, que estuda a Deontologia e a Diceologia.
- Medicina Legal Específica, que estuda Antropologia Forense, Traumatologia Forense, Tanatologia, Sexologia Forense, Toxicologia Forense, Axfixiologia Forense, Psicologia Forense, Psiquiatria Forense, Criminalística, Criminologia, Vitimologia, Genética Forense e Infortunística.

Em tempos modernos, não se permite mais associar Medicina/Odontologia Legal apenas com morte e suas consequências jurídicas. A Medicina Legal atual é moderna, ampla e mantém, de maneira muito bem estruturada, suas divisões.

Vejamos, então, a definição de Medicina Legal no conceito de renomados autores que militam na área:

- "Medicina Legal é a aplicação dos conhecimentos médicos e biológicos na elaboração e execução das leis que deles carecem" (Flamínio Fávero).
- "A aplicação dos conhecimentos científicos e misteres da Justiça" (Afrânio Peixoto).
- "A arte de pôr os conceitos médicos a serviço da administração da Justiça" (Lacassagne).
- "É a arte de fazer relatórios em juízo" (Ambroise Paré).
- "A aplicação dos conhecimentos médicos a serviço da Justiça e da elaboração das leis correlatas" (Tanner de Abreu).
- "Medicina Legal é a ciência e arte extrajurídica auxiliar alicerçada em um conjunto de conhecimentos médicos, paramédicos e biológicos destinados a defender os direitos e os interesses dos homens e da Sociedade" (Croce & Croce Júnior).
- "É aplicação dos conhecimentos médicos aos problemas judiciais" (Nério Rojas).
- "É a ciência do médico aplicada aos fins da ciência do Direito" (Buchner).
- "É a disciplina que utiliza a totalidade das ciências médicas para dar respostas às questões jurídicas" (Bonnet).
- "É a Medicina a serviço das ciências jurídicas e sociais." "Não se preocupa apenas com o indivíduo enquanto vivo. Alcança-o no ovo e pode vasculhar-lhe na escuridão da sepultura. Sua eficiência está bem caracterizada na sua definição; contribuir do ponto de vista médico para a elaboração, interpretação e aplicação das leis" (Genival Veloso França).
- "É o conjunto dos conhecimentos médicos e paramédicos destinados a servir ao direito, cooperando na elaboração, auxiliando a interpretação e colaborando na execução dos dispositivos legais, no seu campo de ação de medicina aplicada." "Não basta a um médico ser simplesmente médico para que se julgue apto a realizar perícias, como não basta para que faça intervenções cirúrgicas. São necessários estudos mais acurados, treino adequado, aquisição paulatina da técnica e da disciplina. Nenhum médico, embora eminente especialista na área médica, está apto a ser perito pelo simples fato de ser médico. É-lhe indispensável educação médico-legal, conhecimento da legislação que rege a matéria, noção clara da maneira como deverá responder os quesitos, prática na redação dos laudos periciais. Sem esses conhecimentos puramente médico-legais, toda sua sabedoria será improfícua e perigosa" (Hélio Gomes).
- "O objeto da Medicina Legal se deduz de um caráter de ciência auxiliar do Direito, o que lhe dá uma natureza eminentemente aplicativa, completada de forma harmônica com uma manifestação teórica e doutrinária. Utiliza técnicas e métodos que incorporou de

campos afins ou que desenvolveu por si mesma para os casos que requerem procedimentos especiais que não são necessários para outros ramos da Medicina" (Gisberg Calabuig).

A Medicina Legal envolve toda a Medicina: tem espírito jurídico porque aplica os conhecimentos médicos e biológicos no Direito constituindo e constituído, bem como conhecimentos jurídicos no campo médico; tem caráter social porque sua atuação transcende o homem como pessoa e irradia-se, projeta-se no âmbito social toda vez que o bem coletivo se faz presente.

O surgimento da figura do perito é tão antiga quanto sua necessidade por meio da perícia. Como dito, acompanhando toda a evolução da Medicina Legal, está sempre presente a figura desse profissional que, com experiência, emprega seu talento adquirido em determinado campo do conhecimento, alcançando sempre o melhor resultado. Assim, não se separa a figura do perito e seu ofício de realizar as perícias da história da Medicina Legal.

▶ PERITOS
Conceito e Atuação

Não há como falar de perícia sem antes classificar o personagem "realizador" dessa nobre arte.

Perito, do latim *peritus*, quer dizer aquele que sabe por experiência, hábil, instruído. É a pessoa que se incumbe da realização de exames técnicos de sua especialidade ou competência, para esclarecimento dos fatos que são objeto de inquérito policial ou processo judicial. Trata-se do especialista em determinada matéria, encarregado de servir como auxiliar da Justiça, esclarecendo pontos específicos distantes do conhecimento jurídico do magistrado.

Perito, segundo o dicionário Houaiss, é aquele que se especializou em determinado ramo de atividade ou assunto, que tem experiência ou habilidade em determinada atividade (Houaiss, p. 1.477).[5]

Croce & Croce Júnior[1] descrevem que é todo técnico que, por sua especial aptidão, solicitado por autoridades competentes, esclarece a Justiça ou a Polícia acerca de fatos, pessoas ou coisas, a seu juízo, como início de prova. Desse modo, aduz-se que todo profissional pode ser perito.

Nos dizeres de João Bosco Penna (1996):[6]

Os legistas estudam as lesões e suas sequelas para informar à Justiça. A atuação do médico legista transcende o interesse individual e particular para se projetar na ordem social; torna-se um ramo de serviços públicos, necessários à boa administração da Justiça. Os não legistas estudam as lesões ou sequelas dos pacientes com a finalidade de devolver-lhes ou minorar sua saúde debilitada ou perdida. Não estão eles preocupados em emitir laudos com finalidades judiciais. Não basta ser um bom clínico para ser um bom legista. A natureza da destinação a que o trabalho se presta faz os trabalhos serem bem diferentes na prática.

A comparação entre o clínico e o legista encontra-se detalhada na Tabela 6.1.

Tipos

Os peritos se dividem, de acordo com sua investidura, da seguinte maneira:

Oficiais

Exercem o cargo e a função por atribuição de cargo público, como médicos legistas, peritos criminais e odontolegistas, devendo ser profissionais com diploma de curso superior. Têm como obrigação efetuar os exames de corpo de delito e outras perícias requisitadas pela autoridade ao diretor do órgão ao qual estão lotados, cabendo-lhes os exames, a elaboração e a assinatura dos laudos correspondentes (Arts. 159 e 160, CPP).[7]

Louvados, Nomeados, Designados, Não Oficiais, ad hoc

Segundo o Código de Processo Penal, são aqueles designados pela autoridade para suprir a falta de peritos oficiais ou para substituí-los quando, por qualquer motivo, estiverem impedidos ou impossibilitados de funcionar. A perícia deverá ser feita por *um* perito oficial. Entretanto, em sua falta, o exame será realizado por *duas* pessoas idôneas, portadoras de diploma de curso superior, preferencialmente na área específica, entre as que tiverem habilitação técnica relacionada com a natureza do exame (Art. 159, CPP).[7]

Em âmbito cível, o Código de Processo Civil rege que, quando a prova do fato depender de conhecimento técnico ou científico, o juiz será assistido por peritos, que serão escolhidos entre profissionais de nível universitário, devidamente inscritos nos órgãos de classe competentes. Os peritos comprovarão sua especialidade na matéria sobre a qual deverão opinar, mediante certidão do órgão profissional em que estiverem inscritos. Nas localidades onde não houver profissionais qualificados que preencham os requisitos dos parágrafos anteriores, a indicação dos peritos será de livre escolha do juiz. Quando o exame for de natureza médico-legal, o perito será escolhido, de preferência, entre os técnicos dos estabelecimentos oficiais especializados (Arts. 145 e 434, CPC).[8]

Nota-se, claramente, que o perito oficial, por pertencer aos estabelecimentos oficiais especializados, detém maior especialização na matéria, além de estar sujeito às regras da instituição a qual está vinculado. Prevê-se sua preferência na escolha para realização das perícias cíveis, para profissionais que comprovadamente estão na carreira há algum tempo, sem máculas, porque senão já estariam afastados das instituições às quais se filiam, porém sempre prevalecerá o critério de confiança pessoal do juiz, o qual tem a liberdade de nomear outros profissionais de acordo com seus critérios.

Tabela 6.1 ▸ Comparação entre profissionais clínicos e legistas

Clínicos	Legistas
I – Estudam lesões e sequelas para devolver ou minorar a debilidade perdida	I – Estudam lesões e sequelas para informar à Justiça
II – Hoje devem ser especialistas no que fazem e ter excelente formação médica generalista	II – Não têm obrigação de ser especialistas em cada matéria. Devem possuir ampla formação médica e formação jurídica para compreender o sentido das missões e o alcance das conclusões, que serão utilizadas por magistrados
III – Observam a vida ameaçada e debilitada, o que lhes provoca compaixão	III – Participam na defesa da coletividade contra o crime, estudam os instintos e suas manifestações sangrentas
IV – O que lhes interessa é salvar a vida ou restabelecer a saúde	IV – Interesses: a liberdade, a honra, a estima, a vida, os interesses materiais
V – O que lhes interessa é a lesão e sua evolução clínica	V – O interesse vai além: querem saber autoria, instrumento, sequelas, manifestações definitivas
VI – Encontram, na família do enfermo, boa vontade, sinceridade, confiança e vontade de ajudar na busca da cura	VI – Encontram um indivíduo muitas vezes com desejo de vingança, que pratica sugestão, simulação, metassimulação para diminuir obrigações e aumentar direitos
VII – Papel de aliados ou salvadores	VII – Papel de porta-vozes da acusação
VIII – Tratam as lesões cronologicamente perto da produção	VIII – Examinam as lesões depois de tratadas pelo clínico
IX – Veem lesões no morto que não fazem sentido: não há possibilidade de cura. O morto representa objeto de estudo, doações de órgãos, ilustração e curiosidade	IX – Veem lesões no morto que traduzem muito a respeito do crime, sua autoria e sua dinâmica
XI – Prontuário de atuação profissional protegido pelo sigilo profissional	XI – Documentos se transformam em documento oficial e público
XII – Oferecem seus conhecimentos às prevenções e ao tratamento dos estados mórbidos de seus pacientes	XII – Trabalham sob a autoridade da Justiça e para constatar estados mórbidos de seus periciados
XIII – Exames complementares para diagnóstico de cura	XIII – Exames complementares para constatação e avaliação
XIV – Hoje em dia, muitas vezes, estabelecem dia e hora para a morte e o nascimento	XIV – Estimam a cronologia da morte ou do nascimento

Fonte: modificada de João Bosco Penna.[6]

Assistentes Técnicos

São funções do assistente técnico: acompanhar o desenrolar da prova pericial, na maioria das vezes desde o início do processo; apresentar sugestões; ajudar na formulação dos quesitos, uma vez que os advogados e autores da ação, geralmente, não estão familiarizados com tal mister; acompanhar as diligências periciais; criticar o laudo do perito oficial, mediante parecer técnico fundamentado; apresentar as hipóteses possíveis, desde que técnica e juridicamente sustentáveis.

Ao assistente técnico cabe diligenciar criteriosamente no sentido de verificar as diferentes hipóteses de abordagem da matéria técnica objeto da prova pericial, tentando fazer com que o perito oficial perceba as diferentes interpretações da matéria fática sob estudo, para que não seja seu cliente prejudicado com visões unilaterais, distorcidas da realidade, ou que não sejam suficientemente abrangentes para dar ao juiz da causa subsídios

completos para o esclarecimento da matéria fática sob exame (Gilberto Melo).

Assim, é cabível que os assistentes técnicos sejam profissionais de confiança apenas da parte que os indicou. Não estão sujeitos aos impedimentos ou suspeições previstos em nossos códigos. Elaboram seus pareceres técnicos com correção técnica porque têm compromisso com a verdade técnica, esclarecendo pontos específicos distantes do conhecimento jurídico do magistrado que podem prejudicar ou não beneficiar seu "cliente".

De acordo com o Código de Processo Civil, quando da nomeação do perito oficial pelo juiz, as partes têm um prazo de 5 dias para entregar os quesitos formulados e indicar um assistente técnico que, assim como os peritos, pode utilizar-se de todos os meios necessários, ouvindo testemunhas, obtendo informações, solicitando documentos que estejam em poder de parte ou em repartições públicas, bem como instruir o laudo com plantas, desenhos, fotografias e outras quaisquer peças (Arts. 421 e 429, CPC).[8] Tratando-se de perícia complexa, que abranja mais de uma área de conhecimento especializado, o juiz poderá nomear mais de um perito e a parte indicar mais de um perito assistente técnico (Art. 431-B, CPC).[8]

A figura do assistente técnico é recente em âmbito penal, incluída por meio da Lei 11.690, de 2008. Assim, é facultado ao Ministério Público, ao assistente de acusação, ao ofendido, ao querelante e ao acusado a formulação de quesitos e a indicação de assistente técnico. Este atuará a partir de sua admissão pelo juiz e após a conclusão dos exames e elaboração do laudo pelos peritos oficiais. Poderá apresentar parecer em prazo a ser fixado pelo juiz ou ser inquirido em audiência (Art. 159, CPP).[7]

Havendo requerimento das partes, o material probatório que serviu de base à perícia será disponibilizado no ambiente do órgão oficial, que manterá sempre sua guarda, e na presença de perito oficial, para exame pelos assistentes, salvo se for impossível sua conservação (Art. 159, CPP).[7]

Como nos moldes do processo civil, tratando-se de perícia complexa que abranja mais de uma área de conhecimento especializado, poderá ser designada a atuação de mais de um perito oficial e a parte indicar mais de um assistente técnico também (Art. 159, CPP).[7]

Nomeação

Havendo a necessidade de realização de perícia em âmbito cível, o juiz nomeará perito, dando preferência a profissional com nível superior, que é chamado de perito oficial do juízo (Art. 145, CPC).[8]

Na esfera penal, a perícia será requisitada pela autoridade ao diretor da repartição, que, por sua vez, indicará os peritos. Em nenhuma circunstância as partes poderão intervir na nomeação do perito (Arts. 178 e 276, CPP).[7]

Compromisso

O perito oficial, investido no cargo por meio de concurso público, é dispensado do compromisso, uma vez que já é inerente a seu mister; foi investido na função por lei. Entretanto, o perito não oficial, para realizar exame pericial de natureza criminal, prestará o compromisso de bem e fielmente desempenhar o encargo (Art. 159, § 2º, CPP).[7]

Nas perícias criminais, os peritos devem elaborar laudo pericial, constando descrição minuciosa do que examinaram e respostas aos quesitos formulados, com entrega no prazo máximo de 10 dias, salvo outro estipulado pelo juiz, podendo esse período ser prorrogado, em casos excepcionais, por solicitação dos peritos (Art. 160, CPP).[7]

No caso de inobservância de formalidades, omissões, obscuridades ou contradições, a autoridade judiciária mandará suprir a formalidade, complementar ou esclarecer o laudo de natureza criminal. Poderá também ordenar que se proceda a novo exame, por outros peritos, se julgar conveniente (Art. 181, CPP).[7]

Nas perícias de natureza cível, o Código de Processo Civil estabelece que o perito cumprirá escrupulosamente o encargo que lhe foi incumbido, independentemente de termo de compromisso. É inerente à aceitação de seu mister o compromisso com a verdade e com a Justiça (Art. 422, CPC).[8] No ato da nomeação do perito, o juiz fixará o prazo de entrega do laudo. Caso o perito, por motivo justificado, não possa apresentar o laudo dentro do prazo, o juiz poderá conceder-lhe uma prorrogação. O perito apresentará o laudo em cartório, no prazo fixado pelo juiz, pelo menos 20 dias antes da audiência de instrução e julgamento. Quanto aos assistentes técnicos, apresentarão seus pareceres em 10 dias, após intimadas as partes da apresentação do laudo do perito (Arts. 421, 432 e 433, CPC).[8]

Em âmbito cível, normalmente o perito apresenta laudo em prazo fixado pelo juiz. Entretanto, se a natureza do fato permitir, a perícia poderá ocorrer mediante a inquirição do perito e dos assistentes pelo juiz, na audiência de instrução e julgamento, a respeito de coisas que tiverem informalmente examinado ou avaliado (Arts. 420 e 421, CPC).[8]

Perícia Contraditória

Caso mais de um perito realize uma perícia, e encontre divergência em suas convicções, o laudo terá as declarações e as respostas aos quesitos de cada profissional ou os peritos farão laudos separados. A autoridade deverá nomear um terceiro perito e, havendo divergência com os dois primeiros, poderá então designar outro exame por outros peritos (Art. 180, CPP).[7]

Pode ocorrer de os peritos terem diversos pontos em comum, mas divergirem em pontos cruciais para a devida elucidação da verdade. A perícia contraditória é realizada por um terceiro perito, que, normalmente, ratifica um dos pontos de vista das perícias precedentes, utilizando-se de aparato técnico ou exame com técnica diferente, aprovados pelo estágio atual da ciência naquela área, para se enxergar a verdade mais claramente.

O Código de Processo Civil estabelece que, caso o perito, por dolo ou culpa, preste informações inverídicas, responderá pelos prejuízos que causar à parte, ficará inabilitado, por 2 anos, a funcionar em outras perícias e incorrerá na sanção que a lei penal estabelecer (Art. 147, CPC).[8]

Segundo Alcides Vaz (1994),[9] a perícia, por sua característica de busca e demonstração da verdade, a ser utilizada na promoção da Justiça, depende, primordialmente, de dois atributos fundamentais, quais sejam:

1. Alto grau de conhecimento técnico na matéria a ser examinada, de modo que o perito possa ser definido como *expert*.

2. O outro, aliás, milenarmente conhecido, a honestidade assim praticada em seu mais alto sentido efetivo, emocional e moral.

O perito somente deverá aceitar fazer perícia ou arbitragem se estiver em condições técnicas, morais e profissionais para desempenhar a função.

Honorários Periciais

Honorário vem de *honor* ou de honra e corresponde, na prática, ao valor recebido em decorrência do desenvolvimento do exercício do múnus do processo. Deve ser justo e correspondente ao gasto despendido pela perícia na diligência, exames necessários e demais custos envolvidos, inclusive os honorários de assistentes do perito.

Segundo o Código de Processo Civil, cada parte pagará a remuneração do assistente técnico que houver indicado. Quanto aos honorários do perito, será pago pela parte que houver requerido o exame, que a princípio tem o ônus da prova, ou também será pago pelo autor, quando requerido por ambas as partes, ou determinado de ofício pelo juiz. O juiz poderá determinar que os honorários do perito sejam depositados em juízo e a forma do saque. O numerário, recolhido em depósito bancário à ordem do juízo e com correção monetária, será entregue ao perito, normalmente, após a apresentação do laudo, facultada sua liberação parcial, quando necessária, para cobertura de ônus da diligência pericial (Art. 33, CPC).[8]

Em geral, depois de intimado a responder sobre o aceite para desempenhar a função de perito daquele processo, o profissional calcula todo o dispêndio financeiro para o desenvolvimento dos trabalhos e apresenta o valor para ser apreciado e aprovado pelas partes litigantes e pelo juiz. Deve ser feito, sempre que possível, de maneira detalhada, discriminando item a item dos custos, incluindo estimativa de gastos com os custos operacionais, horas de trabalho do perito e da equipe auxiliar, custo com as instalações utilizadas para o ato pericial e trabalhos posteriores, bem como com exames complementares necessários para a análise.

O juiz poderá arbitrar os honorários com base em sua experiência. Todavia, normalmente este não possui cálculo acertado e justo, visto que é funcionário assalariado e não possui experiência com os valores de mercado vigentes para os honorários de cada profissional.

O Código de Ética Odontológica, preocupado com a justa remuneração dos profissionais que se dedicam à atividade de maneira liberal e autônoma, determina critérios para o cálculo dos honorários, adequando-se à condição socioeconômica do paciente, conceito do profissional, costume do lugar, complexidade do caso, tempo gasto na realização do trabalho, custo operacional com materiais empregados e custos para realização de exames complementares etc., que se aplicam perfeitamente também para o desempenho da função pericial (Art. 11, CEO).[10]

Exercício do Múnus – Escusa

Os peritos são auxiliares do juízo, cujas atribuições são determinadas por normas de organização judiciária (Art. 139, CPC).[8]

Está previsto no Código de Processo Civil que o perito tem o dever de cumprir o ofício, empregando toda a sua diligência, podendo escusar-se do encargo alegando motivo legítimo ou, ainda, ser recusado por impedimento ou suspeição (Arts. 146 e 423, CPC).[8]

A ninguém é dado escusar-se à função de perito injustificadamente, pois ele se reveste de dever cívico a que se deve atender de bom grado em defesa dos interesses sociais, dada a natureza nobre da função pericial. Havendo escusa motivada (suspeição, impossibilidade de desvincular-se da honrosa tarefa em tempo hábil em face de outros compromissos assumidos previamente etc.), deverá ser apresentada dentro de 5 dias, contados da intimação ou do impedimento superveniente ao acordo pelo qual os litigantes, sob pena de reputar renunciado o direito de alegá-la. Caberá ao juiz a nomeação de novo perito, caso aceite a escusa ou julgue procedente a impugnação (Arts. 423 e 146, CPC).[8]

Também, na esfera penal, temos que os peritos não servirão no processo quando houver incompatibilidade ou impedimento legal, que declararão nos autos. A incompatibilidade ou impedimento poderão também ser arguidos pelas partes (Art. 112, CPP).[7]

Assim, vejamos algumas situações em que o perito poderá não exercer seu mister:

Impedimento

Existe o impedimento quando há relação de interesse do perito com o objeto do processo ou com alguma das partes.

De acordo com o Código de Processo Civil, haverá impedimento para o perito se:

- For parte no processo.
- Prestou depoimento como testemunha.
- Seu cônjuge, parente, consanguíneo ou afim, em linha reta ou, na colateral, até o terceiro grau, for uma das partes.
- For órgão de direção ou de administração de pessoa jurídica, parte na causa.

Suspeição

Ocorre quando o servidor da Justiça não se encontra inserido no princípio da imparcialidade e igualdade de tratamento, quando há vínculo pessoal do perito com uma das partes.

Em âmbito civil, há suspeição para o perito se:

- For amigo íntimo ou inimigo capital de qualquer das partes.
- Alguma das partes for credora ou devedora do perito, de seu cônjuge ou de parentes destes, em linha reta ou na colateral até o terceiro grau.
- Herdeiro presuntivo, donatário ou empregador de alguma das partes.
- Receber dádivas antes ou depois de iniciado o processo; aconselhar alguma das partes acerca do objeto

da causa, ou subministrar meios para atender às despesas do litígio.

• For interessado no julgamento da causa em favor de uma das partes.

• Tiver motivo íntimo.

O Código Penal também prevê a suspeição do perito que, se não se declarar, poderá ser acusado como suspeito por qualquer das partes se:

• For amigo íntimo ou inimigo capital de qualquer delas.

• Seu cônjuge, ascendente ou descendente estiver respondendo a processo por fato análogo sobre cujo caráter criminoso haja controvérsia.

• O perito, seu cônjuge ou parente, consanguíneo ou afim, até o terceiro grau, sustentar demanda ou responder a processo que tenha de ser julgado por qualquer das partes.

• Tiver aconselhado qualquer das partes.

• For credor ou devedor, tutor ou curador, de qualquer das partes.

• For sócio, acionista ou administrador de sociedade interessada no processo.

Incompatibilidade

A incompatibilidade provém de graves razões de conveniência não incluídas entre os casos de suspeição ou de impedimento, estando previstas, em geral, nas leis de organização judiciária.

Há ainda as situações em que o perito poderá ser substituído:

1) quando carecer de conhecimento técnico ou científico;

2) quando, sem motivo legítimo, deixar de cumprir o encargo no prazo que lhe foi determinado pelo juiz, que irá comunicar a ocorrência à corporação profissional, podendo ainda impor multa, avaliando o valor da causa e prejuízo por atraso no processo (Art. 424, CPC).[8]

Em âmbito penal, o perito nomeado estará sujeito à disciplina judiciária, sendo obrigado a aceitar o encargo, sob pena de multa pecuniária, salvo escusa atendível. Também estará sujeito a multa o perito que, sem justa causa, provada imediatamente (Arts. 275 e 277, CPP):[7]

a) deixar de acudir à intimação ou ao chamado da autoridade;

b) não comparecer no dia e local designados para o exame;

c) não disponibilizar o laudo, ou concorrer para que a perícia não seja feita, nos prazos estabelecidos.

No caso de não comparecimento do perito, sem justa causa, a autoridade poderá determinar, inclusive, sua condução (Art. 278, CPP).[7]

Segundo o Código de Processo Penal, não poderão ser peritos (Art. 279, CPP):[7]

• Os que tiverem prestado depoimento no processo ou opinado anteriormente sobre o objeto da perícia.

• Os analfabetos e os menores de 21 anos de idade.

Juiz – *Peritum peritorum*

No meio forense, o juiz é denominado *peritus pretório*, ou seja, o perito dos peritos. Ele não ficará adstrito ao laudo, podendo aceitá-lo ou rejeitá-lo, no todo ou em parte, podendo formar sua convicção com outros elementos ou fatos provados nos autos (Arts. 436, CPC, e 182, CPP).[7,8]

O Código de Processo Penal dispõe que a autoridade judiciária poderá mandar o perito suprir alguma formalidade no laudo, bem como solicitar sua complementação ou esclarecimento, caso entenda ser necessário. Poderá ainda requisitar novo exame, por outros peritos, se julgar conveniente. Salvo em caso de exame de corpo de delito, o juiz pode negar perícia requisitada pelas partes, quando não for necessária para o esclarecimento da verdade (Arts. 181 e 184, CPP).[7]

Em âmbito cível, também encontram-se disposições sobre a conduta da autoridade judiciária perante as perícias e seus laudos. Senão, vejamos: o juiz poderá dispensar prova pericial quando as partes, na inicial e na contestação, apresentarem pareceres técnicos ou documentos elucidativos que considerar suficientes para o esclarecimento da verdade. Poderá indeferir a perícia quando a prova do fato não depender do conhecimento especial de técnico, quando for desnecessária em vista de outras provas produzidas ou quando a verificação for impraticável. E ainda poderá determinar, de ofício ou a requerimento da parte, a realização de nova perícia, quando a matéria não lhe parecer suficientemente esclarecida, cabendo ao juiz apreciar livremente o valor de uma e outra, uma vez que a segunda perícia não substituirá a primeira (Arts. 420, 427, 437, 439, CPC).[8]

O Código de Processo Civil estabelece que compete ao juiz indeferir quesitos impertinentes apresentados pelas partes e formular os que entender necessários para o esclarecimento da causa (Art. 426, CPC).[8]

Nos processos cíveis, o juiz poderá escusar-se de sua função quando se afirmar suspeito, devendo fazer declaração do motivo por escrito (Art. 97, CPP).[7] Também poderá ser recusado pelas partes, devendo as razões da recusa ser acompanhadas por prova documental ou rol de testemunhas (Arts. 98, CPP, e 312, CPC).[7,8]

Na esfera penal, o juiz abster-se-á de servir no processo ou poderá ser arguido pelas partes, quando houver incompatibilidade ou impedimento legal (Arts. 112, CPP, e 138, CPC).[7,8]

Como é extensivo ao perito o que for aplicado ao juiz no que diz respeito a suspeição (Arts. 280, CPP, e 138, CPC),[7,8] incompatibilidade e impedimento, as situações já elencadas para os peritos são aplicáveis ao "perito dos peritos". Em âmbito cível, as situações de suspeição e impedimento estão elencadas nos arts. 134 e 135 do Código de Processo Civil.

O Decálogo do Perito

Nério Rojas apresentou o decálogo do perito médico-legal, em que traça as diretrizes e orientações acerca da postura do perito diante de seu ofício. Consiste em uma espécie de dez mandamentos que se enquadram perfeitamente para todos os peritos, inclusive os legistas, sejam da área médica ou odontológica. Senão, vejamos:

1. O perito deve atuar com a ciência do médico, a veracidade da testemunha e a equanimidade do juiz

Cabe ao perito um bom conhecimento acerca dos conceitos atuais de sua ciência, sem precisar ter domínio dos detalhes de todas as especialidades. Deve saber os fundamentos e acompanhar a evolução dos conceitos de sua área, precisando ter uma noção perfeita das diversas especialidades, sem ser necessário se pós-graduar em cada uma delas, até porque seria tarefa impossível de se atingir, dado o volume de conhecimento disponível atualmente.

O legista precisa ainda saber, além dos conhecimentos de sua profissão, desde as disciplinas mais básicas até as mais específicas, sobre Sociologia, Moral, Direito e nas diversas especialidades em que a perícia tem interface.

A verdade deve ser o culto do perito, não porque pode receber sanção por falso testemunho, mas para cumprir o imperativo moral que condiciona seu mister ante a Justiça.[12] Se ao testemunho se obriga a fidelidade aos fatos e à verdade, com maior razão o legista está obrigado, pela importância jurídica de que se revestem suas palavras, a ser absolutamente fiel aos elementos que seu exame minucioso pode registrar.

Isso, porém, ainda não basta. O legista precisa ter a equanimidade do juiz. Para tanto deve apreciar os fatos com o máximo de objetividade e exatidão, sem deixar-se influir pelas simpatias de quaisquer espécies. Em sua apreciação rigorosa dos fatos, não pode restringir-se apenas aos critérios médicos e odontológicos. Precisa ter um raciocínio seguro, isto é, precisa saber pensar dentro da perfeita doutrina jurídica e da legislação aplicável ao caso pericial submetido a seu exame.

Embora o perito não julgue, deve, porém, ter em mente que o juiz analisa os feitos à luz dos fatos e que o laudo pericial é uma peça fundamental do processo. A honra, a inocência e a liberdade comumente dependem de suas conclusões e apreciações. A missão do perito é a de um verdadeiro juiz de fato, quando sua ação tem influência capital, senão até decisiva.[4]

Assim, o legista deve ter um conhecimento abrangente e atualizado de sua área, buscando a verdade para testemunhá-la em seu laudo, relatando os fatos e procurando esclarecer a Justiça, sem tomar partido ou induzir o julgador a um veredicto.

2. É preciso abrir os olhos e fechar os ouvidos

Esse tópico foi formulado por Devergie e é considerado, pela maioria dos autores, uma boa regra. O perito deve abrir bem os olhos para enxergar com exatidão e fechar os ouvidos para não se deixar impressionar pelas informações, em geral, tendenciosas das partes interessadas, nem se deixar influenciar ou se sugestionar pelos comentários do público, por meio da imprensa, rádio, televisão ou internet. Deve ser até cético, tentando se convencer apenas pelo visto e analisado.

É importante se acostumar a se pronunciar com isenção e segurança, se possível, sempre por escrito em laudos assinados. Na fase de apuração, o profissional deve evitar emitir pareceres que, por análises mais profundas, possam revelar outras hipóteses, promovendo a desmoralização. Isso não impede que, se for conveniente para a apuração dos fatos, ouça quantos possam fornecer dados de interesse para o esclarecimento da verdade. Deve, sim, ter parcimônia para distinguir boatos, especulações, relatos e versões de elementos técnicos, dados e fatos. Esses, sim, trazem tangibilidade aos trabalhos e dão a real dimensão qualitativa e quantitativa da verdade pericial.

É importante que o perito busque o histórico do evento que provocou a realização da perícia. Entretanto, mais importante ainda é observar e examinar bem seu objeto de estudo. Um estudo minucioso do corpo de delito trará, ao perito, um seguro nexo-causal e nexo-temporal entre o evento alegado e as consequências que dele advieram.

O perito deve atentar para ouvir quem se fizer necessário e solicitar documentos. Enfim, deve buscar o que for necessário para o esclarecimento dos fatos. O perigo é não detectar simulações, metassimulações ou transformar, nas oitivas dos envolvidos, os relatos em provas dos fatos. Deve-se ter em mente o velho dizer: *visum et repertum*, ou seja, ver e repetir.

3. A exceção pode ter tanto valor quanto a regra

O médico/odontolegista deve realizar as perícias sempre com muita cautela e ter em mente que no campo pericial as exceções não são tão raras, podendo estar presentes em cada novo caso a ser estudado. Acima de tudo, precisa ter o cuidado de não querer negar a possibilidade do evento em virtude de ser uma raridade extrema. Nesses casos, a Justiça pode indagar o perito sobre a exceção e este deve insistir que a possibilidade teórica ou hipótese do evento raro só deve influir na resposta quando o caso concreto não permitir, mediante minuciosa valorização dos dados objetivos que a perícia recolheu, numa conclusão positiva ou negativa.

Não sendo possível afirma ou negar de maneira peremptória, mas havendo a possibilidade estatística de uma dada ocorrência, mesmo que em proporção extremamente baixa, deve-se esclarecer que o fato poderia ter ocorrido mesmo desse modo tão excepcional.

Nesses casos superdelicados, o profissional agirá com o melhor de sua ciência, fazendo a avaliação de tudo que lhe foi dado analisar e discutir até o esclarecimento da verdade.

4. Desconfiar dos sinais patognomônicos

Se o bom senso clínico desconfia dos sinais patognomônicos, ou seja, dos sinais típicos de uma figura clínica, o critério pericial, por dever de ofício ainda mais rigoroso, não deverá confiar excessivamente em sinal único. O perito deverá fazer análise minuciosa do caso em questão; deve se prender ao maior número de informações e comprovações possíveis e coordená-las em conjunto para firmar as conclusões de seu laudo com um bom fio lógico. Deve observar se há multicausalidade, relação de causa e efeito clara, ou interferência pela presença de variáveis intervenientes.

Todas as lesões, sinais e achados no exame pericial devem ser avaliados com o mesmo critério rigoroso, não devendo um sinal patognomônico ofuscar outros sinais, que podem ser de grande relevância para elucidação do caso em questão.

5. Deve-se seguir o método cartesiano

Descartes era o filósofo da "dúvida inteligente", da lógica exploradora. Era um sábio e buscava seus conhecimentos como um perito deve procurar a solução de seus questionamentos forenses.[11]

O método cartesiano pode ser traduzido em quatro regras básicas:

1. Só admitir como verdade o que tenha absoluta evidência de o ser, evitando precipitações ou opiniões antecipadas.

2. Dividir a dificuldade em tantas partes quantas sejam necessárias para entendê-la e resolvê-la melhor.

3. Ordenar o pensamento, começando pelo mais simples e fácil entendimento para chegar ao mais complexo.

4. Fazer completa enumeração e revisão dos dados sem quaisquer omissões (adaptado de França, 2007).[4]

O legista deve preocupar-se em ter uma metodologia de trabalho, um protocolo a seguir para cada tipo de exame que poderá realizar, ordenando-os em etapas e organizando melhor suas perícias. É muito importante que os exames fiquem completos, sem que informações e etapas possam ser negligenciadas. Recomendam-se para isso a descrição e o devido cumprimento de procedimentos operacionais padrões como rotina de nossos trabalhos. Entenda-se não como "engessamento" da atividade, mas como protocolo ao qual devemos nos ater para coletar minimamente os dados e elementos técnicos estabelecidos como razoáveis e

suficientes para conclusão acertada com base em dados e fatos e não em intuições empíricas ou intuitivas. Quando questionados em juízo, teremos a que recorrer para dar solidez a eventuais contestações às conclusões do laudo.

6. Não se fiar na memória

Um exame pericial demanda a descrição detalhada do corpo de delito, seja ele no vivo, seja no morto, ossada ou objeto inanimado. Para que todos esses importantes detalhes estejam pontuados em seu laudo, o médico/odontolegista jamais poderá confiar apenas em sua memória.

É prudente que haja um registro inteligente e de maneira sistematizada de tudo o que for observado na diligência e no exame, não só porque as conclusões serão condizentes com os fatos, mas também porque, se contestado, as anotações crescerão em importância para a comprovação da verdade. Deve-se, novamente, ter o velho aforismo em mente: *Visum et repertum.*

7. Uma necropsia não pode ser refeita

Compete ao legista a realização da necropsia, podendo o odontolegista utilizar as vias de cabeça e pescoço no exame, o que deve ser realizado com cautela e sem pressa. O perito deve fazer anotações, desenhos, esquemas, fotografias, ou seja, tudo o que for necessário para que o exame fique bem descrito. O ideal é que não sejam necessários posteriores esclarecimentos, por meio de um segundo exame com o corpo já em decomposição ou esqueletizado, uma vez que não trará as mesmas informações. O perito deve esgotar sua investigação. A oportunidade de examinar fenômenos passageiros não pode ser perdida. Numa exumação, provavelmente não haverá mais remoto sinal do quadro clínico inicial, além dos inconvenientes que pode acarretar, principalmente para a família do periciado. Como no dito popular: não se molham os pés no mesmo rio duas vezes, ou seja, as águas se renovam e já não há possibilidade de obter as mesmas condições para exame de momentos anteriores. O perito, pela função que exerce, não pode perder a oportunidade, algumas vezes única e fugaz, de esclarecer todos os fatos à Justiça.

8. Pensar com clareza para escrever com precisão

O laudo é o documento elaborado pelo perito para descrever o exame realizado e responder aos quesitos das autoridades e das partes. Deve servir para seu propósito, que é esclarecer a dinâmica do evento e suas possíveis consequências.

Para tanto, a atuação pericial deve ter um raciocínio claro e lógico, por meio do qual se comprova, se analisa, se critica, se compara para, enfim, estabelecer uma conclusão. O perito deve, então, desenvolver sua dialética,

Tabela 6.2 ▸ Diferenças nas formalidades processuais dos Códigos de Processo Civil e de Processo Penal

	Código de Processo Civil	**Código de Processo Penal**
Nomeação do perito	De preferência, profissional com nível universitário	De preferência, perito oficial. Não sendo possível, a perícia será realizada por dois profissionais, indicados pelo juiz
Prazo para entrega do laudo	Fixado pelo juiz	Prazo máximo de 10 dias, podendo ser prorrogado com requerimento do perito
Apresentação de escusa	Cinco dias, contados da intimação ou do impedimento superveniente	Não há prazo
Apresentação de quesitos	Em qualquer fase da diligência	Até o ato da diligência
Indicação de assistente técnico	Dentro de 5 dias, contados da nomeação do perito	Durante o curso do processo judicial
Perícia complexa	Pode ter mais de um perito e as partes, mais de um assistente técnico	Pode ter mais de um perito oficial e as partes, mais de um assistente técnico
Termo de compromisso	Não é necessário	Necessário apenas para os peritos não oficiais

pois tem que ser claro e convincente. Deve saber redigir com precisão, concisão, clareza, segurança e, se possível, com uma elegância de estilo acerca das afirmativas e a sobriedade das expressões, demonstrando todo o preparo de seu aparato intelectual para o exercício da atividade.

O perito que pensa com clareza consegue associar suas ideias, argumentar com lógica e concretizar suas conclusões com precisão. Não defende nenhuma das partes do processo; defende a verdade científica, que, bem-fundamentada, leva convicção à Justiça.[11]

9. A arte das conclusões consiste nas medidas

O perito deve ter a convicção objetiva do que pode afirmar categoricamente em seu laudo, realizando verdadeiras inferências. As conclusões devem se ajustar aos fatos examinados, analisados e discutidos exaustivamente. Seu vocabulário deve ser preciso e cauteloso; uma só palavra utilizada de maneira errônea pode distorcer o pensamento que o perito concretizou no laudo. A dubiedade, o ceticismo e a vacilação constituem fatores negativos que o perito deve evitar para que seu laudo não seja questionado.

O perito deve ter uma boa medida de suas conclusões. Não deve deixar de tentar elucidar os fatos necessários à Justiça, tampouco chegar a conclusões fragilmente embasadas. Seu mister tem como objetivo a busca da verdade, por meio de seus conhecimentos técnico-científicos e atributos como prudência, parcimônia, precisão, clareza, compromisso e honestidade.

10. A vantagem da Medicina Legal está em não formar uma inteligência exclusiva e estritamente especializada

Como comprovado pelos outros capítulos deste livro, a Medicina Legal e a Odontologia Legal atual exi-

gem um domínio real e eficaz da técnica científica, fruto da extensa produção acadêmica atual, na aplicação de seus conhecimentos para o esclarecimento da Justiça.

O legista não pode ter uma opinião fragmentada como costuma acontecer com os clínicos especialistas; é necessária uma visão ampla e segura acerca de todas as áreas afins que estão relacionadas com o campo pericial. Os conceitos do Direito, da Criminalística e da Sociologia devem fazer parte do dia a dia do perito, sendo necessários para realização da perícia e elaboração do laudo pericial.

Para um bom desempenho profissional é importante que o médico/odontolegista tenha conhecimento de todos os aspectos jurídicos e das formalidades processuais que envolvem seu mister. É inconcebível que o perito perca prazos ou descumpra as formalidades inerentes ao processo judicial por falta de conhecimento da lei, a não ser por justa causa. Tais aspectos podem ser diferentes quando nos âmbitos civil e criminal (Tabela 6.2).

▸ PERÍCIAS

Conceito

Conceitua-se perícia, segundo Houaiss, como destreza, habilidade, avaliação especializada. Em uma definição mais prática, é a arte de examinar certas situações ou fatos, relacionados com pessoas ou coisas, realizada por uma ou mais pessoas, com o objetivo de elucidar determinados aspectos técnicos.[12]

Trata-se do conjunto de procedimentos médicos/odontológicos e técnicos que tem como finalidade o esclarecimento de um fato de interesse da Justiça, ou um ato pelo qual a autoridade procura conhecer, por meios técnicos e científicos, a existência ou não de certos acontecimentos capazes de interferir na decisão de uma questão judiciária ligada à vida ou à saúde do homem ou que com ele tenha relação.

A perícia médico-legal é um apanhado de procedimentos médicos e técnicos que auxiliam a Justiça mediante o esclarecimentos de fatos. Ela tem como finalidade produzir uma prova, que vai ser materializada com o laudo.[4]

Deve-se ter em mente que o perito lida com vestígios, indícios, sinais, aspectos tangíveis aos sentidos, que só se transformam em prova a partir do momento em que servem como argumento jurídico. Isso quer dizer que determinado aspecto só é "promovido" à prova quando é utilizado como argumento para a abertura de um Inquérito, fundamento para a acusação, defesa ou base para a ação judicial.

A perícia é uma diligência de caráter técnico-especializado, podendo ser realizada no vivo, cadáver, esqueleto, animais e objetos. É todo procedimento pericial provocado por autoridade policial ou judiciária competente, praticado por profissional médico ou cirurgião-dentista. Visando elucidar questões relativas à Justiça, denomina-se diligência médico/odontolegal. Esses procedimentos podem ser exames clínicos, radiográficos, laboratoriais, necroscópicos ou outros.

Tratando-se de exame de sentido muito especial, a perícia obedece a certos princípios gerais de orientação. Antes de mais nada, o perito precisa ter presente que sua função não é defender ou acusar. A perícia, em última análise, é investigação da verdade.[2] Inclusive, o Código Penal prevê o crime de falsa perícia, definindo-o como o ato de fazer afirmação falsa, negar ou calar a verdade como perito em processo judicial, administrativo, inquérito policial ou em juízo arbitral (Art. 342, CP).[12]

Tipos

Existem perícias em diferentes âmbitos, dependendo da natureza e da finalidade do exame:

- **Perícias criminais:** são aquelas decorrentes de um evento delituoso. Deve haver um suposto crime. São realizadas com intuito de esclarecer fatos à Justiça, de modo que sejam elucidadas basicamente a materialidade, a dinâmica e a autoria do crime.

- **Perícias cíveis:** são realizadas quando os esclarecimentos técnicos requeridos estão relacionados com a esfera cível, como: pedido de ressarcimento nos casos de responsabilidade profissional; em arbitramento de honorários profissionais por ação de cobrança judicial provocada pelo profissional de saúde; casos de adoção de crianças sem registro de nascimento, entre outras.

- **Perícias trabalhistas ou infortunística:** são realizadas para averiguação de acidentes de trabalho, doenças profissionais e doenças laborais.

- **Perícias securitárias:** prestam-se para efeito de recebimento de seguro.

Exames em Perícias Criminais

Quando há infração que deixe vestígios, o Código de Processo Penal estabelece ser indispensável o exame de corpo de delito, seja ele direto, seja indireto, mesmo que haja a confissão do acusado. Somente nos casos em que os vestígios tiverem desaparecidos, a prova testemunhal poderá suprir a falta do exame de corpo de delito (Arts. 158 e 167, CPP).[7]

O corpo de delito consiste em um elenco de lesões, alterações ou perturbações, além dos elementos causadores desse dano, que podem contribuir para provar o delito. Trata-se de um conjunto de elementos materiais que, reunidos, constituem provas ou vestígios de um fato criminoso.[4] Pode ser uma lesão, um cadáver, uma ossada, uma marca de mordida ou o instrumento empregado para a prática da infração.

O exame de corpo de delito é o exame do conjunto de vestígios que podem comprovar a prática de um crime. Constitui materiais objetivos colhidos na perícia, onde são descritos e caracterizados.[3] O exame de corpo de delito é o resultado redigido e autuado da perícia, tendo como objetivo evidenciar a realidade da infração penal e demonstrar a culpabilidade ou não do agente. Consiste no conjunto de vestígios deixados pelo fato criminoso (permanentes ou transeuntes). Enquanto o exame de corpo de delito registra no laudo a existência e a realidade do delito, o corpo de delito é o próprio crime em sua tipicidade.[14]

Somente o exame de corpo de delito poderá comprovar a materialidade do crime de lesões corporais. O exame de corpo de delito pode ser direto ou indireto: é direto quando, no ato da perícia, persistirem os vestígios da infração; é indireto quando, na realização do exame, esses vestígios já desapareceram ou nunca existiram, como na rubefação ou injúria verbal (Croce & Croce Júnior). No exame indireto, o perito irá se utilizar de exames e diagnósticos de profissionais de saúde, além de declarações e relatórios desses e do local onde a vítima teve seu atendimento realizado, ou até mesmo de outros elementos válidos de informação que permitam o conhecimento da verdade sobre os fatos e auxiliem a formar a convicção do perito para fundamentá-la e redigir o laudo.

O corpo de delito pode ser classificado como de natureza permanente (*delicta factis permanentis*) ou transeunte (*delicta factis transeuntis*). Os fatos de natureza transeunte desaparecem logo depois de reduzidos sem que subsistam vestígios materiais, como, por exemplo, um desacato. Sua apreciação será feita pela prova testemunhal ou por presunções. Os fatos de natureza permanente podem ser de subsistência maior ou menor.

Nesse sentido, alguns, como a alienação mental de um indiciado, estarão presentes quando a questão for levada ao conhecimento da Justiça, num caso criminal. Outras vezes, a permanência é menor, qual seja, em se tratando de lesões corporais passíveis de cura mais ou menos pronta. Esses fatos não são esclarecidos suficientemente pelas testemunhas comuns ou presunções nem pelo próprio juiz, que recorre, então, aos préstimos de técnicos habilitados, máxime no que diz com a caracterização e interpretação dos fenômenos existentes. É então que surgem os peritos (Flamínio Fávero *apud* Valdemar da Graça Leite, 1962).[2]

Vejamos então os tipos de exame de corpo de delito que podem ser realizados dentro da esfera criminal.

Lesão Corporal e Exame Complementar

Para a Medicina Legal, lesão é toda alteração da normalidade, provocada por causa externa ou violenta, que pode provocar dano à saúde.[4]

A lesão corporal é toda alteração anatômica, funcional ou psíquica ocasionada, por meio de violência, à normalidade do corpo, devendo ser analisadas a qualidade e a quantidade do dano causado, a sede, as causas e as consequências das lesões.[3]

Os dispositivos legais que resguardam a integridade pessoal de cada indivíduo estão no Código Penal Brasileiro. Seu art. 129 dispõe que há lesão corporal quando ocorre ofensa à integridade corporal ou à saúde de outrem, podendo ser considerada de natureza grave se dela resultar incapacidade para as ocupações habituais por mais de 30 dias, perigo de vida, debilidade permanente de membro, sentido ou função e aceleração de parto. Segundo a doutrina, há lesão gravíssima se houver incapacidade permanente para o trabalho, enfermidade incurável, perda ou inutilização do membro, sentido ou função, deformidade permanente ou aborto.

O perito, em seu laudo, poderá estabelecer as possíveis consequências do dano para a vítima, enquadrando suas conclusões nas figuras penais do art. 129, de modo a orientar a Justiça quanto à pena a ser aplicada ao agressor.

O perito deve estabelecer o nexo causal entre o evento alegado e o dano sofrido pela vítima, assim como o nexo temporal entre o aspecto da lesão e a data alegada do trauma. Além disso, deve descrever minuciosamente as lesões mediante sua topografia, forma, extensão, cor, direção, simetria e aparência.[13]

O objetivo do estudo médico-legal das lesões corporais é a caracterização de sua quantidade e qualidade mediante a análise de sua extensão, gravidade e perenidade.[4]

Estando incompleto o primeiro exame pericial de lesão corporal, a autoridade policial ou judiciária poderá determinar um exame complementar, de ofício, ou a requerimento do Ministério Público, do ofendido ou do acusado, ou de seu defensor. No exame complementar, os peritos terão presente o auto de corpo de delito, a fim de suprir-lhe a deficiência ou retificá-lo (Art. 168, CPP).[7]

Uma outra situação em que poderá ser solicitado o exame complementar é para avaliar se a lesão periciada vai provocar, no periciado, incapacidade para as ocupações habituais por mais de 30 dias, que é uma figura penal regida pelo Código Penal e que classifica a lesão como grave. O novo exame deverá ser feito logo que decorra o prazo de 30 dias, contado da data do crime (Arts. 168, CPP, e 129, CP).[7,8]

O Código de Processo Penal estabelece que, na falta de exame complementar, este poderá ser suprido pela prova testemunhal (Art. 168, CPP).[7]

Estimativa de Idade

São muitas as ocasiões em que pode ser necessário o esclarecimento de questões relativas à idade dentro da esfera penal:

- **Imputabilidade penal:** não são raras as situações em que jovens são detidos sem documento de identificação e alegam menoridade penal para gozo dos benefícios da lei na figura da imputabilidade penal para menores. Nesses casos, a autoridade irá solicitar a estimativa de idade do periciado para proceder com as implicações legais que o caso exigirá, uma vez que o os menores de 18 anos são penalmente inimputáveis, ficando sujeitos às normas estabelecidas na legislação especial.

- **Crimes de natureza sexual:** é agravante para os apenados por esses crimes as vítimas apresentarem faixa etária de 14 a 18 anos ou idade menor que 14 anos. Caso a vítima não apresente, no ato da perícia médica, seu documento de identificação ou não o tenha, será solicitado o exame para a estimativa de idade, visando auxiliar a Justiça na aplicabilidade adequada da pena.

- **Identificação:** em cadáver desconhecido, carbonizado, corpo em estado de putrefação ou em ossadas, os peritos médicos e odontolegistas, dentro do processo de identificação do periciado, irão fazer exame mediante análise dos elementos dentários e estruturas ósseas, para estimar sua idade.

Crimes Sexuais – Infanticídio – Aborto – Contágio Venéreo

Crimes Sexuais

Os exames relacionados com crimes sexuais têm o objetivo de provar a materialidade do crime, que, de acordo com o Código Penal, pode ser:

- **Estupro:** constranger alguém, mediante violência ou grave ameaça, a ter conjunção carnal ou a praticar ou permitir que com ele se pratique outro ato libidinoso (Art. 213, CP).[12]

- **Violação sexual mediante fraude:** ter conjunção carnal ou praticar outro ato libidinoso com alguém, mediante fraude ou outro meio que impeça ou dificulte a livre manifestação de vontade da vítima (Art. 215, CP).[12]

- **Estupro de vulnerável:** ter conjunção carnal ou praticar outro ato libidinoso com menor de 14 anos ou com alguém que, por enfermidade ou deficiência mental, não tem o necessário discernimento para a prática do ato, ou que, por qualquer outra causa, não pode oferecer resistência (Art. 217-A, CP).[12]

Infanticídio

A figura penal do infanticídio está tipificada no Código Penal, que a define como matar, sob influência do estado puerperal, o próprio filho durante o parto ou logo após (Art. 123,CP).[12] O estado puerperal pode ser entendido como uma obnubilação mental que só se manifesta na parturiente que não recebe assistência, conforto ou solidariedade.[14]

Aborto

O aborto é a interrupção da relação materno-embrionária ou fetal, com a morte do produto da concepção e consequente expulsão ou retenção, em qualquer fase da gestação.[14]

É passível de punição o aborto provocado pela gestante ou por terceiro, havendo ou não o consentimento da gestante (Arts. 124 e 125, CP).[12] O médico não será punido se praticar aborto quando não há outro meio para salvar a vida da gestante, o chamado aborto terapêutico, ou quando a gravidez resulta de estupro e o aborto é precedido de consentimento da gestante ou de seu representante legal, quando incapaz, denominado aborto sentimental (Art. 128,CP).[12]

Contágio Venéreo

O Código Penal estabelece pena para aquele que expõe alguém, por meio de relações sexuais ou qualquer ato libidinoso, a contágio de moléstia venérea de que sabe ou deve saber que está contaminado (Art. 130, CP).[12]

Exame do Cadáver

A necropsia é o exame externo e interno realizado no cadáver para determinação da *causa mortis*.

Por meio da necropsia também pode ser estabelecida a causa jurídica da morte (homicídio, suicídio ou acidente) e determinado o tempo de morte ou cronotanatognose, informações que podem ser fundamentais para elucidação de questões criminais e civis.[14]

Segundo o Código Penal, a necropsia será realizada pelo menos 6 horas após o óbito, salvo se os peritos, pela evidência dos sinais de morte, julgarem que possa ser feita antes daquele prazo, o que declararão no auto (Art. 162, CP).[12]

Também dispõe que, nos casos de morte violenta, apenas o exame externo do cadáver será suficiente: quando não houver infração penal para apurar, ou quando as lesões externas permitirem precisar a causa da morte e não houver necessidade de exame interno para a verificação de alguma circunstância relevante (Art. 162, CP).[12]

Exame em Psiquiatria Forense

O exame psiquiátrico irá esclarecer à Justiça criminal se o periciado é imputável, relativamente inimputável ou plenamente inimputável penalmente.[14]

O Código Penal diz ser isento de pena o agente que, por doença mental ou desenvolvimento mental incompleto ou retardado, era, ao tempo da ação ou da omissão, inteiramente incapaz de entender o caráter ilícito do fato ou de determinar-se de acordo com esse entendimento. Estabelece também a redução de pena se o agente, em virtude de perturbação de saúde mental ou por desenvolvimento mental incompleto ou retardado, não era inteiramente capaz de entender o caráter ilícito do fato ou de determinar-se de acordo com esse entendimento (Art. 26, CP).[12]

O Código de Processo Penal prevê a realização da perícia psiquiátrica, uma vez que, na dúvida sobre a integridade mental do acusado, o juiz ordenará, de ofício ou a requerimento do Ministério Público, do defensor, do curador, do ascendente, descendente, irmão ou cônjuge do acusado, que ele seja submetido a exame médico-legal (Art. 149, CPP).[7]

Exames em Perícias Cíveis

Em âmbito cível, geralmente, o objetivo do processo é a reparação de danos patrimoniais e/ou morais, como no pedido de ressarcimento de danos e arbitramento judicial de honorários, e as penas são pecuniárias. Entretanto, o perito poderá também atuar em outras situações, como em casos de adoção ou exclusão de paternidade.[15]

Segundo o Código Civil, no caso de lesão ou ofensa à saúde, o ofensor indenizará o ofendido com relação às despesas do tratamento e lucros cessantes até o final da convalescença (Art. 949, CC).[16] Dispõe ainda que cabe a indenização por aquele que, no exercício de sua atividade profissional, provocou lesão, morte ou inabilitação para o trabalho no paciente (Art. 951, CC).[16]

Exames em Perícias Infortunísticas

A Infortunística estuda os acidentes de trabalho, as doenças profissionais e as doenças laborais.

A perícia trabalhista irá analisar os nexos causal e temporal entre lesões ou outras manifestações com acidentes de trabalho e determinadas atividades laborativas a fim de caracterizá-los.[17]

É por meio da perícia que o trabalhador estará apto a receber os benefícios previdenciários que a lei lhe assiste, como o auxílio-doença ou o auxílio-acidente, não podendo o perito deixar de estar atento aos casos de simulações.

▶ REFERÊNCIAS

1. Croce D, Croce Jr D. Manual de Medicina Legal. São Paulo: Saraiva, 6. ed. revisada, 2009.

2. Leite VG. Odontologia Legal. Bahia: Editora Nova Era, 1962.

3. Moreira RP, Freitas AZVM. Dicionário de Odontologia Legal. Rio de Janeiro: Guanabara Koogan, 1999.

4. França GV. Medicina Legal. 8. ed. Rio de Janeiro: Guanabara Koogan, 2007.

5. Grande Dicionário Houaiss da Língua Portuguesa. Ed. Objetiva, 2009.

6. Penna JB. Lesões Corporais – Caracterização clínica e Médico-Legal. Editora de Direito, 1996.

7. Brasil. Presidência da Rebública. Lei 3.689 de 3 de outubro de 1941. Código de Processo Penal. Rio de Janeiro (RJ): 1941.

8. Brasil. Presidência da Rebública. Lei 5.869 de 11 de janeiro de 1973. Institui o Código de Processo Civil. Brasília (DF): 1973.

9. Vaz A. Perícias judiciais – Manual prático. São Paulo: IOB, 1994.

10. Conselho Federal de Odontologia. Resolução 42, de 20 de maio de 2003. Revoga o Código de Ética Odontológica aprovado pela Resolução CFO-179/91 e aprova outro em substituição. Rio de Janeiro (RJ): 2003.

11. Ludwig A. A perícia em local de crime. 1. ed. Canoas (RS): Editora da ULBRA, 1996.

12. Brasil. Presidência da Rebública. Lei 2.848 de 7 de dezembro de 1940. Código Penal. Rio de Janeiro: 1940.

13. Cintra JAA. A importância da Odontologia Legal no exame do corpo de delito [dissertação]. Piracicaba: Faculdade de Odontologia de Piracicaba, Universidade Estadual de Campinas, 2004.

14. Alcântara HR, França GV, Vanrell JP, Galvão LCC, Martin CCS. Perícia médica judicial. 2. ed. Rio de Janeiro: Guanabara Koogan, 2006.

15. Silva M. Perícias odonto-legais. In: Jobim LF, Costa LR, Silva M. Identificação humana. Identificação pelo DNA – Identificação médico-legal – Perícias odontológicas. Campinas: Millenium, 2006: 211-9.

16. Brasil. Presidência da Rebública. Lei 10.406 de 10 de janeiro de 2002. Institui o Código Civil. Brasília (DF), 2002.

17. Vanrell JP, Borborema, ML. Vademecum de Medicina Legal e Odontologia Legal. Leme (SP): JH Mizuno, 2007.

CAPÍTULO 7

Documentos Médicos e Odontolegais

André Lorenzon de Oliveira

▶ INTRODUÇÃO

Neste capítulo abordaremos o tema documentação médico-legal sob o aspecto conceitual, e também discutiremos questões normativas e práticas de modo a propiciar aos graduandos em Medicina e médicos em geral a apreciação de textos de conteúdo médico-legal sob um crivo técnico, legal e deontológico, bem como também contribuir para a elaboração de textos/documentos médico-legais.

Se o elemento teleológico da Medicina Assistencial é a busca pelo estado de sanidade do paciente, seu bem-estar biopsicossocial, por meio de medidas preventivas ou curativas que guardem relação com o estado atual da arte médica, o elemento teleológico da Medicina Legal é o esclarecimento dos fatos e questões arguidas objeto da perícia. Este efetivo esclarecimento perfaz-se por meio da apreciação do laudo pericial, pelas partes interessadas e pelas autoridades competentes, entendendo-se por competência o feixe de atribuições inerente àquela autoridade.

Destarte, enquanto na Medicina Assistencial o resultado da práxis médica pode ser aferido pela satisfação do paciente ante seu médico, evolução de seu estado clínico, comprovação de diagnósticos ou outros critérios, na Medicina Legal, o termo da perícia, a descrição dos achados periciais e suas conclusões são aferidos pelo laudo elaborado. Nesses termos, há que se considerar pelo entendimento segundo o qual uma perícia médico-legal bem-feita implica necessariamente a elaboração de um laudo pericial bem-feito, com descrição pormenorizada dos achados periciais, conclusão e resposta aos quesitos, e não, necessariamente, a satisfação dos interessados.

Quando da assistência médica, os documentos médicos originados em grande parte se prestam a registrar os dados colhidos e os atos médicos realizados, podendo ser objetos de apreciação de outros médicos, mas raramente do paciente. Usualmente se destinam a registros, como prontuários médicos, por exemplo, interessando mais ao paciente sua evolução clínica do que propriamente aquele documento gerado. Em contrapartida, na Medicina Legal, as partes envolvidas e as autoridades requisitantes das perícias sempre se preocuparão com o laudo gerado e, por vezes, se preocupam mais com a conclusão do laudo em detrimento das técnicas e meios empregados que fundamentaram o livre convencimento do perito, sendo o corpo do laudo, por vezes e erroneamente, menos valorado que sua conclusão, de modo a caracterizar uma visão míope, pois o que confere efetivamente robustez técnica ao laudo é a descrição dos elementos técnico-periciais encontrados durante a perícia pelos quais se estriba o perito ao firmar sua conclusão.

Conforme descrito anteriormente, se a satisfação do paciente pode ser entendida como um critério para se aferir a qualidade da assistência prestada, em antítese, a qualidade da perícia realizada não guarda, necessariamente, nexo com a satisfação das partes envolvidas. Mesmo se levarmos em conta a elevada *expertise* do perito, seu zelo e proficiência cabalmente evidenciados, que restou demonstrado que exerceu seu mister em observância às *leges artis*, a conclusão do laudo pericial certamente desagradará à parte que teve seu interesse contrariado, podendo ser as partes: seguradora/segurado, Ministério Público/denunciado, agressor/agredido, reclamante/reclamado numa ação trabalhista, litigantes numa ação cível ou penal etc.

Isso posto, há de se considerar que a impugnação de um laudo não implica necessariamente má qualidade da perícia realizada e/ou do laudo gerado, mas simplesmente a forma tecnicamente eficaz de a parte interessada manifestar seu inconformismo em face da conclusão do laudo apresentado. A impugnação de um laudo é processualmente a maneira de contestá-lo, facultado democraticamente às partes. Muitos legistas, principalmente no início de suas carreiras, se sentem incomodados quando de possível impugnação de seus laudos ou requisição de esclarecimentos. Ora, o que poderia haver de mais expressivo à efetivação da Justiça que o exercício do contraditório? Se entendermos o inquérito não como um processo, mas simplesmente como um procedimento inquisitório no qual não caberia o contraditório, não há portanto que se cogitar da impugnação, porém quesitos suplementares podem ser formulados tanto no processo como no inquérito, nos termos do Código de Processo Penal Militar, Decreto-Lei 1.002, de 21 de outubro de 1969:

> **Art 316.** *A autoridade que determinar perícia formulará os quesitos que entender necessários. Poderão, igualmente, fazê-lo: no inquérito, o indiciado; e, durante a instrução criminal, o Ministério Público e o acusado, em prazo que lhes for marcado para aquele fim, pelo auditor.*

E, ainda, esclarecimentos podem ser requisitados durante a instrução criminal, segundo o mesmo instrumento normativo:

> **Art. 325.** *Vista do laudo. Parágrafo único. Do laudo será dada vista às partes, pelo prazo de três dias, para requererem quaisquer esclarecimentos dos peritos ou apresentarem quesitos suplementares para esse fim, que o juiz poderá admitir, desde que pertinentes e não infrinjam o art. 317 e seu § 1º.*

Já o Código de Processo Penal, substanciado pela Lei 11.690, de 9 de outubro de 2008, que "altera dispositivos do Decreto-Lei 3.689, de 3 de outubro de 1941 – Código de Processo Penal, relativos à prova, e dá outras providências", confere nova dinâmica à produção da prova material e, entre várias alterações, altera o *caput* do artigo 159 e acresce parágrafos, dos quais destacamos:

> **§ 3º.** *Serão facultadas ao Ministério Público, ao assistente de acusação, ao ofendido, ao querelante e ao acusado a formulação de quesitos e a indicação de assistente técnico.*
> **§ 4º.** *O assistente técnico atuará a partir de sua admissão pelo juiz e após a conclusão dos exames e elaboração do laudo pelos peritos oficiais, sendo as partes intimadas desta decisão.*

Nesses termos, legistas que militam exclusivamente na seara criminal, não afeitos ao processo cível, possivelmente conviverão com a figura do assistente técnico, sendo seus laudos passíveis de serem submetidos ao crivo de outro *expert* e sendo facultado a este exarar pareceres.

Hoje em dia, muito se tem arrazoado do uso de moderna tecnologia na Medicina Legal, em verdade nada mais lógico, não apenas por tratar-se da confecção da prova material de uma atividade de caráter eminentemente técnico-científico, mas também pela observância ao Princípio da Eficiência da administração pública entranhado ao corpo da Constituição da República por força da Emenda Constitucional 19, de 4 de junho de 1998, que inseriu o Princípio da Eficiência entre os princípios constitucionais da Administração Pública, previstos no Art. 37, *caput*. Ocorre que o exercício da práxis pericial por vezes se dá sob condições de absoluta penúria técnica, por exemplo, a baixa luximetria do necrotério pode contribuir para a não aferição de uma fratura de base de crânio ou outras feridas intracavitárias. Como o custo para a informatização do processo de elaboração de laudos não é elevado, sendo certamente menor que o custo referente aos equipamentos e materiais inerentes às perícias, observa-se mais frequentemente a informatização dos processos de elaboração e arquivo de laudos que a disponibilização de tecnologia para a realização do ato pericial propriamente dito.

Muitos legistas trabalham com modelos de laudos pré-confeccionados, contendo espaços para serem preenchidos ou frases prontas nas quais palavras podem ser substituídas ou acrescidas. A informatização pelo uso de *software* de edição de textos consiste em importante ferramenta para otimizar a confecção de laudos com redução de custos e prazos, não obstante correr-se o risco de se encontrar trechos de laudos descritos indevidamente, "resíduos" de trechos de outros laudos. O emprego de modelos de laudos de necropsia no *software* com descrição de sinais de morte já expressos, como, por exemplo, pupilas midriáticas, pode corroborar na descrição de pupilas midriáticas em cadáveres previamente enucleados por equipes de retirada de órgãos para transplante, podendo-se questionar se a necropsia ocorrera anterior ou posteriormente à enucleação ou até a atenção do perito dispensada àquele ato necroscópico. Nesses termos, o legista que subscreve laudos utilizando *software* de edição de textos deverá atentar para que o texto não contenha palavras ou frases indevidas, com o uso de recursos como autocompletar, copiar-colar, de modo a macular a descrição dos achados periciais, prejudicando a interpretação do laudo. Mas a principal questão do emprego de modelos de laudo é a possibilidade de cercear o legista do livre exercício da técnica de descrição do laudo. O uso de textos protegidos-bloqueados que não podem ser retirados do corpo do laudo, assim como a possibilidade de inserir em espaços do texto do laudo apenas palavras ou frases pré-selecionadas, pode limitar a redação do texto que melhor descreva os elementos periciais encontrados. Saliento que normas administrativas nunca podem interferir de modo a prejudicar o exercício da práxis médica, sob pena de inobservar postulado do Código de Ética Médica, Resolução CFM 1.931/2009:

> *O médico não pode, em nenhuma circunstância ou sob nenhum pretexto, renunciar a sua liberdade profissional, nem permitir quaisquer restrições ou imposições que possam prejudicar a eficiência e a correção de seu trabalho.*

Após esta breve introdução, proceder-se-á à discussão e aos comentários sobre alguns documentos médico-legais, abordando-se questões técnicas, legais e deontológicas.

▶ ATESTADOS MÉDICOS

Atestado Médico

Atestados médicos são documentos firmados por médicos, exigem formação técnico-científica e se prestam a descrever uma condição apresentada pelo paciente. Diferem das declarações, nas quais não cabe qualquer aferição ou interpretação à luz da ciência médica, mas apenas informação, como, por exemplo, declaração de atendimento em tal data, entre tal e tal horário, declaração de acompanhamento a dependente em consulta descrevendo a data e o horário, declaração do período de internação hospitalar; exatamente por carecerem de conteúdo científico, declarações podem ser firmadas por leigos, como funcionários administrativos.

Quando da emissão de atestados, em razão das implicações administrativas e legais envolvidas, o médico sempre deverá requerer documento de identificação do paciente a fim de inicialmente confirmar que examinou aquela pessoa que se apresentou como tal; uma pessoa interessada em comprovar uma condição de sanidade ou morbidade poderia solicitar a outra que comparecesse em seu lugar à consulta ou perícia, de modo que o médico examinaria uma pessoa que apresentaria certa condição clínica e emitiria o atestado em nome de outra que apresentaria outra condição clínica. E também para descrever no cabeçalho a correta identificação do paciente com nome completo, número do documento de identidade ou CPF. A Resolução CFM 1.658/2002 define claramente:

> *Art. 4º. É obrigatória, aos médicos, a exigência de prova de identidade aos interessados na obtenção de atestados de qualquer natureza envolvendo assuntos de saúde ou doença.*
> *§ 1º. Em caso de menor ou interdito, a prova de identidade deverá ser exigida de seu responsável legal.*
> *§ 2º. Os principais dados da prova de identidade deverão obrigatoriamente constar dos referidos atestados.*

Atestados podem descrever condição de sanidade – por exemplo, para o exercício de atividades esportivas

de alta *performance* ou ingresso em carreiras profissionais que demandam ótima condição clínica, como pilotos de aeronaves. Atestados podem descrever alguma condição de morbidade e concessão de licença médica em face de atividades laborais ou acadêmicas. Há atestados que descrevem gravidez e/ou parto para concessão de licença maternidade junto ao INSS, lembrando que a legislação permite o início da vigência da licença a partir do oitavo mês de gestação. É comum, nos institutos médico-legais, legistas receberem atestados exarados por profissionais não médicos que assistiram seus periciandos, e apresentados por estes, que descrevem diagnósticos e prognósticos, como período necessário para o restabelecimento da condição de sanidade, em perícias de lesões corporais; faz-se necessário informar que a Resolução CFM 1.627/2001 descreve na exposição de motivos a realização de diagnósticos como procedimento privativo de médico e no art. 2º elenca o exercício da Odontologia, nos limites de sua competência legal, como excluído dessas disposições. Consequentemente, entendemos que diagnósticos só podem ser firmados por médicos e cirurgiões-dentistas. Quanto à apreciação de laudos anatomopatológicos apresentados por pacientes ou periciados, a Resolução CFM 1.823/2007 prescreve em seu Art. 9º:

> *Os médicos solicitantes dos procedimentos diagnósticos devem observar a identificação prevista no artigo 7º desta resolução, recusando-se a aceitar laudos assinados por não médicos, sob pena de assumirem responsabilidade total pelo resultado emitido (artigo com eficácia suspensa apenas no Distrito Federal, por ordem judicial proferida nos autos da ACP 2008.34.00.035483-9).*
> ***Parágrafo único.*** *Excetuam-se os laudos assinados por odontólogos dentro do campo de ação desta atividade profissional. (Parágrafo único incluído pela Resolução CFM 1.844/2008.)*

O atestado médico é entendido como peça informativa, mas ainda assim deve o médico subscritor zelar pelo segredo profissional enquanto direito do paciente e preceito deontológico. A Resolução CFM 1.658/2002 prescreve:

> ***Art. 3º.*** *Na elaboração do atestado médico, o médico assistente observará os seguintes procedimentos... II – estabelecer o diagnóstico, quando expressamente autorizado pelo paciente...*
> ***Art. 5º.*** *Os médicos somente podem fornecer atestados com o diagnóstico codificado ou não quando por justa causa, exercício de dever legal, solicitação do próprio paciente ou de seu representante legal.*
> ***Parágrafo único.*** *No caso da solicitação de colocação de diagnóstico, codificado ou não, ser feita pelo próprio paciente ou seu representante legal, esta concordância deverá estar expressa no atestado.*

Logo, o médico só lançará o diagnóstico por extenso no atestado ou por meio de CID se o paciente solicitar ou autorizar expressamente, devendo o médico, como meio de prova, solicitar ao paciente que descreva a solicitação no próprio atestado ou que o paciente aponha sua assinatura, dando sua ciência e acórdão junto ao texto do atestado.

Atestado de Óbito

Só médicos podem atestar óbitos, tratando-se de um ato que demanda formação de caráter técnico-científico inerente à Medicina, pois implica diagnóstico da causa de morte. Nos termos da Lei 6.015, de 31 de dezembro de 1973, que dispõe sobre registros públicos, em seu art. 77:

> Nenhum sepultamento será feito sem certidão, do oficial de registro do lugar do falecimento, extraída após a lavratura do assento de óbito, em vista do atestado de médico, se houver no lugar, ou em caso contrário, de duas pessoas qualificadas que tiverem presenciado ou verificado a morte. (Renumerado do art. 78 com nova redação, pela Lei 6.216, de 1975.)

Depreende-se desta lei que, para a emissão da Certidão do Óbito pelo cartório, faz-se necessária a apresentação de atestado de óbito que, conforme normatização do Ministério da Saúde-Sistema de Informações sobre Mortalidade (SIM/MS), deverá ser atestado pelo médico por meio do preenchimento da Declaração de Óbito (DO), impresso próprio oficial, padronizado em todo o território nacional, com identificação por numeração sequencial, produzido pelo MS e distribuído por secretarias estaduais e municipais de saúde. Ainda da aludida lei, não havendo médico na localidade, "duas pessoas qualificadas, que tiverem presenciado ou verificado a morte" poderiam firmar/constatar o óbito. Em verdade, no modelo de Declaração de Óbito do Ministério da Saúde constam, no item "IX Localidade sem Médico", o campo "61 Declarante" e o campo "62 Testemunhas" para serem preenchidos por leigos. Nesses termos, conclui-se que tanto médicos como pessoas leigas, desde que não haja médico na localidade, podem subscrever o impresso próprio DO, mas somente médicos ATESTAM o óbito, preenchendo o item "VI Condições e Causas do Óbito", o campo "49 Causas da Morte", e ainda o item "VII Médico" campos 50 a 55. Pessoas leigas apenas DECLARAM o óbito, deixando sem preencher os campos do impresso de Declaração de Óbito referentes a diagnósticos, doenças ou estado mórbido.

No entanto, nem todos os médicos podem atestar todo tipo de óbito. As mortes são classificadas como de causas naturais ou não naturais. As naturais seriam aquelas decorrentes de doenças ou estados mórbidos, e as não naturais seriam aquelas de causas externas ou violentas. As mortes de causas externas ou violentas são classificadas juridicamente como homicídio, suicídio, infanticídio ou acidente. Apenas peritos oficiais médicos legistas e médicos nomeados *ad hoc* por autoridades competentes judicial ou policial em caráter excepcional para exercer o múnus público da função de perito médico legista podem atestar óbitos de causas não naturais. O Código de Processo Penal, Decreto-Lei 3.689, de 3 de outubro de 1941, prescreve em seu art. 158: "Quando a infração deixar vestígios, será indispensável o exame de corpo de delito, direto ou indireto, não podendo supri-lo a confissão do acusado." E no art. 159: "O exame de corpo de delito e outras perícias serão realizados por perito oficial, portador de diploma de curso superior." (Redação dada pela Lei

11.690, de 2008.) A definição das causas de morte atende a interesses estatísticos e sanitários, para a elaboração de políticas públicas de saúde, e também jurídicos, por questões cíveis, sucessórias, securitárias e criminais. Nesses termos, mortes não naturais só podem ser atestadas por médicos na função de peritos legistas porque há interesse do Estado em se elidir uma possível questão criminal. Ainda estabelece a Resolução 1.779/2005 do Conselho Federal de Medicina, em seu art. 2º: "3) Mortes violentas ou não naturais: A Declaração de Óbito deverá, obrigatoriamente, ser fornecida pelos serviços médico-legais."

Destarte, o médico não investido na função de perito legista que inobserva tais atos normativos e emite a DO em caso de morte não natural, *prima facie*, incorreria em ilicitude, mas desde que não tivesse como ter conhecimento que se trata de morte violenta. Por exemplo, o clínico de um pronto-socorro emite a DO como causa indeterminada ou descreve uma causa natural embasado em raciocínio clínico para um paciente que não apresente sinais ou histórico de violência e posteriormente tem o conhecimento de que aquele paciente fora envenenado. Entendo que o médico agiu corretamente, pois atuou nos limites e com as informações de que dispunha. Ao contrário, se o paciente apresentasse sinais externos evidentes de violência que poderiam guardar nexo de causalidade com a morte, e mesmo assim aquele médico emitisse a DO como morte de causa indeterminada ou descrevesse uma causa natural por não ter identificado a lesão, estaria agindo incorretamente, assim como o médico que identifica a lesão como causa da morte e emite a DO, por exemplo, traumatismo perfurocontuso. O correto seria o contato com autoridade policial para o encaminhamento do corpo a instituto médico-legal.

Mortes suspeitas e cadáveres desconhecidos também devem ter o mesmo tratamento que as violentas, pois o cadáver desconhecido deverá ser reconhecido ou identificado. Exatamente pela observância à norma, cadáveres vítimas de mortes violentas ou suspeitas são inumados em covas rasas ou "gavetas" nos cemitérios de localidades que não dispõem de legistas para que, posteriormente, algum legista se desloque àquela localidade para exumar e periciar o corpo e, por fim, emitir a DO. Só então o oficial do cartório de registro civil lavrará a Certidão de Óbito, documento jurídico hábil para se comprovar o óbito, o fim da personalidade jurídica daquela pessoa. A Lei 6.015, que prescreve em seu Art. 77 – "Nenhum sepultamento será feito sem certidão do oficial de registro do lugar do falecimento...", também prevê exceção à regra no Art. 78:

> Na impossibilidade de ser feito o registro dentro de 24 (vinte e quatro) horas do falecimento, pela distância ou qualquer outro motivo relevante, o assento será lavrado depois, com a maior urgência, e dentro dos prazos fixados no artigo 50. (Renumerado do art. 79 pela Lei 6.216, de 1975.)

Depreende-se do texto que o legislador entendeu por contemplar situações de exceção ao permitir o sepultamento sem Certidão de Óbito, que será lavrada posteriormente. Até a década de 1990, esse procedimento era extremamente comum em Minas Gerais. Posteriormente, com o aumento do quadro de legistas, as exumações reduziram significativamente, mas ainda ocorrem com frequência.

Os serviços de verificação de óbito ganharam relevante importância após o Ministério da Saúde, por meio da Portaria 1.405, de 29 de junho de 2006, instituir a Rede Nacional de Serviços de Verificação de Óbito e Esclarecimento da *Causa Mortis* (SVO), considerando a importância de elucidar rapidamente a *causa mortis* em eventos relacionados com doenças transmissíveis, em especial aqueles sob investigação epidemiológica, com a finalidade de implementar medidas oportunas de vigilância e controle de doenças e a necessidade de garantir à população acesso a serviços especializados de verificação da *causa mortis* decorrente de morte natural, com a consequente agilidade na liberação da Declaração de Óbito, embora já existissem alguns SVO, principalmente no Estado de São Paulo. Embora os IML tenham por atribuição a realização de perícias e, entre estas, necropsias em situação de mortes violentas, consuetudinariamente sempre exerceram a função dos SVO pela absoluta ausência destes na maioria absoluta das regiões do país, assim como a ínfima realização de necropsias clínicas por patologistas em hospitais e universidades. Ainda hoje cadáveres sem qualquer histórico de morte violenta são removidos para IML por meio de guias de requisição de necropsia exarada por delegados. Embora alguns IML disponham de excelentes anatomopatologistas, subsidiando as necropsias com exames anatomopatológicas, a formação profissional dos legistas é voltada para a aferição da prova material ou prova técnica de delitos criminais. A implantação de serviços de verificação de óbitos vem atender uma demanda dos IML, além da demanda de toda a sociedade, que deseja uma tramitação mais célere na liberação de cadáveres com emissão das DO, e diagnósticos mais precisos de mortes naturais fornecerão melhores subsídios às políticas de saúde, sendo os IML desonerados de uma atribuição que legalmente não era de sua competência, mas imposta pelo costume e a conveniência.

▶ BIBLIOGRAFIA

Brasil. Decreto-Lei nº 1.002/1969.

Brasil. Decreto-Lei nº 3.689/1941.

Brasil. Lei CFM nº 6.015/1973.

Brasil. Lei CFM nº 6.216/1975.

Brasil. Lei nº 11.690/2008.

Brasil. Portaria MS nº 1.405/2006.

Brasil. Resolução CFM nº 1.627/2001.

Brasil. Resolução CFM nº 1.658/2002.

Brasil. Resolução CFM nº 1.779/2005.

Brasil. Resolução CFM nº 1.823/2007.

Brasil. Resolução CFM nº 1.844/2008.

Brasil. Resolução CFM nº 1.931/2009 – Código de Ética Médica.

Parte B

Documentação Odontolegal – Prontuário Odontológico

Gilberto Paiva de Carvalho

▶ INTRODUÇÃO

O registro das informações, por mais simples que sejam, tem extremo valor para demonstrar os fatos e acontecimentos nos atendimentos e carreiras da saúde. Em Odontologia, todos os procedimentos desenvolvidos no atendimento clínico devem ser observados e registrados. Importante definir que o atendimento clínico não se resume ao paciente sentando na cadeira até o momento em que se despede. O atendimento clínico engloba tudo aquilo que tem como referência o paciente, esteja ele no consultório, seja em um contato telefônico ou, até mesmo, na sala de espera em pré- ou pós-atendimento. O cirurgião-dentista necessita preocupar-se mais com as minúcias administrativas e que essas permitam um uso racional das informações com o objetivo de transmitir uma sensação de bem-estar ao paciente e, consequentemente, tranquilidade ao profissional.

Os documentos produzidos em tríplice aspecto – clínico, administrativo e legal – devem revestir-se em um prontuário, estrutura organizada na qual estão presentes todas as fases da atuação profissional intimamente relacionada com o aspecto clínico, podendo a falta ou falha nessa documentação comprometer sua validade sob o aspecto legal (Silva, 1997). A palavra prontuário tem origem no termo latino *promptuariu*, que significa ficha (médica ou policial) que contém os dados da pessoa.

O prontuário odontológico não se resume a uma ficha em um envelope contendo algumas radiografias periapicais. O prontuário odontológico é o conjunto de todos os documentos relativos a um indivíduo produzidos em decorrência de um atendimento clínico. Em 2004, uma comissão organizada pelo Conselho Federal de Odontologia definiu a terminologia Prontuário Odontológico como a designação do conjunto de documentos padronizados, ordenados e concisos, destinados ao registro dos cuidados odontológicos prestados ao paciente com base nas referências de Guimarães, Cariello & Almeida (1994), Silva (1997) e Leal & Zimmermann (2002) (*apud* Almeida *et al.*, 2004).

Muitos pesquisadores e estudiosos concordam com o fato de que o prontuário odontológico é um componente essencial para o cirurgião-dentista. O prontuário contém o registro das condições gerais da saúde e da saúde oral, bem como das intervenções realizadas em termos de tratamento do paciente, constituindo, portanto, a documentação diária, sendo esse registro a primeira ferramenta que o profissional utiliza para avaliar os cuidados com o paciente. Constitui também instrumento fundamental nas auditorias internas, visando à avaliação da qualidade de atendimento prestado ao paciente (Osborn *et al.*, 2000).

Outro fator importante para a existência do prontuário consiste no adequado atendimento às questões éticas e legais, que são uma realidade na prática odontológica, razão pela qual uma documentação adequada constitui o mais eficaz meio de prova em ações judiciais, por maior que seja sua complexidade. Permite, ainda, demonstrar os aspectos inerentes à responsabilidade, no que tange ao padrão de qualidade dos procedimentos realizados (Osborn *et al.*, 2000), não podendo deixar de ser mencionada a importância pericial no exame comparativo para fins de identificação *post mortem* de corpos em estado avançado de putrefação, saponificados ou esqueletizados (Carvalho, 2001; Dailey, 1991; Funayama *et al.*, 2000,).

Estudiosos falam sobre o prontuário na prevenção de processos (Barbosa & Arcieri, 2003; Carvalho, 2001; Silva, 1999; Yarid, 2006). É importante destacar que o cirurgião-dentista não precisa aprender a sair de um processo. Necessita, sim, ajustar sua conduta com a adequação que evite ser parte integrante de ações judiciais na figura de réu. Os problemas devem ser resolvidos com propriedade no próprio consultório do atendimento. O profissional deve deliberar e ajustar suas condutas, que incluem desde refazer o procedimento que não foi bem-sucedido tecnicamente, passando por negociar alguma solução dentro dos limites da própria clínica e chegando ao ponto de indicar outro colega para prosseguir com o caso, ou talvez até encerrar o curso do tratamento, quando não haja empatia com o paciente, lembrando sempre de emitir um relatório que assegure a continuidade do tratamento, seguindo a previsão ética atual (Brasil, CFO, 2003). O registro adequado evita que surjam quaisquer dúvidas sobre os procedimentos clínicos realizados no paciente. A American Dental Association (ADA) destaca ainda o registro de conversas informais com o paciente (ADA, 2007).

O cirurgião-dentista necessita preocupar-se também com a importância administrativa do prontuário, pois é a partir dessa documentação que se podem conhecer o perfil dos pacientes e os diversos motivos que não permitem o retorno cíclico desses, entre outras informações que podem ser obtidas para um planejamento estratégico de *marketing*, respeitando os padrões éticos da profissão.

▶ COMPOSIÇÃO

Segundo Silva (1999), o prontuário deve ser composto pelo registro de anamnese, ficha clínica, plano de tratamento, receitas, atestados odontológicos, modelos, radiografias, orientação para pós-operatório ou sobre higienização e abandono de tratamento pelo paciente.

Os preceitos legais e éticos previstos no Código de Proteção e Defesa do Consumidor permitem organizar uma estrutura acrescendo alguns itens ao prontuário, devendo conter cadastro, endereço e responsável, anamnese, exame clínico, dois odontogramas (inicial e final), plano de tratamento formalizado, oferecendo o direito à autonomia com três alternativas, vantagens e desvantagens de cada opção, com esclarecimentos sobre os custos, os riscos e as limitações, sendo a opção eleita fruto de comum acordo e dos esclarecimentos e da essencial relação profissional/paciente, os honorários profissionais, formas de pagamento, contrato, autorização para o tratamento, modelos de receituários, atestados, recibos, notas promissórias, cartão de visitas, encaminhamento, recomendações pré- e pós-operatórias e autorização legal para o uso de imagens (Carvalho, 2002; Carvalho *et al.*, 2000).

A orientação para o cumprimento da exigência contida no inciso VIII do art. 5º do Código de Ética Odontológica, que define a elaboração e manutenção atualizada de prontuários dos pacientes, conservados em arquivo próprio, foi apresentada aos cirurgiões-dentistas em 2004, trazendo, inclusive, um modelo que sugeria a estrutura de prontuário odontológico a ser utilizado pelos profissionais de todo o país. A citada estrutura foi didaticamente dividida em Documentos Fundamentais e Documentos Suplementares, sendo os primeiros os documentos preenchidos obrigatoriamente em todo e qualquer atendimento ao paciente, como a ficha clínica e seus anexos.

Assim, os documentos fundamentais são: identificação do profissional; identificação do paciente; anamnese; exame clínico; plano de tratamento; evolução e intercorrências no tratamento e suplementares: receitas; atestados; contrato de locação de serviços odontológicos; exames complementares.

O prontuário odontológico, adequadamente estruturado e devidamente arquivado, é indispensável para a garantia do tratamento, tanto para o profissional como para o paciente (Zimmerman *et al.*, 1998). Uma composição esquemática do prontuário odontológico pode ser feita como rotina, a qual começa com o cadastro, contendo dados pessoais, endereço e responsável, a anamnese, o exame clínico, a proposição, os honorários, as formas de pagamento, o contrato, o acompanhamento clínico e a autorização para o tratamento. Componentes eventuais também devem estar presentes: cópia de todos os encaminhamentos, solicitação de exames e pareceres, prescrições de medicamentos, recomendações, atestados, relatórios clínicos e autorização para uso de imagem e outros, observando que deve haver a assinatura do paciente ou responsável legal na segunda via, de igual forma e teor para documentos personalizados ou apenas em livro de protocolo, no caso de impressos padrões (Galvão, 2001).

O plano de tratamento, precursor das maiores dúvidas e piores litígios, deve ser detalhado, com plano recomendado e, eventualmente, outras opções, seguindo integralmente o Código de Proteção e Defesa do Consumidor (Brasil, 1990), no qual a atividade odontológica é considerada simplesmente, segundo nosso entendimento com reservas, uma prestação de serviço comum e o paciente, seu consumidor. Trata-se de serviço realizado em pessoas humanas, com todas as variações e dimensões que isso possa representar.

O processo de trabalho do profissional com atividades na esfera da saúde, na maioria das vezes, é repetitivo e previsível, tem caráter racional em função do estado atual da arte, possibilita avaliação, sistematização e planejamento para a obtenção de eficiência, a qual está ligada aos meios empregados para a busca do resultado pretendido na saúde do paciente, e eficácia, que é a expressão de resultados favoráveis ou não.

No entanto, devemos considerar que, em saúde, lidamos com respostas biológicas individualizadas, havendo uma gama de variações individuais que impedem resultados padronizados. O ser humano não é biologicamente padronizável. Portanto, a interpretação jurídica de resultados com alta previsibilidade, como ocorre na maioria dos casos de consumo de produtos ou serviços de outra natureza, não pode simplesmente ser transferida para a área de tratamento à saúde.

A Lei 8.078 do Código de Proteção e Defesa do Consumidor garante ao paciente o direito de acesso às informações existentes em cadastros, fichas, registros e dados pessoais e de consumo arquivados sobre ele, bem como sobre suas respectivas fontes, e que o cadastro e os dados dos pacientes devem ser objetivos, claros, verdadeiros e em linguagem de fácil compreensão (Brasil, 1990).

Interessante observar os critérios apresentados pela ADA (2007), visto que sua normatização e os aspectos culturais norte-americanos definem observações diversas dos parâmetros brasileiros. Os arquivos são organizados em pastas que devem seguir uma normatização de identificação com o sobrenome, o nome, o nome intermediário e o grau de instrução. Posteriormente, os arquivos são dispostos com esses registros à mostra na parte lateral das pastas para um acesso rápido, incluindo um código de cores que utiliza as primeiras duas letras do último nome do paciente e a data do início de tratamento. Muitos consultórios utilizam mais uma classificação de pacientes ativos e inativos.

O conteúdo (*content of dental record*) inicia-se com as informações gerais (nome, nascimento, endereço e forma de contato); local de trabalho e telefones; história médico-odontológica, registros e novas anotações; registros de atendimento; propostas de tratamento, tratamentos alternativos (riscos e benefícios), incluindo a possibilidade do não tratamento; registros de diagnóstico, incluindo radiografias e modelos de estudo; prescrições; radiografias; detalhes do plano de tratamento; queixas do paciente e soluções. Constam, ainda, ordens de serviço laboratorial; moldes e modelos de gesso dos dentes tratados; descrição do tipo de tratamento protético; relatórios e encaminhamentos; registros de esquecimentos e não cumprimento de determinações clínicas; registro das visitas de retorno; instruções pós-operatórias; consentimento informado; autorizações e interrupção de tratamento; registros de conversas realizadas no consultório ou não; correspondências.

A orientação da ADA (2007) define que os dados financeiros devem ser separados dos registros clínicos, o que julgamos ser o mais adequado, que informações relevantes e observações pessoais sobre o desenvolvimento clínico do paciente devem compor os registros, destacando-se a frase *"Imagine what you write in a record being read in a court of law (remember that this is a legal document)"* ou, em português: "Imagine que o que você escreve em um prontuário pode ser lido no tribunal (lembre-se que é um documento legal)."

▶ GUARDA E POSSE

O prontuário odontológico deve ser conservado em local apropriado, segundo estabelecido pelo Código de Ética Odontológica, para finalidades técnicas, administrativas e jurídicas. O dentista tem o papel de guardião e protetor dos registros odontológicos contra o acesso às informações sem o consentimento do paciente. A ADA (2007) faz orientações sobre a guarda do prontuário, confirmando que os registros de crianças devem ser mantidos até o paciente atingir sua capacidade plena. A manutenção dos arquivos prevê um prazo de 6 anos de guarda e 2 anos depois da morte do paciente.

O Código Público de Saúde (*Public Health Code*), nos EUA, prevê que o cirurgião-dentista faça o registro de todos os eventos odontológicos do paciente e retenha esses registros por pelo menos 10 anos depois do último serviço prestado ao paciente, havendo prontuários cuja guarda é necessária para sempre (Pappas, 2001; Weber, 2000). Alguns estudos apresentam eventuais necessidades clínicas dos pacientes e restrições do código aplicáveis nesses casos ocasionais, nos quais os registros são necessários para esclarecimentos dos fatos ou para defesa em um litígio. As restrições do código por má prática são de 2 anos após o ocorrido, embora existam exceções (Weber, 2000).

Os parâmetros nacionais encaminham para outra vertente. Quando cirurgiões-dentistas foram questionados sobre a guarda do prontuário, 41% afirmaram que o tempo seria de 20 anos, 21%, de 6 a 10 anos, e 14%, por um prazo de 5 anos (Barbosa & Arcieri, 2003). Não há consenso sobre o tempo de guarda de prontuário odontológico entre os magistrados (Yarid, 2006).

O tempo de guarda do prontuário estende-se por toda a vida do profissional ou do paciente, pois a alegação de eventual vício de difícil constatação ou oculto torna o início da contagem do prazo decadencial o momento do conhecimento do defeito, como prevê a Lei 8.078/1990 em seu art. 26, parágrafo terceiro (Galvão, 2001). O Conselho Federal de Medicina estabelece um prazo mínimo de 20 anos, a partir do último registro, para a preservação dos prontuários dos pacientes em suporte de papel e que não foram arquivados eletronicamente em meio óptico, microfilmado ou digitalizado (Brasil, CFM, 2007), e o Conselho Federal de Odontologia reduz esse prazo para 10 anos (Brasil, CFO, 2009). A política de armazenamento e manutenção deve ser comungada por todos da equipe, sobre a qual tem ascendência o profissional responsável.

O prontuário do paciente é propriedade física da instituição em que ele é assistido, independente de ser unidade de saúde ou consultório, em qualquer meio de armazenamento. As informações registradas pertencem ao paciente e só podem ser divulgadas com sua autorização ou de seu responsável, ou por dever legal ou justa causa. Todos os dados devem estar disponíveis ao paciente de maneira que possam ser facilmente fornecidas cópias autênticas das informações presentes (Brasil, CFM, 2007; Brasil, CFO, 2009).

Desse modo, está claro que além da guarda, fato já consumado ética e legalmente, a posse documental é da instituição, seja clínica ou consultório. O fato previsto nas normatizações dos órgãos federais da Medicina e da Odontologia segue os preceitos previstos no sistema norte-americano. É preciso, entretanto, manter olhos atentos à solicitação do paciente e ao modo de atendimento prestado pelo profissional e sua equipe, pois o acesso deve ser respeitado, fato enfaticamente presente nos termos regimentais em que o prontuário deve estar permanentemente disponível, inclusive com o fornecimento de cópias autenticadas das informações pertinentes. As palavras "permanentemente disponível" e "cópias autênticas" devem estar presentes no vocabulário do cirurgião-dentista para que não ocorram desentendimentos desnecessários com o paciente. O bom senso e a transparência imperam na atividade odontológica e nada mais são do que a legislação prevê. O crescimento tecnológico digital permitirá em um futuro próximo, e já permite para alguns colegas, a digitalização de toda a documentação, podendo ser disponibilizada nas diversas mídias, inclusive com acesso remoto na internet, com a devida segurança e sigilo.

Entretanto, em meio à quantidade de argumentos, formas de armazenamento, estrutura, guarda e posse, é importante retomar as bases conceituais do prontuário e estimular os profissionais a realizarem o devido registro. Os peritos odontolegistas, nas oportunidades em que lhes é dado acesso à mídia, devem ressaltar para a população, e consequentemente para os colegas, a importância do prontuário odontológico e a presteza desse documento quando se torna célere um processo de identificação humana e o ato falha por sua ausência.

▶ AVALIAÇÃO DE PRONTUÁRIOS ODONTOLÓGICOS CLÍNICOS DIGITAIS

Uma avaliação de prontuários clínicos digitais em Odontologia realizada no Brasil constatou que, à época, 16 programas odontológicos estavam sendo comercializados por empresas constituídas e que veiculavam publicidade em jornais e revistas especializadas ou via internet (Tabela 7.1). A avaliação dos programas foi realizada por meio da distribuição de frequência de dados dos recursos oferecidos individualmente, graduando os itens como essenciais, segundo as normas legais do Conselho Federal de Odontologia (CFO, 1994) e com importância clínica, e não essenciais, os quais são dados adicionais disponibilizados ao cirurgião-dentista.

A avaliação dos prontuários clínicos digitais identificou a presença de ficha-cadastro, identificação do paciente, ficha de anamnese, exame extraoral, exame intraoral, odontograma, periograma, fichas de especialidades, plano de tratamento integrado ao odontograma, inserção das alternativas para o paciente, atualização

Tabela 7.1 ▶ Lista dos prontuários clínicos digitais comercializados no Brasil e a URL (*Uniforme Resource Location* – localizador uniforme na rede mundial)

Software	Empresa	URL
Dental Clinic	Dental Clinic Informática	dentalclinic.com.br
Dental Manager	Softmanager	softmanager.com.br
Dental Master Software	Micro imagem	microimagem.com.br
Dental Office	RH Software	dentaloffice.com.br
Dentalis	Aronis Engenharia de Sistemas	dentalis.com.br
Dental Plus	TechMedia Software	techmedia-software.com
Dental-Pro	Serta Informática	serta.com.br
Dentista Plus	Key Systems Interloja Ltda	keysystems.com.br
Easy Dental	Easy Distribuidora de Software	easydental.com.br
Fragata Manager	Fragata Software	fragata.com.br
Microdonto	Microdonto	Inexistente
Odonto Bio	Bio Sistema	odonto.bio.br
Odontograph	Suntech sistemas	Em construção
Odontológico	HJ Software	hj.com.br
Odontoway Software Odontológico	LS-sistemas	lssistemas.com
Pro Dent	HartSystem	hartsystem.com.br

monetária, possibilidade de alterações, interface automática com contrato de prestação de serviços, separação dos honorários por profissional da clínica, espaço para assinatura e concordância do paciente ou responsável para o tratamento, inserção ilimitada ou limitada pelo profissional de tabela de honorários e inclusão de índices monetários.

A mesma análise também verificou ferramentas do *software*, constatando a presença de editor de texto e planilhas, sendo estes próprios ou vinculados aos programas *Word* e *Excel*, modelos prontos de impressos e correspondências, modelo de nota promissória, recibo, cartão de visita e carta de encaminhamento.

O módulo de imagem foi item de avaliação, como a inserção de quantidade ilimitada ou limitada de imagens por paciente, simulação de tratamentos e interface com programas gráficos. Além disso, os modelos prontos de impressos nos *softwares* foram verificados e classificados como: satisfatórios, insatisfatórios ou inexistentes. Foram analisados nesse tópico os modelos de receituários, atestados, recibos, notas promissórias, cartão de visita, carta de encaminhamento, contrato de prestação de serviços, solicitação de exames, recomendações pré- e pós-operatórias e a autorização legal para uso de fotos, imagens e modelos.

O receituário foi avaliado segundo a Lei 5.081, de 24 de agosto de 1966, art. 6º, parágrafo II (Brasil, 1966), e o art. 35 da Lei 5.991, de 1973 (Brasil, 1973). O atestado odontológico foi avaliado segundo a Lei 5.081, de 24 de agosto de 1966, art. 6º, parágrafo III, e a Lei 6.215, de 30 de junho de 1975, seguindo Hebling *et al.* (1998). O contrato de prestação de serviços foi avaliado seguindo os critérios contidos na Lei 8.078, de 11 de setembro de 1990, o Código de Proteção e Defesa do Consumidor (Lei 8.078/1990) e segundo Galvão, presente no modelo genérico de contrato de prestação de serviço apresentado na internet no endereço do Ibemol (Galvão, 2001).

A solicitação de exames e a autorização legal para uso de fotos, imagens e modelos foram avaliados segundo modelos presentes no *site* Ibemol, 2002 (Ibemol, 2002). A nota promissória e os demais documentos foram avaliados segundo os preceitos do Código de Ética Odontológica (Brasil, CFO, 1998, 2003).

Os recursos também incorporaram a avaliação por ser de extrema necessidade para o uso dos programas, verificando-se a utilização por monousuário, usando apenas um micro, ou multiusuário, ou seja, a presença de versão completa ou incompleta. O segundo tópico verificou a presença de suporte técnico ou não. Estando este presente, foi verificado o suporte especializado, via telefone (gratuito – 0800), por cobrança, via *fax*, *modem* ou treinamento na clínica.

Outro item incluiu a verificação da existência de *back up* (cópia de segurança), sendo constatado se este era automático ao desligar o programa ou solicitado pelo operador. A presença de senhas foi o questionamento do item seguinte. Foi verificada a senha para acesso ao programa, ou para o usuário principal, outros

cirurgiões-dentistas, auxiliares, secretárias, acesso a dados financeiros e à agenda pessoal. Por fim, verificou-se a presença dos opcionais: controle de viva-voz e máscara infravermelha (Tabela 7.2).

Em 1984, 11% dos cirurgiões-dentistas norte-americanos utilizavam computadores em seus consultórios (Heiert, 1997; Hirschinger, 2001). Após 10 anos, esse percentual subiu para 66,8% (Heiert, 1997), aumentando para 79,5%, em 1997 (Hirschinger, 2001). Previa-se que, em 1998, 95% dos dentistas norte-americanos possuiriam um computador no consultório odontológico (Neiburger, 1998). O Reino Unido, em 1997, apresentava aproximadamente 70% dos dentistas utilizando computadores contra 20% em 1992 (Turner & Weerakone, 1998a). O Brasil não apresenta estatística sobre o assunto, segundo resposta concedida pelo Conselho Federal de Odontologia em consulta solicitada.

Os índices apresentados por todos os prontuários clínicos não satisfizeram a metodologia empregada, pois não alcançaram a totalidade dos itens essenciais propostos. Em uma análise geral, os prontuários clínicos digitais Dental Clinic, Pro Dent, Dental Office, Odontograph, Dental Manager, Odontoway, Dental Pro e Easy Dental, que apresentaram índice de itens essenciais acima de 50%, demonstram limites exatamente por não apresentarem todos os itens essenciais avaliados, contudo oferecem uma quantidade maior de ferramentas a serem utilizadas pelos profissionais.

Os programas odontológicos foram criados para que usuários não especialistas em informática pudessem utilizá-los. A facilidade e o aprimoramento dos programas possibilitaram que o profissional se preocupasse com sistemas que oferecessem um odontograma completo e a gravação de todo o tratamento (Wilkinson, 1989). Os resultados demonstraram que todos os prontuários clínicos digitais avaliados devem ser revisados para que novas versões possam oferecer ferramentas legais e essenciais gerais, além de instrumentos não essenciais que auxiliem o profissional da área odontológica em sua atividade clínica, desempenhando sua função primordial que é agilizar e facilitar as tarefas.

A análise do registro do paciente realizado no programa CYMA, um *software* canadense, demonstrou que o usuário escolhe o método de configuração de inserção de dados de seus pacientes (Andersen, 1985). Os prontuários clínicos digitais analisados não apresentaram maleabilidade na construção do cadastro, porém todos os programas apresentaram cadastro ilimitado de pacientes, fato importante na era digital.

Os dados pessoais foram bem observados nos programas. O endereço eletrônico, item não essencial, foi apresentado em apenas cinco prontuários clínicos digitais. A própria proposta de digitalização do prontuário odontológico e o desenvolvimento acelerado da internet transformam esse item não essencial em um item essencial, pois, atualmente, a população tem acesso à internet e também às contas de correio eletrônico gratuito. As

Tabela 7.2 ▸ Distribuição de frequência final. Classificação dos programas: soma de itens essenciais (n = 84), itens não essenciais e (n = 71) itens essenciais e não essenciais (n = 155).

Software	Frequência relativa – itens essenciais	Software	Frequência relativa – itens não essenciais	Software	Frequência relativa – itens essenciais e não essenciais
Pro Dent	69%	Pro Dent	51%	Pro Dent	61%
Dental Clinic	65%	Dental Office	45%	Dental Clinic	54%
Odontograph	62%	Odontograph	42%	Dental Office	54%
Dental Office	62%	Dental Clinic	41%	Odontograph	53%
Dental Manager	57%	Easy Dental	41%	Dental Manager	46%
Dental Pro	54%	Dental Manager	34%	Easy Dental	45%
Odontoway	50%	Dental Plus	31%	Dental Pro	38%
Easy Dental	49%	Dentalis	30%	Dentalis	37%
Dentalis	44%	Odonto Bio	21%	Dental Plus	37%
Dental Plus	42%	Odontoway	20%	Odontoway	36%
Dental Master	40%	Dental Pro	20%	Odonto Bio	32%
Odonto Bio	40%	Dental Master	18%	Dental Master	30%
Fragata Dental	31%	Fragata Dental	14%	Fragata Dental	23%
Dentista Plus	27%	Odontológico	13%	Dentista Plus	19%
Microdonto	23%	Dentista Plus	10%	Odontológico	17%
Odontológico	20%	Microdonto	7%	Microdonto	15%

vantagens do contato com o paciente via correio eletrônico são muitas no campo do *marketing*.

Os itens adicionais disponibilizados por alguns prontuários clínicos, como o nome e o endereço do médico do paciente, disponíveis no Dental Clinic, o local específico para inclusão do responsável, apresentado pelo Odontograph, e o cálculo automático da idade, como no prontuário Dental Office, são importantes itens que podem auxiliar o trabalho do cirurgião-dentista.

Os prontuários clínicos digitais que não apresentaram a ficha de anamnese estão totalmente em desacordo com os preceitos impostos pelo CFO (CFO, 1994) e não satisfazem os anseios do cirurgião-dentista. O prontuário clínico Dental Clinic engessa a atuação do profissional, uma vez que não permite a alteração das perguntas presentes na anamnese. O cirurgião-dentista é um profissional liberal e tem liberdade de convicção, podendo não somente, diagnosticar, planejar e executar tratamentos (Brasil, CFO, 1998, 2003), como elaborar sua própria anamnese, de acordo com sua área de especialidade e as necessidades individuais dos pacientes que assiste.

Desse modo, os prontuários clínicos que incluam as perguntas do profissional e possibilitem a alteração das próprias estão inteiramente corretos. Os itens essenciais, histórico do paciente (queixa principal e histórico da doença) e questionário de saúde, podem estar ausentes em

alguns prontuários clínicos, porém estes apresentam a possibilidade de inserção e alteração de perguntas pelo usuário. As ferramentas adicionais fornecidas pelos prontuários clínicos Dental Manager e Easy Dental, limite de até 200 linhas a serem ocupadas com a anamnese e inclusão de até 99 perguntas para cada anamnese formulada pelo usuário, respectivamente, são suficientes para satisfazer os preceitos legais de presença de uma anamnese.

Os prontuários clínicos Dental Clinic e Odontograph, que apresentaram as ferramentas de exames extra e intraorais, não ofereceram, no entanto, como os demais programas avaliados, visualização gráfica dos eventos odontológicos a serem avaliados no exame inicial do paciente. A visualização gráfica não está apenas na apresentação do programa em geral ou no odontograma e no periograma, mas também nos exames extra e intraorais. Os prontuários clínicos digitais nacionais apresentaram-se carentes quanto a esse item avaliado.

O advento tecnológico gráfico, como periograma, imagens cosméticas (antes e depois) e câmera intraoral, facilitou cada vez mais a utilização clínica dos programas odontológicos (Baptista, 2000; Bauer, Brown & Zimnik, 1998; Downes, 1998; Eisner, 1999; Freydberg, 1993; Golub & Levato, 1997; Heiert, 1997; Hirschinger, 2001; Levato, 1998; Schleyler, 1999; Snyder, 1995. A criação e a inserção dos dados ou desenhos de lesões em lábios, face, pescoço, fraturas e anomalias na cabeça e pescoço não esbarram na dificuldade que existia na década de 1980. Assim, a inserção desses itens nos prontuários clínicos digitais é essencial para qualquer programa odontológico, necessitando revisão ou inserção em todos os prontuários clínicos digitais em Odontologia.

O prontuário digital consiste em três seções demonstrativas: (1) odontograma, representando diagnóstico e/ou tratamento realizado e previsto; (2) documentação textual, organizada a partir de uma lista de códigos; e (3) documentação digitalizada, com radiografias e/ou imagens demonstrando as condições no início e término do tratamento. O prontuário odontológico mínimo, previsto pelo CFO em seu exame clínico, prevê o registro do odontograma, com descrição minuciosa de restaurações e próteses existentes e de tratamentos a serem realizados (CFO, 1994). Todos os prontuários clínicos digitais apresentaram odontograma.

Portanto, pecam os programas que não apresentam a descrição das características anatômicas dos dentes e a identificação dos tipos de materiais restauradores presentes, os quais representam mais da metade dos prontuários clínicos avaliados. Além disso, a inserção de dados essenciais, como identificação de lesões radiculares e cárie paralisada, foi apresentada somente em três e em um prontuários clínicos, respectivamente. Outros itens, como lesões coronárias brancas e fluorose dental, não foram visualizados em qualquer prontuário clínico digital.

Os prontuários clínicos digitais que apresentaram ferramentas do periograma podem satisfazer, de modo geral, os anseios dos profissionais que militam nessa área, excetuando o programa Dental Plus, no qual não se verificou nenhum dos itens listados no questionário, e o Odonto Bio, que apresentou, dentro dessa avaliação, índice absoluto abaixo da metade dos itens avaliados. Os programas Dental Plus e Odonto Bio não apresentaram periograma inicial e final. A presença de fichas de especialidades nos prontuários clínicos automatiza o trabalho do cirurgião-dentista. Os prontuários clínicos que apresentaram essas fichas específicas desenvolveram mais uma ferramenta auxiliar para melhor desenvolvimento da prática odontológica. A presença da ficha de endodontia em oito dos 10 prontuários clínicos que se inseriram nessa avaliação demonstra a preocupação com a prática diária do cirurgião-dentista e do clínico geral. No entanto, pouca atenção foi dada à ficha de prótese, especialidade de maciça presença nos consultórios odontológicos.

A especialidade implantodontia está bem representada, presente em seis dos 10 prontuários clínicos avaliados nessa opção. A ficha de especialidade das disfunções da articulação temporomandibular (ATM) demonstra que os produtores dos prontuários clínicos estão sendo orientados em relação às novas especialidades odontológicas e os programas Dental Manager, Pro Dent e Dental Office deram um passo à frente de seus concorrentes. A ortodontia figura em sete dos 10 prontuários clínicos, sendo uma ficha de especialidade desnecessária nos prontuários clínicos destinados ao clínico geral, pois a ortodontia já conta com vários programas específicos da especialidade.

Os planos de tratamento e agendamento dos pacientes transformaram-se em importantes ferramentas presentes nos diversos programas odontológicos. A automação efetiva do plano de tratamento é essencial para o monitoramento inicial, atual e final do tratamento (Snyder, 1995). A integração do plano de tratamento/orçamento com o odontograma é essencial para facilitar o dia a dia do profissional. Os *softwares* Odonto Bio e odontológico que não apresentaram essa integração necessitam de aprimoramento.

Dados importantes devem constar nos prontuários digitais, como o plano de tratamento detalhado (opção recomendada e eventuais alternativas), os honorários e as formas de pagamento (Carvalho *et al.*, 2000; Galvão, 2001), o que foi apresentado somente pelo Dental Office. O cirurgião-dentista fixa seus honorários profissionais segundo vários critérios listados no Código de Ética Odontológica, art. 11, incisos de I a IX (Brasil, CFO, 2003), sendo, portanto, válida a opção apresentada pelos prontuários clínicos de inserção ilimitada de variadas tabelas de honorários profissionais.

O Código de Proteção e Defesa do Consumidor orienta que toda prestação de serviço seja realizada mediante um contrato (Brasil, Lei 8.078/1990), e este é parte integrante do prontuário, onde necessita estar presente (Anderser, 1985; Carvalho, 2000; Galvão, 2001; Kogon, 1988). Os prontuários clínicos digitais não apresentaram interface automática com contrato de prestação de serviços, discordando da lei de proteção e defesa do consumidor.

A construção de base concreta da relação entre consumidor e prestador de serviço, paciente e cirurgião-dentista não pode estacionar no cotidiano ultrapassado de alguns profissionais liberais. É preciso conhecer a lei para entendê-la, podendo-se, assim, definir as vantagens originadas a partir dela. Conhecendo os direitos do cidadão, seu paciente, o profissional poderá oferecer melhor atendimento e, dessa maneira, buscar o cume da satisfação deste, no momento da manifestação de vontade do consumidor, quando buscar a prestação de serviço odontológico. É necessário aos prontuários clínicos digitais a inclusão de um modelo de contrato de prestação de serviços.

A facilidade de confecção e armazenamento de documentos fez com que a porcentagem de pacientes que tinham em seus prontuários termos de consentimento subisse de 10% para 60% de 1983 a 1990 nos EUA (Hall, 1990). Também fazem parte dos prontuários digitais modelos de receituários, atestados, recibos, notas promissórias, cartão de visita, carta de encaminhamento, contrato de prestação de serviços, solicitação de exames, recomendações pré e pós-operatórias e a autorização legal para uso de fotos (Carvalho *et al.*, 2000).

Documentos Médicos e Odontolegais

É inevitável a aceleração do tratamento e a diminuição dos contratempos causados pelo tratamento com o uso dos programas (Snyder, 1995; Stikeleather et al., 1988). Os prontuários clínicos Dental Clinic, Dental Plus e Fragata Dental, avaliados nessa pesquisa, não apresentaram modelos prontos para impressão, e sim ferramentas para que o usuário os confeccione. Desse modo, esses programas desestimulam o profissional, o qual espera que seu prontuário clínico digital tenha tudo o que ele deseja, inclusive modelos prontos para impressão.

Todos os dados do paciente podem ser demonstrados graficamente, enquanto outros poderiam consistir na imagem atual do paciente mediante a captura de vídeo ou digitalização de imagens. A união dos programas odontológicos com a alta tecnologia de captura de imagens resultou em um prontuário mais significativo e responsável do que o antigo prontuário por escrito (Rhodes, 1996). As imagens podem ser adquiridas e arquivadas, bastando apenas um toque (Bauer & Brown, 2001).

Os recursos dos programas de manipulação de imagens auxiliam o trabalho pericial do especialista em Odontologia Legal, buscando melhorar a visualização de fotografias e auxiliando a identificação humana (Carvalho, 2001).

A presença da fotografia do paciente no cadastro, no periograma e nas demais partes que compõem o programa permite que o usuário evite problemas com homônimos e acesse o prontuário odontológico de outro paciente por engano. A simulação de imagens apresentada pelos prontuários clínicos Pro Dent e Dental Master é uma boa ferramenta a ser utilizada pelos cirurgiões-dentistas, porém vale ressaltar que o profissional deve alertar o paciente de que todo esse procedimento é uma projeção de seu caso, uma condição almejada, e não final.

Os prontuários clínicos Odontograph, Pro Dent, Dental Pro, Dental Manager e Easy Dental, que apresentaram modelos satisfatórios de impressos, são de grande valia para o profissional, auxiliando a prática clínica. No entanto, o prontuário clínico Dentista Plus apresentou modelos legalmente insatisfatórios, o que prejudica o profissional que fará uso desses modelos. É consenso acreditar que tudo o que compõe um produto está de acordo com a legislação vigente no país. Portanto, os prontuários clínicos digitais devem investigar e fornecer o melhor produto a seus usuários, disponibilizando ferramentas em conformação com a legalidade.

Em 1984, artigos já aconselhavam que o cirurgião-dentista verificasse se a companhia fornecedora do produto oferecia um bom suporte técnico. A primeira escolha, se possível, deveria ser por uma companhia que fornecesse um suporte local (Yaverbaum, 1984). As orientações oferecidas estavam, principalmente, direcionadas ao suporte técnico que a companhia fornecedora do produto disponibilizava a seus usuários (Hall, 1990). O suporte técnico é instrumento fundamental para que o usuário desenvolva um bom trabalho com o produto adquirido.

O suporte técnico oferecido pelo fornecedor é de grande importância para minimizar a frustração e agilizar os benefícios a serem adquiridos com o programa dental (Hall, 1990; Wilkinson, 1989). Todos os prontuários clínicos apresentam manual de instruções para utilização do produto; porém, existem eventualidades nas quais a alternativa mais rápida e eficiente para solucionar um problema é entrar em contato com o suporte técnico. O suporte técnico oferecido pelos fornecedores dos prontuários clínicos digitais demonstrou auxílio efetuado por correio eletrônico, oito programas ofereciam suporte por telefone pago pelo usuário e apenas um fornecedor apresentou o suporte via 0800. A utilização de suporte técnico via 0800 é mais atraente para os consumidores, porém as condições de marketing a serem oferecidas aos usuários dependerão, exclusivamente, da empresa fornecedora do prontuário clínico digital.

Qualquer usuário não familiarizado com um novo programa terá dificuldades em desenvolver um bom trabalho a curto prazo. A utilização integral dos recursos oferecidos pelo fabricante dependerá somente do usuário. Desse modo, para que o profissional utilize eficientemente seu novo prontuário clínico digital, ele necessita despender tempo e paciência no aprendizado. Portanto, o suporte técnico deverá estar disponível para o usuário nas eventualidades.

Os itens finais na procura pelo software ideal são o suporte técnico e o treinamento oferecidos pela fábrica. O treinamento efetivo é elemento crucial quando se pensa no processo de implantação do computador e este é o conselho dos diversos especialistas norte-americanos (Warner & Haskin, 1989). O treinamento não exclusivo para o cirurgião-dentista, mas também para os auxiliares e secretária, é essencial para que os novos usuários se familiarizem com o programa.

Os dados gravados no disco rígido de um computador podem ser perdidos ou tornar-se inacessíveis por problemas corriqueiros, como falhas mecânicas, variações de energia elétrica, falta de aterramento adequado, falhas de softwares, vírus, acidentes naturais, interferência humana (intencional ou não), formatação acidental de disco e roubo. Portanto, deve-se adotar uma estratégia de back up, de acordo com a importância e o volume das informações que se quer proteger (Darvas, 2002). A cópia de segurança não pode ser esquecida e os resultados apresentaram 10 programas com sistema de back up, estando, assim, complacentes com os cuidados necessários que se deve ter com arquivos digitais.

A segurança tecnológica digital tem avançado para um sistema de ponta em que os registros digitais podem ser mais seguros que os registros no papel. A permissão de visualizar dados só é fornecida às pessoas autorizadas, e os dados podem ser transferidos criptografados (Bauer & Brown, 2001). Todos os programas canadenses disponibilizavam histórico clínico, formas de pagamento e a possibilidade de gerar os mais diversos tipos de consultas sobre o paciente, assim como a possibilidade de alteração, por meio de senha, para atualizações no tratamento (Andersen, 1984).

Senhas, medidas de segurança simples, devem ser criadas para prevenir acesso não autorizado aos dados. Um prontuário clínico digital seguro deve enaltecer o sigilo profissional, pois os dados dos pacientes são particulares e somente o paciente tem o direito de liberar o acesso a informações sobre sua pessoa.

A distribuição da frequência final apresentou somente quatro prontuários clínicos digitais com porcentagem de itens essenciais e não essenciais acima de 50%, demonstrando que os prontuários clínicos digitais em Odontologia necessitam de revisões para aprimoramento dos dados legais. Os prontuários que apresentaram índice de distribuição de frequência entre 30% e 49% podem ser considerados programas em fase de testes ou em desenvolvimento. Os programas que apresentaram índices menores que 29% são prontuários clínicos digitais insatisfatórios para o uso do cirurgião-dentista.

A análise geral dos resultados demonstrou que, de maneira geral, a classificação dos prontuários clínicos digitais não se alterou. Os programas que apresentaram maior quantidade de itens essenciais mantiveram sua posição nos gráficos de itens não essenciais, sendo a recíproca verdadeira para os programas que apresentaram índices menores. Os prontuários clínicos Pro Dent, Dental Clinic e Odontograph mantiveram-se sempre nas primeiras posições e o Dentista Plus, Microdonto e Odontológico quase não saíram das últimas.

O aspecto mais importante da Odontologia Clínica consiste no cuidado contínuo e no sistema de retorno dos pacientes. Muitos profissionais não utilizam seus computadores efetivamente para operar um sistema de retorno dos pacientes (Snyder, 1995). O cirurgião-dentista deve manter o vínculo com o paciente que atendeu. O consumidor de prestação de serviço odontológico deve se tornar um cliente do cirurgião-dentista.

Dados sobre o retorno de pacientes ao mesmo cirurgião-dentista deveriam ser catalogados para posteriores estudo e orientação aos profissionais que estão vendo seus consultórios se esvaziarem. O prontuário clínico digital auxilia os profissionais, bastando o usuário saber como funciona o sistema de determinado programa. O cirurgião-dentista necessita do subsídio do *marketing* para manter os antigos e ganhar novos pacientes.

O desenvolvimento dos prontuários clínicos digitais em Odontologia enfrentava problemas na década de 1980. A falta de investimentos da indústria no setor odontológico dificultava o desenvolvimento de um prontuário digital universal que atendesse à grande massa de profissionais liberais. Esforços de autônomos, setor público da Odontologia, organizações profissionais ou academias odontológicas não podiam reunir recursos suficientes para atingir o sucesso nesse campo. Todos esses grupos deveriam trabalhar juntos, contribuindo no desenvolvimento de um prontuário clínico digital estandardizado (Neiburger & Diehl, 1991).

Instituições de saúde privadas ou públicas gastam incontáveis horas duplicando prontuários clínicos do paciente, quando este poderia possuir todas as informações referentes a si em um banco de dados eletrônico como um simples disquete ou cartão magnético. Um dos mais importantes aspectos de todo esse sistema seria o funcionamento tranquilo, interface de linguagem que conduziria os usuários à comunicação diretamente com os computadores pela voz. A cada novo evento odontológico, o clínico adicionaria novas informações físicas, de tratamento e diagnósticas (Abbey, 1991).

A automatização da prática odontológica com um programa dental não é imediata, sendo necessários, segundo Hall, no mínimo 6 meses de treinamento e intimidade com o novo recurso. Cuidado e paciência são necessários para uma completa e eficiente utilização do programa odontológico (Hall, 1990). A informática necessita de dedicação, autocontrole e vontade de aprender. Todos esses valores dependem do próprio indivíduo, e somente ele decidirá investir e passar por mais esse aprendizado.

O cirurgião-dentista necessita mesclar-se no avanço e na transformação tecnológica digital por que passa a Odontologia, tornando-se familiarizado com essa nova arte e seus conceitos. Ele deve aprender o que as novas informações tecnológicas podem fazer por ele e seus pacientes, aplicando os novos conhecimentos para o desenvolvimento profissional (Bauer & Brown, 2001; Warner & Haskin, 1989). Os prontuários digitais estão fora do domínio técnico-prático do cirurgião-dentista, e a informática exige dedicação, autocontrole e vontade de aprender.

A competição dos fornecedores faz com que novos programas e atualizações incrementem as capacidades dos programas dentais. Acompanhando o desenvolvimento tecnológico, que cresce, o investimento financeiro se desenvolve inversamente, diminuindo os custos e possibilitando a ampliação da utilização do microcomputador (Gilboe & Scott, 1994). Os custos apresentados por diversos prontuários clínicos digitais tendem a diminuir. Assim como programas gerenciadores são oferecidos gratuitamente, prontuários clínicos digitais também o são. Daqui a alguns anos, o desenvolvimento tecnológico atingirá todos os programas disponibilizados gratuitamente.

O atributo para escolha de um programa odontológico é particular e determinado pela experiência computacional do cirurgião-dentista e pela análise individual dos programas de demonstração disponibilizados pelos fabricantes via internet, em consultas com colegas ou com a empresa fornecedora (Andersen, 1984). Assim, o profissional irá escolher seu prontuário clínico digital não somente pelos valores legais que ele contenha, mas também por afinidades pessoais com o programa, sendo necessário que o fornecedor ofereça um bom programa demonstrativo (DEMO) e atrativos visuais. Portanto, a escolha final do prontuário clínico digital ultrapassa os limites técnicos.

Para a maximização do potencial dos computadores e da informática na saúde bucal é necessária a cooperação de educadores, pesquisadores, profissionais liberais, vendedores e produtores. Com essa cooperação, a transição para a utilização da tecnologia eletrônica para a saúde pode ser ótima e rápida (Kiser, 1991). A integração de várias áreas do conhecimento para a resolução de problemas, ou seja, a multidisciplinaridade na busca de soluções lógicas que facilitem a prática clínica odontológica não representa a realidade atual.

A via produtores/vendedores está desviada da via cirurgião-dentista no sentido técnico, pois vê-se somente bom atendimento para a venda dos prontuários clínicos digitais, mas com a ausência de treinamento para o usuário e a deficiência de suporte técnico, entre tantos outros problemas. O oferecimento de prontuários clínicos digitais vistosos, apresentando tecnologia digital de imagens cosméticas, é o objetivo do fornecedor para angariar cirurgiões-dentistas compradores e não cirurgiões-dentistas clientes. O conteúdo legal de todos os prontuários clínicos digitais está inacabado.

O cirurgião-dentista deve ser alertado sobre a ineficiência legal apresentada pelos prontuários clínicos digitais disponíveis no Brasil. Dados devem ser levantados sobre a quantidade de profissionais que possuem computador e utilizam algum prontuário digital nos consultórios e clínicas odontológicas para que se trace o perfil dos cirurgiões-dentistas brasileiros. Os fornecedores de programas destinados aos cirurgiões-dentistas necessitam revisar seus produtos para oferecer o melhor à classe odontológica.

A análise dos aspectos legais contidos nos prontuários clínicos digitais utilizados na prática clínica demonstrou que todos necessitam de uma revisão por parte das empresas fornecedoras dos prontuários clínicos digitais para que estejam de acordo com a legalidade. Portanto, sugere-se que todos os prontuários clínicos digitais avaliados sejam revisados para que em novas versões possam oferecer melhores ferramentas, legais e essenciais gerais, além de instrumentos não essenciais que auxiliem o profissional da área odontológica em sua atividade clínica, desempenhando sua função primordial, ou seja, agilizar e facilitar as tarefas.

Entre os vários recursos oferecidos pelos programas odontológicos comercializados no Brasil para a composição do prontuário clínico digital, o plano de tratamento/orçamento presente nos prontuários clínicos está defasado quando se analisa a existência de um modelo de contrato de prestação de serviço, o qual deve estar presente.

Os prontuários clínicos digitais avaliados apresentaram-se superficiais na apresentação da ferramenta modelos a serem impressos, sendo prejudicada a intenção de avaliação do conteúdo legal dos impressos e documentos emitidos a partir desses programas.

É mera ilusão acreditar que, com o novo milênio, novos conceitos, leis criadas no fim do século passado, modelos de postura, uma economia estável e a globalização convergiriam para atos morais complacentes. O capitalismo e o modismo atuantes em nossa sociedade traduzem a construção dos prontuários clínicos digitais que apresentam cada vez mais melhor apresentação gráfica, estimulação da expectativa do paciente e conteúdo legal deficiente.

▶ O USO DO PRONTUÁRIO DIGITAL NA ODONTOLOGIA LEGAL

A utilização dos computadores na identificação humana por meio dos dentes tem sido realizada desde o começo dos anos 1970. As características dentárias se prestam à comparação baseada em dados disponíveis nos registros *ante mortem*, que são aqueles referentes ao atendimento odontológico prestado em vida, e *post mortem*, que são os obtidos do cadáver. Dados como ausência e presença de elementos dentários, assim como as superfícies restauradas, podem ser facilmente codificados por um programa de computador. Os computadores podem ser usados para processar um grande número de prontuários odontológicos, em particular nos casos de catástrofes com mortes coletivas, conhecidas como desastres de massa, ou na criação de uma central de registros de indivíduos desaparecidos (McGivney & Fixott, 2001).

Os dados dos pacientes inseridos nos programas odontológicos podem auxiliar a identificação de corpos em avançado estado de putrefação, saponificados ou esqueletizados. Um programa, chamado *Computer-Assisted Postmortem Identification (CAPMI) System*, ou seja, sistema auxiliar computadorizado de identificação após a morte, foi confeccionado com o intuito de reduzir o tempo gasto na identificação de restos mortais de militares desaparecidos em ação na Guerra do Vietnã, cujo número passa de 2.400 indivíduos. Dados odontológicos *ante mortem* inseridos no programa efetuaram a comparação com os dados *post mortem*, apresentando uma precisão de 92% a 99% na eliminação de pessoas a identificar (Dailey, 1991; McGivney & Fixott, 2001).

O sistema auxiliar computadorizado de identificação *post mortem* demonstrou ser uma ferramenta acessória indispensável ao odontolegista para que seu trabalho seja desenvolvido em menor tempo e com maior precisão. Uma base de dados odontológicos computadorizada é extremamente necessária para os EUA, onde o sistema auxiliar computadorizado de identificação *post mortem* surgiu como um colaborador efetivo para o estabelecimento da identidade (Dailey, 1991; McGivney & Fixott, 2001).

Um segundo banco de dados de pessoas desaparecidas na Guerra da Coreia conta com mais de 7.000

registros. Outras agências incluem a Unidade Policial de Pessoas Desaparecidas do Estado de Washington e a Unidade de Pessoas Desaparecidas e Não Identificadas da Califórnia, que utilizam o CAPMI com sucesso quando o NCIC (National Crime Information Computer System – sistema de informação nacional de crime) falha no fornecimento e utilização dos documentos necessários para a identificação (McGivney & Fixott, 2001).

Os odontogramas e o histórico odontológico de indivíduos não identificados registrados no sistema auxiliar computadorizado de identificação *post mortem* eram inicialmente transmitidos de um profissional para o outro e todo o suporte técnico estava presente em um manual denominado Sistema Forense de Transmissão de Informação, o Forensic Information Transmission System (FITS). Esse manual orientava os profissionais a trocarem informações sobre casos de identificação, instantaneamente, fornecendo códigos e comandos necessários para o funcionamento do programa em um sistema operacional DOS, realizando as transmissões através de *fax modem* (Bell, 1991).

A identificação humana habitualmente é realizada por meio das polpas digitais, DNA e comparação dentária. A Odontologia Forense no Japão, no entanto, não conta com a quantidade suficiente de dentistas capacitados para a realização de tais exames. Com o intuito de facilitar o processo de identificação, imprimindo-lhe agilidade, os legistas japoneses passaram a enviar aos consultórios, via correio eletrônico, fotografias digitalizadas da cavidade oral da pessoa a identificar (Funayama *et al.*, 2000).

O rápido desenvolvimento tecnológico vem auxiliando todas as profissões no planejamento, na execução e na conclusão de quaisquer serviços. Os recursos dos programas de manipulação de imagens auxiliam o trabalho do perito em Odontologia Legal, buscando melhorar a visualização de fotografias e auxiliando a identificação humana (Carvalho, 2001).

► LEGALIDADE DOS ARQUIVOS DIGITAIS

A legalidade dos programas utilizados também foi tema de estudo. Os problemas poderiam originar-se no momento em que o profissional não pudesse provar se os prontuários eletrônicos foram alterados ou não. Muitos estados norte-americanos solicitam que os prontuários sejam escritos, levantando, assim, dúvidas quanto à legalidade dos prontuários digitais (Reis, 1993). Em artigo publicado em 1993, a ADA divulgou que o governo federal exigia que 85% dos prontuários médicos e odontológicos fossem processados eletronicamente até 1996 (Spaeth, 1993).

A capacidade de detecção de manipulações de imagens de radiografias periapicais digitais foi verificada por meio de avaliação realizada por 20 cirurgiões-dentistas. Foram avaliadas 10 imagens radiográficas manipuladas digitalmente e impressas, ora inserindo-se alterações patológicas, ora retirando-as. Os resultados indicaram que 62% das imagens manipuladas não foram detectadas como tal. Ao final do trabalho verificou-se que as lesões e alterações dentárias simuladas em radiografias periapicais digitais não são passíveis de detecção quanto à avaliação por um grupo de dentistas clínicos, representando um percentual significativo (Martins, Nascimento & Araújo, 2000).

Em 1995, os componentes essenciais de um prontuário clínico digital começaram a ser discutidos na ADA e na AADS (American Association of Dental Schools), no intuito de efetuar uma padronização do sistema (Green, 1995). A padronização do conteúdo legal presente na documentação do paciente nos prontuários digitais norte-americanos foi sugerida em 1996. Assim, a estrutura e as características para documentação foram comparadas entre um prontuário escrito e o prontuário digital. O prontuário escrito é dividido em duas partes: uma gráfica, para documentação do estado atual dos elementos dentários, e outra por escrito, com descrição dos eventos odontológicos ocorridos durante o tratamento (Rhodes, 1996).

O prontuário digital consistia em três seções demonstrativas: (1) odontograma, representando diagnóstico e/ou tratamento realizado e previsto; (2) documentação textual, organizada a partir de uma lista de códigos; e (3) documentação digitalizada, com radiografias e/ou imagens demonstrando as condições no início e no término do tratamento (Rhodes, 1996).

A legalidade das informações gravadas digitalmente na Inglaterra seguia os Termos de Serviços do Dentista, elaborados em abril de 1992. Primeiro, os dados a serem gravados deveriam seguir as solicitações exigidas pela Ação de Proteção de Dados de 1984, segundo as quais estes deveriam: (1) ser coletados e processados legítima e legalmente; (2) somente ser válidos em prol de especificações legais e resoluções registradas; (3) somente ser utilizados em prol de resoluções registradas ou expostos para indivíduos registrados; (4) ser adequados e relevantes para o propósito para o qual foram validados; (5) ser exatos e, se necessário, atualizados; 6) ser válidos para permitir aos pacientes o direito de serem informados de que os dados pessoais são corretos; direito de acessar seus dados; ter seus dados corrigidos e apagados; (7) ter medidas de segurança apropriada contra acessos, alterações, exposições ou distribuições não autorizadas.

Secundariamente, os dados, além de exatos e contemporâneos, não poderiam ser apagados ou alterados facilmente. Senhas, medidas de segurança simples, devem ser criadas para prevenir acesso não autorizado aos dados. Os prontuários digitais deveriam ser utilizados para arquivar prontuários de pacientes inativos e que possam ser revistos, se necessário. Finalmente, deveria haver a possibilidade de impressão de todos os dados inseridos nos prontuários digitais.

Os prontuários clínicos digitais disponibilizam ferramentas que alteram fotos digitalizadas, as quais são utilizadas pelos cirurgiões-dentistas no momento de propor um tratamento ao paciente, expondo-lhe a foto antes (aspecto atual) e depois (aspecto esperado) da execução técnica, sendo aconselhado ao profissional que avise o paciente de que a visualização é fictícia e não integra o contrato (Carvalho, 2001).

A alternativa de realizar transações eletronicamente, não permitidas até então, exigidas por um registro em papel escrito para adquirirem validade, passou a vigorar no país. Essa nova modalidade de documentos não exclui nem se sobrepõe aos documentos utilizados atualmente. O sistema de certificação eletrônica não introduz conceitos novos nas transações, apenas estabelece equivalência e isonomia legal entre os documentos produzidos e obtidos eletronicamente e os firmados em papel, desde que certificados pela ICP-Brasil (Brasil, 2002).

O termo certificado digital surgiu com o uso da criptografia assimétrica. A criptografia assimétrica é um conceito que recorta o universo das tecnologias digitais, separando aquelas que, em sua capacidade autenticatória, ofereçam ao identificado a possibilidade de controlar a dificuldade de forja dessa identificação. Funciona por meio do uso de pares de chaves tituladas que, nessa capacidade, ganharam o nome de mecanismos de assinatura digital (Rezende, 2001).

O Brasil instituiu decreto legalizando os arquivos eletrônicos, implementando a Infraestrutura de Chaves Públicas Brasileira para garantir a autenticidade, a integridade e a validade jurídica de documentos em forma eletrônica, das aplicações de suporte e das aplicações habilitadas que utilizem certificados digitais, bem como a realização de transações eletrônicas seguras, por meio da medida provisória 2.200, de 28 de junho de 2001 (Brasil, 2001).

Os certificados emitidos por entidades não vinculadas ao ICP-Brasil poderão continuar sendo feitos, sendo atestada a autenticidade dos documentos de modo semelhante a uma testemunha e os documentos certificados pelo ICP-Brasil gozarão de presunção de autenticidade da lei. A instalação do certificado da Infraestrutura de Chaves Públicas Brasileira está disponível na internet, na página do Governo Federal (http://www.iti.gov.br/twiki/bin/view/Main/WebHome), assim como o procedimento para se efetuar a instalação (Brasil, 2002).

Todos os métodos aceitos e comprovados para transmissão segura de documentos digitais associam dois números a cada cidadão ou instituição, mais conhecidos como chaves. Uma chave, pública, fica disponível em certificados digitais que qualquer navegador ou *site* da internet pode ver. A outra, privada, fica guardada somente no computador do usuário. Desse modo, é necessário um lugar na rede aceito por todos para armazenar e distribuir as chaves públicas. Além disso, é necessário que ninguém tenha acesso à chave privada de ninguém, pois o risco de fraude é enorme (Gurovitz, 2001).

Depois da publicação da Medida Provisória 2.200, foram feitas críticas alegando que a Infraestrutura de Chaves Públicas Brasileira fere o sigilo do cidadão (Carvalho, 2001; Gurovitz, 2001; Rezende, 2001; Ucasse Digital, 2001). O governo brasileiro, após criar o órgão ICP-Brasil, pode emitir, expedir, distribuir, revogar e gerenciar os certificados e as correspondentes chaves. O ICP-Brasil teria acesso não apenas às chaves públicas, mas também às privadas. Tecnicamente, isso daria ao governo o poder de assinar qualquer documento em nome de qualquer cidadão ou de abrir qualquer mensagem sigilosa trocada entre cidadãos ou empresas (Gurovitz, 2001).

O Conselho Federal de Medicina, juntamente com a Sociedade Brasileira de Informática em Saúde, confeccionou um manual de certificação de registro eletrônico em saúde com o objetivo de apoiar a resolução dessa autarquia. A digitalização dos prontuários é permitida, sendo obedecida a normatização prevista pelo CFM/SBIS, e sua guarda é permanente (Brasil, CFM, 2007). O Conselho Federal de Odontologia utiliza em parte o referido manual (Brasil, CFO, 2009), não referenciando expedição de selo de qualidade dos sistemas informatizados que estejam de acordo com o manual CFM/SBIS.

▶ REFERÊNCIAS

Abbey LM. Computer based decision support: the substrate for dental practice in the 21st century. J Dent Educ, Washington, Abr 1991; 55(4):262-3.

American Dental Association – ADA. Dental records. Disponível em: http://www.ada.org/sections/professionalResources/pdfs/dental-practice_dental_records.pdf. Acesso em: 10/02/2008.

Almeida CAP, Zimmermann RD, Cerveira JGV, Julivaldo FSN. Prontuário Odontológico – Uma orientação para o cumprimento da exigência contida no inciso VIII do artigo 5º do Código de Ética Odontológica. Rio de Janeiro, 2004.

Andersen RK. Evaluation of two dental practice management programs. J Can Dent Assn, Ottawa, Mar. 1985; 51(3):191-7.

Andersen RK. Overview of dental practice management programs including criteria for selection. J Can Dent Assn, Ottawa, Set 1984; 50(9):689-94.

Barbosa FQ, Arcieri RM. A responsabilidade civil do cirurgião-dentista: aspectos éticos e jurídicos no exercício profissional segundo odontólogos e advogados da cidade de Uberlândia/MG. Revista do CROMG. Disponível em: <http://www.propp.ufu.br/revistaeletronica/edicao2005/vida2005/a_responsabilidade.PDF>. Acesso: abril/2008.

Bauer JC, Brown WT, Zimnik PR. Wave Of Informatics Will Transform Profession. Dent Econ, Tulsa, Aug. 1998; 88(8):113-6.

Bauer JC, Brown WT. The digital transformation of oral health care. Teledentistry and electronic commerce. J Am Dent Ass, Chicago, Feb. 2001; 132(2):204-9.

Bell G. Forensic Information Transmission System. Manual of Forensic Odontology. Am Soc of For Sci 1991:230-74.

Brasil, Conselho Federal de Odontologia. Código de Ética Odontológica. Aprovado pela Resolução 042, de 20 de maio de 2003, alterado pela Resolução 071, de 6 de junho de 2006.

Brasil. Conselho Federal de Medicina. Resolução CFM nº 1.821/07, de 11 de julho de 2007 (D.O.U 23.11.07). [On line] Disponível na Internet: <http://www.portalmedico.org.br/resolucoes/cfm/2007/1821_2007.htm>. (Citado em 11/07/2007).

Brasil. Conselho Federal de Medicina. Resolução CFM nº 1658/02, 20 de dezembro de 2002. [On line] Disponível na Internet: <http://www.portalmedico.org.br/resolucoes/cfm/2002/1658_2002.htm>. (Citado em 13/12/2002).

Brasil. Conselho Federal de Medicina. Resolução CFM nº 1821/07, 11 de julho de 2007. [On line] Disponível na Internet: <http://www.portalmedico.org.br/resolucoes/cfm/2007/1821_2007.htm>. (Citado em 11/7/2010).

Brasil. Conselho Federal de Odontologia. Resolução CFO nº 091/09, 20 de agosto de 2009. [On line] Disponível na Internet: <http://www.cfo.org.br>. (Citado em 10/8/2010).

Brasil. Conselho Federal de Odontologia, Prontuário Odontológico – Uma orientação para cumprimento da exigência contida no inciso VI do art. 4º do Código de Ética Odontológica. Rio de Janeiro, 1994.

Brasil. Conselho Federal de Odontologia, Prontuário Odontológico – Uma orientação para cumprimento da exigência contida no inciso VIII do art. 5º do Código de Ética Odontológica. Rio de Janeiro, 2004.

Brasil. Leis, decretos, etc. Lei nº 8.078, de 11 de setembro de 1990. Código de Proteção e Defesa do Consumidor. [On line] Disponível na internet: <http://www.ibemol.com.br/codigos/L8078_consumidor.asp>. (Citado em 12/12/2001).

Brasil. Leis, decretos, etc. Medida Provisória 2.200, de 28 de junho de 2001. Infra-Estrutura de Chaves Públicas Brasileira – ICP-Brasil. [On line] Disponível na internet: <http://www.planalto.gov.br>. (Citado em 10/8/2001).

Carvalho *et al*. Prontuários Clínicos Digitais em Odontologia. J Asses Odont Nov/Dez 2000; 3(23):22-6.

Carvalho M. MP da assinatura digital é insana, afirma especialista. Jornal do Brasil de 6/7/2001. [On line] Disponível na Internet em: <http://www.cic.unb.br/docentes/pedro/trabs/insanidade.htm>. (Citado em 29/6/2001).

Dailey C. Computer Assisted Identification of Vietnam Remains. Manual of Forensic Odontology. Am. Soc of For Sci 1991:223-29.

Darvas JC. Como entender a importância da cópia de segurança. Sabido Brasil. [On line] Disponível na internet: <http://www.sabido.com.br/artigo.asp?art=1164>. (Citado em 10/3/2002).

Downes PK. Current and future developments. Br Dent J, England, Dec 12/26, 1998; 185(11/12):569-75.

Eisner J. The future of dental informatics. Eur J Dent Educ, Denmark, 1999; 3:61-9.

Freydberg BK. Computadorization: the future of dental practice management. CDA J Apr 1993; 21(4):44-6.

Funayama M, Kanetake J, Ohara H *et al*. Dental identification using digital images via computer network. Am J For Med Pathol Jun. 2000; 21(2):178-83.

Galvão MF. Composição esquemática do prontuário odontológico. [On Line]. Disponível na internet: <http://www.ibemol.com.br/artigos/default.asp?id=79>. (Citado em 12/10/2001).

Galvão MF. Odontologia Legal [On Line]. Disponível na internet: <http://www.sodf.org.br/autorizacao_imagem.htm>. (Citado em 19/3/2002).

Galvão MF. Prontuário odontológico. [On Line]. Disponível na internet: <http://www.ibemol.com.br/artigos/default.asp?id=78>. (Citado em 12/10/2001).

Galvão MF. Sugestão de contrato de prestação de serviços odontológicos. [On line]. Disponível na internet: <http://www.ibemol.com.br/artigos/default.asp?id=77>. (Citado em 12/10/2001).

Gilboe DB, Scott DA. Computer systems for dental practice management: a new generation of independent dental software. Tex Dent J, Texas, Abr 1994; 111(4):9-14.

Golub WS, Levato CM. An educated vision about software. Dent Econ, Tulsa, Aug, 1997; 87(8):30; 32; 34-6.

Green SR. Computer-based options for your dental practice. Dent Econ, Tulsa, Aug 1995; 85(8):57-9.

Green SR. Computers are in dentistry's future. Dent Econ, Tulsa, Aug. 1994; 84(8):85-8.

Gurovitz H. Invasão de privacidade. Por que o governo errou ao regulamentar a assinatura elerônica. [On line] Disponível na internet em: <http://www.cic.unb.br/docentes/pedro/trabs/exame.htm>. (Citado em 19/07/2001).

Hall JB. A computer enhance our practice efficiency. Dent Econ, Tulsa, Fev 1990; 80(2):45-6; 48.

Hebling E, Daruge E, Daruge JR E. Atestado odontológico: aspectos éticos e legais. J Bras Odont Clin, São Paulo, Ago 1998; 2(10):51-5.

Heiert CL. Computer use by dentists and dental team members. J Am Dent Ass, Chicago, Jan 1997; 128:91-5.

Hirschinger R. Digital dentistry: information technology for today (and tomorrow's) dental practice. CDA J, Mar 2001; 29(3):215-25.

IBEMOL. Contrato de prestação de serviços odontológicos. [On line] Disponível na internet: <http://www.ibemol.com.br/prontuario/default.asp?id=4>. (Citado em 10/02/2002).

Kiser A. Informatics futures in dental practice: professional viewpoint. The ADA J Dent Educ, Washington, Abr 1991; 55(4):267-9.

Kogon DM. Dental management. System software. J Can Dent Assn, Ottawa, Fev 1988; 54(2):93-9.

Lackey AD. In-your-face interface is the hub. Dent Econ, Tulsa, Aug 1997; 87(8):20-28.

Levato CM. Intagible benefits of climbing new peaks. Dent Econ, Tulsa, Aug 1998; 88(8):90; 92; 94.

Martins MGDQ, Nascimento Neto JBS, Araújo LF. Manipulações em imagens radiográficas periapicais digitais. Rev Cons Reg Odontol Pern, Recife, Jul/Dez 2000; 3(2):53-60.

McGivney J, Fixott RH. Computer-assisted dental identification. Dent Clin N Am, Apr 2001; 45(2):309-25.

Neiburger EJ. 10 rules for selecting a computer system. Dent Econ, Tulsa, Aug 1998; 88(8):62-3.

Neiburger EJ. Do you gaze upwards after sinning? Dent Econ, Tulsa, Aug. 1997; 87(8):62-3.

Neiburger EJ, Diehl MC. The past and future of the electronic dental record from the practitioners' view. J Dent Educ, Washington, Abr 1991; 55(4):269-71.

Osborn JB, Stoltenberg JL, Newell KJ, Osborn SC. Adequacy of dental records in clinical practice: a survey of dentists. J Dent Hyg, Fall 2000; 74(4):297-306.

Reis DJ. Legal aspects of computerized patient records. Dent Prod Rep, Abr 1993; 27(4):40-1.

Rezende PAD. A ICP Búdica. [On line] Disponível na internet em: <http://www.cic.unb.br/docentes/pedro/trabs/mesa-ssi2001.htm>. (Citado em 24/10/2001).

Rezende PAD. Totalitarismo digital. [On line] Disponível na internet em: <http://www.cic.unb.br/docentes/pedro/trabs/ditadura.htm>. (Citado em 29/6/2001).

Rhodes PR. The computer-based oral health record. J Dent Educ, Washington, Jan 1996; 60(1):14-8.

Ringenberg T. Resource management in dental practice. J Dent Educ, Washington, Jan 1996; 60(1):24-7.

Schleyer TKL. Digital dentistry in the computer age. J Am Dent Ass, Chicago, Dec 1999; 130:1713-20.

Schleyer TKL, Dasari R. Computer-based oral health records on the World Wide Web. Quintessense Int, Berlin, 1999; 30(7):451-60.

Schleyer TKL, Spallek H. Dental informatics. J Am Dent Ass, Chicago, May 2001; 132(5):605-13.

Schleyer TKL, Spallek H, Torres-Urquidy MH. A profile of current internet users in dentistry. J Am Dent Ass, Chicago, Dec 1998; 129:1748-53.

Silva M. Compêndio de odontologia legal. Rio de Janeiro: Medsi, 1997.

Silva M. Documentação em odontologia e sua importância jurídica. Odontologia e Sociedade 1999; 1(1/2): 1-3.

Snyder TL. Integraing technology into dental practices. J Am Dent Ass, Chicago, Fev 1995; 126(2):171-8.

Spaeth D. Dentistry positioned well for an EDI world. ADA news, 1993; 24(16):18.

Stikeleather J, Hensel JS, Baumgartem SA. The computerized dental office of the future. Dent Clin N Am, Philadelphia, Jan 1988; 32(1):173-90.

Szekely DG, Milam S, Khademi JA. Legal issues of the eletronic dental record: security and confidentiality. J Dent Educ, Washington, Jan 1996; 60(1):19-23.

Turner PJ, Weerakone S. Basic compunting for dental practitioners: 1. The principles of computers and computing. Dent. Update, United Kingdom, Mai 1998a; 25(4):138; 140; 142-4; 146.

Turner PJ, Weerakone S. Basic compunting for dental practitioners: 3. Word processors. Dent. Update, United Kingdom, Jul/Ago. 1998b; 25(6):241-44; 246.

Turner PJ, Weerakone S. Basic compunting for dental practitioners: 5. Practice management systems. Dent Update, United Kingdom, Oct 1998c; 25(8):332-8.

UCASSE digital. Editorial da Folha de São Paulo. [On line] Disponível na Internet em: <http://www.uol.com.br/fsp/opiniao/fz2206200109.htm>. (Citado em 9/7/2001).

Warner LH, Haskin BJ. Get the most out of your computer investiment: steps in choosing and setting up right system for you. Virg Dent J, Virginia, Mar 1989; 66(3):36-42.

Weber RD. Dental records: histories, retention and identification. J Mich Dent Ass, Michigan, 2000; 82(4):18.

Wilkinson MD. A computer in the practice. Br Dent J, London, Jul 1989; 22(7):73-6.

Yarid SD. Análise da aceitação de filmagem (VHS) como prova legal em substituição a documentação odontológica convencional por Magistrados de Varas Cíveis Brasileiras. Dissertação de mestrado: apresentada ao Programa de Pós-Graduação em Ortodontia e Odontologia em Saúde Coletiva – Faculdade de Odontologia de Bauru – Universidade de São Paulo/USP-São Paulo.

Yaverbaum GJ. How to select a computer system. Pa Dent J, Jan-Fev 1984; 51(1):19.

Zimmermann RD et al. A importância do prontuário odontológico. Rev CRO-PE, Recife, 1998; 1(1):7-12.

CAPÍTULO 8

Avaliação do Dano Corporal Pós-traumático em Direito Civil

Fernanda Capurucho Horta Bouchardet • João Pedro Cruz • Wagner Fonseca Moreira da Silva

▶ EVOLUÇÃO HISTÓRICA DA AVALIAÇÃO E REPARAÇÃO DO DANO CORPORAL

Ainda que os dias atuais reflitam uma variedade enorme de riscos de acidentes e, consequentemente, de lesões traumáticas, existem registros históricos muito antigos das diversas formas de avaliação e reparação do dano corporal. A Lei de Talião é um exemplo, ainda que pela satisfação vingativa da aplicação de castigos físicos ao ofensor. Esse desejo de vingança, com o tempo, vai sendo substituído por compensações financeiras, chegando à atualidade com a disseminação dos seguros.

A transferência de responsabilidade do causador do dano para uma terceira entidade – o segurador – facilitou a reparação dos danos. O seguro é de fato, até agora, a forma econômica e socialmente mais justa de indenização. Daqui para frente, responsabilidade e seguros são inseparáveis. Inclusive, as legislações já tornaram o seguro obrigatório para as atividades mais perigosas (Magalhães, 1998).

Embora a atividade pericial médica – e odontológica –, nesse contexto, seja relativamente recente, a avaliação do dano corporal como um elemento da Justiça ou do Direito é quase tão antiga quanto o homem (Borobia, 2006a).

As Sagradas Escrituras se referem à avaliação e à indenização de danos com base na Lei de Talião (Cueto, 2001).

Na cultura árabe, o Corão também se ocupa do tema, com aplicação de castigos, muitos deles baseados na Lei de Talião (Criado del Río, 1999).

O princípio clássico segundo o qual cada um deve responder pelos atos culposos que praticar e que produzam dano injusto a outrem formalizou-se em 1382, no Código Civil Francês (Magalhães, 1998).

No Brasil, esse princípio está contemplado no Código Civil pelos artigos 186 e 927.

Código Civil Brasileiro
Art. 186. *Aquele que, por ação ou omissão voluntária, negligência ou imprudência, violar direito e causar dano a outrem, ainda que exclusivamente moral, comete ato ilícito (Angher, 2006a).*
Art. 927. *Aquele que, por ato ilícito (artigos 186 e 187), causar dano a outrem, fica obrigado a repará-lo.*
Parágrafo único. *Haverá obrigação de reparar o dano, independentemente de culpa, nos casos específicos em lei ou quando a atividade normalmente desenvolvida pelo autor do dano implicar, por sua natureza, risco para os direitos de outrem (Angher, 2006b).*

Num contexto de harmonização na avaliação e reparação do dano corporal pós-traumático, constituiu-se em maio de 1997 a Confederação Europeia de Peritos em Avaliação e Reparação do Dano Corporal (Ceredoc), com os objetivos de elaborar um sistema único de valoração de danos corporais com relatórios periciais uniformizados, qualificação teórico-prática dos peritos em cursos de pós-graduação universitários e registro europeu de peritos em avaliação do dano corporal (Criado del Río, 1999).

Atualmente, a avaliação do dano corporal em Direito Civil no Brasil apresenta divergências importantes, tanto em questões metodológicas como doutrinárias e conceituais. À semelhança do que se observa na Europa, a harmonização de conceitos, métodos e linguagens é um passo fundamental para o estabelecimento de formas mais justas de indenização. A proposta deste capítulo, portanto, será a de apresentar os conceitos e a metodologia utilizada pela Comunidade Europeia para as questões da avaliação e reparação do dano corporal pós-traumático em Direito Civil, com enfoque particular nas lesões do aparelho estomatognático.

▶ NEXO DE CAUSALIDADE

O primeiro ponto da avaliação do dano corporal pós-traumático consiste na verificação da imputabilidade médica ou nexo de causalidade.

A imputabilidade médica é a noção que torna possível admitir cientificamente a relação existente entre um fato ou evento e um estado patogênico, por exemplo, entre um acidente e uma fratura ou entre uma fratura e uma anquilose (Fournier & Hugues-Béjui, 2003).

São descritas sete condições clássicas para se estabelecer o nexo de causalidade entre o traumatismo e o dano:

- Natureza adequada do traumatismo para produzir as lesões evidenciadas.
- Natureza adequada das lesões a uma etiologia traumática.
- Adequação entre a sede do traumatismo e a sede da lesão.
- Encadeamento anatomoclínico.
- Adequação temporal.
- Exclusão da preexistência do dano relativamente ao traumatismo.
- Exclusão de uma causa estranha ao traumatismo (Sá, 1992).

A "natureza adequada do traumatismo para produzir as lesões evidenciadas" significa que deve existir uma proporção entre a intensidade do traumatismo e a quantidade de dano produzido.

O critério "natureza adequada das lesões a uma etiologia traumática" significa que é preciso que a condição médica em análise esteja entre aquelas para as quais a ciência aceite uma possível origem traumática.

A "adequação entre a sede do traumatismo e a sede da lesão" estabelece a necessidade de uma relação entre o local do traumatismo e a sede do dano (Criado del Río, 1999).

O critério "encadeamento anatomoclínico" trata de demonstrar a concatenação lógica e coerente dos fenômenos colocados em marcha pelo traumatismo (Calabuig, 1997).

A "adequação temporal" refere que o intervalo livre entre o traumatismo e o dano deve ser compatível e adequado a uma etiologia traumática (Sá, 1992).

O critério "exclusão da preexistência do dano relativamente ao traumatismo" é necessário para excluir um fato coincidente, ou seja, um dano corporal que já existia e que, sendo revelado após o trauma, não guarda relação com este.

E, por fim, a "exclusão de uma causa estranha ao traumatismo" procura verificar se existe outra causa ou circunstância exclusiva e plenamente capaz de explicar o dano (Criado del Río, 1999).

A apreciação desses critérios torna possível estabelecer se o traumatismo é a causa, se pode ser a causa ou mesmo se não é a causa do dano corporal avaliado.

De um ponto de vista prático, para reconhecer que determinado fato ou comportamento tenha sido a causa de um evento concreto, devem estar presentes dois requisitos:

- **Necessidade:** o que significa que sem a intervenção do fato antecedente não seria possível produzir o evento subsequente.
- **Suficiência:** ou seja, que o fato antecedente tenha em si todos os elementos necessários para produzir o evento subsequente (Calabuig, 1997).

Uma vez definido o nexo de causalidade, o perito deve analisar a presença ou não do estado anterior e as consequências deste na evolução da lesão ou do traumatismo sobre o estado anterior.

Segundo Rousseau (*apud* Criado del Río, 1999), todo indivíduo apresenta um estado anterior considerando uma fragilidade em relação à constituição, à idade ou às condições de vida, inclusive uma predisposição. Para o mesmo autor, o estudo da relação de causalidade e do estado anterior é a base de toda a avaliação do dano corporal.

Em uma avaliação pericial, o estado anterior pode influenciar a evolução das lesões, implicando alterações mais ou menos significativas na valoração das consequências. Essas influências ou alterações estão relacionadas no sentido negativo, ou seja, no agravamento das lesões ou quando essas trazem influência negativa para a evolução do estado anterior (Corte-Real, 1998).

O estado anterior não assinalado é uma das armadilhas da avaliação do dano corporal e o especialista deve estar atento a essa possibilidade. Uma vítima pode atribuir ao acidente uma doença que ela já apresentava anteriormente (o mais comum, uma doença pós-traumática) e reivindicar indenização. Ela não terá que simular a sintomatologia, pois ela a apresenta realmente. O histórico detalhado, um exame clínico minucioso, um bom conhecimento de doença sequelar, a análise dos documentos e, sobretudo, a experiência são elementos que permitem driblar essa armadilha. Entretanto, isso poderá acontecer com qualquer especialista (Bessières-Roques *et al.*, 2001).

▶ PONTOS IMPORTANTES NA AVALIAÇÃO DO DANO CORPORAL EM DIREITO CIVIL

Data de Cura ou Consolidação

Assegurada a existência de nexo de causalidade entre o evento traumático em causa e as sequelas de que a vítima ficou portadora, a primeira missão do perito é estabelecer a data de cura ou de consolidação. Do ponto de vista médico-legal, fala-se em cura sempre que o indivíduo recuperou-se totalmente das lesões sofridas, voltando a estar exatamente na mesma situação em que se encontrava antes de o dano ter sido produzido (Vieira, 2000).

Fala-se em consolidação médico-legal quando persistem lesões sequelares, quer dizer, um dano corporal de caráter permanente. O lesionado encontra-se de alta médica definitiva ou os tratamentos indicados servem apenas para evitar um agravamento, não sendo razoável admitir alterações significativas no quadro clínico apresentado (Vieira, 2000).

Fixar a data de consolidação constitui o primeiro objetivo no que se refere à definição de parâmetros periciais. Demarca dois terrenos de análise na definição do dano corporal: dano temporário de um lado – entre a data de produção das lesões e a data de consolidação – e dano definitivo ou permanente – situado a partir da data de consolidação e devendo, por definição, permanecer por toda a vida restante da vítima do dano (Sá, 1992).

Dano Corporal Temporário

Quer a vítima exerça ou não uma atividade profissional, existe um momento em que as lesões determinam um comprometimento de suas atividades habituais. Esse período, chamado de déficit funcional temporário, será total nos períodos de hospitalização, tratamentos cirúrgicos, restrição ao leito, ao domicílio, quando se presume um relevante prejuízo das relações autonômicas do lesionado.

Com o tempo, as lesões que inicialmente determinam um déficit funcional temporário total evoluem para um déficit funcional parcial.

Conforme Rousseau & Fournier (1989), é o período entre o momento no qual a vítima pode sair de sua morada e o momento no qual ela está curada ou consolidada e pode passar por um longo período até a retomada das atividades, que é sempre progressiva.

Deverão, então, ser avaliadas a duração desse período e as necessidades de assistência (Lefevre, 1990).

Em síntese, o déficit temporário funcional pode ser total ou parcial, de acordo com o grau de comprometimento da autonomia do lesionado. Tem sua duração limitada pela data do traumatismo e pela data estimada de cura ou consolidação médico-legal das lesões, conforme restituição anatômica e funcional integral ou evolução para sequelas.

Durante esse período de recuperação do lesionado é comum que ocorram impedimentos ou restrições para o retorno ao trabalho. Essa repercussão temporária nas atividades profissionais será total se a vítima não tiver condições de realizar nenhuma das tarefas fundamentais de sua profissão e será parcial durante o período em que o ferido estiver incapacitado de retornar a seu trabalho integralmente, mas puder retomá-lo parcialmente (Lefevre, 1990).

Nesse período de danos temporários valorizam-se ainda o *quantum doloris*, que correponde à dor física resultante dos ferimentos e dos tratamentos, a dor em sentido psicológico, a angústia e ansiedade quanto ao acidente e à hospitalização, a consciência do risco de vida e o afastamento do meio, das responsabilidades familiares e profissionais (Sá, 1992).

O uso de uma escala de referência com sete graus de gravidade crescente é suficiente como instrumento de apoio pericial e a cuidadosa descrição e discussão dos fatos é fundamental para transmitir a imagem real do dano em causa (Rousseau & Fournier, 1989; Sá, 1992).

É importante explicar as razões que justificam, no parecer do perito, a inclusão de determinado grau da escala (Rousseau & Fournier, 1989; Sá, 1992).

Dano Corporal Permanente

As repercussões das sequelas na vida do lesionado são avaliadas após consolidadas as lesões e analisadas a partir de variadas perspectivas.

Uma dessas perspectivas consiste na apreciação da alteração ou do déficit permanente da integridade física e/ou psíquica da pessoa com repercussão em suas atividades da vida diária. O dano corporal permanente é descrito pelo perito e avaliado em porcentagem, tendo como referência tabelas funcionais de dano corporal em Direito Civil (Fournier, Rogier & Rousseau, 1990).

Essas tabelas não substituem o método descritivo, sendo importante entender que, se a função do perito se limitasse a consultar a tabela e assinalar a porcentagem de redução funcional, sua intervenção não seria tão necessária, pois qualquer profissional leigo, tendo em mãos o diagnóstico médico, poderia aplicar de maneira simples e fácil sua tradução em pontos ou em porcentagem (Criado del Río, 2000).

Para Cueto, Fayet & Vieira (2001), essa quantificação do dano corporal é um dos elementos essenciais da perícia nessa matéria. O trabalho do avaliador encontra-se essencialmente nesse aspecto: comunicar aos órgãos competentes – juízes e seguradoras – a quantidade exata do dano permanente existente para que possam adaptar uma decisão justa às previstas na lei e em contratos a esse respeito.

Outra perspectiva a se ter em conta na avaliação das sequelas é dar uma opinião sobre a existência e a extensão do dano estético imputável ao traumatismo, que corresponde à repercussão de uma sequela estática – cicatriz, deformações – ou dinâmica – claudicação da marcha, alterações na mímica etc. – resultando na deterioração de sua imagem em relação a si própria e aos outros. Devem ser levados em conta o grau de notoriedade/visibilidade e o desgosto revelado pela vítima (Magalhães, 2004).

A valoração é feita segundo uma escala de sete graus de gravidade crescente e independentemente da alteração permanente à integridade física e psíquica (Magalhães & Hamonet, 2007).

A seguir, deve ser avaliada a repercussão das sequelas nas atividades profissionais do lesionado, em sua vida sexual e nas atividades desportivas e de lazer.

A repercussão das sequelas nas atividades profissionais corresponde à consequência da alteração permanente da integridade física e/ou psíquica no exercício da profissão do lesionado. Podem ser verificadas as seguintes situações:

- Compatível com o exercício de sua atividade profissional.
- Compatível com o exercício de sua atividade profissional, mas implicando esforços suplementares no exercício desta.
- Impeditiva do exercício de sua atividade profissional, sendo, no entanto, compatível com outras profissões na área de sua preparação técnico-profissional.
- Impeditiva do exercício de sua atividade profissional, bem como de qualquer outra na área de sua preparação técnico-profissional, tendo, no entanto, capacidade para desenvolver outro tipo de atividade.
- Impeditiva de qualquer atividade profissional (Magalhães, 2004).

A repercussão das sequelas na vida sexual do lesionado correponde à possibilidade total ou parcial que encontra o indivíduo – em consequência das sequelas físicas e/ou psíquicas – para manter o mesmo tipo de atividade sexual que tinha anteriormente à vivência do evento traumático (Magalhães, 2004).

O próximo ponto a ser levado em conta na avaliação das sequelas refere-se à repercussão destas nas atividades desportivas e de lazer do lesionado.

Avalia-se o prejuízo funcional para a vítima se dedicar a certas atividades culturais, desportivas ou de lazer, em áreas onde tinha adquirido certa notoriedade e que frequentava (Magalhães, 2004).

Por fim, o perito deve fazer referências às dependências futuras que porventura o lesionado venha a necessitar.

As dependências podem ser temporárias ou permanentes, sendo valorizadas enquanto tal, mais frequentemente as permanentes. Podem ser relativas a diversos tipos de necessidades: medicamentosas, tratamentos clínicos, ajudas técnicas, adaptações (domicílio, local de trabalho, viatura) ou ajuda de terceiros (Magalhães & Hamonet, 2007).

▶ RELATÓRIO PERICIAL

O relatório, portanto, deverá conter, além dos elementos descritivos próprios da avaliação pericial do dano corporal, um capítulo com a discussão dos pontos relevantes, em resumo: nexo de causalidade, data de cura ou consolidação das lesões, períodos de déficit funcional temporário total e parcial, períodos de repercussão temporária nas atividades profissionais total e parcial, alteração permanente da integridade psicofísica expressa em pontos ou porcentagem, situação da repercussão das sequelas nas atividades profissionais, dano estético quantificado numa escala de sete graus, repercussão das sequelas na vida sexual quantificada numa escala de sete graus, verificação da repercussão das sequelas nas atividades desportivas e de lazer e referências a dependências ou necessidades futuras.

▶ METODOLOGIA PARA AVALIAÇÃO DO DANO BUCOMAXILOFACIAL

Para Bussac & Carbonnie (1997), a avaliação do dano dentário, mais do que a de qualquer outro dano, demanda um rigor absoluto nos exames clínicos, estudos dos antecedentes e análise de imputabilidade médico-legal. A existência de um estado anterior complexo ou de lesões múltiplas será do domínio do cirurgião-dentista.

O dano dentário pode aparecer no passado como um elemento secundário da reparação do dano corporal. O dente, equivocadamente considerado órgão menor, fácil de substituir, não parecia impor problemas.

A frequência de lesões traumáticas dentárias isoladas ou associadas a outros traumatismos, a tomada de consciência do papel mastigatório, fonético e estético dos dentes e a aparição de técnicas de substituição mais e mais sofisticadas e de custo elevado deram nova importância a uma avaliação que em certos casos pode se revelar fácil e em outros casos, de grande complexidade.

Pérez, Garrido & Sánchez (1996) relatam que o dano bucodental é pouco importante no contexto de outras lesões sensitivas e motoras, reflexo de sua função exercida no contexto geral do organismo humano, mas nem por isso se deve descuidar do rigor da nossa exploração e valorização.

Para Guionnet & Soulet (1993), a avaliação do dano odontoestomatológico necessita sempre de um exame preciso do estado bucodentário preexistente ao traumatismo, das lesões iniciais, de suas sequelas e das possibilidades de tratamento em função do resultado a médio e longo prazo.

Os danos dentários são frequentes nos traumatismos acidentais, mas às vezes desconhecidos, super ou subestimados, até mesmo diminuídos ou aumentados. É necessário, na ocasião da perícia, levar em consideração objetivamente os prejuízos que os ocasionaram.

Em certas situações, o cirurgião-dentista pode intervir como perito. Sendo assim, é bom entender sua linguagem, as técnicas de tratamento propostas para cada especialidade, assim como os métodos de exame e critérios de avaliação odontolegal.

É importante assinalar que a avaliação das sequelas não pode ser completamente livre: os peritos cirurgiões-dentistas somente devem se manifestar sobre o tratamento requerido, seu pressuposto, a previsibilidade dos anos em que tendem a ser renovados os tratamentos protéticos e as sequelas.

É impossível vislumbrar todos os aspectos do dano dentário, que pode ser muito complexo. Tentaremos revelar certos caracteres particulares e indicar os principais critérios de apreciação.

Para isso, é preciso que o perito conheça as funções de que participa o complexo odontoestomatológico, especialmente em virtude de ser de grande relevância a apresentação das sequelas funcionais no relatório final, a partir da difícil análise do estado anterior e do nexo de causalidade.

Função refere-se ao mecanismo de atuação dos órgãos, aparelhos e sistemas. Os dentes fazem parte do sistema estomatognático, participando de funções essenciais, entre as quais se destacam a fonética, a mastigatória e a estética.

Apesar da participação nessas diversas funções, geralmente os laudos periciais relacionados com a avaliação de danos ao complexo dentoestomatológico apresentam apenas a valoração dos prejuízos relativos à função mastigatória e, em algumas situações, à função estética.

Por outro lado, o conhecimento das diversas interações funcionais dos órgãos desse sistema é fundamental para a apreciação das relações estabelecidas previamente ao traumatismo, bem como das reais sequelas resultantes deste.

Função Fonética

A função fonética corresponde aos mecanismos de atuação dos órgãos, aparelhos e sistemas do corpo humano responsáveis pela produção da fala. Entre as funções nas quais o sistema estomatognático tem participação fundamental, ela adquire relevância especial dada a sua imprescindibilidade na configuração e manutenção das relações sociais (Cruz, 2008).

Essa é uma das funções mais exigentes da atividade muscular, uma vez que necessita da coordenação rápida e ordenada de mais de 80 músculos diferentes para sua execução, além do perfeito arranjo entre diferentes estruturas anatômicas (Braid, 2003).

O aparelho fonatório é composto por todo o trato respiratório, dos pulmões ao nariz, mais a boca, englobando, portanto, todas as partes do corpo humano que participam normalmente da produção dos sons da fala.

Após a passagem pela laringe, a corrente de ar emitida pelos pulmões continua seu percurso e atinge o sistema supralaringeal onde, por fim, passa pelas últimas transformações antes de resultar nos sons da fala. É no trato vocal que ocorre a maior parte das obstruções e constrições diretamente relacionadas com as alterações do ar saído da laringe.

Para a produção da fala, além da atividade muscular, é necessária a participação direta dos demais órgãos constituintes da cavidade oral. Esses órgãos, denominados articuladores, participam direta e indiretamente da fonação. Isso se dá através dos movimentos da mandíbula, língua e lábios, do formato do palato e da presença e posição dos dentes (Jindra, Eber & Pesak, 2002).

A mandíbula, por ser dotada de movimento, pode alterar o volume da cavidade oral. Essa estrutura, durante a fala, executa movimentos variáveis para frente, para trás, para baixo e para cima, de acordo com o som desejado.

Os lábios permitem mudanças de comprimento e forma do conduto vocal, por exemplo, alongando e arredondando o conduto para a articulação da vogal *u* ou obstruindo a passagem de ar durante a produção da consoante p (Braid, 2003).

O palato, que forma o teto da cavidade bucal, consiste em duas partes. A porção anterior é conhecida como palato duro, formado basicamente de osso coberto por mucosa. A parte posterior corresponde ao palato mole, também conhecido como véu palatino, formado por músculos e tecido mole (Lieberman & Blumstein, 1996). Este, quando abaixado, ocasiona a passagem do ar para a cavidade nasal e, quando levantado, obstrui essa passagem.

Os dentes participam da conformação acústica da cavidade bucal, influenciando indiretamente a formação das vogais e diretamente a articulação das consoantes. Além disso, influem na produção do som tanto durante a passagem de ar entre as ameias, mediante sua combinação com outros articuladores, especialmente os lábios e a língua (Johnson & Sandy, 1999; McCord, Firestone & Grant, 1994).

Segundo Braid (2003), os dentes incisivos centrais superiores exercem fundamental importância na articulação dos sons fricativos anteriores, como os labiodentais, dentais e alguns alveolares, pois, sem eles, são prejudicados os efeitos de estridência e sibilância dos sons originais, a exemplo das letras *f, v, s* e *z*. O som padrão dessas consoantes é produzido por meio do ruído gerado pela passagem do fluxo de ar em alta velocidade por um conduto de constrição com a participação efetiva dos dentes incisivos superiores, que atuam como um obstáculo à passagem de ar.

Mudanças na cavidade oral, resultantes da perda de dentes e da reabilitação por dentaduras (parcial ou completa), podem causar alterações importantes na fala de um indivíduo (Johnson & Sandy, 1999). Em caso de dentaduras mal-elaboradas, as mudanças acústicas podem permanecer, resultando em aumento do estresse, dependendo do sexo, da idade, da condição física e da gravidade do problema (Jindra, Eber & Pesak, 2002; Runte *et al.*, 2001). Embora a maioria dos transtornos fonéticos pareça desaparecer dentro de poucas semanas, eles podem persistir, induzindo transtornos psicossociais (Lee *et al.*, 2002; Lundykvist, Haraldson & Lindblad, 1992).

Jindra, Eber & Pesak (2002) discutiram as mudanças acústicas na fala de pacientes que sofreram de perdas dentárias e o grau de melhora, quando da utilização de próteses. Os autores realizaram o estudo a partir da análise espectrográfica da sibilante *s*, entre outros fonemas, concluindo que, no caso de próteses malconfeccionadas, há persistência das alterações acústicas, resultando em um estresse considerável para os indivíduos.

Galvão & Braid (1999) compararam os sinais de fala gravados de pessoas que utilizavam próteses anteriores substitutivas dos incisivos centrais e laterais superiores, com e sem as próteses. Os pesquisadores chegaram à conclusão que a ausência dos dentes anteriores traz grandes prejuízos à função fonética, a ponto de confundir a identificação dos locutores baseada na análise dos sons da fala.

Os danos fonéticos causados pela perda de dentes, quando abordados, são geralmente avaliados a partir de baremas predeterminados para cada unidade. Álvaro Dória, em Raimundo Rodrigues (Rodrigues, 1945), *apud* Arbenz (1988), propõe para os 100% da integridade da função fonética que cada incisivo central participaria com 8% da função fonética, cada incisivo lateral com 8%, cada canino com 6%, cada primeiro pré-molar com 2% e cada segundo pré-molar com 1%. Os molares não teriam qualquer participação nessa função (Arbenz, 1988).

Briñon (1988) também sugere a utilização de um Percentual de Redução da Eficiência Fonética (PREF) para o estudo relativo às perdas dentárias, considerando valores percentuais para cada peça. Os valores propostos foram de 6% por incisivo central, incisivo lateral ou canino; 3% para cada primeiro ou segundo pré-molar; 1% para cada primeiro molar; e nenhum valor percentual para o segundo ou terceiro molares.

A língua é o articulador dotado de maior flexibilidade, tendo a capacidade de curvar-se em diversas posições e pontos, na ponta, no dorso ou nas bordas, além de movimentar-se em qualquer direção (Braid, 2003).

Em função dessa propriedade motora importante, a língua exerce um papel fundamental no resultado final dos sons da fala, sendo capaz de obstruir ou formar constrições em qualquer ponto da cavidade bucal a partir de uma aproximação com os demais articuladores, como os dentes, o palato duro ou o véu palatino (Braid, 2003; Lieberman & Blumstein, 1996).

Segund Palmer (2003), os defeitos de um ou de ambos os grupos de músculos da língua também podem

causar distúrbios da fala. Estes podem ocorrer por causa da importante função da língua na mudança do tamanho e no formato das cavidades de ressonância.

Embora a maioria dos transtornos fonéticos pareça desaparecer dentro de poucas semanas, eles podem persistir, induzindo transtornos psicossociais consideráveis (Lee *et al.*, 2002; Lundykvist, Haraldson & Lindblad, 1992).

De acordo com McCord, Firestone & Grant (1994), entre os sons fricativos formados na região anterior da maxila, o *s* é o mais suscetível a alterações por depender particularmente de um delicado ajuste da língua e necessitar de habilidades neuromusculares e psicoauditivas especiais. Essa consoante tem a produção condicionada à perfeita articulação entre a superfície da lâmina da língua, ajustada pelos músculos linguais para formar um sulco estreito e profundo no sentido longitudinal, e o rebordo alveolar anterior.

É importante salientar que os mecanismos compensatórios devem ser levados em consideração na avaliação dos danos à função fonética. Por isso, um dos elementos a ser ponderado trata-se justamente do nível de inteligibilidade. É preciso perceber se o que está sendo dito pelo locutor é perfeitamente entendido pelo ouvinte, uma vez que a função fonética, como instrumento de interação social, deve ser avaliada a partir da capacidade de os ouvintes entenderem o que de fato foi o objetivo do locutor. Para isso, a percepção de como a vítima de traumatismo apresentava-se antes é extremamente relevante.

Além disso, a avaliação do dano relacionado com a função fonética deve levar em consideração também a profissão da vítima, pois ele pode se agravar a depender da realização de seu trabalho. Uma lesão do complexo maxilomandibular tem maior possibilidade de prejudicar um cantor, locutor, maestro, professor, intérprete, sacerdote etc. Um artista de cinema ou televisão será mais afetado pelo dano fonético do que uma pessoa que desempenha função braçal ou de limpeza (Briñon, 1988).

Função Mastigatória

A mastigação consiste no conjunto de movimentos biomecânicos em que estão presentes os dentes, maxilares, ATM, músculos mastigatórios, língua e tecidos moles. A força mastigatória reduz notavelmente nos sujeitos portadores de próteses, em especial as removíveis. Os indivíduos com pouca eficiência mastigatória devem mastigar por mais tempo e, geralmente, os alimentos não são adequadamente fragmentados.

Para Pérez, Garrido & Sánchez (1996) e Mélennec (2000), a mastigação implica uma boa oclusão dentária, uma cinética musculoarticular normal, uma abóbada palatina íntegra, uma língua de volume suficiente e uma função labial adequada.

A apreensão de alimentos líquidos ou semissólidos exige boa coaptação labial. Uma disfunção dos lábios ou do orbicular dos lábios pode provocar incontinência salivar.

---

[1]Rodrigues R. O índice mastigatório em Odontologia Legal [Tese]. Rio de Janeiro, 1945.

A língua tem papel fundamental durante o movimento do bolo alimentar e durante a deglutição. Esta última também exige a integridade do véu do paladar. São conhecidas as dificuldades na deglutição quando existem fístulas nasopalatinas ou quando a integridade da função da língua está alterada.

A função mastigatória dos dentes é essencial à nutrição graças à perfeita apreensão, à laceração, à insalivação e à trituração, com a consequente assimilação dos alimentos. Assim, a mastigação é fundamental para a função digestiva e, consequentemente, a adequada absorção dos alimentos (Silva, 1999).

A falta de peças dentárias implica uma alteração na capacidade de corte, laceração e trituração que pode ou não ser compensada pelo resto da arcada. Além disso, qualquer alteração na função de grupo da arcada por interferência, contato prematuro etc. Pode provocar diminuição na eficácia da mastigação (Pérez, Garrido & Sánchez, 1996).

Em um traumatismo, os dentes podem sofrer contusão, luxação, fratura ou avulsão.

Bussac & Carbonnie (1997) utilizam uma classificação anatômica das lesões partindo da superfície do dente até seus tecidos de sustentação (Tabela 8.1).

Nervos

Para Mélennec (2000), a inervação da face é completa. A sensibilidade é proporcionada pelo nervo trigêmeo – V par craniano – e pelos seus ramos terminais: nervos oftálmico, maxilar e mandibular. O nervo maxilar é exclusivamente sensitivo para as regiões temporais média, infraorbitária, uma parte das mucosas nasal e bucal e os dentes do maxilar superior. O nervo mandibular é um nervo misto, cujos ramos terminais – ramo dental inferior, que percorre o interior do ângulo, ramo horizontal da mandíbula e nervo lingual – estão especialmente sujeitos a traumatismos.

Entre as sequelas funcionais traumáticas, as provocadas pelas lesões dos nervos periféricos faciais constituem um grupo importante.

As lesões mais frequentes são as da porção sensitiva do nervo trigêmeo; a parte motora do V par geralmente permanece íntegra. Em consequência, observam-se anestesias localizadas na língua, no infraorbitário e no temporomalar.

Modificações sensitivas na região orofacial podem interferir na fala, na mastigação e nas interações sociais do indivíduo. Até mesmo mudanças aparentemente mais simples podem afetar significativamente a qualidade de vida de uma pessoa (Caissie *et al.*, 2005).

As lesões neurais ocasionadas podem ser transitórias ou permanentes. Aquelas envolvendo o nervo nasopalatino e o nervo bucal são de menor morbidade, uma vez que a área de inervação desses dois ramos é relativamente pequena e a reinervação da região afetada costuma ocorrer rapidamente (Peterson *et al.*, 2005), o que difere dos casos de lesões dos nervos lingual e alveolar inferior, nos quais as lesões resultam em alteração sensorial que tem como efeito um sério desconforto para os pacientes (Benediktsdóttir *et al.*, 2004).

A lesão do nervo dental inferior produz com muita frequência anestesia do hemilábio inferior. Essa sequela constitui um transtorno que pode provocar, durante a alimentação, a permanência de restos alimentares nos lábios; por outro lado, existe uma incontinência salivar.

Essas alterações nervosas podem regredir, mas a recuperação é demorada e muito progressiva.

Função Estética

Em geral, a função estética é levada em consideração quando a lesão confere ao indivíduo um aspecto desagradável, por ser claramente visível.

Em se tratando de perícia, exige descrição objetiva e pormenorizada do dano e de sua relevância estética. Se o perito introduzir em sua valoração subjetiva coeficientes como sexo, idade e profissão, isso deve ficar bem claro em seu relatório pericial (Bouchardet, 2006).

Tabela 8.1 ▸ Classificação anatômica das lesões segundo Bussac & Carbonnie (1997)

Lesões de esmalte	Lesões de esmalte e dentina	Lesões de esmalte, dentina e polpa	Lesões do ligamento alveolodentário	Lesões do osso alveolar
Fenda superficial	Fenda profunda	Fratura coronária complicada	Contusão – sem deslocamento	Fraturas da tábua óssea interna ou externa
Fratura	Fratura coronária simples	Fratura coronorradicular	Subluxação lateral	Fraturas complexas: cominutivas associadas ou não a fratura do osso basal
		Fratura radicular: ao terço cervical, ao terço médio, ao terço apical	Subluxação vertical: impactação do dente no osso alveolar ou extrusão do dente do osso alveolar	
			Luxação total: avulsão	

Bussac & Carbonnie (1997), levando em conta a qualidade atual das restaurações protéticas, será nulo na grande maioria dos casos, após a colocação da prótese.

Entretanto, as próteses sofrem alterações de cor, estabilidade e textura e desgaste com o tempo, além de seu período de vida útil ser variável de acordo com o tipo de material, o que deve ser levado em consideração na apreciação do dano estético.

Nos grandes traumatismos alveolodentários, o número de dentes perdidos e a perda do osso de sustentação podem impedir uma restauração protética fixa.

Será preciso apreciar o aspecto mais ou menos estético de uma prótese móvel com falsa gengiva em resina e eventuais visibilidades dos grampos.

Já para Guionnet & Soulet (1993) será apreciado sucesso protético definitivo, mais frequentemente situando-se entre 0 e 2 graus, salvo quando haja danos cutaneomucosos ou ósseos associados às lesões dentárias.

▶ EXAMES COMPLEMENTARES

Para Pérez, Garrido & Sánchez (1996) é importante o recolhimento de todos os registros possíveis que demonstrem o estado do indivíduo. Os registros – exames complementares – se juntam ao relatório final para a avaliação do caso. Os registros mais frequentemente utilizados são:

Fotografias Intra e Extraorais

Mostram graficamente o estado da dentição da pessoa ou sua topografia facial, nos casos das fotografias extraorais.

Modelos de Estudo

Constitui-se em uma prova anatômica do dano, uma prova que mostra a função alterada. É conveniente mostrar os modelos articulados.

Exame das Radiografias

As radiografias mostram os danos internos e as estruturas ósseas e dentárias.

Para Guionnet & Soulet (1993) e Bussac & Carbonnie (1997), o exame das radiografias é fundamental por permitir mostrar, com evidências, o estado anterior.

Entre os vários tipos de radiografias existentes, aquelas que fornecem melhores informações sobre o dano dentário são:

- As radiografias intrabucais de formato 30×40 ou 40×50.
- As ortopantomografias ou radiografias panorâmicas.

É preciso identificar os dentes desvitalizados, os dentes que apresentam granulomas, os dentes que apresentam reabsorções radiculares, o estado do osso alveolar, os dentes inclusos, as próteses existentes e apreciar a qualidade dos tratamentos já realizados.

As radiografias tornam possível verificar se os dentes traumatizados apresentam:

- Fraturas radiculares.
- Uma reação periodontal ou espessamento do ligamento alveolodentário.
- Rizólise, reabsorção radicular externa ou interna da raiz.

Nas crianças, ajudam a verificar:

- Em caso de intrusão de um dente decíduo, se a coroa dentária do germe subjacente sofreu deformação ou foi deslocada.
- Se todos os germes permanentes existem.
- Se existe um apinhamento dos germes em relação aos maxilares.

Para Cianfarani & Franceschi (1991), os dois elementos de dificuldade quanto ao dano dentário são representados pelas *lesões iniciais* e pelo *estado anterior*. Somos cotidianamente confrontados por esse duplo problema.

Em um bom número de casos, as *lesões iniciais* são imprecisas, o que torna a imputabilidade problemática, até mesmo duvidosa, por várias razões.

A primeira razão encontra-se na insuficiência dos prontuários. Esquematicamente, no momento do traumatismo, várias circunstâncias podem se apresentar: o ferido é um politraumatizado, trata-se de um ferido maxilofacial ou as lesões são unicamente dentárias:

1. Quando o ferido é um politraumatizado, e mais particularmente quando o prognóstico vital está em jogo, as lesões dentárias passam para segundo plano. O certificado inicial pode ser completamente inexistente sobre as lesões dentárias. Muito frequentemente indica de maneira sucinta "fraturas e perdas dentárias", acrescentando, às vezes: "a ser avaliado por um dentista". Essa omissão ou imprecisão é perfeitamente compreensível nesse contexto, no entanto é lamentável no momento da avaliação do dano.

2. Quando se trata de um ferido maxilofacial, os traços de fratura são perfeitamente descritos; o protocolo operatório precisa os tratamentos administrados, mas as lesões dentárias são às vezes esquecidas. Não é uma regra, mas trata-se, no entanto, de uma realidade correntemente observada.

   Abre-se um parêntese para assinalar a extrema frequência com que ocorrem confusões nas classificações dentárias. Parte dessa confusão provém do desconhecimento da fórmula dentária e a outra parte, de erros nas designações dos dentes.

   Uma maneira de se evitar esse lapso é designar o dente por seu nome e sua fórmula, o que no certificado, prontuário ou relatório pode parecer longo, mas exclui qualquer dificuldade de interpretação.

3. Se as lesões são unicamente dentárias, a designação dos dentes lesados geralmente não causa confusão, mas outra dificuldade de apreciação pode acontecer, principalmente, em relação ao estado anterior.

Paralelamente à insuficiência dos certificados iniciais, a dificuldade de apreciação da imputabilidade pode ser decorrente do fato de o primeiro certificado dentário ser frequentemente tardio, em particular quando o ferido está imobilizado por vários meses.

O segundo elemento de dificuldade quando se trata do dano dentário reside no *estado anterior*. Com raras exceções, toda pessoa apresenta um estado anterior bucodentário.

A análise das peças médicas, associada a um exame sistematizado, possibilita a determinação do estado anterior de maneira a tornar possível a comparação de duas situações concretas, o estado bucodentário antes e depois do acidente.

A avaliação médico-legal das lesões se destina à estabilidade da lesão. Deve ser certificado que as lesões já estejam completamente estabilizadas no momento da emissão do relatório, não sendo suscetíveis de melhora com tratamento médico ou cirúrgico.

O ideal é que o tratamento protético reabilitador esteja completamente terminado para que possam ser avaliadas as funções mastigatória, fonética e estética.

▶ REFERÊNCIAS

Angher AJ. *Vade Mecum* acadêmico de Direito/organização: Código Civil. 3. ed. Artigo 186, 188. São Paulo: Rideel, 2006a:200.

Angher AJ. *Vade Mecum* acadêmico de Direito/organização: Código Civil. 3. ed. Artigo 927, 932, 935. São Paulo: Rideel, 2006b:233.

Arbenz GO. Medicina Legal e Antropologia Forense. São Paulo: Atheneu, 1988.

Bessieres-Roques I. *et al*. Précis d'évaluation du dommage corporel. 2. ed. Paris: L'argus de L'assurance, 2001:157-61.

Borobia C. Valoración del daño corporal: legislación, metodología y prueba pericial médica. Barcelona: Masson, 2006a:355-70.

Bussac M, Carbounie CL. Le dommage dentaire et son évaluation. Revue Française Dommage Corporel 1997: 23(4):437-54.

Bouchardet FCH. Avaliação do dano bucomaxilofacial: metodologia europeia baseada no contexto brasileiro [Dissertação de mestrado]. Coimbra: Faculdade de Medicina da Universidade de Coimbra, 2006.

Braid ACM. Fonética forense. 2. ed. Campinas, São Paulo: Millennium, 2003.

Briñon EN. Odontologia legal y practica forense. Buenos Aires: Purizon, 1988.

Calabuig JAG. Nexo de causalidad en valoracíon del daño corporal. Rev Port Dano Corp 1997; 6(7):9-35.

Cianfarani F, Franceschi P. Difficultés de l'appréciation du dommage dentaire. Revue Française Dommage Corporel 1991; 17(2):183-91.

Criado del Río MT. Valoración médico-legal del daño a la persona – civil, penal, laboral e administrativa: responsabilidad profesional del perito médico. Madrid: COLEX, 1999:33-679.

Criado del Río MT. Recommendations lors de l'utilisation de barèmes dans l'évaluation de l'incapacité permanente partielle fonctionnelle ou psycho-physique. Revue Française Dommage Corporel 2000; 26(2):165-73.

Cruz JPP. Dano fonético resultante de lesões do nervo lingual [Dissertação de Mestrado]. São Paulo: Faculdade de Odontologia da USP, 2008.

Cueto CH, Fayet DG, Vieira DN. Tablas y baremos de valoración. In: Cueto CH. Valoración médica del daño corporal. Guía práctica para la exploración y evaluación de lesionados. 2. ed. Barcelona: Masson, 2001:427-69.

Cueto CH. Valoración médica del daño corporal: guía práctica para la exploración y evaluación de lesionados. 2. ed. Barcelona: Masson, 2001:1-19, 2001.

Fournier C, Hugues-Béjui H. L'imputabilité médicale en droit commun. Un siècle de réflexin sur la relation de cause à effet en dommage corporel. Revue Française Dommage Corporel 2003; 29(3):277-88.

Fournier C, Rogier A, Rousseau C. La notion d'incapacité temporaire. Revue Française Dommage Corporel 1990; 16(2):239-48.

Galvão LCC, Braid ACM. Alterações na fala de usuários de próteses anteriores. J Conselho Fed Odontol Bahia, 1999.

Guyonnet JJ, Soulet H. La réparation médico-légale du dommage odontostomatologique. Revue Française Dommage Corporel 1993; 19(1):5-12.

Jindra P, Eber M, Pesak J. The spectral analysis of syllables in patients using dentures. Biomed Pap Med Fac Univ Palacky Olomoc Czech Repub 2002; 146(2):91-4.

Johnson N, Sandy JR. Tooth position and speech – is there a relationship? The Angle Orthod 1999; 69(4):306-10.

Lee ASY, Whitehill TL, Ciocca V, Samman N. Acoustic and perceptual analysis of the sibilant sound /s/ before and after orthognatic surgery. J Oral Maxillofac Surg 2002; 60(4):364-72.

Lefevre R. L'incapacité temporaire. Revue Française Dommage Corporel 1990; 16(3):497-502.

Lieberman P, Blumstein SE. Speech physiology, speech perception, and acoustic phonetics. Great Britain: Cambridge University Press, 1996.

Lundykvist S, Haraldson T, Lindblad P. Speech in conection with maxillary fixed prostheses on osseointegrated implants: a three-year follow-up study. Clin Orl Implants Res 1992; 3(4):176-80.

Magalhães T. Clínica médico-legal. Porto: Faculdade de Medicina da cidade do Porto. 2003/2004. Disponível em: <http://medicina.med.up.pt/legal/PosGraduacao.pdf> (2004 out. 16).

Magalhães T. Estudo tridimensional do dano em Direito Civil: lesão, função e situação (sua aplicação médico-legal). Coimbra: Almedina, 1998:24-83.

Magalhães T, Hamonet C. O dano pessoal. Revista Portuguesa de Avaliação do Dano Corporal 2000; IX(10):46-69.

Magalhães T, Pinto da Costa D. Avaliação do dano na pessoa em sede de Direito Civil. Perspectivas actuais. Revista da Faculdade de Direito da Universidade do Porto, 2007:417-52.

McCord JF, Firestone HJ, Grant AA. Phonetic determinants of tooth placement in complete dentures. Quintessence Int 1994; 25(5):341-5.

Mélennec L. Valoración de lãs discapacidades y del daño corporal. Madrid: Editorial Masson, 2000:161-84.

Pérez BP, Garrido BR, Sánchez JAS. Metodología para la valoración del daño bucodental. Madrid: Editorial Mapfre, 1996:61-110.

Rodrigues R. O índice mastigatório em Odontologia Legal [tese]. Rio de Janeiro, 1945.

Rousseau C, Fourier C. Précis d'évaluation du dommage corporel en droit commun. Niort: Soulisse-Cassegrain, 1989:83-8.

Runte C, Lawerino M, Dirksen D, Bollmann F, Lamprecht-Dinnesen A, Seifert E. The influence of maxillary central incisor position in complete dentures on /s/ sound production. J Prosthet Dent 2001; 85(5):485-95.

Sá FO. Clínica médico-legal da reparação do dano corporal em Direito Civil. Coimbra: APADAC, 1992:33-43.

Silva M. Considerações sobre enquadramento das lesões dentárias no artigo 129 do Código Penal Brasileiro. In: Tochetto D. Identificação humana. Porto Alegre: Sagra Luzzatto, 1999:354-9.

Vieira DN. A missão de avaliação do dano corporal em Direito Civil. Sub Judice, Justiça e Sociedade 2000; 17:23-30.

CAPÍTULO 9

O Laudo Indireto

Regina Lúcia Rosa Fernandes

TACRSP: O laudo de corpo de delito baseado em assentamentos médicos é válido nos casos em que os delitos deixam vestígios, provados até indiretamente.
(*JTACRESP 84/317*)

▶ INTRODUÇÃO

Aumenta diariamente o número de requisições de laudos indiretos (LI), correspondendo, aproximadamente, a 7% das perícias realizadas no Instituto Médico-Legal de Belo Horizonte e ocupando lugar de destaque junto a outras perícias, como as referentes à embriaguez. Essas requisições, oriundas de autoridades policiais e judiciárias, tornam obrigatórias as respostas a alguns questionamentos, por vezes inquietantes, uma vez que a lei permite interpretações diversas. Portanto, a inserção deste tema em livros de Medicina Legal é oportuna e o presente capítulo tem a pretensão, pura e simples, de provocar a manifestação de profissionais de áreas afins para que exponham suas opiniões, buscando uma convergência, com o objetivo de não restar nenhum questionamento sobre a ciência jurídica e sua interface, que é a Medicina Legal.

Algumas indagações foram exaustivamente refletidas e analisadas sob o prisma ético-legal, indispensável para a contextualização do LI na prática diária, tais como: qual o propósito global do LI? Por que, cada vez mais, as autoridades o requisitam? Qual o dispositivo legal que o legitima? Quais suas reais limitações? Em quais situações está justificada sua requisição e elaboração? O que as autoridades não devem ignorar sobre sua elaboração para interpretá-lo, e dar correta aplicação da lei? Representa ele um instrumento de agilização processual? Quem perde e quem ganha com sua elaboração? O objetivo é emitir uma opinião técnica acerca dessas questões, sem a pretensão de visar a uma certeza absoluta, mas, pelo contrário, abrir um espaço para reflexões, partindo do princípio de que quaisquer entendimentos contrários são salutares. Os LI destinam-se a dirimir as dúvidas, uma vez que o assunto é ausente não só dos cursos, como também da literatura específica, tendo como agravante a inexistência de qualquer interação entre os Institutos Médico-Legais (IML), visando formar um consenso tão necessário à atuação da Justiça.

▶ CONCEITO

Laudo indireto é aquele elaborado com base em informações contidas em documento escrito e firmado por profissional técnica e legalmente habilitado, que tenha examinado vestígios materiais de uma infração penal, mediante requisição de autoridades policiais e judiciárias, nas situações em que é inviável o exame direto do periciando pelos peritos.

Contrapõe-se ao LI o laudo realizado por meio do exame direto do corpo de delito pelos peritos, comumente realizado nos IML. Neste, a descrição do exame, bem como as conclusões, é de competência única e exclusiva dos peritos. Naquele, apenas as conclusões são de competência dos peritos, uma vez que baseadas em exame realizado pelo médico que assistiu a vítima.

Na prática, observa-se que a grande maioria dos laudos realizados de maneira direta utiliza-se, também, desses documentos, às vezes indispensáveis, para responder conclusivamente a determinados quesitos, como os referentes à caracterização de algumas circunstâncias qualificadoras previstas no art. 129 do Código Penal (CP), parágrafo 1º, incisos II (perigo de vida) e III (debilidade permanente de membro, sentido ou função). Sabe-se que, doutrinariamente, o perigo de vida não deve ser meramente presumido. Se não houvesse um relatório de atendimento contendo informações que permitissem aos peritos assegurar-se de sua existência, não seria possível afirmá-lo, exceto na hipótese remota de terem presenciado o atendimento da vítima.

No dia a dia verifica-se que os LI são elaborados para atender as necessidades das localidades que não dispõem de médicos legistas e dos Juizados Especiais Criminais. Apesar de esses juizados admitirem a dispensa do exame de corpo de delito quando a materialidade do crime estiver comprovada por boletim médico ou prova equivalente, invariavelmente as autoridades requisitam a elaboração de um LI, que pode ser interpretado como um rigor nada estéril, uma vez que somente com a elaboração deste e a adequada resposta aos quesitos será possível classificar a gravidade das lesões, em última análise, essencial para que a ação tramite no Tribunal de Pequenas Causas. Tais quesitos devem ser respondidos por profissionais familiarizados com a linguagem jurídica, médico-legal e prática processual.

Teoricamente, todas as perícias podem ser realizadas de maneira indireta, desde que a vítima tenha sido previamente examinada por médico que registrou as lesões apresentadas. Assim, fica preservada a materialidade do crime e constitui fonte para a elaboração de um LI, mesmo que os vestígios venham a desaparecer. A prática tem nos mostrado que esse também é o entendimento das autoridades, tendo em vista as reiteradas requisições. Não se pode esquecer que as conclusões e respostas aos quesitos são sempre baseadas nas informações contidas no relatório, as quais são às vezes insuficientes para uma resposta conclusiva. Portanto, para que o LI cumpra sua finalidade, alguns aspectos devem ser observados, seja pelas autoridades que o requisitem, seja pelos médicos que emitam os relatórios de atendimento e pelos peritos que elaboram o laudo. Esses aspectos devem estar em harmonia com os princípios ético-legais, os quais serão abordados a seguir.

▶ ASPECTOS LEGAIS E ÉTICOS

O dispositivo legal que legitima a elaboração do LI é o art. 158 do CPP, que assim dispõe: "Quando a infração deixar vestígio, será indispensável o *exame* de corpo de delito, *direto ou indireto*, não podendo supri-lo a confissão do acusado" (grifo nosso). O art. 167 da mesma norma processual diz que: "Não sendo possível o exame de corpo de delito por haverem desaparecido os vestígios, a prova testemunhal poderá suprir-lhe a falta."

Não se trata de digressões tecer alguns comentários sobre os elementos que compõem esses artigos, mesmo porque os entendimentos conceituais são indispensáveis para uma correta interpretação dos mesmos que, em última análise, garantem a inserção do LI na prática diária.

O corpo de delito (CD) é classicamente definido como o conjunto de vestígios deixados pelo fato criminoso, podendo ser direto, quando reúne os elementos materiais do fato imputado, ou indireto, quando, por faltarem os elementos materiais, o fato delituoso é evidenciado por qualquer outro meio. O art. 167 refere-se à formação do corpo de delito indireto mediante prova testemunhal, e alguns autores interpretam como sinônimos corpo de delito e *exame* de corpo de delito (ECD), e que o *exame* de corpo de delito indireto encontra-se materializado pela prova testemunhal. A denominação é imprópria, como bem salientou o Prof. Hélio Gomes, uma vez que não há corpo e, em não havendo, é impassível de *exame*, constituindo apenas fato testemunhado e, portanto, uma prova subjetiva, meramente supletiva, que evidencia de modo indireto o corpo de delito. Com base nesse entendimento equivocado, os magistrados, muitas vezes, consideram inadmissível o exame do corpo de delito indireto com base em fichas clínicas, atestados, boletins e relatórios de atendimento médico-hospitalar. Entretanto, da mesma maneira que o corpo de delito não deve ser confundido com corpo da vítima, também não deve ser confundido com *exame* de corpo de delito, como o próprio Supremo Tribunal Federal já se pronunciou:

> *É preciso que não se confunda o exame de corpo de delito com o próprio corpo de delito. Aquele é um auto em que se descrevem as observações dos peritos e este é o próprio crime na sua tipicidade. O corpo de delito se comprova através da perícia, o laudo deve registrar a existência e a realidade do próprio delito (RTJ 45/625).*

Assim, claro está que o art. 158, ao se referir ao *exame* de corpo de delito, cuja prescindibilidade só é devida quando, diante do desaparecimento dos vestígios, este se torna impossível, admite que seja feito de maneira *direta ou indireta*, constituindo uma prova técnica, objetiva, pois uma vez que a vítima tenha sido assistida por médico, a materialidade do crime acha-se preservada. Constitui, portanto, um verdadeiro vestígio permanente da infração penal, não prevalecendo o raciocínio do desaparecimento dos vestígios, condicionando a prova sob a égide do disposto no art. 167. Muitas decisões jurisprudenciais corroboram esse entendimento, algumas selecionadas para citação:

Não é nulo o laudo de exame de corpo de delito elaborado com base em atestado passado pelo médico que assistiu a vítima de lesões corporais no pronto-socorro. Do voto do relator: Conforme salientou a douta preopinião, optando pelo desfecho condenatório, o magistrado considerou demonstrada a materialidade da infração, e, no aspecto dos requisitos formais, não é imprestável o laudo de exame de corpo de delito indireto de fls.44, pois, ao contrário do pleiteado pelo recorrente, não se trata de laudo baseado em mero boletim de atendimento de hospital, mas em atestado manuscrito e subscrito pelo médico que assistiu a vítima no pronto-socorro (fls. 12). Ora, se, na clássica lição de Sousa Lima, o atestado "é a afirmação simples e por escrito de um fato médico e suas consequências" (Leite Ribeiro. Tratado de medicina legal. Rio de Janeiro, 1923:84), o fato médico das escoriações leves observadas na vítima pelo facultativo que a pensou, e, portanto, a prova da materialidade do evento, acha-se atestada e, sem contrastação, repetida pelo laudo de exame indireto, ao qual, por isso mesmo, não se aplicam nem a copiosa jurisprudência amealhada pelo nobre advogado, nem, muito menos, o artigo de Nilo Batista (Corpo de delito. Boletim de atendimento do hospital, Decisões criminais comentadas, Rio de Janeiro, Luber Jiris, 1976:103-5) (TACRIM-SP- AP- Rel. Haroldo Luz – RJD 04/137).

Em crime de lesão corporal, o exame de corpo de delito da vítima pode ser realizado de forma indireta com base em ficha clínica hospitalar, desde que o ofendido não possa ser localizado para passar por exame pessoal (TACRIM-SP-AP-Rel. Xavier de Aquino – RJD 20/143).

Apresentando-se o laudo de exame de corpo de delito negativo porque a vítima só foi encaminhada para exame após desaparecidos os vestígios das lesões, admissível é a condenação com base em perícia médico-legal fundada em elementos fornecidos por pronto-socorro que atendera a vítima após a ocorrência delituosa (TACRIM-SP-AP-Rel. Geraldo Ferrari – JUTACRIM-SP 48/379).

Não é nulo o laudo de exame de corpo de delito indireto elaborado com base em atestado passado pelo médico que assistiu a vítima de lesões corporais no pronto-socorro (TACRSP – RJDTACRIM 4/137).

Por lei expressa o exame de corpo de delito pode ser direto ou indireto. Assim, ficha de atendimento do ofendido em Pronto-Socorro Municipal não pode deixar de ser aceita como prova de lesão (TACRIM-SP-AP-Rel. Djalma Lofrano – JUTACRIM-SP 69/443).

Se, diante da impossibilidade de se efetuar uma avaliação direta, elabora-se um trabalho técnico indireto, em que servem como peritos pessoas idôneas absolutamente integradas no ramo, não há que se falar em inidoneidade do laudo indireto (TACRIM-SP-AP-Rel. Canellas de Godoy – RJD 22/221).

Ainda da Suprema corte: Aborto. A inexistência de exame de corpo de delito direto não exclui a pronúncia. Se foi procedido o indireto com base nos assentamentos de hospital público, corroborados pelos médicos que assistiram a vítima até o falecimento, em consequência das manobras abortivas (RTJ 70/650).

Consta do voto do Relator, Min. Aliomar Baleeiro: Surpreende que recolhida a um hospital do Estado em estado grave, com sinais de aborto provocado, que, aliás, mencionou aos médicos, a vítima não fosse submetida em vida, nem depois de morta, ao exame médico-legal. O cadáver foi entregue à família, sem que se fizesse a necropsia. Mas o exame indireto, apoiado nos comemorativos de registros em fichas clínicas daquele hospital, corroborados pelos profissionais que deram assistência à vítima, não deixa dúvidas sobre a existência do aborto provocado (RTJ 70/650).

Não podendo a necropsia, em casos de morte por "choque anafilático", ante a ausência de elementos objetivos, categoricamente afirmar o nexo etiológico entre aplicação de injeção e superveniência do êxito letal, admissível o diagnóstico obtido mediante exclusão e pelo aproveitamento de informes clínicos (TACRIM-SP-AP-Rel. Aquino Machado – JUTACRIM-SP 20/279).

Havendo contradição entre o quadro clínico do paciente e os exames complementares elaborados em função da necropsia, deve prevalecer o primeiro, a partir do qual se deduz essencialmente o diagnóstico, conforme princípio basilar da medicina (TAMG-AP-Rel. Alves de Melo – RT 679/374).

Prova Pericial. Exame necroscópico baseado em dados indiretos. Possibilidade: Inteligência: art. 121, & 3º do Código Penal – 42(c): Em sede de homicídio culposo, é possível que o exame necroscópico tenha se louvado em dados indiretos, pois nossa Lei Processual Penal admite o exame de corpo de delito indireto (Apelação 1.183.239/3, Julgado em 15/3/2000, 9ª Câmara, Relator: Aroldo Viotti, RJTACRIM 48/153).

Prova. Lesão corporal. Exame de corpo de delito indireto. Possibilidade: "O crime de lesão corporal, previsto no art. 129, caput, do CP pode ser comprovado por exame de corpo de delito indireto consistente na consulta em ficha hospitalar (Apelação 1240.445/7, Julgado em 3/4/2001, 4ª Câmara, Relator: Marco Nahum).

O art. 3º do CPP dispõe da seguinte maneira: "A lei processual penal admitirá interpretação extensiva e aplicação analógica, bem como o suplemento dos princípios gerais de direito", o que permite a remissão ao art. 429 do CPC, que assegura a possibilidade de o perito "utilizar-se de todos os meios necessários, ouvindo testemunhas, obtendo informações, solicitando documentos que estejam em poder da parte ou em repartições públicas, bem como instruir o laudo com plantas, desenhos, fotografias e outras quaisquer peças", e também ao art. 400 do CPC:

A prova testemunhal é sempre admissível, não dispondo a Lei de modo diverso. O Juiz indeferirá a inquirição de testemunhas sobre fatos: I – já provados por documento ou confissão da parte; II – que só por documentos ou por exame pericial puderem ser provados.

Considerando que o atestado médico é um documento hábil para provar uma verdade e, embora não exija compromisso legal, tem sua veracidade como um bem jurídico a preservar, e que a concessão de atestados falsos é conduta punível pela legislação penal e ética, é lícito que sejam utilizados pelos peritos para embasar suas conclusões, seja na elaboração de um laudo direto ou indireto. Corroboram com isto o art. 302 do CP, que dispõe: "Dar o médico, no exercício de sua profissão, atestado falso: Pena – detenção de um mês a um ano"; e os artigos do Código de Ética Médica (CEM) – é vedado ao médico: "art. 80. Expedir documento médico sem ter praticado ato profissional que o justifique, que seja tendencioso ou que não corresponda à verdade", e "art. 81. Atestar como forma de obter vantagens". A própria Lei 9.099/95, em seu art. 77, parágrafo 1º, legitima-o de maneira incontestável, quando diz:

*Para o oferecimento da denúncia, que será elaborada com base no termo de ocorrência referido no art. 69 desta lei, com dispensa do inquérito policial, **prescindir-se-á do exame de corpo de delito quando a materialidade do crime estiver aferida por boletim médico ou prova equivalente** (grifo nosso).*

Quanto às possíveis implicações éticas advindas do disposto no Art. 92 do CEM, que diz: "É vedado ao médico: Assinar laudos periciais, auditoriais ou de verificação médico-legal quando não tenha realizado pessoalmente o exame", é necessário atentar para o fato de que o CEM contém normas jurídicas especiais, submetidas a regime semelhante ao das normas e atos normativos federais, existindo, portanto, uma harmonia entre o ordenamento jurídico e as normas éticas. Algumas situações decorrentes de omissões não devem ser consideradas conflitivas, devendo prevalecer o bom senso para avaliá-las no contexto em que se encontram inseridas. Assim, a aparente divergência entre o art. 92 do CEM e o art. 158 do CPP, que permite a elaboração do LI, deve ser entendida de modo não tendencioso, inexistindo infração ética, desde que no histórico conste que se trata de um *laudo indireto*, descaracterizando o dolo, quando a intenção é a de proteger os interesses da coletividade.

Por outro lado, a solicitação indiscriminada de LI não tem passado despercebida pela jurisprudência, como pode ser observado por meio das selecionadas:

Tanto o exame de corpo de delito indireto quanto a prova testemunhal de caráter supletivo só são passíveis de serem aceitos no lugar do exame de corpo de delito direto se for devidamente demonstrada a impossibilidade ou inviabilidade da realização deste, não ficando ao mero alvedrio da Autoridade Policial ou Judicial a opção por esta ou aquela modalidade de exame ou de prova de vestígios (TACRIM-SP-AP-Rel. Barbosa de Almeida – RJD 27/156).

Tratando-se de infrações que deixam vestígios, torna-se imprestável o laudo de exame de corpo de delito realizado com base em ficha de atendimento hospitalar, máxime se não havia qualquer impedimento para que a vítima se submetesse à inspeção direta dos médicos-legistas, vez que fora atendida no mesmo dia da confecção do laudo (TACRIM-SP-AP-Rel. Eduardo Goulart – RJD 11/142).

No crime que deixa vestígios o exame de corpo de delito direto é indispensável (art. 158 do CPP), salvo se impossível a constatação direta (art. 167 do CPP). E, ainda que em tese admissível a elaboração de laudo indireto, a partir de ficha clínica, deve estar nos autos para que se possa comprovar a materialidade do delito (TACRIM-SP-AP-Rel. Barbosa de Almeida – RJD 06/85).

O art. 155 do CPP diz:

O juiz formará sua convicção pela livre apreciação da prova produzida em contraditório judicial, não podendo fundamentar sua decisão exclusivamente nos elementos informativos colhidos na investigação, ressalvadas as provas cautelares, não repetíveis e antecipadas.

Deixa claro o princípio do livre convencimento judicial, reforçado pelo art. 182 do mesmo dispositivo, que relativiza a exigência da prova pericial, bem como o de todos os outros pontos de convencimento, quando estabelece: "o juiz não ficará adstrito ao laudo, podendo aceitá-lo ou rejeitá-lo, no todo ou em parte", o que também é contemplado pelo art. 436 do CPC: "O juiz não está adstrito ao laudo pericial, podendo formar a sua convicção com outros elementos ou fatos provados nos autos." Estes artigos, ao conferirem plena liberdade ao juiz em formar sua convicção com base em dados da instrução, permitem entender em qual contexto os LI são solicitados e interpretados, sendo no mínimo precipitado afirmar que não têm valor probante.

▶ O LAUDO INDIRETO E AS AUTORIDADES QUE O REQUISITAM

A Requisição

As situações que justificam a requisição de um LI são todas aquelas nas quais as autoridades, diante da impossibilidade de realizar o exame direto, necessitam de maiores esclarecimentos além dos contidos no documento comprobatório da infração penal. Os documentos serão analisados por peritos oficiais, familiarizados com os conhecimentos médico-legais e a legislação específica, que responderão adequadamente aos quesitos necessários para a correta interpretação das provas e aplicação das leis. Quando tal impossibilidade não existir, a vítima deverá ser encaminhada aos peritos para se submeter ao exame direto, portando o relatório de atendimento médico-hospitalar.

De acordo com o Prof. Flamínio Fávero, aos juristas importa ter conhecimentos para saber o que pedir aos peritos, bem como interpretar o auxílio recebido. É de suma importância que, ao requisitar um LI ou qualquer outro exame pericial, especifique-o, uma vez que a denominação "ECD" é genérica, existindo diversos tipos de perícias que podem ser realizadas (lesões corporais, conjunção carnal, aborto, embriaguez etc.), cada qual com quesitos específicos a serem respondidos. Não cabe aos peritos a dedução, evitando assim devoluções do expediente para completar a falha, vez por outra tão prejudicial à necessária agilização processual. Os quesitos suplementares que porventura se fizerem necessários devem corresponder às possibilidades da ciência e da técnica médico-legal disponível.

Quando da requisição de um LI, mais do que nas demais perícias, a qualificação do periciando deve ser correta, pois os peritos não têm como conferir sua identidade. Têm sido frequentes os atrasos na elaboração dos laudos quando o nome da vítima que consta nos relatórios de atendimento médico-hospitalar não confere com o indicado na requisição. Pequenos erros de digitação podem causar graves consequências, não cabendo aos peritos inferir essa ocorrência como justificativa para elaborar um laudo. A simples mudança de uma única letra é capaz de mudar a identidade de uma pessoa, como, por exemplo: **Wilton, Milton, Nilton, Hilton,**

Ailton, Dilton, Gilton, motivo pelo qual o documento deve ser devolvido para correção, evitando problemas na fase de instrução processual.

O Documento Idôneo

Os documentos adequados para a elaboração do LI são os atestados ou relatórios de atendimento médico, cópias de prontuário médico-hospitalar, firmados por médico, contendo nome e número de inscrição no CRM legíveis, bem como a completa identificação do paciente atendido, visto que o laudo pericial não deve ser baseado em documentos de quem não se sabe a autoria, só tendo valor quando são especificadas suas fontes.

É importante que as autoridades avaliem as relações de quem emite o Atestado Médico (AM) com as vítimas envolvidas. Tal avaliação tem por objetivo detectar possível suspeição, principalmente quando se trata de relatórios particulares; não pode ser ignorada a possibilidade, infelizmente real, de um médico se descuidar dos pilares básicos da ética profissional, emitindo relatórios que possam não corresponder à verdade. Uma forma de garantir a idoneidade do documento seria requisitar o relatório por meio de ofício, explicitando o fim para o qual se destina, acompanhado da autorização expressa do paciente, objetivando agilizar o procedimento.

Documentos como boletim de ocorrência policial, depoimento de testemunhas, fotografias para responder sobre deformidade permanente e documentos assinados por diretores administrativos de hospitais, não médicos, ainda que transcrevendo dados do prontuário de atendimento, devem ser considerados impróprios para a elaboração do laudo. Além disso, não se deve requisitar a elaboração de um LI baseado em auto de corpo de delito realizado por peritos nomeados. Possíveis omissões na elaboração do auto deverão ser esclarecidas pelos peritos.

A Interpretação

As autoridades não devem ignorar que o LI não supre todas as necessidades que poderiam ser supridas por meio do exame direto, como: não é possível anexar esquema de lesões, pois as localizações, quando citadas no relatório de atendimento médico, invariavelmente não seguem o rigor médico-legal; não permite responder sobre deformidade permanente, orifícios de entrada e saída de projétil, muito menos sua trajetória; na maioria das vezes, identifica-se o instrumento quando é utilizada no relatório a codificação da Classificação Internacional das Doenças (CID 10), que contempla apenas denominações genéricas, como traumatismos e ferimentos.

Mesmo quando não codificados, os relatórios médicos, na grande maioria das vezes, não descrevem as lesões, simplesmente emitem diagnósticos e o juízo clínico é diferente do médico-legal, pois este tem doutrina própria. Diagnósticos incorretos podem fazer com que os peritos cheguem a conclusões e respostas aos quesitos que não correspondam à verdade real. Vale ressal-

tar que as autoridades não devem se restringir à leitura, pura e simples, das respostas dos quesitos, mas também levar em conta a descrição contida no corpo do laudo, na qual as respostas se encontram fundamentadas. Quanto às respostas inconclusivas aos quesitos, decorrentes de omissões do relatório, os esclarecimentos suplementares devem ser dirigidos aos médicos que o emitiram.

▶ O LAUDO INDIRETO E O MÉDICO QUE EMITE O ATESTADO

Considerações Ético-Jurídicas

Interessa dizer que o médico, no exercício de sua função, encontra-se sob juramento, tendo como princípio jamais falsear a verdade, seja qual for a finalidade. Apesar de o AM ser peça meramente informativa, é um documento que em torno de sua expedição gravitam diversas situações, uma vez que seu conteúdo servirá de base a conclusões que certamente implicarão consequências jurídicas. Partindo desse pressuposto de verdade, os peritos oficiais elaboram seu laudo, não podendo ser responsabilizados pelos eventuais deslizes de colegas no cumprimento das leis.

Os médicos não devem esquecer que o exercício da atividade é objeto de disciplinamento em normas legais diversas. Não se devem descuidar dos pilares éticos básicos de sua profissão, entendendo que nenhum ato médico é de menor valor; tal como nas provas, não existe uma hierarquia nos atos por eles executados. Considerar o AM um ato automatizado é se expor não só às penalidades éticas, como também às penais. O atestado falso é punido pelo CP, art. 302, e CEM, arts. 80 e 81, constituindo o desvirtuamento de suas finalidades legais a mais comum das infrações ético-jurídicas. Sua importância é tanta, que o tema é abordado em outro capítulo deste livro.

O Conteúdo do Atestado Médico

O médico deve se certificar da identidade da pessoa a quem vai fornecer o atestado, bem como de sua finalidade, sabendo que seu conteúdo não interessa apenas ao indivíduo em si, mas a toda a coletividade. Deve ser legível, constando nome e número de inscrição no CRM do signatário, atendendo ao disposto nos arts. 87 e 11 do CEM, respectivamente:

> É vedado ao médico "Deixar de elaborar prontuário legível para cada paciente" e "Receitar, atestar ou emitir laudos de forma secreta ou ilegível, sem a devida identificação de seu número de registro no Conselho Regional de Medicina da sua jurisdição, bem como assinar em branco folhas de receituários, atestados, laudos ou quaisquer outros documentos médicos".

O conteúdo do atestado médico deve corresponder à realidade do fato, contemplando a descrição das lesões e alterações delas decorrentes. É indispensável o relato das circunstâncias que motivaram o atendimento e a data, evitando abreviaturas, mesmo as comumente utilizadas no meio médico. Observar o conteúdo da Resolução do CFM 1658/2002, parcialmente alterada em 2008 pela Resolução CFM 1.851, que normatiza a emissão de atestados médicos, lembrando que o não cumprimento constitui infração ética prevista no art. 18 do CEM: "Desobedecer aos acórdãos e às resoluções dos Conselhos Federal e Regionais de Medicina ou desrespeitá-los."

Alguns atestados se utilizam de codificações oficiais, tarefa por vezes delegada a terceiros sem formação técnica na área médica. O médico não deve se esquecer que, no momento em que assina tais documentos, está assumindo a responsabilidade integral sobre seu conteúdo. Além das consequências legais, existe o comprometimento ético, moral e administrativo. Lembrar que, à vista da Lei 9.099/1995, o atestado médico tem valor pericial, sujeito à apreciação da autoridade judiciária na caracterização das ofensas à integridade física, suprindo os exames realizados nos institutos médico-legais.

▶ O LAUDO INDIRETO E OS PERITOS QUE O ELABORAM

Formalidades

O LI, assim como qualquer outro laudo pericial, só pode ser elaborado mediante requisição devidamente assinada pela autoridade competente. Os peritos que o elaboram devem extrair do relatório médico todos os elementos de convicção para resposta aos quesitos referentes à perícia requisitada, usando seus conhecimentos médico-legais específicos e da legislação pertinente e analisando cientificamente seu conteúdo para fundamentar suas conclusões. Assim, não endossam o exame realizado pelo colega que emitiu o relatório, partindo do princípio de que quem o emitiu o fez dentro dos rigores éticos, civis e penais que lhe são impostos pelo exercício legal da Medicina.

A possibilidade da inidoneidade do relatório deve ser suspeitada pela autoridade que solicita o LI e não pelos peritos que o elaboram. Entretanto, deverão estar atentos a algumas omissões, inadvertidamente não percebidas pelas autoridades requisitantes, identificando os documentos impróprios para a elaboração do laudo e devolvendo-os à autoridade, citando a impropriedade, para que se procedam às devidas correções.

A Elaboração do Laudo

A redação do LI segue os mesmos critérios utilizados nos demais laudos. No histórico, os peritos devem consignar que se trata de laudo indireto baseado em informações contidas em relatório, boletim ou prontuário de atendimento médico-hospitalar, transcrevendo todos os dados de registro, nome e número de inscrição no CRM do médico que assina o documento. Segue-se a transcrição do conteúdo, devendo se referir apenas aos aspectos relativos aos quesitos, preservando demais da-

dos protegidos pelo segredo. Nesse particular, a análise de prontuários adquire foro especial, uma vez que eles abordam outros fatos que deverão ser omitidos para garantir o direito à privacidade. No dia a dia forense, vez por outra, por falta de tempo para exame prévio dos quesitos, estes podem ser enviados, extrapolando as funções periciais. É imprescindível estabelecer os exatos limites da atuação do perito, criando fronteira entre a revelação lícita e a ilícita no tocante ao sigilo e transcrever apenas os fatos relevantes. O exercício da função pública não o absolve das obrigações, deveres e direitos que possui por ser médico.

Quanto à conclusão, é importante salientar que não cabe aos peritos fazer nenhum tipo de inferência, particularmente quanto às abreviaturas comumente utilizadas no meio médico, exceto se outras informações constantes no relatório fornecerem elementos de certeza para concluir. Os relatórios codificados representam uma dificuldade extra por não permitirem afirmar o instrumento (forma de ação do objeto), pois a CID 10 contempla o objeto em sua descrição, referindo-se às lesões com denominações genéricas do tipo ferimento e traumatismo que, sob o ponto de vista médico-legal, não permitem caracterizar a forma de ação do objeto. O objeto não é alvo de perícia médico-legal, e sim o ferimento por ele produzido. As falhas e omissões deverão ser registradas no item "discussão", justificando as respostas inconcludentes.

▶ CONSIDERAÇÕES FINAIS

A Constituição Federal em seu art. 5º, inciso LVI, em decorrência da verdade real, enseja a produção de qualquer prova, desde que não obtida por meio ilícito. Os documentos são meios de prova. No processo moderno é consenso que todas as provas devam ser consideradas, não existindo hierarquia entre elas. Um relatório de atendimento médico constitui prova documental comprobatória da materialidade do crime, por si só. Faz parte do chamado corpo probatório, e sua análise pelos peritos oficiais visa fornecer elementos às autoridades que o requisitam e as auxiliam tanto na fase de investigação como na de instrução. O relatório resultante desta análise é o LI, cuja elaboração, legitimada pelo art. 158 do CPP, deve ser entendida no contexto em que foi requisitado e realizado. A importância da elaboração de um LI não reside na validação de uma prova, e sim em fornecer elementos às autoridades que não detêm os conhecimentos necessários à formação do juízo correto, mediante a resposta aos quesitos que são importantes para a classificação da gravidade dos crimes tipificados. A interpretação deve ter em conta que o laudo indireto tem seu valor subordinado à sua natureza; trata-se de um pronunciamento técnico, e não de uma constatação de um fato verificado pelos próprios peritos.

O que deve ser considerado pelos que resistem ou censuram sua elaboração é que, na prática, quesitos referentes a perigo de vida e algumas debilidades só podem ser respondidos mediante análise de relatórios dos médicos que assistiram o paciente. Esses documentos são frequentemente utilizados, como referência, para firmar a convicção dos peritos sob a égide do art. 429 do CPC. Por outro lado, entre a elaboração de um LI no qual a interpretação dos achados subscritos por um médico é feita por peritos familiarizados com os conhecimentos médico-legais e o uso do próprio relatório à mercê da interpretação das autoridades, aquele é muito mais esclarecedor que este e simplifica o procedimento jurídico, agilizando a atuação da Justiça. Obviamente pode ser solicitado um parecer baseado no documento. Entretanto, trata-se de uma questão semântica, pois qual é a diferença entre elaborar um LI e um parecer cujos quesitos propostos sejam os mesmos que os oficiais?

Não podem ser ignoradas as dificuldades que as autoridades enfrentam para exercer seu mister; existem lugares em que a escassez de médicos não permite sequer a nomeação de peritos, legitimada pelo art. 159 do CPP, que assim dispõe:

> *O exame de corpo de delito e outras perícias serão realizados por perito oficial, portador de diploma de curso superior.*
>
> *§ 1º. Na falta de perito oficial, o exame será realizado por 2 (duas) pessoas idôneas, portadoras de diploma de curso superior preferencialmente na área específica, dentre as que tiverem habilitação técnica relacionada com a natureza do exame.*

Entende-se que o LI é uma solução alternativa para essas situações, pois responde aos quesitos observando os princípios doutrinários que, muitas vezes, são desconhecidos pelos médicos em geral. Isso leva a respostas inadequadas aos quesitos, sendo comum interpretarem como sinônimos perigo de vida e risco de vida, incapacidade para as ocupações habituais e incapacidade para atividade laborativa, entalhes anatômicos como sendo rupturas himenais etc. Acarretam erros, vez por outra insanáveis, pois as autoridades em geral reportam-se apenas à resposta dos quesitos, nem sequer lendo o corpo do laudo. A lei permite a nomeação de peritos, mas condiciona que estes possuam conhecimentos específicos. Entretanto, o que se observa é que tal orientação não é seguida, bastando ser médico para que as autoridades o julguem capaz.

Além do mais, muitas vezes, os peritos nomeados são os mesmos que prestaram assistência à vítima; ao fazerem a perícia estão infringindo o art. 93 do CEM, que veda ao médico:

> *Ser perito ou auditor do próprio paciente, de pessoa de sua família ou de qualquer outra com a qual tenha relações capazes de influir em seu trabalho ou de empresa em que atue ou tenha atuado.*

Desrespeita, ao mesmo tempo, o art. 98, que veda ao médico: "Deixar de atuar com absoluta isenção quando designado para servir como perito ou como auditor, bem como ultrapassar os limites de suas atribuições e de sua competência." Não se pode presumir absoluta isenção do médico assistente quando atua como perito

de paciente seu. Está, portanto, eticamente impedido de atuar nessas circunstâncias.

Uma vez que requisitados observando os dispositivos legais existem situações específicas nas quais o LI pode ser superior ao exame direto, desde que a idoneidade do atestado seja inquestionável sob todos os aspectos, como no caso de algumas perícias psiquiátricas. A perícia de sanidade mental é exame complexo que, a princípio, exige a observação prolongada do acusado e avaliações repetidas. Presume-se que o psiquiatra que acompanha seu paciente por meses ou anos tenha mais condições de falar sobre suas reais condições mentais do que os peritos, nos moldes em que são realizadas as perícias nos IML, em 1 hora de exame. Tanto que, na prática, tais perícias quase sempre se reportam aos relatórios do médico assistente, prontuários de internação hospitalar ou equivalentes, para atender aos critérios cronobiopsicológicos arguidos nos quesitos, não sendo incomum a emissão de laudos inconcludentes quando ausentes tais documentações. Outras situações são as referentes aos quesitos pertinentes à caracterização de debilidade permanente de sentido ou função, perigo de vida, enfermidade incurável etc. Ocasionalmente, até mesmo a caracterização do instrumento que produziu a lesão só se torna possível mediante a análise do relatório de atendimento médico; algumas feridas cirúrgicas se sobrepõem às lesões, de tal forma que, ao realizarem o exame, os peritos não dispõem de elementos para afirmar o instrumento que as produziu. Oericiando comparece para Exame Complementar de Lesões Corporais, cujos quesitos não contemplam o instrumento, e tem seu laudo concluído. Tempos depois, o juiz requisita um LI baseado no relatório de atendimento médico para responder ao quesito que, apesar do exame direto, não pôde ser respondido.

Por outro lado, seria ingenuidade não admitir que a prática de emissão de AM graciosos infelizmente existe. Para o bem da Justiça, mais que ignorar este fato, seria importante pensar na possibilidade de sua existência. Assim, algumas medidas preventivas poderiam ser implementadas, como quando da requisição do relatório as autoridades deixarem clara a finalidade a que se destina, até mesmo citar as penalidades impostas ao profissional que prestar falsas declarações.

A proposta é refletir sobre essas questões e admitir que a inserção do LI na prática é de grande utilidade, principalmente para o nosso país, onde o número de peritos oficiais é insuficiente para atender o disposto no art. 159 do CPP. Ressalte-se que o excesso de zelo nas questões relativas à Justiça é desejável e, apesar de legítima a elaboração do LI, a rigor, sua requisição pelas autoridades deveria ser criteriosa. As requisições devem se restringir aos casos estritamente necessários, limitados às situações em que for impossível a realização do exame direto, e não banalizadas como vem ocorrendo.

Finalmente, é de suma importância saber que a perícia, como apreciação humana, é passível de erro, seja ela realizada de modo *direto ou indireto*, motivo pelo qual nosso estatuto processual penal adota o sistema liberatório na apreciação dos laudos periciais, deixando ao arbítrio do juiz aceitá-los ou rejeitá-los, no todo ou em parte. Irrefutavelmente:

> *Todas as provas são relativas; nenhuma delas terá, ex vi legis, valor decisivo, ou necessariamente maior prestígio que outra. Se é certo que o juiz fica adstrito às provas constantes nos autos, não é menos certo que não fica subordinado a nenhum critério apriorístico no apurar, através delas, a verdade material (TJSP – Rec. – Rel. Silva Pinto – RT 709/315).*

▶ BIBLIOGRAFIA

Alcântara HR. Perícia médica. In: Alcântara HR. Perícia médica judicial. 6. ed. Rio de Janeiro: Guanabara Koogan 1982:5.

Boas AV. Código de processo penal anotado e interpretado. 5. ed. Del Rey Editora Ltda, 1999:149-216.

Capez F. Curso de processo penal. 2. ed. São Paulo: Editora Saraiva, 1998:237-56.

Cintra Junior DAD. Exame de corpo de delito e perícias. In: Franco AS *et al*. Código de processo penal e sua interpretação jurisprudencial. São Paulo: Revista dos Tribunais, 1999; 2:1730-41.

Código de Ética Médica. Resolução CFM nº 1.931/2009.

Fávero F. Ensino da Medicina Legal e sua evolução no Brasil. In: Fávero F. Medicina Legal. 12. ed. Belo Horizonte: Editora Vila Rica, 1991:33-5.

França GV. Perícia médico-legal. In: França GV. Medicina Legal. 6. ed. Rio de Janeiro: Guanabara Koogan, 2001:11-2.

Gomes H. Perícias e peritos. In: Medicina Legal. 23. ed. Rio de Janeiro: Livraria Freitas Bastos, 1984:27-32.

Grinover AP *et al*. Prova pericial. In: As nulidades no processo penal. 6. ed., São Paulo: Revista dos Tribunais, 1997:144-52.

Jesus DE. Código de Processo Penal anotado. 14. ed. São Paulo: Editora Saraiva, 1998:124-47.

Mirabete JF. Processo penal. 7. ed. São Paulo: Editora Atlas, 1997: 249-69.

Mirabete JF. Código de Processo Penal interpretado. 5. ed. São Paulo: Editora Atlas, 1997:225-43/745-52.

Noronha EM. Curso de direito Processual Penal. 24. ed. São Paulo: Editora Saraiva, 1996:84-105.

Stoco R. Provas. In: Franco AS *et al*. Código de processo penal e sua interpretação jurisprudencial. São Paulo: Revista dos Tribunais, 1999; 2:2583-93.

CAPÍTULO 10

Tanatologia Forense

Luiz Eduardo Toledo Avelar • Marcelo Mari de Castro

► INTRODUÇÃO

Segundo a mitologia grega, *Tânatos* seria um personagem mitológico que personificava a morte e servia ao deus *Hades* no mundo inferior. Irmão gêmeo de *Hipnos*, deus do sono, *Tânatos* era enviado para buscar almas. É representado como uma figura alada, carregando consigo uma tocha apagada e uma grande faca (Figura 10.1).

Figura 10.1 ► *Tânatos* (deus grego da morte)

Apesar de buscar almas em qualquer data, escolheu o dia 21 de agosto, data de seu aniversário, para obter o maior número delas. Apesar de para os gregos possuir uma aparência menos hostil e assustadora, para os romanos adquiria um aspecto fúnebre, sempre vestindo uma capa preta e de fisionomia sinistra; era chamado de *Mors*.

Tanatologia é o ramo da Medicina que estuda a morte, seu diagnóstico, o período de tempo decorrido entre ela e os sinais encontrados, assim como suas repercussões jurídicas.

Neste capítulo dividiremos, para fins didáticos, a tanatologia forense nos seguintes tópicos: tipos de morte, tanatognose, cronotanatognose, necropsia, legislação, destinos do cadáver, comoriência e primoriência.

► TIPOS DE MORTE

Os tipos de morte são classificados de várias formas e de acordo com a preferência de cada autor, porém, didaticamente, sugerimos a seguinte classificação:

1. Quanto à Realidade

Morte Real

Sabe-se que não há consenso sobre o conceito de morte pelas áreas com ela relacionadas. Inúmeras são as tentativas de conceituação, especialmente sobre o que é morte real.

Segundo Delton Croce, morte real

*é o ato de cessar a personalidade e fisicamente a humana cone-
xão orgânica, por inibição da força de coesão intermolecular,
e o de formar-se paulatinamente a decomposição do cadáver
até o limite natural dos componentes minerais do corpo (água,
anidrido carbono, sais etc.), que, destarte, passam a integrar
outras formas de organizações celulares complexas em eterna
renovação, como se por átomos químicos dos corpos, ou de
seus despojos, estivéssemos unidos aos átomos de todo o universo!*

Esta, por ser um verdadeiro processo de transições
graduais, não aceita, do ponto de vista médico, um conceito prático. Há que se falar em morte após aplicações
de criteriosos protocolos predeterminados e exaustivamente estudados.

Como o corpo não pode estar em dois estados,
vida e morte, e por sabermos que a atividade neurológica é uma das funções vitais que, até o momento,
não podem ser mantidas por meios artificiais, mesmo
com os avanços tecnológicos, o Conselho Federal de
Medicina (CFM), por meio da Resolução 1.480/1997,
permitiu aos médicos a realização de um diagnóstico
de morte encefálica.

RESOLUÇÃO CFM 1.480/1997

*O Conselho Federal de Medicina, no uso das atribuições confe-
ridas pela Lei 3.268, de 30 de setembro de 1957, regulamentada
pelo Decreto 44.045, de 19 de julho de 1958 e,*

*CONSIDERANDO que a Lei 9.434, de 4 de fevereiro de
1997, que dispõe sobre a retirada de órgãos, tecidos e partes
do corpo humano para fins de transplante e tratamento, determina em seu artigo 3º que compete ao Conselho Federal
de Medicina definir os critérios para diagnóstico de morte
encefálica;*

*CONSIDERANDO que a parada total e irreversível das fun-
ções encefálicas equivale à morte, conforme critérios já bem
estabelecidos pela comunidade científica mundial;*

*CONSIDERANDO o ônus psicológico e material causado
pelo prolongamento do uso de recursos extraordinários para o
suporte de funções vegetativas em pacientes com parada total
e irreversível da atividade encefálica;*

*CONSIDERANDO a necessidade de judiciosa indicação para
interrupção do emprego desses recursos;*

*CONSIDERANDO a necessidade da adoção de critérios para
constatar, de modo indiscutível, a ocorrência de morte;*

*CONSIDERANDO que ainda não há consenso sobre a apli-
cabilidade desses critérios em crianças menores de 7 dias e prematuros,*

RESOLVE:

Art. 1º. *A morte encefálica será caracterizada através da realização de exames clínicos e complementares durante intervalos
de tempo variáveis, próprios para determinadas faixas etárias.*

Art. 2º. *Os dados clínicos e complementares observados quando da caracterização da morte encefálica deverão ser registrados no "termo de declaração de morte encefálica" anexo a esta
Resolução.*

Parágrafo único. *As instituições hospitalares poderão fazer
acréscimos ao presente termo, que deverão ser aprovados pe-*

*los Conselhos Regionais de Medicina da sua jurisdição, sendo
vedada a supressão de qualquer de seus itens.*

Art. 3º. *A morte encefálica deverá ser consequência de processo irreversível e de causa conhecida.*

Art. 4º. *Os parâmetros clínicos a serem observados para constatação de morte encefálica são: coma aperceptivo com ausência de atividade motora supraespinal e apneia.*

Art. 5º. *Os intervalos mínimos entre as duas avaliações clínicas
necessárias para a caracterização da morte encefálica serão
definidos por faixa etária, conforme abaixo especificado:*
a) de 7 dias a 2 meses incompletos – 48 horas
b) de 2 meses a 1 ano incompleto – 24 horas
c) de 1 ano a 2 anos incompletos – 12 horas
d) acima de 2 anos – 6 horas

Art. 6º. *Os exames complementares a serem observados para
constatação de morte encefálica deverão demonstrar de forma
inequívoca:*
a) ausência de atividade elétrica cerebral ou,
b) ausência de atividade metabólica cerebral ou,
c) ausência de perfusão sanguínea cerebral.

Art. 7º. *Os exames complementares serão utilizados por faixa
etária, conforme abaixo especificado:*
*a) acima de 2 anos – um dos exames citados no Art. 6º, alíneas
"a", "b" e "c";*
*b) de 1 a 2 anos incompletos – um dos exames citados no Art.
6º, alíneas "a", "b" e "c". Quando optar-se por eletroencefalograma, serão necessários 2 exames com intervalo de 12 horas entre
um e outro;*
*c) de 2 meses a 1 ano incompleto – 2 eletroencefalogramas com
intervalo de 24 horas entre um e outro;*
*d) de 7 dias a 2 meses incompletos – 2 eletroencefalogramas
com intervalo de 48 horas entre um e outro.*

Art. 8º. *O Termo de Declaração de Morte Encefálica, devidamente preenchido e assinado, e os exames complementares
utilizados para diagnóstico da morte encefálica deverão ser
arquivados no próprio prontuário do paciente.*

Art. 9º. *Constatada e documentada a morte encefálica, deverá
o Diretor-Clínico da instituição hospitalar, ou quem for delegado, comunicar tal fato aos responsáveis legais do paciente,
se houver, e à Central de Notificação, Captação e Distribuição
de Órgãos a que estiver vinculada a unidade hospitalar onde o
mesmo se encontrava internado.*

Art. 10. *Esta Resolução entrará em vigor na data de sua publicação e revoga a Resolução CFM 1.346/91.*

Brasília-DF, 8 de agosto de 1997.

WALDIR PAIVA MESQUITA
Presidente

ANTÔNIO HENRIQUE PEDROSA NETO
Secretário-Geral

Publicada no D.O.U. de 21.08.97 Página 18.227

IDENTIFICAÇÃO DO HOSPITAL
TERMO DE DECLARAÇÃO DE MORTE ENCEFÁLICA
(Res. CFM 1.480 de 8/8/97)
NOME:_____
PAI:_____
MÃE:_____
IDADE:_____ ANOS_____ MESES_____ DIAS
DATA DE NASCIMENTO____/____/____
SEXO: M   F
RAÇA: A B N
Registro Hospitalar:_____

A. CAUSA DO COMA
A.1. Causa do coma:
A.2. Causas do coma que devem ser excluídas durante o exame
  a) Hipotermia ( ) SIM   ( ) NÃO
  b) Uso de drogas depressoras do sistema nervoso central
        ( ) SIM   ( ) NÃO
Se a resposta for sim a qualquer um dos itens, interrompe-se o protocolo.

B. EXAME NEUROLÓGICO – Atenção: verificar o intervalo mínimo exigível entre as avaliações clínicas, constantes da tabela abaixo:

IDADE	INTERVALO
7 dias a 2 meses incompletos	48 horas
2 meses a 1 ano incompleto	24 horas
1 ano a 2 anos incompletos	12 horas
Acima de 2 anos	6 horas

Ao efetuar o exame, assinalar uma das duas opções, SIM/NÃO, obrigatoriamente, para todos os itens abaixo:

Elementos do exame neurológico	Resultados
1º exame	2º exame

Coma aperceptivo
( )SIM ( )NÃO   ( )SIM ( )NÃO
Pupilas fixas e arreativas
( )SIM ( )NÃO   ( )SIM ( )NÃO
Ausência de reflexo corneopalpebral
( )SIM ( )NÃO   ( )SIM ( )NÃO
Ausência de reflexos oculocefálicos
( )SIM ( )NÃO   ( )SIM ( )NÃO
Ausência de respostas às provas calóricas
( )SIM ( )NÃO   ( )SIM ( )NÃO
Ausência de reflexo de tosse
( )SIM ( )NÃO   ( )SIM ( )NÃO
Apneia
( )SIM ( )NÃO   ( )SIM ( )NÃO

C. ASSINATURAS DOS EXAMES CLÍNICOS – Os exames devem ser realizados por profissionais diferentes, que não poderão ser integrantes da equipe de remoção e transplante.

1 – PRIMEIRO EXAME   2 – SEGUNDO EXAME

DATA:____/____/____   DATA:____/____/____
HORA:_____:_____   HORA:_____:_____
NOME DO MÉDICO: NOME DO MÉDICO:

CRM:_____   CRM:_____
FONE:_____   FONE:_____
END.:_____   END.:_____
ASSINATURA: ASSINATURA:

D. EXAME COMPLEMENTAR – Indicar o exame realizado e anexar laudo com identificação do médico responsável:
  1. Angiografia cerebral
  2. Cintilografia radioisotópica

  3. Doppler transcraniano
  4. Monitorização da pressão intracraniana
  5. Tomografia computadorizada com xenônio
  6. Tomografia por emissão de foton único
  7. EEG
  8. Tomografia por emissão de pósitrons
  9. Extração cerebral de oxigênio
  10. Outros (citar)

E. OBSERVAÇÕES
1 – Interessa, para o diagnóstico de morte encefálica, exclusivamente a arreatividade supraespinal. Consequentemente, não afasta este diagnóstico a presença de sinais de reatividade infraespinal (atividade reflexa medular) tais como: reflexos osteotendinosos ("reflexos profundos"), cutaneoabdominais, cutaneoplantar em flexão ou extensão, cremastérico superficial ou profundo, ereção peniana reflexa, arrepio, reflexos flexores de retirada dos membros inferiores ou superiores, reflexo tônico cervical.
2 – Prova calórica
2.1 – Certificar-se de que não há obstrução do canal auditivo por cerúmen ou qualquer outra condição que dificulte ou impeça a correta realização do exame.
2.2 – Usar 50mL de líquido (soro fisiológico, água etc.) próximo de 0 grau Celsius em cada ouvido.
2.3 – Manter a cabeça elevada em 30 (trinta) graus durante a prova.
2.4 – Constatar a ausência de movimentos oculares.
3 – Teste da apneia
      No doente em coma, o nível sensorial de estímulo para desencadear a respiração é alto, necessitando-se da pCO_2 de até 55mmHg, fenômeno que pode determinar um tempo de vários minutos entre a desconexão do respirador e o aparecimento dos movimentos respiratórios, caso a região pontobulbar ainda esteja íntegra. A prova da apneia é realizada de acordo com o seguinte protocolo:
3.1 – Ventilar o paciente com O_2 de 100% por 10 minutos.
3.2 – Desconectar o ventilador.
3.3 – Instalar cateter traqueal de oxigênio com fluxo de 6 litros por minuto.
3.4 – Observar se aparecem movimentos respiratórios por 10 minutos ou até quando a pCO_2 atingir 55mmHg.
4 – Exame complementar. Este exame clínico deve estar acompanhado de um exame complementar que demonstre inequivocadamente a ausência de circulação sanguínea intracraniana ou atividade elétrica cerebral, ou atividade metabólica cerebral. Observar o disposto abaixo (itens 5 e 6) com relação ao tipo de exame e à faixa etária.
5 – Em pacientes com 2 anos ou mais – 1 exame complementar entre os abaixo mencionados:
5.1 – Atividade circulatória cerebral: angiografia, cintilografia radioisotópica, Doppler transcraniano, monitorização da pressão intracraniana, tomografia computadorizada com xenônio, SPECT.
5.2 – Atividade elétrica: eletroencefalograma.
5.3 – Atividade metabólica: PET, extração cerebral de oxigênio.
6 – Para pacientes abaixo de 2 anos:
6.1 – De 1 ano a 2 anos incompletos: o tipo de exame é facultativo. No caso de eletroencefalograma são necessários 2 registros com intervalo mínimo de 12 horas.

6.2 – De 2 meses a 1 ano incompleto: 2 eletroencefalogra-mas com intervalo de 24 horas.

6.3 – De 7 dias a 2 meses de idade (incompletos): 2 eletroen-cefalogramas com intervalo de 48 horas.

7 – Uma vez constatada a morte encefálica, cópia deste ter-mo de declaração deve obrigatoriamente ser enviada ao órgão controlador estadual (Lei 9.434/97, Art. 13).

Morte Aparente

A morte aparente é um estado transitório em que as funções vitais estão aparentemente abolidas em consequência de uma situação (doenças, intoxicações, acidentes, queda de temperatura etc.) que simule a morte. Nessas situações há vida, embora não se manifestem os sinais externos. Sendo assim, Thoinot define esse estado de morte aparente por meio de uma tríade que leva seu nome: imobilidade, ausência aparente de respiração e ausência de circulação.

Podendo durar algumas horas, o estado de morte aparente pode ser recuperado pelo emprego de técnicas de ressuscitação adequadas.

A causalidade torna possível distinguir as seguintes formas de morte aparente:

- **Sincopal:** proveniente de uma alteração cardiovascular central e/ou periférica, bem como perturbações encefálicas ou metabólicas.
- **Histérica:** são todos os estados de letargia (torpor) de longa duração, acompanhados de perda de movimentos, sensibilidade e consciência.
- **Asfíxica:** as asfixias que cursam com morte aparente podem manifestar-se tanto com a via aérea livre ou não (forma mecânica) como com comprometimento histológico (forma não mecânica), como nos casos de intoxicação.
- **Tóxica:** intoxicação por altas doses de anestésicos, morfinas ou derivados do ópio.
- **Apoplética:** causada pela congestão e hemorragia do território de uma artéria cerebral.
- **Traumática:**
  a. **Elétrica:** indivíduos atingidos por descargas elétricas artificiais ou naturais e que sobrevivem podem apresentar-se em um estado de morte aparente, através da eletroplessão e fulguração, respectivamente.
  b. **Térmica:** a morte aparente sobrevém à falha nos mecanismos de regulação da temperatura corporal decorrente de um desequilíbrio no nível de combustão intraorgânica, podendo ser por termopatias e criopatias.

2. Quanto à Rapidez

Morte Rápida (Súbita)

Caracteriza-se pela rapidez da instalação do processo, não possibilitando que seja empregada uma propedêutica adequada para um diagnóstico seguro.

Muitas dúvidas pairam sobre o tempo decorrido entre a instalação do processo e a morte propriamente dita. Esse tempo, segundo alguns autores, pode variar de segundos a horas.

Morte Lenta (Agônica)

A morte lenta ou agônica é aquela que ocorre de maneira esperada, geralmente como resultado de um estado mórbido prévio ou evolução de um traumatismo. Caso haja interesse médico-legal no que diz respeito ao tempo de morte, aplicam-se técnicas denominadas docimásias, que avaliam o teor de glicogênio e glicose no fígado e o de adrenalina e pigmento feocrômico nas suprarrenais.

3. Quanto à Causa

Morte Natural

É aquela decorrente de um processo esperado e previsível, geralmente em consequência de um processo previamente conhecido.

Morte Violenta

Nesses casos, o fator causal é, também, previamente conhecido e, diferentemente das mortes naturais, tem origem traumática (violenta).

São as verdadeiras mortes médico-legais, pois envolvem interesse médico e da Justiça.

As mortes violentas são divididas em: homicídios, suicídios e acidentais.

Morte Suspeita

Essa modalidade de morte pode ser dividida em: súbita, sem assistência e suspeita.

A morte súbita, previamente explicada, encaixa-se nessa modalidade em virtude da rápida instalação do processo e da dificuldade diagnóstica. As sem assistência são aquelas que ocorrem sem testemunhas e em locais isolados. Na suspeita, mesmo na presença de testemunhas, alguns dados mostram-se duvidosos quanto à origem, assim como a presença de atitudes estranhas relacionadas com o evento.

A necropsia deve ser realizada sob prévia coleta de informações e um minucioso exame macroscópico e exames auxiliares (laboratorial, anatomopatológico etc.), sempre na tentativa de auxiliar o diagnóstico da *causa mortis*.

▶ TANATOGNOSE

Denomina-se tanatognose a parte da tanatologia responsável pelo diagnóstico da morte. Imediatamente após o óbito torna-se difícil seu diagnóstico. Decorrido algum tempo, o corpo apresenta sinais característicos da morte, período em que se observam fenômenos transformativos no cadáver. O diagnóstico de morte passa então por duas fases: a primeira, avital ou abiótica, e uma posterior, transformativa, que pode ser destrutiva ou conservadora.

Fenômenos Abióticos

Fenômenos abióticos são os que aparecem inicialmente e, a princípio, se resumem à cessação das funções vitais, evoluindo para sinais mais característicos da morte. Dividem-se em abióticos imediatos e abióticos consecutivos.

Imediatos

Esses fenômenos não são, por si, patognomônicos de morte, tendo em vista que muitas vezes também estão presentes em estados patológicos. A associação de vários deles caracteriza melhor essa fase.

São alguns desses fenômenos:

- **Perda da consciência.**
- **Cessação da respiração:** o silêncio respiratório evidenciado à ausculta, a utilização de manobras como a chama de uma vela ou pequenos fragmentos de papel próximos ao nariz, para evidenciar melhor a presença ou ausência da respiração, e a radioscopia promovem o diagnóstico de cessação da respiração.
- **Cessação da circulação:** pode ser verificada pela ausência de sons cardíacos à ausculta, eletrocardiografia, radioscopia cardíaca ou pelo ecocardiograma.
- **Cessação da atividade cerebral:** diagnosticada, principalmente, pela ausência de ondas eletroencefálicas.
- **Ausência de pulsos.**
- **Perda da sensibilidade tátil, dolorosa e térmica:** várias manobras podem ser utilizadas para sua detecção, entre elas o pinçamento dos mamilos ou da pele, a instilação de éter ou outras substâncias na conjuntiva e a aproximação de chama de fogo à pele.

- **Imobilidade e abolição do tônus muscular:** tal abolição seria responsável por dilatação pupilar – midríase (Figura 10.2), abertura parcial das pálpebras (Figura 10.3), abertura da boca (Figura 10.4), dedos semifletidos em direção ao oco da mão e recobrindo parcialmente o polegar (Figura 10.5), relaxamento do esfíncter anal (Figura 10.6) e presença de esperma no canal uretral (Figura 10.7).

Consecutivos

Caracterizam-se por desidratação cadavérica, manchas de hipóstases, rigidez e espasmo cadavéricos, além do resfriamento do corpo:

- **Desidratação cadavérica:** em virtude da evaporação dos líquidos corporais, a mesma perda de água em vida é verificada após a morte, porém sem reposição

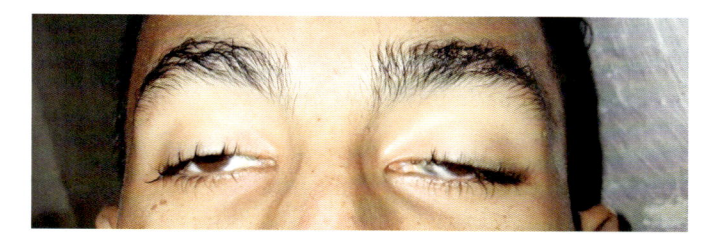

Figura 10.3 ▶ Abertura parcial das pálpebras

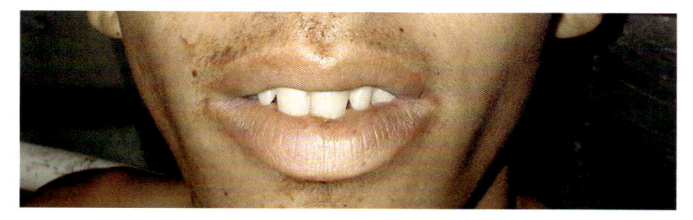

Figura 10.4 ▶ Abertura parcial da boca

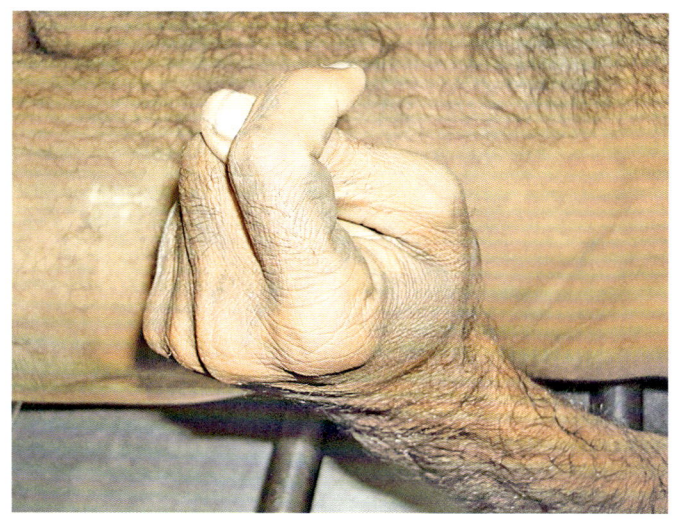

Figura 10.5 ▶ Dedos semifletidos em direção ao oco da mão e recobrindo parcialmente o polegar

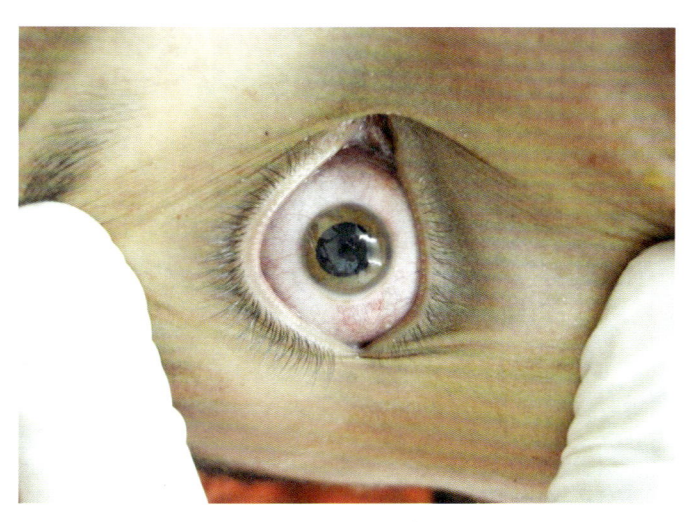

Figura 10.2 ▶ Midríase

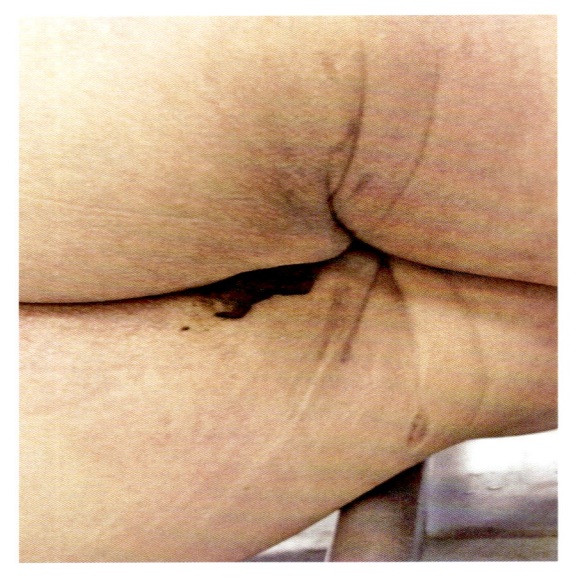

Figura 10.6 ▶ Relaxamento do esfíncter anal com extravasamento de massa fecal

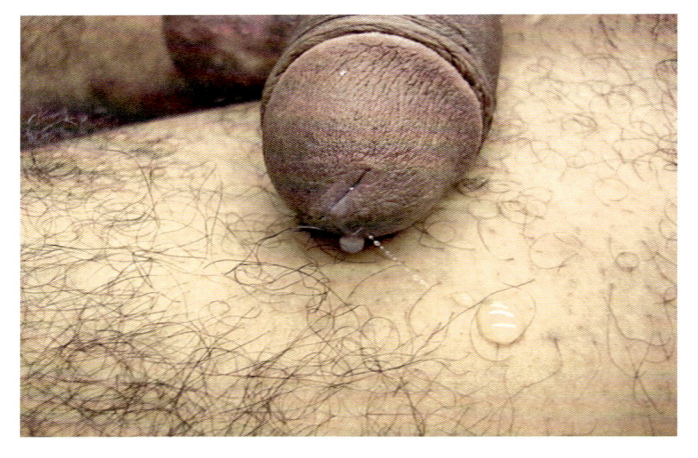

Figura 10.7 ▶ Exteriorização de esperma pelo canal uretral

e, em função dessa desidratação, é possível encontrar alguns sinais típicos. A velocidade de desidratação depende do clima, da umidade do ar e do volume de líquido corporal, entre outros fatores. O *decréscimo de peso* é mais importante em quem possui maior proporção de água, como os recém-nascidos, que chegam a perder até a 8g/kg nas primeiras 24 horas de vida. O *apergaminhamento da pele* predispõe a formação de uma pele endurecida pardo-amarelada, semelhante a couro dessecado, o que, assim como o *dessecamento das mucosas labiais*, sugere lesões causadas por substâncias cáusticas. *Alterações dos globos oculares* são também comumente encontradas, incluindo a formação da mancha esclerótica, denominada sinal de *Sommer e Larcher*. Essas manchas apresentam formato ovalar, circular ou triangular (com a base voltada para a íris), colorações enegrecidas e normal-

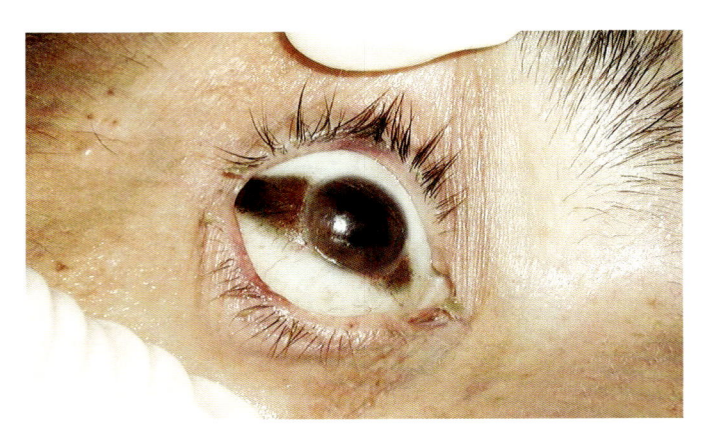

Figura 10.8 ▶ Sinal de *Sommer e Larcher*: triangular, nas extremidades e com a base para a íris (Fonte: IML Valência.)

mente estão localizadas nas extremidades internas ou externas dos olhos (Figura 10.8). Também é comum o aparecimento de opacificação da córnea (resultante da evaporação da água) e hipotonia do globo ocular com enoftalmo.

- **Manchas de hipóstases:** o fim da circulação proporciona uma pressão intravascular nula e a posição de declive em que se encontra o cadáver leva à formação de manchas de hipóstases, cerca de 2 a 3 horas após a morte. Nessa fase, as manchas não são fixas e, em áreas de compressão, esvaziam-se os vasos e não se formam sobre tais superfícies, como nos casos de roupas íntimas ou roupas apertadas. Uma manobra simples e muito útil para definir sua fixação ou não consiste em exercer sobre ela uma compressão digital (Figura 10.9).

Tornam-se definitivas, ou fixas, na pele (Figura 10.10) e em órgãos internos (Figura 10.11) após 8 horas. Sua interpretação é de suma importância, pois pode definir se o corpo foi manipulado ou não após a morte.

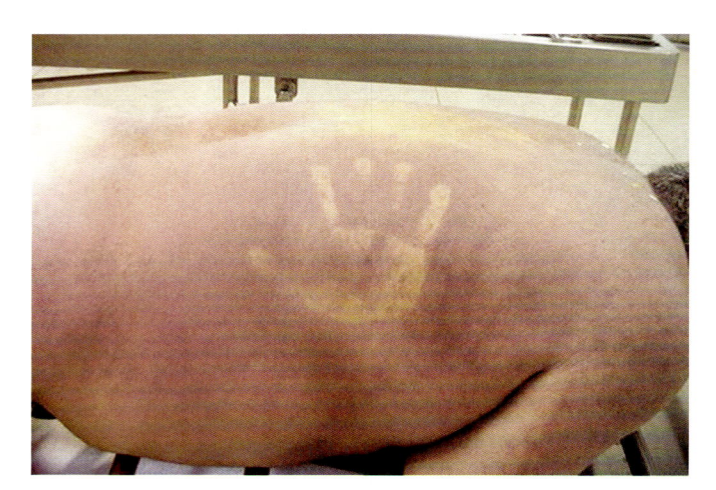

Figura 10.9 ▶ Mancha de hipóstase não fixa. A compressão local impede sua formação nesta fase

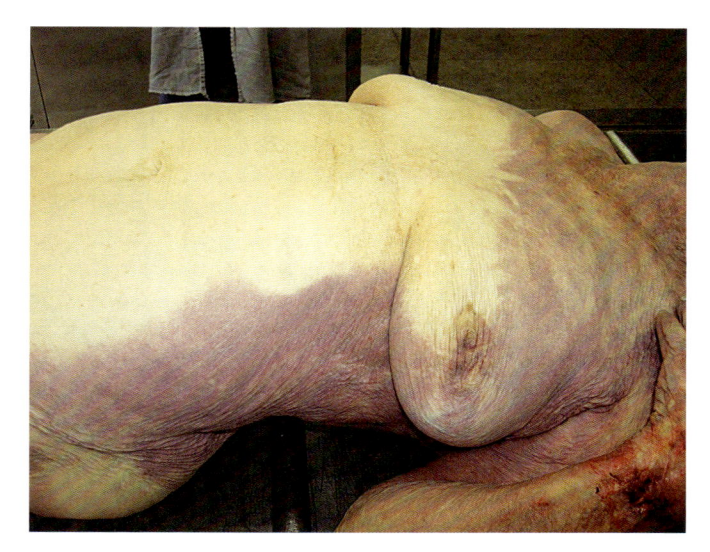

Figura 10.10 ▸ Mancha de hipóstase fixa

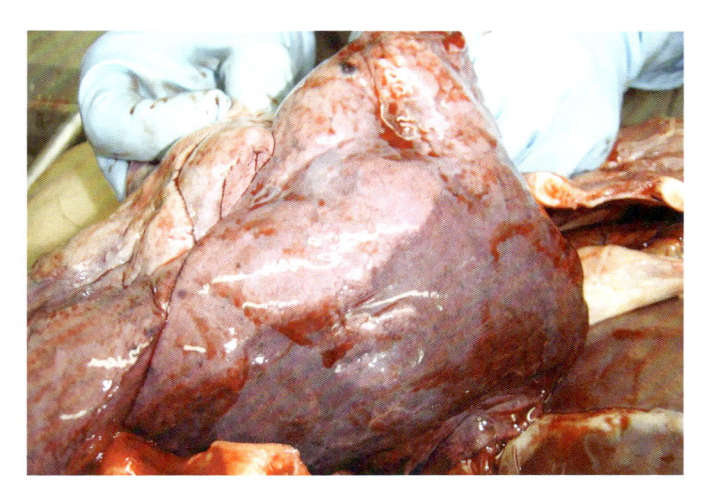

Figura 10.11 ▸ Mancha de hipóstase visceral

O mecanismo pelo qual a hipóstase se torna fixa permanece obscuro. Alguns autores apontam para a coagulação intravascular do sangue, enquanto outros alegam ser decorrente da impregnação dos tecidos pela hemoglobina liberada das hemácias pela hemólise.

Conhecidas também como livores cadavéricos, as hipóstases sofrem influência de alguns fatores. São mais acentuadas nos casos de maior fluidez sanguínea (p. ex., asfixias) e diminuídas ou até mesmo ausentes nas hemorragias copiosas e nas vasodilatações (p. ex., exposição ao sol).

Diferenciam-se das equimoses porque desaparecem em locais de compressão e, se incisadas, esvaziam-se, "limpando" a pele.

Sua presença é importante sinal de morte e para a estimativa de tempo, investigação pericial, para detecção da posição do corpo no momento do óbito e, ainda, para o diagnóstico da *causa mortis*. Em geral, têm coloração violácea, mostrando-se rosadas nos ca-

sos de asfixias por submersão em meio líquido; carminadas, nas asfixias por monóxido de carbono; ou marrom-escuras, nos envenenamentos por metaemoglobina.

Em pessoas de cor negra, habitualmente não se verificam os livores, salvo por processos especiais.

- **Rigidez cadavérica:** embora de fisiopatologia ainda não totalmente conhecida, acredita-se que seja provocada por fenômenos físico-químicos em razão da ação de produtos catabólicos, em que a supressão de oxigênio celular impede a formação de ATP, a formação da actinomiosina e a glicólise anaeróbica com consequente acúmulo do ácido lático.

  Alguns autores a associam ao fenômeno de coagulação das fibrilas musculares, enquanto outros a relacionam com o estado de desidratação, justificando inclusive tal fato pelo achado de retardo da rigidez em membros edemaciados.

  A passagem de corrente nervosa em um membro acentua a rigidez, ao contrário de casos em que o nervo é seccionado e a rigidez se torna retardada. O frio diminui o aparecimento da rigidez e prolonga sua duração, sendo o contrário observado nos casos de temperaturas elevadas.

  Inicia-se em torno de 2 horas na face, seguida pela mandíbula, nuca, membros superiores, tronco e, por fim, membros inferiores, desaparecendo na mesma ordem em que surgiu (Figura 10.12).

- **Espasmo cadavérico:** trata-se de uma rigidez rara, abrupta, generalizada e violenta, que guarda a última posição em que o corpo encontrava-se antes da morte. Difere da rigidez cadavérica, na qual a instalação é progressiva. Sua fisiopatologia é ainda menos conhecida.

- **Resfriamento do corpo:** consiste na tendência de o corpo equilibrar sua temperatura com o meio em que se encontra. Não é uniforme, dependendo de fatores ambientais, idade, espessura do panículo adiposo, vestes e do tipo de óbito. Doenças crônicas e hemor-

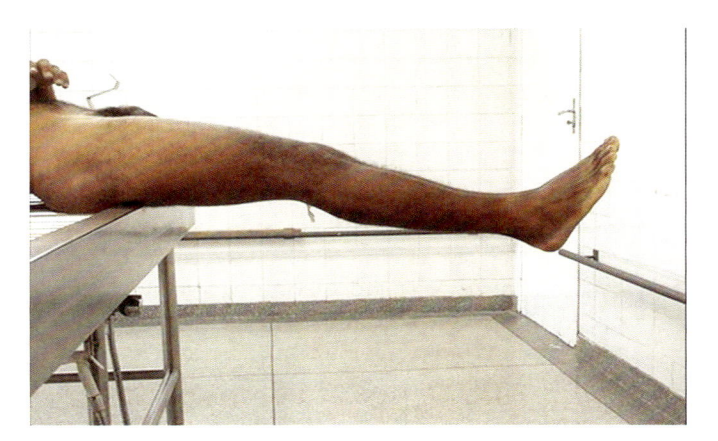

Figura 10.12 ▸ Rigidez de membros inferiores. Mesmo sem apoio, o membro torna-se firme e endurecido. Tempo de óbito maior que 8 horas

ragias tendem a um resfriamento mais rápido. Por outro lado, insolações, doenças infecciosas agudas e intoxicações por venenos mantêm o corpo com sua temperatura elevada por mais tempo.

Se, no organismo vivo, a diferença entre a temperatura axilar e a retal varia em torno de 1 grau, no morto essa diferença é ainda maior (2 a 5 graus).

De maneira genérica, admite-se um resfriamento de aproximadamente 0,5 grau nas primeiras 3 horas e, depois, de 1 grau, gradativamente, por hora até alcançar o equilíbrio térmico em torno de 20 horas (crianças) e 24 horas (adultos).

Fenômenos Transformativos

Ao contrário dos fenômenos abióticos, os transformativos são patognomônicos de morte. Apresentam transformações tão intensas que são incompatíveis com a vida. As transformações que o corpo apresenta podem levá-lo a um quadro de decomposição ou destruição interna e do arcabouço corporal ou, por outro lado, a quadros de preservação ou conservação das estruturas orgânicas, denominados, respectivamente, fenômenos transformativos destrutivos e fenômenos transformativos conservadores.

Destrutivos

Autólise

Trata-se de uma fase ainda sem a atuação bacteriana e na qual as próprias enzimas celulares provocam a lise dessas células, como se as próprias células estivessem programadas para a autodestruição, no caso de modificação do meio em que estão inseridas. Essas modificações se dão pela interrupção da circulação, que provoca um aumento da concentração iônica do hidrogênio e, consequentemente, uma acidificação do meio. Em condições normais, o corpo possui um pH neutro, variando entre 6,95 e 7,8, porém, ao surgimento da mais leve acidez, a morte tecidual começa e a incompatibilidade com a vida se torna um fato.

Inicialmente, as alterações celulares se dão apenas nos citoplasmas, caracterizando uma fase chamada de latente. Posteriormente, há o comprometimento do núcleo até seu desaparecimento (fase necrótica). Dá-se então o rompimento da membrana celular com a liberação de íons hidrogênio, que diminuem substancialmente o pH dos tecidos. Essa acidez, por sua vez, predispõe à morte outros tecidos. Células com grande quantidade de enzimas proteolíticas são as primeiramente destruídas; portanto, as células das mucosas gástrica e intestinal e do pâncreas, ao contrário das células do sistema nervoso central, são as primeiras a sofrer destruição autolítica.

Vários métodos de medição da acidez podem ser utilizados, como a colorimetria, ou métodos indiretos, como os que utilizam o papel de tornassol para o diagnóstico da realidade da morte.

Putrefação

A putrefação aparece após a autólise e, ao contrário desta, sua decomposição se dá pela ação de germes aeróbicos, anaeróbicos e facultativos. O intestino, sobretudo o ceco, é o ponto de partida da putrefação, pois apresenta elevada quantidade de bactérias (principalmente *Clostridium welchii*) e de gases, que provocam no abdome a formação da mancha verde abdominal (primeiro sinal da putrefação). Fetos e recém-nascidos, por exceção, apresentam o início da putrefação próximo às suas cavidades naturais, sobretudo as vias aéreas, por contaminação direta de bactérias.

Alguns venenos (como o arsênico) e medicamentos (como os antibióticos) retardam a putrefação, assim como os extremos de temperatura, que podem, além de retardar, interromper esse fenômeno destrutivo. Cadáveres de pessoas obesas e vítimas de infecções, extensas mutilações e afogamentos, por exemplo, apresentam aceleração no processo de putrefação.

Normalmente, esse fenômeno evolui em quatro fases distintas:

- **1ª fase – Período de coloração:** inicia-se com a formação da mancha verde abdominal (Figura 10.13), sobretudo em fossa ilíaca direita, a partir da 18ª hora do óbito. A cor verde enegrecida se forma em virtude da combinação do hidrogênio sulfurado com a hemoglobina, formando a sulfometemoglobina.

- **2ª fase – Período gasoso:** a formação de gases no interior do corpo se superficializa, provocando o aparecimento de flictenas (Figura 10.14) contendo líquido hemoglobínico de escasso teor proteico (diferente dos flictenas de origem inflamatória), e de enfisema subcutâneo, que proporciona aspectos gigantescos no corpo: projeção acentuada dos olhos (Figura 10.15) e da língua (Figura 10.16), distensão abdominal e aumento do volume do pênis e da bolsa escrotal (Figura 10.17). A putrefação, nessa fase,

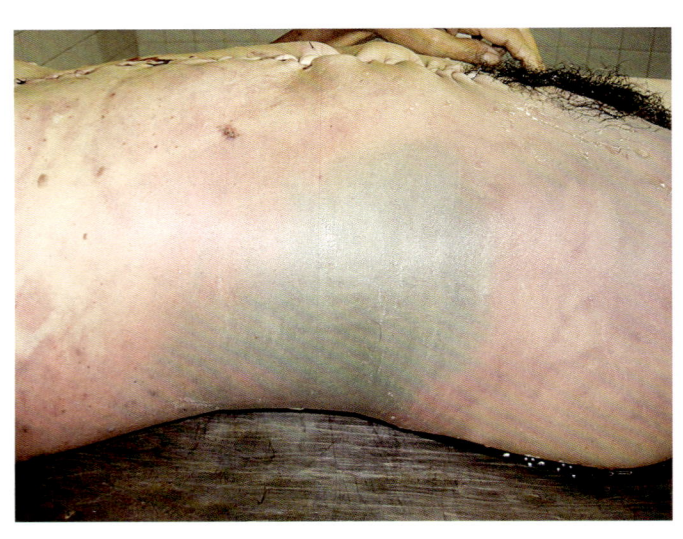

Figura 10.13 ▶ Mancha verde abdominal

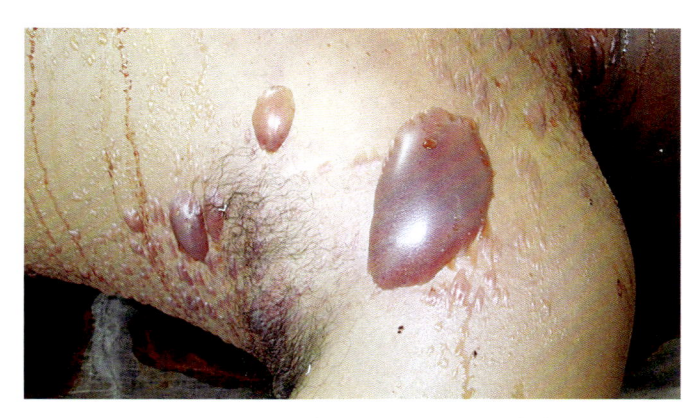

Figura 10.14 ▸ Fase gasosa: flictenas com conteúdo líquido hemoglobínico

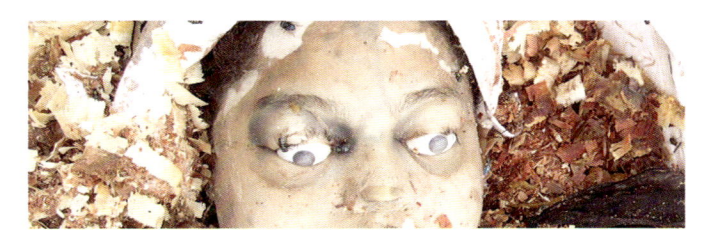

Figura 10.15 ▸ Fase gasosa: protrusão dos olhos

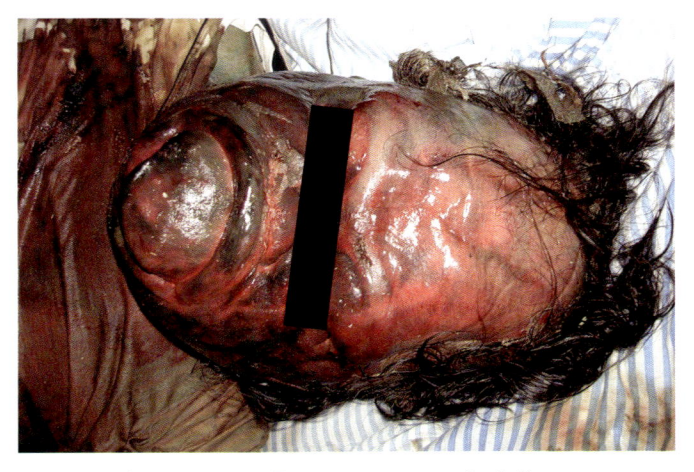

Figura 10.16 ▸ Fase gasosa: protrusão da língua

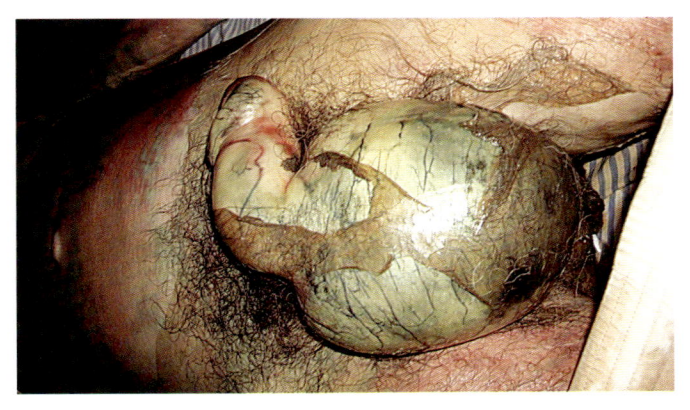

Figura 10.17 ▸ Fase gasosa: aumento do pênis e da bolsa escrotal

confere ainda uma posição de braços distendida, denominada *posição de lutador* (Figura 10.18), além de uma pressão maior dos gases sobre o sangue, deslocando-o para a superfície e proporcionando um desenho cutaneovascular denominado *circulação póstuma de Brouardel* (Figura 10.19). O ânus pode everter a mucosa retal e, nos casos de útero gravídico, pode ocorrer a expulsão do feto.

A putrefação exerce uma desorganização nas estruturas anatômicas dos órgãos internos de modo intenso. O cérebro transforma-se em uma massa acinzentada, que escorre da cavidade craniana assim que ela é aberta. Os pulmões se tornam muito colapsados e o coração, amolecido com coloração pardo-escura. Líquidos nas cavidades pleurais são frequentes. O fígado, também amolecido, apresenta, ao corte, cavidades que lembram um queijo suíço.

Esse período dura aproximadamente 2 semanas.

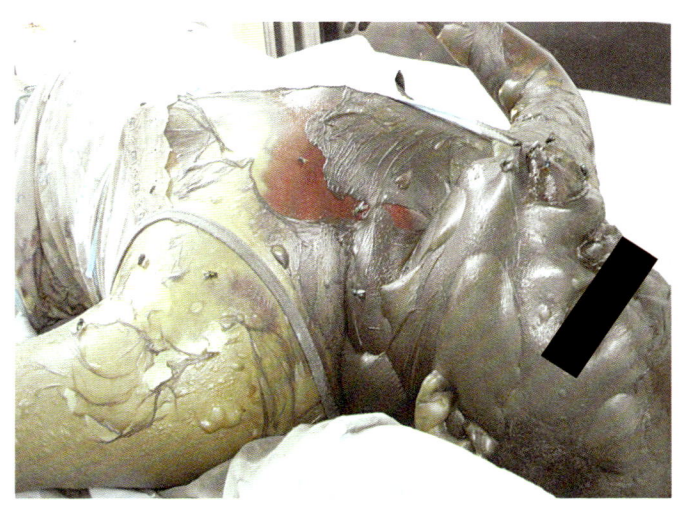

Figura 10.18 ▸ Fase gasosa: posição de lutador

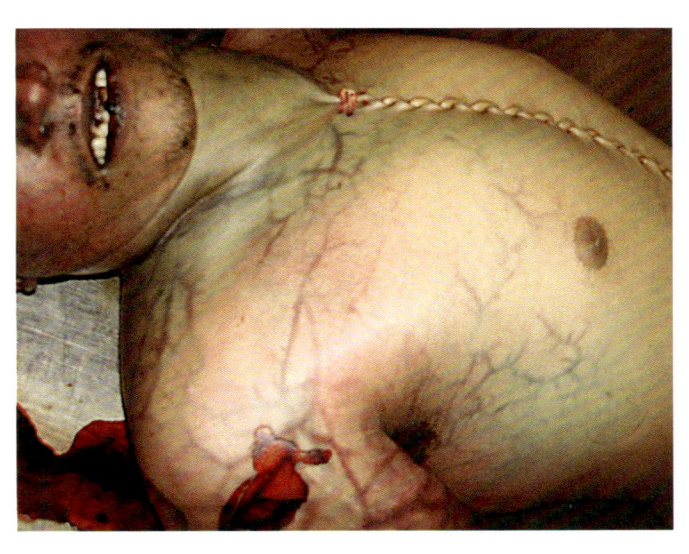

Figura 10.19 ▸ Fase gasosa: circulação póstuma de Brouardel

O odor típico e, às vezes, insuportável dessa fase gasosa da putrefação se deve à formação do gás sulfídrico. Moléculas proteicas são decompostas em aminoácidos elementares como, por exemplo, o triptofano que, sob ação de bactérias, é decomposto em indol e escatol, de cheiro desagradável.

- **3ª fase – Período coliquativo:** manifesta-se pela decomposição putrefeita dos tecidos corporais que, com o tempo, perdem sua forma (Figura 10.20). Existem um destacamento da epiderme, evaporação dos gases, grande número de larvas e odor muito fétido. Dependendo do local onde o corpo se encontra inumado, a duração desse processo pode prolongar-se por vários meses.

- **4ª fase – Período de esqueletização:** a dissolução pútrida do cadáver evolui para uma fase em que os ossos ficam inicialmente presos apenas a alguns ligamentos e posteriormente livres, inclusive destes (Figura 10.21). Apesar de sua grande resistência, os ossos tornam-se muito quebradiços e leves.

Figura 10.20 ▶ Fase coliquativa da putrefação

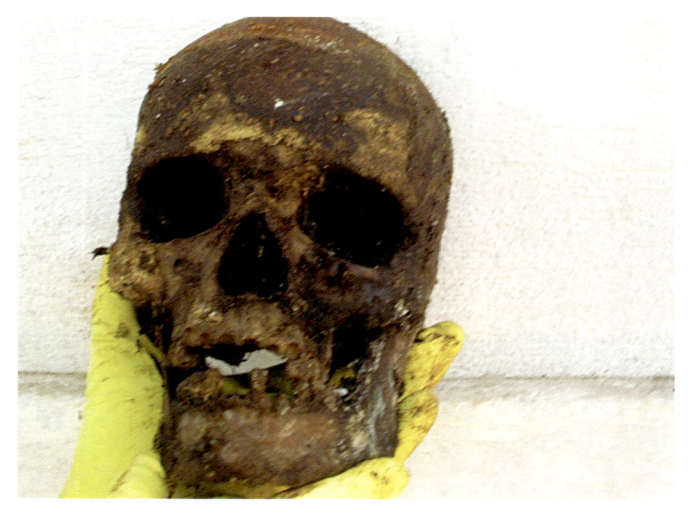

Figura 10.21 ▶ Fase de esqueletização

BACTERIOLOGIA DA PUTREFAÇÃO

Apesar de a putrefação também poder ser causada pela ação de germes provenientes do meio externo, os mais importantes são os de origem intestinal. Inicialmente agem as bactérias aeróbias (*Bacillus coli, Proteus vulgaris* e *Bacillus subtilis*), seguidas pelos germes aeróbicos facultativos (*Bacillus putrificus coli, Bacillus liquefaciens* e o vibrião séptico), que consomem todo o oxigênio, e, por fim, germes anaeróbios (*Bacillus putridus gracilis, Bacillus magnus anaerobius* e *Clostridium sporogenes*).

Além desses, pode haver também a atuação de outros germes, como bacilo de *Koch*, bacilo tífico, estafilococo e estreptococo. Todos têm como finalidades a degradação da matéria orgânica e o aumento das condições para decomposição da fase putrefativa.

Maceração

A maceração consiste em um fenômeno de transformação destrutiva do corpo, podendo ser séptica, quando em corpos submersos em meio líquido contaminado (Figura 10.22), ou asséptica, nos casos de feto morto retido, a partir do quinto mês de gestação (Figura 10.23). Quando permanece retido por mais tempo, o feto pode sofrer contaminação e predispor uma maceração séptica.

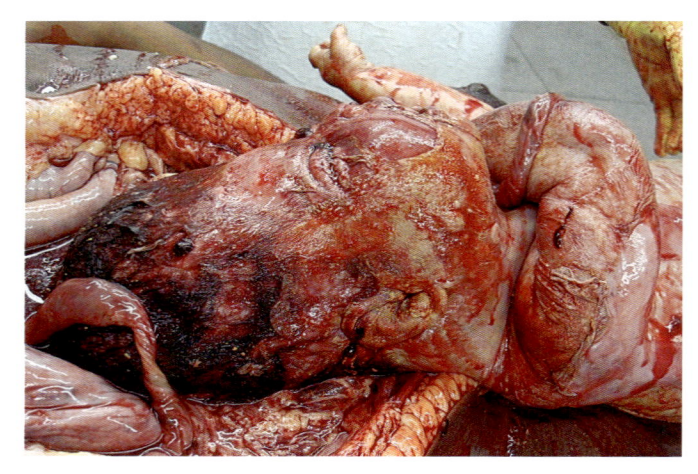

Figura 10.22 ▶ Feto morro retido por tempo prolongado (maceração séptica)

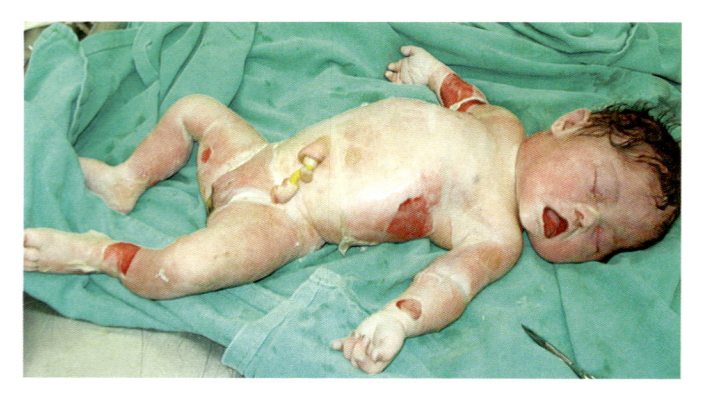

Figura 10.23 ▶ Maceração asséptica (feto morto retido)

Os sinais de maceração são ricos, sobretudo nos fetos retidos: presença de líquido amniótico e mecônio em contato com a superfície cutânea (espesso e de tonalidade esverdeada); pele do tipo anserina, enrugada e se destacando das estruturas profundas; tegumento de cor avermelhada (embebição da hemoglobina); ventre achatado; cifose acentuada; e ossos livres de sustentação nos demais tecidos, como se estivessem soltos.

Conservadores

Mumificação

Pode ser natural ou por meio artificial. É natural quando existe uma desidratação forte e acentuada do corpo antes mesmo do início da fase putrefativa, capaz de impedir a ação microbiana. Desse modo, climas de temperatura elevada, de pouca umidade do ar e muito bem-arejados, como em solos arenosos de regiões com pouca precipitação pluviométrica, predispõem a mumificação.

O cadáver mumificado apresenta acentuada redução de peso, pele em "couraça" (dura, seca e enrugada) e dentes, unhas e cabelos conservados. Músculos e tendões se transformam em fibras quebradiças (Figura 10.24).

É comum sua presença em pessoas magras ou mais facilmente em cadáveres de crianças, em virtude da maior superfície de contato e do menor volume de água.

As mumificações artificiais são as que se utilizam de recursos técnicos para a conservação do cadáver, também conhecidas como embalsamamentos. Estes consistem na introdução de líquidos conservadores no interior dos vasos com a finalidade de impedir os fenômenos cadavéricos transformadores, capazes de permanecer por muitos anos sem serem destruídos. Cadáveres

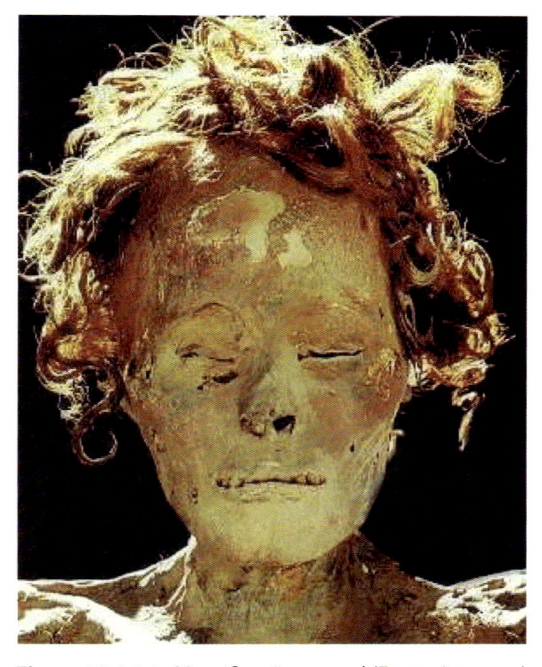

Figura 10.24 ▸ Mumificação natural (Fonte: internet.)

embalsamados, mantidos em ambientes que favoreçam a evaporação de água, certamente se transformarão em múmias.

É do entendimento de muitos autores e da lei que a prática do embalsamamento é exclusiva do médico. O Conselho Federal de Medicina (CFM), por meio da Resolução 16, de 20 de maio de 1988, normatiza como exclusivas à competência do médico a execução e a fiscalização da prática de formalização ou embalsamamento de cadáveres, podendo outros profissionais dela participar, desde que na qualidade de auxiliares.

Inúmeros são os processos de embalsamamento, variando de acordo com cada substância a ser utilizada, com a recomendação de cada Instituto Médico-Legal e com a preferência de cada autor. Várias são as substâncias conservadoras que podem ser utilizadas, entre elas: aldeído fórmico, formol, timol, glicerina e álcool. Até mesmo a utilização do arsênico (poderoso veneno com conhecida função conservadora do corpo) é citada como uma das técnicas de embalsamamento.

Saponificação

Ao contrário da mumificação, que se inicia rapidamente antes da putrefação, a saponificação, também conhecida como adipocera, é um processo gradativo durante a putrefação. O corpo torna-se mole e untoso, de tonalidade amarelo-escura, promovendo uma aparência de cera ou sabão. É insolúvel à água e solúvel ao éter e ao álcool. Raramente acomete todo o corpo e geralmente está presente em áreas de maior depósito gorduroso.

Forma-se quando algumas enzimas bacterianas hidrolisam as gorduras neutras, promovendo a formação de ácidos graxos que, quando em contato com a argila, se transformam em ésteres. É, portanto, mais comum em regiões de solo argiloso, úmido e malventilado. Ambientes com água parada e cadáveres de obesos são os mais comumente encontrados.

Calcificação

A calcificação é um fenômeno encontrado em fetos mortos retidos, cujos corpos se petrificam ou calcificam.

Corificação

A corificação é um processo conservador, descrito recentemente, em corpos acolhidos em urnas de metal fechadas hermeticamente, sobretudo de zinco.

Congelação

A congelação é descrita como excelente fenômeno conservativo, principalmente em temperaturas abaixo dos 40 graus negativos, em que praticamente todos os tecidos apresentam considerável estado de preservação.

► CRONOTANATOGNOSE

Denomina-se cronotanatognose a parte da tanatologia que estuda a estimativa de tempo do óbito. Trata-se de um dos assuntos mais complexos da Medicina Legal em razão da dificuldade de exatidão, da complexidade dos parâmetros utilizados e da "pressão" exercida sobre os peritos para que se calcule a estimativa do tempo de morte. É compreensível a necessidade de as autoridades e famílias saberem a hora do óbito, para esclarecimento de dúvidas, elucidações de crimes ou determinação da primoriência ou comuriência nos casos de sucessões.

Apesar dos recursos tecnológicos cada vez maiores, quanto mais distante do momento do óbito, maior a dificuldade em se estabelecer o tempo com precisão, uma vez que a grande maioria dos fenômenos é rica em dados apenas nas primeiras horas, além de sofrer grande variação do meio em que estão inseridos. Portanto, para o perito, é melhor ampliar a probabilidade de tempo e ser mais acertivo do que ser vítima daquilo que Hygino de Carvalho Hércules cita como "preciosismo irresponsável" e aumentar o risco de erro.

Alguns fenômenos persistem mesmo após a morte, o que se denomina "vida residual", segundo alguns renomados autores, como Genival Veloso França: crescimento da barba, mobilidade dos espermatozoides (até 36 horas) e fotorreatividade pupilar (até 4 horas), entre outros (Tabela 10.1).

Tabela 10.1 ► Calendário de cronotanatognose

Até 2 horas de morte:
Corpo flácido
Temperatura quente
Ausência de livores
De 4 a 6 horas:
Rigidez de membros superiores, nuca e mandíbula
Livores
Alterações oculares (fundo de olho)
De 8 a 16 horas:
Rigidez generalizada
Manchas de hipóstase
Alterações oculares (fundo de olho)
De 16 a 24 horas:
Rigidez generalizada
Início da mancha verde abdominal
Alterações oculares (fundo de olho)
De 24 a 48 horas:
Início da flacidez
Mancha verde abdominal
Alterações oculares (fundo de olho)
De 48 a 72 horas:
Disseminação da mancha verde abdominal
Fase gasosa
Alterações oculares (fundo de olho)
2 a 3 anos:
Desaparecimento das partes moles do corpo
Presença de insetos
Após 3 anos:
Esqueletização completa

São alguns fenômenos de estudo na cronotanatognose:

Esfriamento do Cadáver

Esse talvez seja um dos mais importantes fenômenos na determinação do tempo de morte, desde que utilizado nas primeiras horas, respeitando as variações do meio e as do próprio cadáver (vestes, exposição ao sol, meio de acondicionamento do corpo, idade, compleição física, tipo de óbito). Sabe-se que a temperatura corporal tende, com o tempo, a equilibrar-se com a do ambiente.

De modo geral, e especialmente em nosso ambiente, a temperatura diminui 0,5°C nas primeiras 3 horas e, depois da quarta hora, há uma perda gradativa de 1°C para cada hora até que a temperatura corporal se iguale à do ambiente. Isso equivale a aproximadamente 12 horas, com uma margem de erro de 2 horas.

Marshall-Hoare estabeleceu uma curva de resfriamento de acordo com os dados citados (Figura 10.25).

Rentoul & Smith propuseram a seguinte fórmula para determinação do tempo de decorrência do óbito com base no resfriamento do corpo:

$$H = N - C / 1,5$$

Onde:
H = tempo decorrido do óbito;
N = temperatura retal normal (37,2°C);
C = temperatura retal do cadáver no momento do exame.

A constante 1,5 é usada porque esses autores consideram que a temperatura de resfriamento seria de 1,5°C por hora, ao contrário dos autores anteriores

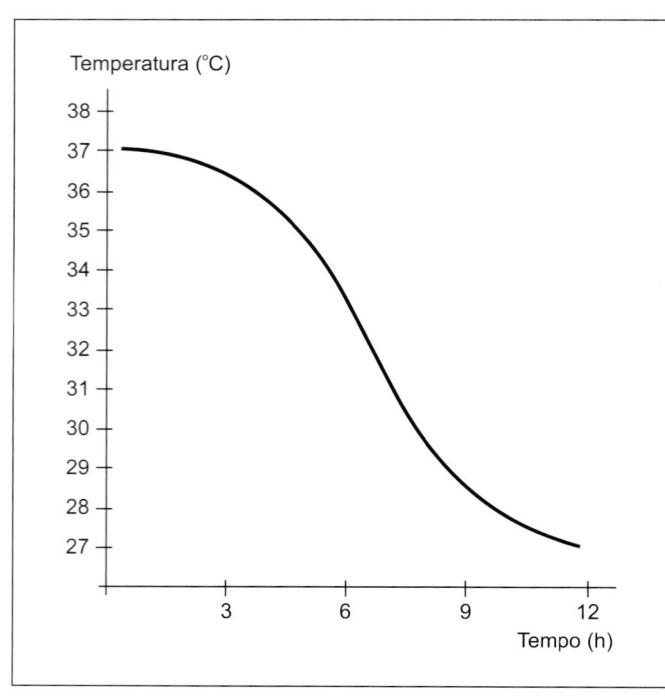

Figura 10.25 ► Curva de resfriamento segundo Marshall-Hoare

(Marshall-Hoare), que consideram 1°C. A aplicação dessa fórmula, no entanto, só se justifica nas primeiras 12 a 15 horas.

Na prática, a utilização de uma única fórmula aumenta muito a possibilidade de erro. Portanto, outra fórmula que apresenta bom desempenho é a de Moritz, que orienta subtrair de 37°C a temperatura retal encontrada e somar 3 ao resultado. O resultado encontrado é o tempo, em horas, estimado após a morte.

Verifica-se, portanto, a variedade dos resultados diante das várias fórmulas existentes. Dessa maneira é necessária muita cautela para a estimativa do tempo com base apenas na temperatura, sendo sempre prudente associá-lo aos demais fenômenos cadavéricos.

Livores de Hipóstase

Como outros fenômenos utilizados para a estimativa de tempo, os livores também sofrem a influência de fatores como o tipo de morte (hemorragias, enforcamento) e as condições sistêmicas no momento do óbito (anemia aguda, desnutrição).

Em geral, surgem em torno de 1 a 3 horas após a morte e, se não houver mudança de decúbito, se concentram na mesma posição e se fixam definitivamente após 8 a 12 horas.

Rigidez Cadavérica

Forma-se na seguinte ordem após a morte:

- 1 a 2 horas – mandíbula e nuca;
- 2 a 4 horas – membros superiores;
- 4 a 6 horas – musculatura de tórax e abdome;
- 6 a 8 horas – membros inferiores.

A flacidez que se segue inicia-se, normalmente, após 36 horas e obedece à mesma ordem anterior (cefalocaudal).

Apesar de estar sempre presente, a rigidez cadavérica também sofre influência dos meios interno e externo.

Vale lembrar que a fisiopatologia é divergente entre os diversos autores.

Gases da Putrefação

Estudos de Brouardel verificaram que os tipos de gases se modificam com o tempo. No primeiro dia, os gases são não inflamáveis, pois a maior atividade é executada por bactérias aeróbicas produtoras de gás carbônico, podendo também estar presente o gás sulfídrico. Entre o segundo e o quarto dia, os gases tornam-se inflamáveis, uma vez que, além da presença das bactérias anteriores, também se encontram as bactérias facultativas, produtoras de hidrogênio e hidrocarbonetos. Após o quinto dia, os gases se tornam novamente não inflamáveis. Nessa fase, verifica-se a produção de azoto, hidrogênio e das amônias compostas.

Para determinação dessa pesquisa, Brouardel perfurava o abdome dos cadáveres e aproximava uma chama para verificar a combustão dos gases.

Perda de Peso

Para determinação desse parâmetro é necessário saber com precisão o peso do corpo no momento do óbito, o que inviabiliza sua utilização na grande maioria dos casos. Em fetos ou recém-nascidos, a observação da redução do peso torna-se mais fácil, sendo normalmente de 8g/kg, em média, nas primeiras 24 horas.

Mancha Verde Abdominal

Aparece normalmente em fossa ilíaca direita, região de localização do ceco que, por sua maior distensão, apresenta maior concentração de bactérias e gases, além de estar próximo à parede abdominal. Aparece a partir da 18ª hora e espalha-se posteriormente por todo o corpo. Clara no início, adquire tonalidade escurecida em seguida.

Sofre grande variação da temperatura. Em climas quentes, em que é alta a umidade do ar, a putrefação instala-se rapidamente.

Cristais de Sangue Putrefeito

São cristais que se formam no sangue putrefeito a partir do terceiro dia do óbito, podendo permanecer até 1 mês após. Normalmente são incolores, podendo, no entanto, adquirir tonalidade azulada pelo ferrocianeto de potássio ou acastanhada pelo iodo.

Crioscopia do Sangue

Trata-se do ponto de congelação do sangue, que normalmente é de –0,57°C. A diferença entre essa temperatura e a medida após o óbito, geralmente menor, torna possível estimar o tempo de morte. A crioscopia, no entanto, não é fidedigna e tem validade relativa, uma vez que o abaixamento do ponto crioscópico se dá de maneira irregular.

Crescimento de Pelos da Barba

A avaliação do tempo de morte por meio desse método diverge entre os autores. Alguns não a consideram, e os que a utilizam admitem obter um resultado aproximado. Estes se baseiam em um valor de crescimento do pelo em 21 milésimos de milímetro por hora. No entanto, para sua aplicação, os peritos necessitariam conhecer o momento exato em que o periciado se barbeou pela última vez. Não é um método fidedigno, pois conta com inúmeras variantes, servindo apenas como uma contribuição.

Conteúdo Estomacal

Trata-se de um método bastante empírico, que pode contribuir apenas com o diagnóstico do tempo de

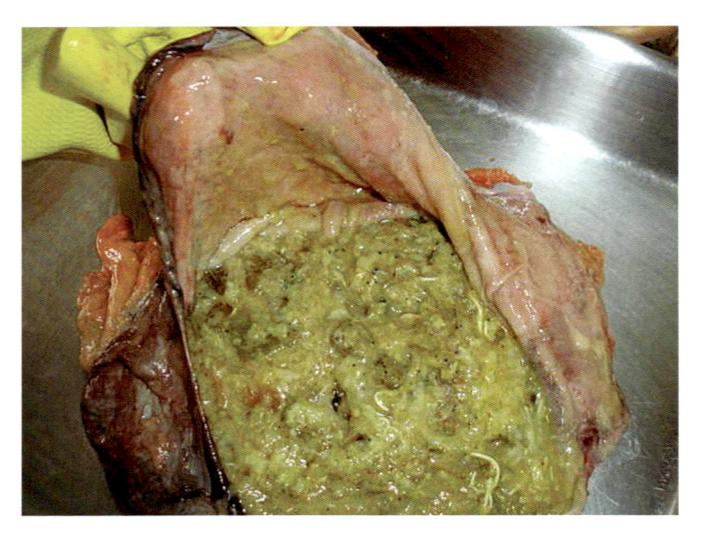

Figura 10.26 ▸ Conteúdo estomacal

Figura 10.27 ▸ Fauna cadavérica

morte, porém não é exato. O tipo e a quantidade de alimento digerido (Figura 10.26), o uso de bebidas alcoólicas ou não, o uso de medicamentos ou a presença de afecções sistêmicas são variáveis que muito interferem no esvaziamento gástrico.

De maneira geral e grosseira, é dito que a digestão de uma alimentação pesada se faz entre 5 e 7 horas; a de uma alimentação média, entre 3 e 4 horas; e a de uma leve, de 1,5 a 2 horas. Portanto, ao exame necroscópico, quando se abre o estômago, deduz-se o tempo médio da última refeição mediante o conteúdo encontrado.

Conteúdo Vesical

Pode ser de valia em caso de morte durante o sono. Quando a bexiga se encontra vazia, estima-se que a morte ocorreu nas primeiras 2 horas de sono; quando cheia, entre 4 e 8 horas. Quando a bexiga examinada encontra-se com volume exagerado, deve-se suspeitar de quadros de envenenamentos, uso de medicamentos soníferos e até de coma.

Outros Métodos

Os exames como os de fundo de olho, o do líquido cefalorraquidiano, o de restauração da pressão intraocular e o de concentração do potássio no humor vítreo são métodos que contribuem para o diagnóstico da estimativa do tempo de morte, mas que jamais podem ser utilizados separadamente ou como métodos de certeza.

Fauna Cadavérica

Também denominado biotanatologia, o estudo da fauna cadavérica verifica a presença e o tipo de insetos e artrópodes em cadáveres, sobretudo expostos ao ar livre (Figura 10.27). Divide-se, didaticamente, em oito tipos diferentes de legiões, muitas vezes uma preparando o caminho para o aparecimento de outras sucessoras. São elas:

- **1ª legião:** formada por dípteros das espécies *Musca domestica, Muscina stabulans* e *Calliphora vomitoria*; aparece a partir do oitavo dia;

- **2ª legião:** composta por *Lucilia coesar, Sarcophoga carnaria, Sarcophoga arvensis, Sarcophaga latricus* e *Cynomya mortuorum*, com início a partir do 15º dia;

- **3ª legião:** *Dermester lardarius, Dermester frischii, Dermester undulatus* e *Aglossa pinguinalis*, presentes após 3 meses do óbito;

- **4ª legião:** *Pyophila patasionis, Anthomya vicina* e os coleópteros das espécies *Nocrobia coerulus* e *ruficollis*;

- **5ª legião:** *Tyreophora cynophila, furcata* e *anthropophaga, Lonchea nigrimana, Ophyra cadaverina, Phora aterrina, Necrophorus humator, Silpha littoralis* e *obscura, Hister cadaverinus* e *Saprinus rotondatus*;

- **6ª legião:** *Uropoda nummularia, Tyroglyfus cadaverinus, Clyciphagus cursor* e *spinipes, Trachynotus siro, Serrator necrophagus coepophagus* e *achinopus*;

- **7ª legião:** *Aglossa cuperalis, Tineola biselliela, Tinea pellionela, Attagenus pellio* e *Anthrenus museorum*; aparecem após o 12º mês;

- **8ª legião:** *Tenebrio obscurus* e *Ptinus bruneus*; consomem todos os detritos deixados pelos outros insetos em aproximadamente 3 anos após a morte.

▸ NECROPSIA

Palavra de origem grega, também conhecida como autopsia (auto = *por si* + *scopion* = ver). Necropsia, segundo Houaiss (2009), significa "exame, inspeção de si próprio... exame minucioso, realizado por um especialista qualificado para determinar o momento e a causa da morte".

Há, nas diversas publicações de referência, um consenso sobre a definição dessa arte como ato médico que consiste em examinar um cadáver para determinar a causa e o modo de morte, respondendo quesitos de interesse da Justiça por meio de procedimentos técnico-científicos.

A realização do exame cadavérico é uma prática muito antiga, com relatos na antiga China (1249 a.C.) e na Grécia, com a figura de Machaon e outras inúmeras passagens históricas, a maioria delas de modo muito tímido e, às vezes, clandestino. Relatos de exames internos no cadáver (histerectomia *post mortem*) são descritos com as Leis de Numa.

A primeira necropsia documentada na História ocorreu na Itália, com autorização de Fortunato Fidelis, no cadáver do Papa Leão XIII, morto sob suspeita de envenenamento. No Brasil, em 1835, foi publicada, pelas mãos do Dr. Hércules Octávio Muzzi, a primeira autopsia no país.

A realização cada vez mais frequente do exame tanatológico acompanha a necessidade do ser humano de responder aos "porquês" da extinção da vida e punir a responsabilidade, se for o caso, determinando assim o diagnóstico tanto do ponto de vista médico como jurídico.

Para realização do exame tanatológico deve-se, acima de tudo, ser um *expert*. Há de se conhecer a legislação local, estar legalmente autorizado e determinar os objetivos, estratégias e técnicas para realização e coleta de materiais antes mesmo de se iniciarem os exames.

A perícia necroscópica, por ser a mais complexa e a mais exigente dos exames médico-legais, não poderá ser dependente do tempo. Não deverá ser submissa às necessidades emergenciais, quaisquer que sejam, tampouco deverá ser realizada em locais inadequados.

Didaticamente, as necropsias podem ser divididas em três tipos distintos. A saber:

1. Médico-legais
2. Clínicas
3. Anatomopatológicas

São denominadas médico-legais ou judiciais aquelas realizadas em todos os casos de morte violenta ou suspeita. Devem ser realizadas em ambiente adequado e sempre por um médico-legista. As necropsias clínicas e as anatomopatológicas são as que não se encaixam nas de causas jurídicas, podendo ter as mais diversas finalidades: científica, clínica, diagnóstico de morte por causa natural etc. Essas necropsias devem ser realizadas nos Serviços de Verificação de Óbito (SVO), hospitais ou serviços de anatomia patológica.

As autopsias têm quatro finalidades bem-definidas: identificação de cadáver; determinação aproximada de hora e data do óbito; determinação de causa morte; e contribuição com informações sobre causas jurídicas de morte. Para a realização do diagnóstico de morte é necessário conhecer ao menos seis dados: histórico, clínico, anatômico, histológico, químicos e subsidiários.

Técnicas

Existem quatro técnicas básicas de necropsia:

Técnica de Rokitansky (1842)

A primeira técnica de necropsia foi sistematicamente descrita por Carl von Rokitansky. Nela, era preconizada a ectoscopia, seguida de uma dissecção *in situ* das vísceras e, posteriormente, da retirada independente destas.

Dessa maneira é possível concluir que a técnica de Rokitansky baseava-se em três pilares: ectoscopia, avaliação *in loco* de todos os órgãos e inspeção do monobloco.

Técnica de Ghon (1890)

A técnica descrita por Anton Ghon estipula a evisceração através de monoblocos de órgãos relacionados entre si sob o ponto de vista fisiológico (funcional) ou anatômico.

A ordem preconizada por esse patologista austríaco é a seguinte:

• Abertura do crânio.
• Abertura da cavidade toracoabdominal:
  – 1º monobloco: estruturas do mediastino; pulmões; órgãos da boca e pescoço;
  – 2º monobloco: sistema digestivo (terço inferior do esôfago, duodeno, estômago, pâncreas, fígado, sistema biliar e baço);
  – 3º monobloco: glândulas suprarrenais; rins; ureteres; bexiga; reto; próstata e vesículas seminais (sistema urogenital masculino); útero, tubas, ovários (sistema urogenital feminino);
  – 4º monobloco: segmento terminal do duodeno; jejuno; íleo; cólon.

Técnica de Virchow (1893)

Rudolf Virchow preconizava a retirada dos órgãos de maneira independente e, em seguida, os examinava fora de seu sítio anatômico. Essa técnica, ainda muito utilizada, tem grande valor nas necropsias anatomopatológicas.

Técnica de Letulle (1900)

Realiza-se uma incisão que se estende da cavidade torácica à abdominal, com o intuito de expor, de maneira ampla, todas as vísceras contidas nessas cavidades. Após sua avaliação *in loco*, a retirada se faz em um só bloco.

Considerações gerais

Para realizar o exame necroscópico, a equipe deverá ter conhecimentos de certos preceitos, descritos como as "regras práticas" de Barreto Praguer, os quais são transcritos a seguir:

> *1. Examinar previamente se tem competência para o caso a que é chamado; 2. Sagacidade para dar o justo valor aos comemorativos; 3. Imparcialidade para poder dar somente a verdade, não se esquecendo que da sua afirmação dependem muitas vezes os mais sagrados direitos e interesses; 4. Fidelidade a mais escrupulosa na descrição de que tiver observado, para o que mostrará in loco o visum et repertum; 5. Usar, em seu relatório, estilo simples e claro, evitando termos de duplo sentido, porque seu fim é fazer-se entendido e esclarecer; 6. Não afirmar senão o que puder demonstrar cientificamente; 7. Não ultrapassar jamais a esfera das suas atribuições a fim de evitar prevenções da parte dos magistrados; 8. Não sacrificar jamais os interesses da justiça ao espírito de classe ou ao orgulho profissional.*

Exame Necroscópico

Para a realização do exame necroscópico deverão ser observados certos requisitos. Como regra geral:

1. Instalações apropriadas:
   a. Considerando condições mínimas para realização do exame do cadáver, o local deverá: ser amplo (medida mínima de 4×5 metros); pisos e paredes de material impermeável, lavável e de coloração suave; possuir uma boa iluminação (regulável e bem-orientada); aeração adequada através de janelas e/ou utilização de equipamentos exaustores; mesas distribuídas respeitando limites adequados para uma circulação confortável; rede de escoamento de dendritos.
2. Equipamentos de proteção individual completo (EPI).
3. Limpeza:
   a. Manter o ambiente limpo antes, durante e depois do exame.
4. Realizar o exame à direita do corpo.
5. Utilizar equipamentos adequados para a realização do exame.
6. Abrir sempre as cavidades cefálica, torácica e abdominal e aquelas julgadas necessárias.
7. Preferir iniciar pela cavidade suspeitada.
8. Descrever de modo minucioso o exame.
9. Nunca sondar cavidades, preferir sempre dissecá-las.
10. Nunca utilizar pinças metálicas para retirada de provas (p. ex., projetis).
11. Nunca incisar uma sobre uma lesão externa.
12. Avaliar órgãos internos cuidadosamente e de modo individual nos casos que julgar necessário.
13. Ser impessoal.

Legislação

Para realização de um exame de necropsia é preciso que o perito examinador conheça os aspectos legais relacionados com esse exame.

Código de Processo Penal Brasileiro

As necropsias médico-legais estão diretamente relacionadas com o Código de Processo Penal Brasileiro (CPP) em seus artigos: 158, 159 (alterado pela Lei 11.690/2008), 160, 161 e 162.

> **Art. 158.** *Quando a infração deixar vestígios, será indispensável o exame de corpo de delito, direto ou indireto, não podendo supri-lo a confissão do acusado.*
> **Art. 159.** *O exame de corpo de delito e as outras perícias serão realizados por perito oficial, portador de diploma de curso superior.*
> **§ 1º.** *Na falta de perito oficial, o exame será realizado por 2 (duas) pessoas idôneas, portadoras de diploma de curso superior preferencialmente na área específica, dentre as que tiverem habilitação técnica relacionada com a natureza do exame.*
> **§ 2º.** *Os peritos não oficiais prestarão o compromisso de bem e fielmente desempenhar o encargo.*
> **§ 3º.** *Serão facultadas ao Ministério Público, ao assistente de acusação, ao ofendido, ao querelante e ao acusado a formulação de quesitos e a indicação de assistente técnico.*
> **§ 4º.** *O assistente técnico atuará a partir de sua admissão pelo juiz e após a conclusão dos exames e elaboração do laudo pelos peritos oficiais, sendo as partes intimadas desta decisão.*
> **§ 5º.** *Durante o curso do processo judicial, é permitido às partes, quanto à perícia:*
> *I – requerer a oitiva dos peritos para esclarecerem a prova ou para responderem a quesitos, desde que o mandado de intimação e os quesitos ou questões a serem esclarecidas sejam encaminhados com antecedência mínima de 10 (dez) dias, podendo apresentar as respostas em laudo complementar;*
> *II – indicar assistentes técnicos que poderão apresentar pareceres em prazo a ser fixado pelo juiz ou ser inquiridos em audiência.*
> **§ 6º.** *Havendo requerimento das partes, o material probatório que serviu de base à perícia será disponibilizado no ambiente do órgão oficial, que manterá sempre sua guarda, e na presença de perito oficial, para exame pelos assistentes, salvo se for impossível a sua conservação.*
> **§ 7º.** *Tratando-se de perícia complexa que abranja mais de uma área de conhecimento especializado, poder-se-á designar a atuação de mais de um perito oficial, e a parte indicar mais de um assistente técnico.*
> **Art. 160.** *Os peritos elaborarão o laudo pericial, onde descreverão minuciosamente o que examinarem e responderão aos quesitos formulados.*
> **Parágrafo único.** *O laudo pericial será elaborado no prazo máximo de 10 (dez) dias, podendo este prazo ser prorrogado em casos excepcionais, a requerimento dos peritos.*
> **Art. 161.** *O exame de corpo de delito poderá ser feito em qualquer dia e a qualquer hora.*
> **Art. 162.** *A autopsia será feita pelo menos 6 (seis) horas depois do óbito, salvo se os peritos, pela evidência dos sinais de morte, julgarem que possa ser feita antes deste prazo, o que decidirão no auto.*
> *Parágrafo único. Nos casos de morte violenta, bastará o simples exame externo do cadáver quando não houver infração penal que apurar, ou quando as lesões externas permitirem precisar a causa da morte e não houver necessidade de exame interno para a verificação de alguma circunstância relevante.*

Resolução 1.779/2005 do Conselho Federal de Medicina

De modo similar, o Conselho Federal de Medicina, por meio da Resolução 1.779/2005, estabelece a normatização quanto à responsabilidade médica de fornecimento da declaração de óbito:

Art. 1º. O preenchimento dos dados constantes na declaração de óbito é da responsabilidade do médico que atestou a morte.

Art. 2º. Os médicos, no preenchimento da declaração de óbito, obedecerão às seguintes normas:

1) Morte natural:

I. Morte sem assistência médica:

a) Nas localidades com Serviço de Verificação de Óbitos (SVO), a declaração de óbito deverá ser fornecida pelos médicos do SVO.

b) Nas localidades que não disponham de SVO, a declaração de óbito deverá ser fornecida pelos médicos do serviço público de saúde mais próximo do local em que ocorreu o evento e, na ausência desses, por qualquer médico da localidade.

II. Morte com assistência médica:

a)   A declaração de óbito deverá ser fornecida, sempre que possível, pelo médico que vinha prestando assistência ao paciente.

b) A declaração de óbito do paciente internado sob regime hospitalar deverá ser fornecida pelo médico assistente e, na falta desse, por médico substituto pertencente à instituição.

c) A declaração de óbito do paciente em tratamento sob regime ambulatorial deverá ser fornecida por médico designado pela instituição que prestava assistência ou pelo SVO.

d) A declaração de óbito do paciente em tratamento sob regime domiciliar (Programa Saúde da Família, internação domiciliar e outros) deverá ser fornecida pelo médico pertencente ao programa ao qual o paciente estava cadastrado, ou pelo SVO, caso o médico não consiga correlacionar o óbito com o quadro clínico concernente ao acompanhamento do paciente.

2) Morte fetal
Em caso de morte fetal, os médicos que prestaram assistência à mãe ficam obrigados a fornecer a declaração de óbito quando a gestação tiver duração igual ou superior a 20 semanas ou o feto tiver peso corporal igual ou superior a 500 (quinhentos) gramas e/ou estatura igual ou superior a 25cm.

3) Morte violenta ou não natural
A declaração de óbito deverá, obrigatoriamente, ser fornecida pelos serviços médico-legais.

Parágrafo único. Nas localidades onde existir apenas 1 (um) médico, este é o responsável pelo fornecimento da declaração de óbito.

Desse modo, conclui-se que as necropsias, de maneira geral, serão realizadas na ocorrência dos seguintes casos:

* Morte violenta.
* Morte suspeita
* Morte natural não assistida.
* Internação hospitalar e morte em menos de 24 horas sem que tenha sido estabelecido um diagnóstico.

Lei Federal 8.501/1992

Dispõe sobre a utilização de cadáver não reclamado junto às autoridades públicas, para fins de ensino e pesquisa.

Art. 1º. Esta Lei visa disciplinar a destinação de cadáver não reclamado junto às autoridades públicas, para fins de ensino e pesquisa.

Art. 2º. O cadáver não reclamado junto às autoridades públicas, no prazo de trinta dias, poderá ser destinado às escolas de medicina, para fins de ensino e de pesquisa de caráter científico.

Art. 3º. Será destinado para estudo, na forma do artigo anterior, o cadáver:

I – sem qualquer documentação;

II – identificado, sobre o qual inexistem informações relativas a endereços de parentes ou responsáveis legais.

§ 1º. Na hipótese do inciso II deste artigo, a autoridade competente fará publicar, nos principais jornais da cidade, a título de utilidade pública, pelo menos dez dias, a notícia do falecimento.

§ 2º. Se a morte resultar de causa não natural, o corpo será, obrigatoriamente, submetido à necropsia no órgão competente,

§ 3º. É defeso encaminhar o cadáver para fins de estudo, quando houver indício de que a morte tenha resultado de ação criminosa.

Art. 4º. Para fins de reconhecimento, a autoridade ou instituição responsável manterá, sobre o falecido:

a) os dados relativos às características gerais;

b) a identificação;

c) as fotos do corpo;

d) a ficha datiloscópica;

e) o resultado da necropsia, se efetuada; e

f) outros dados e documentos julgados pertinentes.

Art. 5º. Cumpridas as exigências estabelecidas nos artigos anteriores, o cadáver poderá ser liberado para fins de estudo.

Art. 6º. A qualquer tempo, os familiares ou representantes legais terão acesso aos elementos de que trata o § 4º do art. § 3º desta lei.

Art. 7º. Esta lei entra em vigor na data de sua publicação.

Art. 8º. Revogam-se as disposições em contrário.

Brasília, 30 de novembro de 1992; 171º da Independência e 104º da República.

Ibsen Pinheiro / Maurício Corrêa

Código Penal Brasileiro

Fazemos ainda referências ao envolvimento legal quanto aos crimes contra os mortos, através dos artigos 211 e 212 do Código Penal Brasileiro.

Art. 211. Destruir, subtrair ou ocultar cadáver ou parte dele:
Pena – reclusão, de 1 (um) a 3 (três) anos e multa.
Art. 212. Vilipendiar cadáver ou suas cinzas:
Pena – detenção, de 1 (um) a 3 (três) anos e multa.

Como em todo e qualquer ato médico, deverá ser mantida a inviolabilidade do sigilo profissional, com apoio no art. 154 do Código Penal.

Art 154. Revelar alguém, sem justa causa, segredo, de que tem ciência em razão de função, ministério, ofício ou profissão, e cuja revelação possa produzir dano a outrem:
Pena – detenção, de 3 (três) meses a 1 (um) ano, ou multa.

Código de Ética Médica

O sigilo profissional também é abordado pelo Código de Ética Médica, o que torna passível a punição, em âmbito administrativo, do perito médico. A saber:

> **Art. 102.** *Revelar fato de que tenha conhecimento em virtude do exercício de sua profissão, salvo por justa causa, dever legal ou autorização expressa do paciente.*
> *Parágrafo único: permanece esta proibição:*
> *a. Mesmo que o fato seja de conhecimento público ou que o paciente tenha falecido.*
> *b. Quando do depoimento como testemunha. Nesta hipótese, o médico comparecerá perante a autoridade e declarará seu depoimento.*

Ainda pelo *Código de Ética Médica:*

> **Art. 114.** *Atestar o óbito quando não o tenha verificado pessoalmente, ou quando não tenha prestado assistência ao paciente, salvo, no último caso, se o fizer como plantonista ou médico substituto, ou em caso de necropsia e verificação médico-legal.*
> **Art. 115.** *Deixar de atestar óbito de paciente ao qual vinha prestando assistência, exceto quando houver indícios de morte violenta.*

▶ DESTINOS DOS CADÁVERES

Inumação

No Brasil, a inumação consiste no destino mais comum. Trata-se do sepultamento do corpo. Após o diagnóstico da morte, e estabelecidos todos os trâmites legais, com ou sem necropsia, a declaração de óbito é registrada em cartório e o cadáver pode, então, ser inumado. Habitualmente, os sepultamentos se dão entre 24 e 36 horas após a morte, podendo logicamente haver processo diferente em casos específicos, desde que com autorização da Saúde Pública. Nos casos de morte violenta, conforme o Código de Processo Penal, torna-se obrigatória a realização do exame necroscópico. Só após a realização da necropsia a declaração de óbito será assinada e o corpo retornará à família para o sepultamento.

Sepulturas comuns devem apresentar 175cm de profundidade por 80cm de largura e um espaçamento mínimo de 60cm entre elas em todos os sentidos. Túmulos ou jazigos especiais podem existir, desde que em conformidade com a Vigilância Sanitária.

Cremação

Trata-se da incineração do cadáver, reduzindo-o a cinzas. Muito utilizado em diversos países do mundo, vem obtendo crescente avanço no Brasil. É um processo higiênico (não produz substâncias ou toxinas que contaminam o meio ambiente), econômico (mais barato que a inumação) e prático (não ocupa espaço). Seu grande inconveniente está em eliminar quaisquer vestígios ou dúvidas sobre o corpo e sua *causa mortis*, impedindo uma futura exumação e, portanto, não sendo aconselhado para o caso de mortes violentas.

Os crematórios apresentam normalmente um forno elétrico com grelhas rotatórias e coletores de cinza que, a uma temperatura entre 1.000°C e 1.200°C, reduzem o corpo a cinzas em questão de minutos. Ais cinzas são armazenadas em caixas de metal, lacradas na tampa e entregues às famílias, que geralmente as colocam em urnas artisticamente decoradas.

Exumação

Consiste no desenterramento do cadáver. Por se tratar de uma perícia árdua e de difícil execução, deve ser cogitada somente em casos extremos, como nos casos de dúvida da *causa mortis*, divergências diagnósticas, identificações ou no esclarecimento de algum outro dado de suma importância. Somente deve ser realizada mediante uma solicitação de autoridade competente. Sua realização sem prévia observância dos dispositivos legais constitui infração penal.

Uma vez o Instituto Médico-Legal tenha sido solicitado, as autoridades policiais e a administração do cemitério deverão ser comunicadas quanto ao dia e horário da realização da perícia de exumação. Os familiares e as testemunhas podem ser convidados para facilitar a identificação da cova, desde que não interfiram na execução do exame.

O perito, apesar de todo o envolvimento que a própria exumação causa, não pode se deixar influenciar pela situação e deve estar sempre atento aos sinais que o corpo possa apresentar. Muitos sinais de violência tendem a desaparecer com o tempo, enquanto outros, da decomposição, simulam lesões que não existam.

Toda a diligência pericial deve ser documentada e fotografada e criteriosamente realizada de modo sequencial, desde a entrada no cemitério (Figuras 10.28 a 10.33). Após a descrição da sepultura, do registro das pessoas presentes, dos nomes dos auxiliares e coveiros, o perito deve relatar as condições do ataúde e dos tecidos que o forram, o grau de putrefação e a avaliação minuciosa das cavidades, se ainda existentes.

A coleta de órgãos deve ser realizada, quando necessária. Em caso de suspeita de envenenamento, devem ser recolhidos fragmentos das vestes e da terra sob o caixão. Na fase de esqueletização, os ossos devem ser coletados e enviados para estudo antropométrico, se necessário, com o objetivo de identificação.

Ao término da exumação, o cadáver e seus restos devem ser novamente inumados na presença de todas as testemunhas.

As Figuras 10.28 a 10.33 mostram a documentação fotográfica da exumação do corpo de uma mulher enterrado 3 dias antes de causa indeterminada. Testemunhas suspeitaram de homicídio após terem ouvido discussão prévia.

Figura 10.28 ▸ Registro da entrada do cemitério

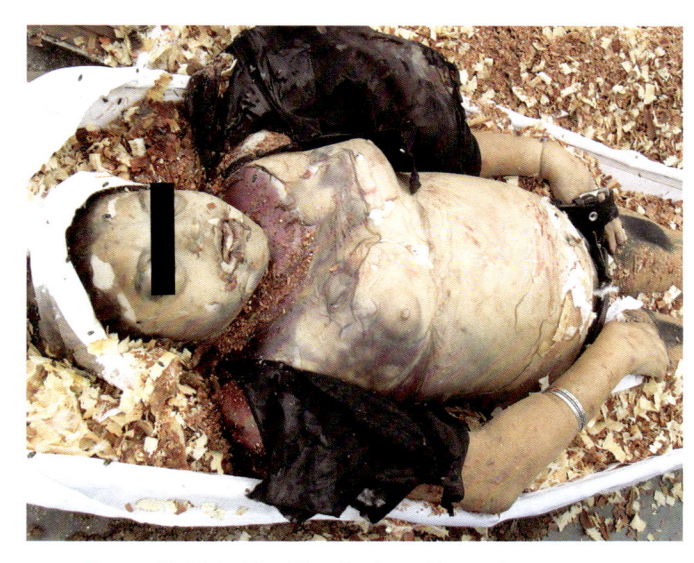

Figura 10.31 ▸ Identificação do cadáver e de suas vestes

Figura 10.29 ▸ Registro da sepultura

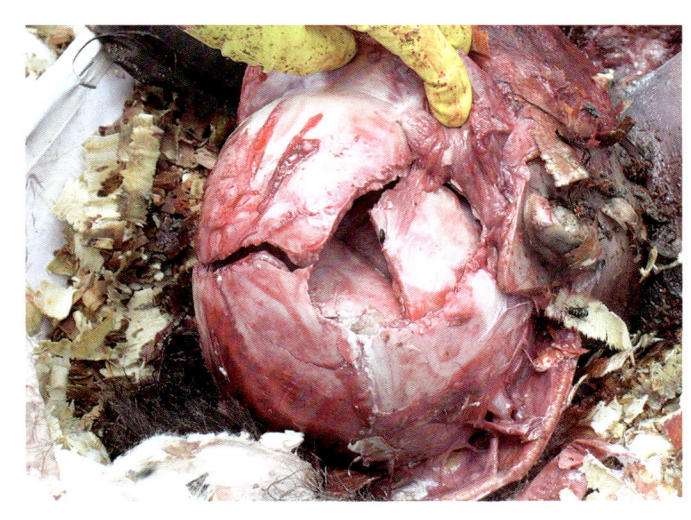

Figura 10.32 ▸ Determinação da *causa mortis*: traumatismo cranio-encefálico contuso

Figura 10.30 ▸ Retirada da terra e identificação do ataúde

Figura 10.33 ▸ Após a exumação, cadáver novamente inumado

▶ COMORIÊNCIA E PRIMORIÊNCIA

Denominamos *comoriência* as mortes que se estabeleceram simultaneamente e *primoriência* quando existem vestígios para afirmar que um dos periciados faleceu momentos antes do outro.

De acordo com a legislação brasileira, se duas ou mais pessoas morrem na mesma ocasião, não se podendo provar quem faleceu primeiro, presume-se que as mortes foram simultâneas – comoriência.

A cronologia da morte é importante, por exemplo, em varas de sucessões e heranças que precisam dessa determinação para que seja estabelecido o destino dos bens.

▶ BIBLIOGRAFIA

Alcântara HR. Perícia médica judicial. Rio de Janeiro (RJ): Guanabara, 1982.

Almeida Jr A, Costa Jr JBO. Lições de Medicina Legal. 18. ed. São Paulo (SP): Cia Editora Nacional, 1985.

Alvarado EV. Medicina Legal. Puerto Rico: Trillas, 1996.

Backer RD. Técnicas de necrópsia. 1. ed. Chicago. Editora Interamericana S.A., 1969.

Campobasso CP *et al*. Postmortem artifacts made by ants and the effect of ant activity on decomposital rates. Am J Forensic Med Pathol 2009; 30(1): 84-7.

Carvalho HV, Bruno AML, Segre M. Lições de Medicina Legal. 3. ed. São Paulo (SP): Saraiva, 1965.

Carvalho HV. Manual de técnica tanatológica. São Paulo: Tipografia Rossolillo, 1950.

Chakravarthy M *et al*. "Rigor mortis" in a live patient. Am J Forensic Med Pathol 2010; 31: 87-8.

Croce D, Croce Jr D. Manual de Medicina Legal. 4. ed. São Paulo (SP): Editora Saraiva, 1998.

Demierre N *et al*. Elevated body core temperature in medico-legal investigation of violent death. Am J Forensic Med Pathol 2009; 30(2): 155-8.

Di Maio DJ, Di Maio VJM. Forensic pathology – Practical aspects of criminal and forensic investigation. 2. ed. Boca Raton, Flórida: CRC Press, 2001.

Dix J, Calaluce R. Guide to forensic pathology. Columbia, Mo: CRC Press, 1998.

Dix J, Graham M. Time of death, decomposition and identification: an atlas. Columbia, Mo: CRC Press, 1999.

Eisele RL, Campos MLB. Manual de Medicina Forense e Odontologia Legal. Curitiba: Editora Juruá, 2006.

Fávero F. Classificação médico-legal da causalidade do dano. Belo Horizonte: Editora Vila Rica, 2001.

Fávero F. Medicina Legal: introdução ao estudo da Medicina Legal, Identidade, Traumatologia, Infortunística, Tanatologia. 12. ed. Belo Horizonte – Rio de Janeiro: Vila Rica Editora Reunidas Limitada, 1991.

França GV. Traumatologia médico-legal. Medicina Legal. 8. ed. Rio de Janeiro: Guanabara Koogan, 1998.

Gomes H. Medicina Legal. 33. ed. Revista e atualizada por Hygino de Carvalho Hércules. São Paulo(SP): Freitas Bastos, 2004.

Knight B. The estimation of the time since death in the early postmortem period. Londres: Edward Arnold, 1995.

Levy AD *et al*. Postmorten imaging. Am J Forensic Med Pathol 2010; 31(Issue 1): 12-7.

Marshall TK. Changes after death. In: Grandwohl's Legal Medicine. Baltimore: Williams & Wilkins Company, 1968.

McGrath KK, Jenkins AJ. Detection of drugs of forensic importance in postmortem bone. Am J Forensic Med Pathol 2009; 30(1).

Prestes Jr. LCL, Ancillotti, R. Manual de técnicas em necropsia médico-legal. Editora Rubio, 2009.

Olano AS *et al*. Saponificación cadavérica parcial. Cuad Med Forense: 2006; 12(45-46).

Vanrell JP. Manual de Medicina Legal. São Paulo: Editora de Direito, 1996: 251 p.

CAPÍTULO 11

Traumatologia Forense

Luiz Eduardo Toledo Avelar • Marcelo Mari de Castro

▶ CONCEITO

A Traumatologia Forense é, sem dúvida, um dos segmentos mais complexos e mais extensos da Medicina e da Odontologia Legal, visto que estuda os aspectos médico-jurídicos das lesões, incluindo a extensão do dano, seu prognóstico, suas repercussões socioeconômicas, bem como suas limitações profissionais.

Entende-se por *trauma* o resultado de uma ação vulnerante que tem energia, capaz de produzir uma lesão cuja caracterização é abordada pela Traumatologia Forense.

Em uma abordagem mais didática, a Traumatologia Forense pode ser dividida, segundo alguns autores, em:

- Energias de ordem mecânica;
- Energias de ordem física;
- Energias de ordem química;
- Energias de ordem físico-química;
- Energias de ordem bioquímica;
- Energias de ordem mista.

Antes de ser iniciado o estudo individual e detalhado de cada uma dessas energias, é necessário conceituar instrumentos, meio e ferida – elementos que serão importantes neste capítulo.

Consideramos *Instrumento* qualquer objeto ou estrutura capaz de transferir uma energia mecânica, como, por exemplo, uma faca, um revólver, um carro, uma agulha, ou ainda, uma parede que desaba, uma arcada dentária, uma queda de um andaime.

Meio é compreendido como qualquer situação capaz de provocar um dano mediante a transferência de uma energia não mecânica, a qual pode ser uma queimadura (meio físico), a ingestão de um veneno (meio químico), um afogamento (meio físico-químico) etc.

Ferida é a interrupção da continuidade de um tecido corpóreo, que lesa a camada regenerativa da derme e é capaz de provocar um extravasamento circulatório, sendo provocada por um trauma (através de um instrumento ou meio) ou por uma afecção que comprometa os mecanismos de defesa do organismo (p. ex., uma incisão profunda, uma escara, uma úlcera, uma queimadura). Quando o dano limita-se à epiderme ou à porção mais superficial da derme, não há que se falar em ferida (Figura 11.1). Nesses casos, usa-se apenas "lesão cutânea", que ao contrário da ferida, não deixa cicatrizes (p. ex., as escoriações – Figura 11.2).

Vale ressaltar que um mesmo instrumento pode provocar tipos distintos de feridas. Por exemplo, um indivíduo, ao movimentar-se, desliza sobre uma faca que está sobre uma bancada, provocando em si uma ferida incisa. Se uma pessoa usa de força para esgorjar outra com essa mesma faca, produzirá uma ferida cortocontusa. Se alguém recebe um trauma com o cabo dessa faca, terá sofrido uma lesão contusa.

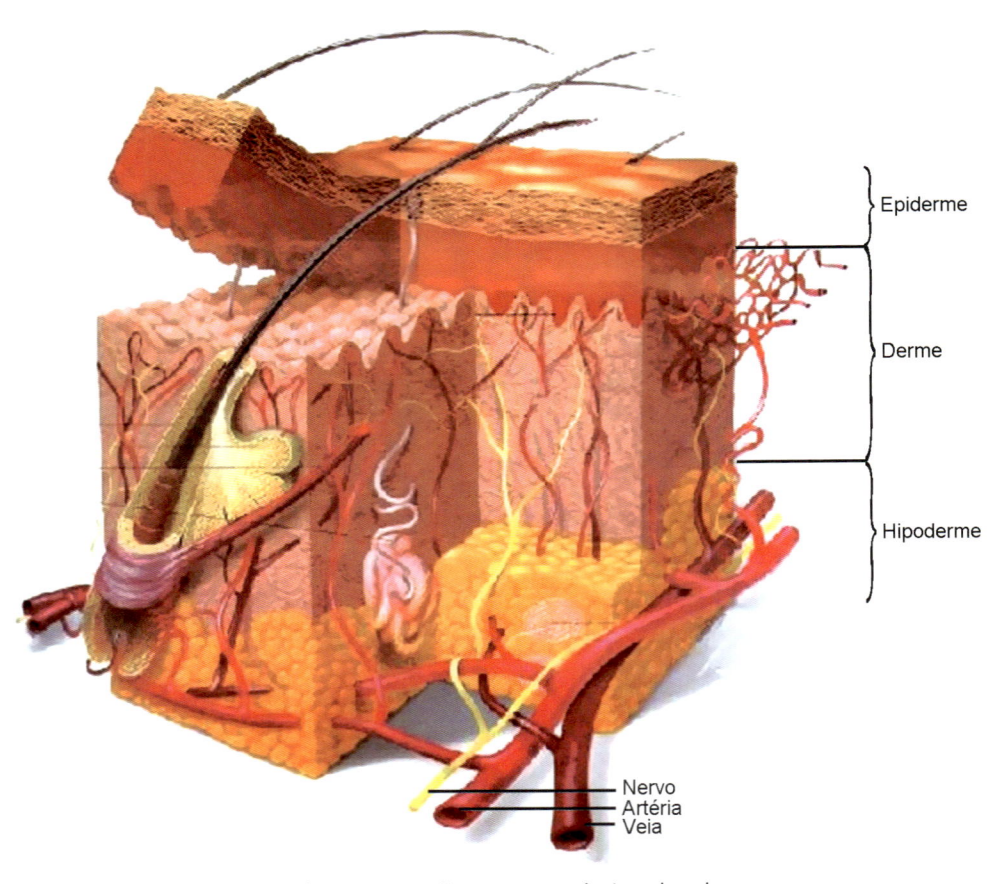

Figura 11.1 ▶ Estruturas anatômicas da pele

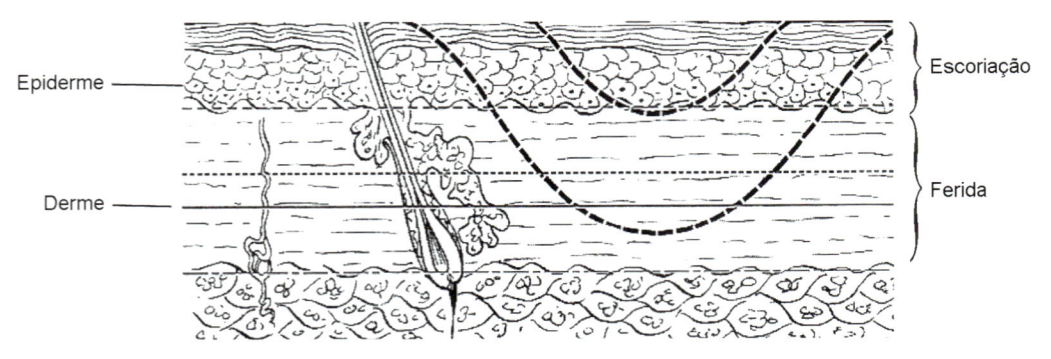

Figura 11.2 ▶ Diferenciação esquemática mostrando a camada acometida por uma escoriação e uma ferida

▶ ENERGIAS DE ORDEM MECÂNICA

As lesões provocadas pela atuação de uma energia de ordem mecânica são aquelas oriundas de um rompimento ou da modificação de um estado inercial. Tais modificações produzem lesões em todo ou em parte do corpo e podem provocar danos das seguintes formas: *ativa* – quando o instrumento em movimento atinge um corpo inerte (tiro); *passiva* – quando o instrumento encontra-se inerte e o corpo em movimento (queda); ou *mista* – quando tanto o corpo como o instrumento estão em movimento (acidente automobilístico entre dois carros).

Assim, é necessária a compreensão de três importantes fórmulas físicas para o estudo das lesões provocadas por energias de ordem física:

1ª. **Energia Cinética: Massa × Velocidade ($E_c = \frac{1}{2}MV^2$):** de acordo com a fórmula, a energia provocada em determinado corpo depende mais da velocidade do instrumento ao atingi-lo do que de sua própria massa; ou seja, a energia provocada por uma pequena pedra lançada a distância, ao atingir um corpo, é maior que a de um tijolo próximo a ele devido à velocidade adquirida pela pedra quando atinge o alvo. Por outro lado, um machado, atuando com a mesma velocidade de uma faca, produz uma lesão muito mais importante pode ser dotado de mais massa.

2ª. **Pressão: Força/Superfície:** a mesma força de um instrumento exercida sobre uma superfície cada vez menor aumenta consideravelmente a pressão desse instrumento, ou seja, a pressão em uma mordida dos incisivos é maior que a do malar; a pressão de um soco dado com "soco inglês" é muito maior do que sem ele e a pisada de uma chuteira pressiona mais do que a de uma sapatilha.

3ª. **Impulso: Força × Tempo:** o impulso provocado por uma força depende do tempo durante o qual ela atua. Na prática, isso quer dizer que, se uma pessoa, ao cair de certa altura, agachar-se lentamente, provocará aumento do tempo de transmissão do impulso, reduzindo, portanto, a força do impacto. Assim, pugilistas inconscientemente recuam a cabeça ao serem atingidos, o que aumenta o tempo de contato e dissipa a força trazida pelo golpe. Outro exemplo consiste na utilização de *air-bags* pela indústria automobilística como equipamento de segurança que, pelo mesmo motivo, diminui a força de impacto nos acidentes automotivos.

As lesões provocadas por energias de ordem mecânica são classificadas como contusas, cortantes ou incisas, puntiformes ou perfurantes, cortocontusas, perfurocortantes e perfurocontusas.

Lesões Contusas

Constituem os danos mais comumente encontrados nas perícias odontológicas e médico-legais. Em geral, são provocadas por pressão, compressão, descompressão, distensão, torção, arrasto ou de maneira mista.

A superfície dos instrumentos que as causam é, em sua grande maioria, plana, podendo, no entanto, variar entre lisa, irregular e áspera (Figura 11.2).

É valido ressaltar que a dor física, se não associada a nenhum outro dano físico, não deve ser considerada uma lesão corporal por se tratar de uma queixa subjetiva, muitas vezes comprometida pelo sistema emocional e de difícil mensuração.

São consideradas lesões contusas:

Rubefação

Por haver alteração da circulação sanguínea, mesmo que de maneira transitória, é considerada, neste texto, uma lesão contusa, ao contrário do que afirmam alguns autores. A pressão exercida pelo instrumento provoca liberação de histamina, vasodilatação e, consequentemente, hiperemia (vermelhidão) local (Figura 11.3). Normalmente a rubefação é transitória e pode ter como instrumento um tapa, um empurrão, puxões etc.

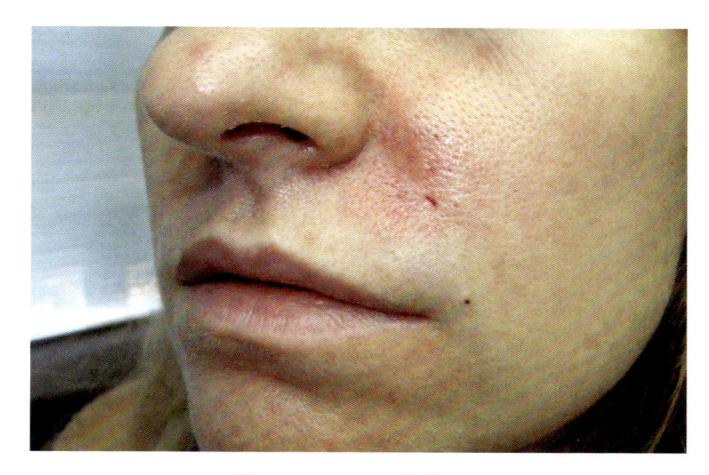

Figura 11.3 ▶ Rubefação

Edema Traumático

Neste caso, a alteração circulatória é mais extensa do que a rubefação: a linfa intercelular é maior e ocorrem distensão e elevação cutâneas (Figura 11.4). Ao contrário do edema provocado por uma doença, o traumático apresenta bordas bem-definidas ou um pouco maiores do que o instrumento que o causou.

Equimose

Caracteriza-se pela infiltração de sangue (hemácias e leucócitos) nas malhas dos tecidos por ruptura de capilares, vênulas e arteríolas. Alguns autores também a descrevem como diapedese (passagem das hemácias pela parede vascular). Como não forma coleções, não se pode falar em drenagem cirúrgica para equimose. Pode apresentar-se de formas variadas, como sufusões (lençóis), víbices (estriadas – Figura 11.5), petéquias (pontilhadas) ou sugilações (em forma de grãos de areia). Estas últimas são geralmente associadas a atos libidinosos provocados por sucção, como se fossem ventosas, de modo que os vasos sanguíneos ficam ingurgitados e o sangue passa ao interstício por diapedese. Vistas de longe, as sugilações passam uma ideia de continuidade.

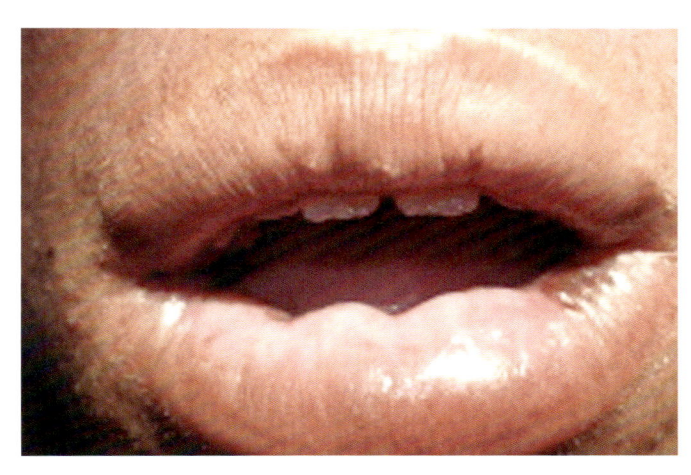

Figura 11.4 ▶ Edema labial inferior

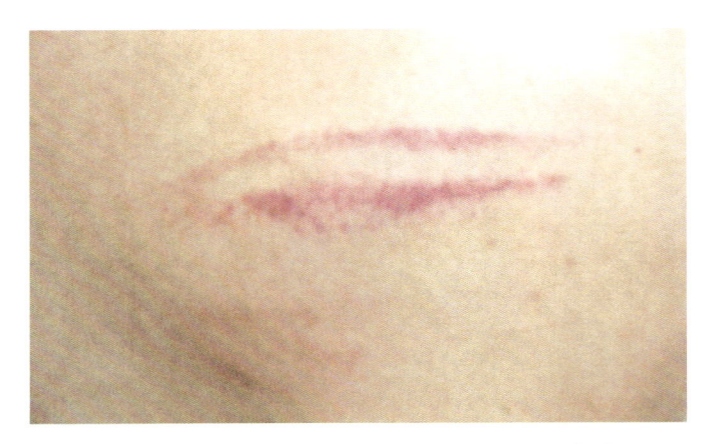

Figura 11.5 ▶ Víbices provocadas por instrumento cilíndrico

Em função da transformação química que sofre a hemoglobina fora dos vasos, a equimose tem tempo de evolução prolongado e diferentes fases e cores. Essas fases são denominadas, em conjunto, *espectro cromático* ou *equimótico de Legrand Du Saulle* – no início tornam-se vermelhas, depois vermelho-violáceas, azuladas, esverdeadas e amarelas, até tomar a coloração natural do epitélio, o que se dá em razão da fagocitose de seus elementos. A Tabela 11.1 elucida melhor a evolução cromática da equimose em dias, de acordo com alguns autores.

Equimoses petequiais, até mesmo em virtude de seu pouco volume, desaparecem mais rapidamente, en-

quanto grandes sufusões hemorrágicas permanecem por período maior, mantendo seu centro violáceo com alterações na coloração de suas bordas conforme transformação fagocitária.

No entanto, de acordo com Anelino José de Carvalho, em "A cor da equimose não nos permite determinar o tempo da lesão", não foi possível, em seu levantamento de casos, obter uma correspondência real entre a coloração e o tempo de evolução, tampouco estabelecer uma tabela alternativa, dadas as variações encontradas. Isso sugere a necessidade de grande cautela no momento da elaboração de documentos médico-legais, nos quais a cor da equimose é utilizada para avaliação do tempo de evolução da lesão (Figura 11.6).

Uma exceção à evolução cromática das equimoses se faz, sobretudo, na equimose da conjuntiva ocular que, em virtude da oxigenação da hemoglobina, mantém a coloração avermelhada até sua completa reabsorção. Outras alterações se dão quando a superficialidade da lesão e sua pequena dimensão aceleram a evolução. Equimoses viscerais podem manter por muito mais tempo uma coloração escura. É comum haver roturas de vasos apenas profundos por instrumentos contundentes, sem comprometimento cutâneo. Nesses casos, a equimose na pele só poderá ser vista após alguns dias, devido à superficialização do sangue extravasado, e ainda muitas vezes distante do local da contusão. De fisiopatologia semelhante, a compressão das veias jugulares, no caso

Tabela 11.1 ▶ Evolução cromática da esquimose

| Cor | Evolução | | | Causa |
	Hélio Gomes	Genival Veloso França	Hermes de Alcântara	
Vermelha	1º dia	1º dia	1º ao 3º dia	Saída da hemoglobina da hemácia
Violácea-azulada	2º ao 6º dia	2º ao 6º dia	4º ao 6º dia	Fração da hemoglobina com ferro – hemossiderina
Esverdeada	7º ao 12º dia	7º ao 10º dia	7º ao 12º dia	Fração da hemoglobina com ferro – hematoidina
Amarelada	13º ao 17º dia	11º ao 20º dia	13º ao 22º dia	Transformações da hemossiderina e hematoidina em hematina

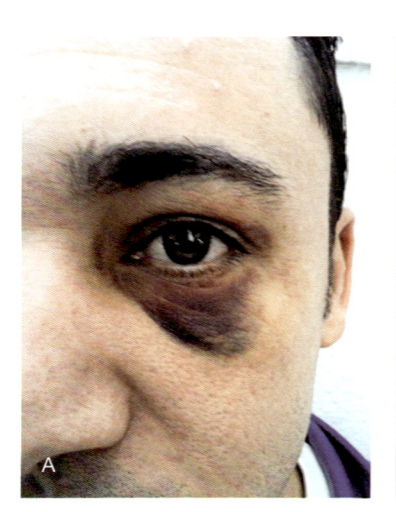
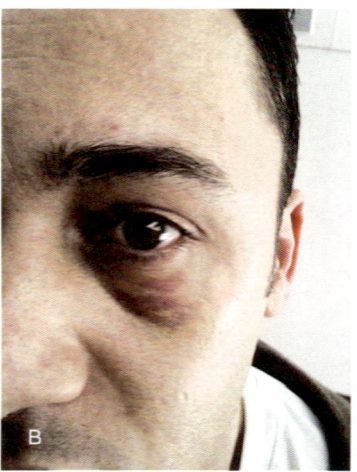
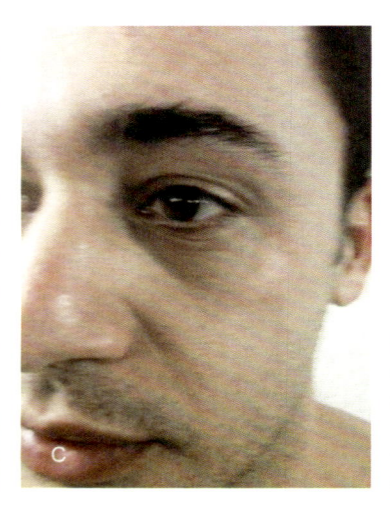

Figura 11.6 ▶ Equimose (verificar a mudança da coloração nas bordas): (**A**) 3 dias após o trauma; (**B**) 1 semana; e (**C**) 12 dias após o trauma

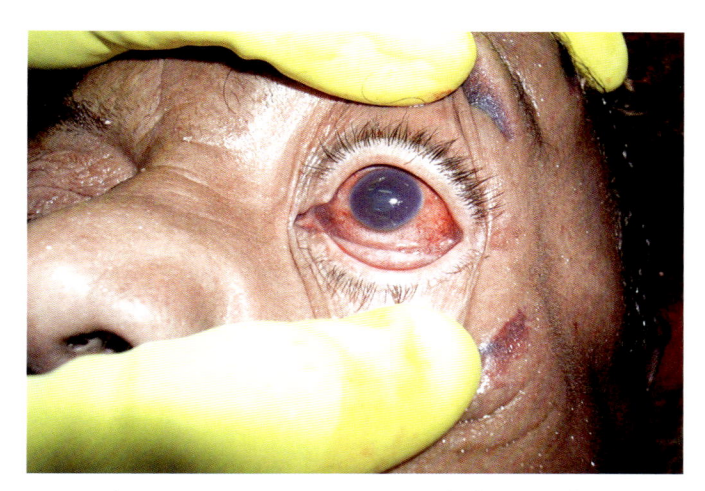

Figura 11.7 ▸ Equimose conjuntival pós-esganadura

de constrições extrínsecas do pescoço, pode provocar o rompimento de vasos ou o extravasamento de células sanguíneas nas conjuntivas oculares (Figura 11.7).

O diagnóstico diferencial das equimoses traumáticas se faz com as petéquias equimóticas (*manchas de Tardieu* – posteriormente explicadas quando forem estudadas, sobretudo, as asfixias), equimoses espontâneas (muito frequentes em pessoas mais idosas), doenças diversas (discrasias sanguíneas ou uso de anticoagulantes) e com os livores hipostáticos (efeito pós-morte em que o sangue não sai do vaso sanguíneo, apenas se acumula na maior posição de declive e sob efeito da força da gravidade).

Escoriações

Consistem em lesões da epiderme, que mantêm a derme exposta, porém íntegra em suas camadas mais profundas. Apresentam um extravasamento seroproteico (exsudato) que, depois de ressecado, forma uma crosta branco-amarelada ou, algumas vezes, também sanguinolento, determinando, desse modo, uma crosta hemática. Por não lesarem a camada profunda da derme, não geram cicatriz – às vezes apenas uma mancha hipocrômica por período limitado de tempo.

As escoriações podem apresentar formas diversas: lineares (instrumentos pontiagudos – Figura 11.8), curvilíneas (unhas), em placa (arrasto – Figura 11.9) ou apergaminhadas (nos sulcos cervicais de um enforcamento); únicas ou múltiplas (politraumatismo); e, muitas vezes, focais, o que auxilia a elucidação: em torno do nariz (sufocação), cervicais (esganadura), nas coxas, nádegas ou seios (atentado ao pudor), entre outras. De maneira geral, as crostas se soltam até o 10º dia, regenerando a pele até o 15º dia.

Muitas lesões contusas, sejam elas edema, rubefação, equimose ou escoriação, tomam a forma do instrumento que as causou, as quais são designadas *lesões com assinatura* (Figura 11.10), como é o caso das estrias pneumáticas, descritas por Simonin, que manifestam

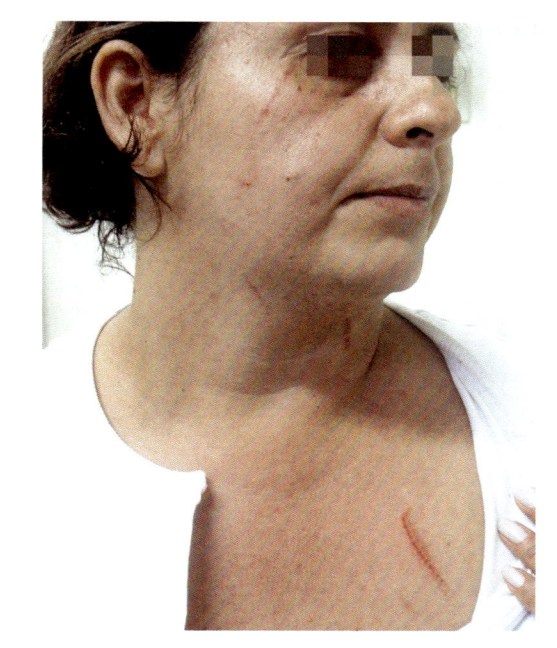

Figura 11.8 ▸ Escoriações lineares

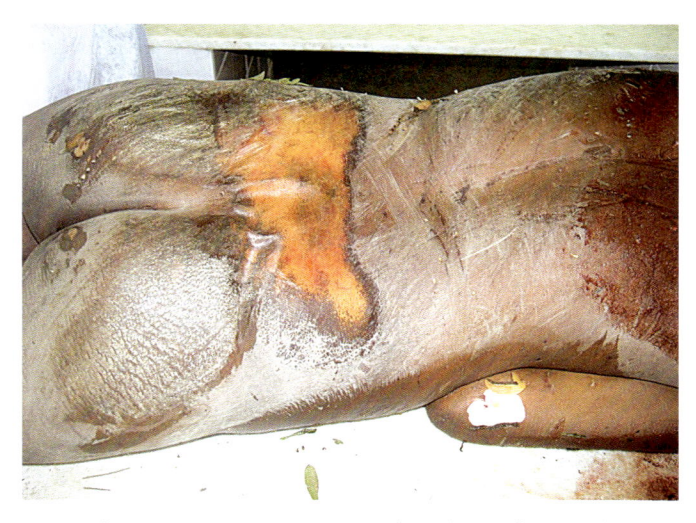

Figura 11.9 ▸ Escoriações em placa (lesões de arrasto)

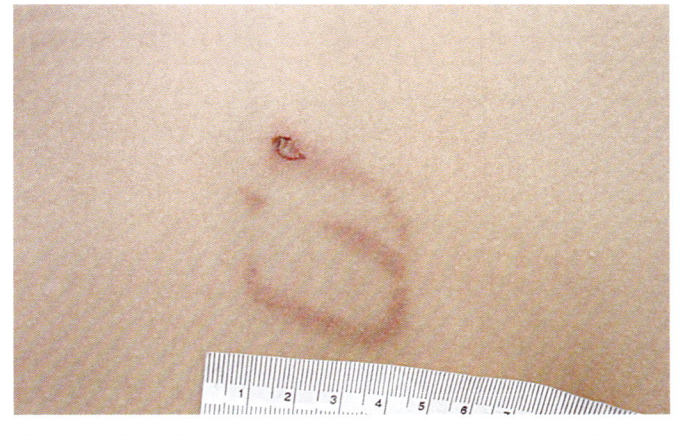

Figura 11.10 ▸ Pequena escoriação e rubefação evidenciando o instrumento que a causou (fivela de cinto)

na pele os sulcos dos pneus em acidentes automobilísticos.

Bossas Linfáticas ou Sanguíneas

Ao contrário do edema traumático, a bossa linfática é provocada por linfa que forma uma elevação focal e intensa em virtude de um plano subjacente impermeável e resistente ("galo d'água"). Normalmente incolor, desaparece em poucos dias. Na bossa sanguínea, o conteúdo é sangue e se diferencia do hematoma por apresentar exiguidade do espaço subcutâneo, assim como um plano subjacente impermeável. Apresenta longo tempo de evolução e obedece à evolução natural da equimose (verificar o espectro cromático da equimose mais adiante).

Hematoma

Diferencia-se da bossa sanguínea por apresentar rotura dos vasos sanguíneos com extravasamento sanguíneo, que "disseca" entre as massas ou espaços tissulares, formando um lago. Existe nesse caso, ao contrário das equimoses, uma coleção de sangue, que pode inclusive ser drenada. Por poder estar presente em quase todo tecido corporal, sua localização determina a gravidade da lesão e, em alguns casos, é determinante inclusive de perigo de morte.

Feridas Contusas

São aquelas em que o resultado da ação ultrapassa a camada basal da derme (camada esta de regeneração) e provoca danos mais profundos com rompimento de pequenos vasos sanguíneos. No caso específico de feridas contusas, as forças vencem a resistência dos tecidos por meio de mecanismos de ações como compressão, distensão, torção, arrasto, entre outros, que deixam cicatrizes. A seguir serão discutidos os tipos e efeitos das feridas contusas em órgãos e estruturas específicos.

Cérebro

A calota craniana é formada por duas lâminas de tecido ósseo compacto e de uma, intermediária entre elas, composta de tecido ósseo esponjoso, denominada díploe. Essa camada mediana atua como protetora do cérebro, por amortecer e diminuir o impacto sobre o encéfalo, bem como pela formação de fraturas incompletas sobre a calota craniana. Outras estruturas de suma importância são as suturas cranianas, que possibilitam maior elasticidade ao crânio, reduzindo também a possibilidade de fraturas. Desse modo, crianças, adolescentes e adultos jovens, por não apresentarem as suturas totalmente consolidadas, são mais resistentes à formação de fraturas.

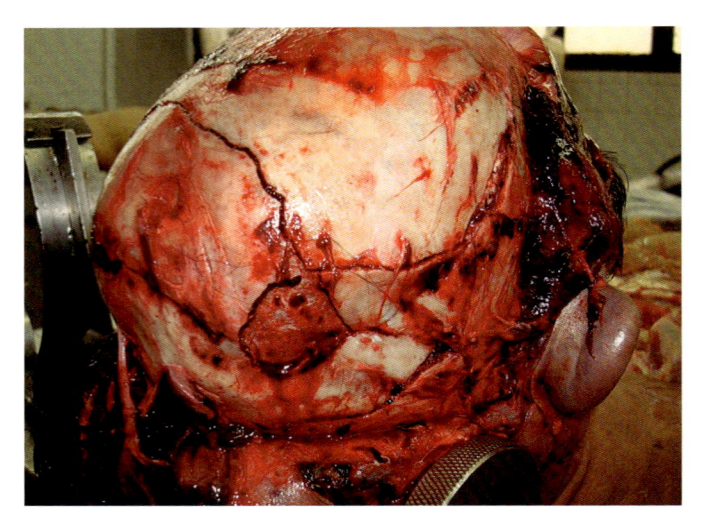

Figura 11.11 ▸ Fratura cominutiva de crânio provocada por acidente automobilístico

Essas *fraturas*, no entanto, ocorrem quando a força da ação é maior que as forças de resistências da díploe, das suturas e dos próprios ossos. É muito comum inicialmente, a fratura da tábua interna, por apresentar um raio de curvatura menor que a da externa. As fraturas podem ser com afundamento (quando desalinham em um plano de superfície mais inferior que o restante do crânio) ou cominutivas (quando se fragmentam em diversos ossos, geralmente causadas por grande velocidade de impacto – Figura 11.11 – ou por objetos de pequena superfície de contato, como martelos, quinas de objetos ou cassetetes).

Comoção cerebral é caracterizada por uma descarga funcional do sistema nervoso desencadeadora de uma inibição brusca das funções cerebrais vitais (faculdade intelectual, sensitiva, motora), a qual é associada, muitas vezes, à inibição cardíaca e respiratória. Torna-se difícil, do ponto de vista legal, firmar seu diagnóstico por meio de exames necroscópicos.

Denomina-se *contusão cerebral* a presença de um dano com solução de continuidade, localizada ou difusa, não importando sua localização. Pode, portanto, localizar-se próximo ao trauma (mais frequente) ou em regiões distantes. Nessas lesões, denominadas "lesões em chicote", a fisiopatologia se dá pela ação da desaceleração brusca e, posteriormente, pela ruptura de vasos sanguíneos.

A *compressão cerebral* é provocada por hemorragia intracraniana expansiva, cujo aumento provoca coagulação e comprime cada vez mais o cérebro (Figura 11.12). Verifica-se muitas vezes, nessas hemorragias, um efeito de massa e de deslocamento do encéfalo para o lado contralateral.

Coluna Vertebral

Lesões contusas sobre a coluna vertebral podem cursar com fraturas, luxações e secções completas e in-

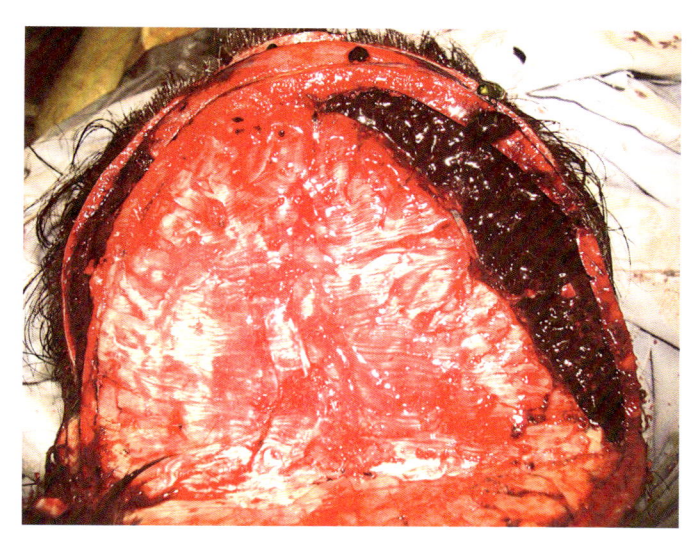

Figura 11.12 ▶ Hemorragia intracraniana com efeito de massa e deslocamento do encéfalo para o hemisfério contralateral

completas da medula espinhal. O nível craniocaudal do trauma determina a gravidade dos sinais e sintomas que podem ser encontrados, os quais variam de diminuição da sensibilidade a quadros de paraplegia, tetraplegia, coma e até mesmo o óbito.

Tórax

Contusões de partes moles normalmente são muito dolorosas, podendo apresentar ou não correspondência com lesões internas, como pneumotórax, hemotórax ou rupturas da aorta em casos de desaceleração.

Compressões pulmonares, sobretudo nas situações em que a glote encontra-se fechada, podem levar a rupturas alveolares, uma vez que o ar intrabrônquico fica retido, aumenta progressivamente e hiperexpande os alvéolos até que estes se rompam. Nesses casos, induzem a formação de pneumotórax e hemorragias.

Rupturas traumáticas da árvore brônquica visualmente são resultantes de lesão compressiva grave do tórax e são mais frequentemente encontradas a 2,5cm da carina, no brônquio principal. Hemotórax, por sua vez, são habitualmente encontrados em lesões torácicas, podendo ser de pequena ou grande monta, dependendo do grau da vascularização acometida. Já pneumotórax resulta do extravasamento do ar para as cavidades pleurais. Durante a inspiração, o ar escapa dos brônquios para a cavidade, porém, na expiração, as bordas laceradas atuam como válvulas, impedindo seu retorno às vias aéreas. A cada inspiração, o volume e a pressão de ar aumentam, agravando o quadro de pneumotórax até gerar um colapso pulmonar e deslocar o mediastino e o coração para o lado oposto. O óbito pode advir dessa situação, cujo mecanismo de ação ainda é desconhecido. A associação dos dois quadros (hemorragia e extravasamento de ar para a cavidade pleural) recebe o nome de hemopneumotórax.

Fraturas de costelas são frequentemente encontradas e geralmente acompanhadas de uma rica sintomatologia. Dependendo da energia cinética transferida do trauma que as provocou, as fraturas podem apresentar-se como únicas, múltiplas, ou como de casos de afundamento torácico, cursando com quadros de tórax instável. Esses quadros de instabilidade cursam com movimentos respiratórios imprecisos e ineficientes, acentuado esforço inspiratório, pouca ou nenhuma troca ventilatória e, em muitos casos, hipoxia. O hemopneumotórax é muito comum.

Fraturas do esterno, cuja ocorrência, em geral, é consequência de um grande impacto, normalmente são transversas e ocorrem comumente no corpo do esterno. Após manobras de ressuscitação cardíaca, são comuns no terceiro e quarto espaços intercostais.

Contusões cardíacas são geralmente observadas em achados necroscópicos nas formas de simples equimoses, rupturas ou mesmo extensas lacerações de câmaras. Por ser o coração um órgão estrategicamente protegido, raros serão os achados necroscópicos de lesão cardíaca isolada. Uma força aplicada diretamente sobre o tórax pode provocar uma contusão da parede anterior do coração com a formação de hemorragia focal que, dependendo da região, induz arritmias cardíacas. Muitas lesões, leves ou moderadas, cicatrizam sem nenhuma sequela ou lesão residual. Quando o saco pericárdico não está lacerado, um tamponamento cardíaco pode provocar morte imediata, bastando para isso um extravasamento de apenas 150mL de sangue. Vasos ateroscleróticos são mais suscetíveis ao trauma, podendo ocluir-se pelo deslocamento de um trombo ou romper-se e causar grande hemorragia.

Simson descreveu uma síndrome encontrada em praticantes de paraquedismo que se caracteriza por laceração do queixo, fratura de esterno e lesão compressiva do coração.

Abdome

Normalmente, as *vísceras maciças* (como fígado, baço, pâncreas e rins) encontram-se mais protegidas sob o arcabouço ósseo ou na profundidade da cavidade (retroperitônio). Suas rupturas evoluem com intenso sangramento nos espaços intraparenquimatosos, subcapsulares ou intracavitários, e os sinais clínicos determinam prognóstico reservado, cursando, inclusive, com a possibilidade de choque. Com frequência, observam-se rupturas hepáticas, esplênicas e renais, seguidas pelas pancreáticas.

O fígado é o órgão mais comumente afetado no abdome em função de sua composição maciça, de seu grande volume e de sua localização suscetível (Figura 11.13). Doenças preexistentes podem deixá-lo mais friável e predisposto a lesões. Seu lobo direito é cinco vezes mais lesado do que o esquerdo, mais frequentemente em sua superfície convexa do que na plana.

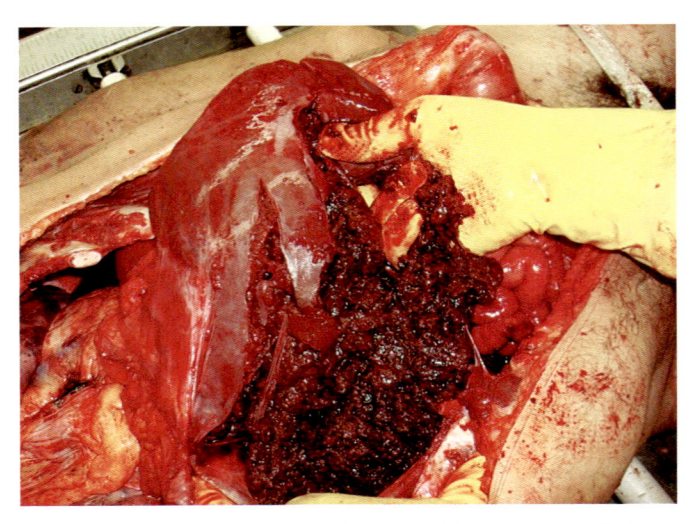

Figura 11.13 ▸ Laceração hepática em acidente automobilístico

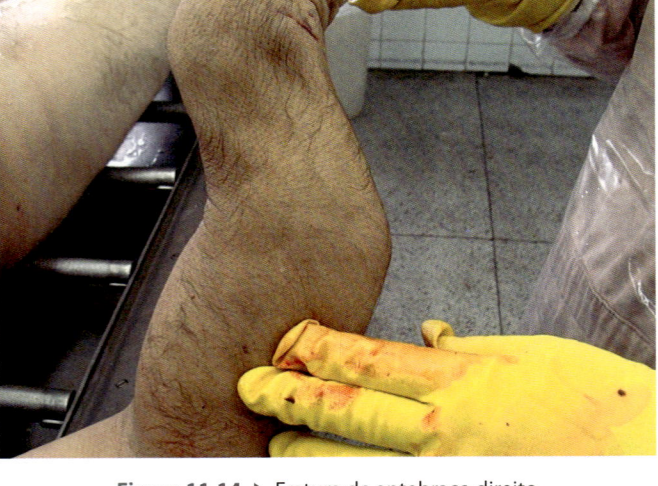

Figura 11.14 ▸ Fratura de antebraço direito

Os traumas sobre *vísceras ocas* são menos frequentes devido à mobilidade desses órgãos, porém, quando presentes, localizam-se mais comumente em suas porções fixas, como duodeno e jejuno, sendo normalmente traumas de grande energia cinética. A clínica de traumas de vísceras ocas cursa com a de um abdome agudo.

Lesões vesicais comportam-se tanto como lesões de órgãos maciços quanto ocos. Quando cheia, a bexiga adquire proporções acentuadas, assemelha-se aos órgãos maciços, e sua ruptura é intraperitoneal. Quando vazia, a possibilidade de lesão é muito pequena, normalmente associada a fraturas de pelve e, quando rota, extravasa para o retroperitônio.

Contusões Arteriais

Quando o instrumento contundente age sobre uma artéria que repousa sobre uma superfície rígida, poderá produzir ruptura ou mesmo lesão contusa na túnica externa (adventícia) ou íntima (endotélio). Quanto mais comprometida estiver a estrutura anatômica da artéria (aterosclerótica), maior o risco de ruptura.

A *ruptura arterial* evolui com rápido sangramento, importante sufusão entre os tecidos e até mesmo choque, caracterizando muitas vezes o perigo de morte.

A *contusão da adventícia* é caracterizada por um infiltrado hemorrágico na superfície externa da artéria e sua *lesão endotelial* por uma ruptura incompleta da túnica média, interferindo logicamente no fluxo sanguíneo e na formação de trombos.

Lesão Traumática dos Ossos

A contusão óssea é formada pela ação de instrumento contundente sobre o osso. Quando esta é causada por microfraturas de trabéculas ósseas, produz a formação de hematoma subperiostal ou equimose medular.

É chamada de *fratura óssea* a perda de continuidade total ou parcial dos ossos, podendo ser patológica ou traumática (esta de interesse médico-legal – Figura 11.14). Os traumas diretos podem produzir fraturas transversais; e os indiretos, fraturas oblíquas. Ambas cursam com dor, hematoma subperiostal, deformação anatômica, impotência funcional e crepitação. O tempo de consolidação do órgão em questão varia de acordo com cada caso e com relação ao osso, sendo em média de 1 a 2 meses.

LUXAÇÃO

Mais comum em homens e nos membros superiores, a luxação consiste no afastamento repentino e duradouro de uma das extremidades ósseas da articulação, provocando ruptura capsular. A articulação escapuloumeral é a mais comumente acometida, sobretudo por ter maior arco de rotação e ser uma das mais instáveis. As luxações são consideradas completas quando as superfícies articulares perdem totalmente as relações anatômicas.

São lesões mais graves que as entorses e, rotineiramente, de natureza grave.

ENTORSE

Trata-se de uma ruptura ligamentar, total ou parcial, consequente ao afastamento ósseo da articulação, sem que haja uma luxação. Normalmente aparece quando existe um afastamento ósseo além dos limites fisiológicos. É mais comum na articulação tibiotársica, em decorrência de um movimento repentino e intenso de adução do pé.

Acidentes Automobilísticos

Lesões podem ocorrer em vítimas dentro do automóvel que colide contra outro ou contra um objeto estático (poste, cerca, muro), ou em vítimas de atropelamento. Quando as vítimas se encontram dentro do veículo, as lesões mais comumente encontradas são as causadas por cintos de segurança, batidas no para-brisa, *air-bags*, cacos de vidro, componentes internos do carro, volante, entre outros. O tipo de lesão, sua localização e sua profundidade ajudam os peritos a caracterizar a posição da vítima no momento do acidente.

Os *air-bags*, que tanto contribuem para a prevenção de ferimentos, têm se desenvolvido constantemente e já passaram por três fases distintas. Na primeira, até 1998, continham gases (sódio azido, nitrogênio e dióxido de carbono), que eram acionados mediante impactos a velocidades muito altas (acima de 320km/h). A segunda geração, até 2004, era acionada a uma velocidade menor. Recentemente, os *air-bags* passaram a ser acionados por sensores a diferentes velocidades, dependendo da gravidade da lesão.

Lesões envolvendo pedestres (atropelamentos) normalmente são sérias e, muitas vezes, fatais. Em 82% dos casos, a colisão ocorre na região do para-choque e da grade dianteira. Desse modo, provoca mais frequentemente lesões de pelve e membros inferiores e tende a provocar fraturas cominutivas com grande laceração de partes moles. Traumatismos cranianos são frequentes quando a vítima lesiona a região craniofacial sobre o capô, o para-brisa ou o chão, ou é esmagada pelo veículo em movimento.

São denominadas esmagamentos as lesões em que todos os planos anatômicos de um segmento do corpo são comprimidos e distorcidos em uma porção ou em sua totalidade (Figura 11.15A). Normalmente, nesses casos, são encontrados todos os tipos de feridas contusas. As partes moles ficam muito laceradas e os ossos sofrem fraturas cominutivas extensas, sempre oriundas de excesso de energia cinética (Figura 11.15B).

Acidente Ferroviário

Chama a atenção por sua extensão e pela multiplicidade de lesões. Quando o acidente reduz a unidade corporal a fragmentos com esmagamentos e amputações, recebe o nome de *espotejamento* (Figura 11.16). A presença de reações vitais diferencia causas jurídicas,

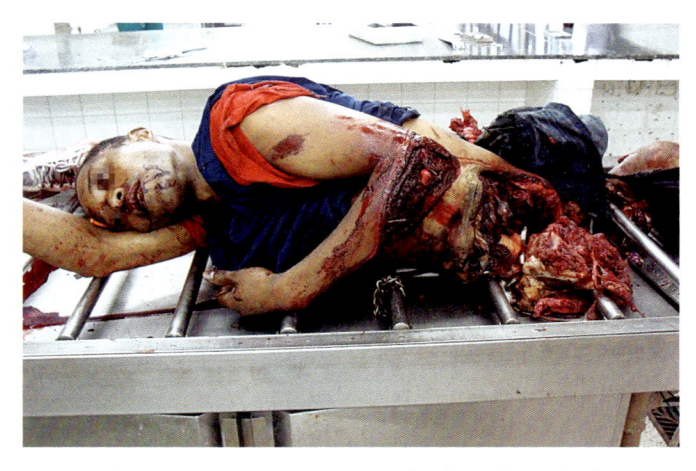

Figura 11.16 ▸ Espotejamento (acidente ferroviário)

como o acidente, o suicídio e o homicídio, dos atropelamentos pós-morte realizados para dissimular outras causas para o óbito.

Acidentes Aéreos

Normalmente provocam múltiplas lesões, fraturas cominutivas, queimaduras extensas e fragmentação corpórea. Os tipos de lesões encontradas ajudam os peritos a concluírem sobre as variações quanto ao tipo de acidente, como altura da precipitação, se houve ou não explosão, se houve colisão com outra aeronave, se a queda foi no chão ou no mar. De maneira geral, a maior dificuldade está na identificação das vítimas e não simplesmente na descrição das lesões (Figura 11.17).

Acidentes aeroviários são geralmente catastróficos, provocando mortes coletivas e de grande repercussão na mídia. Recentemente, no Brasil, houve três grandes acidentes aéreos: no primeiro, em que um avião comercial colidiu com um "Legassy" particular, sobre a floresta amazônica; no aeroporto de Congonhas, em São Paulo, uma aeronave da TAM saiu da pista

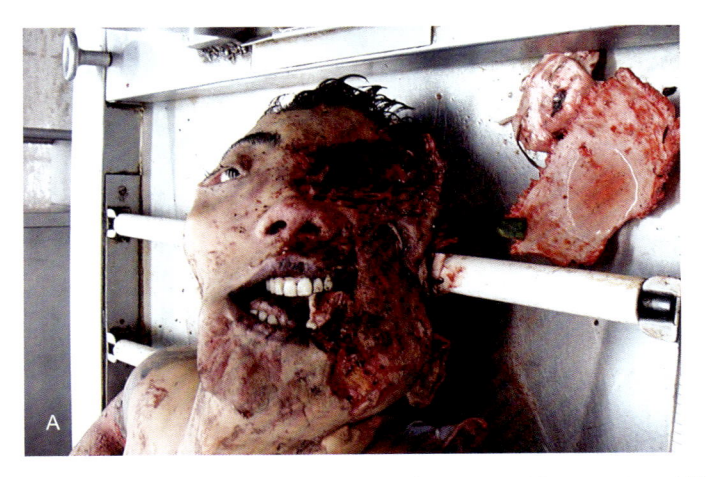 

Figura 11.15 ▸ **A.** Esmagamento craniano em acidente automobilístico. **B.** Esmagamento corporal em acidente envolvendo volumoso bloco de pedra

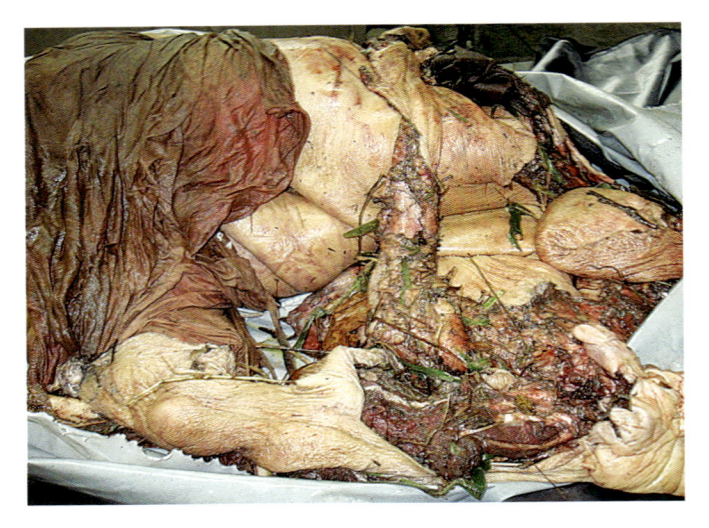

Figura 11.17 ▸ Despojos humanos em vítima de acidente aéreo

durante o pouso, colidindo com um prédio e causando o óbito de aproximadamente 200 pessoas; no da Air France, o terceiro, um avião caiu no Oceano Atlântico e suas causas ainda não foram determinadas.

Precipitações

São acidentes que normalmente evoluem com pouco acometimento cutâneo, porém com volumosas hemorragias internas, graves roturas de vísceras maciças e múltiplas fraturas. Essas características, quando a queda atinge sobretudo as extremidades superiores, tem um aspecto em "saco de noz" (muita integridade da pele com fraturas cominutivas extensas do crânio). Quando o trauma atinge as extremidades inferiores, verifica-se a presença de fraturas de pernas e braços, principalmente pela tentativa de amortecimento da queda. Quando laterais, fraturas de arcos costais e de órgãos internos são as mais comuns.

Apresentam causas jurídicas variadas entre o suicídio, o homicídio e o acidente (Figura 11.18). Em caso de suicídio, normalmente encontra-se uma distância entre o local de impacto no chão e o ponto de lançamento maior, dado o impulso exercido pela vítima. Em geral, o lançamento é em pé e a alturas de até 50 metros, não havendo distorção do corpo. A queda de cabeça é rara.

Em caso de homicídio, os impulsos são passivos, provocados por outras pessoas e também com distanciamento entre a localização do corpo e seu ponto de precipitação. Há ainda distorções do corpo na queda em virtude da tentativa da vítima de se agarrar a algo e se salvar. Nos acidentes, a distância do corpo é menor, precipitando quase por deslizamento. Encontra-se desordenamento do corpo na queda.

Feridas Incisas

Feridas incisas são as lesões provocadas pelo deslizamento de um instrumento cortante e por leve pressão. Normalmente apresentam-se com vertentes regulares que se coaptam quando aproximadas, com profundidade maior na porção central da ferida, grande hemorragia, presença de cauda de escoriação, fundo limpo sem trabéculas e margens sem escoriações ou outras lesões contusas (Figura 11.19). São alguns exemplos de instrumentos cortantes: navalha, cacos de vidro, folhas de metal e folhas de papel.

Além das feridas incisas típicas, elas ainda podem ser cirúrgicas (incisões de ato cirúrgico), de defesa (em mãos, antebraços e pés), em retalho (oblíquas que levantam tecido cutâneo), mutilantes (com perda de segmento ou tecido) e autoproduzidas (em áreas de alcance da própria mão da vítima).

Apesar de alguns autores classificarem como ferida incisa apenas os casos cirúrgicos, concordamos com autores como Hélio Gomes, Delton Croce, Higino Hércules e Hermes Alcântara, entre outros, que preferem não especificá-la. O termo ferida cirúrgica pode ser usado nesses casos, mas são aqui denominadas incisas quando produzidas por instrumentos cortantes de interesse médico-legal.

Nos casos de lesões que se cruzam, a primeira sempre obedece às características enunciadas anteriormente, inclusive a de coaptação das bordas, quando aproximadas. A segunda, no entanto, não segue um trajeto retilíneo por encontrar as margens já afastadas (Figura 11.20).

As feridas incisas geralmente são encontradas com maior frequência em casos de acidentes e homicídios, podendo também ser observadas em suicidas. Entre elas são salientados o esquartejamento, o esgor-

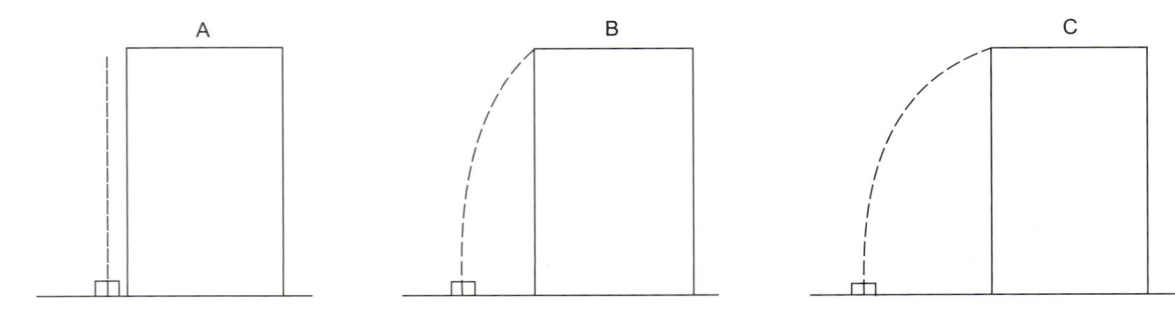

Figura 11.18 ▸ Precipitações: (**A**) acidente, (**B**) homicídio e (**C**) suicídio (Fonte: França, 1998.)

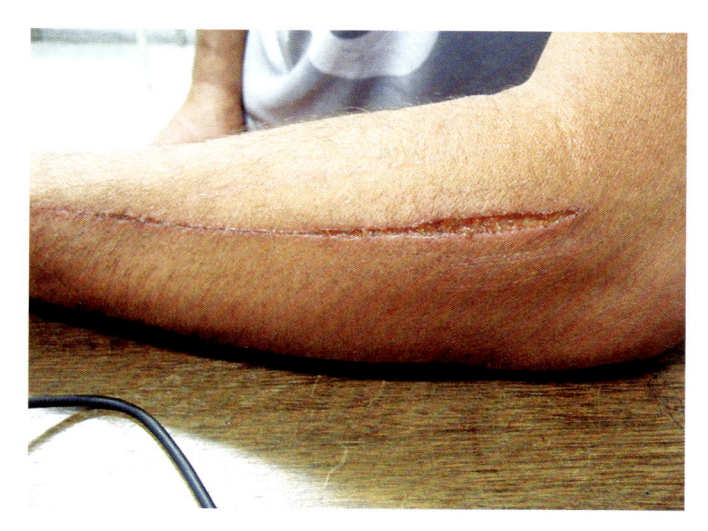

Figura 11.19 ▶ Ferida incisa (verificar a cauda de escoriação)

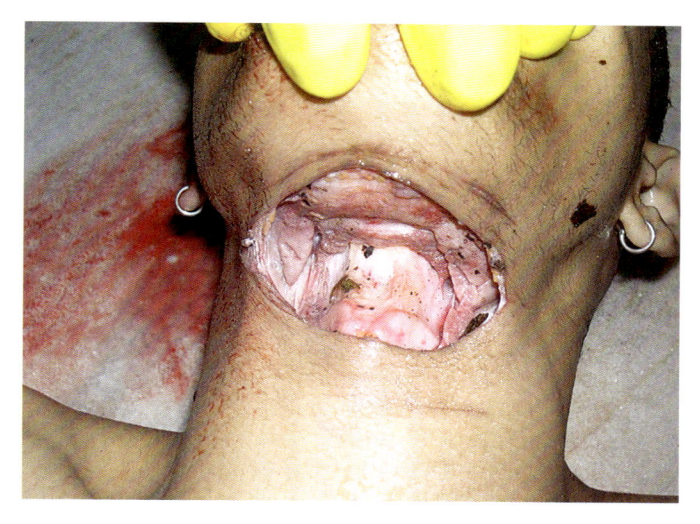

Figura 11.21 ▶ Esgorjamento

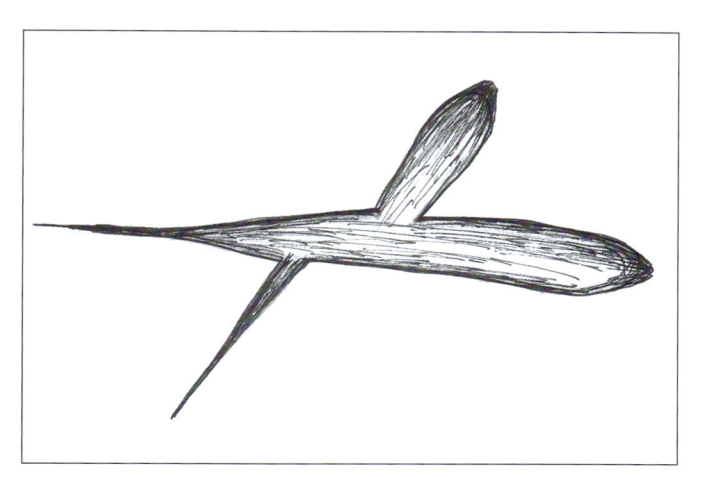

Figura 11.20 ▶ A ferida horizontal foi a primeira a ocorrer, enquanto a transversal, a segunda, por não apresenta trajeto contínuo

Tabela 11.2 ▶ Comparação das características de lesões contusas e incisas com suas diferenças

Características	Contusas	Incisas
Bordas	Irregulares	Regulares
Vertentes	Irregulares	Regulares
Margens	Com escoriações e equimoses	Sem lesões
Fundo	Irregular e com trabéculas	Regular e sem trabéculas
Hemorragia	Difusa	Volumosa
Extremidade	Irregular	Com cauda de escoriação

jamento, o degolamento e a decapitação, nos quais, além da ação simples por deslizamento, podem estar presentes outras formas de energia concomitantes. O esquartejamento caracteriza-se pela divisão do corpo em partes (quartos) com a finalidade, muitas vezes, de impedir sua identificação. O esgorjamento, por sua vez, é o ato de provocar uma ferida longa, profunda e transversal em região cervical anterior, lesando, além dos planos cutâneos, vasculonervosos e musculares, órgãos como laringe, traqueia e esôfago (Figura 11.21). Nesses casos, o óbito é causado por sangramento ativo dos vasos cervicais ou por asfixia provocada pela aspiração de sangue quando a traqueia é seccionada. As hipóteses de lesões do nervo vago e de embolia gordurosa também devem ser aventadas. Degolação é a ferida que ocorre em região cervical posterior. Por fim, a decapitação é uma forma mais rara de feridas incisas e traduz-se pela separação da cabeça do corpo.

Feridas Puntiformes ou Perfurantes

Consistem em feridas provocadas por instrumento perfurante. A transferência da energia cinética se dá por pressão em determinada superfície e age, normalmente, afastando as fibras dos tecidos. Os orifícios de entrada são normalmente mínimos, com pouco sangramento e recobertos por crostícula sero-hemática, porém as feridas podem ser profundas e capazes de lesionar órgãos internos vitais. Podem ser provocadas por instrumentos de calibre mínimo, normalmente com menos de 1mm (alfinetes ou agulhas), ou de calibre mais grosso (espetos de churrasco, agulhas de tricô, furador de gelo), podendo, neste caso, tomar configurações mais ovaladas (botoeiras), ponta de seta ou amorfas, de acordo com as linhas de força de cada região. Essas linhas de força obedecem à musculatura de cada área, de modo que o maior diâmetro da ferida apresenta-se na direção das fibras musculares subjacentes à pele (Leis de Filhos & Langer) (Figura 11.22).

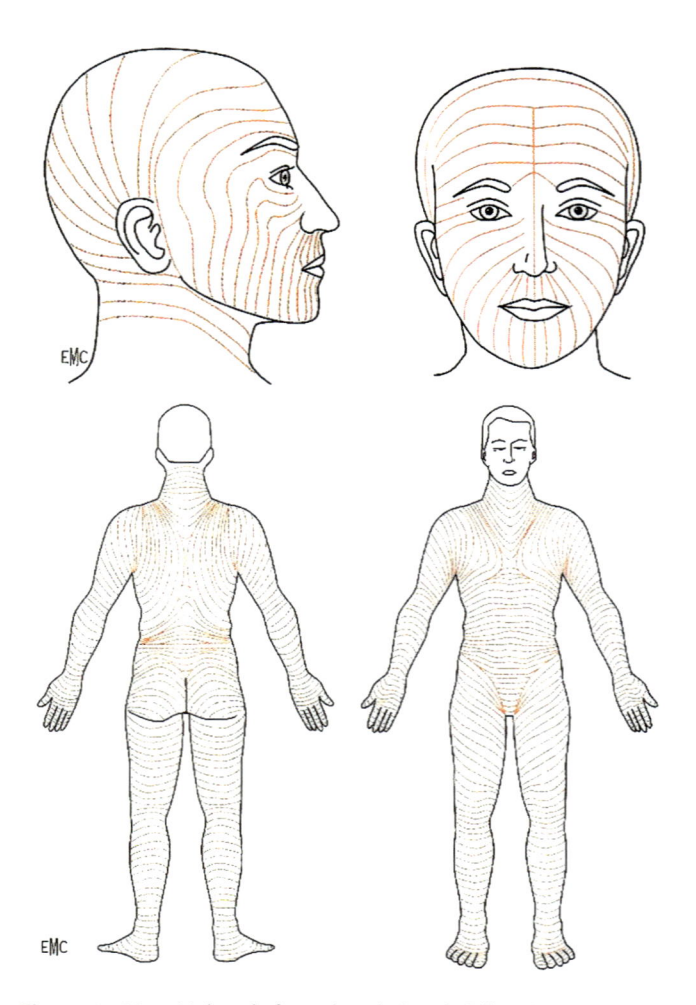

Figura 11.22 ▶ Linhas de força da pele (Lei de Filhos & Langer)

Essas lesões (Figura 11.23) apresentam trajeto retilíneo, com profundidade maior que o diâmetro, e podem terminar em fundo cego ou ser transfixantes. Nesse caso, o orifício de saída obedece às mesmas características do de entrada.

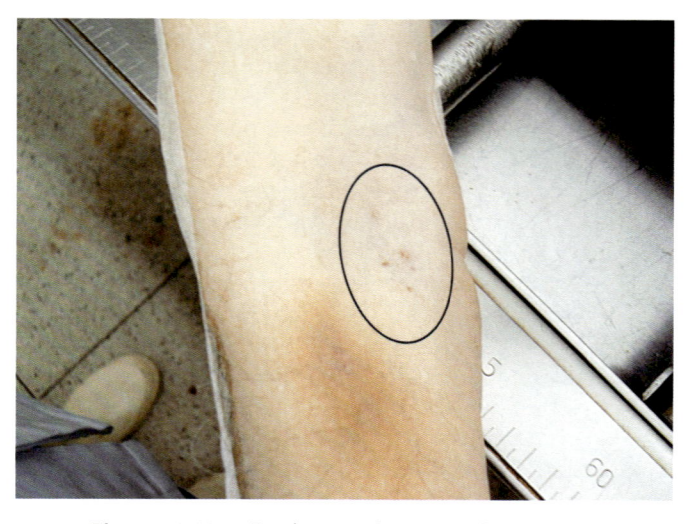

Figura 11.23 ▶ Feridas puntiformes em fossa cubital

Feridas Perfuroincisas

São feridas provocadas por instrumentos de mecanismo misto: penetram perfurando com a ponta e cortando com as bordas. Agem dessa maneira por pressão e secção. Existem instrumentos de um só gume, como a faca-peixeira, que provocam uma ferida com ângulo agudo de um lado e arredondada do outro; há também instrumentos de dois gumes, como o punhal, cujos cantos são bilateralmente agudos; ou os mais atípicos, como a lima, que provocam feridas de formato triangular ou estrelado (Figura 11.24).

São normalmente mais profundas do que largas ou compridas e apresentam margens, bordos, vertentes e hemorragia semelhantes às feridas incisas simples. Podem ainda ser classificadas como penetrantes (perfurando cavidades – Figuras 11.25 e 11.26), transfixantes (atravessando total ou parcialmente órgãos e estruturas) ou em fundo de saco (limitam-se a seu comprimento ou encontram alguma resistência).

A lesão denominada *lesão em acordeão* caracteriza-se por uma ferida com componente penetrante muito maior do que o tamanho do instrumento que a causou (Figura 11.27) e ocorre por um movimento retrátil, como a flexão do abdome, conseguindo o instrumento atingir órgãos ou estruturas extremamente profundas.

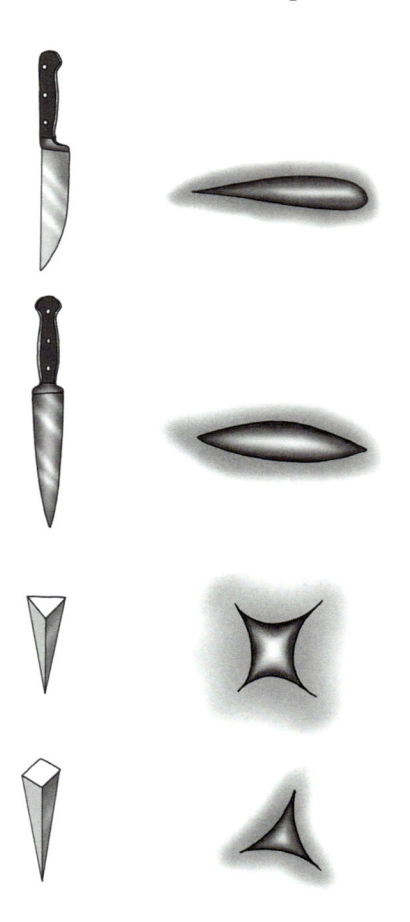

Figura 11.24 ▶ Alguns exemplos de instrumentos e suas respectivas feridas

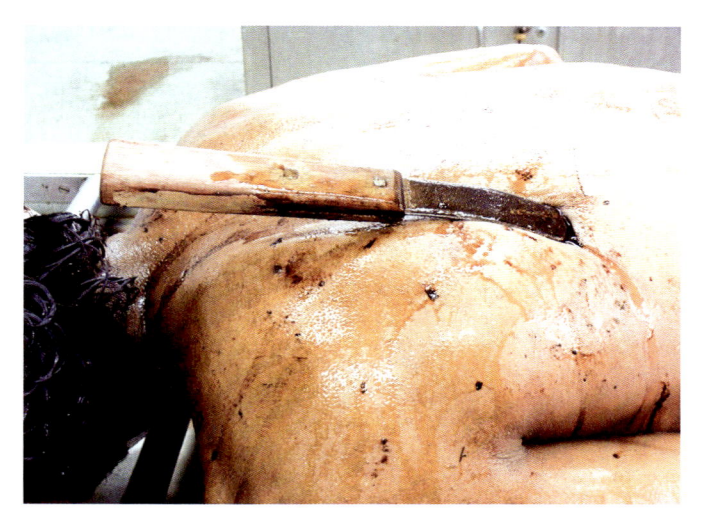

Figura 11.25 ▸ Ferida perfuroincisa com instrumento ainda preso ao corpo

Feridas Cortocontusas

São feridas de instrumentos mistos que, mesmo sendo portadores de gume, são influenciados pela ação contundente, ou seja, mais por pressão do que por deslizamento. Normalmente não existem caudas de escoriações. São exemplos de instrumentos corto-contusos: facão, foice, dentada, serra elétrica ou guilhotina.

As feridas podem apresentar bordos nítidos e regulares com vertentes que se adaptam, nos casos de instrumentos com gume bem afiado, mas também irregulares com equimose e trabéculas, quando os instrumentos são mais rombos, como no caso das dentadas. Uma avaliação minuciosa das bordas, da profundidade, das vertentes e das lesões internas auxilia o diagnóstico (Figuras 11.28 e 11.29).

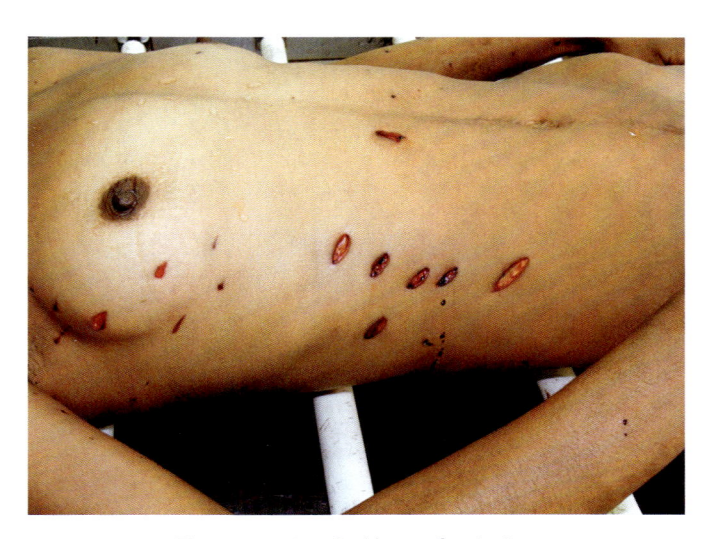

Figura 11.26 ▸ Feridas perfuroincisas

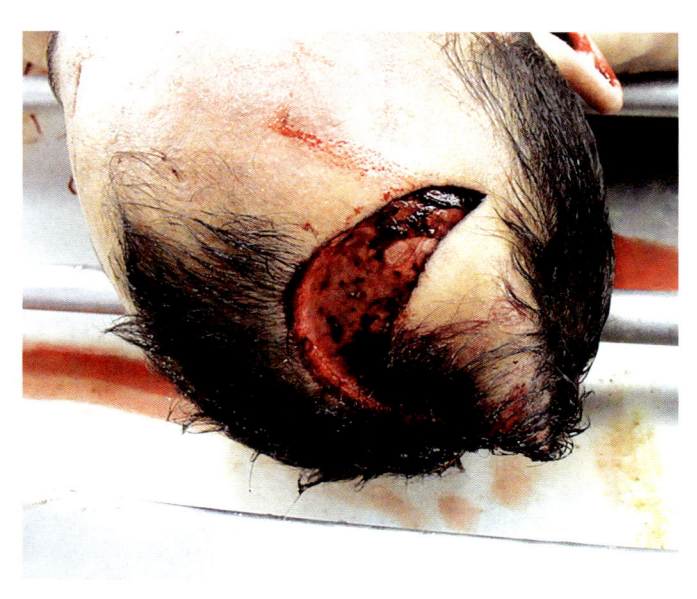

Figura 11.28 ▸ Ferida cortocontusa

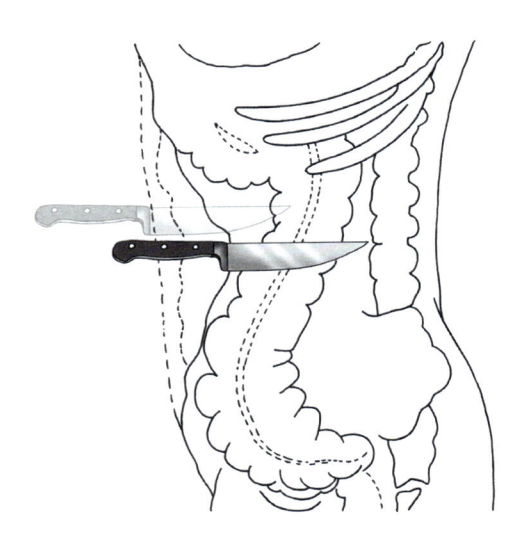

Figura 11.27 ▸ *Lesão em acordeão* – a flexão do abdome aumenta a profundidade do instrumento.

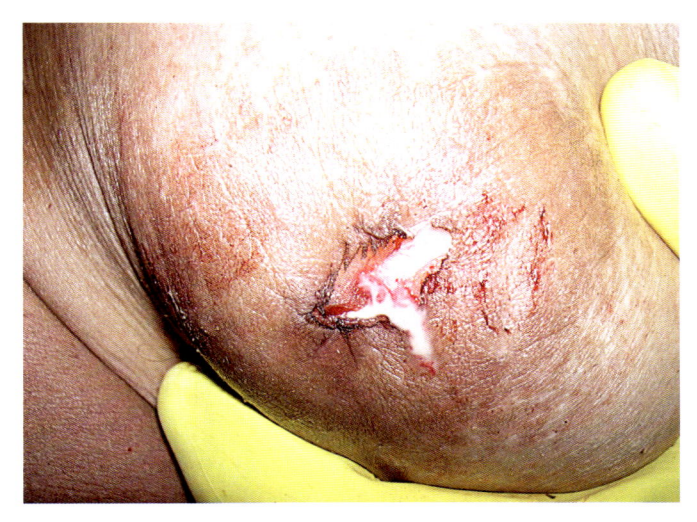

Figura 11.29 ▸ Avulsão do mamilo por dentada (ferida cortocontusa)

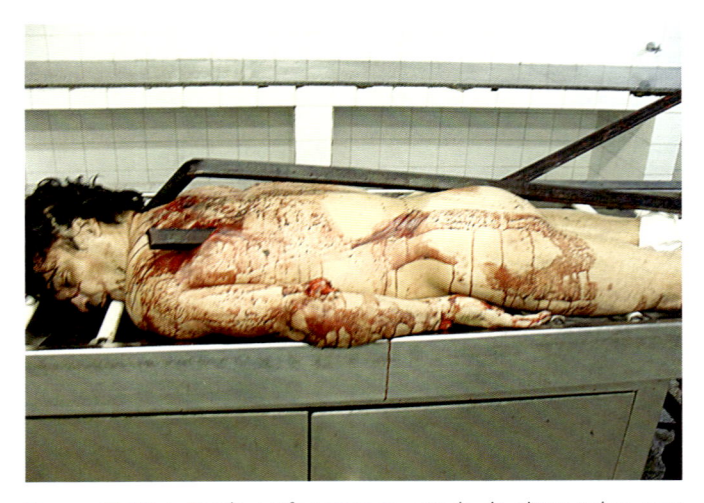

Figura 11.30 ▸ Ferida perfurocontusa: queda de altura sobre uma grade de portão (suicídio)

Feridas Perfurocontusas

São também feridas de instrumentos com mecanismo misto, que tanto perfuram como contundem, apesar de a ação perfurante prevalecer (Figura 11.30). Cabos de guarda-chuva e "suchos" são exemplos, porém, indiscutivelmente, projéteis de arma de fogo são os instrumentos mais comuns.

Será descrita a seguir, sucintamente, a classificação das armas de fogo, munição, noção de balística, características das feridas (orifícios de entrada e de saída) e o trajeto dos projéteis de arma de fogo.

Classificação das Armas de Fogo (Conceito)

Com relação a sua *dimensão*, a arma pode ser considerada portátil, como as de cano curto (revólveres e pistolas) e as de cano longo (fuzis, espingardas, metralhadoras), ou não (artilharia).

Seu *municiamento* pode ser anterior ou de antecarga, quando colocado pela extremidade anterior do cano; por retrocarga, quando colocado por trás, como nos tambores (revólveres) e em pentes (pistolas).

Apresentam *formas de combustão* variadas, como pederneira, pavio ou espoletas (no ouvido ou no estojo da munição).

A *alma do cano* da arma pode ser lisa (geralmente de caça) ou com raias, que são saliências encontradas na face interna do cano com a finalidade de imprimir um movimento de rotação ao projétil capaz de permitir uma trajetória estável. São chamadas de dextrógiras quando o movimento é para a direita e de levógiras quando para a esquerda.

A *determinação do calibre* da arma varia de país para país, dependendo de critérios próprios adotados: na Inglaterra, utilizam-se os milésimos de polegada; nos EUA, os centésimos de polegada. Por exemplo, uma arma pode ser de calibre 38 (americano) ou 380 (inglês).

Nesses casos, a referência é a base do estojo do cartucho. Tanto no Brasil como na França a medida adotada é em milímetros, que considera a distância entre dois cheios da alma do cano, medida na boca da arma. Todas essas medidas são consideradas calibres reais. Serão chamadas de nominais quando o número de projéteis contidos na carga corresponder ao peso de uma libra. Por exemplo, uma arma será calibre 36 se em sua carga constarem 36 projéteis iguais, pesando juntos uma libra. Armas de calibre nominal são normalmente de caça exatamente para aumentar o potencial de acerto no alvo (Figura 11.31).

Munição

A munição é representada pelo cartucho, constituído de cinco elementos: cápsula (ou estojo), espoleta (ou escorva), bucha, pólvora e o projétil.

A *cápsula* é uma estrutura composta de metal ou papelão, de forma cilindro-cônica, que envolve todos os demais elementos da munição.

A *espoleta* é a parte da munição acionada pelo percussor da arma que inflama a pólvora e aciona a explosão. É constituída, principalmente, de estifinato de chumbo ou fulminato de mercúrio.

A *bucha* separa a pólvora do projétil, podendo ser confeccionada de metal, feltro, cartão, couro, cortiça ou borracha.

Pólvora é a substância explosível utilizada para a detonação de gases e a deflagração do projétil. Pode ser negra – mais antiga, produtora de intensa fuligem e composta de enxofre, salitre e carvão – ou branca, piroxilada – mais moderna, produtora de poucos resíduos fuliginosos, constituída de algodão – pólvora ou nitrocelulose.

Noções de Balística

O estudo da balística forense constitui, por si só, um capítulo à parte que se aprofunda nos conhecimen-

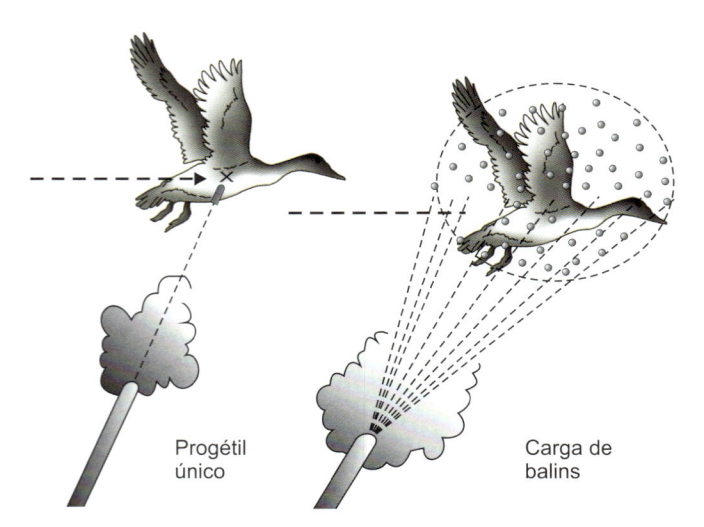

Progétil único   Carga de balins

Figura 11.31 ▸ Diferença entre a arma de calibre real e a de calibre nominal (arma de caça). Aumento do potencial de acerto do alvo (Fonte: Rabello. Balística Forense.)

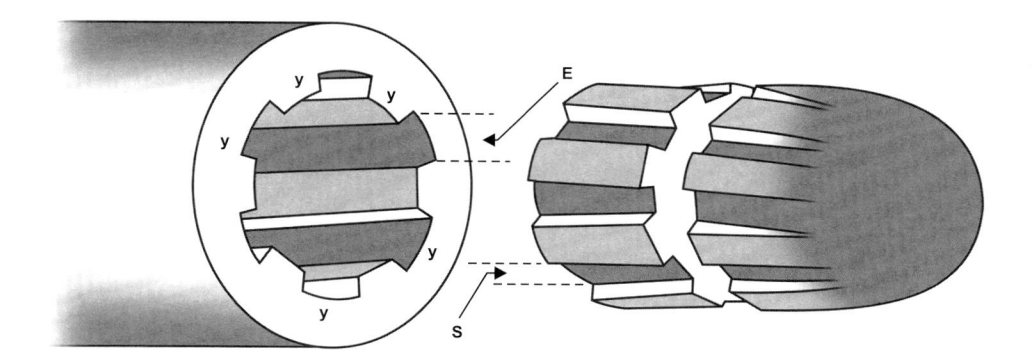

Figura 11.32 ▸ Elementos de identificação de um projétil: estrias (E) e sulcos (S) (Fonte: Simonin. Medicina Legal Judicial.)

tos técnicos das armas, suas munições e seus efeitos. Didaticamente, é dividida em balística interna e balística externa.

A balística interna estuda o funcionamento da arma, a pressão dos gases, o tipo de munição, a velocidade do projétil, seus movimentos rotatórios e a velocidade de recuo, entre outros. A balística externa estuda a trajetória, a resistência do ar, a gravidade, o ângulo do tiro e seu alcance, entre outros.

Para identificação da arma é possível avaliá-la como direta (quando realizada na própria arma) ou indireta (quando feita mediante comparações nos elementos de sua munição). Indiretamente, estudam-se os efeitos impressos deixados na cápsula e na espoleta, nos casos de armas de alma lisa, ou microdeformações (estrias), nos casos de armas de alma raiada (Figura 11.32).

Características do Orifício de Entrada

A distância do disparo modifica completamente as características encontradas no orifício de entrada.

Considera-se *tiro encostado* quando o cano da arma fica total ou parcialmente encostado no alvo. Nesses casos, os gases, o projétil, a fuligem, as partículas e a chama penetram no subcutâneo e seus gases provocam uma verdadeira explosão da pele, dilacerando os tecidos moles e levando à formação de um orifício de entrada de forma irregular, denteado e com entalhes. O orifício de entrada normalmente possui diâmetro maior ou igual ao calibre do projétil. Se o tiro encostado encontra um anteparo ósseo, provoca a eversão das margens e o aspecto de uma mina que, quando se localiza na fronte, recebe o nome de *câmara de mina de Hoffmann*.

No caso de tiros dados no crânio, nas costelas e nas escápulas, pode-se encontrar um halo fuliginoso na lâmina externa do osso, conhecido como *sinal de Benassi*. Constata-se ainda, em superfícies ósseas, que sua extremidade externa possui um diâmetro menor do que a interna, uma vez que o projétil, por pressão, desfragmenta e arrasta esses fragmentos para a outra extremidade (Figura 11.33). O orifício de entrada ósseo é regular e o de saída, irregular, escavado e em forma de cone. Ele recebe o nome de *funil de Bonnet* por ter sido este o primeiro autor a descrevê-lo.

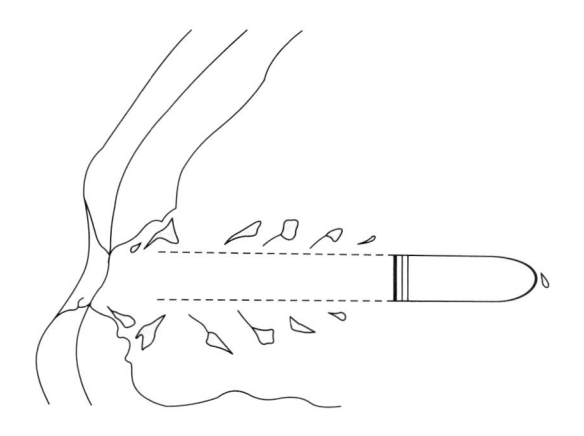

Figura 11.33 ▸ Mecanismo de formação do funil de Bonnet. A superfície interna possui diâmetro maior que a externa (Fonte: Di Maio. *Gun Shot Wounds.*)

Nos orifícios de tiros encostados não se observam características como a zona de tatuagem ou a fuligem (esfumaçamento), uma vez que todos esses elementos penetram no interior da ferida (Figuras 11.34 a 11.36).

Nos tiros *à queima-roupa* (assim denominados quando caracterizam tiros até a distância de 10cm), verificam-se ricos detalhes que muito podem caracterizar essas lesões. O impacto do projétil, o calor da combustão, a fumaça da pólvora e os resíduos incombustos fornecem elementos de grande valor pericial. Encontram-se zonas de contusão e enxugo, esfumaçamento, tatuagem e ainda de queimadura (Figuras 11.37 e 11.38).

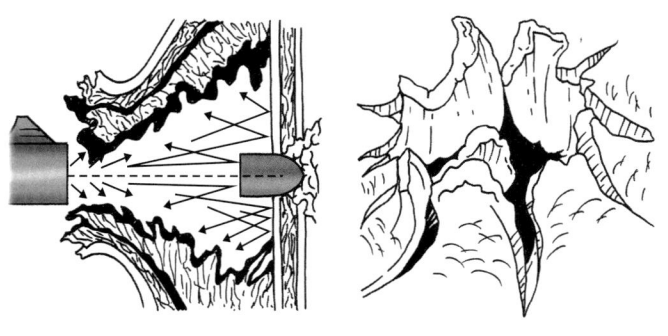

Figura 11.34 ▸ Efeito explosivo do tiro encostado. Formação da câmara de mina (Fonte: Rabello. Balística Forense.)

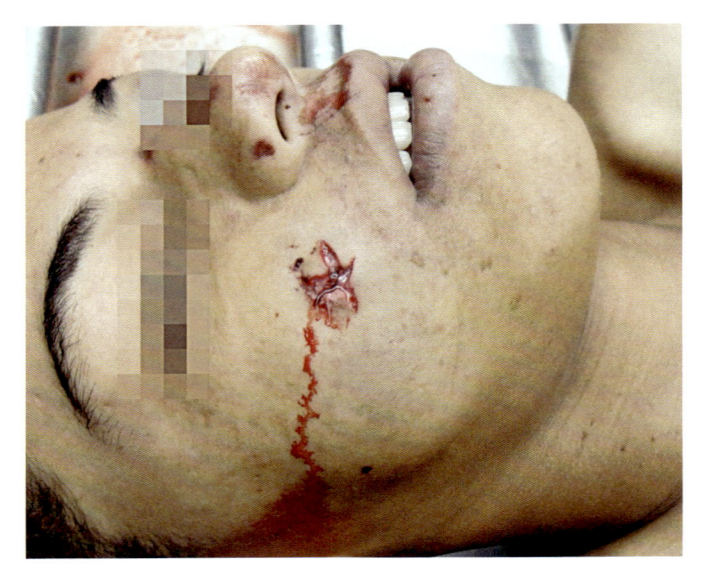

Figura 11.35 ▸ Tiro encostado (orifício de entrada estrelado, irregular e evertido)

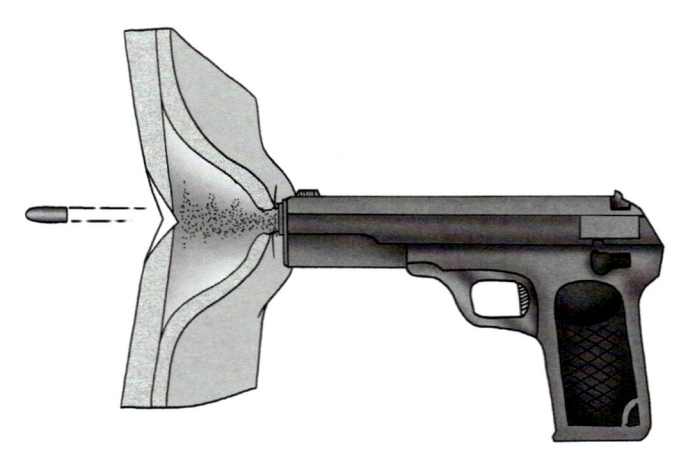

Figura 11.36 ▸ Ilustração de um tiro encostado – todos os componentes do tiro penetram o subcutâneo (Fonte: Svensson & Wendell.)

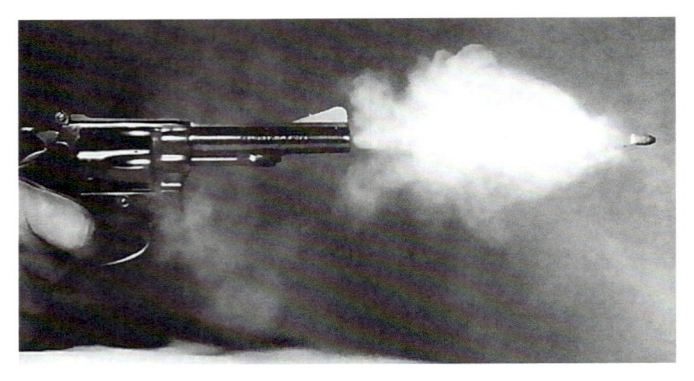

Figura 11.38 ▸ Tiro deflagrado de um revólver. Verificar a área de esfumaçamento provocada que, quando a pequena distância, impregna as vestes ou a pele da vítima (Fonte: Di Maio. *Gun Shot Wounds*.)

A zona de contusão é uma orla pequena, apergaminhada, que circunda o orifício de entrada, consequente à escoriação cutânea provocada pela pressão exercida pelo projétil para romper a resistência da pele. Normalmente é circular nos tiros perpendiculares e ovalada nos tiros oblíquos, o que contribui para a determinação da direção do tiro.

O halo de enxugo caracteriza-se também por uma orla que circunda o orifício de entrada que enxuga ou que limpa os resíduos de pólvora, graxa ou demais impurezas do projétil. Assim como o halo de contusão, auxilia a resolução do sentido do disparo (Figuras 11.39 e 11.40). Logicamente, anteparos físicos, como a própria roupa da vítima, impedem sua formação.

A zona de tatuagem é um sinal típico de um tiro proferido a curta distância, caracterizado pela impregnação de grãos, combustos ou incombustos e de pólvora em torno apenas do orifício de entrada. É fixa, não sendo eliminada após a limpeza local. Sua presença maior de um lado do orifício do que de outro também orienta a determinação da obliquidade do tiro (Figuras 11.41 e 11.42).

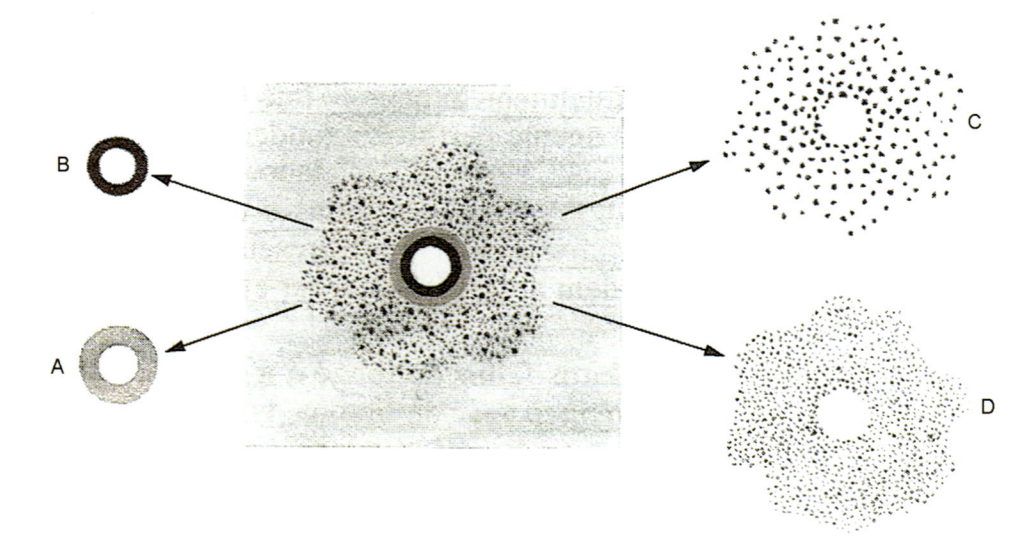

Figura 11.37 ▸ Elementos encontrados em um tiro à queima-roupa. **A.** Halo de contusão. **B.** Halo de enxugo. **C.** Zona de esfumaçamento. **D.** Zona de tatuagem (Fonte: Croci D & Croci Júnior D. Manual de Medicina Legal.)

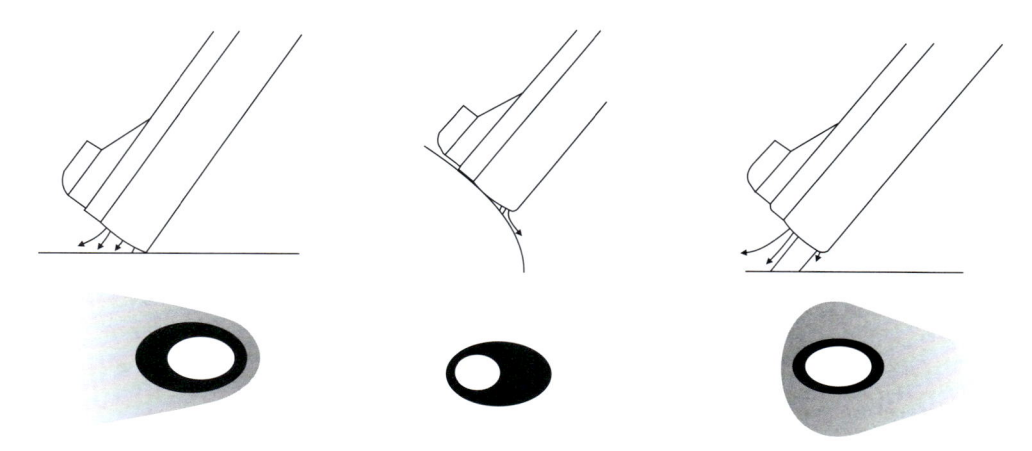

Figura 11.39 ▶ O tipo de inclinação da arma e sua distância provocam efeitos absolutamente diferentes dos halos de contusão e enxugo e das zonas de tatuagem e esfumaçamento (Fonte: Di Maio. *Gun Shot Wounds*.)

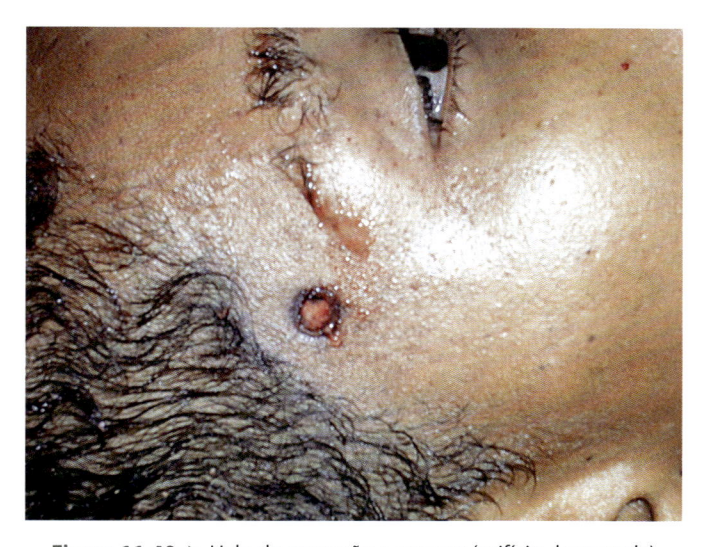

Figura 11.40 ▶ Halo de contusão e enxugo (orifício de entrada)

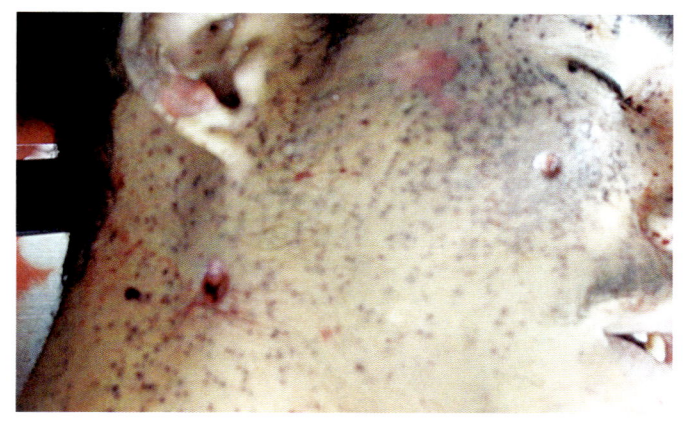

Figura 11.42 ▶ Tiro à queima-roupa (dois orifícios de entrada)

A zona de esfumaçamento é decorrente do depósito de fuligem da combustão da pólvora deixada ao redor do orifício de entrada. Não é fixa, uma vez que não penetra a pele. Desse modo, os legisperitos deverão ficar atentos para visualizá-la antes da lavagem do corpo e na verificação das vestes (Figura 11.43).

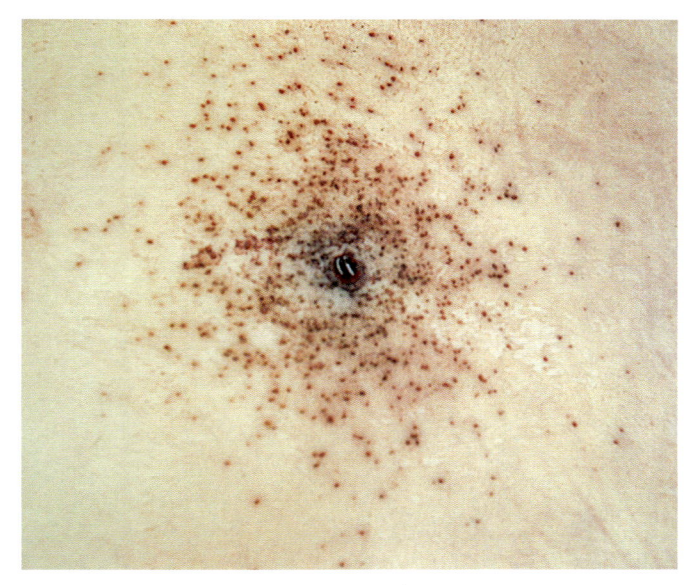

Figura 11.41 ▶ Zona de tatuagem

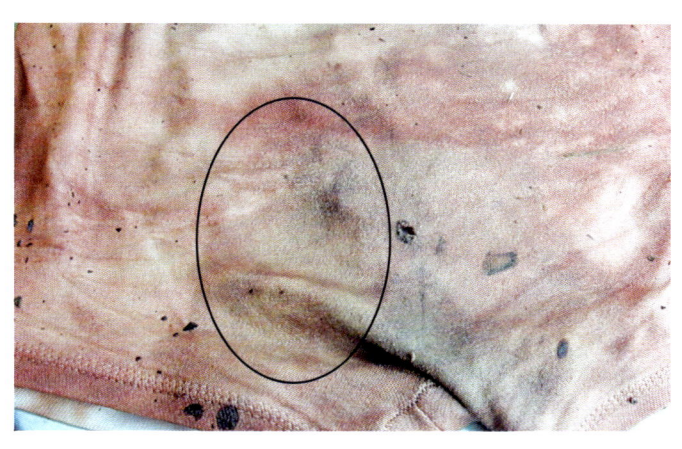

Figura 11.43 ▶ Veste apresentando orifício de entrada e fuligem (esfumaçamento)

A zona de queimadura (ou de chamuscamento) é produzida pelo calor dos gases da detonação sobre a pele e seus anexos. Quando em área pilosa, existe o chamuscamento desses pelos. Também só pode ser visualizada em tiros à queima-roupa, já que esse calor alcança apenas uma pequena distância da arma (Figuras 11.44 e 11.45).

O orifício de entrada de *tiro a distância* apresenta características menos expressivas do que os de menor distância, uma vez que está livre de seus efeitos secundários (queimaduras, zona de tatuagem e esfumaçamento). Apresenta apenas orla de contusão e enxugo e aréola equimótica. Suas bordas são invertidas e o diâmetro menor que o projétil, visto que sofre influência da contração elástica da região (Figuras 11.46 e 11.47).

Considera-se aréola equimótica o extravasamento de sangue, infiltrando os tecidos, provocado pelo rompimento de pequenos vasos sanguíneos atingidos pelo projétil (Figura 11.48).

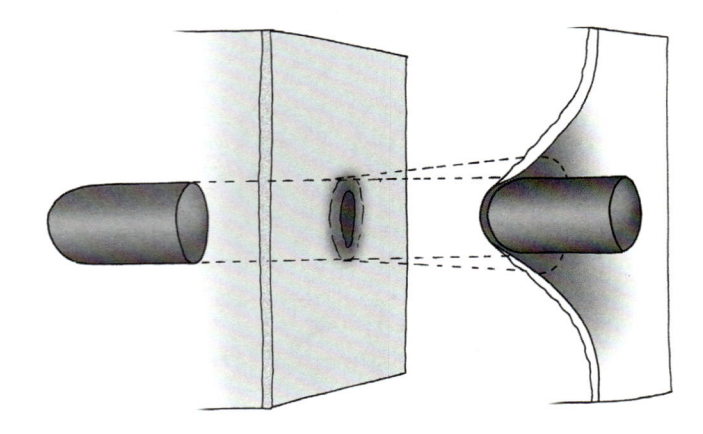

Figura 11.46 ▸ Tiro a distância – bordas invertidas com diâmetro menor do que o projétil (Fonte: Croci D & Croci Júnior D. Manual de Medicina Legal.)

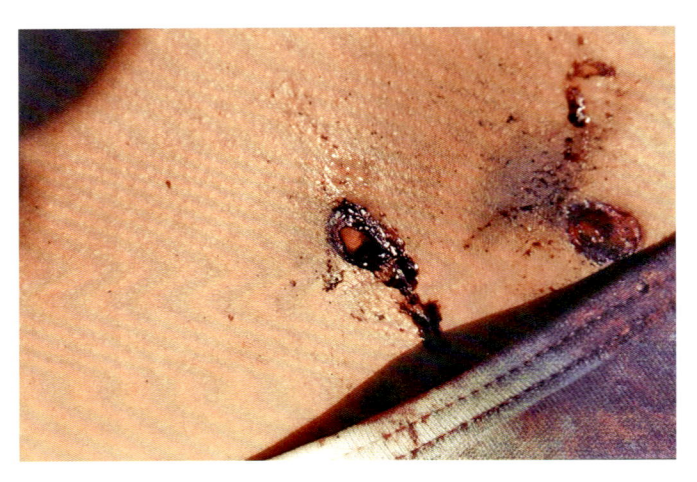

Figura 11.44 ▸ Zona de chamuscamento (Fonte: Bonaccorso N – Internet.)

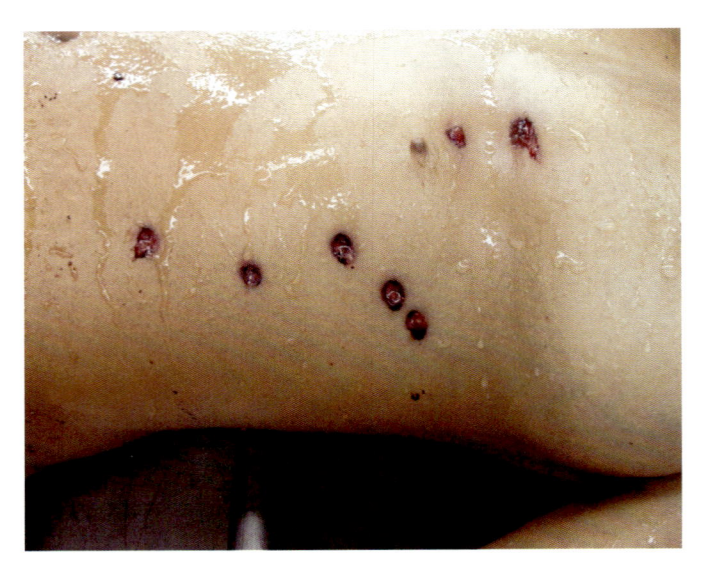

Figura 11.47 ▸ Orifícios de entrada (tiro a distância)

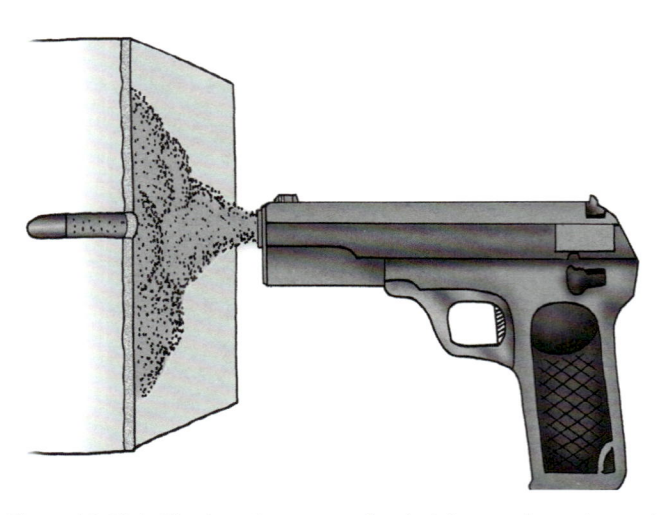

Figura 11.45 ▸ Tiro à queima-roupa. A pele é rica em elementos periciais (Fonte: Svensson & Wendell.)

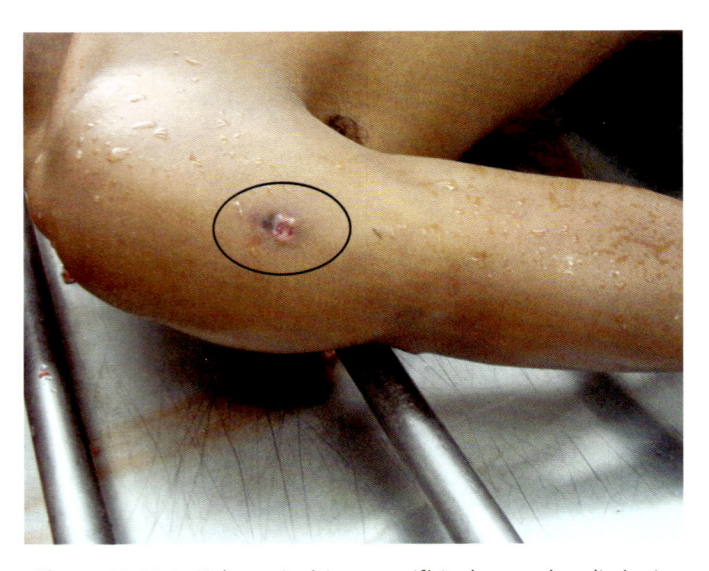

Figura 11.48 ▸ Halo equimótico em orifício de entrada a distância

Características do Orifício de Saída

Obviamente, os orifícios de saída só estão presentes nos casos de transfixação do corpo ou de algum de seus segmentos. Independem da distância do tiro e caracterizam-se por apresentar bordas evertidas (por pressão dos tecidos internos para fora), mais irregulares e de maior diâmetro do que o projétil (por movimentação e deformação no interior do corpo), normalmente mais sangrantes (eliminação do sangue extravasado), podendo conter aréola equimótica (Figuras 11.49 e 11.50).

Trajeto

Trata-se do percurso do projétil desde seu orifício de entrada até seu local de recuperação no interior do corpo (trajeto fechado), ou até seu orifício de saída, quando transfixante (trajeto aberto). Diferencia-se de trajetória por ser essa uma distância maior, percorrida desde o ponto de disparo até sua percussão em um local de impacto ou até sua recuperação quando o tiro não o atinge.

O trajeto pode seguir de forma simples, quando linear, ou complexa, ao resvalar em um osso que o desvia, por exemplo, e ser único ou múltiplo, quando o projétil se fragmenta.

Cabe aos peritos a determinação desses trajetos, definindo-os em três dimensões: craniocaudal, laterolateral e anteroposterior. Em membros móveis, a determinação do trajeto pode ser feita na posição anatômica do corpo, mas, muitas vezes, não corresponde ao trajeto real devido à dinâmica no momento em que o corpo sofreu o tiro (Figuras 11.51, 11.52 e 11.53).

A recuperação do projétil, quando alojado no corpo, é de fundamental importância, uma vez que os estudos de balística ajudam na determinação do calibre e do tipo de arma e em sua identificação. Para que sejam

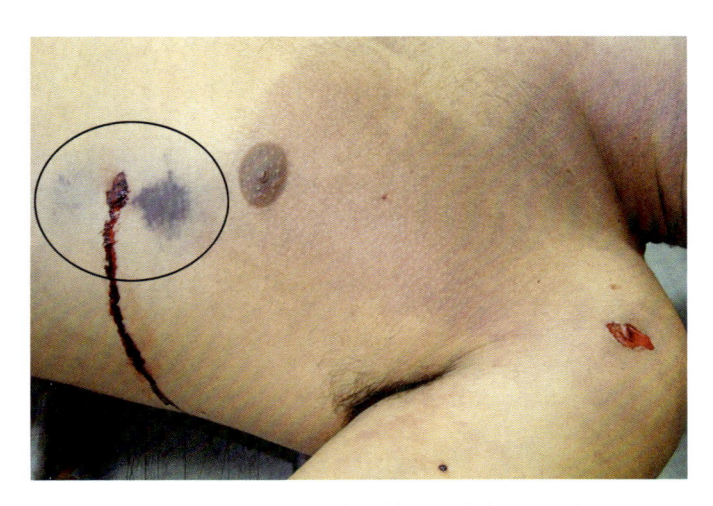

Figura 11.49 ▸ Orifício de saída com halo equimótico

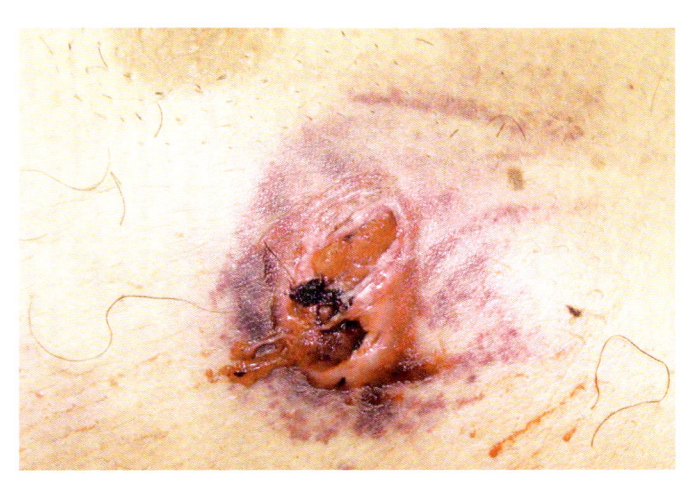

Figura 11.50 ▸ Halo equimótico circundando dois orifícios de saída

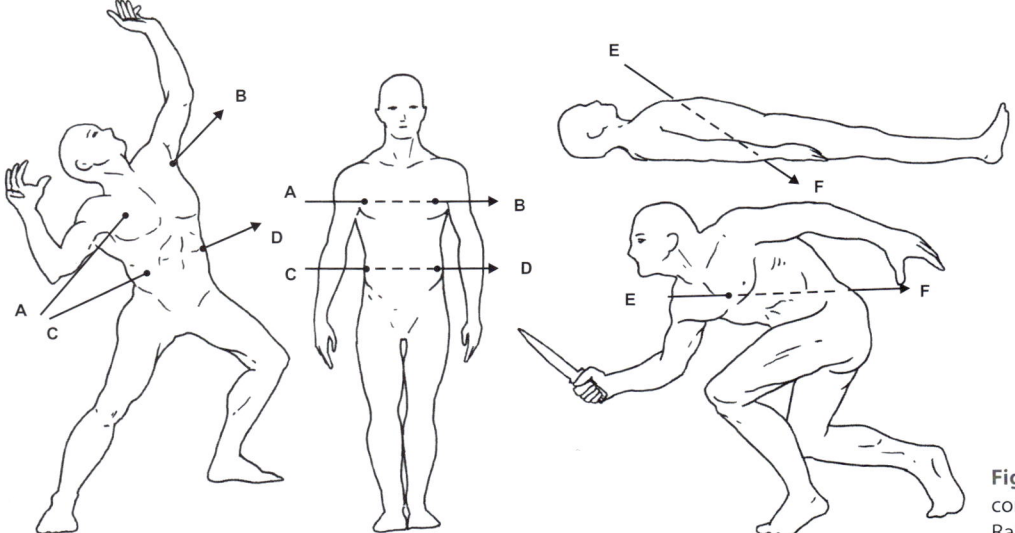

Figura 11.51 ▸ Diferentes posições do corpo geram diferentes trajetos (Fonte: Rabello. Introdução à Balística Forense.)

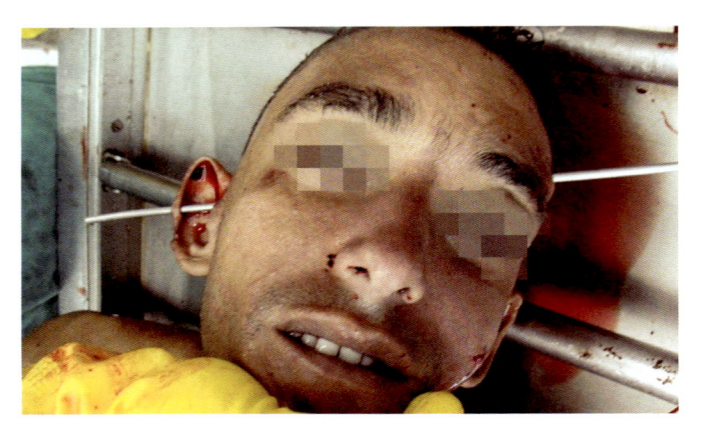

Figura 11.52 ▸ Trajeto craniano

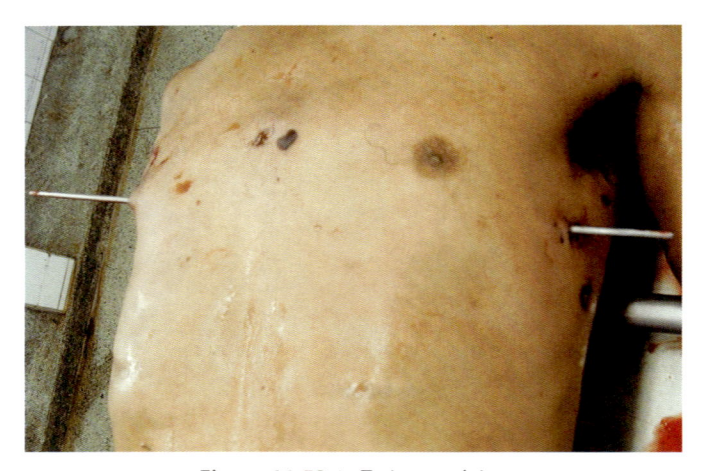

Figura 11.53 ▸ Trajeto torácico

preservados os sulcos e as estrias únicos de cada projétil, não é recomendável sua extração ou manipulação com o emprego de materiais metálicos, como pinças, tentacânulas, tesouras ou sondas de metal. Pelos mesmos motivos, seu acondicionamento e transporte devem ser feitos separadamente a cada projétil para evitar o atrito entre eles, pois este pode provocar a perda de seus elementos de identicação.

Fenômeno de Cavitação

Durante o trajeto do projétil, existe a formação de uma solução de continuidade tubular correspondente ao deslocamento dos tecidos locais, denominada *cavidade permanente*. Quando existe um deslocamento do projétil de modo centrífugo, ocorre a formação de outra cavidade, chamada *cavidade temporária*. Embora alguns autores a associem apenas a projéteis de alta energia, ela pode ser causada por qualquer tipo. Quanto maiores a resistência e a velocidade de cessão da energia, maior o volume da cavidade temporária, que também será máximo nos locais de fragmentação do projétil pelo organismo humano.

Essas cavidades, sejam elas permanentes ou temporárias, ajudam os peritos a determinarem o trajeto (Figura 11.54).

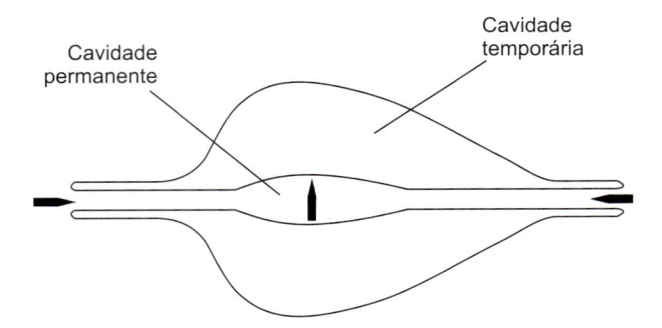

Figura 11.54 ▸ Cavitações do projétil (Fonte: Hélio Gomes.)

▸ ENERGIAS DE ORDEM FÍSICA

As lesões produzidas por energias de ordem física são aquelas capazes de modificar o estado físico dos corpos. Podem ocorrer por energia térmica, radioatividade, eletricidade, pressão atmosférica, som ou luz.

Energia Térmica

Tanto o calor como o frio, representantes da energia térmica, são percebidos pelo organismo humano graças a estruturas neuronais complexas distribuídas pelos diversos órgãos, capazes de responder a essa variação. Esses sensores estão presentes em uma proporção aproximada de 3:1 entre os sensores de calor e frio.

A ação dos extremos dessas modalidades pode exercer no organismo efeitos diversos e com consequências distintas. A transferência da energia física pode ser exercida sob a forma de irradiação, condução, convexão e evaporação.

Em caso de *irradiação*, a transferência de energia física se dá pela aproximação, sem necessidade de um contato direto e íntimo. Na *condução*, a transferência do calor se dá pelo contato direto da pele com outros materiais. A *convexão* é a transferência que ocorre quando há um fluido em movimento sobre a pele. Nela, a velocidade da troca é inversamente proporcional à quantidade de tecido adiposo no indivíduo. A origem do fluido também influencia a velocidade.

Evaporação é a passagem lenta e gradual do estado líquido para o estado de vapor. O organismo pode apresentar como forma reguladora da temperatura uma evaporação, imperceptível, que consome uma média de 14 calorias por hora. Quando há necessidade de aumento na velocidade de dissipação de calor, o organismo se utiliza de alguns mecanismos reguladores, como a vasodilatação, que tem a finalidade de oferecer mais sangue aos tecidos da pele, ocasionando maior irradiação de calor ao meio externo, e a sudorese, que, mediante estímulo nervoso autônomo simpático, permite uma perda de 0,58 caloria para cada grama de água eliminado. A sudorese aumenta quando há elevação de temperatura acima de 37°.

Existem três modalidades distintas capazes de causar lesões relacionadas com a mudança da temperatura: calor, frio e oscilação da temperatura.

Calor

A exposição ao calor pode ocorrer tanto sob a forma difusa como direta.

A exposição difusa de calor, também denominada *termonose*, quando associada a uma dificuldade de eliminação desse calor, resulta em aumento do calor endógeno e, consequentemente, distúrbios orgânicos classificados como "doenças relacionadas com o calor". As termonoses apresentam graus variados de gravidade e são descritas pelas seguintes condições, em ordem crescente: edema (vasodilatação com retenção de sódio e água), miliária (obstrução do fluxo do suor das glândulas sudoríparas écrinas), síncope (desmaios), câimbras (contrações espasmódicas da musculatura esquelética), exaustão térmica (fase inicial da descompensação dos ajustes do organismo ao calor ambiente) e insolação (forma mais grave das síndromes, podendo chegar à morte) (Hygino C. Hércules). As exposições difusas podem ainda ser divididas em insolação e intermação. Na primeira, os corpos sofrem ação do calor cósmico e, na última, calor artificial. Ambas podem ocorrer em locais confinados ou ao ar livre.

Inúmeros são os fatores que alteram a capacidade de resposta do organismo, entre os quais se encontram extremos de idade, gravidez, fadiga, obesidade, doenças e intoxicações crônicas.

Para se tornar hostil uma condição deverá possuir uma temperatura que ultrapasse valores acima de 30°C e uma umidade relativa entre 60% e 70%. Além disso, deverá haver ineficácia da ventilação ou mesmo sua ausência.

São denominadas *exposição direta* as lesões causadas no organismo em consequência da ação direta do calor. A esse resultado dá-se o nome de queimadura. Por sua grande incidência e por representarem uma porcentagem considerável nas perícias médico-legais, merecem atenção especial.

Queimaduras

As lesões causadas pelo calor recebem o nome genérico de queimaduras, apesar de algumas possuírem nomes específicos, como, por exemplo, as escaldaduras causadas por líquidos quentes. Podem se apresentar sob formas distintas e em graus variados em qualquer segmento corporal, as quais variam de um simples eritema (forma mais amena) à carbonização (apresentação extrema).

A grande maioria das queimaduras tem relação direta com a epiderme, embora não seja possível deixar de associá-las a lesões mais profundas com ou sem infecções resultantes de sua ação mais extensa. São divididas em simples e complexas, dependendo da atuação da energia. As simples ou diretas são aquelas que possuem a exclusividade da ação do calor independente de sua apresentação: líquidos e vapores em altas temperaturas, sólidos aquecidos, substâncias inflamáveis em combustão e radiação. As complexas se caracterizam, além da ação direta do calor, pelo atrito do agente lesivo com o corpo (p. ex., ação da eletricidade).

As queimaduras têm etiologias diferentes, a saber: acidentais, suicidas, homicidas e dissimulações de crimes. Segundo Vanrell, temperaturas que variam entre 45°C e 50°C provocam no organismo rubor em consequência da vasodilatação; a 55°C, lesão tecidual; acima de 70°C, necrose coagulativa e desnaturação das substâncias proteicas dos tecidos.

Podem ser classificadas em quatro modalidades distintas, segundo Hoffmann & Lussena: eritema, flictena, escara e carbonização. Vale ressaltar que cada área queimada distinta pode apresentar um grau diferente de comprometimento.

CLASSIFICAÇÃO SEGUNDO HOFFMANN & LUSSENA

- **1º grau – Eritema simples:**
  - Quando apenas a epiderme é afetada. O tecido apresenta uma coloração vermelho-vivo, em virtude da simples congestão da pele. Ocorre vasodilatação cutânea, seguida de tumefação e diapedese, porém mantém-se íntegra.
  - De caráter fugaz, muito comum em resposta à exposição solar, podendo se desfazer em horas ou poucos dias.
  - Sempre ocorre uma fixação do eritema após a morte.
- **2º grau – Flictena (Figura 11.55):**
  - Caracteriza-se pela formação de vesículas que suspendem a epiderme entre as camadas córnea e de Malpighi. Resultante de uma liquefação do corpo mucoso, pode gerar um líquido de coloração que varia entre um tom "límpido" ao amarelo-citrino.

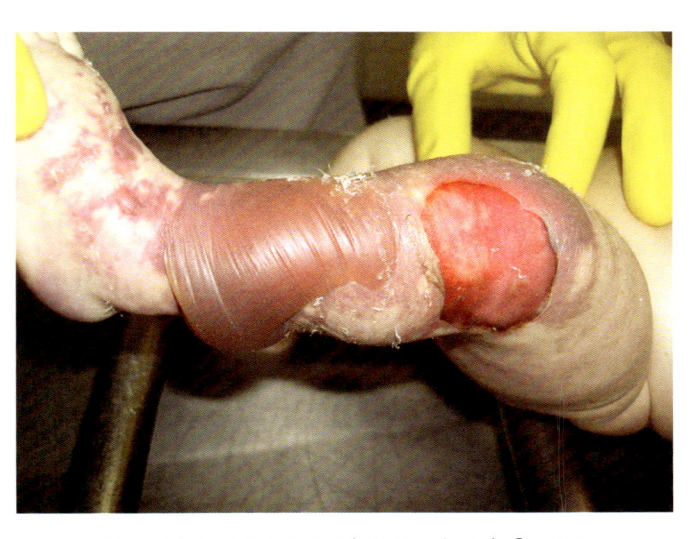

Figura 11.55 ▶ Queimadura com área de flictena

Composto basicamente de leucócitos, albumina e cloretos.

– Por permanecerem intactas as estruturas que compõem a derme, sua reparação se faz de maneira rápida.

– São divididas didaticamente, de acordo com a espessura comprometida, em parcial superficial e parcial profunda. Na primeira, há comprometimento da epiderme e de parte da derme, com preservação de grande quantidade de células germinativas, o que determina uma regeneração num prazo aproximado de 3 semanas. Na última, ocorre maior destruição da derme, comprometendo alguns elementos germinativos, o que retarda em 6 a 7 semanas a regeneração.

– A vitropressão pode ser utilizada para confirmação de seu diagnóstico.

– Os flictenas são sinais de reação vital, dando, portanto, nos cadáveres, lugar à formação de placas apergaminhadas.

- **3º grau – Escaras (Figura 11.56):**
  – São feridas abertas, com formação de placas de coloração acastanhada ou cinza-amarelada, indicativas de comprometimento dos tecidos da epiderme, derme e da tela subcutânea.
  – Têm cicatrização lenta, deixando cicatrizes proeminentes, geralmente da periferia para o centro.
  – No cadáver, apresentam como característica o apergaminhamento.

- **4º grau – Carbonização:**
  – Grau maior de representação das queimaduras.
  – Ação em todos os planos teciduais, atingindo planos ósseos, com grande possibilidade de êxito letal.
  – Podendo ser total ou parcial, a carbonização cursa com uma redução considerável do segmento corporal atingido. Quando há comprometimento global do corpo, este pode chegar a uma redução de até 70% (Figura 11.57).

– A pele não protegida por vestes ou outros fatores sofre um desprendimento, principalmente, no nível das articulações. As protegidas e que permaneceram íntegras adquirem uma coloração negra e ressecada.

– Há fraturas ósseas, sobretudo dos ossos longos, podendo desarticular membros, o que poderia levar a diagnósticos errôneos de amputações. O crânio também fraturado expõe a massa encefálica por meio de fendas que se formam por todo o couro cabeludo (Figura 11.58).

– Em virtude dessa ação intensa do calor, há também retração tecidual, com flexão de braços e pernas, dando ao corpo uma posição sugestiva de pugilista (Figura 11.59).

– A boca fica entreaberta, deixando à mostra os dentes, quando presentes (Figura 11.60). Estes, pela ação do calor, podem apresentar fendas ou até mesmo sofrer calcinação.

Figura 11.57 ▶ Carbonizado (grande redução do segmento corporal)

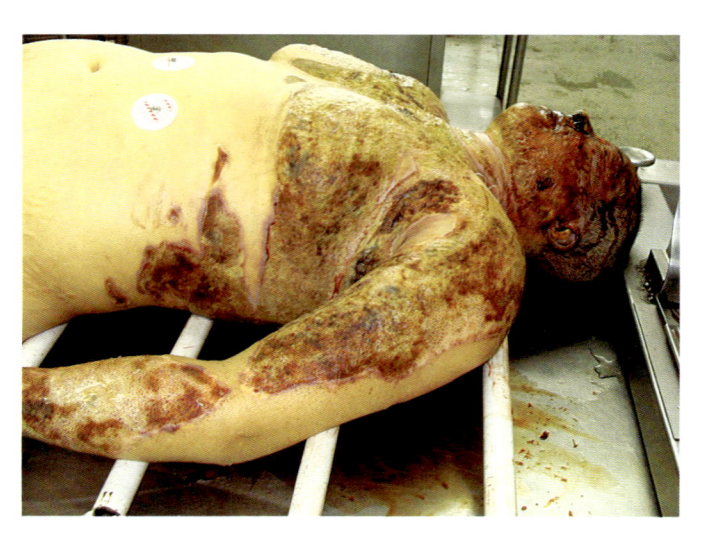

Figura 11.56 ▶ Queimadura de 3º grau (formação de escaras)

Figura 11.58 ▶ Carbonizado com fratura craniana e exposição da massa encefálica

Figura 11.59 ▸ Carbonizado com flexão retrátil dos braços

Figura 11.60 ▸ Carbonizado com boca entreaberta e exposição dos dentes

A gravidade das queimaduras em relação à sobrevivência da vítima é avaliada em função de sua extensão e intensidade. Sua extensão pode ser calculada por meio de esquemas como o apresentado por Berkow ou de Lund & Browder, ou simplesmente pela "regra dos nove" (Wallace), determinando, assim, um prognóstico e a sobrevida.

ESQUEMA DE LUND & BROWDER

De acordo com a Tabela 11.3, a área queimada é classificada mediante a determinação específica da região acometida, o que varia de acordo com a faixa etária da vítima.

Tabela 11.3 ▸ Tabela de Lund & Browder para determinação da superfície corpórea queimada

Área	Idade em anos	0–1	1–4	5–9	10-14	15	Adulto
Cabeça		19	17	13	11	9	7
Pescoço		2	2	2	2	2	2
Tronco anterior		13	13	13	13	13	13
Tronco posterior		13	13	13	13	13	13
Nádega direita		$2\,^1/_2$	$2\,^1/_2$	$2\,^1/_2$	$2\,^1/_2$	$2\,^1/_2$	$2\,^1/_2$
Nádega esquerda		$2\,^1/_2$	$2\,^1/_2$	$2\,^1/_2$	$2\,^1/_2$	$2\,^1/_2$	$2\,^1/_2$
Genitária		1	1	1	1	1	
Braço direito		4	4	4	4	4	4
Braço esquerdo		4	4	4	4	4	
Antebraço direito		3	3	3	3	3	3
Antebraço esquerdo		3	3	3	3	3	3
Mão direita		$2\,^1/_2$	$2\,^1/_2$	$2\,^1/_2$	$2\,^1/_2$	$2\,^1/_2$	$2\,^1/_2$
Mão esquerda		$2\,^1/_2$	$2\,^1/_2$	$2\,^1/_2$	$2\,^1/_2$	$2\,^1/_2$	$2\,^1/_2$
Coxa direita		$5\,^1/_2$	$6\,^1/_2$	8	$8\,^1/_2$	9	$9\,^1/_2$
Coxa esquerda		$5\,^1/_2$	$6\,^1/_2$	8	$8\,^1/_2$	9	$9\,^1/_2$
Perna direita		5	5	$5\,^1/_2$	6	$6\,^1/_2$	7
Perna esquerda		5	5	$5\,^1/_2$	6	$6\,^1/_2$	7
Pé direito		$3\,^1/_2$	$3\,^1/_2$	$3\,^1/_2$	$3\,^1/_2$	$3\,^1/_2$	$3\,^1/_2$
Pé esquerdo		$3\,^1/_2$	$3\,^1/_2$	$3\,^1/_2$	$3\,^1/_2$	$3\,^1/_2$	$3\,^1/_2$

REGRA DOS NOVE

Neste cálculo são pontuados os distintos segmentos corporais em número de 9 ou de seus múltiplos. Consideram-se crianças e adultos como indivíduos distintos, tendo os 10 anos de vida como o marco para os cálculos. Assim, são gerados valores distintos para cada segmento corporal acometido. Nos adultos, a cabeça e o pescoço recebem 9%; cada membro superior, 9% (braços somados resultam em 18%); cada membro inferior, 18% (somados resultam em 36%); o tronco anterior e o posterior, 18% cada um (somados, representam 36%); o períneo, 1%.

Segundo adaptação de Chamberlain, as crianças de até 1 ano de idade, por terem os membros menores e a cabeça representar uma área maior, recebem 19% para a cabeça e o pescoço e 13% para cada membro. Chamberlain acrescenta ainda que até o nono ano de vida subtrai-se da área da cabeça e do pescoço o número de anos e adiciona-se a metade da idade a cada membro inferior (Figura 11.61).

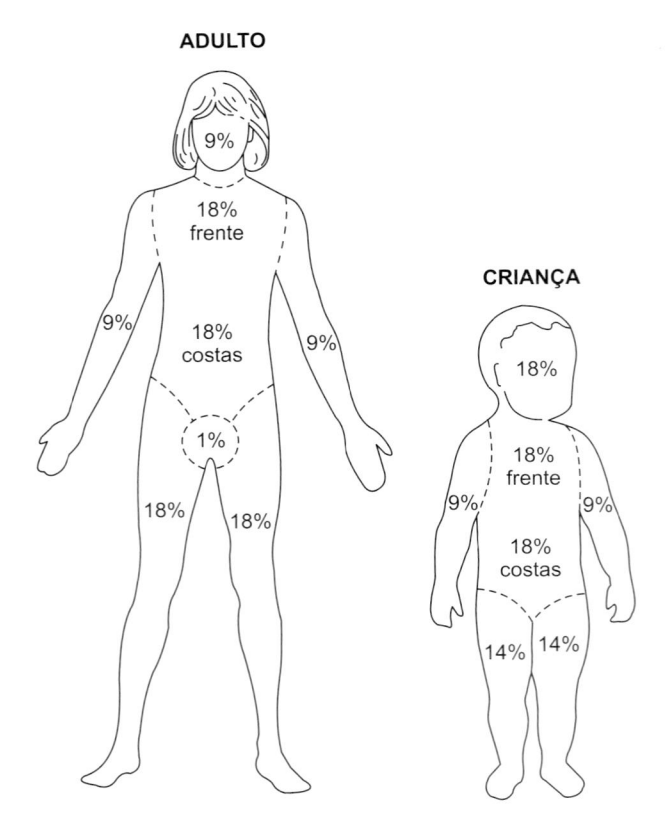

ADULTO

9%

18% frente

CRIANÇA

9%   18% costas   9%

18%

1%

18% frente

18%   18%

9%   9%

18% costas

14%   14%

Figura 11.61 ▸ Cálculo da área corporal

Assim, queimaduras de segundo e terceiro graus que comprometem crianças menores de 9 anos em uma extensão de 35% a 40% da área corporal serão consideradas gravíssimas e de prognóstico reservado; serão mortais queimaduras de segundo grau acima de 50% ou de terceiro grau que acometam um terço da área corporal (Strassmann).

Além dos efeitos diretos do calor, há também os indiretos que, por meio da irradiação solar, produzem uma ação denominada insolação, trazendo como consequências a desidratação e o choque.

Com relação à intensidade, Strassmann afirma que para redução do corpo humano às cinzas é necessária uma exposição de 2 horas a uma temperatura de 1.000°C. Já nos corpos de crianças, esse tempo é reduzido para 50 a 70 minutos (Delton Croce).

A avaliação do agente térmico causador não é tarefa fácil. A forma e a distribuição das lesões, porém, devem ser levadas em consideração na tentativa de identificação. A presença de pelos crestados, fuligem em vias aéreas (necropsia) e roupas carbonizadas pode estar associada à queimadura por fogo. Marcas que se apresentam sob a forma de respingos ou escorridas sugerem líquidos escaldantes. Há também lesões denominadas "lesões por assinatura", em que objetos sólidos aquecidos deixam suas impressões nos tecidos, de contornos às vezes precisos, formas nítidas e de profunda expressão.

A caracterização correta e prognóstica das lesões faz parte dos estudos médico-legais, não somente para suprir as necessidades do art. 129 do Código Penal, mas também para fins indenizatórios nas causas civis. Graças aos intensos estudos sobre a fisiopatologia e à aplicabilidade de técnicas de ressuscitação eficazes nos grandes queimados, a incidência da mortalidade tem diminuído significativamente.

Frio

Os corpos podem sofrer ações de temperaturas extremas diversas do calor. Assim como o calor, o frio pode agir de forma local ou difusa, a qual é denominada hipotermia, ocorrendo quando a temperatura corporal (que deve ser medida no reto ou esôfago) cai abaixo de 35°C. Essa medida deverá ser tomada no reto ou no esôfago. A hipotermia tem formas distintas de apresentação: acidental, induzida ou terapêutica.

As formas acidentais (coletivas ou individuais) diferem das induzidas no que diz respeito a seu agente, como, por exemplo, a atuação médica com fins de tratamento. Nos casos de ação local desse extremo térmico, podem ocorrer lesões denominadas geladuras. Segundo Callisen, elas podem ser classificadas em três graus distintos: eritema, flictenas e gangrenas (necrose).

São chamadas de eritemas as lesões de primeiro grau, caracterizadas por palidez cutânea, em decorrência da ação vasoconstritora do frio. Com a persistência do agente, evoluem para rubefação de coloração vermelho-escura em consequência de uma retenção sanguínea pobre em oxigênio. Os eritemas podem estar associados a edema local, parestesias e dores inespecíficas. Flictenas são as lesões de segundo grau. Nestas, ocorre o levantamento da epiderme contendo exsudato escuro em seu interior.

As necroses, ou lesões de terceiro grau, são lesões de aspecto úmido ou secas, resultantes da coagulação do sangue dentro dos capilares.

O exame cadavérico é repleto de particularidades. O periciado conserva a postura do momento que antecedeu a morte. Apresenta ainda rigidez precoce e intensa. A pele fica anserina e a face típica, revelando o pavor do indivíduo. Há edema em todo o segmento superior do corpo, flictenas difusos e necroses de extremidades. No crânio, observam-se disjunção das suturas e múltiplas fraturas em diversos segmentos ósseos. Em um exame mais detalhado, há um parênquima cerebral de aspecto anemiado, hipertrofia cardíaca, congestão dos órgãos maciços e trombose vascular.

Oscilação da Temperatura

Não são somente as duas formas distintas de energia térmica (calor e frio) as responsáveis pelas lesões ou estados mórbidos de interesse médico-legal. As oscilações de temperatura, por diminuírem a resistência e propiciarem a proliferação e a contaminação por antígenos, também provocam lesões. Essas perturbações, que não ocorreriam em situações normais, têm relevância nos casos de acidentes e infortunística.

Eletricidade

A eletricidade é uma energia de ordem física que pode se manifestar da forma cósmica ou industrial e trazer consigo consequências ou danos importantes à integridade do corpo.

A eletricidade cósmica, também conhecida como atmosférica ou natural, é representada pela descarga elétrica na atmosfera, denominada raio. Produz lesões denominadas *fulminações*, quando letais, e *fulgurações*, quando não letais.

Os raios são descargas retilíneas ou ramificadas que ocorrem entre dois pontos com diferenças de potenciais entre si (positivo e negativo) têm duração incrivelmente rápida (milionésimos a décimos de segundos) com diâmetro máximo aproximado de 30cm e carga próxima a 20 mil ampéres.

Na *fulminação,* em que ocorre um dano corporal seguido de morte instantânea, o mecanismo se dá por um golpe conhecido como "golpe de retrocesso". No exame cadavérico, a fulminação apresenta-se sob a forma de amputações de membros, múltiplas fraturas, destruição de genitália, mandíbula e língua, ruptura de vasos calibrosos, vísceras ocas e maciças, contusões encefálicas, petéquias (*manchas de Tardieu*), secreções na árvore traqueobrônquica, narinas e boca, além de queimaduras de graus variados. Um exame histopatológico, quando realizado, pode mostrar intensa destruição neuronal (neurônios cerebrais). Já na *fulguração*, os indivíduos apresentam-se com a pele marcada por desenhos temporários, arboriformes, dendríticos, que se originam de uma ação vasomotora (*sinal de Lichtemberg*).

Nas eletricidades industriais, também denominadas artificiais, as lesões são designadas de eletroplessão, sendo esses danos acompanhados ou não de êxito letal. Os causadores são correntes que se originam de fontes contínuas ou alternadas, também chamadas de galvânicas ou farádicas, respectivamente.

As lesões variam conforme a fonte da energia (contínua ou alternada), a intensidade (amperagem), a tensão (voltagem) e as condições do corpo atingido. São chamadas de baixa tensão aquelas que não ultrapassam os 250 volts e de alta tensão as que mostram voltagem superior.

Para um melhor esclarecimento das variáveis, será descrita a seguir a equação de Jellineck, que traduz o efeito da corrente elétrica sobre o corpo:

$$E = L \frac{V \times I \times t \times P}{R} \, K1 \cdot K2$$

em que E = efeito orgânico; L = localização da corrente; V = força eletromotriz ou tensão expressa em volts; I = amperagem; t = tempo de contato da corrente com o corpo; P = polo de contato; R = resistência (*ohms*); K1 = constante do estado momentâneo e psicológico (sono, medo, surpresa, fadiga); K2 = constante de suscetibilidade da espécie animal.

Algumas particularidades da eletroplessão:

a. **Metalização elétrica:** é a mais simples e superficial das eletroplessões. Origina-se do descolamento e impregnação na pele de partículas elétricas originadas da fusão e vaporização dos condutores.

b. **Marca elétrica de Jellineck:** lesões de aspectos variados, aderidas ao plano cutâneo subjacente, quando presente. Podem se apresentar em formato circular, elíptico ou em roseta. Representam a entrada da corrente no organismo. São descritas ainda como lesões indolores, desacompanhadas de qualquer reação inflamatória, com uma resolutibilidade eficaz.

c. **Queimaduras:** são lesões típicas resultantes da ação térmica das correntes de alta tensão.

d. **Ação sobre tecidos:**

1. **Musculares e tendões:** quando a corrente age em um plano mais profundo, pode acometer "túneis" e acarretar intensa destruição tecidual.

2. **Ossos:** a ação da corrente secundariamente sobre esse tecido ocasiona a formação de pérolas de fosfato de cálcio, em tamanhos diversos, podendo ainda proporcionar soluções de continuidade sobre suas superfícies.

3. **Vasos:** por serem excelentes condutores, o sangue leva a ação dessa energia a distintos locais no organismo, ocasionando a formação de trombose e necrose e suas consequências.

4. **Nervos:** apresentam pouca resistência à eletroplessão. Respondem com parestesias, neurites, atrofias musculares e paralisias.

5. **Olhos:** perda da acuidade visual e formação de catarata.

Pressão Atmosférica

As variações, em ambos os extremos, da pressão atmosférica causam danos de grande interesse médico-legal. Suas variações recebem denominações distintas à medida que se afastam, para mais ou para menos, dos 760mm de mercúrio (1 ATM). Pressão atmosférica é o peso do ar sobre o corpo e mede 1 ATM ou 760mmHg no nível do mar.

A composição do ar em condições ideais de temperatura e pressão segue a fórmula apresentada na Tabela 11.4.

À medida que se eleva a altitude, diminui substancialmente a concentração de oxigênio no ar atmosférico, tornando-o cada vez mais rarefeito. Essas perturbações

Tabela 11.4 ▸ Composição do ar seco, por volume

ppmv: partes por milhão por volume (nota: a fração volumétrica somente é igual à fração molar para gases ideais)	
Gás	**Volume**
Nitrogênio (N_2)	780.840ppmv (78,084%)
Oxigênio (O_2)	209.460ppmv (20,946%)
Argônio (Ar)	9.340ppmv (0,9340%)
Dióxido de carbono (CO_2)	380ppmv (0,0380%)
Neônio (Ne)	18,18ppmv (0,001818%)
Hélio (He)	5,24ppmv (0,000524%)
Metano (CH_4)	1,79ppmv (0,000179%)
Criptônio (Kr)	1,14ppmv (0,000114%)
Hidrogênio (H_2)	0,55ppmv (0,000055%)
Óxido nitroso (N_2O)	0,3ppmv (0,00003%)
Xenônio (Xe)	0,09ppmv ($9 \times 10{-}8$%)
Ozônio (O_3)	0,0 a 0,07ppmv (0% a $7 \times 10{-}8$%)
Dióxido de nitrogênio (NO_2)	0,02ppmv ($2 \times 10{-}8$%)
Iodo (I)	0,01ppmv ($1 \times 10{-}8$%)
Monóxido de carbono (CO)	0,1ppmv (0,00001%)
Amônia (NH_3)	traços
Não incluído na atmosfera seca acima:	
Vapor de água (H_2O)	~0,40% na atmosfera toda, tipicamente 1% a 4% na superfície

sucedem à prática de escaladas e balonismo, entre outras, e por isso é denominada "mal das montanhas" ou "mal dos aviadores".

Nas situações em que há aumento da pressão atmosférica é encontrada uma patologia associada à compressão, em razão da intoxicação por oxigênio, nitrogênio e gás carbônico, porém, no momento da descompressão, com diminuição da pressão atmosférica, observa-se uma síndrome caracterizada por ruptura do tímpano, vertigens, otorragia, epistaxe, epigastralgia intensa, hemorragias, edema pulmonar e até mesmo morte por embolias gasosas. Essa síndrome é denominada "doença dos caixões" ou "mal dos escafandristas". Para evitá-la, o mergulhador deve retornar lentamente à superfície.

Luz

A incidência de feixes luminosos de alta intensidade sobre os olhos pode provocar perturbações neurossensoriais nos globos oculares, como defeitos de refração, inacomodação do cristalino e até mesmo a cegueira total. Alguns autores relatam a utilização desse tipo de energia como forma de obtenção de confissões durante a época da ditadura.

Há ainda outras formas de energia não ionizante, como as infravermelhas, com a propriedade de lesionar o cristalino, as ultravioletas, que lesionam as conjuntivas, e os raios *laser* que, por apresentarem efeito fotoquímico, fototérmico e de concentração de energia, podem ser muito danosos para a pele, o cristalino e a córnea.

Som

Lesões são muito comuns em acidentes de trabalho, em que, sem proteção, os trabalhadores se expõem a ruídos altos, bem como em indivíduos expostos a outros ambientes de poluição sonora.

Sons acima de 85 decibéis e de maneira contínua podem produzir lesões auditivas e perturbações psíquicas, como epilepsia acustogênica. O som constitui, muitas vezes, um risco ocupacional para a perda temporária ou definitiva da audição, bem como para a formação de zumbidos e otalgia.

De acordo com Croce, a escala de decibéis mostra, em proporção de grandeza, alguns exemplos de atividades e suas respectivas intensidades.

Escala de decibéis

0	– Limiar de audição
10	– Respiração normal
20	– Farfalhar de folhas
30	– Cinema vazio
40	– Bairro residencial (à noite)
50	– Restaurante sossegado
60	– Conversa normal entre duas pessoas
70	– Tráfego pesado
80 a 100	– Indústrias (marmorarias, serrarias, mecânicas, metalúrgicas, carpintarias, entre outras)
100	– Metrô
110	– Serra de atrito
120	– Avião a hélice na decolagem
130	– Fogo (disparos) de metralhadora (curta distância)
140	– Túnel aerodinâmico
150	– Decolagem de jato
175	– Foguete espacial

Os limites de tolerância para cada ruído variam de acordo com cada pessoa, apresentando uma máxima exposição diária permissível. Por exemplo, para um som contínuo ou intermitente de 85 decibéis, o máximo de tolerância permissível é de 8 horas; para 100 decibéis, seria de 1 hora; para 115 decibéis, 7 minutos.

Radioatividade

A radioatividade é uma energia física que pode ter seus efeitos oriundos dos raios X, do rádio e da energia atômica. Com o aumento de seu uso de modo terapêutico, aumenta também a incidência de lesões oriundas de suas reações adversas. O mecanismo lesional resulta da ionização tecidual, com alterações histoquímicas imediatas e repercussões tardias. As lesões são classificadas em externas, internas ou generalizadas.

As características das lesões estão diretamente relacionadas com a dose aplicada do agente ionizante. Doses pequenas estão restritas às lesões externas, apresentando eritemas fugazes. Enquanto o aumento progressivo torna o eritema mais expressivo e, passados alguns dias, há o surgimento de flictenas e descamações, que podem regredir em um prazo aproximado de 30 dias. Feridas ulceradas, de bordos endurecidos e necrose de extensão variadas estão relacionadas com doses progressivas.

Os raios X podem ser lesivos ao organismo de duas formas distintas: focal (também conhecida como radiodermite) e geral, acometendo órgãos profundos, sobretudo as gônodas.

As *radiodermites* podem ser agudas, sendo distribuídas em três graus: o primeiro é caracterizado por formas depilatórias ou eritematosas; o segundo, papuloeritematosas, representadas por ulceração dolorosa recoberta por crosta seropurulenta; e o terceiro, por zonas de necrose, ulceradas e graves. Quando crônicas, apresentam-se de forma ulceroatrófica, teleangiectásica ou atrófica.

As lesões provocadas pelo rádio podem comprometer a saúde ou mesmo a vida dos pacientes. Seus efeitos são parecidos com os dos raios X.

Danos provocados pela utilização da energia atômica podem ser traumáticos, térmicos ou radioativos. Quando traumáticos, causam desenluvamento cutâneo, hemorragias e projeção à distância. Lesões térmicas são caracterizadas por amplas áreas de queimaduras, podendo chegar à carbonização. Os efeitos radioativos costumam ser sentidos tardiamente, com grandes repercussões genéticas (malformações e abortamento), neoplásicas ou cutâneas.

► ENERGIAS DE ORDEM QUÍMICA

As lesões causadas por energias de ordem química são aquelas que, por contato direto com substâncias químicas, comprometem a integridade física da vítima. As lesões produzidas por substâncias cáusticas recebem o nome de vitriolagem, independente de sua localização no organismo. *Venenos* serão quaisquer substâncias que, independente da dose ou da via de administração, comprometem a integridade da saúde ou da vida.

Vitriolagem

As lesões externas produzidas por substâncias cáusticas podem apresentar propriedades coagulantes ou liquefacientes. As de efeito *coagulante* geralmente são ácidos que desidratam os tecidos e causam escaras de tonalidades diversas. Quando escuras e duras, são normalmente causadas por ácido sulfúrico; quando amareladas, por ácido nítrico (reação xantoproteica); esbranquiçadas e duras, por ácido fênico; e cinzentas e duras, por ácido clorídrico. Podem ainda apresentar-se sob os estados sólido, líquido e gasoso. As de propriedade *liquefaciente*, álcalis, produzem escaras úmidas, moles e saponáceas e têm como modelo a soda, a amônia e a potassa. Podem apresentar natureza jurídica variada entre suicida (normalmente em virtude da ingestão de soda cáustica e potassa), criminosa (crimes passionais) e acidental.

As queimaduras provocadas são profundas e progressivas e devem ser tratadas no momento da lesão mediante lavagem exaustiva com água ou soro fisiológico. Não se deve neutralizá-las com seus antígenos (ácido ou base), pois provocam reações exotérmicas que aumentam o risco de agravamento da queimadura (Figura 11.62). Podem causar quadros de dor intensa, vômitos, estenose de esôfago e, até mesmo, peritonites. A morte não é infrequente, sendo causada por complicações variadas (renais, gastrointestinais e infecções, entre outras).

Veneno

São importantes a definição de alimento e medicamento e a diferenciação entre tóxico e veneno.

Alimento é qualquer substância que, após absorvida, passa a integrar a estrutura e a fisiologia normal do organismo. Medicamento é qualquer substância que, após absorvida pelo organismo, atua sobre suas funções vitais, exacerbando-as ou deprimindo-as, restabelecendo o equilíbrio bioquímico alterado e, ainda, qualquer

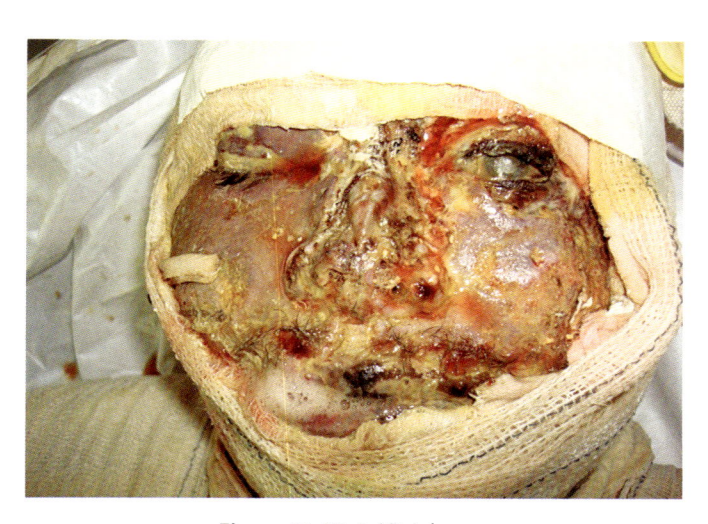

Figura 11.62 ▶ Vitriolagem

droga que atuem sobre macro e micro-organismos prejudiciais, eliminando-os ou exterminando-os. Tóxico é toda substância capaz de transformar a vida dos elementos anatômicos, modificando o meio que os constitui.

Alguns autores definem veneno como:

substância que, quando introduzida no organismo em quantidades relativamente pequenas e agindo quimicamente, é capaz de produzir lesões graves à saúde, no caso do indivíduo comum e no gozo de relativa saúde.

Apesar das diversas formas de classificação do veneno, neste capítulo é adotada a classificação preconizada por França, por ser mais didática:

- **Quanto ao estado físico:** líquido, sólido e gasoso.
- **Quanto à origem:** animal, vegetal, mineral e sintético.
- **Quanto às funções químicas:** óxidos, ácidos, base e sais.
- **Quanto ao uso:** doméstico, agrícola, industrial, medicinal, cosmético e venenos propriamente ditos.

Os venenos podem apresentar diversas *vias de penetração:* gastrointestinal (mais comum), respiratória, sanguínea ou cutaneomucosa, entre outras. A velocidade de *absorção* depende de sua solubilidade, da concentração e da superfície de contato, o que faz da via respiratória uma das mais graves pelo fato de os gases encontrarem grande superfície de contato (alveolar), chegando mais precocemente à circulação e, em consequência, se difundirem mais rapidamente. Habitualmente, sua *eliminação* se faz pela urina (motivo pelo qual é importante sua coleta para exames toxicológicos), porém podem ser ainda eliminados pelas fezes ou pelos pulmões ou metabolizados pelo fígado.

Denomina-se *mitridatização* o fenômeno caracterizado pela elevada resistência orgânica aos efeitos tóxicos dos venenos; *intolerância* é a exaltada sensibilidade de alguns indivíduos a pequenas doses de veneno, imperceptíveis em outras pessoas; e *sinergismo* consiste na ação potenciadora dos efeitos tóxicos decorrentes da ingestão simultânea de várias substâncias venenosas.

Nas descrições da autopsia de um periciado suspeito de envenenamento, devem ser descritos, com grande riqueza, todos os detalhes macroscópicos possíveis, como tonalidades do livor cadavérico, a presença e o tipo de odor. Deve-se evitar a abertura do estômago e do intestino na cavidade e fazer a coleta de sangue, urina e vísceras para exame toxicológico.

▶ ENERGIAS DE ORDEM FÍSICO-QUÍMICA

Por mais que se conheça a etimologia da palavra (*a* = falta, privação + *sphyxis* = pulso) e saiba-se aplicá-la corretamente, a terminologia asfixia, por seu uso consagrado, jamais deixará de representar a "supressão da respiração". Portanto, toda e qualquer morte em que haja supressão do fenômeno respiração, independente

do mecanismo que se oponha à troca gasosa, será denominada asfixia.

Para que haja respiração (troca gasosa), é necessário que exista um mecanismo de funcionamento harmônico (vias aéreas, pulmões e caixa torácica e musculatura), além de ambiente gasoso, com concentrações dentro dos limites adequados.

Os constituintes do ar atmosférico encontram-se discriminados na Tabela 11.4.

Fisiopatologia

Como as asfixias alteram as concentrações dos gases presentes no sangue (CO_2 e O_2), pode-se concluir que o fenômeno asfíxico, excetuando-se aqueles instantâneos (enforcamento com inibição dos centros nervosos), sofrem uma evolução progressiva. Sua fisiopatologia está diretamente relacionada com a sua causa, podendo compreender duas fases distintas, cada qual com seus respectivos períodos:

1. **Fase de irritação:**
   a. Período de dispneia inspiratória.
   b. Período de dispneia expiratória.
2. **Fase de esgotamento:**
   a. Período inicial, apneico ou de morte aparente.
   b. Período terminal.

As diversas fases e seus distintos períodos apresentam características e temporalidade particulares:

- Na *fase de irritação*, ocorre no período inspiratório a "perda desordenada do ar", com duração aproximada de 1 minuto, e no expiratório, com duração de 3 minutos, há a presença de inconsciência e, algumas vezes, crises convulsivas (excesso de CO_2).
- Na *fase de esgotamento*, em seu período inicial, também conhecido como período de morte aparente, ocorre a parada da respiração por algum tempo, seguida posteriormente pelo período terminal.

O tempo entre a fase de irritação e o período terminal tem uma média aproximada de 7 minutos e seus extremos são representados pela morte por enforcamento, com ou sem inibição dos centros nervosos, a qual ocorre instantaneamente em até 10 minutos. Nos casos em que não há o êxito letal, perturbações psíquicas ou neurológicas acompanharão o quadro clínico posterior.

Há autores, como Camps, que descrevem as asfixias em quatro fases distintas: na inicial há dispneia inspiratória, respiração forçada e profunda e cianose; na segunda fase, a dispneia passa a ser expiratória e acompanhada de extremo esforço (a vítima perde a consciência e se torna hipertensa e bradicárdica); a terceira fase é acompanhada de hipotensão e taquicardia com liberação de esfíncteres; por último, em uma quarta fase, a respiração cessa, porém com a presença de batimentos cardíacos por até 15 minutos.

Classificação das Asfixias

As asfixias podem ser classificadas de inúmeras maneiras. Serão analisadas, a seguir, duas formas distintas, empregadas por dois renomados autores, como forma de exemplificá-las e por serem as mais didáticas.

- **Classificação de asfixia segundo Thoinot:**
  - 1º – asfixias mecânicas por constrição do pescoço: enforcamento e estrangulamento (por mão ou por laço);
  - 2º – asfixias mecânicas por oclusão de orifícios respiratórios externos;
  - 3º – asfixia mecânica por respiração em meio líquido: submersão; ou por respiração em meio pulverulento: soterramento;
  - 4º – asfixias mecânicas resultantes da oclusão das vias respiratórias por corpo estranho.

- **Classificação de asfixia segundo Delton Croce & Delton Croce Júnior (4ª edição, 1988):**

  A) Asfixia por constrição do pescoço
  - a. Enforcamento
  - b. Estrangulamento
  - c. Esganadura

  B) Asfixia por sufocação
  - a. Direta ou ativa
    - i. Oclusão dos orifícios externos das vias aéreas
    - ii. Oclusão das vias aéreas
    - iii. Soterramento
    - iv. Confinamento
  - a. Indireta ou passiva
    - i. Compressão do tórax

  C) Introdução do indivíduo em
  - a. Meio líquido – afogamento
  - b. Ambiente de gases irrespiráveis – asfixia por gases

Sinais Cadavéricos das Asfixias em Geral

Embora se saiba que não há sinais patognomônicos nas asfixias, sinais de valores relativos, não tão infrequentes, associados a outros elementos, podem servir para firmar o diagnóstico. Esses sinais podem ser divididos em sinais externos e internos:

a. **Sinais externos:**

- **Cianose da face:** de coloração azulada, em função da alta concentração de carboxiemoglobina, acometendo pele e mucosa, a cianose de face ocorre nos casos em que há compressão torácica com posterior estreitamento de veia cava superior. Presente na esganadura e na estrangulação, pode estar ausente nos enforcados (Figura 11.63).

- **Espuma:** formada por muco e ar, assemelha-se a um cogumelo, que se exterioriza pela boca e/ou nariz. Pode ser de coloração clara ou sanguinolenta,

em cadáveres de casos de submersão que reagiram no período próximo ao terminal (Figura 11.64).

- **Projeção da língua:** acompanha, geralmente, os casos de enforcamento e estrangulamento. Ocorre procidência da língua com coloração escurecida além da arcada dentária (Figura 11.65).

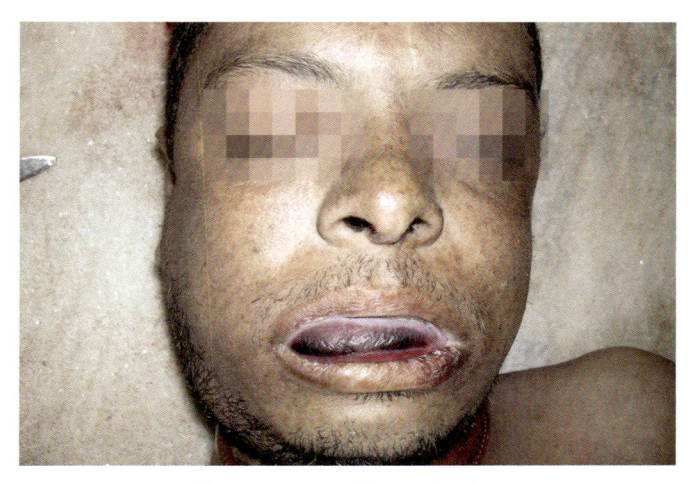

Figura 11.63 ▸ Cianose de face

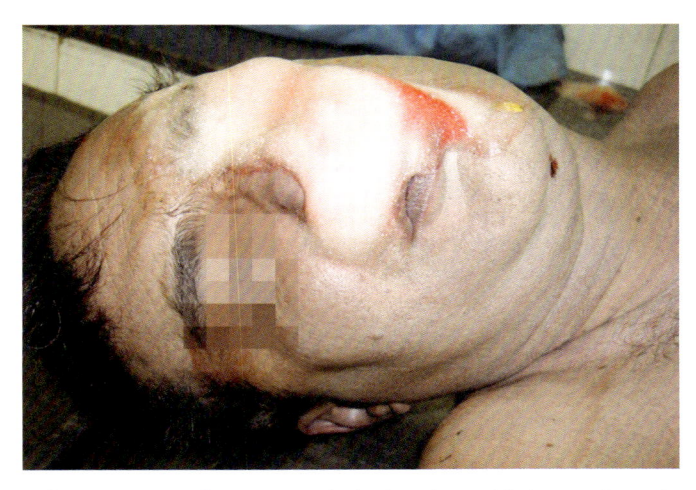

Figura 11.64 ▸ Espuma exteriorizada pelas cavidades nasal e oral

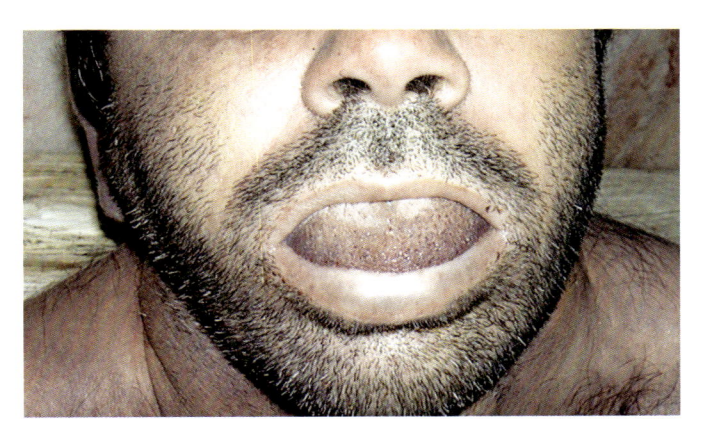

Figura 11.65 ▸ Projeção da língua em caso de enforcamento

- **Equimose:** consiste na saída e na posterior impregnação do sangue nas malhas dos tecidos em razão da rotura dos vasos. Apresenta-se sob a forma de pequenas manchas arredondadas que se localizam nas mais variadas regiões do organismo.

  De instalação mais precoce, varia de tonalidade de acordo com o agente causal: de coloração rósea nos cadáveres submersos; vermelho-vivo nos indivíduos colocados em ambientes de gases não respiráveis (óxido de carbono); escuro nas demais.

- **Exoftalmia:** projeção do globo ocular para fora de sua órbita.

- **Resfriamento demorado:** o resfriamento é lento (exceto nas submersões) em virtude da ausência de hemorragia.

- **Rigidez:** a rigidez nos casos de asfixias será tanto mais precoce quanto mais prolongadas forem as convulsões.

b. **Sinais externos:**

- **Sangue:** nas mortes por asfixia, o sangue torna-se fluido e escuro, excetuando aquelas mortes por intoxicação por monóxido de carbono, em que o sangue adquire coloração vermelho-viva, e nos afogados, cujo sangue assume uma coloração rósea. Os coágulos, quando presentes, são em pequena quantidade e pouco resistentes.

- **Equimoses viscerais:** são manchas violáceas, de número variado, em formato arredondado, punti-forme, lenticular ou sob a forma de sufusões, que recobrem a superfície de pleuras, vísceras ocas ou mucosas, decorrentes da fluidez do sangue dos vitimados de asfixia.

- **Congestão polivisceral:** com exceção do baço, que se contrai nos afogados, todos os outros órgãos são suscetíveis de congestão nas variadas formas de asfixia.

A seguir, será estudado cada um dos tipos de asfixia especificamente.

Enforcamento

Consiste na asfixia mecânica por constrição do pescoço feita por um laço, que se encontra fixo em um ponto e é acionado pelo próprio peso do corpo da vítima. A causa pode ser acidental, suplício, homicida ou suicida, sendo esta a mais frequente.

Os laços podem ter as mais variadas formas e origens e são resumidos em apenas três modalidades: laços duros, moles e semirrígidos. Podem ser citados alguns exemplos de materiais utilizados frequentemente para confecção do laço: nos laços duros: cordões, correntes, fios elétricos, arames, cordas, ramos de árvore; nos laços moles: lençol, cortina e gravatas; nos semirrígidos: cinto de couro (Figura 11.66).

O laço é constituído por um nó e por uma alça. O primeiro poderá ser fixo, corrediço ou até mesmo estar ausente, e a última é o mecanismo pelo qual ocorre a constrição propriamente dita do pescoço.

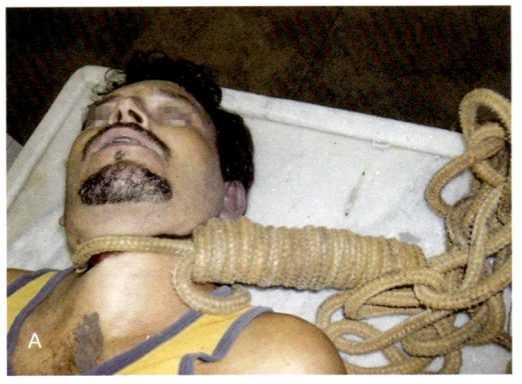
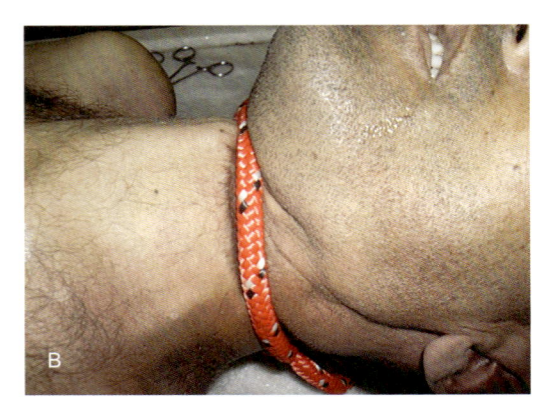
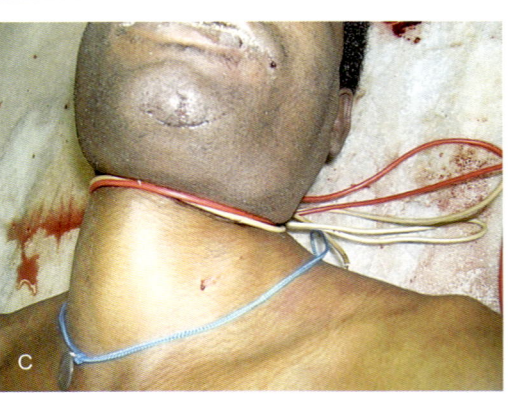
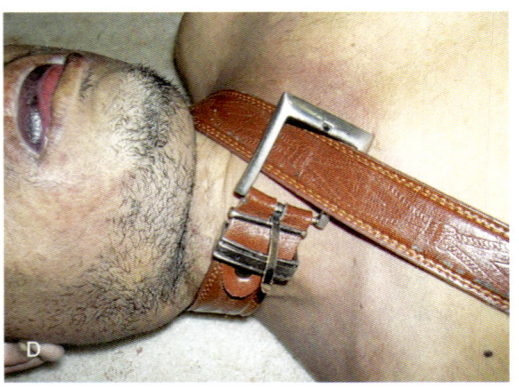

Figura 11.66 ▸ Tipos de laços em enforcados: laços duros (**A** a **C**); semirrígido (**D**)

A localização habitual do nó é a região posterior do pescoço, sendo esta situação denominada forma típica, enquanto as demais serão atípicas. Com relação ao número de voltas que envolvem o pescoço, pode haver inúmeras formas, porém a mais frequente é a volta única. No que diz respeito ao modo de suspensão, será típica, ou completa, quando o corpo permanece completamente suspenso, isto é, afastado de qualquer ponto de apoio, e atípica, ou incompleta, quando há apoio em qualquer parte do corpo.

A morte por enforcamento pode ser rápida, quando há inibição reflexa (choque laríngeo e seios carotídeos), ou lenta, dependendo da intensidade da constrição do pescoço, podendo chegar a cerca de 10 minutos.

Inúmeros são os fenômenos que cursam com o enforcamento, os quais estão compreendidos em três períodos distintos:

- **Período inicial:** sensação de calor, zumbidos, síncope, todos originados a partir da constrição dos feixes vasculonervosos.
- **Segundo período:** também chamada de fase respiratória, cursa com hipoxemia, seguida por hipercapnia, convulsões e fenômenos ligados à paralisia do pneumogástrico.
- **Terceiro período:** apneia, parada cardíaca e morte.

Fenômenos de Sobrevivência

Nos casos em que a morte não se dá, a vítima fica suscetível a perturbações, que se dividem em locais e gerais.

As primeiras são provenientes da ação direta do laço e são representadas por dor, afonia, disfagia, congestão pulmonar e broncopneumonia.

As segundas, de origem circulatória e asfíxica, traduzem-se por convulsões, confusão mental, depressão, amnésia, estado comatoso e paralisia do reto e uretrovesical.

Características do Cadáver

Os cadáveres se distinguem, no que diz respeito à coloração da face, em azuis e brancos, o que se explica pela compressão mais expressiva ou não dos vasos calibrosos do pescoço. Os enforcados azuis são aqueles nos quais a constrição é mais grave, especialmente nas jugulares, cursando com estase venosa importante. Nos enforcados brancos, a face pálida e lívida é decorrente da compressão mais expressiva das carótidas.

A cabeça do enforcado apresenta uma característica particular: pende para o lado oposto ao nó e tende a permanecer fletida, como se o mento quisesse tocar o tórax. A exoftalmia, apesar de não ser um sinal patognomônico, está presente com grande frequência. Os pavilhões auditivos cianóticos podem apresentar-se com otorragia, já a língua, de coloração arroxeada, encontra-se exteriorizada, com a presença ou não de uma espuma cuja coloração varia entre o branco e o rosa. Os membros nos enforcados típicos permanecem paralelos ao corpo, porém a posição varia nos incompletos. As mãos cerradas acompanham os membros, em qualquer das situações. Ejaculação *post mortem* e ingurgitamento dos corpos cavernosos podem ocorrer nesses casos. A rigidez é tardia nos enforcados, contrariando os demais tipos de asfixia.

A hipóstase obedece à lei da gravidade e varia de acordo com a posição do corpo. Localiza-se comumente na metade inferior deste, com maior intensidade nos membros inferiores. A putrefação, se presente, é dita seca na parte superior do corpo e úmida na inferior.

Dos sinais apresentados pelo cadáver, o sulco talvez seja o que mereça maior atenção, sendo geralmente completo e localizado na parte superior do pescoço, entre o hioide e a laringe. Em sua grande maioria, apresenta-se único, porém pode variar de duplos a múltiplos (Figura 11.67). Sua direção oblíqua, ascendente, bilateral

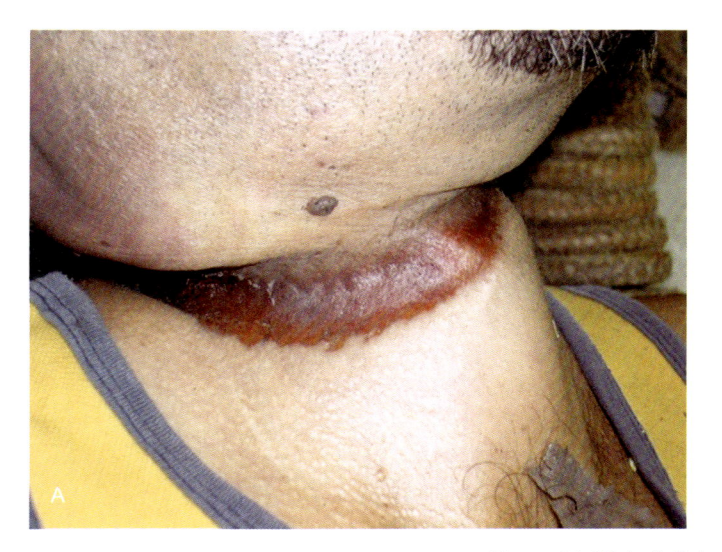
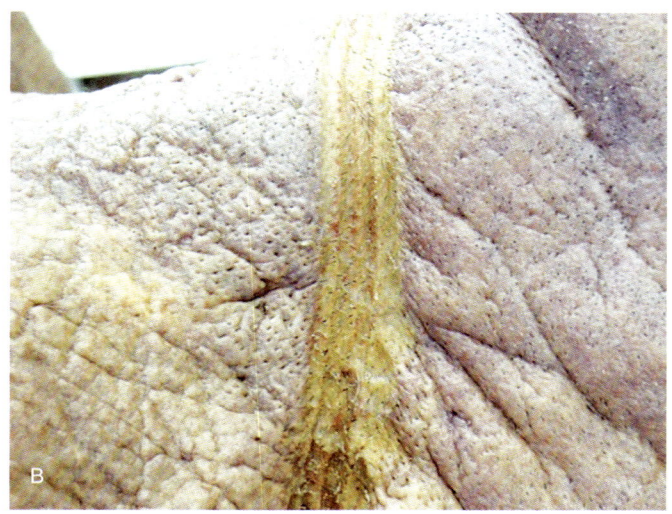

Figura 11.67 ▸ **A.** Sulco único. **B.** Sulco duplo

e anteroposterior costuma ser habitual. Normalmente se torna interrompido no ponto correspondente ao nó. Sua profundidade e largura merecem considerações, pois dependerão do material utilizado, do tempo de exposição e da força aplicada. Muito comumente apresenta um leito mole e coloração pálida ou azulada nos laços moles e pergaminhados, firmes e pardo-escuros nos laços duros, em consequência da desidratação sofrida pelos tecidos.

Exceções são encontradas nos enforcamentos incompletos, em que sulcos podem ter direções distintas da habitual e ser completos (circundando toda a circunferência do pescoço); há também casos em que são empregados laços muito moles, podendo não cursar com sulcos expressivos, ou estes podem, até mesmo, estar ausentes.

Depois de estudadas as características gerais e os laços, é importante pesquisar sinais que podem ocorrer nos distintos órgãos do pescoço. Esses sinais são dependentes do mecanismo e das forças aplicadas sobre os órgãos. São eles: equimoses no tecido celular subcutâneo e nos músculos (Figura 11.68), fratura do osso hióideo (Figura 11.69) ou da cartilagem tireóidea, lesões de cordas vocais, fratura de anéis cartilaginosos da traqueia, equimoses retrofaríngeas, lesões nas paredes das carótidas e/ou jugulares (Figura 11.70) e lesões de coluna vertebral.

Para que ocorram alterações na estrutura anatômica dos distintos elementos do pescoço são necessárias diferentes forças de ação. Em experimentos realizados em cadáveres foram determinadas as seguintes forças e seus correspondentes resultados: são necessários 2kg de força para que ocorra obstrução total da luz das veias jugulares; forças superiores a 5kg para obstrução das artérias carótidas; 15kg de força compressiva para fechamento da traquéia; acima de 25kg de força para obstrução das artérias vertebrais.

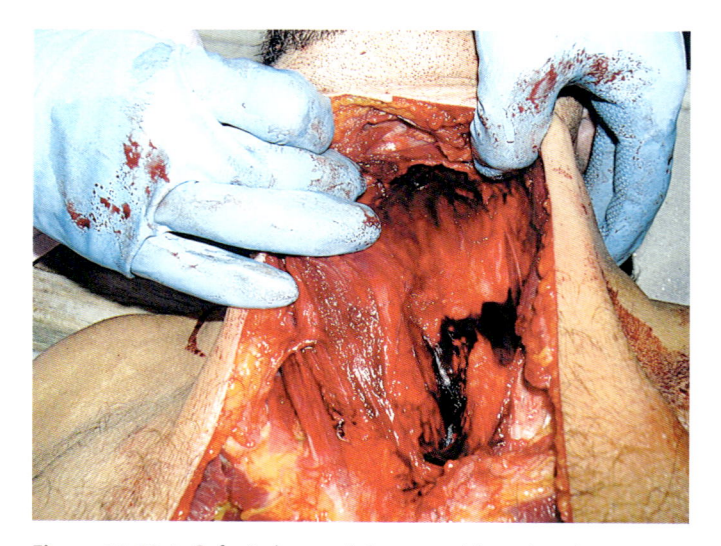

Figura 11.68 ▶ Sufusão hemorrágica em tecidos subcutâneo e muscular cervicais

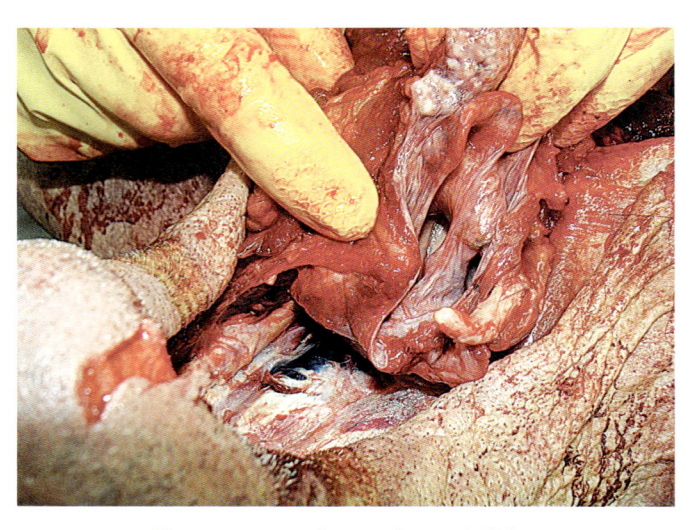

Figura 11.69 ▶ Fratura do osso hióideo

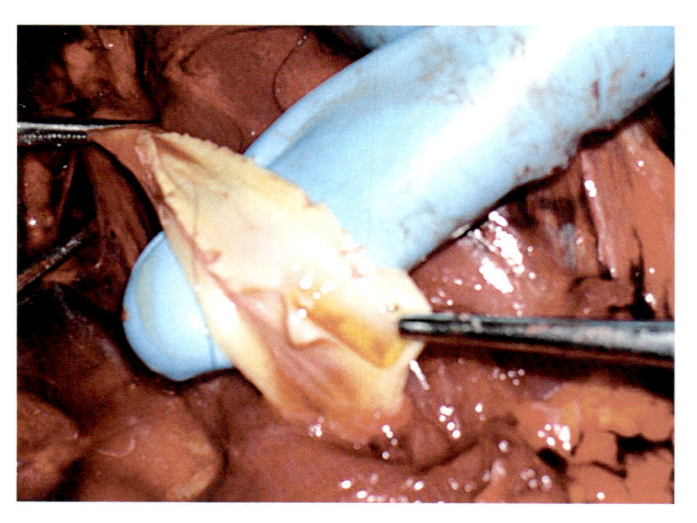

Figura 11.70 ▶ Lesão em endotélio da artéria carótida

Estrangulamento

O estrangulamento consiste na asfixia mecânica por constrição do pescoço acionada por um laço tracionado por qualquer força que não seja o peso da própria vítima. Será considerada também estrangulamento a asfixia mecânica gerada por golpes que utilizam os próprios braços do agressor como mecanismo causador, conhecidos como "gravata" ou "chave de braço".

Podem ser de origem homicida, acidental ou, excepcionalmente, suicida. Sua fisiopatologia deriva das seguintes alterações:

- **Asfixia:** pela obstrução da traqueia e fechamento da fenda glótica.

- **Compressão dos vasos do pescoço:** pela compressão do feixe vasculonervoso.

- **Compressão dos nervos do pescoço:** pela compressão do nervo vago (inibição do sistema nervoso central).

A sintomatologia progressiva geralmente obedece a três períodos (resistência, inconsciência e convulsão) e será dependente da força aplicada e do tempo de ação.

Nos estrangulamentos que não terminam com a morte, a vítima poderá apresentar amnésia, confusão mental, agitação, angústia, convulsões, dor cervical, dispneia, disfagia, espuma bucal e relaxamento dos esfíncteres.

Sinais Gerais das Asfixias por Estrangulamento

Devem ser consideradas, além dos elementos presentes nas asfixias mecânicas, as seguintes condições:

1. Sulco horizontalizado, de voltas variadas, completo ao redor do pescoço, abaixo da cartilagem tireóidea e de profundidade uniforme.
2. Estigmas ungueais nos bordos do sulco.
3. Face tumefeita e cianótica.
4. Protrusão da língua e cogumelo de espuma sanguinolento.
5. Exoftalmia.
6. Cianoses de extremidades (leitos ungueais).
7. Equimoses subconjuntivais, equimoses puntiformes em mucosa labial e petéquias em face, pescoço e tórax anterior.
8. Pavilhão auricular cianótico.

As lesões internas são extremamente raras e, portanto, não serão comentadas.

Esganadura

Trata-se da asfixia mecânica por constrição do pescoço, em sentido anterolateral, ocasionada pelas mãos ou por qualquer outro segmento dos membros do agente (cotovelo, perna ou pé), segundo a lei, modalidade de asfixia mecânica exclusivamente homicida, apesar de alguns autores descreverem a modalidade acidental.

Sua realização exige algumas particularidades, como, por exemplo, a superioridade de força ou qualquer meio que impeça a resistência. Sua fisiopatologia está mais relacionada com a inibição nervosa a quaisquer outros mecanismos e sua sintomatologia permanece obscura. Os sinais presentes são divididos em externos a distância, externos locais, locais profundos e a distância:

- **Sinais externos a distância:**
  - Face violácea ou pálida (Figura 11.71).
  - Pontilhados hemorrágicos na face e no pescoço.
  - Congestão conjuntival (Figura 11.72).
  - Exoftalmia.
- **Sinais externos locais:**
  - Estigmas ungueais no pescoço.

- Equimoses elípticas ou arredondadas – compressão das polpas digitais (Figura 11.73).
- **Sinais locais profundos:**
  - Infiltrados hemorrágicos nas partes moles do pescoço (Figura 11.74).
  - Fratura do osso hióideo.
  - Lesões de coluna (infanticídio).
  - Congestão das meninges.
- **Sinais a distância:** semelhantes aos sinais das asfixias em geral.

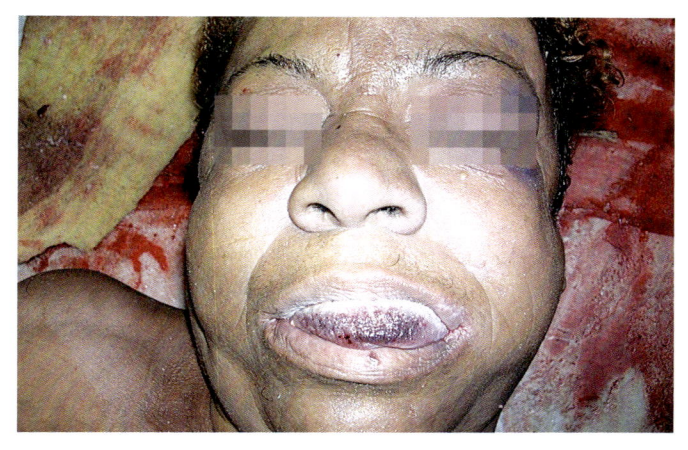

Figura 11.71 ▶ Face violácea com projeção da língua

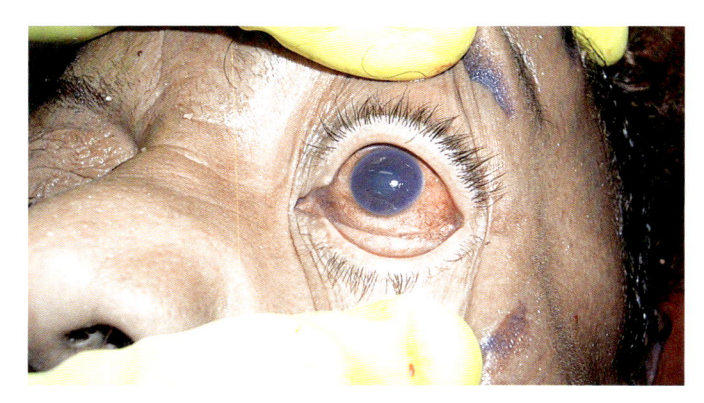

Figura 11.72 ▶ Congestão conjuntival

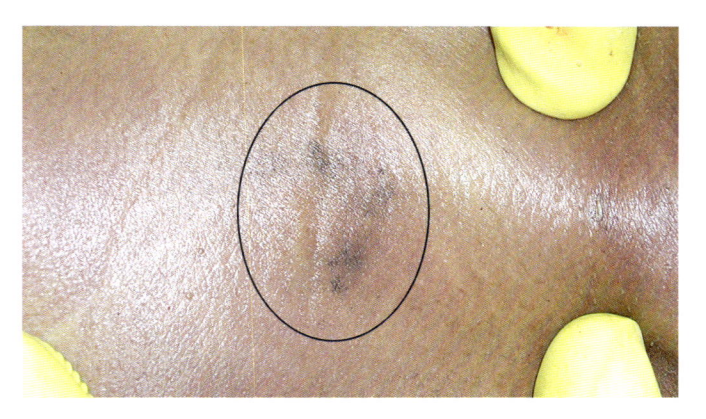

Figura 11.73 ▶ Equimose cervical (compressão digital)

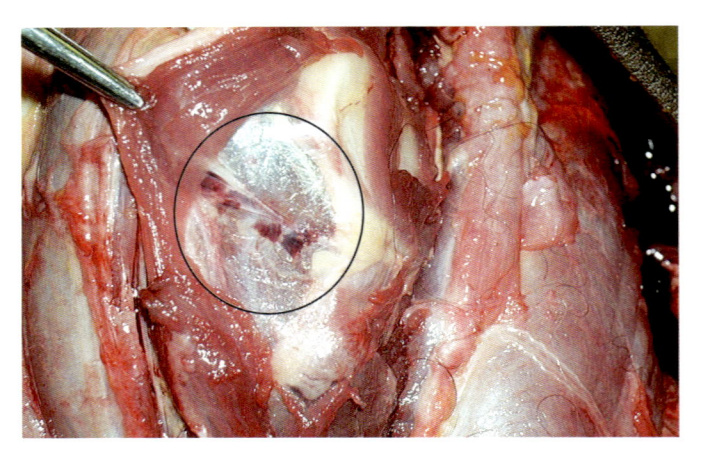

Figura 11.74 ▶ Infiltrado hemorrágico cervical

Sufocação

A sufocação consiste na asfixia mecânica ocasionada pelo impedimento respiratório de maneira direta ou indireta: na primeira, por oclusão dos orifícios respiratórios; na segunda, por impedimento aos movimentos respiratórios da caixa torácica.

Sufocação Direta

A sufocação direta compreende as seguintes modalidades: oclusão dos orifícios externos respiratórios, oclusão das vias respiratórias, soterramento e confinamento.

Oclusão dos Orifícios Externos

Consiste no modo de ação utilizado com a finalidade de dificultar, interromper ou impedir a entrada do ar nos pulmões, "tapando" diretamente os orifícios externos (Figura 11.75).

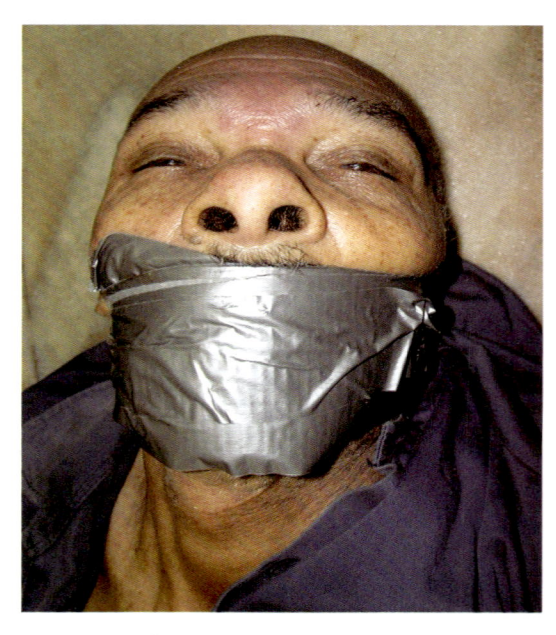

Figura 11.75 ▶ Sufucação direta (obstrução dos orifícios externos)

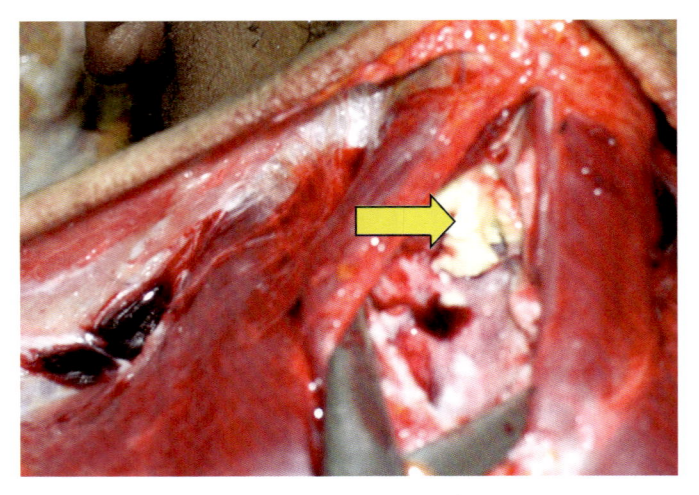

Figura 11.76 ▶ Sufucação direta (obstrução de vias aéreas superiores por miolo de pão)

Persivo Cunha divide os mecanismos de realização da sufocação direta em dois processos distintos: (1) processo manual direto; (2) processo indireto com corpos maciços. No processo manual direto há o emprego de uma ou de ambas as mãos diretamente sobre a boca e a narina. No indireto utiliza-se a aplicação de corpos macios flexíveis sobre a boca e a narina.

Oclusão das Vias Respiratórias

Entende-se por oclusão das vias respiratórias a presença de objetos sólidos ou outros materiais dentro da via respiratória, obstruindo a passagem do ar (Figura 11.76).

Apresenta etiologicamente as formas acidentais, suicidas e criminosas.

Confinamento

Trata-se da asfixia causada pela permanência em ambiente restrito ou sem condições de renovação do ar respirável. Ocorre saturação de vapor d'água no ar ambiente, o que dificulta ainda mais a eliminação do CO_2 pelo organismo, seja pelos pulmões, seja pelo suor.

Nessa modalidade de asfixia há diminuição progressiva da oferta de O_2 ao organismo e aumento concomitante do CO_2.

As fases ocorrem em consequência da mudança nas concentrações de dois gases (O_2 e CO_2). Inicialmente a vítima apresenta taquipneia por estímulo do centro respiratório bulbar, excitação psicomotora e sensação de "embriaguez". Com o aumento progressivo nas taxas de CO_2 há lipotimia, parestesias e arreflexia, relaxamento muscular, arritmia e hipotensão arterial, evoluindo para parada cardiorrespiratória.

Sufocação Indireta

Também chamada de passiva, é ocasionada pela compressão do tórax ou, eventualmente, tórax e abdome, com força suficiente para impedir os movimentos respiratórios e culminar em asfixia. Em geral, nos adultos, a sufocação passiva apresenta-se associada a outra forma de violência (p. ex., ação contundente e posterior fratura de arcos costais) e excepcionalmente como forma única. Sua natureza pode ter origem tanto acidental como homicida (criminosa).

Os sinais podem variar desde sua total ausência até uma riqueza de sinais. O mais frequentemente encontrado, quando presente, é a máscara equimótica ou cianose cervicofacial, ocasionada pela estase da veia cava superior em decorrência da compressão torácica, limitada pelo local da compressão.

Outros sinais gerais incluem:

- Hemorragias diversas (mucosa da boca, nariz, olhos e pulmões).
- Equimose perioral.
- Escoriações ungueais.
- Tumefação da face.
- Sufusões hemorrágicas de língua.
- Edema das vias aéreas superiores.
- Sangue escuro e fluido.
- Congestão polivisceral.

Afogamento

O afogamento é a asfixia mecânica produzida pela penetração de um meio líquido nas vias respiratórias, ocasionada pela imersão total ou parcial da vítima, impedindo assim a passagem de ar aos pulmões.

Sua causa jurídica poderá ser acidental, suicida ou homicida, existindo relatos, até mesmo, de causa suplicial. O tipo homicida é o mais raro das modalidades jurídicas. A forma suplicial é relatada apenas como valor histórico.

A asfixia por afogamento compreende três fases: resistência, exaustão e asfixia. Há autores que preferem dividi-la em fases de defesa, resistência e exaustão:

- **Fase de resistência:** presença de apneia voluntária; vítima lúcida e com reflexos preservados.
- **Fase de exaustão:** presença de dispneia com inspirações profundas e expirações curtas, desencadeadas pela elevação dos níveis de CO_2. É nessa fase que há penetração de água nos brônquios e bronquíolos em função dos movimentos ocasionados pela dispneia. Originam-se enfisema hidroaéreo pulmonar e espuma sanguinolenta intrabrônquica, explicados pela agitação do ar pelo refluxo do sangue nas câmaras direitas.
- **Fase de asfixia:** há perda da consciência, parada respiratória, insensibilidade, convulsões e morte.

Fisiopatologia

São descritas três formas fisiopatológicas distintas de afogamento: submersão com inibição, submersão com asfixia e afogamento interno.

Submersão com Inibição

Ocorre quando a entrada brusca e inesperada da vítima no meio líquido desencadeia um reflexo inibidor das funções respiratórias e/ou circulatórias mediante estímulos dos receptores que se encontram na pele, nas mucosas, nas vias respiratórias superiores e no ouvido médio. A ação reflexa determina um choque neurovascular, com perda da consciência, inibição respiratória e hipotensão. Pequenas quantidades de líquidos poderão atingir a árvore brônquica, determinando assim os "afogados brancos".

Submersão com Asfixia

Nesses casos, a morte é ocasionada por um completo preenchimento da árvore brônquica por meio líquido, determinando assim a verdadeira asfixia (pela obstrução da árvore brônquica). Há anóxia, hipercapnia e lesão tecidual pulmonar, determinando o "afogado azul".

A fibrilação ventricular está relacionada com decessos em água doce, enquanto o edema agudo de pulmão caracteriza-se pelo decesso em água salgada.

Afogamento Interno

Essa variedade de asfixia resulta de obstrução das vias aéreas por substâncias líquidas do próprio organismo (hematêmese, hemoptise etc.).

Sinais Cadavéricos

A seguir, os sinais serão divididos didaticamente em exames externo, interno, típico e atípico:

- **Exame externo:**
  - a. **Atípico:**
    - i. Pele anserina (Figuras 11.77 e 11.78)
    - ii. Piloereção dos músculos eretores dos pelos
    - iii. Retração de mamilos
    - iv. Retração de bolsa escrotal e pênis
    - v. Temperatura baixa da pele
    - vi. Maceração epidérmica devido à completa embebição da epiderme, podendo evoluir com fenômeno conhecido como "dedo de luva", em que verdadeiros retalhos de extremidade se formam e se destacam, acompanhados dos fâneros
    - vii. Rigidez precoce
    - viii. Lesões de dedos e/ou presença de corpos estranhos debaixo das unhas, por arrastamento
    - ix. Face lívida nos afogados brancos (morte por inibição) ou cianosada nos cadáveres submersos com penetração de água nas vias aéreas
    - x. Destruição de partes moles e cartilaginosas por ação da fauna aquática
    - xi. Projeção da língua além da arcada

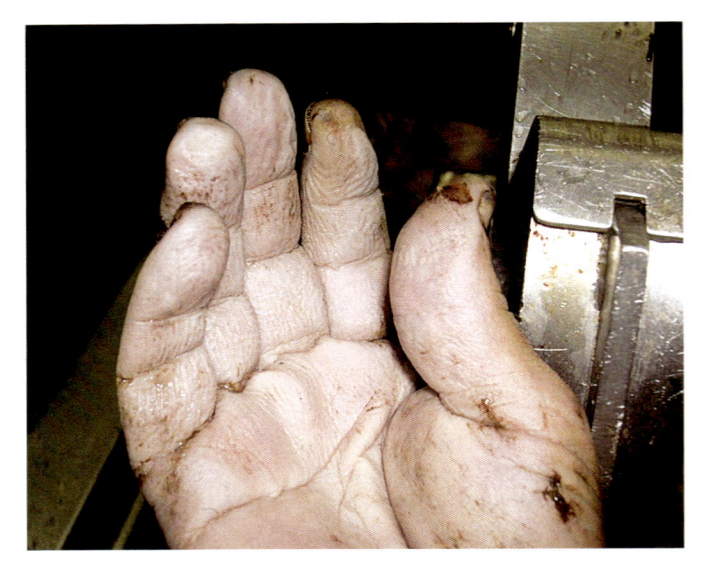

Figura 11.77 ▶ Pele anserina

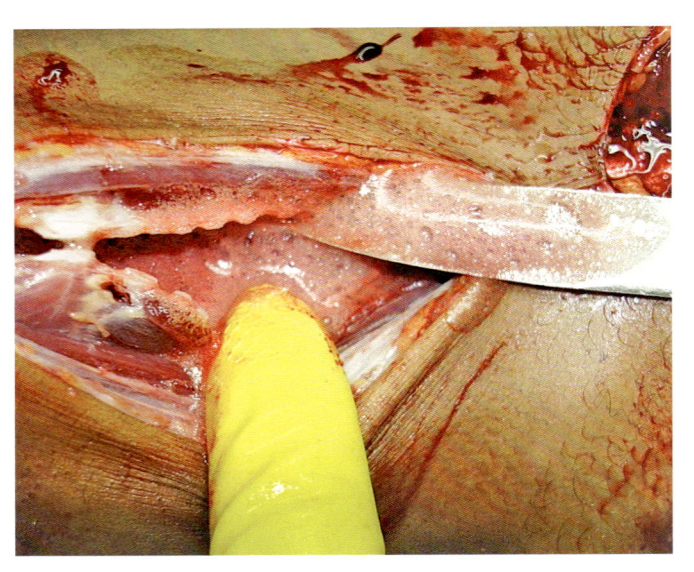

Figura 11.79 ▶ Espuma no interior das vias aéreas superiores

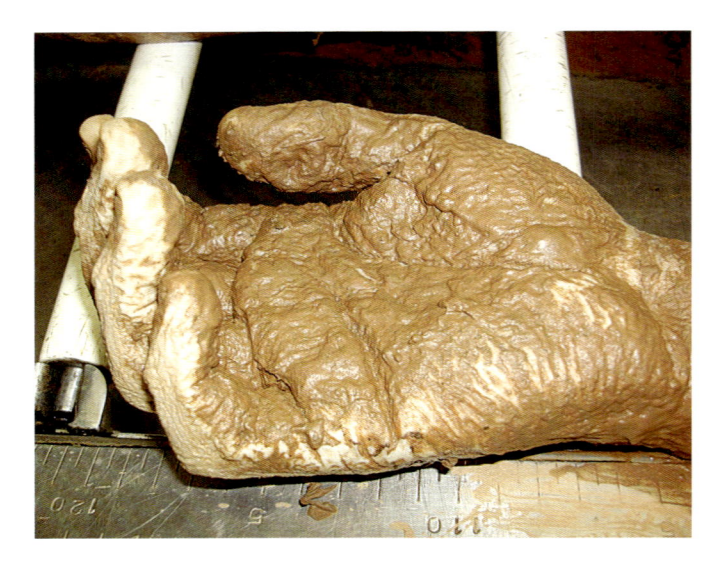

Figura 11.78 ▶ Pele anserina recoberta de material lamacento

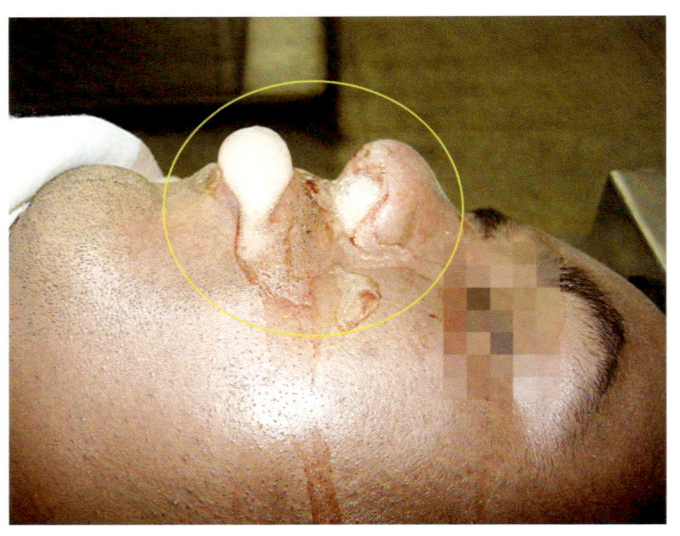

Figura 11.80 ▶ Cogumelo de espuma

b. **Típicos:**
  i. Coloração verde bronzeada da cabeça, em fase de putrefação – "cabeça de negro"
  ii. Livores de coloração vermelho-clara nas partes pendentes do corpo (maior ação da gravidade em sangue de alta fluidez)
  iii. Cogumelo de espuma (Figuras 11.79 e 11.80). Esse sinal acompanha geralmente vítimas que apresentaram reação enérgica na fase de exaustão, em que há uma turbulência maior do sangue de fluidez aumentada nas câmaras direitas cardíacas
  iv. Putrefação de fases distintas, sendo lenta enquanto o corpo apresenta-se submerso e rápida após contato do corpo com o meio externo.

• **Exame interno:**
  a. Líquido na árvore brônquica, sob a forma de espuma branca, rósea ou sanguinolenta
  b. Líquidos nas cavidades subpleurais
  c. Corpos estranhos no interior da árvore brônquica
  d. Desestruturação da arquitetura pulmonar (distensão acentuada, enfisema aquoso, ruptura alveolar, ruptura capilar)
  e. Fluidez aumentada do sangue (a fluidez nas câmaras esquerdas é maior do que nas câmaras direitas)
  f. Presença de líquido no aparelho digestivo
  g. Líquido no aparelho auditivo (ouvido médio)
  h. Congestão polivisceral

A cronotanatognose nas vítimas de asfixia por afogamento varia conforme as estações do ano e o tipo do meio líquido. Há de se relatar, com pouca precisão, o tempo cronológico. Teoricamente, podemos citar algumas características e seus respectivos tempos de morte possíveis: por volta do segundo dia haverá o surgimento da "cabeça de negro" nos afogados nos meses quentes e em água doce. O corpo poderá apresentar, próximo ao terceiro dia, maceração da pele das mãos e dos pés, putrefação acentuada e aspecto de gigantismo. A flutuação será diferente em água doce e salgada: os corpos não destruídos pela fauna apresentam flutuação entre 24 horas e o quinto dia, sendo esse período de tempo em águas salgadas.

Asfixias por Gases

Essa modalidade de asfixia constitui uma das mais complexas formas de asfixia estudadas em Medicina Legal. Didaticamente é apresentada a seguinte classificação (Delton Croce, 1998):

Gases de Combate

São utilizados na tentativa de dispersar multidões:

- **Gases lacrimogêneos:** gases com alto poder de ação sobre os olhos, causando inicialmente uma leve sensação de formigamento e reflexo nas pálpebras, evoluindo rapidamente com intenso lacrimejamento, cefaleia, fadiga, vertigens e irritação das vias aéreas superiores e pele.

  O principal representante é o *cloroacetofenona*; sua concentração de 0,0045mg/L de ar torna o ambiente intolerável. Concentrações acima de 0,86mg/L cursam com a morte em vítimas expostas por mais de 10 minutos.

- **Gases esternutatórios:** são gases que, além do tropismo pelas vias aéreas superiores, provocam uma ação sistêmica global. Indivíduos expostos apresentam intensa irritação do sistema respiratório, representada por tosse violenta, espirros e rinite, além de sintomas gerais, como fotofobia, conjuntivite, náuseas, vômitos, dor torácica e abdominal, cefaleia, poliú-

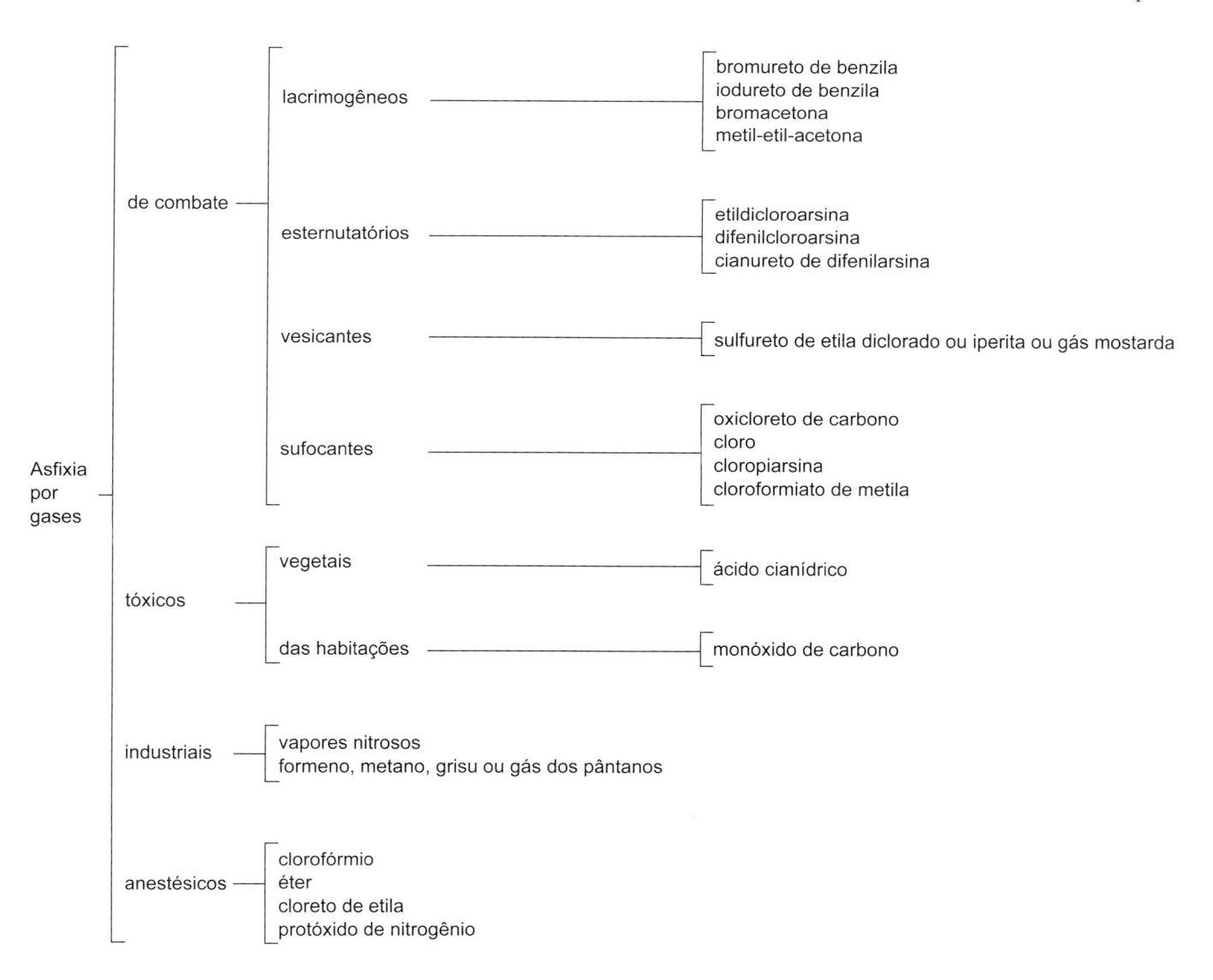

ria e vasodilatação (capilares). O representante mais importante dos gases esternutatórios é o *etildicloroarsina*. Concentrações de 0,5mg/L durante 10 minutos costumam ser letais.

- **Gases vesicantes:** utilizados pela primeira vez em 1917, são os gases de maior poder tóxico. Conhecidos como "gás mostarda" ou "rei dos gases de batalha", atuam na pele, nos olhos e no aparelho respiratório. Na pele provocam eritema, erupções puntiformes e flictenas que se rompem, expondo uma derme vermelha e hemorrágica. As lesões dérmicas acometem mais comumente locais onde o epitélio é mais espesso (face, bolsa escrotal etc.). Os olhos lacrimejam, as pálpebras edemaciam, as conjuntivas inflamam e o corpo ciliar e a íris se hiperemiam. A córnea torna-se opaca. A orofaringe e a laringe tornam-se hiperemiadas e granulosas, podendo evoluir para edema importante com fechamento total da glote. Causam cefaleia, sede intensa, mal-estar, vertigens, tonturas, vômitos, diarreia, arritmia cardíaca e broncopneumonia.

- **Gases sufocantes:** gases que provocam intensa sensação de dor, espasmos laríngeos e da musculatura brônquica, dispneia, hipotensão postural, hepatização dos pulmões, ingurgitamento venoso geral, cianose, náuseas e vômitos, síncope, inconsciência, falência do ventrículo esquerdo, edema agudo de pulmão e morte. O representante de maior expressão em nosso meio é o *cloro*.

No exame necroscópico podem ser encontrados:

1. Exsudato brônquico
2. Pulmões hepatizados com áreas edematosas
3. Enfisema e atelectasia
4. Aumento de câmara esquerda
5. Líquidos sero-hemorrágicos nas vias aéreas

Gases Tóxicos

São representados pelo ácido cianídrico (HCN) e o monóxido de carbono (CO):

- **Ácido cianídrico:** também conhecido como ácido prússico, produz, em contato com a vítima, vertigens, hiperpneia, cefaleia, taquicardia, cianose, convulsões, inconsciência e morte. O tempo de exposição necessário varia, podendo ser de alguns minutos a horas. Esse gás é utilizado em diversos estados norte-americanos como forma de pena de morte.

- **Monóxido de carbono:** originado de diversas fontes (gás de cozinha, chaminés, incêndios, queima do carvão como fonte de energia em indústrias, descargas dos veículos automotores etc.), apresenta, quando inalado, rápida absorção pelos alvéolos, seguida de uma estável reação química com a hemoglobina, que impede o processo de hematose e, consequentemente, uma anóxia tissular.

São diversos os sintomas que a vítima intoxicada pode apresentar, a saber: edema cerebral, cefaleia intensa, vasodilatação cutânea, zumbidos, tosse, escotomas, náuseas, vômitos, síncope, taquisfigmia, taquipneia e debilidade muscular com paralisia dos membros inferiores. A permanência no local e a contínua exposição acarretam a respiração de Cheyne-Stokes, convulsões intermitentes, coma e morte.

De acordo com Marruecos e cols. (1993), os efeitos clínicos da intoxicação pelo monóxido de carbono obedecem a sua concentração. De acordo com o exposto a seguir, verificamos os principais sinais e sintomas correlacionados com sua concentração plasmática:

- < 10%   – assintomático
- 10% a 20% – cefaleia e vasodilatação
- 20% a 30% – cefaleia, dispneia e dor aos esforços
- 30% a 40% – cefaleia intensa, náuseas, vômitos, alterações da visão, debilidade e torpor mental
- 40% a 50% – síncope, taquicardia e taquipneia
- 50% a 60% – coma, convulsão e respiração irregular
- > 60%   – parada cardiorrespiratória e morte

A necropsia dos vitimados mostra elementos característicos de grande valor no diagnóstico:

1. Rigidez precoce
2. Face carminada
3. Cianose de coloração vermelho-clara
4. Sangue fluido e rosado
5. Manchas de hipóstase claras
6. Pulmões rosados com eventuais trombos em sua luz
7. Edema cerebral
8. Trombos em coronárias
9. Manchas de Tardieu
10. Putrefação tardia

O diagnóstico laboratorial é realizado por espectroscopia do sangue coletado nas câmaras cardíacas, grandes vasos ou vísceras maciças.

Gases Industriais

De grande importância para a infortunística acidentária (parte da Medicina Legal que estuda os acidentes de trabalho), esses gases podem provocar, nas vítimas expostas, estertores, dispneia e irritação intensa da laringe, da traqueia e dos brônquios.

Gases Anestésicos

O interesse médico-legal por esse tipo de asfixia se dá nos casos de morte relacionados com seu uso, os quais são muitas vezes rotulados erroneamente como "choque anafilático". Nesses casos, caberá aos peritos, após exame minucioso, esclarecer à Justiça se a causa da morte foi acidental ou por negligência profissional.

Confinamento

Ocorre asfixia por confinamento em indivíduos mantidos em ambiente fechado, sem renovação do ar atmosférico. Haverá, assim, grande consumo de O_2 e elevada concentração nas taxas de dióxido de carbono (CO_2). Essa diferença de concentração entre O_2 e CO_2, acrescida da formação de vapor d'água, ocasiona a morte. Geralmente de origem acidental, pode ser criminoso.

A morte sobrevém do aumento progressivo nas taxas de CO_2 e suas consequências. Surgem sintomas locais e sistêmicos. Lacrimejamento, tosse, transpiração profusa, cefaleia, náuseas e vômitos representam os sintomas locais e taquipneia, sensação de embriaguez, lipotimia, arreflexia, relaxamento muscular, arritmia e hipotensão, os sistêmicos. A parada cardiorrespiratória finaliza o quadro.

Os achados necroscópicos em vítimas de asfixia por confinamento consistem em um cadáver úmido, com liberações de esfíncteres, e lesões em mãos, joelhos e pés, autoprovocadas na fase de desespero, são quase uma constante.

A espectrometria do sangue apresenta acentuado aumento da carboemoglobina.

▶ ENERGIAS DE ORDEM BIOQUÍMICA

São aquelas que se manifestam por ação combinada (tanto química como biologicamente), atuando de maneira prejudicial à saúde através de um meio negativo (carencial) ou positivo (tóxica ou infecciosa), levando em consideração as condições clínicas de cada indivíduo.

Serão abordados especificamente os distúrbios alimentares e as infecções.

Distúrbios Alimentares

Inanição

Segundo Delton Croce & Delton Croce Júnior, a inanição consiste no depauperamento orgânico e funcional consequente à ingestão insuficiente ou à privação de alimentos energéticos e plasmáticos, de modo agudo ou crônico.

Sua forma aguda desperta maior interesse médico--legal e pode ter como etiologia as seguintes apresentações: acidental, voluntária ou criminosa. Em geral, é acidental em grandes catástrofes, em que a vítima se vê em um ambiente privado, total ou parcialmente, de alimentação. É voluntária nos casos de tentativas de autoextermínio ou em greves de fome (coletivas ou individuais) com o intuito de chamar a atenção para determinada causa. A criminal, felizmente rara, ocorre quando a vítima, impossibilitada de se alimentar sozinha, depende

de terceiros que se negam a alimentá-la (p. ex., em infanticídios, vítimas acamadas ou no caso de sequestros).

Sinais clínicos ricos e variados podem estar presentes: emagrecimento acentuado, palidez cutânea, dores epigástricas, halitose, oligúria, oligoemia, lentidão de movimentos, secura da boca, escotomas, nistagmo, perturbações psíquicas, convulsões e até mesmo a morte. A presença de infecções está comumente associada.

O início dos sintomas varia de pessoa para pessoa, aquelas com maior reserva gordurosa apresentam retardo em seu aparecimento. Adultos apresentam maior resistência que crianças e idosos. Mulheres podem evoluir com amenorreia.

Doenças Carenciais

São conhecidas como hipovitaminoses ou avitaminoses. Normalmente, sua causa jurídica é acidental ou por negligência. Os sinais de carência dependem do tipo de vitamina específica que está debilitada:

- **Vitamina A:** sua deficiência produz xeroftalmia (espessamento e perda da transparência conjuntival), ceratomalacia (espessamento da córnea), cegueira noturna e propensão a infecções, entre outros sinais.
- **Vitamina B_1:** pode causar polineurites, neurite com comprometimento do sistema nervoso central (beribéri) e comprometimento do músculo cardíaco.
- **Vitamina B_2:** causa lábio inferior liso e lustroso, fissuras labiais, queilites, glossites, fotofobia e descamação seborreica das asas nasais, dos sulcos nasogenianos e da fronte (quadro denominado arriboflavinose). Sua carência contribui também para a formação da pelagra e do beribéri.
- **Vitamina B_6:** sua carência pode causar dermatites graves e perturbações do sistema nervoso central (convulsões).
- **Vitamina B_{12}:** seu estado carencial pode provocar a anemia perniciosa.
- **Biotina ou coenzima R:** sua carência é rara no homem, mas, quando presente, evolui com dores musculares, conjuntivite e lassidão.
- **Vitamina C:** quando ausente, produz escorbuto, caracterizado por sangramentos espontâneos, perda de dentes, emagrecimento, fraturas, edema e diarreia.
- **Vitamina D:** sua falta na criança produz o raquitismo, que se caracteriza por uma série de alterações ósseas, alterando sensivelmente o crescimento dessa criança.
- **Vitamina E:** tem influência sobre as gônadas e esterilidade.
- **Vitamina K:** sua ausência interfere diretamente na coagulação sanguínea aumentando o risco de sangramento espontâneo ou hemorragias traumáticas.
- **Niacina, ácido nicotínico ou nicotinamida:** sua deficiência produz a pelagra, que também é conhe-

cida como doença dos três "d": dermatite, diarreia e demência, alterando, portanto, os sistemas cutâneo, gastrointestinal e nervoso.

- **Ácido fólico:** em grávidas, seu déficit produz anemia macrocítica e, em adultos, leucopenia e segmentação das hemácias.
- **Ácido pantotênico:** contribui com o desenvolvimento da função endotelial e epitelial.
- **Ácido lipoico:** age como acelerador do crescimento celular.

Intoxicações Intestinais

Decorrentes da ingesta de alimentos contendo substâncias ou micro-organismos capazes de alterar o estado fisiológico do organismo, podem ter causas acidentais (desconhecimento da contaminação), culposas (p. ex., ação negligente de um dono de restaurante) ou, mais raramente, dolosas. São mais comumente provocadas por estafilococos (intoxicação mais branda, cursando com diarreia, cólicas e, ocasionalmente, vômitos), bacilos botulínicos (provocam gravíssimos sintomas neurológicos, gastrointestinais e até mesmo a morte) ou por salmonelas (também cursando com sintomas gastrointestinais graves).

Infecções

São afecções formadas a partir de perturbações orgânicas provocadas por micro-organismos patógenos. Podem ser focais ou generalizadas (sepse) e produzidas por diferentes tipos de micro-organismos. Seu diagnóstico é de extrema importância para a condução do tratamento específico.

A causa jurídica quase sempre é acidental, principalmente por falta de cuidados. Pode, no entanto, ser ainda culposa (decorrente de negligência ou imprudência) ou, mais raramente, dolosa (o contaminado deseja contaminar terceiros intencionalmente).

▶ ENERGIAS DE ORDEM BIODINÂMICA

As energias de ordem biodinâmica são aquelas que produzem efeitos nocivos em virtude de alterações, geralmente súbitas, na fisiologia vital. Nesse tipo de energia se enquadram todas as modalidades de choques*, inclusive a inibição.

Seguramente é mais adequado conceituar o choque do que defini-lo: a síndrome do choque é uma entidade mórbida desencadeada por causas diversas que promovem a diminuição intensa do débito cardíaco, tendo com consequência crise circulatória, profundas repercussões no metabolismo celular e fenômenos de exaustão que

impossibilitam precoce, tardia, temporária ou definitivamente ao organismo recuperar o equilíbrio rompido por falta de adaptação, quer por amplitude exagerada da agressão, quer por deficiência da resposta a esta, podendo levar o indivíduo ao óbito.

O quadro se caracteriza por prostração completa, indiferença ao meio e inconsciência e, às vezes, pele pálida e coberta de suores frios, pálpebras caídas, olhos entreabertos e pupilas dilatadas. Evolui com bradicardia, arritmia, veias colabadas, hipotermia, colapso e morte.

Nos casos em que não há êxito letal, a sintomatologia melhora gradativamente, restabelecendo o indivíduo com ou sem sequelas. O choque pode ser classificado, com base em seu tempo de instalação, em primário e secundário ou, com relação a sua fisiopatologia, em choque cardiogênico, obstrutivo, hipovolêmico e periférico.

Choque Cardiogênico

Ocorre por redução súbita do débito cardíaco com acúmulo de sangue na pequena circulação e vasoconstrição renal. A causa mais frequente dessa modalidade de choque é o infarto do miocárdio, podendo ocorrer também por hipoxia resultante de distúrbios respiratórios agudos.

Choque Obstrutivo

Ocorre por alterações que cursam com bloqueio da circulação de retorno ao coração. São exemplos mais comuns: tamponamento cardíaco, trombose intracardíaca e/ou pulmonar, balanço do mediastino e compressão de veias cavas.

Choque Hipovolêmico

Ocorre nas perdas sanguíneas, copiosas e/ou prolongadas.

Choque Periférico

Ocorre quando há uma alteração de pressão (aumento ou diminuição) do sistema vascular periférico (vênulas e capilares).

Ao exame cadavérico, podem ser constatados alguns sinais gerais de choque, como congestão capilar difusa, congestão pulmonar, sufusões hemorrágicas, degeneração parenquimatosa de estômago e duodeno (vasoconstrição prolongada), necrose centrolobular hepática, corticonecrose renal bilateral, poliesteatose de fígado e miocárdio (ocorre um aumento nas primeiras 18 horas após agressão, estendendo-se por volta de 96 horas até iniciar seu declínio) e mucose da túnica média da aorta.

▶ ENERGIAS DE ORDEM MISTA

Fadiga

Apesar das muitas definições existentes, é preferida a de Legrange, que define fadiga como "diminuição do

---

*Choque (do inglês *shock*), "parada das trocas metabólicas entre as células e o plasma, ficando assim inibida a nutrição" (Brown Séquard).

poder funcional dos órgãos, provocada por um excesso de trabalho e acompanhada por uma sensação característica de mal-estar". Essa síndrome, caracterizada por sinais físicos ou mentais, pode ser classificada em crônica, aguda ou superaguda.

Fadiga Crônica

Aparece como resposta nos indivíduos sedentários, nos quais há falta de uma atividade física rigorosa, nos instáveis emocionalmente e nos submetidos a excesso de trabalho.

A fadiga crônica pode ser considerada uma qualidade positiva quando há um desejo inconsciente de inativação objetiva no sentido de preservar a parte física e a autoestima.

De origem somática ou psicogênica, os indivíduos fatigados apresentam uma diversidade de sintomas, como irritabilidade, mau humor, crises de raiva e choro, nervosismo, insônia e sonolência, inquietude, desatenção, inapetência, cefaleia, instabilidade emocional e pensamentos negativos, entre outros.

Fadiga Aguda

Síndrome de sintomatologia variada caracterizada por insônia, inapetência, hipertensão arterial, bradi ou taquicardia, dispneia, mialgias, astenias, tremores, vertigens, com ou sem o êxito letal, em consequência de uma autointoxicação proveniente de excesso de trabalho pelo corpo.

Fadiga Superaguda

Instala-se a fadiga superaguda quando há persistência dos esforços excessivos.

O indivíduo afetado pela fadiga superaguda apresenta respiração superficial, palidez, sudorese fria, pulso filiforme, bradicardia, adinamia, distúrbios neurológicos e morte por falência cardíaca.

O cadáver apresenta rigidez acelerada, assim como a instalação dos fenômenos putrefativos. A musculatura torna-se friável, o sangue de coloração escura, e há a presença de sufusões hemorrágicas nas mucosas e vísceras.

Deve ser lembrada ainda a relação entre indivíduos superfadigados e a infortunística, uma vez que a diminuição da resistência nervosa pode acarretar acidentes de trabalho.

Doenças Parasitárias

Frequentemente encontradas, as doenças parasitárias demonstram grande nocividade em razão da ação tóxica e espoliativa que apresentam. Podem ser provocadas por diversos tipos de vermes, entre eles os helmintos e os protozoários (estes últimos os mais nocivos).

Apesar de ambos espoliarem o organismo, os parasitas tendem a poupar o hospedeiro e a se concentrar em determinados locais, ao contrário dos germes da infecção, que são totalmente perniciosos e se espalham.

Sevícias

Podem se apresentar com diversas formas de energia, sendo por isso classificadas entre as energias mistas. São de causa jurídica criminal do tipo dolosa. Suas vítimas apresentam quadro de grave comportamento psicossocial devido ao medo, à revolta, ao pânico e ao ódio que os acompanham. Os maus-tratos e a tortura são exemplos de sevícias.

Maus-tratos

De acordo com o conceito no Código Penal, em seu art. 136, são considerados maus-tratos:

> Expor a perigo a vida ou a saúde de pessoa sob sua autoridade, guarda ou vigilância, para fim de educação, ensino, tratamento ou custódia, quer privando-a de alimentação ou cuidados indispensáveis, quer sujeitando-a a trabalho excessivo ou inadequado, quer abusando de meios de correção ou disciplina.

Podem ocorrer com crianças, idosos e detentos, entre outros.

As formas mais comuns de maus-tratos são por:

- **Omissão** (Figura 11.81): devido a carência física (proteção à integridade física, negligência de higiene, condições ambientais insalubres), bioquímica (alimentação) ou emocional (carinho, atenção).

- **Ação** (Figura 11.82): maus-tratos físicos (agressão), sexuais (abusos), psíquicos (chantagem, ameaças) ou econômicos (supressão dos bens, mau uso do dinheiro).

Normalmente, os agressores encontram-se dentro do próprio ambiente familiar, tanto no caso de crianças como, por exemplo, de idosos, o que não significa que também não existam em asilos, creches e hospitais.

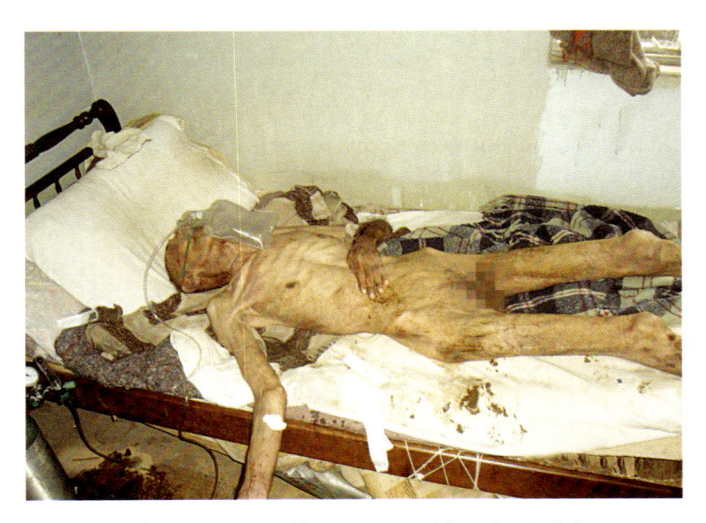

Figura 11.81 ▶ Maus-tratos ao idoso (omissão)

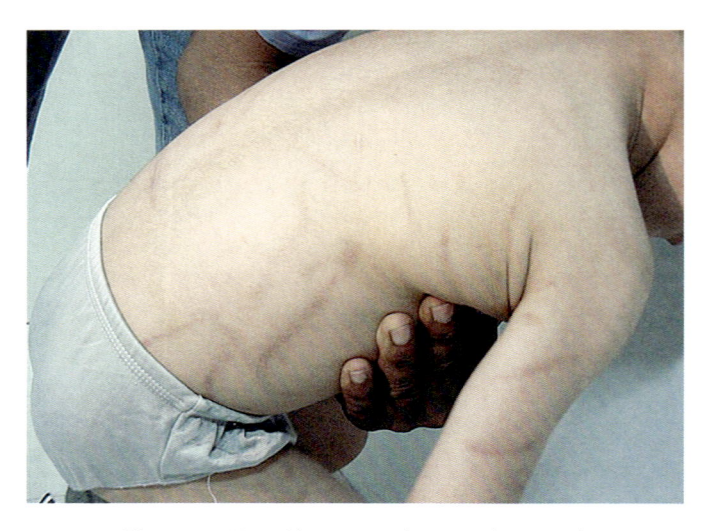

Figura 11.82 ▶ Maus-tratos à criança (agressão)

O motivo é habitualmente fútil e, em crianças, o subterfúgio de educá-las é o mais utilizado.

A vítima de maus-tratos apresenta comportamento apático, triste e choroso. A presença de lesões corporais é caracterizada por ferimentos repetidos e pouco justificáveis, queimaduras, escoriações, equimoses, hematomas e até mesmo fraturas.

A confirmação ou mesmo a suspeita de maus-tratos por parte de terceiros deve ser comunicada, podendo caracterizar crime de omissão de socorro sua não comunicação.

Tortura

É de causa jurídica dolosa e constitui o mais grave e cruel tipo de sevícia. De acordo com os termos da Lei 9.455, de 7 de abril de 1997, assinada pelo então presidente Fernando Henrique Cardoso, constitui crime de tortura:

> *I – Constranger alguém com emprego de violência ou grave ameaça, causando-lhe sofrimento físico ou mental; a) com o fim de obter informação, declaração ou confissão da vítima ou terceira pessoa; b) para provocar ação ou omissão de natureza criminosa; c) em razão de discriminação racial ou religiosa.*
>
> *II – Submeter alguém, sob sua guarda, poder ou autoridade, com emprego de violência ou grave ameaça, a intenso sofrimento físico ou mental, como forma de aplicar castigo pessoal ou medida de caráter preventivo.*

Em seu parágrafo 6º, acrescenta: o crime de tortura é inafiançável e insuscetível de graça ou anistia.

De acordo com a lei que tipificou esse tipo de crime, verificam-se a gravidade e a importância para a sociedade da punição do agressor da tortura. Torna-se impossível enumerar as variantes da prática de tortura existentes, pois visam por si mesmas, muito mais que ao sofrimento físico, causar humilhação e constrangimento.

Um grande estudo realizado na Suécia entre mulheres vítimas de tortura constatou que, na maioria dos casos, o agressor era o próprio marido ou parentes próximos, que 76% das vítimas também sofriam violência sexual e que 95% apresentaram sinais de agressão física.

Os exames periciais de vítimas da tortura devem ser minuciosos, descrevendo detalhadamente todas as lesões e utilizando-se de todos os meios diagnósticos possíveis. Sugere-se um trabalho em equipe, sempre com ilustrações fotográficas e outros meios tecnológicos, além de exames laboratoriais complementares, incluindo o toxicológico.

▶ BIBLIOGRAFIA

Alcântara HR. Perícia médica judicial. Rio de Janeiro: Ed. Guanabara, 1982.

Almeida Júnior A, Costa Júnior JBO. Instrumentos perfurocontundentes – Lesões por arma de fogo. In: Lições de Medicina Legal. 22. ed. São Paulo: Companhia Editora Nacional, 1998: 140-54.

Alvarado EV. Medicina Legal. Puerto Rico: Trillas, 1996.

Calvo Muñoz JM, Sanchez M. Fisiopatología de la muerte por ahorcadura en un individuo traqueostomizado. Cuad Med For 1996; 6: 18-23.

Carvalho HV, Bruno AML, Segre M. Traumatologia. In: Lições de medicina legal. 3. ed. São Paulo: Saraiva, 1965: 98-108.

Cunha P. Asfixiologia forense. 2. ed. Recife: Livrotécnica. Distribuidora Nacional de Livros Técnicos LTDA, 1977: 131-41.

Croce D, Croce Júnior D. Manual de Medicina Legal. 4. ed. São Paulo: Editora Saraiva, 1998.

Di Maio DJ, Di Maio VJM. Forensic pathology – Practical aspects of criminal and forensic investigation. 2. ed. New York: CRC Press, 2001.

Di Maio VJM. Gun shot wounds. 2. ed. New York: CRC Press, 1999.

Dix J, Calaluce R. with contributions by Mary Fran Ernst. Guide to forensic pathology. New York: CRC Press, 1998.

Edston E, Olsson C. Female victims of torture. Journal of Forense and Legal Medicine 2007; 14: 368-73.

Eckert WG. Introduction to forensic sciences. 2. ed. New York: William G. Eckert/Elsevier, 1992.

Fávero F. Classificação médico-legal da causalidade do dano. In: Medicina Legal: introdução ao estudo da Medicina Legal, identidade, traumatologia, infortunística, tanatologia. 10. ed. Belo Horizonte: Vila Rica, 1991: 300-39.

França GV. Traumatologia médico-legal. In: Medicina Legal. 7. ed. Rio de Janeiro: Guanabara Koogan, 1998: 72-83.

Garcia PM. Surco de Ahorcadura. Cuadernos de Medicina Forense 29 – Julio 2002.

Garcia IE, Póvoa PCM. Balística. Forense. Criminalística. Goiânia: AB, 2000: 101-20.

Gomes H. Lesões produzidas por projéteis de arma de fogo. In: Medicina Legal. 25. ed. Rio de Janeiro: Freitas Bastos, 1987: 499-511.

Gomes H. Medicina Legal. 33. ed. revista e atualizada por Hygino de Carvalho Hércules. São Paulo: Freitas Bastos, 2004.

Maranhão OR. Lesões por arma de fogo (lesão perfurocontusa). Curso Básico de Medicina Legal. 6. ed. São Paulo: Malheiros, 1993: 277-86.

Mirabete JF. Código de Processo Penal interpretado. 7. ed. São Paulo: Atlas, 1999.

Olshaker JS, Jackson MC, Smock WS. Forensic emergency medicine. 2. ed. Lippincott Williams & Wilkins, 2007.

Rabello E. Introdução à balística forense. Imprensa Oficial do Estado, Rio de Janeiro,1966.

Vanrell JP. Manual de Medicina Legal. São Paulo: Editora de Direito, 1996: 251 p.

CAPÍTULO 12

Traumatismos Dentários

Juliana Vilela Bastos • Maria Ilma de Souza Côrtes

▶ INTRODUÇÃO

As lesões traumáticas dentárias se caracterizam por sua natureza múltipla, pois acometem simultaneamente o tecido pulpar, os tecidos mineralizados do dente, bem como seus tecidos de sustentação. A evolução dessas lesões depende não só do potencial de reparo individual das células envolvidas, mas também da interação dos vários tecidos o que, não raro, determina padrões complexos e variados dessa cicatrização. Desse modo, o tipo e a extensão da lesão às estruturas de sustentação podem comprometer o reparo pulpar, assim como a contaminação do canal radicular após uma necrose pode mudar o curso do processo de cicatrização dos tecidos periodontais. O conhecimento desses fenômenos relacionados com o reparo pós-trauma, bem como de seus fatores determinantes, influencia diretamente a terapia a ser adotada imediata ou tardiamente, uma vez que, durante sua evolução, podem ocorrer fenômenos intermediários que confundem o diagnóstico.[1-12] Além disso, o diagnóstico de complicações após traumatismos pode apresentar falhas decorrentes das técnicas de exame clínico-radiográfico atualmente disponíveis que são indiretas, cronologicamente isoladas e refletem somente alguns parâmetros do processo de reparo, que é dinâmico. Todos esses problemas de diagnóstico são mais críticos no período logo após a ocorrência da lesão traumática, momento em que a necessidade estética e funcional demanda um pronto tratamento restaurador, protético ou mesmo ortodôntico. Entretanto, a definição da ocorrência de cicatrização de uma lesão traumática depende não só de um exame completo e criterioso no momento do acidente, mas, e principalmente, do acompanhamento clínico e radiográfico a médio e longo prazo, por meio de técnicas padronizadas.[7,13] Sendo assim, serão apresentadas a seguir as principais técnicas de exame e diagnóstico que devem ser empregadas na avaliação inicial e durante o acompanhamento do paciente traumatizado. Na segunda parte deste capítulo serão apresentados os dados relativos a cada uma das lesões traumáticas dentárias – epidemiologia, diagnóstico, prognóstico e fatores determinantes.

▶ EXAME E DIAGNÓSTICO INICIAL EM TRAUMATISMO DENTÁRIO

A abordagem inicial ao paciente tem papel decisivo no sucesso do tratamento das lesões traumáticas, uma vez que é nesse momento que o profissional deve coletar um conjunto de informações subjetivas e clínico-radiográficas que permitam identificar os vários componentes da lesão para definir as medidas terapêuticas necessárias e adequadas.[14] A utilização de formulários padronizados, que contenham questões específicas pertinentes aos traumatismos dentários, é de fundamental importância para o acompanhamento e a definição do prognóstico.

Avaliação Neurológica Inicial

O exame do paciente deve ser iniciado a partir do momento em que ele adentra o consultório odontológico, visando observar sinais como dificuldade de locomoção e equilíbrio, que podem significar comprometimento neurológico. Além disso, outros sinais e sintomas devem ser avaliados: confusão mental, reação pupilar anormal, presença de sangramento ou fluido claro no ouvido e no nariz, história de vômitos, náuseas e dores de cabeça. A constatação de comprometimento neurológico deve ser considerada prioridade em detrimento de qualquer lesão traumática, mesmo que esta seja uma avulsão dentária ou uma fratura alveolodentária e de outros ossos da face.

Exame Subjetivo

A anamnese dos pacientes portadores de traumatismo dentário deve abordar a história médica individual e familiar do paciente, um histórico odontológico, incluindo episódios anteriores de lesão traumática, e questões específicas pertinentes ao atual acidente, além de conter um relato minucioso sobre os cuidados imediatos dispensados ao paciente no momento do trauma e durante o tratamento emergencial. Nesse primeiro contato com o paciente é importante obter dados sobre os atendimentos anteriores, sempre solicitando um relato dos profissionais que os tenham realizado.

História Médica do Paciente

Devem ser coletadas informações sobre sangramento e cicatrização, imunização antitetânica, uso de medicamentos, intolerância a anestésicos e outros fármacos, além de comprometimentos sistêmicos relevantes.

História Odontológica do Paciente

Comprometimentos periodontais, história de cáries e restaurações anteriores, presença de próteses, dentes submetidos à movimentação ortodôntica ou tratamentos cirúrgicos são dados importantes que podem modificar a resposta de um dente traumatizado. De especial importância são as informações sobre lesões traumáticas anteriores, uma vez que podem explicar achados clínicos e radiográficos que não apresentam características daqueles que ocorrem logo após o traumatismo. Exemplos comuns são a presença de obliteração do canal radicular e a paralisação da rizogênese, que são observadas radiograficamente algum tempo após acontecida a lesão. A presença de lesões correspondentes a traumatismos anteriores pode influenciar o plano de tratamento e prognóstico.

Informações sobre o Acidente: Quando? Onde? Como?

O intervalo entre o momento do acidente (*quando*) e o tratamento influencia significativamente o prognóstico das fraturas coronárias com exposição pulpar, avulsões, luxações e fraturas radiculares com deslocamento. A informação sobre o local do acidente (*onde* – Figuras 12.1 a 12.3) pode ser importante na indicação de profilaxia anti-

tetânica e permitir ainda a localização de um dente avulsionado ou de fragmentos coronários fraturados. Já os dados sobre a natureza do acidente (*como*) podem fornecer informações sobre o tipo e a localização anatômica das lesões. Um exemplo clássico é a presença de uma lesão no mento, que leva o examinador a pesquisar fraturas de pré-molares e molares, ramo da mandíbula e região condilar.

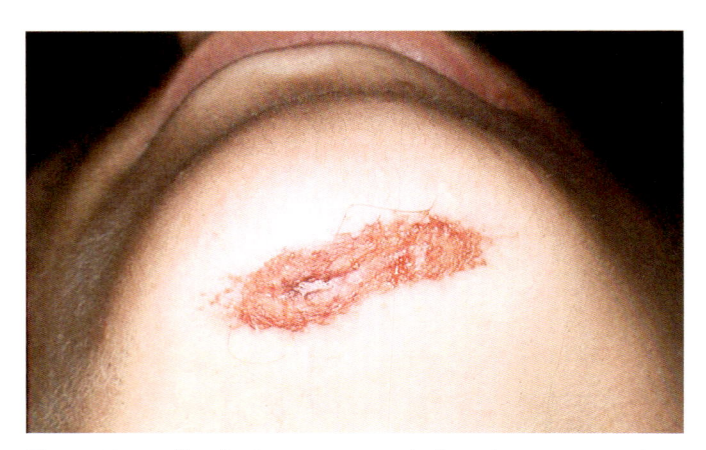

Figura 12.1 ▶ Uma lesão no mento poderá resultar em traumatismo indireto em outras estruturas dentárias ou ósseas

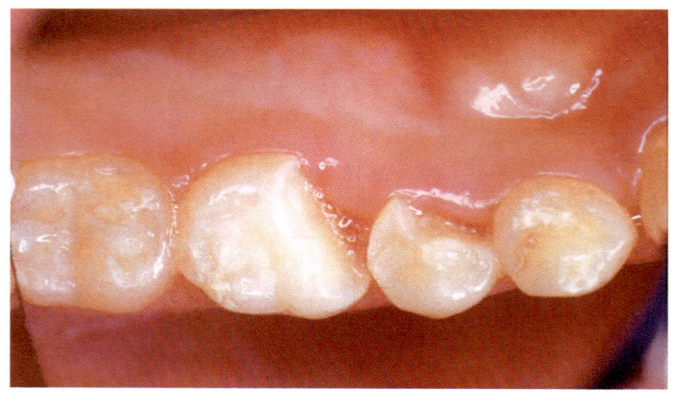

Figura 12.2 ▶ Traumatismo indireto: fraturas de esmalte e dentina nos dentes 15 e 16 causadas pela lesão no mento

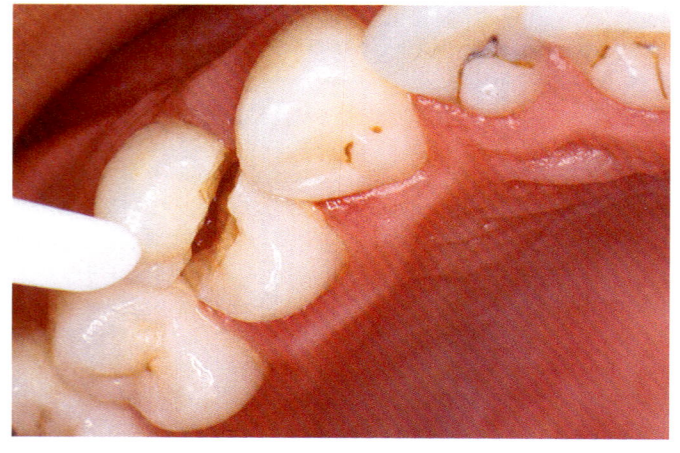

Figura 12.3 ▶ Fratura coronorradicular do elemento 14 decorrente de traumatismo indireto

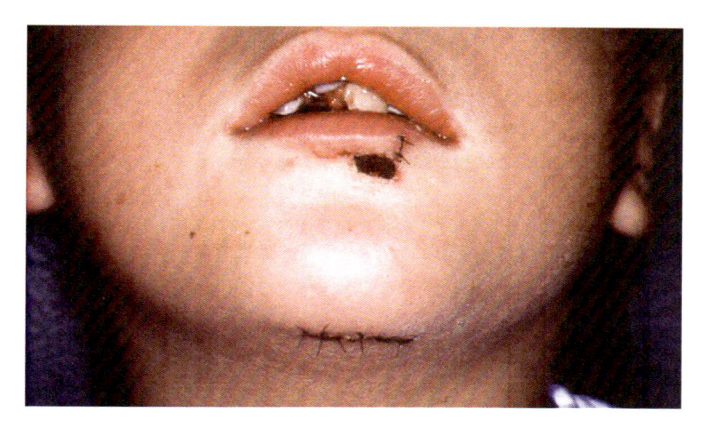

Figura 12.4 ▸ Lesão no mento associada a fratura de côndilo

Uma questão que merece atenção especial está relacionada com a identificação de lesões resultantes da violência contra crianças e mulheres. Em geral, nesses casos, existe uma discrepância entre os achados clínicos e o relato da história do acidente. É importante que o profissional clínico não se limite apenas ao tratamento da lesão, mas que se empenhe em detectar o problema e orientar o paciente quanto às condutas legais, encaminhando-o aos setores adequados.[15] O estudo de Naidoo,[16,17] na África do Sul, revelou a ocorrência de lesões de cabeça, face e pescoço em crianças que sofreram maus-tratos, sendo as lesões de face, as mais frequentes, diagnosticadas em 41% das crianças examinadas e tendo a bochecha como o local mais comum. Espantosamente, o número de lesões bucais reportadas nesse estudo foi extremamente baixo (11%), se levarmos em consideração a alta frequência de lesões de face (41%). Foram utilizados dados retrospectivos coletados de prontuários de pacientes atendidos em um período de 5 anos. O fato de o exame dos pacientes não ter sido realizado por dentistas pode ter concorrido para que as lesões bucais fossem subestimadas nesse estudo. A autora chama a atenção para a importância dessas lesões nas crianças maltratadas e recomenda um melhor treinamento de médicos, dentistas e outros profissionais de saúde para o diagnóstico correto, contribuindo assim para o reconhecimento desse sério problema de saúde pública: as agressões a crianças (Figura 12.4).

Cuidados Imediatos e Tratamento Emergencial

O prognóstico de dentes traumatizados muitas vezes depende de cuidados imediatos que antecedem a atuação do dentista clínico, principalmente nas lesões que envolvem o deslocamento parcial – luxações e fraturas radiculares – ou totais, como a avulsão. Fatores como meio de armazenamento, tempo de permanência extraoral, manuseio da superfície radicular, tipo e duração do período de imobilização são determinantes do tipo de cicatrização periodontal de dentes avulsionados.[18] Nas fraturas radiculares e nas luxações extrusivas e laterais, a manutenção de vitalidade pulpar depende do reposicionamento imedia-

to. Já nas luxações intrusivas, principalmente as parciais, esse procedimento está contraindicado. O tipo de imobilização também é determinante do tipo de cicatrização das fraturas radiculares.[11] Todas essas informações devem ser coletadas no momento do exame inicial e consideradas durante avaliações a médio e longo prazo.

Exame Objetivo Extraoral

Avaliação das Feridas Extraorais

O exame extraoral do paciente vítima de traumatismos se inicia com uma avaliação abrangente das feridas extra e intraorais. Deve-se atentar para o fato de que aproximadamente metade dos pacientes que procuram os serviços de urgência apresenta lesões de tecido mole associadas.[19,20] Quanto a sua natureza, as mais frequentes são as contusões, as abrasões e as lacerações (Figura 12.5).[12]

Contusões são lesões associadas a um intenso quadro hemorrágico, com formação de edema e hematoma, porém sem a ruptura de pele ou mucosa (Figura 12.6). Suas implicações mais diretas estão relacionadas com a dificuldade de manipulação da área em razão da sintomatologia dolorosa e da presença de edema.

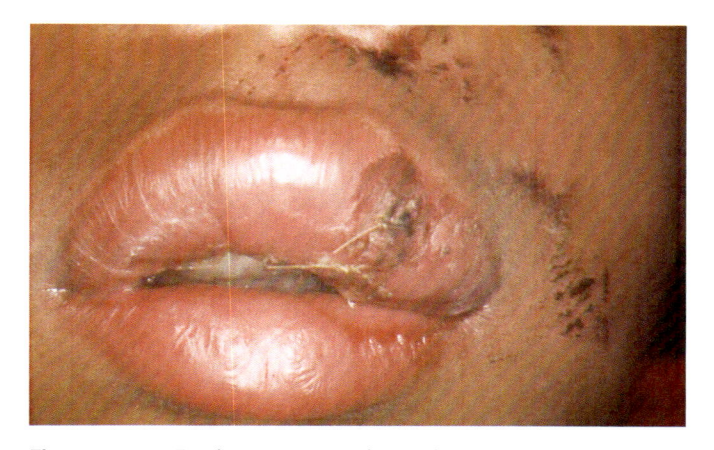

Figura 12.5 ▸ Feridas extraorais: edema e laceração do lábio superior após sutura para conter o quadro hemorrágico. Abrasões em fase de cicatrização no lado esquerdo da face

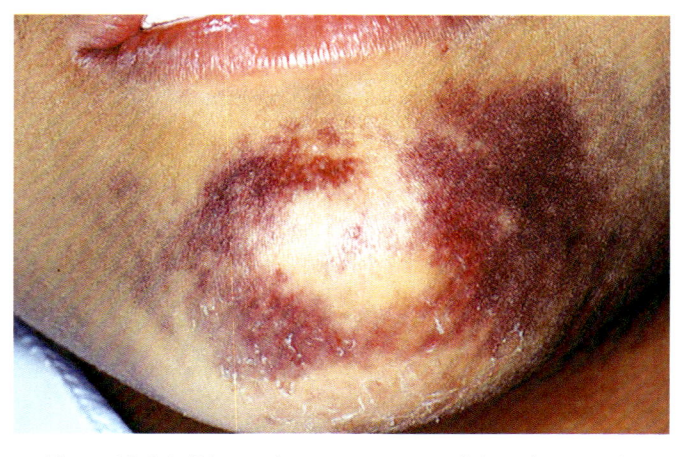

Figura 12.6 ▸ Edema e hematoma característicos de contusão

Abrasões se caracterizam pela exposição de uma densa rede capilar e de terminações nervosas livres do conjunto subcutâneo. Um achado frequente associado a esse tipo de lesão é a presença de sujeira oriunda do local do acidente, provavelmente contaminada. Essas pequenas partículas podem ser incorporadas durante o processo de cicatrização, causando manchas, fenômeno conhecido como tatuagem.

Lacerações envolvem camadas mais profundas do tecido conjuntivo e geralmente estão associadas à ruptura de vasos mais calibrosos com quadros hemorrágicos intensos.

Avaliação das Fraturas dos Ossos da Face

As fraturas dos ossos da face geralmente decorrem de acidentes automobilísticos ou de violência. Em virtude de sua gravidade e natureza múltipla, o mais comum é que o paciente procure um pronto atendimento hospitalar. Todavia, nas raras ocasiões em que é o primeiro profissional a ser procurado, o clínico deve ser capaz de reconhecer essas lesões e avaliar a necessidade de encaminhar o paciente para um cirurgião bucomaxilofacial e atendimento em hospital, dependendo de sua extensão.

As fraturas das paredes do alvéolo (Figura 12.7A) representam um achado frequente relacionado com avulsões e luxações com deslocamento. Clinicamente podem ser diagnosticadas mediante crepitação durante o exame de palpação simultâneo ao teste de mobilidade dos dentes envolvidos. Seu tratamento será descrito no item referente às luxações.

As fraturas do processo alveolar geralmente se localizam além do ápice radicular, mas eventualmente envolvem as paredes do alvéolo. São facilmente diagnosticadas ao exame clínico em função da movimentação simultânea de um grupo de dentes quando da realização do teste de mobilidade.

As fraturas na maxila e mandíbula estão associadas a um conjunto de sinais e sintomas que podem ocorrer em conjunto ou isoladamente, como presença de edema, hematoma e assimetria facial, alterações na oclusão, dor e crepitação à palpação e manipulação dos fragmentos e dor ocasionada pela movimentação durante a fala ou mastigação (Figura 12.7B).

Em todos os casos, o exame radiográfico é indispensável para a conclusão do diagnóstico final, devendo incluir tomadas extra e intraorais. Radiografias oclusais e periapicais ortorradiais e com distorções mesial e distal são importantes na identificação de fraturas das paredes do alvéolo e do processo alveolar (Figura 12.7 C e D). A radiografia panorâmica é de especial valor para determinar o curso e a posição das linhas de fratura na maxila e

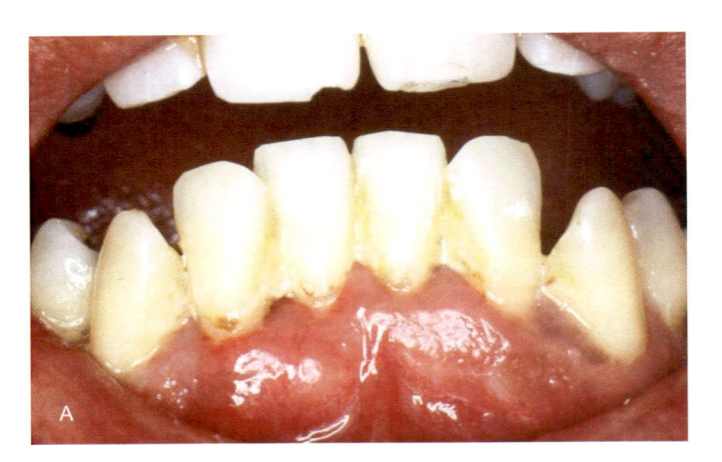

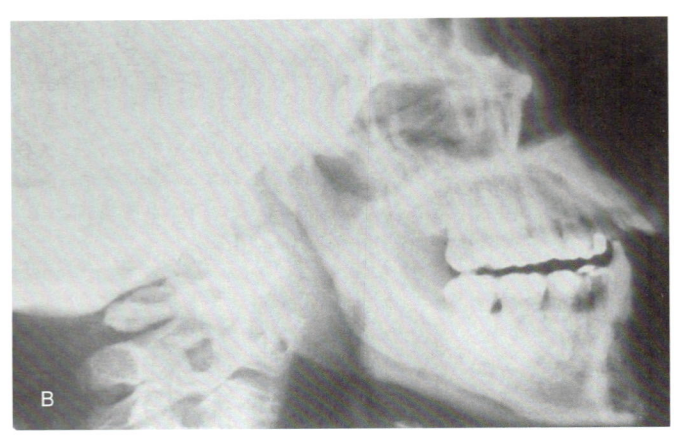

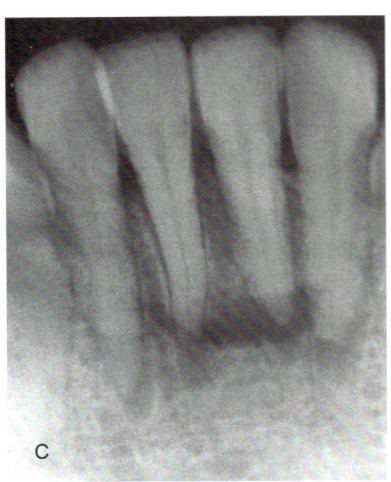

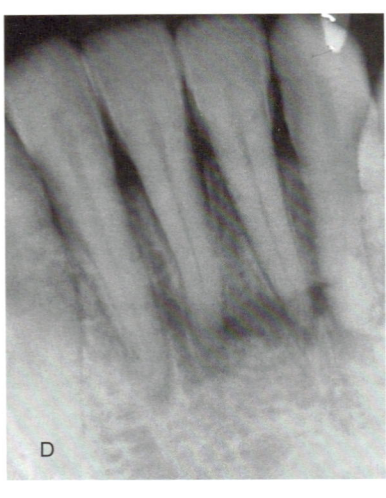

Figura 12.7 ▶ **A.** Aspecto clínico da fratura do processo alveolar na região anterior da mandíbula. **B.** Radiografia lateral da face, onde se observa a extrusão do segmento anterior da mandíbula. **C** e **D.** Radiografias periapicais para diagnóstico de fratura na região anterior da mandíbula

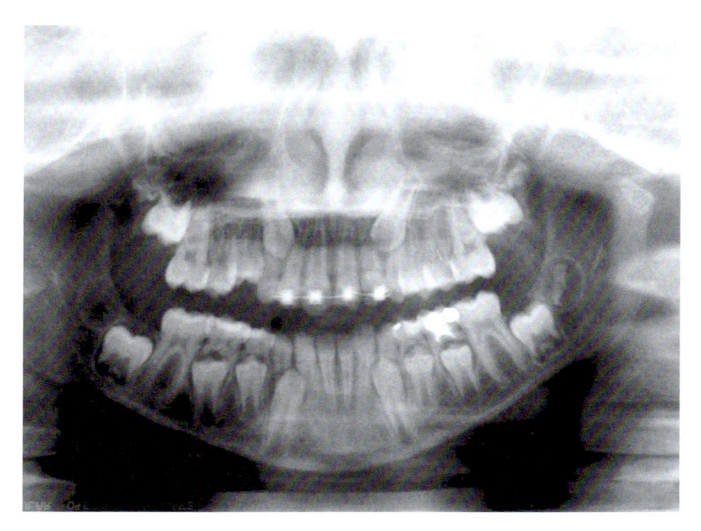

Figura 12.8 ▶ Radiografia panorâmica como exame complementar para diagnóstico de fratura no côndilo do lado esquerdo

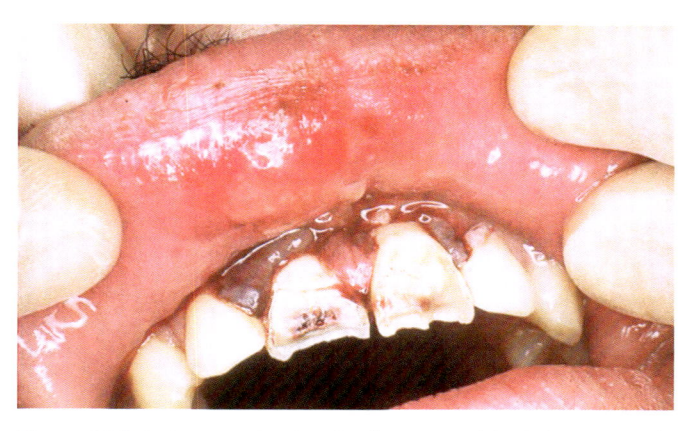

Figura 12.9 ▶ Aspecto de abrasão da mucosa labial decorrente do atrito com os dentes fraturados. Observam-se ainda lacerações nas papilas gengivais

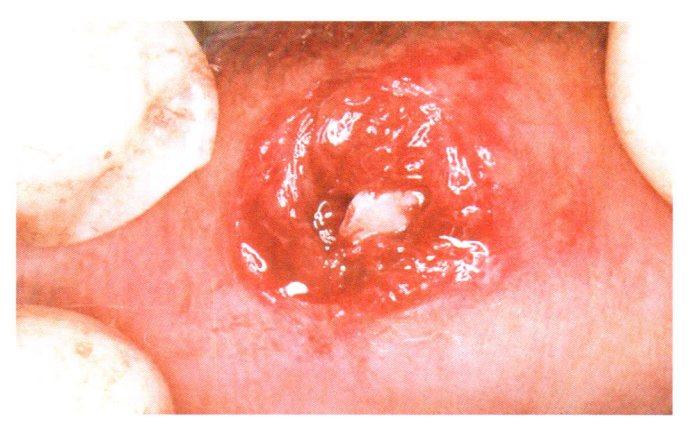

Figura 12.10 ▶ Verificação clínica da presença de fragmentos dentários no tecido labial

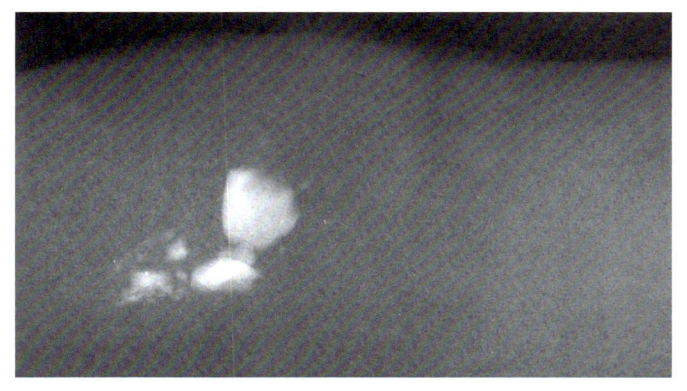

Figura 12.11 ▶ Aspecto radiográfico da presença de fragmentos dentários na intimidade do tecido

mandíbula. A tomografia computadorizada de *cone beam* (TCCB)[21-23] (Figura 12.8) tem se revelado um instrumento excepcional para avaliação da extensão e localização das fraturas ósseas. O desenvolvimento dos recentes sistemas de imagem tem facilitado para os clínicos a visualização de mudanças estruturais que são importantes para o estabelecimento do diagnóstico final. A tomografia computadorizada de feixe cônico ou *cone beam* tem sido um importante instrumento, principalmente, para o diagnóstico de fraturas coronorradiculares e de luxações laterais com fraturas de processo alveolar.

Em algumas ocasiões, quando extremamente necessário, pode ser indicada ainda para o diagnóstico da cicatrização das fraturas radiculares. A literatura ressalta sua importância para o diagnóstico e plano de tratamento de lesões traumáticas dentoalveolares.

Entretanto, pelo fato de o traumatismo dentário atingir principalmente crianças e adolescentes, é preciso avaliar sua necessidade com muito critério. Apesar de ser menor a radiação da TCCB, quando comparada à tomografia computadorizada convencional, o mesmo não ocorre quando ela é comparada com a radiografia periapical. Portanto, a indicação deve ser criteriosa, para que não se exponham desnecessariamente crianças e adolescentes.

Exame Objetivo Intraoral

Avaliação das Lesões de Mucosa

As lesões de mucosa e gengiva a serem observadas no exame intraoral seguem o mesmo padrão das feridas extraorais: contusões, abrasões e lacerações (Figura 12.9). Muitas vezes, essas lesões exigem uma intervenção imediata para controle de quadros hemorrágicos.

Além disso, é comum a observação de inclusão de corpos estranhos na intimidade do tecido, principalmente na região labial. Fragmentos de dente (Figura 12.11), vidro, madeira (Figura 12.10), entre outros, podem ser identificados e localizados por meio de exame visual, palpação e exame radiográfico. No outro extremo estão aquelas lesões nas quais a conduta mais indicada é não intervir ou aguardar condições mais adequadas para realizar procedimentos intraorais, como no caso de grandes edemas.

Avaliação das Lesões Dentárias

O exame clínico dos dentes acometidos deve ser precedido por limpeza cuidadosa da região com o intuito de remover coágulo e debris. Mediante inspeção visual, palpação, testes de percussão vertical e horizontal e de mobilidade, devem ser avaliadas a presença e a extensão de fraturas e luxações dentárias. As provas de sensibilidade não devem ser realizadas logo após o traumatismo, pois não refletem a real condição pulpar nesse momento. A mudança de coloração da coroa também deve ser considerada com critério, uma vez que pode ser transitória. Entretanto, deve-se observar com muito critério, examinando o paciente com uma frequência adequada, para se certificar de que houve a reversão da coloração. Caso contrário, corre-se o risco de permanência da mudança de cor, o que não é bem aceito pelo paciente. A ausência de um dente deve ser avaliada com atenção em virtude da possibilidade de sua aspiração ou deglutição. Por fim, o exame radiográfico irá fornecer dados importantes para o diagnóstico e prognóstico, como grau de rizogênese, fraturas radiculares, lesões das estruturas de suporte e deslocamentos dentários. Segundo Andreasen & Andreasen (1985),[13] a determinação da presença e da direção de deslocamentos dentários e fraturas radiculares depende da realização de radiografias com diferentes ângulos de incidência do feixe de radiação. Outro recurso atualmente disponível, e de grande valia para esse tipo de diagnóstico, é a TCCB.[21-23]

▶ LESÕES TRAUMÁTICAS NA DENTIÇÃO PERMANENTE – DIAGNÓSTICO, PROGNÓSTICO E FATORES DETERMINANTES

Vários critérios de diagnóstico têm sido utilizados para classificação das lesões traumáticas dentárias. Andreasen *et al.* (2007)[12] modificaram o sistema adotado pela OMS (Organização Mundial da Saúde) para Aplicação da Classificação Internacional das Doenças para Odontologia e Estomatologia.[24] Essa classificação é válida para exame e diagnóstico clínico das lesões traumáticas, quando são avaliados os tecidos mineralizados dos dentes, polpa e periodonto, além de osso, gengiva e mucosa. Embora alguns termos utilizados, como "fratura complicada" e "fratura não complicada", sejam subjetivos, essa classificação apresenta grande valor em função de ser completa para o diagnóstico no momento do primeiro exame do paciente com traumatismo, tornando possível traçar o plano de tratamento adequado e estabelecer o prognóstico com base no grau de comprometimento dos tecidos dentários.

Fraturas Coronárias

As fraturas coronárias compreendem as trincas, as fraturas de esmalte, fraturas de esmalte e dentina e fraturas coronárias com exposição pulpar e representam o tipo de lesão traumática mais frequente na dentição permanente.[2,25-35]

Trincas

As trincas coronárias são definidas como fraturas incompletas da coroa, restritas ao esmalte, sem perda de substância macroscópica da estrutura dentária (Figura 12.12). Vários padrões de trincas podem ser observados, dependendo da localização e da direção do trauma, sendo horizontais, verticais ou divergentes. O exame clínico deve ser feito com luz indireta (Figura 12.13), posicionando-se a fonte na palatina ou na incisal do dente acometido. Quando representam a única sequela visível de uma história de trauma, as trincas nos remetem a uma pesquisa mais criteriosa quanto a possíveis lesões dos tecidos de sustentação. O prognóstico das trincas é muito favorável, uma vez que estudos clínicos relataram uma frequência muito pequena de complicações pulpares ou periodontais decorrentes dessa lesão.[36,37] O risco de fraturas coronárias posteriores, causadas pelo enfraquecimento da coroa em razão da presença das trincas, é controverso, uma vez que não existem dados na literatura que comprovem essa relação.

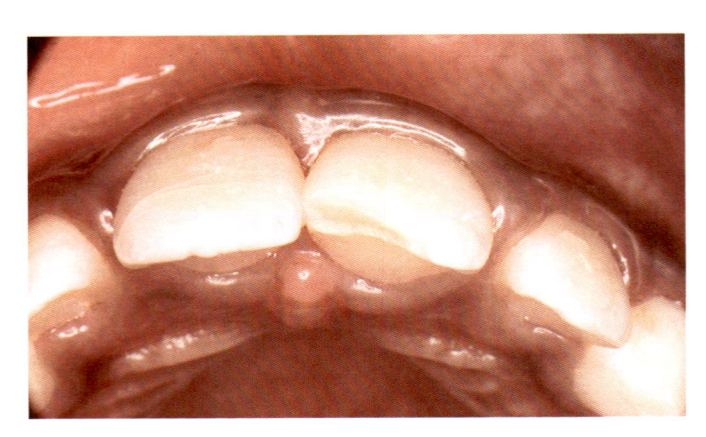

Figura 12.12 ▶ Aspecto clínico de trinca coronária transversal no dente 11

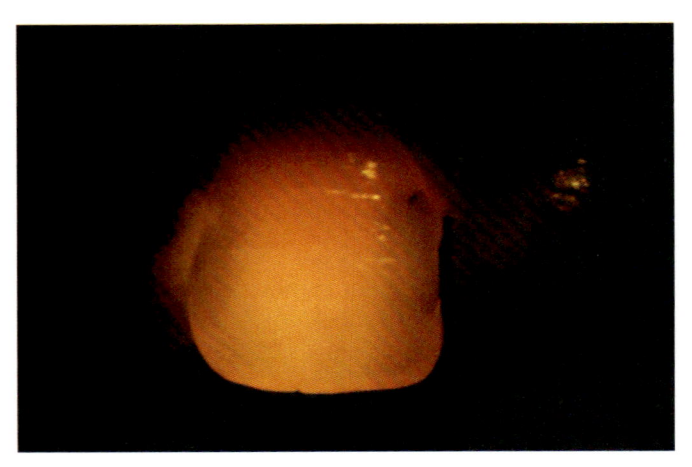

Figura 12.13 ▶ Diagnóstico de trinca por meio da técnica de transiluminação

Fraturas de Esmalte

As fraturas coronárias de esmalte se caracterizam pela perda de estrutura dentária da coroa restrita ao esmalte. Correspondem a 5,5% das lesões traumáticas e, assim como as trincas, representam um risco mínimo de comprometimento pulpar e periapical quando ocorrem isoladamente.[36-38] Por não comprometerem a estética, o tratamento se limita à eliminação dos bordos cortantes na coroa para prevenir lacerações dos tecidos moles. Caso seja indicado o tratamento restaurador, a colagem poderá ser realizada, mediante o condicionamento ácido do esmalte e o emprego de uma resina fluida, tomando-se os devidos cuidados na imobilização e manipulação adequada do fragmento. Quando o fragmento não é localizado, faz-se a opção pela restauração com resina fotopolimerizável.

Fraturas de Esmalte e Dentina

As fraturas coronárias de esmalte e dentina se caracterizam pela perda de estrutura coronária com exposição de túbulos dentinários e respondem pela grande maioria das fraturas coronárias (Figura 12.14), com frequências relatadas entre 23,3% e 94,8%. Em Belo Horizonte, Cortes[39] observou que 33,3% dos escolares de 9 a 14 anos de idade apresentaram fraturas de esmalte e dentina. Clinicamente, essa exposição pode determinar um quadro de sensibilidade dentinária durante a alimentação, a higienização e até mesmo durante a própria respiração. A sensibilidade aumenta em fraturas próximas à polpa nos dentes permanentes jovens, já que o número e o diâmetro dos túbulos dentinários são maiores. Entretanto, na percepção do paciente, o comprometimento estético pode representar o principal motivo da procura pelo atendimento. Sendo assim, o tratamento das fraturas coronárias de esmalte e dentina (Figura 12.15) consiste na reconstituição estética, o mais

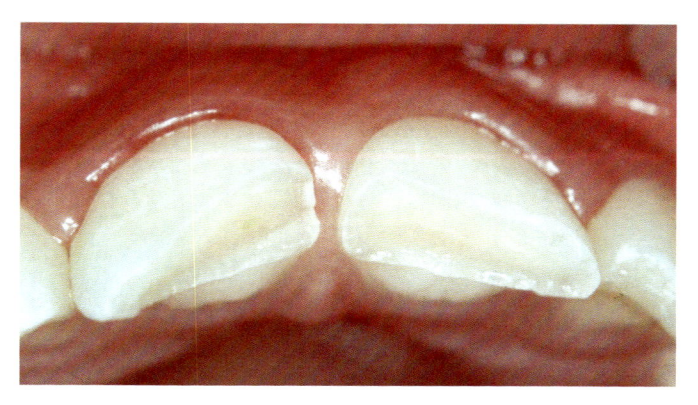

Figura 12.15 ▸ Fratura coronária de esmalte e dentina no dente 21

rapidamente possível. As restaurações adesivas diretas representam a melhor alternativa de tratamento nesses casos. Uma alternativa que tem se tornado mais viável, devido à tecnologia das novas gerações de adesivos, é a colagem de fragmentos. Nada se compara ao aproveitamento do dente natural, principalmente no que concerne ao acabamento e à obtenção da forma, além da lisura e brilho do esmalte, levando a uma estética melhor e mais duradoura. A manutenção da guia anterior em estrutura dental possibilita uma melhor função por meio de uma técnica mais simples e rápida. Além disso, existem os fatores emocional e social positivos, já que o paciente mantém seu próprio dente. A opção pela colagem e a seleção da técnica devem considerar, principalmente, o grau de desidratação do fragmento, sua adaptação ao remanescente dental, quantidade de dentina exposta, profundidade da fratura e condições endodônticas do remanescente dental.[40] Quando não é possível a colagem, a restauração com sistemas adesivos diretos é a segunda opção de tratamento. O prognóstico pulpar é favorável, desde que as restaurações ofereçam um selamento adequado.[41,42]

As informações atualmente disponíveis sobre as alterações que se seguem às fraturas que envolvem exposição de dentina advêm, principalmente, dos clássicos estudos de Brännström (1963, 1981).[43,44] O autor mostrou alterações inflamatórias transitórias associadas à agressão aos odontoblastos subjacentes às áreas expostas, com eventual aspiração dos corpos celulares, ou seus remanescentes, para dentro dos túbulos. Poucos dias após a exposição da superfície dentinária, esta se apresentaria recoberta por uma fina camada de placa bacteriana resultante de uma limpeza deficiente devido à sensibilidade da dentina exposta. Bactérias originárias dessa placa e, principalmente, seus produtos invadiriam os túbulos, levando à perda da camada odontoblástica. Haveria, então, uma difusão de anticorpos, leucócitos e outras células, além de proteínas plasmáticas, através do fluido dentinário, em direção à abertura dos túbulos. Finalmente, células da camada central da polpa se diferenciariam em novos odontoblastos e iniciariam a deposição de dentina reparativa.

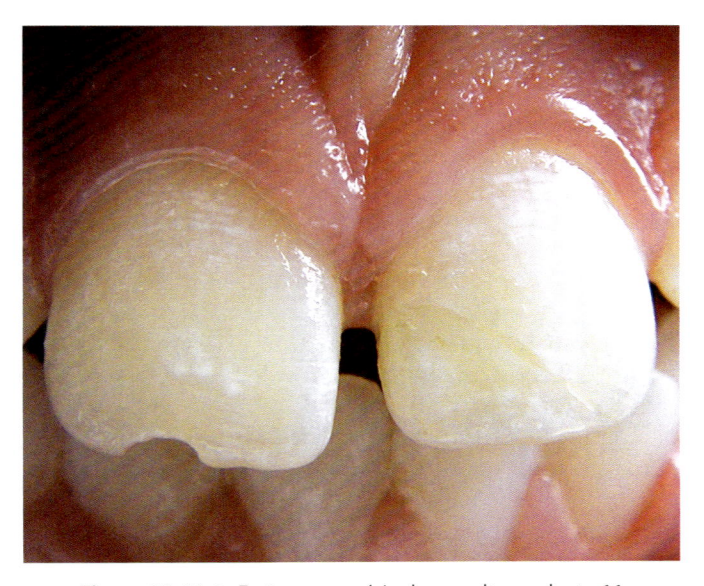

Figura 12.14 ▸ Fratura coronária de esmalte no dente 11

Esses achados favoráveis, relativos à resolução da inflamação pulpar decorrente da exposição da dentina e contaminação com saliva, dependeriam, entretanto, de um suprimento vascular intacto e do controle de invasão microbiana adicional promovido pelo fluxo do fluido dentinário que dilui as toxinas bacterianas e distribui elementos de defesa.

Por outro lado, a ocorrência de lesões por luxação concomitantes comprometeria a manutenção da vitalidade pulpar, uma vez que o distúrbio ao fornecimento de sangue à polpa inviabilizaria seus primeiros mecanismos de defesa, além de eliminar a barreira representada pela pressão hidrostática do fluxo do fluido dentinário. Também a ruptura dos tecidos pulpares, no momento do trauma, resulta em áreas localizadas de necrose, que facilitariam uma invasão microbiana que, por sua vez, impede a cicatrização do feixe vasculonervoso apical.[45-50] Concluindo, quando ocorrem isoladas e são devidamente vedadas pelos procedimentos restauradores adequados, as fraturas de esmalte e dentina trazem pouco risco de complicações para a polpa, o que tem sido relatado em vários levantamentos clínicos.[37,38,41,51-53]

Fraturas de Esmalte e Dentina com Exposição Pulpar

Nas fraturas coronárias com envolvimento da polpa, além da perda de estrutura dentária, ocorre uma dilaceração do tecido pulpar e sua exposição direta ao meio bucal (Figura 12.16). No período logo após a exposição acidental, a polpa desenvolve uma resposta inflamatória comum a todo tecido conjuntivo, desencadeada por agentes bacterianos e subprodutos da dilaceração tecidual. Esse processo resulta na formação de um tecido hiperplásico no local da exposição que, segundo estudos experimentais,[54,55] se mantém nos 2mm superficiais até 1 semana após o acidente. Esse tecido significa uma ten-

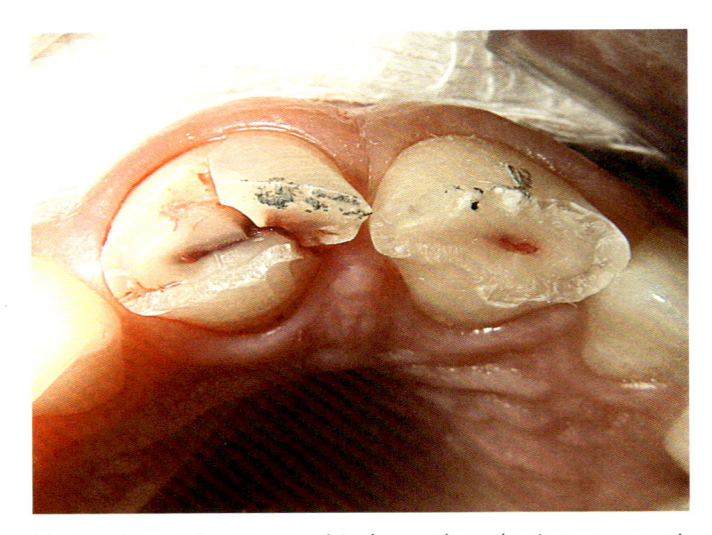

Figura 12.16 ▶ Fratura coronária de esmalte e dentina com exposição pulpar no dente 21. Fratura coronorradicular com exposição pulpar no dente 11

tativa de isolar os agentes agressores, trauma mecânico e irritação microbiana. Essa tentativa é bem-sucedida, uma vez que a polpa exposta, acidentalmente, constitui-se num tecido normal, capaz de recrutar as células de defesa contra a agressão bacteriana que se inicia com a exposição da polpa. Além disso, esse tipo de fratura permite a drenagem do edema inflamatório, minimizando a pressão intrapulpar. Longos períodos de exposição, por sua vez, podem levar a um quadro inflamatório mais intenso, se estendendo mais profundamente no tecido pulpar, com formação de microabscessos e eventual necrose. Sendo assim, o tratamento de urgência dessas lesões deve ser o mais imediato possível, já que tem como objetivo principal a preservação de tecido pulpar vital e em condições de formar uma barreira biológica de tecido mineralizado. Embora seja satisfatório o resultado do tratamento conservador da polpa, alguns fatores, como o desenvolvimento radicular, a presença de luxações concomitantes e a idade do paciente, devem ser levados em consideração. Além disso, o aspecto clínico da textura do tecido pulpar e do sangramento, incluindo a fluidez e a coloração, pode ser decisivo na indicação do tratamento e deve sempre ser levado em consideração durante o ato operatório.

O *estágio de desenvolvimento radicular* é um fator decisivo para a escolha do tratamento conservador. Numa fase precoce do desenvolvimento, quando a polpa vital é exposta acidentalmente, o procedimento de escolha deverá ser aquele que permita a apexogênese, removendo-se apenas a porção afetada da polpa coronária e permitindo a continuidade de deposição fisiológica da dentina ao longo das paredes do canal, e o fechamento do ápice radicular (Figura 12.17). Todo o esforço deve ser feito para manter o tecido vital no interior do canal radicular, devendo a decisão por uma intervenção endodôntica radical ser precisa e representar a *última alternativa*, tendo em vista os prejuízos de uma indicação precoce ou tardia desse tratamento em dentes jovens. Estudos demonstraram que o tratamento endodôntico radical em dentes com raízes incompletamente formadas apresenta prognóstico desfavorável a longo prazo, mesmo quando a apecificação é bem-sucedida.[56-59] Em virtude da manutenção de paredes frágeis na região cervical, existe grande chance de fratura radicular nessa região, em caso de novo impacto do dente, em novo acidente (Figura 12.18).

As *luxações concomitantes* contraindicam, a princípio, o tratamento conservador, uma vez que afetam o feixe vasculonervoso apical, comprometendo assim o suprimento sanguíneo pulpar. Entretanto, dentes com rizogênese incompleta apresentam grande capacidade de manutenção da vitalidade pulpar, o que favorece uma conduta mais conservadora. O diâmetro do forame e a alta atividade celular proliferativa do folículo e da papila dental nos dentes permanentes jovens permitem o reparo, favorecendo a manutenção da vitalidade.

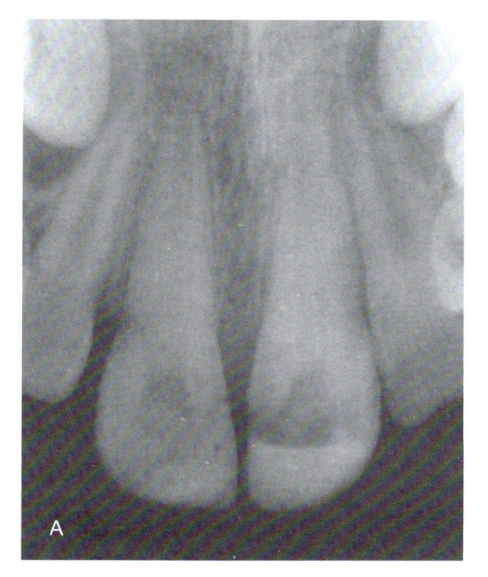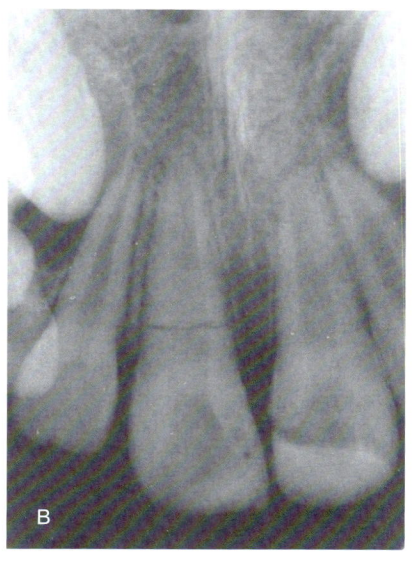

Figura 12.17 ▸ **A.** Verificação radiográfica do fechamento apical dos dentes 11 e 21 após apecificação e encaminhamento para obturação. **B.** Fratura radicular cervical ocasionada por um segundo acidente no período que antecedeu a obturação. O prognóstico é desfavorável

Figura 12.18 ▸ Fratura radicular no terço médio do dente 11 ocasionada por novo trauma durante o processo de apecificação

Os altos índices de sucesso do tratamento conservador (72% a 96%)[55,60-67] fazem com que este seja o tratamento de escolha. Os critérios para avaliação de sucesso do tratamento são ausência de sintomatologia, resposta positiva às provas de sensibilidade pulpar (nos casos de capeamento e curetagem), continuidade de desenvolvimento radicular, ausência de sinais radiográficos de rarefações ósseas periapicais e reabsorções radiculares inflamatórias e a observação radiográfica da presença de barreira de tecido mineralizado.[12,63,66] É evidente a importância do controle clínico e radiográfico pós-tratamento a longo prazo (mínimo de 4 anos) para observação da normalidade.

Fraturas Coronorradiculares

As fraturas coronorradiculares comprometem os tecidos da coroa, raiz e ligamento periodontal, podendo estar associadas ou não à exposição pulpar. Caracterizam-se pela invasão do espaço biológico e acometem, além dos dentes anteriores, os pré-molares e molares no caso de traumatismos indiretos, representando 5% das lesões traumáticas na dentição permanente. O aspecto clínico mais frequente é uma linha de fratura que se inicia na porção central da face vestibular do dente ou próximo à margem gengival e segue um trajeto oblíquo em direção à raiz na região palatina. Nesses casos não há grande deslocamento do fragmento coronário, pois o mesmo permanece mantido pelas fibras do ligamento periodontal, apresentando mobilidade (Figura 12.19). Quando ocorre a exposição pulpar, a dor é um sintoma característico associado a movimentação do fragmento, mastigação ou percussão vertical. Outra forma, menos frequente, consiste no aparecimento de linhas de fratura múltiplas. O exame radiográfico convencional nesses casos dificilmen-

te revela o nível palatino da fratura, uma vez que a linha oblíqua da fratura é perpendicular ao feixe de radiação e o fragmento está muito próximo do filme. Também aqui a tomografia computadorizada de feixe cônico pode representar um excelente auxílio diagnóstico para a real avaliação da localização e extensão da fratura.

A maior dificuldade no tratamento dessas lesões é a restituição das distâncias biológicas, o que, muitas vezes, demanda cirurgias periodontais ou tratamentos ortodônticos, como o tracionamento para viabilizar uma reconstituição estética definitiva. A escolha da conduta terapêutica mais adequada deve se basear nos dados de localização e extensão da linha de fratura, conjugados à idade do paciente. Novamente, a abordagem de pacientes jovens deve ser mais conservadora, tendo em vista o grande potencial de recuperação dos tecidos pulpar e periodontal nesses pacientes. Sendo assim, o profissional pode se valer do próprio crescimento facial e da continuidade da erupção de dentes jovens para aguardar que a linha de fratura atinja níveis que possibilitem uma intervenção mais atraumática. O prognóstico desses dentes é duvidoso e não existem acompanhamentos clínicos que nos permitam definir o índice de sucesso das várias abordagens de tratamento possíveis. Além disso, são tratamentos de custo relativamente alto e de longa duração. Diante da imprevisibilidade dos resultados das soluções terapêuticas disponíveis e da relação custo-benefício desfavorável, muitas vezes o implante torna-se o tratamento de escolha para pacientes adultos. Quando se trata de pacientes cuja idade não possibilita a restauração definitiva, isto é, por se tratar de crianças e adolescentes, a perda do dente irá conduzir ao tratamento ortodôntico com o intuito de preservar o espaço para o futuro implante ou promover a movimentação dentária que visa ao fechamento de espaço. *É importante*

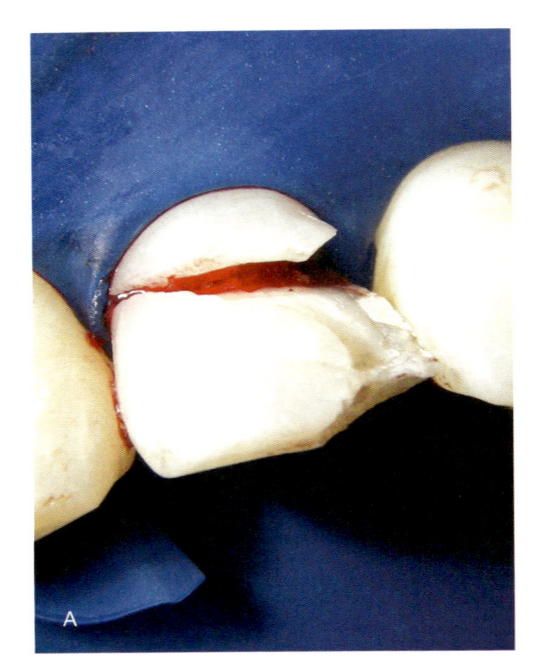

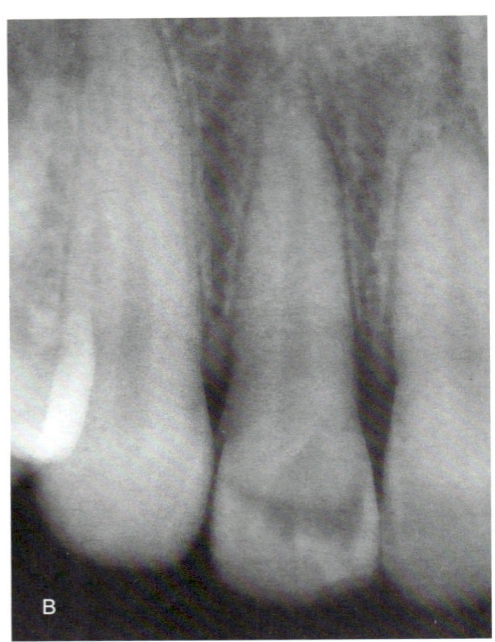

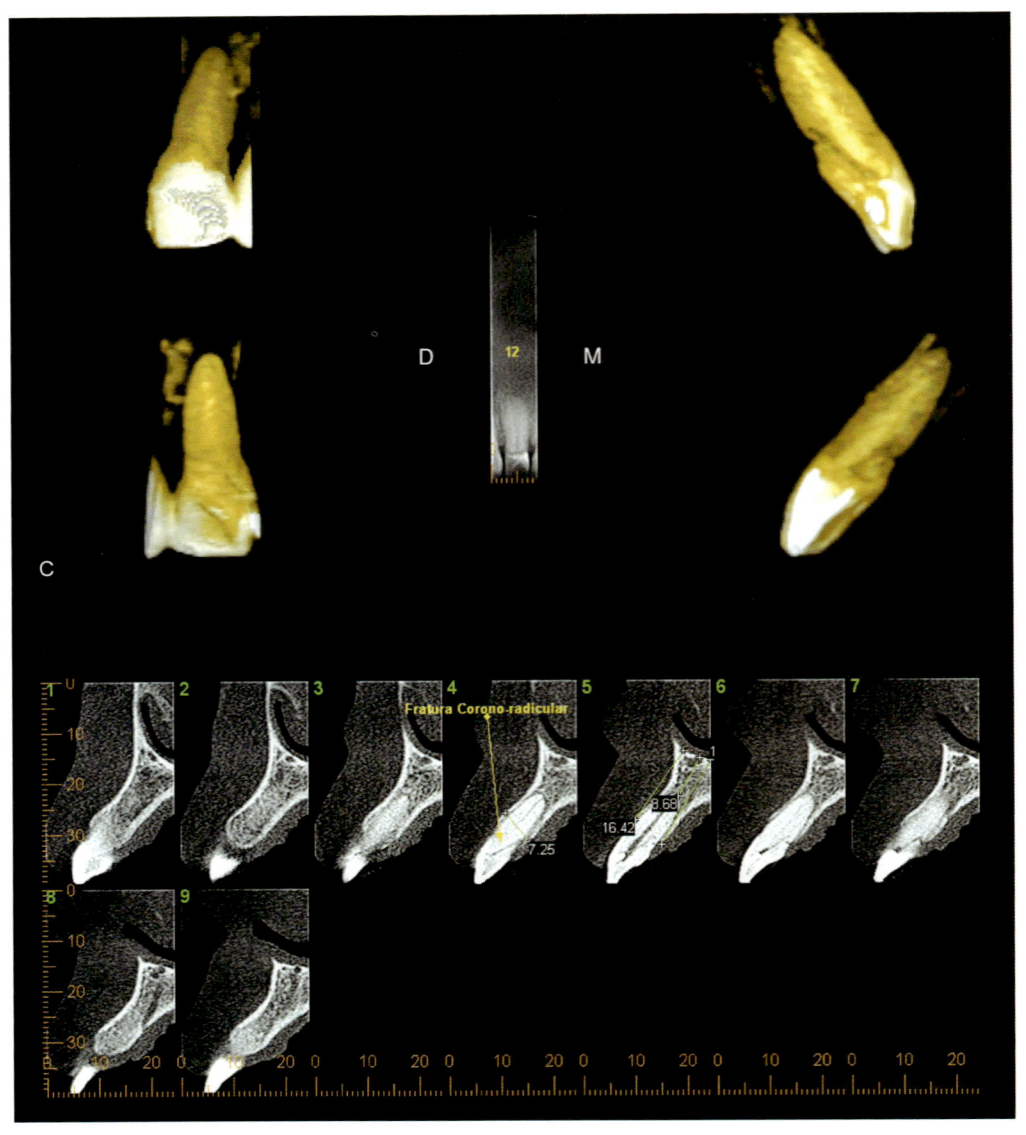

Figura 12.19 ▸ **A.** Aspecto clínico de fratura coronorradicular com exposição pulpar no dente 12. Observa-se o nível coronário da fratura na face vestibular. **B.** Radiografia periapical do elemento 12 portador de fratura coronorradicular. O exame radiográfico convencional não permite localizar o nível da fratura na face palatina. **C.** Tomografia computadorizada de *cone beam* do dente 12. Os cortes de 4 a 7 evidenciam o nível radicular da fratura na face palatina

ressaltar que a tomada de decisão exige o conhecimento adequado do ortodontista para a condução do caso de maneira consciente.

Lesões por Luxação

As lesões por luxação caracterizam-se pelo comprometimento do ligamento periodontal e do feixe vasculonervoso periapical. São relatadas frequências que variam de 3% a 62% dos dentes permanentes traumatizados.[2,20,25,26,28,32,35,42,68-73] Cinco categorias são reconhecidas de acordo com a extensão do trauma, conforme critérios estabelecidos por Andreasen (1985)[7] e comprovados por Andreasen & Pedersen (1985):[6]

- **Concussão:** lesão das estruturas de suporte do dente, porém sem deslocamento ou mobilidade anormal, com resposta positiva à percussão (Figura 12.20).

- **Subluxação:** lesão das estruturas de suporte do dente, sem deslocamento, mas com mobilidade anormal (Figuras 12.21 e 12.22).

- **Luxação extrusiva:** deslocamento parcial do dente no sentido incisal, com lesão do ligamento periodontal, uma vez que as fibras são rompidas ou estiradas, sem que haja lesão do osso alveolar ou da superfície radicular. Nesse caso, o comprometimento pulpar se deve à ruptura ou ao estiramento do feixe vasculonervoso no nível do ápice radicular.

- **Luxação lateral:** deslocamento do dente em sentido diferente de seu longo eixo. O sentido mais comum do deslocamento é uma versão da coroa para o lado palatino ou lingual, podendo, no entanto, ocorrer em direção contrária (Figuras 12.25 e 12.26).

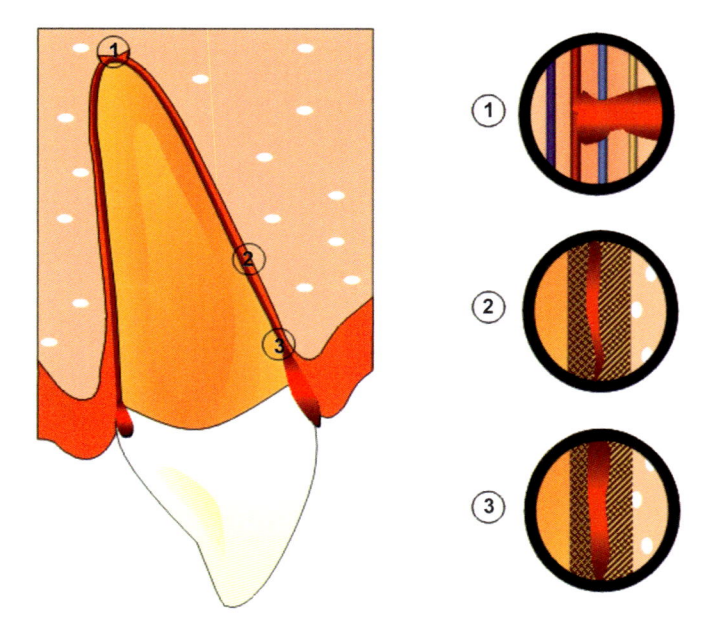

Figura 12.21 ▸ Desenho esquemático da fisiopatologia da subluxação: (**1**) lesão do feixe VN apical caracterizada por estiramento ou compressão; (**2**) ruptura de fibras do ligamento periodontal, levando ao aumento de mobilidade; (**3**) hemorragia do ligamento periodontal (LPD) é drenada através do sulco gengival (Adaptada de Andreasen *et al.*, 2007.)[12]

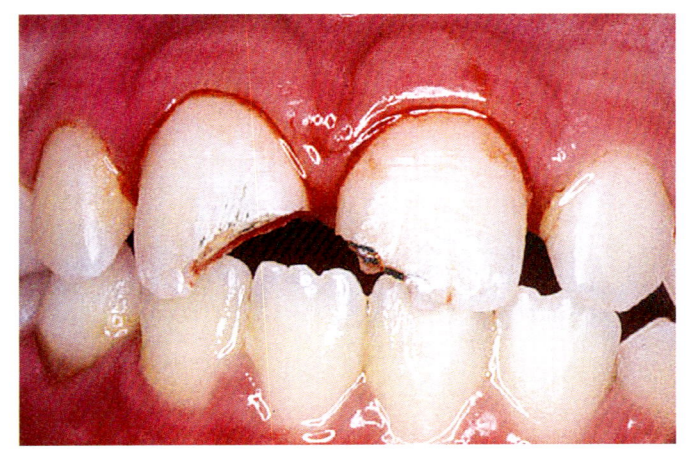

Figura 12.22 ▸ Aspecto clínico de subluxação com sangramento na região do sulco gengival dos dentes 11 e 21

- **Luxação intrusiva:** deslocamento do dente no sentido de seu longo eixo em direção apical (Figuras 12.27 e 12.28).

Na luxação intrusiva e lateral, a lesão ao ligamento periodontal (Figura 12.24) se estende ao osso alveolar, apical ou lateralmente, e ao cemento radicular, contribuindo para maior dano ao complexo vascular apical e à superfície radicular. Além da avaliação clínica da direção do deslocamento, a combinação de tomadas radiográficas oclusais e periapicais anguladas aumenta a possibilidade de identificação de deslocamentos excêntricos.

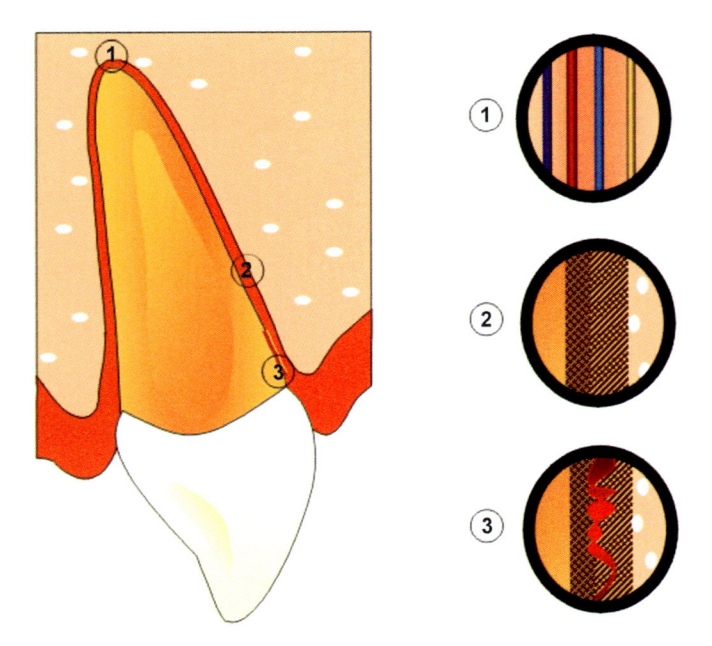

Figura 12.20 ▸ Desenho esquemático da fisiopatologia da concussão: (**1**) feixe vasculonervoso apical é preservado; (**2** e **3**) lesão de fibras do ligamento periodontal não é suficiente para provocar deslocamento ou mobilidade anormal (Adaptada de Andreasen *et al.*, 2007.)[12]

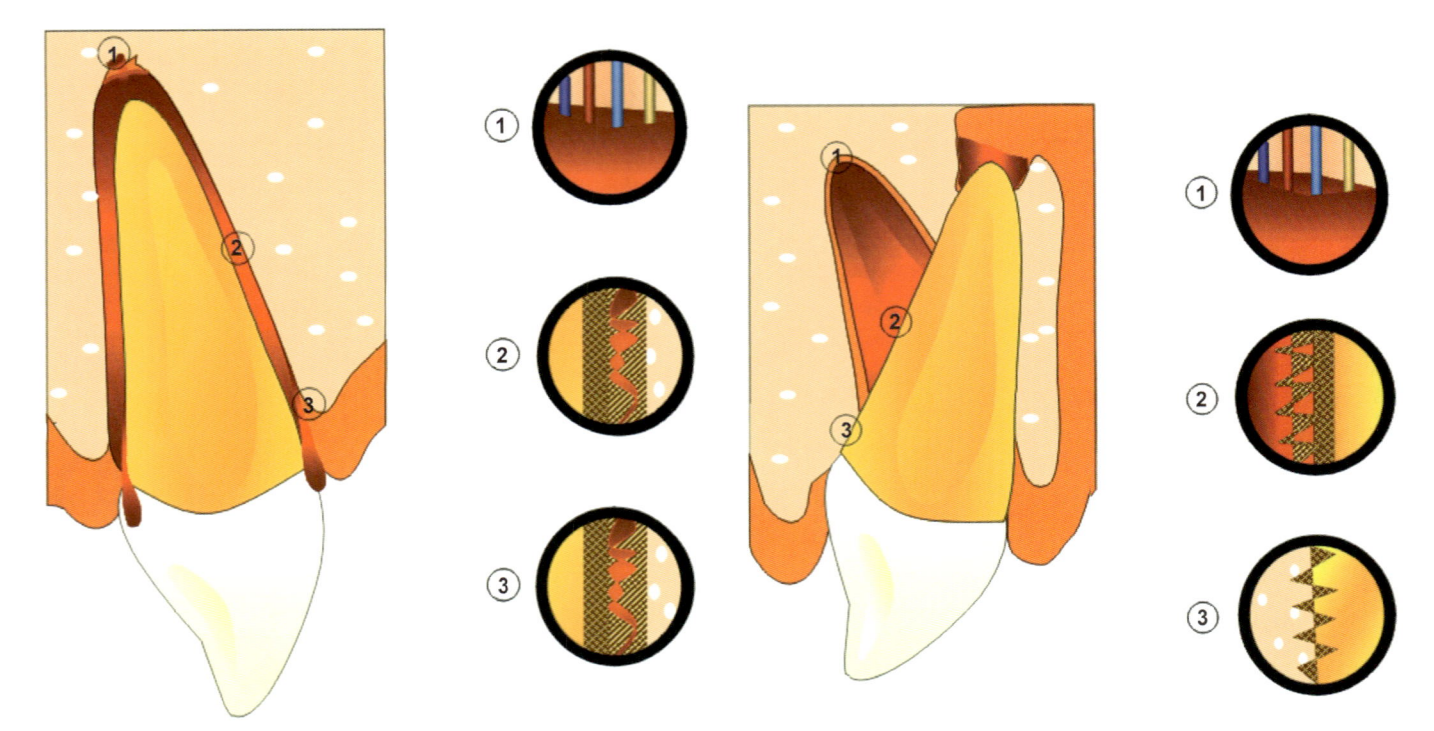

Figura 12.23 ▶ Desenho esquemático da fisiopatologia da luxação extrusiva: (**1**) lesão do feixe VN apical caracterizada por estiramento e/ou ruptura; (**2**) deslocamento do dente, levando à ruptura de grande número de fibras do ligamento periodontal; (**3**) hemorragia do ligamento periodontal (LPD) é drenada através do sulco gengival (Adaptada de Andreasen *et al.*, 2007.)[12]

Figura 12.24 ▶ Desenho esquemático da fisiopatologia da luxação lateral: (**1**) ruptura do feixe VN apical; (**2**) laceração de fibras do ligamento periodontal (LPD) ao longo de toda a raiz; (**3**) pontos de lesão mecânica da camada cementoblástica devido ao deslocamento excêntrico (Adaptada de Andreasen *et al.*, 2007.)[12]

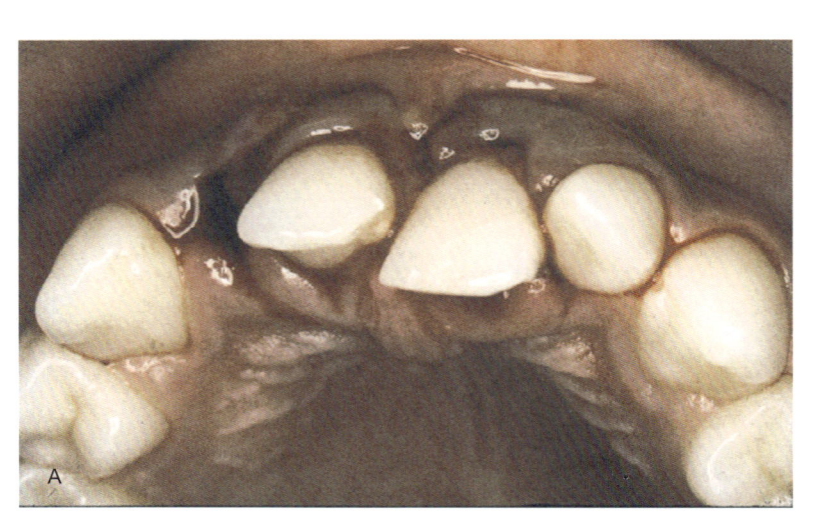

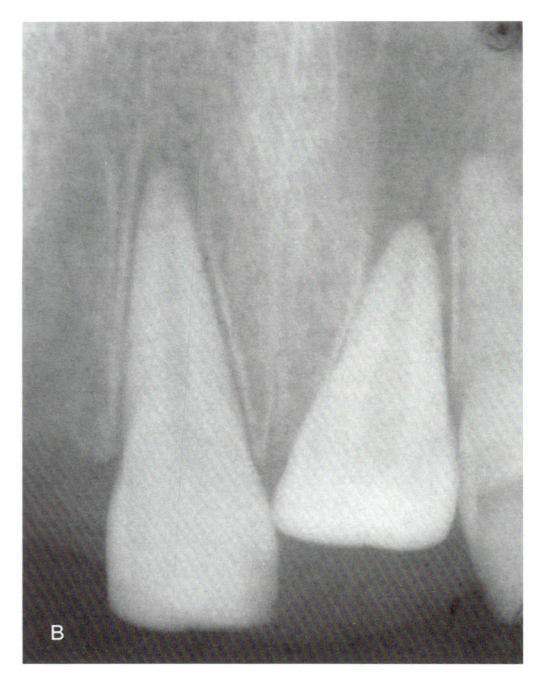

Figura 12.25 ▶ **A.** Dente 21 com diagnóstico de luxação lateral – observam-se deslocamento no sentido inciso-palatino e sangramento no sulco gengival. Dente 11 com diagnóstico de luxação extrusiva – observa-se o dente ligeiramente extruído, com sangramneto do sulco gengival. **B.** O exame radiográfico confirma o deslocamento excêntrico do dente 21, característico de luxação lateral, e o deslocamento incisal do dente 11 com diagnóstico de luxação extrusiva

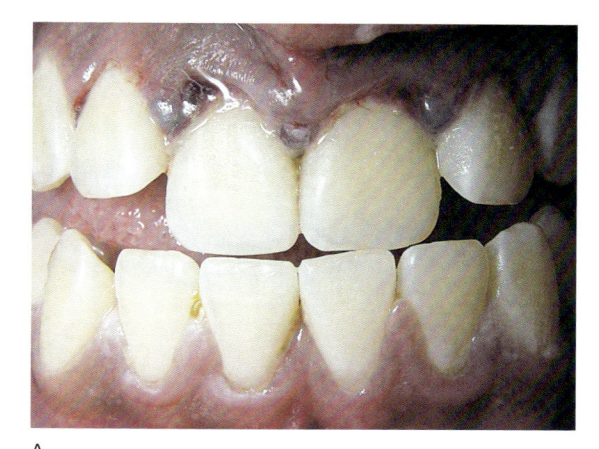

A

Figura 12.26 ▶ **A.** Diagnóstico clínico de luxação lateral. Verifica-se que o deslocamento palatino dos dentes 11 e 21 impede a oclusão adequada. **B.** Tomografia computadorizada de *cone beam* dos dentes 11 e 21. No corte 13 observa-se deslocamento lateral do ápice radicular. Os cortes 14 a 17 evidenciam a fratura da parede palatina do alvéolo decorrente de luxação lateral

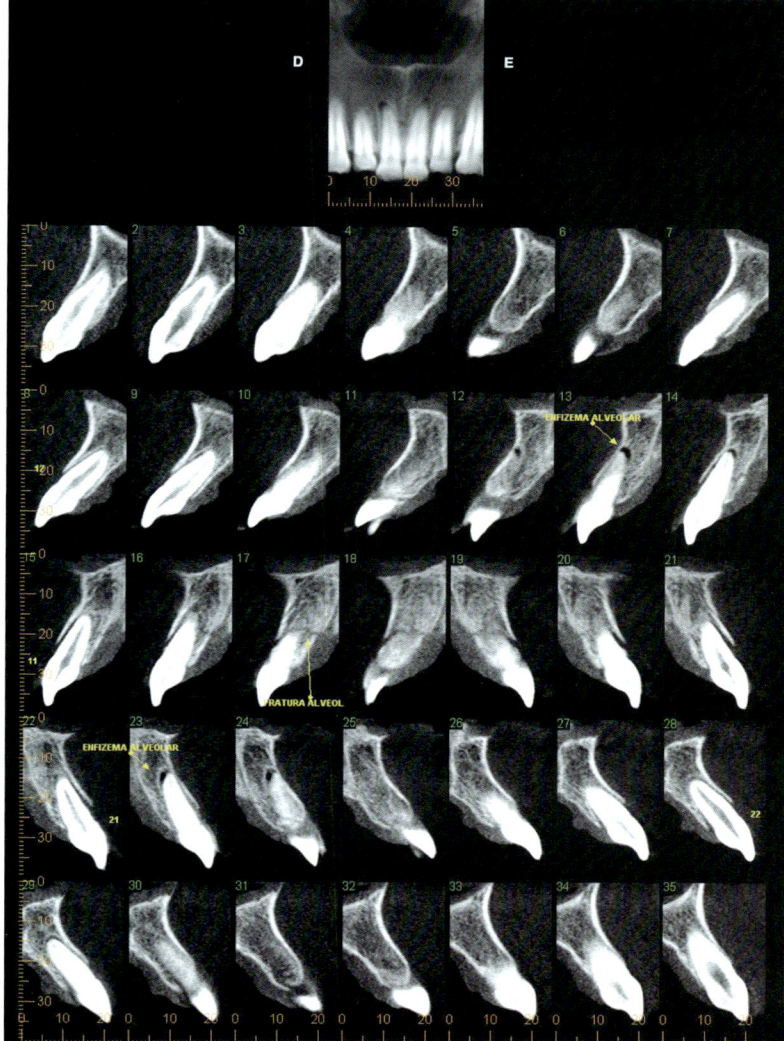

B

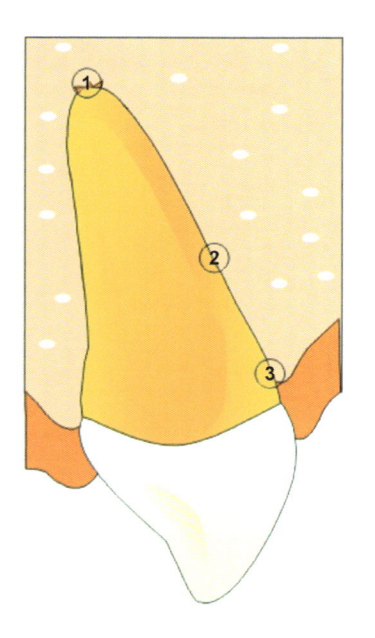

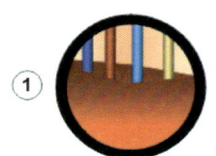

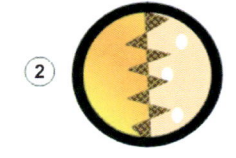

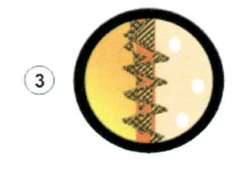

Figura 12.27 ▶ Desenho esquemático da fisiopatologia da luxação intrusiva: (**1**) ruptura do feixe VN apical; (**2**) remoção da camada cementoblástica ao longo da superfície radicular devido ao atrito do dente com o osso alveolar durante o deslocamento; (**3**) laceração das fibras do ligamento periodontal (LPD) (Adaptada de Andreasen *et al.*, 2007.)[12]

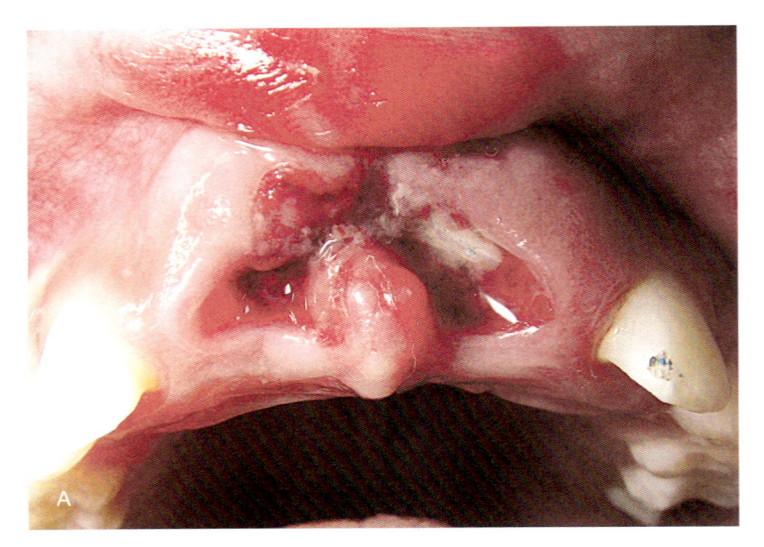
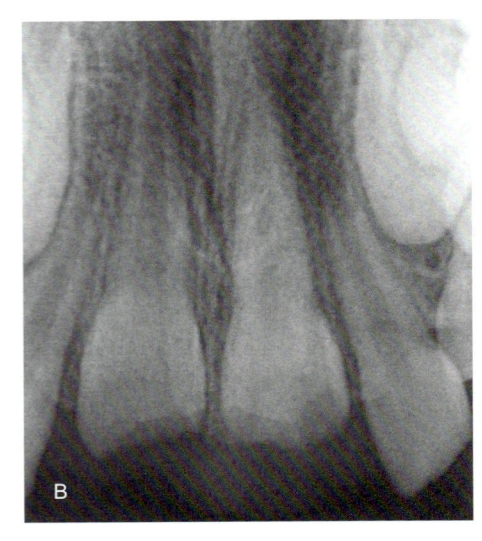

Figura 12.28 ▶ **A.** Aspecto clínico de intrusão total dos dentes 11 e 21. **B.** Aspecto radiográfico característico de intrusão representado pela perda de identidade do ligamento periodontal dos dentes 11 e 21

Nas *lesões por luxação*, as alterações pulpares decorrem da lesão do feixe vasculonervoso apical, que pode ser comprimido, lacerado ou rompido, levando à necrose isquêmica do tecido pulpar devido à interrupção abrupta e completa da circulação. Os fenômenos regenerativos que se seguem consistem na substituição do tecido pulpar danificado por células de defesa e células mesenquimais indiferenciadas, além da tentativa de recomposição do suprimento sanguíneo e regeneração nervosa. Nos dentes com rizogênese incompleta, a *revascularização* do tecido pulpar isquêmico se dá mediante a invaginação de vasos neoformados para o interior do tecido pulpar e de anastomoses do tipo *end-to-end* entre os vasos pulpares preexistentes e aqueles neoformados ou do ligamento periodontal. O processo de neoformação vascular é conhecido como *angiogênese* e envolve a migração direta de células endoteliais, sua proliferação e a formação da luz vascular. Estudos experimentais demonstraram que os novos capilares se formam a partir do estímulo de fatores angiogênicos, liberados durante a resposta inflamatória, que induzem a proliferação de células endoteliais na parede de vênulas. Essas células liberam enzimas que degradam a membrana basal subjacente, criando uma via de migração em direção aos estímulos angiogênicos. Essa frente proliferativa continua avançando até encontrar outros brotos endoteliais ou vasos marginais com os quais se une, formando novas alças capilares ou anastomoses com o tecido circunvizinho. Estabelecidas essas conexões, as células endoteliais se dividem e diferenciam, formando o lúmem vascular e permitindo a circulação de sangue, embora ainda haja uma grande perda de células sanguíneas para o meio extravascular devido à ausência da membrana basal. Uma nova membrana basal só será depositada à medida que as células dos novos vasos amadurecerem e forem capazes de secretar os componentes da matriz extracelular.

Esse processo depende da atividade fibroblástica e só avança na presença de suporte de colágeno. As anastomoses rápidas que se estabelecem na região apical desempenham um papel fundamental no processo de revascularização durante a cicatrização pulpar.[12,74] O confinamento em paredes mineralizadas limita a difusão de nutrientes oriundos dos tecidos vizinhos e sua extensão impede que a neoformação vascular, cuja velocidade na polpa é de aproximadamente 0,5mm/dia, atinja as porções coronárias a tempo de evitar a degeneração celular definitiva. Sendo assim, o sucesso da revascularização pulpar após as lesões por luxação depende de condições que permitam a ocorrência das anastomoses entre os vasos pulpares e aqueles do tecido periodontal apical. Essas condições são determinadas pelo tipo de lesão, pelo grau de rizogênese e pela presença de infecção.

O *tipo de lesão* traduz não só o grau de comprometimento do feixe vasculonervoso pulpar, mas também dos tecidos de sustentação, que fornecem vasos, células e outros elementos de defesa responsáveis pela cicatrização pulpar. O grau de complexidade crescente expresso na classificação proposta por Andreasen (1985)[7] é um bom indicador do prognóstico pulpar, uma vez que se baseia na extensão da lesão. Na concussão e na subluxação, a lesão se restringe às fibras do ligamento periodontal, não sendo suficiente para deslocar o dente. Sendo assim, a lesão do feixe vasculonervoso é mínima, na maioria das vezes resultante do edema que se forma no espaço do ligamento periodontal rompido. Na luxação extrusiva ocorre o deslocamento parcial do dente no sentido incisal, em razão da ruptura de um número maior de fibras, sem que haja, entretanto, lesão do osso alveolar ou da superfície radicular. Nesse caso, o comprometimento pulpar se deve à ruptura ou ao estiramento do feixe vasculonervoso, no nível do ápice radicular, durante o deslocamento dentário. Nas luxações lateral e intrusiva, a lesão do ligamento periodontal se estende ao osso alveolar, apical ou lateralmente, e ao cemento radicular, contribuindo para uma lesão maior do complexo vascular apical que, além de sofrer uma ruptura, é macerado devido à direção do deslocamento dentário. No que tange à ocorrência de necrose pulpar, a literatura é unânime em apontar o deslocamento como principal fator determinante.[5,6,51,75-79]

O *estágio de desenvolvimento radicular* é um importante fator a ser considerado no prognóstico pulpar após lesões por luxação, com os dentes permanentes jovens apresentando altos índices de cicatrização. Entre os fatores que contribuem para o grande potencial de reparo dos dentes jovens pode ser citada a natureza do complexo odontogênico apical, que é constituído pela papila dentária, altamente vascularizada, rica em células mesenquimais indiferenciadas com grande atividade mitótica e de histodiferenciação, e pela bainha epitelial radicular, sabidamente resistente às condições adversas de um processo inflamatório. Além disso, a natureza mucosa da papila dentária na região apical, bem como a presença de uma densa rede de arteríolas e vênulas, confere ao complexo odontogênico uma característica resiliente responsável pelo amortecimento do impacto da lesão traumática, o que evitaria a total ruptura desse tecido e minimizaria os efeitos dos deslocamentos nos dentes jovens. A presença dessas estruturas confere aos dentes permanentes jovens uma extraordinária capacidade regenerativa. Do ponto de vista anatômico, os dentes jovens apresentam duas características que favorecem a revascularização do tecido pulpar após a lesão do feixe vasculonervoso apical. O amplo diâmetro do forame apical, que promove maior interface com o tecido periodontal intacto, viabiliza a ocorrência de anastomoses rápidas com os vasos pulpares rompidos, que é sabidamente o mecanismo mais importante para o pronto restabelecimento do suprimento sanguíneo pulpar. O comprimento menor da raiz facilita o acesso da frente de revascularização às porções mais coronárias do canal radicular e a ação das células mesenquimais indiferenciadas, responsáveis pela substituição do tecido pulpar necrosado, antes que este se torne infectado.

A *presença da infecção* pode comprometer definitivamente o processo de revascularização e regeneração do tecido pulpar isquêmico após lesões por luxação. No caso de fraturas coronárias associadas, está bem demonstrado que os túbulos dentinários representam a principal via de acesso para a invasão de bactérias e/ou suas toxinas. O efeito dessa invasão sobre os tecidos pulpares depende da presença e velocidade do fluxo do fluido dentinário, da espessura da camada de dentina e da condição do tecido pulpar subjacente.[43-48,80] Já no caso de coroas intactas, as prováveis vias seriam a anacorética e o ligamento periodontal lesado – demonstradas por estudos que encontraram flora de composição semelhante no interior do canal radicular e em bolsas periodontais adjacentes.[81,82] Se o tecido pulpar for infec-

tado numa situação de isquemia, os processos de substituição do tecido pulpar necrótico e de revascularização são definitivamente comprometidos, uma vez que se forma um infiltrado leucocitário e uma resposta imune é estruturada na tentativa de conter a invasão bacteriana. Se os fenômenos regenerativos forem bem-sucedidos, podem culminar na manutenção da vitalidade pulpar com ou sem obliteração do canal radicular (OCR). Se a revascularização não for suficiente, ou se houver a contaminação durante essa fase, ocorre então a necrose do tecido pulpar.[82]

Sensibilidade Pulpar × Vitalidade Pulpar

A cicatrização pulpar pode apresentar fenômenos intermediários cujas características clínicas e radiográficas se confundem com aquelas de dentes necrosados. A ausência de resposta aos testes de sensibilidade pulpar representa um exemplo clássico, e tem sido frequentemente relatada.[12,83] Essa perda de sensibilidade, descrita na literatura como um estado de choque pelo qual passa a polpa após o trauma, ainda que permanente, não pode ser associada à necrose pulpar.[83] Os resultados obtidos a partir de um estudo prospectivo após lesões traumáticas na dentição permanente permitiram confirmar a perda temporária de resposta às provas de sensibilidade pulpar como um fenômeno intermediário durante a cicatrização pulpar, principalmente após lesões por luxação com deslocamento. O estudo de concordância entre o diagnóstico inicial, realizado até 30 dias após o momento do trauma, e o diagnóstico final, realizado entre 2 e 69 meses após o trauma, demonstrou que houve uma modificação da condição pulpar ao longo do período de acompanhamento, quando considerada a resposta às provas de sensibilidade pulpar. Se por um lado a resposta inicial positiva representou um bom indicador de manutenção da vitalidade pulpar (valor preditivo positivo = 91,7%), a ausência de sensibilidade no período imediato após o trauma não pôde ser relacionada com a evolução de necrose (valor preditivo negativo = 39,1%).

A explicação para tal fenômeno reside no fato de que as provas de sensibilidade pulpar indicam a situação do contingente sensorial da polpa e não de seu suprimento sanguíneo, responsável, em última instância, pela nutrição e o metabolismo pulpar. Como após um traumatismo a revascularização é um processo mais rápido e eficiente do que a recuperação do feixe nervoso apical, o resultado é um dente vital, mas insensível, o que dificulta a avaliação da real condição pulpar após o trauma.[4,82] Outro fator importante a ser levado em consideração durante a interpretação das respostas obtidas nas provas de sensibilidade pulpar é o fato de que as lesões traumáticas acometem, em sua maioria, dentes jovens ainda com rizogênese incompleta e em fase de erupção, que sabidamente não respondem satisfatoriamente às provas de sensibilidade pulpar.[84,85]

Alterações de Cor da Coroa

As alterações de coloração da coroa são frequentes após os traumatismos dentários, mas nem sempre estão relacionadas com o diagnóstico de necrose, uma vez que também podem ser transitórias. As alterações de cor transitórias decorrem de luxações moderadas que não são suficientes para ocasionar o rompimento completo do feixe vasculonervoso, mas causam uma isquemia pulpar que leva à maior permeabilidade vascular numa tentativa de repor o suprimento sanguíneo do tecido isquêmico. Outro fator a ser considerado é o fato de que, durante as fases iniciais da angiogênese, os vasos imaturos neoformados não possuem membrana basal, fazendo com que haja um grande extravasamento de células sanguíneas para os tecidos adjacentes. Seja em função da hemorragia intrapulpar pós-traumática, seja devido à perda de eritrócitos pelos vasos neoformados, a presença de sangue na intimidade do tecido pulpar é vista através do esmalte e da dentina, tornando a coroa rósea (Figura 12.29). É aconselhável que o paciente seja examinado frequentemente para evitar os efeitos indesejáveis de uma mudança de coloração permanente (Figura 12.30). Esse fenômeno pode ser concomitante à perda temporária da sensibilidade pulpar e a alterações radiográficas transitórias significando, cada uma dessas manifestações clínicas, fases do processo de cicatrização pulpar na ausência de infecção. Por sua vez, a invasão do tecido pulpar isquêmico por bactérias e seus subprodutos pode levar a alterações de cor definitivas da coroa em função da presença de tecido pulpar necrosado e da penetração de subprodutos de sua autólise nos túbulos dentinários. Nesse caso, a coroa dental se torna escurecida com uma tonalidade arroxeada, amarronzada, acinzentada ou mesmo azulada. Outra alteração de cor que não deve ser confundida com aquela causada pela necrose pulpar é a tonalidade amarela decorrente da obliteração do canal radicular, como será discutido adiante neste capítulo.

Necrose Pulpar

A necrose pulpar representa uma complicação relativamente comum após lesões por luxação. Sua ocorrência foi relacionada com alguns fatores, como idade do paciente, estágio de desenvolvimento da raiz, tipo de luxação, grau de deslocamento e mobilidade, o tipo e a duração da imobilização, respostas iniciais às provas de sensibilidade e percussão e o tempo decorrido entre o trauma e o tratamento.[5,68,76,86-88] Entretanto, Andreasen & Vestergaard-Pedersen (1985)[6] demonstraram, mediante análise conjunta dessas variáveis, que, assim como a manutenção da vitalidade, o desenvolvimento da necrose pulpar está relacionado principalmente com dois fatores: o tipo de lesão e o grau de rizogênese, uma vez que traduzem a possibilidade de revascularização do tecido pulpar. Confirmando achados anteriores de Andreasen (1970),[86] esses dois aspectos traduziriam:

- O **grau de comprometimento dos tecidos (tipo da lesão):** ruptura do feixe vasculonervoso periapical, lesão da superfície radicular, ruptura das fibras periodontais e lesão do osso alveolar (Figura 12.31).

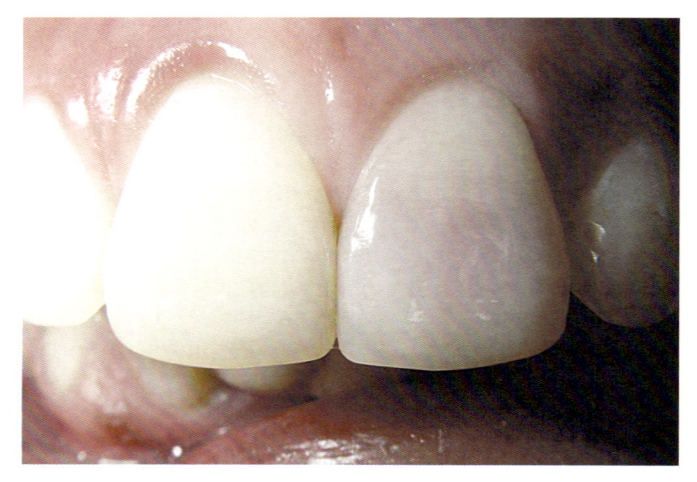

Figura 12.29 ▶ Tonalidade arroxeada da coroa do dente 21, resultante de hemorragia intrapulpar pós-traumática

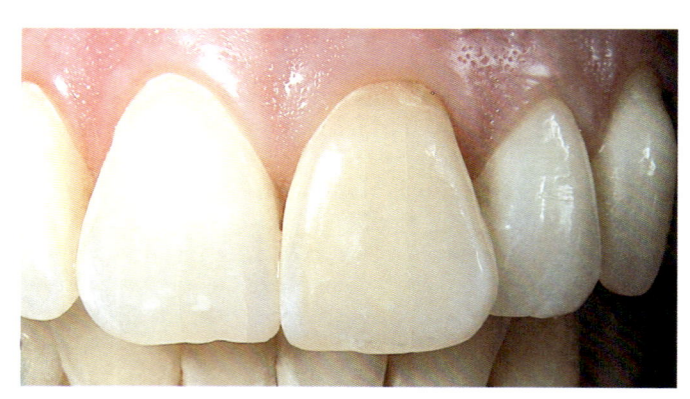

Figura 12.30 ▶ Aspecto amarelado da coroa do dente 21 em virtude de obliteração do canal radicular pós-traumática

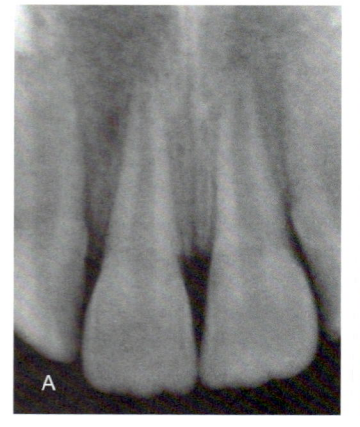
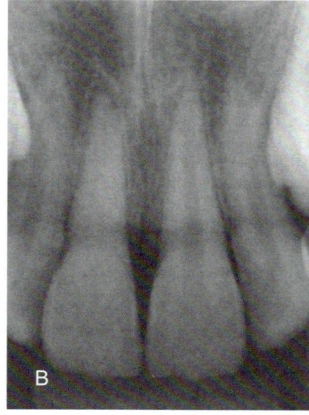

Figura 12.31 ▶ **A.** Exame radiográfico inicial do dente 11, portador de subluxação. **B.** Obliteração do canal radicular observada radiograficamente 1 ano após o trauma

- **O potencial de reparo da lesão (grau de rizogênese):** possibilidade de revascularização por meio de anastomoses e invaginação de brotos endoteliais.

Os autores concluíram que a complexidade crescente descrita na classificação proposta por Andreasen (1985)[7] e a determinação radiográfica do diâmetro mesiodistal do forame apical foram bons indicadores do risco de necrose. Mais tarde, outros autores confirmaram essa relação.[9,52,75,79,89-92]

Obliteração do Canal Radicular Pós-traumática

A deposição de tecido mineralizado nas paredes do canal radicular é um processo fisiológico de envelhecimento ou de defesa da polpa vital. Durante a rizogênese, esse ritmo é de 6μm/dia e mais tarde, durante a deposição de dentina secundária, de 0,8μm/dia. A dentina terciária ou reacional é depositada localmente, em resposta a um estímulo agressor, num ritmo de 3,5μm/dia. Essa resposta pode ser consideravelmente acelerada após traumatismos dentários, autotransplantes[93,94] e tratamentos ortodônticos.[95]

Embora existam na literatura referências à ocorrência e à natureza cicatricial benigna das "calcificações pulpares" após lesões traumáticas,[5,96-101] Andreasen *et al.* (1987)[10] descreveram a deposição acelerada de tecido mineralizado ao longo das paredes do canal radicular como uma consequência do reparo pulpar após a lesão do feixe vasculonervoso apical, denominando-a obliteração do canal radicular pós-traumática (Figura 12.32). Desde então, essa ocorrência tem sido relatada após lesões traumáticas em dentes permanentes, em frequên-

cias que variam de 3% a 24%.[10,51,70,75,90,91,102] Essa deposição acelerada de dentina se deve a falhas na regulação neurológica da atividade secretora dos odontoblastos, durante a revascularização e reinervação que se segue a uma lesão traumática. A presença do parassimpático na polpa foi descrita acompanhando o percurso do trigêmeo, exercendo sobre o simpático uma inibição de sua atividade estimuladora da função secretora dos odontoblastos, a deposição de dentina.[103,104] Essa regulação também poderia ser realizada à distância, por meio de elementos presentes no sangue.[105,106] Como o parassimpático acompanha o trajeto das fibras sensoriais do trigêmeo e atua antagonicamente ao simpático, regulando a atividade secretora dos odontoblastos,[103,104] uma lesão do feixe nervoso apical, quando de um trauma, se manifestaria de duas formas associadas: (1) perda de sensibilidade da polpa – resultante da lesão das fibras do trigêmeo; (2) perda da inibição da atividade sintetizadora de dentina pelos odontoblastos, com consequente obliteração do canal radicular – resultante da lesão das fibras parassimpáticas. Dependendo do mecanismo pelo qual o parassimpático atua, seu efeito inibidor sobre a atividade secretora dos odontoblastos só poderia ser restaurado após a completa reinervação ou revascularização da polpa. O resultado desse descontrole seria a diminuição rápida da luz do canal radicular observada radiograficamente no período de até 1 ano após o trauma, levando a uma obliteração da cavidade pulpar. A essa obliteração podem somar-se a calcificação distrófica, estimulada pela resposta imune diante da presença de bactérias, e ainda, a mineralização de trombos e coágulos resultantes da hemorragia pós-trauma. Entretanto, independentemente do aspecto radiográfico, o espaço ocupado pelo tecido pulpar se mantém histologicamente.

A ocorrência de OCR foi relacionada com alguns fatores, como o tipo de lesão traumática e o grau de desenvolvimento radicular no momento do acidente. Segundo dados obtidos de levantamentos clínicos, a OCR é comum após lesões por luxação que afetem o feixe vasculonervoso, mas que permitam sua revascularização.[10,38,107] Com relação ao estágio de desenvolvimento radicular, é consenso na literatura que a OCR é predominante em crianças com menos de 11 anos de idade, com rizogênese incompleta.[10,52,91,108] Além disso, Andreasen *et al.* (1987)[10] também relataram o tipo de imobilização e o grau de reposicionamento do dente deslocado como fatores determinantes com base na observação de que maior frequência de OCR ocorreu após fixação com fio ortodôntico, quando comparada com a técnica de ataque ácido e resina composta, e de que o completo reposicionamento do dente deslocado resulta em aumento da frequência de OCR em relação à ausência ou ao reposicionamento incompleto.

Clinicamente, os dentes portadores de OCR podem apresentar-se com um tom mais amarelado em relação ao adjacente. Essa alteração de cor se explica pela maior espessura da camada de dentina que, tornando o dente

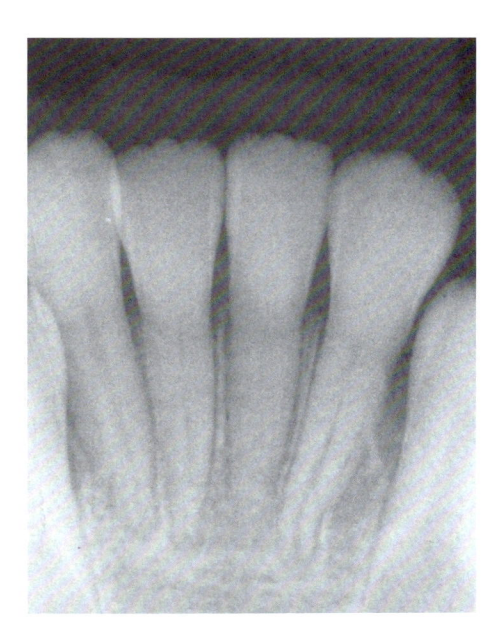

Figura 12.32 ▶ Obliteração total do canal radicular no dente 31 após luxação extrusiva. Observa-se que nos dentes 32, 41 e 42 a luz do canal radicular ainda é visível radiograficamente, apesar de marcadamente diminuída, caracterizando obliteração parcial após subluxação

mais opaco, causava maior reflexão de luz para a superfície.[106] Não existe consenso na literatura quanto à frequência de alteração de cor da coroa nos dentes portadores de OCR. Para alguns acompanhamentos clínicos esse achado representou um evento raro, entre 2% e 8,2%.[10,107] Outros estudos relataram frequências bem mais altas, entre 50% e 80%.[98,99,109] Diferenças metodológicas podem explicar essas discrepâncias.

A resposta às provas térmicas de sensibilidade pulpar geralmente é negativa. Já a resposta à prova elétrica é positiva, embora apresente limiares mais altos, principalmente nos casos de obliteração total do canal radicular e após longos períodos de observação.[10,52,99,107,108]

Durante muitos anos, a mera observação radiográfica da diminuição da luz do canal representou motivo para a realização do tratamento endodôntico radical (TER). Essa indicação se baseava na premissa de que as alterações pulpares responsáveis pela obliteração fatalmente levariam à necrose pulpar e de que a obliteração total do canal radicular inviabilizaria um futuro acesso ao mesmo, caso a intervenção endodôntica se tornasse necessária. Entretanto, não existem evidências científicas, clínicas ou experimentais, que sustentem essas premissas. A análise histológica de polpas removidas de dentes portadores de OCR, nos quais foi realizado o tratamento endodôntico "profilático", demonstrou que se tratavam de polpas vitais, porém com características de senilidade.[100] Acompanhamentos clínicos de dentes portadores de OCR, realizados durante períodos de até 20 anos, relataram índices de alterações periapicais que variavam de 7% a 16%,[10,98,99,107,109] demonstrando que, embora a necrose pulpar represente uma complicação tardia da OCR, sua frequência relativamente baixa não justifica a realização do tratamento endodôntico radical "profilático", principalmente quando considerado o grupo de maior risco de ocorrência de OCR: luxações moderadas em dentes com rizogênese incompleta.

Quanto à dificuldade técnica da intervenção radical, estudos demonstraram que, embora a fase de acesso ao canal radicular seja trabalhosa e exija habilidade e experiência, não representou empecilho para o sucesso do tratamento endodôntico, uma vez que foram observados 80% de casos com cicatrização da região periapical após o tratamento endodôntico radical de dentes com OCR portadores de lesão.[110,111] Tendo em vista as considerações tecidas acima, o tratamento endodôntico radical de dentes portadores de OCR não se justifica e não é capaz de solucionar alterações de cor já instaladas, decorrentes da maior espessura de dentina. Não obstante, quando o diagnóstico da obliteração se dá em seu início, a realização ou não do TER deve levar em consideração o tratamento restaurador, no caso de dentes portadores de fraturas, ou a opção do paciente, devidamente esclarecido sobre os riscos de alteração de cor ou de um tratamento endodôntico radical futuro, se necessário.

Fraturas Radiculares

As fraturas radiculares representam 0,5% a 7% das lesões traumáticas que acometem a dentição permanente[1,12,97,112,113] e afetam, predominantemente, incisivos centrais superiores com rizogênese completa e totalmente erupcionados.[113-117] O mecanismo das fraturas é um impacto frontal que cria zonas de compressão vestibular e lingual. As zonas de estresse de cisalhamento resultantes determinam, então, o plano da fratura. O resultado em nível histológico é um traumatismo do ligamento periodontal (ruptura e/ou compressão) geralmente restrito ao fragmento coronário e um estiramento ou laceração da polpa no nível da fratura.

As fraturas radiculares podem ser classificadas quanto à direção, em horizontais, transversais ou oblíquas, quanto ao número de linhas de fratura, em simples ou múltiplas, e ainda quanto à localização, em fraturas de terço apical, médio ou cervical,[12] sendo as fraturas de terço médio as mais frequentes.[112-118]

O diagnóstico das fraturas radiculares é essencialmente radiográfico, uma vez que suas características clínicas – ligeira extrusão, deslocamento no sentido lingual e mobilidade do segmento coronário – são semelhantes às das luxações e fraturas do processo alveolar. Esses achados clínicos são coerentes com a grande frequência de lesões associadas no fragmento coronário, em sua maioria luxações extrusivas ou laterais.

A fratura radicular transversal geralmente aparece clara e evidente nos exames radiográficos, embora a posição da linha de fratura possa não ser visível no período logo após o trauma. Sendo assim, existe a necessidade de múltiplas exposições radiográficas para se fazer o diagnóstico da lesão e localizar a linha de fratura. A angulação vertical do feixe de radiação é importante, sendo a radiografia oclusal ideal para localizar fraturas no terço apical da raiz e a radiografia periapical mais adequada para localizar fraturas de terço cervical. A direção da linha de fratura nos terços apical e médio é mais oblíqua e é mais horizontal no terço cervical. Assim, uma radiografia oclusal mostra fraturas no terço apical e no terço médio, enquanto uma radiografia periapical revela melhor as fraturas do terço coronário. Embora não exista ainda uma técnica radiográfica ótima para a identificação do local da fratura, o emprego dessas duas técnicas radiográficas pode ser de grande valor. Mesmo com o emprego de múltiplas exposições radiográficas, a linha de fratura pode não ser detectável logo após o trauma. Radiografias posteriores podem revelar a área de fratura devido ao deslocamento do fragmento coronário. Na interpretação das radiografias deve-se fazer o diagnóstico diferencial entre as fraturas múltiplas, cuja imagem é irregular, e a aparência elipsoidal e regular das fraturas únicas, causada por variações no ângulo vertical do feixe de radiação (Figura 12.33).

As *fraturas radiculares* são lesões que envolvem tanto as estruturas de suporte do dente (ligamento periodontal, superfície radicular e osso alveolar) como suas

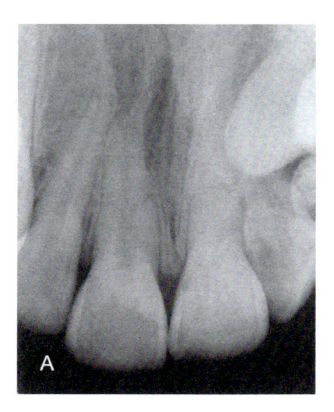
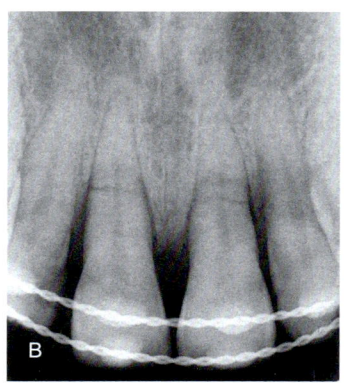

Figura 12.33 ▸ **A.** Imagem radiográfica elíptica da linha de fratura formada devido ao ângulo vertical de incidência do feixe de raio-X inadequado. **B.** Imagem radiográfica irregular de múltiplas linhas de fratura no dente 21 mesmo após variações no ângulo vertical de incidência do feixe de radiação

estruturas pulpares e tecidos mineralizados (dentina e cemento) (Figura 12.34). Embora envolvam padrões de cicatrização bastante complexos, em virtude do grande número de estruturas envolvidas, as fraturas radiculares apresentam um prognóstico favorável quanto à consolidação dos fragmentos, o que pode ser constatado pelos altos índices de cicatrização sem intervenção endodôntica (56% a 84%), relatados em vários acompanhamentos clínicos.[97,113,115-117,119-122] Segundo Andreasen *et al.* (1987),[120] esse prognóstico positivo se deve ao fato de a força da pancada ser dissipada na linha de fratura preservando, desse modo, a região do forame e, consequentemente, o feixe vasculonervoso apical. O tecido pulpar na região da fratura pode permanecer intacto ou ser comprimido, lacerado ou rompido, uma vez que as fraturas radiculares envolvem, na maioria das vezes, algum tipo de luxação do fragmento coronário. O trabalho de Andreasen & Hjørting-Hansen (1967)[114] representou um marco na compreensão dos fenômenos envolvidos no processo de reparo das fraturas radiculares. Baseados na classificação proposta por Schindler[111] e em observações radiográficas e histológicas, os autores propuseram quatro categorias clássicas de evolução das fraturas radiculares: cicatrização com deposição de tecido mineralizado, com deposição de tecido conjuntivo, com deposição de tecido ósseo juntamente com tecido conjuntivo e ausência de cicatrização que resulta em interposição de tecido de granulação na linha de fratura.

Nos casos em que não há luxação do fragmento coronário ou esta é mínima, o tecido pulpar permanece intacto e sua cicatrização ocorre de maneira análoga àquela observada nas fraturas coronárias. Células de defesa e células mesenquimais indiferenciadas progenitoras dos odontoblastos migram para o sítio da fratura, onde depositam uma ponte de tecido mineralizado dentinoide que une o fragmento apical e o coronário. Essa ponte forma um calo inicial que estabiliza a fratura e que é seguido pela invaginação de tecido periodontal, responsável pela deposição do cemento que preenche a linha da fratura. Esse tipo de cicatrização depende da manutenção da vitalidade pulpar em ambos os fragmentos[120] e corresponde à cicatrização com interposição de tecido mineralizado dentinoide.[114]

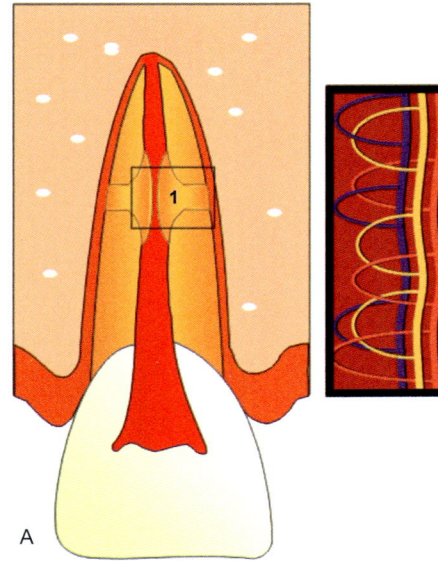
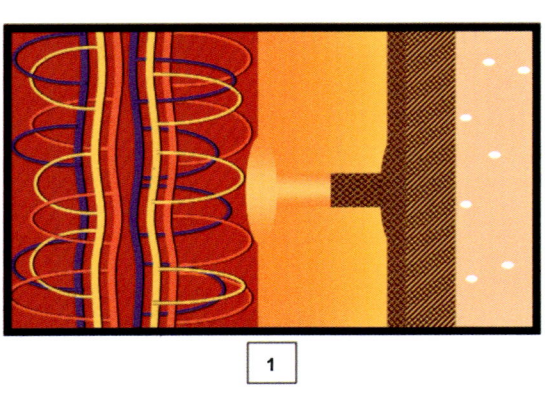
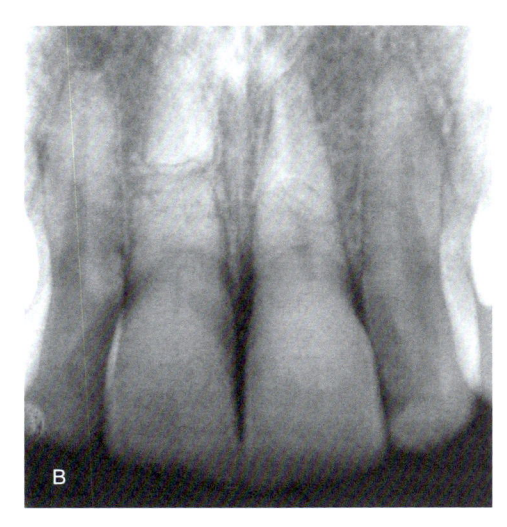

Figura 12.34 ▸ **A.** Desenho esquemático do aspecto radiográfico da consolidação de fratura radicular por meio da interposição de tecido dentinoide e cementoide: embora a linha de fratura seja perceptível, os fragmentos estão em íntimo contato e não há radiolucidez em relação à linha de fratura. Observam-se continuidade da lâmina dura entre os dois fragmentos e arredondamento das bordas da fratura. **Detalhe 1** – Desenho esquemático do aspecto histológico: observam-se a formação de um calo de dentina na parte interna da linha de fratura e a deposição de cemento na parte externa (Adaptada de Andreasen *et al.*, 2007.)[12] **B.** Aspecto radiográfico da consolidação de fratura radicular no dente 21 mediante interposição de tecidos dentinoide e cementoide. No dente 11 observa-se a consolidação da fratura com interposição de tecido ósseo

Nos casos em que a luxação do fragmento coronário implica deslocamento e comprometimento de seu suprimento sanguíneo, instala-se na região da linha de fratura uma resposta inflamatória que tem como objetivo final a revascularização e substituição do tecido pulpar isquêmico do fragmento coronário. De maneira semelhante ao que ocorre nas luxações, o sucesso desse processo depende basicamente das anastomoses rápidas que se estabelecem imediatamente após o trauma entre os vasos pulpares rompidos e os do ligamento periodontal adjacente. Entretanto, duas particularidades fazem com que o processo de revascularização seja mais bem-sucedido após as fraturas radiculares: a própria presença da linha de fratura e o fato de que só o fragmento coronário deverá ser revascularizado. A linha de fratura representa uma via de drenagem do edema formado, descomprimindo o local e tornando mínima a pressão exercida sobre os vasos sanguíneos pulpares, além de possibilitar uma ampla interface polpa/periodonto – ambiente propício para as anastomoses iniciais. Como só o fragmento coronário deve ser revascularizado, seu menor comprimento promove um acesso mais rápido da frente de revascularização às porções mais coronárias do tecido pulpar. Enquanto o processo de regeneração pulpar está em curso, grupos celulares oriundos do ligamento periodontal adjacente povoam a superfície da fratura e promovem a consolidação da fratura pela deposição de cemento na superfície dos fragmentos e interposição de fibras colágenas. Esse tipo de cicatrização corresponde à cicatrização com interposição (Figura 12.35) de tecido conjuntivo de Andreasen & Hjørting-

Hansen (1967)[114] e resulta na independência nutricional do fragmento coronário, uma vez que a revascularização se dá à custa dos vasos do ligamento periodontal e a formação de dentina secundária na linha de fratura cria um novo "forame apical".

Quando o trauma ocorre em pacientes jovens, nos quais o crescimento do osso alveolar ainda não se completou, o fragmento coronário pode continuar sua erupção, enquanto o fragmento apical fica estacionado. Nesses casos ocorre a interposição de tecido ósseo (Figura 12.36) entre os dois fragmentos que possuem ligamento periodontal normal e independente para cada um deles. Esse tipo de cicatrização foi classificado como interposição de tecido ósseo associado a tecido conjuntivo.

Quando grandes deslocamentos do fragmento coronário promovem a contaminação da linha de fratura, o processo de revascularização é interrompido e ocorre a necrose pulpar (Figura 12.37). Nesse caso, o processo de consolidação é comprometido, uma vez que se forma um tecido de granulação entre os fragmentos numa tentativa de conter a invasão bacteriana e em resposta aos agentes agressores liberados pelo tecido pulpar necrosado. Esses eventos correspondem à quarta categoria proposta por Andreasen & Hjørting-Hansen (1967),[114] denominada ausência de cicatrização com interposição de tecido de granulação.

A cicatrização das fraturas radiculares em dentes permanentes depende de certos fatores relacionados com o momento do trauma e o tratamento emergencial. Contrariamente ao que se possa imaginar, a localização da fratura não é determinante do prognóstico, uma vez

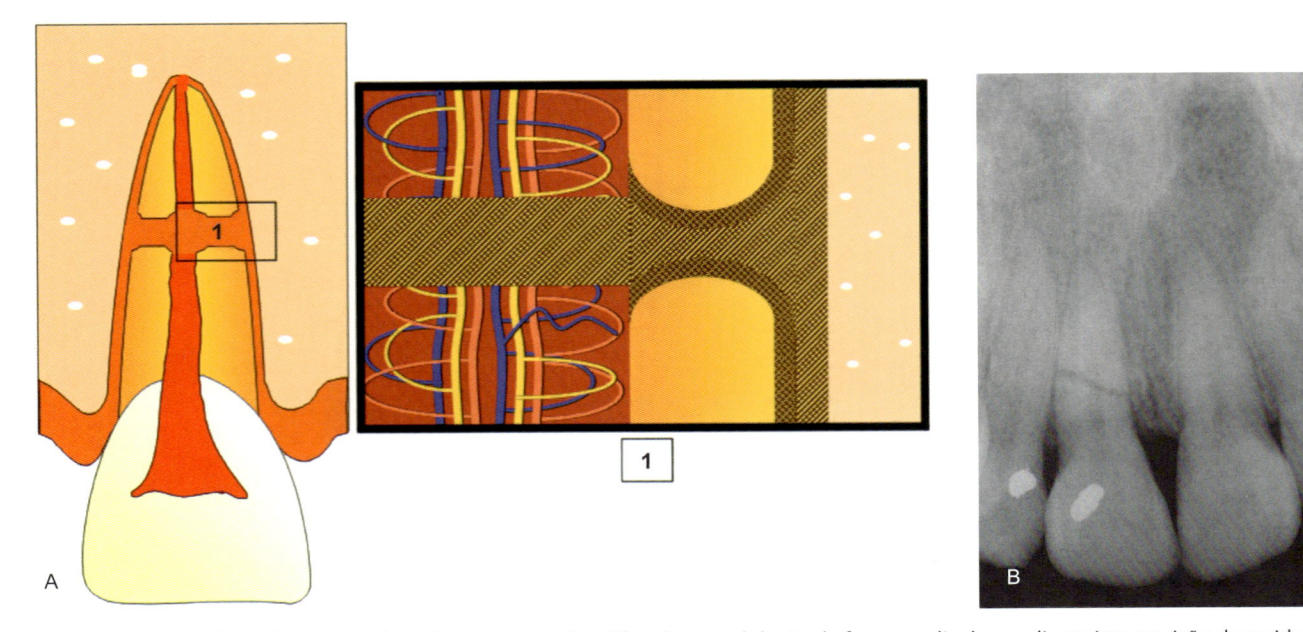

Figura 12.35 ▸ A Desenho esquemático do aspecto radiográfico da consolidação de fratura radicular mediante interposição de tecido conjuntivo: linha de fratura perceptível com uma estreita faixa radiolúcida separando os segmentos. Observam-se a continuidade da lâmina dura entre os dois fragmentos e o arredondamento das bordas da fratura. **Detalhe 1** – Desenho esquemático do aspecto histológico – superfícies radiculares fraturadas recobertas por cemento com fibras de tecido conjuntivo paralelas à superfície da fratura ou de um fragmento a outro (Adaptada de Andreasen *et al.*, 2007.)[12] **B.** Aspecto radiográfico da consolidação de fratura radicular no dente 11 mediante interposição de tecido conjuntivo

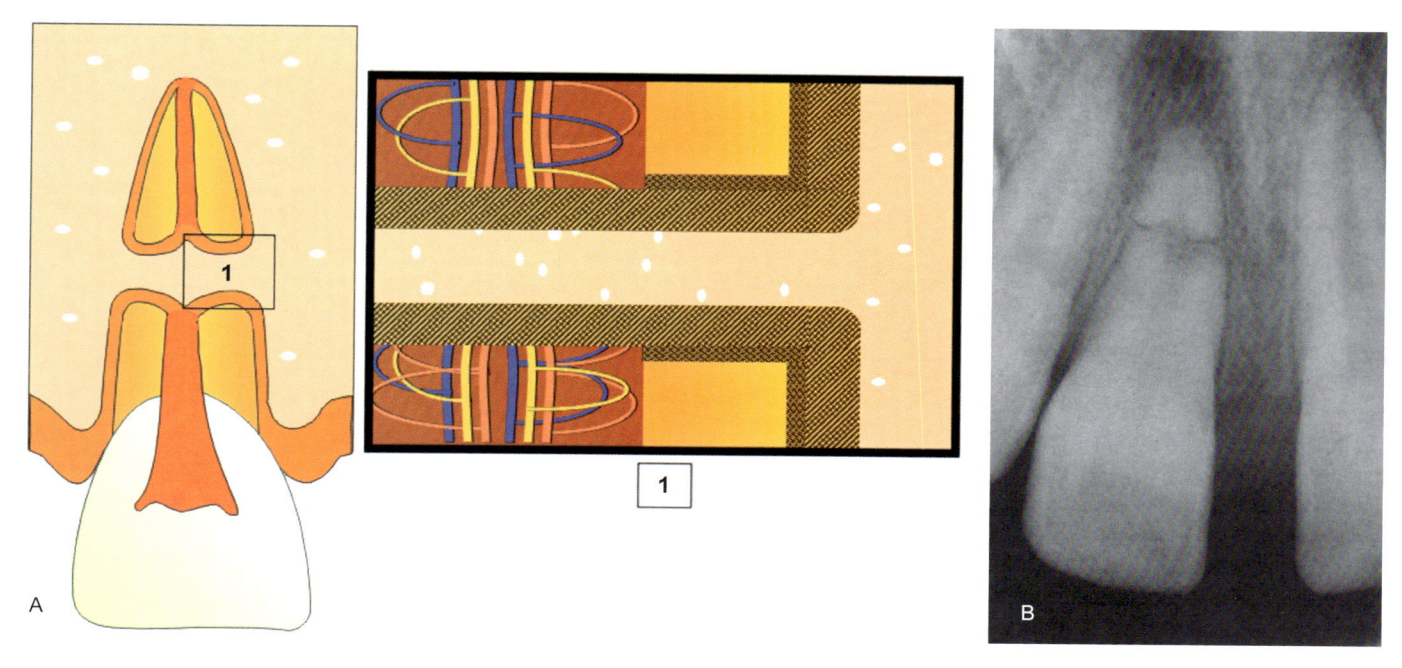

Figura 12.36 ▶ **A.** Desenho esquemático do aspecto radiográfico da consolidação de fratura radicular mediante a interposição de tecido ósseo: o tecido ósseo é visto entre os fragmentos, porém o espaço do ligamento periodontal apresenta-se normal e em continuidade com as partes da membrana periodontal de cada um dos fragmentos separadamente. Observa-se arredondamento das bordas da fratura e, em alguns casos, o osso se estende para dentro do canal radicular dos fragmentos coronário e apical. **Detalhe 1** – Desenho esquemático do aspecto histológico – superfícies radiculares fraturadas recobertas por cemento com fibras de tecido conjuntivo ligando a superfície da fratura ao osso alveolar interposto entre os fragmentos (Adaptada de Andreasen *et al.*, 2007.)[12] **B.** Aspecto radiográfico da consolidação de fratura radicular no dente 11 mediante interposição de tecido ósseo

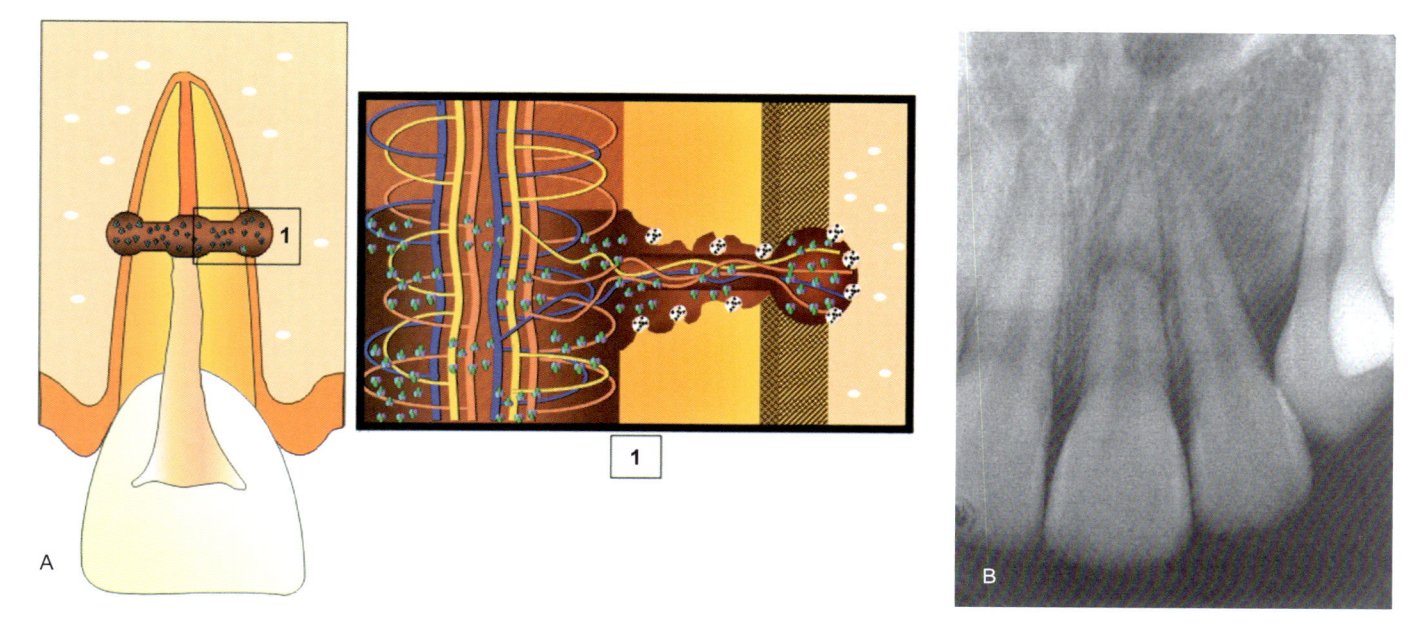

Figura 12.37 ▶ **A.** Desenho esquemático do aspecto radiográfico da não cicatrização de fratura radicular devido a necrose pulpar no fragmento coronário e interposição de tecido granulação: caracteriza-se por distanciamento dos fragmentos e presença de área radiolúcida extensa na linha de fratura, estendendo-se para o osso alveolar adjacente. **Detalhe 1** – Desenho esquemático do aspecto histológico – demonstra tecido de granulação entre os fragmentos, como resultado de infecção do canal radicular, geralmente no fragmento coronário (Adaptada de Andreasen *et al.*, 2007.)[12] **B.** Aspecto radiográfico da não consolidação de fratura radicular no dente 21 devido a necrose da polpa do fragmento coronário e formação de tecido de granulação entre os fragmentos e no osso alveolar adjacente

que foram relatados índices de cicatrização nas fraturas de terço cervical semelhantes aos observados para as fraturas de terços médio e apical. Entretanto, o tipo de cicatrização mais frequente foi a deposição de tecido conjuntivo em detrimento da consolidação de tecido mineralizado. Esse fato determina pior prognóstico a longo prazo, pois a presença da mobilidade e a proporção coroa-raiz desfavorável tornam o dente mais vulnerável.[121,122] Por outro lado, fatores como mobilidade e deslocamento do fragmento coronário foram significativos na determinação do prognóstico, uma vez que a manutenção pulpar e a proximidade entre os fragmentos são fundamentais para a consolidação com deposição de um calo dentinoide/cementoide.[11] Por esse mesmo motivo, o pronto reposicionamento e a imobilização também são importantes para que haja uma cicatrização favorável das fraturas radiculares. Sendo assim, independentemente da localização, o tratamento das fraturas radiculares consiste no reposicionamento do fragmento coronário mediante firme pressão digital. Após a verificação radiográfica da correta redução da fratura, o dente deve ser imobilizado por um tempo mínimo de 2 meses, variando de acordo com sua localização. Durante esse período é realizado o controle clínico e radiográfico para avaliação da condição pulpar dos segmentos e da ocorrência ou não de cicatrização. Toda e qualquer intervenção endodôntica e/ou cirúrgica está descartada até que haja uma definição do diagnóstico de necrose pulpar.[112,114,118-120] À semelhança do que ocorre nas luxações, também aqui o diagnóstico definitivo de necrose pulpar deve ser concluído depois de observados sinais adicionais além da ausência de resposta às provas de sensibilidade pulpar, a saber: área radiolúcida adjacente à linha de fratura e na região periapical, alteração de cor da coroa, reabsorções radiculares inflamatórias, mobilidade anormal do fragmento coronário e resposta positiva às provas de percussão.[118,120,123]

Várias condutas têm sido propostas para o tratamento da necrose pulpar em dentes com fratura radicular, e a característica mais importante a ser considerada é o fato de o fragmento apical normalmente conter tecido pulpar vital, o que possibilita que o tratamento endodôntico seja realizado apenas no fragmento coronário.[124] Nesse tratamento endodôntico, a fase da obturação pode ser imediata, se a anatomia do canal permitir um vedamento adequado na interface entre os dois fragmentos. Contudo, é difícil a obtenção de limpeza e obturação satisfatórias, especialmente nos dentes com amplo lúmen pulpar. Sendo assim, o fragmento coronário tem sido tratado nos moldes da apecificação, com a renovação de curativos de hidróxido de cálcio até que se forme a barreira de tecido mineralizado na linha de fratura, para que então se proceda à obturação definitiva com guta-percha. Embora esse tratamento alcance índices de sucesso favoráveis,[118,124] apresenta desvantagens, como a necessidade de várias consultas para aplicação do hidróxido de cálcio, alto custo e o grande risco de recontaminação do sistema de canais radiculares nos interstícios entre as aplicações de hidróxido de cálcio e sua longa duração.[124] A ampla utilização do MTA (*mineral trioxide aggregate*) para fins endodônticos e a semelhança entre seu mecanismo de ação e o do hidróxido de cálcio o credenciam como material obturador nos casos de tratamento endodôntico em fraturas radiculares horizontais e traria vantagens, como a possibilidade de redução no tempo e no custo do tratamento. O trabalho realizado por Borges (2008)[125] demonstrou que, embora a obturação do fragmento coronário com tampão apical de MTA tenha se revelado eficiente, para que esse procedimento possa ser adotado na clínica com maior embasamento são necessários estudos adicionais que contemplem o aperfeiçoamento na técnica de inserção do MTA. A grande vantagem do MTA é a redução do tempo de tratamento entre o momento do diagnóstico de necrose do fragmento coronário e obturação do sistema de canais radiculares (SCR).

Existe um consenso entre os autores de que a obliteração do canal radicular é um dos eventos mais frequentes após as fraturas radiculares, sendo observada em ambos os fragmentos ou somente no fragmento apical e, muito raramente, somente no fragmento cervical.[97,112,113,116]

As reabsorções radiculares são relativamente comuns após as fraturas radiculares e devem ser diferenciadas da reabsorção óssea que ocorre na linha de fratura quando está presente a necrose do fragmento coronário. Em sua maioria, são reabsorções de superfície autolimitantes relacionadas com o processo de reparo de cicatrização da linha de fratura e, por isso, não demandam nenhum tipo de tratamento. As reabsorções inflamatórias externas também foram observadas e relacionadas com a ausência de cicatrização e interposição de tecido de granulação. Além disso, foram descritas as reabsorções externa e interna.

Avulsões

De acordo com a classificação proposta pela OMS[24] para doenças orais, a avulsão dentária se caracteriza pelo completo deslocamento do dente de seu alvéolo em decorrência de um impacto súbito, como uma pancada, colisão com um objeto sólido ou durante uma queda. Dados estatísticos apontam frequências que variam de 0,5% a 16% nos dentes permanentes e de 7% a 13% na dentição decídua.[12] A avulsão afeta principalmente incisivos centrais superiores, tanto na dentição decídua como na permanente, e aproximadamente 35% de todas as avulsões ocorrem antes dos 9 anos de idade, ou seja, antes do completo desenvolvimento radicular dos incisivos.[12,18]

As avulsões acarretam danos tanto a seu feixe vasculonervoso apical como às estruturas de suporte do dente. A ruptura do feixe vasculonervoso periapical (Figura 12.38) resulta na interrupção do aporte sanguíneo ao tecido pulpar. A revascularização da polpa em toda

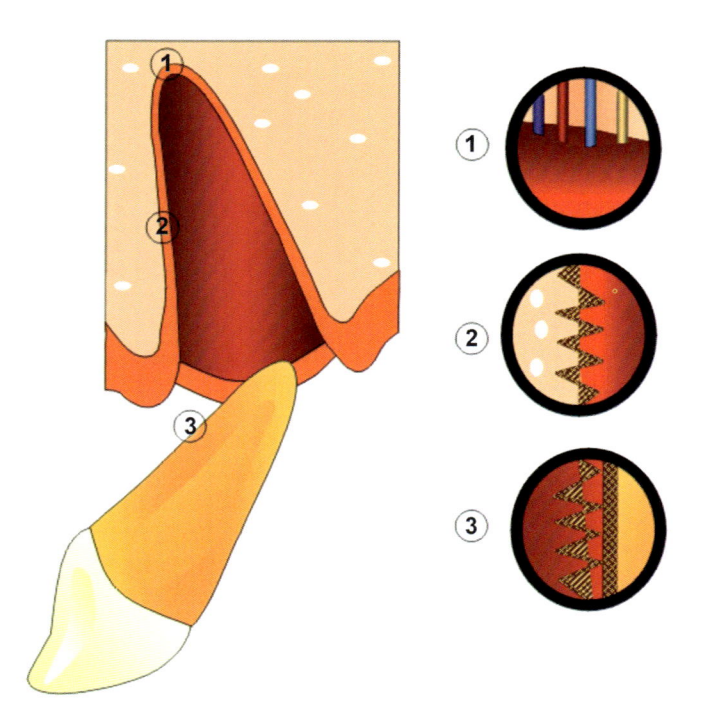

Figura 12.38 ▸ Desenho esquemático da fisiopatologia da avulsão: (**1**) ruptura do feixe vasculonervoso apical; (**2**) ruptura das fibras ao longo de todo o ligamento periodontal – a parte que fica aderida à parede do alvéolo permanece viável, pois recebe nutrientes dos vasos sanguíneos presentes no osso alveolar; (**3**) a parte das fibras que permanece aderida à superfície da raiz após a avulsão é privada do suprimento sanguíneo e logo consome seus metabólitos armazenados, levando à necrose generalizada do ligamento periodontal (Adaptada de Andreasen *et al.*, 2007.)[12]

a sua extensão é um fenômeno pouco provável.[54] Os resultados dos estudos de Andreasen *et al.* (1995)[126] revelaram que os fatores mais decisivos para a revascularização pulpar foram a distância coroa-ápice, o diâmetro apical no momento do reimplante, a duração do período extraoral e o tipo de meio de armazenamento. Em geral, ocorre uma contaminação da polpa associada à necrose, antes que ocorra a revascularização completa. A lesão das estruturas de sustentação é representada pela ruptura total das fibras do ligamento periodontal e por danos à camada cementoblástica.

O prognóstico de um reimplante está diretamente relacionado com a viabilidade do ligamento periodontal remanescente na superfície radicular do dente avulsionado.[127] O dano às células do ligamento periodontal pode ser causado pela desidratação delas devido a um período extraoral longo, ou pelo armazenamento do dente em um meio desfavorável antes do reimplante.[128] As células do ligamento que permanecem na raiz após a avulsão são privadas do suprimento sanguíneo e logo consomem seus metabólitos armazenados. Para manutenção de um metabolismo celular satisfatório, essas substâncias devem ser repostas após a avulsão.[129]

Atualmente, o reimplante dental tem sido aceito como um meio efetivo de preservação, ainda que provisoriamente, de dentes avulsionados. Entretanto, enquanto a literatura é unânime quanto às vantagens do reimplante imediato, o que se observa no dia a dia é que este é uma exceção, sendo na maioria das vezes os dentes perdidos ou mantidos em meios de armazenamento inadequados. Esta última situação faz com que as reabsorções radiculares externas constituam-se na sequela mais frequente após reimplantes dentais, com uma prevalência relatada entre 74% e 96%, principalmente quando os dentes são reimplantados após longo período extraoral ou mantidos em meio de armazenamento inadequado.[18,130-132]

As reabsorções pós-traumáticas podem ser classificadas em dois grandes grupos: inflamatórias (RREI) e por substituição (RESS).[131,133,134]

A etiopatogenia das reabsorções radiculares envolve estímulos que atuam em dois momentos distintos: a instalação de células clásticas na superfície da raiz e a manutenção de sua atividade reabsortiva.[135] Os *fatores desencadeantes* que estabelecem condições propícias à formação e à ativação de células clásticas, a princípio, são os mesmos em ambos os tipos, a saber: a lesão das estruturas de sustentação do dente, representada pela ruptura total das fibras do ligamento periodontal e por danos à camada cementoblástica. Subprodutos da destruição celular e da matriz extracelular, bem como os componentes da resposta inflamatória que se estabelece no ligamento, induzem a diferenciação e a ativação de pré-odontoclastos.[136] As diferenças surgem posteriormente, de acordo com a natureza do fator de manutenção que estimula continuamente as células clásticas, tornando a reabsorção progressiva. No caso das reabsorções inflamatórias (Figura 12.39), as camadas de cemento e cemento intermediárias, tendo sido atingidas pela reabsorção de superfície, acabam por expor os túbulos dentinários, que se comunicam com o ambiente intracanal infectado, propiciando uma via de acesso para bactérias e suas toxinas atingirem a superfície externa da raiz.[134,137,138] Histologicamente são caracterizadas pela destruição de cemento e dentina, com muitas lacunas de Howship adjacentes,

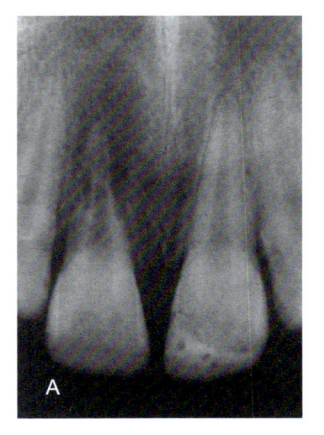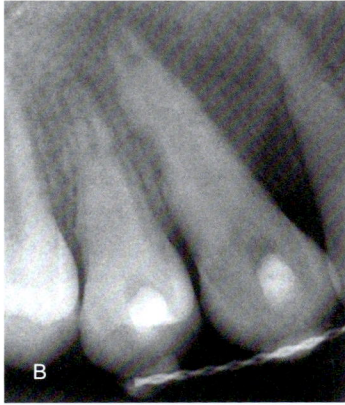

Figura 12.39 ▸ **A** e **B.** Aspecto radiográfico da reabsorção externa inflamatória

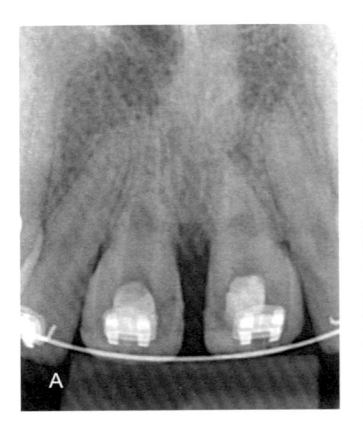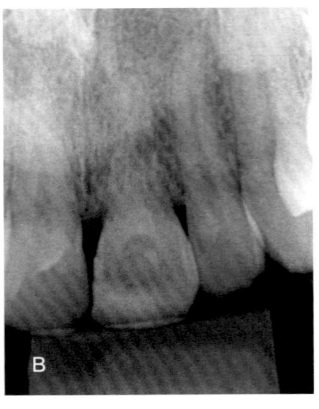

Figura 12.40 ▸ **A** e **B.** Aspecto radiográfico de reabsorção externa por substituição

ocasionalmente preenchidas por osteoclastos. No ligamento periodontal vizinho observa-se tecido inflamatório com linfócitos, plasmócitos e neutrófilos polimorfonucleares.[131,134,139] A reabsorção por substituição (Figura 12.40) foi primeiramente descrita por Andreasen & Hjørting-Hansen (1966)[140] como uma união direta do osso alveolar e da superfície da raiz, seguida de reabsorção e substituição da estrutura radicular por tecido ósseo. Estudos experimentais posteriores demonstraram o papel de uma extensa lesão do ligamento periodontal[137,141-143] e da perda da camada cementoblástica[138,144] no desenvolvimento da RRES. Nishioka *et al.* (1998)[145] avaliaram a cicatrização periodontal em dentes de ratos convencionais e isentos de germes reimplantados imediatamente após a extração. Os autores concluíram que uma lesão mecânica extensa dos tecidos periodontais pode desencadear a anquilose mesmo em condições absolutamente assépticas. Os mecanismos indutores e reguladores da reabsorção radicular externa por substituição (RRES) ainda não são completamente conhecidos. Acredita-se que, ao perder a camada cementoblástica, a superfície dentinária da raiz é colonizada por osteoblastos e osteoclastos que normalmente recobrem o osso medular e passa a integrar o processo de remodelação fisiológica do tecido ósseo, sendo por isso também denominada reabsorção radicular endóstea.[146] Uma vez instalada, a evolução desses quadros é imprevisível, bem como o tempo de permanência do dente na cavidade oral.[128,132,147] Anderson *et al.* (1989)[141] observaram que a progressão da RRES foi mais rápida em dentes reimplantados em pacientes com idades entre 8 e 16 anos. Os autores relacionaram esses achados à maior taxa de remodelação óssea nos pacientes jovens, quando comparados com adultos. Em função disso, muitos autores têm considerado o reimplante uma medida temporária. Entretanto, uma distinção deve ser feita: enquanto a reabsorção inflamatória progride rapidamente e com frequência resulta na perda do dente afetado em poucos meses, a reabsorção por substituição progride lentamente e, por isso, o dente reimplantado pode ser mantido durante anos.[12] Além disso, considera-se que

essa reabsorção lenta possa preservar uma boa largura do espaço alveolar. Caso um dente avulsionado não seja reimplantado, haverá atrofia da porção vestíbulo-palatina do alvéolo. Então, mesmo quando a maior parte de um dente é reabsorvida, ele ainda pode exercer sua função, permitindo que a solução definitiva seja postergada para um momento apropriado.[148] Entretanto, em indivíduos mais jovens, a anquilose impedirá o crescimento daquela porção do processo alveolar onde está inserido o dente reimplantado, resultando em infraoclusão.[12,149] A infraoclusão, associada à falta de desenvolvimento do processo alveolar, representa um complicador futuro na terapia restauradora. Mesmo assim, o reimplante ainda representa a melhor opção após avulsões traumáticas, principalmente quando considerada a faixa etária mais acometida.

Para que o reimplante ocorra o mais rápido possível, essa manobra deve ser realizada, de preferência, pelo próprio paciente ou outra pessoa no local do acidente. Nesse sentido, é fundamental que já no primeiro contato telefônico o profissional repasse orientações relativas à execução do reimplante (Figura 12.41): localizar o dente e, se necessário, lavá-lo com soro fisiológico ou água corrente, segurando-o pela coroa; não esfregar a raiz nem utilizar qualquer tipo de produto; recolocar o dente em seu alvéolo imediatamente; morder uma gaze, algodão ou pedaço de tecido limpo e dirigir-se ao consultório odontológico. Havendo impedimentos de natureza técnica ou emocional por parte do responsável pelo reimplante, o dente deve ser acondicionado em meio de armazenamento adequado até que o paciente possa ser atendido por um profissional.[150,151]

Meios de armazenamento especiais, como *HBSS, meio de Eagle, Viaspan* e *Conditioned Medium*, são ideais para manutenção ou revitalização das células do ligamento periodontal e, por isso, deveriam estar disponíveis em locais onde os acidentes geralmente ocorrem: escolas, clubes, ginásios de esportes, farmácias, bares, ambulâncias, hospitais e serviços de pronto atendimento odontológico.[129,152-154] Deve-se reconhecer, porém, que o leite é um excelente meio de armazenamento, desde que o reimplante seja realizado dentro de 6 horas. Suas propriedades fisiológicas, incluindo seu pH (6,5 a 7,2) e osmolaridade similares aos do fluido extracelular (250 a 270mOsm · kg^{-1}), sua facilidade de obtenção e o fato de ser relativamente livre de bactérias justificam seu uso como meio de armazenamento para dentes avulsionados.[129,155] Embora a solução salina tenha apresentado um desempenho melhor do que o armazenamento a seco, só deve ser utilizada quando da ausência absoluta dos meios supracitados.[156] A utilização da saliva como meio de armazenamento, mediante a colocação do dente avulsionado debaixo da língua ou no vestíbulo bucal do próprio paciente ou dos pais, está contraindicada em função do risco de deglutição do dente pela criança e de infecção cruzada, quando armazenado na saliva de outra pessoa. Além disso, a presença dos micro-organis-

Figura 12.41 ▶ Material didático produzido no Programa Traumatismos Dentários da Faculdade de Odontologia da UFMG: (**A**) cartilha Cuidados e Orientação em Traumatismos Dentários; (**B**) manual para professores e outros agentes multiplicadores.

mos naturais da saliva e sua baixa osmolaridade afetam a viabilidade das células do ligamento periodontal, diminuindo sua atividade clonogênica.[155,157-159] Naqueles casos em que o paciente se apresente no consultório com o dente já reimplantado, cabe ao profissional avaliar clínica e radiograficamente a posição do dente, realizar as correções necessárias e fazer a imobilização flexível.

Quando o paciente chega com o dente fora do alvéolo, o profissional deve acondicioná-lo imediatamente num meio que, além de manter a vitalidade das células do ligamento periodontal, seja capaz de repor os nutrientes celulares perdidos. Esse armazenamento deve durar somente o período necessário para a preparação do paciente. Recomenda-se a solução salina balanceada

de *Hank (HBSS)* por seu custo relativamente baixo, além de ter validade de aproximadamente 2 anos, quando mantida em temperatura ambiente. A superfície da raiz deve ser examinada para verificar a existência de fraturas radiculares e a presença de partículas de sujeira ou fragmentos ósseos aderidos. O dente deve ser então enxaguado com um jato de solução salina até sua limpeza completa. Embora qualquer procedimento que envolva o manuseio da superfície radicular seja contraindicado, caso o enxágue não seja eficaz, uma gaze umedecida em solução salina deve ser cuidadosamente utilizada. Os fragmentos ósseos devem ser destacados com o auxílio de um instrumento tipo *holemback*. Nos casos de reimplante tardio, tentativas de tratamento da superfície radicular têm sido feitas com soluções fluoretadas, enzimas e ácidos. O objetivo dessa manobra é remover restos de ligamento periodontal necrótico e modificar a superfície radicular, tornando-a mais resistente à reabsorção e facilitando a adesão das fibras colágenas. Embora a associação de fluoretos e antibióticos tenha apresentado os melhores resultados,[160,161] as pesquisas atuais não são conclusivas. Sendo assim, esse procedimento não está indicado, uma vez que estudos adicionais são necessários para fundamentar seu emprego na clínica. Nesses casos, recomenda-se apenas a limpeza rigorosa com gaze umedecida em soro fisiológico, com o intuito de remover as fibras do ligamento periodontal que se encontram necrosadas.

A participação da porção alveolar do ligamento periodontal na cicatrização de dentes reimplantados é controversa, uma vez que os poucos dados provenientes de estudos em animais são conflitantes.[162,163] Sendo assim, o que se pode concluir atualmente é que o tratamento do alvéolo não interfere no prognóstico do reimplante.[164]

Até a década de 1970, a imobilização dental seguia os mesmos princípios da fixação dos ossos maxilares, embora já existisse, desde 1930, uma tendência a períodos de imobilização menores. Hoje em dia sabe-se que a imobilização rígida, necessária a uma boa consolidação das fraturas ósseas, pode levar a complicações indesejadas quando aplicada aos dentes luxados ou avulsionados. Estudos experimentais têm demonstrado que uma movimentação fisiológica acelera e melhora a cicatrização do ligamento periodontal, diminuindo a chance de anquilose dentária.[165]

Além da natureza rígida ou flexível da imobilização, tem sido atribuído à duração do período de fixação um papel na ocorrência de reabsorções radiculares pós-trauma. Entretanto, em revisão sistemática, Hinckfuss & Messer (2009)[166] concluíram que a cicatrização periodontal não está relacionada com o tempo de imobilização. Sendo assim, o período de imobilização deve ser suficiente para propiciar a estabilidade necessária para que o dente avulsionado fique posicionado no alvéolo sem nenhuma força externa incidindo sobre ele durante o período inicial de cicatrização do ligamento periodontal.[167]

O tratamento com antibioticoterapia sistêmica tem sido sugerido após o reimplante de dentes avulsionados com o objetivo de diminuir a contaminação da superfície radicular e, com isso, diminuir a atividade de reabsorção inflamatória. Além disso, outro efeito do antibiótico seria o controle da população bacteriana no alvéolo, o que é importante no padrão de cicatrização dos dentes reimplantados, principalmente após um período extraoral extenso. Um único estudo experimental observou que a administração parenteral de penicilina antes da extração e imediatamente após o reimplante dentário resultou em menor ocorrência de reabsorção inflamatória devido à diminuição das bactérias na superfície radicular e na polpa.[170] Estudos posteriores, utilizando doxiciclina[171] e tetraciclina,[172,173] observaram, porém, que a administração sistêmica desses antibióticos pouco contribuiu para prevenir a reabsorção radicular. Os resultados de levantamentos clínicos também não confirmam o efeito da antibioticoterapia sistêmica sobre a cicatrização periodontal.[126,174] Portanto, o uso de antibióticos fica condicionado ao estado geral do paciente e à presença de lesões associadas que apresentem gravidade compatível com a necessidade de antibioticoterapia.

A condição do tecido pulpar representa um dos principais fatores para o prognóstico de dentes reimplantados. Sabendo-se que a reabsorção radicular inflamatória depende da associação entre a presença de bactérias no interior do canal radicular e nos túbulos dentinários e a lesão do periodonto no momento ou logo após o acidente, a remoção da polpa e o subsequente tratamento endodôntico após o reimplante são críticos para a prevenção da reabsorção radicular inflamatória. Como a ocorrência de necrose pulpar em dentes reimplantados com rizogênese completa é o mais provável, aguardar a revascularização implicaria um grande risco de insucesso.[171] Dados da literatura têm confirmado que o tratamento endodôntico deve ser feito entre 7 e 14 dias após o reimplante de dentes com rizogênese completa para se evitar a propagação de produtos tóxicos da polpa necrótica para os tecidos adjacentes.[133,154,174-176]

Outro aspecto relativo ao tratamento endodôntico de dentes reimplantados consiste na necessidade e na duração da medicação intracanal. Embora a literatura clínica tenha associado melhores índices de sobrevida à finalização do tratamento endodôntico nos dentes reimplantados, quando comparados com aqueles que necessitaram de um tratamento prolongado com hidróxido de cálcio,[18,128] esses resultados devem ser analisados à luz de estudos experimentais que mostram a importância da existência e da magnitude de quadros de reabsorção já estabelecidos.[177] Além disso, o grau de rizogênese também pode exigir o emprego de Ca(OH) por longos períodos.[178] Entretanto, existem desvantagens com relação a essa conduta. Em primeiro lugar, exige grandes cooperação e motivação do paciente, uma vez que são necessárias várias sessões. Outra ressalva citada na literatura se refere ao potencial deletério que o uso prolongado de Ca(OH) em canais de dentes com superfícies radiculares danificadas pode exercer na cicatrização periodontal devido à necrose inicial das células que repovoam a superfície da raiz, levando à anquilose. Essa premissa foi sustentada por vários trabalhos experimentais que demonstraram que a anquilose e a subsequente reabsorção por substituição estavam relacionadas com o tratamento com hidróxido de cálcio – Ca(OH).[179-180] Não obstante, a opção por obturar o canal radicular deve levar em consideração o grau de rizogênese[178] e a existência e magnitude de quadros de reabsorção preexistentes.[177]

▶ REFERÊNCIAS

1. Andreasen J. Etiology and pathogenesis of traumatic dental injuries. A clinical study of 1298 cases. Scand J Dent Res 1970; 78(4):329-42.

2. Ravn J. Dental injuries in Copenhagen schoolchildren, school years 1967-1972. Community Dent Oral Epidemiol 1974; 2(5):231-45.

3. Rock W, Gordon P, Friend L, Grundy M. The relationship between trauma and pulp death in incisor teeth. Br Dent J 1974 Mar; 136(6):236-9.

4. Jacobsen I. Criteria for diagnosis of pulp necrosis in traumatized permanent incisors. Scand J Dent Res. 1980 Aug; 88(4):306-12.

5. Rock W, Grundy M. The effect of luxation and subluxation upon the prognosis of traumatized incisor teeth. J Dent 1981 Sep; 9(3):224-30.

6. Andreasen F, Pedersen B. Prognosis of luxated permanent teeth – the development of pulp necrosis. Endod Dent Traumatol 1985 Dec; 1(6):207-20.

7. Andreasen J. Challenges in clinical dental traumatology. Endod Dent Traumatol 1985 Apr; 1(2):45-55.

8. Andreasen F. Transient apical breakdown and its relation to color and sensibility changes after luxation injuries to teeth. Endod Dent Traumatol 1986 Feb; 2(1):9-19.

9. Andreasen F, Zhijie Y, Thomsen B. Relationship between pulp dimensions and development of pulp necrosis after luxation injuries in the permanent dentition. Endod Dent Traumatol 1986 Jun; 2(3):90-8.

10. Andreasen F, Zhijie Y, Thomsen B, Andersen P. Occurrence of pulp canal obliteration after luxation injuries in the permanent dentition. Endod Dent Traumatol 1987 Jun; 3(3):103-15.

11. Andreasen F. Pulpal healing after luxation injuries and root fracture in the permanent dentition. Endod Dent Traumatol 1989 Jun; 5(3):111-31.

12. Andreasen JO, Andreasen FM, Andersson L. Textbook and color atlas of traumatic injuries to teeth. 4. ed. Oxford: Blackwell Publishing, 2007: 897p.

13. Andreasen F, Andreasen J. Diagnosis of luxation injuries: the importance of standardized clinical, radiographic and photographic techniques in clinical investigations. Endod Dent Traumatol 1985 Oct; 1(5):160-9.

14. Andreasen F, Daugaard-Jensen J. Treatment of traumatic dental injuries in children. Curr Opin Dent 1991 Oct; 1(5):535-50.

15. Welbury RR. Child physical abuse. In: Andreasen JO, Andreasen FM. Textbook and color atlas of traumatic injuries to the teeth. 3. ed. Copenhagen: Munksgaard, 1994:181-93.

16. Naidoo S. A profile of the oro-facial injuries in child physical abuse at a children's hospital. Child Abuse Negl 2000 Apr; 24(4):521-34.

17. Naidoo S. Dental ethics case. 1: What should I do when I suspect a child patient is being abused? SADJ 2010 May; 65(4):184.

18. Andreasen J, Borum M, Jacobsen H, Andreasen F. Replantation of 400 avulsed permanent incisors. 4. Factors related to periodontal ligament healing. Endod Dent Traumatol 1995 Apr; 11(2):76-89.

19. Galea H. An investigation of dental injuries treated in an acute care general hospital. J Am Dent Assoc 1984 Sep; 109(3):434-8.

20. O'Neil D, Clark M, Lowe J, Harrington M. Oral trauma in children: a hospital survey. Oral Surg Oral Med Oral Pathol 1989 Dec; 68(6):691-6.

21. Cohenca N, Simon J, Mathur A, Malfaz J. Clinical indications for digital imaging in dento-alveolar trauma. Part 2: root resorption. Dent Traumatol 2007 Apr; 23(2):105-13.

22. Cohenca N, Simon J, Roges R, Morag Y, Malfaz J. Clinical indications for digital imaging in dento-alveolar trauma. Part 1: traumatic injuries. Dent Traumatol 2007 Apr; 23(2):95-104.

23. Dölekoğlu S, Fişekçioğlu E, Ilgüy D, Ilgüy M, Bayirli G. Diagnosis of jaw and dentoalveolar fractures in a traumatized patient with cone beam computed tomography. Dent Traumatol 2010 Apr; 26(2):200-3.

24. World Health Organization. Standardisation of reporting of dental disease and condition. Technical Report Series 1962; n.242, 23p.

25. Andreasen J, Ravn J. Epidemiology of traumatic dental injuries to primary and permanent teeth in a Danish population sample. Int J Oral Surg 1972; 1(5):235-9.

26. Hedegård B, Stålhane I. A study of traumatized permanent teeth in children 7-15 years. I. Sven Tandlak Tidskr 1973 Sep; 66(5):431-52.

27. Järvinen S. Fractured and avulsed permanent incisors in Finnish children. A retrospective study. Acta Odontol Scand 1979; 37(1):47-50.

28. Oikarinen K, Kassila O. Causes and types of traumatic tooth injuries treated in a public dental health clinic. Endod Dent Traumatol 1987 Aug; 3(4):172-7.

29. Sane J, Ylipaavalniemi P. Dental trauma in contact team sports. Endod Dent Traumatol 1988 Aug; 4(4):164-9.

30. Hunter M, Hunter B, Kingdon A, Addy M, Dummer P, Shaw W. Traumatic injury to maxillary incisor teeth in a group of South Wales school children. Endod Dent Traumatol 1990 Dec; 6(6):260-4.

31. Forsberg C, Tedestam G. Traumatic injuries to teeth in Swedish children living in an urban area. Swed Dent J 1990; 14(3):115-22.

32. Zerman N, Cavalleri G. Traumatic injuries to permanent incisors. Endod Dent Traumatol 1993 Apr; 9(2):61-4.

33. Josefsson E, Karlander E. Traumatic injuries to permanent teeth among Swedish school children living in a rural area. Swed Dent J 1994; 18(3):87-94.

34. Glendor U, Halling A, Andersson L, Eilert-Petersson E. Incidence of traumatic tooth injuries in children and adolescents in the county of Västmanland, Sweden. Swed Dent J 1996; 20(1-2):15-28.

35. Borssén E, Holm A. Traumatic dental injuries in a cohort of 16-year-olds in northern Sweden. Endod Dent Traumatol 1997 Dec; 13(6):276-80.

36. Ravn J. Follow-up study of permanent incisors with enamel fractures as a result of an acute trauma. Scand J Dent Res. 1981 Jun; 89(3):213-7.

37. Stålhane I, Hedegård B. Traumatized permanent teeth in children aged 7-15 years. Sven Tandlak Tidskr 1975; 68(5):157-69.

38. Robertson A. A retrospective evaluation of patients with uncomplicated crown fractures and luxation injuries. Endod Dent Traumatol 1998 Dec; 14(6):245-56.

39. Cortes M, Marcenes W, Sheiham A. Prevalence and correlates of traumatic injuries to the permanent teeth of schoolchildren aged 9-14 years in Belo Horizonte, Brazil. Dent Traumatol 2001 Feb; 17(1):22-6.

40. Baratieri LN. Estética – restaurações adesivas diretas em dentes anteriores fraturados. São Paulo: Ed. Santos, 1995.

41. Ravn J. Follow-up study of permanent incisors with enamel-dentin fractures after acute trauma. Scand J Dent Res 1981 Oct; 89(5):355-65.

42. Robertson A, Robertson S, Norén J. A retrospective evaluation of traumatized permanent teeth. Int J Paediatr Dent 1997 Dec; 7(4):217-26.

43. Brännström M. Observations on exposed dentine and the corresponding pulp tissue. Odont Rev 1962; 13:235-45.

44. Brännström M. Dentin and pulp in restorative dentistry. Nacka: Sweden Dental Therapeutics, 1981: 127p.

45. Olgart L, Brännström M, Johnson G. Invasion of bacteria into dentinal tubules. Experiments in vivo and in vitro. Acta Odontol Scand 1974; 32(1):61-70.

46. Pashley D. Dentin-predentin complex and its permeability: physiologic overview. J Dent Res 1985 Apr; 64 Spec No:613-20.

47. Vongsavan N, Matthews B. The permeability of cat dentine in vivo and in vitro. Arch Oral Biol 1991; 36(9):641-6.

48. Vongsavan N, Matthews B. Changes in pulpal blood flow and in fluid flow through dentine produced by autonomic and sensory nerve stimulation in the cat. Proc Finn Dent Soc 1992; 88 (Suppl 1):491-7.

49. Matthews B, Vongsavan N. Interactions between neural and hydrodynamic mechanisms in dentine and pulp. Arch Oral Biol 1994; 39 (Suppl):87S-95S.

50. Bergenholtz G, Cox C, Loesche W, Syed S. Bacterial leakage around dental restorations: its effect on the dental pulp. J Oral Pathol 1982 Dec; 11(6):439-50.

51. Bastos JV. Prognóstico pulpar após lesões traumáticas na dentição permanente: avaliação clínico-radiográfica. (Dissertação – Mestrado em Odontologia, Endodontia) Belo Horizonte: Faculdade de Odontologia – Universidade Federal de Minas Gerais, 1996.

52. Robertson A, Andreasen F, Andreasen J, Norén J. Long-term prognosis of crown-fractured permanent incisors. The effect of stage of root development and associated luxation injury. Int J Paediatr Dent 2000 Sep; 10(3):191-9.

53. Borssén E, Holm A. Treatment of traumatic dental injuries in a cohort of 16-year-olds in northern Sweden. Endod Dent Traumatol 2000 Dec; 16(6):276-81.

54. Cvek M, Cleaton-Jones P, Austin J, Lownie J, Kling M, Fatti P. Pulp revascularization in reimplanted immature monkey incisors – predictability and the effect of antibiotic systemic prophylaxis. Endod Dent Traumatol 1990 Aug; 6(4):157-69.

55. Heide S, Mjor I. Pulp reactions to experimental exposures in young permanent monkey teeth. Int Endod J 1983 Jan; 16(1):11-9.

56. Kerekes K, Heide S, Jacobsen I. Follow-up examination of endodontic treatment in traumatized juvenile incisors. J Endod 1980 Sep; 6(9):744-8.

57. Mackie I, Bentley E, Worthington H. The closure of open apices in non-vital immature incisor teeth. Br Dent J 1988 Sep; 165(5):169-73.

58. Kleier D, Barr E. A study of endodontically apexified teeth. Endod Dent Traumatol 1991 Jun; 7(3):112-7.

59. Cvek M. Prognosis of luxated non-vital maxillary incisors treated with calcium hydroxide and filled with gutta-percha. A retrospective clinical study. Endod Dent Traumatol 1992 Apr; 8(2):45-55.

60. Blanco L. Treatment of crown fractures with pulp exposure. Oral Surg Oral Med Oral Pathol Oral Radiol Endod 1996 Nov; 82(5):564-8.

61. Cavalleri G, Zerman N. Traumatic crown fractures in permanent incisors with immature roots: a follow-up study. Endod Dent Traumatol 1995 Dec; 11(6):294-6.

62. Cox C, Bergenholtz G, Fitzgerald M et al. Capping of the dental pulp mechanically exposed to the oral microflora – a 5 week observation of wound healing in the monkey. J Oral Pathol 1982 Aug; 11(4):327-39.

63. Cvek M. Calcium hydroxide in the treatment of traumatized teeth. Rev Fr Endod 1989 Sep; 8(3):11-27.

64. Fuks A, Bielak S, Chosak A. Clinical and radiographic assessment of direct pulp capping and pulpotomy in young permanent teeth. Pediatr Dent 1982 Sep; 4(3):240-4.

65. Fuks A, Chosack A, Klein H, Eidelman E. Partial pulpotomy as a treatment alternative for exposed pulps in crown-fractured permanent incisors. Endod Dent Traumatol 1987 Jun; 3(3):100-2.

66. Klein H, Fuks A, Eidelman E, Chosack A. Partial pulpotomy following complicated crown fracture in permanent incisors: a clinical and radiographical study. J Pedod 1985; 9(2):142-7.

67. Ravn J. Follow-up study of permanent incisors with complicated crown fractures after acute trauma. Scand J Dent Res 1982 Oct; 90(5):363-72.

68. Haavikko K, Rantanen L. A follow-up study of injuries to permanent and primary teeth in children. Proc Finn Dent Soc 1976 Oct; 72(5):152-62.

69. Uji T, Teramoto T. Occurrence of traumatic injuries in the oromaxillary region of children in a Japanese prefecture. Endod Dent Traumatol 1988 Apr; 4(2):63-9.

70. Häyrinen-Immonen R, Sane J, Perkki K, Malmström M. A six-year follow-up study of sports-related dental injuries in children and adolescents. Endod Dent Traumatol 1990 Oct; 6(5):208-12.

71. Sanchez A, Garcia-Godoy F. Traumatic dental injuries in 3- to 13-year-old boys in Monterrey, Mexico. Endod Dent Traumatol 1990 Apr; 6(2):63-5.

72. Perez R, Berkowitz R, McIlveen L, Forrester D. Dental trauma in children: a survey. Endod Dent Traumatol 1991 Oct; 7(5):212-3.

73. Schatz J, Joho J. A retrospective study of dento-alveolar injuries. Endod Dent Traumatol 1994 Feb; 10(1):11-4.

74. Skoglund A, Tronstad L. Pulpal changes in replanted and autotransplanted immature teeth of dogs. J Endod 1981 Jul; 7(7):309-16.

75. Crona-Larsson G, Bjarnason S, Norén J. Effect of luxation injuries on permanent teeth. Endod Dent Traumatol 1991 Oct; 7(5):199-206.

76. Dumsha T, Hovland E. Pulpal prognosis following extrusive luxation injuries in permanent teeth with closed apexes. J Endod 1982 Sep; 8(9):410-2.

77. Miyashin M, Kato J, Takagi Y. Experimental luxation injuries in immature rat teeth. Endod Dent Traumatol 1990 Jun; 6(3):121-8.

78. Miyashin M, Kato J, Takagi Y. Tissue reactions after experimental luxation injuries in immature rat teeth. Endod Dent Traumatol 1991 Feb; 7(1):26-35.

79. Oikarinen K, Gundlach K, Pfeifer G. Late complications of luxation injuries to teeth. Endod Dent Traumatol 1987 Dec; 3(6):296-303.

80. Camps J, Déjou J, Rémusat M, About I. Factors influencing pulpal response to cavity restorations. Dent Mater 2000 Nov; 16(6):432-40.

81. Kerekes K, Olsen I. Similarities in the microfloras of root canals and deep periodontal pockets. Endod Dent Traumatol 1990 Feb; 6(1):1-5.

82. Andreasen FM. Pulpal healing after luxation injuries and root fractures in the permanent dentition. (Tese, Doutorado em Odontologia). Copenhagen: Faculty of Health Sciences, Copenhagen University, 1995.

83. Bastos JV, Goulart, EMA, Côrtes MIS. Pulpal sensitivity after traumatic dental injuries in permanent teeth: a prospective study (Em fase de redação).

84. Brandt K, Kortegaard U, Poulsen S. Longitudinal study of electrometric sensitivity of young permanent incisors. Scand J Dent Res 1988 Aug; 96(4):334-8.

85. Fulling H, Andreasen J. Influence of maturation status and tooth type of permanent teeth upon electrometric and thermal pulp testing. Scand J Dent Res 1976 Sep; 84(5):286-90.

86. Andreasen J. Luxation of permanent teeth due to trauma. A clinical and radiographic follow-up study of 189 injured teeth. Scand J Dent Res 1970; 78(3):273-86.

87. Eklund G, Stalhane I, Hedegard B. A study of traumatized permanent teeth in children aged 7-15 years. Part III. A multivariate analysis of post-traumatic complications of subluxated and luxated teeth. Sven Tandlak Tidskr 1976; 69(6):179-89.

88. Rusmah M. Traumatized anterior teeth in children. A 24-month follow-up study. Aust Dent J 1990 Oct; 35(5):430-3.

89. Kaba A, Maréchaux S. A fourteen-year follow-up study of traumatic injuries to the permanent dentition. ASDC J Dent Child 1989 1989 Nov-Dec; 56(6):417-25.

90. Humphrey J, Kenny D, Barrett E. Clinical outcomes for permanent incisor luxations in a pediatric population. I. Intrusions. Dent Traumatol 2003 Oct; 19(5):266-73.

91. Lee R, Barrett E, Kenny D. Clinical outcomes for permanent incisor luxations in a pediatric population. II. Extrusions. Dent Traumatol 2003 Oct; 19(5):274-9.

92. Nikoui M, Kenny D, Barrett E. Clinical outcomes for permanent incisor luxations in a pediatric population. III. Lateral luxations. Dent Traumatol 2003 Oct; 19(5):280-5.

93. Kallioniemi H, Oksala E. Significance of an open apex or fracture of the root tip for the prognosis of vital maxillary canine autotransplantation. Proc Finn Dent Soc 1977 Jun; 73(3):126-32.

94. Kristerson L. Autotransplantation of human premolars. A clinical and radiographic study of 100 teeth. Int J Oral Surg 1985 Apr; 14(2):200-13.

95. Delivanis H, Sauer G. Incidence of canal calcification in the orthodontic patient. Am J Orthod 1982 Jul; 82(1):58-61.

96. Bhaskar S, Rappaport H. Dental vitality tests and pulp status. J Am Dent Assoc 1973 Feb; 86(2):409-11.

97. Birch R, Rock W. The incidence of complications following root fracture in permanent anterior teeth. Br Dent J 1986 Feb; 160(4):119-22.

98. Holcomb J, Gregory WJ. Calcific metamorphosis of the pulp: its incidence and treatment. Oral Surg Oral Med Oral Pathol 1967 Dec; 24(6):825-30.

99. Jacobsen I, Kerekes K. Long-term prognosis of traumatized permanent anterior teeth showing calcifying processes in the pulp cavity. Scand J Dent Res 1977 Nov; 85(7):588-98.

100. Lundberg M, Cvek M. A light microscopy study of pulps from traumatized permanent incisors with reduced pulpal lumen. Acta Odontol Scand 1980; 38(2):89-94.

101. Patterson SS, Mitchell DF. Calcific metamorphosis of the dental pulp. Oral Surg Oral Med Pathol 1965 Jul; 20:94-101.

102. Feiglin B. Dental pulp response to traumatic injuries – a retrospective analysis with case reports. Endod Dent Traumatol 1996 Feb; 12(1):1-8.

103. Chiego DJ, Avery J, Klein R. Neuroregulation of protein synthesis in odontoblasts of the first molar of the rat after wounding. Cell Tissue Res 1987 Apr; 248(1):119-23.

104. Chiego DJ, Fisher M, Avery J, Klein R. Effects of denervation on 3H-fucose incorporation by odontoblasts in the mouse incisor. Cell Tissue Res 1983; 230(1):197-203.

105. Edwall L. Symposium: 4. Regulation of pulpal blood flow. J Endod 1980 Feb; 6(2):434-7.

106. Tønder K. Blood flow and vascular pressure in the dental pulp. Summary. Acta Odontol Scand 1980; 38(3):135-44.

107. Ferreia DAB, Costa LBM, Bastos JV, Cortes, MIS. Obliteração do canal radicular pós-traumática – ocorrência e cicatrização. Anais do X Encontro de Pesquisa da Faculdade de Odontologia da UFMG – VIII Encontro Científico das Faculdades de Odontologia de Minas Gerais, Belo Horizonte, 2009.

108. Bastos FP, Bastos JV, Cortes MIS. Prognóstico pulpar em dentes portadores de obliteração do canal radicular pós-traumática. Pesquisa Odontológica Brasileira 2001; 15:137.

109. Robertson A, Andreasen F, Bergenholtz G, Andreasen J, Norén J. Incidence of pulp necrosis subsequent to pulp canal obliteration from trauma of permanent incisors. J Endod 1996 Oct; 22(10):557-60.

110. Cvek M, Granath L, Lundberg M. Failures and healing in endodontically treated non-vital anterior teeth with posttraumatically reduced pulpal lumen. Acta Odontol Scand 1982; 40(4):223-8.

111. Schindler W, Gullickson D. Rationale for the management of calcific metamorphosis secondary to traumatic injuries. J Endod 1988 Aug; 14(8):408-12.

112. Andreasen F, Andreasen J. Resorption and mineralization processes following root fracture of permanent incisors. Endod Dent Traumatol 1988 Oct; 4(5):202-14.

113. Calişkan M, Pehlivan Y. Prognosis of root-fractured permanent incisors. Endod Dent Traumatol 1996 Jun; 12(3):129-36.

114. Andreasen J, Hjorting-Hansen E. Intraalveolar root fractures: radiographic and histologic study of 50 cases. J Oral Surg 1967 Sep; 25(5):414-26.

115. Michanowicz A, Michanowicz J, Abou-Rass M. Cementogenic repair of root fractures. J Am Dent Assoc 1971 Mar; 82(3):569-79.

116. Yates J. Root fractures in permanent teeth: a clinical review. Int Endod J 1992 May; 25(3):150-7.

117. Andreasen J, Andreasen F, Mejàre I, Cvek M. Healing of 400 intra-alveolar root fractures. 2. Effect of treatment factors such as treatment delay, repositioning, splinting type and period and antibiotics. Dent Traumatol 2004 Aug; 20(4):203-11.

118. Jacobsen I, Kerekes K. Diagnosis and treatment of pulp necrosis in permanent anterior teeth with root fracture. Scand J Dent Res 1980 Oct; 88(5):370-6.

119. Jacobsen I, Zachrisson B. Repair characteristics of root fractures in permanent anterior teeth. Scand J Dent Res 1975 Nov; 83(6):355-64.

120. Andreasen F, Andreasen J, Bayer T. Prognosis of root-fractured permanent incisors – prediction of healing modalities. Endod Dent Traumatol 1989 Feb; 5(1):11-22.

121. Cvek M, Mejàre I, Andreasen J. Healing and prognosis of teeth with intra-alveolar fractures involving the cervical part of the root. Dent Traumatol 2002 Apr; 18(2):57-65.

122. Costa LBM, Bastos JV, Cortes MIS. Ocorrência e cicatrização das fraturas radiculares horizontais pós-traumáticas. Anais do VIII Encontro de Pesquisa da Faculdade de Odontologia da UFMG e VI Encontro Científico das Faculdades de Odontologia MG. Belo Horizonte, 2004.

123. Andreasen J, Andreasen F, Mejàre I, Cvek M. Healing of 400 intra-alveolar root fractures. 1. Effect of pre-injury and injury factors such as sex, age, stage of root development, fracture type, location of fracture and severity of dislocation. Dent Traumatol 2004 Aug; 20(4):192-202.

124. Cvek M, Mejàre I, Andreasen J. Conservative endodontic treatment of teeth fractured in the middle or apical part of the root. Dent Traumatol 2004 Oct; 20(5):261-9.

125. Soares LB. O emprego do MTA como material obturador em fraturas radiculares horizontais – avaliação clínica e radiográfica. (Monografia de especialização). Belo Horizonte: Universidade Federal de Minas Gerais, 2008.

126. Andreasen J, Borum M, Jacobsen H, Andreasen F. Replantation of 400 avulsed permanent incisors. 2. Factors related to pulpal healing. Endod Dent Traumatol 1995 Apr; 11(2):59-68.

127. Doyle D, Dumsha T, Sydiskis R. Effect of soaking in Hank's balanced salt solution or milk on PDL cell viability of dry stored human teeth. Endod Dent Traumatol 1998 Oct; 14(5):221-4.

128. Barrett E, Kenny D. Survival of avulsed permanent maxillary incisors in children following delayed replantation. Endod Dent Traumatol 1997 Dec; 13(6):269-75.

129. Blomlöf L, Otteskog P, Hammarström L. Effect of storage in media with different ion strengths and osmolalities on human periodontal ligament cells. Scand J Dent Res 1981 Apr; 89(2):180-7.

130. Andersson L, Bodin I. Avulsed human teeth replanted within 15 minutes – a long-term clinical follow-up study. Endod Dent Traumatol 1990 Feb; 6(1):37-42.

131. Andreasen J, Andreasen F. Root resorption following traumatic dental injuries. Proc Finn Dent Soc 1992; 88 (Suppl 1):95-114.

132. Schatz J, Hausherr C, Joho J. A retrospective clinical and radiologic study of teeth re-implanted following traumatic avulsion. Endod Dent Traumatol 1995 Oct; 11(5):235-9.

133. Kinirons M, Boyd D, Gregg T. Inflammatory and replacement resorption in reimplanted permanent incisor teeth: a study of the characteristics of 84 teeth. Endod Dent Traumatol 1999 Dec; 15(6):269-72.

134. Tronstad L. Root resorption – etiology, terminology and clinical manifestations. Endod Dent Traumatol 1988 Dec; 4(6):241-52.

135. Shaw D, Griffin FJ. Phagocytosis requires repeated triggering of macrophage phagocytic receptors during particle ingestion. Nature 1981 Jan; 289(5796):409-11.

136. Zhang D, Goetz W, Braumann B, Bourauel C, Jaeger A. Effect of soluble receptors to interleukin-1 and tumor necrosis factor alpha on experimentally induced root resorption in rats. J Periodontal Res 2003 Jun; 38(3):324-32.

137. Andreasen J. Analysis of topography of surface- and inflammatory root resorption after replantation of mature permanent incisors in monkeys. Swed Dent J 1980; 4(4):135-44.

138. Hammarström L, Blomlöf L, Lindskog S. Dynamics of dentoalveolar ankylosis and associated root resorption. Endod Dent Traumatol 1989 Aug; 5(4):163-75.

139. Andreasen J. A time-related study of periodontal healing and root resorption activity after replantation of mature permanent incisors in monkeys. Swed Dent J 1980; 4(3):101-10.

140. Andreasen J, Hjorting-Hansen E. Replantation of teeth. II. Histological study of 22 replanted anterior teeth in humans. Acta Odontol Scand 1966 Nov; 24(3):287-306.

141. Andersson L, Bodin I, Sörensen S. Progression of root resorption following replantation of human teeth after extended extraoral storage. Endod Dent Traumatol 1989 Feb; 5(1):38-47.

142. Andreasen J. Analysis of pathogenesis and topography of replacement root resorption (ankylosis) after replantation of mature permanent incisors in monkeys. Swed Dent J 1980; 4(6):231-40.

143. Andreasen J. Interrelation between alveolar bone and periodontal ligament repair after replantation of mature permanent incisors in monkeys. J Periodontal Res 1981 Mar; 16(2):228-35.

144. Ne R, Witherspoon D, Gutmann J. Tooth resorption. Quintessence Int 1999 Jan; 30(1):9-25.

145. Nishioka M, Shiiya T, Ueno K, Suda H. Tooth replantation in germ-free and conventional rats. Endod Dent Traumatol 1998 Aug; 14(4):163-73.

146. Hammarström L, Lindskog S. Factors regulating and modifying dental root resorption. Proc Finn Dent Soc 1992; 88 (Suppl 1):115-23.

147. Boyd D, Kinirons M, Gregg T. A prospective study of factors affecting survival of replanted permanent incisors in children. Int J Paediatr Dent 2000 Sep; 10(3):200-5.

148. Oikarinen K. Dental tissues involved in exarticulation, root resorption and factors influencing prognosis in relation to replanted teeth. A review. Proc Finn Dent Soc 1993; 89(1-2):29-44.

149. Kawanami M, Andreasen J, Borum M, Schou S, Hjørting-Hansen E, Kato H. Infraposition of ankylosed permanent maxillary incisors after replantation related to age and sex. Endod Dent Traumatol 1999 Apr; 15(2):50-6.

150. Bastos JV, Côrtes MIS. Cuidados e orientação em traumatismos dentários: manual para professores e outros agentes multiplicadores. 2. ed. Belo Horizonte: Imprensa Universitária da Universidade Federal de Minas Gerais (UFMG), 1997. 26p.

151. Bastos JV, Cortes MIS. E se meu dente quebrar? 2. ed. Belo Horizonte: Imprensa Universitária da Universidade Federal de Minas Gerais (UFMG), 1997. 8p.

152. Hiltz J, Trope M. Vitality of human lip fibroblasts in milk, Hanks balanced salt solution and Viaspan storage media. Endod Dent Traumatol 1991 Apr; 7(2):69-72.

153. Hupp J, Mesaros S, Aukhil I, Trope M. Periodontal ligament vitality and histologic healing of teeth stored for extended periods before transplantation. Endod Dent Traumatol 1998 Apr; 14(2):79-83.

154. Trope M, Friedman S. Periodontal healing of replanted dog teeth stored in Viaspan, milk and Hank's balanced salt solution. Endod Dent Traumatol 1992 Oct; 8(5):183-8.

155. Blomlof L. Milk and saliva as possible storage media for traumatically exarticulated teeth prior to replantation. (Tese de Doutorado). Stockholm: Karolinska Institutet, 1981.

156. Andreasen J. Effect of extra-alveolar period and storage media upon periodontal and pulpal healing after replantation of mature permanent incisors in monkeys. Int J Oral Surg 1981 Feb; 10(1):43-53.

157. Krasner P, Rankow H. New philosophy for the treatment of avulsed teeth. Oral Surg Oral Med Oral Pathol Oral Radiol Endod 1995 May; 79(5):616-23.

158. Lekic P, Kenny D, Barrett E. The influence of storage conditions on the clonogenic capacity of periodontal ligament cells: implications for tooth replantation. Int Endod J 1998 Mar; 31(2):137-40.

159. Lekic P, Kenny D, Moe H, Barretti E, McCulloch C. Relationship of clonogenic capacity to plating efficiency and vital dye staining of human periodontal ligament cells: implications for tooth replantation. J Periodontal Res 1996 May; 31(4):294-300.

160. Bjorvatn K, Selvig K, Klinge B. Effect of tetracycline and SnF2 on root resorption in replanted incisors in dogs. Scand J Dent Res 1989 Dec; 97(6):477-82.

161. Selvig K, Bjorvatn K, Bogle G, Wikesjö U. Effect of stannous fluoride and tetracycline on periodontal repair after delayed tooth replantation in dogs. Scand J Dent Res 1992 Aug; 100(4):200-3.

162. Andreasen J. The effect of removal of the coagulum in the alveolus before replantation upon periodontal and pulpal healing of mature permanent incisors in monkeys. Int J Oral Surg 1980 Dec; 9(6):458-61.

163. Matsson L, Klinge B, Hallstrom H. Effect on periodontal healing of saline irrigation of the tooth socket before replantation. Endod Dent Traumatol 1987 Apr; 3(2):64-7.

164. Trope M, Hupp J, Mesaros S. The role of the socket in the periodontal healing of replanted dogs' teeth stored in ViaSpan for extended periods. Endod Dent Traumatol 1997 Aug; 13(4):171-5.

165. Kristerson L, Andreasen J. The effect of splinting upon periodontal and pulpal healing after autotransplantation of mature and immature permanent incisors in monkeys. Int J Oral Surg 1983 Aug; 12(4):239-49.

166. Hinckfuss S, Messer L. Splinting duration and periodontal outcomes for replanted avulsed teeth: a systematic review. Dent Traumatol 2009 Apr; 25(2):150-7.

167. Nasjleti C, Castelli W, Caffesse R. The effects of different splinting times on replantation of teeth in monkeys. Oral Surg Oral Med Oral Pathol 1982 Jun; 53(6):557-66.

168. Oikarinen K. Tooth splinting: a review of the literature and consideration of the versatility of a wire-composite splint. Endod Dent Traumatol 1990 Dec; 6(6):237-50.

169. Wallace J, Vergona K. Epithelial rests' function in replantation: is splinting necessary in replantation? Oral Surg Oral Med Oral Pathol 1990 Nov; 70(5):644-9.

170. Hammarström L, Pierce A, Blomlöf L, Feiglin B, Lindskog S. Tooth avulsion and replantation – a review. Endod Dent Traumatol 1986 Feb; 2(1):1-8.

171. Cvek M, Cleaton-Jones P, Austin J, Lownie J, Kling M, Fatti P. Pulp revascularization in reimplanted immature monkey incisors – predictability and the effect of antibiotic systemic prophylaxis. Endod Dent Traumatol 1990 Aug; 6(4):157-69.

172. Sae-Lim V, Wang C, Choi G, Trope M. The effect of systemic tetracycline on resorption of dried replanted dogs' teeth. Endod Dent Traumatol. 1998 Jun; 14(3):127-32.

173. Sae-Lim V, Wang C, Trope M. Effect of systemic tetracycline and amoxicillin on inflammatory root resorption of replanted dogs' teeth. Endod Dent Traumatol 1998. Oct; 14(5):216-20.

174. Hinckfuss S, Messer L. An evidence-based assessment of the clinical guidelines for replanted avulsed teeth. Part I: Timing of pulp extirpation. Dent Traumatol 2009 Feb; 25(1):32-42.

175. Trope M, Yesilsoy C, Koren L, Moshonov J, Friedman S. Effect of different endodontic treatment protocols on periodontal repair and root resorption of replanted dog teeth. J Endod 1992 Oct; 18(10):492-6.

176. Pohl Y, Filippi A, Kirschner H. Results after replantation of avulsed permanent teeth. I. Endodontic considerations. Dent Traumatol 2005 Apr; 21(2):80-92.

177. Trope M, Moshonov J, Nissan R, Buxt P, Yesilsoy C. Short vs. long-term calcium hydroxide treatment of established inflammatory root resorption in replanted dog teeth. Endod Dent Traumatol 1995 Jun; 11(3):124-8.

178. Blomlöf L, Lengheden A, Lindskog S. Endodontic infection and calcium hydroxide-treatment. Effects on periodontal healing in mature and immature replanted monkey teeth. J Clin Periodontol 1992 Oct; 19(9 Pt 1):652-8.

179. Andreasen J. The effect of pulp extirpation or root canal treatment on periodontal healing after replantation of permanent incisors in monkeys. J Endod 1981 Jun; 7(6):245-52.

180. Hammarstrom L, Blomlof L, Feiglin B, Lindskog S. Effect of calcium hydroxide treatment on periodontal repair and root resorption. Endod Dent Traumatol 1986 Oct; 2(5):184-9.

181. Lengheden A, Blomlöf L, Lindskog S. Effect of delayed calcium hydroxide treatment on periodontal healing in contaminated replanted teeth. Scand J Dent Res 1991 Apr; 99(2):147-53.

CAPÍTULO 13

Avaliação das Lesões Bucomaxilofaciais no Âmbito Penal – Art. 129

Adriana Maria Carneiro Moreira • Marcos Paulo Salles Machado

▶ INTRODUÇÃO

Desde que o ser humano passou a viver em sociedade, têm sido registradas inúmeras formas de agressão contra ele, fruto do difícil convívio social. Não é incomum que essas agressões sejam direcionadas ao complexo estomatognático.

A cabeça, segundo Fávero (1973), corresponde à região do corpo mais frequentemente comprometida pelas lesões corporais, atingindo um percentual de 40%. A face, porção integrante da cabeça, por ser pouco protegida, é uma das áreas mais acometidas pelos traumatismos, levando-se em conta, ainda, a complexidade anatômica, funcional e estética da região, e que esta desempenha um importante papel no relacionamento intra e interpessoal, o que interessa ao presente estudo.

Com o desenvolvimento da sociedade, inúmeras leis e códigos de conduta têm sido criados, visando disciplinar a vida social das pessoas. No Brasil, o Código Penal Brasileiro (CPB) de 1940 tipifica a conduta dos atos criminosos, determinando a punição dessas ações que ofendem a normalidade da estrutura (dano somático) ou de seu funcionamento (dano fisiológico). O fato é que esse conjunto de leis que regulamentam o modo de vida das pessoas não acompanhou a evolução social e os novos hábitos incorporados à cultura pelo desenvolvimento da ciência e tecnologia, numa sociedade cada vez mais liberal, porém sedenta de Justiça. Diante disso, um dos papéis a ser desempenhado pela Medicina e Odontologia Legal "é captar as diferenças determinadas por este descompasso. Não necessariamente para resolvê-las, mas sim para harmonizá-las, a fim de que o sistema se torne funcionante" (Marcos de Almeida, 1996).

À perícia cabe o esclarecimento sobre a existência de lesões, bem como sua gravidade, extensão, verificação do nexo causal e repercussões na vida do indivíduo agredido.

Busca-se ainda, com tais dados e elementos técnicos, permitir às autoridades, principalmente nos âmbitos policial e judicial, qualificar e quantificar o dano e relacionar seu enquadramento legal.

O dano deverá ter um caráter anatômico ou funcional. O bem jurídico tutelado pela norma legal é representado pela integridade físico-fisiológica e psíquica da pessoa.

O CPB não define o que seja lesão mas, de acordo com o Novo Dicionário Aurélio, esta é a ferida, ofensa, prejuízo, violação de um direito, ato ou efeito de lesar.

Do ponto de vista médico/odontolegal, entende-se por lesão toda alteração anatômica ou funcional ocasionada por agente traumatizante externo ou interno.

Lesão corporal, por sua vez, é "toda e qualquer ofensa ocasionada à normalidade funcional do corpo ou organismo humano, seja do ponto de vista anatômico, seja do ponto de vista fisiológico ou psíquico" (Nelson Hungria, 1958).

Souza Lima (1938) refere correspondência entre lesão corporal e ofensa física do primitivo Código Criminal, não sendo sinônimo de ferida ou ferimento e abrangendo uma expressão mais genérica, na qual os ferimentos representam uma espécie traumatológica.

Para Hélio Gomes, as lesões corporais "são infrações consistentes no dano ao corpo ou à saúde, física ou mental, e resultantes de traumatismos tanto materiais como morais".

Croce & Croce Jr. as consideram "qualquer dano ocasionado à normalidade do corpo humano, quer do ponto de vista anatômico, quer do fisiológico ou mental".

Hygino as define como "qualquer espécie de dano ou prejuízo à integridade corporal, à saúde física ou mental de alguém causado por outrem, por uma ação violenta, de forma proposital ou não, direta ou indiretamente".

O Código Penal Brasileiro, em seu art. 129, *caput* e parágrafos 1º e 2º, tipifica as lesões corporais, sendo a quantidade do dano caracterizada por lesão leve, grave e gravíssima:

a) **Lesões leves** – qualquer ofensa à integridade corporal ou à saúde de outrem. São as que não determinam as consequências previstas nos parágrafos 1º, 2º e 3º do artigo 129. Pena: detenção de três meses a um ano.

b) **Lesões graves** – incapacidade para as ocupações habituais por mais de 30 dias; perigo de vida; debilidade permanente de membro, sentido ou função; aceleração do parto. Pena: reclusão de um a cinco anos.

c) **Lesões gravíssimas** – incapacidade permanente para o trabalho; enfermidade incurável; perda ou inutilização de membro, sentido ou função; deformidade permanente; aborto. Pena: reclusão de dois a oito anos.

A Odontologia Legal, que faz a interface da Odontologia com o Direito, surgiu como uma ferramenta para a busca de solução dos conflitos sociais. Em uma de suas áreas de atuação é responsável pela produção de laudos periciais e pareceres técnicos que constituem peças de grande importância para condução de provas em processos judiciais. Contribui para o estudo das lesões que acometem o complexo maxilomandibular, em especial as lesões no aparelho mastigatório, que são frequentes, dada a facilidade com que os agressores atingem a face da vítima.

Na boca, os elementos dentais desempenham funções essenciais, sendo as principais: mastigatória, fonética e estética.

▶ FUNÇÃO MASTIGATÓRIA

Na mastigação se dão a apreensão, o corte e a trituração do alimento. Não é específica apenas dos dentes, sendo necessária também a participação dos lábios, da língua, do músculos da face, principalmente dos músculos mastigatórios, da articulação temporomandibular e dos maxilares, assim como vascularização e inervação adequadas.

Os dentes propiciam ao organismo a melhor assimilação dos alimentos mediante uma mastigação adequada, a qual é resultante da ação desenvolvida pelo conjunto de estruturas do complexo craniomandibular. Abre o caminho para uma melhor digestão mediante a fragmentação dos alimentos e sua mistura com a saliva, formando o bolo alimentar, que pode ser então deglutido, evitando, inclusive, engasgar-se com pedaços de alimentos maltriturados. Para a deglutição fisiológica, os dentes servem de apoio à musculatura elevadora e abaixadora da mandíbula, em harmonia com os músculos do assoalho da cavidade oral, a língua, a bochecha e o selamento labial, determinado pelo encontro dos dentes superiores com os inferiores em posição de relação cêntrica das estruturas articulares, que ocorre, em média, de 1.800 a 2.500 vezes a cada dia. Em caso de falta dos dentes, a língua perde seus limites marginais e é, então, projetada na deglutição, ocupando os espaços existentes, o que se denomina deglutição atípica.

▶ FUNÇÃO FONÉTICA

Contribui para a emissão de sons e a articulação das palavras. Na divisão das consoantes existe o grupo das oclusivas linguodentais – "T", "D", "N" (ponta da língua e arcada dental superior) – e o grupo das consoantes fricativas labiodentais – "F", "V" (lábio inferior e arcada dental superior).

Participa, ainda, como item importante e integrante da socialização e da imagem do indivíduo, sendo componente individualizador pelas características dos sons emitidos.

▶ FUNÇÃO ESTÉTICA

Consiste na característica individual mais óbvia e acessível às outras pessoas. Constitui um fator de indubitável relevância no âmbito da eficiência social. Permite ao indivíduo ampliar a própria consciência e agir utilitaristicamente no campo das relações humanas (Silva, 1999).

Os elementos dentais anteriores superiores – incisivos centrais, laterais e caninos – situam-se na região mais evidente do sorriso de uma pessoa, devido a seu posicionamento anatômico, e auxiliam a sustentação das partes moles da face, colaborando, portanto, com o posicionamento do conjunto da face e da mímica.

Existem ainda poucos estudos disponíveis que se aprofundem na avaliação dos danos no complexo maxilomandibular – especialmente quando envolvem lesões dentárias e, como este assunto não está pacificado, há ainda várias formas de interpretação, necessitando de um amplo debate sobre esses aspectos.

Vale ressaltar que cabe a tipificação penal definitiva aos magistrados e ao perito no sentido de propiciar elementos valiosos para a fundamentação da conclusão definitiva, esclarecendo todas as questões relativas à lesão.

▶ LESÃO CORPORAL DE NATUREZA LEVE

Art. 129 – Ofender a Integridade Corporal ou a Saúde de Outrem

Refere-se a todo e qualquer dano ocasionado à normalidade funcional do corpo humano, quer do ponto de vista anatômico, quer do ponto de vista fisiológico ou mental (Fávero, 1975).

Representa a grande maioria dos ferimentos faciais (Almeida Jr. & Costa, 1978).

Os danos corporais são considerados de natureza leve por exclusão, isto é, quando não trazem por consequência os agravamentos previstos nos parágrafos 1º e 2º do art. 129 do Código Penal.

Considera-se que as alterações aqui enquadradas têm menor repercussão orgânica, além de possuírem, de modo geral, uma capacidade de recuperação ou adaptação mais rápida.

Normalmente incluem-se como exemplos de danos rapidamente recuperáveis naturalmente as escoriações, os hematomas, as equimoses e os edemas, entre outros, ou seja, ferimentos em tecidos moles – mucosa, gengiva e lábio (Fávero, 1975) (Figuras 13.1 a 13.3).

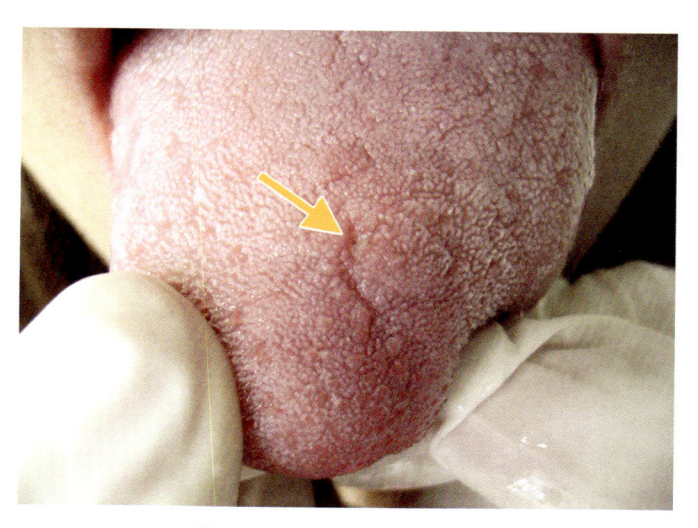

Figura 13.3 ▶ Lesão na língua

Entre as lesões dentárias podem ser citadas desde ligeiras luxações dentárias até fraturas dentárias de pequena extensão, com pequenas perdas de substância em esmalte e dentina, tanto em dentes permanentes como em decíduos. Cabe recordar que, no caso da perda de substância dentária, ocorre uma lenta adaptação ou reparação por materiais dentários compatíveis com a extensão da lesão. Essa é uma das características que tornam os dentes estruturas tão peculiares e que merecem avaliação especializada.

Todos os tipos de lesões traumáticas, tanto em mucosa como dentárias, devem ser verificados e descritos com exatidão máxima pelo perito quanto a seu aspecto, localização, extensão e alterações anatomopatológicas, pois apenas o tamanho externo não constitui um critério seguro para classificá-las (Figura 13.4).

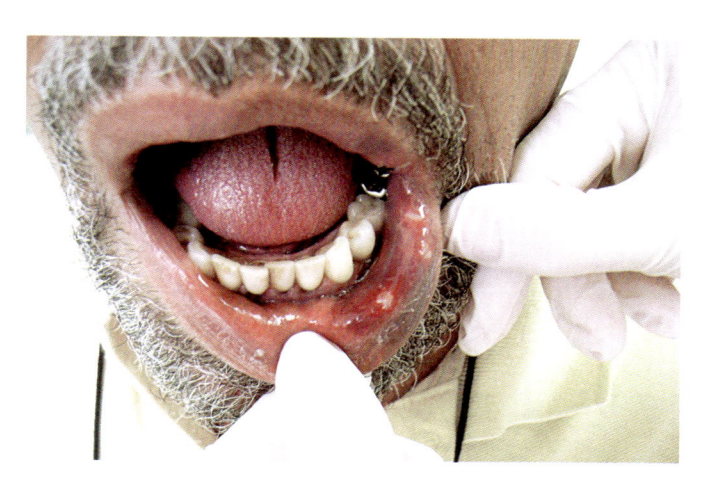

Figura 13.1 ▶ Lesão na mucosa labial

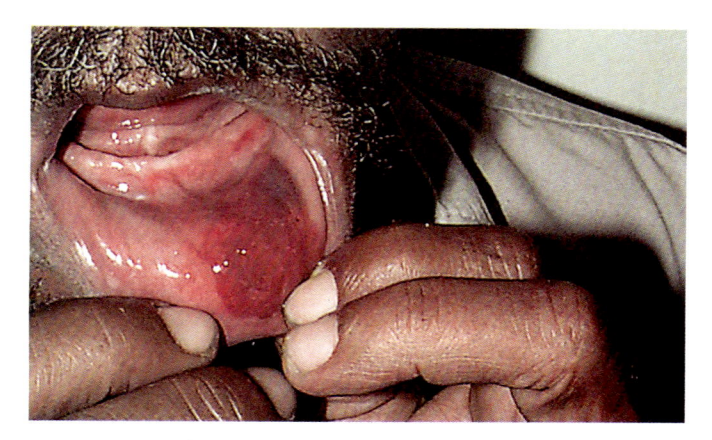

Figura 13.2 ▶ Lesão na mucosa labial

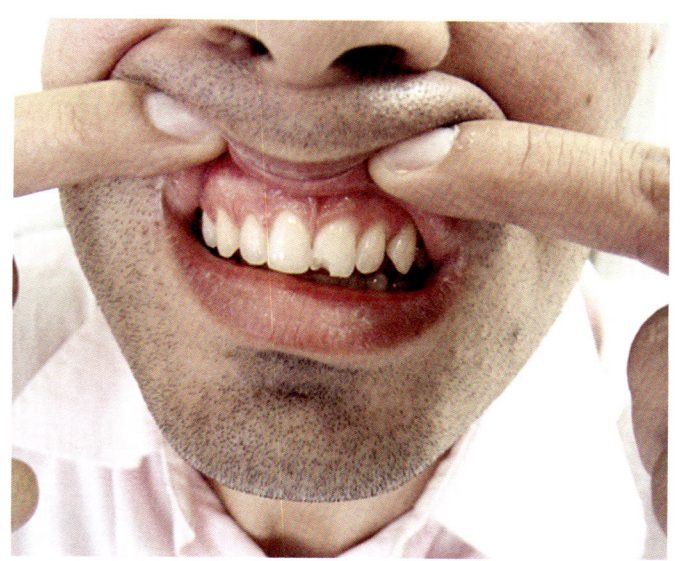

Figura 13.4 ▶ Fratura dental

▸ LESÃO CORPORAL DE NATUREZA GRAVE

Alinhadas no § 1º do artigo, são assim consideradas se resultarem em:

Art. 129, § 1º, I – Incapacidade para as Ocupações Habituais por mais de 30 dias

O CPB (Brasil, 1993) pretende assegurar a capacidade plena do indivíduo para o exercício de atividades que caracterizem seu *modus vivendi*.

De acordo com Hungria (1958), o CPP, art. 168, diz não se tratar apenas de incapacidade para o trabalho (natureza lucrativa). O inciso primeiro do § 1º do art. 129 não deixa dúvida (ocupações habituais). Refere-se, portanto, às atividades costumeiras da vítima e alcançam as ocupações de crianças, adolescentes, adultos, pessoas idosas, aposentados e donas de casa, sendo certo que o trabalho está incluído entre as ocupações. Não há, portanto, limite de idade para que um indivíduo seja considerado vítima desse tipo de agravo.

Alguns autores consideram que o período de incapacidade não deve ser confundido com a cura completa da lesão. Esta pode não estar completamente cicatrizada e, no entanto, permitir que o indivíduo realize suas ocupações habituais, sem prejuízo da cura definitiva (Bruno, 1979; Fragoso, 1983; Hungria, 1979).

Em contrapartida, há autores que entendem que a incapacidade só cessa quando o indivíduo está completamente restabelecido, com plenas condições de retornar às suas ocupações habituais e não a uma ou outra delas (Almeida Jr., 1962; Fávero, 1942; Fraga, 1959).

A incapacidade, segundo Bruno (1975), deve ser verdadeira e não decorrente da vergonha ou do acanhamento do ofendido de se apresentar em público ou no local de trabalho com as marcas da lesão que sofreu. É necessário, porém, analisar se, em casos assim, o comportamento da vítima é justificado, para não impor a ela um constrangimento intolerável.

Assim, no que se refere ao campo da Odontologia, discute-se a duração da incapacidade relacionada com o tempo que o organismo precisa para se recuperar do dano, como nos casos das lesões de tecidos moles e das lesões ósseas, e discutem-se, ainda, os casos peculiares dos danos aos elementos dentários, tendo em vista que estes não se recuperam sem que haja intervenção cirúrgico-restauradora.

Nos casos de fraturas ósseas maxilares e mandibulares, é consenso entre os autores a necessidade de, em média, 45 dias para sua consolidação óssea mínima (Figura 13.5).

Silva *et al.* (1996) destacaram que, em relação às lesões que atingem os elementos dentários, o período de incapacidade deve compreender as diferentes necessidades terapêuticas exigidas por cada caso visando ao retorno à "normalidade funcional". Assim, devem estar incluídos nesse período tratamentos endodônticos, confecção de próteses (provisórias e fixas) e outros procedimentos que se mostrem necessários.

É necessário que se faça o exame complementar após 30 dias para que o dano e sua extensão sejam comprovados e o perito relate em seu laudo, na discussão, as prováveis consequências terapêuticas decorrentes da lesão que perdurarão por toda a vida do indivíduo.

Art. 129, § 1º, II – Perigo de Vida

Trata-se da possibilidade real e iminente de morte que, segundo Croce & Croce Jr., pode apresentar-se em

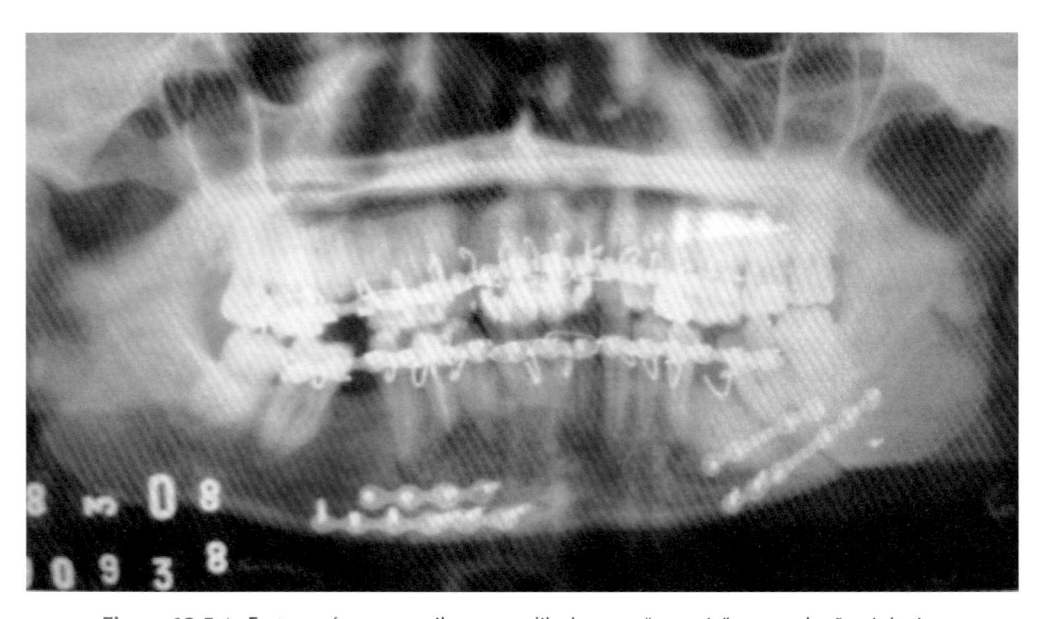

Figura 13.5 ▸ Fraturas ósseas maxilar e mandibular com "amarria" para redução cirúrgica

qualquer momento da lesão ou depois de horas ou dias, em qualquer fase da evolução clínica, antes dos 30 dias.

Integra essa figura jurídica o perigo de vida por asfixia consequente a fraturas maxilomandibulares com recuo do segmento, obliterando a passagem de ar em indivíduo desacordado; por hipovolemia nas secções de vasos calibrosos ou de múltiplos vasos do complexo bucofacial; por graves infecções que evoluem para angina de Ludwig, meningites e mediastinites.

Art. 129, § 1º, III – Debilidade Permanente de Membro, Sentido ou Função

Debilidade é o enfraquecimento ou a redução da capacidade funcional. É o estado consecutivo a uma lesão traumática que duradouramente limita o uso, a energia e a plenitude de uma função, sem comprometer o bem-estar geral do organismo (Hungria, 1958).

Exige-se que a debilidade seja duradoura, o que não significa ser perpétua ou irremovível, não se podendo determinar previamente sua duração, nem mesmo por aproximação (Bruno, 1975; Fragoso, 1988).

Quando a vítima, em razão de uma agressão, passa a ter uma deficiência funcional, o que interessa é verificar exatamente o prejuízo que sofreu, comparando-a a si própria anteriormente à lesão e não à média dos indivíduos, àquilo que se presume "normal" (Almeida Jr., 1962; Arbenz, 1988; Fraga, 1959; Salles Júnior, 1998, citado por Serafim, 2001).

Entende-se que *membro* é cada um dos quatro apêndices articulados ao tronco – braços e pernas – que servem para os movimentos, para locomoção, para apreensão ou mobilização dos objetos, como seus segmentos, braços, antebraço, mão, e coxa, perna e pé. Já *sentido* é qualquer das faculdades por meio das quais nós percebemos o mundo exterior e as manifestações da vida de relação. São cinco: visão, audição, tato, olfato e paladar. *Função*, por sua vez, é a atividade particular de cada órgão, aparelho ou sistema. Sete são as principais funções: digestiva, respiratória, circulatória, secretora, reprodutora, sensitiva e locomotora (Bruno, 1976).

Para autores como Fávero (1975) e Silva (1999), a queda de alguns dentes, especialmente dos posteriores (pré-molares e molares), enfraquece a função mastigatória. Na avaliação do prejuízo mastigatório deve ser considerado o conceito de superfície mastigatória, que engloba os elementos dentários ausentes e seus antagonistas.

Quanto à perda de um só dente, se constitui debilidade permanente, segundo Jesus (1980), depende da solução do caso. Assim, cabe ao juiz verificar, diante do fato real, se causou debilidade da função mastigatória na vítima.

A perda de um dente pode ser entendida como debilidade permanente somente se for comprovado que ocasionou debilidade do órgão mastigatório.

O simples relato da perda de dentes não basta, por si só, para o reconhecimento de enfraquecimento perma-nente da função da mastigação. Cabe aos peritos apurar e demonstrar pericialmente, de maneira inconteste, a debilidade da função mastigatória em virtude da perda de dentes para que se caracterize a gravidade da lesão.

Um dano que debilita a mastigação repercute direta e proporcionalmente na função digestiva, pois é a fragmentação gerada pela mastigação que expõe uma maior área do alimento à ação das enzimas e ácidos, deixando os nutrientes em condições de serem absorvidos e aproveitados pelo corpo. A quantificação da debilidade mastigatória é calculada ao compararmos o atual estado do periciado com o que ele dispunha antes do dano: se a perda de um molar reduz significativamente sua capacidade mastigatória, por reduzir a área de trituração dos alimentos, não se discute se seu estado atual é suficiente para a realização da função, pois o indivíduo deve ser comparado com ele próprio no estado em que se encontrava anteriormente ao dano.

"Discreta limitação dos movimentos da mandíbula e da língua, acarretando pequena dificuldade à pronúncia de palavras" não pode ser considerado um dano juridicamente considerável, uma vez que não produz considerável diminuição da capacidade funcional do órgão, como reflexos sobre a atividade fisiopsíquica do paciente" (RT, 406:243). Outrossim, quando o dano for consideravelmente maior, a dificuldade para a pronúncia de palavras, conforme a intensidade, pode constituir debilidade permanente ou perda ou inutilização de função (Croce & Croce Jr., 1998).

É necessário que a perícia venha distinguir com sutileza o valor de cada peça, levando em conta suas funções mastigatória, estética e fonética, de acordo com o interesse de cada exame. Por outro lado, observa-se na prática que os peritos, quando respondem aos quesitos relativos à debilidade e à perda de função, levam em conta apenas os índices mastigatórios relativos às peças dentárias lesadas, omitindo os coeficientes estéticos e fonéticos da vítima.

Vale ressaltar que os prejuízos produzidos por agressão em próteses ou em dentes destas correspondem a um dano à coisa material, interessando tão-somente às questões de direito patrimonial.

Outro fato relevante exige uma avaliação criteriosa pelo perito: um traumatismo sobre uma das peças da dentição temporária, que se completa em torno dos 2 anos e meio de idade, pode acarretar fechamento dos espaços entre os dentes vizinhos e os antagonistas ou graves repercussões sobre o dente que está se formando, como hipoplasia do esmalte, malformação radicular, retardo ou ausência de erupção, oclusão defeituosa, malformação da coroa e retardo ou parada na formação da raiz, entre outros.

Para Silva (2003), tratando-se de lesões do complexo maxilomandibular, há debilidade permanente das funções mastigatória e fonética:

- **Função mastigatória:** exercida pela atuação conjunta de dentes e ossos, articulação temporomandibular, músculos, língua, saliva etc.

- **Perdas dentárias:**
  - Permanentes: incisivos (central e lateral) – corte e apreensão; caninos – laceração; pré-molares (primeiro e segundo) e molares (primeiro, segundo e terceiro) – trituração.
  - Decíduos: incisivos, caninos e molares.
  - Perdas precoces: análise do germe do permanente.
- **Fraturas dentárias extensas:** para o desempenho da mastigação são necessárias coroas dentárias íntegras (certificar-se se se tratava de fratura de tecido dentário sadio ou restauração).
- **Fraturas ósseas:** com consolidação viciosa que resulta em má oclusão.
- **Desordens temporomandibulares:** que resultaram na limitação de movimentos (lesão muscular, articular, ligamentar etc.).
- **Função fonética:** perdas e fraturas (extensas) dentárias anteriores.

Art. 129, § 1º, IV – Aceleração de Parto

Aceleração de parto consiste na expulsão precoce do produto da concepção, mas em tal estado de maturidade que possa continuar a viver fora do útero materno (Hungria, 1958).

Quando nasce uma criança viva, madura ou prematura, mas perfeitamente viável, trata-se de aceleração do parto (Alcântara, 1982).

É sabido que agressões de natureza física ou moral a gestantes podem levar à aceleração do parto. Uma agressão desferida sobre a face pode deixar uma fratura dentária como único vestígio. Estes são os casos nos quais o cirurgião-dentista oferece os subsídios necessários ao enquadramento nessa figura jurídica, ao elucidar se determinada perda de substância é compatível com o trauma alegado e se as características da fratura fazem nexo temporal com a data do evento.

▶ LESÃO CORPORAL DE NATUREZA GRAVÍSSIMA

Art. 129, § 2º, I – Incapacidade Permanente para o Trabalho

Não se trata mais da atividade corporal comum (ocupação habitual) do § 1º do art. 129 (lesão grave), mas tão-somente do trabalho, atividade lucrativa (Hungria, 1958).

Essa incapacidade deve ser permanente. Permanência não significa perpetuidade. Incapacidade permanente é a duradoura, longa e dilatada. Sempre que não se possa fixar o limite temporal da incapacidade, esta deve ser considerada permanente (Jesus, 1980).

Não se deve esquecer que algumas atividades braçais requerem o consumo de até 7.000 calorias/dia, situação em que debilidades mastigatórias com a consequen-te hipoalimentação da vítima poderão dificultar ou, até mesmo, tornar-se impeditivas da continuidade do trabalho particular daquele indivíduo (Cardozo, 1997).

Cabe ao perito informar se há incapacidade para o trabalho e se esta incapacidade permanente se refere ao trabalho em geral ou ao trabalho específico do indivíduo lesado (Carvalho et al.,1963).

Art. 129, § 2º, II – Enfermidade Incurável

O vocábulo enfermidade é empregado como sinônimo de doença, termo genérico para designar qualquer desvio do estado de higidez (Arbenz, 1988).

A incurabilidade da enfermidade pode ser absoluta ou relativa, bastando esta para configurar a qualificadora. Considera-se que o ofendido não está obrigado a sujeitar-se a intervenções cirúrgicas de risco ou a tratamentos de resultados duvidosos (Jesus, 1980).

Exemplos que se incluem nesse inciso, segundo Cardozo (1997), são os graves distúrbios da articulação temporomandibular, perdas dentárias que resultem em dificuldades digestivas e no estado geral do paciente, perdas de osso alveolar com graves consequências sobre a função mastigatória etc. Cardozo exemplificou também os profissionais que dependem da estética harmoniosa e da comunicação verbal para o exercício de seu trabalho, como é o caso de locutores, professores, advogados etc. Os distúrbios fonatórios poderão prejudicar significativamente suas atividades.

Art. 129, § 2º, III – Perda ou Inutilização de Membro, Sentido ou Função

A perda resulta da ablação do membro ou órgão (correspondente ao sentido ou função). Pode ocorrer por mutilação (no momento físico da ação criminosa) ou por amputação (em ulterior intervenção cirúrgica, como condição necessária à preservação da vida do ofendido). No caso de inutilização, o membro ou órgão não é destacado do corpo, mas fica inapto para sua função, como, por exemplo, por anquilose ou paralisia (Hungria, 1958).

Nem sempre a perda de um órgão implica a perda de uma função; um dente é um órgão, uma unha é um órgão (sentido anatômico), mas não será por isso que a perda de um dente ou de uma unha fará perder ou inutilizar a função a que estão adstritas – a da mastigação, e a da preensão (Carvalho et al., 1963).

A perda dos dentes caracteriza a perda da função mastigatória. O uso de prótese pode desempenhar o papel funcional e estético, mas não descaracteriza a lesão (Alcântara, 1982). A perda de todos ou quase todos os dentes preenche os quesitos necessários para enquadramento desse inciso.

Se a debilidade compromete 70% a 80% do conjunto, já se diz perdida ou inutilizada sua função. Não necessita ser absoluta (p. ex., perda da mastigação – perda de grande parte dos dentes). A perda de um dos órgãos duplos com comprometimento do outro, ou de ambos os órgãos ou das funções, será lesão gravíssima. Será, também, lesão gravíssima a perda de um dos órgãos duplos remanescentes que respondia, de modo vicariante, pela função normal dos dois (Croce & Croce Jr., 1998).

Art. 129, § 2º, IV – Deformidade Permanente

Segundo Souza Lima (1938), a deformidade representava um elemento ou condição mínima de gravidade na classificação traumatológica penal, estabelecida pelo Código de 1830. O Código de 1890, porém, incluiu a deformidade entre as lesões corporais de máxima gravidade, ao lado de privação permanente do uso de um membro ou órgão ou qualquer enfermidade incurável que prive para sempre o ofendido de exercer seu trabalho (art. 304). A figura jurídica daquela espécie delituosa mudou profundamente, e basta essa consideração para justificar a doutrina diversa que deve ser agora adotada relativamente ao critério médico-legal da deformidade, reservando-a para as alterações mais notáveis e acentuadas de conformação geral do corpo e, particularmente, da fisionomia do ofendido. Com relação a esta última, ela deve aplicar-se, como opinam alguns autores, à lesão pessoal que enfeia ostensivamente o rosto humano de modo permanente e irreparável (p. ex., as cicatrizes viciosas, irregulares, consecutivas a feridas contusas, a feridas dilaceradas ou por arrancamento, ou a queimaduras, seja pelo fogo, seja por cáusticos químicos). Hoffmann fala em desfiguração, deve ser frisante para ser considerada uma circunstância agravante. Liman a define como uma alteração incurável da forma de uma parte do corpo, produzindo uma impressão chocante e desagradável.

Hungria (1958) afirmou que não deixa de ser deformidade permanente o que permite dissimulação. Ninguém está obrigado a usar postiços ou disfarces para favorecer a sorte de seu ofensor. Um exemplo é a utilização de próteses.

A deformidade é um dano à forma habitual, é um dano estético, que interessa principalmente à figura humana em sua expressão mais característica – rosto – mas que se refere igualmente ao tronco e aos membros, quando a lesão modificou profundamente a atitude ou a forma habitual da pessoa humana. O dano estético deve ser visível de certo vulto, de sorte a causar um incômodo permanente, um vexame constante para o ofendido. No critério da reparabilidade, há que se entender o estado anterior. Indivíduos portadores de cicatrizes de outra causa, de rugas, de falhas de dentes, de encurtamento de perna, ao sofrerem novos danos na mesma sede, já encontram estes os danos anteriores, os quais se somam, nos quais se diluem com os quais se confundem. Não se pode, então, falar em deformidade nessas condições, mas isso já deve estar enquadrado na própria aparência ou visibilidade do dano.

Quanto mais a face é envolvida por perturbações estéticas, maior é a reação negativa causada em outras pessoas. Deve-se salientar que as próteses fixas e móveis, com o decorrer do tempo, têm seu valor estético diminuído e sempre representam uma agressão aos dentes remanescentes. Os defeitos e a dificuldade da pronúncia (linguagem, fonética) em razão das perdas dentárias podem determinar prejuízo estético concomitantemente ao déficit mastigatório (Penna, 1996).

A vítima não está obrigada a submeter-se a intervenção cirúrgica a fim de afastar o mau da deformidade. Mas se o fizer, desaparecerá a qualificadora, desde que destruídos os efeitos da deformidade. O uso de olho de vidro ou aparelho ortopédico não faz desaparecer a qualificadora (Jesus, 1980).

As lesões dos dentes, como consequência de sua perda total ou parcial, devem ser interpretadas como "deformidades permanentes" em certos casos e como "debilidades permanentes de função" e "perda ou inutilização de função" em outros. Justifica-se, pois, a apresentação dos valores estéticos, mastigatórios e fonéticos dos dentes. Continua presente a figura da deformidade se a reparação exigir o uso de aparelhos protéticos (Arbenz, 1988).

Fraturas faciais comumente causam defeitos estéticos em consequência das perdas ósseas com encovamento do tecido cutâneo, consolidação viciosa da fratura, resultando em assimetria, anquilose de articulação temporomandibular, reduzindo ou anulando a mobilidade normal da mandíbula, de maneira a dificultar a fonação e, em alguns casos, emprestando ao rosto expressão de estupor ou assombro. Também se incluem as lesões de troncos nervosos, onde se podem observar quadros de paralisia facial (Cardozo, 1997).

Para a função estética são válidos todos aqueles atributos exteriores que contribuem para caracterizar a personalidade do indivíduo, atributos esses de ordem morfológica e funcional de relevância na vida de relação, capazes de definir esteticamente um indivíduo e de valorizá-lo na vida social. A qualidade estética é um conjunto de relevância individual no âmbito da eficiência social (Subileau, 1997).

Deve-se conceituar a deformidade como toda alteração estética grave capaz de reduzir, mais ou menos acentuadamente, a estética individual. Trata-se da perda do aspecto habitual, para a qual não existe reparação. Por outro lado, uma prótese, ainda que perfeita, que esconde a deformidade, qual uma dentadura postiça, perpetua uma deformação. O agravamento existe. Está camuflado. "O fato de ter a vítima implantado uma ponte no lugar dos dentes perdidos na agressão que sofreu é irrelevante para fins de tipificação penal da infração". Recomendam-se como características agravantes da deformidade: localização, extensão, cor, profundidade, mutilação, retração e afundamento. Não importa a parte do corpo em que esteja localizada a deformidade, basta que ela possa eventualmente ser vista (França, 2001).

É necessário, às vezes, levar em conta circunstâncias locais (extensão) e pessoais – idade, sexo, cor, tipo de atividade (Almeida Jr. & Costa, 1978).

Art. 129, §2º, V – Aborto

Para Arbenz (1988), aborto é a interrupção da gravidez antes do termo, com morte do produto da concepção. Não importa o fato de o agente conhecer ou desconhecer a gravidez da vítima. O agente não deve ter sua vontade orientada no sentido de provocar a interrupção da gravidez com a morte do feto. Deve atuar querendo apenas a lesão. A doutrina destaca que, para a lesão em estudo, é indispensável que o agente tenha conhecimento da gravidez da ofendida (Salles Jr., 1998).

Se o feto, apesar da lesão pessoal sofrida pela mãe, viver fora do útero, ocorre a aceleração do parto. Há que se distinguir entre as hipóteses de lesão pessoal que resulta em aborto e a do aborto na forma qualificada, pois, na primeira, a lesão é querida e o aborto não; na segunda, o aborto é o resultado visado, enquanto a lesão não é querida nem mesmo eventualmente (Penna, 1996).

Vale ressaltar, como diz Bruno (1975), que, independentemente do enquadramento (leve, grave, gravíssima, seguida de morte), as lesões corporais são sempre objeto de punição. Não se altera, portanto, o tipo fundamental, sendo acrescentados elementos de maior punibilidade em função dos resultados que ocasiona. Assim, a classificação quanto à gravidade da lesão existe para impor maior proteção a determinados aspectos da integridade humana, uma vez que a sanção àquele que ofende vai se exacerbando à medida que aumenta a importância do dano produzido.

▶ REFERÊNCIAS

Alcântara HR. Perícia médica judicial. Rio de Janeiro: Guanabara Koogan, 1982.

Almeida Jr. A, Costa Jr. JBO. Lições de Medicina Legal. 15. ed. São Paulo: Nacional, 1978.

Arbenz GO. Compêndio de Medicina Legal. São Paulo: Atheneu, 1983.

Arbenz GO. Medicina Legal e Antropologia Forense. São Paulo: Atheneu, 1988.

Bertrand J CH. Traumatisme de la mandibule. J Med Leg Droit Med 1981; 24.

Bruno A. Crimes contra a pessoa. 4. ed. Rio de Janeiro, 1976.

Cardozo HF. Avaliação do dano nas sequelas faciais traumáticas em vítimas de acidentes de trânsito. [Tese de Doutorado]. São Paulo: Faculdade de Odontologia da USP, 1993.

Cardozo HF, Penna JB. Avaliação das lesões dentárias em âmbito penal. Parte I. In: Tribuna do advogado, São Paulo: p. 10 agosto, 1994 a.

Cardozo HF, Penna JB. Avaliação das lesões dentárias em âmbito penal. Parte II. In: Tribuna do advogado, São Paulo: p. 6 setembro, 1994 b.

Cardozo HF. Avaliação das perdas dentárias em âmbito penal e civil. In: Reunião de pesquisa na FOUSP, 2. anais. São Paulo. FOUSP, 1994; c:33.

Cardozo HF. Avaliação médico-legal das lesões do complexo maxilo-mandibular. In: Silva M. Compêndio de Odontologia Legal. Rio de Janeiro: Medsi, 1997.

Carvalho HV, Segre M. Compêndio de Medicina Legal. São Paulo. Saraiva, 1978.

Carvalho HV, Segre M, Meira AR, Almeida M, Salaru NNR, Muñoz DR, Cohen C. Compêndio de Medicina Legal. São Paulo: Saraiva, 1987.

Carvalho HV, Bruno AML, Segre M. Lições de Medicina Legal. São Paulo: Graf. Secretaria da Segurança Pública, 1963.

Croce D, Croce Jr. D. Manual de Medicina Legal. 4. ed. São Paulo: Saraiva, 1998.

Delmanto C. Código Penal comentado. 3. ed. São Paulo: Renovar, 1991. Capítulo II – Das Lesões corporais.

De Michelis B. Minerva Stomatol 1958; 4.

Fávero F. Medicina Legal. 10. ed. São Paulo, Martins; Belo Horizonte, Itatiaia, 1975.

França GV. Medicina Legal. 6. ed. Rio de Janeiro: Guanabara Koogan, 2001.

Hungria N. Comentários ao Código Penal. Rio de Janeiro: Forense, 1958.

Introna, F. Minerva Stomatol, 1964; 13.

Jesus DE. Direito Penal. 2. ed. São Paulo: Saraiva, 1980; 2.

Maranhão OR. Curso básico de Medicina Legal. 2. ed. São Paulo: Revista dos Tribunais, 1980.

Penna JB. Estudo comparativo dos critérios clínicos e médico-legais para a caracterização das lesões corporais [Tese]. São Paulo: Faculdade de Medicina da USP, 1994.

Penna JB. Lesões corporais: caracterização clínica e médico-legal. São Paulo: Direito, 1996.

Lima AJ de Souza. Tratado de Medicina Legal. 1938.

Salles Jr. RA. Lesões corporais: doutrina, comentários, jurisprudência e prática. 4. ed. Oliveira Mendes, 1998.

Silva C. Análise de acórdãos emitidos pelos tribunais sobre lesões do complexo maxilomandibular [dissertação], 2001.

Silva M. Considerações sobre enquadramento das lesões dentárias no artigo 129 do Código Penal Brasileiro. In: Tochetto D. coordenador. Identificação humana. Porto Alegre: Sagra Luzzatto, 1999.

Silva M, Cardozo HF, Penna JB. Lesões dentárias: avaliação em âmbito penal. Saúde, Ética & Justiça, 1996.

Silva M, Cardozo HF, Ramos DLP. Lesões da face e dos dentes frente ao artigo 129 do Código Penal Brasileiro. CRO Agora, 1991.

Subileau CL, Le Clech G, Ditivial JL. Les fractures de la face/l'evaluation du dommage corporel em traumatologie faciale. J Fr Otorhinolaryngol 1977; 26.

CAPÍTULO 14

Sexologia Forense

Maria Flávia Brandão • Waterson Rocha Gomes Brandão

▶ INTRODUÇÃO

A Sexologia Forense é uma disciplina que estuda as questões do comportamento sexual ou relacionadas com o sexo, em que se mesclam conhecimentos médicos anatômicos, funcionais, psicológicos, comportamentais e culturais, no que tange às implicações jurídicas. São temas complexos pela repercussão que encerram no âmbito de ordem pública e de interesse coletivo.

▶ IMPORTÂNCIA

Há um aumento, neste século, dos delitos sexuais e da violência de gênero, levando a maior risco para diversos agravos à saúde física e mental, além de trauma físico direto.

No Brasil, uma mulher é assassinada a cada 2 horas, na maioria das vezes por parentes, segundo o Mapa da Violência 2010, estudo feito pelo Instituto Sangari com base nos dados do Sistema Único de Saúde. A maioria é vítima de ex-namorados, maridos ou companheiros. O espaço público é perigoso para os homens, que representam 90% das pessoas assassinadas nas ruas. O espaço doméstico é perigoso para a mulher. Ela é atacada em casa, onde é vítima do marido, do pai, do irmão ou do padrasto. São os homens de seu convívio que batem, espancam, estupram e matam.

O Primeiro Relatório Mundial sobre Violência e Saúde, de 15 de outubro de 2002, elaborado pela Organização Mundial da Saúde, aponta que meninas apresentam maior risco para infanticídio, abuso sexual, negligências física e nutricional, assim como para prostituição forçada, do que os meninos, os quais apresentam risco maior de sofrerem castigos físicos mais graves.

O objetivo dos temas tratados é levar aos profissionais das áreas da Saúde e do Direito, e a todos os profissionais envolvidos, conhecimentos mais atualizados sobre Sexologia Forense.

Ela nos fornece elementos para elucidação das anomalias e crimes sexuais e como julgar seus autores e proteger suas vítimas.

Ao enfocarmos questões complexas como a violência sexual e/ou doméstica, estamos ampliando a percepção de nossos profissionais para uma mudança histórica de pensamento, ou paradigma, além da criação de condições objetivas para a incorporação dessa nova forma de agir, no sentido de garantir escuta e atenção qualificada para pessoas em situação de violência.

A Sexologia Forense se divide em três ramos:

- **Himeneologia:** estuda o casamento, o divórcio, a eugenia, a esterilização dos tarados etc. Não confundir com himenologia, que é o estudo do hímen.
- **Obstetrícia Forense:** estuda a fecundação e o parto, a gravidez simulada, dissimulada e ignorada, o estado mental das puérperas, o aborto, a anticoncepção, a determinação e a exclusão da paternidade.
- **Erotologia:** estuda os estados intersexuais, as perversões, os crimes sexuais e a prostituição.

► HIMENEOLOGIA

O estudo médico-legal do casamento se inicia por sua base jurídica. Não há acordo entre os juristas quanto ao fato de ser o casamento um contrato ou uma instituição. Alguns juristas consideram o casamento um ato complexo no qual a formação tem características contratuais (livre escolha e adesão) e o conteúdo, forma institucional (conjunto de regras impostas pelo poder público).

À Medicina Legal interessam as condições de natureza médica que podem impedir a realização do casamento ou que possam levar a sua dissolução, anulação ou nulidade.

Capacidade Matrimonial

Pessoas com 16 anos de idade podem casar, desde que tenham autorização de ambos os pais, ou de seus representantes legais, enquanto não atingida à maioridade civil (18 anos). Divergindo os pais quanto ao exercício do poder familiar, é assegurado a qualquer um deles recorrer ao juiz para solução do desacordo. Excepcionalmente, será permitido o casamento de quem ainda não alcançou a idade núbil (art. 1.517), para evitar a imposição ou cumprimento de pena criminal ou em caso de gravidez (art. 1.551). Não se anulará, por motivo de idade, o casamento de que resultou gravidez (art. 1.551).

Impedimentos Matrimoniais (Absolutos)

Por impedimento matrimonial, Clóvis Beviláquia entende "a ausência dos requisitos essenciais que a lei exige na pessoa para que se possa casar". É a incapacidade nupcial estabelecida pelo Direito.

Art. 1.521. Não podem casar:
I – Os ascendentes com os descendentes, seja o parentesco natural ou civil;
II – Os afins em linha reta;
III – O adotante com quem foi cônjuge do adotado e o adotado com quem o foi do adotante;
IV – Os irmãos, unilaterais ou bilaterais, e demais colaterais, até o terceiro grau;
V – O adotado com o filho do adotante;
VI – As pessoas casadas;
VII – O cônjuge sobrevivente com o condenado por homicídio ou tentativa de homicídio contra o seu consoante.

Parentesco

Estão impedidas de se casar as pessoas que descendem umas das outras, como pais e filhos, avós e netos. O casamento cria um vínculo de parentesco chamado afinidade entre os parentes dos dois cônjuges, conforme estabelece o artigo 1.595 do novo código:

Art. 1.595. Cada cônjuge ou companheiro é aliado aos parentes do outro pelo vínculo da afinidade.
§ 1º. O parentesco por afinidade limita-se aos ascendentes, aos descendentes e aos irmãos do cônjuge ou companheiro.

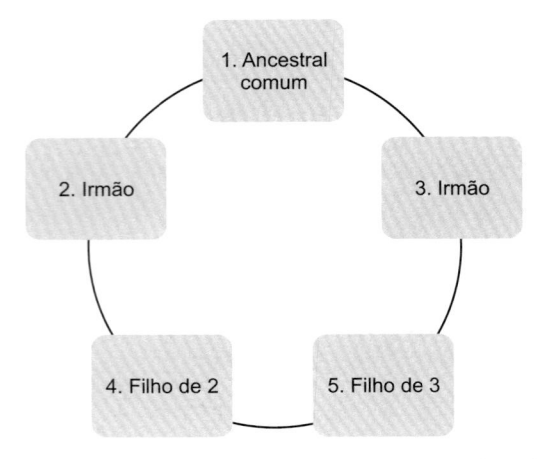

Figura 14.1 ► Esquema dos graus de parentesco – 2 é tio de 5 e é seu parente em terceiro grau porque se conta um grau de 2 para 1 e dois graus de 1 para 5; 4 e 5 são parentes em quarto grau porque se contam duas gerações de 4 até 1 e mais duas de 1 até 5 (Fonte: Hércules, 2005.)

§ 2º. Na linha reta, a afinidade não se extingue com a dissolução do casamento ou da união estável.
Pela linha colateral, estão impedidos de se casar os parentes até o terceiro grau, ou seja, irmãos entre si e tios com sobrinhos.

No que diz respeito aos tios e sobrinhos, a proibição já existia no código de 1916. Mas, em 1941, o Decreto 3.200 modificou a extensão do impedimento. Passou a permitir tal união desde que, durante o processo de habilitação, dois médicos, em exame pré-nupcial, atestassem a sanidade física e mental de ambos e a não existência de defeitos hereditários capazes de gerar patologias graves na descendência. Sem o laudo médico, o casamento não tem validade jurídica.

A legislação brasileira adota a monogamia e proíbe que qualquer pessoa tenha mais de um cônjuge. A bigamia é considerada crime em nossa sociedade, previsto no artigo 235 do Código Penal. Para que alguém se case de novo, é preciso que tenha se tornado viúvo, divorciado, ou que o primeiro casamento tenha sido nulo ou anulado.

Causas Suspensivas

Estão listadas no artigo 1.523 do novo Código Civil.

Art. 1.523. Não devem casar:
I – O viúvo ou a viúva que tiver filho do cônjuge falecido, enquanto não fizer inventário dos bens do casal e der partilha aos herdeiros;
II – A viúva ou a mulher cujo casamento se desfez por ser nulo ou ter sido anulado, até dez meses depois do começo da viuvez, ou da dissolução da sociedade conjugal;
III – O divorciado, enquanto não houver sido homologada ou decidida a partilha dos bens do casal;
IV – O tutor ou o curador e os seus descendentes, ascendentes, irmãos, cunhados ou sobrinhos, com a pessoa tutelada ou curatelada, enquanto não cessar a tutela ou curatela e não estiverem saldadas as respectivas contas.

Parágrafo único. *É permitido aos nubentes solicitar ao juiz que não lhes sejam aplicadas as causas suspensivas previstas nos incisos I, III, IV deste artigo, provando-se a inexistência de prejuízo, respectivamente, para o herdeiro, para o ex-cônjuge e para a pessoa tutelada ou curatelada; no caso do inciso II, a nubente deverá provar nascimento de filho, ou inexistência de gravidez, na fluência do prazo.*

O inciso que interessa à Medicina Legal é o II, no qual há a necessidade de intervenção do perito médico para informar o juízo sobre a existência, ou não, da gravidez ou do parto.

Causas de Anulação do Casamento

São situações em que o casamento realizado é válido, mas padece de defeito capaz de prejudicar um dos cônjuges. O prejudicado tem o direito de requerer, dentro dos prazos estabelecidos pela lei, a sua anulação.

Art. 1.550. *É anulável o casamento:*
I – De quem não completou a idade mínima para casar;
II – Do menor em idade núbil, quando não autorizado por seu representante legal;
III – Por vício da vontade, nos termos dos arts. 1.556 a 1.558 do Código Civil, se houve por parte de um dos nubentes, ao consentir, erro essencial quanto à pessoa do outro; se houve erro essencial sobre a pessoa do outro cônjuge a) aquilo que diga respeito à sua identidade, sua honra e boa fama, sendo esse erro tal que o seu conhecimento ulterior torne insuportável a vida em comum ao cônjuge enganado; b) à ignorância de crime, anterior ao casamento, que, por sua natureza, torne insuportável a vida conjugal; c) à ignorância, anterior ao casamento, de defeito físico irremediável, ou de moléstia grave e transmissível, pelo contágio ou herança, capaz de pôr em risco a saúde do outro cônjuge ou de sua descendência; d) à ignorância, anterior ao casamento, de doença mental grave que, por sua natureza, torne insuportável a vida em comum ao cônjuge enganado. É anulado o casamento em virtude de coação, quando o consentimento de um ou de ambos os cônjuges houver sido captado mediante fundado temor de mal considerável e iminente para a vida, a saúde e a honra, sua ou de seus familiares;
IV – Do incapaz de consentir ou manifestar, de modo inequívoco, o consentimento (os surdos-mudos que não foram educados em instituições especializadas, incapazes de comunicar aos outros seus desejos, não devem se casar);
V – Realizado pelo mandatário, sem que ele ou o outro contraente soubesse da revogação do mandato, e não sobrevindo coabitação entre os cônjuges;
VI – Por incompetência da autoridade celebrante.

Por defeito físico irremediável entende-se:
1) Impotência sexual (incapacidade masculina para o coito) e acopulia (impossibilidade de cópula na mulher);
2) Anomalias sexuais;
3) Deformidades genitais;
4) Sexo dúbio.

Não é qualquer defeito físico que autoriza a anulação do casamento. Deve ser irremediável e impedir os fins do casamento.

Para que a impotência constitua erro essencial, três requisitos são indispensáveis: ser irremediável; ser anterior ao casamento; ser ignorada por um dos cônjuges.

A esterilidade, de um e outro sexo, não constitui motivo para anulação do casamento.

Por moléstia grave é possível enumerar, dentro dos precisos termos da lei, as seguintes moléstias: AIDS, sífilis, tuberculose, hanseníase, epilepsia essencial, esquizofrenia processual, psicose maníaco-depressiva, debilidade mental congênita e personalidades psicopáticas.

Prazos para Anulação do Casamento

Art. 1.560 *– O prazo para ser intentada a ação de anulação de casamento, a contar da data da celebração, é de:*
I – Cento e oitenta dias, no caso do inciso IV do art. 1.550;
II – Dois anos, se incompetente a autoridade;
III – Três anos, nos casos dos incisos I a IV do art. 1.557;
IV – Quatro anos, se houver coação.
§1º. Extingue-se, em cento e oitenta dias, o direito de anular o casamento dos menores de dezesseis anos, contado o prazo para o menor do dia em que perfez essa idade; e da data do casamento, para seus representantes legais ou ascendentes.
§2º. Na hipótese do inciso V do art. 1.550, o prazo para anulação do casamento é de cento e oitenta dias, a partir da data em que o mandante tiver conhecimento da celebração.

Dissolução da Sociedade Conjugal

Com a aprovação da Emenda Constitucional 9, de 28 de junho de 1977, regulamentada pela Lei 6.515, de 26 de dezembro de 1977, foi introduzido o divórcio no Brasil. Com a promulgação da Constituição de 1988 e a entrada em vigor do novo Código Civil, houve uma consolidação dos princípios relativos ao fim do casamento. O novo Código estabelece:

Art. 1.571. *A sociedade conjugal termina:*
I – Pela morte de um dos cônjuges;
II – Pela nulidade ou anulação do casamento;
III – Pela separação judicial;
IV – Pelo divórcio.

A dissolução da sociedade conjugal não implica dissolução do vínculo matrimonial, porém esta interfere naquela. Somente a morte real dissolve o vínculo oriundo do casamento. O casamento válido só se dissolve pela morte de um dos cônjuges ou pelo divórcio, aplicando-se a presunção estabelecida no Código Civil quanto ao ausente.

A sociedade conjugal termina com a nulidade ou anulação do casamento, e, quanto a certos efeitos, equipara-se à dissolução pela morte.

Já o divórcio põe termo ao casamento e aos efeitos civis do matrimônio religioso. Ainda assim, não modificará os direitos e deveres dos pais em relação aos filhos. E o novo casamento de um dos pais, ou de ambos, não importará restrição a esses direitos e deveres.

Art. 1.573. Pode caracterizar a impossibilidade da comunhão de vida a ocorrência de algum dos seguintes motivos:
I – Adultério (Revogado pela Lei 11.106/2005);
II – Tentativa de morte;
III – Sevícia ou injúria grave;
IV – Abandono voluntário do lar conjugal, durante um ano contínuo;
V – Condenação por crime infamante;
VI – Conduta desonrosa.

A EMENDA CONSTITUCIONAL 66, DE 13 DE JULHO DE 2010

Dá nova redação ao § 6º do art. 226 da Constituição Federal, que dispõe sobre a dissolubilidade do casamento civil pelo divórcio, suprimindo o requisito de prévia separação judicial por mais de 1 (um) ano ou de comprovada separação de fato por mais de 2 (dois) anos.

As Mesas da Câmara dos Deputados e do Senado Federal, nos termos do art. 60 da Constituição Federal, promulgam a seguinte Emenda ao texto constitucional:

Art. 1º. O § 6º do art. 226 da Constituição Federal passa a vigorar com a seguinte redação:
"Art. 226. ....
§ 6º. O casamento civil pode ser dissolvido pelo divórcio." (NR)
Art. 2º. Esta Emenda Constitucional entra em vigor na data de sua publicação.

Brasília, em 13 de julho de 2010.
Este texto não substitui o publicado no DOU 14.7.2010

O Congresso Nacional promulgou, em 13 de julho de 2010, a PEC (Proposta de Emenda à Constituição) do divórcio direto, que agiliza a separação entre os casais. A partir daí, o pedido de divórcio passa a ser imediato, assim que o casal optar pelo fim do casamento.

Quem solicitar o divórcio poderá entrar com um novo pedido de casamento após registrar a sentença emitida pelo cartório ou pela Justiça na certidão de casamento.

Antes, o divórcio só podia ser solicitado depois de 1 ano da separação formal (registrada em cartório, por exemplo) ou até 2 anos de vivência em residências diferentes.

A Emenda Contitucional 66 deve beneficiar as mais de 153 mil pessoas que se divorciam por ano no Brasil, segundo dados do Instituto Brasileiro de Geografia e Estatística (IBGE) para 2008, quando o número de divórcio bateu recorde no país.

A PEC foi publicada no dia 14 de julho de 2010 no Diário do Congresso Nacional, quando passou a ter validade.

Os autores da proposta aprovada, os deputados Antonio Carlos Biscaia (PT-RJ) e Sérgio Barradas Carneiro (PT-BA), defendem a desburocratização do fim do casamento. "O divórcio já é um tema consolidado em nosso país desde a Lei do Divórcio, de 1977. Não há razão para que a Constituição faça exigências", diz Biscaia.

Segundo Barradas Carneiro, a simplificação do divórcio vai representar também economia para o casal, que terá de pagar honorários advocatícios e custas processuais apenas uma vez, e não mais duas, nos casos de separação judicial.

Esse ponto foi destacado também pelo presidente da Ordem dos Advogados do Brasil (OAB), Ophir Cavalcante, para quem a aprovação da PEC representa um avanço para o país.

Na opinião de Sérgio Barradas Carneiro, no entanto, a maior economia é a dos "custos sentimentais". Segundo ele: "A nova regra economiza, além de dinheiro, sofrimento, dor e constrangimento. O divórcio hoje é uma discussão sem fim." "Essa PEC deveria ser conhecida como PEC do Casamento. O divórcio é um remédio para que a pessoa possa se casar novamente", afirma o deputado baiano.

▶ OBSTETRÍCIA FORENSE

A Obstetrícia Forense é a parte da Obstetrícia que estuda os problemas médico-legais relacionados com a gravidez. Inclui o estudo da fecundação, da gestação, do parto, do puerpério, da exclusão da paternidade, do aborto e do infanticídio e de diversos outros problemas direta ou indiretamente vinculados à reprodução humana.

A Fecundação na Espécie Humana

A gravidez começa pelo fenômeno da fecundação. O homem possui os testículos, que fabricam o espermatozoide, e a mulher possui os ovários, no interior dos quais é produzido o elemento fecundável, chamado óvulo.

Quando um espermatozoide encontra um óvulo, ocorre a fecundação. O óvulo, após ser fecundado, passa a ser ovo, que é a célula inicial formadora do ser humano. Inicia-se, a partir desse momento, o período da gestação ou da gravidez (Figura 14.2).

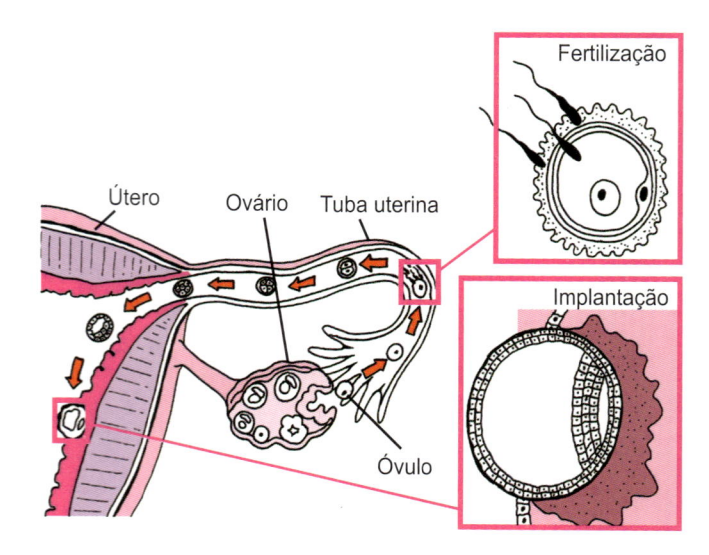

Figura 14.2 ▶ Fecundação humana

A fecundação artificial da mulher se realiza sem cópula: os espermatozoides são artificialmente levados ao interior dos órgãos genitais da mulher.

A inseminação artificial é antiga. Em 1799, Hunter, num caso de malformação genital masculina, a empregou numa mulher, que concebeu. Inclui, sob essa denominação, a inseminação artificial e a fecundação humana extracorpórea.

Inseminação Artificial

A *inseminação artificial* apresenta duas modalidades:

- **Inseminação artificial homóloga (IAM):** quando se utiliza sêmen obtido do próprio marido, sendo indicada quando ocorre um dos seguintes casos:
  - Impotência *coeundi*, por parte de qualquer um dos cônjuges;
  - Impotência *generandi*, quando existem obstáculos à passagem do sêmen ao longo das vias espermáticas ou sua deposição, quando da ejaculação, na cavidade vaginal;
  - Ejaculação precoce que não responde aos tratamentos;
  - Inviabilidade dos espermatozoides.

- **Inseminação artificial heteróloga (IAD):** quando se utiliza esperma de outro homem, o doador, que pode ser conhecido ou desconhecido, sendo indicada nos casos de impotência *generandi* do marido, por esterilidade.

Fecundação Humana Extracorpórea

Consiste na retirada do óvulo da mulher, que será fecundado fora de seu corpo, sendo o zigoto implantado, mais tarde, em seu útero.

É importante saber que cada ovo ou pré-embrião pode ter dois destinos diferentes:

1) ser colocado no organismo de uma mulher, logo a seguir, ou ser mantido *in vitro* e implantado no prazo de até 14 dias, propiciando a gestação; ou

2) ser criopreservado nas clínicas, centros ou serviços que aplicam técnicas de Reprodução Assistida (RA).

Há fatores que contraindicam a fecundação artificial: idade avançada do homem, hereditariedade patológica, infecções genitais e neoplasias; na mulher, infecções genitais agudas e subagudas, tuberculose, neoplasias e outras.

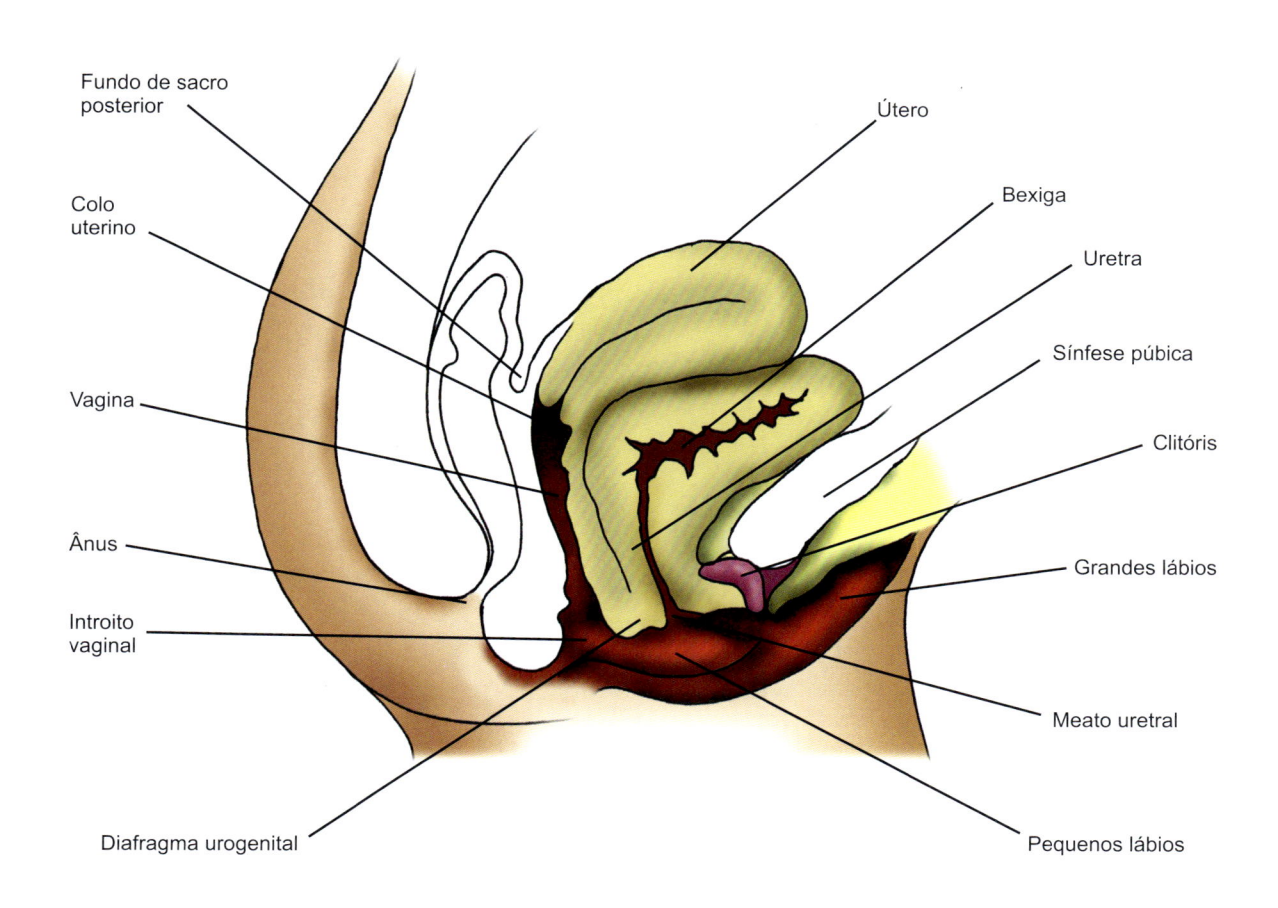

Figura 14.3 ▶ Pelve feminina

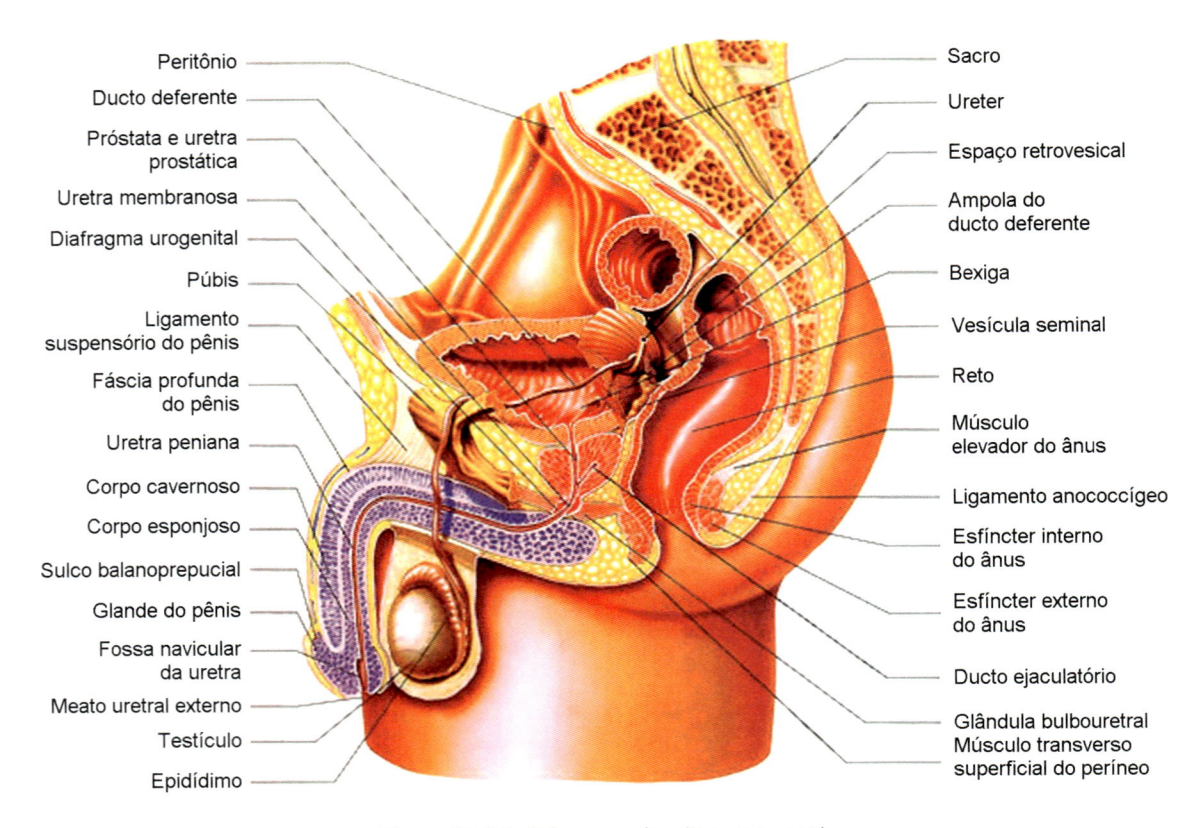

Peritônio
Ducto deferente
Próstata e uretra prostática
Uretra membranosa
Diafragma urogenital
Púbis
Ligamento suspensório do pênis
Fáscia profunda do pênis
Uretra peniana
Corpo cavernoso
Corpo esponjoso
Sulco balanoprepucial
Glande do pênis
Fossa navicular da uretra
Meato uretral externo
Testículo
Epidídimo

Sacro
Ureter
Espaço retrovesical
Ampola do ducto deferente
Bexiga
Vesícula seminal
Reto
Músculo elevador do ânus
Ligamento anococcígeo
Esfíncter interno do ânus
Esfíncter externo do ânus
Ducto ejaculatório
Glândula bulbouretral
Músculo transverso superficial do períneo

Figura 14.4 ▸ Pelve masculina (Foto: internet.)

Do ponto de vista jurídico, a inseminação da mulher com sêmen do marido não acarreta nenhuma dúvida quanto à paternidade, que é legítima. A inseminação da mulher com sêmen de doador, sem o consentimento do marido, constitui injúria grave e dará motivo à separação litigiosa. Se a inseminação realizar-se antes de prescrito o prazo para a propositura da ação, o casamento pode ser anulado por erro essencial relativo à honra e à boa fama da mulher.

A inseminação da mulher com sêmen de doador e consentimento do marido dará origem a filho legítimo.

Gravidez

Conceitua-se gravidez como o estágio fisiológico da mulher durante o qual ela traz dentro de si o produto da concepção.

A importância do diagnóstico da gestação prende-se às seguintes situações: investigação da paternidade, simulação e dissimulação da gravidez, verificação de gravidez em caso de infanticídio, na concessão de licença a funcionárias gestantes, na verificação do estado mental como dirimente ou atenuante da responsabilidade penal, como elemento esclarecedor dos crimes de violência sexual – nos casos de conjunção carnal, quando a membrana himenal é complacente, a superveniência da gravidez positiva a conjunção carnal como impedinte de anulação de casamento nos termos do art. 215 do Código Civil (por efeito de idade não se anulará casamento de que resultou gravidez), para resguardar os interesses do nascituro.

Diagnóstico da Gravidez

O diagnóstico da gravidez baseia-se nos seguintes elementos:

a) anamnese e histórico do caso;

b) exame direto da paciente;

c) exames complementares.

Na anamnese, o perito indagará sobre o primeiro dia da última menstruação, a idade, a existência de relações sexuais, o uso ou não de algum método anticonceptivo etc.

O exame direto é o núcleo do trabalho pericial. A gravidez apresenta inúmeros sinais. Três grupos de sinais são pesquisados no diagnóstico da gravidez: sinais de presunção, sinais de probabilidade e sinais de certeza.

Sinais de Presunção

a) Perturbações digestivas (desejos, inversões do apetite, sialorreia, modificações da sensibilidade gustativa, vômitos, náuseas);

b) Máscara gravídica (cloasma);

c) Lanugem (sinal de Halban);

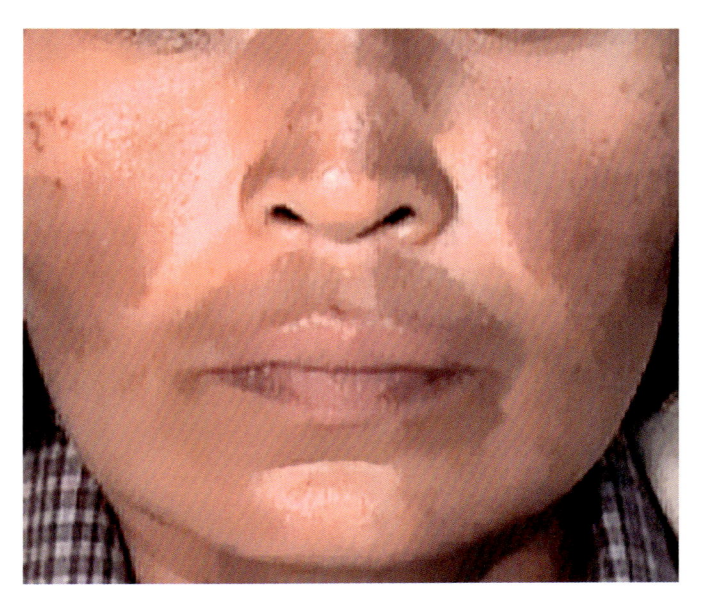

Figura 14.5 ▶ Cloasma gravídico (Foto: internet.)

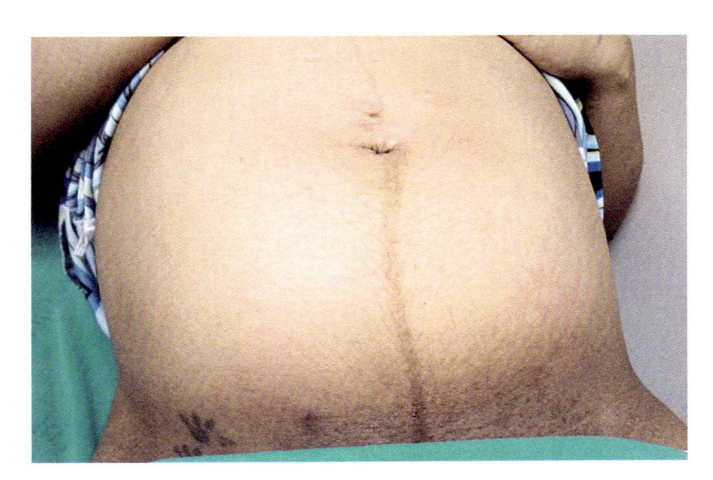

Figura 14.6 ▶ Pigmentação da linha alba

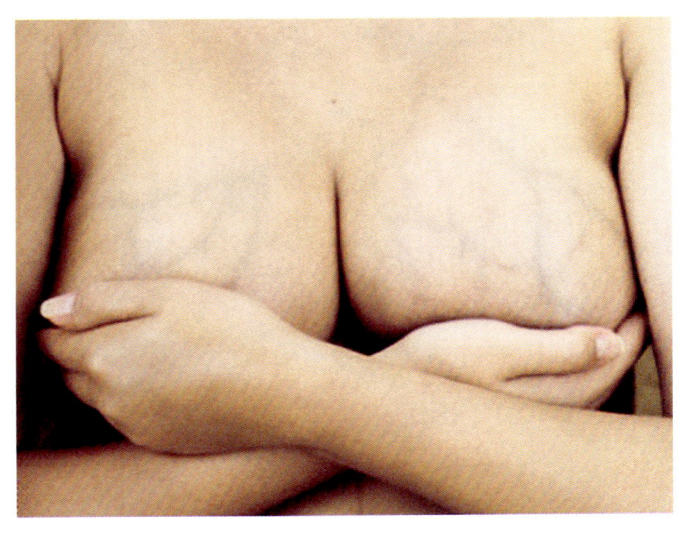

Figura 14.7 ▶ Mama gravídica

Figura 14.8 ▶ Estrias abdominais

d) Alterações de aparelhos e sistemas (lipotimia, taquicardia, tonturas, polaciúria e sonolência);

e) Pigmentação da linha alba;

f) Congestão das mamas;

g) Hipertricose;

h) Estrias abdominais.

Sinais de Probabilidade

a) Amenorreia (suspensão da menstruação);

b) Cianose vulvar (sinal de Jaquemier);

c) Pulsação vaginal (sinal de Oseander);

d) Redução dos fundos de saco vaginais;

e) Rechaço vaginal (sinal de Puzos);

f) Flexibilidade do istmo uterino (sinal de Macdonald);

g) Hipertrofia uterina (sinal de Noble);

h) Alteração da forma uterina (sinal de Piskacek);

i) Depressibilidade do istmo (primeiro sinal de Reil-Hegar);

j) Modificação das glândulas mamárias (aumento do volume, rede venosa superficial – sinal de Haller, hipertrofia dos tubérculos de Montegomery, decréscimo dos mamilos, aumento da pigmentação das aréolas, secreção e presença de estrias ou vergões);

k) Aumento do volume uterino.

Sinais de Certeza

a) Movimentos fetais;

b) Batimentos cardíacos fetais;

c) Rechaço uterino (sinal de Puzos);

d) Palpação de segmentos fetais;

e) Exames complementares (métodos de imagem, métodos imunológicos).

O método imunológico mais utilizado e de excelência é a dosagem de β-hCG plasmático.

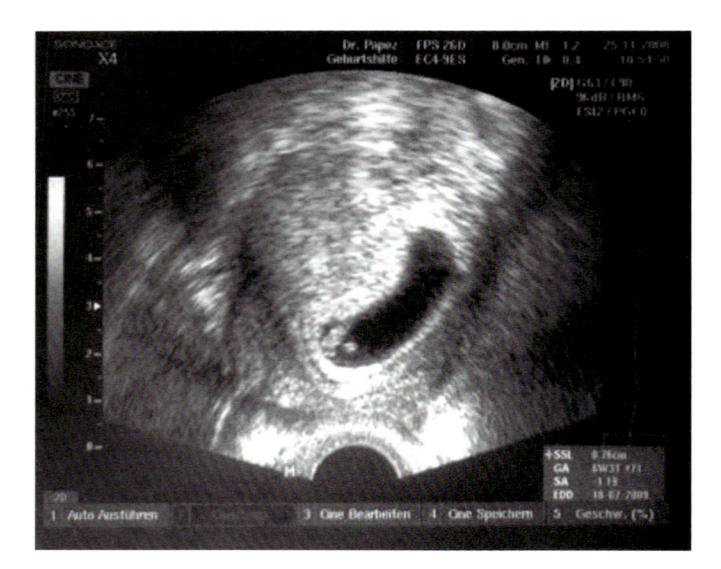

Figura 14.9 ▶ Ultrassonografia transvaginal (método de imagem)

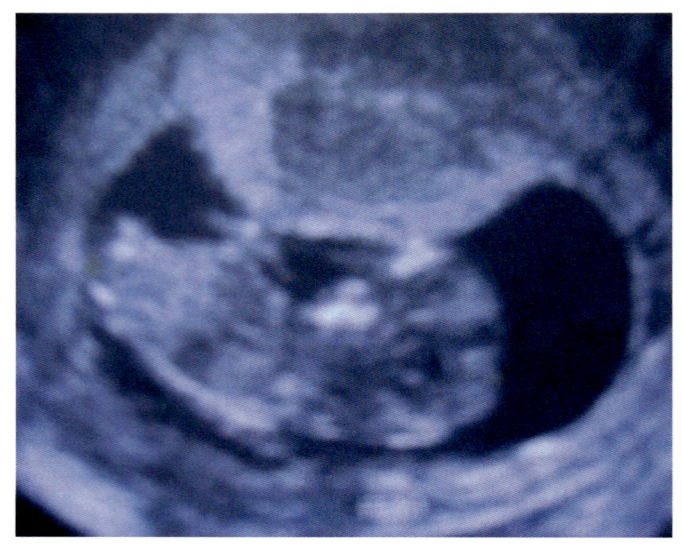

Figura 14.10 ▶ Ultrassonografia transvaginal

Situações Especiais

a) **Suposição da gravidez: a** mulher supõe que está grávida, mas não está.

b) **Simulação da gravidez:** a mulher sabe que não está grávida, mas finge estar.

c) **Dissimulação da gravidez:** a mulher sabe que está grávida, mas finge não estar.

d) **Gravidez ignorada:** a mulher está grávida, mas ignora a gravidez.

e) **Metassimulação da gravidez:** a mulher não nega estar grávida, mas, pelos mais diversos interesses, ela altera propositadamente, para mais ou para menos, o tempo da gestação, quase sempre para imputar determinada paternidade ou para obter vantagens de ordem social.

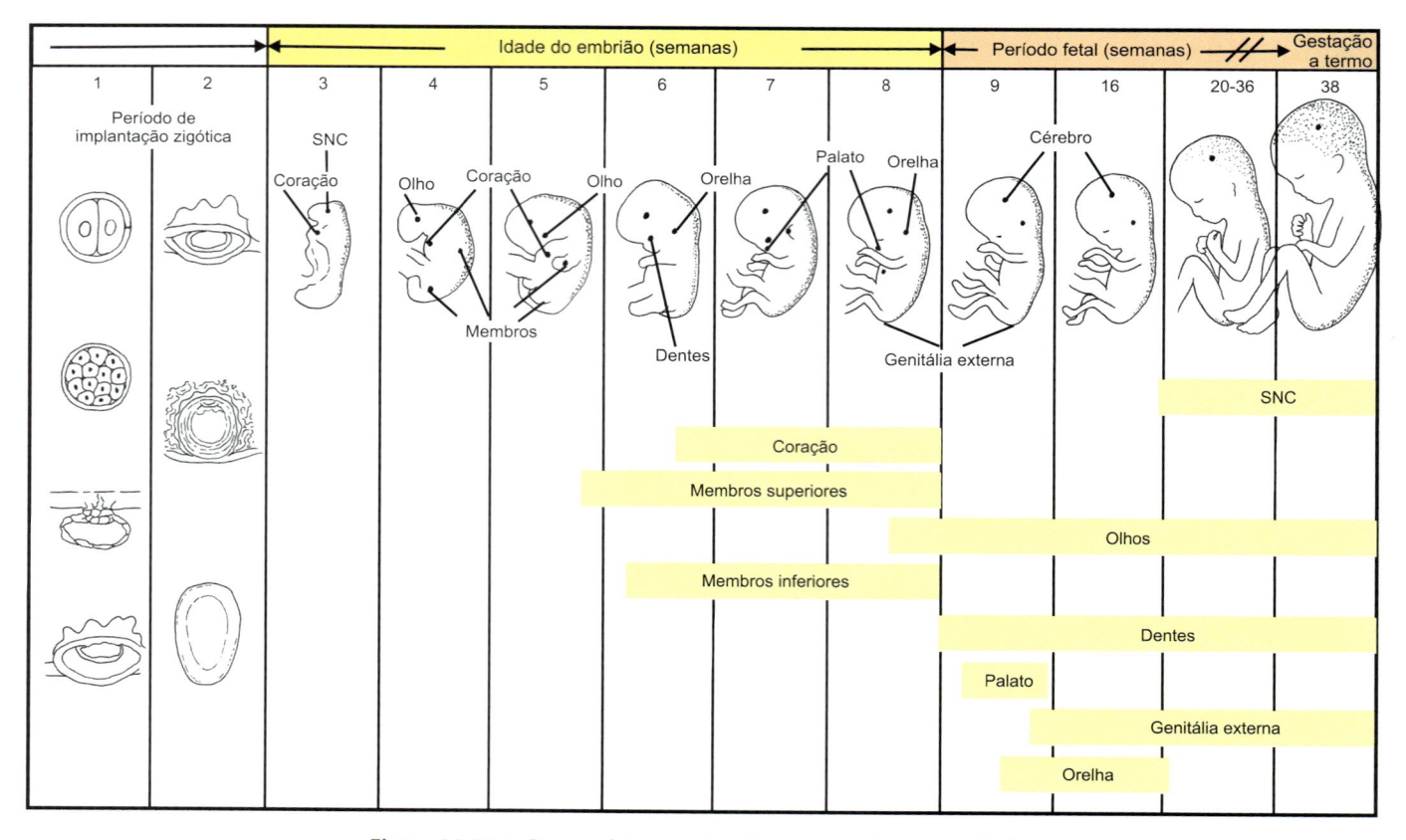

Figura 14.11 ▶ Desenvolvimento fetal (Adaptada de Moore KL, 1993.)

Duração da Gravidez

Em média, a gravidez tem duração de 270 a 280 dias, sendo ideal o prazo de 275 dias.

Do ponto de vista obstétrico, a duração média da gestação é de 280 dias, ou seja, 40 semanas, contados a partir da data do primeiro dia da última menstruação. Admite-se como normal a gestação cujo parto se realize entre 37 e 42 semanas. Entre 28 e 37 semanas, o parto será prematuro; se depois de 42 semanas, está caracterizada a gravidez pós-termo.

A avaliação da idade gestacional pode ser feita por meio de cálculos a partir da data do início da última menstruação ou com base em dados objetivos do exame físico da gestante. Os obstetras usam a regra de Nagele, que consiste em adicionar 7 dias à data do início da última menstruação e somar mais 9 meses para saber a data provável do parto ($9 \times 30 + 7 = 277$ dias; considerando os meses de 31 dias, teríamos os 280 dias).

Para a lei civil, presumem-se concebidos na constância do casamento os filhos:

I – nascidos cento e oitenta dias, pelo menos, depois de estabelecida a convivência conjugal;
II – nascidos nos trezentos dias subsequentes à dissolução da sociedade conjugal, por morte, separação judicial, nulidade e anulação do casamento (art. 1.597).

A perícia, na determinação do tempo da gravidez, leva em conta a data provável da relação sexual, a data da última menstruação, a altura do fundo uterino, o início dos movimentos ativos do feto, a ausculta fetal e a idade da gestação mensurada pela ultrassonografia obstétrica.

Os movimentos ativos do feto despontam na 16ª semana. O volume uterino é medido do início da sínfise pubiana à razão de 4cm por mês, sabendo-se que, no decurso do nono mês, está a 36cm em média. Basta dividir por quatro para presumir o tempo da gravidez. Os batimentos cardiofetais podem ser ouvidos com o estetoscópio de Pinard entre 20 e 21 semanas de gestação. Atualmente, usa-se o sonar-Doppler, que é capaz de detectar os batimentos a partir de 10 a 12 semanas. À ultrassonografia, os batimentos cardíacos podem ser vistos quando a medida do comprimento cabeça-nádega do embrião alcança 5mm, com aproximadamente 5 a 6 semanas de idade gestacional.

Anomalias da Gravidez

a) **Superfecundação:** consiste na fecundação de dois óvulos da mesma ovulação, num coito ou em diversos. Nesta última hipótese, o espermatozoide de um indivíduo pode fecundar um óvulo e o espermatozoide de outro indivíduo, outro óvulo. Serão dois gêmeos, irmãos apenas por parte de mãe. Se os indivíduos forem de cor diversa, o fato se tornará evidente após o parto.

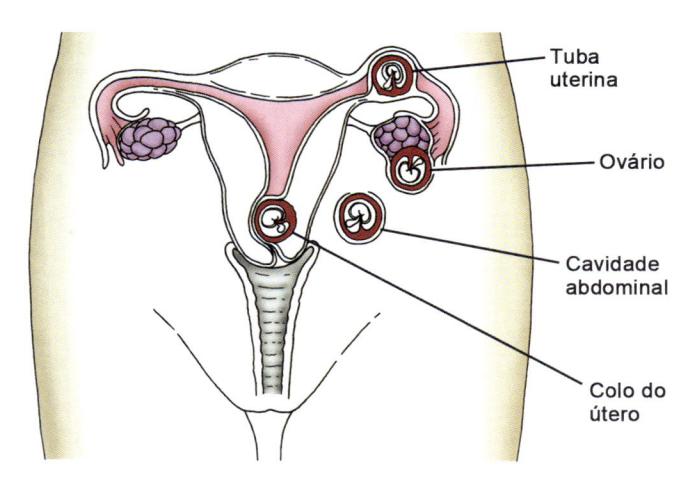

Figura 14.12 ▸ Gravidez ectópica

b) **Superfetação:** consiste na fecundação de óvulo de postura diferente, o que quer dizer que surgirá uma segunda gravidez, independente da primeira.

c) **Gravidez extrauterina ou ectópica:** é a gravidez que se instala fora da cavidade uterina (ovários, trompas, colo do útero, cavidade abdominal).

d) **Gravidez molar:** uma em cada 2.000 gestações sofre um processo degenerativo e hiperplásico em que o embrião se atrofia e desaparece e as vilosidades coriônicas tornam-se edematosas e císticas, com acúmulos de líquidos em seu tecido conjuntivo. É o que se chama de degeneração molar, ou mola hidatiforme. Em cerca de 20% dos casos ocorre transformação da mola em coriocarcinoma (tumor maligno de células trofoblásticas). É possível encontrar um embrião atrofiado e em degeneração em meio às vesículas da mola em cerca de 5% dos casos. A produção de gonadotrofina coriônica faz com que os testes de gravidez deem resultado positivo, sem haver gravidez, mas o crescimento desproporcional do útero para a idade gestacional obriga o obstetra a esclarecer o caso.

Morte Fetal Intraútero

Óbito fetal, segundo a Organização Mundial da Saúde (OMS), é "a morte de um produto da concepção, antes da expulsão ou da extração completa do corpo da mãe, independentemente da duração da gravidez". Indica o óbito o fato de o feto, depois da separação, não respirar ou apresentar nenhum outro sinal de vida, como batimentos cardíacos, pulsações do cordão umbilical ou movimentos efetivos dos músculos de contração voluntária.

A morte fetal e sua consequente permanência intraútero podem levar a situações que interessam à perícia médico-legal. Seu diagnóstico é baseado em dados obstétricos, laboratoriais e radiológicos.

O exame obstétrico revela ausência dos movimentos fetais; redução gradual do volume uterino; desproporção entre a idade da gestação e a altura do fundo

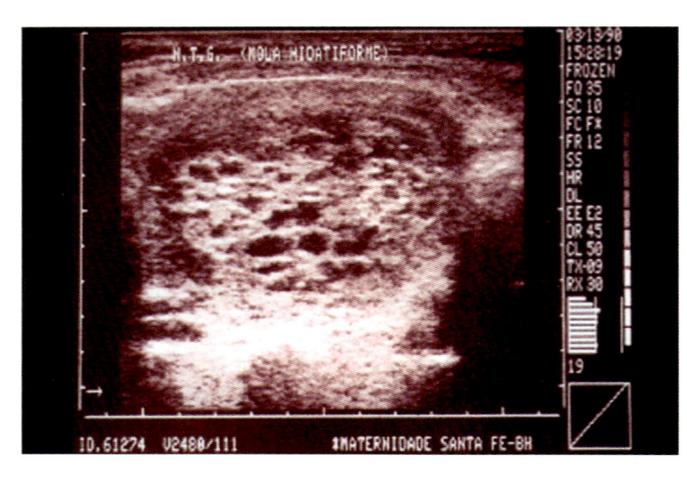

Figura 14.13 ▶ Mola hidatiforme (Imagem do Serviço de Ultrassonografia da Maternidade Santa-Fé de Belo Horizonte.)

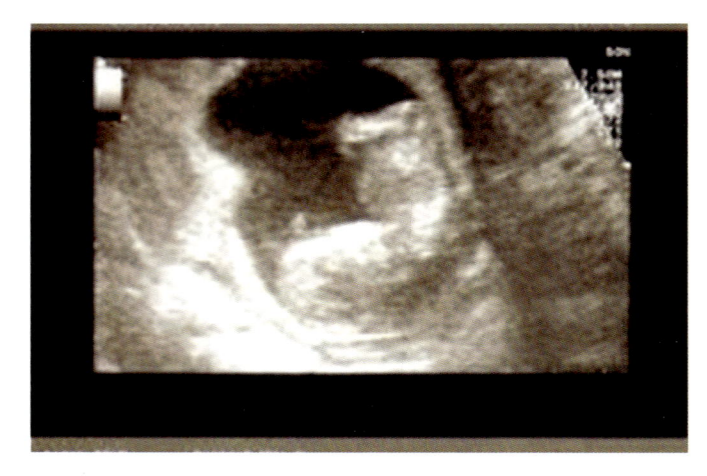

Figura 14.14 ▶ Morte fetal intraútero (Imagem obtida da internet.)

uterino; ausência de batimentos cardiofetais; crepitações dos ossos cranianos em virtude do cavalgamento dos frontais, parietais e occipitais; regressão das modificações mamárias e desaparecimento dos sintomas de gravidez; sangramento discreto e cólicas pouco intensas.

O achado laboratorial mais importante é a diminuição progressiva da excreção do estriol e, pela colpocistoscopia, ausência de células naviculares, raras células intermediárias e índices eosinófilo e cariopicnótico superiores a 30 e 40, respectivamente. O líquido amniótico torna-se meconial (de coloração marrom-escura e muito espesso).

Os sinais radiológicos na morte fetal retida são: achatamento da calvária (sinal de Spander) ou sua assimetria (sinal de Horner), deformação torácica com colabamento ou achatamento assimétrico, encurtamento da coluna vertebral (sinal de Buda), aparecimento da linha negra, acentuando o contorno fetal, queda do maxilar inferior, presença de gases nos vasos fetais e cavalgamento dos ossos cranianos (sinal de Spalding).

Após o quinto mês de gestação, a retenção leva o feto à maceração (fenômeno transformativo). Nos primeiros 3 dias após a morte, o feto começa a apresentar flictenas que contêm serosidade sanguinolenta e destacamento da epiderme, e o líquido amniótico adquire uma tonalidade esverdeada em virtude do mecônio expelido na fase de sofrimento fetal (maceração de primeiro grau). Em torno do oitavo dia, o destacamento da epiderme é quase total, o desnudamnto da derme dá ao feto um aspecto sanguinolento, e o líquido amniótico torna-se pardo-avermelhado, devido à serosidade das flictenas rotas (maceração de segundo grau).

Em torno do 15º dia, o feto perde sua tonicidade, destaca-se o couro cabeludo, e os ossos cranianos e dos membros desarticulam-se (maceração de terceiro grau).

O feto morto retido apresenta importâncias legispericiais significativas, não apenas em seu aspecto penal, no que diz respeito ao aborto, aos crimes contra a

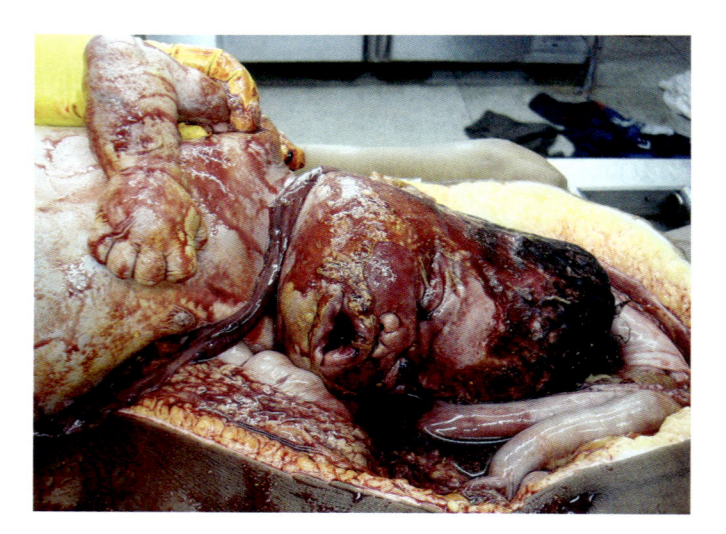

Figura 14.15 ▶ Feto macerado

liberdade sexual seguidos de gravidez e imputação de responsabilidade médica por suposta morte durante o parto, mas, sobretudo, nas questões civis, como, por exemplo, no tempo da gravidez, na data da concepção e nas situações ligadas ao casamento, à herança e à filiação contestada.

Perícia

A perícia da gravidez consiste em registrar e confirmar o estado fisiológico no qual se manifestam sinais e sintomas de que uma mulher está grávida.

Devem ser encontrados sinais considerados "de certeza" (movimentos fetais e batimentos do coração do feto, palpação de partes fetais), imagens positivas ao ultrassom e testes sorológicos positivos. O diagnóstico do tempo de gravidez é uma tarefa pericial importante e é realizado mediante uma anamnese bem-feita, medidas obstétricas, ausculta dos batimentos cardíacos fetais, movimentos fetais e pela ultrassonografia.

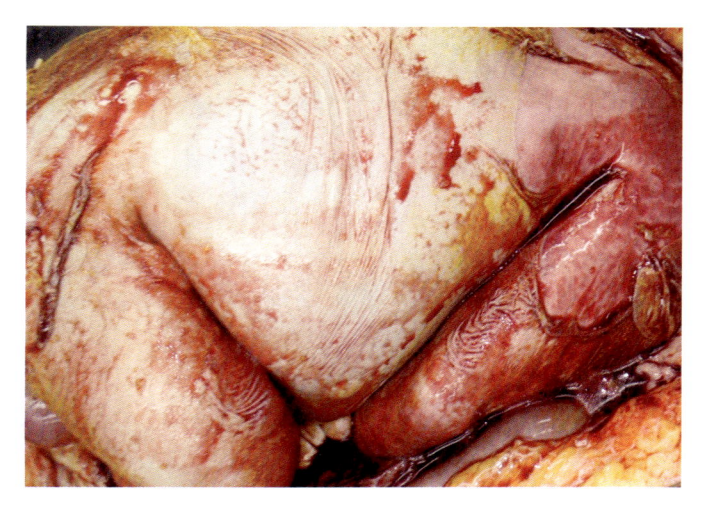

Figura 14.16 ▸ Maceração de segundo grau

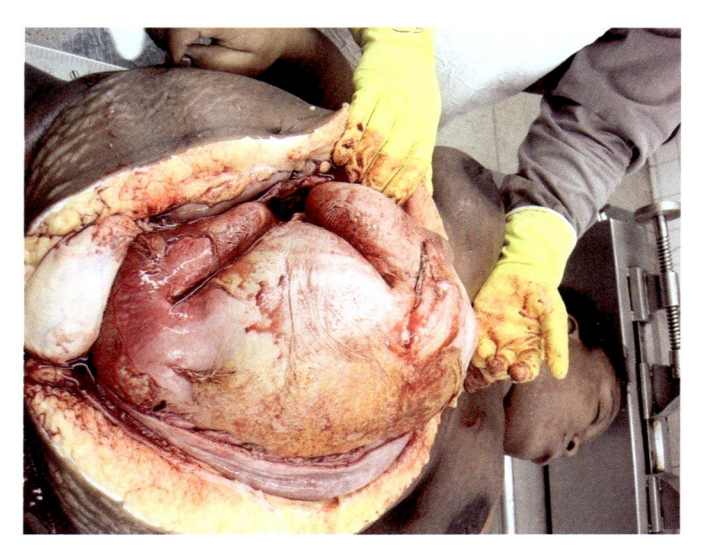

Figura 14.17 ▸ Morte fetal intraútero

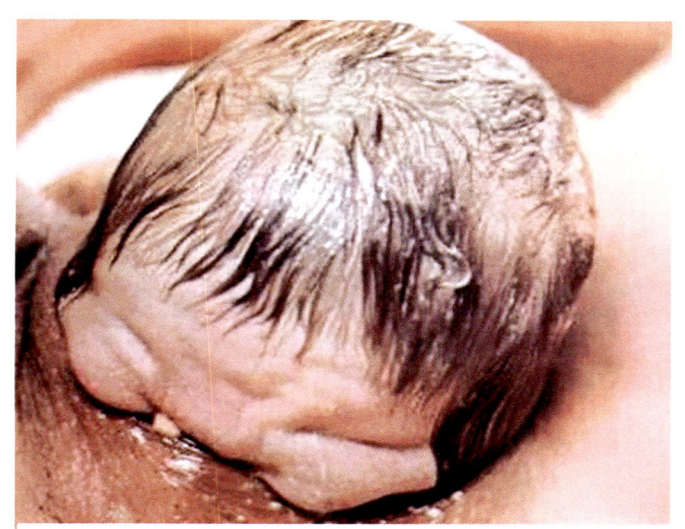

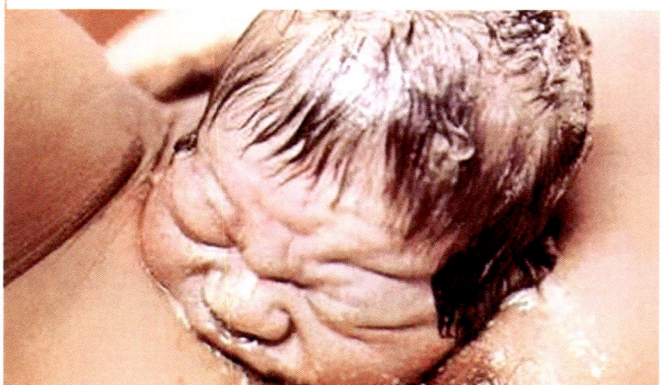

Figura 14.18 ▸ Trabalho de parto (Foto obtida da internet.)

Parto

Definição

Define-se parto como o conjunto de fenômenos fisiológicos e mecânicos cuja finalidade é a expulsão do feto viável e dos anexos. Esse processo pode produzir-se em qualquer momento durante o período da gestação, quando o feto está em fases variáveis de desenvolvimento.

Um parto é considerado normal quando tem como resultado o nascimento de uma criança viva e madura, isto é, de mais de 2.500 gramas, em torno de 2 semanas, mais ou menos, da data esperada (data provável do parto – DPP).

Para os obstetras, o trabalho de parto inicia-se com contrações rítmicas, e para os peritos, com a rotura da bolsa, e termina com o deslocamento e a expulsão da placenta.

Diagnóstico

Os elementos diagnósticos que caracterizam a existência anterior de um parto e se foi recente ou antigo varia na mulher viva ou na morta.

Sinais de Parto na Mulher Viva

Parto Recente

Devem ser avaliados os genitais externos, os fluxos genitais, a citologia cervicovaginal, a biópsia do endométrio, as lesões dos genitais internos e externos, as modificações das mamas e da parede abdominal e o cloasma.

Os órgãos genitais externos, logo após o parto, apresentam-se com tumefação da vulva e dos grandes lábios. Podem-se verificar rotura recente do períneo e múltiplas roturas himenais.

Os fluxos genitais são, inicialmente, sanguinolentos e, depois, representados pelos lóquios. Inicialmente, são sanguinolentos (primeiro ao quarto dia), serossanguíneos (quinto ao décimo dia) e serosos (11º ao 21º dia). Podem persistir até a terceira ou quarta semana pósparto.

O colo uterino tem uma consistência mole no início e dele saem restos de membrana e placenta, principalmente nos partos clandestinos.

A involução uterina é avaliada mediante palpação abdominal. No primeiro dia, o fundo uterino está um dedo acima da cicatriz umbilical; no segundo dia, na cicatriz umbilical; do quinto ao sexto dia, dois dedos abaixo; no nono dia, três dedos acima do púbis e, por fim, em torno do 12º dia, no nível da sínfise púbica.

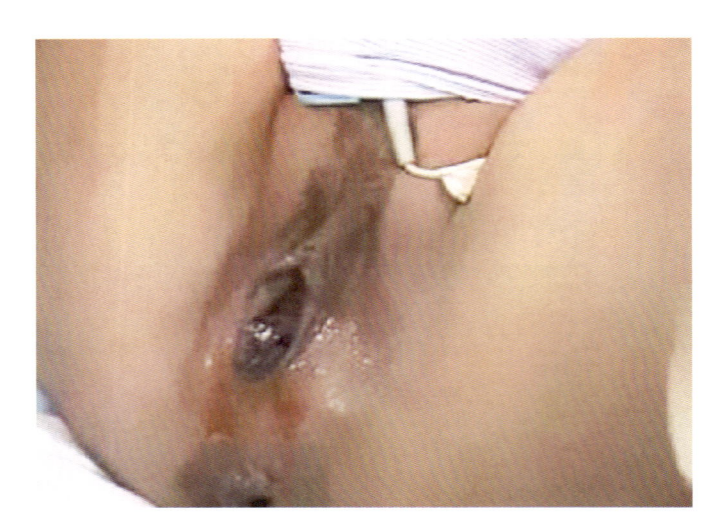

Figura 14.19 ▸ Tumefação vulvar e de grandes lábios

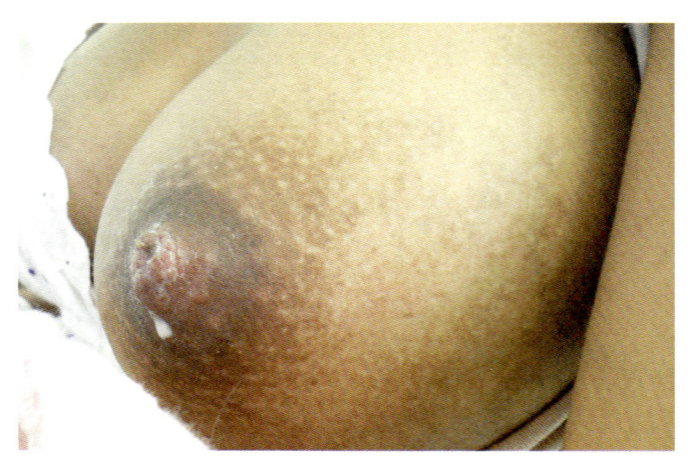

Figura 14.20 ▸ Mama gravídica

As mamas aparecem volumosas, com vergões e estrias de coloração especial e com secreção láctea, os quais desaparecem de 4 a 6 semanas pós-parto, podendo persistir por meses e anos nas nutrizes.

A parede abdominal expõe vergões isolados, pigmentação da linha alba, flacidez e rugosidades decorrentes da súbita cessação de distensão interna. O cloasma gravídico pode persistir na face por algum tempo.

Parto Antigo

Pode ser reconhecido a partir de alguns sinais, como: estrias e flacidez abdominais, estrias e pigmentação das mamas, cicatrizes himenais (carúnculas mirtiformes), cicatrizes da fúrcula e do períneo, mudança da forma e cicatrizes do óstio externo do colo uterino. O óstio externo do colo uterino na nulípara é estreito e circular, mais raramente elíptico, ao passo que na mulher que teve um parto via vaginal torna-se transversal e com fissuras nos lábios do colo.

Sinais de Parto na Mulher Morta

Parto Recente

Quando o exame se realiza no morto, o cadáver da mulher poderá apresentar um ou mais dos elementos clínicos já apontados e será possível acrescentar o exame interno dos órgãos do sistema genital e outros elementos porventura colhidos durante a necropsia.

O útero está aumentado com a cavidade repleta de coágulos nos primeiros dias. Sua superfície interna é aveludada e recoberta de coágulos fibrinosos,

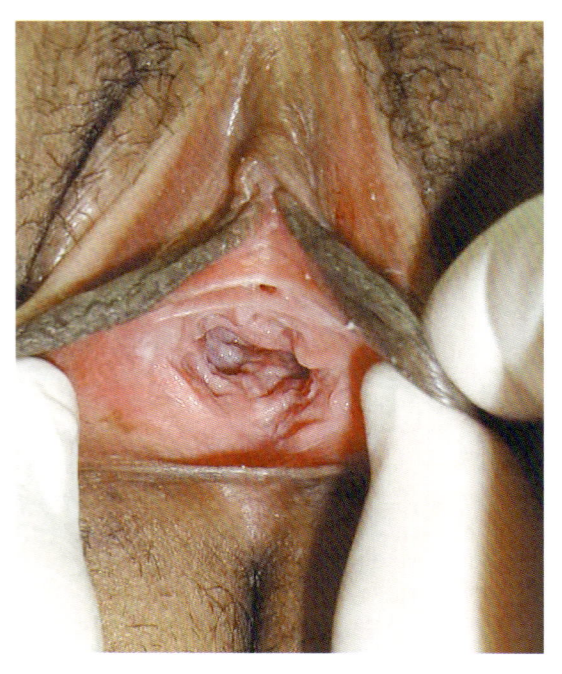

Figura 14.21 ▸ Carúnculas mirtiformes (Imagem cedida pelo Dr. Marcelo Mari de Castro – Médico-Legista/Belo Horizonte.)

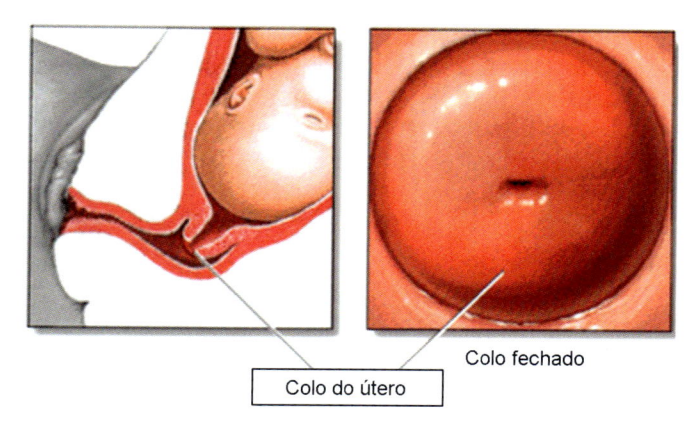

Colo fechado

Colo do útero

Figura 14.22 ▸ Característica do colo pós-parto

restos de decídua e cotilédones, vestígios de inserção placentária e presença de vilosidades coriônicas e de vasos ainda abertos. Ao exame histológico, as fibras musculares mostram-se onduladas, hipertrofiadas, em feixes frouxos, e há presença de células gigantes coriônicas.

Os ovários apresentam, até o quinto mês de gestação, o corpo lúteo gravídico, quando começa a involuir até o parto. No início, o corpo lúteo mede, aproximadamente, 3cm e, no final da gestação, 7 a 8mm. Seu surgimento é um ótimo sinal de parto anterior.

Com relação ao útero, suas características são diferentes entre a mulher nulípara e a multípara.

Parto Antigo

Avaliam-se os órgãos genitais, internos, sobretudo o útero. Nas multíparas, as faces anterior e posterior do útero são mais abauladas. O fundo é convexo, e essa curvatura pronuncia-se mais de acordo com o número de filhos que a mulher tenha tido. As bordas laterais passam de côncavas, na nulípara, a convexas, na mulher

Tabela 14.1 ▸ Classificação de Hoffmann

	Útero virgem	Útero que já concebeu
Forma	Piriforme	Globoso
Cavidade	Triangular	Poligonal a circular
Peso (g)	40 a 50g	50 a 75g
Comprimento	5,5 a 7cm	8,0 a 9cm
Distância entre trompas	3,5 a 4,0cm	4,5 a 6,0cm
Espessura do miométrio	1,0cm	2,0cm
Largura do colo	1,0cm	2,5cm
Orifício externo do colo	Circular	Transversal
Projeção na vagina	Colo proeminente	Colo sem proeminência

que pariu. O corpo uterino multíparo cresce em altura, largura e espessura, assumindo a forma globosa, em vez de triangular, nas nulíparas. O exame histológico deverá completar o exame macroscópico do órgão. No útero que já albergou uma gravidez, os vasos apresentam áreas de degeneração hialina de suas paredes que perduram por muitos anos.

Perícia

A perícia baseia-se em diversos pontos:

1. **Existência de parto:** avaliar a presença ou ausência dos sinais descritos.

2. **Recenticidade do parto:** nem sempre poderá o perito precisar o tempo do parto, mas, a partir das lesões nos genitais e do estudo das secreções e do fundo uterino, é possível determinar se um parto é antigo ou recente.

3. **Provas de laboratório:** o auxílio do laboratório é de valor inestimável, pois permite esclarecer a origem de produtos que podem ser recolhidos, quer no local sobre vestes, mobiliário, quer na própria examinada, e que direcionam a pesquisa sobre parto e/ou puerpério. Por exemplo:

   - **Mucosidade vaginal:** essa confirmação se faz por meio da reação de Weigman, que consiste em aplicar sobre a substância suspeita uma gota do reagente especial (0,20cg de iodo metaloide, 0,30cg de iodeto de potássio e 45mL de água destilada). Quando o material examinado contém epitélio vaginal, essa existência se faz sentir pela presença do glicogênio, que se cora de castanho.

   - **Líquido amniótico:** em geral, a pesquisa do líquido amniótico é feita após centrifugação da amostra, verificando-se no sedimento, por microscopia, a presença de células epiteliais e lanugem (pelos primários) do feto, isoladas ou incluídas no induto sebáceo, o qual oferece reações positivas para lípides quando as lâminas são coradas pelos corantes específicos, como o Sudan III ou o ácido ósmico.

   - **Exame de leite e colostro:** corado pelo Sudan III, pelo Lugol ou por uma solução de ácido ósmico, acusa-se em glóbulos de gordura de forma esférica ou ovoide, refringentes e brilhantes, nadando em um líquido incolor. Esses glóbulos são corados de vermelho pelo Sudan III, de castanho pelo Lugol e de preto pelo ácido ósmico.

   - **Exame de mecônio:** pastoso, amarelo-esverdeado ou verde-escuro, quando tratado pela água, intumesce. Ao microscópio, revela corpúsculos corados de amarelo-esverdeado nas dimensões de 5 a 30μm e, quando tratado pelo ácido sulfúrico ou pelo iodo, deixa ver os cristais de colesterina de tonalidade azul.

- **Exame de sangue menstrual:** evidencia dificuldade para coagular, bem como a presença de muco (detectável pelo azul de toluidina) e bactérias (evidenciáveis pela técnica de Gram e/ou de Ziehl-Neelsen e células vaginais.).

Puerpério

Conceito

Puerpério é o espaço de tempo variável que vai do desprendimento da placenta até a volta do organismo materno às condições anteriores ao processo gestacional, podendo chegar até o 60º dia. Seu diagnóstico é muito importante nas questões médico-legais ligadas a sonegação, simulação e dissimulação do parto e da subtração de recém-nascidos, principalmente nos casos em que se discute a hipótese de aborto ou de infanticídio, ou ainda de parto próprio ou alheio.

Diagnóstico

Os elementos que caracterizam a existência de um estado puerperal, ou seja, de uma circunstância que prove o parto recente, dentro do prazo admitido para esse estado, são:

Útero

O útero começa a se contrair logo após a saída da placenta e das membranas e, consequentemente, diminui de volume, modifica sua consistência e transforma-se em uma massa globosa, dura, palpável ao nível da cicatriz umbilical e cuja medição do rebordo do púbis ao fundo do útero é de 12cm. O peso uterino, de cerca de 1.000 a 1.200g logo após o parto, diminui para 500g 1 semana depois. Ao final de 2 semanas, não se palpa o útero na cavidade abdominal e, após 6 semanas, ele já voltou às condições pré-concepcionais.

Colo Uterino

No momento do parto, o colo apresenta-se mole e frouxo, com algumas lacerações e sangramentos. A partir daí, o orifício começa a se fechar. A dilatação cervical, que era de 10cm no período expulsivo, diminui para 3 ou 4cm poucas horas após a expulsão fetal e a saída da placenta. Ao final de 7 dias, o colo já voltou às suas condições pré-gestacionais.

Vagina, Vulva e Região Anal

Depois do parto, essas regiões apresentam-se edemaciadas e congestionadas e, não raro, com fissuras ou pequenas lacerações na pele e na mucosa. A hiperemia explica-se pelo retorno sanguíneo aos plexos vasculares comprimidos durante a permanência da apresentação fetal nas fases finais do parto. Nas primeiras 48 horas, a hiperemia e o edema desaparecem e as paredes vaginais mostram-se relaxadas. A partir de então, a ação maceradora dos lóquios e a baixa estrogênica acentuada do pós-parto conferem à vagina características hipotróficas (suas rugas desaparecem, há ressecamento da mucosa vaginal) e ela volta a seu aspecto habitual dentro de 8 a 10 semanas.

Ovário e Ovulação

No período do puerpério, a fertilidade quase não existe, principalmente quando a mulher está amamentando. Em geral, a primeira ovulação ocorre em torno da décima semana. As mulheres que não amamentam menstruam normalmente na 12ª semana pós-parto e as lactantes, após 30 a 36 semanas.

Mamas

Em geral, no terceiro ou quarto dia do pós-parto, há congestão mamária decorrente da descida do leite, acompanhada de ingurgitamento, dor e hiperemia. Esse processo dura 48 horas, até que se equilibrem a quantidade de leite formada e as necessidades do recém-nascido. Classicamente, admitem-se três etapas:

a) **Puerpério imediato (primeiro ao décimo dia):** o fundo uterino acha-se um pouco acima da cicatriz umbilical e a medição do rebordo do púbis até o fundo do útero é de 12cm. O colo uterino está amolecido e suas bordas distensíveis. Após 3 dias, a cérvice está permeável a um dedo. Os lóquios são avermelhados de 2 a 3 dias, mais pálidos em torno de 5 dias e branco-amarelados por volta dos 7 dias.

b) **Puerpério tardio (10 a 45 dias):** o útero ainda está regredindo em seu tamanho. O corrimento loquial vai passando de serossanguinolento para seroso. O colo se apresenta em forma de fundo transverso e o útero está no interior da pélvis.

c) **Puerpério remoto (além de 45 dias):** esse período varia de acordo com a presença ou não da lactação. As mulheres que não amamentam menstruam, em média, em torno da 12ª semana pós-parto, quase sempre antes da ovulação. Nas mulheres que amamentam, esse período é mais longo e impreciso. Os lóquios diminuem em intensidade e, quando estão presentes, apresentam a tonalidade brancacenta.

Depressão Pós-parto

As modificações biopsicológicas, sociais e familiares que acontecem durante a gravidez, o parto e o puerpério influem no comportamento da mulher. Assim, nas primeiras 48 a 72 horas do parto, são comuns a ansiedade, a instabilidade emocional, a apatia e as mudanças de humor, que caracterizam um quadro comum no puerpério imediato, chamado "melancolia". São alterações transitórias e que se resolvem com o apoio dos familiares e do médico assistente. Em cerca de 10% das puérperas, no entanto, a depressão pós-parto irá exigir o uso de medicamentos específicos e atendimento psiquiátrico. Eventualmente, as mulheres no puerpério tardio apresentam apatia psíquica, cansaço físico, queda de cabelos, unhas quebradiças e pele seca e flácida. Essas alterações estão relacionadas com a intensa baixa hormonal.

Importa, ainda, avaliar a função tireiodiana mediante a dosagem de TSH e T_4. Pode surgir, nesse período, um hipotireoidismo subclínico, passível de ser confundido com a síndrome de atrofia genital, ou mesmo com a depressão pós-parto.

Estudo Médico-Legal do Aborto

Conceito de Aborto

Aborto, pela definição de Tardieu, é "a expulsão prematura e violentamente provocada do produto da concepção, independentemente de todas as circunstâncias de idade, viabilidade e mesmo de formação regular".

Outra definição é de Carrara, modificada por Nelson Caparelli: "Aborto criminoso é a morte dolosa do ovo no álveo materno, com ou sem expulsão, ou a sua expulsão violenta seguida de morte."

Nilton Sales o define como: "A morte dolosa do ovo." Morisani o conceitua como "a interrupção da gravidez, seguida ou não da expulsão do feto, antes da época da sua maturidade". Os obstetras chamam de aborto o produto eliminado pelo trabalho de abortamento, ou seja, há aborto quando a interrupção da gravidez ocorre antes da 20ª semana de idade gestacional. De acordo com a OMS e a FIGO, é a eliminação de um produto com menos de 500 gramas, o que equivale a cerca de 20 a 22 semanas, contadas a partir da data de início da última menstruação.

Perante a lei, aborto é a interrupção dolosa da gravidez, à qual se segue a morte do concepto, indepen-dentemente da duração da gestação. Em virtude de seu caráter clandestino, não há estatísticas no Brasil sobre o abortamento provocado, mas se sabe sobre a grande morbidade a ele associada. Estudos realizados no país demonstram que as complicações pós-abortamento são a principal causa de mortalidade materna, responsáveis por 47% das mortes no período perinatal. Das mortes maternas decorrentes de infecção, 60% são devidas às técnicas de abortamento. São casos de abortamento praticados em clínicas clandestinas, cujas complicações graves decorrem do uso de instrumentos não esterilizados, perfurações uterinas e/ou intestinais/prática de técnicas rústicas e outros procedimentos inadequados. Os envenenamentos maternos e as hemorragias *post abortum* são outras complicações presentes nesse tipo de procedimento.

A prática do aborto remonta aos primórdios da civilização. Entre os motivos que levam a mulher a realizá-lo estão os de ordem econômica, social, eugênica, sentimental e terapêutica.

No Brasil, houve um aumento acentuado da prática do aborto a partir dos anos 1990. Entre as explicações propostas, estão o mau uso dos métodos anticoncepcionais, o aumento da proporção de jovens solteiras com vida sexual ativa e de mulheres independentes sem um parceiro fixo e, fundamentalmente, o aparecimento de uma droga abortiva de baixo custo, alta eficiência e baixa incidência de complicações – o misoprostol.

O misoprostol é uma prostaglandina E1 sintética que foi introduzida no Brasil em 1986 para tratamento da úlcera péptica com o nome comercial de Cytotec®. Quando sua ação abortiva veio a público, suas vendas explodiram e, no início de 1991, já atingiam 50 mil unidades por mês. No mesmo ano, o Ministério da Saúde regulamentou sua venda e passou a exigir receita médica em duas vias.

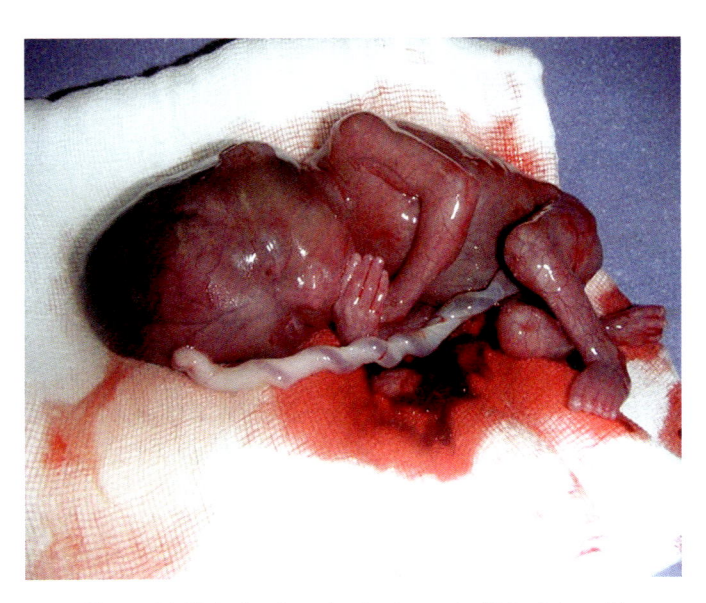

Figura 14.23 ▸ Produto do abortamento (Foto: internet.)

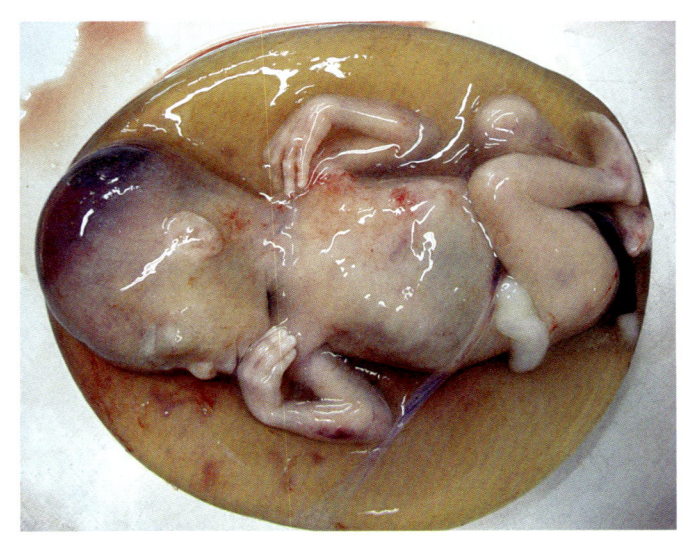

Figura 14.24 ▸ Produto de abortamento (imagem cedida pelo Dr. Marcelo Mari de Castro – Médico-legista/IML – Belo Horizonte.)

Quanto à incidência, é muito difícil de verificar em países como o Brasil, em que a legislação é restritiva. Naqueles países nos quais o aborto é permitido, os dados referentes a sua prática podem ser obtidos das estatísticas oficiais.

Aspectos Legais

No Brasil, o Código de 1940, atualmente em vigor, classifica o aborto entre os crimes contra a vida e assim estabelece:

Art. 124. *Provocar aborto em si mesma ou consentir que outrem lho provoque:*
Pena – *detenção, de um a três anos.*
Art. 125. *Provocar o aborto, sem o consentimento da gestante:*
Pena – *Reclusão, de três a dez anos.*
Art. 126. *Provocar aborto com o consentimento da gestante:*
Pena – *Reclusão, de um a quatro anos.*
Parágrafo único. *Aplica-se a pena do artigo anterior, se a gestante não é maior de quatorze anos, ou é alienada ou débil mental, ou se o consentimento é obtido mediante fraude, grave ameaça ou violência.*

Forma qualificada:
Art. 127. *As penas cominadas nos dois artigos anteriores são aumentadas de um terço, se, em consequência do aborto ou dos meios empregados para provocá-lo, a gestante sofre lesão corporal de natureza grave; e são duplicadas, se, por qualquer dessas causas, lhe sobrevém a morte.*
Art. 128. *Não se pune o aborto praticado por médico:*

Aborto necessário
I – se não há outro meio de salvar a vida da gestante. É chamado de aborto terapêutico ou aborto necessário. O estado de necessidade de terceiro que outorga ao médico o direito de praticar o aborto terapêutico deve ser aludido quando: 1 – a mãe apresenta perigo de vida; 2 – este perigo esteja sob a dependência direta da gravidez; 3 – a interrupção da gravidez faça cessar esse perigo para a vida da mãe; 4 – esse procedimento seja o único meio capaz de salvar a vida da gestante; 5 – sempre que possível, com a confirmação ou concordância de outros dois colegas.

Aborto no caso de gravidez resultante de estupro
II – se a gravidez resulta de estupro e o aborto é precedido de consentimento da gestante ou, quando incapaz, de seu representante legal. É chamado, também, de aborto sentimental, piedoso ou moral.

Perícia

O diagnóstico de aborto criminoso é complexo.

O perito deve examinar a vítima para confirmar a existência de uma gravidez e das lesões, para realizar a distinção com os abortos patológicos e traumáticos, para comprovar a prática abortiva, a identificação do meio causador e examinar os restos fetais.

Exame da Vítima

Devem ser avaliadas as lesões genitais ou extragenitais e, principalmente, realizado o diagnóstico de uma gravidez. Deve ser estudado o estado mental da periciada.

1. **Aborto recente na mulher viva:** o aborto deixa modificações tanto genitais como extragenitais, as quais podem ser idênticas às da mulher que teve um parto. No entanto, a maioria dos abortos provocados é realizada no início da gestação, quando essas modificações podem ser mínimas.

   Procurar modificações em seios (pigmentação areolar, rede venosa de Haller, tubérculos de Montegomery e secreção), cloasma gravídico, linha *nigra*, hipertricose etc.

   O exame da genitália é de suma importância para o diagnóstico do aborto: edema dos grandes e pequenos lábios, lóquios serossanguinolentos ou serosos, lesões do períneo e da fúrcula, presença de objeto usado e lesões do colo do útero deixadas pelas pinças de Museaux.

   O exame do material que flui através dos órgãos genitais, avaliados pelo histopatologista, confirmará a presença de restos ovulares e membranosos.

2. **Aborto antigo na mulher viva:** quanto mais antigo for o aborto, mais difícil se torna a perícia. Restos antigos de membranas, cicatrizes de fúrcula ou de vagina e roturas himenais não são elementos que possam justificar uma prática abortiva.

3. **Aborto recente na mulher morta:** além de avaliar os elementos descritos e analisados por meio do exame externo, o estudo deverá ser orientado para os órgãos mais internos e incluir: forma, tamanho e lesões do colo uterino; existência de lesões e secreções do leito uterino; dimensões e forma do corpo uterino, o qual deve ser medido em suas três dimensões; observação do perimétrio, que é liso, úmido e brilhante e no aborto se apresenta espessado e lacerado. A cavidade uterina apresenta-se tumefeita, de coloração vermelho-escura, de consistência diminuída, com restos de vilosidades coriais e sinais de inserção placentária.

   A Faculdade de Medicina da UFRJ (1986) demonstrou que é possível, em casos de aborto seguido de morte da gestante, quando da inexistência do útero (histerectomia), ou quando seu exame não permite afirmar o estado pregresso da gravidez, estabelecer esse diagnóstico pela pesquisa de embolia de células trofoblásticas em arteríolas e capilares do pulmão da vítima.

4. **Aborto antigo em mulher morta:** o diagnóstico é difícil de ser realizado.

5. **Identificação do meio causador:** é importante para caracterizar com precisão o caráter doloso do aborto. Por isso, é aconselhável indicar o instrumento ou meio que foi utilizado na prática abortiva no sentido de buscar identificação com a prática (p. ex., a pesqui-

sa de vilosidades coriais em sondas ou instrumentos utilizados).

6. **Exames de restos fetais:** o exame deve ser realizado para o diagnóstico de evidências de lesões vitais ou *post mortem*.

Complicações do Aborto

As complicações variam de acordo com a técnica empregada. Quando são usados agentes farmacológicos, dependem dos efeitos da dose tóxica empregada, podendo causar disfunção renal, hepática, cardíaca ou do sistema nervoso central.

Os métodos mecânicos intrauterinos podem provocar perfuração ou rotura uterina, hemorragias graves e infecções.

As injeções de soluções salinas hipertônicas podem causar hemorragia cerebral, rotura uterina ou laceração cervical, enquanto as glicosadas facilitam a instalação de infecções e podem provocar embolia gasosa.

As endometrites pós-aborto podem evoluir para septicemia e morte.

Quesitos na Perícia do Aborto Criminoso

Na mulher viva:

1. Se há vestígio de provocação do aborto. Se ele é recente, a perícia deve fundamentar-se nas modificações deixadas pela gravidez, pelas lesões do colo e dilatação do canal cervical. Descrição do material que flui dos órgãos genitais e envio desse material ao laboratório.

2. Qual o meio empregado. Caracteriza o ato doloso.

3. Se, em consequência do aborto ou do meio empregado para provocá-lo, sofreu a gestante incapacidade para as ocupações habituais por mais de 30 dias, ou perigo de vida, ou debilidade permanente, ou perda, ou inutilização de membro, sentido ou função, ou incapacidade permanente para o trabalho, ou enfermidade incurável, ou deformidade permanente. Esse quesito procura caracterizar a lesão de natureza grave ou gravíssima que poderá ter sofrido a gestante em consequência do aborto ou do meio empregado para provocá-lo.

4. Se não havia outro meio de salvar a vida da gestante (aborto terapêutico).

5. Se a gestante é alienada ou débil mental ou menor de 14 anos. Esse tipo de gestante não tem capacidade legal de consentir o aborto e, por isso, a pena aplicada ao autor é mais severa.

Na mulher morta (após a necropsia):

1. Se houve morte.

2. Se a morte foi precedida de provocação de aborto. Nesse quesito, dois fatores devem ser levados em conta: a existência de uma gravidez anterior, sem a

qual o crime não existe, e a demonstração da intervenção criminosa. Quando o perito não contar com elementos que provem tais características, deverá afirmar que não possui meios de comprovação.

3. Qual o meio empregado para a provocação do aborto. Só com a caracterização típica da lesão poderá o perito responder com segurança, a não ser que encontre o meio provocador do aborto.

4. Qual a causa da morte. A *causa mortis* é fundamental na caracterização do processo.

5. Se a morte da gestante sobreveio em consequência do aborto ou do meio empregado para provocá-lo. A segunda parte do quesito está intimamente ligada à existência do aborto criminoso, embora a morte seja determinada pelo próprio aborto.

Infanticídio

A proteção do Estado ao recém-nascido, ao longo da História, tem sofrido importantes modificações. De acordo com Nilton Salles, Antenor Costa divide a postura das leis penais quanto ao infanticídio através do tempo em três períodos distintos:

1. **Período greco-romano:** a criança, propriedade dos pais, podia ser morta depois do nascimento se nascesse imperfeita, malformada e se causasse vergonha ou desonra para a família.

2. **Período intermediário:** oposto ao anterior, muito severo, em que as mães, quaisquer que fossem os motivos, eram punidas com penas extremamente severas.

3. **Período moderno:** baseado em ideias mais humanitárias, passou a considerar o crime de modo mais complacente, atribuindo penas mais brandas aos agentes.

Durante o período greco-romano, até os recém-nascidos normais podiam ser sacrificados, principalmente se fossem gêmeos. Na fase do patriarcado ocorreu uma mudança de atitude, com a proteção da criança normal. O pai tinha o direito sobre a vida e a morte do filho. O recém-nascido era levado ao pai, que decidia sua sorte: se o erguesse pelos braços, estaria reconhecendo-o; se o colocasse deitado, estaria condenando-o.

Durante o período intermediário, sob influência do Cristianismo, as penas impostas aos infanticidas passaram a ser de extrema crueldade. A mãe criminosa era colocada em um saco de couro e exposta a altas temperaturas para ser cozida viva. Durante toda a Idade Média e no início da Idade Moderna, foram mantidas as penas cruéis.

Com o Código Austríaco de 1803, a atitude do poder estatal com relação aos infanticidas começou a mudar. As penas a serem aplicadas levariam em consideração o estado emocional e o lado moral da motivação e seriam mais leves do que as atribuídas aos homicidas comuns. Tal postura tem prevalecido na legislação dos diversos países desde então.

Legislação Brasileira

A legislação brasileira reconhece o infanticídio como um delito excepcional desde o Código Penal de 1830. Seu artigo 198 estava assim redigido:

> **Art. 198.** *Se a própria mãe matar o filho recém-nascido para ocultar sua desonra. Pena de prisão com trabalho por 1 (um) a 3 (três) anos.*

A ocultação da desonra de ser mãe solteira tinha um peso exagerado no abrandamento da pena.

O primeiro código penal da República, O Código Penal de 1890, tipificava o infanticídio no seu artigo 298:

> **Art. 298.** *Matar um recém-nascido, isto é, infante nos 7 primeiros dias do seu nascimento, quer empregados meios diretos e ativos, quer recusando à vítima os cuidados necessários à manutenção da vida e a impedir sua morte.*
> *Pena: de 6 (seis) a 24 anos.*
> **Parágrafo único.** *Se a própria mãe matar o filho recém-nascido para ocultar sua desonra.*
> *Pena: prisão com trabalhos de 3 (três) a 9 (nove) anos.*

O Código Penal atual segue a orientação do Código Penal suíço do início do século XX, que descartava o motivo de honra e se apegava à modificação da conduta pela influência do estado puerperal, constituindo um delito distinto do homicídio. Assim, o Código Penal atual define o infanticídio, em seu artigo 123:

> **Art. 123.** *Matar, sob influência do estado puerperal, o próprio filho, durante o parto ou logo após. Pena: detenção de 2 (dois) a 6 (seis) anos.*

Elementos do Crime de Infanticídio

O infanticídio é um crime próprio, quer dizer, só pode ser cometido pela própria mãe e por ação ou por omissão, sempre doloso.

Existem elementos fundamentais à caracterização do infanticídio e que o diferenciam do homicídio comum. São eles: o estado puerperal, o feto nascente ou recém-nascido e que a morte tenha ocorrido durante o parto ou logo após.

O puerpério é considerado o período que se estende após a expulsão do feto e da placenta (dequitação) até a volta do organismo materno às condições pré-gravídicas. Sua duração é de 6 a 8 semanas.

Trata-se de um quadro fisiológico, comum a todas as mulheres que dão à luz, com começo, meio e fim determinados, capaz, em alguns casos, de causar alterações do psiquismo materno, de duração e gravidade variadas.

As alterações psíquicas advindas desse quadro devem ser de tal monta que permitam a abolição da capacidade de se conduzir ou se controlar diante do fato adverso – o nascimento de um filho não desejado ou espúrio – e, apesar da intensidade da perturbação, a mesma deve ter um caráter fugidio, pois se limita ao momento do parto ou imediatamente após, desaparecendo, sem quaisquer sequelas de ordem físico-psíquica, em seguida à eliminação do fator gerador (filho acabado de nascer ou nascente).

A explicação para o surgimento desse quadro de perturbação mental baseia-se em dois critérios: o psicológico, qual seja, ocultar a desonra proveniente de uma gravidez ilegítima (*impetus honoris*), e o físico-psíquico (*impetus doloris*), gerado pelo desgaste físico causado pelo parto (dores, sangramento, medo, fadiga e esgotamento nervoso).

O que ocorre é a morte de recém-nascidos em situações suspeitas, em virtude de problemas os mais diversos, como pobreza extrema, número excessivo de filhos e gravidez resultante de estupro ou mesmo ilegítima e/ou fortuita.

Estabelecer o limite entre a premeditação (excludente do tipo) e a perturbação mental surgida no momento do parto, originada pelos fatores que tornaram a gestação e o fruto desta indesejável, e que termina no ato criminoso, é uma tarefa das mais árduas para todos os profissionais envolvidos no esclarecimento da questão.

Feto Nascente e Recém-Nascido

O elemento passivo do crime é o feto nascente, aquele que tenha atravessado totalmente, ou em parte, o orifício externo do útero, acessível portanto a atos violentos, ou o recém-nascido, livre do ventre materno, havendo ou não a expulsão da placenta.

Basta, no infanticídio, que haja vida no momento do parto, não se cogitando da viabilidade do ser que nasce. Excluem-se a degeneração do ovo (mola hidatiforme) e o natimorto.

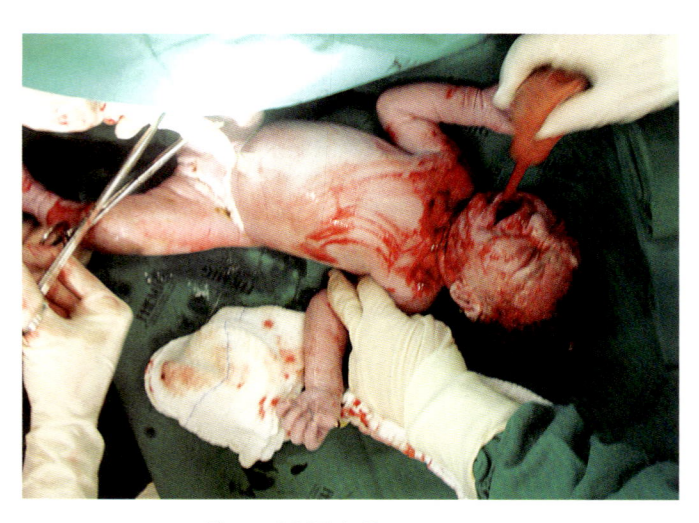

Figura 14.25 ▶ Feto nascente

Morte Durante o Parto ou Logo Após

A caracterização do infanticídio exige que o sujeito passivo tenha vida e que o crime tenha ocorrido durante ou logo após o parto. O recém-nascido, a termo ou não, apresenta, logo após o parto, sangue e líquido amniótico que lhe cobrem o corpo.

A pele apresenta uma coloração vermelho-cereja, a qual dura alguns dias e se atenua, desaparecendo, por último, nas extremidades. Ela está recoberta por uma substância de aspecto e consistência gordurosos e coloração branco-acinzentada – verniz caseoso – que está mais evidente no pescoço, nas pregas axilares e inguinais, no dorso e regiões poplíteas, sendo muito abundante nos recém-nascidos a termo e escassa nos prematuros. Sua remoção fala a favor da prestação de cuidados ao ser nascido, podendo descaracterizar o infanticídio.

Devem ser avaliadas a presença do tumor do parto, que desaparece entre o quarto e quinto dias pós-parto, e a característica do cordão umbilical, que deve estar brilhante e úmido, branco-azulado, tenso, de aspecto enrodilhado e espiralado logo após o parto e, cerca de 12 horas depois, começa a secar e achatar-se. Verifica-se o estado do cordão umbilical (roto, íntegro, unido à placenta ou com algum tipo de ligadura) para auxiliar o esclarecimento das circunstâncias da morte.

Estômago e intestinos, por seu conteúdo, dirão sobre a recenticidade do parto. A presença de ar, saliva e mucosidades no primeiro, bem como a dilatação das alças do intestino delgado, indica ter havido respiração e, portanto, vida após o nascimento.

Provas de Vida Extrauterina

A vida extrauterina apresenta, em função da respiração autônoma do infante nascido ou do recém-nascido, modificações capazes de oferecer ao perito condições de um diagnóstico de vida independente.

Esse diagnóstico é realizado mediante a comprovação da respiração pelas docimasias e pelas provas ocasionais.

Docimasias

As docimasias (do grego *dokimos* – eu provo) são provas baseadas na possível respiração ou em seus efeitos e são divididas em três modalidades: respiratórias diretas e indiretas, não respiratórias e ocasionais.

Docimasias Respiratórias Diretas

Todas as provas respiratórias da vida extrauterina se apoiam, basicamente, em um princípio estatuído por Galeno há mais de 1.500 anos:

Substantia pulmonalis per respirationem ex rubra gravi densa im albam levem ac raram transfertur.

Fundamenta-se na densidade do pulmão que respirou e do que não respirou.

O pulmão fetal é compacto e sua densidade oscila entre 1,040 e 1,092. Com a respiração e a consequente expansão alveolar, seu peso permanece o mesmo, mas seu volume aumenta muito, chegando sua densidade a 0,70 ou 0,80. Naturalmente, o pulmão que não respirou não flutuará, pois é mais pesado que a água, cuja densidade é em torno de 1,0. O pulmão que respirou flutuará.

Docimasia Hidrostática de Galeno

Realizada em quatro tempos, inicia-se pela ligadura da traqueia logo após a abertura do corpo e o preparo de um recipiente grande contendo água em abundância:

- **1º tempo:** mergulha-se o bloco das vísceras torácicas na água: em caso de flutuação, houve respiração, logo, houve vida, porquanto o próprio Galeno afirmava: *respirare vivere est*;

- **2º tempo:** sem retirar o bloco da água, separam-se os pulmões e, após seccionados os hilos dos órgãos, observa-se se há flutuação: a interpretação é a mesma do primeiro tempo;

- **3º tempo:** ainda sob a água, separam-se os lobos pulmonares, os quais são cortados em pequenos fragmentos, para verificar o comportamento de cada um deles:
  - se afundam, o pulmão não respirou;
  - caso flutuem, houve respiração.

- **4º tempo:** os fragmentos seccionados no tempo anterior são espremidos, sempre sob a água, contra a parede do recipiente, observando-se a saída de peque-

Figura 14.26 ▶ Prova de Galeno (Fonte: Hercules HC. Medicina Legal – Texto e Atlas.)

nas bolhas de ar junto com sangue; abandonados os fragmentos, estes também vêm à superfície quando, então, a prova é considerada positiva.

Podem existir causas de erro na realização dessa prova, como: putrefação, insuflação, respiração intraútero, congelação, cocção, hepatização, atelectasia secundária, asfixias mecânicas internas etc.

Em todos esses casos, o exame histopatológico do órgão pode esclarecer eventuais dúvidas, ao ser verificado o aspecto histológico do pulmão, cujo epitélio, de monoestratificado cúbico, quando o órgão não respirou, passará a monoestratificado plano, após as primeiras inspirações (Beçak & Vanrell, 1976; Vanrell, 1996 e 2007).

Docimasia Tátil de Rojas

Quando da palpação interdigital, o parênquima pulmonar provoca a sensação de fofura e crepitação, o que só acontece caso tenha havido respiração.

Docimasia Óptica de Bouchut & Casper

Consiste na observação da superfície do pulmão que, de um aspecto parenquimatoso, com superfície uniforme e lisa, bordas finas e uma tonalidade pardo-avermelhada ou semelhante a chocolate com leite, quando não há respiração, assume um aspecto de mosaico com finas bolhas, de superfície irregular, bordas arredondadas e uma coloração vermelho-clara à rosada, por ocorrerem mudanças circulatórias que circunscrevem os lóbulos pulmonares, quando há respiração.

Docimasia Diafragmática de Ploquet

Aberta a cavidade toracoabdominal do examinado, observam-se horizontalidade diafragmática, nos casos em que houve respiração, e convexidade exagerada das hemicúpulas do diafragma, quando a respiração autônoma não existiu. Isso se explica pela pressão exercida pelas vísceras abdominais.

Docimasia Óptica de Icard

Realiza-se por meio de pequenos cortes de fragmento de pulmão, de dimensão reduzida, esmagado entre duas lâminas de modo a transformá-lo num esfregaço. Se houve respiração, notam-se, no esfregaço, inúmeras bolhas de ar. Essa prova não é válida para pulmões putrefeitos, pois os gases da putrefação levariam a um resultado falsamente positivo.

Docimasia Radiológica de Bordas

Baseia-se na maior opacidade aos raios X dos pulmões que não respiram, cuja forma de punho dá a ideia de atelectasia pulmonar. Os diafragmas não são vistos, nem a silhueta cardioaórtica.

No pulmão que respirou, observa-se uma imagem clara de transparência alveolar.

Docimasias Hidrostáticas de Icard

São utilizadas como complemento da docimasia hidrostática de Galeno nos casos de dúvidas ou quando apenas a quarta fase é positiva, pois se presume quantidade mínima de ar nos fragmentos de pulmão. São realizadas de dois modos: aspiração ou imersão em água quente.

A docimasia por aspiração consiste na colocação de alguns fragmentos de pulmão em um frasco contendo água fria até próximo ao gargalo. Depois, fecha-se esse reservatório com rolha de borracha contendo um orifício central, por onde se adapta a cânula de uma seringa de metal. Puxa-se o êmbolo da seringa a fim de diminuir a pressão interna do frasco pela rarefação de seu ar, até obter-se um equilíbrio com o ar existente nos alvéolos dos fragmentos de pulmão no fundo do líquido. Assim, o pulmão aumenta de volume, diminui de densidade e sobrenada. Esse fenômeno dá à prova um resultado positivo, provando ter havido respiração.

A docimasia por imersão em água quente tem a mesma finalidade da anterior, qual seja, dilatar o ar que se encontra nos alvéolos. Toma-se um fragmento de pulmão que não sobrenadou e coloca-se dentro de um reservatório com água quente. Depois de algum tempo, em função da dilatação do ar pelo calor, o fragmento flutuará, indicando respiração autônoma.

Docimasia Histológica de Balthazard

Essa prova pode ser usada em pulmões putrefeitos. Consiste no estudo microscópico do tecido pulmonar por meio da técnica histológica comum. O pulmão que respirou apresenta-se com a dilatação uniforme dos alvéolos, achatamento das células epiteliais, desdobramento das ramificações brônquicas e aumento do volume dos capilares pelo afluxo sanguíneo. O pulmão que não respirou tem as cavidades alveolares colabadas. Quando putrefeito, o tecido pulmonar apresenta bolhas gasosas irregulares no tecido intersticial e cavidades alveolares fechadas. Quando o tecido alveolar não é mais visível devido aos efeitos putrefativos, examinam-se fibras elásticas pelo método de Weigert, cuja disposição citoarquitetônica denunciará se houve ou não tensão pela entrada de ar. Se a putrefação inutilizou essas fibras elásticas, procura-se impregnar o retículo fibrilar pelo método de Levi-Bilschowsky com a mesma finalidade.

Docimasia Epimicroscópica Pneumoarquitetônica de Hilário Veiga de Carvalho

Estuda a superfície externa do pulmão. O pulmão é lavado com formalina e levado a uma placa de Petri. Corta-se o pulmão em fragmentos, os quais são examinados através da pleura ou através da superfície de corte do parênquima. Deposita-se no material uma gota de glicerina e observa-se com objetiva de imersão. Se houve respiração, as cavidades cheias de ar mostram-se arredondadas com refringência contrastada em fundo negro. O pulmão que não respirou apresenta um fundo negro uniforme e sem imagens. No pulmão putrefeito, as imagens das bolhas são grandes e disformes e de distribuição irregular.

Docimasia Química de Icard

Coloca-se um fragmento de pulmão da parte central de um lobo, lavado em álcool puro, dentro de uma solução alcoólica de potassa cáustica a 30%. Esse fragmento deve ficar preso ao fundo do vaso. Tendo havido respiração, o parênquima é destruído pelo líquido, desprendendo bolhas de ar que sobem à superfície. Na hipótese de estar putrefeito o pulmão, a dissolução da víscera será rápida e as bolhas desprendidas são grandes, em consequência do enfisema putrefativo.

Docimasias Respiratórias Indiretas

Baseiam-se na existência de ar no tubo digestivo, ingressado por deglutição toda vez que o feto tenha respirado. Após ligadura acima da cárdia e na ampola ileocecal, secciona-se o tubo digestivo, que é, então, retirado e colocado em um recipiente com água. Se houver flutuação, é porque o feto respirou; se afundar, é porque não houve vida extrauterina.

Nos casos em que durante as manobras de ressuscitação houve insuflação de ar no estômago do feto, apenas este órgão flutuará, enquanto o resto do tubo digestivo afundará na água.

Baseia-se na ocorrência de ar na cavidade do ouvido médio que lá ingressará através da tuba timpânica, desde que o recém-nascido tenha respirado.

Consiste na punção da membrana timpânica, com a cabeça do feto mergulhada na água: caso ela tenha respirado, surgirá uma bolha de ar que subirá até a superfície do recipiente.

Docimasias Não Respiratórias

Trata-se de provas que não se baseiam na respiração fetal, mas em outras atividades vitais desenvolvidas pelo recém-nascido, como a deglutição. As mais utilizadas são:

Docimasia Siálica de Dinitz-Souza

Consiste na pesquisa de saliva no estômago do feto pela reação de sulfocianetos e outras técnicas equivalentes. A reação positiva é um indicativo de que existiu vida extrauterina.

Docimasia Alimentar de Bothy

Consiste na pesquisa de leite ou outros alimentos no estômago do feto, o que falaria em favor de uma vida extrauterina. No entanto, esses restos de alimentos não devem ser confundidos com o induto sebáceo porventura deglutido pelo feto antes de nascer.

Docimasia Bacteriana de Malvoz

Os fenômenos putrefativos, no feto natimorto, começam pelos orifícios da boca, nariz e ânus. Nos casos em que o feto teve vida extrauterina, a putrefação se inicia pelo tubo digestivo e pelo sistema respiratório.

Docimasias Ocasionais

Não se trata, a rigor, de provas técnicas, mas de observações para cuja ocorrência torna-se necessário que o feto tenha tido vida extrauterina.

Corpos Estranhos

A presença de corpos estranhos nas vias respiratórias do cadáver implica que o feto tenha feito sua inspiração, ou seja, respirou.

Sinais de Sobrevivência

Como descamação cutânea, orla de eliminação periumbilical, dessecamento e mumificação do cordão umbilical, entre outros.

Lesões Traumáticas

Quando o feto apresenta lesões traumáticas com características inequívocas de terem sido produzidas *intra vitam* (reações vitais), significa que ele teve vida extrauterina.

Estimativa do Tempo de Sobrevivência Fetal

A estimativa do tempo de sobrevivência fetal até o óbito pode ter interesse. No entanto, há dificuldades práticas com que se defronta o legista, tendo em vista fatores mesológicos, variabilidade individual e condições do local e do corpo (p. ex., vestes). A seguir, como orientação geral, é apresentada a sequência que deve ser utilizada, atentando para as ressalvas já mencionadas:

- **Minutos ou poucas horas no pós-parto:** tumor do parto acentuado; sangue materno sobre o corpo; pele avermelhada coberta por verniz caseoso, ou *vernix caseosum*; cordão umbilical branco-azulado com perda progressiva de brilho e turgência; estômago com ar, saliva e muco; pulmões com áreas de expansão e atelectasia, alternadas.

- **Várias horas até 24 horas:** tumor do parto em fase de absorção; verniz caseoso ressecado; cordão umbilical achatado e com início da orla de eliminação; evacuação de mecônio; mielinização do nervo óptico.

- **De 24 a 48 horas:** tumor do parto mais reduzido; descamação epidérmica, cordão umbilical bastante dessecado com orla de eliminação quase completa; maior quantidade de mecônio eliminado.

- **De 48 a 72 horas:** tumor do parto quase desaparecido; cordão umbilical coriáceo; aumento da descamação epidérmica; inocorrência de mecônio.

- **Quatro a 5 dias:** tumor do parto desaparecido; cordão umbilical mumificado; intensa descamação epidérmica; mielinização completa do nervo óptico.

- **Seis a 7 dias:** queda do cordão umbilical; redução da descamação epidérmica; início da obliteração e fibrose dos vasos umbilicais intra-abdominais.

- **Mais de 8 dias:** diminuição maior da descamação epidérmica; obliteração completa dos vasos umbilicais intra-abdominais e fechamento da CIA (forame de Botalis).

Perícia Médico-Legal no Infanticídio

A perícia médico-legal no infanticídio deverá abranger o exame da criança e da mãe.

Perícia na Criança

A perícia na criança – feto nascituro ou recém-nascido – deverá identificar sinais comprobatórios de que a vítima é um recém-nascido, sem o que o crime não se configura.

Nesses casos, não importa se foi parto prematuro e o feto era inviável, de baixo peso ou portador de defeitos graves. A lei tutela da mesma maneira fetos inviáveis e viáveis, normais ou não.

Serão observados os caracteres próprios do recém-nascido, como: verniz caseoso, feto sanguinolento, bossa serossanguínea, lanugem, peso e estatura normais, características do cordão umbilical, entre outros.

Assim se visa caracterizar adequadamente a primeira condição legal – logo após o parto – mas, eventualmente, a segunda – sob efeito do estado puerperal – quando a criança já tem alguns dias de vida (até 10), uma vez que, ultrapassado esse limite, não mais poderia ocorrer o crime de infanticídio, e sim o de homicídio comum.

A necropsia do feto/nascituro/recém-nascido deverá ser feita se proceder ao diagnóstico: se o feto estava

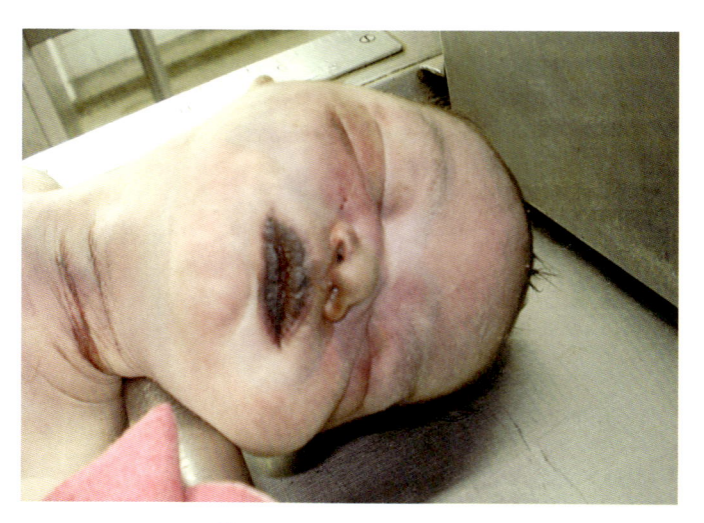

Figura 14.27 ▸ Infanticídio

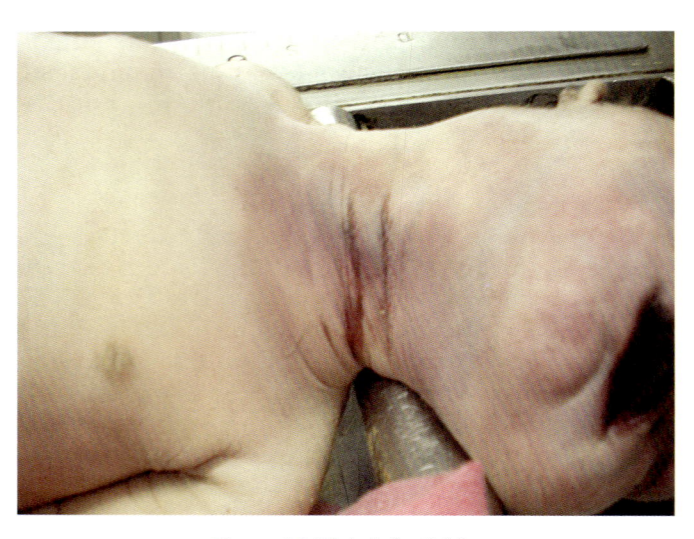

Figura 14.28 ▸ Infanticídio

vivo quando nasceu ou se o óbito ocorreu quando já havia nascido. Alguns sinais assumem grande importância, como: reação vital, bossa sanguínea, prova de que houve respiração extrauterina e ausculta de batimentos cardíacos.

Reação Vital

O elemento diferencial de diagnóstico entre as lesões *intra vitam e post mortem*, de maior significado, é a ocorrência, ou não, da denominada reação vital nas lesões.

Designa-se reação vital o conjunto de sinais macroscópicos, microscópicos e químicos tissulares (histoquímicos, enzimáticos e bioquímicos) e que somente ocorrem quando as lesões foram provocadas com a vítima estando viva, e não após sua morte.

Sinais Macroscópicos
Hemorragia

A hemorragia é o mais evidente sinal macroscópico de reação vital.

O sangue que derrama dos vasos tanto flui para o exterior como infiltra os interstícios teciduais nas denominadas lesões "abertas", de todos os tipos conhecidos da traumatologia forense, bem como nas lesões "fechadas" do tipo das equimoses, hematomas, bossas sanguíneas e hemorragias internas ou intracavitárias; tal fenômeno é um testemunho visual da reação vital.

De todas as formas de reação vital, as equimoses são um dos melhores indicadores de lesão *intra vitam*, ou seja, elas somente podem ser produzidas enquanto a vítima está com vida.

Afora as infiltrações tissulares, as hemorragias, que também são um sinal de lesão *intra vitam*, por vezes ocorrem no cadáver, mas não em casos de pequenas incisões, e sim quando se seccionam vasos calibrosos.

Coagulação Sanguínea

A formação de coágulos sanguíneos é um processo que exige certo tempo, além de condições adequadas para que os mecanismos séricos ou tissulares da coagulação possam agir.

Todo esse conjunto de necessidades apenas se vê completamente preenchido quando a pessoa está viva. A formação de coágulos, quer nos trajetos das lesões, quer em meio aos tecidos, quer, enfim, no interior das cavidades, é um dado bastante seguro como indicativo de reação vital.

O sangue derramado fora do corpo coagula, no meio exterior, quando a vítima estava viva. Entretanto, transcorridas 6 horas do falecimento, não mais coagula fora dos vasos em face da degradação dos fatores de coagulação.

Logo após a morte, o sangue pode coagular dentro dos vasos. Todavia, decorrido certo tempo, esses próprios coágulos intravasculares são dissolvidos pela ação fibrinolítica das células do endotélio vascular morto.

Retração dos Tecidos

A lesão dos tecidos, quando ocorre em vida, permite que as forças ajam sobre as partes limitantes do ferimento, afastando-as e retraindo-as, em geral obedecendo às linhas de força (Leis de Filhos & Langer). Sua ocorrência é um sinal certo de lesões *intra vitam*.

Quando as mesmas lesões são produzidas no cadáver, isto é, *post mortem*, observa-se a ausência dos fenômenos referidos, pois ocorre a perda de elasticidade dos tecidos. Assim, um ferimento inciso, realizado no morto, mostrará sempre suas bordas coaptadas; e a amputação traumática de um membro mostrará uma superfície de corte mais ou menos anfractuosa, mas sempre sem retrações musculares.

Reação Inflamatória

Só ocorre enquanto há vida. A inflamação é um processo dinâmico e progressivo e necessita certo tempo, depois de produzida uma lesão, para que comece a exibir as manifestações do processo inflamatório.

No vivo, passadas em torno de 12 horas entre o momento da lesão e o do exame, as bordas começam a apresentar os primeiros sinais clínicos evidentes da reação inflamatória: edema das bordas (labiação).

Passadas 24 horas, podem aparecer crostas hemáticas, sero-hemáticas e, eventualmente, após 36 horas, secreção purulenta, caso tenha ocorrido uma infecção do ferimento. É nesse momento que tem início a epitelização da lesão, começando sempre a partir de suas bordas e confluindo para o centro, sendo certo que tal processo poderá completar-se em torno do quinto dia.

Reação Vascular

Sinais de maior afluxo sanguíneo ou de congestão vascular são elementos certos da ocorrência das lesões enquanto a vítima ainda se encontrava com vida.

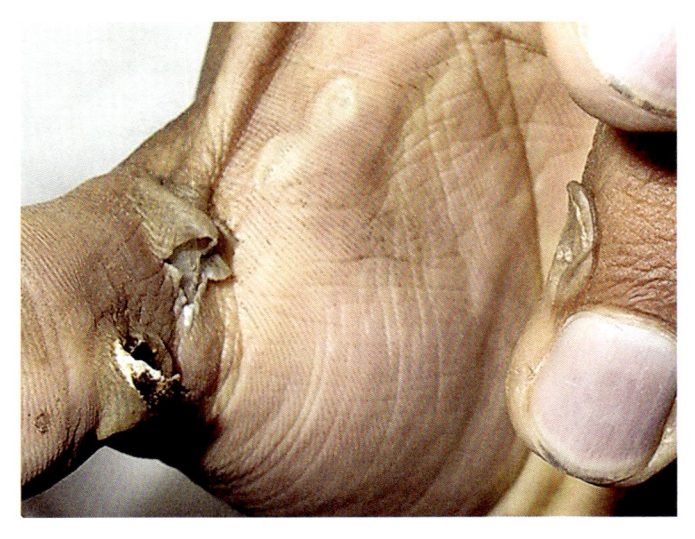

Figura 14.29 ▸ Marcas de Jellinek

Assim, as queimaduras praticadas no cadáver não provocam nem eritema nem flictenas, dois elementos clínicos que só são visíveis quando a lesão ocorre *intra vitam*.

Há algumas lesões típicas que dependem, para sua formação e aparecimento, da correta circulação sanguínea nos vasos. São elas: lesões arborescentes de Lichtenberg (vítimas de fulguração) e as marcas de Jellinek (vítimas de eletroplessão).

Miscelânea

Existem sinais que são observados em situações especiais, transformando-se em pedras angulares para a elucidação da maneira da morte.

São eles:

1. **Cogumelo de espuma:** formação que aparece com maior frequência nos casos de afogamento e outras asfixias. É um indicativo formal de que a vítima sofreu o processo asfíxico quando ainda estava com vida.

2. **Fuligem nas vias respiratórias:** a árvore respiratória, quando apresenta vestígios de fuligem grudados em seu revestimento mucoso, é um indicativo de que a vítima respirou e, consequentemente, estava viva em meio a um ambiente contendo grande quantidade de fumaça.

3. **Aspiração de materiais:** a aspiração de materiais diversos, como sangue, conteúdo gástrico e corpos estranhos, só pode ocorrer quando ainda existe respiração e quando a pessoa está viva.

4. **Embolias gordurosas e gasosas:** a embolia produzida por gotas de gordura (embolia gordurosa) desprendidas em consequência das fraturas de ossos longos, ou aquela produzida por bolhas de ar intravasculares (embolia gasosa), somente pode acontecer em vida.

5. **Formação de bossas linfáticas ("galos"):** o descolamento do tecido celular subcutâneo, quando ocorre

em vida, provoca derrame linfático no local. Assim, após um traumatismo fechado, preferencialmente com incidência oblíqua (p. ex., sobre o couro cabeludo), se formará uma bossa linfática ("galo"), mas só se no momento do impacto a pessoa estava com vida, já que tal derramamento não acontece no morto.

6. **Monóxido de carbono no sangue:** é uma prova fidedigna de que a vítima, durante certo tempo, quando ainda viva, respirou em uma atmosfera depauperada de oxigênio (O_2) e rica em monóxido de carbono (CO), como acontece nos incêndios ou nas combustões imperfeitas (escapamento de carros).

7. **Espasmo cadavérico:** é uma contratura muscular, instantânea e persistente, observada nos casos de lesões abruptas de extensas áreas do sistema neural ou no óbito ocorrido sob estímulo de estressores intensos, que antecedem imediatamente a morte.

8. **Leite no estômago do recém-nascido:** o achado de leite, em geral coagulado ou em flocos, no estômago do recém-nascido é um sinal vital de que o infante teve vida extrauterina.

9. **Inflamação na região periumbilical:** a área circunvizinha ao local de inserção do cordão umbilical no abdome do recém-nascido é passível de exibir processos inflamatórios cutâneos, alguns meramente mecânicos, outros, infecciosos. Esse é um sinal definitivo de que o recém-nascido viveu ao menos o tempo necessário para que se desenvolvesse o processo inflamatório: 12 a 48 horas.

10. **Existência de ar nos pulmões do recém-nascido:** é um sinal inequívoco de que a criança respirou e teve vida.

Provas Microscópicas
Prova de Verderau
Baseada no afluxo de leucócitos a um local de lesão, a prova consiste na determinação comparativa da relação leucócitos-hemácias no foco da lesão e em qualquer outra parte do corpo afastada dele.

O resultado maior dessa relação, por aumento do numerador da fração, é observado nos casos em que a lesão foi produzida *intra vitam*, sendo certo que um resultado igual entre ambas as amostras comparadas indica que a lesão foi provocada *post mortem*, ou tão próxima da morte que não houve tempo hábil para que o afluxo leucocitário acontecesse. Esse processo demora, aproximadamente, 16 horas.

Prova Histológica
Consiste na verificação microscópica da presença de um infiltrado ou exsudato leucocitário em volta da lesão, desde que esta tenha sido produzida com a vítima ainda viva.

Avaliação Histopatológica
A estimativa da cronologia das lesões cutâneas, ocorrida *intra vitam*, isto é, antes do óbito, passou a

Tabela 14.2

Tempo	Achados
4 a 8 horas	Infiltração de leucócitos, neutrófilos polimorfonucleares
12 horas	Presença de monócitos
48 horas	Máximo de exsudação (em traumatismos assépticos)
3º dia	Crescimento epitelial, proliferação de fibroblastos e neoformação vascular (capilares de neoformação)
4º ao 5º dia	Aparecimento de fibras colágenas
7º dia	Tecido fibroso cicatricial (nas lesões de pequena extensão)

ter estabelecida uma sequência padrão desde os trabalhos de Raekallio (1974), a qual pode ser observada na Tabela 14.2.

Entretanto, o exame histopatológico ainda não cobre as primeiras 4 horas entre a produção da lesão e o momento do óbito e, desse modo, para obtenção de informações a respeito desse período será necessário o uso dos métodos histoquímicos enzimáticos.

Exame de um Gânglio Linfático Correspondente a uma Zona Traumatizada
O estudo de um linfonodo relacionado com o território traumatizado poderá apresentar evidências se a lesão ocorreu *intra vitam* ou *post mortem*. As modificações morfológicas ou estruturais do gânglio poderão variar, seja pelo tempo transcorrido desde a ocorrência da lesão, seja pela intensidade do traumatismo.

Três são as modificações que caracterizam o comprometimento do linfonodo como alteração à distância da lesão, a saber:

- Congestão vascular, que leva ao extravasamento de hemácias nos seios linfáticos do gânglio.

- Histiocitose, caracterizada pela invasão de macrófagos, mais visível na área dos seios linfáticos.

- Acúmulos de hemossiderina, no citoplasma dos macrófagos, que se coram em verde pelo método histoquímico de Turnbull (Beçak & Vanrell, 1976).

Exames das Bordas do Ferimento
A necrose dos tecidos da borda de um ferimento, quando o processo ocorre em vida, pode ser caracterizada pela metacromasia dos elementos estruturais quando o material é corado com azul de toluidina pela técnica de Lison (Beçak & Vanrell, 1976).

Exame das Fibras Elásticas
Quando tecidos elásticos ou ricos em fibras elásticas são lesados *intra vitam*, as fibras se rompem e formam espirais ou grumos, facilmente detectáveis após

fixação dos tecidos e coloração com a técnica específica da orceína acética.

Exame da Pele Contundida

Em caso de contusão fechada da pele, quando ocorrida *intra vitam*, e fazendo um estudo comparativo da zona afetada com a área vizinha normal, será encontrado, hisstoquimicamente, um aumento de hemoglobina, quando se tratar de lesão recente, ou um aumento de ferro, pelo método de Turnbull (ver anteriormente), quando se tratar de lesão mais antiga.

Exame das Queimaduras no Cadáver

Pelo método histopatológico é possível verificar se as queimaduras que podem aparecer em um cadáver foram ocasionadas *post mortem*, caracterizando, por exemplo, uma simulação ou um vilipêndio de cadáver. Na queimadura ocasionada sobre o cadáver existe perda das características estruturais dos diferentes estratos da epiderme, quando, desde a camada basal até o *stratum granulosum*, todas as células se mostram iguais – sinal de Janezic-Jelacici – fusiformes, estreitas e alongadas, com os núcleos comprimidos, quase lineares.

Exame do Sulco nas Compressões do Pescoço

O estudo do sulco que aparece nas asfixias mecânicas externas por compressão do pescoço – estrangulamento, comum no infanticídio – permite diferenciar se tal violência se deu *intra vitam*, e assim pode ter determinado a morte, ou se foi produzida *post mortem*, por exemplo, pensando o(a) agente que o feto ainda estava vivo.

Quando o sulco foi provocado em vida, na histopatologia, observam-se degeneração hialina de Zenker e desorganização das estrias musculares de Orsós nos músculos da região comprimida. Nada disso aparece quando o sulco foi provocado *post mortem*.

Alterações Histoquímicas Enzimáticas

À medida que se reduz o prazo entre a produção das lesões e o óbito, os métodos microscópicos ou histopatológicos deixam, progressivamente, de ter valor absoluto.

Nas propostas de Raekallio (1974), foi possível estabelecer uma estimativa da idade dos ferimentos cutâneos. Esse procedimento localiza histoquímica ou bioquimicamente enzimas intracelulares, cujo teor quantitativo aumenta nas células que, seja pelos processos regenerativos, seja pela mais intensa atividade funcional, exibem taxas maiores desses biocatalisadores.

Entre o início da formação das enzimas, desencadeada pelo ferimento, e a detecção das quantidades maiores da enzima medeia certo lapso, cuja duração varia de acordo com o tipo de enzima e a ubiquidade com que ela se encontra dentro das células.

É por isso que certa enzima apenas é detectada 1 hora depois de produzida a lesão, uma outra somente depois de transcorridas 2 horas do evento, e assim por diante.

É sempre importante realizar um estudo comparativo da pele afetada e de um fragmento, de preferência da mesma pele, mas ilesa.

Nessas condições, o aumento de certas enzimas na área vizinha da lesão, sem que se observe o mesmo fenômeno no fragmento da pele ilesa, é um indicativo de reação vital positiva. Nenhuma dessas alterações enzimáticas ocorre nos casos em que a lesão foi provocada já no cadáver.

Provas Bioquímicas

Raekallio (1974), partindo do princípio de que as alterações bioquímicas são mais precoces que as mudanças estruturais (histológicas), verificou que existe uma liberação rápida, com o aumento do teor local, de histamina e serotonina, por ocasião dos traumas teciduais ocorridos em vida.

Essas variações das aminas vasoativas perduram reconhecíveis até 5 dias após a morte.

Bossa Serossanguínea ou "Tumor de Parto"

Trata-se de um intumescimento do couro cabeludo do feto, localizado em sua porção posterossuperior e que lhe deforma a silhueta da cabeça caracteristicamente. É um sinal fisiológico que aparece no parto em que a cabeça do feto se justapõe mais intensa e prolongadamente contra o canal pélvico materno, por onde transita no período expulsivo.

Sua presença significa que o feto estava vivo durante o parto. Sua ausência não quer dizer que o feto estava morto, pois em muitos partos normais não se encontra esse sinal. É possível que o feto apresentasse bossa no período expulsivo antes de nascer e, em consequência de parto distócico (complicado), viesse a falecer. É expulso morto, porém com bossa serossanguínea (previamente formada).

Perícia na Mãe

O exame da mulher acusada de infanticídio consistirá em uma anamnese meticulosa, em que serão registrados:

- antecedentes pessoais e familiares de patologias pregressas;
- antecedentes psicológicos e psiquiátricos;
- antecedentes ginecológicos;
- antecedentes obstétricos;
- exame físico geral;
- exame obstétrico, em especial para caracterizar recenticidade do parto:
  - útero não involuído,
  - loquiação,
  - episiotomia,

– rotura perineal recente,

– sinais de lactação etc.;

• exame das condições psíquicas;

• a imputabilidade ou não da puérpera.

Morte Violenta do Recém-nascido

Toda situação de morte violenta do recém-nascido que não se enquadre nas características do homicídio privilegiado, do art. 123 da Lei Substantiva Penal, cai na tipificação do art. 121 do mesmo Diploma Legal, constituindo-se em homicídio, simples ou qualificado.

Morte Súbita do Recém-nascido

Morte súbita infantil – síndrome da morte infantil ou SIDS (*Sudden Infant Death Syndrome*) – consiste na morte repentina de uma criança menor de 1 ano de idade, aparentemente saudável, que permanece inexplicada mesmo após completa investigação *post mortem*, que inclui a necropsia, o exame do ambiente onde ocorreu a morte e uma revisão ampla da história clínica.

Trata-se da causa mais comum de morte infantil entre bebês de 1 semana a 1 ano de idade, afetando cerca de um em cada 500 a 600 nascidos vivos. Isso representa 20 ou 30 mortes por dia, no Brasil. A faixa etária mais acometida se encontra entre os 2 e os 4 meses de vida.

Diferenciar morte súbita infantil de sufocação externa é a dificuldade mais antiga com relação às mortes no berço e é impossível a partir de conhecimentos patológicos. Os sinais de sufocação, assim como os sinais de morte súbita infantil, são poucos e, consequentemente, não existem critérios confiáveis em uma necropsia.

É muito difícil distinguir a morte súbita infantil da sufocação externa e da asfixia por aspiração de leite em razão de os achados de necropsia serem muito semelhantes entre si.

Identificar e listar achados específicos para morte súbita infantil seria de suma importância, pois ajudaria os profissionais a estabelecerem diagnósticos com mais certeza, o que seria de grande valia em termos médico-legais, já que sufocação externa poderia implicar em crime e aspiração de leite, em possível negligência, ao passo que a morte súbita infantil inocenta os pais de qualquer culpa.

História Clínica

Sem um padrão definido, a grande maioria dos casos de morte súbita infantil tem várias características em comum:

• a morte ocorre em aparente sono;

• é mais frequente nos 6 primeiros meses de vida e muito rara após os 10 meses;

• revela achados morfológicos comuns no exame *post mortem*.

A história é breve e similar de caso para caso. O bebê estava bem no dia anterior; tinha sinais triviais de infecção de vias aéreas superiores (metade dos casos) ou indisposição intestinal.

A história relata que a criança foi posta no berço para dormir, ao anoitecer, e encontrada morta na manhã seguinte.

Se a criança não foi removida para o hospital, e não houve tentativa de ressuscitação, uma secreção escassa pode ser encontrada na região perioral. Conteúdo gástrico pode ser encontrado na boca, nas narinas ou no rosto.

Nenhum achado externo é considerado significativo. O rosto pode estar pálido, levemente cianótico ou congesto. Em geral, não há hemorragias petequiais na face nem nos olhos.

Achados Macroscópicos Típicos

Exame Externo
Pele

Pode apresentar petéquias espalhadas por todo o corpo. Pode haver equimoses na face e extremidades. Essas equimoses são mais evidentes dependendo da área do corpo, e podem aparecer no rosto quando o bebê morre em decúbito ventral, estando a ponta do nariz esbranquiçada devido aos efeitos da maior pressão sobre as hipóstases.

Boca e Nariz

Frequentemente há sangue, muco ou espuma nas narinas e/ou na boca da criança, podendo haver abrasões ao redor dos lábios, que se tornam mais visíveis após a morte devido à exsanguinação. As mucosas, os lábios e também o leito ungueal de mãos e pés podem estar cianóticos.

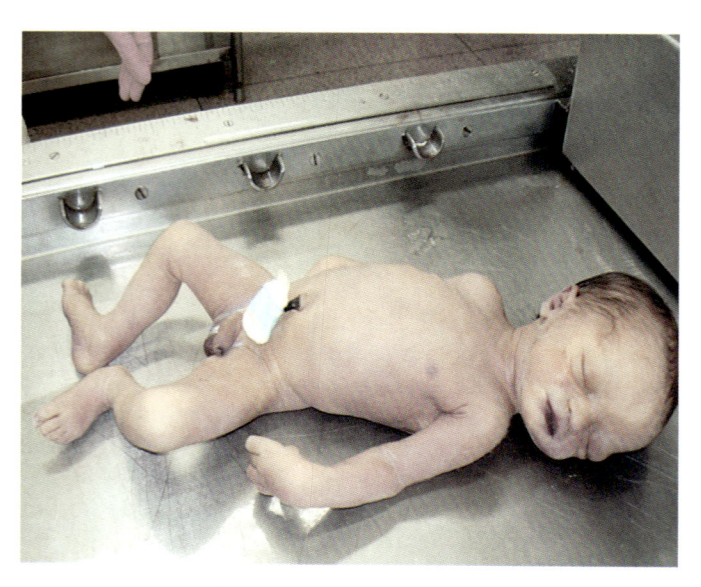

Figura 14.30 ▸ Morte infantil

Exame Interno
Ectoscopia
As petéquias são os elementos que mais chamam a atenção. São os achados comuns nas necropsias de síndrome da morte súbita infantil.

São mais evidentes no timo, particularmente em sua porção intratorácica. Elas aparecem tanto externamente como dentro do parênquima do órgão.

Petéquias podem ser encontradas nas pleuras visceral e parietal e no epicárdio. No miocárdio, as petéquias costumam ser tão diminutas que só podem ser vistas ao microscópio.

Timo
Em um caso típico de morte súbita infantil, o timo é grande, denso e pesado.

Coração
Normalmente, o sangue dentro do coração de uma criança morta em virtude da síndrome da morte súbita infantil permanece em estado líquido, não coagulado.

Pode haver petéquias ou equimoses maiores na superfície epicárdica, principalmente na parede posterior.

Pulmões e Vias Respiratórias
Os pulmões são maiores e levemente mais pesados que o normal. Externamente, pode haver uma área vinhosa e mais endurecida que o normal em região posteroinferior. A superfície da pleura visceral apresenta petéquias hemorrágicas.

As superfícies de corte, nas partes superiores, tendem a ser rosadas, esponjosas, areadas e secas e, nas partes inferiores, tendem a ser de vermelho-escuras a violáceas, endurecidas e mais encharcadas. As áreas cianóticas podem ser também alternadas com as áreas bem-areadas.

Há, então, congestão e edema pulmonares, e por isso há grande dificuldade em excluir pneumonia somente pelo exame macroscópico.

O conteúdo gástrico pode ser encontrado nas vias aéreas.

Tecido Linfoide
Todas as estruturas linfoides se encontram aumentadas de tamanho, tonsilas, timo, linfonodos mesentéricos, placas de Peyer e no tecido linfoide presente na mucosa dos cólons.

Bexiga
A bexiga urinária está normalmente vazia.

Conteúdo Gástrico
O conteúdo gástrico encontrado é, na maioria das vezes, pastoso, claro, com aspecto coalhado, incluindo alimento (leite) parcialmente digerido.

Achados Microscópicos Típicos
Corpo Carotídeo
Alterações na granulação celular do corpo carotídeo podem ser causadas por uma deficiência de quimiorreceptores respiratórios, o que resultaria em prejuízo da regulação da respiração.

Coração
Podem ser verificadas, microscopicamente, as petéquias vistas macroscopicamente no epicárdio.

As petéquias costumam ser numerosas e confluentes e podem ser encontradas também no miocárdio.

Laringe
Áreas focais de necrose fibrinoide aguda, de etiologia desconhecida, podem ser encontradas dentro do tecido submucoso conjuntivo da laringe, mas também podem ocorrer em outras causas de morte que não seja a síndrome da morte súbita infantil.

Traqueia
A traqueia se apresenta inflamada, infiltrada por células inflamatórias agudas e crônicas na mucosa e/ou submucosa. Os bebês mortos pela síndrome da morte súbita infantil tiveram infecção das vias aéreas superiores cerca de 2 semanas a 24 horas antes da morte.

Pulmões
A microscopia revela petéquias pleurais em 38% dos casos. As petéquias representam eventos agônicos.

Há congestão pulmonar marcante em 89% dos casos; os capilares se apresentam ingurgitados e dilatados, as paredes alveolares parecem mais espessas e celulares e pode não haver exsudato inflamatório aparente.

O edema intra-alveolar, de leve a grave, é um achado clássico da síndrome da morte súbita infantil, mas não exclusivo, e é considerado um evento agônico, podendo ser um reflexo de lesão hipoxêmica para os capilares alveolares ou, ainda, um artefato *post mortem*.

Enfisema e atelectasias são achados frequentes e aparecem juntos, como resultado de tentativas de ressuscitação que produzem uma areação desigual.

Fígado
Há presença de hematopoese residual extramedular.

Timo
As petéquias, quando presentes, são indício da síndrome da morte súbita infantil. São lesões características, mas não diagnósticas, por serem encontradas em outros tipos de morte, como por asfixia. A prevalência é de 69% em síndrome da morte súbita infantil contra 38% em mortes por outras causas.

Cérebro

Pequenos focos hemorrágicos podem aparecer no cérebro e em outros órgãos. Parecem representar um fenômeno agônico.

Proliferação glial focal em vários sítios de cérebro, cerebelo e tronco cerebral, leucomalacia periventricular e aumento do número de macrófagos são achados que são atribuídos à hipoxia prévia, a uma diminuição da perfusão local ou como causa ou consequência de apneia.

Adrenais

Há aumento da retenção de gordura marrom na região periadrenal, além de aumento do tecido cromafim na região medular desse órgão.

Investigação de Paternidade e Maternidade

A investigação de paternidade ou de maternidade é de grande interesse entre médicos e juristas. A Medicina Legal colhe subsídios na genética moderna, destacando as provas sanguíneas e no DNA (material genético básico de cada indivíduo).

As provas usadas na investigação da paternidade e da maternidade são divididas em:

- **Provas médico-legais não genéticas:**
  1. **Elementos relacionados com o ato gerador e suas consequências diretas:**
     a) dados biológicos sobre a duração da gestação;
     b) verificação da ausência ou da possibilidade de coabitação (virgindade, impotência);
     c) verificação da impossibilidade de fecundação (esterilidade);
     d) inexistência de parto;
     e) aplicação de métodos anticoncepcionais definitivos.
  2. **Elementos relativos à idade do filho:**
     a) para confronto com a época da coabitação (escore de Dubowitz – maturidade ao nascer em relação ao tempo de gestação);
     b) para confronto com a data conhecida do parto.
- **Provas médico-legais genéticas:** são classificadas em pré-mendelianas e mendelianas:
  - **Provas médico-legais genéticas pré-mendelianas:** são baseadas no confronto entre os caracteres hereditários do filho e do suposto pai.
  - **Provas de semelhança fisionômica:** o princípio da genética pré-mendeliana é a semelhança.

Darwin formulou quatro leis:

1ª) Os pais têm tendência de legar aos filhos seus caracteres gerais e individuais, antigos ou recentemente adquiridos (lei da hereditariedade direta e imediata).

2ª) Um dos pais pode ter uma influência preponderante sobre a constituição do filho (lei da preponderância na transmissão dos caracteres).

3ª) Os descendentes herdam frequentemente as qualidades físicas e mentais de seus antepassados e se assemelham a seus próprios pais (lei da hereditariedade medida, retrógrada ou atavismo).

4ª) Certas disposições se manifestam nos descendentes na mesma idade em que se manifestaram nos ascendentes (lei da hereditariedade nos períodos correspondentes da vida).

Os caracteres investigados variam de acordo com a particularidade de cada caso. Nas pessoas mortas, são objetos de apreciação certos elementos aparentemente simples, como a cor dos cabelos, dos olhos, da pele; a forma do nariz e dos cabelos; e certas anomalias, como hipospadia, microdontias, braquidactilia e daltonismo.

Nos vivos, além da semelhança externa, podem ser internamente observados casos de inversão de vísceras ou doenças hereditárias. Estudam-se os caracteres morfológicos, como os funcionais, o psíquico e o fisiológico, o normal e o anormal.

Se a perícia é sobre fotografias de pessoas vivas, recorre-se à comparação e à análise de retratos.

Os laudos periciais são baseados em dois critérios: o da quantidade e o da qualidade dos traços. No último, atribui-se grande valor a certos pormenores, como o pavilhão da orelha e as sobrancelhas, que seriam "os elementos mais úteis na apreciação de semelhanças e disparidades" (Sydney Smith).

Atualmente, a genética tem demonstrado que nem só pela semelhança se manifesta a hereditariedade, e sim, também, pela diferença.

Provas Médico-Legais Genéticas Mendelianas

As bases da genética foram lançadas por Mendel, entre 1857 e 1864, a partir de suas experiências sobre a reprodução das ervilhas.

As provas genéticas mendelianas são divididas em não sanguíneas e sanguíneas.

Provas Genéticas Não Sanguíneas

1. **Exame do pavilhão auricular:** há pessoas que apresentam o lóbulo da orelha livre, enquanto outras o têm preso. Se os genitores possuem os lóbulos livres, ocorre que:

   a) às vezes, todos os filhos têm lóbulos livres;
   b) outras vezes, a maioria os tem livres, mas um ou outro os tem presos.

   Quando um genitor tem lóbulo livre e o outro o tem preso, constatam-se:

   a) às vezes, todos os filhos têm lóbulos livres;
   b) outras vezes, uma parte tem lóbulo livre e a outra o tem preso. E quando os dois genitores têm lóbulos

presos, todos os filhos nascem com o lóbulo preso. Se os esposos apresentam lóbulos presos e algum filho tem lóbulo livre, obteve-o por empréstimo.

2. **Anomalia dos dedos:** uma das primeiras aplicações forenses do mendelismo ocorreu na Noruega, em 1920. Nascera fora do casamento uma criança braquidátila (com dedos curtos). A mãe tinha dedos normais e indicou como pai um homem braquidátilo, o único com esse defeito nas redondezas. O tribunal, ouvindo os peritos, condenou o réu.

No esquema de mendelização proposto, um par de fatores, dos quais B é dominante, produz o dedo anormal, e o b, recessivo, produz o dedo normal. Esquematizando: BB × bb = Bb ou Bb × bb = Bb.

3. **Cor dos olhos:** é um fator hereditário. Pais de olhos castanhos poderão ter filhos de olhos castanhos e azuis. Genitores de olhos azuis terão sempre filhos de olhos azuis. O azul é recessivo e o castanho é dominante. Indivíduos de olhos castanhos terão, como responsáveis por essa coloração, o par de fatores CC se forem homozigotos e o par Cc quando heterozigotos, e os de olhos azuis serão sempre homozigotos com o par cc.

Para que um casal de olhos castanhos tenha filhos de olhos azuis é necessário que ambos sejam heterozigotos. Um casal de olhos azuis não poderá ter filhos de olhos castanhos.

4. **Cabelos:** a coroinha de cabelos quase sempre remoinha da esquerda para a direita: é dextrógira. Em casos mais raros, remoinha para a esquerda: é levógira. O fenômeno nos faz crer tratar-se de um fator dominante, D (dextrógiro), e um caráter recessivo, d (levógiro). Pais com a coroa dextrógira (DD ou Dd) podem ter filhos dextrógiros e levógiros; mas, se os dois genitores são levógiros, nenhum filho poderá ser dextrógiro.

Quanto à forma do cabelo, o liso é recessivo, enquanto o crespo e o ondulado são dominantes, exceção feita ao cabelo liso dos chineses, que é dominante. As cores escuras são dominantes sobre as mais claras.

5. **Dentes:** os caracteres normais não oferecem nenhuma particularidade. As anomalias francas estão sendo observadas com certo destaque. A ausência de dentes parece ser determinada por fator dominante ligado ao sexo.

6. **Cor da pele:** a tonalidade da pele humana depende de muitos fatores mendelianos por ação cumulativa. A hipótese dos fatores cumulativos explica o fato de serem os filhos de um casal de mulatos não raro diferentes dos pais (mais claros ou mais escuros). De acordo com essa hipótese, nota-se que, no cruzamento de mulato com preto puro, os filhos não podem ser mais claros que o genitor mulato, e sim iguais a este ou mais escuros; no cruzamento de mulato com branco puro, os filhos não podem ser mais escuros que o genitor mulato, e sim iguais a este ou mais claros.

A prevalecer tais critérios, se um branco puro casar-se com uma mulher mulata e esta apresentar um filho mais escuro que ela, a genética autorizaria a reavaliação da paternidade.

7. **Mancha mongólica:** assemelha-se a uma equimose. Não tem localização certa, mas, geralmente, coloca-se ao nível da extremidade da coluna vertebral, podendo surgir na região glútea, nas espáduas, nas coxas, no punho e no dorso do nariz. É azulada, arroxeada ou esverdeada. Desaparece depois do segundo mês de vida extrauterina e, no máximo, até os 2 anos. Raramente dura por toda a vida. São responsáveis por esses fenômenos as células pigmentárias existentes nas camadas profundas do cório, células que se formam no quinto mês de vida pré-natal e que, no decurso da infância, vão-se extinguindo. A mancha mongólica por si só não prova a presença próxima do sangue negro.

Provas Genéticas Sanguíneas

As provas genéticas sanguíneas ainda se constituem em um meio eficaz de excluir a maternidade e a paternidade, em face das técnicas simples e das condições de se descaracterizar esse vínculo genético.

Entre as provas genéticas sanguíneas mais usadas, destacam-se a determinação dos grupos sanguíneos (sistema ABO), fatores M e N, Rh e rh e Hr, haptoglobulina, grupos P e sistema HLA.

Grupos Sanguíneos (Sistema ABO)

As primeiras observações sobre as propriedades aglutinantes foram efetuadas por Landsteiner, em 1900, constatando a existência de três grupos. O quarto grupo, mais raro, foi descoberto em 1902 por Von Decastelo & Iturli.

A nomenclatura internacional de grupos sanguíneos, oficialmente reconhecida pela Comissão de Saúde da Liga das Nações, é:

* **Grupo O – 46% dos indivíduos:** o soro do grupo O aglutina os glóbulos vermelhos dos três outros grupos; suas hemácias não são aglutinadas por nenhum outro soro.
* **Grupo A – 39% dos indivíduos:** o soro do grupo A aglutina as hemácias dos grupos B e AB; suas hemácias são aglutinadas pelos soros dos grupos O e B.
* **Grupo B – 11% dos indivíduos:** o soro do grupo B aglutina as hemácias dos grupos A e AB; suas hemácias são aglutinadas pelos soros dos grupos O e A.
* **Grupo AB – 4% dos indivíduos:** o soro do grupo AB não aglutina hemácias de nenhum grupo; suas hemácias são aglutinadas pelos soros dos grupos O, A e B.

A aglutinação dos glóbulos vermelhos pelo soro depende de uma reação específica entre duas substâncias: uma da hemácia, chamada aglutinógeno, outra do soro, chamada aglutinina. Existem nas hemácias humanas três aglutinógenos – O, A e B; existem nos soros duas aglutininas – a e b; alguns sangues não possuem aglutinina. O sangue que tiver aglutinógeno A tem aglutinina b; e a constituição de cada um dos grupos sanguíneos é a seguinte:

- Grupo O – aglutinógeno O – aglutinina a e b.
- Grupo A – aglutinógeno A – aglutinina b.
- Grupo B – aglutinógeno B – aglutinina a.
- Grupo AB – aglutinógenos A e B – não tem aglutininas.

Para que haja aglutinação, é necessário que, na reação, se encontre a aglutinina a com o aglutinógeno A, ou a aglutinina b com o aglutinógeno B.

Os grupos sanguíneos são estáveis. O indivíduo nasce em certo grupo e nele fica até morrer.

As propriedades aglutinantes do sangue são transmitidas por herança. Herdam-se os aglutinógenos correspondentes aos grupos sanguíneos mediante três fatores ou "genes" diferentes (O, A, B) que se combinam aos pares: OO – AO – AA – OB – BB – AB. Cada indivíduo possui um desses pares.

Os fatores A e B são dominantes sobre O. A constituição genética fica assim:

- Grupo O – formado pelo par de fatores OO.
- Grupo A – constituído pelos pares AA ou AO.
- Grupo B – formado pelos pares BB ou BO.
- Grupo AB – formado pelo par AB.

Suponha-se que o pai e a mãe sejam do grupo O: a constituição genética de ambos será OO; cada um deles só poderá fornecer aos filhos o fator O. Os filhos serão todos do grupo O. Se nesse casal nascer um filho dos grupos A, B ou AB, o marido tem base biológica segura para contestar a paternidade: o aglutinógeno A ou B que a criança apresenta, não provindo nem do pai nem da mãe, que não o possuem, proveio forçosamente de um terceiro.

A Comissão Médico-Legal da Associação Médica Norte-Americana apresentou as seguintes recomendações:

1. A lei de Von Dengern & Hiszfeld deve ser aplicada sem restrições nas perícias de investigação de paternidade (os aglutinógenos A e B não podem aparecer no sangue do filho, a não ser que existam no sangue de pelo menos um dos pais).

2. A lei de Bernstein (os indivíduos do grupo AB não podem ter filhos do grupo O; os indivíduos do grupo O não podem ter filhos do grupo AB) também deve ser aplicada, mas com a seguinte restrição: nos casos em que o suposto pai pertence ao grupo AB e a criança ao O, ou vice-versa, deve-se afirmar que o vínculo é extremamente improvável, isto é, que a hipótese de paternidade está excluindo com grande probabilidade vizinha a certeza.

Fatores M e N

Landsteiner & Levine, em 1927, revelaram a presença, nas hemácias humanas, de dois outros aglutinógenos independentes: são os aglutinógenos M e N.

Podemos encontrar três tipos de sangue humano:

1. O tipo M, que tem aglutinógeno M.
2. O tipo MN, que tem os aglutinógenos M e N.
3. O tipo N, que tem o aglutinógeno N.

As aglutininas para as reações com os aglutinógenos M e N são artificialmente obtidas mediante a imunização de coelhos em que se injetam glóbulos humanos portadores de um ou de outro dos referidos elementos. As propriedades aglutinantes relacionadas com os aglutinógenos M e N transmitem-se por hereditariedade. Há três constituições genéticas:

- Tipo M, constituído pelo par MM.
- Tipo N, constituído pelo par NN.
- Tipo MN, constituído pelo par MN.

As duas leis relacionadas a esses grupos são:

1. Os aglutinógenos M e N não podem aparecer no sangue do filho, a não ser que existam no sangue de pelo menos um dos pais.
2. Um genitor do tipo M não pode ter filho do tipo N; um genitor do tipo N não pode ter filho do grupo M.

A prova sanguínea, por ora, só permite excluir e não afirmar a paternidade.

Fatores Rh e rh

O fator Rh foi descoberto por Landsteiner & Weiner, em 1940. Esse fator foi preparado no sangue dos macacos *rhesus*, por isso o nome. No ser humano de raça branca, foi encontrado em 85% dos casos, sendo chamados Rh-positivos, estando ausente em pessoas da mesma raça em 15% dos casos, quando são então denominados Rh-negativos.

O complexo Rh é um verdadeiro mosaico.

Fator Hr

Levine encontrou anticorpos com especificidade diferente das aglutininas conhecidas Rg. Aglutinina todos os sangues Rh-negativos e alguns Rh-positivos, daí a designação de Hr.

Haptoglobinas

As haptoglobinas são proteínas que se incorporam à hemoglobina liberada pelas hemácias destruídas.

Ao nascer, 92% das pessoas não são passíveis de sofrer determinação; entre 1 e 2 meses, 52% o são. No indivíduo adulto, é possível a ausência das haptoglobinas.

Grupos P

Os resultados obtidos por esse sistema devem ser vistos com muita reserva, pois, além da dificuldade de obter os soros, a paternidade só poderá ser excluída com antígeno PI e o filho o tenha desenvolvido, ou quando diante de um cruzamento P2 × P2 com filho PI.

Sistema HLA

Esse sistema se fundamenta nas propriedades antigênicas existentes na superfície de todas as células nucleadas do organismo humano, excetuando-se, é claro, as hemácias, por não conterem núcleo. Esse sistema é conhecido como *Human Leucocyte Antigen* (HLA), porque os anticorpos produzidos por um organismo receptor são capazes de destruir leucócitos.

São conhecidos 19 fatores HLA da série A, 20 da série B, cinco da série C e oito da série D.

O resultado é positivo pela reação antígeno-anticorpo revelada pela destruição de linfócitos, com exceção da série D, cujo método é mais complexo.

Cada indivíduo tem dois fatores de cada série, levando-se em conta que é portador de dois genes para cada lócus: um no cromossomo materno e outro no cromossomo paterno.

A hereditariedade do sistema HLA é autossômica, dominante e monofatorial, ou seja, ele é transmitido tanto para o homem como para a mulher, não existem genes recessivos e não existe a combinação de genes com genótipos e fenótipos intermediários.

Vínculo Genético da Filiação pelo DNA

A impressão digital genética do DNA vem sendo defendida como um método de excelência pelo fato de se admitir estabelecer a paternidade ou a maternidade, contrariamente aos outros métodos tradicionais, que são unicamente de exclusão.

Os cromossomos são formados por ácidos nucleicos e proteínas, chamadas histonas, e ambos fazem parte de grandes moléculas de nucleoproteínas. O responsável pela transmissão da hereditariedade é um ácido nucleico chamado ácido desoxirribonucleico, o DNA, que é constituído de um radical fosfato, um açúcar (desoxirribose) e bases nitrogenadas, *as bases púricas e pirimídicas*. As *púricas* são a adenina e a guanina; as *pirimídicas* são a timina e a citosina. Verifica-se que a quantidade de timina é sempre igual à de citosina e a de adenina sempre igual à de guanina, sendo a proporção das duas primeiras sempre igual às das duas últimas.

Em 1958, Watson & Crick afirmaram que a molécula do DNA é formada por uma estrutura helicoidal dupla, cujos ramos estão ligados entre si por elementos químicos.

Os genes são formados por moléculas de DNA e são a unidade genética dos seres vivos. São arranjados em alelos, aos pares (materno e paterno), e é esse conjunto de DNA que compõe o novo indivíduo e dá origem a uma estrutura complexa, o cromossomo. O ser humano possui 46 cromossomos, sendo 23 de origem materna e 23 de origem paterna.

O DNA passa de indivíduo para indivíduo através da reprodução, constatando-se que os caracteres dos progenitores transmitem-se à descendência, com pequenas variações de uma mesma informação, resultantes da herança do pai e da mãe. A produção de variação na sequência de bases nitrogenadas que integram a molécula de DNA, transmitindo uma informação diferente, ocasionará o que se denomina mutação, ou seja, a alteração de um gene, capaz de ser transmitida à descendência.

A impressão digital do DNA foi descrita pelo cientista inglês Alec Jeffreys, do Departamento de Genética da Universidade de Leicester, Inglaterra, em 1985, por meio da engenharia genética. O termo impressão digital é empregado porque não há dois DNA semelhantes, de modo geral, a não ser em gêmeos idênticos. A chance de se obter a mesma impressão digital do DNA em indivíduos diferentes é de 1:30 milhões.

O DNA é extraído de células e fragmentado em várias partes, por enzimas, as quais são separadas por eletroforese, em gel de agarose. O material obtido é transferido por uma membrana de náilon, por meio da técnica de Southern Blotting. Em seguida, colocam-se as sondas radioativas que se ligam às regiões preferenciais e posteriormente são reveladas em raios X. O aspecto é de uma sequência de faixas, as bandas, que compõem para cada pessoa. As sondas são pequenos pedaços sintéticos de DNA que contêm um código genético complementar e que, portanto, podem ligar-se a certas regiões do DNA humano. Em 1991, a American Association of Blood Banks padronizou a metodologia do processo de análise por DNA e começou-se a utilizar as sondas *single-locus*, ou sondas unilocais, que localizam regiões precisas do DNA, originando padrões que podem ser reproduzidos, localizam alelos de fácil localização, tendo frequências de distribuição populacional definidas conforme o grupo étnico, e resultam em uma ou duas bandas no filme, facilitando a leitura e a interpretação.

As aplicações médico-legais da impressão digital genética do DNA podem contribuir para a investigação da paternidade e da maternidade; mesmo após a morte, pode-se fazer a exumação e estudar o DNA de restos cadavéricos e confrontar com amostras de sangue dos parentes próximos.

Outra maneira de utilização da impressão digital genética do DNA é na identificação de suspeitos, em situações como em determinados casos de criminalística, mediante amostras de material biológico encontradas em locais examinados, contribuindo para apontar autores ou excluir falsas imputações.

PCR

A PCR (*polymerase chain reaction* – reação em cadeia da polimerase) é uma amplificação de segmentos pré-selecionados de DNA, a partir de quantidades muito pequenas. É a técnica utilizada para a amplificação de pequeno número de fragmentos preservados de DNA entre um grande excesso de fragmentos deteriorados. Assim, é possível pesquisar DNA em múmias, dentes, ossos ou outros tecidos e manchas, em satélites. Satélite é um segmento arredondado, conectado ao corpo principal de um cromossomo por um filamento cromático. O estudo da PCR inclui amplificação de regiões genéticas hipervariáveis, usando-se sondas unilocais, atingindo os mesmos níveis de confiabilidade aplicados à metodologia tradicional de análise do DNA. Com isso, pode-se estabelecer vínculo genético entre vivos e mortos, quer analisando o DNA de pessoas ascendentes ou descendentes do falecido, quer pela análise de fragmentos de tecidos orgânicos do próprio falecido.

Por fim, o estudo do perfil do DNA, tanto no estudo da identificação humana em questões de interesse criminal como nas ações de determinação do vínculo genético de paternidade ou maternidade, constitui-se num instrumento valioso de prova.

▶ SEXOLOGIA CRIMINAL

Violência Sexual

A violência sexual é entendida como qualquer conduta que constranja a mulher a presenciar, a manter ou a participar de relação sexual não desejada, mediante intimidação, ameaça, coação ou uso da força; que a induza a comercializar ou utilizar, de qualquer modo, sua sexualidade, que a impeça de usar qualquer método contraceptivo ou que a force ao matrimônio, à gravidez, ao aborto ou à prostituição, mediante coação, chantagem, suborno ou manipulação; ou que limite ou anule o exercício de seus direitos sexuais e reprodutivos.

A violência sexual contra a mulher é fenômeno universal que atinge todas as classes sociais, etnias, religiões e culturas, ocorrendo em populações de diferentes níveis de desenvolvimento econômico e social.

A Convenção Interamericana para Prevenir, Punir e Erradicar a Violência contra a Mulher – Convenção de Belém do Pará/ONU considera como violência contra a mulher "todo ato baseado no gênero, que cause morte, dano ou sofrimento físico, sexual ou psicológico à mulher, tanto na esfera pública como privada".

Estima-se que a violência sexual atinja 12 milhões de pessoas a cada ano no mundo.

A violência sexual pode levar diretamente à gravidez indesejada ou a doenças sexualmente transmissíveis, entre elas, a infecção pelo HIV.

Em Medicina Legal, é comum o uso da expressão crimes sexuais para definir as práticas que lesam dolosamente a integridade sexual física ou moral da pessoa.

Em 7 de agosto de 2009, o Presidente da República, por intermédio do Congresso Nacional, decretou e sancionou a Lei 12.015, que altera o Título VI da Parte Especial do Decreto-Lei 2.848, de 7 de dezembro de 1940 – Código Penal, e o art. 1º da Lei 8.072, de 25 de julho de 1990, que dispõe sobre os crimes hediondos, nos termos do inciso XLIII do art. 5º da Constituição Federal, e revoga a Lei 2.252, de 1º de julho de 1954, que trata de corrupção de menores.

> *Art. 1º. Esta Lei altera o Título VI da Parte Especial do Decreto-Lei 2.848, de 7 de dezembro de 194 – Código Penal, e o art. 1º da Lei 8.072, de 25 de julho de 1990, que dispõe sobre os crimes hediondos, nos termos do **inciso XLIII do art. 5 – da Constituição Federal.***
>
> *Art. 2º. **O Título VI da Parte Especial do Decreto-Lei 2.848, de 7 de dezembro de 1940 – Código Penal**, passa a vigorar com as seguintes alterações:*
>
> ***TÍTULO VI***
> ***DOS CRIMES CONTRA A DIGNIDADE SEXUAL***
>
> ***CAPÍTULO I***
> ***DOS CRIMES CONTRA A LIBERDADE SEXUAL***
> ***ESTUPRO***
>
> ***Art. 213.*** *Constranger alguém, mediante violência ou grave ameaça, a ter conjunção carnal ou a praticar ou permitir que com ele se pratique outro ato libidinoso:*
>
> ***Pena*** *– reclusão, de 6 (seis) a 10 (dez) anos.*
>
> *§ 1º. Se da conduta resulta lesão corporal de natureza grave ou se a vítima é menor de 18 (dezoito) ou maior de 14 (catorze) anos:*
>
> ***Pena*** *– reclusão, de 8 (oito) a 12 (doze) anos.*
>
> *§ 2º. Se da conduta resulta morte:*
>
> ***Pena*** *– reclusão, de 12 (doze) a 30 (trinta) anos. " (NR)*
>
> ***Conjunção Carnal.*** *É a introdução Pênis/Vagina.*
>
> ***Ato libidinoso.*** *São atos praticados quer com o pênis, com os dedos ou com corpos estranhos, inclusive fora da vagina, mas sem chegar a penetrá-la, quando realizados com o pênis. Incluem a cópula anal (sodomia ou pederastia), cópulas ectópicas (oral, intermamária, interfemural, axilar, etc.).*
>
> ***Art. 214. Revogado pela Lei 12.015, de 7 de agosto de 2009.***
>
> ***VIOLAÇÃO SEXUAL MEDIANTE FRAUDE***
>
> ***Art. 215.*** *Ter conjunção carnal ou praticar outro ato libidinoso com alguém, mediante fraude ou outro meio que impeça ou dificulte a livre manifestação de vontade da vítima:*
>
> ***Pena*** *– reclusão, de 2 (dois) a 6 (seis) anos.*
>
> ***Parágrafo único.*** *Se o crime é cometido com o fim de obter vantagem econômica, aplica-se também multa. (NR)*
>
> ***Art. 216. (Revogado pela Lei 12.015, de 07-08-2009).***
>
> ***ASSÉDIO SEXUAL***
>
> ***Art. 216-A.*** *Constranger alguém com o intuito de obter vantagem ou favorecimento sexual, prevalecendo-se o agente da sua condição de superior hierárquico ou ascendência inerentes ao exercício de emprego, cargo ou função.*
>
> ***Pena*** *– detenção, de 1 (um) a 2 (dois) anos.*
>
> *§ 2º. A pena é aumentada em até um terço se a vítima é menor de 18 (dezoito) anos. (NR)*

CAPÍTULO II
DOS CRIMES SEXUAIS CONTRA VULNERÁVEL

Art. 217. Sedução (Revogado pela Lei 11.106, de 28-03-2005).

ESTUPRO DE VULNERÁVEL

Art. 217-A. *Ter conjunção carnal ou praticar outro ato libidinoso com menor de 14 (catorze) anos:*

Pena – *reclusão, de 8 (oito) a 15 (quinze) anos.*

§ 1º. *Incorre na mesma pena quem pratica as ações descritas no* **caput** *com alguém que, por enfermidade ou deficiência mental, não tem o necessário discernimento para a prática do ato, ou que, por qualquer outra causa, não pode oferecer resistência.*

§ 2º. (VETADO).

§ 3º. *Se da conduta resulta lesão corporal de natureza grave:*

Pena – *reclusão, de 10 (dez) a 20 (vinte) anos.*

§ 4º. *Se da conduta resulta morte:*

Pena – *reclusão, de 12 (doze) a 30 (trinta) anos.*

Art. 218. *Induzir alguém menor de 14 (catorze) anos a satisfazer a lascívia de outrem:*

Pena – *reclusão, de 2 (dois) a 5 (cinco) anos.*

Parágrafo único. *(VETADO). (NR)*

Satisfação de lascívia mediante presença de criança ou adolescente

Art. 218-A. *Praticar, na presença de alguém menor de 14 (catorze) anos, ou induzi-lo a presenciar, conjunção carnal ou outro ato libidinoso, a fim de satisfazer lascívia própria ou de outrem:*

Pena – *reclusão, de 2 (dois) a 4 (quatro) anos.*

Favorecimento da prostituição ou outra forma de exploração sexual de vulnerável
Art. 218-B. *Submeter, induzir ou atrair à prostituição ou outra forma de exploração sexual alguém menor de 18 (dezoito) anos ou que, por enfermidade ou deficiência mental, não tem o necessário discernimento para a prática do ato, facilitá-la, impedir ou dificultar que a abandone:*

Pena – *reclusão, de 4 (quatro) a 10 (dez) anos.*

§ 1º. *Se o crime é praticado com o fim de obter vantagem econômica, aplica-se também multa.*

§ 2º. *Incorre nas mesmas penas:*

I – quem pratica conjunção carnal ou outro ato libidinoso com alguém menor de 18 (dezoito) e maior de 14 (catorze) anos na situação descrita no **caput** *deste artigo;*
II – o proprietário, o gerente ou o responsável pelo local em que se verifiquem as práticas referidas no **caput** *deste artigo.*

§ 3º. *Na hipótese do inciso II do § 2º, constitui efeito obrigatório da condenação a cassação da licença de localização e de funcionamento do estabelecimento.*

AÇÃO PENAL

Art. 225. *Nos crimes definidos nos Capítulos I e II deste Título, procede-se mediante ação penal pública condicionada à representação.*

Parágrafo único – *Procede-se, entretanto, mediante ação penal pública incondicionada se a vítima é menor de 18 (dezoito) anos ou pessoa vulnerável. (NR).*

Aumento de Pena

Art. 226. *A pena é aumentada:*

I – de quarta parte, se o crime é cometido com o concurso de 2 (duas) ou mais pessoas;

II – da metade, se o agente é ascendente, padrasto ou madrasta, tio, irmão, cônjuge, companheiro, tutor, curador, preceptor ou empregador da vítima ou por qualquer outro título tem autoridade sobre ela;

III – Revogado pela Lei 11.106, de 28-03-2005.

CAPÍTULO V
DO LENOCÍNIO E DO TRÁFICO DE PESSOA PARA FIM DE PROSTITUIÇÃO OU OUTRA FORMA DE EXPLORAÇÃO SEXUAL

Favorecimento da prostituição ou outra forma de exploração sexual

Art. 228. *Induzir ou atrair alguém à prostituição ou outra forma de exploração sexual, facilitá-la, impedir ou dificultar que alguém a abandone:*

Pena – *reclusão, de 2 (dois) a 5 (cinco) anos e multa.*

§ 1º. *Se o agente é ascendente, padrasto, madrasta, irmão, enteado, cônjuge, companheiro, tutor ou curador, preceptor ou empregador da vítima, ou se assumiu, por lei ou outra forma, obrigação de cuidado, proteção ou vigilância:*

Pena – *reclusão, de 3 (três) a 8 (oito) anos.*

(§ 1º com redação determinada pela Lei 12.015, de 7 de agosto de 2009.)
§ 2º. *Se o crime é cometido com emprego de violência, grave ameaça ou fraude:*

Pena – *reclusão, de 4 (quatro) a 10 anos, além da pena correspondente à violência.*

§ 3º. *Se o crime é cometido com o fim de lucro, aplica-se também multa.*

Art. 229. *Manter, por conta própria ou de terceiro, estabelecimento em que ocorra exploração sexual, haja, ou não, intuito de lucro ou mediação direta do proprietário ou gerente:*

Pena – reclusão, de 2 (dois) a 5 (cinco) anos e multa.

RUFIANISMO

Art. 230. *Tirar proveito da prostituição alheia, participando diretamente de seus lucros ou fazendo-se sustentar, no todo ou em parte, por quem a exerça:*

Pena – *reclusão, de 1 (um) a 4 (quatro) anos e multa.*

§ 1º. *Se a vítima é menor de 18 (dezoito) e maior de 14 (catorze) anos ou se o crime é cometido por ascendente, padrasto, madrasta, irmão, enteado, cônjuge, companheiro, tutor ou curador, preceptor ou empregador da vítima, ou por quem assumiu, por lei ou outra forma, obrigação de cuidado, proteção ou vigilância:*

Pena – *reclusão, de 3 (três) a 6 (seis) anos e multa.*

§ 2º. *Se o crime é cometido mediante violência, grave ameaça, fraude ou outro meio que impeça ou dificulte a livre manifestação da vontade da vítima:*

Pena *– reclusão, de 2 (dois) a 8 (oito) anos, sem prejuízo da pena correspondente à violência. (NR)*

TRÁFICO INTERNACIONAL DE PESSOA PARA FIM DE EXPLORAÇÃO SEXUAL

Art. 231. *Promover ou facilitar a entrada, no território nacional, de alguém que nele venha a exercer a prostituição ou outra forma de exploração sexual, ou a saída de alguém que vá exercê-la no estrangeiro.*

Pena *– reclusão, de 3 (três) a 8 (oito) anos.*

§ 1º. *Incorre na mesma pena aquele que agenciar, aliciar ou comprar a pessoa traficada, assim como, tendo conhecimento dessa condição, transportá-la, transferi-la ou alojá-la.*

§ 2º. *A pena é aumentada da metade se:*

I – a vítima é menor de 18 (dezoito) anos;

II – a vítima, por enfermidade ou deficiência mental, não tem o necessário discernimento para a prática do ato;

III – se o agente é ascendente, padrasto, madrasta, irmão, enteado, cônjuge, companheiro, tutor ou curador, preceptor ou empregador da vítima, ou se assumiu, por lei ou outra forma, obrigação de cuidado, proteção ou vigilância; ou

IV – há emprego de violência, grave ameaça ou fraude.

§ 3º *Se o crime é cometido com o fim de obter vantagem econômica, aplica-se também multa. (NR)*

TRÁFICO INTERNO DE PESSOA PARA FIM DE EXPLORAÇÃO SEXUAL

Art. 231-A. *Promover ou facilitar o deslocamento de alguém dentro do território nacional para o exercício da prostituição ou outra forma de exploração sexual:*

Pena *– reclusão, de 2 (dois) a 6 (seis) anos.*

§ 1º. *Incorre na mesma pena aquele que agenciar, aliciar, vender ou comprar a pessoa traficada, assim como, tendo conhecimento dessa condição, transportá-la, transferi-la ou alojá-la.*

§ 2º. *A pena é aumentada da metade se:*

I – a vítima é menor de 18 (dezoito) anos;

II – a vítima, por enfermidade ou deficiência mental, não tem o necessário discernimento para a prática do ato;

III – se o agente é ascendente, padrasto, madrasta, irmão, enteado, cônjuge, companheiro, tutor ou curador, preceptor ou empregador da vítima, ou se assumiu, por lei ou outra forma, obrigação de cuidado, proteção ou vigilância; ou

IV – há emprego de violência, grave ameaça ou fraude.

§ 3º. *Se o crime é cometido com o fim de obter vantagem econômica, aplica-se também multa. (NR)*

Art. 3º. *O Decreto-Lei 2.848, de 1940, Código Penal, passa a vigorar acrescido doa seguintes arts. 217-A, 218-A, 218-B, 234-A, 234-B e 234-C.*

Art. 232. Revogado pela Lei 12.025, de 07-08-2009.

CAPÍTULO VI
DO ULTRAJE PÚBLICO AO PUDOR

Ato obsceno

Art. 233. *Praticar ato obsceno em lugar público ou aberto ou exposto ao público:*

Pena *– detenção, de 3(três) meses a 1(um) ano ou multa.*

Escrito ou objeto obsceno

Art. 234. *Fazer, importar, exportar, adquirir ou ter sob sua guarda, para fim de comércio, de distribuição ou de exposição pública, escrito, desenho, pintura, estampa ou qualquer objeto obsceno:*

Pena *– detenção, de 6 (seis) meses a 2 (dois) anos ou multa.*

Parágrafo único: *Incorre na mesma pena quem:*

I – vende, distribui ou expõe à venda ou ao público qualquer dos objetos referidos neste artigo;

II – realiza, em lugar público ou acessível ao público, representação teatral, ou exibição cinematográfica de caráter obsceno, ou qualquer outro espetáculo, que tenha o mesmo caráter;

III – realiza, em lugar público ou acessível ao público, ou pelo rádio, audição ou recitação de caráter obsceno.

CAPÍTULO VII
DISPOSIÇÕES GERAIS

Aumento de pena

Art. 234-A. Nos crimes previstos neste Título a pena é aumentada:
I – (Vetado);
II – (Vetado);

III – de metade, se do crime resultar gravidez; e

IV – de um sexto até a metade, se o agente transmite à vítima doença sexualmente transmissível de que sabe ou deveria saber ser portador.

Art. 234-B. *Os processos em que se apuram crimes definidos neste Título correrão em segredo de justiça.*

Art. 234-C. (VETADO).

Art. 4º. O art. 1º da Lei 8.072, de 25 de julho de 1990, Lei de Crimes Hediondos, passa a vigorar com a seguinte redação:

Art. 1º....

V – Estupro (art. 213, caput e §§ 1º e 2º);

VI – Estupro de Vulnerável *(art. 217 – A, caput e §§ 1º, 2º, 3º e 4º);* ....

(NR)

Art. 5º. A Lei 8.069, de 13 de julho de 1990, *passa a vigorar acrescida do seguinte artigo:*

Art. 244-B. *Corromper ou facilitar a corrupção de menor de 18 (dezoito) anos, com ele praticando infração penal ou induzindo-o a praticá-la:*

Pena *– reclusão, de 1 (um) a 4 (quatro) anos.*

*§ 1º. Incorre nas penas previstas no **caput** deste artigo quem pratica as condutas ali tipificadas utilizando-se de quaisquer meios eletrônicos, inclusive salas de bate-papo da internet.*

*§ 2º. As penas previstas no **caput** deste artigo são aumentadas de um terço no caso de a infração cometida ou induzida estar incluída no rol do **art. 1º da Lei 8.072, de 25 de julho de 1990.***

Art. 6º. Esta lei entra em vigor na data de sua publicação.

Art. 7º. Revogam-se os arts. 214 (Atentado violento ao pudor), 216 (Atentado ao pudor mediante fraude), 223 (Formas qualificadas), 224 (Presunção de violência) e 232 (Tráfico interno de pessoas) do Decreto-Lei 2.848, de 7 de dezembro de 1940 – Código Penal, e a Lei 2.252, de 1º de julho de 1954.

Perícia

A perícia em Sexologia Criminal tem um significado muito particular e grave em razão dos fatos e circunstâncias que ela encerra: a complexidade das estruturas estudadas e a delicadeza do momento.

O laudo deve ser redigido em linguagem clara, objetiva, inteligível e simples, sem a presunção das tipificações penais, mas de modo a oferecer àqueles que venham a analisá-lo condições de uma compreensão fácil sobre o fato que se quer apurar. Devem ser descritas minuciosamente as lesões e as particularidades ali encontradas, ajudando a entender a quantidade e a qualidade do dano, assim como o modo ou a ação pela qual foram aquelas produzidas.

É de suma importância que o exame seja realizado em local recatado – em respeito à dignidade e à privacidade de quem se examina –, mas em ambiente com condições de higiene e de fácil e tranquila visualização dos possíveis achados periciais, sendo recomendável que o exame seja realizado em mesas ginecológicas com suporte para os pés e com a presença de um familiar adulto ou pessoa de confiança da vítima, ou de enfermeira.

O perito deve escrever minuciosamente as lesões e as particularidades, quando existentes, explorando as características que elas encerram e respondendo com clareza aos quesitos formulados. Deve realizar uma anamnese completa: nome e idade da vítima, local de ocorrência, quantos agressores, características físicas do agressor, meios de ameaça utilizados, horário da ocorrência, se o agressor estava alcoolizado ou havia utilizado droga, se usou camisinha e o local da agressão na vítima (sexo oral, anal ou vaginal).

Em face da gravidade que cerca algumas das infrações em que resultam tais exames, exige-se que o indicado para essa perícia médico-legal seja alguém não apenas com habilitação legal e profissional em Medicina, mas que tenha também a capacitação e a experiência necessárias no trato dessas questões, pois para tanto não se exige apenas o título de médico, mas educação médico-legal, conhecimento da legislação que rege a matéria, noção clara da maneira como deverá responder aos quesitos e prática na redação de laudo.

Metodologia

A perícia para comprovação de conjunção carnal deve ser realizada levando em conta os seguintes aspectos: (a) histórico da vítima e (b) exame subjetivo e objetivo. No exame subjetivo devem ser considerados, nas condições psíquicas da vítima, todos os sinais e sintomas que possam ser anotados quanto a seu desenvolvimento mental incompleto ou retardado, ou mesmo a um transtorno mental, no sentido de permitir caracterizar agravamento ou tipificações penais.

No exame objetivo genérico, leva-se em conta o aspecto geral da vítima, como peso, estatura, estado geral, lesões e alterações corporais sugestivas de violência física. Em casos sugestivos, devem ser pesquisados sinais de presunção e de probabilidade de gravidez na esfera genital e extragenital da examinada.

Anatomia da Genitália Feminina

O órgão genital externo da mulher – a vulva – é composto por uma série de estruturas, a saber: formações labiais (lábios maiores e lábios menores); o espaço interlabial; e o aparelho erétil (clitóris e os bulbos da vagina).

Formações Labiais

São duas pregas cutâneas a cada lado (lábios maiores e lábios menores), que constituem as paredes laterais da vulva. Na porção anterior, os lábios maiores se continuam com o monte de vênus; na porção posterior, com o períneo.

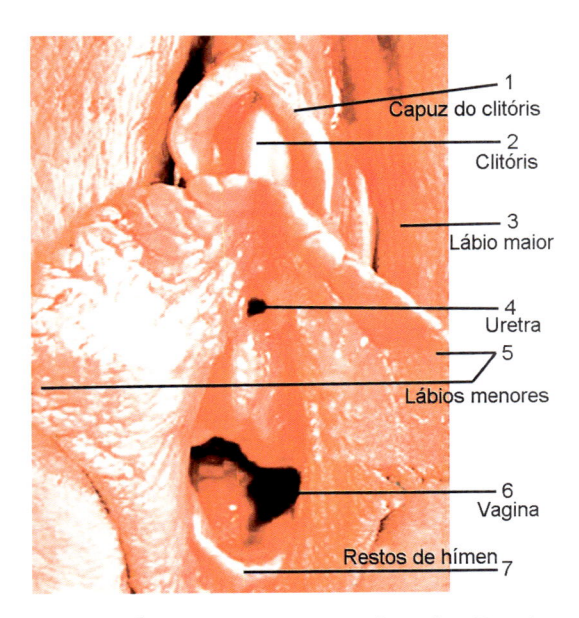

1 Capuz do clitóris
2 Clitóris
3 Lábio maior
4 Uretra
5 Lábios menores
6 Vagina
7 Restos de hímen

Figura 14.31 ▸ Órgãos genitais externos da mulher (Foto: internet.)

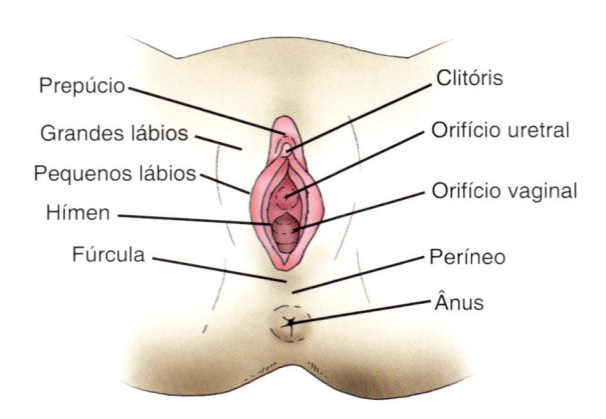

Prepúcio
Grandes lábios
Pequenos lábios
Hímen
Fúrcula

Clitóris
Orifício uretral
Orifício vaginal
Períneo
Ânus

Figura 14.32 ▶ Órgãos genitais externos da mulher

Monte de Vênus

Proeminência arredondada, também chamada púbis, localizada na parte anterior da vulva, na projeção da sínfise pubiana, interligando as regiões inguinais, o monte de vênus têm uma espessura de 2 a 3cm, nas pessoas adultas, podendo chegar até 7 ou 8cm nas mulheres obesas. Não possui pelos durante a infância e, a partir da puberdade, cobre-se de pelos longos, grossos e resistentes: os pelos pubianos. O revestimento cutâneo estende-se sobre um volumoso pacote de tecido celular subcutâneo, rico em panículo adiposo entremeado com fibras elásticas.

Lábios Maiores

Pregas cutâneas que medem de 7 a 8cm de comprimento, por 2 a 3cm de espessura, os lábios maiores ocupam a parte mais externa da vulva. Firmes e túrgidos, desde a infância até a idade adulta, tornam-se flácidos e emaciados com o passar do tempo.

Prolongam-se da frente para trás, sendo achatados transversalmente e exibindo: duas faces (externa e interna), duas bordas (superior e inferior) e duas extremidades (anterior e posterior).

A face externa é convexa, de cor mais escura e coberta de pelos, faceando a coxa, da qual está separada pelo sulco genitocrural. A face interna é de cor escura com pelos somente em sua parte inferior, mas de cor rósea e sem pelos na parte superior, que contata medialmente com o lábio menor, do qual está separado pelo sulco interlabial. A borda superior ou aderente é grossa e acompanha os ramos isquiopubianos. A borda inferior ou livre é bem mais adelgaçada que a superior, mostra-se convexa da frente para trás, sendo certo que na linha mediana delimita a fenda vulvar, como lábio maior contralateral. As duas extremidades reúnem-se na frente e atrás, no nível da linha mediana, para formar as comissuras da vulva: anterior e posterior. A comissura anterior, em forma de arco, continua-se com o monte de vênus; a comissura posterior ou fúrcula, adelgaçada e muito aparente, delimita em sua frente a fossa navicular.

Logo abaixo do revestimento cutâneo, os lábios maiores apresentam fibras musculares lisas. Na parte central dos lábios maiores, e sob a forma de um leque tendíneo, termina o ligamento redondo.

Lábios Menores

Pregas cutâneas localizadas medialmente em relação às acima descritas, medem de 35 a 50mm de comprimento por 10 a 15mm de espessura. Orientados da mesma maneira que os lábios maiores, apresentam, como estes, duas faces (externa e interna), duas bordas (superior e inferior) e duas extremidades (anterior e posterior).

A face externa, plana, se defronta com a face interna do lábio maior ipsilateral. A face interna ou medial, plana, se corresponde com a face medial do lábio menor contralateral. Ambas as faces são róseas. A borda superior ou aderente está encostada no bulbo da vagina. A borda inferior ou livre, convexa e delgada, flutua na fenda vulvar, sendo certo que em circunstâncias especiais essas bordas podem sobressair, desde alguns milímetros até centímetros, entre a fenda delimitada pelos lábios maiores, exibindo essa porção intensa pigmentação melânica. A extremidade anterior divide-se em dois folhetos: um muito curto, de localização posterior, que se insere na face posterior do clitóris, e o outro anterior, mais largo, e que se integra do lado contrário para formar o prepúcio do clitóris. A extremidade posterior, mais delgada que a precedente, perde-se na face medial do lábio maior ipsilateral.

Espaço Interlabial

O espaço interlabial, localizado entre os lábios direito e esquerdo, tem uma forma afunilada, em cujo fundo, que se estende da frente para trás, apresenta o vestíbulo, o meato urinário, o orifício inferior da vagina e o hímen.

Vestíbulo

Pequena região triangular, lisa, de cor rósea, limitada em ambos os lados pelos lábios menores, na frente pelo clitóris e, posteriormente, pelo meato urinário e o orifício inferior da vagina.

Meato Urinário

Representa o orifício inferior da uretra e se localiza na parte posterior do vestíbulo, entre este e o orifício inferior da vagina. Sua forma é variável, desde uma pequena fenda longitudinal, ou com formato arredondado ou estrelado, ora superficial, ora mais ou menos afundado, profundo.

Orifício Inferior da Vagina

O óstio vaginal apresenta diferenças segundo se trate de uma mulher virgem ou de uma mulher não vir-

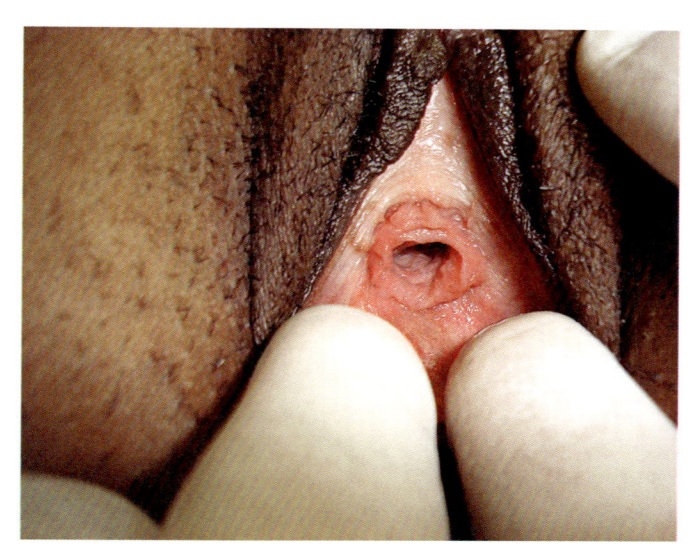

Figura 14.33 ▸ Hímen (Cedida pelo Dr. Marcelo Mari de Castro, Médico-legista/IML de Belo Horizonte.)

gem; nestas últimas, é um orifício oval, de eixo maior anteroposterior, em cujo contorno a mucosa vaginal se continua com a mucosa do vestíbulo e com os lábios menores. Na mulher virgem, o orifício inferior da vagina está em grande parte obliterado por uma membrana delgada: o hímen.

Hímen

Septo membranoso, coberto bilateralmente por revestimento mucoso, de disposição horizontal quando a mulher está em pé e vertical quando está reclinada em decúbito dorsal, representa um vestígio do bulbo sinovaginal, parcialmente reabsorvido entre o quarto e o sexto mês de desenvolvimento embrionário.

Aparelho Erétil

O aparelho erétil é constituído por um órgão mediano, o clitóris, e dois órgãos laterais, os bulbos da vagina.

Clitóris

O clitóris é um órgão ímpar e mediano, homólogo ao pênis masculino, localizado na parte superior e anterior da vulva.

Tem formato cilíndrico, medindo de 60 a 70mm de comprimento por 6 a 7mm de diâmetro. De seu comprimento, 30mm correspondem às raízes, 30 a 35mm ao corpo e 5 a 8mm à glande.

O clitóris contém uma porção oculta e uma porção livre. A porção oculta está localizada por cima dos lábios maiores. A porção livre está coberta, por cima, pelo prepúcio do clitóris e, por baixo, encontra-se unida aos lábios menores por uma forte prega mucosa, o frênulo.

Bulbos da Vagina

São estruturas pares, uma direita e uma esquerda, e representam, na mulher, o bulbo uretral masculino, sendo, contudo, um órgão erétil imperfeito.

Medem, em média, 30mm de comprimento, 15mm de largura e 8 a 10mm de espessura.

Têm formato ovoide de base posterior e são achatados no sentido lateromedial. Apresentam duas faces, duas bordas e duas extremidades: a face externa, convexa, coberta pelo músculo constritor da vagina, e a face interna, côncava, abraçando a uretra, a vagina e a glande bulbovaginal. Sua borda inferior se corresponde com a base dos lábios menores e a borda superior está relacionada com a aponeurose perineal média. Sua extremidade posterior é arredondada, descendo até as proximidades da fossa navicular, enquanto a extremidade anterior é delgada e apontada, ligando-se na linha mediana com a extremidade anterior do bulbo contralateral.

Anatomia da Região Anal

O ânus é um canal de 15 a 20mm de altura, situado na espessura do assoalho da bacia, estrutura pela qual termina o tubo digestivo.

Localiza-se no fundo do sulco interglúteo, 20 a 25mm à frente do cóccix, algo mais anterior na mulher do que no homem.

O ânus, no estado de repouso, fica reduzido a uma fenda ou a um ponto, de cuja circunferência parte um número variável de pregas: as pregas radiadas do ânus. As pregas radiadas são funcionais, na medida em que possibilitam a distensão, chegando a apagar-se quando da passagem das fezes.

A pele que rodeia o orifício anal – a margem do ânus – é delgada, avermelhada, úmida e desprovida de pelos e glândulas. Interiormente, o canal anal apresenta, por cima das válvulas semilunares, a zona mucosa supra-anal ou zona intermediária, área de transição entre o revestimento cutâneo do ânus e a mucosa retal propriamente dita.

A margem do ânus continua-se com o revestimento cutâneo da pele do períneo e do sulco interglúteo. A grande diferença dessa pele em relação à da margem é que ela apresenta pelos e glândulas. As glândulas são sebáceas e sudoríparas modificadas (apócrinas, oriundas da linha mamária embrionária). O número de pelos é muito maior no homem do que na mulher, sendo a pele das regiões perineal e interglútea da mulher quase sem pelos.

Considerações Médico-Legais sobre o Hímen

O hímen (membrana, película), como seu nome indica, é apenas uma membrana de escassa espessura – vestígio embrionário da reabsorção do bulbo sinovaginal, gerado pelo contato mülleriano-vestibular – que se situa logo na entrada do canal vaginal, oblite-

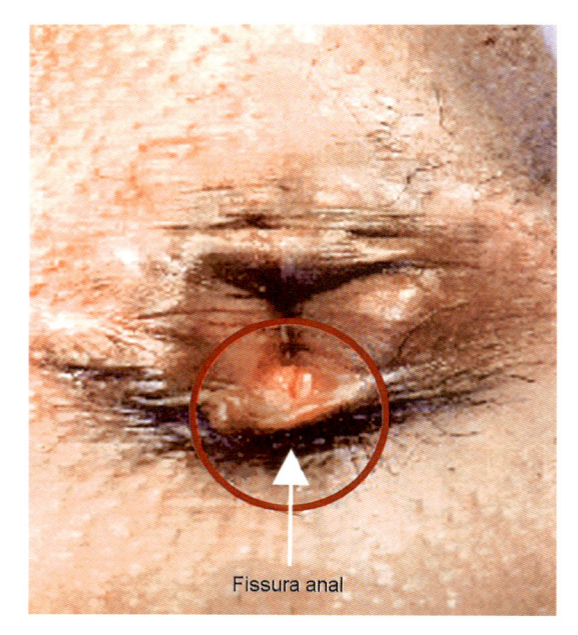

Figura 14.34 ▸ Região anal (Retirada da internet.)

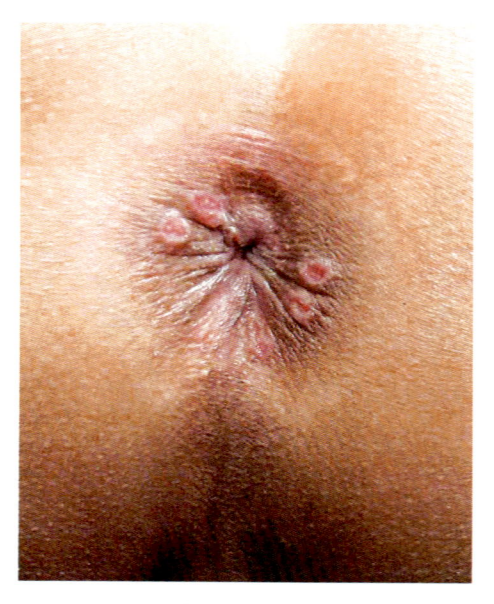

Figura 14.35 ▸ Região anal – Lesões anais (Cedida pelo Dr. Marcelo Mari de Castro, Médico-legista/IML de Belo Horizonte.)

rando parcialmente seu orifício externo, o óstio vaginal. Sua localização é mais profunda nas meninas, até a puberdade, e paulatinamente vai se tornando mais superficial nas adolescentes, nas mulheres adultas e nas mais idosas.

A característica mais frequente do hímen é uma membrana delgada, dotada de um orifício central ou excêntrico e situada na entrada da vagina.

Anatomicamente, o hímen possui uma borda livre que delimita seu óstio e outra de inserção, que se continua com a mucosa vulvovaginal. A parte do hímen

visível durante o exame médico-legal, que abrange a membrana estendida desde a borda inserta até a borda livre, é denominada orla. A orla tem uma face vestibular (externa ou vulvar), de origem ectodérmica, que se confronta com o vestíbulo, e outra vaginal, mülleriana, situada do lado da vagina.

Histologicamente, o hímen é constituído por uma lâmina de estroma conjuntivo, com fibras elásticas e colágenas em quantidade variável, bem-vascularizado e inervado, recoberto, em ambas as faces, por epitélio estratificado plano.

As variações individuais desses elementos constitucionais – estroma, fibras elásticas e fibras colágenas – influenciam a consistência da membrana. Assim, encontramos:

- hímens carnosos (membrana espessa, rica em estroma, com muita substância fundamental ou amorfa), que são os mais frequentes;
- hímens fibrosos (com estroma, ricos em fibras colágenas);
- hímens elásticos (com estroma, ricos em fibras elásticas);
- "hímens coriáceos ou "em couro de tamborim" (com estroma escasso, mas muito rico em fibras colágenas) etc.

O óstio pode apresentar uma amplitude variável, sendo a borda livre da orla ora lisa, ora anfractuosa, quando mostra entalhes ou reentrâncias congênitas.

O exame do hímen não é uma tarefa fácil. As principais dificuldades que podem ser encontradas dizem respeito a estabelecer:

- diagnóstico diferencial entre roturas completas e incompletas;
- diagnóstico diferencial entre roturas incompletas e entalhes congênitos;
- diagnóstico diferencial entre roturas recentes e cicatrizadas;
- caracterização de hímens de difícil conceituação e/ou diagnóstico: os complacentes, os franjados e os infantis;
- reconhecimento no hímen de vestígios indicativos de prática de atos libidinosos diversos da conjunção carnal: cópula vulvovestibular, toque ou manipulação digital, utilização de instrumentos mecânicos diferentes do pênis etc.

Para caracterizar um hímen, levam-se em consideração:

- o formato da orla (anular, semilunar etc.);
- a altura da orla (alta, média, baixa ou muito baixa, nos hímens complacentes);
- a localização do óstio himenal;
- as peculiaridades do orifício;
- a ocorrência de entalhes ou irregularidades naturais ou congênitas da borda livre da orla.

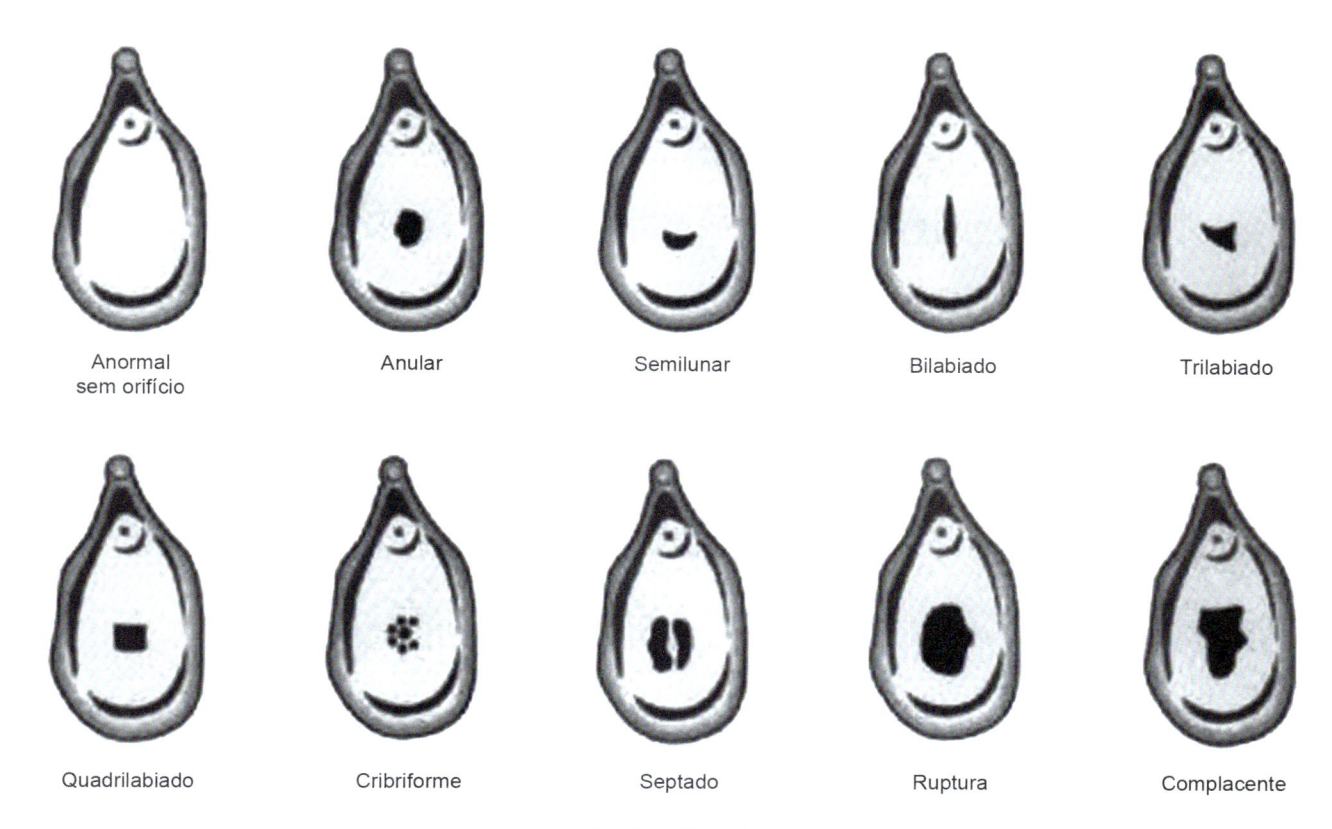

Anormal sem orifício · Anular · Semilunar · Bilabiado · Trilabiado

Quadrilabiado · Cribriforme · Septado · Ruptura · Complacente

Figura 14.36 ▶ Tipos de hímen

A classificação utilizada para caracterizar o hímen é a apresentada por Meira:

1. Sem orifício: imperfurados.

2. Com orifício:

2.1 Único:

2.1.1 sem comissuras: puntiformes, anulares, semilunares, helicoidais, ovais, elípticos (centrais ou excêntricos), em ferradura, septados incompletos (cordiforme, cordiforme invertido, com septo lateral, com dois septos incompletos, anteroposteriores ou laterais);

2.1.2 com comissuras: bilabiados longitudinais ou transversais, trilabiados, quadrilabiados, multilabiados;

2.2 Mais de um orifício: septados completos, laterais, longitudinais, três ou mais orifícios, cribriformes.

3. Atípicos.

Os hímens mais frequentes são:

- os hímens semilunares, com formato de meia-lua ou ferradura, sem orla na região anterior e com orla mais alta nos quadrantes posteriores;

- os hímens anulares, de óstio circular e orla completa em volta, às vezes ligeiramente mais larga nos quadrantes posteriores, o que torna o óstio ligeiramente excêntrico para frente.

Após o parto, em que o traumatismo da passagem da cabeça fetal é bastante significativo, o hímen fica reduzido a pequenas saliências cicatriciais, que tomam o nome de carúnculas mirtiformes.

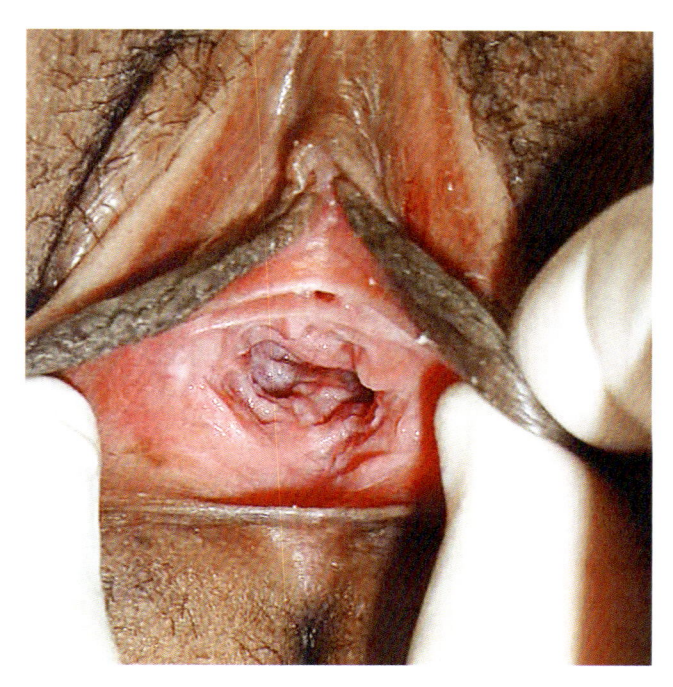

Figura 14.37 ▶ Carúnculas mirtiformes (Cedida pelo Dr. Marcelo Mari de Castro, Médico-legista/IML de Belo Horizonte.)

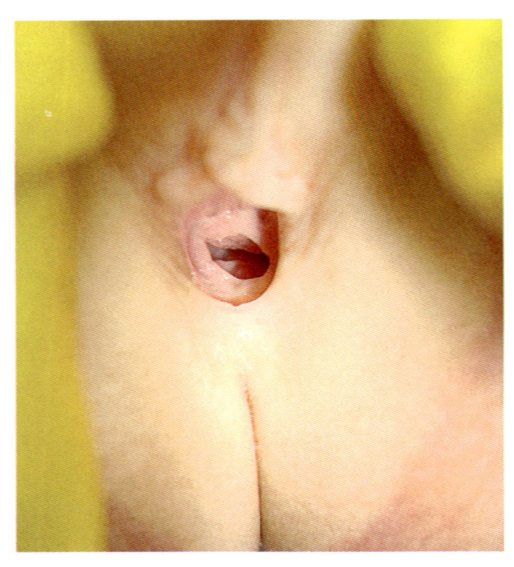

Figura 14.38 ▸ Hímen infantil (Cedida pelo Dr. Marcelo Mari de Castro, Médico-legista/IML de Belo Horizonte.)

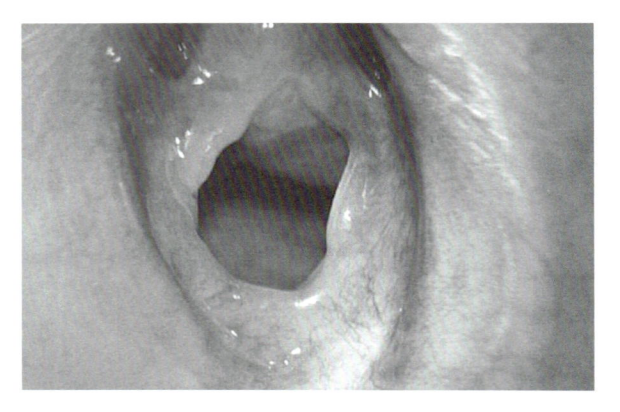

Figura 14.39 ▸ Hímen complacente (Cuadernos de Medicina Forense. Mayo 2003, 2; 1:27-32.)

Hímen Complacente

O hímen complacente apresenta uma pequena borda (2mm de altura) de consistência elástica, orifício central e amplo.

Teixeira (1977) relata que a incidência do hímen complacente é de 11,4% (57 casos em uma série de 500 mulheres examinadas).

Em estudo realizado no Instituto Médico-Legal Oscar de Castro, da Paraíba, de 1.570 casos estudados durante o período de 1965 a 1974, o percentual de mulheres com hímen complacente foi de 22%.

Afrânio Peixoto, estudando 1.800 hímens, observados no Instituto Médico-Legal entre 1907 e 1912, apurou que 188 eram complacentes, o que representa a proporção de cerca de 10%. Jacinto de Barros encontrou, em sua estatística pessoal, 14,5% de hímens complacentes. Antenor Costa, em 500 casos pessoais, apurou a proporção de 22,6%. Miguel Sales encontrou 33%. Nuno Lisboa, em tese de concurso sobre hímens complacentes, encontrou,

em 189 casos, 49 complacentes, ou seja, 21,6%. Este último autor chama a atenção para a alta frequência de hímens complacentes em mulheres negras e mulatas, nas quais a complacência himenal sobe para 70%.

Nos casos de hímens complacentes, o perito, não podendo orientar-se pela rotura da membrana, que permanece intacta, pode lançar mão de outros elementos, como a presença de esperma na cavidade vaginal, gravidez e doenças sexualmente transmissíveis.

No exame da paciente-vítima, deve ser verificada a possibilidade de uma complacência da membrana, levando em consideração: a altura da orla do hímen, a abertura do óstio, a existência de entalhes congênitos e a estrutura da membrana (elástica, de certa espessura ou, pelo contrário, muito tênue).

No intuito de constatar ou denegar a complacência himenal, com a paciente em posição ginecológica, deve-se solicitar à examinanda que faça uma inspiração profunda, feche a glote e faça força, como se pretendesse defecar. Essa manobra – manobra de Valsalva – fará com que a orla himenal se distenda em toda a sua amplitude, permitindo ratificar as medições que foram efetuadas durante o primeiro exame.

Exame Ginecológico em Sexologia Forense

O exame ginecológico, com a finalidade de verificar a integridade himenal e/ou a existência de lesões, não deve ser realizado somente por um perito. O ideal é que o examinador o faça acompanhado de outro médico-legista ou, em caso de sua ausência no momento, de uma enfermeira, que o auxiliará nas manobras e evitará que se possa atribuir a provocação de lesões ao próprio examinador.

Se a vítima for menor de idade, isso deixa de ser uma recomendação e passa a ser uma exigência, de modo que uma pessoa próxima (mãe, avó, tia ou responsável) esteja presente no consultório e possa acompanhá-la, visando dar maiores transparência e confiabilidade ao ato.

A paciente deve ser colocada em posição ginecológica, com as coxas bem afastadas, de modo que se tenha uma boa exposição dos genitais externos.

Examinam-se, em primeiro lugar, os órgãos genitais externos, à procura de traumatismos que mostram a ocorrência de uma violência local. A seguir, o examinador deve: segurar, com as duas mãos, entre os polegares e os indicadores, os lábios maiores e menores, na sua porção média; simultaneamente, exercer tração para os dois lados, para baixo e em sua direção.

Após essa manobra, o hímen ficará exposto, permitindo o estudo de suas características morfológicas e a observação de lesões traumáticas.

O exame poderá ser complementado com o auxílio do colposcópio (iluminação específica e amplificação de imagens).

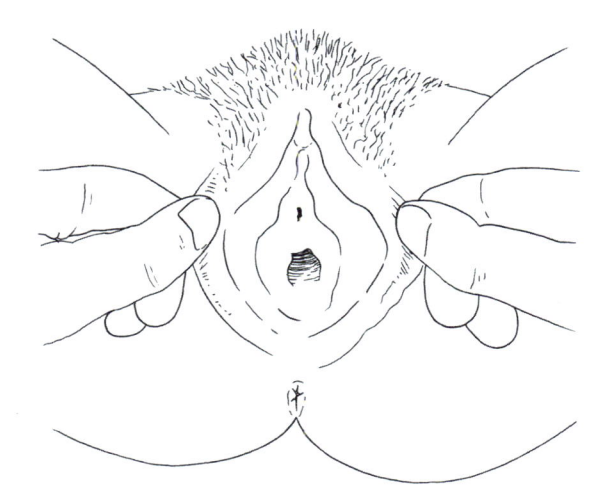

Figura 14.40 ▸ Técnica para exame do hímen (De Franchini, *op. cit.*, p. 336.)

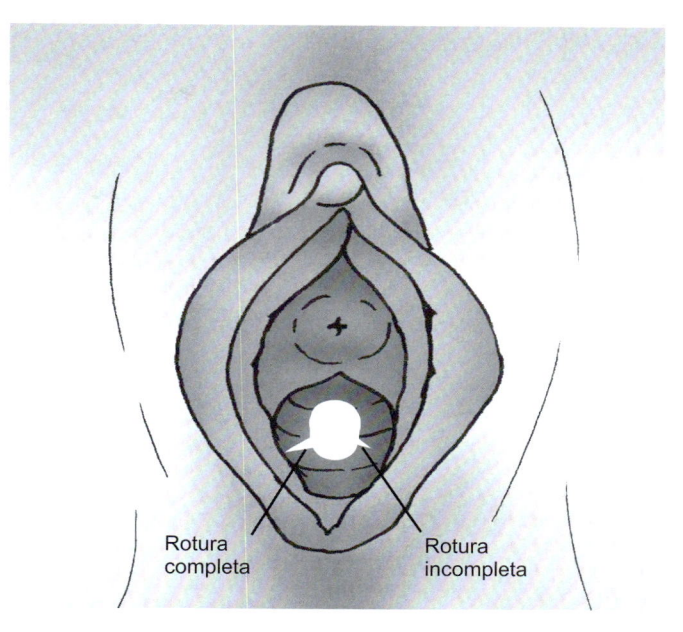

Figura 14.42 ▸ Representação esquemática de roturas em um hímen

horas". Isso porque a orla himenal é sempre um pouco mais alta nesse local. Pode ocorrer sangramento local, geralmente mínimo após a rotura himenal.

As roturas recentes podem apresentar retalhos sangrantes, com hiperemia, edema, equimose e exsudato fibrinoso ou fibrinopurulento, em caso de infecção local.

Aos poucos, a equimose, o edema e o exsudato fibrinoso são reabsorvidos e aparecem fenômenos cicatriciais tardios, acompanhados de hiperemia inicial, na área rompida, que vai se recobrindo por epitélio neoformado de cor rósea, tendendo ao branco. Quando esse epitélio recobre totalmente a área rompida, diz-se que a rotura não é mais recente, mas que está cicatrizada. Ocorre somente a cicatrização das bordas cruentas, e não a reunião dos retalhos himenais.

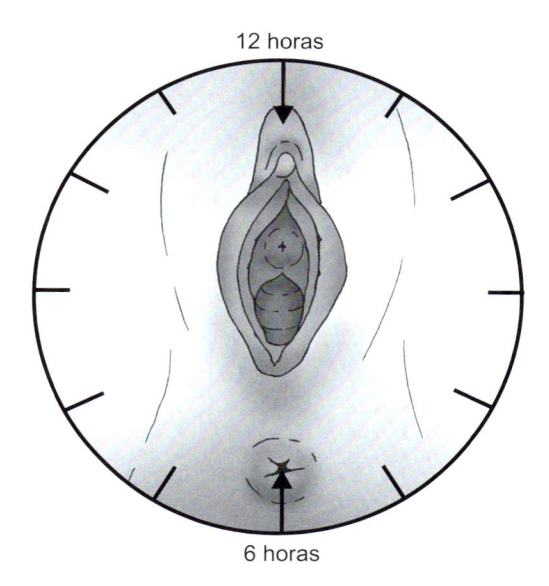

Figura 14.41 ▸ Método cronométrico de Lacassagne

Roturas Himenais

A rotura himenal é uma solução de continuidade radial, a partir da borda livre. Pode ser única ou, menos comumente, múltipla. Quando se estende por toda a orla e atinge a borda de inserção, a rotura é dita completa; quando não atinge a borda de inserção, é denominada incompleta.

O tempo necessário para a consolidação da rotura é variável. Encontram-se na literatura relatos de observações que variam de 3 até 30 dias. Com lesões de menores tamanho e gravidade, que são mais frequentes, o período de cicatrização gira em torno de 1 semana a 10 dias.

Convencionalmente, designam-se como roturas recentes aquelas que têm uma datação inferior a 10 dias e como roturas não recentes as que exibem elementos indicativos de prazos maiores.

Localizam-se as lesões himenais, referindo-se às horas de um mostrador de relógio (método cronométrico de Lacassagne) ou aos graus de uma circunferência (método goniométrico de Oscar Freire). O primeiro método é o mais simples e o mais utilizado, bastando comparar a região com o mostrador de um relógio e referir as lesões aos pontos das horas respectivas (p. ex., 5 horas, 7 horas etc.).

Quando necessário, utiliza-se uma haste flexível com extremidade cotonada para a exploração da margem e da borda livre do hímen e das roturas que ele apresente, desfazendo pregas, distendendo retalhos e propiciando a visualização de outras peculiaridades.

O local mais comum da rotura é na união dos quadrantes posteriores, correspondendo à posição de "6

Roturas versus Entalhes

O hímen pode apresentar entalhes congênitos, ou seja, irregularidades em sua borda livre, que podem assemelhar-se a roturas.

Os entalhes são irregularidades congênitas, sob a forma de pequenas reentrâncias, observadas na borda livre da orla himenal, que não resultam de qualquer traumatismo e sem processos embrionários de reabsorção diferencial da membrana vestibular.

As roturas são lesões que resultam da ação local de energias mecânicas que laceram a orla himenal e que, *a posteriori*, sofrem um processo de reparação natural por cicatrização.

O diagnóstico diferencial entre roturas e entalhes segue alguns critérios:

1. Não haver, nos entalhes congênitos, as modificações decorrentes do trauma, ou seja: congestão, edema, hemorragia, espessamento das bordas, reparação em andamento e cicatrizes.

2. Não se obter boa coaptação das bordas dos entalhes, uma vez que não estavam anteriormente juntas, sendo suas margens normalmente arredondadas.

O diagnóstico diferencial entre entalhe congênito e rotura traumática é feito com base nas observações clássicas de Hofmann:

Entalhe

1. Pouco profundo. Não atinge a borda inserta (aderente) da membrana.

2. Borda regular com ângulos abertos.

3. Bordas revestidas por epitélio igual ao que reveste a membrana.

4. Bordas da mesma espessura do restante da membrana.

5. Disposição irregular, não simétrica, ocorrendo ao acaso.

6. Localização indiferente tanto em partes delgadas como espessas da membrana.

7. Justaposição incompleta ou impossível das bordas.

8. Não se observa infecção local e, quando há, é de origem vulvovaginal.

Rotura

1. Profunda, em geral atingindo a borda inserta da membrana.

2. Borda irregular com ângulos agudos.

3. Bordas cobertas por tecido cicatricial esbranquiçado.

4. Bordas mais espessas (em cordão fibroso) que o resto da membrana.

5. Disposição simétrica em 42,9% dos casos.

6. Localização preferencial em partes delgadas da membrana himenal.

7. Justaposição completa e perfeita das bordas.

8. Podem ser observados sinais de infecção nos locais onde há processo cicatricial em evolução.

Nem sempre o diagnóstico diferencial entre rotura e entalhe é tarefa fácil. Utilizando-se recursos de ampliação e de filtros luminosos, podem ser evidenciadas minúcias que o olho nu não consegue ver (colposcopia e lâmpada de Wood – luz ultravioleta filtrada). Sob a luz ultravioleta filtrada, as roturas cicatrizadas há pouco tempo, ainda bem-vascularizadas, apresentam uma tonalidade arroxeada, idêntica à que apresentam as roturas em fase de cicatrização, em razão do edema e da congestão, enquanto as roturas cicatrizadas de mais tempo, com vascularizações reduzidas e mais fibrosas, mostram uma tonalidade amarelo-nacarada. Já os entalhes não apresentam essas modificações.

A lâmpada de Wood emite luz ultravioleta que é filtrada, de modo que são liberadas apenas as radiações com comprimento de onda entre 330 e 400nm, as quais excitam certas substâncias que, em seguida, emitem fluorescência.

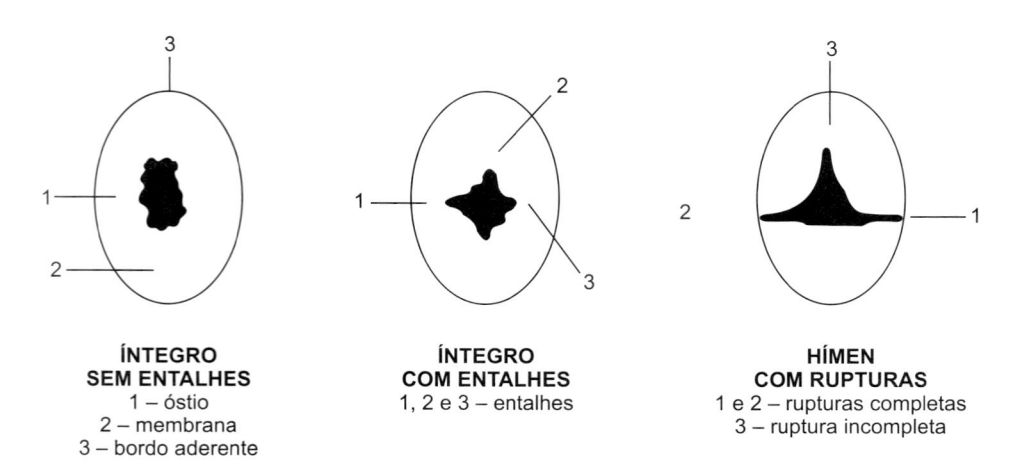

ÍNTEGRO SEM ENTALHES
1 – óstio
2 – membrana
3 – bordo aderente

ÍNTEGRO COM ENTALHES
1, 2 e 3 – entalhes

HÍMEN COM RUPTURAS
1 e 2 – rupturas completas
3 – ruptura incompleta

Figura 14.43 ▶ Esquema de hímens (Cedida por Odon Ramos Maranhão, Curso Básico de Medicina Legal.)

Uma dessas substâncias é o sêmen, que pode ser assim detectado sobre a pele até 72 horas depois da agressão, desde que a região não tenha sido lavada.

Podem ser encontradas substâncias responsáveis por falso-positivos: formulações lácteas, o leite integral, tipo A ou B, algumas colas, as loções suavizantes para a pele, a vaselina líquida, os cremes que contenham algum desses produtos (p. ex., os da marca Johnson & Johnson) e a urina.

O uso de azul de toluidina é indispensável, pois essa substância cora as lesões recentes e traumáticas, que adquirem a cor azul-escuro. Os entalhes não se coram pela toluidina.

Devem ser observadas lesões na área (hipogástrio, monte de vênus, região inguinocrural, região proximal das coxas, região perineal, região perianal e ânus) e a presença de lesões vulvares (em lábios maiores, lábios menores, clitóris, vestíbulo, hímen, fossa navicular e fúrcula). Deve ser introduzido espéculo vaginal (infantil ou sempre de tamanho menor que o que corresponderia à vítima), descartável, transparente, de modo a facilitar a observação de lesões das paredes vaginais e do colo uterino e permitir a coleta de material ou secreções do fundo de saco vaginal posterior para exames laboratoriais.

Coleta de Material Vaginal, Anal ou de Qualquer Outro Local Acometido

Amostra Vaginal

A coleta de material vaginal deve ser realizada do fundo de saco posterior da vagina e do orifício externo da cérvice.

Pesquisa de Sêmen

A coleta deve ser realizada por meio de dois *swabs*, sendo um específico para pesquisa de FAP e PSA e o outro para confecção de esfregaço em lâmina de vidro. Os *swabs* devem ser passados ao mesmo tempo, um ao lado do outro, garantindo amostragens idênticas.

Os *swabs* devem ser acondicionados em envelope de papel, separadamente, anotando o local da coleta, o nome da periciada, o número do prontuário ou da guia, o dia e a hora da coleta.

As lâminas contendo o esfregaço deverão ser acondicionadas em frasco plástico porta-lâmina devidamente identificado com o nome da periciada, o local da coleta, a hora, o dia e o número do prontuário ou guia.

Amostra Anal

A coleta deve ser realizada com a utilização de *swab* introduzido por via retal, evitando-se a contaminação por fezes. Um *swab* deve ser coletado e realizado um esfregaço em uma lâmina.

Outros Locais (Pele, Unhas, Objetos, Material Colhido em Superfície etc.)

Coletar um *swab* e acondicioná-lo em envelope de papel devidamente identificado.

Pesquisa de Contágio Venéreo

* **Material:** esfregaço em lâmina de vidro contendo secreção endouretral ou endocervical.

* Coletar o material com um *swab* em colo uterino e orifício uretral e realizar um esfregaço em uma lâmina para cada tipo de secreção.

* Armazenar as lâminas em frasco plástico porta-lâmina devidamente identificado com o nome do periciado, o dia, a hora e o local da coleta (colo uterino e/ou uretra).

Pesquisa de Fosfatase Ácida

A fosfatase ácida é uma enzima presente no corpo humano, em órgãos, tecidos e secreções. Seu teor é muito baixo, oscilando entre 6 e 20 unidades King Armstrong em cada mililitro (u.K.A./mL).

A próstata segrega altas taxas de fosfatase ácida e, em geral, conta com valores normais que oscilam entre 400 e 8.000u.K.A/mL. O líquido seminal é rico em fosfatase ácida, e o achado de alto teor dessa enzima no conteúdo vaginal indica que houve ejaculação intravaginal.

Quando não são encontrados espermatozoides na cavidade vaginal, como nos casos de azoospermia, oligospermia ou em vasectomizados, a pesquisa de fosfatse ácida pode ser decisiva.

Teixeira (1977), o grande propulsor, no Brasil, da pesquisa quantitativa de fosfatase ácida no conteúdo vaginal em casos de crimes sexuais, chegou a obter valores superiores a 1.400u.K.A./mL transcorridas 18 horas do assalto sexual, quando a pesquisa de espermatozoide já se mostrava totalmente negativa.

Pesquisa de Proteína Prostática p30

A proteína prostática p30, denominada antígeno específico prostático, ou PSA, é encontrada no líquido seminal e na urina do homem e, em condições normais, estará ausente de quaisquer outros líquidos ou tecidos masculinos.

Esse exame é cerca de 100 vezes mais sensível que o estudo da fosfatase ácida.

Altos teores de PSA (p30) indicam, sem incontrovérsia, que houve ejaculação intravaginal, com idêntico significado médico-legal do achado de esperma da vagina.

Pesquisa de Lubrificantes (Esporos Vegetais ou Silicones)

A pesquisa de agentes lubrificantes (microfragmentos de esteatita [talco], esporos vegetais e silicone) deverá ser realizada quando os resultados da pesquisa de espermatozoides, da quantificação da fosfatase ácida e da pesquisa de PSA (p30) forem negativos.

A esteatita ou talco é o silicato de magnésio hidratado e já foi usado como material para a lubrificação dos preservativos de látex, assim como os esporos.

Atualmente, os materiais mais utilizados, por sua textura, são aqueles à base de silicone. Assim, os preservativos de látex, antes da embalagem, recebem uma aplicação de silicone em sua face externa. Como os silicones não têm qualquer afinidade com a água, porções que se desprendam do condom, durante a conjunção carnal, podem ser encontrados no líquido colhido do fundo de saco vaginal. A identificação da presença de silicone pode ser feita mediante reação qualitativa, colorimétrica, ou por espectrofotometria.

Identificação de DNA

No material colhido na vagina, ainda que mínimo, poderá ser efetuada a identificação do perfil de DNA do agressor.

A técnica de PCR, visando amplificar as STR, permitirá, utilizando mínimas quantidades do material colhido e secado à época, sequenciar perfis comparativos, utilizando *loci* específicos para, pelo menos, 18 STR conhecidos:

- no material-problema;
- na vítima;
- no suposto agressor.

Coleta de Material das Regiões Cutâneas com Fluorescência Positiva

Identificada uma zona cutânea que exiba fluorescência com a lâmpada de Wood, e que, por essa razão, poderia conter esperma, deverá ser coletada para pesquisa laboratorial de sêmen ou do perfil de DNA do agressor.

Se o material estiver fresco, bastará removê-lo com um *swab* (cotonete). Caso esteja seco, o material deverá ser umedecido com salina e retirado cuidadosamente com um *swab*, que absorverá a salina e os restos de esperma porventura existentes no local. A seguir, o *swab* deverá ser colocado em um envelope de papel e encaminhado para o laboratório, onde se procederá à identificação de sêmen; se positiva, poderá traçar o perfil do DNA do agente.

Coleta de Material da Pele ao Redor de Marcas de Mordida

Quando uma pessoa morde a vítima, deixa boa quantidade de saliva, que acaba secando sobre a pele.

Essa mancha de saliva pode ser utilizada para identificar a tipagem sanguínea ABO/ABH do agressor, caso ele seja do tipo secretor, e traçar o perfil de DNA.

Com um *swab* umedecido em salina, "lava-se" a pele em torno da mordida, espera-se secar e armazena-se o conteúdo em envelope de papel devidamente rotulado.

A superposição dos perfis do material colhido ao redor da mordida com os do acusado permitirá identificá-lo ou excluí-lo do rol de suspeitos.

Identificação do Perfil de DNA da Vítima

A identificação do perfil de DNA da vítima será necessária para conhecer suas características na hora de efetuar comparações. Muitas vezes, trabalha-se com materiais que são verdadeiros *pools* ou misturas (p. ex., secreção vaginal com sangue e esperma), sendo muito importante conhecer o perfil sorológico e do DNA da vítima para que, quando for estudada a amostra, seja possível subtrair aquilo que necessariamente é dela.

Colhem-se dois *swabs* da mucosa oral da vítima (passa-se o *swab* na parede interna da bochecha), espera-se secar, e eles são colocados em envelopes de papel e devidamente identificados.

Provas Indiretas de Conjunção Carnal

Segundo Teixeira, provas indiretas da conjunção carnal podem ser identificadas. O achado de pelos pubianos, de cromatina sexual masculina (por meio de microscopia de fluorescência com coloração pelo amarelo de acridina) ou de doenças sexualmente transmissíveis (p. ex., condiloma acuminado), situados na cavidade vaginal ou sobre o colo uterino, também pode ser indicativo de que houve conjunção carnal.

Conclusão e Respostas aos Quesitos

A perícia em Sexologia Criminal deve concluir se houve ou não a conjunção carnal.

As roturas himenais devem ser descritas de maneira simples e objetiva, fornecendo as características da idade dessa lesão, sua localização e seu número.

Se o perito se encontra diante de um hímen complacente, não deve tomar decisões por presunção ou probabilidade. Usar a seguinte frase: "A disposição anatômica do hímen permite a cópula sem deixar vestígios", ou, como aconselhava Miguel Sales: "Por tais e quais características ou propriedades do hímen, não é possível afastar com segurança a prática do coito completo; todavia, o hímen está íntegro."

O hímen deve ser descrito minuciosamente, dando-se ênfase à exiguidade da orla e à amplitude do óstio. Pode ser acrescentado às observações: "Trata-se de um hímen de conformação complacente e, por isso, os peritos não podem afirmar nem negar a conjunção carnal", a não ser que a perícia possa comprovar, diante de um hímen complacente, a presença de esperma ou espermatozoide na cavidade vaginal, contaminação venérea, gravidez, ou fosfatase ácida ou glicoproteína p30, originada exclusivamente na próstata.

É necessário estabelecer na descrição das bordas da rotura, quando houver, a presença de sangramento, sufusão hemorrágica ou orvalhamento sanguíneo, tecido de granulação ou seu estado de cicatrização, pois esses elementos são fundamentais para o diagnóstico de rotura recente ou antiga do hímen.

Os quesitos oficiais apresentados à perícia são os seguintes:

1. Houve conjunção carnal? Se há vestígios concludentes de conjunção carnal (rotura ou hímens complacentes com gravidez, contaminação venérea ou presença de esperma na cavidade vaginal, de fosfatase ácida ou de glicoproteína p30), a resposta é sim; se não há nenhum desses vestígios, não. Em caso de complacência himenal, deve ser escrita uma observação, na qual é justificada a dificuldade em negar ou afirmar a conjunção carnal.

2. Qual a data provável dessa conjunção? Atualmente, aconselha-se afirmar que a rotura ou as roturas são "muito recentes" quando da presença de sangramento, equimoses, infusões hemorrágicas ou orvalhamento sero-hemático; "recentes" quando apresentam exsudato fibrinoso ou purulento, tecidos de granulação ou bordas com cicatrizes atuais de coloração rósea; e "antigas", quando totalmente cicatrizadas.

3. A paciente era virgem? O que se procura saber nesse quesito é se há evidência de conjunção carnal anterior à alegada pela vítima. Se o perito encontra, por exemplo, apenas uma lesão em fase de cicatrização e a história da examinada coincide com o achado, a resposta a essa questão é sim. Se ela apresenta, além dessa rotura recente, uma outra de cicatrização antiga, a resposta seria não.

4. Houve violência para essa prática? Procurar vestígios de agressão física ou psíquica.

5. Qual o meio dessa violência? Esse quesito se dirige à violência efetiva (física ou psíquica).

6. Se da violência resultou para a vítima incapacidade para as ocupações habituais por mais de 30 dias, ou perigo de vida, ou debilidade permanente de membro, sentido ou função, ou aceleração do parto, ou incapacidade permanente para o trabalho, ou enfermidade incurável, ou perda ou inutilização de membro, sentido ou função, ou deformidade permanente, ou aborto. A evidência de lesão corporal de natureza grave no ato sexual precedido de violência o torna uma forma qualificada de delito, estabelecendo uma pena bem maior.

7. A vítima é alienada ou débil mental? Uma forma de retardo mental mais grave ou de um transtorno mental ou de conduta mais evidente não chega a ser tarefa difícil para o perito médico-legal que não exerce a especialidade psiquiátrica. Para o agente, só há indícios de criminalidade quando essas perturbações são conhecidas ou manifestas.

8. Se houve qualquer outro fato que impossibilitou a vítima de resistir. Além das violências efetivas, estupro de vulnerável, do transtorno mental ou da deficiência mental, são raras outras causas que impossibilitem a vítima de oferecer resistência.

A função dos peritos na instrução criminal, em casos dessa ordem, é descrever minuciosamente as lesões e as particularidades, quando existentes, e responder com clareza aos quesitos formulados.

Não é função dos peritos tipificar delitos ou capitular dispositivos do Código Penal. A função é relatar. *Visum et repertum.*

Exame da Região Anal

No exame da região anal da vítima, deve-se verificar:

- Presença de lesões na área genitoperineal (hipogástrio, monte de vênus, região inguinocrural, região proximal das coxas, região perineal, região perianal e ânus);

- Exame específico do ânus, a fim de caracterizar lesões (equimoses, escoriações, rágades etc.); este exame deve incluir:

  - observação com luz ultravioleta filtrada (lâmpada de Wood);

  - observação com lupa ou colposcópio;

  - aplicação de solução de toluidina a 1% ou 2% para identificar a recenticidade das lesões (essa solução cora as lesões recentes e traumáticas, que adquirem cor azul-escuro). Os resultados, com ambas as concentrações, são discretamente diferentes. A solução a 2% tinge discretamente a pele intacta, dando uma forte cor azul, escura, ao fundo lesional da rágade. A fissura, por sua vez, aceita o corante muito pouco ou nada. Com a solução aquosa a 1%, comumente a borda ou contorno lesional cora-se de azul, ao passo que o fundo da lesão (rágade), constituído pelo tecido conjuntivo da derme ou da hipoderme, exibe metacromasia vermelho-lilás, isto é, há capacidade de tingir-se de uma cor diferente daquela do próprio corante – no caso, azul. Essa é uma das propriedades da substância fundamental do tecido conjuntivo, resultante de sua composição química rica em glicosaminoglicanos;

  - registro fotográfico dos principais achados macroscópicos e, principalmente, das mudanças de coloração pelo azul de toluidina.

O exame deve ser realizado com a vítima em posição genupeitoral e com boa iluminação, o que torna possível avaliar melhor o orifício anal. Em crianças mais novas, o exame pode ser realizado com a criança deitada sobre seu lado esquerdo. Os glúteos devem ser separados (de preferência por um auxiliar, para que as mãos do examinador fiquem livres), revistando-se as pregas anais.

O diagnóstico de certeza do coito anal só é possível no estupro agudo quando, além das lesões traumáticas, são encontrados: rágades, sangramento, equimoses, congestão, edema, hipotonia esfincteriana e sêmen na ampola retal.

Durante a penetração anal, a distensão local do esfíncter e da pele acaba por produzir rágades, fendas longitudinais agudas do revestimento cutâneo do ânus e do canal anal, sem localização fixa, que deixam em exposição a derme ou a hipoderme, em seu fundo. Essas lesões são características e patognomônicas dessa modalidade.

É de suma importância, no exame médico-legal do coito anal, a diferenciação entre as rágades e as fissuras anais que podem preexistir na vítima.

A fissura anal é uma laceração ou fenda longitudinal do epitélio estratificado plano, queratinizado, da região do ânus, uma ulceração ovoide, crônica, do canal anal. Em geral, o sangramento da fissura anal é pequeno e acompanha o ato da defecação, que é sempre doloroso.

O diagnóstico diferencial entre rágades, traumáticas, e a fissura, patológica, é feito atentando para as características listadas na Tabela 14.4.

As fissuras também podem ser provocadas a partir de quadros clínicos, como: diarreias profusas, constipação intestinal, parasitoses, com prurido, doenças dermatológicas, introdução de corpos estranhos etc.

Tabela 14.4 Diferenças entre fissura e rágades anais

Características	Fissura	Rágades
Etiologia	Crônica	Aguda
Número	Em geral, única	Múltiplas
Localização preferencial	Linha média posterior, às 12h	Sem preferência de local
Localização secundária	Linha média anterior, às 6h	Sem preferência de local
Forma	Ulceração ovoide	Fendas longitudinais
Extremidade inferior	Plicoma sentinela	Sem peculiaridades
Extremidade superior	Papila hipertrófica	Sem peculiaridades
Tonicidade do esfíncter	Hipertonia, espasmo	Hipotonia imediata
Sangramento	Crônico, escasso	Agudo, imediato
Complicações	Abscesso	Nenhuma
Cicatrização	Pós-cirúrgica	Espontânea

Coleta de Material Anorretal

O material deve ser coletado do canal anal com *swab*, passado em uma lamínula e guardado em envelope de papel devidamente identificado.

Transtornos da Sexualidade

Transtornos da sexualidade são distúrbios qualitativos ou quantitativos do instinto sexual, também chamados de parafilias, podendo existir como sintomas em uma perturbação psíquica, como intervenção de fatores orgânicos glandulares ou como questão de preferência sexual.

Conceito

Sexualidade é uma qualidade ou maneira de ser própria daqueles que possuem sexo. É a atração somatopsíquica que se sente por determinadas pessoas, ou seja, um verdadeiro impulso sexual para com outrem. Trata-se de uma função essencialmente psicológica e que não se apresenta nos animais.

A sexualidade não é instintiva, e sim ligada a valores positivos, como a beleza, a moral e o amor, que são exclusivos do ser humano.

O sexo, problema fechado, assunto aberto, tema discutido, debatido, dissecado, criticado, analisado, proibido, matéria considerada intocável, verdadeiro tabu, em tempos idos que já se perderam nas traças do passado, é, talvez, o assunto mais propalado, controvertido e atual. Seu interesse desperta, notadamente entre os jovens, a mais incontrolável curiosidade. Simpatia científica? Simples curiosidade? Distração ou passatempo? Rendimento erótico? Utilidade educacional? Atração do tema? Talvez uma pitada de cada um, um misto que chega a entusiasmar educadores, psicólogos, médicos, psiquiatras, sociólogos, religiosos e outros que, pasmados ou admirados, já não sabem como satisfazer a tanta indiscriminação em proposição ou objeto de real valia para crianças, jovens, adultos e velhos. (Dr. Ewerton Paes da Cunha – Prefácio do livro Discurso sobre o Sexo, do Prof. Hilário Veiga de Carvalho, Professor Emérito da Faculdade de Medicina e Livre-Docente da Faculdade de Direito da Universidade de São Paulo.)

Sexo Normal

Considera-se o sexo normal quando é fruto do interesse de duas pessoas em atingir um equilíbrio nos planos físico, psicológico e social com a finalidade reprodutiva.

1. **Sexo genético:** a definição do sexo de um indivíduo é realizada a partir de seu genoma, ou seja, dos genes da pessoa. Na espécie humana, os genes estão distribuídos em 23 pares de cromossomos, sendo 22 pares de autossomos e um último par XX ou XY (*44A+XX ou XY*). É justamente este último par que define o sexo dos indivíduos. XX corresponde ao sexo feminino e XY, ao sexo masculino.

    Células de pessoas cromossomicamente femininas apresentam uma substância chamada cromatina sexual. *Barr* desenvolveu um teste que identifica a existência dessa substância em células da mucosa bucal, chamado *teste de Barr ou da cromatina*. Nos casos em que é difícil a identificação, realiza-se o teste. Resultados positivos caracterizam o sexo feminino e os negativos, o masculino.

2. **Sexo endócrino:** o desenvolvimento dos aparelhos reprodutores e dos sinais característicos se dá de acordo com a secreção de hormônios em diversas glândulas do corpo. Por exemplo, os ovários e os testículos vão se formar de acordo com secreções que se originam na hipófise, uma glândula de nosso corpo. Outras glândulas também produzem hormônios que, por exemplo, vão provocar o desenvolvimento de barba ou seios nos indivíduos.

3. **Sexo morfológico:** cada sexo apresenta características próprias, como a forma dos aparelhos genitais e sinais secundários, como barba nos homens e mamas nas mulheres.

4. **Sexo psicológico:** independente do sexo da pessoa, ela pode se comportar como sendo de seu sexo ou do sexo oposto, em decorrência de desajustes hormonais, psicológicos ou sociais a que é exposta durante sua vida.

5. **Sexo jurídico:** é aquele declarado no Registro Civil de nascimento, feito com base em declaração assinada por testemunhas. Situações de engano, sejam dolosas ou culposas, podem acontecer, devendo, nesses casos, ser feita a retificação.

Diferenciação Sexual

A diferenciação sexual existente entre indivíduos dos sexos feminino e masculino se dá tanto pela carga genética (cromossomos XX e XY) como também pela carga hormonal, reduzida por diversas glândulas do corpo.

Estados Intersexuais

São quadros clínicos que apresentam problemas de diagnóstico, terapêuticos e jurídicos, na definição do verdadeiro sexo do indivíduo:

• **Hermafroditas:** apresentam os dois tipos de órgãos sexuais internos (*ovário e testículo*).

• **Pseudo-hermafroditas:** apresentam os dois tipos de órgãos sexuais externos (*vagina e pênis*).

• **Síndromes especiais (aneuploidia):** são aberrações genéticas que envolvem o aumento ou a diminuição do número de cromossomos:

– **Síndrome de Turner (XO):** chamada de síndrome do ovário rudimentar, só se desenvolve em mulheres e tem como características a amenorreia (ausência de menstruação), mamas subdesenvolvidas, baixa estatura, pele com aspecto senil e tórax em forma de barril, entre outras.

– **Síndrome de Klinefelter (XXY):** desenvolve-se em homens e tem como características ausência de desenvolvimento dos órgãos sexuais, ausência de esperma (azoospermia), retardamento mental e desenvolvimento de mamas, entre outras.

– **Supermacho (XYY):** estudos associam essa aberração cromossômica a comportamentos antissociais, como a delinquência e a agressividade. Os resultados não são conclusivos a ponto de se poder estabelecer uma relação direta entre a aberração e o comportamento.

Transexualismo

O transexualismo é o fenômeno que se dá quando a pessoa pertence a um sexo definido, porém se comporta psicologicamente como pertencente ao outro sexo. Tem origens hormonais, e existem até mesmo casos de pessoas que trocaram de órgão sexual, buscando satisfazer suas vontades.

Classificação

A classificação mais aceita dos transtornos sexuais é a de Alexander Lacassagne:

A. **Formas patológicas relativas à quantidade:**
   a) Aumento ou exaltação:
      1. Temperamento genital
      2. Onanismo automático
      3. Satiríase
      4. Ninfomania
      5. Crises genitais momentâneas
      6. Exaltação por motivo de certos atos fisiológicos
   b) Diminuição:
      1. Frigidez
      2. Impotência
      3. Ausência congênita do apetite sexual
      4. Erotomania

B. **Formas patológicas relativas à qualidade:**
   a) Inversão:
      1. Uranismo
      2. Pederastia
      3. Tribadismo
   b) Desvio do instinto:
      1. Sadismo
      2. Necrofilia
      3. Vampirismo
      4. Bestialidade
      5. Fetichismo

Anafrodisia

Consiste na diminuição ou deterioração do instinto sexual no homem em razão de uma doença nervosa ou glandular, podendo acometer indivíduos jovens e aparentemente sadios, ou como sintoma de pré-impotência.

Sua importância médico-legal está nos casos de anulação de casamento, por defeito físico irremediável, anterior e desconhecido à época do matrimônio.

Frigidez

Trata-se da diminuição do apetite sexual na mulher em virtude de vaginismo ou doenças psíquicas ou glandulares.

É o mais comum dos distúrbios sexuais. Em muitos casos, a culpa cabe ao marido ou ao parceiro, que não procuram levar a mulher ao orgasmo, pelo egoísmo da antecipação, acabando por torná-la frígida, ou pela forma desastrosa e violenta dos primeiros coitos, criando horror ao ato sexual. Certas condutas sexuais, como homossexualismo, podem ser consideradas causadoras da frigidez.

As causas mais comuns são: religiosas (identificação com o pecado), culturais (pudor e decência), dispareunia (desconforto), traumas emocionais (lembranças), falta de identificação sexual (homossexualismo), transtornos mentais (fobias sexuais) e causas circunstanciais (causas de tempo e lugar).

Anorgasmia

Disfunção sexual rara, consiste na condição do homem de não alcançar o orgasmo.

O indivíduo se instrumentaliza para o coito, mas não atinge o clímax da relação sexual, não lhe faltando as manifestações eróticas e o desejo sexual.

Erotismo

Manifesta-se pela tendência abusiva dos atos sexuais. No homem, chama-se *satiríase*, e na mulher, *ninfomania*.

Na satiríase existem a ereção, o ardor sexual e a consumação do ato com ejaculação. Tem sempre uma causa patológica. Não se deve confundir com priapismo, o qual se caracteriza por uma ereção patológica, contínua, dolorida, sem ejaculação, quase sempre proveniente de causas psíquicas.

A ninfomania ou uteromania pode levar a doente ao crime, ao escândalo e à prostituição. Existem duas formas: uma crônica, que se caracteriza por grande exaltação sexual, e outra aguda, de prognóstico sombrio, podendo levar à loucura ou à morte.

A doente não se satisfaz do desejo sexual e procura saciar seus apetites de qualquer maneira.

Autoerotismo

Nesse transtorno, o gozo sexual prescinde da presença do sexo oposto. É o coito sem parceiro, satisfazendo-se apenas pela contemplação de um retrato ou de uma escultura.

Erotomania

A erotomania é uma forma de erotismo mórbida. O indivíduo é levado por uma ideia fixa de amor e tudo nele gira em torno dessa paixão, que domina e avassala todos os seus momentos.

Quase sempre é casto e virgem, e o transtorno raramente surge como sintoma isolado. É a hipérbole do amor platônico.

Há duas categorias de erotômanos. Uns são tímidos e discretos; guardam para si, em segredo, sua paixão. Outros se tornam importunos e impertinentes, perseguindo com solicitações suas vítimas.

Frotteurismo

Caracteriza-se pela forma como certos indivíduos aproveitam-se das aglomerações em transportes públicos ou em outros locais de aglomeração humana com o objetivo de "esfregar ou encostar seus órgãos genitais, principalmente em mulheres, ou tocar seus seios e genitais, sem que outra pessoa perceba ou identifique suas intenções".

Exibicionismo

Os portadores desse transtorno da preferência sexual são levados pela obsessão impulsiva de mostrar seus órgãos genitais.

Kraepelin afirmava que os portadores dessa forma de parafilia manifestam sua preferência sexual em locais de grande aglomeração humana, chamando a atenção de pessoas por meio de gestos ou sinais, ou mesmo mostrando seus genitais, ocultos em capas ou capotes, que são abertos ao cruzar com as pessoas.

O exibicionismo é caracterizado pela exibição a distância dos genitais, sem insinuações lúbricas, sem violência e sem manifestação de desejo da posse carnal. A maioria é do sexo masculino.

Caracteriza-se pela admiração pelo próprio corpo ou o culto exagerado de sua própria personalidade e cuja excitação sexual tem como referência o próprio corpo.

O termo deriva de Narciso, aquele que, certa vez vendo refletida sua imagem num lago, apaixonou-se imediatamente por si próprio.

Um sinal desse desvio é a preferência por amigos ou amigas muito feios para contrastar ou realçar a própria beleza.

Mixoscopia

Caracteriza-se pelo prazer erótico despertado em certos indivíduos em presenciar o coito de terceiros.

Os franceses os chamam de *voyeurs* ou *voyeuses*.

Num alto grau de degeneração, refere a literatura médico-legal casos de maridos mixoscopistas que induzem suas mulheres a copular com amantes, a fim de terem satisfação com esse espetáculo, visto por eles como forma de prazer sexual.

Fetichismo

Esse transtorno se apresenta como uma absorção completa de amor por uma determinada parte do corpo ou por objetos pertencentes à pessoa amada. Esse objeto deixa de ser uma lembrança para personificar-se e tornar-se elemento primordial na excitação do sexo.

O fetiche pode ser homo ou heterossexual.

O fetichismo pode ser: por certas partes do corpo (mãos, pés, olhos, cabelos, nucas, seios); por algumas funções ou emanações orgânicas (voz, olhar, odor, modo de caminhar, hábitos); ou por objetos que se relacionem com o corpo (sutiãs, calcinhas, meias, sapatos, lenços, camisolas, trajes de enfermeira, de noiva, hábitos religiosos, entre outros).

No fetichismo, o pervertido se envolve apenas na excitação de uma parte da pessoa ou de um pertence.

Até defeitos físicos podem tornar-se fetiches, como amputações, cicatrizes, surdo-mudez e cegueira.

Lubricidade Senil

A manifestação sexual exagerada, em determinada idade, é sempre sinal de perturbações patológicas, como demência senil ou paralisia geral progressiva.

Essas perversões da sexualidade retiram o senso normal, ensejando a prática de atos obscenos em lugares públicos e abertos. Têm grande valor médico-legal devido aos crescentes atentados e à prodigalidade excessiva contra o patrimônio da família.

Resumem-se em toques obscenos, exibição dos órgãos genitais e práticas luxuriosas improdutivas.

Pluralismo

Também chamado de triolismo, manifesta-se pela prática sexual em que participam três ou mais pessoas.

Os franceses chamam-no de *ménage à trois* e no Brasil é conhecido como "suruba".

As ações se manifestam desde a prática de cópula vaginal até as últimas das perversões sexuais.

Swapping

É uma prática heterossexual realizada por integrantes de dois ou mais casais, em que se verifica a troca de parceiros de maneira consentida.

Gerontofilia

Conhecida, também, por cronoinversão, a gerontofilia é a atração de certos indivíduos ainda jovens por pessoas de idade excessiva. Em sua maioria, são homens que procuram, em ambientes reservados, mulheres mais velhas para a prática sexual.

Cromoinversão

Consiste na preferência erótica de certos indivíduos por outros de cor diferente. A conduta se agrava quando se torna obsessiva e compulsiva.

Etnoinversão

Caracteriza-se pela manifestação erótica por pessoas de raças diferentes. É um caso raro de distúrbio sexual e não se mostra como problema médico-legal relevante.

Nessa forma de predileção sexual, não se considera apenas a cor da pele, mas um conjunto de caracteres somatopsicoculturais que fazem parte de determinadas etnias e que se fazem chamativos e atrativos da etnoinversão.

Riparofilia

Esse tipo de perversão sexual se manifesta pela atração de certos indivíduos por mulheres desasseadas, sujas, de baixa condição social e higiênica. É mais comum no sexo masculino.

Dolismo

Essa expressão é oriunda de um anglicismo (*doll* = boneca) e caracteriza-se pela atração de um indivíduo por bonecas e manequins, mirando-as ou exibindo-as, ou até mesmo chegando a manter relação sexual com elas.

O indivíduo utiliza a boneca como fetiche ou se identifica com a figura humana que ela personifica.

Donjuanismo

Caracteriza-se por uma personalidade que se manifesta compulsivamente às conquistas amorosas, sempre de maneira ruidosa e exibicionista. É mais comum no sexo masculino.

Travestismo

Um transtorno da identidade sexual, o travestismo pode ocorrer entre indivíduos heterossexuais, que se sentem impelidos a vestir-se com roupas de pessoas do sexo oposto. Nesse tipo de erotopatia, o indivíduo é reservado e comedido e se traveste de maneira discreta e quase furtiva.

Urolagnia

Consiste no prazer sexual pela excitação de ver alguém no ato da micção ou apenas em ouvir o ruído da urina ou, ainda, urinando sobre a parceira ou esta sobre o parceiro.

Coprofilia

Trata-se da perversão em que o prazer sexual se prende ao ato da defecação ou ao contato com as próprias fezes.

Clismafilia

Essa preferência sexual caracteriza-se pelo prazer obtido pelo indivíduo que introduz ou faz introduzir grande quantidade de água ou líquidos no reto, sob a forma de enema, lavagem ou clister. É uma modalidade rara.

Coprolalia

Aberração que consiste na necessidade de alguns indivíduos proferirem ou ouvirem de alguém palavras obscenas a fim de excitá-los.

Edipismo

É a tendência ao incesto, isto é, o impulso do ato sexual com parentes próximos.

Bestialismo

Também denominado zoofilismo, é a satisfação sexual com animais domésticos. Indivíduos portadores dessa aberração muitas vezes são impotentes com mulheres. É mais frequente no campo, entre os vaqueiros, pastores e jovens de estrebaria, ou entre os portadores de deficiência mental. Pode ocorrer nos dois sexos, porém é mais comum no masculino.

Onanismo

Consiste no impulso obsessivo para a excitação dos órgãos genitais, comum na puberdade. Quando permanece na idade adulta, persistindo como única forma de prazer, torna-se uma inversão sexual ou um sintoma de sérios distúrbios mentais, principalmente entre os deficientes mentais e certos esquizofrênicos.

Vampirismo

Trata-se de uma forma rara de transtorno da sexualidade, caracterizada pelo modo de satisfação erótica na presença de certa quantidade de sangue e/ou obtida por meio de mordeduras na região lateral do pescoço.

Necrofilia

Manifesta-se pela obsessão e impulsão de praticar atos sexuais com cadáveres.

Sadismo

Caracteriza-se pelo desejo e a satisfação sexual efetivados com o sofrimento da pessoa amada, exercido pela crueldade do pervertido, indo, às vezes, até a morte. É chamado, também, algolagnia ativa (*algor* = dor; *lagnea* – devastidão).

Existe um sadismo simbólico, quando o indivíduo procura maltratar outrem por meio de insultos e incriminações, dando a si uma satisfação de fundo erótico.

Existem três gradações da perturbação sexual dessa natureza: pequeno, médio e grande sadismo.

O pequeno sadismo consiste em dar beliscões e lançar injúrias e insultos; o médio atinge a integridade corporal mais acentuadamente, com açoites, agulhadas e bofetões, e o grande sadismo pode ir até o homicídio pelo prazer sexual encontrado em tal ato. Existe o sadismo coletivo, próprio das multidões aficionadas em espetáculos violentos e sangrentos, como também as touradas.

O instinto sexual do sádico não se satisfaz apenas com a cópula. O sadismo é mais comum nos homens.

Masoquismo

Consiste no prazer sexual infligido pelo sofrimento físico ou moral. Seu nome se deve a Leopold Sacher-Masoch, escritor polonês, nascido na Galícia, que sofreu e descreveu essa perversão. Sua esposa conta, em *Confessions de ma Vie*, as extravagâncias do esposo, que exigia que ela batesse nele e o humilhasse.

O indivíduo sente satisfação em ser humilhado, maltratado e subjugado pelo parceiro sexual, o que lhe causa excitação e prazer. É conhecida, também, por algolagnia passiva.

O masoquismo é mais comum nas mulheres.

Pigmalianismo

Trata-se do amor pelas estátuas. Segundo relato de Ovídio, Pigmalião, neto de Agenor, rei de Chipre, apaixonou-se por uma estátua, esculpida por ele próprio, a quem deu o nome de Galateia. Afrodite, atendendo aos pedidos de Pigmalião, deu vida a essa escultura, e da união de Pigmalião com a estátua nasceu Pafos, fundador da cidade que levou seu nome.

Pedofilia

A pedofilia é uma perversão sexual que se apresenta pela predileção erótica por crianças, indo desde os atos obscenos até a prática de manifestações libidinosas.

Mais comum entre indivíduos do sexo masculino, que normalmente têm graves problemas de relacionamento sexual, personalidade tímida e se sentem impotentes e incapazes de obter satisfação sexual com mulheres adultas. Em geral, são portadores de distúrbios emocionais que dificultam um relacionamento sexual normal.

Normalmente, esses indivíduos ameaçam a criança, a fim de que ela não conte a ninguém o que está acontecendo.

Essa relação pode ser hetero ou homossexual.

Homossexualismo

Homossexualismo Masculino

Também chamado de uranismo ou pederastia, é uma das formas mais comuns de transtorno da identidade sexual.

Há, nessa inversão sexual, uma gradação variável desde os indivíduos verdadeiramente afeminados até os que têm aparência viril.

Três hipóteses explicam a homossexualidade: a intelectiva ou educacional (Kraft-Ebing), a psicogênica (fixação da libido de Freud) e a endocrinológica (intersexualidade de Maranón). Há homossexuais de todas as idades.

É importante a distinção entre o homossexualismo, o intersexualismo, o transexualismo e o travestismo.

No intersexualismo, ou sexo dúbio, o indivíduo apresenta-se com a genitália externa e/ou a genitália interna indiferenciadas.

No transexualismo, o indivíduo é um inconformado com seu estado sexual. Em geral, não admite a prática homossexual.

No travestismo, a pessoa se sente gratificada com o uso de vestes, maneirismos e atitudes do sexo oposto, tendendo ao homossexualismo.

Homossexualismo Feminino

Também chamado safismo, lesbianismo ou tribadismo, pode abranger desde ciúmes persecutórios até a prática de atos libidinosos.

Podem ser caracterizados desde os tipos masculinizados (feições, hábitos, disfarces e maneiras de se portar) até os tipos femininos, delicados e ternos. Além disso, as homosexuais femininas se distinguem em ativas e passivas.

Podem ser causas do homossexualismo feminino: promiscuidade, o receio de gravidez, as decepções com os homens, os maus-tratos dos maridos, a educação moderna, a nova literatura, o comportamento masculino na atualidade, aproximando-se do unissexo, e a solidão.

Caracteriza-se, normalmente, por aversão pelo sexo masculino e um amor violento pelo sexo feminino, associado a ondas de ciúme passional, ciúme que deixa de ser prova de amor para se constituir em ódio e inveja.

Transexualismo

O transexualismo, ou síndrome de disforia sexual, é uma pseudossíndrome psiquiátrica em que o indivíduo se conduz como se pertencesse ao gênero oposto.

Cinco teorias tentam explicar sua etiologia:

1. **Teoria genética:** a mais aceita, atribui a existência de um gene específico no cromossomo sexual capaz de se transmitir.

2. **Teoria fenotípica:** admite a influência da própria conformação física do indivíduo androginoide, levando a mulher para o transexualismo masculino, e a conformação anatômica android, levando o homem para o transexualismo feminino.

3. **Teoria psicogênica:** admite a influência da orientação e do comportamento dos pais como capaz de marcar tendências nitidamente masculinas ou femininas.

4. **Teoria neuroendócrina:** afirma a existência de alterações nas estruturas dos centros de identidade sexual, em virtude de o hipotálamo não receber a quantidade necessária de hormônios.

5. **Teoria eclética:** aceita os mais diversos fatores endógenos e exógenos como causadores dessa alteração.

O transexualismo é classificado em vários tipos:

1. **Transexual pseudotravestido:** apenas ocasionalmente usa a indumentária do outro sexo e apresenta discreto grau de conflito com sua identidade sexual.

2. **Transexual travestido-fetichista:** sempre se veste como o sexo oposto, mas tem pouco conflito com sua identidade sexual.

3. **Transexual travestido verdadeiro:** constantemente se veste como o sexo oposto, identifica-se com este sexo, e procura por todos os meios a conversão genital, inclusive para mudança dos registros em sua cédula de identidade.

Somaticamente, não apresentam qualquer alteração de seu sexo de origem. Quase todos têm genitais normais.

Aspectos Médico-Legais

É importante uma distinção entre transtorno da preferência sexual, transtorno da identidade sexual e perversão sexual. Na primeira situação, o indivíduo opta por certas práticas sexuais que, na intimidade, são toleradas sem maiores censuras, como a mixoscopia e o onanismo. No transtorno da identidade sexual, a pessoa se identifica sexualmente com o mesmo sexo, imitando o sexo oposto ou agindo como se fora igual, como nos casos de homossexualismo e travestismo. A perversão sexual denota um comprometimento moral e psíquico muito grave e justifica maior interesse médico-legal, como nos casos de bestialismo, necrofilia e pedofilia.

Toda perversão sexual depende de uma degeneração psíquica mais ou menos grave. Todo delito grave de ocorrência sexual deve merecer uma cuidadosa atenção por parte do perito e do julgador. A criminalidade sexual traz consigo, normalmente, um substrato de perturbação mental.

Em cada caso particular, é importante saber se cada uma dessas anomalias constitui uma entidade própria ou sintomas de certas morbidades psíquicas para se atribuir uma cota de imputabilidade compreensível em cada caso particular.

Deverá responder pelos atos, quando suas manifestações lhe permitem uma noção clara de seus direitos e deveres e a atenuação ou irresponsabilidade total nos doentes que não possuam a capacidade de entendimento, fornecidos pela degeneração mental que torna o indivíduo um antissocial ou o predispõe às reações que ferem o direito individual ou coletivo.

A perícia deverá ser minuciosa e detalhada, fazendo estudo completo da personalidade do delinquente, quer do ponto de vista somático, quer do ponto de vista psíquico, esclarecendo ainda com todos os dados referentes à história criminal e à vida pregressa do acusado.

Os delinquentes sexuais devem ser submetidos a medidas de segurança especialmente adequadas a sua condição mórbida, de modo que possam ser convenientemente tratados e reajustados ao meio social.

► ATENÇÃO INTEGRAL ÀS MULHERES E ADOLESCENTES EM SITUAÇÃO DE VIOLÊNCIA SEXUAL E DOMÉSTICA

O Ministério da Saúde, em parceria com diversos setores da sociedade, elaborou a Política Nacional de Atenção Integral à Saúde da Mulher, publicada em 2004, com o objetivo de incorporar entre seus temas prioritários a promoção da atenção a mulheres e adolescentes em situação de violência.

Passou-se a organizar redes integradas de atenção às mulheres e adolescentes em situação de violência doméstica e sexual, articulando ações de prevenção às DST/AIDS e às hepatites.

O primeiro Relatório Mundial sobre Violência e Saúde (OMS, 2002) define a violência como

o uso intencional da força física ou do poder, real ou em ameaça contra si próprio, contra outra pessoa, ou contra um grupo ou uma comunidade, que resulte ou tenha possibilidade de resultar em lesão, morte, dano psicológico, deficiência de desenvolvimento ou privação da liberdade.

A Convenção Interamericana para Prevenir, Punir e Erradicar a Violência contra a Mulher (Convenção de Belém do Pará, 1994) define tal violência como "qualquer ato ou conduta baseada no gênero que cause morte, dano ou sofrimento físico, sexual ou psicológico à mulher, tanto na esfera pública quanto privada" (Assembleia Geral da Organização dos Estados Americanos, 1994). Essa forma de violência pode ocorrer no âmbito familiar ou em qualquer outra relação interpessoal, incluindo, entre outras formas, o estupro, os maus-tratos, o abuso sexual e, ainda, "pode ser perpetrada ou tolerada pelo Estado e seus agentes, onde quer que ocorra", devendo ser objeto de estudos e proposições afirmativas para sua erradicação.

A violência contra as mulheres é sofrida em todas as fases da vida; muitas vezes, inicia-se na infância e acontece em todas as classes sociais. A violência cometida contra as mulheres no âmbito doméstico e a violência sexual são fenômenos cercados pelo silêncio e pela dor.

Estima-se que a violência sexual atinja 12 milhões de pessoas a cada ano no mundo. As mulheres que sofrem violência física perpetrada por parceiros íntimos também estão sob risco de violência sexual. Pesquisas indicam que a violência física nos relacionamentos íntimos é acompanhada por abuso psicológico e, em um terço a mais da metade dos casos, por abuso sexual.

O Brasil é signatário de tratados e documentos internacionais que definem medidas para a eliminação da violência contra a mulher.

Como conquistas regionais, vale citar que a Organização dos Estados Americanos (OEA) elaborou a Convenção Interamericana para Prevenir, Punir e Erradicar a Violência contra a Mulher, ratificada pelo Brasil em 1997.

As conquistas nacionais ou locais passam pelo apoio do legislativo brasileiro no que se refere à aprovação de leis que reconhecem as situações de violência contra a mulher: a Lei 10.778/2003 (Brasil, 2003), que estabelece a notificação compulsória, no território nacional, de casos de violência contra a mulher que for atendida em serviços de saúde públicos ou privados; a Lei 10.886/2004 (Brasil, 2004), que tipifica a violência doméstica no Código Penal Brasileiro e traz a definição jurídica do que é crime de violência doméstica, bem como as penas previstas para o agressor. Em 2005, na área da saúde, foram publicadas as Normas Técnicas "Prevenção e Tratamento dos Agravos Resultantes da Violência Sexual contra Mulheres e Adolescentes", "Aspectos Jurídicos do Atendimento às Vítimas de Violência Sexual", "Anticoncepção de Emergência" e "Norma Técnica de Atenção Humanizada ao Abortamento", previsto em lei.

Estudos recentes, iniciados a partir da década de 1980 em países como EUA e Inglaterra, comprovam haver grandes implicações do fenômeno da violência de gênero para o sistema de saúde, dadas as sequelas físicas e emocionais decorrentes da violência contra a saúde da mulher (Heise, Pitanguy & Germain, 1994; Stark & Flitcraft, 1996). Segundo dados da Associação Médica Americana (American Medical Association, 1992), as mulheres em situação de violência doméstica representam: 19% a 30% das mulheres atendidas em serviços de emergências gerais; 25% das mulheres atendidas em serviços de emergências psiquiátricas; e 25% das mulheres que buscam acompanhamento pré-natal. Entre as consequências físicas da violência doméstica, podem ser citados abortos, cefaleias crônicas, dores abdominais, dores musculares, lesões permanentes, problemas ginecológicos e morte (Heise, Pitanguy & Germain, 1994). Koss (1990) define como agravos à saúde mental decorrentes da situação de violência vivenciada: ansiedade generalizada, uso abusivo de álcool e drogas, depressão, tentativas de suicídio e transtorno de estresse pós-traumático.

Com relação à violência contra crianças e adolescentes, os dados nacionais estimaram que 9,1 milhões de crianças e adolescentes de ambos os sexos, de 0 a 19 anos

(15% do total da população), seriam vítimas de abuso sexual (Azevedo & Guerra, 1989).

O Relatório Mundial sobre Violência e Saúde, de 15 de outubro de 2002, elaborado pela OMS, aponta que, na maioria dos países, meninas apresentam maior risco do que os meninos para o infanticídio, o abuso sexual, as negligências física e nutricional, assim como para a prostituição forçada. Os meninos apresentam maior risco de sofrer castigos físicos mais graves (Day *et al.*, 2003).

A violência contra crianças e adolescentes, no Brasil, necessita de uma atenção voltada não só para as questões do âmbito familiar, mas também para aquelas referentes à estrutura socioeconômica do país.

Inúmeros são os fatores que desencadeiam, facilitam e perpetuam a violência contra crianças e adolescentes, mas há um fator comum a todas as situações: o abuso do poder do mais forte – o adulto – contra o mais fraco – a criança e o adolescente.

A sociedade brasileira instituiu a Lei 8.069/1990 (Estatuto da Criança e do Adolescente – ECA), que protege crianças e adolescentes da violência dos maus-tratos infanto-juvenis, que podem ocorrer no ambiente intra ou extrafamiliar.

A América Latina é uma das regiões mais violentas do mundo, pois a taxa de homicídios é de quase 30 assassinatos por 100 mil habitantes e a violência intrafamiliar está em expansão (Morrison & Biehl, 2000).

Em 1998 foi criada, pelo Ministério da Saúde, a Câmara Temática sobre a Violência contra a Mulher para normatizar a assistência às mulheres e aos adolescentes vítimas de violência sexual.

Foi lançada a primeira edição da Norma Técnica de Prevenção e Tratamento dos Agravos Resultantes da Violência Sexual contra Mulheres e Adolescentes.

Em 2003, o Ministério da Saúde integrou o Programa de Ações Integradas e Referenciais de Enfrentamento à Violência contra Crianças e Adolescentes – PAIR, em que a Área Técnica de Saúde da Mulher presta importante colaboração na qualificação de profissionais e serviços para atenção ao abuso e à violência sexual. O PAIR é o resultado da parceria entre Governo Federal e Organismos Internacionais, em 2003, para a organização de estratégias de enfrentamento da violência doméstica e sexual contra crianças e adolescentes – ação permanente entre Estados, Municípios e Governo Federal.

Em 2005 foi realizada a revisão da Norma de Prevenção e Tratamento dos Agravos Decorrentes da Violência Sexual contra Mulheres e Adolescentes e introduzido o conceito de formação de Redes Integradas de Atenção às Mulheres e aos Adolescentes em Situação de Violência, incluindo serviços de aborto previsto em lei, definindo-se a não obrigatoriedade do Boletim de Ocorrência para o atendimento no SUS.

Também em 2005 houve a publicação dos Aspectos Jurídicos e Legais do Atendimento às Mulheres Vítimas de Violência Sexual – série de perguntas e respostas dirigidas aos profissionais de saúde; a edição da Norma Técnica Atenção Humanizada ao Abortamento – documento que desmistifica a abordagem e o processo de atenção para as mulheres nos serviços de saúde; e a publicação da Portaria GM/MS 1.508/2005, que dispõe sobre o procedimento de justificação e autorização da interrupção da gravidez nos casos previstos em lei, no âmbito do SUS, sendo considerado um avanço significativo na defesa dos direitos da mulher.

Em 2006 foi sancionada a Lei Maria da Penha, que dispõe sobre as ações da proteção para mulheres em situação de violência doméstica e familiar – um marco na legislação brasileira em defesa dos direitos das mulheres, e inserido o campo Práticas Sexuais na ficha de notificação/investigação de violência doméstica sexual e/ou outras violências interpessoais.

Em 2007 houve o lançamento do Pacto Nacional de Enfrentamento da Violência contra as Mulheres, elaborado como Políticas para as Mulheres, com o Ministério da Saúde, a Secretaria Especial de Direitos Humanos e outros órgãos governamentais federais.

Os esforços para o reconhecimento da prevalência da violência contra a mulher e sua caracterização como fenômeno social de grande magnitude vêm avançando, impondo desafios a todos os que lidam com o problema. Por sua complexidade, a resposta à violência, e em particular à violência contra a mulher, exige o engajamento e a contribuição de diferentes profissionais, setores sociais e comunitários e dos governos nacional e local.

Norma Técnica Prevenção e Tratamento dos Agravos Resultantes da Violência Sexual Contra Mulheres e Adolescentes

As unidades de saúde e os hospitais de referência seguem a Norma Técnica Prevenção e Tratamento dos Agravos Resultantes da Violência Sexual contra Mulheres e Adolescentes do Ministério da Saúde e realizam um acolhimento de qualidade e humanizado por uma equipe multidisciplinar (médicos, psicólogos, assistentes sociais e enfermeiras).

As mulheres em situação de violência sexual são informadas sobre tudo o que será realizado em cada etapa do atendimento e a importância de cada medida. São oferecidos, também, atendimento psicológico, medidas de fortalecimento da mulher e orientação jurídica, ajudando-a a enfrentar os conflitos e os problemas inerentes à situação vivida.

As unidades de saúde realizam exames completos: ginecológico, coleta de sangue e amostras de outras secreções para diagnóstico de infecções genitais, doenças sexuais virais e não virais e coleta de material para identificação do agressor. A primeira entrevista da mulher deve atentar para o registro de dados específicos, como história da violência, registrando em prontuário: local, dia e hora aproximada da violência sexual; tipo de violência sexual sofrida; forma de constrangimento utilizada; e tipificação e número de agressores.

Os danos físicos, genitais ou extragenitais, devem ser descritos em prontuário médico e, se possível, fotografados e anexados ao próprio.

É realizada a profilaxia contra doenças sexualmente transmissíveis não virais, virais, da gravidez indesejada e das hepatites B e C.

As doenças sexualmente transmissíveis (DST) adquiridas em decorrência da violência sexual podem implicar graves consequências físicas e emocionais. Estudos mostram que entre 16% e 58% das mulheres que sofrem violência sexual são infectadas por pelo menos uma DST. O risco de infecção depende do tipo de violência sofrida (vaginal, anal ou oral), do número de agressores, da ocorrência de traumatismos genitais, da idade e suscetibilidade da mulher, da condição himenal, da presença de DST ou úlcera genital prévia e da forma de constrangimento utilizada pelo agressor.

Doenças como gonorreia, sífilis, clamidiose, tricomoníase e cancro mole podem ser prevenidas com o uso de medicamentos eficazes.

A profilaxia das DST não virais, em mulheres que sofrem violência sexual, está indicada nas situações de exposição com risco de transmissão dos agentes e deverá ser realizada o mais breve possível. Não receberão profilaxia de DST não virais casos de violência sexual em que ocorra exposição crônica e repetida ao agressor, situação comum em casos de violência sexual intrafamiliar.

As taxas de gravidez de mulheres que sofreram violência sexual estão entre 1% e 5%. A anticoncepção de emergência (AE) pode evitar esse tipo de gravidez e é o método anticonceptivo que a previne após a violência sexual, utilizando compostos hormonais concentrados e por curto período de tempo.

A AE deve ser prescrita para todas as mulheres expostas à gravidez, por meio de contato certo ou duvidoso com sêmen, independentemente do período do ciclo menstrual em que se encontrem.

A AE deve ser realizada até 5 dias depois da violência sexual, mas o ideal é que seja realizada o mais breve possível, devido ao risco de falha maiores.

A eficácia da AE é elevada, com *índice de efetividade* médio de 75% e *índice de Pearl* (índice de falha) de cerca de 2%.

Profilaxia Contra Hepatite B

A imunoprofilaxia para hepatite B está indicada em casos de violência sexual em que ocorrer exposição a sêmen, sangue ou outros fluidos corporais do agressor.

Em condições de desconhecimento ou dúvida sobre o *status* vacinal, a profilaxia deverá ser administrada. Essas mulheres devem receber a primeira dose da vacina e completar o esquema posteriormente, com 1 e 6 meses.

Mulheres com esquema vacinal incompleto devem completar as doses recomendadas.

Mulheres imunizadas contra hepatite B, com esquema vacinal completo, não necessitam de reforço ou do uso de imunoglobulina humana anti-hepatite B (IGHAHB).

A IGHAHB pode ser administrada até, no máximo, 14 dias após a violência sexual, embora se recomende o uso nas primeiras 48 horas após a violência.

A gravidez, em qualquer idade gestacional, não contraindica a imunização para hepatite B nem a oferta de IGHAHB.

Mulheres vítimas de violência sexual crônica e repetida com o mesmo agressor não deverão receber a imunoprofilaxia para hepatite B.

A IGHAHB está disponível nos Centros de Referência para Imunobiológicos Especiais – CRIE.

Profilaxia Contra Infecção pelo HIV

Os estudos indicam que a possibilidade de infecção em casos de violência sexual encontra-se entre 0,8% e 2,7%.

O risco de infecção pelo HIV depende do tipo de exposição sexual (anal, vaginal, oral), do número de agressores, da suscetibilidade da mulher, da rotura himenal, da exposição a secreções sexuais e/ou sangue, da presença de DST ou úlcera genital prévia, da carga viral do agressor e do trauma subjacente, na medida em que a escassa lubrificação produz lesões abrasivas e soluções de continuidade mais frequentes, contribuindo para elevar os riscos de infecção

A profilaxia do HIV deve ser indicada quando ocorrer penetração vaginal e/ou anal, associada ou não ao coito oral. Não devem receber a profilaxia para o HIV casos de violência sexual em que a mulher, criança ou adolescente apresente exposição crônica e repetida ao mesmo agressor ou quando ocorrer uso de preservativo, masculino ou feminino, durante todo o crime sexual.

A profilaxia do HIV, com o uso de antirretrovirais, deve ser iniciada no menor prazo possível, com limite de 72 horas a partir da violência sexual. Os medicamentos devem ser mantidos, sem interrupção, por 4 semanas consecutivas. O prazo de 72 horas não deve ser ultrapassado em hipótese nenhuma, mesmo em situações de múltiplos e elevados fatores de risco e agravo de exposição ao HIV.

Recomenda-se o emprego de drogas potentes, do ponto de vista virológico, com baixo potencial de toxicidade e boa perspectiva de adesão. O esquema de primeira escolha deve combinar três drogas em virtude da reconhecida maior eficácia na redução da carga viral plasmática.

Acompanhamento Laboratorial

Devem ser coletados sangue e amostra do conteúdo vaginal da mulher que sofre violência sexual no momento da admissão hospitalar, para estabelecer a eventual presença de DST, HIV ou hepatite, antes da violência sexual.

Os exames serão realizados por um período de 6 meses. No primeiro atendimento são coletados os seguintes exames: conteúdo da secreção vaginal, VDRL, anti-HIV, HBsAg, anti-HBc IgM, anti-HCV, transaminases e hemograma.

A nova coleta será realizada em 2 semanas: hemograma e transaminases; em 6 semanas: VDRL e anti-HIV; em 3 meses: VDRL, anti-HIV e hepatites B e C; em 6 meses: anti-HIV e hepatites B e C.

Gravidez Decorrente de Violência Sexual

A gravidez consequente à violência sexual é considerada uma segunda violência, intolerável para muitas mulheres.

É direito das mulheres e adolescentes que sofreram violência sexual serem informadas da possibilidade de interrupção da gravidez, conforme Decreto-Lei 2.848, de 7 de dezembro de 1940, art. 128, inciso II, do Código Penal.

Da mesma maneira, e com a mesma ênfase, devem ser esclarecidas do direito e da possibilidade de manterem a gestação até seu término, garantindo-se os cuidados pré-natais apropriadas para a situação. Devem receber informações completas sobre alternativas, após o nascimento, que incluem a escolha entre permanecer com a criança e inseri-la na família, ou proceder com os mecanismos legais de doação. Nesses casos, os serviços de saúde devem providenciar as medidas necessárias junto às autoridades que compõem a rede de atendimento para garantir o processo regular de adoção.

Aspectos Legais

De acordo com o Decreto-Lei 2.848, de 7 de dezembro de 1940, art. 128, inciso II, do Código Penal, o abortamento é permitido quando a gravidez resulta de estupro ou, por analogia, de outra forma de violência sexual e quando não há outro meio de salvar a vida da gestante.

O Código Penal não exige qualquer documento para a prática do abortamento nesse caso, a não ser o consentimento da mulher. Assim, a mulher que sofre violência sexual não tem o dever legal de noticiar o fato à polícia. O Código Penal afirma que a palavra da mulher que busca os serviços de saúde afirmando ter sofrido violência deve ter credibilidade, ética e legalmente, devendo ser recebida como presunção de veracidade.

O médico e os demais profissionais de saúde não devem temer possíveis consequências jurídicas, caso se revele posteriormente que a gravidez não foi resultado de violência sexual. Segundo o Código Penal, art. 20, § 1º, "é isento de pena quem, por erro plenamente justificado pelas circunstâncias, supõe situação de fato que, se existisse, tornaria a ação legítima". Se as cautelas procedimentais foram cumpridas pelo serviço de saúde, no caso de verificar-se, posteriormente, a inverdade da alegação, somente a gestante, em tal caso, responderá criminalmente.

Consentimento

Segundo o Código Penal, é imprescindível o consentimento por escrito da mulher para a realização do abortamento em caso de violência sexual, que deve ser anexado ao prontuário médico.

O Código Civil estabelece que, a partir dos 18 anos, a mulher é considerada capaz de consentir sozinha para a realização do abortamento. Entre 16 e 18 anos, a adolescente deve ser assistida pelos pais ou pelo representante legal, que se manifestam com ela. Se menor de 16 anos, deve ser representada pelos pais ou por seu representante legal, que se manifestam por ela. Se a mulher, por qualquer razão, não tiver condição de discernimento e expressão de sua vontade (p. ex., deficientes mentais), o consentimento do representante legal também é necessário.

É importante que conste no termo de consentimento a informação à mulher ou a seu representante legal da possibilidade de responsabilização criminal, caso as declarações prestadas sejam falsas, conforme o art. 299 do Código Penal, sem prejuízo para a credibilidade da palavra da mulher.

A realização do abortamento não se condiciona à decisão judicial que ateste e decida se ocorreu estupro ou violência sexual. O mesmo cabe para o Boletim de Ocorrência Policial e para o laudo de Exame de Corpo de Delito e Conjunção Carnal do Instituto Médico-Legal.

Objeção de Consciência

Segundo o art. 7 do Código de Ética Médica,

> o médico deve exercer a profissão com ampla autonomia, não sendo obrigado a prestar serviços profissionais a quem ele não deseje, salvo na ausência de outro médico, em casos de urgência, ou quando sua negativa possa trazer danos irreversíveis ao paciente.

O art. 21 acrescenta que é direito do médico "indicar o procedimento adequado ao paciente, observadas as práticas reconhecidamente aceitas e respeitando as normas legais vigentes no país". É direito do médico, art. 28, "recusar a realização de atos médicos que, embora permitidos por lei, sejam contrários aos ditames de sua consciência". No entanto, é vedado ao médico "descumprir legislação específica nos casos de transplante de órgãos ou tecidos, esterilização, fecundação artificial e abortamento", conforme o art. 43.

Desse modo, são garantidos ao médico a objeção de consciência e o direito de recusa em realizar o abortamento em casos de gravidez resultante de violência sexual. No entanto, é dever do médico informar a mulher sobre seus direitos e, no caso de objeção de consciência, deve garantir a atenção ao abortamento por outro profissional da instituição ou de outro serviço.

Não há direito de objeção de consciência em algumas situações excepcionais:

1. Risco de morte para a mulher.
2. Em qualquer situação de abortamento juridicamente permitido, na ausência de outro profissional que o faça.

3. Quando a mulher puder sofrer danos ou agravos à saúde em razão da omissão do profissional.

4. No atendimento de complicações derivadas do abortamento inseguro, por se tratar de casos de urgência.

É dever do Estado e dos gestores de saúde manter nos hospitais públicos profissionais que não manifestem objeção de consciência e que realizem o abortamento previsto por lei. Caso a mulher venha a sofrer prejuízo de ordem moral, física ou psíquica, em decorrência da omissão, poderá recorrer à responsabilização pessoal e/ou institucional.

Aspectos Jurídicos do Atendimento às Vítimas de Violência Sexual

De acordo com o art. 13 do Estatuto da Criança e do Adolescente, os casos de suspeita ou confirmação de maus-tratos contra criança ou adolescente serão, obrigatoriamente, comunicados ao Conselho Tutelar da respectiva localidade. Mesmo que os responsáveis legais pela criança e/ou adolescente não queiram comunicar o fato ao Conselho Tutelar, cabe ao serviço realizar a notificação.

Notificação

A notificação é uma comunicação obrigatória de um fato. Assim, nos casos do art. 66 da Lei das Contravenções Penais, do art. 13 do Estatuto da Criança e do Adolescente e do art. 269 do Código Penal, a comunicação do fato é feita mediante notificação. A notificação cabe ao médico e ao responsável pelo estabelecimento de atenção à saúde, no caso do art. 13 do ECA.

Constitui infração administrativa, prevista no art. 245 do ECA,

deixar o médico, professor ou responsável por estabelecimento de atenção à saúde e de ensino fundamental, pré-escola ou creche, de comunicar às autoridades competentes os casos de que tenha conhecimento, envolvendo suspeita ou confirmação de maus-tratos contra criança ou adolescente.

Merece referência o art. 66 da Lei das Contravenções Penais, que dispõe sobre a omissão de comunicação de crime. Segundo esse artigo, constitui contravenção penal deixar de comunicar à autoridade competente a ocorrência de crime de que teve conhecimento no exercício de função pública ou no exercício da Medicina ou de outra profissão sanitária, mas apenas e tão-somente quando o crime for de ação penal pública incondicionada. Quando o crime for de ação penal privada ou de ação penal pública condicionada à representação, não se pode falar em contravenção nos casos de omissão de comunicação. O estupro é um crime de ação penal privada em regra e, excepcionalmente, de ação penal pública condicionada à representação. Portanto, não se pode falar na tipificação da referida contravenção penal quando o profissional deixa de comunicar à autoridade competente a ocorrência de estupro, ou de qualquer outro crime contra a liberdade sexual, se o crime for de ação penal privada ou de ação penal pública con-

dicionada à representação. E a ação penal somente será pública incondicionada quando o crime for cometido com abuso de pátrio poder (poder familiar), ou da qualidade de padrasto, tutor ou curador (Código Penal, art. 225, § 1º, inciso II). Portanto, nesse caso, há obrigatoriedade da comunicação do fato à autoridade competente e a omissão dessa comunicação tipifica o art. 66 da Lei das Contravenções Penais. Assim, nesses casos, a ocorrência da violência sexual deve ser comunicada à autoridade policial e não se pode falar em segredo. Em consequência, quando o autor da violência sexual é um dos pais, padrasto, tutor ou curador do menor, também não se aplica o art. 103 do Código de Ética Médica. Assim, se o agressor for um dos pais, o outro poderá ser comunicado, ainda que desrespeitada a vontade da menor, e, além disso, a autoridade competente deve ser comunicada.

Denúncia

A denúncia é o nome técnico dado à peça processual que dá início à ação penal pública promovida pelo Ministério Público.

Lei Maria da Penha (Lei 11.340, de 7 de agosto de 2006)

A Lei Maria da Penha coíbe a violência doméstica e familiar contra a mulher. Ela tipifica a violência doméstica como uma das formas de violação dos direitos humanos. Altera o Código Penal e possibilita que agressores sejam presos em flagrante, ou tenham sua prisão preventiva decretada, quando ameaçarem a integridade física da mulher. Prevê medidas de proteção para a mulher que corre risco de vida, como o afastamento do agressor do domicílio e a proibição de sua aproximação física junto à mulher agredida e aos filhos.

Em vigor desde o dia 22 de setembro de 2006, a Lei Maria da Penha dá cumprimento, finalmente, à Convenção para Prevenir, Punir e Erradicar a Violência contra a Mulher, da OEA (Convenção de Belém do Pará), ratificada pelo Estado brasileiro há 11 anos, bem como à Convenção para a Eliminação de Todas as Formas de Discriminação contra a Mulher (CEDAW), da ONU.

Mecanismos da Nova Lei
Inovações da Lei

- Tipifica e define a violência doméstica e familiar contra a mulher.

- Estabelece as formas da violência doméstica contra a mulher como física, psicológica, sexual, patrimonial e moral.

- Determina que a violência doméstica contra a mulher independe de sua orientação sexual.

- Determina que a mulher somente poderá renunciar à denúncia perante o juiz.

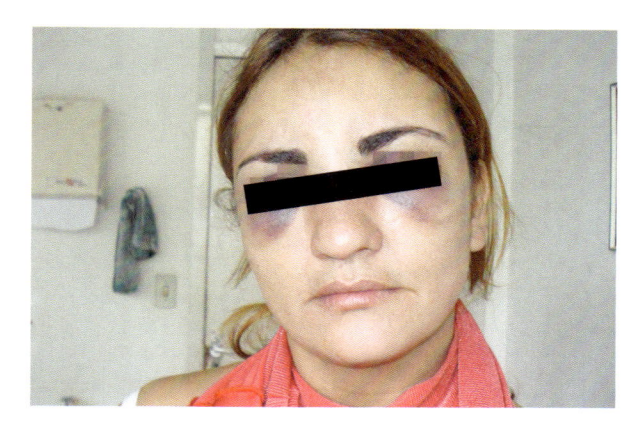

Figura 14.45 ▸ Violência contra a mulher

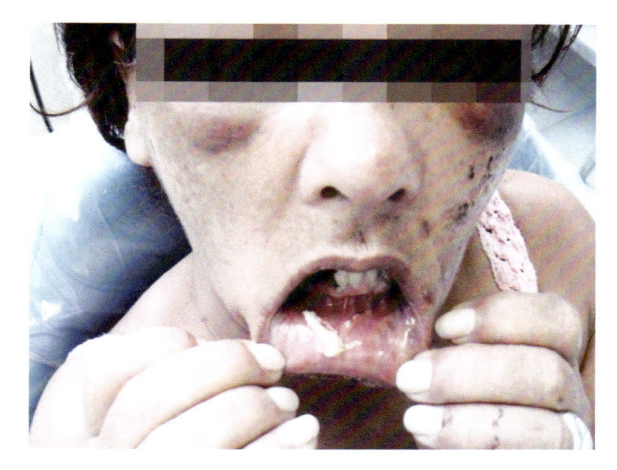

Figura 14.46 ▸ Violência contra a mulher (Cedida pelo Dr. Rodrigo Couto, Perito Odontolegista, IML de Belo Horizonte.)

- Ficam proibidas as penas pecuniárias (pagamento de multas ou cestas básicas).
- É vedada a entrega da intimação pela mulher ao agressor.
- A mulher vítima de violência doméstica será notificada dos atos processuais, em especial quando do ingresso e da saída da prisão do agressor.
- A mulher deverá estar acompanhada de advogado(a) ou defensor(a) em todos os atos processuais.
- Retira dos juizados especiais criminais (Lei 9.099/1995) a competência para julgar os crimes de violência doméstica contra a mulher.
- Altera o Código de Processo Penal para possibilitar ao juiz a decretação da prisão preventiva quando houver riscos à integridade física ou psicológica da mulher.
- Altera a lei de execuções penais para permitir ao juiz que determine o comparecimento obrigatório do agressor a programas de recuperação e reeducação.
- Determina a criação de juizados especiais de violência doméstica e familiar contra a mulher com competência cível e criminal para abranger as questões de família decorrentes da violência contra a mulher.

- Caso a violência doméstica seja cometida contra mulher com deficiência, a pena será aumentada em um terço.

Autoridade Policial

- Permite à autoridade policial prender o agressor em flagrante sempre que houver qualquer das formas de violência doméstica contra a mulher.
- Registra o boletim de ocorrência e instaura o inquérito policial (composto pelos depoimentos da vítima, do agressor, das testemunhas e de provas documentais e periciais).
- Remete o inquérito policial ao Ministério Público.
- Pode requerer ao juiz, em 48 horas, que sejam concedidas diversas medidas protetivas de urgência para a mulher em situação de violência.
- Solicita ao juiz a decretação da prisão preventiva com base na nova lei que altera o código de processo penal.

Processo Judicial

O juiz poderá conceder, no prazo de 48 horas, medidas protetivas de urgência (suspensão do porte de armas do agressor, afastamento do agressor do lar, distanciamento da vítima, entre outras), dependendo da situação.

O juiz do juizado de violência doméstica e familiar contra a mulher terá competência para apreciar o crime e os casos que envolverem questões de família (pensão, separação, guarda de filhos etc.).

O Ministério Público apresentará denúncia ao juiz e poderá propor penas de 3 meses a 3 anos de detenção, cabendo ao juiz a decisão e a sentença final.

Violência Doméstica (Conceito)

Conceitua violência doméstica e familiar contra a mulher, no art. 5º da Lei Maria da Penha, qualquer ação ou omissão baseada no gênero que lhe cause morte, lesão, sofrimento físico, sexual ou psicológico e dano moral ou patrimonial:

I – no âmbito da unidade doméstica, compreendida como o espaço de convívio permanente de pessoas, com ou sem vínculo familiar, inclusive as esporadicamente agregadas;
II – no âmbito da família, compreendida como a comunidade formada por indivíduos que são ou se consideram aparentados, unidos por laços naturais, por afinidade ou por vontade expressa;
III – em qualquer relação íntima de afeto, na qual o agressor conviva ou tenha convivido com a ofendida, independentemente de coabitação.

No art. 7º encontram-se as formas de violência doméstica e familiar contra a mulher:

I – a violência física, entendida como qualquer conduta que ofenda sua integridade ou saúde corporal;
II – a violência psicológica, entendida como qualquer conduta que lhe cause dano emocional e diminuição da autoestima ou

que lhe prejudique e perturbe o pleno desenvolvimento ou que vise degradar ou controlar suas ações, comportamentos, crenças e decisões, mediante ameaça, constrangimento, humilhação, manipulação, isolamento, vigilância constante, perseguição contumaz, insulto, chantagem, ridicularização, exploração e limitação do direito de ir e vir ou qualquer outro meio que lhe cause prejuízo à saúde psicológica e à autodeterminação;

III – a violência sexual, entendida como qualquer conduta que a constranja a presenciar, a manter ou a participar de relação sexual não desejada, mediante intimidação, ameaça, coação ou uso da força; que a induza a comercializar ou a utilizar, de qualquer modo, a sua sexualidade, que a impeça de usar qualquer método contraceptivo ou que a force ao matrimônio, à gravidez, ao aborto ou à prostituição, mediante coação, chantagem, suborno ou manipulação; ou que limite ou anule o exercício de seus direitos sexuais e reprodutivos;

IV – a violência patrimonial, entendida como qualquer conduta que configure retenção, subtração, destruição parcial ou total de seus objetos, instrumentos de trabalho, documentos pessoais, bens, valores e direitos ou recursos econômicos, incluindo os destinados a satisfazer suas necessidades;

V – a violência moral, entendida como qualquer conduta que configure calúnia, difamação ou injúria.

Esses são alguns artigos da Lei Maria da Penha que podem dimensionar a importância de sua criação. Foram anos lutando para que as mulheres pudessem dispor desse instrumento legal e para que o Estado brasileiro passasse a enxergar a violência doméstica e familiar contra a mulher.

Não são poucas as mudanças que a Lei Maria da Penha estabelece, tanto na tipificação dos crimes de violência contra a mulher como nos procedimentos judiciais e da autoridade policial.

Maria da Penha protagonizou um caso simbólico de violência doméstica e familiar contra a mulher. Em 1983, por duas vezes, seu marido tentou assassiná-la: na primeira vez por arma de fogo e na segunda por eletrocussão e afogamento. As tentativas de homicídio resultaram em lesões irreversíveis a sua saúde, como paraplegia e outras sequelas. Maria da Penha transformou dor em luta, tragédia em solidariedade. À sua luta e à de tantas outras se devem os avanços obtidos nestes últimos 23 anos.

"Toda mulher tem direito a uma vida livre de violência."

▶ REFERÊNCIAS

Alcântara HR de. Perícia médica judicial. 2. ed. Rio de Janeiro: Guanabara Koogan, 2006.

Azevedo MA, Guerra VNA. Crianças vitimizadas: a síndrome do pequeno poder. São Paulo: Iglu, 1989.

Beçak WC, Vanrell JP. Técnicas de citologia e histologia. Rio de Janeiro: LTC, 1976.

Brasil. Lei nº 10.778/2003. Estabelece a notificção compulsória, no território nacional, de casos de violência contra a mulher que for atendida nos serviços de saúde públicos e privados, 2003.

Brasil. Lei nº 10.886/2004. Tipifica a violência doméstica no Código Penal brasileiro, 2004.

Convenção de Belém do Pará. Convenção interamericana para prevenir, punir e erradicar a violência contra a mulher. Pará, 1994.

Corrêa MD. Noções práticas de obstetrícia. 12. ed. Rio de Janeiro: Medsi, 1999.

Favero F. Medicina Legal. 10. ed. Belo Horizonte: Itatiaia, 1975.

França GV de. Medicina Legal. 8. ed. Rio de Janeiro: Guanabara Koogan, 2008.

Galvão LCC. Medicina Legal. São Paulo: Santos Editora, 2008.

Gomes H. Medicina Legal. (Atualizador Hygino Hercules). 33. ed. Rio de Janeiro: Freitas Bastos, 2004.

Heise L, Pitanguy J, Germain A. Vioence against women: the hidden health burden. World Bank Discussion Paper nº 255. Washington: The International Bank of Reconstruction and Development/The World Bank, 1994.

Hércules HC. Medicina Legal – Texto e Atlas. São Paulo: Atheneu, 2005.

Koss W. Statistics on sexual violence against women: a criminological study, 1990.

Maakaroun MF, Souza RP, Cruz AR. Tratado de adolescência – Um estudo multidisciplinar. Rio de Janeiro: Editora Cultura Médica, 1991.

Ministério da Saúde. Anticoncepção de emergência. Perguntas e respostas para profissionais de saúde. Brasília-DF, 2006.

Ministério da Saúde. Aspectos jurídicos do atendimento às vítimas de violência sexual. – Perguntas e respostas para profissionais de saúde. Brasília-DF. Ministério da Saúde, 2005.

Ministério da Saúde. Matriz pedagógica para formação de redes. Atenção integral para mulheres e adolescentes em situação de violência doméstica e sexual. Brasília-DF, 2006.

Ministério da Saúde. Norma técnica. Atenção humanizada ao abortamento. Brasília-DF. Ministério da Saúde, 2005.

Ministério da Saúde. Norma Técnica. Prevenção e tratamento dos agravos resultantes da violência sexual contra mulheres e adolescentes. Brasília-DF: Ministério da Saúde, 2007.

Morrison, Biehl. A família ameaçada: violência doméstica nas Américas. 1 ed. Rio de Janeiro: FGV, 2000.

OEA (Organização dos Estados Americanos). 24º período ordinário de sessões da Assembleia Geral da Organização dos Estados Americanos. Pará, 1994.

OMS (Organização Mundial da Saúde). Primeiro relatório mundial sobre violência e saúde. Genebra, 2002.

Raekallio J, Mäkinen PL. The effect of ageing on enzyme histochemical vital reactions. International Journal of Legal Medicine, 75, 2:105-111, 1994.

Santos WDR dos. Medicina Legal à luz do direito penal e processual penal: teoria resumida e questões/Willian Douglas Resinente dos Santos, Lélio Braga Calhau, Abouch Valenty Krymchantowski e Flávio Granado Duque. 5. ed. Rio de Janeiro: Impetus, 2003.

Secretaria Especial de Políticas para as Mulheres. Lei Maria da Penha (Lei 11.340 de 7 de agosto de 2006). Coíbe a violência doméstica e familiar contra a mulher. Presidência da República – Brasília-DF, 2006.

Stark E, Flitcraft A. Women at risk: domestic violence and women's health. Family & Community Health, 22(3), 264 p., 1996.

Teixeira WRG. Colposcopia himenal em perícias médico-legais. Tese (Livre-docência). Faculdade de Medicina da Universidade de Mogi das Cruzes, 1977.

Vade Mecum. Compacto. Obra coletiva de autoria da Editora Saraiva com a colaboração de Antônio Luiz de Toledo Pinto, Márcia Cristina Vaz dos Santos Windt e Lívia Céspedes. 3. ed. São Paulo: Saraiva, 2010.

Vanrell JP. Classes de docimásias. In: Beçak WC, Vanrell JP. Técnicas de citologia e histologia. Rio de Janeiro: LTC, 1976.

Vanrell JP. Manual de Medicina Legal – Tanatologia. 2 ed. São Paulo: Leme Led, 1996.

Vanrell JP. Manual de Medicina Legal – Tanatologia. 3 ed. São Paulo: Mizuno, 2007.

Vanrell JP. Sexologia Forense. 2. ed. Leme: JH Mizuno, 2008.

CAPÍTULO 15

Antropologia Forense

Liz Magalhães Brito • Paulo Sérgio Peixoto de Araújo • Gracie de Araújo Eguchi Moreira
Fábio Leandro dos Santos Correia • Selma da Paixão Argollo

► INTRODUÇÃO

A palavra antropologia surgiu na época de Aristóteles, 289 a.C., sob a forma *anthrõpológos*, significando "o que trata do homem". Já o termo *anthrõpología* deriva do grego *ánthrõpos* (homem sem distinção sexual) e *logía* (tratado, discurso, ciência) (José Jozefran Berto Freire). Em seu sentido mais amplo, representa o estudo do homem em sua totalidade, física e socioculturalmente, abrangendo o enfoque de outras ciências que têm como centro o ser humano.

O termo antropologia é muito amplo e abrange diversas subdivisões, tais como cultural, social, econômica e política, das sociedades e física. Esta última enfoca o estudo das estruturas do corpo e tem como doutrinador Juan Comas, mexicano que em 1966 publicou o *Manual de Antropologia Física*. A Antropologia Física evoluiu a partir de estudos que tinham como objetivo a osteologia e a paleoantropologia.

A Antropometria e a Antroposcopia são ramos da Antropologia Física. Para Dorland, *apud* Arbenz (1988), cabe à Antropometria a "mensuração das dimensões humanas para obter a expressão quantitativa da forma do corpo". Já à Antroposcopia cabe a determinação das características da configuração do corpo humano.

Os fundamentos científicos da Antropometria estão localizados, em sua maior parte, na Anatomia, cujo início se dá na Antiguidade clássica, até alcançar Leonardo da Vinci, por volta de 1500, que estabeleceu as primeiras medidas científicas do corpo humano, dando início à Antropometria. Da Vinci foi uma das figuras mais importantes do Renascimento, tendo se destacado não só como anatomista, mas também como cientista, matemático, engenheiro, inventor, pintor, escultor, arquiteto, botânico, poeta e músico. É dele a obra do Homem Vitruviano, que retrata o corpo humano com suas proporções perfeitas, além de mais de 200 ilustrações de anatomia, que só foram publicadas muito posteriormente a sua morte.

A Antropologia é a ciência que estuda o homem num âmbito cultural e físico, considerando igualmente suas relações. Por outro lado, o termo "forense" implica uma ciência aplicada à Justiça. Logo, a Antropologia Forense é a aplicação legal da ciência antropológica, com o objetivo de ajudar a identificação de cadáveres e a determinação da causa de morte. Esse ramo da Antropologia é aplicado em situações em que existem danos consideráveis induzidos ao cadáver, tais como a decomposição do próprio, amputações, queimaduras graves ou qualquer outro elemento que cause a deformação do corpo a ponto de torná-lo irreconhecível.

O trabalho na Antropologia dentro dos Institutos Médico-Legais deve ser realizado por uma equipe multidisciplinar de peritos especializados, e os resultados das análises devem ser compatibilizados entre eles de modo a alcançar maior grau de acerto nos aspectos estudados. Pode-se afirmar que a Antropologia Forense, na conjuntura nacional, é uma área de atuação conjunta da Medicina Legal e da Odontologia Legal. Portanto, é indispensável a presença do perito médico-legal em suas diversas especialidades (patologistas, radiologistas, psiquiatras etc.), assim como a do perito odontolegal, que tem assumido papel fundamental e de destaque na equipe antropológica, além de peritos criminais para atuar nas fotografias e na arte forense para reconstrução facial.

Assim, a Antropologia Forense pode fornecer importantes subsídios para o esclarecimento de crimes, bem como a identificação de ossadas humanas e também não humanas.

É conveniente ressaltar a responsabilidade da Antropologia Forense em conduzir as investigações adicionais e pertinentes no que diz respeito a ossadas exumadas. São esses os casos de repercussão em que restaram dúvidas às autoridades policiais na elucidação de crimes. Essas perícias podem ocorrer em indivíduos inicialmente inumados sem suspeitas de morte por ação externa, ou mesmo em casos já periciados previamente, até com necropsias, mas que de algum modo não foram completamente elucidativas às autoridades investigadoras (ver Exumações).

Nos tempos atuais é pertinente distinguir alguns conceitos, suas especificações e competências para melhor compreensão das ações exercidas pelos antropólogos forenses.

▶ RECONHECIMENTO

Reconhecer é conhecer de novo. É admitir como certo ou afirmar conhecer, afirmação essa obtida de um parente ou conhecido sobre alguém que ele diz conhecer. Mediante a comparação, um indivíduo pode ser reconhecido. É preciso diferenciar reconhecimento de identificação, já que esta última é um procedimento técnico em que se empregam métodos médico-legais, odontolegais, antropológicos, antropométricos, papiloscopia, exame comparativo de DNA, entre outros, com o objetivo de provar a identidade de uma pessoa.

▶ IDENTIDADE

Identidade é o conjunto de caracteres físicos, funcionais e psíquicos, permanentes, natos ou adquiridos, que tornam uma pessoa diferente das demais. É um conjunto de caracteres que singulariza, individualiza e atribui uma condição de unicidade a uma pessoa ou uma coisa, fazendo-a distinta e diferente das demais. Trata-se de um elenco de atributos que torna o alguém, o indivíduo, a pessoa ou alguma coisa igual apenas a si própria.

Segundo Arbenz, a identidade é o conjunto de atributos que caracterizam alguma coisa ou alguma pessoa. Para Leonídio Ribeiro:

> *a identidade é um fato e não uma convenção; torna-se, pois, necessário fixar meio inequívoco e único de prová-la legalmente, para facilitar a prática de atos civis dos indivíduos, na vida jurídica, isto é, nas relações familiares, sucessórias, contratuais, políticas, no exercício de todos os direitos e obrigações pessoais que se baseiam na certeza da identidade individual.*

França distingue identidade objetiva de subjetiva, esta última sendo ligada à estrutura da personalidade e da consciência do próprio eu, enquanto a identidade objetiva é aquela que se utiliza de meios técnicos para determinar que uma pessoa seja ela própria.

O Código Penal Brasileiro, no art. 37, define como identidade o conjunto de caracteres próprios e exclusivos de uma pessoa.

▶ IDENTIFICAÇÃO

Identificação é o processo pelo qual se determina a identidade de uma pessoa ou de uma coisa, um conjunto de procedimentos e diligências cuja finalidade é levantar uma identidade. A identificação antropológica é efetuada quando se depara com a necessidade de se reconhecer a espécie, a raça, o sexo, a idade e a estatura. A identificação divide-se em médico-legal e policial.

Muito antes de os cientistas forenses se interessarem por impressões digitais para identificação humana, a sociedade havia reconhecido a necessidade de estigmatizar os criminosos. Esses estigmas consistiam em infligir cicatrizes, marcas ou tatuagens nos criminosos. A mutilação era (e em alguns países ainda é) uma atitude extrema, mas efetiva, de se marcar um criminoso. Esses tipos de mutilação, bem como a marcação com ferro em brasa (ferrete – França), desapareceram na maioria dos países na primeira metade do século XVIII. Com o passar dos anos ficou óbvio que muitos criminosos reincidentes estavam sendo tratados como primários, o que martirizava a polícia e os juízes da época. A comunidade de execução da lei voltou sua atenção para esse sério problema, e um novo método de identificação fazia-se necessário.

O primeiro método científico de identificação amplamente aceito foi desenvolvido pelo francês Alphonse Bertillon em 1879. A Antropometria, também chamada de Bertillonagem em sua homenagem, confiava em uma combinação de medidas físicas coletadas por procedimentos cuidadosamente prescritos. Era, à época, um sistema complexo e completo de identificação humana; além dos assinalamentos antropométricos, descritivos e dos sinais particulares, apresenta a fotografia do identificado de frente e de perfil, reproduzida a um sétimo, e as impressões digitais, que foram introduzidas por Bertillon em 1894, obedecendo a uma classificação original. O sistema de Bertillon foi adotado oficialmente pela Polícia de Paris em 1882 e em seguida por toda a França e a Europa. No Brasil, foi adotado em 1894. Com o tempo as desvantagens vieram à tona: não só o tempo gasto na procura das fichas, mas também a imprecisão na identificação, demonstrando que a papiloscopia seria o método de identificação mais promissor.

Em julho de 1858, o britânico William James Herschel, Magistrado Principal do distrito de Hooghly em Jungipoor, Índia, estava tendo problemas no cumprimento dos contratos feitos com os nativos e decidiu usar uma técnica antiga daquele local. Ele exigia que se colocasse a impressão da mão no verso dos contratos. Diante do resultado positivo, Herschel fez disso um hábito, exigindo a impressão da palma da mão e, posteriormente, apenas a impressão do dedo médio em todos os contratos daquela data em diante.

Com o uso contínuo dessa prática, a coleção de impressões digitais foi crescendo, e Herschel começou a notar que as impressões podiam realmente provar ou contestar a identidade das pessoas.

Apesar de suas experiências com impressões digitais serem limitadas, Herschel estava convicto de que elas eram de fato sem igual, como também permanentes ao longo da vida do indivíduo, o que o inspirou a ampliar o uso.

Em 1880, Henry Faulds, cirurgião britânico superintendente do Hospital de Tsukiji, em Tóquio, no Japão, publicou um artigo no diário científico *Nature*, onde discutia sobre impressões digitais como meio de identificação pessoal. Ele também criou um método de classificação para elas. Um mês depois, Herschel também publicou um artigo na mesma revista falando de suas experiências.

Francis Galton, antropólogo britânico, começou seu trabalho com impressões digitais em 1880, embasado nos trabalhos de Herschel e Faulds. Em 1892, publicou seu livro *Impressões digitais*, estabelecendo sua individualidade e permanência. O livro incluiu o primeiro sistema de classificação das impressões digitais, com três padrões básicos de impressões digitais – laçada, arqueada e verticilo. Estes eram classificados alfabeticamente e distribuídos entre os dez dedos das mãos.

Por fim, Juan Vucetich Kovacevich, nascido em 1858 na antiga Iugoslávia, naturalizou-se argentino e, aos 24 anos de idade, ingressou na polícia de La Plata, Buenos Aires. Vucetich foi incumbido de trabalhar no setor de identificação, ainda com o sistema de Bertillonagem.

Após tomar conhecimento dos trabalhos de Galton, inventou seu próprio sistema de arquivamento e identificação por meio das impressões digitais, dando-lhe o nome de icnofalangometria, posteriormente substituído por datiloscopia. Em 1º de setembro de 1891, seu sistema foi implantado na chefatura de polícia de La Plata, onde foram identificados 23 presos.

No Brasil, o Decreto 4.764, de 5 de fevereiro de 1903, regulamentou que a identificação dos delinquentes fosse feita pela combinação de todos os processos (exame descritivo; notas cromáticas; observações antropométricas; sinais particulares, cicatrizes e tatuagens; impressões digitais; fotografia de frente e de perfil), porém subordinando esses dados à classificação datiloscópica, de acordo com o método instituído por Juan Vucetich, e considerando, para todos os efeitos, a impressão digital como prova mais concludente e positiva da identidade do indivíduo.

A identificação papiloscópica (método datiloscópico de Vucetich) é o método de identificação mais utilizado na atualidade, pois contempla todos os requisitos técnicos e biológicos:

- **Requisitos biológicos:**
  - **Unicidade = individualidade:** apenas um indivíduo pode tê-los.
  - **Imutabilidade:** os caracteres não mudam com o passar do tempo.
  - **Perenidade:** os caracteres têm a capacidade de resistir à ação do tempo.
- **Requisitos técnicos:**
  - **Praticabilidade:** o método há de ser simples, de fácil obtenção, registro e baixo custo.
  - **Classificabilidade:** possibilidade de classificação para rapidez na localização em arquivos.

Esse método é de fácil utilização nos indivíduos vivos e nos cadáveres recentes e preservados.

Assim, a missão da Antropologia é auxiliar a identificação nos casos de maior dificuldade, pois identificar é muito mais simples quando se trata do indivíduo vivo ou do cadáver cronologicamente recente e íntegro do que quando nos deparamos com cadáveres em avançado estado de decomposição, mutilados, carbonizados ou esqueletizados. A identificação torna-se muito mais complicada, e às vezes impossível, quando não se dispõe do esqueleto completo, e sim de um grupo de ossos, de um osso isolado ou de parte dele, e essa realidade se agrava ainda mais quando a ossada periciada é juvenil, infantil ou quando se trabalha com ossadas de fetos, pois os estudos para essas populações são ainda mais escassos.

Os indivíduos periciados em Antropologia chegam, em sua grande maioria, em fase avançada de decomposição, o que torna muito difícil sua identificação pela simples visualização/reconhecimento pelos familiares e, até mesmo, por identificação papiloscópica, quando há meios técnicos para sua realização.

A identificação antropológica assume papel fundamental nas grandes catástrofes e acidentes coletivos, quando, com frequência, os corpos ficam mutilados, impedindo o reconhecimento pelos familiares, ou ainda, nos homicídios, quando o assassino usa procedimentos como a carbonização, a desfiguração, a decapitação, a amputação de segmentos do corpo ou, até mesmo, o espostejamento, com o objetivo de dificultar a identificação da vítima.

O exame antropológico auxilia a investigação criminal, que poderá ser conduzida de duas formas:

- **Forma dirigida ou específica:** quando há um suposto desaparecido e que preencha os requisitos para ser correlacionado com um cadáver em exame. Buscam-se também outros métodos de identificação, como comparação de prontuário odontológico, superposição de imagens e, posteriormente, análise comparativa do DNA do indivíduo periciado com o de seu suposto pai, mãe ou irmãos.

- **Forma não dirigida ou inespecífica:** quando não se tem um suposto e a perícia se desenrola como sendo de um indivíduo ignorado ou desconhecido e que será mantido em cadeia de custódia por determinado tempo para futuros exames, caso surja um suposto para esse indivíduo.

Todo o conteúdo deste capítulo é exemplificado por perícias realizadas por peritos oficiais do Setor de Antroplogia Forense do Instituto Médico-Legal Nina Rodrigues (IMLNR), Salvador, Bahia, cujos protocolos foram disponibilizados como sugestões de rotina de trabalho.

▶ CADEIA DE CUSTÓDIA

Considerando-se a necessidade de manter a integralidade do material a ser periciado e que em algum momento da perícia haja necessidade de se dispor de parte de peças pertencentes aos restos esqueletais inerentes ao material periciado, para exames complementares há a necessidade de proceder à preservação do material a ser periciado.

Registra-se como obrigatório e indispensável o conhecimento da legislação pertinente sobre o assunto (Código de Processo Penal – CPP) para se aferir o grau de responsabilidade pertinente ao perito quando este participar e tiver contato com o fato delituoso, necessitando recolher material para exames complementares diversos, particularmente para confronto genético de DNA.

A presença no local de perícia, sempre que possível indispensável, é fundamental para que se possa reunir dentro da maior fidelidade todo o material técnico necessário.

Tudo o que for produzido como material de prova, tudo o que for retirado do local do crime ou disponibilizado para exame pericial tem que ser descrito, identificado e fotografado para que se registre e comprove o que foi avaliado antes de ser encaminhado para o exame complementar competente.

O material técnico a ser custodiado está regulamentado de acordo com os aspectos legais do CPP, em seus arts. 159, 164 a 166, 169 e 170. De onde se recomenda não se deixar de declarar no corpo do laudo todo o tipo de material extraído, assim como o tipo de exame a ser efetuado e o local de destino.

Do mesmo modo, recomenda-se que se envidem todos os esforços, junto aos requisitantes da perícia (delegados policiais, Ministério Público, coordenador de comissão parlamentar de inquérito e outros), no sentido de o perito médico e/ou odontolegal (particularmente do Setor de Antropologia) ser informado e convidado a participar da avaliação do local de perícia, devendo o material a ser periciado, na medida do possível, ser recolhido pelo perito médico e/ou odontolegal, segundo um protocolo antropológico organizado e conveniente. Essa sugestão é de fundamental importância em se tra-

tando de casos de acidentes de massa, em que a presença desses peritos torna-se imprescindível para o sucesso do trabalho pericial.

Recebimento e Limpeza do Material a Ser Periciado

O exame antropológico dentro dos IML deve ser iniciado com a recepção e conferência do material de perícia correspondente à Guia Policial, o registro interno no Instituto do material a ser periciado e fotografias de seu volume e conteúdo, garantindo assim a manutenção da cadeia de custódia. Sugere-se a metodologia descrita a seguir:

- Fotografar com etiqueta, identificando o registro e a data da fotografia e o conjunto do material recebido (volume e conteúdo) em sua forma original (como foi encaminhado ao IMLNR), garantindo a manutenção da cadeia de custódia.

- Descrever com detalhes a urna ou o volume que tenha servido para transporte do material a ser periciado. As Figuras 15.1*A* a *H* mostram como os volumes originais chegam ao IMLNR.

- Após a abertura do volume, fotografar com o registro e a data da fotografia todo o material (conteúdo) em sua forma original.

- Radiografar o cadáver por completo para identificar a presença de possíveis projéteis e outros objetos, notadamente nos casos em que haja suspeita ou sinais de ação por arma de fogo.

- Radiografar e fotografar o crânio em anteroposterior (AP) e perfil com bom critério e com dois objetivos: identificar e caracterizar os seios frontais e subsidiar a perícia de Reconstituição Facial para futura comparação e identificação.

- Proceder à contagem unitária e quantitativa de peças de vestuário, adornos, documentos e outros objetos constantes do material a ser periciado.

- Descrever com os possíveis detalhes as vestes, os documentos e papéis que possam existir nos bolsos, antes de proceder a sua limpeza.

- Procurar cuidadosamente na peça de vestuário e na terra que acaso acompanhe o material a ser periciado a possível existência de projétil de arma de fogo ou outros materiais que porventura o acompanhem.

- Recolher possível amostra de terra que acaso acompanhe o material a ser periciado, para exame toxicológico, quando necessário.

- Recolher todo o material necessário, para exame toxicológico, exame anatomopatológico e reconhecimento da fauna cadavérica, de acordo com as indicações dos protocolos específicos de cada setor.

- As vestes devem ser examinadas antes da limpeza para que sejam observados detalhes como resíduo de

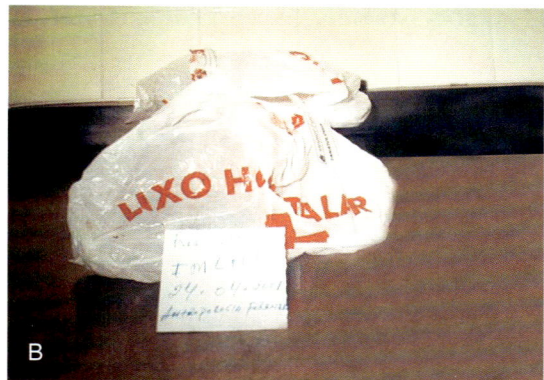
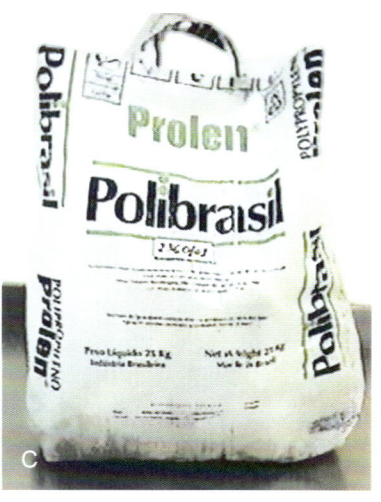
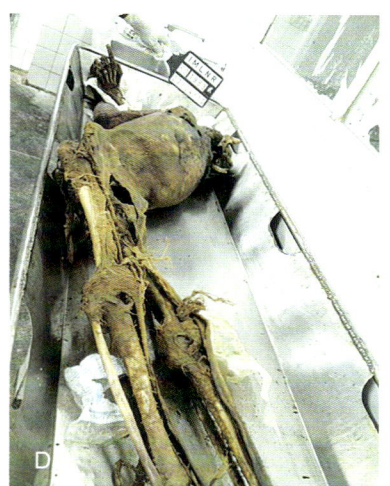

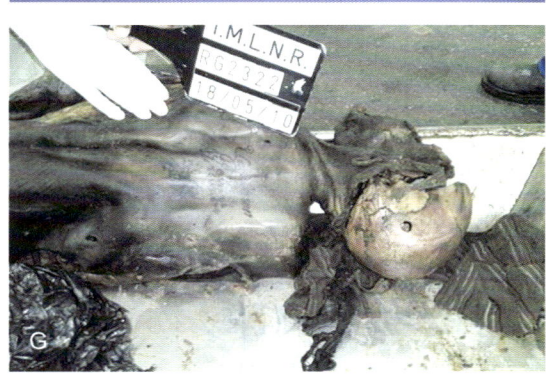
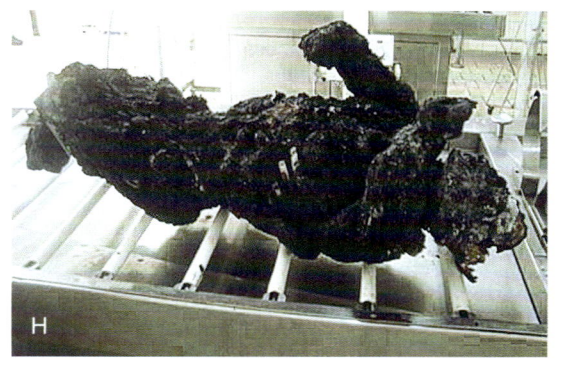

Figura 15.1 ▶ Volume de perícia antropológica. **A** Caixa de papelão. **B** Saco plástico. **C.** Saco de linhagem. **D** Cadáver em decomposição acondicionado em bandeja de aço inoxidádável. **E** Caixa de papelão. **F** Urna funerária (perícia de exumação). **G** Cadáver em decomposição acondicionado em bandeja de aço inoxidável. **H** Cadáver carbonizado em mesa de necropsia.

pólvora combusta e correlação com as lesões a serem examinadas. Depois da limpeza com água e sabão detergente, devem ser examinadas para que sejam descritos detalhes como cor original, tipo de tecido, bordados ou estampas, etiquetas internas e externas, detalhes de bolsos, cós, golas e outros.

- Realizar ou, se mais indicado, enviar o material para o laboratório com solicitação de exame de avaliação físico-descritivo das peças, após a lavagem.

- Analisar tecnicamente o material recebido (corpo putrefeito, restos esqueletais ou corpo carbonizado) e proceder a um inventário minucioso, com descrição pormenorizada, registrando sua condição geral e os aspectos relevantes na identificação do cadáver ou de sua causa de morte. O exame macroscópico das partes moles residuais reporta a estimativa do tempo de morte.

- Descrever as peças ósseas, relacionando umas com as outras, e conferir todos os ossos após a limpeza (p. ex., coluna vertebral articulada, membros inferiores completos, presença ou não da mandíbula).

- Após a análise técnica, e antes de ser iniciada a limpeza dos ossos, é recolhida a peça óssea de eleição de acordo com protocolo específico de cada laboratório, a qual será mantida em custódia para futuro exame de confronto de DNA.

- O material recolhido para confronto de DNA será submetido apenas ao tratamento de limpeza com água. As demais peças a serem periciadas são submetidas à fervura (por 2 horas) para facilitar a retirada das partes moles aderidas.

- Procede-se, então, à secagem natural (preferencial) ou em um forno de Bier (alternativa em caso de urgência).

- Todo o material para exame é colocado em uma bandeja ou cuba e transferido para a sala de estudo, onde serão realizadas as avaliações métricas e morfológicas.

Alguns IML no Brasil, como o CEMEL de Ribeirão Preto, utilizam outros métodos de limpeza de cadáveres em avançado estado de decomposição, a exemplo de uma "máquina redutora de ossadas", na qual o cadáver é colocado e o artefato realiza a remoção mecânica dos tecidos moles.

▶ OBJETIVOS DO EXAME ANTROPOLÓGICO

O exame antropológico é solicitado pelas autoridades competentes com o objetivo de identificação, sendo realizado por peritos médico-legais e peritos odontolegais mediante análise no corpo humano, utilizando-se de segmentos corporais, ossadas completas ou, até mesmo, de restos esqueletizados.

Tem como finalidade a determinação de espécie e sexo e estimativa do fenótipo/cor da pele, idade e es-

tatura, assim como a determinação da causa de morte, seu instrumento e a estimativa do tempo de morte, culminando na identificação do indivíduo. Aplica-se ao setor de Antropologia dos IML, à sala de necropsia, bem como ao local de encontro do corpo de delito (local de crime) e cemitérios (exumações).

O exame antropológico morfométrico tem por finalidade encontrar dados que subsidiem o laudo pericial com elementos conclusivos, sobretudo sobre os dados biotipológicos de menor complexidade, como espécie, sexo, fenótipo/cor da pele, idade e estatura. Há variáveis que possibilitam a determinação, como espécie e sexo, pois existem apenas duas possibilidades para sua determinação (no caso da espécie, humana e não humana), e do sexo, (masculino e feminino). Já as variáveis fenótipo/cor da pele, idade e estatura permitem apenas estimativas, em virtude do grande número de possibilidades envolvidas.

Essas variáveis tornam possível a ordenação em um banco de dados para futuras consultas na busca incessante de correlacionar esses indivíduos periciados com os indivíduos tidos como desaparecidos e que estão sendo procurados por seus familiares. Estes últimos trazem informações valiosas para a comparação com esse banco de dados, não só quanto aos aspectos biotipológicos, mas também quanto a vestes, acessórios e adornos que utilizavam no período do desaparecimento. O trabalho na Antropologia deve ser realizado por uma equipe multidisciplinar, e os resultados das análises devem ser compatibilizados entre os profissionais no sentido de alcançarem maior grau de acerto nos aspectos estudados.

Assim, essa busca constante para o desenvolvimento de metodologias para o diagnóstico preciso da identificação de dados biotipológicos tornou a Medicina e a Odontologia Legal grandes aliadas.

A Odontologia Legal é uma especialidade relativamente nova, já que apenas no ano de 1932 foi incluída nos currículos dos cursos de Odontologia, mas vem ocupando posição de destaque no campo das especialidades odontológicas. Em razão do aumento na frequência dos desastres de massa, a especialidade vem sendo apontada como de referência, pois tem alcançado altos índices de positividade na identificação pelo exame dos arcos dentários. O reconhecimento da importância da especialidade pode ser constatado pela inclusão do cargo de perito odontolegal nos quadros de servidores dos IML de diversos estados brasileiros.

Assim, disciplina a Lei 5.081/1986, art. 6º, IV c/c IX:

Art. 6º. Compete ao cirurgião-dentista:
IV – proceder à perícia odontolegal em foro civil, criminal, trabalhista e em sede administrativa;
IX – utilizar, no exercício da função de perito-odontólogo, em casos de necropsia, as vias de acesso do pescoço e da cabeça.

Assim, nas perícias antropológicas realizadas no IMLNR-Bahia, cabe ao perito odontolegal a análise dos ossos do crânio e da mandíbula e ao perito médico-legal o estudo do pós-crânio e, nesse campo de atuação, estes dois profissionais irão determinar a espécie e o sexo, assim como estimar o fenótipo/cor da pele, idade, estatura, tempo e causa da morte.

Após a recepção e limpeza do material a ser periciado, é dado início ao exame antropométrico propriamente dito.

Determinação da Espécie

A Antropologia Forense se estabelece em certas bases bastante consistentes e sistemáticas quanto a seu método de trabalho, seguindo passos definidos e universais.

Antes de qualquer outro procedimento, a principal preocupação de um antropólogo forense, ao se confrontar com um corpo, vestígios esqueléticos ou outro material qualquer que se assemelhe a tecido ósseo, é classificá-los como humanos, não humanos ou matéria inorgânica.

A identificação da espécie humana pode ser investigada macroscopicamente pela morfologia dos ossos ou dos dentes (sobretudo os caninos). A diferenciação pode ser feita também por meio de pelos, pele, fezes e DNA.

Importante destaque se dá à clavícula, pois sua forma em "S" itálico não se repete em nenhuma outra espécie animal. A conformação única desse osso já pode ser observada desde estágios embrionários, como se vê nas Figuras 15.2 e 15.3, que mostram as clavículas de um feto examinado no setor de Antropologia Forense do IMLNR-Bahia. Na Figura 15.4 encontra-se uma clavícula de adulto posicionada na tábua osteométrica.

Microscopicamente, a avaliação dos ossos pode ser feita pela mensuração dos canais de Havers e dos osteoplastos.

A técnica visa estudar os osteoplastos (morfologia, dimensões e canalículos), canais de Havers (forma, diâmetro, dimensões e número) e lamelas ósseas. O osso é constituído de substância inorgânica (em cerca de 60% representada pela hidroxiapatita), substância orgânica (fibras colágenas) e água. Microscopicamente, os canais de Havers são mais largos e em menor número nos humanos e mais estreitos, redondos e numerosos nos outros animais. Podem ser reconhecidos dois tipos de ossos: esponjoso e compacto. O exame histológico pode ser efetuado em qualquer osso, fornecendo excelentes subsídios para a determinação da espécie.

A radiologia também contribui mediante a distinção da densidade da trama óssea entre o osso humano e o não humano.

Como exemplo ilustrativo, em perícias realizadas no setor de Antropologia do IMLNR-Bahia, nos anos

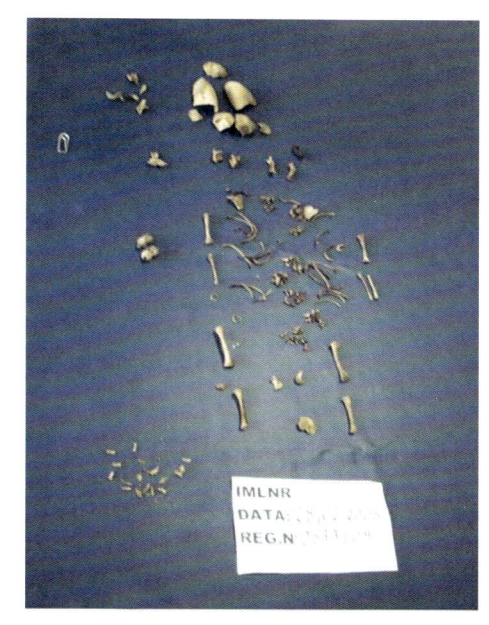

Figura 15.2 ▶ Ossada de um feto em disposição anatômica

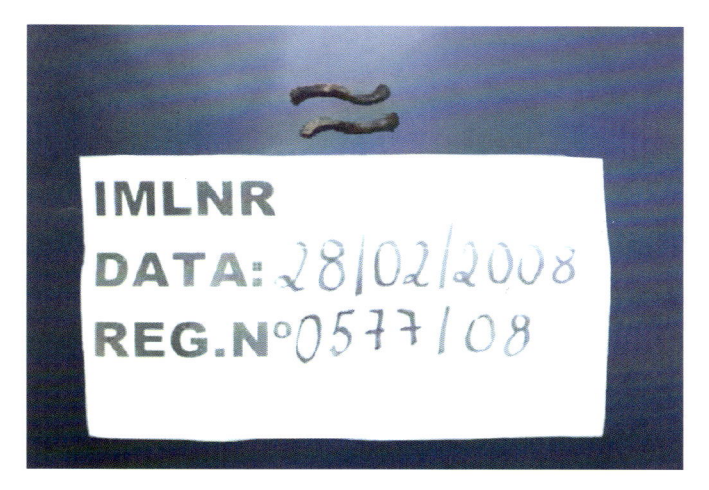

Figura 15.3 ▶ Detalhe da clavícula de um feto

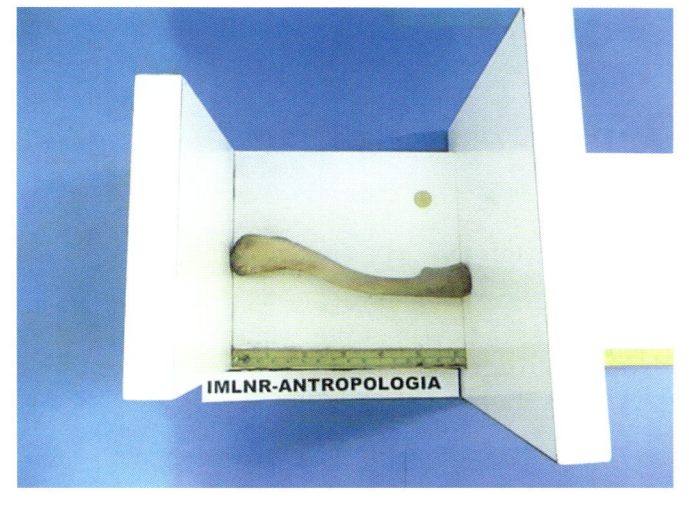

Figura 15.4 ▶ Clavícula de ossada adulta disposta na tábua osteométrica

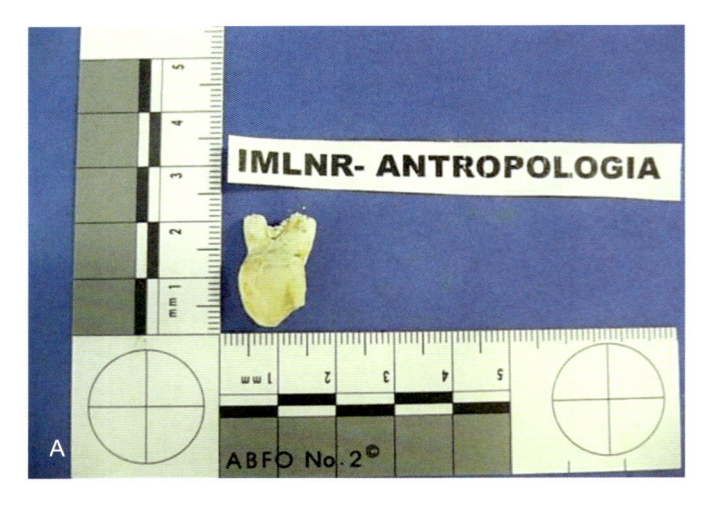

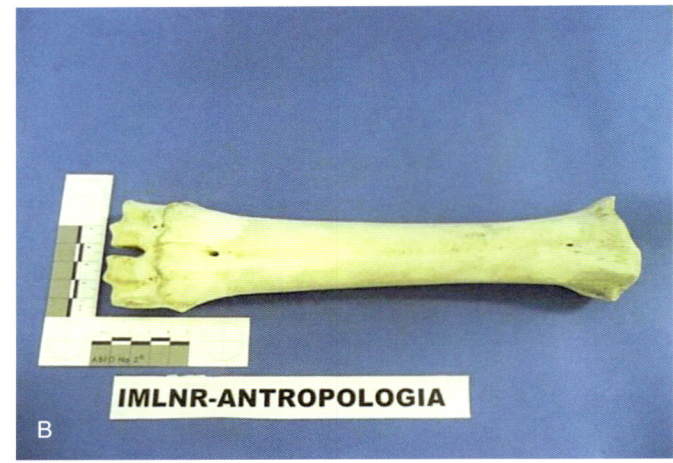

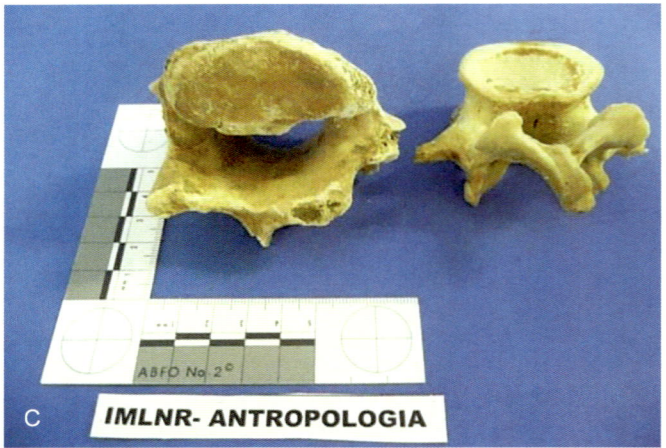

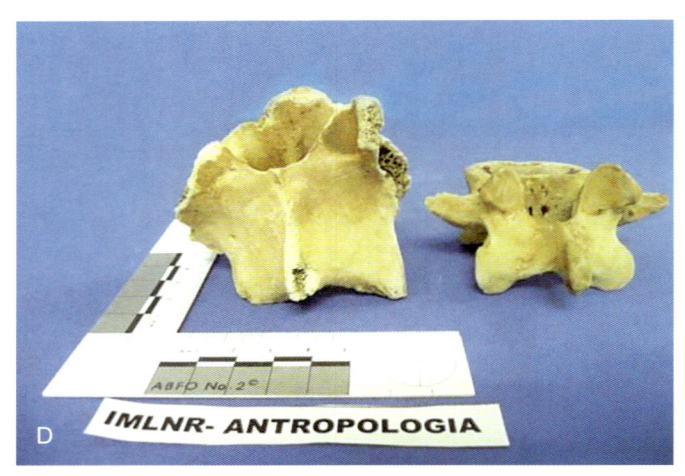

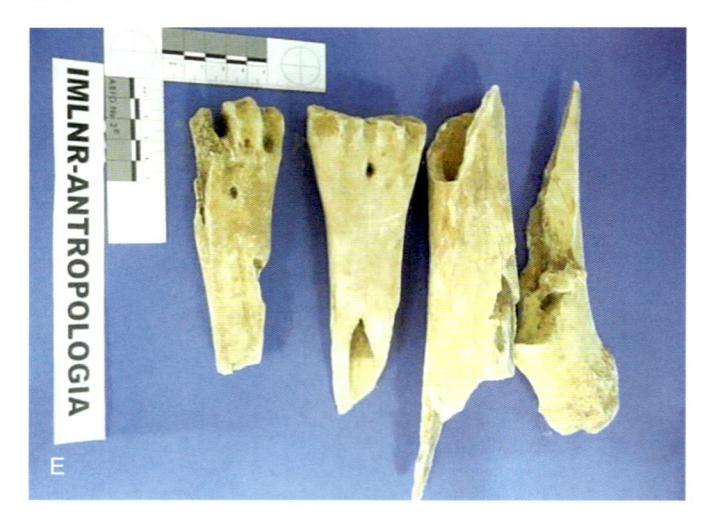

Figura 15.5 ▶ **A** Dente não humano. **B** Osso longo não humano. **C** Vértebras não humanas. **D** Vértebras humanas. **E** Outros fragmentos de ossos não humanos.

de 2009 e 2010, foi possível constatar morfologicamente que os ossos encaminhados não pertenciam à espécie humana, o mesmo se podendo afirmar das vértebras e do dente encaminhados junto às peças ósseas, como se pode ver nas Figuras 15.5*A*, dente não humano, *B*, osso longo não humano, *C* e *D*, comparativo de vértebras não humana à esquerda e humana à direita, onde se notam as diferenças morfológicas, de tamanho, largura e altura entre elas, e por último em *E*, fragmentos de ossos não humanos (ossos longos e ilíacos). Os laudos confeccionados, referentes a esses materiais estudados, concluíram por ossada não humana e os quesitos foram respondidos como prejudicados, por se tratar de ossos não humanos.

Constatada a espécie humana, é iniciado o exame da ossada.

Preparação das Peças para Avaliação Antropológica

- A ossada é arrumada na mesa antropológica em posição anatômica com os ossos dispostos no sentido craniocaudal.

- Examinar minuciosamente todos os ossos, peça por peça, valorizando detalhes anatômicos de identificação. Selecionar os ossos examinados que contenham alguma informação de interesse médico-legal relevante e fotografar com o registro e a data.

- Quanto à descrição, esta deve ser realizada de modo preciso e rigoroso, assim como devem ser registradas a condição geral dos ossos, as dimensões e a presença ou ausência de qualquer outro tipo de anomalia ou saliência de relevância.

- Coletar dados, lesões ósseas ou sinais que ajudem a estabelecer a causa da morte, quando possível.

- Examinar lesões e sinais característicos, se possível com auxílio de lupa estereoscópica (ou similar).

- Examinar e fotografar, com o registro e a data, vestes, cabelos, adornos, documentos e outros materiais recebidos, do modo como foram encaminhados e após a limpeza.

- Recompor crânio, mandíbula e outros ossos para estudo antropométrico por meio de reposicionamento anatômico dos fragmentos ósseos, colando e reconstituindo ossos fraturados de interesse para a perícia com cola termoplástica.

- Realizar outras radiografias do crânio ou de qualquer osso, quando necessário.

- Realizar preliminarmente as primeiras constatações: ossada de feto, infantil ou adulto, o que irá determinar a conduta a ser seguida para a análise das outras variáveis do exame.

Determinação do Sexo
Estudo da Pelve

A averiguação do sexo em perícias antropológicas pode ser determinada por meio de análises qualitativas ou mórficas ou somatoscópicas, análises quantitativas ou métricas ou somatométricas. Os ossos da pelve são as estruturas de eleição, pois fornecem informações específicas no estudo do dimorfismo sexual ou diagnose do sexo, seguindo-se o crânio, o esqueleto axial, os ossos longos (fêmur e úmero) e a primeira vértebra cervical, segundo Arbenz. Quando os ossos da pelve estão presentes, as outras estruturas devem ser consideradas como meios subsidiários. Quando ausentes, passa-se para o estudo do crânio, realizando as análises qualitativa e quantitativa do crânio e da mandíbula.

Análises Qualitativas ou Mórficas ou Somatoscópicas da Pelve

Os aspectos morfológicos da cintura pélvica feminina são: estreitos superior e inferior maiores, forma aproximadamente circular, ângulo subpubiano menos agudo, borda medial do ramo isquiopúbico côncava, osso ilíaco menos espesso, sacro mais achatado e largo, promontório menos proeminente, acetábulo com diâmetro médio de 46mm (Vanrel) (Figura 15.6).

Os aspectos morfológicos da cintura pélvica masculina são: estreitos superior e inferior menores e elípticos, ângulo isquiático mais fechado, superfície anterior do púbis de aspecto aproximadamente triangular, ângulo subpubiano mais agudo, borda medial do ramo isquiopúbico convexa, osso ilíaco mais espesso, sacro mais estreito e alongado, promontório proeminente, acetábulo com diâmetro médio de 55mm (Vanrel) (Figura 15.7).

Aspecto comparativo entre a pelve masculina e feminina demonstrando o ângulo subpubiano, forma, chanfradura isquiática (Figuras 15.8 a 15.10).

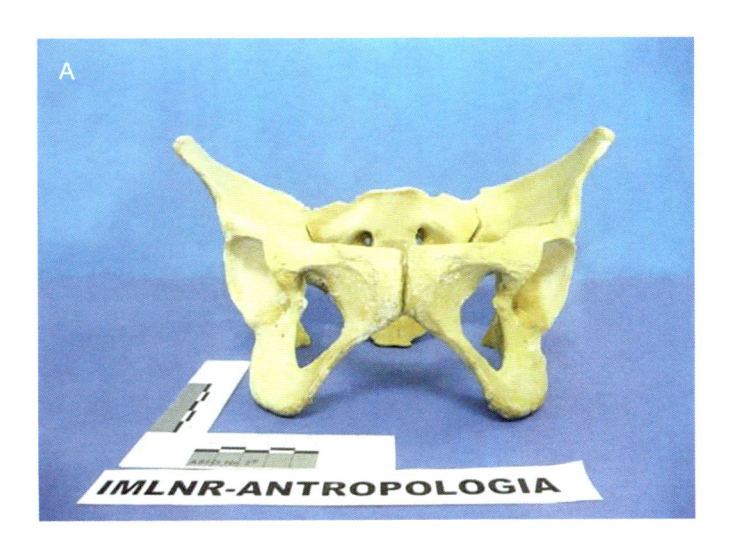

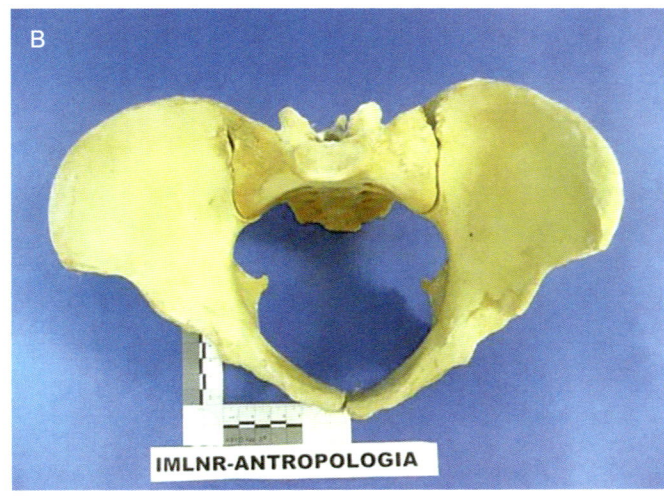

Figura 15.6 ▶ **A** e **B** Pelve feminina. **A** Vista frontal. **B** Vista superior

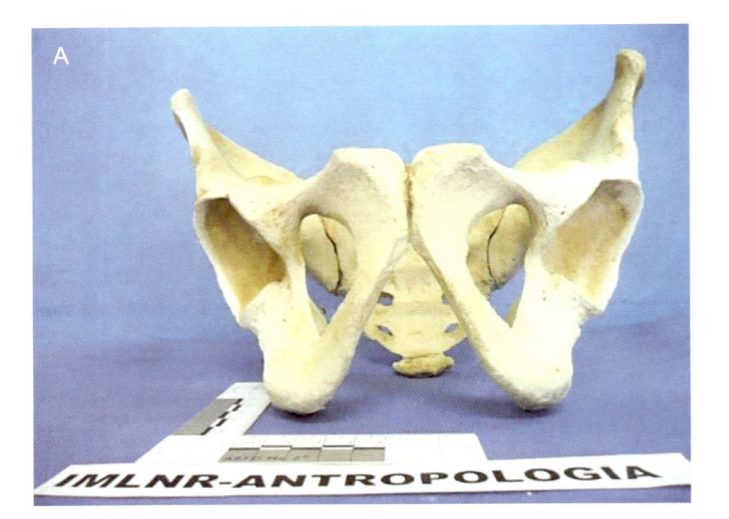
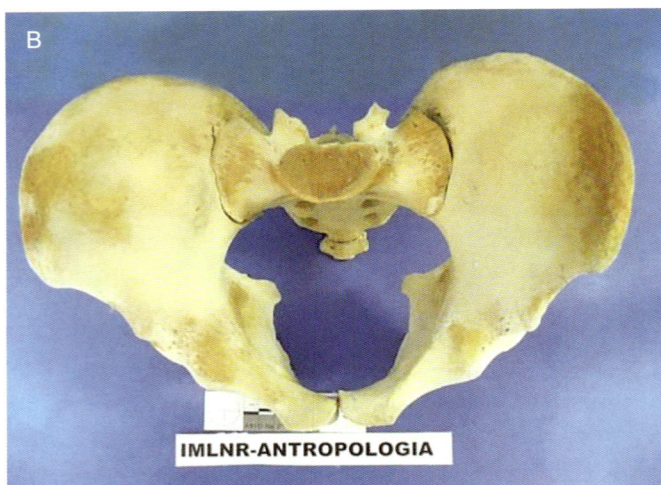

Figura 15.7 ▶ **A** e **B** Pelve masculina **A** Vista frontal. **B** Vista superior

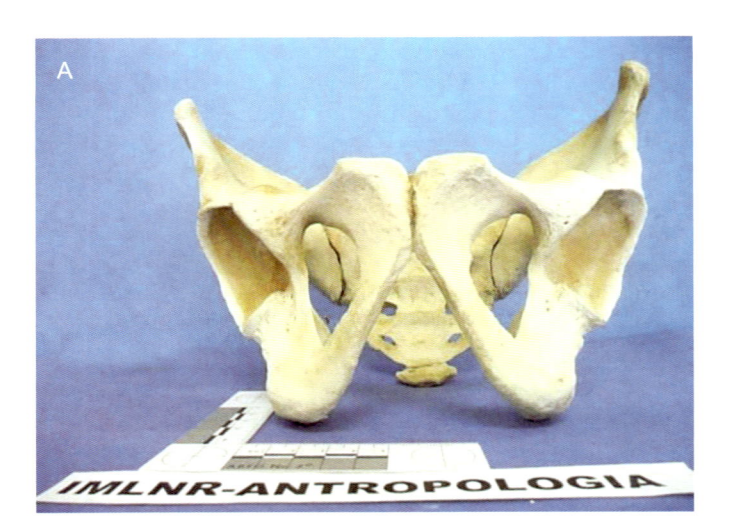
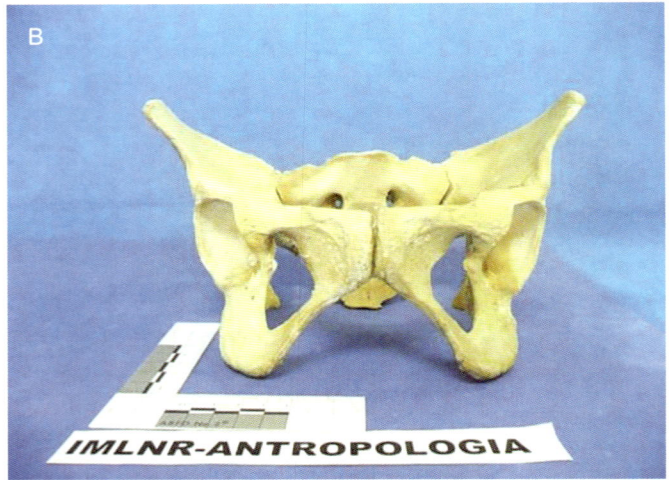

Figura 15.8 ▶ **A** e **B** Comparação da pelve masculina (**A**) com a feminina (**B**). Vista frontal

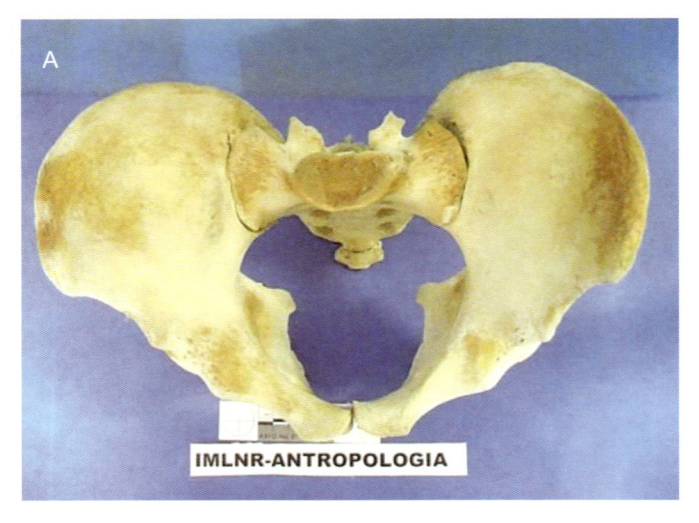
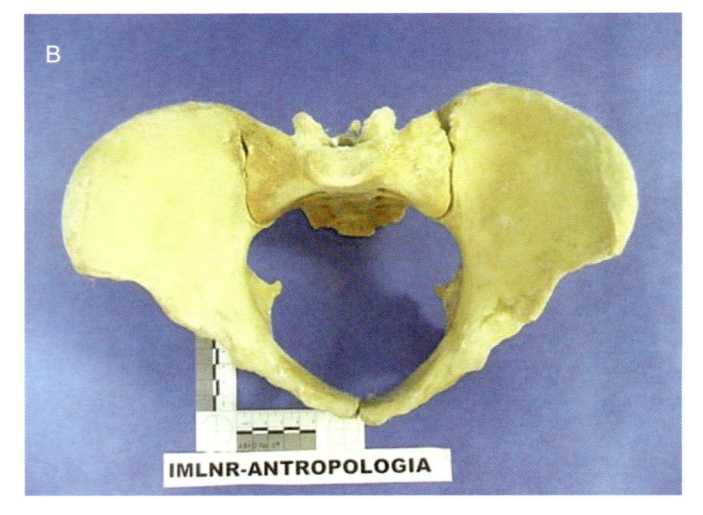

Figura 15.9 ▶ **A** e **B** Comparação da pelve masculina (**A**) com a feminina (**B**). Vista superior

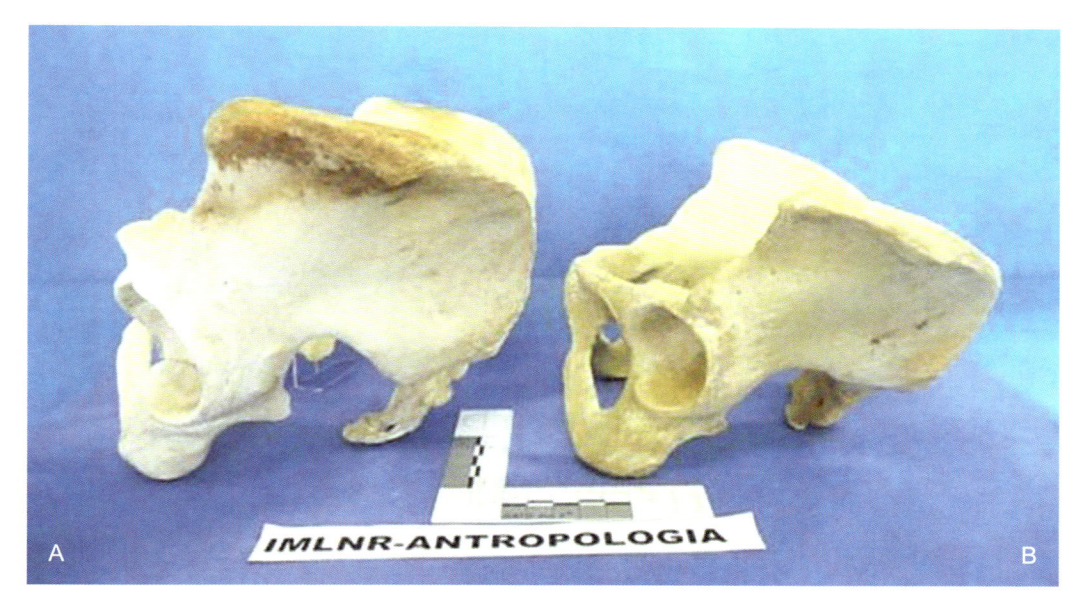

Figura 15.10 ▶ **A** e **B** Comparação da pelve masculina (**A**) com a feminina (**B**). Vista lateral esquerda

As pelves masculina e feminina, pela norma superior, quando acopladas, oferecem imagens ovoides combinadas que, para efeito de memorização, curiosamente se assemelham aos personagens da Disney "Mickey" e "Minnie", respectivamente. Essa observação tornou-se mais uma maneira de avaliação do sexo na prática morfológica do setor de Antropologia do IMLNR-Bahia. Não se realizou nenhum estudo estatístico, porém esse método tem sido comumente associa-

do e validado em confronto com as medidas clássicas utilizadas para determinação do sexo em pelve esqueletizada. Trata-se de uma observação do Dr. Paulo Sérgio Peixoto de Araújo, que costumamos utilizar com relativo sucesso no dia a dia do setor. As Figuras 15.11 A e B mostram o decalque interno das cavidades das pelves pela norma superior e as figuras dos personagens logo abaixo, tornando possível observar suas semelhanças.

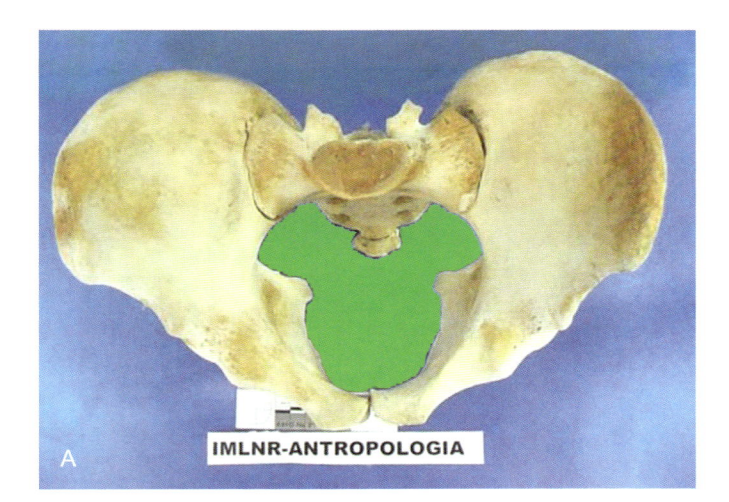

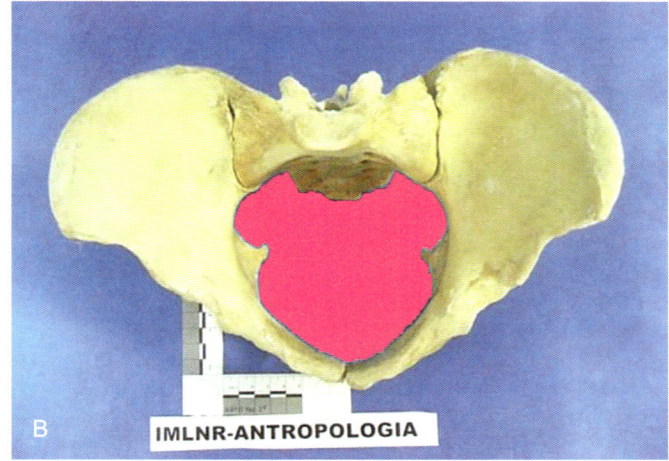

Figura 15.11 ▶ Similaridade entre a cavidade interna das pelves masculina e feminina e os personagens Mickey e Minnie, da Disney.

Análises Quantitativas ou Métricas ou Somatométricas da Pelve

Além dos aspectos morfológicos, existem várias metodologias quantitativas em que se investigam a mensuração de comprimento, largura, espessura, diâmetro e ângulos. Quanto mais dados forem obtidos, maior será o grau de confiança no resultado.

As medidas da pelve, efetuadas com paquímetro, para análise do sexo são: diâmetro vertical do acetábulo, comprimento e largura do forame obturador, corda da incisura isquiática maior, profundidade da incisura isquiática maior, medição entre a espinha ilíaca anterossuperior e o tubérculo púbico, ângulo subpúbico, comprimento e largura da primeira vértebra sacra e largura superior do sacro.

A estimativa do sexo de ossadas imaturas representa um grande desafio para o perito. Alguns autores consideram que, embora haja evidências de dismorfismo sexual pré-púbere, não haveria uma metodologia adequada com acurácia suficiente para ser utilizada antes que ocorressem as alterações da puberdade (Scheuer).

Para outros, há traços morfológicos com dismorfismo sexual estatisticamente significativos em crianças (Schutkowski *apud* Kelpinger):

	Meninos	**Meninas**
Mento	Anguloso e proeminente	Liso, plano, pouco saliente
Arco dental anterior	Amplo	Arredondado
Incisura isquiática maior	Profunda com ângulo de até 90°	Rasa, pouco profunda, ângulo maior que 90°
Arco da incisura isquiática	Atinge a borda lateral da face auricular	Cruza a superfície auricular
Curvatura da crista ilíaca visão cranial	"S" pouco pronunciado	"S" bem definido

As pesquisas têm se dedicado a procurar traços morfológicos úteis em ossadas infantis. Como o osso que apresenta maior dismorfismo no adulto é o ilíaco, não é surpresa notar o interesse na análise da pelve infantil. A incisura isquiática e a face auricular são os traços mais estudados.

O estudo do arco de Schutkowski tem sido utilizado no IMLNR em Salvador, Bahia, em perícias de ossadas infantis. Segundo esse método, o osso a ser analisado é colocado em uma superfície plana, com fundo escuro, e é feita uma fotografia perpendicular com a face auricular para cima.

Na fotografia, estudam-se (Figura 15.12 A e B):

- **Incisura isquiática:** profunda ou rasa.
- **Ângulo da incisura:** agudo ou obtuso.
- **Arco:** atinge a borda auricular ou cruza a face auricular.

Para a análise do arco, desenha-se um prolongamento da borda vertical, anterior, da incisura isquiática. Se a curva atinge apenas a borda, margeando a face auricular, indica menino; se cruza a face auricular, sugere menina (Figura 15.12 A e B).

Esse método não é consensual na literatura. Um estudo em 97 esqueletos com menos de 15 anos de idade da coleção de Lisboa mostrou acurácia geral entre 26,7% e 52,6% (Cardoso & Saunders).

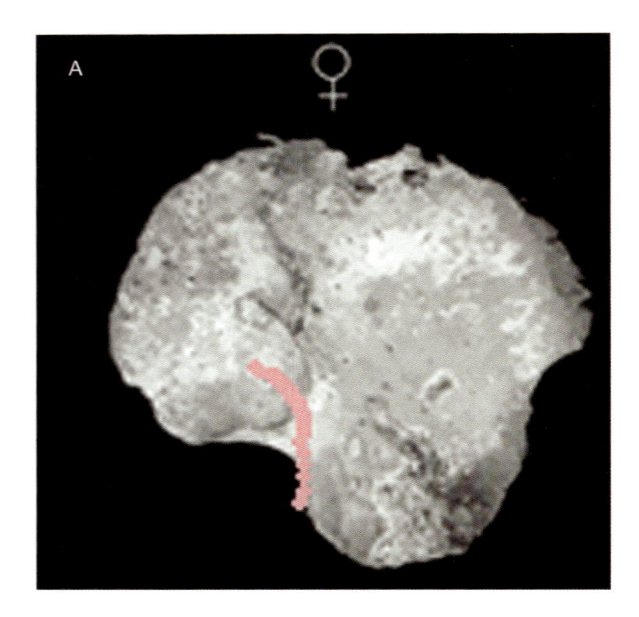

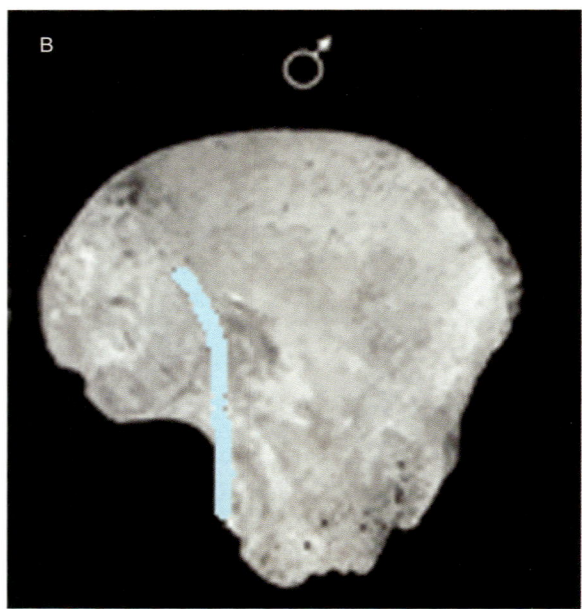

Figura 15.12 ▸ **A.** Incisura isquiática feminina. **B.** Incisura isquiática masculina

Entretanto, existe um dilema. Os métodos disponíveis não são robustos. Não existem estudos nacionais com amostras adequadas. Não há sequer coleções brasileiras de esqueletos infantis com número significativo de ossadas.

Um perito iniciante pode considerar que a estimativa do sexo em ossadas infantis é um jogo de sorte-azar, como acertar no cara ou coroa. Contudo, é importante ressaltar que a interpretação do método é a função primordial do perito. Se fosse apenas para determinar uma linha ou medir um ângulo, isso poderia ser feito por um computador sem a necessidade de um *expert*. Porém, o raciocínio pericial age sobre o conjunto. Sabe-se que o método tem suas falhas, porém outros indicadores, provas testemunhais, as vestes, exames complementares, tudo é avaliado pelo perito, que elabora, bem-embasado nas evidências, sua conclusão.

Posteriormente, neste mesmo capítulo, descreve-se uma perícia em que o método de Schultkowski foi utilizado para estimar o sexo em uma ossada infantil. Isoladamente, esse dado teria utilidade mínima. No entanto, quando considerado na totalidade do conjunto de evidências periciais, corrobora uma hipótese, sendo mais um dado útil e importante para a conclusão do perito.

Estudo do Crânio

Segundo Pereira, a craniometria é geralmente definida como sendo uma técnica, ou um sistema convencional, que determina a medição do crânio de maneira sistematizada universalmente, o que possibilita a avaliação comparativa entre estudos realizados por diferentes pesquisadores. A craniometria tem a finalidade de complementar a inspeção visual do crânio (cranioscopia), corrigindo o acervo subjetivo das observações pessoais. Em síntese, a craniometria possibilita o conhecimento das variabilidades morfológicas dos crânios humanos dentro das exigências naturais à objetividade científica.

Didaticamente, dividiremos o estudo odontológico do corpo antropológico (crânio e mandíbula esqueletizados) nas seguintes etapas: análises cranioscópicas, análises craniométricas, descrição das unidades dentárias e descrição das lesões encontradas, as quais irão subsidiar o perito médico-legal na determinação da *causa mortis*.

Frequentemente, ao recebermos o corpo antropológico, constatamos que os ossos, em razão das lesões sofridas, encontram-se fraturados e fragmentados, sendo indispensável sua reconstituição. Essa recomposição é realizada no IMLNR-Bahia mediante a colagem dos fragmentos com cola quente.

Após a secagem, realizamos o inventário, que consiste na descrição dos ossos presentes, não deixando de informar as condições das peças, principalmente se estão íntegras ou fragmentadas, quais estruturas anatômicas estão presentes, como, por exemplo, dois fragmentos de mandíbula ou escama do temporal direito etc.

O esqueleto cefálico é formado pelo neurocrânio, que envolve o encéfalo, e pelo esplancnocrânio ou viscerocrânio, que forma o esqueleto da face. Nele estão distribuídas as seguintes peças ósseas:

Neurocrânio (crânio)		Viscerocrânio (face)	
Frontal	1	Maxila	2
Parietal	2	Nasal	2
Occipital	1	Zigomático	2
Temporal	2	Lacrimal	2
Esfenoide	1	Vômer	1
Etmoide	1	Concha nasal inferior	2
Palatino	2		
Mandíbula	1		

Após o inventário, é de crucial importância o posicionamento do crânio. Utilizamos como padrão o plano auriculo-orbitário ou Frankfurt (horizontal), que possui os seguintes pontos de referência: pórion direito e esquerdo e orbital esquerdo.

Continuamos com a marcação com pincel atômico de alguns pontos craniométricos que são fundamentais para a determinação do sexo e para a estimativa do fenótipo cor da pele. Pontos craniométricos consistem em determinados locais do crânio ósseo tomados como pontos de referência para seu estudo e medição.

Existem pontos craniométricos ímpares, que são medianos, ou seja, estão situados no plano mediossagital (PM) (Pereira), e os pares que estão situados nos planos laterais (PL) (Pereira), podendo ainda ser divididos em faciais e cerebrais (Silva). Abordaremos aqui os pontos craniométricos que são mais utilizados nas análises antropológicas no IMLNR.

Os pontos medianos faciais são os seguintes (Figura 15.13):

- *Gnatio* ou mentoniano (gn): ponto localizado no bordo anterior da mandíbula que mais se projeta para baixo no plano mediossagital.

- **Pogônio (pg):** ponto mais proeminente na protuberância mentoniana, na sínfise mandibular.

- **Infradental (id):** ponto localizado no bordo alveolar anterior, entre os incisivos centrais inferiores.

- **Próstio (pr):** ponto mais anterior no rebordo alveolar, entre os incisivos centrais superiores. Nos casos de reabsorção alveolar, a determinação se torna incerta ou mesmo impossível.

- **Espinhal:** no centro da espinha nasal anterior.

- *Rhinio* (rhi): ponto médio, na sutura internasal, em sua parte mais inferior e mais anterior.

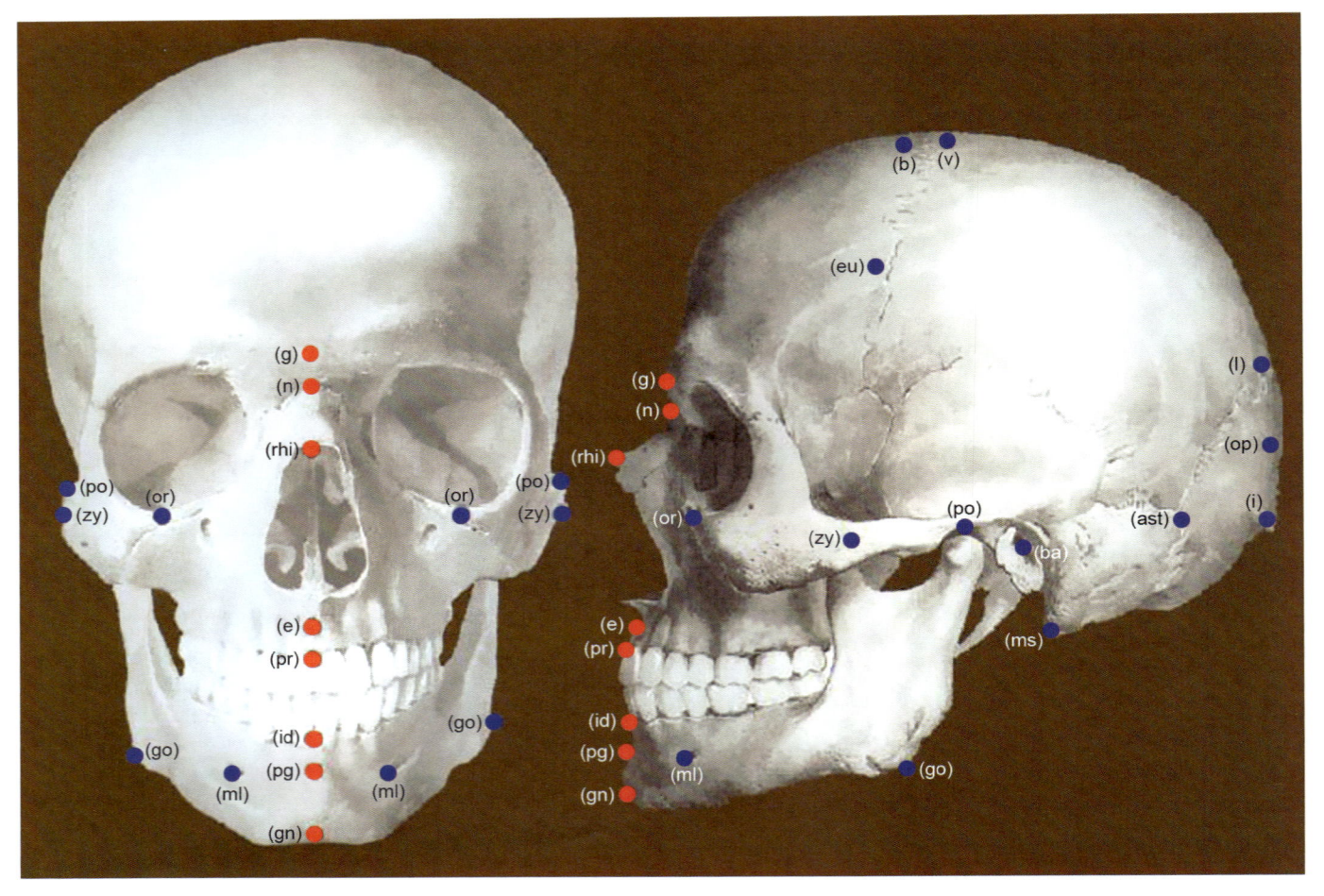

Figura 15.13 ▶ Crânio em vista frontal e lateral com marcação de pontos craniométricos

- **Násio (n):** ponto de encontro da sutura internasal e a sutura frontonasal. Corresponde à raiz do nariz.

Os pontos laterais faciais são:

- **Gônio (go):** ponto, no ângulo da mandíbula, dado pela bissetriz do ângulo formado pelo plano mandibular e uma tangente ao bordo posterior do ramo.
- **Mental (ml):** ponto mais inferior do buraco mentoniano.
- **Orbital (or):** ponto mais baixo na margem da órbita.
- **Zígio (zy):** ponto mais lateral do arco zigomático.

Os pontos medianos cerebrais são os seguintes:

- **Glabela (g):** ponto localizado logo acima da sutura frontonasal, entre os arcos superciliares. Comumente é o ponto mais saliente do frontal no plano mediossagital. Pode, no entanto, formar uma depressão ou constituir, com os arcos superciliares, uma elevação contínua.
- **Bregma (b):** ponto de encontro da sutura sagital com a coronária.
- **Vértex (ou vértice) (v):** ponto mais alto do crânio, sobre a sutura sagital, estando este orientado no plano de Frankfurt.

- **Lambda (l):** ponto de encontro da sutura sagital com a sutura lambdoide.
- **Ínio (i):** ponto localizado na reunião das linhas curvas occipitais superiores com o plano mediossagital. Comumente é o ponto mais proeminente da protuberância occipital externa.
- **Opistocrânio (op):** ponto que mais se afasta da glabela, no plano sagital do occipital. Algumas vezes, coincide com o ínio.
- **Básio (ba):** ponto médio da borda anterior do buraco (forame) occipital.

Os pontos laterais cerebrais são:

- **Astérion (ast):** ponto de encontro dos ossos parietal, temporal e occipital.
- **Eurion (eu):** ponto mais lateral do neurocrânio. Não tem localização fixa, podendo estar no parietal ou na escama do temporal.
- **Mastoidal (ms):** ponto mais inferior da apófise mastoide do temporal.
- **Pório (po):** ponto na borda superior e externa do meato acústico externo.

Por convenção, para as medidas que dependam de análise da lateral do crânio, o lado direito será usado como referência.

O crânio é o segundo osso examinado para determinação do sexo da ossada. Visando a tais objetivos, serão efetuados exames craniométricos e cranioscópicos.

O sexo é um dos aspectos menos problemáticos na Antropologia, já que, além das inúmeras informações obtidas pela análise anatômica dos ossos da pelve, existe uma abundância de estudos nacionais e internacionais que auxiliam e facilitam sua determinação.

Análises Qualitativas ou Mórficas ou Somatoscópicas do Crânio

A literatura apresenta uma série de aspectos qualitativos do crânio e da mandíbula que, quando aplicados, evidenciam dimorfismo sexual. Incluem o peso do crânio, o volume, o aspecto e o peso da mandíbula, a anatomia do palato, o volume dos incisivos centrais superiores, a relação mesiodistal entre os incisivos centrais e lateral superiores, ângulo mandibular, entre outros.

O estudo do crânio começa pela análise qualitativa nas seguintes normas:

- **Frontal:** caracteres da fronte, glabela, arcos superciliares, curva nasofrontal, rebordos supraorbitários e forma da mandíbula (Figura 15.14 A).

- **Basilar ou inferior:** forma dos côndilos occipitais (Figura 15.14 B).

- **Lateral:** tamanho das apófises mastoides e apófises estiloides (Figura 15.14 C).

- **Superior ou vertical:** forma do crânio (Figura 15.14 D).

- **Posterior:** presença do osso wormiano (Figura 15.14 E).

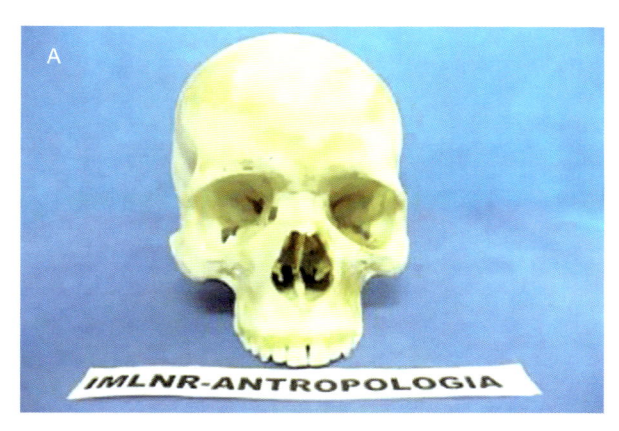

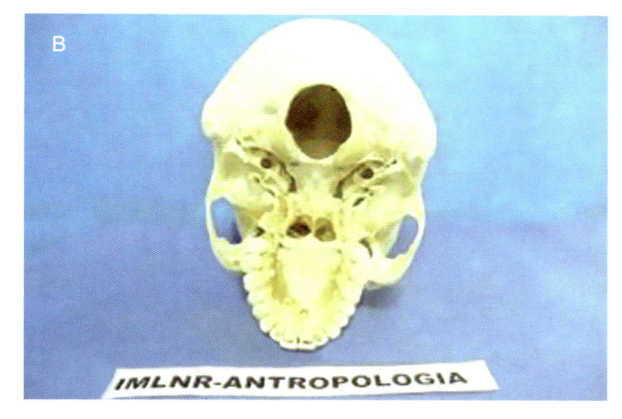

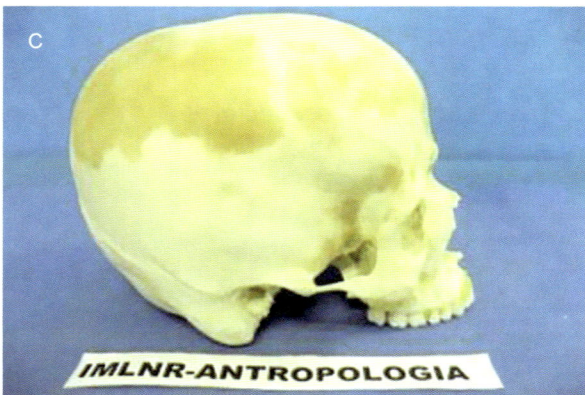

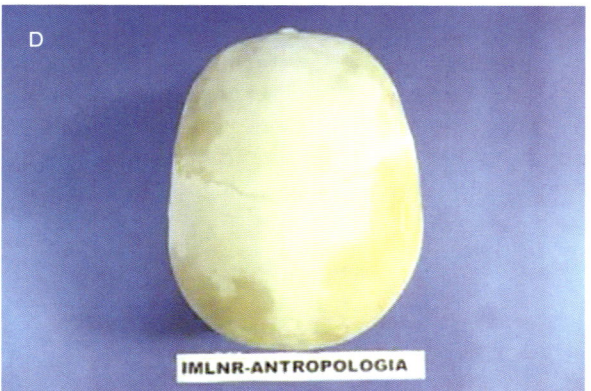

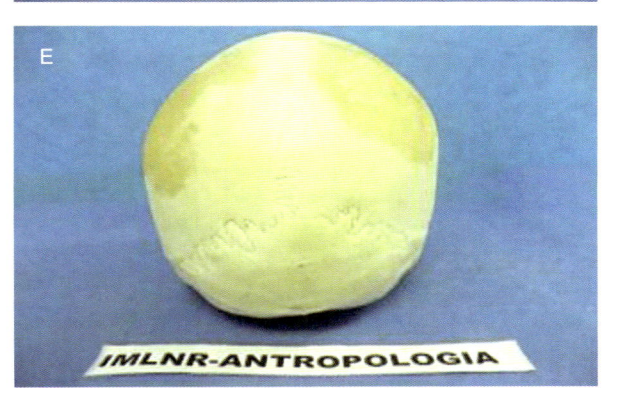

Figura 15.14 ▶ Crânio. **A** Norma frontal. **B** Norma basilar ou inferior. **C** Norma lateral. **D** Norma superior ou vertical. **E** Norma posterior.

Na análise qualitativa do crânio e da mandíbula são usados como padrão os seguintes aspectos:

Estrutura	Masculino	Feminino
Fronte	Inclinada	Vertical
Glabela	Proeminente	Discreta
Arcos superciliares	Proeminentes	Discretos
Articulação frontonasal	Angulosa	Suave
Rebordos supraorbitários	Sombreados	Cortantes
Apófise mastoide	Proeminente	Discreta
Apófise estiloide	Longa e grossa	Curta e fina
Côndilos occipitais	Longos e delgados, sola de sapato	Curtos e largos, riniformes
Forma da mandíbula	Retangular ou triangular	Arredondado
Aspecto da mandíbula	Mais robusta	Menos robusta

Os aspectos anatômicos glabela, articulação frontonasal, apófise mastoide são observados na Figura 15.15.

Na análise da proeminência da apófise mastoide posicionamos o crânio em uma superfície plana. Ao colocarmos o crânio masculino sem a mandíbula em um plano, ele se apoia anteriormente na maxila e posteriormente nas apófises mastoides, o que justifica que, ao realizarmos uma movimentação lateral, ele fique mais estável. Por outro lado, no crânio feminino, o apoio posterior será nos côndilos occipitais, que são estruturas mais centrais, o que justifica sua menor estabilidade, já que as apófises mastoides estarão suspensas e tenderão à lateralidade.

Com relação ao formato da mandíbula, observamos, na Figura 15.16, uma mandíbula masculina com seu corpo de forma triangular ou retangular e, na Figura 15.17, um corpo de mandíbula feminina de forma arredondada.

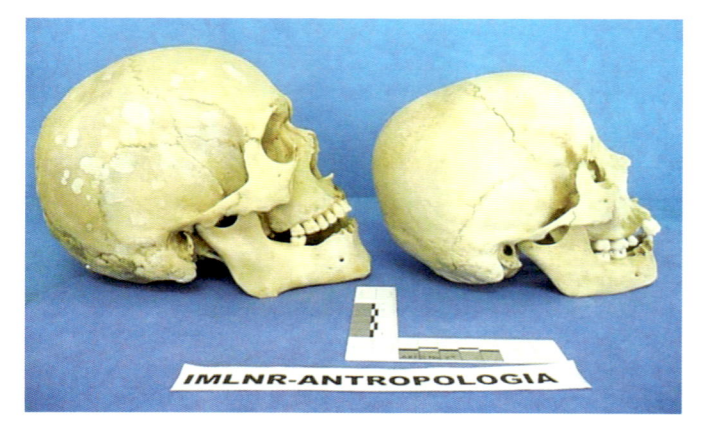

Figura 15.15 ▸ Aspectos comparativos dos crânios masculino (à esquerda) e feminino (à direita)

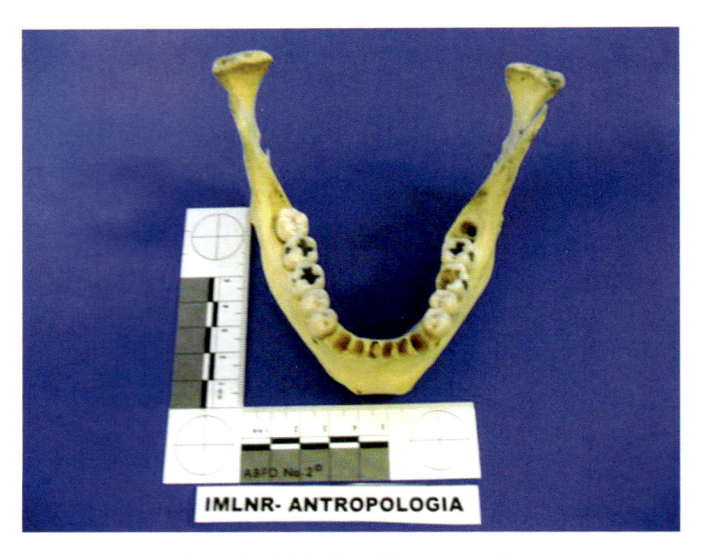

Figura 15.16 ▸ Mandíbula masculina

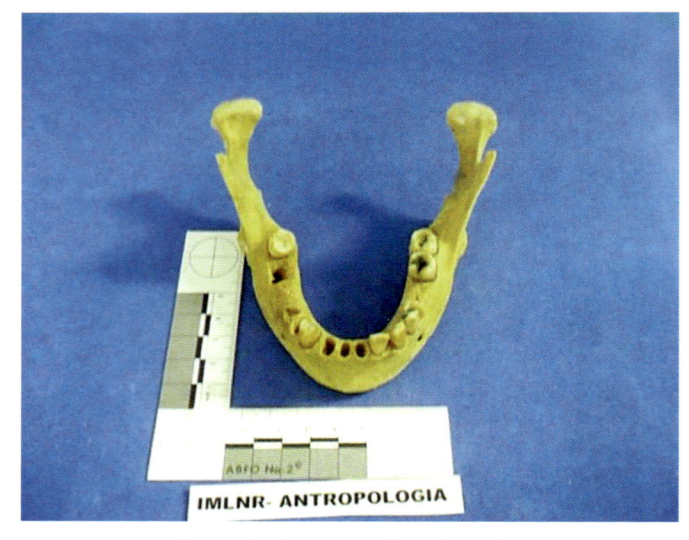

Figura 15.17 ▸ Mandíbula feminina

Segundo Arbenz, no sexo masculino a mandíbula é mais robusta e são mais evidentes as inserções musculares do masseter e pterigóideo interno (músculo pterigóideo medial) no ângulo do osso.

Na análise pela norma vertical ou superior, os arcos zigomáticos podem ser bem visíveis (fenozigia) ou podem não estar bem visíveis (criptozigia). Seguindo a classificação de Sergi, o formato do crânio será: pentagoide, ovoide, elipsoide, esferoide, romboide, brissoide ou esfenoide. Essa classificação encontra-se representada na Figura 15.18.

Os ossos wormianos, por sua vez, são supranumerários, localizados nas suturas do crânio e, segundo Pereira, são mais visíveis pela norma posterior e nos indivíduos do sexo masculino. Segundo Klepinger, sua presença indica uma característica dos asiáticos ou índios americanos. Na Figura 15.19 observa-se a presença de ossos wormianos na sutura lambdoide.

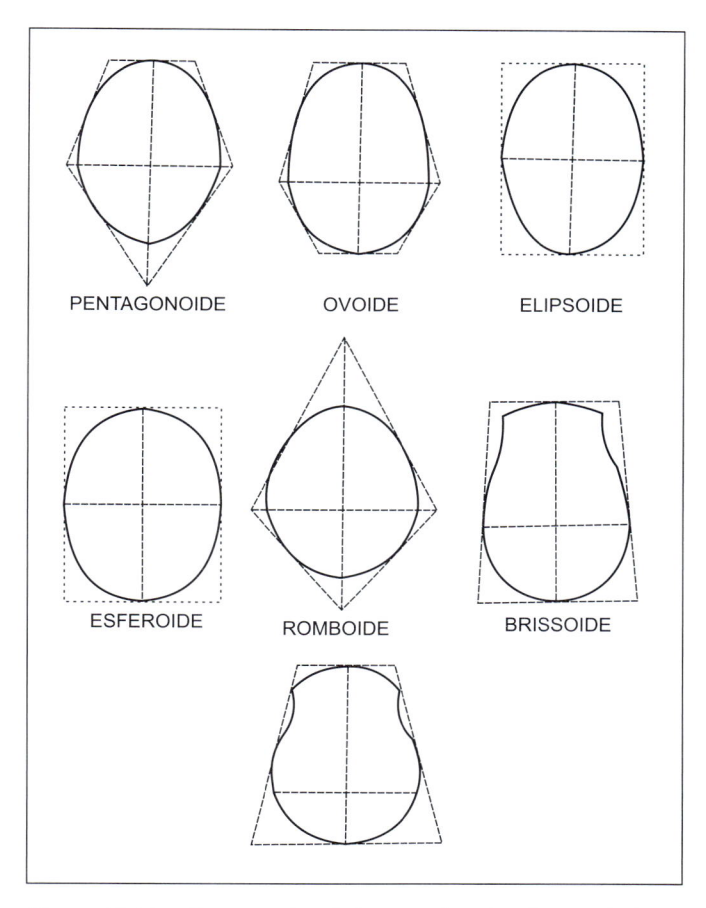

Figura 15.18 ▶ Formatos do crânio segundo a classificação de Sergi

PENTAGONOIDE · OVOIDE · ELIPSOIDE · ESFEROIDE · ROMBOIDE · BRISSOIDE

Figura 15.19 ▶ Osso wormiano na sutura lambdoide

Segundo Croce, o crânio propicia elementos de presunção do sexo, portanto, não é prudente referir-se à "determinação" do sexo e sim à estimativa do sexo, quando estão sendo analisandos unicamente os dados fornecidos pelo corpo antropológico odontológico (crânio e mandíbula esqueletizados). No entanto, na análise qualitativa verifica-se que não é raro encontrar em um único crânio alguns caracteres pertencentes ao sexo masculino e outros ao sexo feminino, como, por exemplo, glabela proeminente, mas a curva nasofrontal discreta. Entretanto, existem aqueles crânios tipicamente masculinos ou tipicamente femininos, não deixando dúvidas quanto ao sexo do indivíduo.

Análises Quantitativas, Métricas ou Somatométricas do Crânio

A análise quantitativa é de suma importância, pois afasta o critério de subjetividade do perito. Os pontos craniométricos que servirão de referência para as medidas promovem a reprodutibilidade das medidas e, consequentemente, conferem maior objetividade ao laudo.

Utilizam-se os seguintes instrumentos para realização das medidas: tábua osteométrica de Broca (Figura 15.20), paquímetro curto, paquímetro de haste alongada, fita métrica, goniômetro e caneta para marcar osso (Figura 15.21).

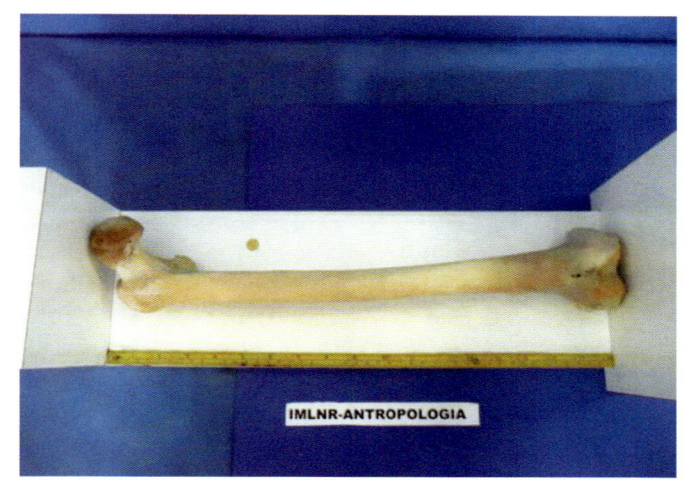

Figura 15.20 ▶ Tábua osteométrica de Broca

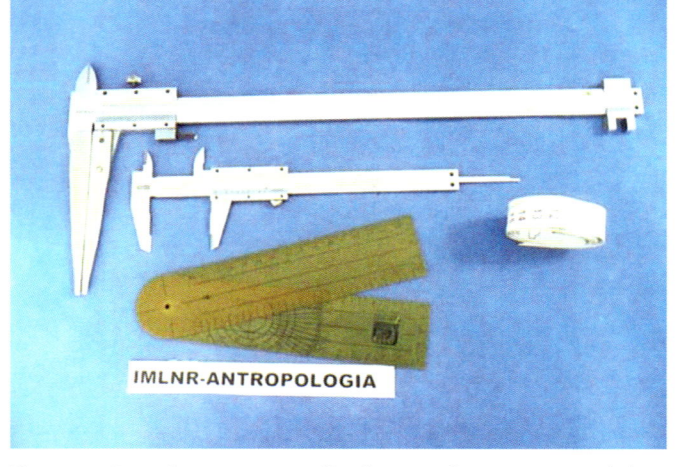

Figura 15.21 ▶ Instrumentos utilizados: paquímetros curto e de haste alongada e fita métrica

A análise de função discriminante é uma aplicação da Estatística, baseada na comparação da variabilidade. Sabemos que, quando escolhemos uma medida do crânio (p. ex., comprimento do crânio [GO]), e obtemos uma série de valores, há certa sobreposição entre os masculinos e os femininos. Quanto menor for essa área de sobreposição, mais essa medida consegue separar os masculinos dos femininos. A análise multivariada de função discriminante maximiza a diferença entre os grupos, minimizando a variação intragrupo, para um conjunto de medidas. É atribuído um peso maior ou menor a cada medida, determinado a partir de uma série de crânios com sexo conhecido. Ou seja, esse método, baseado em uma seleção de medidas craniométricas, funciona como uma ferramenta estatística para decidir se um crânio em estudo é mais provavelmente do sexo masculino ou feminino. O resultado é expresso como uma equação linear:

$$Y = a1X1 + a2X2 + a3X3 + ... + anXn,$$

em que a é o peso relativo da medida, X é uma medida qualquer (comprimento do crânio, largura etc.) e n é o número de variáveis estudadas. O valor de Y é comparado com o ponto de corte que maximiza a diferença dos grupos.

Lembremos que esses estudos são feitos em uma amostra da população de referência e só determinam corretamente o sexo para a população estudada.

Encontramos inúmeros métodos para a determinação do sexo, contudo optamos pelos seguintes: Galvão (1998 II), Gillet & Eliot (1963), o índice condílico de Baudoin, Adas Saliba (1999), Lagunas (1974), Silva & Galvão, Sampaio (1999), Galvão – Espinha nasal anterior/lambda.

Métodos de Galvão (1998 II)

O autor estabeleceu que o sexo pode ser determinado por meio das medidas do comprimento da curva frontal (distância do násio até o bregma) e da apófise mastóidea (distância entre o teto do meato acústico exterior ao polo inferior da apófise mastóidea). Para isso, utilizou uma fita métrica flexível para a primeira medida e o paquímetro de precisão para a segunda. Mediante regressão logística, obteve a seguinte fórmula:

$$Sexo = \frac{e\ (20,4709 + 0,2652 \times APOMAST - 0,1051 \times CF)}{(20,4709 + 0,2652 \times APOMAST - 0,1051 \times CF)\ 1 + e}$$

e = constante neperiana = 2,71828
APOMAST = apófise mastóidea
CF = curva frontal
Índice de acerto: 80,3%.

Pela análise de função discriminante:
F = –148,40698 + 2,04927 × Curva frontal + 1,64316 × Apófise mastóidea
M = –168,22068 + 2,14787 × Curva frontal + 1,89742 × Apófise mastóidea
Intervalo de confiança: 95%.

Curva frontal
Feminino = 121,24 a 125,25mm
Masculino = 127,64 a 130,85mm

Apófise mastóidea
Feminino = 25,85 a 28,01mm
Masculino = 30,20 a 31,82mm

Método de Gilles & Elliot

Gilles & Elliot (*apud* Galvão, 2008) utilizaram as medidas das seguintes distâncias cranianas: glabela-occipital (GO), básio-násio (BN), bizigomática (BG), básio-próstio (BP) e próstio-násio (PN). Aplica-se a seguinte fórmula:

$$Sexo = (1,16 \times GO) + (1,66 \times BN) + (3,98 \times BZ) - (1,0 \times BP) + (1,54 \times PN)$$

Quando o resultado é maior do que 891,12mm, o indivíduo é do sexo masculino; quando menor, do sexo feminino. Índice de acerto: 86,9%.

Índice Condílico de Baudoin

Esse índice se baseia na distinção observada no formato dos côndilos occipitais entre o sexo feminino (mais curtos, mais largos e com aspecto de rim) e o masculino (longos, estreitos e estrangulados no centro, com aspecto de sola de sapato).

Tendo como referência esses côndilos, Baudoin (*apud* Galvão, 2008) utilizou-se das medidas da sua largura e comprimento para a aplicação da seguinte fórmula:

$$\frac{\text{Largura máxima articular do côndilo occipital} \times 100}{\text{Comprimento articular máximo}}$$

Os valores encontrados são comparados e, se abaixo de 50mm, indicam indivíduos do sexo masculino; quando acima de 55mm, sexo feminino; se entre 50 e 55mm, duvidoso.

Método de Adas Salibas (1999)

A autora verificou as seguintes distâncias cranianas: dos forames palatinos maiores direito e esquerdo (PalMd-PalMe), da fossa incisiva à espinha nasal posterior (FI-Enp), do bregma ao lambda (B-L) e da sutura frontozigomática direita à sutura frontozigomática esquerda (SfzD-SfzE). Para a medida B-L utilizou uma régua flexível e para as demais, o paquímetro de precisão. Mediante regressão logística, obteve a seguinte fórmula:

$$Sexo = \frac{(33,9680 - 0,1522 \times Fi\text{-}Enp - 0,2236 \times StzD\text{-}StzE - 0,0480 \times B\text{-}L)\ e}{(33,9680 - 0,1522 \times Fi\text{-}Enp - 0,2236 \times StzD\text{-}StzE - 0,0480 \times B\text{-}L)\ 1 + e}$$

e = constante neperiana = 2,71828
Índice de acerto: 82,7%.

Pela análise da função discriminante:

F = –245,31922 + 2,19388 × PalMD-PalME + 2,52270 × Fi – Enp + 2,12090 × SfzD-SfzE + 1,02936 × B-L
Índice de acerto: 73,33%.

M = –274,00980 + 2,37371 × PalME-PalME + 2,40740 × Fi – Enp + 2,23445 × SfzD-SfzE + 1,06889 × B-L
Índice de acerto: 73,08%.

Distância entre os forames palatinos maiores:
    Feminino = 33,22 a 34,47mm
    Masculino = 35,38 a 36,51mm

Distância da fossa incisiva à espinha nasal posterior:
    Feminino = 40,43 a 42,10mm
    Masculino = 43,09 a 44,72mm

Distância entre as suturas frontozigomáticas:
    Feminino = 91,74 a 94,58mm
    Masculino = 97,30 a 99,11mm

Distância do bregma ao lambda:
    Feminino = 120 a 125,70mm
    Masculino = 125,67 a 129,22mm

Método de Lagunas

Lagunas, em 1974 (*apud* Vanrell), tomou como referências as seguintes medidas mandibulares: altura do ramo mandibular (ARM), largura máxima do ramo mandibular (LMRM), largura bigoníaca (LB) e comprimento total da mandíbula(CTM), aplicando a seguinte fórmula:

$$Sexo = 10,27 \times ARM + 8,10 \times LMRM + 2,0 \times LB + CTM$$

Quando o resultado é menor do que 1.200,88, o sexo é feminino; quando maior, masculino.

Método de Silva & Galvão

Silva & Galvão estudaram as seguintes distâncias: gônio-gônio (bigoníaca – GG), gônio direito-mento (GDM), gônio esquerdo-mento (GEM) e apófise condilar direita à apófise condilar esquerda ou distância bicondilar da mandíbula (DBCM) – medida pela face externa das apófises.
Regressão logística:

$$Sexo = \frac{(18,7997 - 0,0839 \times DBCM - 0,00302 \times \text{área}) \, e}{(18,7997 - 0,0839 \times DBCM - 0,00302 \times \text{área}) \, 1 + e}$$

e = constante neperiana = 2,71828
Índice de acerto: 80,5%.

Área = área triangular formada pelas distâncias bigoníaca, gônio direito ao mento e gônio esquerdo ao mento, sendo calculada pela fórmula de Heron:

$$S^2 = \sqrt{S \ (s\text{-}a) \ (s\text{-}b) \ (s\text{-}c)}$$

a, b e c = comprimento dos lados de um triângulo
S^2 = área do triângulo ao quadrado
S = semiperímetro = $\dfrac{a + b + c}{2}$

Análise da função discriminante
Índice de acerto: 77%.

Feminino = – 10.472 + 129,79031 GG + 174,73696 × GDM + 192,08163 × GEM + 2,01182 × DBCM – 6,82701 × área

Masculino = – 10.494 + 129,85893 × GG + 174,800534 × GDM + 192,05000 × GEM + 2,07602 × DBCM – 6,82701 × área

O maior resultado indica o sexo.

Média e intervalo de confiança – 95%.

Distância bigoníaca – GG:
    Feminino = 84,62 a 86,60mm
    Masculino = 89,92 a 92,53mm

Distância gônio direito ao mento – GDM:
    Feminino = 76,84 a 78,47mm
    Masculino = 81,19 a 83,4mm

Distância gônio esquerdo ao mento – GEM:
    Feminino = 77,29 a 78,89mm
    Masculino = 81,46 a 83,80mm

Método de Sampaio (1999)

Utilizando-se das seguintes medidas: altura máxima da abertura piriforme ou comprimento máximo (CM), largura máxima da abertura piriforme ou largura máxima inferior (LMI), distância básio-próstio (BP), distância básio-násio (BN) e distância básio-espinha nasal posterior (BE), e mediante regressão logística, Sampaio obteve a seguinte fórmula:

$$Sexo = \frac{(12,4098\text{-}0,1042 \times \text{Comp máx} - 0,0496 \times BP - 0,0656 \times PN) \, e}{(12,4098\text{-}0,1042 \times \text{Comp máx} - 0,0496 \times BP - 0,0656 \times PN) \, 1 + e}$$

e = constante neperiana = 2,7182
Índice de acerto = 70%.

Pela análise da função discriminante:

F = –128.11489 + 2.53033 × LMI + 0,62516 × CM + 0,93761 × BP + 0,96431 × PN + 0,55984 × BE
M = –138.26436 + 2.50591 × LMI + 0,66956 × CM + 1.99051 BP + 1.03469 × PN + 0,55308 × BE

Índice de acerto = 68,5%.

Largura máxima da abertura piriforme:
Feminino = 24,58 a 25,66mm
Masculino = 24,77 a 25,89mm

Comprimento máximo da abertura piriforme:
Feminino = 29,98 a 33,97mm
Masculino = 33,91 a 35,12mm

Distância básio-próstio:
Feminino = 90,21 a 93,79mm
Masculino = 94,26 a 97,57mm

Distância próstio-násio:
Feminino = 62,16 a 65,19mm
Masculino = 66,15 a 69,22mm

Básio-espinha nasal posterior:
Feminino = 43,25 a 45,99mm
Masculino = 43,96 a 46,44mm

Galvão – Espinha nasal anterior/lambda

O autor, estudando 145 crânios de indivíduos maiores de 20 anos, estabeleceu a seguinte fórmula:

$$Sexo = \frac{(36,1218 + 5,3846 \times 6 + 2,7035 \times APOMAST - MAE/ENA - MAE/L)\ e}{(36,1218 + 5,3846 \times 6 + 2,7035 \times APOMAST - MAE/ENA - MAE/L)\ 1 + e}$$

G = glabela
Discreta = 1
Proeminente = 0
APOMAST = apófise mastóidea
Discreta = 1
Proeminente = 0
e = constante neperiana = 2,71828

MAE/ENA = distância entre o centro do meato acústico externo e a espinha nasal anterior
MAE/L = distância entre o centro do meato acústico externo e o lambda
Índice de acerto: 92,9% para crânios femininos e 94,7% para os masculinos.

Estudo do Osso Esterno

O esterno pode oferecer dados morfológicos de discrepância entre os sexos, inclusive a partir de cálculos obtidos através das suas dimensões (manúbrio e corpo), auxiliando a determinação deste. O somatório do corpo esternal com o manúbrio será igual ou superior a 149mm no sexo masculino e inferior no sexo feminino (Asley). O índice percentual, representado pelo comprimento do manúbrio multiplicado por 100 e dividido pelo comprimento do corpo, também traduz diferenciação de gênero: o índice médio feminino é de 54,3 e o masculino, de 45,2 (Hirtl & Strauc, *apud* Almeida Júnior & Costa Júnior).

As Figuras 15.22 e 15.23 ilustram as variações de forma e tamanho do esterno nos sexos masculino e feminino.

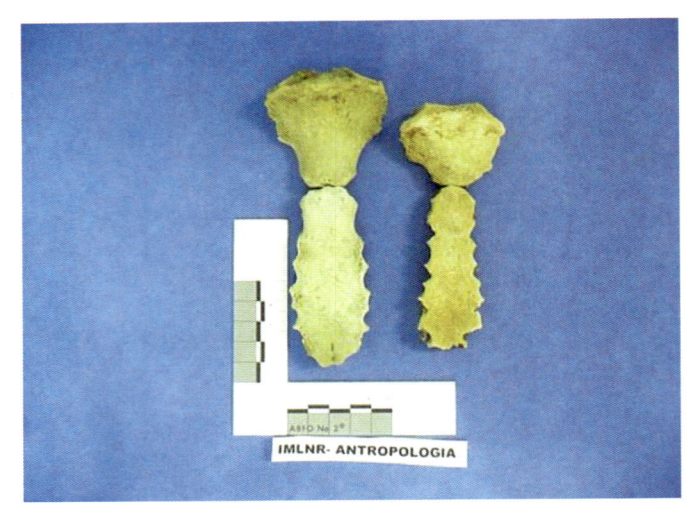

Figura 15.22 ▶ Comparação de esternos: masculino à esquerda e feminino à direita

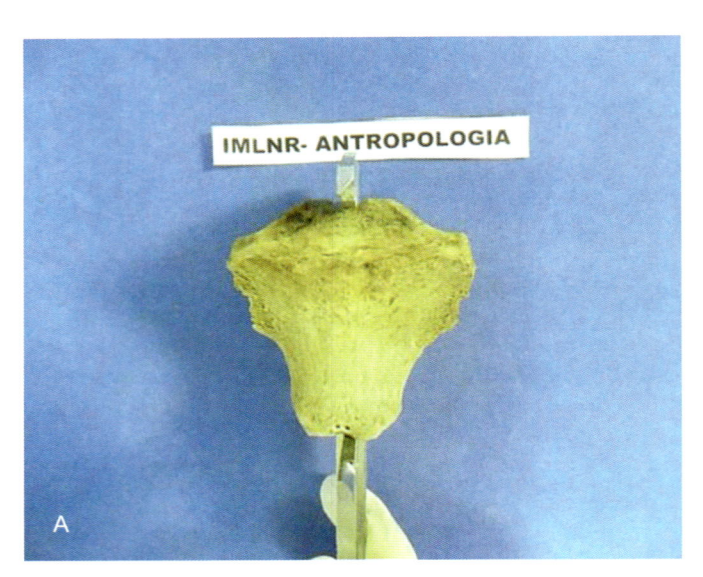

Figura 15.23 ▶ **A** Medição do comprimento do manúbrio esternal **B** Medição do comprimento do corpo esternal

Na morfologia do esterno notam-se variações de aspecto anatômico, como fusão parcial de seus núcleos e "forame esternal", o que se deve ao processo de ossificação de seus núcleos (Figura 15.25).

Embrionariamente, o esterno se constitui de duas barras cartilaginosas unidas às cartilagens costais das nove costelas superiores, do lado correspondente. As duas barras se fundem entre si ao longo da linha média para formarem o esterno cartilaginoso, que se ossifica a partir de seis centros: um para o manúbrio, quatro para o corpo e um para o processo xifoide. Os centros de ossificação aparecem nos intervalos entre as depressões articulares para as cartilagens costais, na seguinte ordem:

- **No manúbrio:** a porção do corpo durante o sexto mês de vida intrauterina.
- **Na segunda e terceira porções do corpo:** durante o sétimo mês de vida intrauterina.
- **Na quarta porção:** durante o primeiro ano após o nascimento.
- **No processo xifoide:** entre os 5 e os 18 anos de idade.

Às vezes, alguns dos segmentos são formados a partir de mais de um centro, variando a situação e o número (Figura 15.24).

A união irregular dos centros explicaria a ocorrência, rara, do "forame esternal" ou da "fissura vertical", constituindo a malformação conhecida como "fissura do esterno", que pode ser confundida com orifício de projétil de arma de fogo.

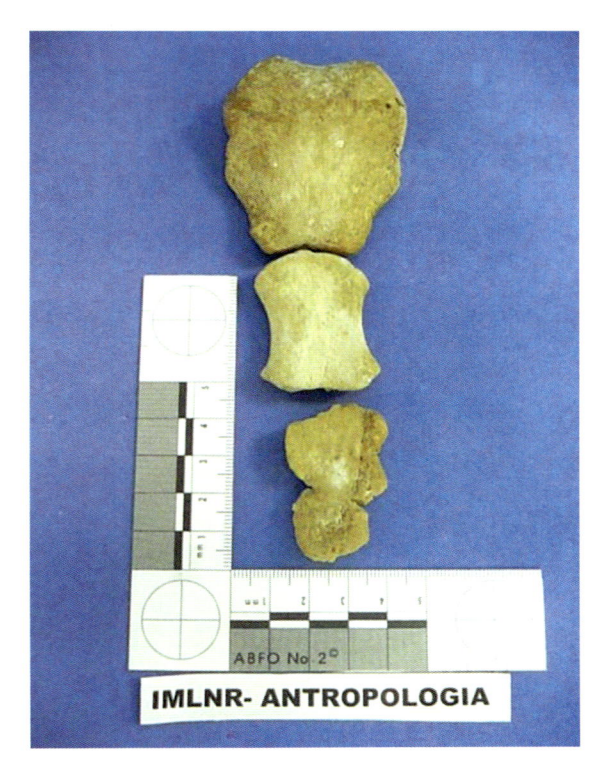

Figura 15.24 ▸ Esterno com centros de ossificação não fusionados

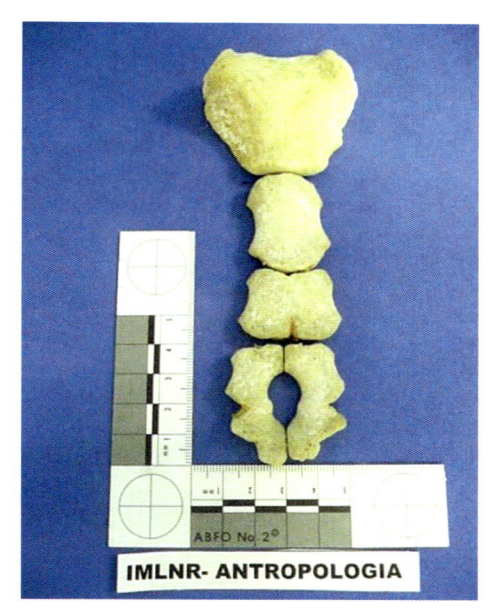

Figura 15.25 ▸ Esterno com centros de ossificação não fusionados, visualizando-se o "forame esternal"

Estudo dos Ossos Longos

Quanto à morfologia dos ossos longos, também há dados de discrepância entre os sexos, como as cabeças dos fêmures e úmeros, que são maiores e mais grosseiras nos homens. Diâmetros verticais da cabeça do fêmur maiores do que 45,5mm são mais provavelmente de homens e os com menos de 41,5mm, de mulheres. Diâmetros intermediários são duvidosos e não definem o sexo por si (Pearson & Bell, *apud* Arbenz). Outras medidas também foram estudadas, como se vê na Tabela 15.1. Os métodos aplicados para ossos longos, no que se refere à determinação do sexo, têm índices de acerto na regressão logística em torno de 90% (ver Tabelas 15.2 a 15.5).

As medições descritas nas Figuras 15.26 a 15.36 são realizadas com paquímetros e com o osso na sua posição anatômica.

Tabela 15.1 ▸ Medidas do fêmur

Medidas	Feminino	Masculino
Diâmetro vertical da cabeça do fêmur	< 41,5mm	> 45,5mm
Diâmetro vertical do colo do fêmur	29,5mm	34mm
Largura bicondilar do fêmur	72mm	> 78mm

Tabela 15.2 ▸ Tíbia – Método de Galvão & Almeida (2000)

Medidas	Feminino	Masculino
Comprimento total	350,50 a 361,46mm	380,70 a 396,05mm
Espessura central	18,82 a 19,99mm	21,36 a 24,19mm
Largura condilar	68,34 a 70,86mm	74,84 a 77,72mm

Tabela 15.3 ▶ Úmero – Método de Galvão & Rocha (2000)

Medidas	Feminino	Masculino
Comprimento total	293,3 a 301,6mm	321,7 a 329mm
Diâmetro vertical da cabeça	37,6 a 40,3mm	45,4 a 47,1mm
Espessura central	16,4 a 17,6mm	19,8 a 20,7mm
Largura condilar	55,5 a 58,3mm	63,1 a 65,6mm

Tabela 15.4 ▶ Análise do rádio – Método de Galvão & Azevedo (2000)

Medidas	Feminino	Masculino
Comprimento total	221,89 a 228,40mm	246,35 a 252,11mm
Diâmetro da cabeça	18,76 a 19,46mm	21,70 a 22,51mm
Espessura central	12,89 a 13,51mm	14,73 a 15,49mm

Tabela 15.5 ▶ Análise da ulna – Método de Galvão & Castro (2000)

Medidas	Feminino	Masculino
Comprimento total	241,05 a 248,49mm	265,57 a 272,64mm
Comprimento da corda da articulação úmero-ulna	19,55 a 20,31mm	22,04 a 22,92mm
Espessura central	10,88 a 11,29mm	13,13 a 13,73mm

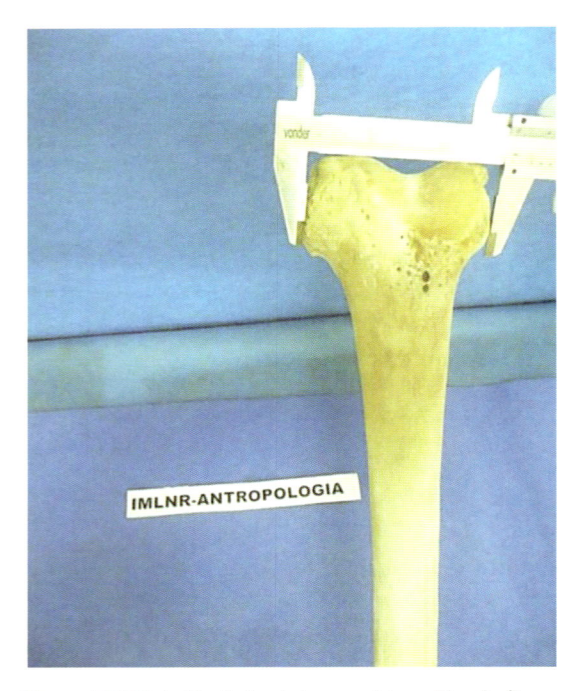

Figura 15.28 ▶ Medição da largura bicondilar do fêmur

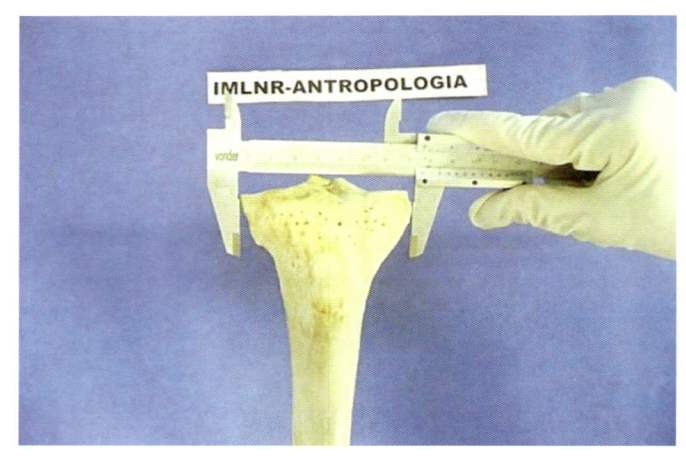

Figura 15.29 ▶ Medição da largura bicondilar da tíbia

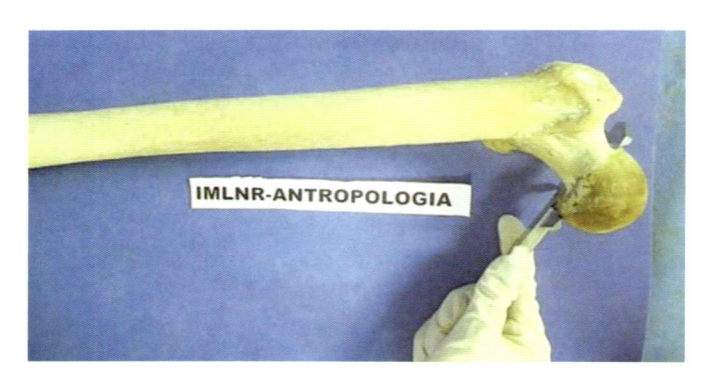

Figura 15.26 ▶ Medição do diâmetro vertical da cabeça do fêmur

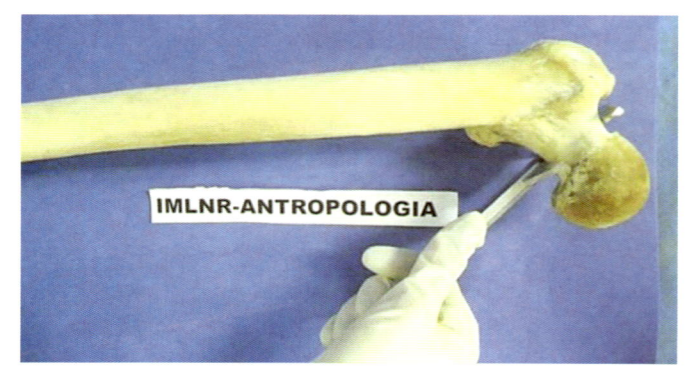

Figura 15.27 ▶ Medição do diâmetro vertical do colo do fêmur

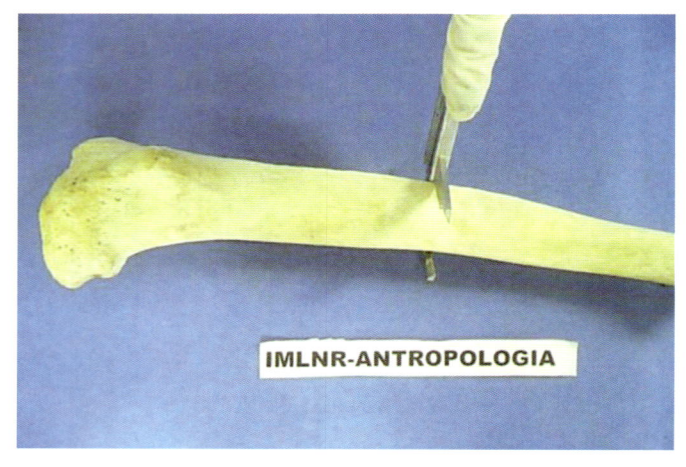

Figura 15.30 ▶ Medição da espessura central da tíbia

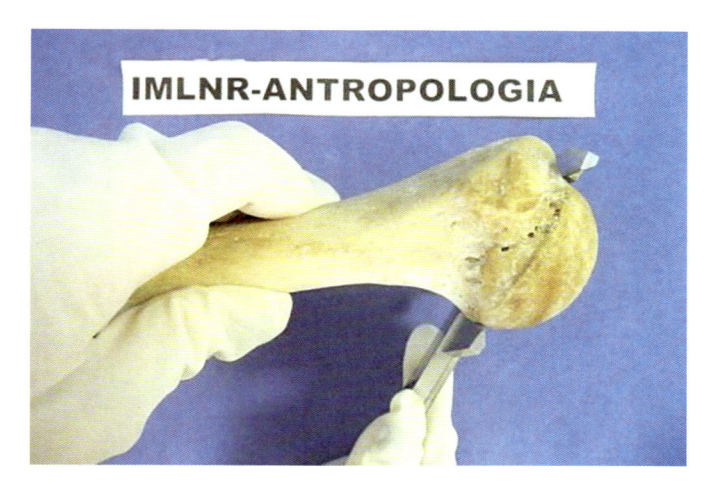

Figura 15.31 ▸ Medição do diâmetro vertical da cabeça do úmero

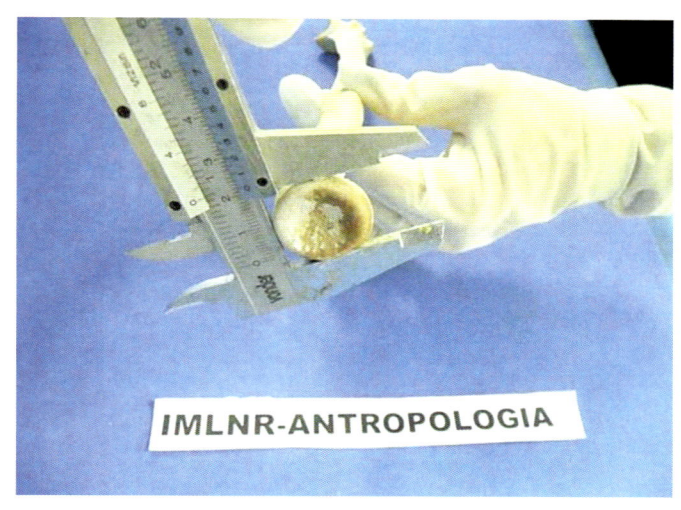

Figura 15.34 ▸ Medição do diâmetro da cabeça do rádio

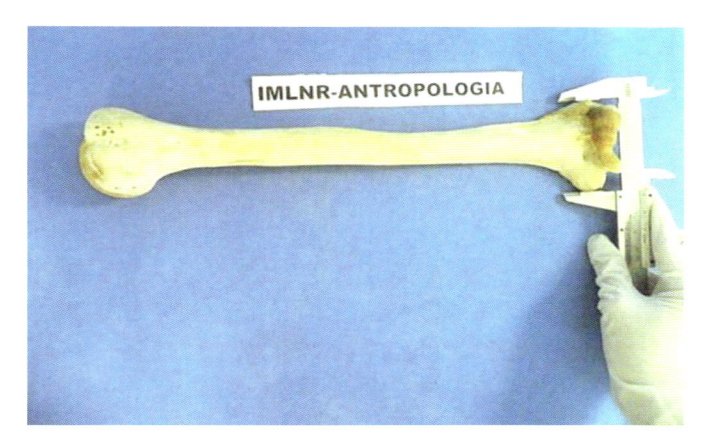

Figura 15.32 ▸ Medição da largura condilar do úmero

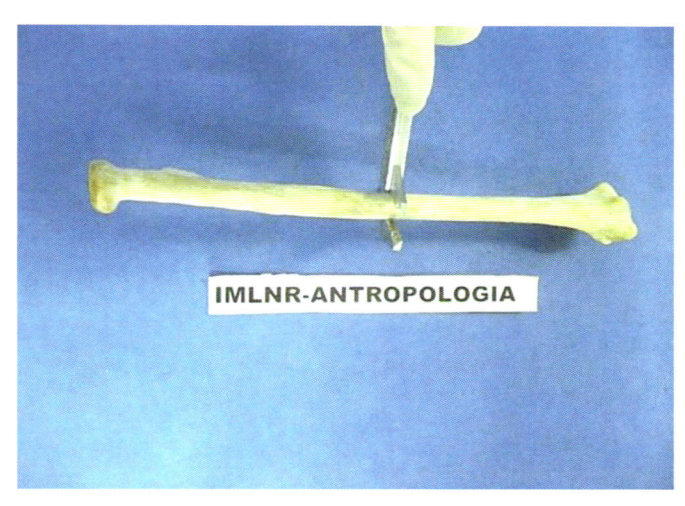

Figura 15.35 ▸ Medição da espessura central do rádio

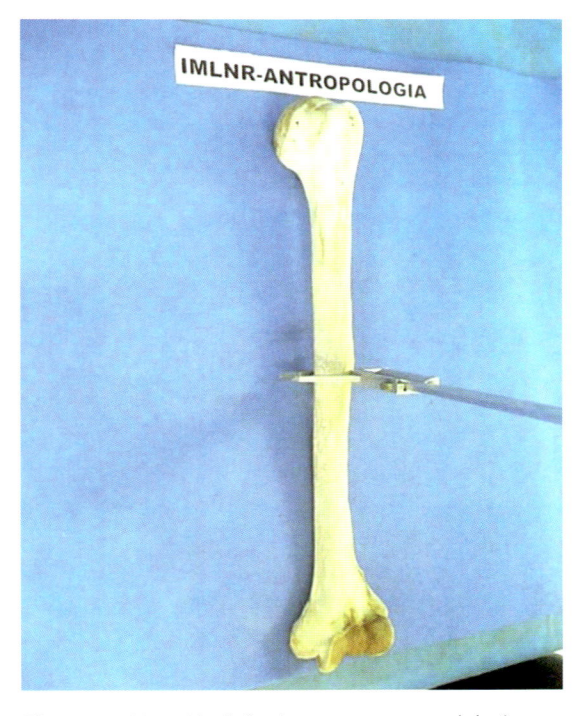

Figura 15.33 ▸ Medição da espessura central do úmero

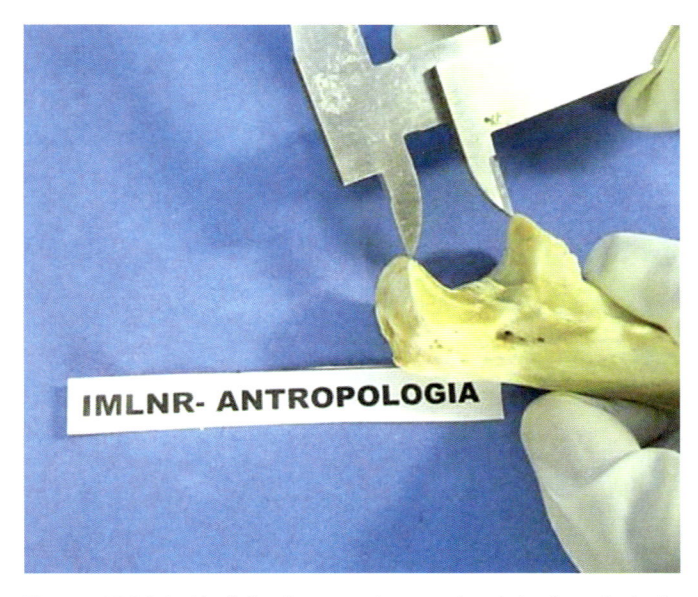

Figura 15.36 ▸ Medição do comprimento da córda da articulação úmero-ulnar

Estudo da Primeira Vértebra Cervical

O estudo da primeira vértebra cervical se inicia pelos seus côndilos, que são mais longos e estreitos e com estrangulamento central no sexo masculino, sugerindo, em alguns casos, a forma de uma sola de sapato e sendo mais curtos e largos no sexo feminino, frequentemente riniformes. O estudo do atlas pelo método de Vitória (2001) exige a mensuração dos diâmetros anteroposteriores e transversos do atlas e do canal raquidiano que, posteriormente analisada, alcança um intervalo de confiança de 95% e regressão logística com índice de acerto de 76,96% (ver Tabela 15.6).

As Figuras 15.37A a D demonstram como são realizadas as medições com o paquímetro curto.

Tabela 15.6 ▸ Medidas da primeira vértebra – Atlas (método de Vitória)

		Feminino	Masculino
Diâmetro transverso máximo do atlas	DTM	70,14 a 72,09mm	75,54 a 77,29mm
Diâmetro anteroposterior do atlas	DAP	42,42 a 43,42mm	45,16 a 46,23mm
Diâmetro transverso ao canal raquidiano do atlas	DTCR	26,31 a 27,36mm	27,40 a 28,38mm
Diâmetro anteroposterior do canal raquidiano do atlas	DAPCR	28,90 a 29,80mm	30,86 a 31,80mm

▸ ESTIMATIVA DO FENÓTIPO COR DA PELE

Atualmente discute-se muito o conceito de raça de modo classificativo: leucoderma, faioderma, xantoderma ou melanoderma. É ponto pacífico para os peritos do Setor de Antropologia do IMLNR-Bahia que pertencemos a uma única raça: a humana. Em virtude disso, e pelo fato de a população brasileira ser altamente miscigenada, maiores discussões sobre este assunto não serão tecidas neste momento.

Enquanto a bacia é o osso de eleição para a determinação do sexo, elegemos o crânio como a primeira opção para o estudo dessa característica, seguido da clavícula, úmero, tíbia e fêmur.

Estudo do Crânio

As mensurações do crânio são feitas tomando como base os pontos craniométricos do crânio (neurocrânio) e da face (esplancnocrânio) e estabelecidas as grandezas lineares. O estudo prévio e aprofundado da craniometria e da anatomia óssea do crânio é essencial para a precisão das medidas, garantindo a confiabilidade dos resultados.

- Grandezas lineares do crânio:
  - Altura: distância básio-bregma (Figura 15.38).
  - Largura: distância eurio-eurio (Figura 15.39).

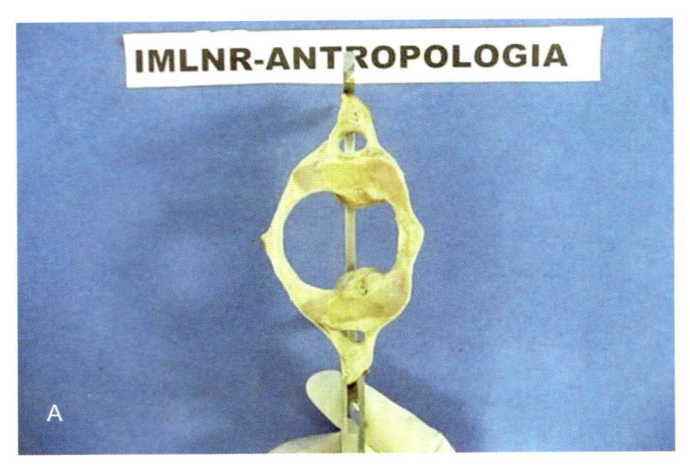

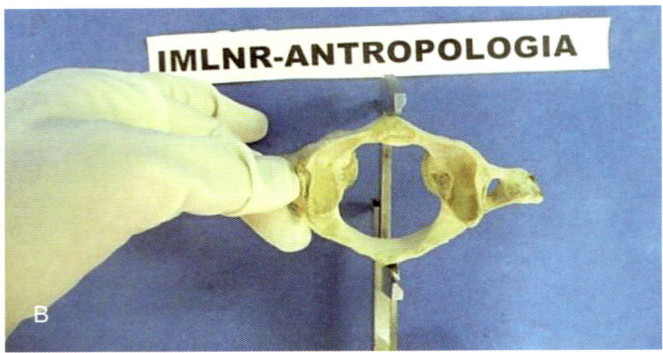

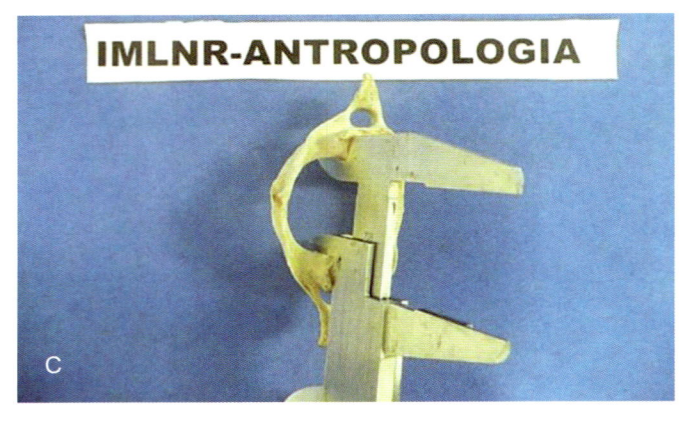

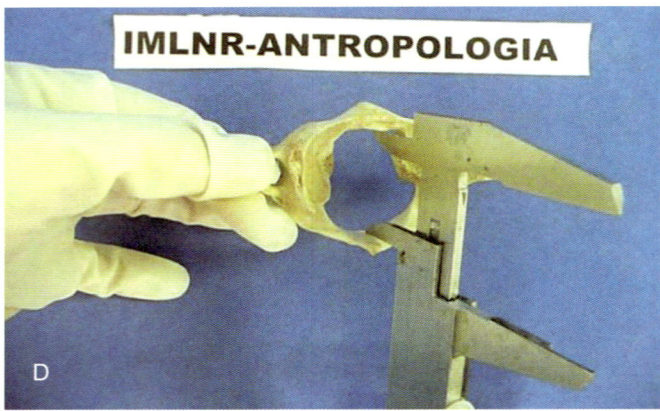

Figura 15.37 ▸ **A** Medição do diâmetro transversal máximo do atlas. **B** Medição do diâmetro anteroposterior do atlas. **C** Medição do diâmetro transversal do canal raquidiano do atlas. **D** Medição do diâmetro anteroposterior do canal raquidiano do atlas

– Comprimento: distância glabela-metalambda (Figura 15.40).

• **Grandezas lineares da face:**

– Altura facial total: distância násio-mento (Figura 15.41).

– Altura facial superior: distância násio-próstio (Figura 15.42).

– Largura: distância bizigomática (Figura 15.43).

A partir desses parâmetros são estabelecidos cinco índices craniométricos e, além dessas grandezas, é medido o índice nasal e realizado estudo do prognatismo facial a partir de outras distâncias lineares. Para realizar essas medidas foi idealizado pelo Setor de Antropologia do IMLNR-Ba o alongamento da haste de um paquímetro tradicional de 30cm que, após calibração, não inviabilizou as medições, com fidedignidade para alcançar os maiores valores obtidos no crânio.

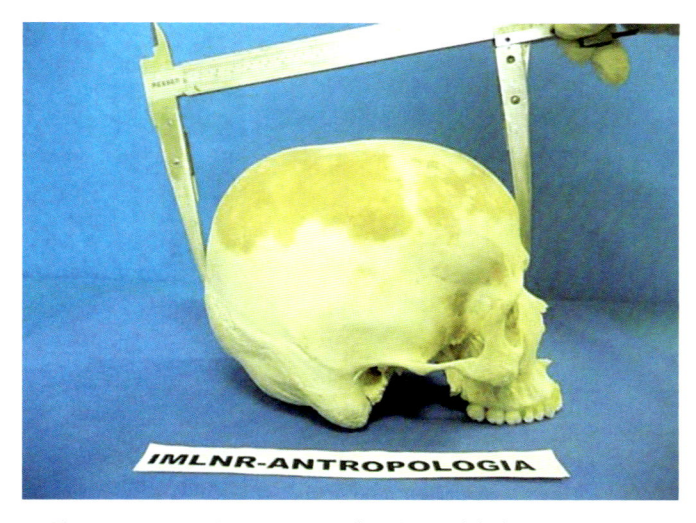

Figura 15.40 ▶ Comprimento do crânio (glabela-metalambda)

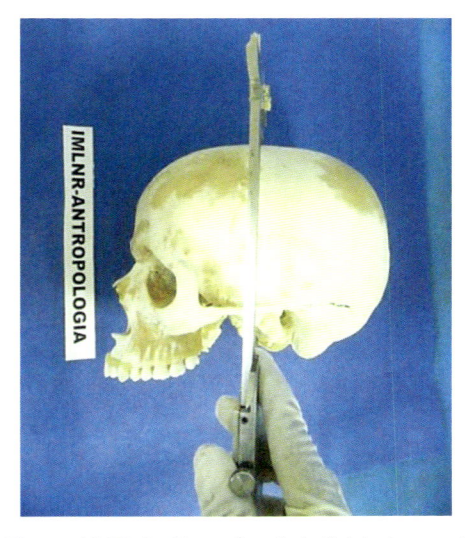

Figura 15.38 ▶ Altura do crânio (básio-bregma)

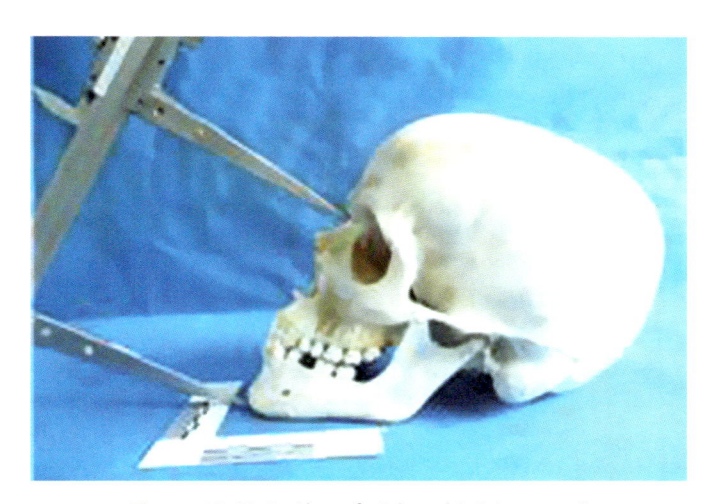

Figura 15.41 ▶ Altura facial total (násio-mento)

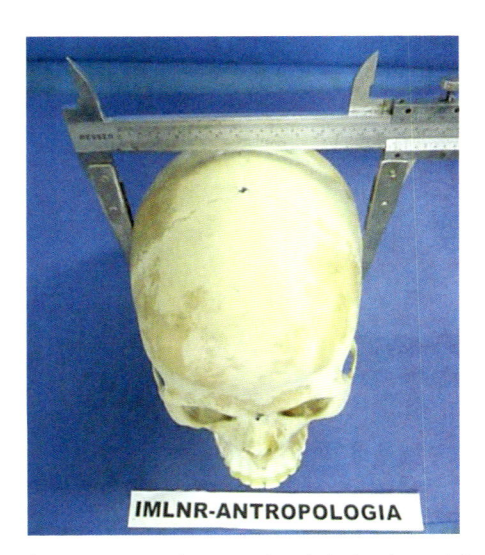

Figura 15.39 ▶ Largura do crânio (eurio-eurio)

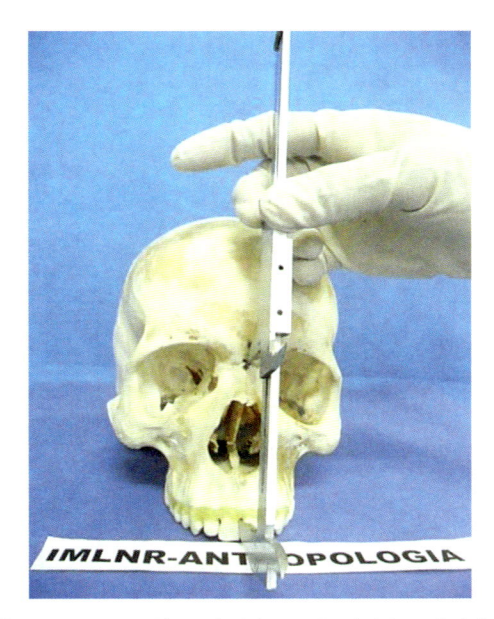

Figura 15.42 ▶ Altura facial superior (násio-próstio)

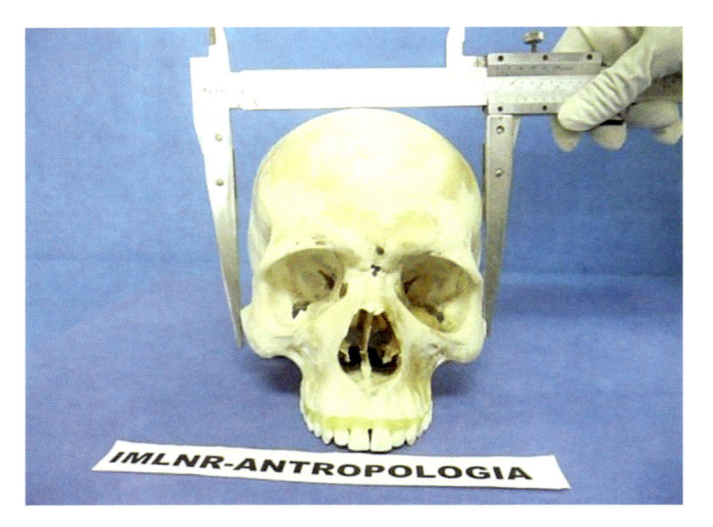

Figura 15.43 ▶ Largura da face (malar-malar)

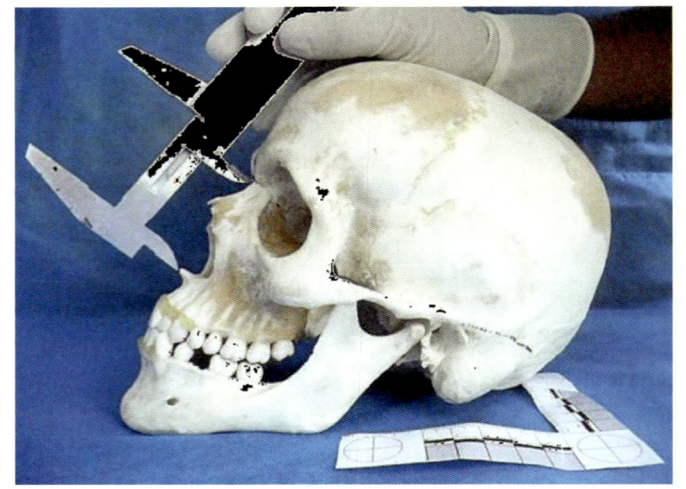

Figura 15.45 ▶ Distância násio-espinha nasal anterior

- **Índice cefálico horizontal ou de Retzius:** divide-se a largura pelo comprimento × 100.
- **Índice sagital ou de perfil:** divide-se a altura pelo comprimento × 100.
- **Índice transversal ou posterior:** divide-se a altura pela largura × 100.
- **Índice facial:** divide-se a altura facial total pela largura da face × 100
- **Índice facial superior:** divide-se a altura facial superior pela largura × 100.
- **Índice nasal:** divide-se a largura máxima da abertura piriforme (Figura 15.44) pela distância násio-espinha nasal anterior (Figura 15.45).
- **Índice do prognatismo facial:** divide-se a distância básio-próstio (Figura 15.46) pela distância básio-násio × 100 (Figura 15.47).

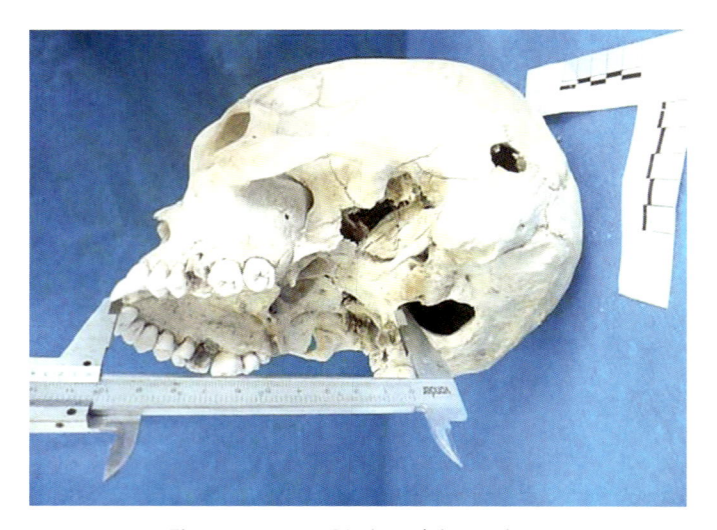

Figura 15.46 ▶ Distância básio-próstio

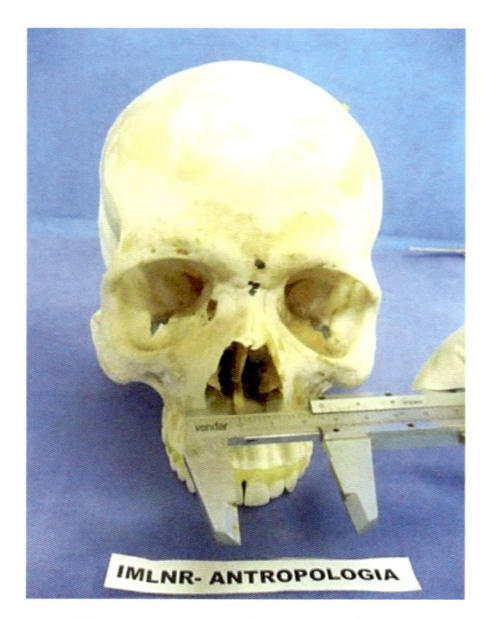

Figura 15.44 ▶ Abertura piriforme

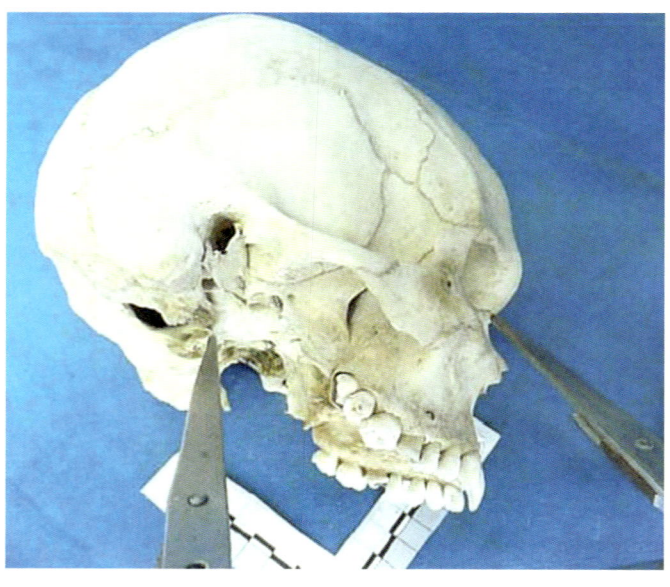

Figura 15.47 ▶ Distância básio-násio

Estudo dos Dentes

O aspecto das cúspides dos primeiros molares inferiores permanentes contribui para o estudo da estimativa do fenótipo cor da pele.

As cúspides geralmente apresentam três morfologias (Figura 15.48): mamelonada, estrelada e intermediária.

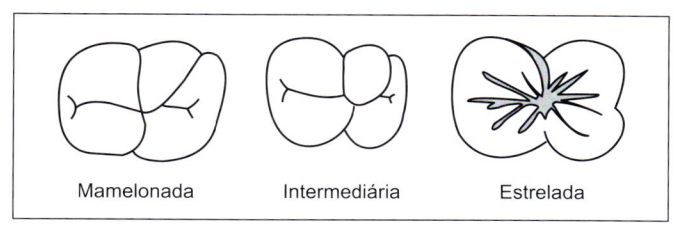

Mamelonada Intermediária Estrelada

Figura 15.48 ▶ Aspecto das cúspides do primeiro molar interior segundo Galvão

Em uma pesquisa nacional realizada por Galvão, em 2003, o autor concluiu que não foi encontrado na amostra estudada nenhum indivíduo melanoderma com a forma mamelonada nem nenhum indivíduo leucoderma com a forma estrelada. Conclui-se que o aspecto mamelonado está relacionado com o fenótipo leucoderma, o estrelado com o fenótipo melanoderma e o intermediário com o faioderma. Quando a unidade se faz presente, utilizamos esse método em conjunto com as outras medições, mas ele não é utilizado isoladamente para indicação do fenótipo como rotina no IMLNR.

Estudo do Fenótipo no Esqueleto Pós-crânio

Os índices obtidos do esqueleto pós-crânio levam em conta os comprimentos de clavículas, úmeros, tíbias e fêmures, que auxiliam a estimativa do fenótipo cor da pele:

- **Índice de Broca:** dividem-se os comprimentos da clavícula pelo úmero × 100.
- **Índice de Smith:** dividem-se os comprimentos e da tíbia pelo fêmur × 100.

Todos os dados são compilados na tabela abaixo:

▶ ESTIMATIVA DA IDADE

Nos últimos anos, a Antropologia Forense vem enfrentando desafios cada vez maiores. Cada vez mais, o perito é chamado a esclarecer perguntas-chave. Houve um melhoramento na recuperação de cadáveres em avançado estado de putrefação ou esqueletizados. A estimativa da idade pode ser de grande valor na elucidação dos questionamentos da autoridade policial ou do operador do Direito. Além disso, os limites da disciplina estão se ampliando. Peritos são convocados também para determinar a idade de examinados vivos. Essas técnicas são descritas em outro capítulo. Também na reconstrução facial, conhecer a idade pode auxiliar a produção da face. Desse modo, saber estimar a idade em uma ossada é uma etapa fundamental na determinação do perfil biológico. O perito deve utilizar sempre metodologia referenciada na estimativa da idade. Os métodos utilizados precisam suprir algumas demandas para serem aceitos em um tribunal. Os métodos têm que ser transparentes e consensuais no meio científico e divulgados em publicações científicas revisadas. A acurácia deve ter sido estatisticamente testada e conhecida. Esse método deve ser suficientemente acurado para aplicação no caso em questão (Ritz-Timme, 2000).

É de conhecimento corrente que não dispomos, na população brasileira, de grandes coleções de ossos nem de estudos contínuos sobre o desenvolvimento. Algumas técnicas são utilizadas, mas foram desenvolvidas para outras populações. Essa é uma fonte de variabilidade conhecida, que deve ser lembrada na estimativa final.

Estudos mais antigos também devem ser analisados. As características da população mudam com o tempo. Houve melhorias em alguns parâmetros. A população atual não cresce como a antiga. Métodos desenvolvidos em outra conjuntura também têm uma fonte adicional de variabilidade.

Ressaltam-se também fatores da população que podem interferir na estimativa. Os homens não crescem da mesma maneira que as mulheres. A puberdade feminina geralmente antecede a masculina. Logo, será melhor

	Valores medidos	Índices	Leucoderma	Melanoderma
			Referências	
Bieu/glabmeta		Retzius	75,0 a 79,9	> 75,0°
Básio-bregma/glabmeta		Sagital	70,0 a 74,9	> 74,9
Básio-bregma/bieu		Transverso	Até 91,9	> 98
Násio-mento/bizigo		Índice facial	85,0 a 94,4	> 95
Násio-próstio/bizigo		Índide facial superior	50,4 a 54,9	> 55
Larg pirif/násio-ena		Índice nasal	Até 47,9	> 53,0
Básio-prost/básio-násio		Índice prognatismo	± 94,4	± 104,4
Comp. clav/comp. um		Índice de Broca	46,0 a 47,9	Até 45,9
Comp. tíbia/comp. fêmur		Índice de Smith	< 83	> 83

o uso de um método que seja específico para cada sexo. No entanto, na prática pericial, especialmente em fetos, neonatos e crianças, nem sempre é possível determinar o sexo com precisão pelos métodos antropológicos.

Doenças crônicas, carências nutricionais e infecções são alguns fatores que podem interferir com o desenvolvimento e modificar o parâmetro estudado por aquele método de estimativa da idade, levando a um potencial de variação maior.

Muitas vezes, no âmbito criminal, a estimativa da idade por meio dos exames dos dentes pode ser a única forma capaz de identificar o indivíduo. Isso porque os elementos dentários são as estruturas orgânicas que fornecem os melhores subsídios para essa análise, pois sofrem menos interferência de fatores sistêmicos e de desnutrição, mas também em razão de sua dureza, que determina um alto grau de resistência às intempéries (altas temperaturas, inumações, impactos).

Em cadáveres carbonizados, putrefeitos, ou em despojos humanos, a análise dos elementos dentários fornece elementos que são de significativo valor na estimativa da idade e posterior identificação do indivíduo.

A determinação da idade também é influenciada pela idade no momento da morte. É amplamente descrito na literatura que a estimativa da idade em jovens é mais acurada do que em adultos e idosos. Os marcadores de deterioração óssea, usados em adultos e idosos, são mais suscetíveis a fatores ambientais do que os de desenvolvimento, usados em crianças e adolescentes. Logo, a variabilidade aumenta com a progressão da idade cronológica.

Não se pode deixar de ter em mente que a vida possui ciclos, os quais podem ser reconhecidos em três etapas: desenvolvimento progressivo, estabilização e regressão ou envelhecimento. Para cada etapa, métodos específicos devem ser utilizados para a estimativa da idade.

Ossadas Imaturas

Ossada Fetal e Neonatal

Esse é um período particularmente desafiador para a perícia antropológica. Há escassez de critérios definitivos a serem utilizados. As técnicas osteológicas de determinação da idade são as mais estudadas. Com relação aos outros domínios – sexo, fenótipo cor de pele, estatura – os métodos disponíveis suprem menos ainda as expectativas. Chega a ser difícil falar em identificação antropológica de uma ossada fetal, tão raras são as perícias em que se obtém positividade sem auxílio da Genética.

Uma dificuldade particular, em se tratando dessa faixa etária, é que o reconhecimento dos ossos é muito mais suscetível de variação. Há centenas de ossículos separados, com formas às vezes diversas da fase adulta. Existe também a possibilidade de confusão com ossadas de animais que possam estar misturadas.

Não há coleções com grande número de ossadas fetais ou infantis, bem-documentadas, principalmente brasileiras, para servirem de base para estudos. Com frequência, os métodos desenvolvidos para exames de imagem no vivo são utilizados para esse fim.

Convém ressaltar que, no que se refere a essas ossadas, a perícia de local tem um papel crucial. O treinamento em técnicas arqueológicas de recuperação de ossadas é desejável para obtenção de todas as peças ósseas do local do crime. Na Figura 15.49 é observada uma ossada fetal.

Para a estimativa, o perito utiliza-se de análise morfológica dos centros de ossificação, análise métrica e radiológica.

Nessa fase da vida, a estimativa da idade na ossada está intimamente ligada a seu desenvolvimento e crescimento. Crescer é aumentar de tamanho. Desenvolver é uma mudança de forma ou função (Klepinger, 2006). A ossificação do esqueleto começa na sexta semana de vida fetal (Weaver, 2007). Há no corpo humano 800 centros de ossificação, metade dos quais se desenvolve ainda na vida intrauterina.

Há dois tipos básicos de ossificação: endocondral e intramembranosa. A intramembranosa consiste na transformação de células mesenquimais em osso, enquanto a endocondral é a substituição progressiva da cartilagem por osso. Cada osso específico tem uma forma própria de ossificação.

No crânio, o tamanho e o fechamento dos fontículos podem ser usados para estimativa da idade. Se na ossada foi identificada qualquer fontanela fechada,

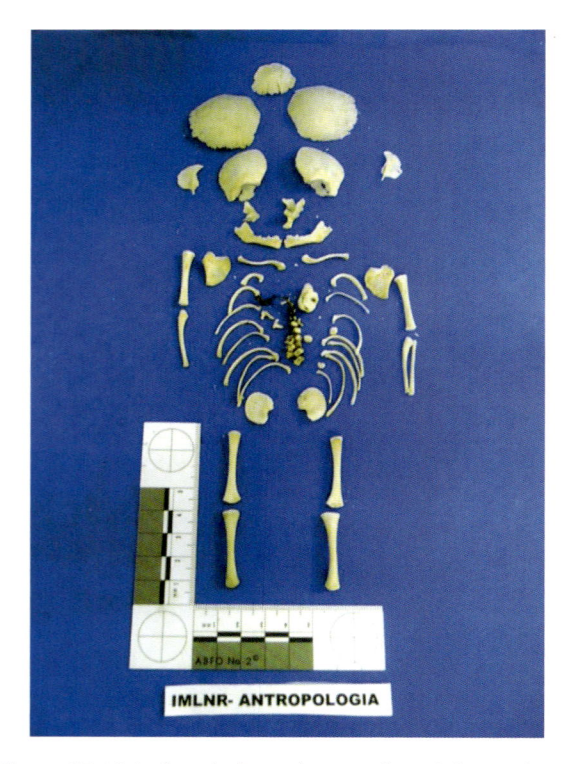

Figura 15.49 ▸ Ossada de um feto em disposição anatômica

exclui-se o período fetal/neonatal imediato e deve-se pensar em uma ossada infantil. A sutura metópica fechada é sugestiva de um neonato, e não de um feto intraútero.

Nas Figuras 15.50 e 15.51 são observados os ossos do crânio e as clavículas de um feto.

Atualmente, as análises geométricas têm sido muito estudadas, havendo vários estudos publicados em outros países (Fasekas, Scheuer, Franklin, Braga).

Segundo Arbenz, a estimativa da idade na vida intrauterina visa basicamente verificar o aparecimento dos pontos ou centros de ossificação. De modo geral, são aceitos no crânio os valores médios estabelecidos por Bonnet:

- **Primeiro mês:** cóccix, clavícula.
- **Segundo mês:** coluna vertebral, exceto o atlas, primeira vértebra cervical, cujo núcleo aparece no terceiro mês, e a sétima cervical (sexto mês); aparecem, ainda, os pontos das costelas e dos ossos palatinos (estes aproximadamente aos 45 dias).

- **Terceiro mês:** atlas, omoplata, ossos do crânio (exceto estribo, martelo e bigorna); maxilares; mandibular (a soldadura das duas metades desse osso tem início no final do oitavo mês, segundo Manuel Pereira); ossos longos dos membros superiores e inferiores.
- **Quarto mês:** rochedo; ossículos do ouvido (estribo, martelo e bigorna); ossos ilíacos.
- **Quinto mês:** sacro; manúbrio esternal; calcâneo.
- **Sexto mês:** sétima vértebra cervical; astrágalo ou tálus (segundo alguns autores, este aparece no sétimo mês).
- **Sétimo mês:** corpo do esterno.
- **Oitavo mês:** vértebras sacrais.
- **Nono mês:** epífise superior da tíbia e epífise inferior do fêmur (ponto de Béclard que, segundo alguns autores, aparece 15 dias antes do nascimento e mede de 4 a 8mm).

Nas Figuras 15.52 e 15.53 observa-se a mandíbula de um feto cujas duas metades ainda não estão soldadas, o que aponta para uma idade estimada menor do que 8 meses de vida intrauterina.

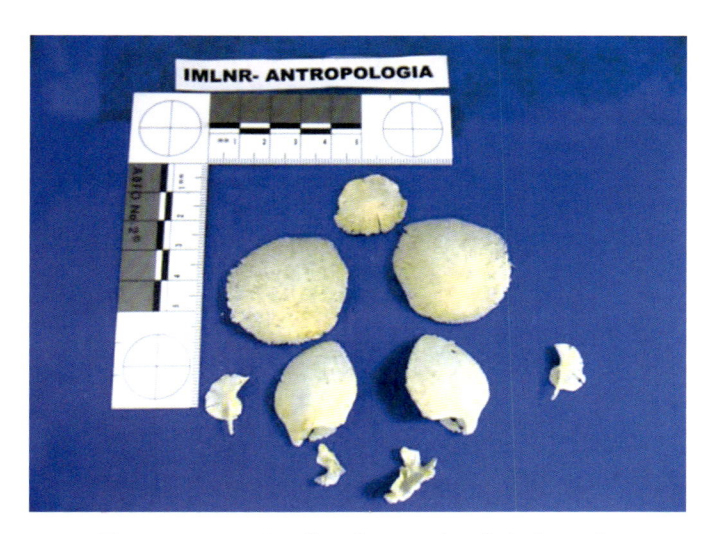

Figura 15.50 ▶ Detalhes de ossos do crânio de um feto

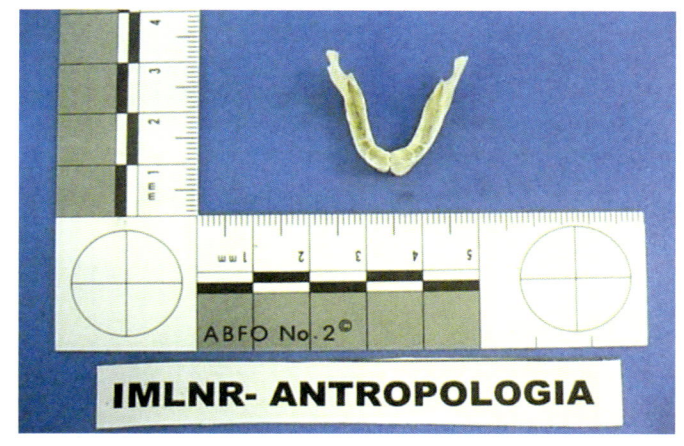

Figura 15.52 ▶ Vista superior das hemimandíbulas de um feto

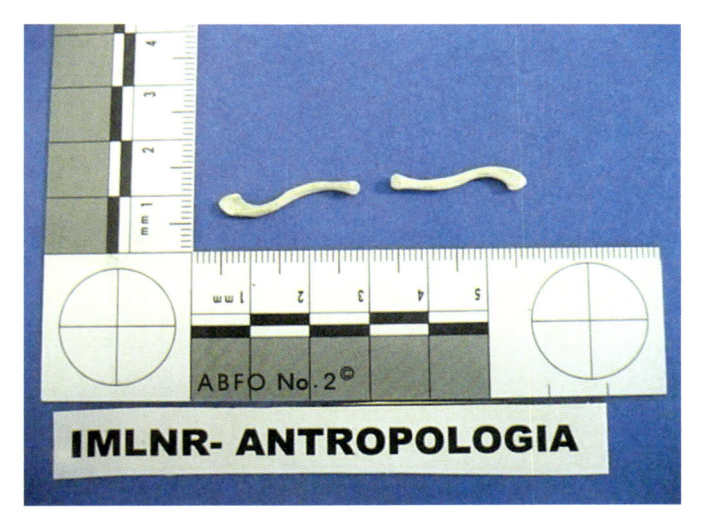

Figura 15.51 ▶ Detalhes das clavículas de um feto

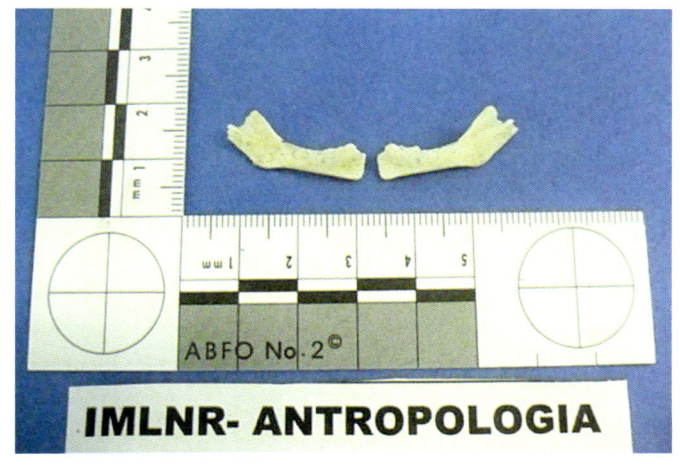

Figura 15.53 ▶ Vista anterior das hemimandíbulas de um feto

Os centros de ossificação do atlas e do áxis podem ser usados para estimar a idade fetal, e as mudanças do processo odontoide podem servir para estimar a viabilidade fetal (Castellana, 2001).

Em 2009, o Setor de Antropologia do Instituto Médico-Legal Nina Rodrigues (IMLNR) de Salvador, Bahia, foi designado para examinar uma ossada que fora exumada. Segundo ofício, a mãe questionava que um cadáver, anteriormente necropsiado, já em putrefação, seria de seu filho, de 2 anos de idade, que fora assassinado.

O perito do setor examinou o laudo cadavérico. Este citava a presença de 16 unidades decíduas, variando dos estágios pré-eruptivo, irrupção parcial e irrupção total. Os caninos inferiores e os superiores estavam em fase de edema pré-eruptivo. Todos os primeiros molares decíduos estavam erupcionados. Aplicando-se a tabela de Hogeboon, Logan & Kronfeld (modificada por Mc Call & Schour) e Kronfeld (modificada por Schour & Massler), estipulou-se em 18 meses a idade-limite para a erupção do canino decíduo superior. A referida tabela aponta ainda para 14 meses como a fase de erupção do primeiro molar decíduo superior. Desse modo, concluiu-se que se tratava de um indivíduo com faixa etária de 14 meses a 18 meses. O laudo não citava pontos de ossificação nem variáveis ósseas métricas ou radiológicas.

Entretanto, quando se examinou a ossada exumada, ela estava incompleta. A morfologia das peças ósseas sugeria uma ossada fetal (Figura 15.54).

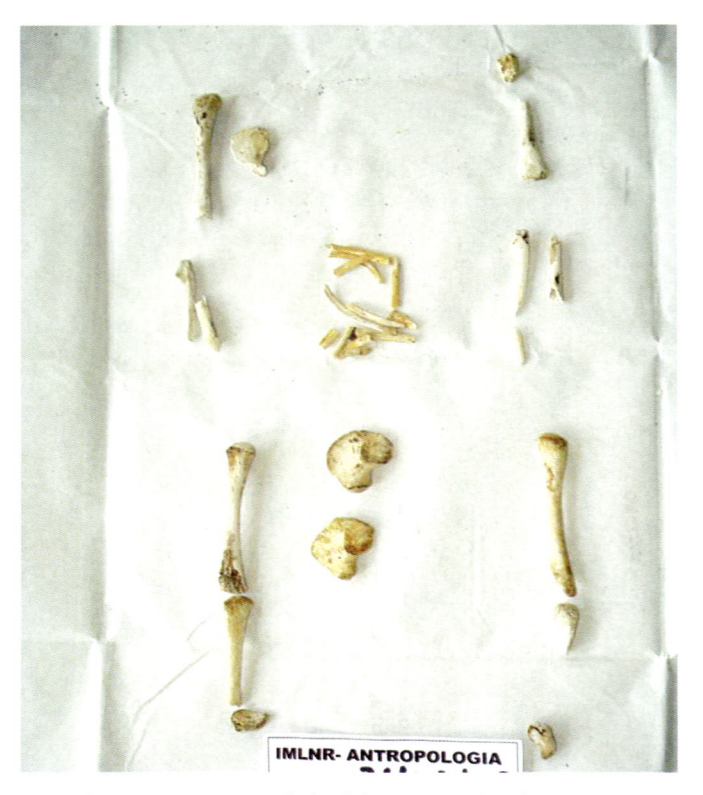

Figura 15.54 ▸ Ossada fetal de perícia realizada em 2009

As fórmulas de Balthazard & Dervieux são um método simples para obtenção da idade fetal a partir de 3 meses de vida intraútero. Necessita da diáfise femoral. A idade é estimada pela fórmula:

Idade (em dias) = comprimento fetal (em cm) × 5,6

Comprimento fetal (em cm) = diáfise femoral × 5,6 + 8.

O comprimento da diáfise do fêmur foi de 5,9cm. O comprimento fetal estimado foi de 41,04cm; a idade gestacional, 229,824 dias de vida intrauterina (32,8 semanas; 7,67 meses intraútero).

Adaptando-se a técnica para estimativa ultrassonográfica da idade fetal (Hadlock, Shepard; Pares), estimou-se a idade gestacional em torno de 31 semanas.

Desse modo, concluiu-se, com base na estimativa de idade, que a ossada em estudo não era do cadáver necropsiado no instituto nem filho da declarante.

Ossada Jovem

Nas ossadas de crianças e adolescentes, os métodos que avaliam a erupção dentária e o desenvolvimento do esqueleto apresentam melhores resultados. O erro padrão é +0,5 – 1,0 ano e +0,64 – 0,88 para a erupção dentária e o desenvolvimento ósseo, respectivamente (Ritz-Timme).

Estudo da Erupção Dentária

A partir do 42º dia de vida intrauterina já se visualizam em embriões traços de evolução dentária e por volta da 17ª semana se inicia o processo de calcificação dos dentes. O processo de evolução dentária tem início aproximadamente na sétima semana de vida intrauterina com a formação da lâmina dentária.

No final do nono mês de vida intrauterina, todas as coroas dos dentes decíduos encontram-se calcificadas.

A erupção dentária é influenciada por vários fatores, como sexo, raça, influências hereditárias, perturbações sistemáticas, biótipo, perda precoce dos dentes decíduos, que antecipa a erupção dos permanentes, desenvolvimento dos maxilares, estado nutricional, tipo de oclusão, mastigação, tipo de alimentação, situação socioeconômica, alterações patológicas, ingestão de flúor, clima etc.

As Tabelas 15.7 e 15.8 exemplificam alguns fatores que aceleram e retardam a erupção dentária.

Em razão da influência dessas variações individuais nos períodos de erupção dentária, a estimativa da idade pelo exame dos dentes deve ser feita com parcimônia, não deixando de ter em mente que os resultados dessa análise no corpo antropológico devem ser compatibilizados com outros dados de caráter médico-legal.

Principalmente depois da idade adulta, a determinação da idade biológica é um procedimento bastante inseguro quando se analisam peças isoladas. Não existem elementos que permitam afirmar com segurança a idade exata do indivíduo. Por isso, o legista, por não

Tabela 15.7 ▶ Resumo dos fatores relacionados com a erupção dentária anormal

	Aceleração	Retardo
Animais experimentalmente induzidos	EGF Hormônio do crescimento Cortisona Insulina Medicamentos antidiuréticos	Tireoidectomia Hipofisectomia Raios X Ciclofosfamida Latirogênicos
Condições patológicas humanas	Hipertireoidismo Hiperpituitarismo Hiperinsulinemia Hipertrofia hemifacial	Hipotireoidismo Hipopituitarismo
Síndromes	Sindrome de Donohue Paquioníquia congênita II	Displasia cleidocranial Animais osteopetróticos Síndrome de Down

Thesleff I. Does epidermal growth factor control tooth eruption? J Dent for Children 1987; 5:321-9.

Tabela 15.8 ▶ Fatores que influenciam a erupção dentária e seus efeitos

Fatores que influenciam a erupção	Efeitos
Hipopituitarismo	Paralisa
Hipotireoidismo	Paralisa
Hiperpituitarismo	Acelera
Febre (dentes anteriores)	Acelera
Febre (dentes posteriores)	Não altera
Insulina	Acelera
Hidrocortisona (anteriores)	Acelera
Hidrocortisona (posteriores)	Redução
Deficiência de vitamina A	Redução
Hipofisectomia	Redução
Tireoidectomia	Redução
Adrenalectomia	Redução
Hormônios de crescimento	Acelera
Cortisona	Acelera
Secção do nervo alveolar	Resultados conflitantes
Hibernação	Redução
Deficiência de vitamina C	Redução
Deficiência ou excesso de vitamina D	Resultados conflitantes
Irradiação X	Redução
Pulpotomia	Resultados conflitantes
Transecção	Nenhuma alteração
Remoção da bainha radicular	Nenhuma alteração
Ligaduras vasculares	Resultados conflitantes
Depressão do SNC	Resultados inconclusivos
Período noturno	Redução

Shulman J. Causes and mechanisms of tooth eruption. A literature review. Periodontal Abstract 1977; 24:162-71.

poder contar com elementos que permitam afirmar com segurança a idade, deverá ter o cuidado de oferecer um resultado que se situe dentro de uma faixa razoável (estimativa) que varia no decurso da vida, sendo de toda conveniência, para fins práticos, seguir as recomendações do Prof. Flamínio Fávero: de semanas na vida intrauterina; de meses na primeira infância; de 1 a 2 anos até os 21 anos; e de 5 anos após essa idade. Nas idades mais avançadas, a partir dos 70 anos, talvez seja necessário estabelecer limites de 10 anos.

A análise dos estágios de mineralização das estruturas dentárias é fundamental na estimativa da idade. Contudo, outros critérios também devem ser observados: aspecto da cavidade pulpar e dos canais radiculares (quanto mais jovem, maior o diâmetro da câmara; quanto mais idoso, maior a deposição de cemento na porção radicular); grau de desgaste dos dentes; obliteração das suturas cranianas pela erupção dos decíduos, dos dentes permanentes e dos terceiros molares; perda e desgaste dentário; relação centesimal entre a área do dente e a da arca da câmara pulpar e pelo ângulo mandibular, desgastes coronários; atrofia gengival, da parede alveolar e dos rebordos maxilares; esclerose e permeabilidade dentinárias; escurecimento dos dentes e espessamento do cemento; redução dos diâmetros da cavidade pulpar pela aposição sucessiva de dentina secundária; modificações do cemento dentário, e a própria atrofia pulpar (a camada pulpar e os canais dos incisivos mediais obstruem habitualmente cerca de 50 anos após a erupção).

Segundo Marília, após os 25 anos de idade, há muito pouco sobre o que se basear com relação à determinação da idade pela erupção dentária. Para ajudar o diagnóstico, são consideradas certas mudanças retrogressivas, ou seja, os fenômenos involutivos como:

1. **Atrição do esmalte:** é o desgaste que ocorre nas bordas incisais e superfícies oclusais em virtude da mastigação. Essa mudança é vista microscópica ou macroscopicamente.

2. **Esclerose de dentina ou dentina secundária:** desenvolve-se dentro da cavidade pulpar, em consequência da idade ou como reação contra processos patológicos. Só é vista microscopicamente.

3. **Deposição de cemento:** pode ocorrer na raiz ou em torno dela, particularmente ligada à periodontose. Só é vista microscopicamente.

4. **Alterações nas estruturas periodontais (periodontose):** surge amolecimento dos dentes ou contínua erupção caracterizada pela mudança na ligação do dente. É vista microscópica e macroscopicamente.

Como regra geral, na erupção dentária os dentes inferiores precedem os superiores e as meninas são mais precoces, não havendo diferença significativa entre os hemiarcos.

De acordo com Coma (1999), há dois tipos de erupção dentária: erupção alveolar, quando o dente ainda não entrou em contato com seu antagonista e ainda não perfurou a gengiva apenas, e a erupção clínica, quando o dente atravessa a gengiva e avança até o contato oclusal.

Segundo Pereira, a erupção óssea no crânio seco é considerada quando o dente expõe toda a sua face oclusal ou incisal e não somente a ponta de suas cúspides. No vivo, depois da erupção óssea, os dentes ainda tardam, pelo menos, 6 meses até romperem a gengiva e chegarem até a boca. Portanto, se forem utilizadas tabelas que tiveram como referência a análise da erupção dentária em indivíduos vivos, esse retardo deve ser cogitado, pois dentes considerados já erupcionados em crânio seco não terão a mesma análise em indivíduos vivos, já que ainda não terão irrompido pela gengiva.

Segundo o autor, a cronologia da erupção dentária pode ser observada radiograficamente de acordo com o mostrado na Figura 15.55.

A erupção dos terceiros molares constitui um marco na estimativa da idade, sendo possível afirmar que, passado esse momento, mais dificultosa se torna essa definição. Não é possível deixar de considerar também que a análise do período de erupção dos terceiros molares é revestida de uma série de variantes. Podemos citar a ausência do germe dentário, a ausência por extrações, a não erupção por impacção ou retenção, assim como fatores já lembrados que, como norma geral, afetam a erupção de qualquer unidade dentária.

No âmbito criminal, muitas vezes a estimativa da idade por meio dos exames dos dentes pode ser a única forma capaz de identificar o indivíduo e de responsabilizá-lo pelo delito cometido pelo "de menor". Isso porque os elementos dentários são as estruturas orgânicas que fornecem os melhores subsídios para essa análise.

O exame radiográfico é um exame simples que promove a análise das diversas fases da erupção dentária e

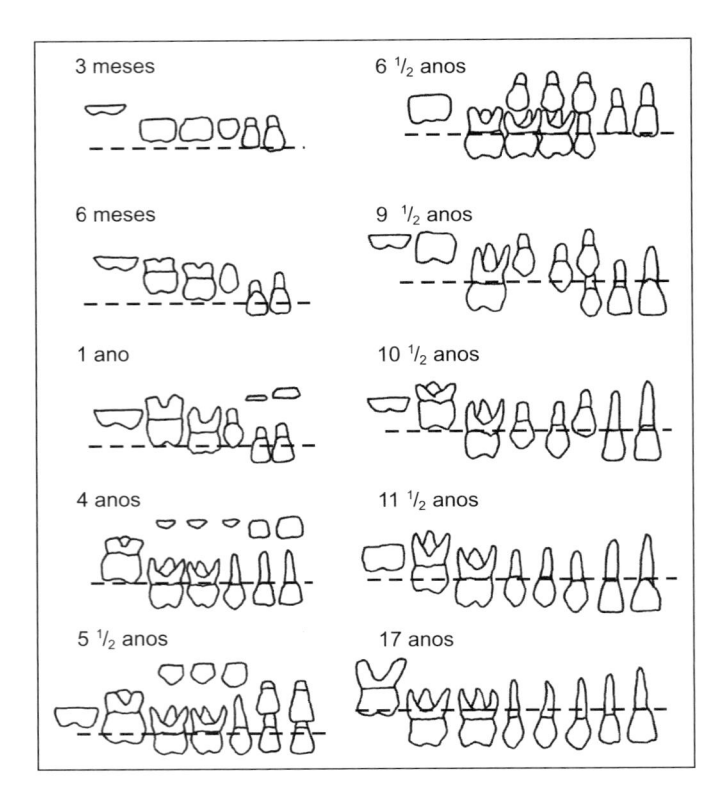

Figura 15.55 ▶ Avaliação radiográfica da cronologia da erupção dentária

sua correlação com as estimativas propostas pelas tabelas de diversos autores. Uma das tabelas muito utilizadas nessa estimativa é a tabela cronológica da mineralização dos dentes permanentes entre brasileiros (Nicodemo, Moraes & Médici Filho) (Tabela 15.9).

Em 2009 procedemos a uma perícia no Setor de Antropologia do Instituto Médico-Legal Nina Rodrigues, em que a identificação de quatro crianças vitimadas foi feita utilizando-se dos métodos de estimativa de idade pelo exame das tabelas cronológicas dos estágios de mineralização e erupção dentária.

Foram coletadas informações com os familiares das vítimas, que indicaram nome, sexo e idade das crianças. Portanto, conhecia-se a identidade das quatro crianças, porém não era possível individualizá-las, já que os corpos apresentavam-se carbonizados. Duas delas eram do sexo feminino e as outras do sexo masculino, e tinham as seguintes idades:

A. 5 anos e 5 meses – feminino (Figuras 15.56 *A–D* e 15.57 *A–E*);

B. 5 meses – masculino (Figuras 15.58 *A–B* e 15.59 *A–D*);

C. 2 anos e 1 mês – masculino (Figuras 15.60 *A–B* e 15.61 *A–E*);

D. 3 anos e 7 meses – feminino.

As crianças não possuíam prontuário odontológico *ante mortem* e não foram localizados crânio e mandíbula da criança D. Foram realizadas radiografias periapicais de todas as unidades dentárias e

Tabela 15.9 ▸ Tabela cronológica de mineralização dos dentes permanentes no Brasil (Nicodemo, Moraes & Médici Filho *apud* Croce & Croce Jr.)

	1ª evidência de mineralização	1/3 de coroa	2/3 de coroa	Coroa completa	Início da formação radicular	1/3 da raiz	2/3 da raiz	Término apical
Superiores								
Incisivo central	5-7	8-15	18-30	36-57	60-78	75-90	87-108	100-116
Incisivo lateral	9-15	24-30	33-57	54-72	72-88	84-102	96-112	105-117
Canino	5-6	12-33	36-60	60-78	76-87	90-114	111-141	126-156
1º pré-molar	27-30	48-66	57-75	78-96	87-108	102-126	117-138	129-159
2º pré-molar	36-54	51-66	66-84	78-102	93-117	105-129	117-144	141-159
1º molar	1-6	6-16	18-30	36-48	54-66	66-84	75-96	90-104
2º molar	39-57	52-66	69-84	81-102	102-126	120-135	129-153	150-162
3º molar	90-132	96-138	102-156	138-174	162-198	180-204	192-234	216-246
Inferiores								
Incisivo central	3,9-6,1	9-12	18-27	28-45	48-68	60-78	76-96	90-102
Incisivo lateral	4,6-5,8	7-12	18-30	18-66	54-78	68-88	80-99	92-102
Canino	4-7	8-30	24-54	51-72	69-93	84-108	105-135	129-156
1º pré-molar	27-36	45-60	51-72	69-90	84-102	102-126	114-141	132-156
2º pré-molar	33-54	48-63	66-81	78-96	93-144	108-132	117-144	141-159
1º molar	1-6	6-12	18-28	18-45	54-66	57-81	78-96	90-104
2º molar	39-60	51-66	72-87	84-105	102-126	117-135	129-153	150-165
3º molar	90-132	96-138	102-156	138-174	162-198	180-204	192-234	216-246

Imagem: http://www.fo.usp.br/departamentos/social/legal/tabela_nmm.htm

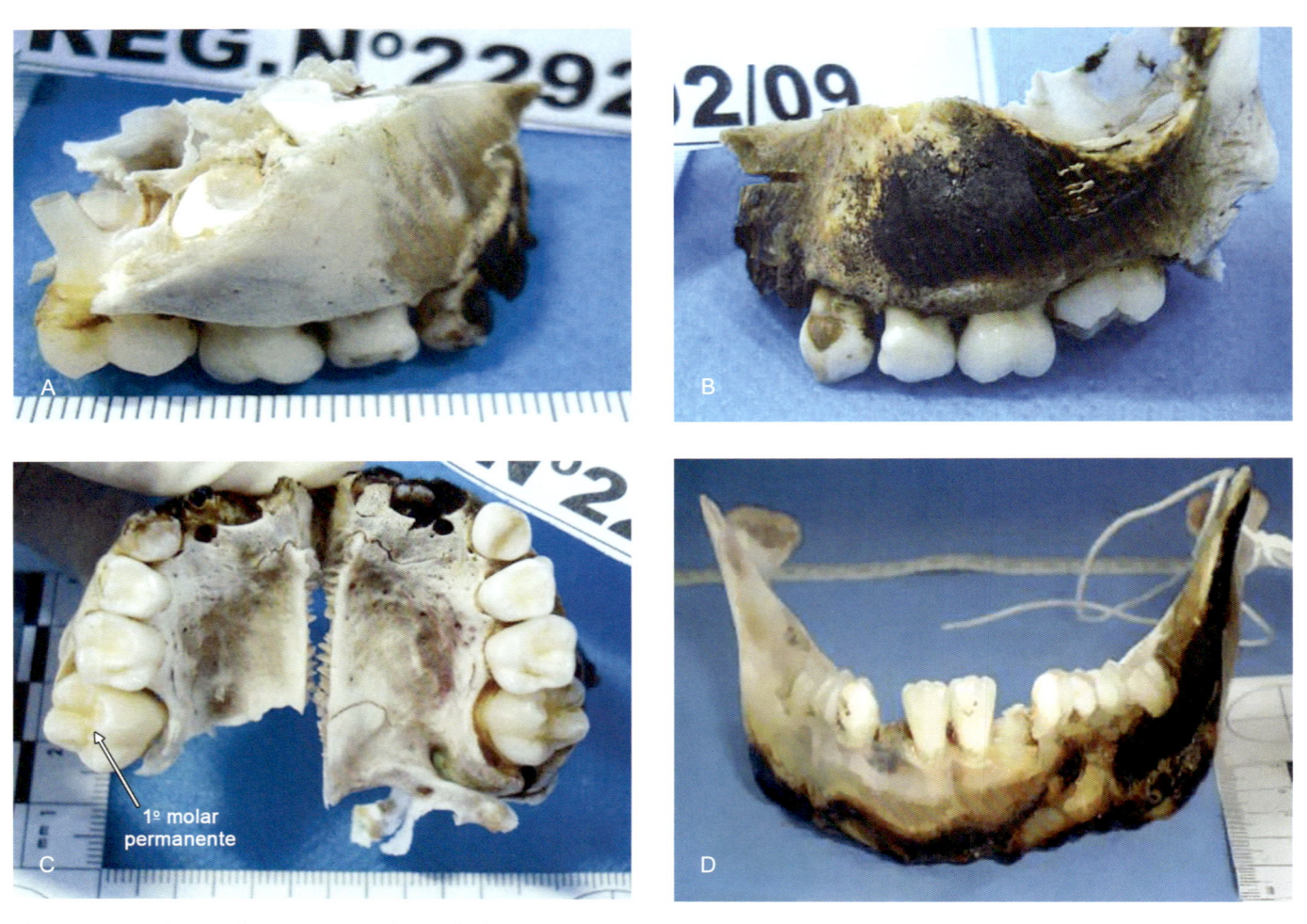

Figura 15.56 ▶ Fotografias *post mortem* da maxila da criança A – 5 anos e 5 meses. **A** Vista lateral direita da maxila. **B** Vista lateral esquerda da maxila. **C** Vista basilar da maxila. **D** Vista anterior da mandíbula.

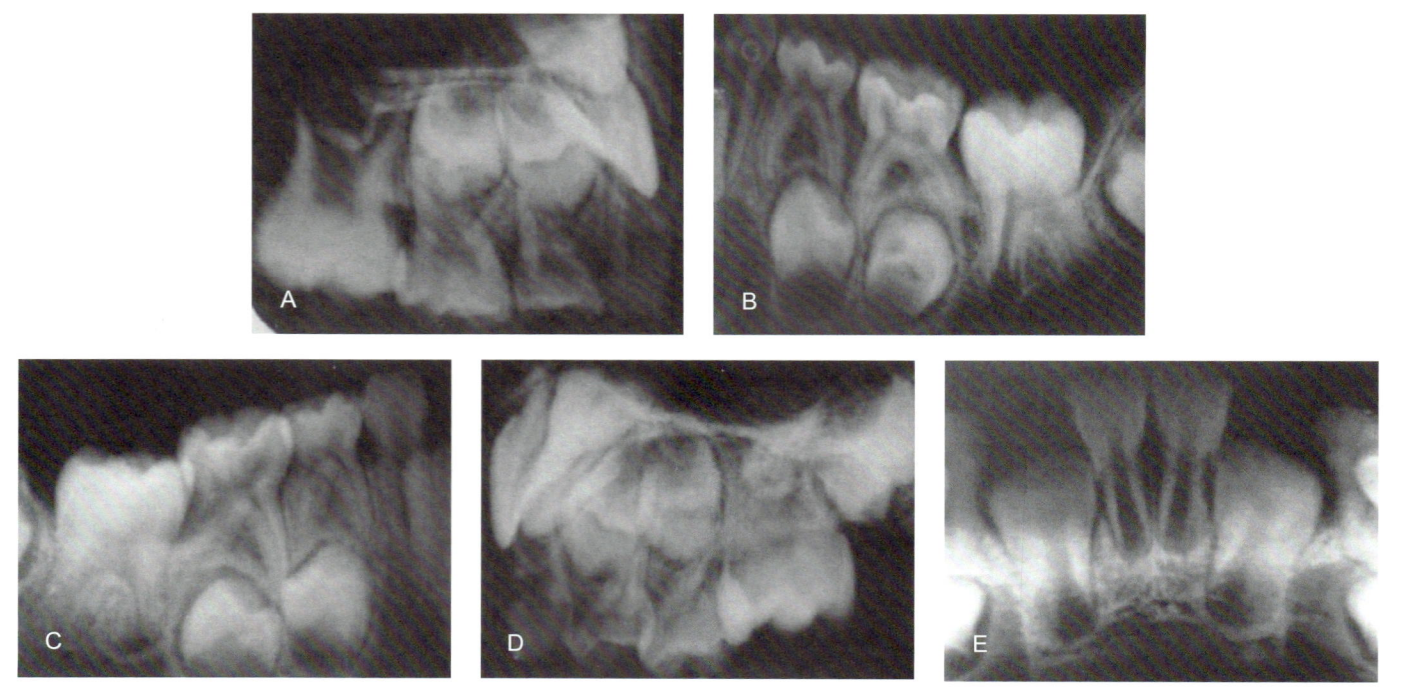

Figura 15.57 ▶ **A** a **E** Radiografias periapicais *post mortem* da criança A

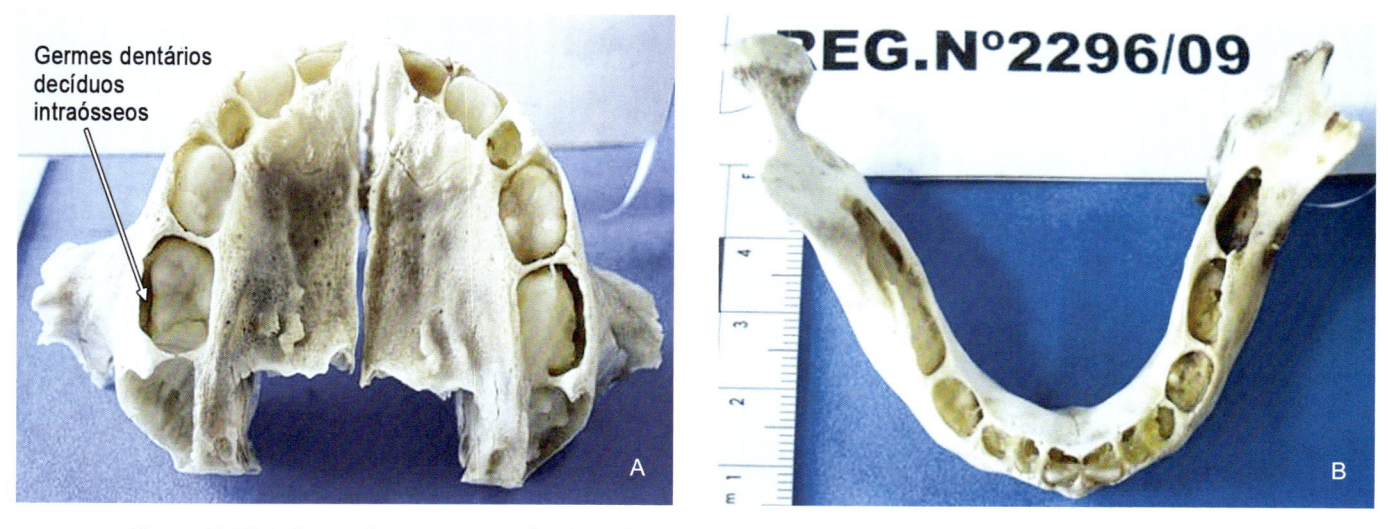

Germes dentários
decíduos
intraósseos

REG.N°2296/09

Figura 15.58 ▶ Fotografias *post mortem* da criança B – 5 meses. **A** Vista basilar da maxila. **B** Vista superior da mandíbula

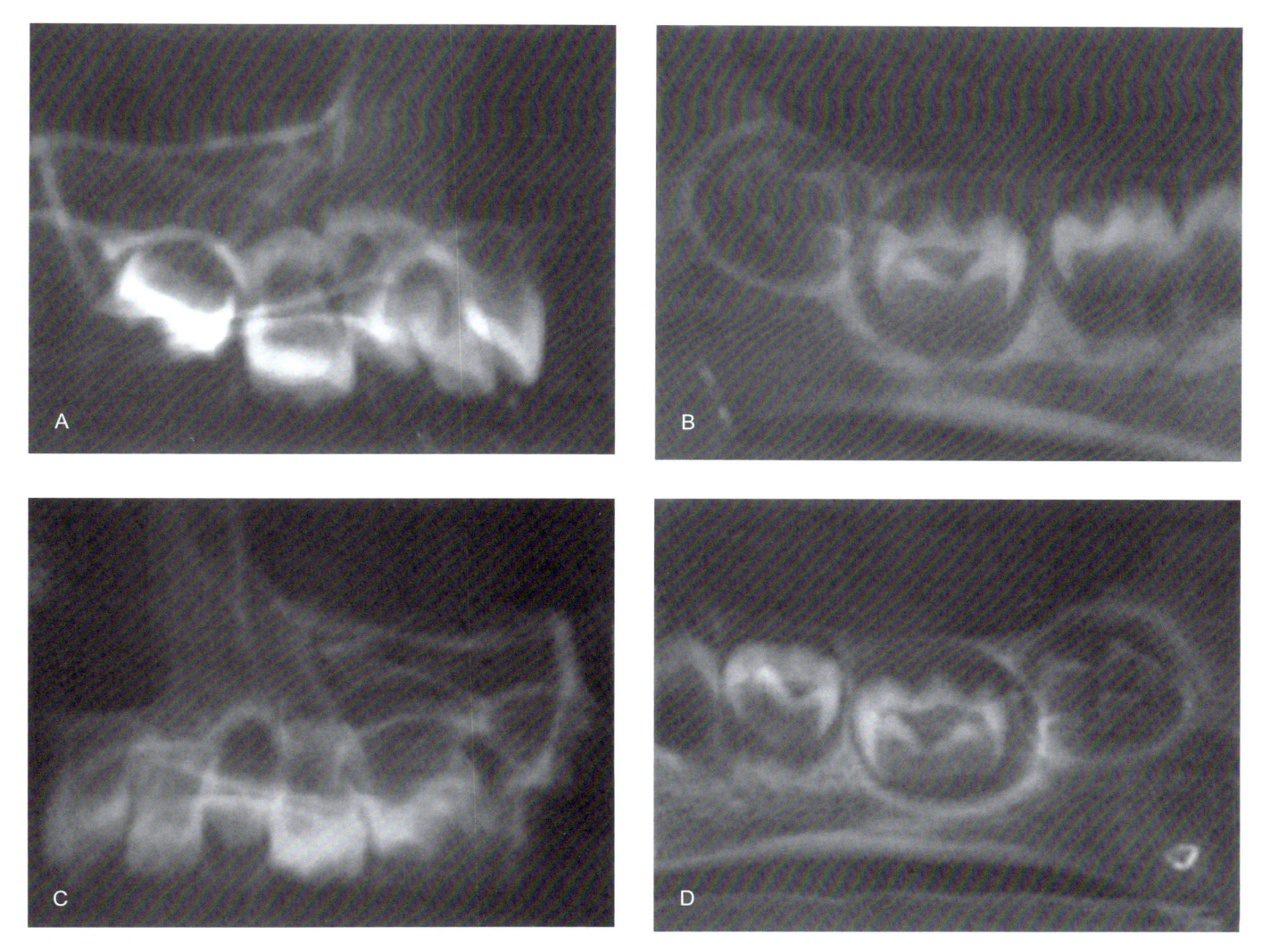

Figura 15.59 ▶ Radiografias periapicais *post mortem* da maxila (**A** e **B**) e da mandíbula (**C** e **D**) da criança B

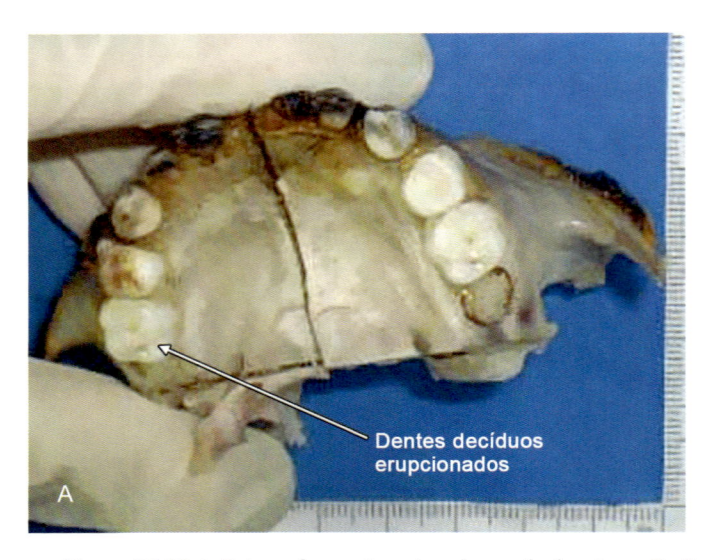
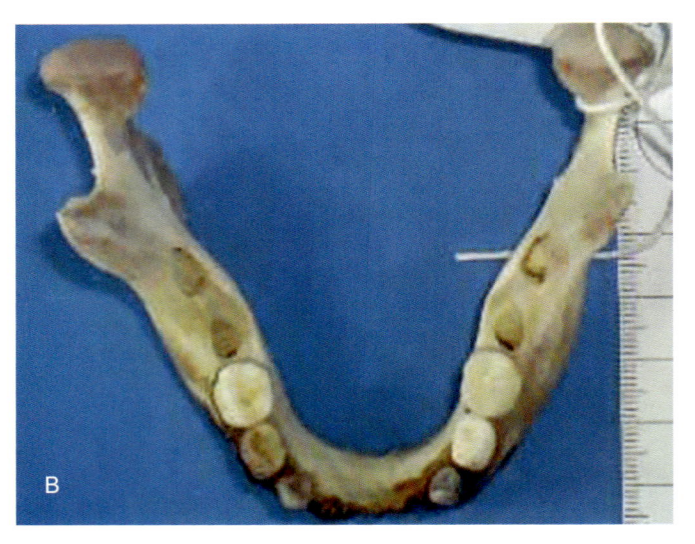

Figura 15.60 ▸ Fotografias *post mortem* da maxila da criança C – 2 anos e 1 mês. **A** Vista basilar da maxila. **B** Vista superior da mandíbula.

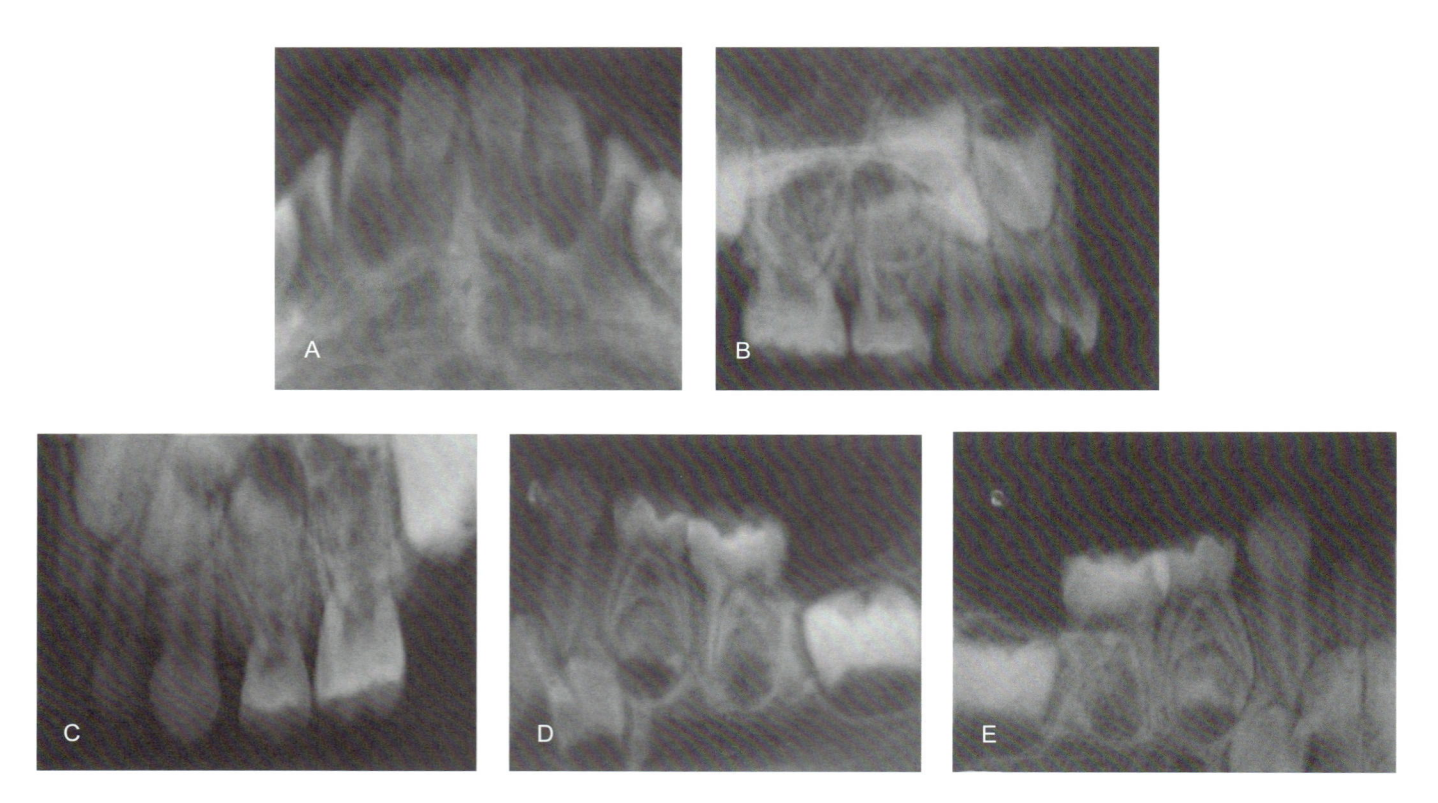

Figura 15.61 ▸ **A** a **E** Radiografias *post mortem* da maxila (**B** e **C**) e da mandíbula (**A**, **D** e **E**) da criança C

aplicados os métodos de estimativa de idade pelos estágios de mineralização dos dentes permanentes desenvolvidos por Nicodemos, Moraes & Médici Filho, associados ao estudo da biogênese dos dentes decíduos desenvolvido por Hoogeboom, Logan & Kronfeld (modificado por Mc Call & Schour e Logan & Kronfeld) e Logan & Kronfeld (modificado por Schour & Massler), como também utilizadas as informações médico-legais sobre o sexo que permitiram a identificação das crianças.

Cabe aqui a ressalva de que, apesar de a técnica utilizada pelos autores prever a análise mediante a utilização de radiografia panorâmica, nosso instituto e a maioria dos IML brasileiros só contam com o aparelho para radiografias periapicais, o que não inviabilizou o análise e o resultado.

No exame comparativo realizado entre os achados decorrentes dos exames diretos nas arcadas dentárias e pela análise das radiografias periapicais feitas pelos peritos, observa-se que não existem elementos odontológicos excludentes, conflitantes ou divergentes e, portanto, torna-se possível afirmar que o corpo A é o da única criança com aproximadamente 6 anos de idade do sexo feminino; o corpo B é o da única criança com a faixa etária entre 4,7 e 8,4 meses do sexo masculino; o corpo C é o da única criança com a faixa etária entre 27 e 53,7 meses do sexo masculino. Pelas análises médico-legais conclui-se que o corpo da criança D é o da única criança com 3 anos e 7 meses do sexo feminino. Os pontos coincidentes de confronto possibilitaram a determinação de uma correlação positiva entre os cadáveres examinados e a identidade das crianças vitimadas, tornando-se desnecessária a realização de outros exames para identificação das vítimas.

Em 1950, Gustafson analisou aspectos da involução dentária (Figura 15.63), elaborando uma classificação dos fenômenos pertinentes à fase adulta, observando em dentes unirradiculares os seguintes aspectos:

A – Desgaste da superfície de oclusão;

P – Periodontose;

S – Desenvolvimento de dentina secundária no interior da cavidade pulpar;

C – Deposição de cemento da raiz;

R – Reabsorção da raiz;

T – Transparência do ápice da raiz.

Cada um desses fenômenos receberá valores de 0 a 3, conforme a intensidade ou o grau de modificação observados de acordo com o esquema (Figuras 15.62 e 15.64):

A0 – ausência de desgaste;

A1 – desgaste leve;

A2 – desgaste que atinge a dentina;

A3 – desgaste que atinge a polpa;

P0 – ausência de periodontose;

P1 – início de periodontose;

P2 – atinge mais de um terço da raiz;

P3 – atinge mais de dois terços da raiz;

S0 – ausência de dentina secundária;

S1 – início de formação de dentina secundária;

S2 – dentina secundária preenche metade da cavidade pulpar;

S3 – dentina secundária preenche quase completamente a cavidade pulpar;

C0 – apenas o cemento natural;

C1 – depósito de cemento maior do que o normal;

C2 – grande camada de cemento;

C3 – abundante camada de cemento;

R0 – inexistência de reabsorção;

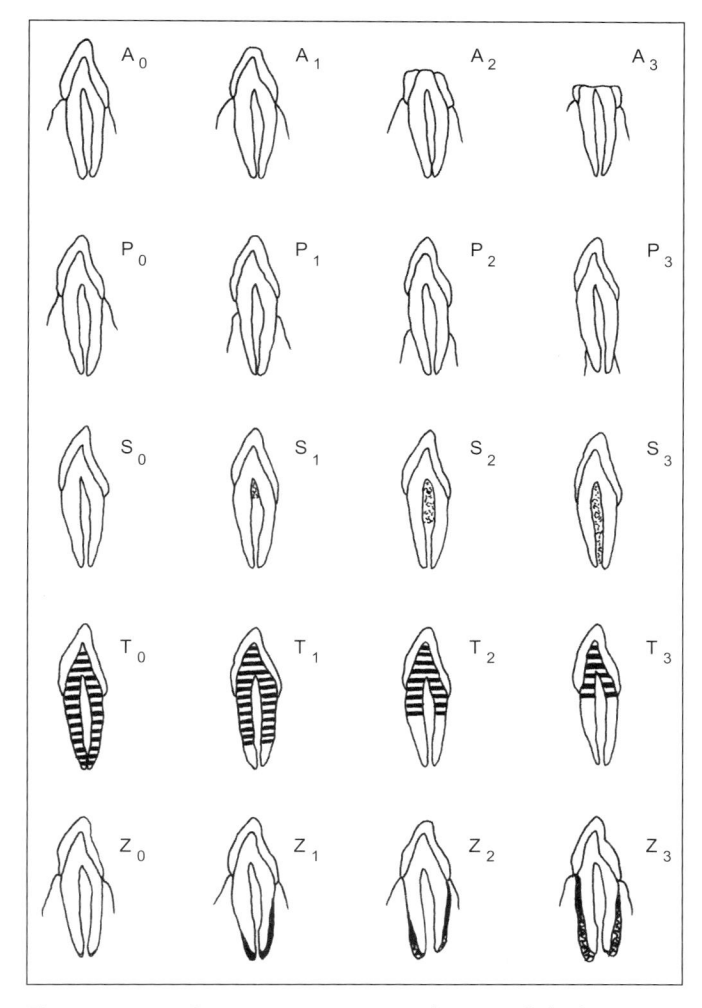

Figura 15.62 ▶ Esquema representativo da intensidade dos processos previstos por Gustafson

R1 – pequena reabsorção;

R2 – grau mais adiantado de reabsorção;

R3 – grande área de reabsorção;

T0 – ausência de transparência;

T1 – transparência visível;

T2 – transparência que atinge um terço da raiz;

T3 – transparência que atinge dois terços da raiz.

Algumas dessas características poderão ser vistas apenas microscopicamente ou mediante a secção da unidade.

Após a classificação de cada pontuação, aplica-se a fórmula sugerida pelo autor:

$$An + Pn + Sn + Cn + Rn + Tn = \text{soma dos pontos}$$

Aplica-se o valor correspondente à soma de pontos na reta de regressão construída pelo autor (Figura 15.63).

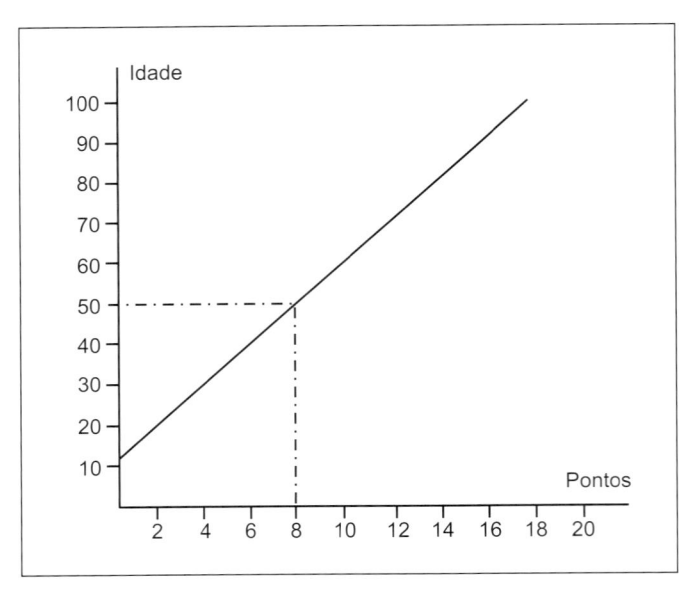

Figura 15.63 ▶ Reta de regressão de Gustafson (Fonte: http://www. fo.usp.br/departamentos/social/legal/aula_ei.htm.)

A reta de regressão foi calculada segundo a equação abaixo, onde:

$$Y = 11,43 + 4,56 \, X$$

Y = idade
X = número de pontos de acordo com a fórmula 1

Miles (1963) afirmou que a transparência da raiz é seguramente o critério mais preciso dos seis que estabelece Gustafson. Em uma secção longitudinal do dente adulto colocado contra a luz é possível vê-lo completamente transparente. Essa transparência é resultado de um processo que começa no ápice da raiz e gradualmente se estende à medida que avança a idade ao largo da raiz. Tem como vantagem o fato de a área de transparência poder ser medida diretamente com

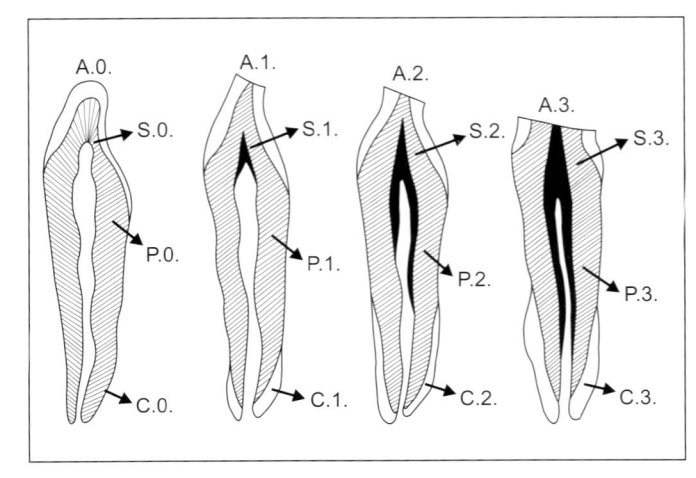

Figura 15.64 ▶ Modificações tardias dos dentes, segundo Gustafson (Fonte: Vanrell, 2002.)

ajuda de um microscópio, o que elimina o erro de estimativa visual (Cameron & Sims, 1973). Curiosamente, com a estimativa apenas por esse critério, são obtidos valores de idade tão precisos como quando se usam os seis critérios em conjunto.

Estudo do Crescimento Esqueletal

Existe uma correlação positiva entre a maturidade óssea e a idade cronológica (Franklin). As variáveis obtidas pelo perito consistem em análises métricas e na morfologia dos núcleos de ossificação.

Um método muito utilizado nas perícias em indivíduos vivos e em cadáveres recentes consiste no estudo dos centros de ossificação do carpo. Contudo, na ossada, é muito difícil uma estimativa baseada nesses parâmetros. Citamos anteriormente que a experiência com técnicas arqueológicas no local de crime é bastante desejável. Desse modo, a recuperação de peças ósseas pequenas, como os ossos de carpo, é, infelizmente, muito negligenciada e frequentemente elas não são enviadas, prejudicando o uso da metodologia. Entretanto, a literatura tem uma produção ampla sobre essas técnicas. Para discussão mais pormenorizada, ver o capítulo sobre a estimativa da idade no vivo.

No IMLNR são estudadas as soldaduras diafiso-epifisárias.

Recorde-se que os ossos longos têm ossificação endocondral. Há formação de cartilagem, que funciona como um molde e progressivamente é substituída por osso. Restam áreas de cartilagem, as placas epifisárias, que permitem o crescimento longitudinal do osso.

Rotineiramente, avaliamos: clavícula (epífise medial), rádio (epífises distal e proximal), ulna (proximal e distal), fêmur (trocanter maior, trocanter menor, cabeça, epífise distal), tíbia (proximal e distal), úmero (cabeça, distal), omoplata (acrômio), ilíaco (crista ilíaca, ísquio, acetábulo), fíbula (proximal e distal) e sacro.

Com os dados das cartilagens abertas e fechadas, confrontamos com o padrão (Alcântara; White) e obtemos a estimativa.

Uma ossada humana recuperada no interior do estado, segundo a guia, foi recebida no Setor de Antropologia do IMLNR. Havia a suposição de que fosse do sexo masculino, de 19 anos de idade, melanoderma com 1,78m de altura. As outras variáveis estudadas estavam compatíveis (sexo, fenótipo cor de pele, estatura e vestes). Para estimativa da idade foram utilizadas a erupção dentária e o desenvolvimento ósseo. Observou-se que os terceiros molares eram semi-inclusos, com término apical aberto, correspondendo à média entre 18 e 21 anos. Depois, foi estudada a soldadura epifisária (Tabela 15.10 e Figuras 15.65 a 15.67).

Tabela 15.10 ▸ Fechamento das soldaduras epifisárias segundo Alcântara (2006)

	Direita	Esquerda	Masculino
Clavícula (extremidade interna)	Aberta	Aberta	22-25
Omoplata – acrômio	Em fechamento	Em fechamento	20
Úmero – epífise superior	Aberta	Aberta	21-25
Úmero – epífise inferior	Fechada	Fechada	18-20
Ulna – epífise superior	Fechada	Fechada	18-21
Olécrano	Fechada	Fechada	16-20
Ulna – epífise inferior	Aberta	Aberta	18-22
Rádio – epífise superior	Fechado	Fechado	17-18
Rádio – epífise inferior	Aberto	Aberto	19-25
Crista ilíaca	Aberta	Aberta	13-25
Tuberosidade isquiática	Aberta	Aberta	20
Ísquio pubiano	Fechado	Fechado	6
Sacro – segmentos vertebrais	Aberto	Aberto	25-30
S1-S2	Aberta	Aberta	25-30
União com o cóccix	Aberta	Aberta	40
Fêmur – epífise superior	Em fechamento	Em fechamento	18-20
Fêmur – epífise inferior	Em fechamento	Em fechamento	18-20
Tíbia – epífise superior	Em fechamento	Em fechamento	18-20
Tíbia – epífise inferior	Fechada	Fechada	17-18
Fíbula – epífise superior	Em fechamento	Em fechamento	19-21
Fíbula – epífise inferior	Em fechamento	Em fechamento	17-20

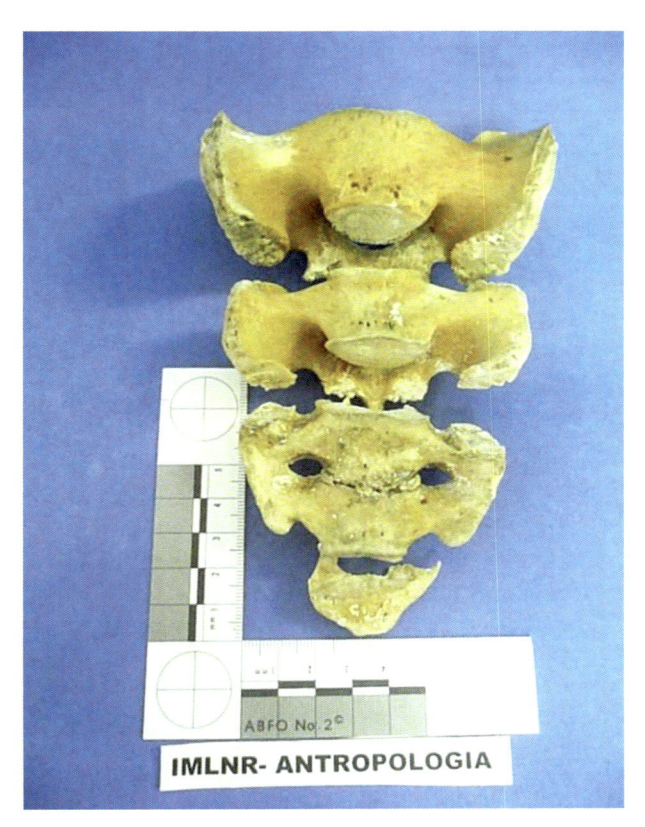

Figura 15.65 ▸ Sacro não fusionado

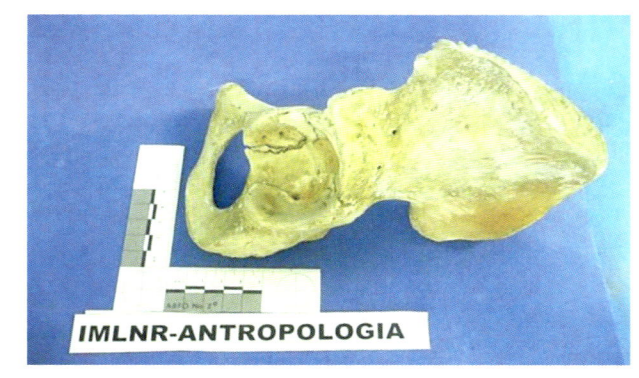

Figura 15.66 ▸ Ilíaco com acetábulo em soldadura

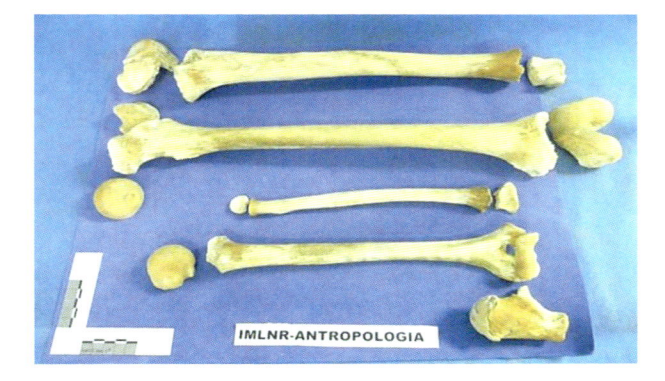

Figura 15.67 ▸ Ossos longos com cartilagens abertas

Analisando-se em conjunto os parâmetros, concluiu-se que a idade do examinado estava entre 18 e 19 anos.

Ressalte-se que os métodos não são uniformes por toda a juventude, sendo mais precisos em cadáveres de menor idade do que em cadáveres próximos da vida adulta.

Ossada Adulta

Na idade adulta ou no idoso, a estimativa da idade perde acurácia em relação à ossada imatura. O desenvolvimento e o crescimento já se completaram. O perito analisa alterações degenerativas nos ossos e dentes. Essas modificações estão sujeitas a maior variabilidade intra e interindivíduos de uma mesma população.

Estudo das Suturas Cranianas

No processo evolutivo, a soldadura dos ossos do crânio se constitui em mais um elemento a ser avaliado para estimativa da idade.

As suturas cranianas são junturas fibrosas que unem a maior parte dos ossos do crânio e que, com o decorrer do tempo, de maneira lenta e constante, vão se obliterando. Esse processo de obliteração de soldadura das suturas cranianas é denominado sinostose ou craniossinostose.

Segundo Arbenz, cada sutura inicia o processo de sinostose em determinada idade, podendo sofrer variações individuais, por vezes muito marcadas, razão pela qual o estudo desse fenômeno constitui apenas meio subsidiário, que deve ser confrontado com outros, caso isso seja possível.

As suturas cranianas mais importantes são:

- **Metópica:** interfrontal.
- **Sagital (S):** entre os ossos parietais direito e esquerdo.
- **Frontal ou coronária ou coronal (C):** entre os ossos frontal e parietais direito e esquerdo.
- **Lambdoide (L):** entre os ossos parietais e occipital.
- **Temporoparietal (T):** entre os ossos temporais e os respectivos parietais.

Cada sutura craniana pode ser dividida em segmentos: sagital – quatro; coronária e lambdoide – três (superior, médio e inferior). Podemos verificar na Figura 15.68 a disposição e a faixa etária do fechamento desses segmentos.

A sinostose pode ser parcial ou completa, geralmente se iniciando pela face endocraniana.

Costa (2002), em sua tese "Estimativa da idade através da análise das suturas cranianas – contribuição para a Antropologia Forense", concluiu o seguinte:

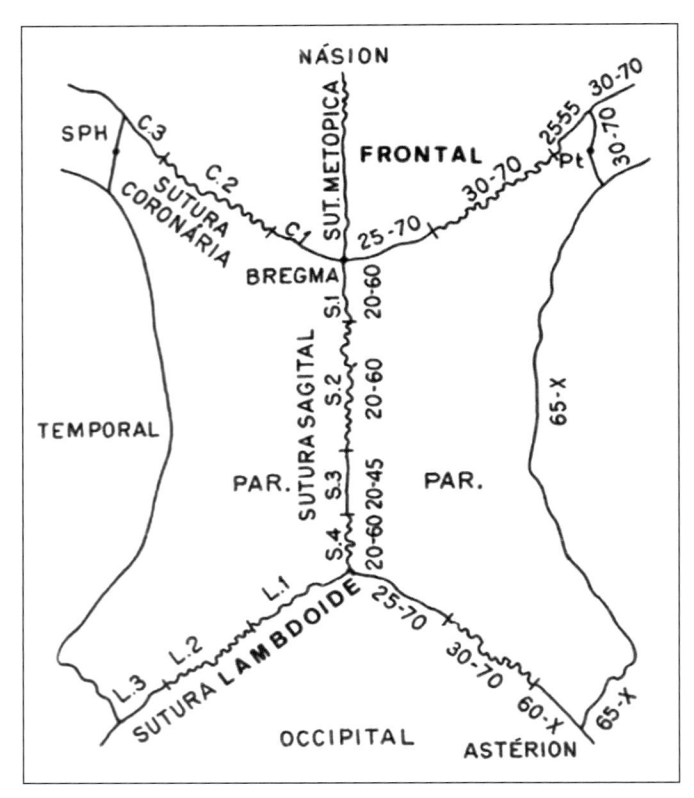

Figura 15.68 ▶ Disposição dos segmentos das suturas cranianas e faixa etária de fechamento (Obtida no *site:* http://www.cleber.com.br/manual.pdf)

- a avaliação das linhas de sutura poderá contribuir significativamente para estimativa da idade, desde que os dados sejam coletados de maneira sistematizada;
- as soldaduras se completam mais precocemente no sexo feminino;
- das suturas, quando consideradas isoladamente, a sagital, tanto no exocrânio como no endocrânio, mostrou resultados mais confiáveis, com maior coeficiente de determinação e menor variabilidade de dados em torno da média;
- o apagamento das linhas demarcatórias interósseas ocorreu mais precocemente no endocrânio.

Arbenz afirma que as sinostoses se iniciam por volta de 35 a 40 anos (às vezes menos), completando-se entre 70 e 80 anos de idade. Excetua-se a sutura metópica (interfrontal), cujo fechamento se processa muito cedo, por volta do segundo ano, podendo, em certos casos excepcionais, persistir no adulto. Prossegue afirmando que na sutura sagital tem início por volta dos 25 anos, completando-se aproximadamente aos 50 anos de idade. Segue-se a coronária (início mais ou menos aos 30 ou 40 anos de idade). A lambdoide é a última a sofrer o processo, quase sempre a partir dos 45-50 anos. Na Figura 15.69 observa-se a sutura metópica persistente em um indivíduo adulto. Segundo Klepinger, o remanescente

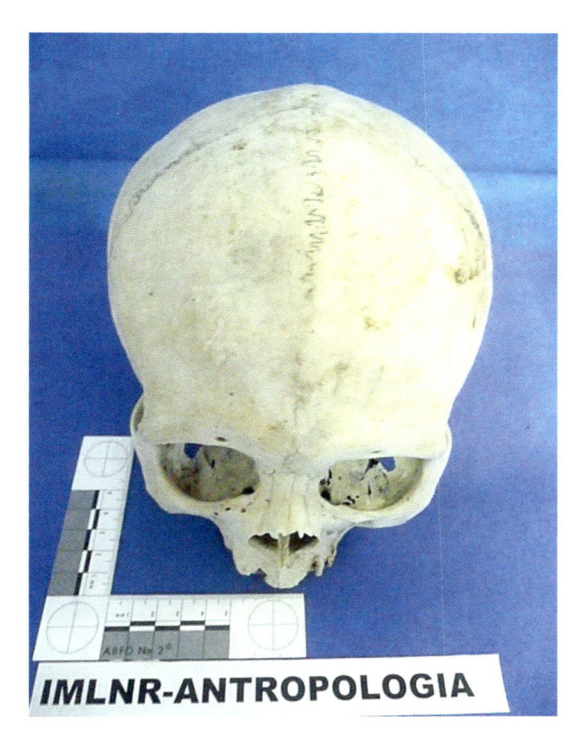

Figura 15.69 ▶ Persistência de sutura metópica em crânio adulto

Tabela 15.11 ▶ Estimativa da idade, em anos, pelo fechamento das suturas cranianas segundo Martín, Tood & Lion e Vallois & Olivier

Sinostose	Martín	Tood & Lion	Vallois & Olivier
S1	40 a 50		20 a 60
S2	30 a 40	22 a 35	20 a 60
S3	20 a 30		20 a 45
S4	30 a 40		20 a 60
C1	40 a 50	24 a 38	25 a 70
C2	muito tarde	24 a 38	30 a 70
C3	30 a 40	26 a 41	25 a 55
L1	depois 50	26 a 42	25 a 70
L2	50	26 a 47	30 a 60
L3	muito tarde	26 a 50	60 ou mais
T	muito tarde	31 a 64	65 ou mais

Dados obtidos no *site*: http://www.malthus.com.br/mg_total.asp?id=312#set
Fonte: Revert Coma

da sutura metópica é um traço característico de caucasianos (Figura 15.69).

Segundo Gratiolet (1856) e Person & Box (1905), a ordem de fechamento das três principais suturas é: coronária, sagital e lambdoide. Já para Ribbe (1885), a ordem se inverte nas duas primeiras, sendo sagital, coronária e lambdoide. Topinard, confirmando as observações de Pommerol, Hamy & Broca, indica que a sinostose se efetua na seguinte ordem:

1. Região obélica da sutura sagital (40 anos).
2. No terço inferior da sutura coronária (40 anos).
3. No terço superior da sutura lambdoide (45 anos).
4. Na parte superior da sutura coronária (50 anos).
5. Na temporoparietal (70 anos).

Como demonstrado, os autores têm variado quanto ao estabelecimento da faixa etária em que ocorre e da ordem do processo de soldaduras das suturas, podendo ser usados como referência para a faixa etária os valores apresentados na Tabela 15.11.

Assim, o segmento 2 da sutura sagital inicia seu processo de soldadura, de acordo com Martín, entre os 30 e os 40 anos, enquanto Tood & Lion o definem entre 22 e 35 anos e Vallois-Olivier entre 20 e 60 anos de idade. Podemos inferir que, em um sujeito adulto, o segmento S2 aberto trata-se, para o primeiro autor, de um indivíduo com menos de 30 anos, e para os outros, com menos de 20 anos de idade.

Como se pode ver, os autores divergem muito quanto à idade em que se inicia o processo de soldadu-ra das suturas cranianas e à faixa etária em que ocorre o processo. Isso nos obriga a não utilizar a análise das suturas como forma única e principal de estimativa da idade, sendo sempre necessário tentar sincronizar o resultado da análise da soldadura das suturas cranianas com os demais dados médicos e odontolegais obtidos. No entanto, nas perícias antropológicas em que a única forma de estimar a idade seja pelo estudo das suturas, devemos utilizá-la e alertar no laudo, em campo apropriado (comentário médico forense), sobre essa multiplicidade de opiniões entre os autores.

Estudo do Forame Mentual

Nos dentes bicúspides, o canal mandibular se exterioriza no forame mentual, que se situa próximo ao centro da face medial da mandíbula, equidistante das bordas superiores e inferiores da mandíbula. Observa-se que, como parte do processo involutivo, o forame se aproxima da borda alveolar do osso em função da reabsorção óssea pela perda das unidades dentárias. Em pacientes totalmente desdentados, verifica-se, muitas vezes, que o forame se posiciona sobre a borda alveolar. Portanto, a localização do forame mentual em relação à borda alveolar da mandíbula se constitui em um aspecto qualitativo a ser analisado para a estimativa de idade. Contudo, não existe um padrão comparativo que correlacione com exatidão a localização do forame com a idade do indivíduo, já que tal condição ocorre com a reabsorção óssea na mandíbula. Observa-se, na Figura 15.70, uma comparação do posicionamento do forame mentual em indivíduos com dentes e desdentado total.

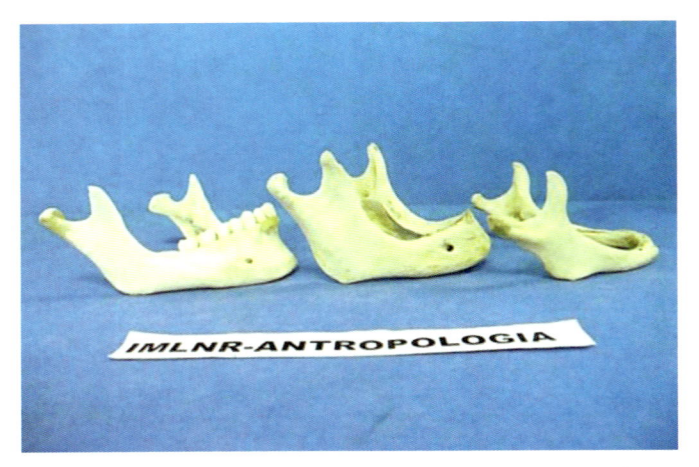

Figura 15.70 ▶ Vista lateral de três mandíbulas de indivíduos dentados e desdentados, com destaque para o posicionamento do forame mentual

Estudo do Desgaste Dental

Ponsold (1955) estabeleceu que:

Na mastigação normal, até os 30 anos, só o esmalte normal sofre desgaste. Aos 40 anos, a dentina fica descoberta, porém a própria mastigação estimula a formação de nova dentina – a dentina secundária –, a qual protege a polpa. Esta dentina de reação dá um colorido mais escuro à superfície triturante. Até os 50 anos, esse desgaste vai aumentando. Ao chegar aos 60 anos, pode estar afetada toda a secção transversal dos dentes. Então, a cor da dentina secundária muda de castanho-claro a castanho-escuro. Estas indicações para a determinação da idade são sempre aproximadas (Figura 15.71).

É preciso atentar para o fato de que o desgaste fisiológico dos dentes pode ser confundido com os decorrentes de hábitos que também podem mascarar o resultado dessa análise, como, por exemplo, o bruxismo, o uso de substâncias abrasivas na escovação, a onicofagia (roer unhas) e os hábitos profissionais e alimentares.

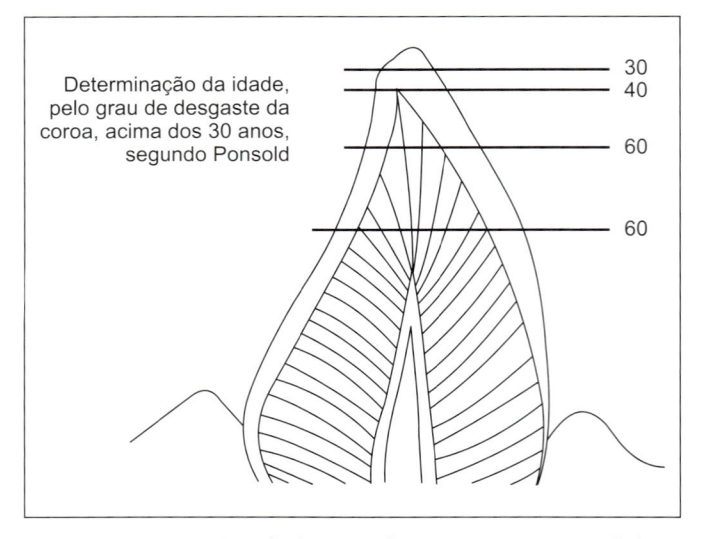

Determinação da idade, pelo grau de desgaste da coroa, acima dos 30 anos, segundo Ponsold

30
40
60
60

Figura 15.71 ▶ Grau de desgaste de coroa e a respectiva idade

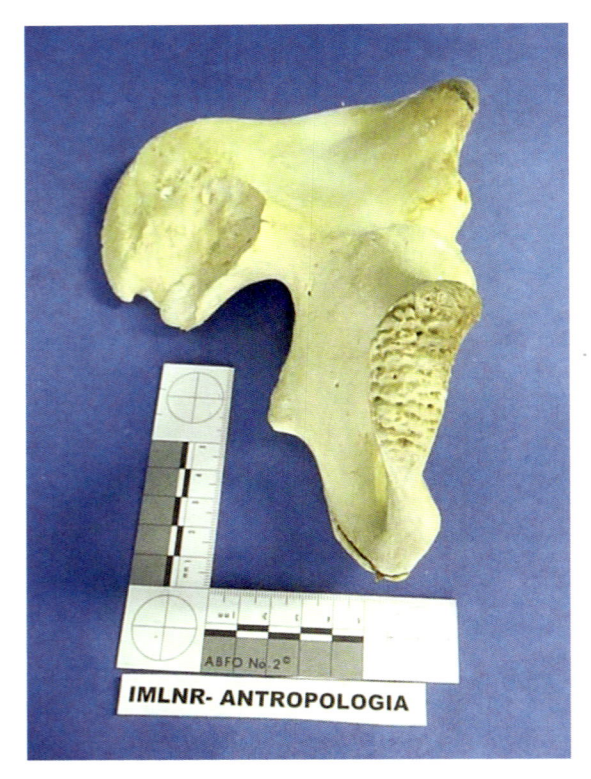

Figura 15.72 ▶ Sínfise em fase I. Notar ísquio aberto

Estimativa da Idade pela Sínfise Púbica

Em 1920, Todd descreveu um método de estimativa da idade que se baseava nas modificações da sínfise púbica (Figura 15.72) (*apud* Franklin, 2008). Posteriormente, examinando uma amostra mais moderna, Suchey & Brooks aperfeiçoam o método. Reduziram o número de fases para seis (Figura 15.73). O perito compara o osso com um modelo, seguindo as orientações escritas. Cada fase corresponde a uma média de idade, com desvio-padrão e intervalo de confiança.

Após revisão, os autores não identificaram trabalho científico validando o método para a população brasileira. Tendo em mente que a população em estudo é diferente da população de referência, essa variabilidade deve ser considerada na análise.

- **Fase I:** a sínfise tem uma superfície lobulada com sulcos e cristas que usualmente incluem o tubérculo púbico. As cristas horizontais são bem-demarcadas e pode ter início a chanfradura ventral. Um ponto-chave para reconhecer essa fase é a ausência de delimitação das extremidades superior e inferior:
  - Feminino: 19,4 ± 2,6 anos, intervalo de confiança 15 a 24 anos.
  - Masculino: 18,5 ± 2,1 anos, intervalo de confiança 15 a 23 anos.
- **Fase II:** a sínfise pode ainda ter desenvolvimento de cristas. Inicia a delimitação das extremidades superior e inferior, com ou sem nódulos de ossificação.

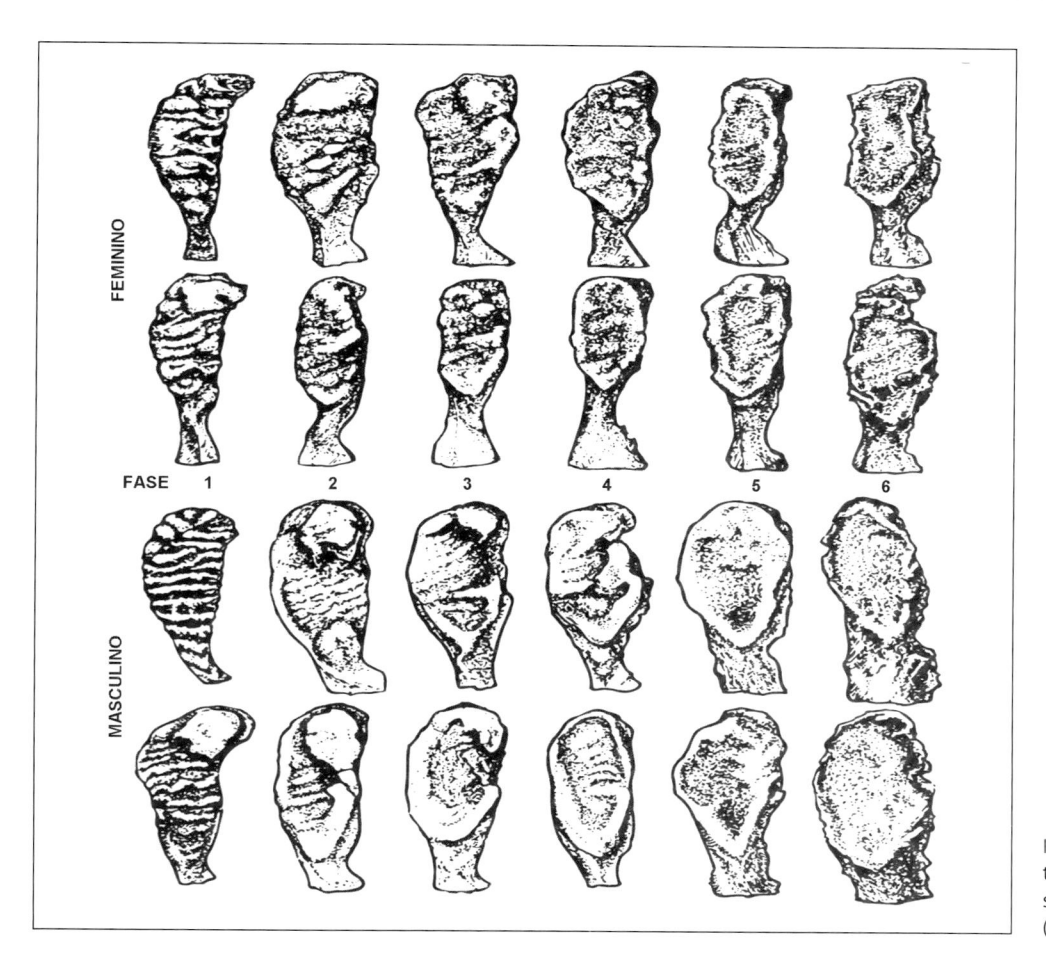

Figura 15.73 ▶ Esquema representativo das fases da modificação da sínfise púbica de acordo com o sexo (segundo Suchey-Brooks)

Inicia-se o contorno ventral como uma extensão da atividade óssea nas extremidades:

- Feminino: 25,0 ± 4,9 anos, intervalo de confiança = 19 a 40 anos.

- Masculino: 23,4 ± 3,6 anos, intervalo de confiança = 19 a 34 anos.

• **Fase III:** a sínfise exibe extremidade inferior e o contorno ventral quase completado. Os núcleos de ossificação na extremidade superior e na borda anterior continuam a fundir-se. O platô dorsal está completo. Ausência de saliências ósseas da margem dorsal da sínfise; não há osteófitos nos ligamentos:

- Feminino: 30,7 ± 8,1 anos, intervalo de confiança = 21 a 53 anos.

- Masculino: 28,7 ± 6,5 anos, intervalo de confiança = 21 a 46 anos.

• **Fase IV:** a sínfise é, em geral, finamente granular, embora remanescentes das cristas e sulcos possam estar presentes. Usualmente, o contorno oval está completo, mas pode ocorrer um hiato na borda ventral superior. O tubérculo púbico está completamente separado da sínfise pela definição da extremidade superior. A sínfise exibe uma borda distinta. Ventralmente, osteófitos ligamentares podem ocorrer na porção inferior do púbis, adjacente à face articulada da sínfise. Se ocorrerem algumas saliências ósseas, são leves e localizadas na borda dorsal.

- Feminino: 38,2 ± 10,9 anos, intervalo de confiança = 26 a 70 anos.

- Masculino: 35,2 ± 9,4 anos, intervalo de confiança = 23 a 57 anos.

• **Fase V:** a sínfise está completamente margeada pela borda com discreta depressão na face articular em relação à borda. Saliências moderadas são vistas na borda dorsal com osteófitos. Quase não há erosão da borda:

- Feminino: 48,1 ± 14,6 anos, intervalo de confiança = 25 a 83 anos.

- Masculino: 45,6 ± 10,4 anos, intervalo de confiança = 27 a 66 anos.

• **Fase VI:** nota-se depressão contínua da face articular, enquanto a margem sofre erosões. Ligamentos ventrais são marcantes. O tubérculo púbico é bem-individualizado e pode ser uma protuberância óssea separada em alguns indivíduos. A face é porosa com um aspecto desfigurado:

- Feminino: 60,0 ± 12,4 anos, intervalo de confiança = 42 a 87 anos.

- Masculino: 61,2 ± 12,2 anos, intervalo de confiança = 34 a 86 anos.

Esse é um metodo bem robusto, e alguns autores advogam seu uso como a principal técnica para estimativa da idade (Kelpinger). Contudo, observa-se que nas fases V e VI os desvios-padrões são elevados, com intervalos de confiança amplos. Nesses casos, outras técnicas devem ser utilizadas para complementar e confirmar os achados da sínfise púbica.

Em 2009 foi realizada uma perícia no Setor de Antropologia do Instituto Médico-Legal Nina Rodrigues. Três corpos (A, B, C) foram encontrados carbonizados no interior de um veículo. Havia lesões provocadas por instrumento perfurocontundente, *peri morten*, e foram recuperados projéteis de arma de fogo. Compareceu ao setor uma senhora que informou que dois corpos seriam de seus filhos, de 23 e 15 anos de idade, e outra senhora informou que seu filho tinha 23 anos. Os indivíduos não possuíam prontuário odontológico nem outras informações médico-legais que auxiliassem a identificação. Desse modo, foram encaminhadas amostras biológicas ao Laboratório Central de Polícia Técnica-BA para realização do exame comparativo genético através do DNA com as possíveis genitoras das vítimas, o qual comprovou que os corpos A e B eram dos filhos biológicos da informante, contudo não havia como afirmar quem era o menor e quem era o maior. O estudo antropológico estimou a idade da ossada A entre 20 e 23 anos pelo estudo dos terceiros molares permanentes, visíveis na cavidade bucal (Figura 15.74) e pelo aspecto da sínfese púbica (Figura 15.75). A ossada B teve a sua estimativa da idade estabelecida pelo estudo das soldaduras epifisárias (Tabela 15.12) e pelo estudo dos terceiros molares inferiores não visíveis na cavidade bucal (Figura 15.76). Note-se que o exame de genética não

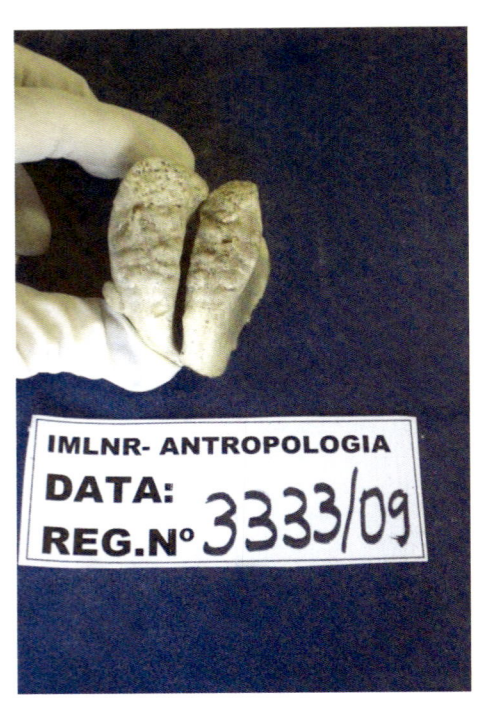

Figura 15.75 ▸ Sínfises púbicas do corpo A

Tabela 15.12 ▸ Estudo das soldaduras epifisárias do corpo B

	Direita	Esquerda
Epífise medial da clavícula	aberta	aberta
Rádio distal	aberto	aberto
Trocanter maior do fêmur	aberto	aberto
Tíbia proximal	aberta	aberta
Fêmur – cabeça e trocanter menor	abertos	abertos
Úmero – cabeça	aberto	aberto
Omoplata – acrômio	aberto	aberto
Crista ilíaca	aberta	aberta
Fêmur distal	aberto	aberto
Fíbula proximal	aberta	aberta
Tíbia distal	aberta	aberta
Rádio proximal	não enviado para estudo	fechado
Úmero medial	fechado	fechado
Úmero distal	fechado	fechado
Sacro S1-S2	aberto	
Sacro S2-S3	aberto	
Sacro S3-S5	fechado	

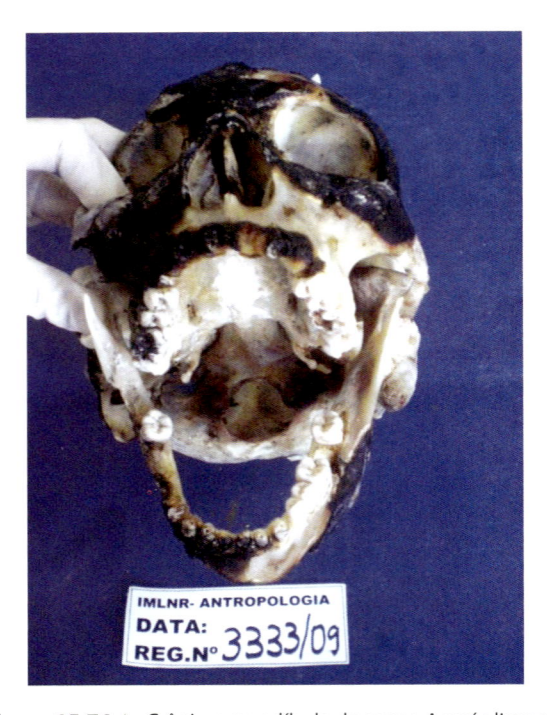

Figura 15.74 ▸ Crânio e mandíbula do corpo A após limpeza

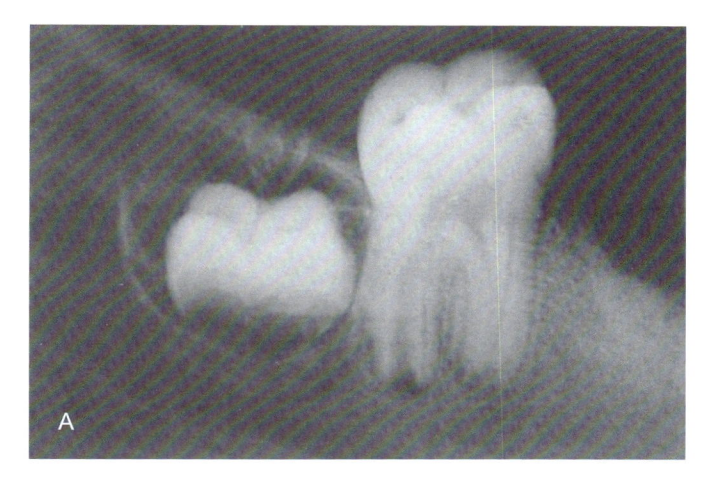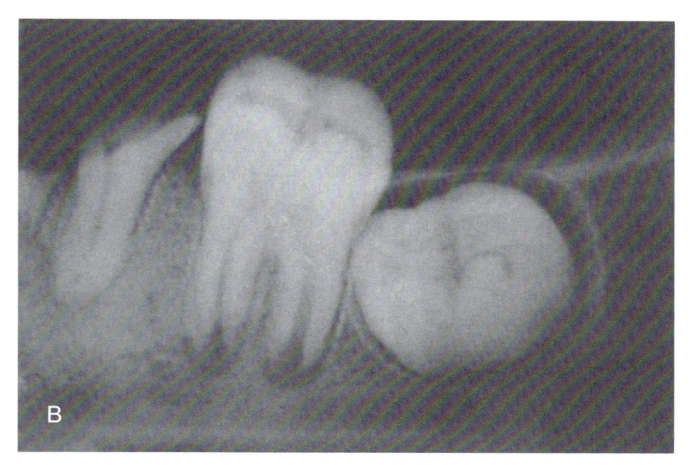

Figura 15.76 ▸ Radiografias periapicais dos terceiros molares inferiores direito (**A**) e esquerdo (**B**) do corpo B

é uma panaceia para todas as dúvidas de identificação. A comparação do DNA separou dois dos três corpos, porém não pôde individualizá-los. Coube ao exame de ossada, mais especificamente, a estimativa da idade pelos estágios de mineralização dentária por meio da tabela cronológica de mineralização dos dentes permanentes de Nicodemo, Moraes & Médici Filho. Dessa maneira foi possível concluir a identificação das vítimas, e não é possível deixar de salientar que a análise do estágio de mineralização dos terceiros molares foi de excepcional valia. Cabe aqui a ressalva de que, apesar de a técnica utilizada pelos autores prever a análise mediante a utilização de radiografia panorâmica, em nosso instituto só possuímos o aparelho para radiografias periapicais, o que não inviabilizou o estudo nem o resultado.

Estudo da Extremidade Medial da Clavícula

A clavícula é o primeiro osso a ser examinado para se decidir o método de análise utilizado em ossadas adultas ou juvenis. Com o desenvolvimento, a extremidade medial sofre modificações evoluindo de uma superfície rugosa e áspera em jovens, para o seu aplainamento em indivíduos com idade avançada. O fechamento da extremidade mesial se inicia em torno dos 18 anos.

Estudo da Face Auricular do Ilíaco

A face auricular do ilíaco, assim como a sínfise púbica, sofre modificações com a idade. Essas alterações foram estudadas e foi desenvolvido um método de estimativa de idade. Essa metodologia não é rotineiramente empregada no IMLNR.

Estudo da Costela

Kerley, em 1970, notou que a extremidade medial da costela sofre modificações com o aumento da idade (Kerley *apud* Kelpinger). Desenvolveu-se uma metodologia para estimativa da idade baseada na comparação com modelos

e na descrição das fases. Outros estudos demonstraram que não apenas a quarta costela pode ser utilizada, mas outros arcos e de qualquer lado (Yiscan *apud* Kelpinger). Essa metodologia não é rotineiramente empregada no IMLNR.

Estudo dos Outros Ossos

As metodologias descritas são as mais estudadas e utilizadas na literatura. São métodos mais qualitativos que auxiliam o raciocínio do perito, mas não podem ser usados como único critério para estimativa (p. ex., aparecimento de osteófitos nas vértebras e nas inserções de tendões e ligamentos ajuda na interpretação do intervalo de confiança) (Figuras 15.77 a 15.79). A ossificação de zonas cartilaginosas, como o apêndice xifoide, a cartilagem tireoide da laringe e as cartilagens condroesternais, é mais um dado na interpretação da estimativa da idade (Figuras 15.80 e 15.81).

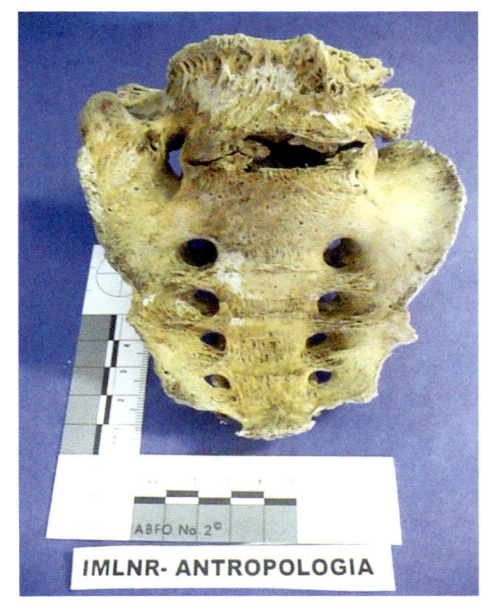

Figura 15.77 ▸ Sacro com vértebra de transição lombossacral e osteofitose intensa

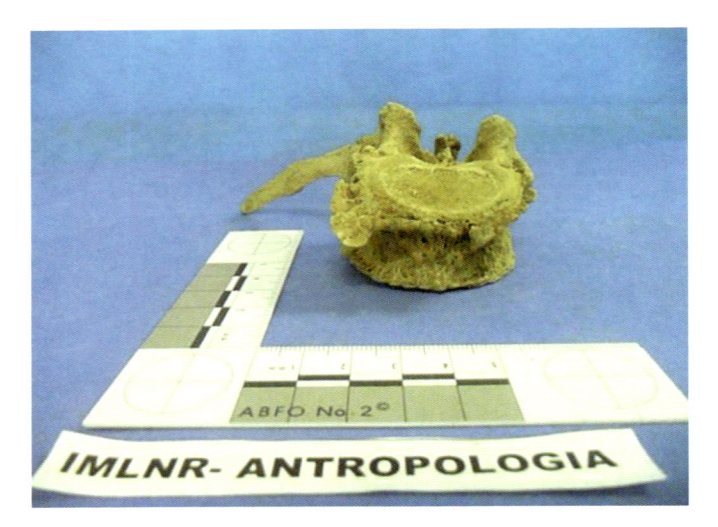

Figura 15.78 ▸ Vértebra com osteofitose e costela fusionada

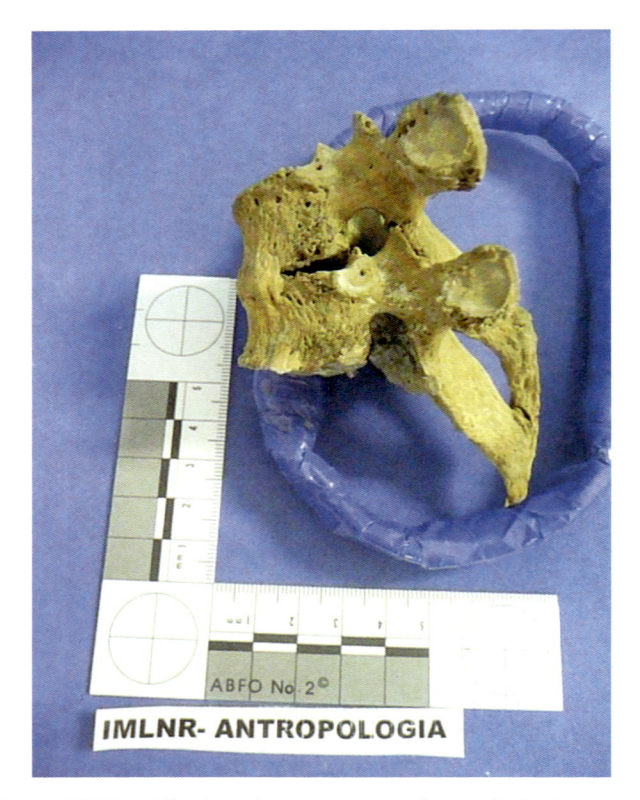

Figura 15.79 ▸ Vértebras dorsais com osteofitose e fusão dos corpos e apófises transversas

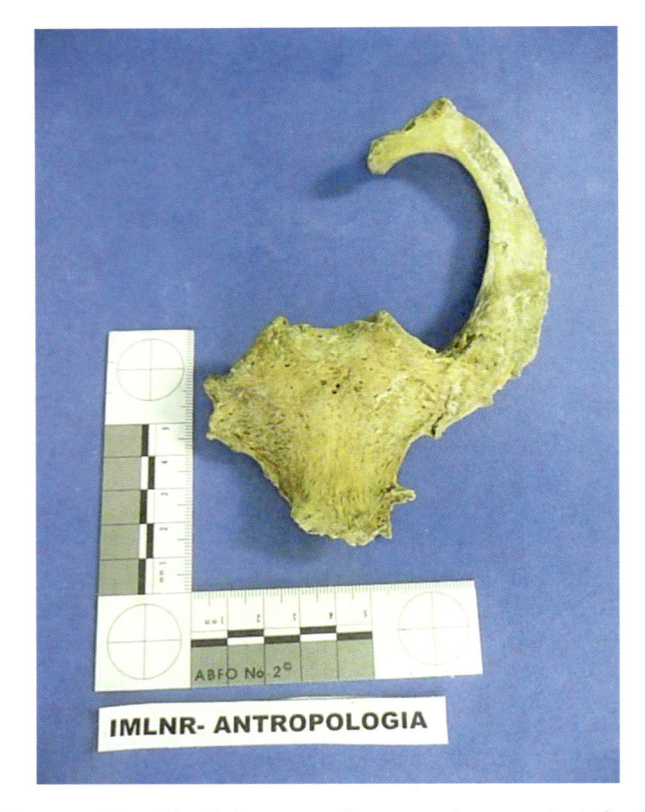

Figura 15.80 ▸ Manúbrio com cartilagem condroesternal calcificada e fusionada

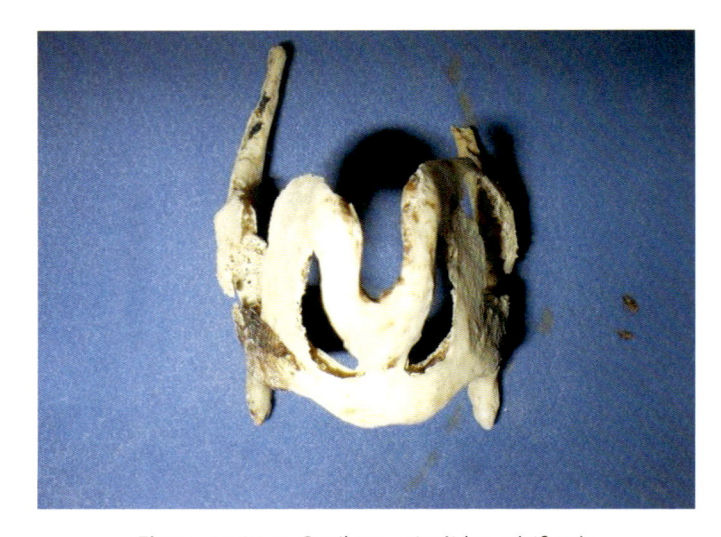

Figura 15.81 ▸ Cartilagem tireóidea calcificada

Estudo de Outros Métodos

Há descrição de técnicas de estimativa de idade por métodos microscópicos. O osso de escolha é um fragmento da fíbula, o que traz algumas desvantagens: é destrutivo para o osso e exige o uso de equipamentos especiais para preparo das lâminas, coloração e microscopia. Como vantagem, pode ser utilizado mesmo que todos o ossos recuperados estejam fragmentados. No Setor de Antropologia do IMLNR, ainda não é rotineiramente utilizado.

A estimativa da idade pela coloração da dentina medida por espectrorradiometria é uma opção em estudo que pode trazer contribuições futuras úteis (Heras).

A racemização de aminoácidos em ossos ou dentes também está em fase de estudo. Há dados mostrando resultados favoráveis (Arany). Contudo, depende de grande incorporação tecnológica, motivo pelo qual não está em uso no IMLNR.

A estimativa de idade é uma variável importante na determinação do perfil biológico da ossada em estudo. Em ossadas jovens, utilizam-se a erupção dentária e a soldadura das cartilagens epifisárias. Em ossadas adultas e senis, é empregada mais de uma morfologia: estudo da sínfise púbica e do sacro, aspectos das degenerações vertebrais e estudo da soldadura das suturas cranianas. Outros métodos de análises podem auxiliar a conclusão e a redução do intervalo de idade. Novos estudos são necessários, principalmente, na validação das metodologias para a população brasileira e no desenvolvimento de novas técnicas.

▶ ESTIMATIVA DA ESTATURA

A identificação de ossadas humanas representa um grande papel da Antropologia Forense e, nesse caso particular, a estatura constitui um dado fundamental para identificação antropológica. É fato conhecido que não há padrões brasileiros para estimativa da estatura. Enquanto as pesquisas nacionais em Antropologia avançaram nos campos do sexo e da idade, a pesquisa sobre estatura não teve o mesmo fim.

Isso se deve, em grande parte, à própria falta de iniciativa dos órgãos competentes em criar um banco de dados nacional onde se possam armazenar e buscar esses dados na nossa população. Os únicos registros oficiais de estatura no Brasil limitam-se ao banco de dados das Forças Armadas, realizado quando da obrigatoriedade do alistamento militar, o qual exclui as mulheres e também demonstra falhas, uma vez que se obtêm medidas de meninos aos 18 anos de idade, período em que a estatura não está definitivamente concluída e ainda não houve o fechamento completo das epífises ósseas, o que ocorrerá por volta dos 21 anos. Cabe a sugestão de inclusão dessa informação no cadastro nacional de identidade e posteriores atualizações conforme emissão de novas vias do documento.

No domínio da Antropologia Forense brasileira, como há carência de dados nacionais relativos à estatura, as tabelas e as fórmulas de regressão até hoje utilizadas são de origens europeia e norte-americana, tabelas essas, por vezes, muito antigas. No entanto, é sabido que o brasileiro, e em particular o baiano, tem características próprias em virtude do perfil nutricio-

nal e da miscigenação racial. Assim, há possibilidade de falhas nessas estimativas, as quais, entretanto, são minimizadas em razão da estratégia de se calcular a média entre as diversas metodologias conhecidas, as tabelas de Lacassagne & Martin, Orfila, Etienne-Rollet, Trotter e Gleser, Dupertius & Hadden, as fórmulas de regressão de Pearson, entre outras, conforme a experiência de cada perito com esses métodos (Tabelas 15.13 a 15.18).

Infelizmente, algumas dessas tabelas limitam seus parâmetros à raça branca, dificilmente encontrada no Brasil, em especial na Bahia, o território da miscigenação dos afrodescendentes.

Quando se têm ossos isolados, Fávero indica como parâmetro para mensuração da estatura a tábua osteométrica de Broca. Além disso, o autor refere-se aos trabalhos de Lacassagne & Martin, nos quais foi estabelecido que para obtenção da estatura do indivíduo seria necessário multiplicar o comprimento de cada osso longo por índices predeterminados de acordo com o sexo (Tabela 15.13).

Orfila media, nos cadáveres, o comprimento proporcional do tronco e dos membros superiores e inferiores comparativamente à estatura do indivíduo (Tabela 15.14).

A estatura é tomada do vértice à planta dos pés e o comprimento do tronco, do vértice à sínfise pubiana; o comprimento dos membros superiores, desde o acrômio, e o comprimento dos membros inferiores, desde a sínfise pubiana.

No Brasil, as pesquisas de novos métodos para se estabelecer a estimativa de estatura, dentro de um contexto mais próximo à realidade, têm avançado timidamente. Vale a pena citar o trabalho de José Jozefran Berto Freire que, em sua tese de mestrado "Estatura: dado fundamental em antropologia forense", aborda essa problemática dos dados nacionais e correlaciona o estudo de cadáveres com seus respectivos ossos longos (fêmur, tíbia, rádio e úmero), submetendo sua amostra à análise estatística e obtendo fórmulas de regressão com padrões nacionais para estimativa da estatura.

Nas perícias realizadas no IMLNR utilizamos sempre mais de um método para a estimativa da estatura: Telkã, Lacassagne & Martin e Pearson, dependendo dos ossos longos presentes. Em seguida é feita uma média dos resultados obtidos, concluindo por uma faixa estimada da estatura do esqueleto.

Tabela 15.13 ▶ Índices para aplicação da técnica de Lacassagne & Martin de acordo com o sexo

	Fêmur	Tíbia	Fíbula	Úmero	Rádio	Ulna
Homens	3,66	4,53	4,58	5,06	6,86	6,41
Mulheres	3,71	4,61	4,66	5,22	7,16	6,66

Tabela 15.14 ▶ Medidas em escala de centímetros

Sexo	Idade	Estatura	Tronco	MMSS	MMII	Comprimento					
						Fem	Tib	Per	Ume	Cub	Rad
H	18	1,43	71	65	72	38	31	30	27	22	19
H	18	1,54	74	70	80	43	34	33	30	25	23
M	18	1,54	79	67	75	42	35	34	30	24	21
H	18	1,65	82	75	83	43	36	35	30	26	23
H	20	1,58	82	68	76	44	36	35	30	26	24
H	20	1,70	86	77	84	45	37	36	32	27	24
H	25	1,68	84	74	84	45	36	35	32	26	24
H	25	1,69	84	72	85	46	37	36	32	27	25
H	25	1,78	91	77	87	48	40	39	33	27	25
M	30	1,54	80	64	74	38	33	32	27	24	21
H.	30	1,69	86	75	83	45	37	35	32	27	25
H	30	1,70	85	75	85	44	37	36	31	27	24
H	30	1,74	84	81	90	48	39	38	34	29	26
H	30	1,77	90	81	87	49	39	38	33	27	25
H	30	1,80	91	75	89	49	39	38	32	27	25
H	35	1,54	78	64	76	38	33	32	26	23	21
H	35	1,60	79	74	81	40	35	34	21	25	23
H	35	1,63	82	71	81	43	35	34	31	25	22
H	35	1,70	84	78	86	44	38	37	32	28	25
H	35	1,70	86	72	84	45	38	37	32	26	24
H	35	1,70	85	75	85	44	37	36	31	27	25
H	35	1,73	86	78	87	46	37	36	32	26	22
H	35	1,73	86	78	87	46	37	36	32	26	24
H	35	1,78	92	77	86	46	38	37	33	27	25
H	35	1,79	90	78	89	47	39	37	32	28	26
H	35	1,86	93	82	93	46	39	38	34	28	26
M	40	1,50	78	65	72	42	33	32	29	25	21
H	40	1,53	77	70	76	42	34	33	30	24	22
H	40	1,68	82	77	86	46	38	37	32	27	25
H	40	1,68	84	74	84	45	36	35	32	26	24
H	40	1,77	89	78	88	45	37	36	32	27	24
H	40	1,86	96	82	90	49	40	39	34	29	26
H	45	1,66	83	77	83	46	38	37	32	27	25
H	45	1,70	86	76	84	45	36	35	33	26	24
M	50	1,54	78	66	76	43	36	35	30	25	23
H	50	1,64	80	76	84	45	37	36	32	26	24
H	50	1,73	85	79	88	47	38	37	33	27	24
H	55	1,66	86	73	80	42	35	34	31	26	24
H	55	1,67	85	71	82	45	38	37	32	26	24
H	55	1,68	85	73	83	44	36	35	32	26	23
H	60	1,53	78	69	75	43	35	34	29	24	21
H	60	1,58	78	72	80	41	35	34	30	25	23
H	60	1,64	84	75	80	42	35	34	30	26	23
H	60	1,66	85	75	81	45	37	36	31	27	24
H	60	1,67	85	75	82	42	35	34	30	26	23
H	60	1,69	83	72	86	44	36	35	31	26	24
H	60	1,69	85	72	84	45	38	37	32	26	23
H	60	1,75	89	76	86	45	37	36	32	26	23
H	65	1,66	83	72	83	43	35	33	31	24	21
H	65	1,83	90	84	93	49	40	39	34	29	27
H	70	1,63	84	73	79	44	36	35	30	26	23

Tabela 15.15 Tabela de Etienne-Rollet de acordo com o sexo. Medidas em escala de milímetros

Homens						
Membro inferior				Membro superior		
Estatura	Fêmur	Tíbia	Perônio	Úmero	Rádio	Cúbito
1,52	415	334	329	298	223	233
1,54	421	338	333	302	226	237
1,56	426	343	338	307	228	240
1,58	431	348	343	311	231	244
1,60	437	352	348	315	234	248
1,62	442	357	352	319	236	252
1,64	448	361	357	324	239	255
1,66	453	366	362	328	242	259
1,68	458	369	366	331	244	261
1,70	462	373	369	335	246	264
1,72	467	376	373	338	249	266
1,74	472	380	377	342	251	269
1,76	477	383	380	345	253	271
1,78	481	386	384	348	255	273
1,80	486	390	388	352	258	276
Mulheres						
Membro inferior				Membro superior		
Estatura	Fêmur	Tíbia	Perônio	Úmero	Rádio	Cúbito
1,40	373	299	294	271	200	214
1,42	379	304	299	275	202	217
1,44	385	309	305	278	204	219
1,46	391	314	310	281	206	221
1,48	397	319	315	285	208	224
1,50	403	324	320	288	211	226
1,52	409	329	325	292	213	229
1,54	415	334	330	295	215	231
1,56	420	338	334	299	217	234
1,58	424	343	339	303	219	236
1,60	429	347	343	307	222	239
1,62	434	352	348	311	224	242
1,64	439	356	352	315	226	244
1,66	444	360	357	319	228	247
1,68	448	365	361	323	230	250
1,70	453	369	365	327	232	253
1,72	458	374	370	331	235	256

Tabela 15.16 ▸ Fórmula de Pearson – estatura obtida de acordo com o sexo

a partir de ossos longos secos (em cm)

Estatura	Masculino	Feminino
X	81,306 + (1,880 × fêmur)	72,844 + (1,945 × fêmur)
X	70,641 + (2,894 × úmero)	71,475 + (2,754 × úmero)
X	78,664 + (2,376 × tíbia)	74,774 + (2,352 × tíbia)
X	89,925 + (3,271 × rádio)	81,224 + (3,343 × rádio)

a partir de ossos longos em seus lugares com cartilagem (em cm)

Estatura	Masculino	Feminino
X	81,231 + (1,880 × fêmur)	73,163 + (1,945 × fêmur)
X	70,714 + (2,894 × úmero)	72,046 + (2,754 × úmero)
X	78,807 + (2,376 × tíbia)	75,369 + (2,352 × tíbia)
X	86,465 + (3,271 × rádio)	82,186 + (3,343 × rádio)

Tabela 15.17 ▸ Fórmula de Dupertuis & Hadden de acordo com o sexo

Sexo masculino

Comprimento do osso	× Coeficiente	+ Constante a adicionar
Fêmur =	× 2,238	+ 69,089
Tíbia =	× 2,392	+ 81,688
Úmero =	× 2,970	+ 73,570
Rádio =	× 3,650	+ 80,450
Fêmur + Tíbia =	× 1,225	+ 69,294
Úmero + Rádio =	× 1,728	+ 71,429
Fêmur × 1,422 +	Tíbia × 1,062	+ 66,544
Úmero × 1,789 +	Rádio × 1,841	+ 66,400
Fêmur × 1,928 +	Úmero × 0,568	+ 64,505
(Fêmur) 1,422 + (Tíbia) 0,931	+ (Úmero) 0,083 + (Rádio) 0,480	+ 56,006

Sexo feminino

Comprimento do osso	× Coeficiente	+ Constante a adicionar
Fêmur =	× 2,317	+ 61,412
Tíbia =	× 2,533	+ 72,572
Úmero =	× 3,144	+ 64,977
Rádio =	× 3,876	+ 73,502
Fêmur + Tíbia =	× 1,233	+ 65,213
Úmero + Rádio =	× 1,984	+ 55,759
Fêmur × 1,657 +	Tíbia × 0,879	+ 59,259
Úmero × 2,164 +	Rádio × 1,525	+ 60,344
Fêmur × 2,009 +	Úmero × 0,566	+ 57,600
(Fêmur) 1,544 + (Tíbia) 0,764	+ (Úmero) 0,216 + (Rádio) 0,295	+ 57,495

Tabela 15.18 ▸ Fórmula de Telkkä de acordo com o sexo

Homens

Coeficiente	Comprimento do osso	+ Constante a adicionar
(169,4 + 2,8)	(U – 32,9)	± 5cm
(169,4 + 3,4)	(R – 22,7)	± 5cm
(169,4 + 3,2)	(Un – 23,1)	± 5cm
(169,4 + 2,1)	(F – 45,5)	± 4,9cm
(169,4 + 2,1)	(T – 36,2)	± 4,6cm
(169,4 + 2,5)	(Fi – 36,1)	± 4,4cm

Mulheres

Coeficiente	Comprimento do osso	+ Constante a adicionar
(156,8 + 2,7)	(U – 30,7)	± 3,9cm
(156,8 + 3,1)	(R – 20,8)	± 4,5cm
(156,8 + 3,3)	(Un – 21,3)	± 4,4cm
(156,8 + 1,8)	(F – 41,8)	± 4cm
(156,8 + 1,9)	(T – 33,1)	± 4,6cm
(156,8 + 2,3)	(Fi – 32,7)	± 4,5cm

Estudo dos Dentes para Estimativa da Estatura

O método mais divulgado nessa área é o índice de Carrea, em que são medidas as distâncias entre os caninos e os incisivos do mesmo hemiarco inferior:

- A distância curva, chamada de arco, é medida com fita milimetrada e está relacionada com a estatura máxima do indivíduo (Figura 15.82).
- A distância reta, chamada de corda ou raio, é medida com paquímetro. Alguns estudos recomendam que essa medida seja tomada dente a dente, de maneira isolada, e posteriormente somada. Está relacionada com a estatura mínima do indivíduo.

- Aplicam-se as fórmulas e obtêm-se os dois valores:

Estatura mínima em milímetros (mm)

$$\frac{Corda \times 6 \times 3,1416 \times 10}{2}$$

Estatura máxima em milímetros (mm)

$$\frac{Arco \times 6 \times 3,1416 \times 10}{2}$$

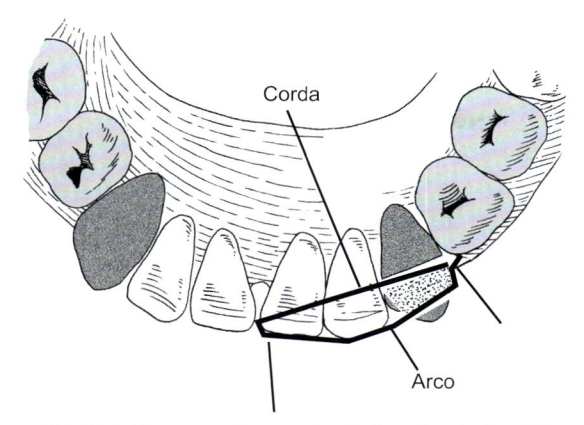

Figura 15.82 ▸ Esquema do traçado do "arco" e da "corda" entre a face mesial do primeiro incisivo inferior e a face distal do canino inferior do mesmo lado, que possibilitará as medições necessárias para calcular a altura conforme a fórmula de Carrea

As dificuldades de obtenção da estimativa da estatura pelo índice de Carrea em ossadas se devem ao fato de as raízes dos incisivos e caninos inferiores serem unirradiculares, cônicas e expulsivas, facilmente acometidas por perdas dentárias *post mortem* por desgarramento, além da metodologia exigida na técnica de ausência de apinhamentos, diastemas e restaurações nessas unidades.

Estudos comparativos entre esse método e os outros métodos de obtenção da estatura pelos ossos longos são necessários para se verificar sua acurácia em populações miscigenadas como a brasileira.

▸ ESTIMATIVA DO TEMPO DE MORTE
Tanatognose

A Tanatognose estuda o diagnóstico da realidade da morte. Esse fato é de fácil dedução nas perícias antropológicas, pois a morte não é mais recente e já se sucederam os fenômenos abióticos imediatos e consecutivos, passando então a serem estudados os fenômenos transformativos do cadáver. Esses fenômenos transformativos subdividem-se em: destrutivos (autólise, putrefação e maceração) e conservadores (mumificação e saponificação). No âmbito da perícia antropológica, o que comumente se estuda é o indivíduo em estado avançado de putrefação, nas fases coliquativa ou esqueletizada.

A putrefação se inicia logo após a autólise pela ação de micróbios aeróbios, anaeróbios e facultativos, em geral sobre o ceco e a porção inicial do intestino grosso, o que determina o aparecimento da mancha verde abdominal, primeiro sinal de putrefação. Essa é continuada por períodos que se seguem à coloração: gasoso, coliquativo e esqueletização.

O período de coloração dura em torno de 7 dias. O período gasoso se dá pelo acúmulo de gases na periferia, distendendo os tecidos moles, e é constatado por enfisema subcutâneo, gigantismo da genitália externa, protrusão dos olhos e da língua e circulação póstuma de Brouardel, durando em média 2 semanas. O período coliquativo

consiste na liquefação dos tecidos, que vão desintegrando-se progressivamente. Nessa fase aparece grande número de larvas e insetos. Esse período inicia-se aproximadamente 3 semanas após a morte e tem duração variável, dependendo das condições climáticas, terminando com a esqueletização do cadáver, a fase final de sua destruição, que se inicia aproximadamente em 1 ano, se o cadáver se encontrar no solo, e pode durar séculos. Na fase final restam apenas ossos, cabelos, dentes e alguns ligamentos. Os últimos a desaparecer são os cabelos e os dentes.

O ambiente no qual o corpo está também afeta seu índice de decomposição. Por exemplo, corpos na água se decompõem duas vezes mais rápido do que aqueles enterrados no solo. Esse processo é mais lento embaixo da terra, especialmente se o corpo estiver em terreno argiloso ou protegido por outra substância sólida que impeça o ar de chegar, uma vez que a maioria das bactérias necessita de oxigênio para sobreviver.

O grande desafio é determinar o tempo de morte desses indivíduos, pois ainda se carece muito de estudos dirigidos a esse propósito. O estágio da metamorfose dos dípteros cujas larvas têm atividade necrofágica torna possível estabelecer uma cronologia da morte. Existem estudos cujas observações dos autores europeus são adaptadas para o Brasil, mas são pouco usados. Assim, a Entomologia Forense, ciência aplicada que tenta determinar a data da morte e, quando possível, as causas de morte de seres humanos por meio dos insetos que colonizam o cadáver, é uma área muito promissora no que diz respeito ao estudo do tempo de morte. A coleta das larvas deve ser bastante criteriosa e realizada no momento inicial da perícia. Seus estudos seguem protocolo do laboratório e resultam em uma estimativa do tempo de morte. Há muitos insetos envolvidos na Entomologia Forense, mas os contemplados são majoritariamente necrófagos e predadores. Vale ressaltar que há muitas variações da fauna cadavérica em virtude do clima e do tipo de exposição do cadáver. As moscas (da ordem díptera) são, muitas vezes, as primeiras a chegar. Elas preferem um cadáver úmido para as larvas se alimentarem. Os escaravelhos (da ordem coleóptera) são geralmente encontrados nos cadáveres mais decompostos.

Em virtude das condições climáticas, maior ou menor umidade do ar, tipo de terreno, presença de fauna cadavérica e tipo de legionário envolvido na decomposição da matéria orgânica, as condições de conservação do corpo podem ser as mais variadas possíveis. Muitas vezes, a marcha da decomposição segue ritmos variados.

Na cronologia da morte para estudo comparativo convém considerar as seguintes observações:

1. Corpo flácido, quente e sem livores: < 2 horas.

2. Rigidez de nuca e mandíbula, esboço de livores: 2 a 4 horas.

3. Rigidez de membros superiores, nuca, mandíbula e livores acentuados: 4 a 6 horas.

4. Rigidez generalizada, manchas de hipóstases: > 8 < 16 horas.

5. Rigidez generalizada, mancha verde abdominal, circulação de Brouardel: 16 a 24 horas.

6. Mancha verde abdominal, início de flacidez: 24 a 48 horas.

7. Aumento da mancha verde abdominal: de 48 a 72 horas.

8. Digestão dos ácidos graxos: entre 8 e 15 dias.

9. Consumo das substâncias em fase de liquefação ainda não consumida: entre 15 e 30 dias.

10. Absorção de humores e início da fase de dissecação: entre 3 e 6 meses.

11. Deterioração de tendões e ligamentos: entre 12 e 24 meses.

12. Desaparecimento das partes moles: 2 a 3 anos.

13. Esqueletização completa: > 3 anos.

No Setor de Antropologia, os cadáveres periciados se encontram nas fases de decomposição de 8 a 13.

Nas Figuras 15.83 a 15.96 são observadas as diversas fases de decomposição de cadáveres.

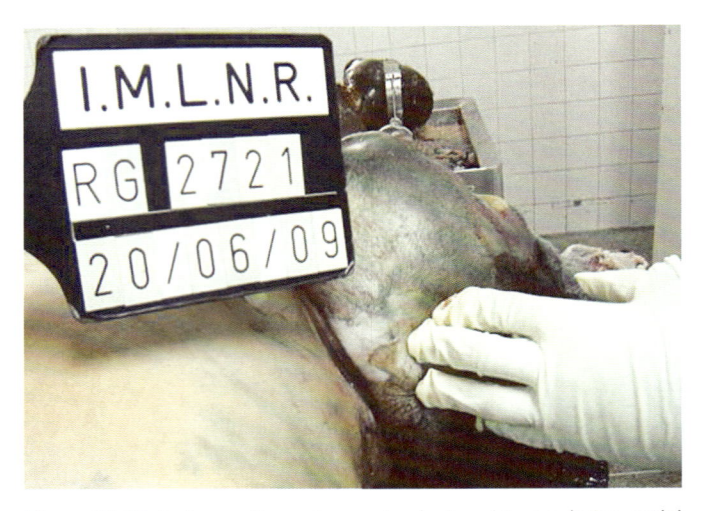

Figura 15.85 ▸ Fase enfisematosa e circulação póstuma de Brouardel na face

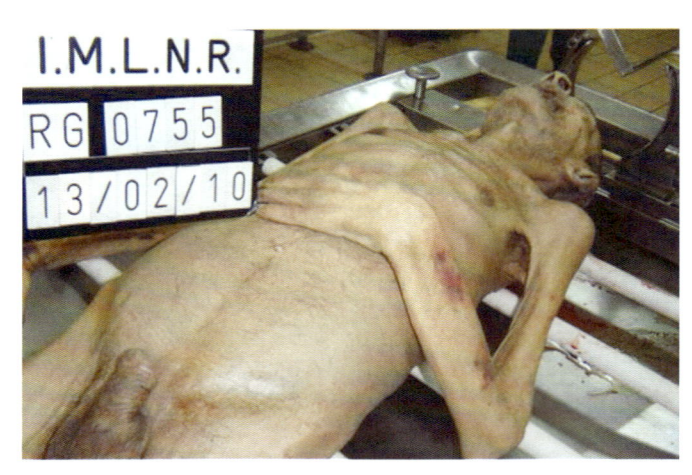

Figura 15.83 ▸ Mancha verde abdominal

Figura 15.86 ▸ Fase enfisematose e circulação póstuma de Brouardel no tronco

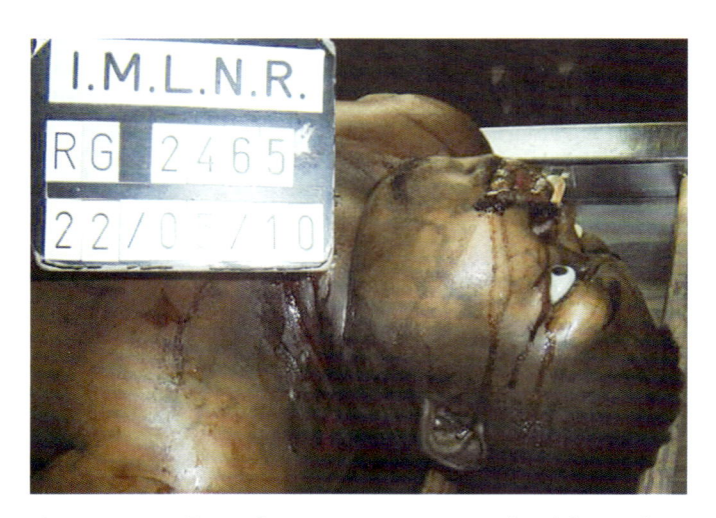

Figura 15.84 ▸ Fase enfisematosa, com protrusão dos globos oculares

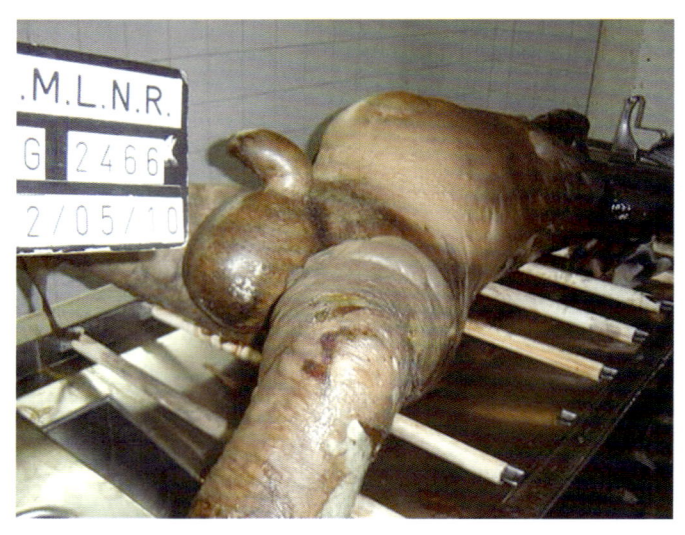

Figura 15.87 ▸ Gigantismo da genitália externa

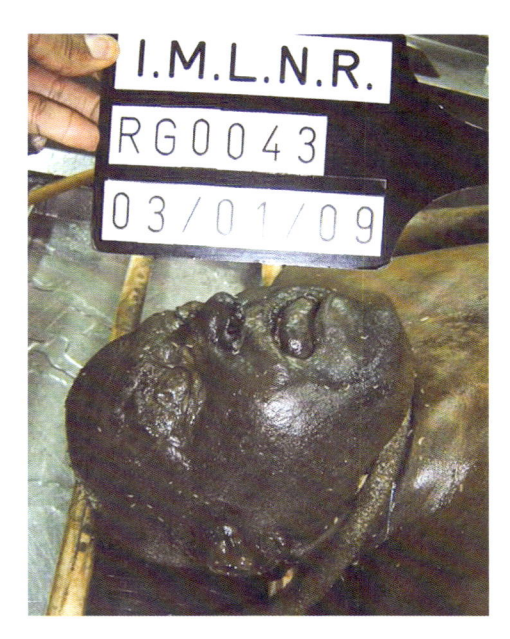

Figura 15.88 ▸ Protrusão da língua

Figura 15.91 ▸ Fase coliquativa, em que também se observam larvas, pertencentes à fauna cadavérica

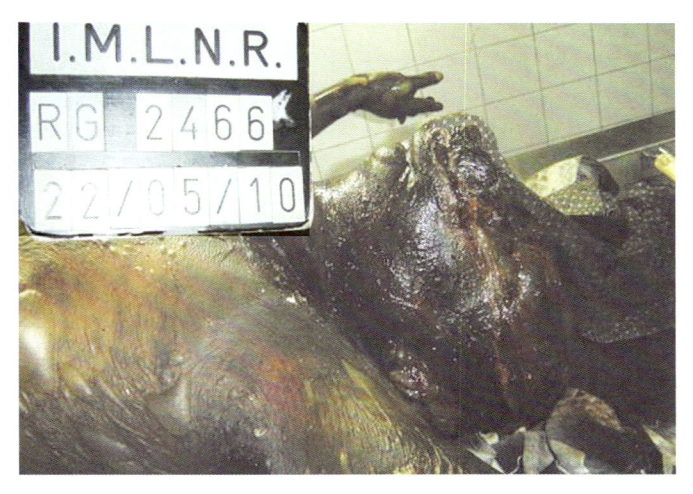

Figura 15.89 ▸ Fase coliquativa, em que também se observam larvas, pertencentes à fauna cadavérica

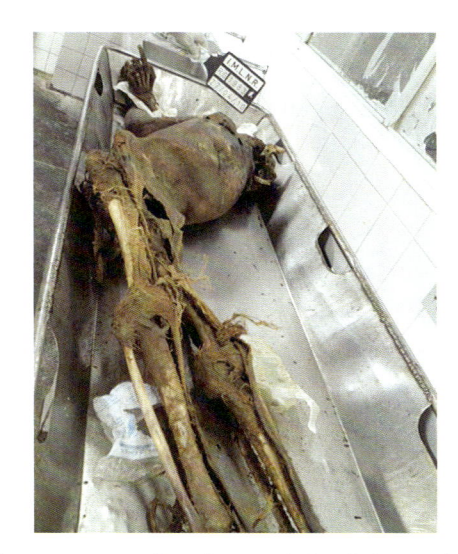

Figura 15.92 ▸ Fase de esqueletização incompleta

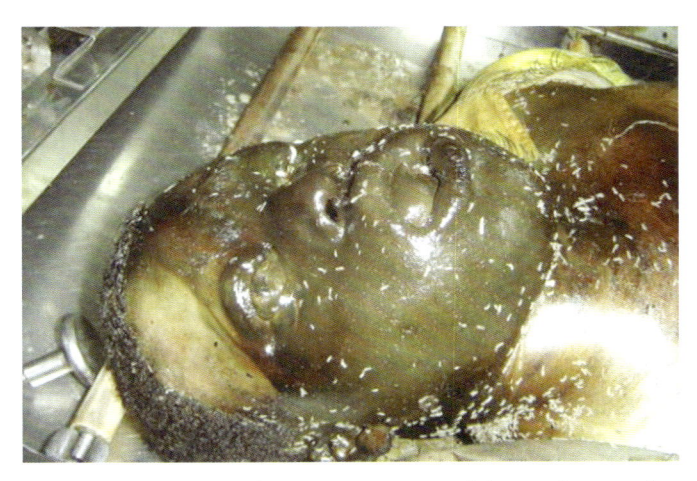

Figura 15.90 ▸ Fase coliquativa, em que também se observam larvas, pertencentes à fauna cadavérica na face

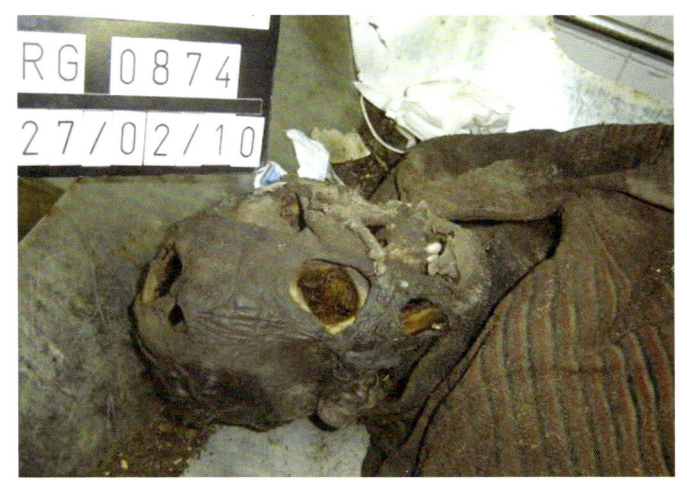

Figura 15.93 ▸ Cadáver mumificado

Figura 15.94 ▶ Cadáver mumificado, onde ainda se observa barba grisalha

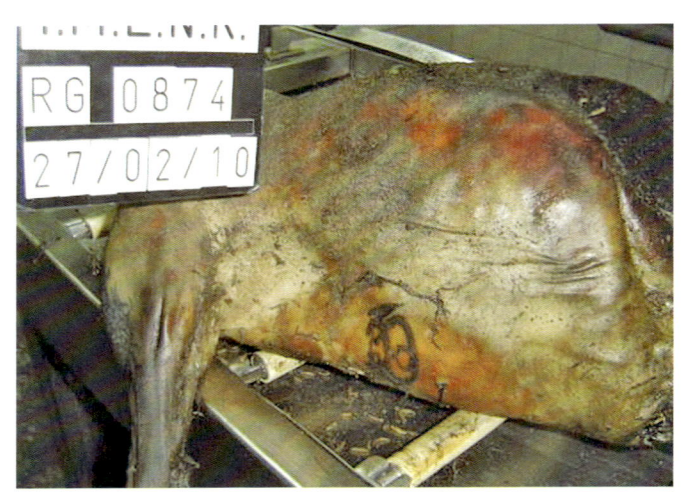

Figura 15.95 ▶ Cadáver mumificado, onde ainda se observa tatuagens nos arcos costais

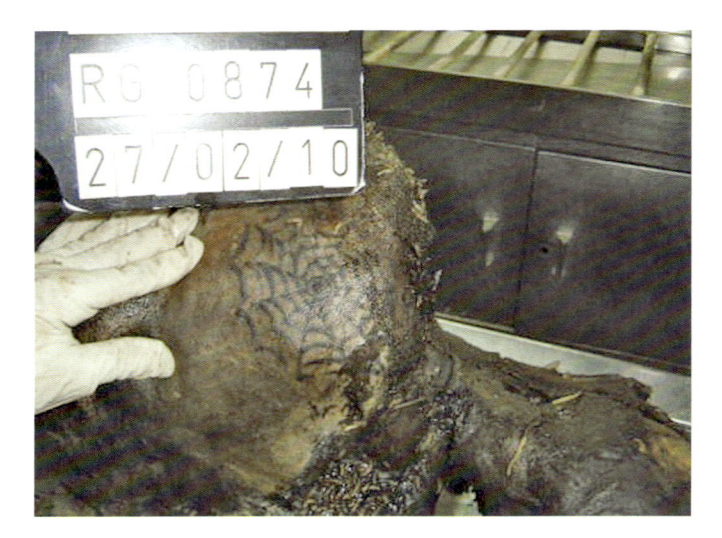

Figura 15.96 ▶ Cadáver mumificado, onde ainda se observam com precisão tatuagens na região escapular

▶ DETERMINAÇÃO DA *CAUSA MORTIS*

É consensual a importância da determinação da causa da morte para o esclarecimento dos fatos e a intervenção do Direito. No exame de uma lesão no vivo ou em cadáver preservado, as lesões decorrentes de violência externa estão, na maioria das vezes, evidentes e sua descrição e classificação, padronizadas. Contudo, o exame de um corpo esqueletizado ou pós-exumático apresenta novos desafios para o perito. O estudo minucioso das peças ósseas, a olho nu e com auxílio de instrumentos ópticos, possibilita, frequentemente, elucidar a causa do óbito. É também importante que todo segmento ósseo com lesão traumática seja radiografado e fotografado, pois podem ser identificados, por exemplo, pequenos fragmentos de metal de uma faca ou fragmentos de projétil.

Diante de uma ossada com lesões traumáticas, o perito deve tentar, sempre que possível, esclarecer: quantas lesões existem, qual o instrumento, o meio e o modo de ação utilizado nessas lesões e sua relação temporal com o evento morte.

Número de Lesões

Deve o perito, após análise minuciosa, descrever detalhadamente todas as lesões ósseas encontradas. Quando o osso estiver fraturado em vários segmentos, cada fragmento deve ser individualmente estudado e depois unidos, se possível reconstituídos, para uma análise conjunta, visando determinar o mecanismo da fratura.

Determinação do Instrumento ou Meio

Quando são aplicadas forças sobre um osso, seja por compressão, tensão, torção, tração ou cisalhamento, as quais superam a resistência do tecido, ele quebra, provocando fraturas. Estas são classificadas em diretas, quando o rompimento ocorre no local do trauma, ou indiretas, quando o sítio do trauma está distante do foco da fratura. Pode ser uma fratura completa, quando os segmentos ósseos resultantes estão separados. Diz-se que uma fratura é cominutiva quando apresenta vários traços.

Em crianças, o osso é mais maleável e o periósteo mais resistente. Quando ocorre a ação de uma força, o lado convexo é tracionado e o lado côncavo sofre compressão. O foco da fratura angula-se, mas não há deslocamentos. Quando este atinge a cartilagem epifisária, pode causar distúrbios no crescimento.

Imediatamente após a fratura, forma-se um hematoma no local, por vasos dos canais de Haver e também da medula óssea, o qual produz um coágulo que cessa o sangramento. Em geral, o periósteo também se rompe e é esgarçado nos fragmentos ósseos. Há, então, um estímulo da camada osteogênica do periósteo, que produz um tecido de reparo, formando um calo que, inicialmente, é apenas de tecido conjuntivo. Em poucos dias, os osteoblastos promovem a mineralização, com formação do osso primário, que é gradualmente substituído por osso lamelar. Concomitantemente, observa-se reabsorção com remodelação. Se bem-alinhada e imobilizada, restam, ao final, apenas discretos indícios do trauma. Caso ocorram interferências, é possível observar consolidações viciosas, pseudoartroses, complicações como infecção etc. (Figuras 15.97 e 15.98). Observam-se, também, alterações decorrentes de intervenção médica (p. ex., as diversas formas de fixação interna).

É importante conhecer, também, patologias infecciosas, metabólicas e autoimunes, entre outras, as quais podem comprometer o osso. Osteomielites, mal de Potts, sífilis, hiperostose esponjosa, osteomalacia, osteoporose, tumores, osteoartrite, artrite reumatoide, entre outras, apresentam manifestações ósseas que possibilitam sua identificação ou, ao menos, sugerem sua possibilidade. Uma descrição detalhada de cada uma foge ao escopo desta obra.

Vários segmentos do esqueleto podem servir como *impressões ósseas*. Alterações degenerativas, traumáticas, fraturas consolidadas, malformações, cirurgias ortopédicas prévias, endopróteses e, até mesmo, neoplasias ósseas são marcadores individuais importantes e podem ser determinantes de uma identificação positiva (Benfica, 2008). Esses achados em uma ossada com os caracteres principais concordantes, associados a dados testemunhais confirmatórios, podem ser suficientes para uma positivação.

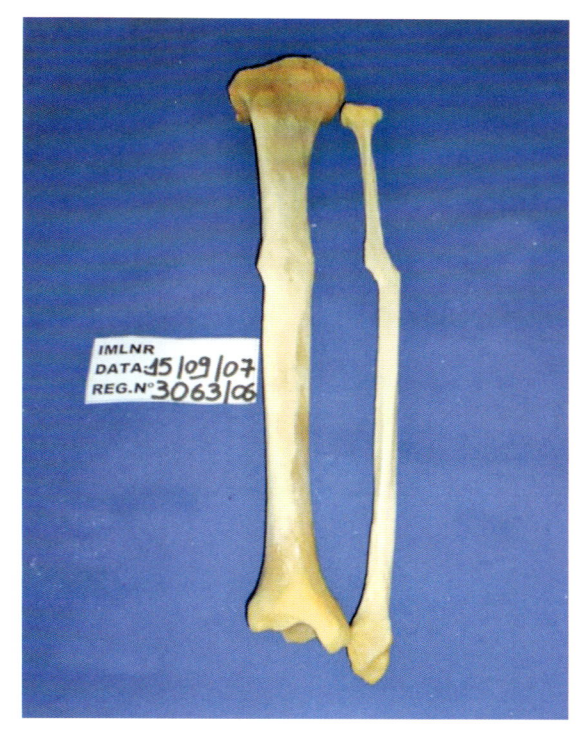

Figura 15.98 ▶ Tíbia e fíbula com lesão *ante mortem*. Notar deformidade provocada por lesão viciosa

Observe o caso seguinte. Uma ossada humana foi encontrada em uma estrada da capital baiana, segundo a guia policial. O material foi recolhido e encaminhado ao Serviço de Antropologia do IMLNR. Junto ao corpo, além de vestes, foram enviados uma Certidão de Nascimento e Relatório Médico do Serviço de Neurocirurgia de um grande hospital público, que descrevia um traumatismo raquimedular com fratura da oitava e nona vértebras torácicas, cirurgia de artrodese, com necessidade de reoperação por falha da montagem do sistema, e cifose toracolombar. Ao exame, nas vértebras torácicas, os peritos observaram artrodese (Figura 15.99*A* e *B*).

Essa é uma lesão que particulariza a ossada. Observa-se que a consolidação mais o aparelho de fixação adquirem uma configuração praticamente única. As lesões e o tratamento descrito no Relatório Médico encontrado são totalmente compatíveis com os achados tanatoantropométricos. O nome na Certidão de Nascimento era o mesmo do Relatório. O perfil da ossada – sexo, idade, fenótipo cor de pele – era compatível com o indivíduo. Logo, concluiu-se uma identificação positiva.

Traumatismo Craniano Contundente

Quando o crânio é atingido por um objeto contundente, classicamente observa-se uma fratura com depressão. Esse é o mecanismo responsável pelos sinais de trauma por martelo ou outro objeto similar: sinal do mapa-múndi de Carrara (afundamento parcial e uniforme com inúmeras fissuras em forma de arcos e meridianos), sinal em *terraza* de Hoffman (fratura em formato

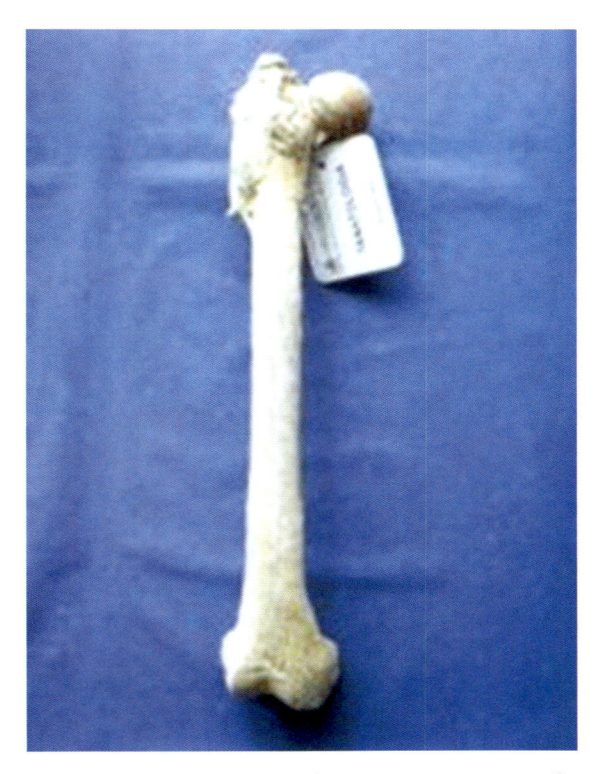

Figura 15.97 ▶ Fêmur direito com lesão *ante mortem* na epífise proximal

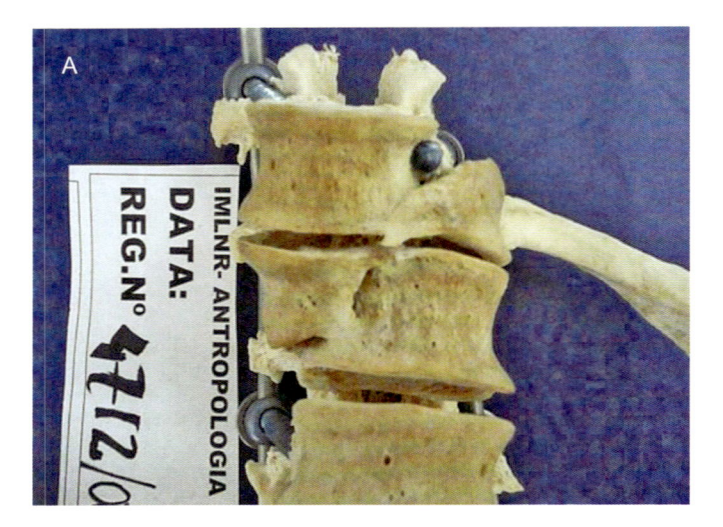 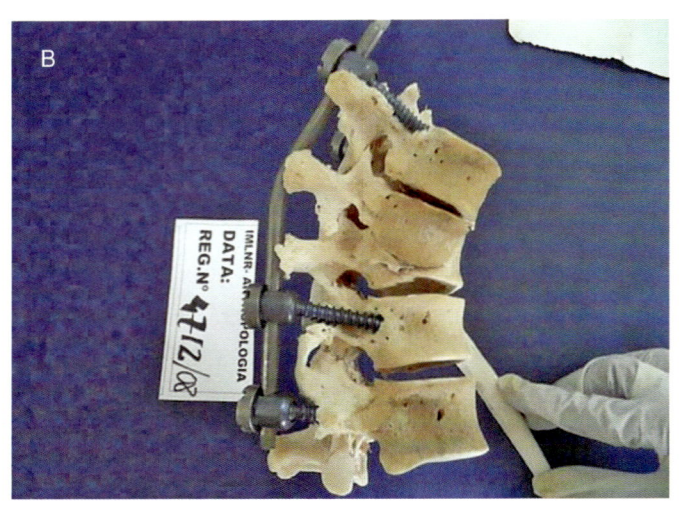

Figura 15.99 ▸ Coluna com artrodose. **A** Visão frontal. **B** Visão lateral

triangular com base aderida à porção óssea vizinha e com o vértice solto e dirigido para dentro da cavidade craniana).

Esses achados decorrem da interação do agente com o osso. No momento do impacto, no ponto central exato do trauma, agem forças de compressão, que "empurram o osso para o interior". Na periferia, ocorre o contrário: forças de tensão, que "empurram para fora". Como o tecido ósseo é menos resistente à tensão do que à compressão, ele se quebra inicialmente em um ou mais locais de "tensão para fora", distantes do local do impacto. Logo, a fratura progride nas linhas de menor resistência, em direção ao local do impacto e no sentido oposto. Além dos locais de tensão, áreas de curvatura gradual e as suturas são focos de menor resistência. A fratura então se propaga até que possa dissipar a energia.

Suturas abertas são locais que dissipam energia. Em um crânio infantil, um trauma pode não deixar qualquer traço de fratura, pois a energia dissipa-se nas suturas e fontanelas abertas. Do mesmo modo, uma linha de fratura preexistente funciona como local de dissipação de energia. O segundo traço de fratura terminará no primeiro. O perito pode utilizar essas informações para determinar a sequência das lesões. A tábua óssea interna deve ser sempre examinada.

Muitas vezes, o perito se depara com um crânio fragmentado. Mesmo com todos os fragmentos, pode não ser possível "montar o quebra-cabeça", ou seja, após cuidadosas separação, montagem e colagem, pode não ser possível a reconstituição perfeita da anatomia. Isso se deve à deformação que o osso vivo sofre. Todavia, esse é um indicativo importante de que a lesão ocorrera ainda em vida.

Na base do crânio, as fraturas também têm seus mecanismos estudados. Sobrecarga no eixo corporal longitudinal leva a uma fratura sagital da base. Impactos transversais levam a fraturas transversas. A fratura

em anel da base, ao redor do forame magno (*basilar skull ring fracture*), é um tipo especial de fratura, produzida por tensão axial ou pressão, como resposta do crânio a um trauma direto ou indireto. Exemplo de trauma direto: impacto mandibular, queda com o topo da cabeça. Exemplo de um trauma indireto: queda de altura, atingindo o solo com a extremidade caudal da coluna.

Fraturas faciais também são comuns. O tipo I de LeFort, que separa a porção alveolar da maxila do antro e da fossa nasal, é produzido por impacto direto frontal ou lateral. O tipo II, ou fratura piramidal, separa a porção média da face do resto e é produzido por impactos centrais ou levemente caudais, na face média. Impactos centrais ou levemente caudais na porção superior da face produzem o tipo III, que consiste na separação entre o crânio e a face.

No pós-crânio, as fraturas de ossos longos podem ter os aspectos transversal, oblíquo, espiralado, cominutivo, destaque de segmento triangular de osso ou segmentar, a depender da ação da força sobre o tecido: compressão, tensão, rotação, cisalhamento ou angulação. Por exemplo, um bastão atingindo um antebraço age de maneira focal e classicamente produz fratura de apenas um dos ossos, com destaque de um fragmento (lesão de defesa).

Traumatismo Craniano Perfurocontundente

Apesar de existirem outros instrumentos perfurocontundentes, como ponta de guarda-chuva, chave de fenda, vergalhão de ferro, cucho e outros, em virtude da grande prevalência estudaremos detalhadamente as lesões causadas por projétil de arma de fogo. As armas de fogo representam a principal arma usada nos homicídios em Salvador, Bahia, sendo responsáveis por 83% dos casos (Santana, 2002).

Dependendo do calibre, do tipo de arma, do projétil e da distância do disparo, o efeito sobre o osso é maior ou menor.

Ao atingir perpendicularmente o osso, classicamente o projétil gera um orifício com bordas regulares que é menor na face externa e maior na face interna, com vertente biselada. Novamente, observa-se a diferença da resistência do osso à tensão e à compressão. Na superfície do impacto, o osso sofre compressão; na outra, tensão. No orifício de saída, invertem-se as forças: a tábua óssea interna sofre compressão e a externa, tensão. Logo, o orifício de saída é maior e mais irregular. Esse "funil" ou "cone" é muito importante para o perito na determinação do trajeto. A partir do orifício de entrada, aparecem traços radiais de fratura que se propagam do mesmo modo que na lesão contusa. À medida que a bala transfixa o encéfalo, transfere energia, aumenta a pressão intracraniana e é transmitida também para o local do orifício, que sofre fraturas concêntricas. No caso em que a energia é dissipada por uma sutura aberta ou em uma fratura preexistente, o orifício subsequente não tem traços de fratura. Isso é importante em várias perfurações para determinar sequência e trajetos. Se o projétil atinge de modo tangencial, mas com um mínimo de inclinação, a lesão tem aspecto de "buraco de fechadura", com o orifício de entrada arredondado justaposto a uma lesão triangular de saída (Figuras 15.100 a 15.102).

No pós-crânio, observam-se dois comportamentos: ossos chatos, como a asa do ilíaco ou o esterno, podem apresentar os orifícios clássicos como no crânio. Já os ossos longos frequentemente têm fraturas cominutivas, sem formação de orifícios. Nesses casos, o exame das vestes pode ajudar a demonstrar o trajeto. Observe as Figuras 15.103 e 15.104. Nota-se que na face dorsal do úmero o orifício é regular, bem-delimitado, com traços de fratura radiais (orifício de entrada). Na face ventral, trata-se de lesão irregular, com destaque de fragmentos. Desse modo, é possível inferir um trajeto dorsiventral.

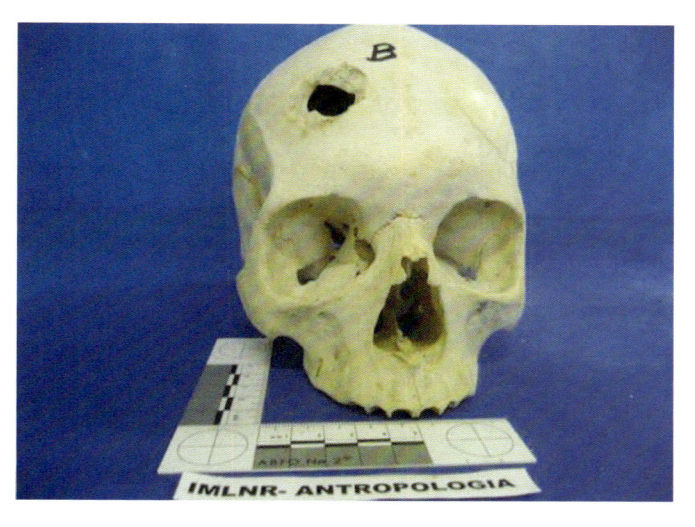

Figura 15.101 ▶ Orifício de saída em frontal (*B*)

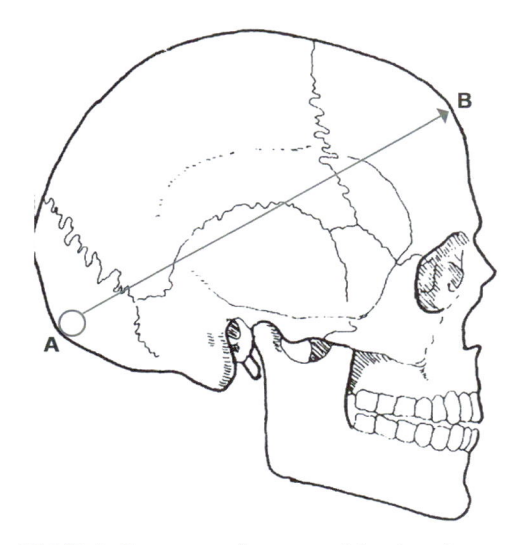

Figura 15.102 ▶ Representação esquemática do trajeto com entrada em A (círculo) e saída em B (triângulo)

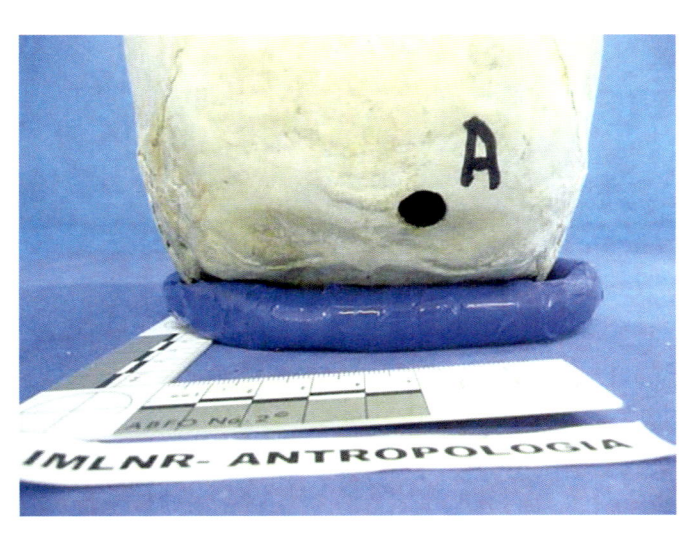

Figura 15.100 ▶ Orifício de entrada em occipital (*A*)

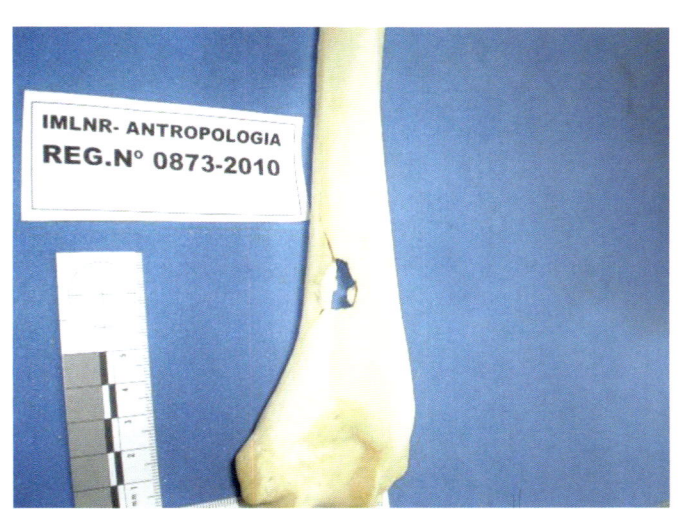

Figura 15.103 ▶ Úmero direito – face ventral. Notar lesão irregular com destaque de fragmentos

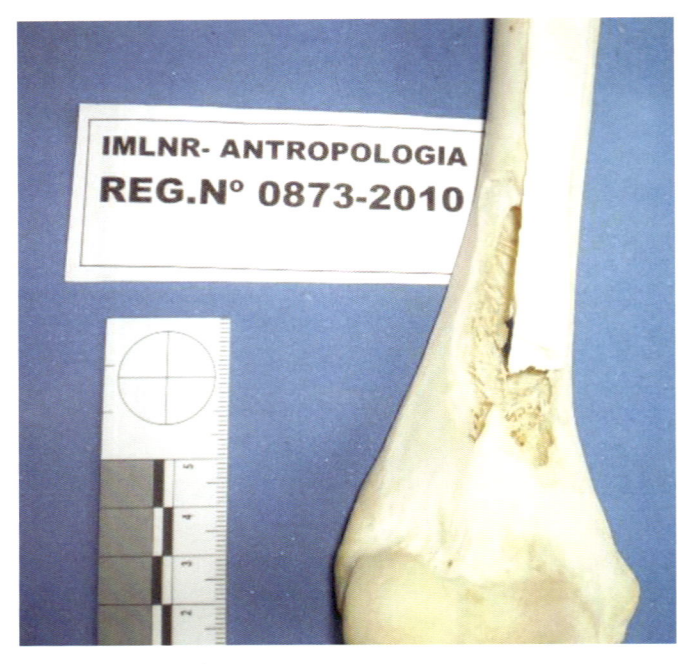

Figura 15.104 ▸ Úmero direito – face dorsal. Notar orifício regular, aproximadamente arredondado, com traços radiais de fratura

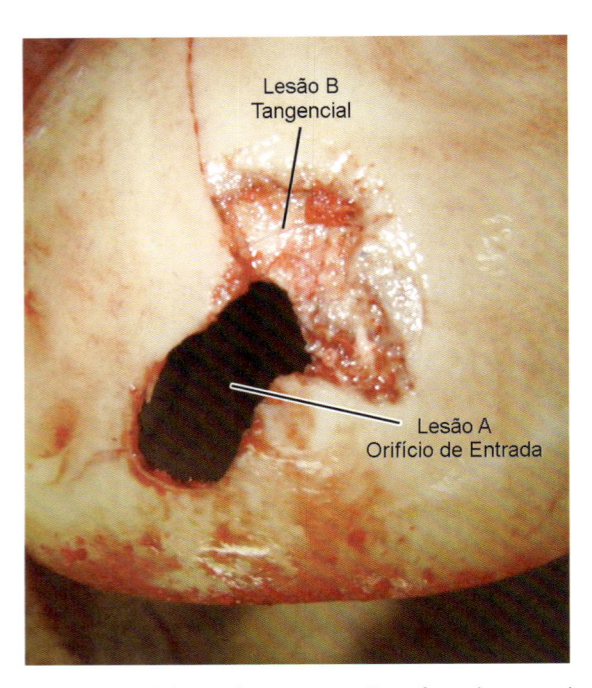

Figura 15.106 ▸ Calota – face externa. Osso frontal com as lesões ósseas

Um exemplo do IMLNR de Salvador, Bahia: trata-se de examinada do sexo feminino, de 32 anos de idade que, segundo a guia policial, teria sido vítima de disparo de arma de fogo. Ao exame externo, foram observadas equimose em pálpebra superior esquerda e duas feridas, A (*linha cheia*) e B (*linha pontilhada*) em região frontal (Figura 15.105).

A lesão A apresenta aréola equimótica e orla de escoriação, o que sugere ferida perfurocontundente. No entanto, a ferida B tinha formato mais ou menos triangular, com bordas irregulares, uma delas elevada, sem orlas. O exame do plano ósseo foi muito esclarecedor (Figuras 15.106 e 15.107).

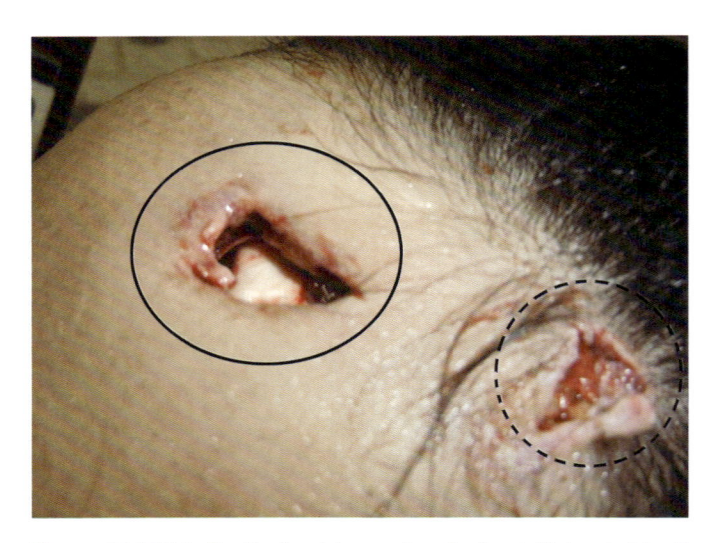

Figura 15.105 ▸ Região frontal com duas lesões A (*linha cheia*) e B (*linha pontilhada*)

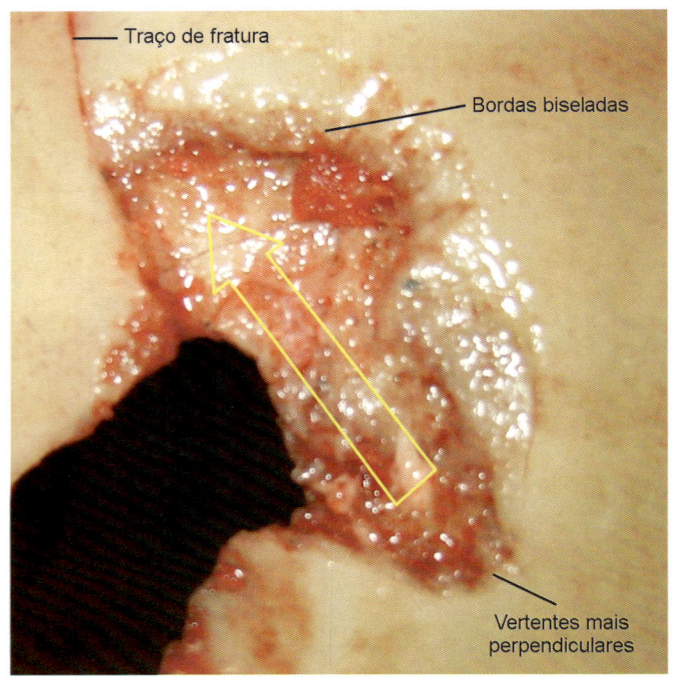

Figura 15.107 ▸ Detalhe da lesão B (seta larga demonstrando o trajeto)

Observa-se, então, que a ferida A corresponde a um orifício de entrada de projétil de arma de fogo. Na face externa, suas bordas são regulares. O orifício na face externa é menor do que na face interna, determinando "cone", cuja base se orienta para o interior do crânio (Figura 15.108). Corresponde a um trajeto craniocaudal, ventridorsal, direita-esquerda.

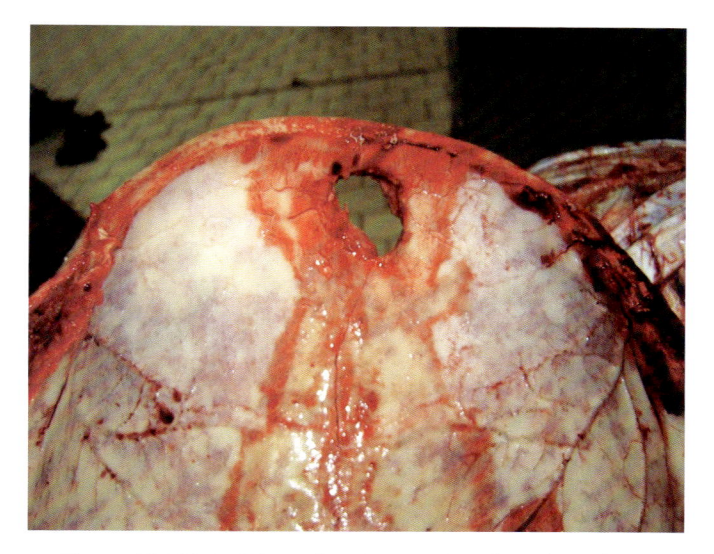

Figura 15.108 ▶ Calota – face interna. Osso frontal com lesão

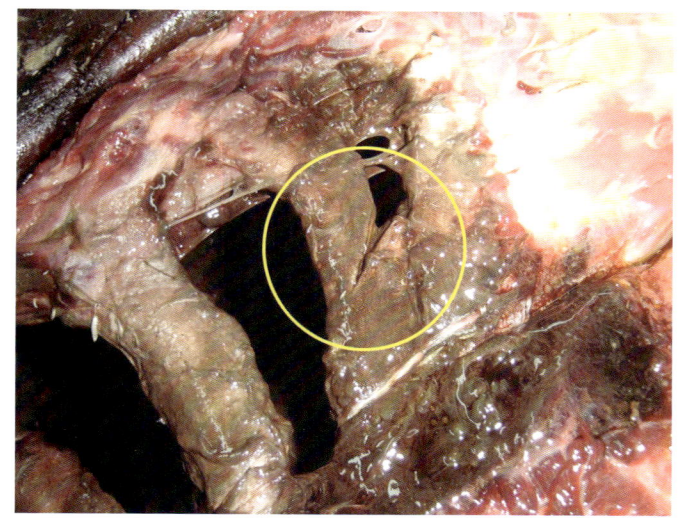

Figura 15.109 ▶ Lesão no sexto arco costal esquerdo em maior aumento

Já a ferida B não penetrou na cavidade craniana, promovendo um destaque de fragmento ósseo apenas na camada externa da calota.

Nota-se que a extremidade inferior da lesão B é arredondada com vertentes quase perpendiculares. As bordas superior e lateral esquerdas têm vertentes em bisel. Desse modo, é possível estimar um tiro tangencial, com direção caudal-cranial, ventridorsal e esquerda-direita.

Observa-se que há um traço linear de fratura que se origina na lesão A. Nota-se que a "ferida B parece parar nesse traço"; a borda biselada não progride além dele. Conforme exposto anteriormente, ao encontrar uma sutura ou uma fratura, ocorre dissipação da energia. Logo, pode-se inferir que a lesão A precedeu a lesão B.

Traumatismo Cortante, Perfurocortante e Cortocontundente

Instrumentos cortantes não costumam causar lesões ósseas. Por exemplo, um periciando pode seccionar os vasos do pulso ou do pescoço sem, contudo, atingir o plano ósseo; entretanto, sua ausência no exame da ossada não exclui os ferimentos. Observe uma situação em que um cadáver em esqueletização apresenta lesões sugestivas nas vestes, confirmadas posteriormente por testemunha idônea, mas sem achados no esqueleto. A ausência de lesões não plano ósseo não afasta nem exclui o instrumento cortante ou perfurocortante.

Um objeto com gume produz, tradicionalmente, uma lesão óssea com a forma da letra "V". Às vezes, as lesões são discretas e podem não ser percebidas, exceto em um exame minucioso.

Observe a Figura 15.109. Trata-se de examinado do sexo masculino, em avançado estado de putrefação.

Após abertura e dissecção da musculatura putrefeita, observou-se a presença de lesões em arcos costais. As lesões apresentavam bordas regulares. A forma lembrava a letra "V", demonstrando a ação de um instrumento perfurocortante.

Os instrumentos cortocontundentes exibem lesões ósseas que podem apresentar falhas ou perda tecidual (Figura 15.110 e 15.111).

Resende (2008) estudou as lesões por motosserra, as quais apresentam superfícies regulares e perda óssea de 6mm, correspondente à largura da lâmina cortante da motosserra. Funciona como se uma superfície cortante de 6mm e de alta velocidade fosse transformando em pó um volume correspondente ao diâmetro do osso multiplicado pelo comprimento da lâmina da motosserra.

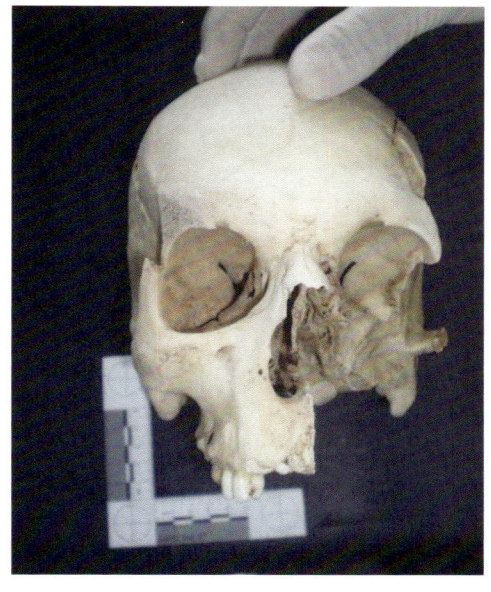

Figura 15.110 ▶ Crânio – visão frontal. Notam-se feridas cortocontusas e perda óssea na face

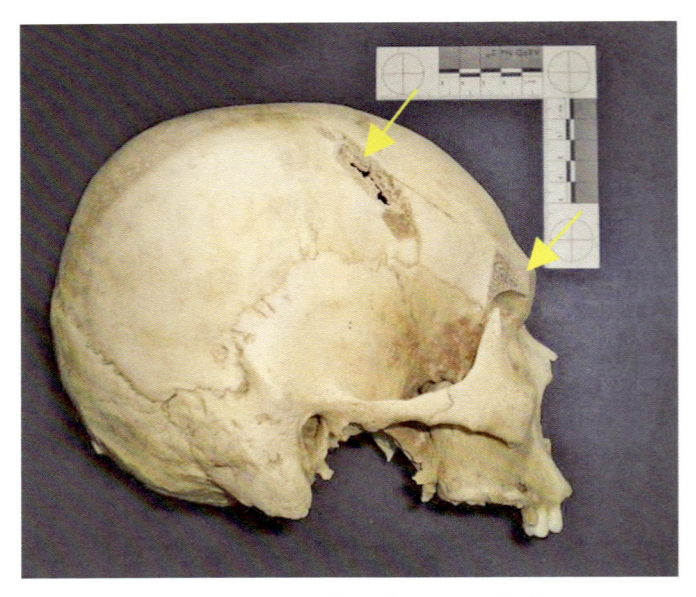

Figura 15.111 ▸ Crânio – visão lateral. Notam-se lesões cortocontusas (*setas*)

Lesões em Vida ou Após a Morte

O osso é um tecido conjuntivo especializado do corpo humano, formado por células e um material intercelular calcificado, a matriz óssea (Junqueira & Carneiro). A resistência, dureza e elasticidade do osso dependem da interação entre esses dois componentes. Após a morte, a parte orgânica do osso entra em decomposição. Observa-se, então, uma perda progressiva da elasticidade. Logo após a morte, e por um período de tempo variável na literatura, o osso mantém grande quantidade de colágeno e outras proteínas. Esse balanço entre a matriz e o componente orgânico vai determinar o aspecto das lesões causadas pelos diferentes instrumentos no osso.

Desse modo, podemos classificar uma lesão óssea em *ante mortem*, *peri mortem* ou *post mortem*. Toda lesão diretamente relacionada com o evento morte é uma lesão *peri mortem*. As lesões *ante mortem* são anteriores e as *post mortem*, posteriores. Para classificar uma lesão como *ante mortem* é necessário evidenciar, pelo menos, qualquer sinal de remodelação óssea. Evidências de cicatrização óssea precisam de, no mínimo, 7 dias para serem identificadas. Logo, o achado de uma lesão *ante mortem* indica que ela aconteceu ao menos 1 semana antes do óbito (Kelpinger).

Diferenciar uma lesão *peri mortem* de outra *post mortem* já não é tão claro. Uma lesão muito próxima do óbito não tem sinais patognomônicos ou definitivos. Nesses casos, o padrão da fratura é um dado importante. Uma fratura em galho verde ou uma fratura com curvatura do osso indicam uma lesão *peri mortem,* assim como a presença de fragmentos ósseos aderidos ao foco da fratura. Nessas, o padrão observado é uma evidência clara de que o periósteo estava íntegro no momento do trauma; portanto, lesão *peri mortem*.

Nessa análise, o perito deve observar cuidadosa e demoradamente o padrão e as vertentes da fratura. Presença de infiltração hemorrágica é evidência de lesão *peri mortem*. Analisar a coloração da fratura é fundamental. Os ossos sofrem ação tafonômica. O ambiente atua de modo diferente nas áreas expostas e não expostas. Em uma fratura produzida em vida, as vertentes e os fragmentos estão expostos às mesmas intempéries que a superfície óssea, mostrando-se escurecidos. Se a fratura ocorreu após a morte, a superfície do osso ficou exposta por mais tempo do que o sítio da fratura, que frequentemente apresenta-se mais claro, por vezes até esbranquiçado. Se mesmo assim persistem dúvidas, podem ser utilizados o exame histopatológico e os exame químico e espetrográfico.

Um exame minucioso, detalhado, com magnificação de imagem, frequentemente possibilita esclarecer as lesões e determinar o instrumento empregado. Em caso de dúvida se ocorrera em vida ou após a morte, exames especializados podem ser usados.

Exumações

Exumação é o ato de desenterrar um cadáver (p. ex., movimento para fora; e *humus* [latim] = terra). Tem por finalidade atender aos reclamos da Justiça para averiguar uma causa de morte passada despercebida, esclarecer um detalhe, confirmar um diagnóstico ou uma identificação. Pode se prestar também para transladação de um cadáver ou para atender às necessidades sanitárias (França). Já a inumação consiste no enterramento do cadáver.

O Código de Processo Penal brasileiro elenca os dispositivos relevantes em uma exumação nos artigos seguintes:

> **Art 163.** *Em caso de exumação para exame cadavérico, a autoridade providenciará para que, em dia e hora previamente marcados, se realize a diligência, da qual se lavrará auto circunstanciado.*
> **Art 164.** *Os cadáveres serão sempre fotografados na posição em que forem encontrados, bem como, na medida do possível, todas as lesões externas e vestígios deixados no local do crime.*
> **Art 165.** *Para representar as lesões encontradas no cadáver, os peritos, quando possível, juntarão ao laudo do exame provas fotográficas, esquemas ou desenhos, devidamente rubricados.*
> **Art 166.** *Havendo dúvida sobre a identidade do cadáver exumado, proceder-se-á ao reconhecimento pelo Instituto de Identificação e Estatística ou repartição congênere ou pela inquirição de testemunhas, lavrando-se auto de reconhecimento e de identidade, no qual se descreverá o cadáver, com todos os sinais e indicações.*

Recomendações de Procedimentos em Exumações

O procedimento técnico para a atividade de exumação de corpos segue, muitas vezes, as mesmas características do procedimento realizado para as necropsias em geral. O que difere são algumas nuanças administrativas que precedem esse procedimento técnico, sobre as quais serão feitas referências a seguir.

Solicitação da Perícia pela Autoridade Competente

Sabendo que as rotinas administrativas variam em cada IML, descrevemos apenas o procedimento padrão realizado no IMLNR-BA como sugestão a ser seguida.

Composição da Equipe

a) O Coordenador de Perícias forma a equipe, composta de perito médico-legal, perito odontolegal, auxiliar de necropsia, fotógrafo e outros profissionais que se façam necessários, e providencia as condições de subsídios necessários ao deslocamento da equipe.

b) O perito médico-legal convoca para reunião prévia (precedente ao ato da exumação) os assistentes técnicos porventura indicados e registra em ata assinada por todos os presentes.

Acesso ao Local da Perícia

a) A equipe formada, junto com a autoridade solicitante, comparece ao local da perícia, previamente estruturado para esses fins.

b) O perito médico-legal solicita à autoridade requisitante da perícia que proceda ao reconhecimento do local onde se encontra o corpo e determina a documentação fotográfica dessa e de todas as fases subsequentes da perícia.

Procedimentos Técnicos Preliminares

a) O perito médico-legal determina a exumação e o resgate do corpo de onde se encontra inumado.

b) Procede ao exame da urna, anotando suas condições, e do local onde ela se encontra.

c) Determina a abertura da urna para iniciar o exame sistemático do corpo ou dos restos mortais.

d) Solicita, por intermédio da autoridade requisitante, o reconhecimento do corpo por familiares e testemunhas.

Exame Necroscópico

a) O perito médico-legal procede ao exame necroscópico objetivando como roteiro os mesmos passos técnicos usuais para as necropsias realizadas dentro do IMLNR.

b) Caso a perícia tenha fins de identificação pelos meios odontolegais, o perito odontolegal fará seu exame no local. Sendo necessários exames radiográficos, o crânio e a mandíbula serão recolhidos para futuro exame.

c) Colhe o material que considera necessário e esclarecedor para perícia ora em curso e o acondiciona de acordo com as mesmas condições técnicas usuais processadas no IMLNR.

d) Determina a recomposição dos despojos na urna.

Reinumação

a) O perito médico-legal autoriza a reinumação do corpo no mesmo local.

Confecção do Laudo de Exumação

O perito médico-legal elabora o Auto de Reconhecimento e Exumação, fazendo conter no mesmo:

1. Dia, mês e ano da exumação.
2. Nome do cemitério e cidade de localização.
3. Qualificação da delegacia e da autoridade requisitante.
4. Qualificação dos peritos, do escrivão e dos auxiliares de necropsia.
5. Qualificação do administrador do cemitério ou responsável legal.
6. Qualificação do responsável pelo reconhecimento do corpo.
7. Qualificação dos responsáveis pela indicação da sepultura.
8. Caracterização da urna (cor, material, condições de conservação etc.).
9. Caracterização dos exames solicitados e alíquotas recolhidas.
10. Encerramento do Auto de Exumação com o recolhimento das assinaturas dos peritos, autoridade solicitante, escrivão e testemunhas.

Os peritos participantes irão confeccionar o Laudo de Exumação de acordo com os mesmos moldes do Laudo de Necropsia confeccionado no IML, ressaltando, se necessário, a solicitação dos exames complementares laboratoriais e do exame odontolegal.

Exemplo 1

Exemplifica-se perícia realizada em 2010, pelo Setor de Antropologia, de indivíduo já necropsiado previamente, mas que, por solicitação de juízo, foi exumado e encaminhado ao setor como forma de contraprova para os peritos descreverem

as características do ferimento no crânio da vítima e sua compatibilidade com "tiro encostado" ou a distância, bem como, após exames com microscópio de varredura eletrônica, constatar a existência de resíduos de pólvora ou outros elementos oriundos de disparo por arma de fogo, nas mãos e no crânio da vítima, que comprovam a existência do disparo em relação à vítima.

Coube aos peritos da Antropologia o reestudo das características de entrada do projétil com sustentação técnica necessária com fotografias e citações bibliográficas sobre as diferenças entre as características de entrada de projéteis a distância zero, à queima-roupa (a curta distância) e disparos a distância. Coube também aos peritos a coleta de material do orifício de entrada do projétil e das adjacências para estudo com microscópio eletrônico de varredura. Concluído o trabalho antropológico, fica a experiência acumulada de que o laudo original de necropsia (tanatologia) não foi suficientemente sustentado tecnicamente para satisfazer às necessidades de andamento da investigação criminal (ver Figuras 15.112*A* e *B* e 15.113*A* e *B*).

Figura 15.113 ▶ Detalhe de crânio com o orifício de entrada, no osso parietal direito (**A**) e de saída, no osso parietal esquerdo (**B**)

Figura 15.112 ▶ Urna fechada (**A**) e aberta com exposição da ossada e das vestes (**B**)

Exemplo 2

Trata-se de uma segunda exumação requerida pela 2ª Vara do Júri para dirimir dúvidas quanto a possível morte por envenenamento e/ou estrangulamento, esganadura ou sufocação.

Consta da certidão de óbito tratar-se de morte natural, com a seguinte declaração: "parada cardíaca", "fibrilação ventricular", assim tendo sido inumada.

Consta do recurso de apelação que o laudo de primeira exumação não auxilia e não explicita tratar-se de morte violenta ou motivação outra e, particularmente, por não terem os peritos identificado ou não encontrado o osso hioide, ao tempo em que critica a insegurança da conclusão dos peritos quanto à morte ter sido produzida por intoxicação (arsênico) ou asfixia mecânica (estrangulamento ou esganadura ou sufocação).

Como forma de deixar completamente satisfeitas as necessidades do Juízo, Ministério Público e Defesa, recomenda-se que se faça uma reunião entre os peritos que irão proceder à exumação e os assistentes técnicos indicados para o acompanhamento da perícia (quando houver notificação), bem como um membro da família da vítima, com a intenção de que sejam explicitadas e satisfeitas todas as solicitações, assim como possa ser emitida uma conclusão de laudo sem a possibilidade de nenhuma outra dúvida adicional.

Nesse caso periciado foram coletadas amostras de terra ao redor da urna e em suas proximidades, assim como de seu interior e do próprio material biológico ainda viável oferecido pelos restos exumados, para análise.

Constou dessa perícia o objetivo de se encontrar o osso hioide para responder à indagação do recurso apelativo.

O que se quer chamar atenção é para a forma com que esse laudo foi elaborado pelo perito da Antropologia. Ou seja, a perícia foi realizada e ratificada por todas as partes técnicas integrantes (perito médico-legal e assistentes técnicos das partes), não restando mais dúvidas em sua conclusão. O que foi apurado e descrito no laudo de exumação deixou de ser motivo de contestação, apesar de não ter sido mais possível comprovar o envenenamento, porque houve interação entre as diversas partes componentes da perícia.

Curiosidades Periciadas

Há também perícias realizadas em que se observaram aspectos curiosos relativos a ossadas pertencentes a estudantes da área da Saúde, as quais já se apresentam "trabalhadas" (envernizadas, com inscrições, colagens, montagens etc., para melhor aproveitar os aspectos de estudo anatômico) (ver Figuras 15.114 a 15.116).

Em casos de ossadas manipuladas por estudantes e inumações coletivas, o número de peças duplicadas é um achado frequente, o que torna impossível estabelecer com precisão o sexo, o fenótipo, a idade e a estatura desses indivíduos. É estipulada, quando possível, apenas a quantidade provável de pessoas envolvidas no evento morte (Figura 15.117).

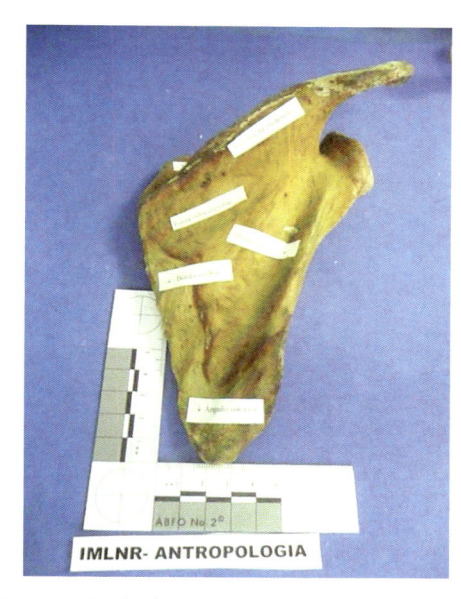

Figura 15.115 ▶ Escápula com identificação de pontos anatômicos

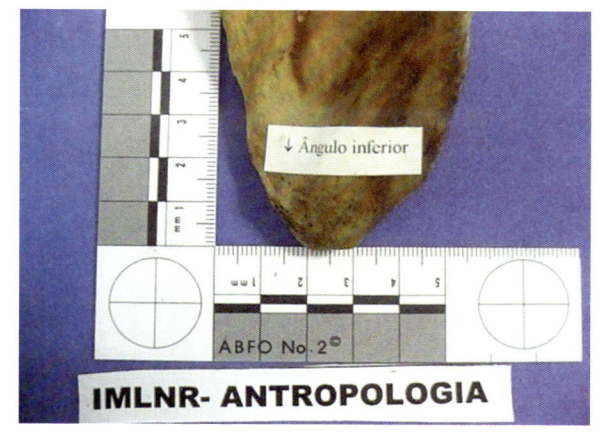

Figura 15.116 ▶ Detalhe da escápula

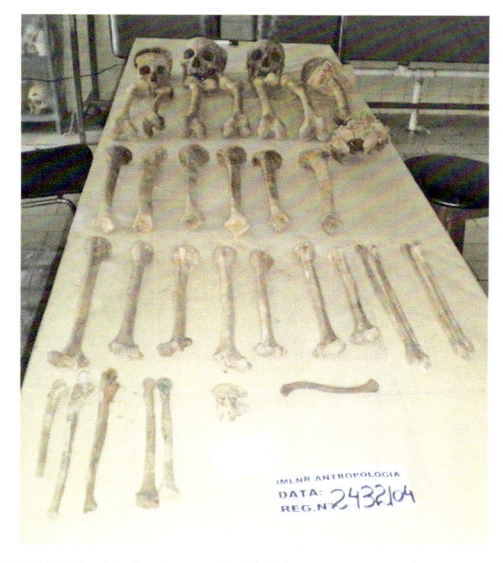

Figura 15.117 ▶ Mais de um indivíduo encontrado em um mesmo local

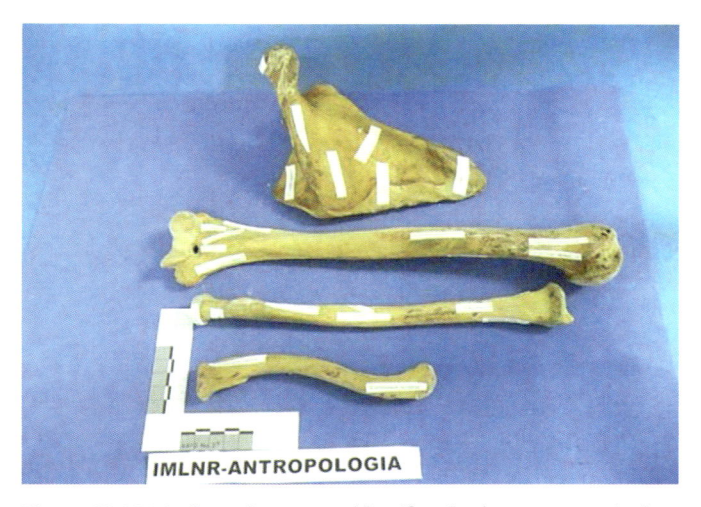

Figura 15.114 ▶ Peças ósseas com identificação de pontos anatômicos

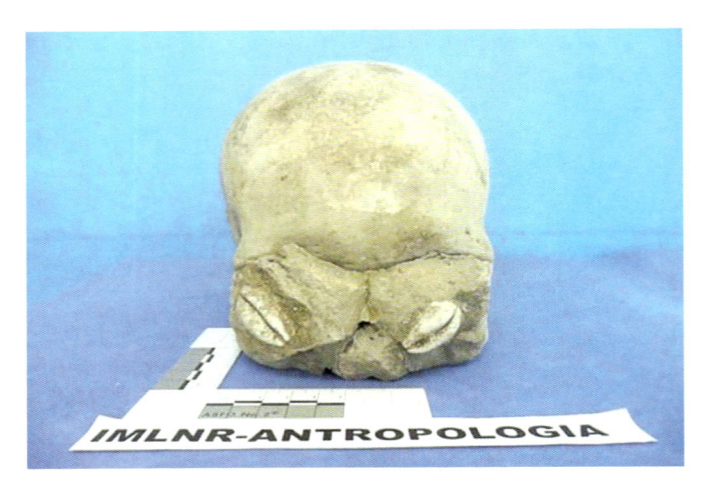

Figura 15.118 ▸ Crânio humano com aplicação de concreto e búzios nas órbitas

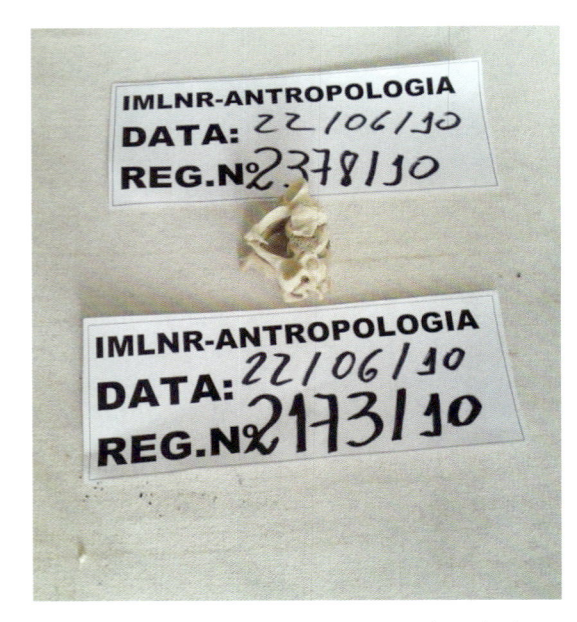

Figura 15.119 ▸ Compatibilização anatômica das vértebras recebidas em momentos distintos

Também se observou, em perícia realizada em 2010, alteração em crânio humano com aplicação de cimento e búzio nas cavidades orbitárias. Esse crânio foi encontrado em terreno destinado à prática de candomblé, prova do sincretismo religioso tanto falado e praticado não só na Bahia, mas também em outros estados do Brasil (Figura 15.118).

Outro fato vivenciado em perícia do ano de 2010 foi a observação de que, por vezes, um mesmo indivíduo pode ser encaminhado em etapas distintas, como sendo até três indivíduos, e registrado no IMLNR com três números diferentes. Somente após trabalho minucioso de reunião de dados e exame morfológico e de compatibilidade de peças ósseas e de lesões evidenciadas nas três perícias é que se pôde sugerir que os três registros muito provavelmente pertenciam ao mesmo indivíduo, para o que infelizmente ainda não há comprovação por falta de suposto para esse indivíduo para que se possa processar o exame comparativo odontolegal ou de DNA. Essa perícia gerou um comentário médico-odontoforense que foi utilizado nos três laudos e aqui reproduzido na íntegra:

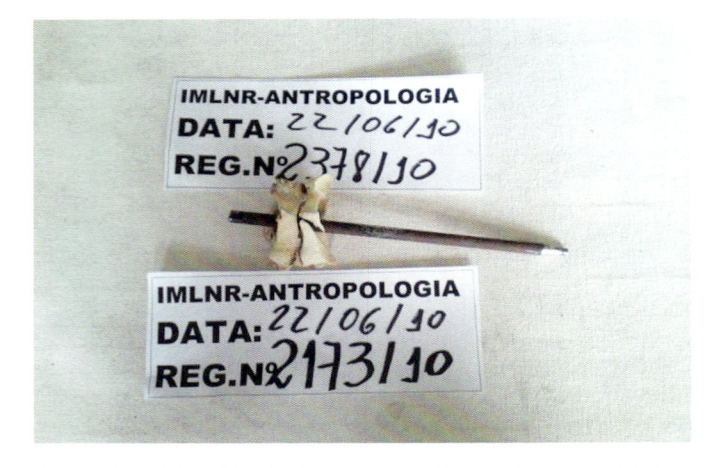

Figura 15.120 ▸ Evidência de lesão por violência externa nas vértebras

A ossada de registro final 73, guia policial nº X, apresenta sinais de compatibilização com as peças ósseas da ossada de registro final 78, guia policial nº X, e com a ossada de registro final 57, guia policial nº X, ossadas essas encontradas no mesmo local e enviadas pela mesma autoridade requisitante.

Após o exame minucioso da peças ósseas as peritas concluíram o seguinte:

1) *A 4ª vértebra cervical oriunda da ossada final 73 se encaixa perfeitamente com a 5ª vértebra cervical oriunda da ossada final 78. Fato demonstrado pela compatibilidade entre os corpos vertebrais, os forames dos processos transversos e o forame do canal medular (Figuras 15.119 e 15.120).*

2) *O segmento proximal do fêmur direito e fragmento destacado pertencentes à ossada final 78 se encaixam perfeitamente com o segmento distal do fêmur direito, correspondente ao côndilo, oriundo da ossada final 57 (Figuras 15.121 e 15.122).*

3) *As características anatômicas das lesões de violência externa produzidas pelo mesmo meio mecânico: instrumento*

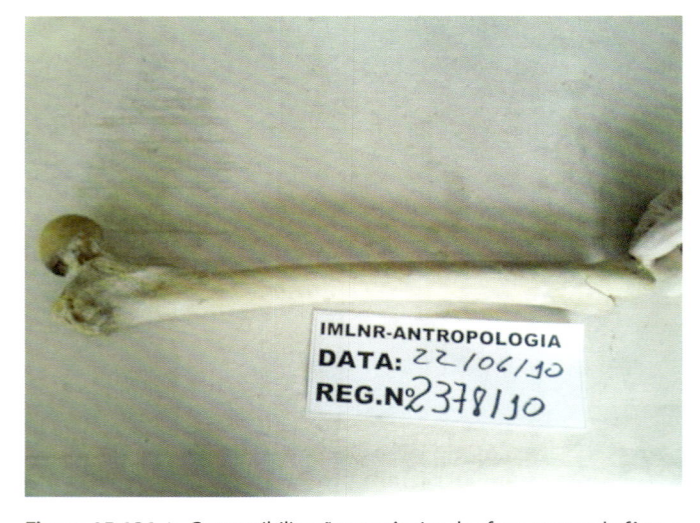

Figura 15.121 ▸ Compatibilização anatômica dos fragmentos do fêmur

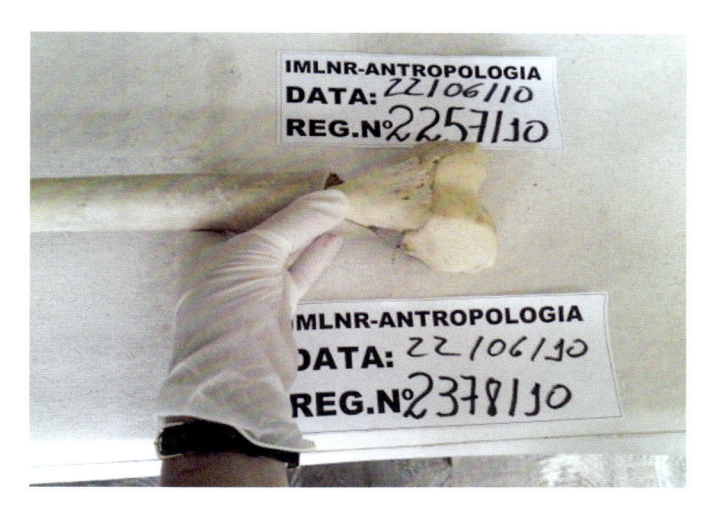

Figura 15.122 ▸ Compatibilização antômica dos fragmentos do fêmur recebidos em momentos distintos

cortocontundente (apesar de não se poder afirmar se essas lesões antecederam ou não a morte), além de compatibilização anatômica entre peças ósseas oriundas das ossadas finais 73, 78 e 57 encaminhadas em separado, porém coletadas na mesma localidade, estrada X, permitem suspeitar que há possibilidade dessas ossadas pertencerem a um mesmo indivíduo, ainda não identificado.

Para a efetiva identificação deverá ser realizado exame comparativo genético entre as três ossadas de registros finais 73, 78 e 57. Havendo suposto encaminhar familiares para coleta de material, para exame genético e para entrevista.

Realizado o estudo completo da ossada, o perito deve:

- Conhecer os detalhes sobre os dados do suposto obtidos nas entrevistas com os familiares (radiografias, tomografias, prontuários odontológicos, próteses dentárias, modelos de gesso, fotografias e outros) para, quando proceder ao exame técnico antropológico, já estar munido de informações importantes que podem facilitar, sobremaneira, a evolução da perícia dirigida.

- Em se tratando de perícia não dirigida, armazenar os dados obtidos em um banco de dados específico do setor para posteriores consulta, comparação e identificação.

- Selecionar os resultados obtidos e analisá-los com metodologias morfológicas ou qualitativas e métricas ou quantitativas para a elucidação dos dados biotipológicos.

- Realizar os cálculos para determinação do sexo e estimativa da idade, do fenótipo cor da pele e da estatura por meio de *software* específico para esse fim ou manualmente.

- Preparar as fotografias digitais que irão constar do laudo, inseri-las e arquivar todas as fotografias eletronicamente, em rede, sob número de registro da

ossada, mesmo aquelas que não serão inseridas no laudo.

- Em cada laudo deverão constar as ilustrações de cada etapa da perícia, bem como as imagens que comprovem em detalhes as lesões de interesse médico e odontolegal.

- Elaborar o laudo com linguagem clara, explicativo, ilustrativo (fotografias, croquis e gráficos), com esclarecimento sobre as metodologias empregadas, apontando coincidências e discordâncias, com conclusão justificada e consistente com a finalidade de esclarecer o juízo.

- Os laudos realizados no setor de Antropologia do IMLNR são finalizados com a seguinte descrição:
  - número de paginas;
  - quantidade de fotografias digitais e analógicas;
  - quantidade de croquis, esquemas e gráficos;
  - assinatura de dois peritos (médico e odontolegais) e as respectivas inscrições nos Conselhos Regionais.

▸ IMPORTÂNCIA DA ODONTOLOGIA LEGAL NO EXAME ANTROPOLÓGICO PARA FINS DE IDENTIFICAÇÃO

Em 1980 foi criada na Interpol o Comitê Permanente para Identificação de Vítimas de Desastres (Interpol-DVI). Essa equipe é composta por policiais, odontolegistas, patologistas e antropólogos forenses e outros profissionais. Em 1986 foi publicado o *Manual de Identificação de Vítimas de Desastres*. Esse manual descreve de modo prático a filosofia adotada pela Interpol, constituindo que o estabelecimento da identidade pode ser positivado mediante um dos métodos científicos primários de identificação e os métodos secundários podem ser associados, colaborando com o processo de identificação:

- **Métodos primários:**
  - Identificação datiloscópica.
  - Identificação odontolegal.
  - Exame comparativo genético.
- **Métodos secundários:**
  - Informações médicas (cirurgias prévias, próteses, fraturas e outros).
  - Exame das vestes, pertences e adornos.
  - Tatuagens, cicatrizes.

Não há hierarquia entre os métodos primários de identificação. Isso quer dizer que o método mais apropriado dependerá de cada caso concreto, do estado do cadáver e dos recursos tecnológicos e humanos de cada IML, dispensando a confirmação por outro método da mesma categoria.

Pode-se destacar que a desvantagem do método de identificação odontológico em relação à datiloscopia se deve ao fato de não existir um centro oficial que catalogue as fichas odontológicas para sua utilização quando necessário, e as vantagens em relação ao exame de DNA são o baixo custo, o pouco tempo e a dispensa dos recursos tecnológicos. Imprescindível é o recurso humano, o odontolegista.

A perícia em corpos humanos para fins de identificação é uma tarefa multidisciplinar que envolve médicos e odontolegistas. Recomenda-se a presença dos dois profissionais durante a abertura do volume e o exame do conteúdo. Entretanto, existem procedimentos inerentes ao campo da Odontologia Forense que, quando indicados, devem ser executados pelo perito odontolegal ou supervisionados por este, como ressaltou Botha (1986).

Os médicos legistas não estão habilitados legalmente para elaborar uma descrição de um laudo com achados típicos odontológicos. Para tal feito se faz necessária a presença de um odontolegista dentro do IML, que deve coletar e analisar todas as informações de caráter odontolegal que possam contribuir para a identificação das vítimas. Esse é o profissional mais capacitado para realizar os exames comparativos *ante* e *post mortem* com a precisão que a admirável tarefa exige, segundo afirma Almeida (2000).

A identificação odontológica baseia-se no exame comparativo entre os dados contidos na ficha clínica do suposto fornecida pelo cirurgião-dentista e o exame odontolegal realizado pelos peritos no cadáver. Coincidências entre os dois documentos devem ser estabelecidas para a positivação da identidade, entretanto, ainda que não haja absoluta coincidência, e desde que não se evidencie nenhuma discrepância ou exclusão, há possibilidade de identificação, como salienta Barsley (1993).

É ponto pacífico na literatura nacional que, para o uso desse método, não existe um número mínimo de concordâncias a serem constituídas, em analogia às impressões digitais, sendo no Brasil sugeridos 12 pontos em comum para estabelecer a identidade. A presença de características relevantes fica a cargo do perito, e uma singularidade apenas pode ser decisiva para a conclusão da perícia.

É mandatório que os peritos sejam explícitos e concisos com relação à metodologia adotada para a referida conclusão, dirimindo obscuridades ou contradições em seus laudos.

A perícia é realizada pelos peritos mediante uma análise comparativa entre o prontuário clínico odontológico elaborado em vida e os achados obtidos pelos exames diretos (exame clínico) e indiretos (exame radiográfico e fotografias) do cadáver, constituindo o elemento fundamental do conjunto de procedimentos que finalizarão a identificação.

Para exemplificar, demonstraremos algumas partes dos laudos periciais realizados nos anos de 2007 a 2010 no IMLNR, em que a participação do perito odontolegal foi decisiva no processo de identificação das vítimas.

Exemplo 1

Em 2009, uma perícia foi realizada no Setor de Antropologia Forense do Instituto Médico-Legal Nina Rodrigues – Salvador-Bahia/Brasil, a partir de uma requisição da autoridade policial, solicitando a identificação por meio do exame antropológico de uma ossada infantil encontrada em uma cisterna. Na entrevista com os familiares foram coletados dados secundários que nortearam a identificação, como vestes no dia do desaparecimento, tipo de cabelo e adornos. O suposto era uma criança desaparecida do sexo feminino, com 7 anos de idade, melanoderma. A ossada encontrada apresentava mandíbula e maxila com dentição mista. A documentação odontológica foi fornecida pelo hospital público que realizou o tratamento dentário.

Foi utilizada a metodologia descrita por Cardoso & Saunders para determinação do sexo. A idade foi estimada por meio da tabela desenvolvida por Nicodemo, Moraes & Médici Filho e pela análise do fechamento das cartilagens epifisárias, utilizando a metodologia descrita por Alcântara. O fenótipo cor da pele foi determinado como melanoderma pelo formato das cúspides do primeiro molar inferior e pelo aspecto dos cabelos.

ENTREVISTA COM A FAMÍLIA DO SUPOSTO
IDENTIFICAÇÃO DO INFORMANTE
Nome: xxxxxxxxxxxxx   *RG: xxxxxx*
grau de parentesco: **mãe biológica**
Idade: xx anos
Endereço: xxxxx
Telefones: resid.: xxx   com.: xxx   cel.: xxxx

DADOS DO SUPOSTO
Nome: xxxxxxxxxxxxxxxxx
Data do nascimento: xx/xx/2002 – sexo: feminino
Endereço: o mesmo da mãe

INFORMAÇÕES GERAIS
Estatura: ± 1 metro
Cor da pele: melanoderma
Cabelos: pretos, encarapinhados, no ombro
Vestes no dia do desaparecimento: "calça comprida preta de malha, camisa sem manga, verde, com fita amarela nos ombros e estampa da bandeira do Brasil pequena no peitoral, calcinha azul-marinho"
Sem adorno nenhum

INFORMAÇÕES DE INTERESSE MÉDICO-LEGAL
Relata que a criança não apresenta nenhuma fratura óssea, patologias ósseas, próteses metálicas ou qualquer outra informação de interesse.

INFORMAÇÕES DE INTERESSE ODONTOLEGAL
Já fez tratamento odontológico? Sim
Tem algum dente fraturado? Não
Já extraiu – arrancou – algum dente? Sim – "acha que arrancou um dente de leite"

A extração foi recente? Não

Já fez tratamento endodôntico – tratamento de canal? Não

Já fez alguma radiografia odontológica? Não

Tem dentes separados? Sim – "os da frente são um pouco"

Tem alguma característica diferente em relação a seus dentes ou boca? Não

Tem dentes encavalados? Não

Usa aparelho ortodôntico? Não

Sabe o endereço ou o nome e telefone do dentista que realizou tratamento? Sim

NOME: DRª XXXXX

Endereço: Hospital PúblicoXXXXXXX

TERMO DE RESPONSABILIDADE

*Eu, **XXXXXXXXXXXXXXXXXXX**, MÃE BIOLÓGICA, assumo inteira responsabilidade pelo material do suposto **XXXXXX** abaixo discriminado que servirá ao processo comparativo de identificação médico e odontolegal a cargo do Setor de Antropologia do Instituto Médico-Legal Nina Rodrigues.*

DOCUMENTAÇÃO APRESENTADA

01 ficha odontológica

03 retratos

01 xerox da certidão de nascimento

01 xerox do cartão de atendimento no hospital municipal de nº xxxxx, datado de xx/xx/02

RECEPÇÃO DO MATERIAL DE PERÍCIA

Descrição do volume e conteúdo: *foi recebido e fotografado em xx/xx/2009, acondicionado em bandeja metálica, um corpo em avançado estado de decomposição.*

SELEÇÃO DO MATERIAL A SER PERICIADO

Das peças ósseas

Do material recebido para exame, depois de reconstituído e avaliado dentro do critério antropológico, disposto na sequência anatômica no sentido craniocaudal, foram selecionadas, para exame, as peças abaixo distribuídas (Figura 15.123):

- *Ossos do crânio: um frontal, dois parietais, um occipital, dois temporais, um etmoide, um esfenoide.*
- *Ossos da face: dois lacrimais, dois nasais, dois maxilares, dois zigomáticos, dois palatinos, duas conchas nasais inferiores, uma mandíbula e um vômer.*
- *Ossos da coluna: 06 vértebras cervicais, 12 torácicas e 05 lombares.*
- *Ossos do segmento torácico: esterno (manúbrio e corpo); 12 arcos costais direitos e 12 arcos costais esquerdos.*
- *Ossos da cintura escapular e dos membros superiores: 02 clavículas; 02 omoplata direito; 02 úmeros; 02 rádios; 02 ulnas.*
- *Ossos da cintura pélvica e dos membros inferiores: 02 fêmures; 02 tíbias; 02 fíbulas; 02 ílios; 02 ísquios; 02 púbis; 01 calcâneo esquerdo; 01 tálus esquerdo.*
- *Ossos menores: 26 ossos menores.*

Das peças de vestuário

Peça 01

Camisa de malha infantil, na cor verde, com viés amarelo percorrendo a gola e as mangas onde termina com um laço de cada lado, contendo um desenho da bandeira do Brasil no peitoral (Figura 15.124).

Peça 02

Calça de malha infantil na cor preta, com um desenho de um urso na coxa esquerda (Figura 15.125).

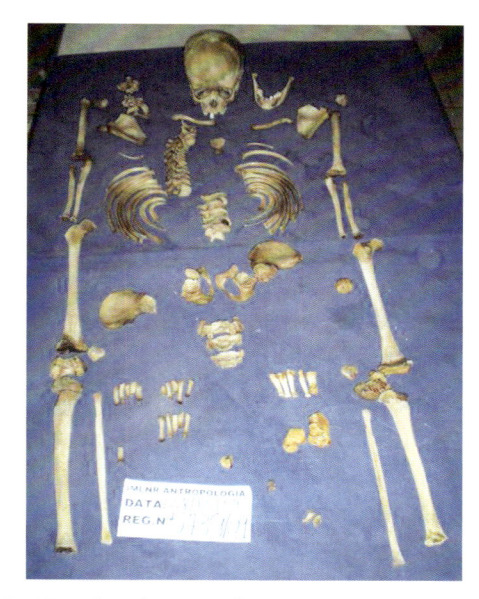

Figura 15.123 ▶ Ossada arrumada em posição anatômica após a limpeza para estudo

Figuras 15.124

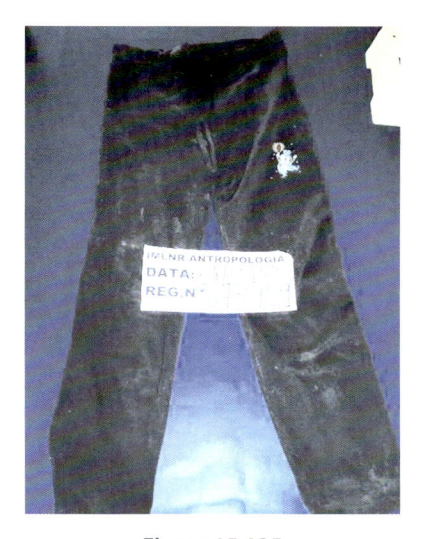

Figura 15.125

Peça 03
Calcinha infantil de malha com a linha de costura na cor azul-escura (Figura 15.126).

Dos cabelos
    Trata-se de cabelos ulótricos, do tipo acentuadamente crespo, encarapinhado ou mesmo espiralado de tonalidade natural castanho-escuro, com adorno de elástico branco (Figura 15.127).

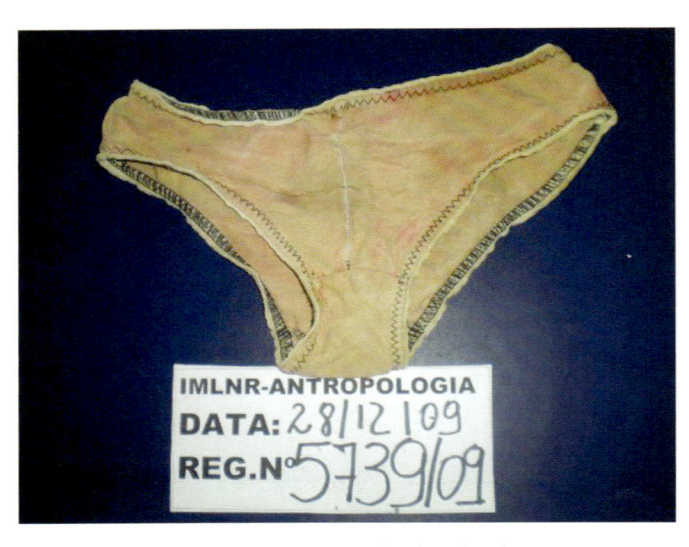

Figura 15.126 ▶ Calcinha infantil

Figura 15.127 ▶ Cabelos e adorno

ESTUDO DAS LESÕES DE VIOLÊNCIA EXTERNA
Não se identificaram lesões ósseas sugestivas de violência.

AVALIAÇÕES ANTROPOLÓGICAS
Estudos do crânio e face
Trata-se de crânio infantil, normalmente constituído, sem deformidades anatômicas. Maxilares, vômer, palatinos, malares, nasais, lacrimais, conchas inferiores sem alterações dignas de registro. Ausência do osso hioide, mandíbula infantil, normalmente constituída e delicada.

Estudo das suturas cranianas
Observam-se, nesta perícia, as seguintes características nas sinostoses das suturas cranianas:

Mediofrontal – Face externa fechada com sinais da sutura metópica
Frontoparietal – Face externa aberta
Biparietal – Face externa aberta
Parieto-occipital – Face externa aberta
Temporoparietal – Face externa aberta

Estudo das vértebras
Ossos sem alteração morfológica digna de registro com características de um esqueleto infantil.

Estudo do esterno
Ossos sem alteração morfológica digna de registro com características de um esqueleto infantil. Apresentando apenas o manúbrio e um segmento do corpo (Figura 15.128).

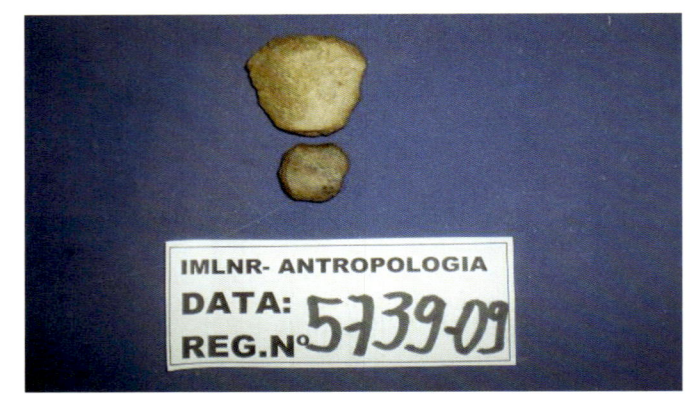

Figura 15.128 ▶ Esterno infantil

Estudo da clavícula, das omoplatas e das costelas
Ossos sem alteração morfológica digna de registro com características de um esqueleto infantil.

Estudo dos úmeros, dos rádios e das ulnas
Ossos sem alteração morfológica digna de registro com características de um esqueleto infantil (Figura 15.129).

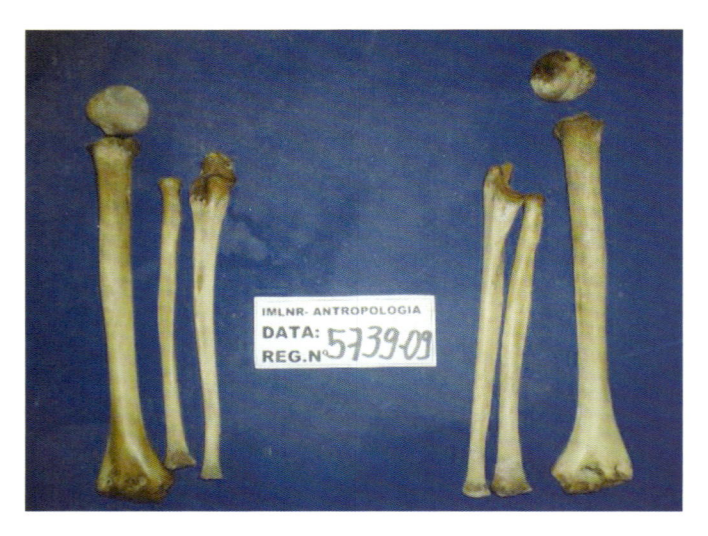

Figura 15.129 ▶ Ossos longos superiores com as epífises separadas

Estudo da Pelve

Ossos sem alteração morfológica digna de registro com características de um esqueleto infantil, com os ossos da pelve não fusionados (Figura 15.130).

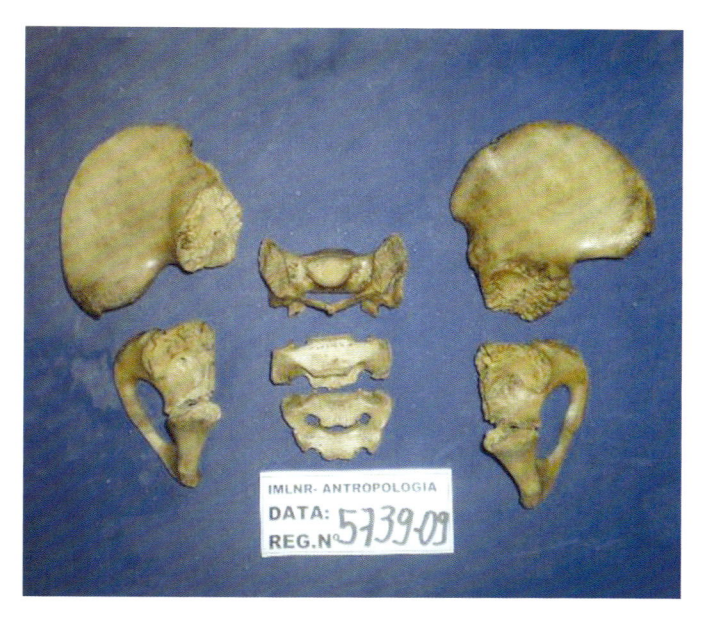

Figura 15.130 ▸ Sacro e ilíacos não fusionados

Estudo dos fêmures, das fíbulas e das tíbias

Ossos sem alteração morfológica digna de registro com características de um esqueleto infantil (Figura 15.131).

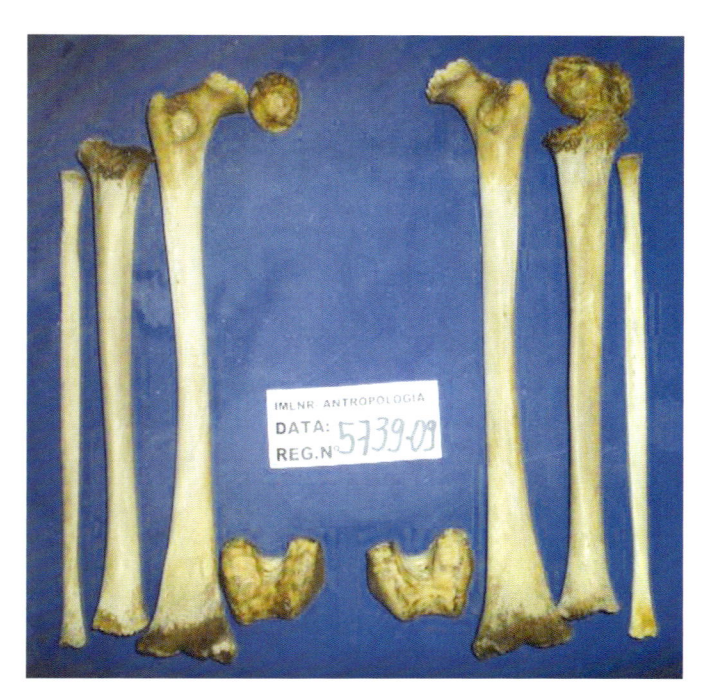

Figura 15.131 ▸ Ossos longos inferiores e epífises separadas

Estudo de outros ossos

Ossos sem alteração morfológica digna de registro com características de um esqueleto infantil.

Estudo do fechamento das cartilagens epifisárias

	Direita	Esquerda
Epífise medial clavícula	aberta	aberta
Rádio distal	aberta	aberta
Trocânter maior do fêmur	aberta	aberta
Tíbia proximal	aberta	aberta
Fêmur cabeça e trocânter menor	aberta	aberta
Úmero cabeça	aberta	aberta
Omoplata acrômio	aberta	aberta
Crista ilíaca	aberta	aberta
Fêmur distal	aberta	aberta
Fíbula proximal	aberta	aberta
Tíbia distal	aberta	aberta
Rádio proximal	aberta	aberta
Úmero distal	aberta	aberta
Isquiopubiana	fechada	
Crista ilíaca	aberta	
Sacro S1-S2	aberta	
Sacro S2-S3	aberta	
Sacro S3-S5	aberta	
Metatarsianos	abertos	

EXAME COMPARATIVO ODONTOLEGAL

Na ficha odontológica entregue pelos familiares constam as seguintes informações (Figuras 15.132 a 134):
Na frente desta ficha ante mortem constam as seguintes informações:
Nome: XXXXX
Data de nascimento: xx/xx/02
Endereço: xxxxxxxxxxxx
Início do tratamento: xx/xx/07
Na anamnese: Escova os dentes? Sim.
Tem algum problema de saúde? Sim. Quais: asma

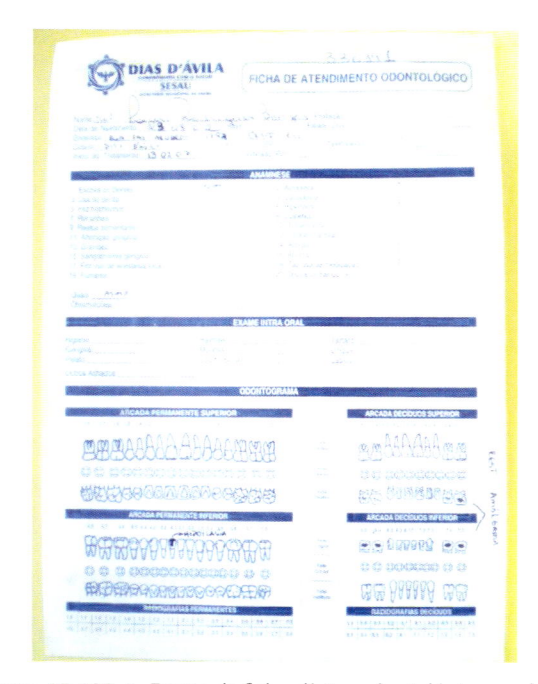

Figura 15.132 ▸ Frente da ficha clínica odontológica recebida

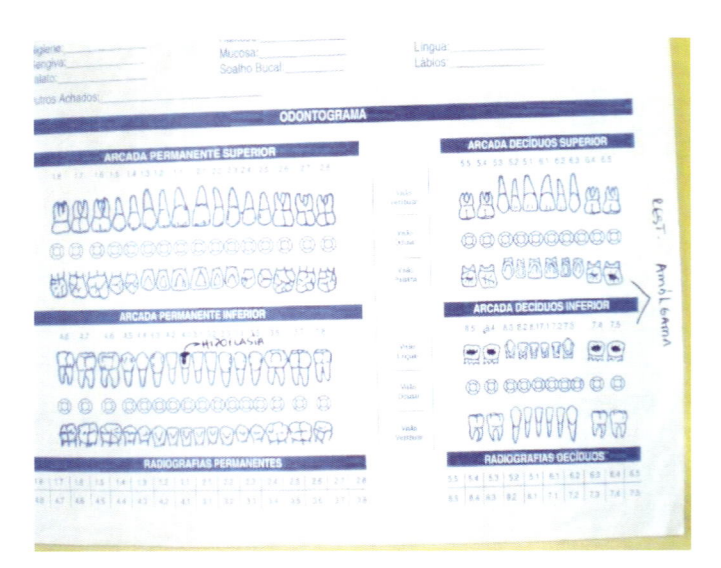

Figura 15.133 ▶ Detalhe do tratamento realizado nas unidades dentárias

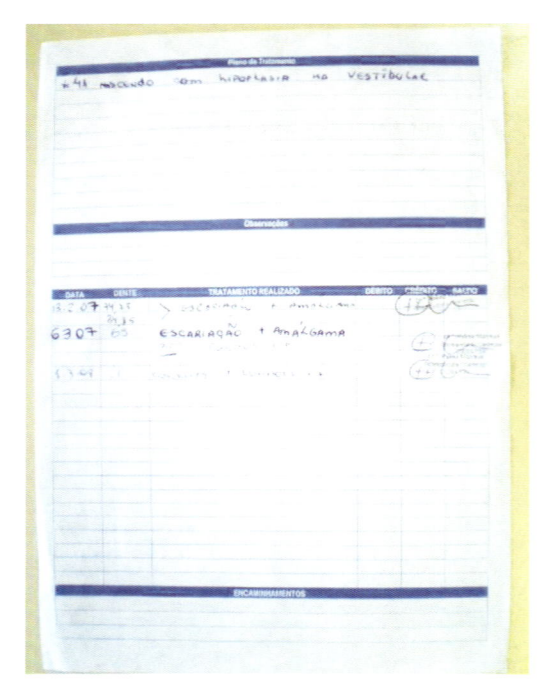

Figura 15.134 ▶ Verso da ficha clínica odontológica recebida

Odontograma ante mortem:

Estão assinalados com desenhos serviços realizados descritos como restaurações em amálgama nas unidades: 65, 74, 75, 84, 85. Hipoplasia na unidade 41 (Figura 15.133).

No verso dessa ficha constam as seguintes informações (Figura 15.134):

41 nascendo com hipoplasia na vestibular
13/02/07: escariação + amálgama
06/03/07: escariação + amálgama, controle + F
08/07/08: consulta + controle + F

Em todos os tratamentos constam o carimbo e a assinatura da Drª xxxx, Odontopediatria/Dentística, CRO-BAXXXX

Odontograma post mortem:

No odontograma post mortem realizado nos arcos dentários da vítima foram observados:

- *A criança possui dentição mista: as unidades 16, 26, 11, 41, 36 e 46 são permanentes e as demais presentes são decíduas. Todas as unidades examinadas estão em negrito.*

		Descrição	M	D	O	V	L	P
18		Ausente						
17		Germe dentário						
16		Hígido						
15	**55**	Hígido						
14	**54**	Cárie		X	X			
13	**53**							
12	**52**	Perda *post mortem*						
11	**51**	Hígido						
21	**61**	Perda *post mortem*						
22	**62**	Perda *post mortem*						
23	**63**	Perda *post mortem*						
24	**64**	Cárie	X		X			
25	**65**	Rest. amálgama			X			
26		Hígido						
27		Germe dentário						
28		Ausente						
38		Ausente						
37		Germe dentário						
36		Hígido			X			
35	75	Rest. amálgama			X			
34	74	Rest. amálgama						
33	73	Perda *post mortem*						
32	72	Hígido						
31	71	Perda *post mortem*						
41	81	Perda *post mortem*						
42	82	Perda *post mortem*						
43	83	Perda *post mortem*						
44	84	Rest. amálgama			X			
45	85	Rest. amálgama			X			
46		Hígido						
47		Ausente						
48		Ausente						

LEGENDA
FACES:
M – mesial, **D** – distal, **O** – oclusal, **V** – vestibular, **L** – lingual, **P** – palatina, **H** – hígido, **A** – ausente, **C** – cáries, **RA** – restauração em amálgama, **RR** – restauração em resina, **RP** – restauração provisória, **RIV** – restauração em ionômero de vidro, **RRad** – resto radicular, **S** – selante, **N** – núcleo metálico, **RMF** – restauração metálica fundida, **PPR** – prótese parcial removível, **PT** – prótese total, **PF** – prótese fixa, **COP** – coroa de porcelana, **COP** – coroa provisória, **CMP** – coroa metaloplástica, **CMC** – coroa metalocerâmica, **ON** – *onlay* de porcelana, **TE** – tratamento endodôntico (1, 2 ou 3 condutos), **EXO** – exodontia, **I** – implante.

Análise da Estimativa da Idade

No estudo da estimativa da idade desenvolvido por Nicodemo, Moraes & Médici Filho são analisados os estágios de mineralização dos dentes permanentes por meio de tomadas radiográficas (Figura 15.135 *A–D*), classificados em oito estágios, como mostram a Figura 15.136 (Anexo A) e a Tabela 15.19.

Comparando o resultado obtido no exame radiográfico da vítima com a tabela apresentada pelos autores citados observa-se:

Discussão

Estudo da Espécie

Determinação

A partir das análises técnicas realizadas, os peritos concluem que os ossos exibem características anatômicas próprias e incontestáveis, compatíveis com ossos da espécie humana.

Estudo do Tempo de Morte

Cronologia

No estudo das peças periciadas, observa-se que elas se encontram conservadas, com características anatômicas preservadas. Em razão de condições climáticas, maior ou menor umidade do ar, tipo de terreno, presença de fauna cadavérica, topo de legionário envolvido na decomposição da matéria orgânica, as condições de conservação do corpo podem ser as mais variadas possíveis. Na cronologia da morte para estudo comparativo convém considerar as seguintes observações: corpo encontra-se no estágio de absorção de humores e início da fase de dissecação.

Determinação do Sexo

Utilizando a metodologia descrita por Cardoso & Saunders, estimou-se que a ossada em questão apresenta características compatíveis com o sexo feminino (Cardoso HFV, Saunders SR. Two arch criteria of the ilium for sex determination of immature skeletal remains: A test of their accuracy and an assessment of intra- and inter-observer error. Forensic Sci Int 2008; 178: 24-9).

Estimativa do Fenótipo Cor da Pele

As metodologias estudadas foram:

- O aspecto da cúspide do primeiro molar pemanente: estrelado.
- O aspectos dos cabelos: ulótricos.

Isso possibilitou a estimativa de que o material tenha pertencido a indivíduo com fenótipo cor de pele de características mestiças, com predominância melanoderma.

Estimativa da Estatura

Utilizando a metodologia descrita por Smith, estimou-se a estatura em 117 + 2,46cm (Smith SL. Stature estimation of 3-10-year old children from long bones lengths. J Forensic Sci 2007; 52(3): 538-46).

Estimativa da Idade

A estimativa de idade mediante a análise dos elementos dentários apresenta um grau de confiabilidade muito grande, uma vez que os elementos dentários

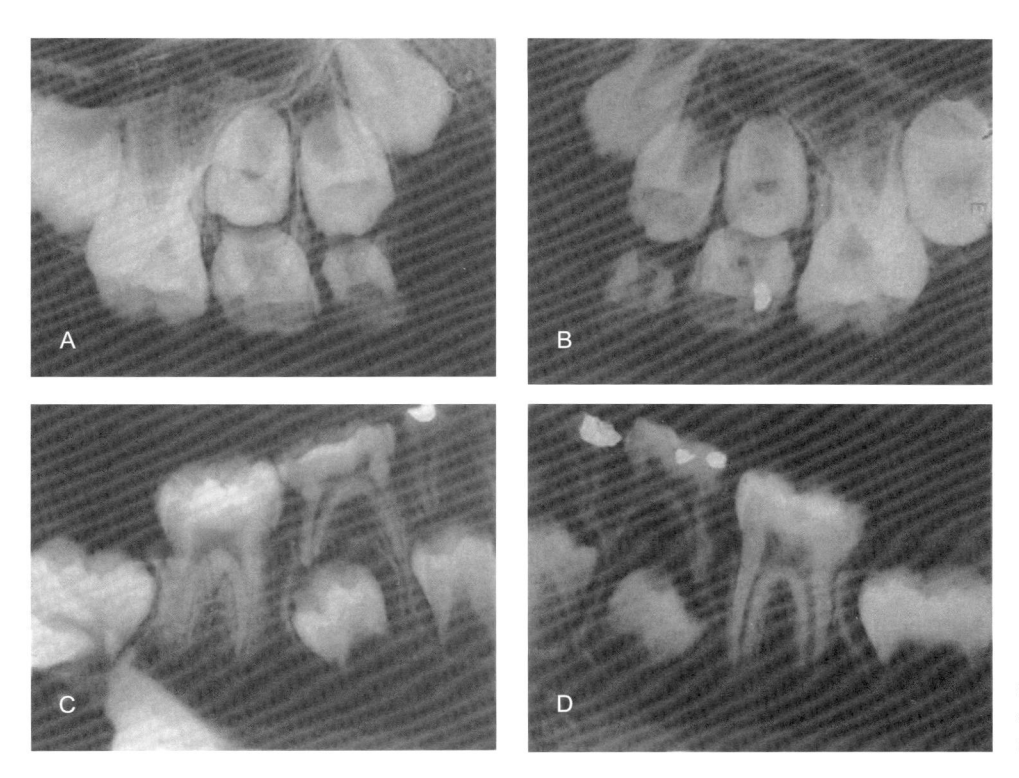

Figura 15.135 ▶ Radiografias periapicais *post mortem* da maxila (**A** e **B**) e da mandíbula (**C** e **D**)

ANEXO A

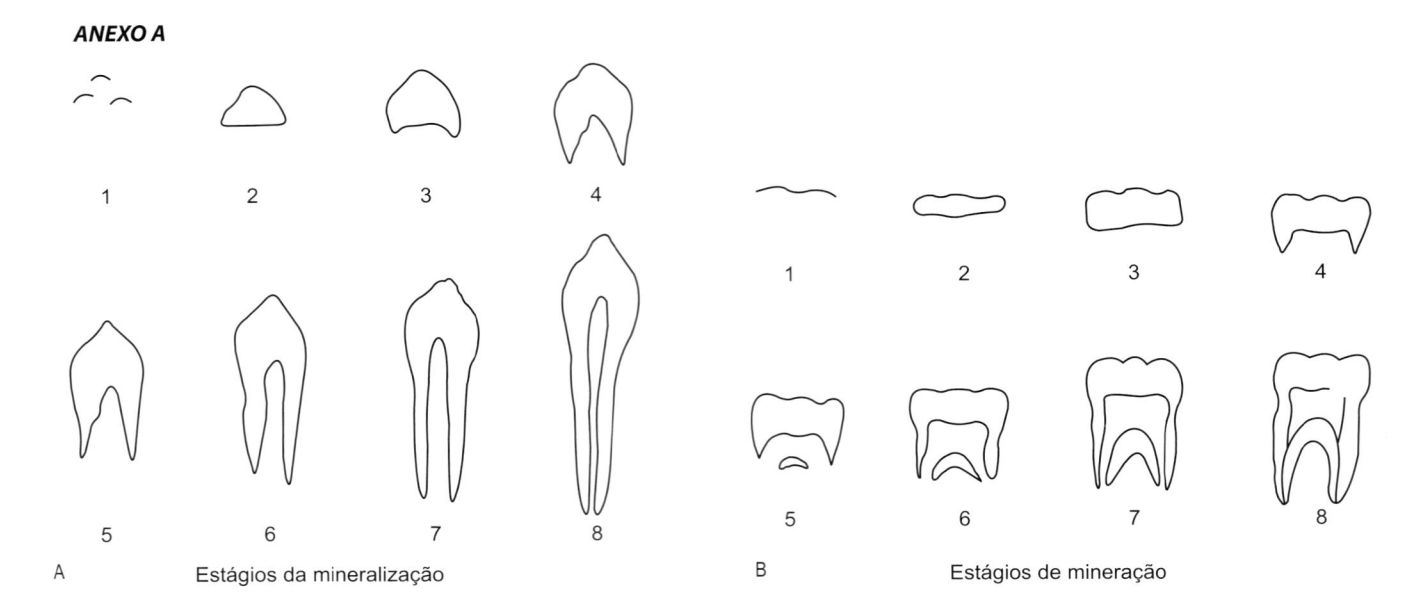

A   Estágios da mineralização   B   Estágios de mineração

Figura 15.136 ▸ Estágios de mineralização dos dentes unirradiculares (**A**) e multirradiculares (**B**)

Tabela 15.19 ▸ Tabela de Nicodemo, Moraes e Médici Filho

DENTE	1ª evidência de mineralização	1/3 da coroa	2/3 da coroa	Coroa completa	Início da formação radicular	1/3 da raiz	2/3 da raiz	Término apical
SUPERIORES								
Incisivo central	5-7	8-15	19-30	36-57	60-78	75-90	87-108	100-116
Incisivo lateral	9-15	24-30	33-57	54-72	72-88	84-102	96-112	105-117
Canino	5-6	12-33	36-60	60-78	76-87	90-114	111-141	126-156
Primeiro pré-molar	27-36	48-66	57-75	78-96	87-108	102-126	117-133	129-159
Segundo pré-molar	36-54	51-66	66-84	78-102	93-117	105-129	117-144	141-159
Primeiro molar	1-6	6-16	18-30	36-48	54-66	66-84	75-96	90-104
Segundo molar	39-57	52-66	69-84	81-102	102-126	120-135	129-153	150-162
Terceiro molar	90-132	96-138	102-156	138-174	162-193	180-204	192-234	216-246
INFERIORES								
Incisivo central	3,9-61	9-12	18-27	28-45	48-68	60-78	76-96	90-102
Incisivo lateral	4,6-58	7-12	18-30	18-66	54-78	68-88	80-99	92-102
Canino	4-7	8-30	24-54	51-72	69-93	84-108	105-135	129-156
Primeiro pré-molar	27-36	45-60	51-72	69-90	84-102	102-126	114-141	132-156
Segundo pré-molar	33-54	48-63	66-81	78-96	93-144	108-132	117-144	141-159
Primeiro molar	1-6	6-12	18-28	18-45	54-66	57-81	78-96	90-104
Segundo molar	39-60	51-66	72-87	84-105	102-126	117-135	129-153	150-165
Terceiro molar	90-132	96-138	102-156	138-174	162-198	180-204	192-234	216-246

sofrem pouca interferência de fatores endógenos ou exógenos. Observou-se, por meio de estudos, que para estimativa de idades inferiores aos 7 anos os elementos dentários oferecem uma margem de acerto que varia de poucos dias a, no máximo, 6 meses.

No estudo da estimativa da idade desenvolvido por Nicodemo, Moraes & Médici Filho são analisados os estágios de mineralização dos dentes permanentes por meio de tomadas radiográficas (Tabela 15.19 e Figura 15.136). A tabela desenvolvida por essa metodologia torna possível a estimativa de que a idade mínima e máxima do indivíduo periciado esteja entre 76,5 e 96 meses, correspondente ao intervalo entre 6,3 e 8 anos, o que fornece uma média de idade em 7,1 anos.

A análise do fechamento das cartilagens epifisárias permite estimar uma idade entre 6 e 10 anos (Alcântara, 2006).

CONCLUSÃO
Fundamentados nas avaliações morfológicas e nos dados técnicos obtidos, os peritos oferecem as seguintes conclusões:

O sexo foi determinado como feminino pelo estudo dos arcos do osso ílio.

A estimativa da estatura foi de 117cm.

A estimativa da etnia foi determinada como melanoderma pelo formato das cúspides do primeiro molar inferior e pelo aspecto dos cabelos.

Mediante a comparação entre a descrição das vestes fornecida pela mãe da suposta no dia do desaparecimento e o exame das vestes realizado pelos peritos, é possível concluir que existe total compatibilidade entre eles, fato firmado através do auto de reconhecimento descrito no Anexo B.

Os estudos antropológicos e antropométricos, assim como o exame comparativo odontolegal realizado entre a ficha odontológica encaminhada pelos familiares e os achados decorrentes dos exames diretos nos arcos dentários e indiretos (fotografias e RX) feitos pelos peritos, permitem observar que não existem elementos odontológicos excludentes, conflitantes ou discrepantes.

Diante do exposto afirmou-se que o corpo registrado neste Instituto sob nº XXX é da suposta criança desaparecida, nominada XXXXXXXX, não sendo necessários outros exames complementares para positivar a identificação.

ANEXO B
Auto de reconhecimento de pertences reg: 5739/09
Aos vinte e nove dias de dezembro de dois mil e nove, compareceu a este Instituto no Setor de Antropologia o Sr(a). XXXXX, RG XXXX, SSP/BA, residente na XXXXXX, mãe biológica da suposta para proceder ao reconhecimento das vestes encontradas junto ao corpo da suposta, ora nominada como XXXXXX, encontrada em XXXXXX.

Foram apresentadas as vestes de uma criança: camisa de malha infantil, na cor verde, com viés amarelo percorrendo a gola e as mangas onde termina com um laço de cada lado, contendo um desenho da bandeira do Brasil no peitoral. Calça de malha infantil na cor preta, com um desenho de um urso na coxa esquerda. Calcinha infantil de malha com a linha de costura na cor azul-escura, tendo sido reconhecida

como pertencente a menor de idade XXXXXXX pelo reconhecedor.

Nada mais a ser declarado, firmo como verdadeiras as informações acima descritas.
Salvador XX/XX/2009.
Assinatura do reconhecedor

Comentário do Caso

Nessa perícia foi utilizado como método de identificação primário o exame odontolegal e como método secundário o exame das vestes os quais, em associação, positivaram a identificação da ossada, não sendo necessários outros exames complementares para este fim.

As metodologias nacionais para o estudo de ossadas infantis são escassas, sendo utilizado um método para determinação do sexo descrito no laudo que permitiu a obtenção desse dado relevante.

Ressalta-se também a importância de se lavrar um auto de reconhecimento de veste e pertences firmado pelos parentes biológicos da vítima (conforme mostra o anexo B anteriormente).

Exemplo 2

Em 2009 houve um acidente aéreo na Bahia, vitimando 14 pessoas, sendo 10 adultos (cinco do sexo masculino e cinco do sexo feminino) e quatro crianças (duas do sexo masculino e duas do sexo feminino). Os peritos realizaram entrevistas com os familiares das vítimas para coletar dados secundários relevantes sobre vestes e adornos e documentação odontológica (ficha clínica, radiografias periapicais e panorâmicas, modelos de gesso) primordiais para o exame comparativo *ante* e *post mortem*. A documentação *ante mortem* foi enviada por *e-mail*.

RECEPÇÃO DO MATERIAL DE PERÍCIA
1. Do volume:
Volume correspondente a saco plástico de cor preta, identificado como "CORPO n. 4" pelo IML de XXXXX. Havia também fragmentos de tecido próximos a esse corpo (Figura 15.137).

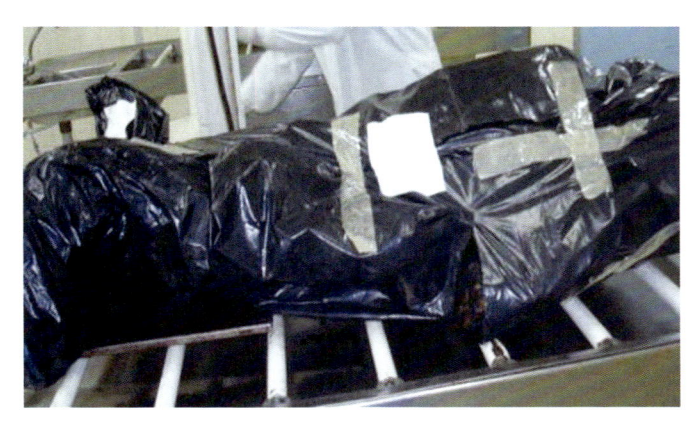

Figura 15.137 ▶ Volume envolto em saco plástico preto

2. Do conteúdo:

Cadáver humano carbonizado, com mutilações traumáticas; outras peças (vide descrição abaixo). Este corpo foi registra-do como **Ignorado n. 4 sob registro XXXX/2009** *no Institu-to Médico-Legal Nina Rodrigues-BA e encaminhado à sala de tanatologia para exame necroscópico, realizado pelo Dr.* **XXXXXXXXXXXXXXXXXXX** *(Figuras 15.138 a 15.140).*

Figura 15.138 ▸ Detalhe da identificação do volume

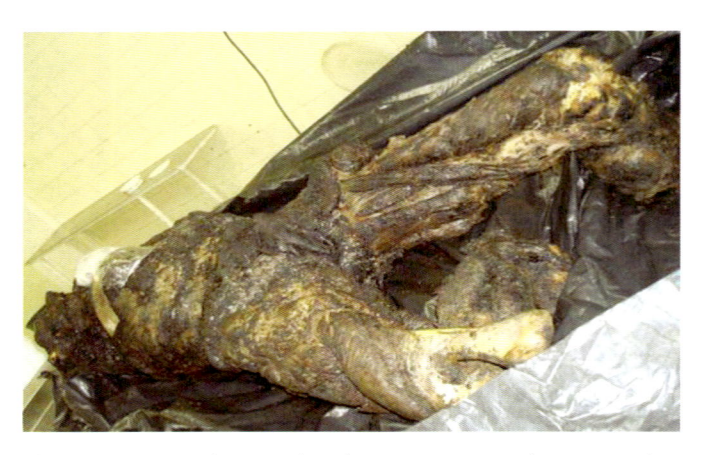

Figura 15.139 ▸ Abertura do volume e exposição do corpo carbo-nizado

Figura 15.140 ▸ Abertura do volume e exposição do corpo carbo-nizado

3. Das vestes, objetos pessoais e outras peças:
Peça 01

Oito fragmentos de tecido similares, compatível com tecido tipo algodão, com sinais de carbonização, o maior medindo 150 × 35 mm e o menor medindo 60 × 15 mm (Figura 15.141).

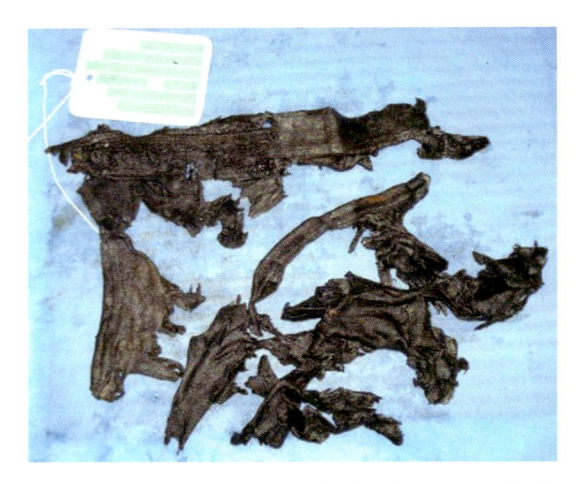

Figura 15.141 ▸ Fragmentos carbonizados das vestes após a limpeza

4. Do material encaminhado para o Serviço de Antropolo-gia para identificação médico-legal:

Maxilares e Mandíbula

5. Do exame antropológico:
Dados de interesse médico-legal
Ao exame odontolegal, constatou-se:

DESCRIÇÃO
Na ficha odontológica entregue pelos familiares constam as seguintes informações (Figura 15.142):

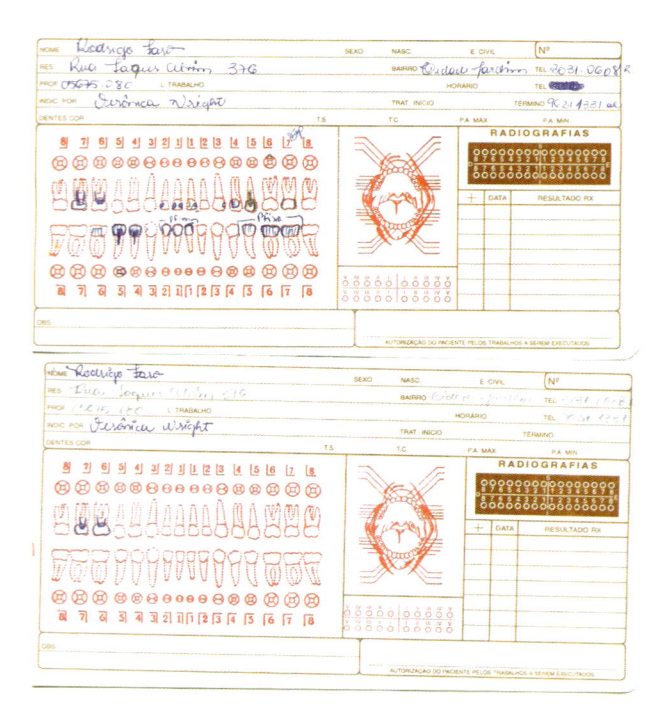

Figura 15.142 ▸ Frente da ficha odontológica recebida

Odontograma ante mortem:

Nesta ficha ante mortem estão assinalados com desenhos serviços realizados sugestivos de próteses e restaurações nas unidades 17, 16, 11, 12, 21, 23, 24, 25, 27, 44, 45, 46.

Descrito por escrito: Prótese Fixa na região anterior (unidades 41, 42,43) e outra Prótese Fixa na região posterior direita (unidades 35, 36,37) (Figura 15.142).

Em correspondência enviada, por e-mail, pelo cirurgião-dentista da vítima, constam as seguintes informações, transcritas na íntegra, referentes ao verso da ficha:

DR. XXXXXXXXXXXX
CIRURGIÃO-DENTISTA
NOME:XXXXXXXXXXX

Elementos 42, 41 e 31 → 3 elementos de ponte fixa metalocerâmica

Elementos 35, 36 e 37 → 3 elementos de ponte fixa metalocerâmica

Elemento 46 → incrustação em resina

Elementos 44 e 45 → 2 tratamentos endodônticos; 2 núcleos metálicos fundidos de ouro; 2 coroas metalocerâmicas

Elementos 16 e 17 → 2 tratamentos endodônticos; 2 núcleos metálicos fundidos de ouro; 2 coroas metalocerâmicas

Elemento 25 → 1 tratamento endodôntico; 1 núcleo metálico fundido de ouro; 1 coroa metalocerâmica

Elemento 24 → incrustação em resina

Elemento 27 → 1 coroa metalocerâmica

Elementos 11, 12, 21, 22 e 23 → restaurações em resina composta fotopolimerizável.

Rua xxxxxxxxxx andar – conjunto xxx

Telefones: xxxxxxx celular: xxxxxxxx residência: xxxxxxxxxx

EXAME ODONTOLEGAL post mortem:

Foram encaminhados para exame Mandíbula e Maxila de um indivíduo adulto do sexo masculino.

Descrição da mandíbula

Perda total do ramo esquerdo, tábua óssea externa do corpo e da base devido à carbonização (Figura 15.143).

Descrição da maxila.

Maxila articulada na sutura palatina apresentando perda da tábua óssea vestibular na região de bateria anterior, estendendo-se do canino direito ao canino esquerdo com perda coronária dessas unidades devido à carbonização (Figura 15.144).

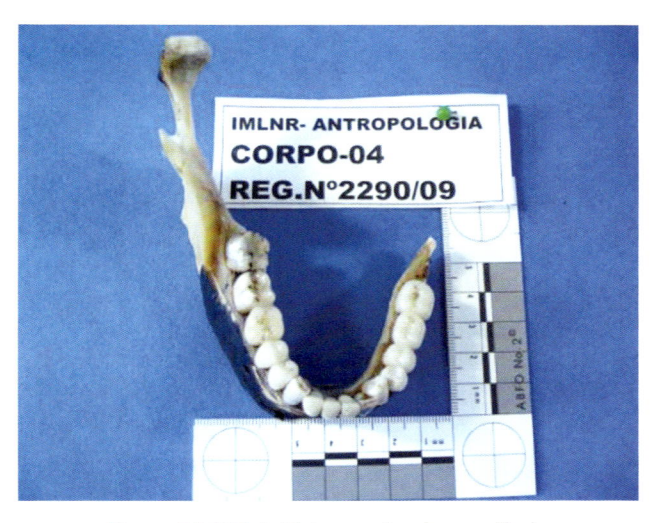

Figura 15.143 ▶ Vista superior da mandíbula

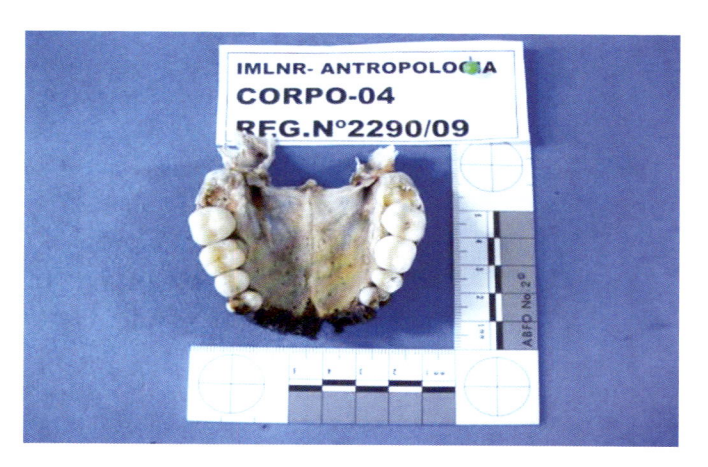

Figura 15.144 ▶ Vista superior da maxila

No Odontograma *post mortem* realizado nos arcos dentários da vítima foram observados:

		Descrição	M	D	O	V	L	P
18		Incluso						
17		CMC (coroa metalocerâmica)						
16		CMC (coroa metalocerâmica)						
15	55	Sugestivo RR (MOD)	X	X	X			
14	54	Sugestivo RR (MOD)	X	X	X			
13	53	Perda coronária por manipulação						
12	52	Perda coronária por manipulação						
11	51	Alvéolo vazio						
21	61	Perda coronária por manipulação						
22	62	Perda coronária por manipulação						
23	63	Perda coronária por manipulação						
24	64	Sugestivo RRFOTO (MOD)	X	X	X			
25	65	COP (coroa de porcelana)						
26		COP (coroa de porcelana)						
27		COP (coroa de porcelana)						
28		Ausente						
38		Ausente						
37		Pilar de PF. (MC)						
36		Pôntico de PF. (MC)						
35	75	Pilar de PF. (MC)						
34	74	Hígido						
33	73	Hígido						
32	72	Hígido						
31	71	Pilar de PF. (MC)						
41	81	Pôntico de PF. (MC)						
42	82	Pilar de PF. (MC)						
43	83	Hígido						
44	84	CMC (coroa metalocerâmica)						
45	85	CMC (coroa metalocerâmica)						
46		ON (*onlay* de porcelana)						
47		Sugestivo RR (MOD) E (V)	X	X	X			
48		RR (MOD) RA(DV) grande	X	X	X			

LEGENDA
FACES:
M – mesial, **D** – distal, **O** – oclusal, **V** – vestibular, **L** – lingual, **P** – palatina, **H** – hígido, **A** – ausente, **C** – cáries, **RA** – restauração em amálgama, **RR** – restauração em resina, **RP** – restauração provisória, **RIV** – restauração em ionômero de vidro, **RRad** – resto radicular, **S** – selante, **N** – núcleo metálico, **RMF** – restauração metálica fundida, **PPR** – prótese parcial removível, **PT** – prótese total, **PF** – prótese fixa, **COP** – coroa de porcelana, **COP** – coroa provisória, **CMP** – coroa metalo-plástica, **CMC** – coroa metalocerâmica, **ON** – *onlay* de porcelana, **TE** – tratamento endodôntico (1, 2 ou 3 condutos), **EXO** – exodontia, **I** – implante.

DISCUSSÃO

No exame comparativo realizado no cadáver pelos peritos verificou-se:

Pontos coincidentes:

Há coincidência entre os serviços descritos na frente da ficha como Prótese Fixa na região anterior (unidades 41, 42,43) e outra Prótese Fixa na região posterior direita (unidades 35, 36,37) (Figuras 15.145 e 15.146) e estão descritas no e-mail enviado como: **"ELEMENTOS 42, 41 e 31 → 3 ELEMENTOS DE PONTE FIXA METALOCERÂMICA/ELEMENTOS 35, 36 e 37 → 3 ELEMENTOS DE PONTE FIXA METALOCERÂMICA"** em plena concordância com os elementos examinados nos arcos dentários do cadáver e exames radiográficos post mortem (Figuras 15.145 e 15.146) e RX post mortem (Figuras 15.147 e 15.148).

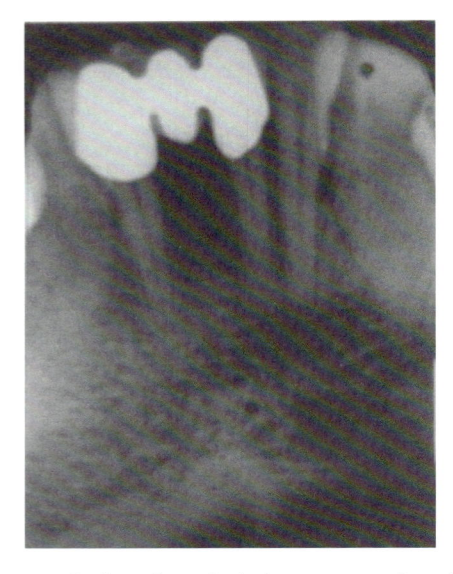

Figura 15.147 ▸ Radiografia periapical *post mortem* da região anterior

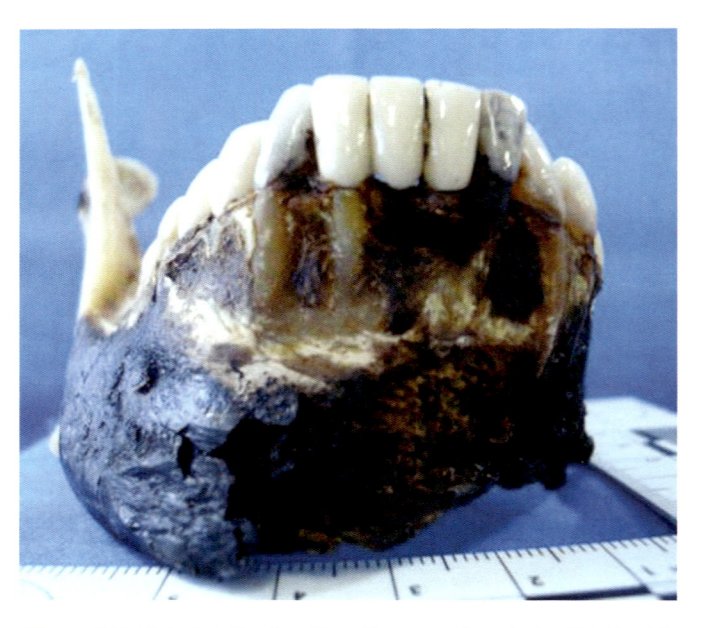

Figura 15.145 ▸ Detalhe da prótese fixa na região anterior (42, 41 e 31)

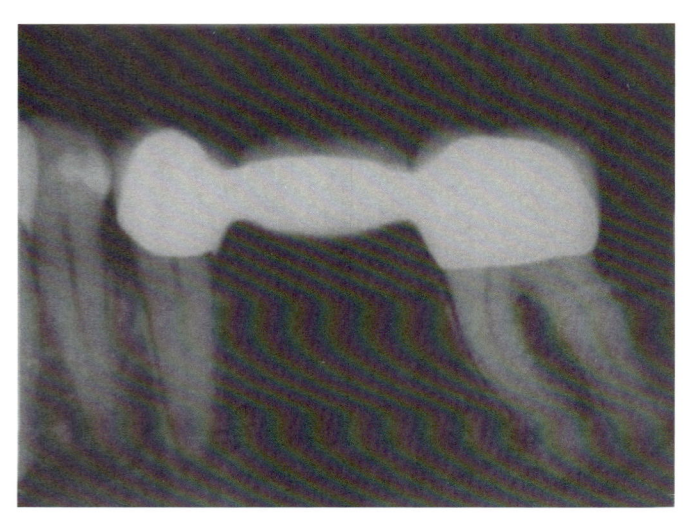

Figura 15.148 ▸ Radiografia periapical *post mortem* da região posterior

Foram encaminhadas 12 radiografias periapicais (RX), das quais 03 se prestaram para exame comparativo.

EXAME RADIOGRÁFICO COMPARATIVO ante mortem E post mortem

PRIMEIRA ANÁLISE

Pontos coincidentes:

Pelo exame radiográfico houve coincidências entre:

No RX (Figura 15.149) ante mortem são visualizados:

- Unidade 47 imagem radiopaca sugestiva de material restaurador nas faces (MOD e V).
- Unidade 46 tratamento endodôntico das raízes mesial e distal; imagem radiopaca sugestiva de material restaurador tipo prótese (bloco metálico ou onlay de porcelana ou de resina).
- Tratamento endodôntico na unidade 45 e imagem radiolúcida sugestiva de lesão periapical entre as unidades 46 e 45.
- Final do tratamento endodôntico na unidade 44.

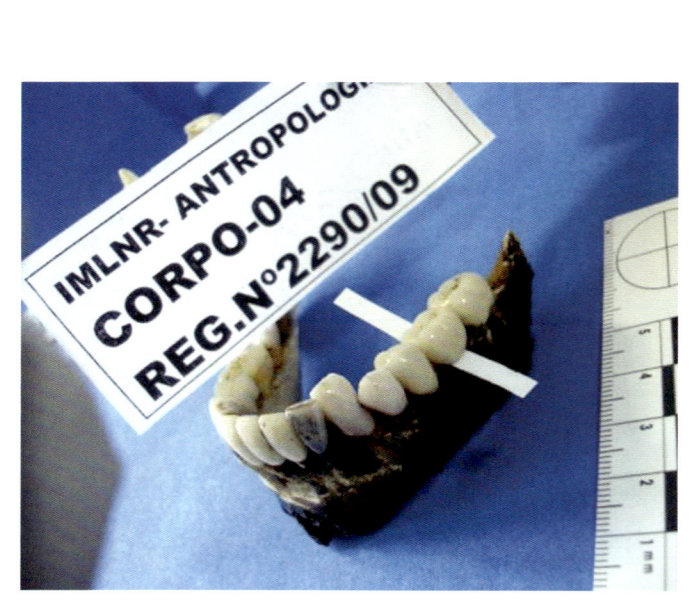

Figura 15.146 ▸ Detalhe da prótese fixa na região posterior (35, 36 e 37)

Em comparação com os RX (Figuras 15.150 e 15.151) post mortem há coincidências entre:

- *A imagem sugestiva do material restaurador e as respectivas faces da unidade 47.*
- *Os respectivos tratamentos endodônticos realizados nas unidades 46 e 45.*

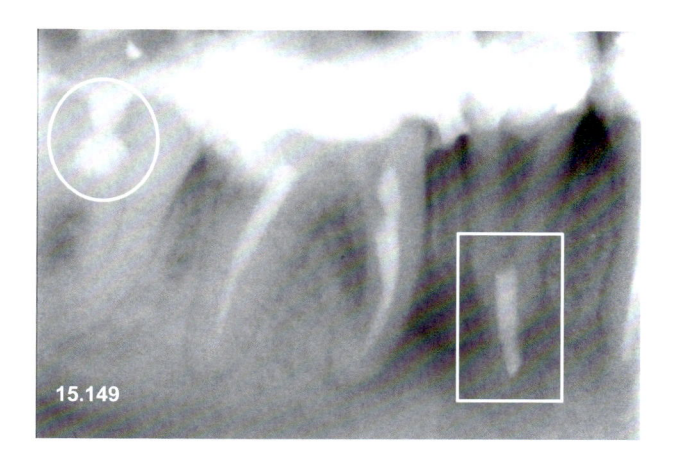

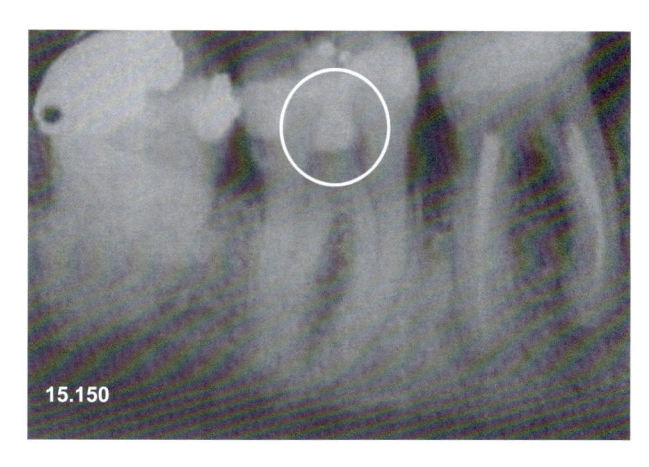

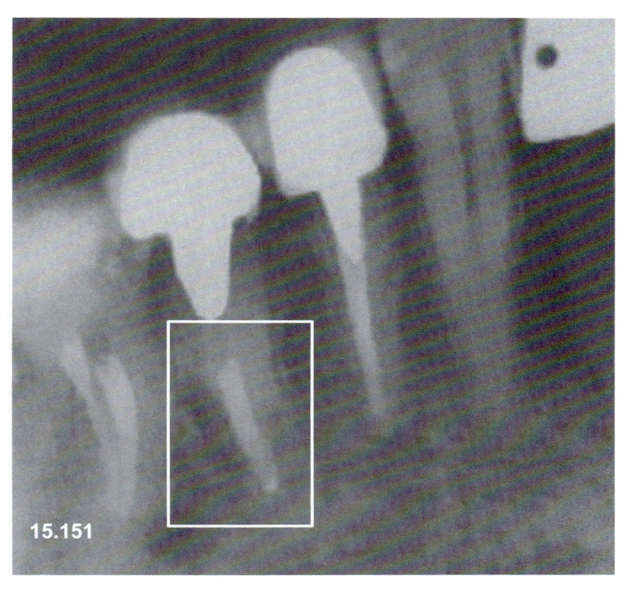

Figuras 15.149 a 15.151 ▶ Detalhes dos pontos de coincidência nas radiografias *ante* (Figura 15.149) e *post mortem* (Figuras 15.150 e 15.151)

- *A imagem radiopaca sugestiva de material restaurador da unidade 45 ante mortem e presença de pino metálico associado a coroa total metalocerâmica visualizados nos exames (clínico e RX) post mortem nas unidades 44 e 45 estão descritas no e-mail enviado como:* **"ELEMENTOS 44 e 45 → 2 TRATAMENTOS ENDODÔNTICOS; 2 NÚCLEOS METÁLICOS FUNDIDOS DE OURO; 2 COROAS METALOCERÂMICAS."** *Em plena concordância.*
- *A localização da lesão periapical entre as unidades 46 e 45.*
- *A forma, número e curvatura das raízes e suas relações com as estruturas anatômicas adjacentes.*

SEGUNDA ANÁLISE
Pontos coincidentes:
No RX (Figura 15.152) ante mortem são visualizados:

- *Unidade 27 imagem radiopaca sugestiva de material restaurador tipo prótese (bloco metálico ou onlay de porcelana).*
- *Tratamento endodôntico das raízes mesial, distal e palatina na unidade 26.*
- *Canal radicular da unidade 25 com imagem radiolúcida estendendo-se até dois terços da raiz sugestiva de remoção de pino intrarradicular e imagem radiopaca correspondente ao término apical do tratamento endodôntico.*

Em comparação com o RX (Figura 15.153) post mortem há coincidências entre:

- *Coroa total metalocerâmica visualizada nos exames (clínico e RX) post mortem nas unidades 27 estão descritas no e-mail enviado como: "ELEMENTO 27 → 1 COROA METALOCERÂMICA", em plena concordância.*
- *O tratamento endodôntico realizado na unidade 26.*

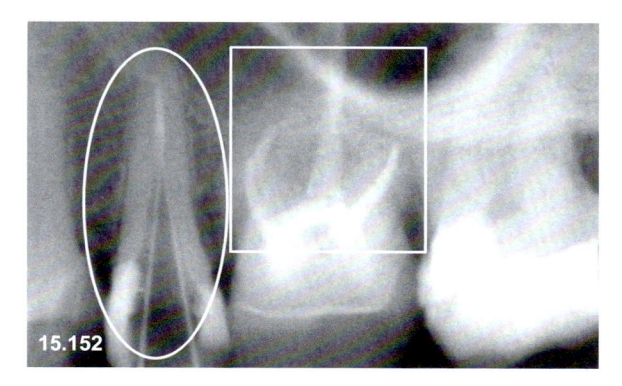

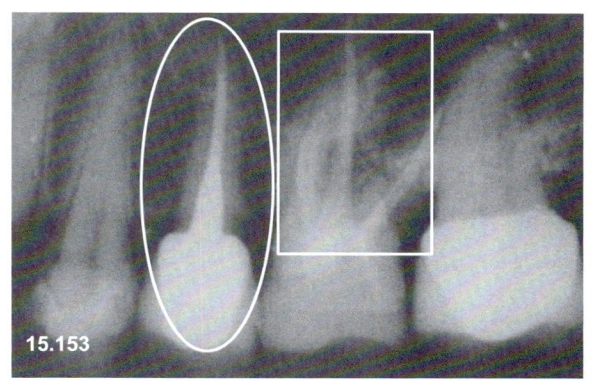

Figuras 15.152 e 15.153 ▶ Detalhes dos pontos de coincidência nas radiografias *ante* (Figura 15.152) e *post mortem* (Figura 15.153)

- *A imagem radiopaca do tratamento endodôntico na unidade 25 e presença de pino metálico associado à coroa total metalocerâmica visualizados nos exames (clínico e RX) post mortem nas unidades 25 estão descritas no e-mail enviado como: "ELEMENTOS 25 → 1 TRATAMENTO ENDODÔNTICO; 1 NÚCLEOS METÁLICOS FUNDIDOS DE OURO; 1 COROA METALOCERÂMICA", em plena concordância.*
- *A imagem radiopaca sugestiva de material restaurador tipo restauração em resina ou inlay de porcelana ou de resina visualizados nos exames (clínico e RX) post mortem na unidade 24 está descrita no e-mail enviado como: "ELEMENTO 24 → INCRUSTAÇÃO EM RESINA", em plena concordância.*
- *A forma, número e curvatura das raízes e suas relações com as estruturas anatômicas adjacentes.*

TERCEIRA ANÁLISE
Pontos coincidentes:
No RX (Figura 15.154) ante mortem são visualizados:

- *Imagem radiopaca sugestiva de material restaurador tipo pino metálico associado à coroa total e tratamento endodôntico da raiz mesial na unidade 17.*
- *Unidade 16 faces distal, oclusal, vestibular e palatina ausentes; tratamento endodôntico das raízes mesial, distal e palatina.*
- *Unidade 15 imagem radiopaca sugestiva de material restaurador nas faces (MOD).*
- *Unidade 14 imagem radiopaca sugestiva de material restaurador nas faces (MOD).*

Em comparação com o RX (Figura 15.155) post mortem há coincidências entre:

- *A imagem radiopaca sugestiva de tratamento endodôntico e presença de pino metálico associado à coroa total*

metalocerâmica visualizados nos exames (clínico e RX) post mortem nas unidades 17 e 16 estão descritas no e-mail enviado como: "ELEMENTOS 17 e 16 → 2 TRATAMENTOS ENDODÔNTICOS; 2 NÚCLEOS METÁLICOS FUNDIDOS DE OURO; 2 COROAS METALOCERÂMICAS." em plena concordância.
- *A imagem radiopaca sugestiva do material restaurador nas respectivas faces das unidades 15 e 14.*
- *A forma, número e curvatura das raízes e suas relações com as estruturas anatômicas adjacentes.*

Pontos divergentes
Entre o exame realizado no prontuário odontológico (ficha odontológica, e-mail e RX) do suposto encaminhada pelos familiares e os achados decorrentes dos exames diretos nos arcos dentários e indiretos (fotografias e RX) feitos pelos peritos não houve divergências. Os aspectos radiográficos diferenciados em algumas unidades são em decorrência da evolução do tratamento odontológico.

Justificativa
As perdas das coroas dentárias por manipulação foram em decorrência do alto grau de calcinação destas unidades que no momento do exame apresentavam fragilidade tecidual e se desfaziam ao mais cuidadoso dos toques (Figura 15.156).

CONCLUSÕES
O sexo foi determinado como masculino pela presença de genitália externa.

A estimativa da estatura foi prejudicada pela carbonização.

A estimativa da etnia foi prejudicada pela carbonização.

Pelo estado do material estimou-se o tempo de morte como sendo compatível com o informado.

O exame comparativo realizado entre o prontuário odontológico (ficha odontológica e RX) do suposto encaminhada pelos familiares e os achados decorrentes dos exames diretos nos arcos dentários e indiretos (fotografias e RX) feitos pelos peritos permitem observar que não existem elementos odontológicos excludentes, conflitantes, discrepantes, portanto, permitem afirmar que o corpo registrado neste Instituto sob nº XXXX-09 é do suposto XXXXXXXXXXX.

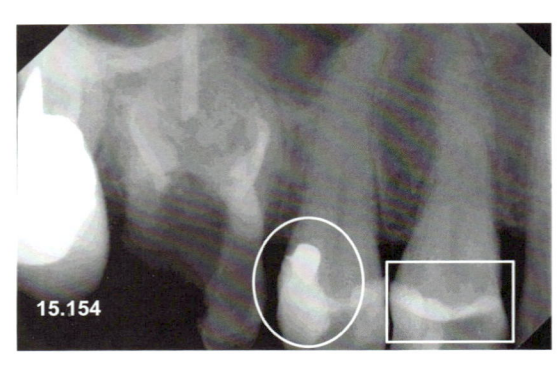

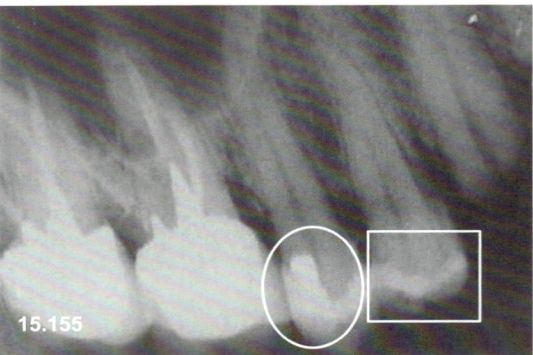

Figuras 15.154 e 15.155 ▸ Detalhes dos pontos de coincidência nas radiografias *ante* (Figura 15.154) e *post mortem* (Figura 15.155)

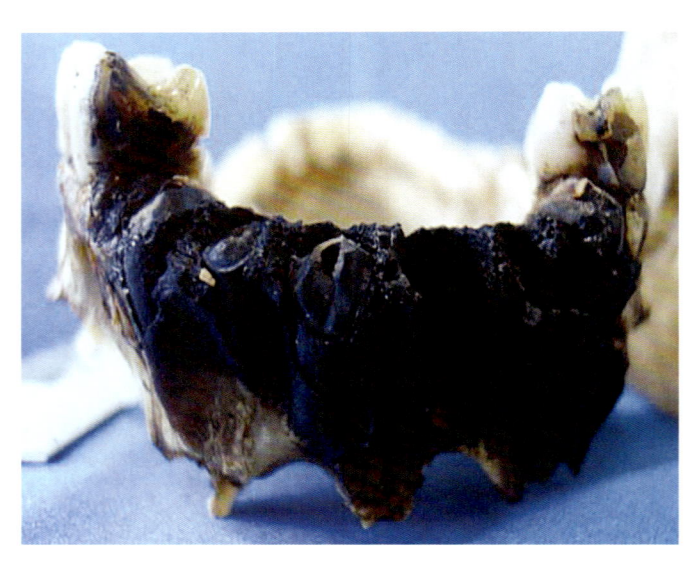

Figura 15.156 ▸ Estágio de carbonização da maxila com destruição das unidades anteriores

Comentário do Caso

A calcinação é o estágio mais avançado da exposição ao calor, demandando, em geral, tempo de exposição prolongado em temperaturas elevadas. Entretanto, o esmalte dentário, composto de 96% de matérias inorgânicas, resiste bem ao calor em função de sua natureza prismática, o que o torna friável a temperaturas superiores a 400°C. Entre os materiais odontológicos, a porcelana têm seu ponto de fusão variando entre 870°C e 1.370°C. Em virtude dessa alta resistência às chamas, os dentes se preservam ao longo da carbonização e são elementos importantes para a identificação, quando encontrados e coletados no local do acidente.

A atuação do perito odontolegal no processo de identificação humana de vítimas carbonizadas de acidentes aéreos é indispensável, como demonstrado nessa perícia. Somente esse profissional é capaz de estabelecer as especificidades das características dentárias individuais, impossibilitando a coincidência de dois indivíduos com a mesma dentição. Não é exigido nesses estudos um número mínimo de coincidências entre os achados *ante mortem* e *post mortem*, mas sim um número suficiente de coincidências para se estabelecer uma correlação positiva entre os cadáveres examinados e a identidade das vítimas.

A análise pormenorizada das radiografias, apontando com clareza esses pontos e sua justificativa, facilita o entendimento da autoridade requisitante que irá examinar o laudo, tornando-se desnecessária a realização de outros exames complementares para positivar a identificação dos corpos.

Exemplo 3

No ano de 2008 foi realizada uma perícia no Setor de Antropologia Forense do IMLNR. Trata-se do caso de uma ossada encontrada em uma cova próximo à praia no interior da Bahia, tendo como suposto um homem branco, estrangeiro, 35 anos de idade, desaparecido havia 4 anos.

DADOS DO SUPOSTO
Prontuário odontológico
Encaminhada uma ficha odontológica em que constam as seguintes informações (Figuras 15.157 e 15.158):

Upper right:

18 – extracted.
17 – root canals + amalgam and resin.
16 – Crown metal.

Upper left:

28 – extracted.
26 – ceramic crown.
25 – ceramic crown.
24 – rootcanal + resin. Recommended to be crowned.

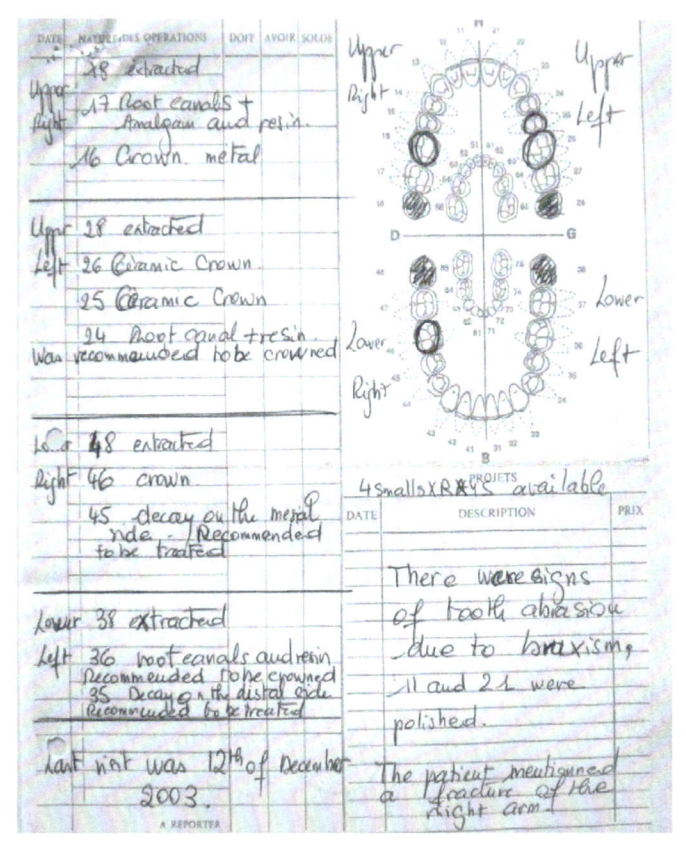

Figura 15.157 ▸ Frente da ficha odontológica recebida

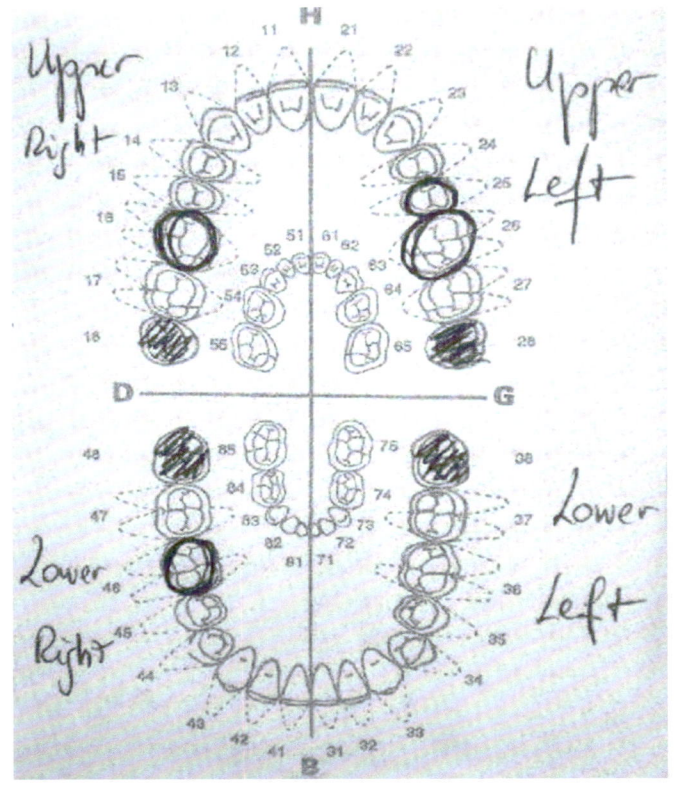

Figura 15.158 ▸ Detalhe do odontograma recebido

Lower right:

48 – extracted
46 – crown.
45 – decay on the mesial side. Recommended to be treated.

Lower left:

38 – extracted.
36 – root canals and resin. Recommended to be crowned.
35 – decay on the distal side. Recommended to be treated.

Last visit was 12th of december 2003. 4 smalls rx 45 available.

There were signs of tooth abrasion due to bruxism, 11 and 21 were polished. The patient mentioned a fracture of the right arm.

RECEPÇÃO DO MATERIAL DE PERÍCIA

Descrição do volume e conteúdo: Foram recebidos e fotografados em 29.05.2008 e 30.05.2008, acondicionados em três sacos plásticos transparentes, restos esqueletais e vestes. Todos os sacos apresentavam lacres amarelos (Figura 15.159 A–D).

SELEÇÃO DO MATERIAL A SER PERICIADO

Das peças ósseas
Do material recebido para exame, depois de reconstituído e avaliado dentro do critério antropológico, disposto na sequência anatômica no sentido craniocaudal, foram sele-cionadas, para exame, as peças abaixo distribuídas (Figura 15.160):

Ossos do crânio: um frontal, dois parietais, um occipital, dois temporais, um esfenoide.

Ossos da face: um lacrimal direito, dois nasais, dois maxilares, um zigomático esquerdo, um palatino direito e parte do esquerdo, uma mandíbula.

Ossos da coluna: sete cervicais, doze torácicas, cinco lombares, sacro.

Ossos do segmento torácico: esterno (manúbrio e corpo), vinte e nove fragmentos de arcos costais entre direito e esquerdo.

Ossos da cintura escapular e dos membros superiores: duas clavículas, dois omoplatas, dois úmeros, rádio direito, ulna direita, hamato direito, semilunar direito, trapezoide direito.

Ossos da cintura pélvica e dos membros inferiores: dois ilíacos, dois fêmures, duas tíbias, duas fíbulas, duas patelas, dois calcâneos, dois tálus, dois naviculares, cuboide direito, dois cuneiformes mediais, dois cuneiformes intermediários, dois cuneiformes laterais.

Ossos menores: 24 ossos menores.

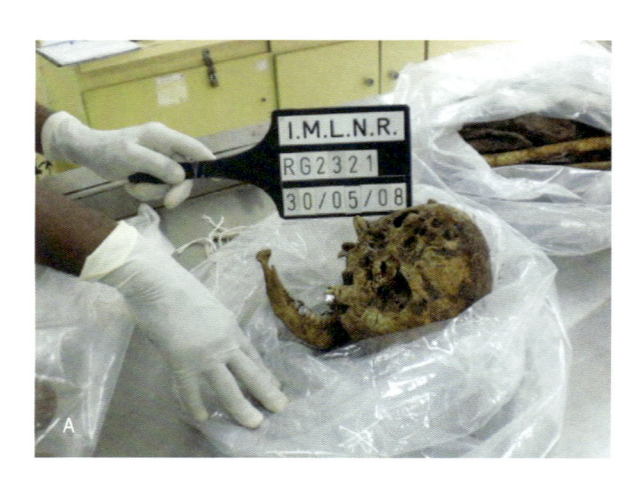
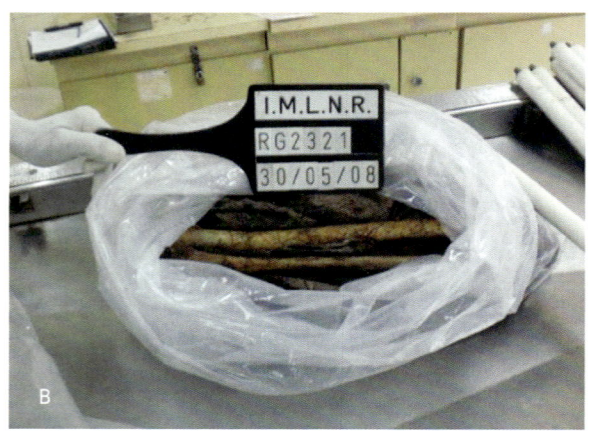
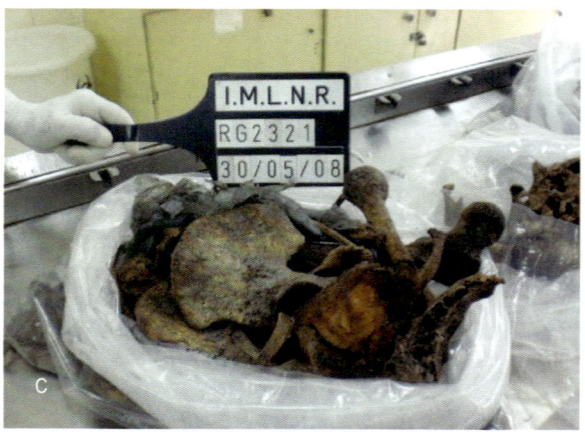
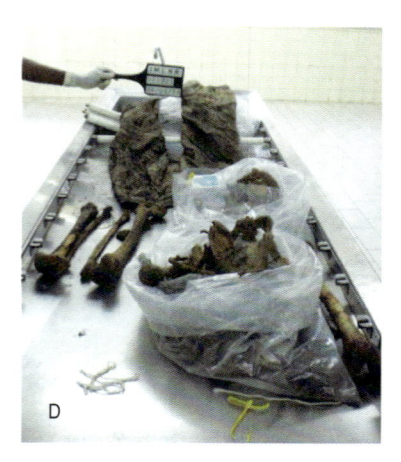

Figura 15.159 ▶ Exposição do volume em saco plástico transparente e conteúdo ósseo (**A–D**)

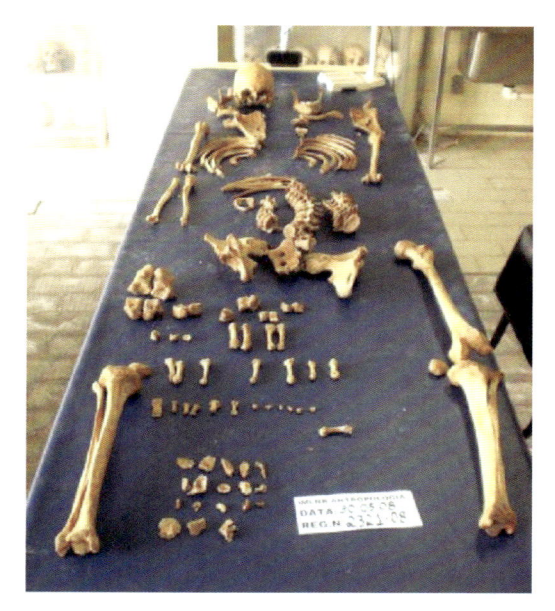

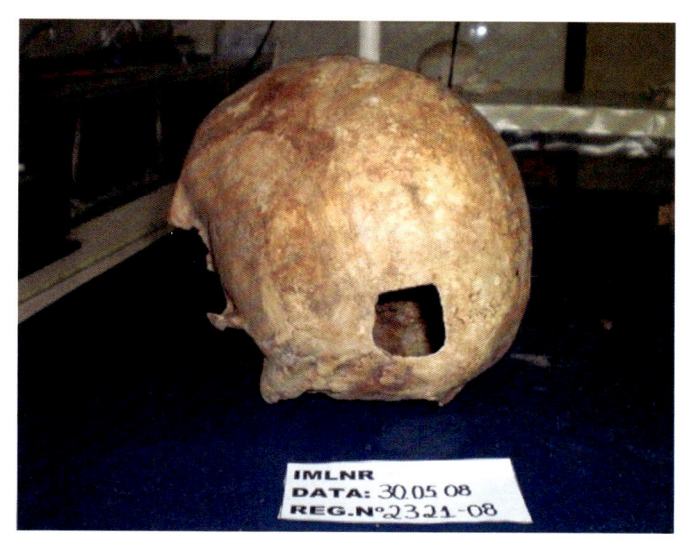

Figura 15.162 ▸ Lesão de violência externa no crânio

Figura 15.160 ▸ Ossada arrumada em posição anatômica após a limpeza pra estudo

Das peças de vestuário

Peça 01 (Figura 15.161 A–C)
Uma calça confeccionada em material sintético de cor branca com elástico e cordão na cintura. Presença de bolsos embutidos nas laterais direita e esquerda. Detalhe de velcro nas laterais inferiores das pernas esquerda e direita. A peça internamente possui um forro de cor bege. Apresenta na parte interna da cintura uma etiqueta com o símbolo da Nike e as seguintes inscrições: SIZE M; HEIGHT 178; GB 39/41; I 48/52; F 48/52; I 48/52; O 48/52; MADE IN BANGLADESH; FABRIQUE IN BANGLADESH

EXPOSIÇÃO
Em face do que viram e examinaram, os peritos têm a expor o seguinte:

ESTUDO DAS LESÕES DE VIOLÊNCIA EXTERNA
Crânio
Lesão contusa de formato quadrangular, medindo 3,5 × 3,6 cm, em seus maiores diâmetros, localizada na sutura parieto-occipital, entre os ossos parietal esquerdo e a porção superior esquerda do occipital, a 3,1 cm do asterion. Em função do trauma houve um destaque de fragmento ósseo correspondente à região (Figura 15.162).

AVALIAÇÕES ANTROPOLÓGICAS
Estudos do crânio e face
Trata-se de crânio de adulto, normalmente constituído, sem deformidades anatômicas. Maxilares, palatinos, malar esquerdo, nasais, lacrimal direito, apresentando desmineralização natural consequente a exposição do material ao meio ambiente (solo). Ausência do osso hioide, mandíbula normalmente constituída, robusta.

Pela norma superior:
Apresenta à ectoscopia arcos zigomáticos visíveis (fenozigia). Crânio de forma brissoide.

Pela norma basilar ou inferior:
Côndilos occipitais robustos, estreitos, compridos, estrangulados, em forma de sola de sapato.

Pela norma frontal ou anterior:
Fronte inclinada, glabela proeminente, arcos superciliares proeminentes, curva nasofrontal angulosa, rebordos supraorbitários sombrados. Forma do arco dental inferior retangular.

Pelas normas laterais:
Apófise mastoide proeminente. Inserções musculares rugosas e ásperas. Apófise estilode esquerda curta e grossa e a direita inexistente.

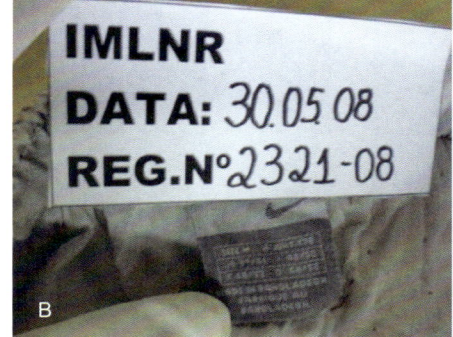

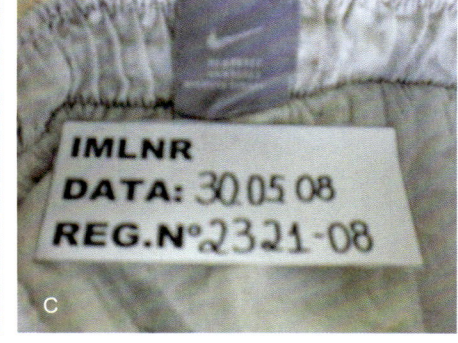

Figura 15.161 ▸ Vestes. **A** Calça. **B** e **C** Detalhe da etiqueta interna da calça

Pela norma posterior:
Ausência de ossos suturais na sutura lambdática e de osso astérico.

Estudo das suturas cranianas
Observam-se, nesta perícia, as seguintes características nas sinostoses das suturas cranianas:

Médiofrontal – Faces externa e interna fechadas.
Frontoparietal – Faces externa e interna parcialmente fechadas.
Biparietal – Faces externa e interna parcialmente fechadas.
Parieto-occipital – Faces externa e interna abertas.
Temporoparietal – Faces externa e interna abertas.

Estudo dos dentes
No hemiarco superior direito: alvéolo vazio do incisivo central,
sem sinais de osteogênese, por provável desgarramento post
mortem; incisivo lateral e canino com desgaste na face incisal
com exposição de dentina e fratura de esmalte no terço inciso-
vestibular; primeiro pré-molar hígido; restauração em amálgama nas faces mésio-ocluso-distal do segundo pré-molar;
coroa metálica prateada total no primeiro molar; restaurações
em resina nas faces mésio-oclusal e em amálgama nas faces
vestibular e oclusal do segundo molar; terceiro molar ausente e
alvéolo com sinais de osteogênese (Figura 15.163).

No hemiarco superior esquerdo: incisivo central com desgaste na face incisal e exposição de dentina; incisivo lateral e
canino hígidos; restauração em resina nas faces disto-oclusal
do primeiro pré-molar; coroas em cerâmicas no segundo pré-
molar e primeiro molar; restauração em amálgama na face
oclusal e lesão cariosa nas faces mésio-ocluso-palatino do
segundo molar; terceiro molar ausente e alvéolo com sinais de
osteogênese (Figura 15.163).

No hemiarco inferior esquerdo: incisivos central e lateral com
desgaste incisal e exposição da dentina; canino e primeiro pré-molar hígido; lesão cariosa na face mesial e restauração em resina na
face distal do segundo pré-molar; restaurações em resina nas faces
mésio-ocluso-distal e vestibular do primeiro molar; restauração
em resina nas faces mésio-oclusal do segundo molar; terceiro molar ausente e alvéolo com sinais de osteogênese (Figura 15.164).

No hemiarco inferior direito: incisivo central com desgaste
incisal e exposição de dentina; incisivo lateral, canino e primeiro
pré-molar hígidos; restauração em resina nas faces oclusodistal e
lesão cariosa nas faces interproximais mesial e distal do segundo
pré-molar; coroa total metálica prateada no primeiro molar; restauração em amálgama nas faces mésio-oclusal e lesão cariosa
na face distovestibular do segundo molar; terceiro molar ausente
e alvéolo com sinais de osteogênese (Figura 15.164).

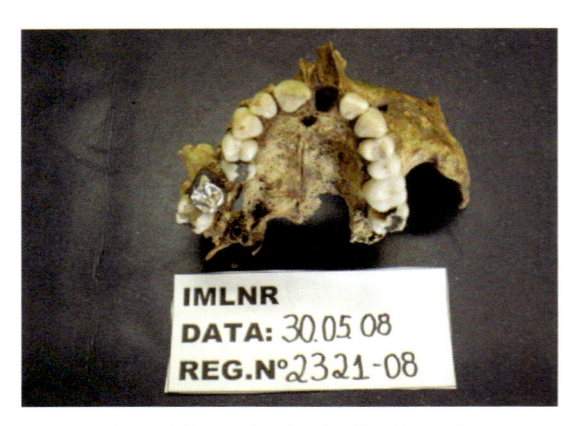

Figura 15.163 ▶ Vista basilar da maxila

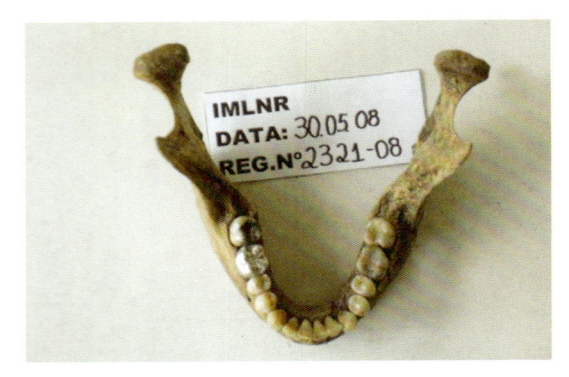

Figura 15.164 ▶ Vista superior da mandíbula

Foram realizadas radiografias periapicais das regiões superiores e inferiores, sendo confirmadas as análises feitas através do
exame direto e, ainda, observados os seguintes achados (Figura
15.165 A–D):

- Primeiro e segundo molares superiores direitos com condutos tratados endodonticamente (Figura 15.165 A).
- Primeiro e segundo pré-molares superiores esquerdos com
condutos tratados endodonticamente; presença de núcleo
radicular no segundo pré-molar (Figura 15.165 B).
- Primeiro molar superior esquerdo com conduto tratado endodonticamente; presença de núcleo nas raízes distovestibular e palatina (Figura 15.165 B).
- Primeiro molar inferior esquerdo com condutos tratados
endodonticamente (Figura 15.165 C).
- Primeiro molar inferior direito com condutos tratados endodonticamente e presença de núcleo rosqueável no conduto distal (Figura 15.165 D).
- Ausência dos terceiros molares superiores e inferiores.

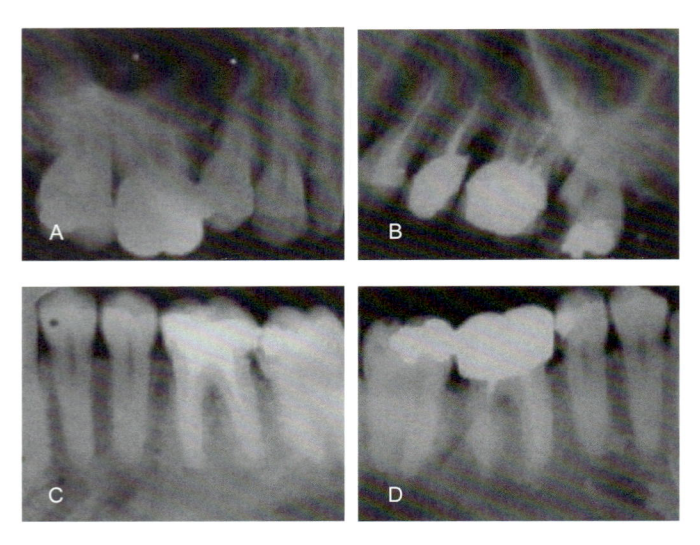

Figura 15.165 (A–D) ▶ Radiografias periapicais *post mortem* das unidades superiores e inferiores

Estudo das vértebras
1ª vértebra:
Nota-se que a superfície articular superior da 1ª vértebra
cervical é desenvolvida, de aspecto alongado, com fundo ligeiramente escavado, apresentando estrangulamento central,
bilateral, cujo aspecto sugere uma "sola de sapato".

Outras vértebras:

Ossos exibem desmineralização.

Estudo do esterno

Ossos exibem intensa desmineralização.

Estudo da clavícula

Entre o material pericial encaminhado para exame foi selecionado um osso que tem duas extremidades, duas faces e duas bordas. É um osso longo, curvado, como "S" itálico. Apresenta uma curva dupla. Na extremidade esternal a convexidade é dirigida ventralmente. Na extremidade acromial a convexidade é dorsal. Trata-se de uma clavícula, cujo formato é singular, e dado o fato de nenhum outro animal possuir osso semelhante, permite a afirmação de se tratar de osso humano.
Ossos exibem desmineralização.

Estudo das omoplatas

Ossos exibem intensa desmineralização.

Estudo das costelas

Ossos exibem intensa desmineralização.

Estudo dos úmeros

Ossos exibem desmineralização.
Apesar da menção feita pelo cirurgião-dentista de fratura do braço direito, os peritos não identificaram calo ósseo, deformação nem desvio significativo no úmero direito. Há discreto aumento da espessura do úmero direito (ver anexo 15.1), que não permite aos peritos descartar a possibilidade de fratura antiga com consolidação anatômica perfeita.

Estudo dos rádios

Rádio direito com desmineralização.
Rádio esquerdo não recebido para estudo.

Estudo das ulnas

Ulna direita exibe desmineralização.
Ulna esquerda não recebida para estudo.

Estudo da pelve

Ossatura espessa e sólida; pelve pouco inclinada; android; em forma de coração; ilíaco alto; articulação sacroilíaca grande; cristas ilíacas sinuosas; fossas ilíacas internas estreitas e escavadas; linha iliopectina rugosa; sacro estreito e alto; promontório pouco projetado; pelve menor estreita e escavada; sínfise púbica mais alta e rugosa; parede anterior da pelve menor exibindo comprimento maior na vertical; corpo do púbis triangular; forame isquiopubiano ovalado; espinha do púbis aproximada; ângulo subpúbico estreito, em "V" e fechado; chanfradura isquiática maior fechada.
Ossos exibem intensa desmineralização.

Estudo dos fêmures e tíbias

Ossos exibem desmineralização.

Estudo das fíbulas

Os ossos não exibem alterações morfológicas dignas de registro.

Estudo de outros ossos

Ossos exibem desmineralização.

AVALIAÇÕES ANTROPOMÉTRICAS
Discussão e conclusões

Fundamentados nas avaliações morfológicas, e nos dados técnicos obtidos, os peritos oferecem as seguintes conclusões:

ESTUDO DA ESPÉCIE

Os ossos exibem características anatômicas próprias e incontestáveis, compatíveis com ossos da espécie humana.

ESTUDO DO TEMPO DE MORTE
Cronologia

No estudo das peças periciadas observa-se que as mesmas encontram-se conservadas, com características anatômicas preservadas. Em razão de condições climáticas, maior ou menor umidade do ar, tipo de terreno, presença de fauna cadavérica, topo de legionário envolvido na decomposição da matéria orgânica, as condições de conservação do corpo podem ser as mais variadas possíveis. Via de regra a marcha da decomposição segue ritmos variados.
Na cronologia da morte para estudo comparativo convém considerar as seguintes observações:

1. Esqueletização completa ≥ 3 anos
Estimativa

As condições do material examinado permitiram estimar que a morte tenha ocorrido há mais de 03 (três) anos.

DETERMINAÇÃO DO SEXO

Foi estabelecido que o material examinado apresentava características de ter pertencido a indivíduo do sexo MASCULINO.

ESTIMATIVA DO FENÓTIPO – COR DA PELE

As metodologias empregadas permitiram a estimativa de que o material tenha pertencido a indivíduo com fenótipo/cor de pele de características leucoderma.

ESTIMATIVA DA IDADE

O estudo estimativo da soldadura das suturas cranianas avaliado segundo os esquemas metodológicos propostos por Vallois e modificados por Olivier, além dos estudos segundo Todd e Lyon revisados por Bonnet, permitiram a estimativa de que a idade do indivíduo periciado esteja entre 30 e 40 anos.

ESTIMATIVA DA ESTATURA
Média da estatura

A estatura média foi estimada em 1,73m utilizando-se as tabelas osteométricas de Broca, Etienne-Rollet, Berto Freire e Dupertuis-Hadden.

OUTROS ESTUDOS
Exame odontológico

O exame comparativo realizado entre a ficha odontológica do suposto XXXXXXX, encaminhada através do ofício nº XXXXXXX, e os achados decorrentes dos exames diretos e indiretos feitos pelos peritos permitem concluir que existe total compatibilidade entre eles, não havendo elementos odontológicos divergentes que excluam a possibilidade da ossada registrada neste Instituto sob nº XXXXX-08 ser do suposto.

Comentário

Constatou-se que a maior dificuldade no processo de identificação está relacionada com a qualidade da documentação, sobretudo a ficha odontológica, fornecida pelos dentistas, cujas falhas foram detectadas pela ausência de um odontograma completo com a situação clínica inicial e final do tratamento, fato discutido mundialmente.

De igual importância é a transcrição da ficha recebida em sua íntegra e a realização das tomadas radiográficas para confirmação dos tratamentos endodônticos descritos.

Exemplo 4

O exame odontolegal também se presta para os casos de exclusão da identidade. Perícias realizadas em 2007 demonstram a impossibilidade da identificação verificada pela incompatibilidade entre a radiografia periapical do suposto que aponta restaurações e ausência do primeiro e terceiros molares e a mandíbula das ossada examinada, com todos os molares presentes (Figuras 15.166 e 15.167).

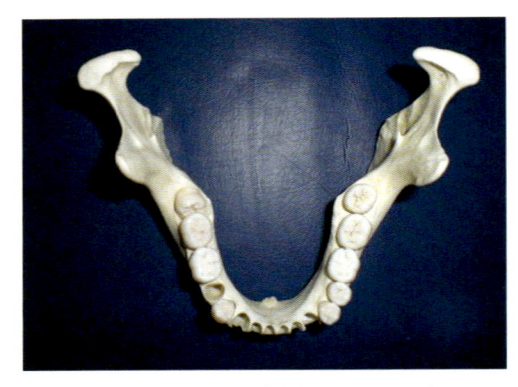

Figura 15.166 ▸ Vista da mandíbula com os molares presentes

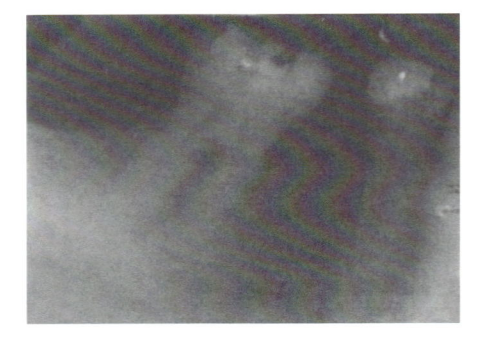

Figura 15.167 ▸ Radiografia periapical do suposto recebida para comparação

Em outra perícia realizada pelos odontolegistas, foi enviada ao setor de Antropologia Forense do IMLNR uma prótese parcial removível superior de um suposto para ser comparada a um crânio encontrado (Figuras 15.168 a 15 170).

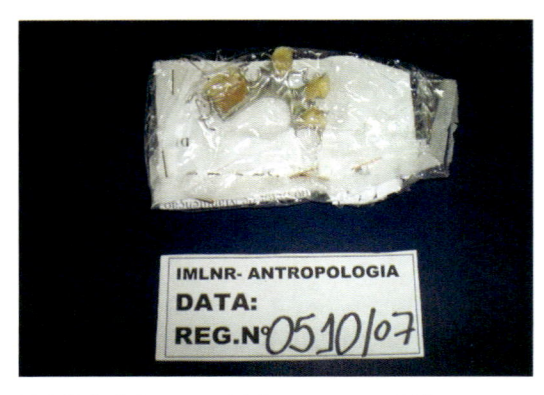

Figura 15.168 ▸ Prótese parcial do suposto recebida para comparação

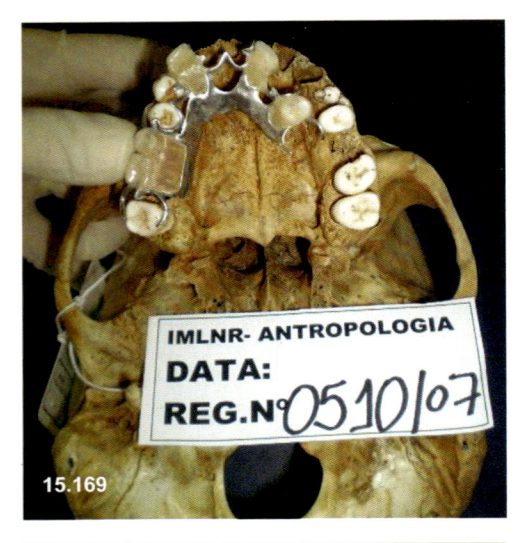

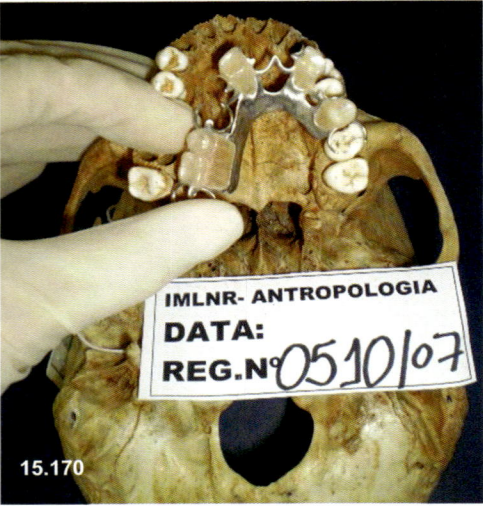

Figuras 15.169 e 15.170 ▸ Comparação da prótese com o crânio

Apesar da coincidência de algumas das unidades ausentes, a prótese entregue pela família do suposto não se encaixa no palato do crânio examinado, demonstrando a exclusão da identidade do indivíduo.

▸ CONSIDERAÇÕES FINAIS

É inconteste que nos processos de identificação humana *post mortem*, a presença do odontolegista é fundamental para respaldar a Justiça por meio de seus conhecimentos específicos na área, o que justifica a necessidade desse profissional nos IML.

A atuação do perito odontolegal está respaldada na legislação competente e não se restringe apenas ao exame dos arcos dentais. Abrange também as perícias no aparelho estomatognático, no esqueleto cefálico, especialmente no esplancnocrânio, realizadas nos setores da Antropologia Forense, assim como em Tanatologia, Clínica Médica, Radiologia, Traumatologia, Prosopografia, Reconstrução Facial, entre outros, trabalhando em conjunto com o médico-legista, objetivando a excelência do ato pericial.

Com a mentalidade atualizada, e compreendendo que a identificação humana é uma tarefa multidisciplinar, a Odontologia Legal não pretende transpor seus limites, galgando para si unicamente todos os méritos relativos à positivação da identidade de cadáveres únicos ou no caso de acidente de massa, porém é necessária sua valoração e respeito, como método científico comprovado que é, fornecendo os esclarecimentos técnicos e precisos à Justiça e à sociedade.

O capítulo desta obra constituiu-se de uma colaboração científica dos peritos odontolegais e médico-legais atuantes no setor de Antropologia Forense do Instituto Médico-Legal Nina Rodrigues, Salvador-BA/Brasil, que disponibilizou como sugestão seus modelos de: laudo tanatoantropológico, laudo de exumação cadavérica, entrevista com familiares de desaparecidos e auto de reconhecimento de vestes e pertences pessoais das vítimas desaparecidas, podendo ser posteriormente discutidos, analisados e aperfeiçoados pelos profissionais atuantes nas áreas de Odontologia Legal, Medicina Legal e Ciências Forenses.

SUGESTÃO DE LAUDO
LAUDO DE EXAME TANATOANTROPOMÉTRICO Nº
ÓRGÃO REQUISITANTE: DELEGACIA DA ª CIRCUNSCRIÇÃO POLICIAL
AUTORIDADE REQUISITANTE: BEL.
ÓRGÃO DESTINO: DELEGACIA DA ª CIRCUNSCRIÇÃO POLICIAL
PERICIANDO: IGNORADO
DATA DO EXAME:_____ HORA DO EXAME:_____
LOCAL DO EXAME: INSTITUTO MÉDICO-LEGAL NINA RODRIGUES
PERITOS: Dra._____
Dra._____

PREÂMBULO
No dia e hora acima referidos, os peritos designados pelo Sr. Dr. Diretor do Instituto Médico-Legal Nina Rodrigues, concluíram, na sala de Antropologia, ao Exame Tanatoantropométrico de uma ossada que dera entrada neste Instituto sob registro nº xxxx/xx.

HISTÓRICO
Na Guia/Ofício para Exame Médico-Legal nº xxxx, expedida pela Delegacia da xxxxª Circunscrição Policial, constam as seguintes informações:
Data _____
Hora _____
Local _____
Histórico do Fato _____

ENTREVISTA COM A FAMÍLIA DO SUPOSTO
Não foram apresentados familiares para que pudesse ser procedido interrogatório dirigido às características do suposto e levantados os dados adicionais para subsidiar a perícia.

OU

Procedido junto aos familiares interrogatório dirigido às características do suposto e levantados os dados adicionais para subsidiar a perícia no dia XX/XX/XXXX. Entrevista anexa ao laudo.

Quando necessário
Foi encaminhado o xxx (pai, mãe, irmão) do suposto, Sr. xxxxxx, ao Laboratório Central de Polícia Técnica para coleta de material biológico e confronto de identificação pelo método do exame do DNA, de acordo com o protocolo estabelecido pelo Laboratório Central de Polícia Técnica.

RECEPÇÃO DO MATERIAL DE PERÍCIA
Descrição do volume e conteúdo: *Foi recebido e fotografado em XX/XX/XXXX, acondicionados em XXXXXXXXXX, restos esqueletais ou corpo em avançado estado de putrefação, fragmentos de ossos e outros.*

Fotografias anexas

PREPARAÇÃO DO MATERIAL PARA EXAME
Critérios para preparação das peças anatômicas
As peças anatômicas, para estudo antropométrico, foram preparadas obedecendo aos seguintes critérios:
Remoção de tecidos moles
Lavagem
Secagem

Alíquotas para exames complementares
Foi recolhido um fêmur e encaminhado ao Laboratório Central de Polícia Técnica com o objetivo de ser mantido em cadeia de custódia para futuro exame de DNA.

SELEÇÃO DO MATERIAL A SER PERICIADO
Das peças ósseas
Do material recebido para exame, depois de reconstituído e avaliado dentro do critério antropológico, disposto na sequência anatômica no sentido craniocaudal, foram selecionadas, para exame, as peças abaixo distribuídas:

Ossos do crânio:
Ossos da face:
Ossos da coluna:
Ossos do segmento torácico:
Ossos da cintura escapular e dos membros superiores:
Ossos da cintura pélvica e dos membros inferiores:
Ossos menores:

Das peças de vestuário
Peça 01
Descrever o tipo de peça (camisa etc.), estamparia, tipo de tecido (sintético, algodão etc.), marcas ou logotipo, dentre outros detalhes visíveis.

Fotografias
Dos cabelos
Trata-se de cabelos lissótricos, do tipo liso para pouco espessado, sedosos e com ligeira ondulação de tonalidade natural castanho-escuro.
Trata-se de cabelos cimatótricos, do tipo pouco crespo para francamente crespo ou mesmo encaracolado de tonalidade natural castanho-escuro.
Trata-se de cabelos ulótricos, do tipo acentuadamente crespo para francamente encarapinhado ou mesmo espiralado de tonalidade natural castanho-escuro.
Fotografias
De outras peças
Descrever a presença de outras peças tais como ornamentos (colar, argola etc.), dentre outros encontrados.
Fotografias

EXPOSIÇÃO
Em face do que viram e examinaram, os peritos têm a expor o seguinte:

ESTUDO DAS LESÕES DE VIOLÊNCIA EXTERNA
Descrever minuciosamente as lesões encontradas: forma, características típicas, localização anatômica, lateralidade, tamanho ou diâmetro, trajeto e se possível inferir o tipo de lesão, instrumento ou meio.
Fotografias

AVALIAÇÕES ANTROPOLÓGICAS
ESTUDOS DO CRÂNIO E FACE
Trata-se de crânio de adulto ou infantil, normalmente constituído, sem deformidades anatômicas. Maxilares, vômer, palatinos, malares, nasais, lacrimais, conchas inferiores com/sem alterações dignas de registro ou apresentando desmineralização natural consequente a exposição do material ao meio ambiente (solo). Ausência/presença do osso hioide, mandíbula normalmente constituída, robusta/delicada.

Pela norma superior:
Apresenta à ectoscopia arcos zigomáticos pouco ou visíveis (criptozigia/fenozigia). Crânio de forma brissoide, elipsoide, esfenoide, esferoide, ovoide, romboide, pentagoide.

Pela norma basilar ou inferior:
Côndilos occipitais robustos, estreitos, compridos, estrangulados, em forma de sola de sapato, delicados, curtos, em forma de rim (riniformes), incaracterísticos.

Pela norma frontal ou anterior:
Fronte vertical/inclinada, glabela proeminente/discreta, arcos superciliares proeminentes/discretos, curva nasofrontal angulosa/suave, rebordos supraorbitários sombrados/cortantes. Forma da mandíbula: retangular ou arredondada.

Pelas normas laterais:
Apófise mastoide proeminente/discreta. Inserções musculares rugosas/ásperas ou apagadas/lisas. Apófises estiloides curtas e grossas ou longas e delgadas.

Pela norma posterior:
Presença de osso wormiano (epactal ou inca ou interparietal). Ausência de ossos suturais na sutura lambdática e de osso astérico.

Fotografias das normas do crânio

Estudo das suturas cranianas
Observam-se, nesta perícia, as seguintes características nas sinostoses das suturas cranianas:

- *Médiofrontal – Face externa aberta ou fechada. Face interna aberta ou fechada*
- *Frontoparietal – Face externa aberta ou fechada. Face interna aberta ou fechada*
- *Biparietal – Face externa aberta ou fechada. Face interna aberta ou fechada*
- *Parieto-occipital – Face externa aberta ou fechada. Face interna aberta ou fechada*
- *Temporoparietal – Face externa aberta ou fechada. Face interna aberta ou fechada*

Estudo dos dentes
Descrição de todas as unidades por escrito e número.
Exemplo: 18 – terceiro molar superior direito

No hemiarco superior direito:
No hemiarco superior esquerdo:

No hemiarco inferior esquerdo:
No hemiarco inferior direito:
Fotografias

ESTUDO DAS VÉRTEBRAS
1ª Vértebra:
Nota-se que a superfície articular superior da 1ª vértebra cervical é desenvolvida, de aspecto reniforme ou alongado, com fundo ligeiramente escavado, apresentando estrangulamento central, bilateral, cujo aspecto sugere uma "sola de sapato".

Outras vértebras:
Descrever os aspectos das outras vértebras, presença de osteófitos, apófises articulares, dentre outros.
Fotografias

ESTUDO DO ESTERNO
Osso sem alteração morfológica digna de registro.
Obs.: embrionariamente, o esterno se constitui de duas barras cartilaginosas unidas às cartilagens costais das nove costelas superiores, do lado correspondente. As duas barras se fundem entes si ao longo da linha média, para formarem o esterno cartilaginoso, que se ossifica a partir de seis centros: 01 para o manúbrio; 04 para o corpo e 01 para o processo xifoide. Os centros de ossificação aparecem nos intervalos entre as depressões articulares para as cartilagens costais, na seguinte ordem:

No manúbrio – na porção do corpo durante o sexto mês de vida intrauterina.
Na 2ª e 3ª porções do corpo – durante o sétimo mês de vida intrauterina.
Na 4ª porção – durante o primeiro ano após o nascimento.
No processo xifoide – entre os cinco e dezoito anos.

Às vezes, alguns dos segmentos são formados a partir de mais de um centro, variando a situação e o número.
A união irregular dos centros explicaria a ocorrência, rara, do "forame esternal" ou da "fissura vertical", constituindo a malformação conhecida como "fissura do esterno", imagem encontrada na ossada ora em perícia e que pode ser confundida com orifício de projétil de arma de fogo.
Fotografias

ESTUDO DA CLAVÍCULA
Entre o material pericial encaminhado para exame foi selecionado um osso que tem duas extremidades, duas faces e duas bordas. É um osso longo, curvado, como "S" em itálico. Apresenta uma curva dupla. Na extremidade esternal a convexidade é dirigida ventralmente. Na extremidade acromial a convexidade é dorsal. Trata-se de uma clavícula, cujo formato é singular, e dado ao fato de nenhum outro animal possuir osso semelhante, permite a afirmação de se tratar de osso humano.
Obs.: a clavícula, na mulher, é geralmente curta, lisa, fina e com pouco arqueamento.
As clavículas exibem em sua morfologia estruturas de diáfise e epífises anatômicas preservadas.
Fotografias

ESTUDO DAS OMOPLATAS E COSTELAS
Descrever os aspectos morfológicos das epífises e diáfises, dentre outros, ou consignar que os ossos não exibem alterações morfológicas dignas de registro.

ESTUDO DOS ÚMEROS, DOS RÁDIOS E DAS ULNAS
Descrever os aspectos morfológicos das epífises e diáfises, dentre outros, ou consignar que os ossos não exibem alterações morfológicas dignas de registro.
Fotografias

ESTUDO DA BACIA
Ossatura espessa e sólida (M) ou delgada (F); ilíaco alto (M) ou baixo (F); cristas ilíacas sinuosas (M) ou retilíneas (F); fossas ilíacas internas estreitas e escavadas (M) ou largas e extensas (F); linha iliopectina rugosa (M) ou lisa (F); sulco pré-auricular pouco pronunciado, estreito e raso (M) ou pronunciado, amplo e profundo (F); pelve pouco inclinada (M) ou muito inclinada (F), de aspecto ginecoide (F) ou androide (M) ou platipeloide (intermediária); em forma de coração (M) ou circular (F); parede anterior da pelve menor, exibindo comprimento maior na vertical (M) ou na transversal (F); pelve menor estreita e escavada (M) ou larga e plana (F); corpo do púbis triangular (M) ou quadrangular (F); forame isquiopubiano ovalado (M) ou triangular (F); sacro alto, longo, estreito, alto, pouco curvo com 5 ou mais segmentos (M) ou baixo, curto, achatado, largo e muito curvo, sempre com mais de 5 segmentos (F); articulação sacroilíaca grande (M) ou pequena e oblíqua (F); sacro estreito e alto (M) ou achatado e largo (F); espinha do púbis aproximada (M) ou afastada (F) ou incaracterística.

ESTUDO DOS FÊMURES, DAS FÍBULAS E DAS TÍBIAS
Descrever os aspectos morfológicos das epífises e diáfises, dentre outros, ou consignar que os ossos não exibem alterações morfológicas dignas de registro.

ESTUDO DE OUTROS OSSOS
Encontrados XX ossos menores e fragmentos.

DISCUSSÃO E CONCLUSÕES
Fundamentados nas avaliações morfológicas, e nos dados técnicos obtidos, os peritos oferecem as seguintes conclusões:

ESTUDO DA ESPÉCIE
Determinação
Os ossos exibem características anatômicas próprias e incontestáveis, compatíveis com ossos da espécie humana.
Os dados antropométricos não são compatíveis com ossos da espécie humana.

ESTUDO DO TEMPO DE MORTE
Cronologia
No estudo das peças periciadas observa-se que as mesmas encontram-se conservadas, com características anatômicas preservadas. Em razão de condições climáticas, maior ou menor umidade do ar, tipo de terreno, presença de fauna cadavérica, topo de legionário envolvido na decomposição da matéria orgânica, as condições de conservação do corpo podem ser as mais variadas possíveis. Via de regra a marcha da decomposição segue ritmos variados.
Na cronologia da morte para estudo comparativo convém considerar as seguintes observações:

14. Corpo flácido, quente e sem livores – < 2h
15. Rigidez de nuca e mandíbula, esboço de livores – 2 a 4h
16. Rigidez de MMSS, nuca, mandíbula e livores acentuados – 4 a 6h

17. Rigidez generalizada, manchas de hipóstases – > 8 < 16h
18. Rigidez generalizada, mancha verde abdominal, circulação de Brouardel – 16 a 24 h
19. Mancha verde abdominal, inicio de flacidez – 24 a 48 h
20. Aumento da mancha verde abdominal – de 48 a 72 h
21. Digestão dos ácidos graxos – entre 8 e 15 dias.
22. Consumo das substâncias em fase de liquefação ainda não consumida – entre 15 e 30 dias
23. Absorção de humores e início da fase de dissecação – entre 3 e 6 meses
24. Deterioração de tendões e ligamentos – entre 12 a 24 meses
25. Desaparecimento das partes moles – 2 a 3 anos
26. Esqueletização completa – > 3 anos

Estimativa
As condições do material examinado permitiram estimar que a morte tenha ocorrido há....
As condições do material examinado não permitiram estimar o tempo de morte.

DETERMINAÇÃO DO SEXO
De acordo com as metodologias utilizadas, foi estabelecido que o material examinado apresentava características de ter pertencido a indivíduo do sexo ...

ESTIMATIVA DO FENÓTIPO – COR DA PELE
As metodologias empregadas permitiram a estimativa de que o material tenha pertencido a indivíduo com fenótipo/cor de pele de características mestiças, com predominância leucoderma ou xantoderma ou melanoderma.

ESTIMATIVA DA IDADE
O estudo permitiu a estimativa de que a idade do indivíduo periciado esteja entre xx/xy anos.

ESTIMATIVA DA ESTATURA
De acordo com as metodologias utilizadas, a estatura média foi estimada em:

OUTROS ESTUDOS
A efetiva identificação da ossada ora em exame poderá ser concretizada por meio de comparações entre o perfil antropológico descrito e as características conhecidas de possível suposto, tanto em nível macroscópico (exame odontolegal) como microscópico (estudo do DNA).
Havendo suposto, encaminhar familiares para entrevista, antecipando aos mesmos a necessidade de apresentar os dados abaixo:

DADOS ANTROPOMÉTRICOS
Dados do suposto
Nome, sexo, idade, estatura, peso, cor da pele, cabelos, profissão, número de manequim (vestes e calçado), número do sapato, trajes no dia do desaparecimento, tempo de desaparecimento, local do desaparecimento.

Histórico de patologias
Verificar se o suposto era portador de alguma patologia óssea que possa contribuir com a perícia.

Fotografias
Anexar ao material de perícia uma fotografia de corpo inteiro. Vestes relacionadas com a fotografia.

Radiografias
Radiografias ósseas de crânio e ossos longos, se houver.

Prontuário odontológico

Anexar para compor o material de perícia preliminarmente apresentado, se houver documentação odontológica, composta, dentre outros, de: ficha clínica odontológica, radiografias, próteses, moldes, modelos, placas de mordida etc.

Documentação

Certidão de nascimento, carteira de identidade e certificado de reservista.

CONCLUSÃO

Diante do exposto, os peritos concluem que o material examinado pertence a uma ossada da espécie humana, do sexo xxxxx, com estimativa de idade entre xx e xx anos, estatura entre xx e xx cm e fenótipo cor da pele com características XXXX ainda não identificado.

Ou

As conclusões descritas nos exemplos de identificação pelos exames odontolegais positivando a identificação.

RESPOSTA AOS QUESITOS

1º Qual a causa da morte? (CID 10)

2º Qual o instrumento empregado na produção da lesão ou lesões mortais?

3º Houve o emprego de veneno, fogo, asfixia, tortura ou outro meio insidioso ou cruel?

4º Houve o emprego de algum recurso que dificultou ou tornou impossível a defesa da vítima?

E para constar, lavrou-se o presente laudo contendo XX páginas e XX fotografias digitais, que vai rubricado e assinado pelos peritos.

Dra.	**Dra.**
CRM	**CRO**
PERITO MÉDICO-LEGAL	**PERITO ODONTOLEGAL**

▶ BIBLIOGRAFIA

Alcântara HR. Perícia médica judicial. 2. ed. Rio de Janeiro: Guanabara Koogan, 2006.

Arany S, Ohtani S, Yoshioka N, Gonmori K. Age estimation from aspartic acid racemization of root dentin by internal standard method. Forensic Sci Int 2007; 141: 127-30.

Arbenz GO. Medicina Legal e Antropologia Forense. Atheneu, 1988.

Braga J, Treil J. Estimation of pediatric skeletal age using geometric morphometrics and three-dimensional cranial size changes. Int J Legal Med 2007; 121: 439-43.

Campos MS, Mendonza C, Moura G. Compêndio de Medicina Leal aplicada. Recife: EDUPE, 2000: 54-9.

Cardoso HFV, Saunders SR. Two arch criteria of the ilium for sex determination of immature skeletal remains: a test of their accuracy and an assessment of intra- and inter-observer error. Forensic Sci Int 2008; 178: 24-9.

Castellana C, Kósa F. Estimation of fetal age from dimensions of atlas and axis ossification centers. Forensic Sci Int 2001; 117: 31-43.

Coma RJM. Antropologia Forense. Ministério de Justiça. Secretaria General Técnica Centro de Publicaciones. Madrid, 1999.

Costa LR da S. Estimativa da idade através da análise das suturas cranianas – contribuição para a Antropologia Forense. 2002. Piracicaba. Tese (Doutor em Radiologia, Área de concentração Odontologia Legal e Deontologia), Faculdade de Odontologia de Piracicaba da Universidade Estadual de Campinas.

Croce D. Manual de Medicina Legal. Rio de Janeiro: Forense, 1990: 35-64.

Del Campo ERA. Medicina Legal. São Paulo: Saraiva, 2005.

DiMaio VJ, DiMaio D. Forensic pathology. 2. ed. CRC Press.

Dix J, Graham M. Time of death, decomposition and identification: an atlas. Cause of Death Atlas Series. CRC Press.

Fazekas IG, Kósa F. Forensic fetal osteology. Budapest: Akadémiai Kiadó, 1978.

França GV. Medicina Legal. 7. ed. Rio de Janeiro: Guanabara Koogan, 2004.

Franklin D, Cardini A, O'Higgins P, Oxnard CE, Dadour I. Mandibular morphology as an indicator of human subadult age: geometric morphometric approaches. Forensic Sci Med Pathol 2008; 4: 91-9.

Galvão LCC et al. Aspectos das cúspides do 1º molar inferior em leucodermas, faiodermas e melanodermas. Rev IPEB-BA, 2000.

Galvão LCC. Determinação do sexo através da curva frontal e apófise mastóidea. Piracicaba. 1998. Tese (Doutorado em Ciências, Área de Odontologia Legal e Deontologia), Faculdade de Odontologia de Piracicaba da Universidade Estadual de Campinas.

Galvão LCC. Identificação do sexo através de medidas cranianas. Piracicaba. 1994. Tese (Mestrado em Ciências, Área de Odontologia Legal e Deontologia), Faculdade de Odontologia de Piracicaba da Universidade Estadual de Campinas.

Galvão LCC. Medicina Legal. Editora Santos, 2008.

Genovés S. L'estimation des différences sexuelles dans l'os coxal; différences métriques et différences morphologiques. Bull Mem Soc Anthropol Paris 1959; 10: 3-95.

Hadlock FP, Harrist RB, Sharman RS, Deter RL, Park SK. Estimation of fetal weight with the use of head, body, and femur measurements – a prospective study. Am J Obstet Gynecol 1985; 151(3): 333-7.

Heras SM, Valenzuela A, Bellini R, Salas C, Rubiño M, Garcia JA. Objective measurement of dental color for age estimation by spectroradiometry. Forensic Sci Int 2003; 132: 57-62.

Klepinger LL. Fundamentals of forensic anthropology. Willey-Liss, 2006.

Oehmichen TM, Auer RN, Konig HG. Forensic neuropathology and associated neurology. Berlin-Heidelberg: Springer-Verlag, 2006.

Pares DBS, Santana RM, Almeida PAM, Camano L. A mensuração ultrassonográfica do fêmur no estabelecimento da idade gestacional no último trimestre. Rev Bras Ginecol Obstet 1990; 12(1): 19-22.

Pares DBS, Santana RM, Nardozza L, Almeida PAM, Camano L. Comparação do cálculo de idade gestacional através de medida ultrasonográfica do diâmetro biparietal e do comprimento do fêmur, a partir da 33ª semana. J Bras Ginecol 1990; 100(3/4): 63-6.

Pereira CB, Alvim MCF. Manual para estudos craniométricos e cranioscópicos. Rio Grande do Sul: Universidade Federal de Santa Maria (UFSM), 1979. Disponível em: http://www.cleber.com.br/manual.pdf

Reichs KJ (ed). Forensic osteology: advances in the identification of humans remais. 2. ed. Charles C Thomas Publisher Ltd., 1998.

Ritz-Timme S, Cattaneo C, Collins MJ et al. Age estimation: the state-of-the art in relation to the specific demands of forensic practice. Int J Legal Med 2000; 113: 129-36.

Saliba CA. Contribuição ao estudo do dimorfismo sexual, através de medidas do crânio. Piracicaba. 1999. Tese (Doutorado em Ciências, Área de Odontologia Legal e Deontologia), Faculdade de Odontologia de Piracicaba da Universidade Estadual de Campinas.

Sampaio CM de A. Investigação do sexo por mensurações crâniofaciais. Piracicaba. 1999. Tese (Doutorado em Ciências, Área de

Odontologia Legal e Deontologia), Faculdade de Odontologia de Piracicaba da Universidade Estadual de Campinas.

Scheuer JL, Black S. Developmental juvenile osteology. London: Academic Press, 2000.

Scheuer JL, Musgrave JH, Evans SP. The estimation of late fetal and perinatal age from limb bone length by linear and logarithmic regression. Ann Hum Biol 1980; 7: 257-65.

Scheuer L. Application of osteology to Forensic Medicine. Clinical Anatomy 2002; 15: 297-312.

Shepard MJ, Richards VA, Berkowitz RL, Warsof SL, Hobbins JC. An evaluation of two equations for predicting fetal weight by ultrasound. Am J Obstet Gynecol 1982; 142(1): 47-54.

Silva M da. Compêndio de Odontologia Legal. São Paulo: MEDSI, 1997.

Vanrell, http://www.foar.unesp.br/Atlas/Res_Erupcao.htm em 23/06/2010 às 12:44, http://www.malthus.com.br/mg_total.asp?id=312#set em 22/06/2010, http://catalogohospitalar.com.br/ambulatorios/equipamentos-1/goniometro.html em 28/06/2010 às 17:34. ttp://www.pericias-forenses.com.br/icraniodo.htm. Identificação Craniométrica Prof. Dr. Jorge Paulete Vanrell.

Vaz M, Benfica FS. The Experience of the Forensic Anthropology Service of the Medical Examiner, Office in Porto Alegre, Brazil. Forensic Sci Int 2008; 179: e45-e49.

White TD. Human osteology. 2. ed. Academic Press, 2000.

▶ ANEXO 15.1 – MEDIDAS PARA DETERMINAÇÃO DO SEXO

Medidas do crânio – Galvão L.C.C 1998 – II

Apófise mastoide	APOMAST	mm
Curva frontal	CF	mm

Dados estatísticos	Nº medidas/probabilidades		Confiança/acerto
	Masculino	**Feminino**	**%**
Média e intervalo de confiança	Nº	Nº	
Análise função discriminante	Provável	Provável	
Regressão logística	%	%	

Medidas do crânio – Adas, Saliba, C. 1999

Fossa incisiva/esp. nasal posterior	FI/ENP	mm
Distância sutura frontozigomática D/E	STZD/STZE	mm
Distância bregma/lambda	B/L	mm
Distância forame palatino maior D/E	PALMD/PALME	mm

Dados estatísticos	Nº medidas/probabilidades		Confiança/acerto
	Masculino	**Feminino**	**%**
Média e intervalo de confiança	Nº	Nº	
Análise função discriminante	Provável	Provável	
Regressão logística	%	%	

Medidas do crânio – Sampaio, C. de A. – 1999

Largura máxima abertura piriforme	LMI	mm
Distância próstio/násio	PN	mm
Altura máxima abertura piriforme	AM	mm
Distância básio/próstio	BP	mm
Distância básio/esp. nasal posterior	BE	mm

Dados estatísticos	Nº medidas/probabilidades		Confiança/acerto
	Masculino	Feminino	%
Média e intervalo de confiança	Nº	Nº	
Análise função discriminante	Provável	Provável	
Regressão logística	%	%	

Medidas do crânio – espinha nasal anterior/lambda

Corda esp. nasal anterior/lambda	ENA – L	mm
Arco esp. nasal anterior/lambda	ENA – L	mm

Dados estatísticos	Nº medidas/probabilidades		Confiança/acerto
	Masculino	Feminino	%
Média e intervalo de confiança	Nº	Nº	
Análise função discriminante	Provável	Provável	
Regressão logística	%	%	

Medidas da 1ª vértebra atlas (método de Vitória E.)

Diâmetro transverso máximo atlas	DTM	mm
Diâmetro anteroposterior atlas	DAP	mm
Diâmetro transv. C. raquidiano atlas	DTCR	mm
Diâmetro ant/post. C. raquidiano atlas	DAPCR	mm

Dados estatísticos	Nº medidas/probabilidades		Confiança/acerto
	Masculino	Feminino	%
Média e intervalo de confiança	Nº	Nº	
Análise função discriminante	Provável	Provável	
Regressão logística	%	%	

Índice condílico de Baudoin

Largura máxima do côndilo occipital × 100 dividida pelo comprimento máximo	Masculino < 50mm	Feminino > 55mm	Incaracterístico Entre 50 e 55mm
Valor encontrado			

Índice de Gilles & Elliot

Glabela-occipital	GO	mm
Básio-násio	BN	mm
Bizigomático	BZ	mm
Básio-próstio	BP	mm
Próstio-násio	PN	mm

FÓRMULA	SEXO = (1,16 × GO) + (1,66 × BN) + (3,98 × BZ) − (1,0 × BP) + (1,54 × PN)

Dados estatísticos	Masculino	Feminino	Resultado
Referências	> 891,12	< 891,12	

Medidas do crânio–mandíbula (índice de Lagunas)

Altura do ramo mandibular	ARM	mm
Largura máxima do ramo mandibular	LMRM	mm
Largura bigoníaca	LBG	mm
Comprimento total da mandíbula	CTM	mm

FÓRMULA	SEXO = 10,27 × ARM + 8,10 × LMRM + 2,0 × LB + CTM (ERRO = 18,41%)

Dados estatísticos	Masculino	Feminino	Resultado
Referências	> 1.200,88	< 1.200,88	

Medidas do esterno – comprimento do corpo esternal (Asley)

Comprimento do corpo esternal + manúbrio	Masculino ≥ 149mm	Feminino < 149mm
Valor encontrado		

Medidas do esterno – proporção manúbrio/corpo do esterno (Hirtl/Strauc)

O índice percentual é representado pelo comprimento do manúbrio multiplicado por 100 dividido pelo comprimento do corpo	Masculino Média 45,2	Feminino Média 54,3
Valor encontrado		

Medidas da clávicula

Comprimento total clavícula direita	CTC	mm
Comprimento total clavícula esquerda	CTC	mm

Medidas do úmero

Comprimento total úmero	CTU	mm
Diâmetro vertical cabeça úmero	DVCU	mm
Espessura central úmero	ECU	mm
Largura condilar úmero	LCU	mm

Dados estatísticos	Nº medidas/probabilidades		Confiança/acerto
	Masculino	**Feminino**	**%**
Média e intervalo de confiança	Nº	Nº	
Análise função discriminante	Provável	Provável	
Regressão logística	%	%	

Diâmetro da cabeça umeral

Referências	Masculino ± 48,5mm	Feminino ± 42,6mm
Valor encontrado		

Medidas do rádio

Comprimento total rádio	CTR	mm
Espessura central rádio	ECR	mm
Diâmetro cabeça rádio	DTR	mm

Dados estatísticos	Nº medidas/probabilidades		Confiança/acerto
	Masculino	**Feminino**	**%**
Média e intervalo de confiança	Nº	Nº	
Análise função discriminante	Provável	Provável	
Regressão logística	%	%	

Medidas da ulna

Comprimento total ulna	CTUL	mm
Comprimento corda art. úmero ulnar	CAUL	mm
Espessura central ulna	ECUL	mm

Dados estatísticos	Nº medidas/probabilidades		Confiança/acerto
	Masculino	**Feminino**	**%**
Média e intervalo de confiança	Nº	Nº	
Análise função discriminante	Provável	Provável	
Regressão logística	%	%	

Medidas da pelve

Diâmetro vertical acetábulo direito	DVA/D	mm
Diâmetro vertical acetábulo esquerdo	DVA/E	mm
Comprimento forame obturador direito	CFO/D	mm
Comprimento forame obturador esquerdo	CFO/E	mm
Largura forame obturador direito	LFO/D	mm
Largura forame obturador esquerdo	LFO/E	mm
Corda incisura isquiática maior direita	CIIM/D	mm
Corda incisura isquiática maior esquerda	CIIM/E	mm
Profund. incisura isquiática maior direita	PIIM/D	mm
Profund. incisura isquiática maior esquerda	PIIM/E	mm
Esp. ilíaca ant. sup./tubérc. púbico direito	EIAS/TPD	mm
Esp. iliaca ant. sup./tubérc. púbico esquerdo	IIAS/TPE	mm
Comprimento 1ª vértebra sacra	CVS	mm
Largura 1ª vértebra sacra	LVS	mm
Largura superior sacro	LSS	mm

Dados estatísticos	Nº medidas/probabilidades		Confiança/acerto
	Masculino	**Feminino**	**%**
Média e intervalo de confiança	Nº	Nº	
Análise função discriminante	Provável	Provável	
Regressão logística	%	%	

Fêmur – Comprimento

Comprimento total fêmur direito	CTFD	mm
Comprimento total fêmur esquerdo	CTFE	mm

Fêmur – Diâmetro da cabeça femoral (Pearson & Bell)

Incaracterístico entre 43,5 e 44,5mm	Masculino > 45,5mm	Feminino < 41,5mm e entre 41,5 e 43,5mm
Valor encontrado		

Fêmur – Diâmetro vertical do colo femoral

Referências	Masculino ± 34mm	Feminino ± 29,5mm
Valor encontrado		

Fêmur – Largura bicondílea femoral

Incaracterístico entre 74 e 76mm	Masculino >78mm	Feminino ± 72mm
Valor encontrado		

Medidas da tíbia

Comprimento total tíbia direita	CTTD		mm
Comprimento total tíbia esquerda	CTTE		mm
Largura condilar tíbia direita	LCTD		mm
Largura condilar tíbia esquerda	LCTE		mm
Espessura central tíbia direita	ECTD		mm
Espessura central tíbia esquerda	ECTE		mm

Dados estatísticos	Nº medidas/probabilidades		Confiança/acerto
	Masculino	Feminino	%
Média e intervalo de confiança	Nº	Nº	
Análise função discriminante	Provável	Provável	
Regressão logística	%	%	

Medidas da fíbula

Comprimento total fíbula direita	CTFB		mm
Comprimento total fíbula esquerda	CTFB		mm

▶ ANEXO 15.2 – ESTIMATIVA DO FENÓTIPO COR DA PELE

Cúspide do 1º molar permanente inferior

Mamelonada	Forma	+ Forma "M"	
Estrelada	Forma		+ Forma E
Intermediária	Forma	+ I e ± 25% E	+ I e ± 5% M

Legenda: M = mamelonada; E = estrelada; I = incaracterística.

Dados estatísticos	Probabilidades/índice de acerto		
	Melanoderma	Leucoderma	Faioderma
Regressão logística	%	%	%
Análise função discriminante	Provável	Provável	Provável
Análise 1º molar	Provável	Provável	Provável

Fenótipo cor da pele – Índices

	Valores medidos	Índices	Leucoderma	Melanoderma
			Referências	
Bieu/glabmeta		Retzius	75,0 a 79,9	< 75,0°
Básio-bregma/glabmeta		Alt × comprim	70,0 a 74,9	> 74,9
Básio-bregma/Bieu		Alt × largura	Até 91,9	> 98
Násio-mento/bizigo		Índice facial	85,0 a 94,4	> 95
Násio-próstio/bizigo		Índice facial sup	50,4 a 54,9	> 55
Larg pirif/násio-ena		Índice nasal	Até 47,9	> 53,0
Básio-prost/básio-násio		Índice prognatismo	± 94,4	± 104,4
Comp clav/comp úmero		Índice broca	46,0 a 47,9	Até 45,9
Comp tíbia/comp fêmur		Índice Smith	< 83	> 83

▶ SUGESTÃO DE AUTO DE RECONHECIMENTO E EXUMAÇÃO

Aos xxx dias do mês de xxxxx de dois mil xxx, às xxxxx horas, no cemitério xxxxxxxxxx da cidade xxxxxx, na área de circunscrição da xx Delegacia de Polícia, tendo como titular Bel. xxxxxxxxxx, o escrivão xxxxxxxxxx, juntamente com os Peritos Médico-Legais Dr. xxxxxxxxxx e Peritos Odontolegais Dr. xxxxxxxxxx, bem como o Auxiliar de Necropsia Sr. xxxxxxxxxx, para procederem à exumação do corpo do(a) Sr(a) xxxxxxxxxx (nome do morto).

Cumprindo determinação da autoridade requisitante da perícia, foi indicada a sepultura xxxxx, quadra xxxx, pelo(a) Sr(a). xxxxxxxxxx, administrador do cemitério, o que foi confirmado pelo(a) Sr(a). xxxxxxxxxx (qualificar o grau de parentesco com a vítima) e testemunha xxxxxxxxxxxx.

Ordenou a autoridade que se procedesse à exumação do corpo, a fim de ser examinado, o que foi efetivado, sendo removida uma urna (caracterização da urna – cor, material, condições de conservação etc.).

Aberta a urna, encontrou-se um cadáver, reconhecido pelas testemunhas Sr(a). xxxxxxxxxx e Sr(a). xxxxxxxxxx (qualificar o grau de parentesco com a vítima) como sendo o do(a) Sr(a). xxxxxxxxxx (nome do morto), em (condições de conservação do corpo, vestes etc.).

A seguir, procedemos à realização da perícia solicitada, coletando os seguintes materiais: XXXXXXX.

Após a realização do ato de necropsia, os Peritos Médico-Legais solicitaram à autoridade requisitante que ordenasse a reinumação do corpo.

Nada mais a ser tratado, foi encerrado o presente Auto de Reconhecimento e Exumação, que, após lido e achado conforme, foi assinado pelas Autoridades, Peritos, Escrivão, Testemunhas e Assistentes Técnicos.

▶ SUGESTÃO DE ENTREVISTA COM OS FAMILIARES DE VÍTIMAS DESAPARECIDAS

FORMULÁRIO DE ENTREVISTA

REGISTRO DO POSSÍVEL SUPOSTO: _____
DATA: _____/_____/_____

IDENTIFICAÇÃO DO INFORMANTE
Nome:
RG:
Grau de parentesco:
Idade:
Endereço:
Telefones:

DADOS DO SUPOSTO
NOME:
DATA DO NASCIMENTO: **SEXO:** ( ) MASC. ( ) FEM.
ENDEREÇO:
PROFISSÃO:
TEL:
DATA DO DESAPARECIMENTO:
LOCAL DO DESAPARECIMENTO:
RG nº: **ÓRGÃO EXPEDIDOR:**
EMISSÃO:
FILIAÇÃO:
ESTATURA: **COR DA PELE:**
CABELOS: ( ) RASPADO   ( ) TINGIDO/COR
              ( ) SEM PELOS (CARECA) ( ) LISO   ( ) CRESPO
                                ( ) ENCARAPINHADO
VESTES:
MANEQUIM: CAMISA   CALÇAS   SAPATO
ADORNOS:
CORRENTE:
( ) SIM ( ) NÃO   ( ) PRATEADA ( ) DOURADA
          ( ) OUTRO ( ) GROSSA   ( ) FINA   ( ) COM PINGENTE
PULSEIRA:
( ) SIM ( ) NÃO   ( ) PRATEADA ( ) DOURADA ( ) OUTRO

ANEL/ALIANÇA: ( ) SIM ( ) NÃO – CARACTERÍSTICAS:
RELÓGIO: ( ) SIM ( ) NÃO – CARACTERÍSTICAS:
ÓCULOS: ( ) SIM ( ) NÃO – CARACTERÍSTICAS:
BRINCOS: ( ) SIM ( ) NÃO – CARACTERÍSTICAS:
PIERCING: ( ) SIM ( ) NÃO – CARACTERÍSTICAS:
TRAJES NO DIA DO DESAPARECIMENTO:
INFORMAÇÕES DE INTERESSE MÉDICO-LEGAL
TATUAGENS:
CICATRIZES:
PATOLOGIAS ÓSSEAS/CIRURGIAS/FRATURAS:
CIRURGIA PRÉVIA? ( ) SIM ( ) NÃO – QUAL: LOCALIZAÇÃO:
HÁ QUANTO TEMPO:
FERIMENTO POR ARMA DE FOGO, COM PERMANÊNCIA DE PROJÉTIL? ( ) SIM ( ) NÃO
LOCALIZAÇÃO:
CIRURGIA DE APÊNDICE, HISTERECTOMIA, MAMOPLASTIA?
( ) SIM ( ) NÃO
CIRURGIA DE VESÍCULA? ( ) SIM ( ) NÃO ( ) OUTRAS:
JÁ TEVE FRATURAS? ( ) SIM ( ) NÃO
LOCALIZAÇÃO:
HÁ QUANTO TEMPO:
USO DE PRÓTESES METÁLICAS? ( ) SIM ( ) NÃO
LOCALIZAÇÃO:
USA D.I.U.? ( ) SIM ( ) NÃO
USA SILICONE? ( ) SIM ( ) NÃO
LOCALIZAÇÃO:
INFORMAÇÕES DE INTERESSE ODONTOLEGAL
JÁ FEZ TRATAMENTO ODONTOLÓGICO? ( ) SIM ( ) NÃO
É FUMANTE? ( ) SIM ( ) NÃO
TEM ALGUM DENTE FRATURADO? ( ) SIM ( )NÃO
DENTE(S):
QUAL A LOCALIZAÇÃO DESSE DENTE?
JÁ EXTRAIU/ARRANCOU – ALGUM DENTE? ( ) SIM ( ) NÃO DENTE(S):
A EXTRAÇÃO FOI RECENTE? ( ) SIM ( ) NÃO
JÁ FEZ TRATAMENTO ENDODÔNTICO – TRATAMENTO DE CANAL?
( ) SIM ( ) NÃO
DENTE(S):
USA ALGUM TIPO DE PRÓTESE? ( ) SIM ( ) NÃO
TEM ALGUMA PRÓTESE ANTIGA OU MODELO DE GESSO EM CASA? ( ) SIM ( ) NÃO
JÁ FEZ ALGUMA RADIOGRAFIA ODONTOLÓGICA? ( ) SIM ( ) NÃO
TEM DENTES SEPARADOS? ( ) SIM ( ) NÃO
TEM ALGUMA CARACTERÍSTICA DIFERENTE EM RELAÇÃO A SEUS DENTES OU BOCA? ( ) SIM ( ) NÃO
TEM DENTES ENCAVALADOS? ( ) SIM ( ) NÃO
DENTE(S):
USA APARELHO ORTODÔNTICO? ( ) SIM ( ) NÃO
( ) FIXO ( ) MÓVEL
( ) ARCADA SUPERIOR ( ) ARCADA INFERIOR
( ) ARCADA SUPERIOR E INFERIOR
POSSUI IMPLANTES DENTÁRIOS? ( ) SIM ( ) NÃO
QUANTOS?
ONDE?

SABE O ENDEREÇO OU O NOME E O TELEFONE DO DENTISTA QUE REALIZOU TRATAMENTO?
( ) SIM ( ) NÃO
NOME:
TEL:
ENDEREÇO:
TEM OUTRA PESSOA DA FAMÍLIA QUE SAIBA DAR INFORMAÇÕES A ESSE RESPEITO?
TERMO DE RESPONSABILIDADE
Eu,_____, assumo
inteira responsabilidade pelo material do suposto(a) Sr(a). _____
_____, abaixo
discriminado(a) que servirá ao processo comparativo de identificação médico e odontolegal a cargo do Setor de Antropologia do Instituto Médico-Legal Nina Rodrigues.

DOCUMENTAÇÃO APRESENTADA
- Radiografias (odontológicas ou crânio, tomografia computadorizada, ressonância magnética, tórax, abdome, outras)
- Ficha odontológica
- Modelos de gesso
- Retratos
- Carteira de identidade
- Certidão de nascimento
- Carteira de reservista

Outras informações:
Salvador, / /
Assinatura do responsável:
Assinatura do entrevistador:

▶ SUGESTÃO DO AUTO DE RECONHECIMENTO DE VESTES E PERTENCES PESSOAIS

Aos vinte e nove dias de dezembro de dois mil e nove compareceu a este Instituto, no Setor de Antropologia, o(a) Sr(a). XXXXX, RG XXXX, SSP/BA, residente na XXXXXX, mãe biológica do suposto, para proceder ao reconhecimento das vestes encontradas junto ao corpo do suposto, ora nominado como XXXXXX, encontrado no local XXXXXX, conforme a guia policial XXXX.

Foram apresentadas as vestes e os pertences pessoais assim descritos: descrição detalhada das peças com inscrições, bordados, cores, etiquetas internas e externas, tamanho (P, M, G, GG), tipo de tecido, tipo de adorno, material confeccionado, diâmetro e outros, reconhecidos como pertencentes ao Sr(a). XXXXXXX pelo reconhecedor.

Nada mais a ser declarado, firmo como verdadeira as informações acima citadas.

Salvador XX de XXXXXXX de XXXX

Assinatura do reconhecedor.

CAPÍTULO 16

Psiquiatria Forense

Parte A

Análise Psiquiátrico-Forense da Responsabilidade Penal nos Transtornos Mentais

Karla Cristhina Alves de Sousa • Silas Prado de Sousa

▶ INTRODUÇÃO

Um grande desafio para a Psiquiatria Forense contemporânea consiste em traçar o panorama sobre a responsabilidade penal dos indivíduos criminosos portadores de transtornos mentais.

Esse desafio se justifica porque são verificadas na literatura situações de convergência e de divergência sobre as capacidades de entendimento e de determinação diante de indivíduos criminosos portadores dos diversos transtornos mentais categorizados no CID-10.

É importante que seja estabelecido um panorama atual sobre tais capacidades para orientar teoricamente a prática pericial do médico psiquiatra forense durante a avaliação dos portadores de transtornos mentais e, fundamentalmente, para que a perícia psiquiátrica se preste a seu principal objetivo de auxiliar tecnicamente a Justiça no que diz respeito ao esclarecimento da responsabilidade penal.

Este capítulo tem por objetivo estudar a responsabilidade penal de indivíduos portadores de transtornos mentais e traçar um panorama atualizado sobre a avaliação psiquiátrico-forense de suas capacidades de entendimento e de determinação, com fins de orientar a prática pericial e de melhor esclarecer o Juízo.

▶ PERÍCIA CRIMINAL EM PSIQUIATRIA FORENSE

A perícia psiquiátrico-forense é solicitada pelo juiz quando existem dúvidas quanto à sanidade mental do agente do ato delituoso, para que seja feita a avaliação do impacto da doença mental nas capacidades de entendimento e determinação à época do delito, estabelecendo se há um nexo de causalidade entre a doença e o delito cometido (critério biopsicológico).

Todavia, ainda que o critério predominantemente adotado na atualidade seja o cronobiopsicológico em conexão com o crime, Palomba (2003) defende que existe um panorama estático, no qual se vincula direta e descontextualizadamente o transtorno mental com o grau de imputabilidade. Assim sendo, uma vez estabelecido o diagnóstico do agente, automaticamente já se saberia acerca de suas capacidades de entendimento e de determinação e, consequentemente, sobre sua responsabilidade penal.

▸ RESPONSABILIDADE PENAL

Do ponto de vista jurídico, para que uma pessoa seja considerada responsável penalmente por determinado delito é necessário que ela seja antes considerada imputável.

A imputabilidade ocorre quando o indivíduo tem plenas capacidades de entendimento e de determinação em conexão causal com o fato delituoso. Assim sendo, a imputabilidade pressupõe maturidade e sanidade mental.

Já a responsabilidade ocorre quando a pessoa é convocada a responder penalmente, tendo em vista ser imputável (Valença, 2005).

O Código Penal Brasileiro (1984), em seu Título III (Da Imputabilidade Penal), especifica os casos de inimputabilidade e semi-imputabilidade relacionados a transtornos mentais, respectivamente, no *caput* e no parágrafo único do artigo 26, a saber:

> **Art. 26.** *É isento da pena o agente que, por doença mental ou desenvolvimento mental incompleto ou retardado era, ao tempo da ação ou da omissão, inteiramente incapaz de entender o caráter ilícito do fato ou de determinar-se de acordo com esse entendimento.*
>
> **Parágrafo único** – *A pena pode ser reduzida de um a dois terços, se o agente, em virtude de perturbação da saúde mental ou por desenvolvimento mental incompleto ou retardado, não era inteiramente capaz de entender o caráter ilícito do fato ou de determinar-se de acordo com esse entendimento.*

Chalub (1981) classifica as alterações do entendimento (caracterizadas pelos distúrbios nas faculdades cognitivas) em estados de insuficiência do entendimento (retardo mental), deficiência do entendimento (deterioração involutiva mental orgânica) e estados de amência (alterações de campo e de nível de consciência).

Ainda para Chalub (1981) as alterações da determinação (distúrbios na conação) são classificadas em estados de eversão (elevação), estados de adversão (redução) e estados de perversão (desvio funcional).

Por outro lado, Garcia (1979) afirma que a capacidade de conhecer o valor dos atos é influenciada pelas perturbações da consciência, da atenção, da percepção, da memória, da ideação e da inteligência. Já a capacidade de ação e de inibição seria alterada pelas perturbações da afetividade, da vontade, da atividade, pela constituição, pelo temperamento e pelo caráter.

De acordo com Chalub (2004), as correspondências existentes entre os termos legais e os quadros psiquiátricos encontrados na Classificação de Transtornos Mentais e de Comportamento da Classificação Internacional de Doenças (CID-10) fazem-se da seguinte maneira: doença mental corresponde às psicoses e demências; desenvolvimento mental retardado, à oligofrenia; e perturbação da saúde mental, às neuroses e transtornos de personalidade.

Existem, porém, alguns diagnósticos psiquiátricos que podem deixar de se encaixar em uma dessas categorias se estiverem em um momento evolutivo do transtorno chamado intervalo lúcido, no qual a pessoa teria total capacidade de entendimento e de determinação. Segundo Vargas (1990), deve-se distinguir intervalo lúcido de remissão e dissimulação instintiva, e só se pode falar em real intervalo lúcido no caso da cura entre dois surtos de psicose periódica.

No entanto, mesmo com algumas divergências, é possível traçar um panorama atualizado da responsabilidade penal nos transtornos psiquiátricos (Valença, 2005), desde que cada caso seja tratado conforme suas especificidades.

▸ RETARDO MENTAL

Em um mesmo diagnóstico, como, por exemplo, retardo mental em seus variados graus, as opiniões de diferentes autores divergem quanto à capacidade de entendimento e de determinação.

França (2004) afirma que os deficientes mentais moderados e profundos têm a capacidade de entendimento abolida e que os deficientes mentais leves têm capacidade de entendimento parcialmente abolida.

Para Weygandt (1940), os deficientes intelectuais podem ser agrupados em idiotas, imbecis e oligofrênicos. Os idiotas seriam aqueles com idade mental inferior a 7 anos. Já os imbecis possuem idade mental entre 7 anos e a idade adulta. Quando um imbecil comete um delito, há que se determinar com especial atenção sua idade mental pois, se esta for inferior a 12 anos, poderá haver inimputabilidade ou semi-imputabilidade. Já para imbecis com idade a partir de 12 anos e oligofrênicos, terá que ser demonstrada a presença de perturbações das funções psíquicas, em especial da vontade, que impliquem a diminuição de sua capacidade de autodeterminação.

Vargas (1990) cita a classificação da Organização Mundial da Saúde (OMS) de 1968, que divide a deficiência mental em quatro grupos, de acordo com o quociente intelectual (QI): profunda (QI abaixo de 20), severa (QI entre 20 e 35), moderada (QI entre 36 e 52) e leve (QI entre 53 e 70).

Ainda de acordo com esse autor, cerca de 85% dos deficientes estão no nível leve e constituem um grande problema pericial, pois estão propensos a variadas infrações em virtude de terem reduzida a capacidade de inibição de seus atos, porém proporcionam aos leigos a impressão de conhecerem o valor de seus atos e de terem preservada sua capacidade de determinação, já que conseguem adquirir um conhecimento cultural razoável.

Já o grupo dos deficientes mentais médios é considerado inteiramente incapaz de entender o caráter ilícito de seus atos e de determinar-se de acordo com esse entendimento porque, apesar de tornarem-se suscetíveis à vida social, podendo defender-se de perigos ordinários, são incapazes de prover sua subsistência e são capazes de várias reações antissociais, como crimes de pequena delinquência, em sua maioria. Os delitos são mal planejados e mal executados, terminando em escândalo de imoralidade; caracterizam-se pela falta de finalidade e são cometidos para a satisfação de um desejo momentâneo, sendo eles capazes de incendiar, roubar ou destruir por um prazer de natureza sádica (Vargas, 1990).

Os deficientes mentais profundos e severos, que correspondem aos idiotas e imbecis de outras classificações, têm pequena antissocialidade, porque vivem segregados da vida social e vivem sob a tutela da família e/ou do Estado. Contudo, podem praticar automutilações, heteroagressão e ter instintos sexuais exaltados (parricídio, necrofilismo, entre outros) e têm absoluta incapacidade de conhecer o valor de seus atos e de autodeterminação (Vargas, 1990).

Para Abdalla-Filho (2004), os indivíduos com retardo mental profundo, grave ou moderado são inteiramente incapazes de entendimento e de determinação, e aqueles com retardo mental leve têm capacidades parciais de entendimento e de determinação.

▶ NEUROSES

Com relação à responsabilidade penal, os neuróticos fora de suas crises devem ser considerados imputáveis. Durante as crises, se for detectado defeito na inibição de seus atos, poderão ser considerados semi-imputáveis (Garcia, 1979).

Vargas (1990) corrobora tal ideia e esclarece que não há dificuldades periciais com relação à responsabilidade penal na neurose.

Na Psiquiatria Forense, os casos de maior destaque nas neuroses são a histeria e o transtorno obsessivo-compulsivo.

Histeria

Com relação aos transtornos dissociativos, Weygandt (1940) relata que a criminalidade histérica está caracterizada pela tendência em cometer furtos, calúnias, denúncias falsas, jurar em falso e mentir a todo momento. Para esse autor, apenas pode haver alteração das capacidades de entendimento e de determinação quando se trata de estados de exceção "histero-genéticos", como, por exemplo, estados crepusculares, lipotimias ou ataques convulsivos. Atualmente, tais exceções são enquadradas em transtornos mentais de etiologia orgânica e não mais em quadros histéricos (Kaplan, 2007).

Existem divergências com relação aos estados crepusculares histéricos. Alguns presumem total irrespon-sabilidade de todos os delitos praticados em tal estado; outros alegam que não há inconsciência completa. Uma solução de transigência opina que há irresponsabilidade do criminoso relacionada ao primeiro delito e responsabilidade em caso de reincidência. No entanto, essa solução não deve ser aceita, pois é muito simplista. A análise deve ser baseada na avaliação do ato delituoso e de suas circunstâncias (Garcia, 1979).

Para Vargas (1990), a avaliação da responsabilidade penal na histeria é complexa, podendo variar de completa, atenuada, até irresponsabilidade absoluta, tudo dependendo do caso e do momento.

Transtorno Obsessivo-Compulsivo

Os portadores de transtorno obsessivo-compulsivo podem apresentar compulsões irresistíveis para provocar incêndio e outros delitos. O obsessivo, contudo, apesar do sofrimento, quase nunca se sente arrastado por suas representações doentias a consumar um delito (Vargas, 1990).

Em casos excepcionalmente graves, quando existe relação causal entre a ideia obsessiva e o ato ilícito, pode-se pressupor que tal ideia interfira no livre arbítrio (Weygandt, 1940).

▶ TRANSTORNO DE PERSONALIDADE

Chalub (2004) diz que os transtornos de personalidade são considerados perturbação da saúde mental e não propriamente doenças mentais, constituindo uma variação mórbida da normalidade. Informa, ainda, que seus portadores são responsáveis, mas com menor culpabilidade em função de sua menor capacidade de discernimento ético-social ou de autoinibição criminal.

Transtorno de Personalidade Antissocial

Na maioria das vezes, o portador de transtorno de personalidade antissocial mantém a capacidade de entendimento preservada, tendo em vista que o transtorno não afeta a esfera cognitiva. Esses indivíduos demonstram inteligência, apresentando habilidades verbais e de raciocínio desenvolvidas. A dificuldade reside na aferição da capacidade de autodeterminação em relação ao ato praticado. A capacidade de autodeterminação pode estar parcialmente comprometida, o que pode levar a uma condição jurídica de semi-imputabilidade, ou pode estar preservada, recaindo na imputabilidade. A inimputabilidade não se aplica aos portadores de transtorno de personalidade antissocial (Holmes, 1997). Nesses casos, é polêmica a discussão em torno da semi-imputabilidade ou responsabilidade diminuída e suas consequências.

Bonfim (2004) afirma que os psicopatas organiza-dos (preservados os elementos intelectivo e volitivo) devem ser considerados hígidos psiquicamente e aptos à responsabilização penal.

Cardoso, Blank & Taborda (2004) relatam que os portadores de transtorno de personalidade antissocial, enquadrados no conceito de "perturbação da saúde mental", não se beneficiam das abordagens terapêuticas utilizadas nos hospitais de custódia e tratamento, não sendo recomendável a medida de segurança. Dizem ainda que esses indivíduos, quando internados nesse tipo de estabelecimento, além de se mostrarem impermeáveis às abordagens terapêuticas, dificultam o tratamento dos doentes mentais, instigando-os à prática de comportamentos antissociais e causando tumultos. Enfatizam que esses indivíduos necessitam de limites firmes e severos dos regimes penitenciários.

Por outro lado, Piedade Júnior (1982) considera que portadores de personalidade psicopática devam ser considerados semi-imputáveis ou inimputáveis, dependendo do grau de comprometimento na esfera do entendimento e da autodeterminação. Nesse sentido, sugere, quanto aos semi-imputáveis por psicopatia, que se imponha uma medida de segurança de caráter terapêutico, com o objetivo de readaptar esses indivíduos ao convívio em sociedade e, em nenhuma hipótese, aplicar uma pena privativa de liberdade de caráter repressivo e punitivo.

Transtorno de Personalidade *Borderline*

No transtorno de personalidade *borderline*, Weygandt (1940) considera que os paroxismos impulsivos podem motivar agressões e homicídios em virtude da redução da capacidade de autodeterminação.

Esse posicionamento é corroborado por Vargas (1990).

▶ TRANSTORNO AFETIVO BIPOLAR

Com relação ao indivíduo portador de transtorno afetivo bipolar, nas crises de mania típica, ao delinquir será considerado inimputável nos termos do *caput* do artigo 26 (Vargas, 1990), dados corroborados por Palomba (2003). Nas formas mitigadas da hipomania, pode ser enquadrado ou não no parágrafo único do artigo 26 em função do prejuízo que pode haver na autodeterminação. Já os estados mistos, em quaisquer graus, serão sempre classificados no *caput* do artigo 26 (Vargas, 1990).

Já para Taborda (2004) faz-se necessário que haja nexo entre a crise de mania ou hipomania e o fato delituoso cometido para que o indivíduo seja considerado inimputável ou semi-imputável. Caso contrário, o criminoso é considerado imputável.

Na fase maníaca do transtorno afetivo bipolar, há necessidade frequente de intervenção judicial na área penal, principalmente com relação à prática de delitos como agressões, perturbações da tranquilidade pública, resistência à autoridade, calúnia, falta aos bons costumes e fraude (Weygandt, 1940). Segundo o mesmo autor, é raro que indivíduos na fase depressiva desse transtorno sejam alvo de avaliação psiquiátrico-forense em função de prática criminal, mas pode ocorrer, por exemplo, nos casos em que uma mulher deprimida melancólica quer estrangular os filhos para depois se enforcar.

▶ ESQUIZOFRENIA

Para Vargas (1990), a maioria dos esquizofrênicos pratica delitos em seu meio de convivência, porque as tendências aos atos violentos surgem na fase inicial da doença, chamada fase de latência ou período médico-legal. A periculosidade é maior nessa fase porque o indivíduo passa de perseguido a perseguidor e focaliza o alvo. Já no período da doença propriamente dita, os atos delituosos são súbitos, imotivados e absurdos, sem indício anterior e com indiferença ao meio social. Para esse autor, todos os crimes cometidos por alguém que tenha diagnóstico de esquizofrenia enquadram-se no *caput* do artigo 26, inclusive os crimes cometidos durante a fase de remissão, o que implica o fato de que todos os esquizofrênicos são sempre inimputáveis em função de uma disposição mórbida à prática criminosa.

Essa avaliação psiquiátrico-forense da esquizofrenia é corroborada por Palomba (2003), o qual enfatiza que, como regra geral, quando há o diagnóstico de esquizofrenia, o perito psiquiatra pode analisar tranquilamente pela inimputabilidade, salvo em raras exceções.

Para esse mesmo autor (Palomba, 2003), o período médico-legal da esquizofrenia é psicopatologicamente, e para fins de imputabilidade penal, mais ou menos igual ao período intervalar entre surto e surto, quando a psicopatologia florida cessa, mas permanecem os defeitos estruturais da crítica, do humor, da afetividade, da volição e da intenção.

Para Garcia (1979), nos crimes cometidos na fase manifesta da esquizofrenia, mesmo que em fase de remissão, deve-se considerar que há uma disposição mórbida para atos delituosos e, portanto, devem ser considerados inimputáveis.

Por outro lado, ainda segundo Garcia (1979), quando existem poucos sintomas, não se deve negar ao esquizofrênico a responsabilidade. Assim sendo, nos casos iniciais ou na fase de remissão, se o delito tiver uma motivação compreensível e execução não marcadamente patológica, o esquizofrênico deverá ser beneficiado com a diminuição facultativa da pena (Garcia, 1979).

▶ OUTROS TRANSTORNOS PSICÓTICOS

De acordo com Kaplan (2007), são classificados como outros transtornos psicóticos os seguintes: o esquizofreniforme, o esquizoafetivo, o delirante, o psicótico compartilhado, o psicótico breve, o psicótico sem outra especificação e os psicóticos secundários.

Para Mendes (2004), caso seja diagnosticado na perícia um transtorno mental psicótico em conexão causal com os fatos delituosos, o efeito jurídico será o da irresponsabilidade penal do indivíduo.

▶ TRANSTORNO DELIRANTE PERSISTENTE

Para Weygandt (1940), os portadores de transtorno delirante persistente são sempre enquadrados no artigo 26 do Código Penal Brasileiro, podendo ser considerados semi-imputáveis ou inimputáveis, existindo ou não relação entre o delito cometido e a ideia delirante.

Já Taborda (2004) defende que é necessária a existência do nexo de causalidade entre o transtorno delirante persistente e o ato criminoso para que possam ser consideradas as alterações nas capacidades de entendimento e de autodeterminação em conexão com os fatos em tela.

Paranoia

Os paranoicos pensam e agem como os normais, conhecem a lei e a moral, entendem a natureza criminosa do fato e chegam à atuação explícita, contudo são considerados doentes (Garcia, 1979).

Segundo Weygandt (1940), o ato paranoico tem um mecanismo anômalo, já que a personalidade do indivíduo está patologicamente alterada pela psicose.

Parafrenia

O portador de parafrenia em geral também é incapaz de imputação porque, apesar de entender o caráter delituoso do ato, não consegue inibir os impulsos e determinar-se; sendo assim, incorre no *caput* ou no parágrafo único do artigo 26 do Código Penal (Garcia, 1979).

A questão pericial consiste em estabelecer a capacidade de inibição desses doentes, que pode oscilar da insuficiência à incapacidade, podendo o parafrênico ser enquadrado no *caput* ou no parágrafo único do artigo 26 do Código Penal.

▶ PSICOSES CONFUSIONAIS

A incidência de atos delituosos praticados por esses enfermos é baixa por implicarem estado geral debilitado e, muitas vezes, indivíduos hospitalizados (Kaplan, 2007).

Merece destaque o *delirium tremens*, que ocorre em alcoolistas, no qual há rebaixamento do nível de consciência, acompanhado por agitação psicomotora e hete-

roagressividade. A inimputabilidade ocorrerá quando houver nexo de causalidade entre o delito e o estado mental, já que há total incapacidade de entendimento e autodeterminação, tendo em vista que a consciência é uma função integradora de todas as funções psíquicas (Valença, 2005).

▶ DEMÊNCIA

Na demência existe o período médico-legal, no início da deterioração mental, fase propícia à delinquência e às reações antissociais em função do debilitamento da capacidade de julgar o valor dos atos ou do poder de inibição (Garcia, 1979). Assim sendo, dependendo do grau da demência, independente da etiologia, seria o indivíduo considerado inimputável ou semi-imputável.

No entanto, Garcia (1979) alega que, como o enfermo delinquiu na vigência de processo cerebral mórbido progressivo, os dementes são sempre inimputáveis.

Taborda (2004) corrobora tal ideia, enfatizando que, uma vez instalado um processo demencial, dele poderá decorrer a inimputabilidade penal.

Já para Vargas (1990), é possível dividir a capacidade mental dos indivíduos em processo de evolução demencial em três fases distintas do ponto de vista da responsabilidade criminal: fase fisiológica (imputável), fase intermediária (semi-imputabilidade em função da diminuição parcial da capacidade de entendimento e autodeterminação) e fase patológica (inimputável).

▶ TRANSTORNO SEXUAL

Com relação aos criminosos portadores de transtorno do instinto sexual, Teixeira (1954) diz que eles devem ser sempre submetidos à avaliação psiquiátrico-forense, porque a alteração da preferência sexual pode ser o primeiro sintoma de uma psicose inicial (p. ex., quadros demenciais em idosos) ou pode ser parte de um transtorno de personalidade antissocial, podendo haver, portanto, inimputabilidade e semi-imputabilidade, respectivamente.

Já para Taborda (2004), os crimes sexuais não implicam por si diagnóstico psiquiátrico, não havendo, portanto, redução ou anulação automática da responsabilidade. Ainda nesse sentido, um diagnóstico de transtorno sexual não remete obrigatoriamente a uma conclusão médico-legal, fazendo-se necessária a avaliação de cada caso em particular.

▶ MITOMANIA

Os indivíduos portadores de pseudologia fantástica (mitômanos) não podem ser enquadrados em nenhuma parte do artigo 26 do Código Penal Brasileiro, apesar de geralmente possuírem inteligência pequena e grande imaginação. São propensos a fraude, furto, calúnia e enganações com falsa aparência (Weygandt, 1940).

Esse posicionamento é corroborado por Kaplan (2007).

▶ DEPENDÊNCIA TOXICOLÓGICA

Existem controvérsias com relação aos toxicômanos (dependentes de bebida alcoólica e/ou de substâncias psicoativas ilícitas). Para alguns autores (Palomba, 2003), eles serão sempre considerados portadores de doença mental. Já para Taborda (2004), faz-se necessário avaliar se há nexo de causalidade entre o fato criminoso e a dependência de tal substância, como, por exemplo, o roubo para conseguir dinheiro para comprar a substância durante um estado de abstinência.

Para Valença (2005), diante desses casos, a perícia psiquiátrico-forense deve estabelecer se há dependência e qual seu grau. O usuário recreativo, mesmo consumindo a droga de maneira nociva, não é dependente, tendo responsabilidade plena.

Ainda para o mesmo autor, se a dependência é moderada, apenas com componentes psíquicos de compulsão e fissura (o que se traduz em sintomas psíquicos de abstinência) e havendo nexo de causalidade entre o delito e essa dependência, o perito pode optar pela semi-imputabilidade.

Já na forma de dependência grave, relacionada com substâncias como álcool, barbitúricos e opiáceos, o indivíduo apresenta tolerância, abstinência e histórico compatível (Kaplan, 2007). Nesses casos, o entendimento do caráter ilícito do fato pode estar presente ou não, porém há incapacidade de determinar-se, havendo portanto, respectivamente, semi-imputabilidade ou inimputabilidade se houver nexo de causalidade entre a dependência e o delito (Valença, 2005).

▶ MODIFICADORES ACIDENTAIS DA RESPONSABILIDADE PENAL

Vargas (1990) considera como modificadores acidentais da responsabilidade penal: a emoção, a paixão, a agonia, o surdimutismo, a cegueira e a embriaguez. França (2004) considera que esses estados também podem ser modificadores da responsabilidade penal.

Esses modificadores são objeto de análise direta do juiz e, em geral, não passam pela perícia psiquiátrica.

Embriaguez

Hércules (2005) afirma que, para a avaliação da autodeterminação em atos delituosos nos casos de embriaguez voluntária, é aplicada a teoria *actio libera in causa*, ou seja, indica-se a responsabilidade do autor no momento em que ele decide beber e não no momento em que comete o crime. França (2004) corrobora o mesmo posicionamento.

Parassonia

As parassonias representam as manifestações motoras, autonômicas e manifestações perceptivas, emocionais, oníricas com encenação de sonhos durante o sono, acometendo a musculatura esquelética e/ou o sistema nervoso autônomo (Broughton, 2000).

Para Taborda (2004), é possível que um comportamento de duração crítica e violento ocorra de maneira automática e sem consciência durante o sono e, portanto, sem qualquer responsabilidade por parte do agente pelos atos executados.

▶ CONSIDERAÇÕES FINAIS

A presença de transtornos mentais pode reduzir ou abolir a responsabilidade penal em seus portadores que cometem crimes, desde que tal transtorno altere a capacidade de entendimento e a capacidade de autodeterminação do indivíduo em conexão com o delito em tela.

O panorama atualizado sobre a influência dos transtornos mentais na alteração de tais capacidades apresenta convergências e divergências entre os estudiosos especialistas em Psiquiatria Forense. Apesar disso, existem importantes aspectos em comum que são observados na literatura especializada, como destacado a seguir.

No retardo mental, a capacidade de entendimento e de autodeterminação do indivíduo irá variar de acordo com o grau do retardo, podendo o indivíduo ser considerado desde inimputável, nos casos de retardo grave, semi-imputável, nos casos de retardo moderado, ou até mesmo imputável, nos casos de retardo leve.

Nas neuroses, os portadores de histeria são, em sua maioria, imputáveis, podendo ocorrer, em raras exceções, a diminuição nas capacidades de entendimento e de determinação em conexão com algum fato delituoso, no momento de uma crise aguda do tipo dissociativa, por exemplo.

Os portadores de transtorno obsessivo-compulsivo podem, em casos excepcionais, praticar algum crime em função da diminuição da capacidade de determinação. Em sua grande maioria, possuem totais capacidades de entendimento e de determinação em conexão com atos criminosos, quando por eles praticados.

Criminosos portadores de transtornos de personalidade, principalmente dos tipos antissocial e *borderline*, podem ser considerados semi-imputáveis, tendo em vista o parcial tolhimento nas capacidades de entendimento e autodeterminação. Esses indivíduos têm, em geral, grande envolvimento com a Justiça Criminal em função da dificuldade em respeitar as leis, seja por problema na introjeção da lei, seja por impulsividade, respectivamente.

Os portadores de transtorno afetivo bipolar, quando nas fases maníacas e depressivas, podem variar da semi-imputabilidade à inimputabilidade. Entretanto, nos intervalos lúcidos, são considerados com plena responsabilidade penal.

Na esquizofrenia, prevalece o critério cronobiopsicológico, no qual o esquizofrênico pode ir de inimputável a imputável, sendo necessário que haja conexão entre o delito e o transtorno mental.

Nos quadros agudos psicóticos, o indivíduo delituoso possui completamente tolhidas as capacidades de entendimento e autodeterminação.

Valem as mesmas considerações da esquizofrenia para os portadores de transtorno delirante persistente que cometem um crime. Faz-se necessário respeitar o critério cronobiopsicológico.

Nas psicoses confusionais, em função do rebaixamento no nível de consciência, há que se definir pela total incapacidade de entendimento e autodeterminação.

No indivíduo em processo demencial progressivo, as capacidades de entendimento e autodeterminação irão variar de acordo com a fase, podendo haver imputabilidade na fase inicial e inimputabilidade em fases mais avançadas.

Os criminosos que cometem crimes sexuais não são necessariamente portadores de transtornos mentais. Devem ser especialmente avaliados em função de que tal delito sexual possa ser um sintoma psicótico inicial, o que acarretará a inimputabilidade para o indivíduo.

Indivíduos criminosos portadores de mitomania são considerados portadores de plenas capacidades de entendimento e autodeterminação.

Quando caracterizada a dependência toxicológica em conexão com algum ato delituoso, prevalece a ideia de que o indivíduo pode ter sua imputabilidade diminuída, principalmente no que tange à capacidade de autodeterminação.

Os modificadores acidentais da responsabilidade penal em geral não são objeto da perícia de Psiquiatria Forense, sendo avaliados diretamente pelo juiz.

Os criminosos em estado de embriaguez, também na maioria das vezes, não são avaliados pela perícia psiquiátrica, a não ser em caso de suspeita de dependência alcoólica, em função da teoria de que a responsabilidade penal é observada no momento em que o indivíduo decidiu ingerir a bebida alcoólica, e não no momento do crime.

Nos transtornos do sono, chamados parassonias, quando ocorrem crimes praticados em função de ato automático executado durante o sono, existe a total incapacidade de entendimento e autodeterminação do indivíduo em conexão com os fatos em tela.

Por fim, os resultados apontam que a adequada análise da responsabilidade penal de criminosos portadores de transtornos mentais é fundamental para orientar o juiz quanto à avaliação da imputabilidade do indivíduo e quanto à aplicação da pena ou medida de segurança.

A avaliação da responsabilidade penal é um desafio constante na perícia psiquiátrico-forense, fazendo-se necessária, além da detecção da presença do transtorno mental no indivíduo criminoso, a existência de nexo de causalidade entre o delito e as alterações causadas nas capacidades de entendimento e autodeterminação em função do transtorno mental.

É de extrema importância a boa qualidade técnica da avaliação da responsabilidade penal em um portador de transtorno mental para que o juiz defina de modo adequado sobre a aplicação de medida de segurança ou sanções penais ou correcionais cabíveis.

► REFERÊNCIAS

Abdalla-Filho E. Retardo mental. In: Taborda JGV, Chalub M, Abdala-Filho E. Psiquiatria Forense. Porto Alegre: Artmed, 2004:129-51.

Bonfim EM. O julgamento de um "serial Killer": o caso do Maníaco do Parque. São Paulo: Malheiros, 2004. 286 p.

Brasil. Lei 7.209/84. Código penal. Diário Oficial da União, 13 jul. 1984b.

Broughton RJ. NREM arousal parasomnias. In: Kryger MH, Roth T, Dement WC. Principles and pratice of sleep medicine. 3. ed. Philadelphia: WB Saunders, 2000:693-706.

Cardoso RG, Blank P, Taborda JGV. Exame de superveniência de doença mental. In: Taborda JGV, Chalub M, Abdalla-Filho E. Psiquiatria forense. Porto Alegre: Artmed, 2004:153-60.

Chalub M. Introdução a Psicopatologia Forense: entendimento e determinação. Rio de Janeiro: Forense Universitária, 1981. 200 p.

Chalub M. Perícias de responsabilidade penal e de dependência química. In: Taborda JGV, Chalub M, Abdala-Filho E. Psiquiatria Forense. Porto Alegre: Artmed, 2004:129-51.

França GV. Medicina Legal. 7. ed. Rio de Janeiro: Guanabara Koogan, 2004.

Garcia JA. Psicopatologia forense. 3. ed. Rio de Janeiro: Companhia Editora Forense, 1979.

Hércules HC. Medicina Legal: texto e atlas. São Paulo: Editora Atheneu, 2005.

Holmes DS. Psicologia dos transtornos mentais. Tradução Sandra Costa. Porto Alegre: Artes Médicas, 1997. 566 p.

Kaplan HI, Sadock BJ, Greeb JA. Compêndio de Psiquiatria. Porto Alegre: Artes Médicas, 2007.

Mendes Filho RB. Transtornos psicóticos. In: Taborda JGV, Chalub M, Abdala-Filho E. Psiquiatria Forense. Porto Alegre: Artmed, 2004:223-41.

Organização Mundial de Saúde. Classificação de transtornos mentais e de comportamento da CID-10: descrições clínicas e diretrizes diagnósticas. Porto Alegre: Artmed, 1993.

Palomba GA. Tratado de Psiquiatria Forense. São Paulo: Atheneu, 2003.

Piedade Júnior H. Personalidade psicopática, semi-imputabilidade e medida de segurança. Rio de Janeiro: Forense, 1982. 253 p.

Taborda JGV, Chalub M, Abdala Filho E. Psiquiatria Forense. Rio de Janeiro: Artmed, 2004. 350 p.

Teixeira NL. Psicologia forense e psiquiatria médico-legal. Curitiba, 1954. 299 p.

Valença AM, Chalub M, Mendlowicz MV, Mecler K, Nardi AE. Conceito de responsabilidade penal em psiquiatria forense. Jornal Brasileiro de Psiquiatria 2005; 54:248-52.

Valença AM, Chalub M, Mendlowicz MV, Mecler K, Nardi AE. Responsabilidade penal nos transtornos mentais/Penal imputability in mental disorders. Jornal Brasileiro de Psiquiatria 2005; 54:328-33.

Vargas HS. Manual de psiquiatria forense. 1. ed. Rio de Janeiro: Livraria Freitas Bastos, 1990.

Weygandt W. Psiquiatria Forense. 2. ed. Barcelona: Editorial Labor, 1940.

Parte B

Homicídio, Violência, Psiquiatria e Doença Mental

Alan de Freitas Passos

> "Em todo o mundo e em todos os tempos houve homens práticos, absortos em fatos irredutíveis e obstinados. Em todo o mundo e em todos os tempos houve homens de temperamento filosófico absortos na tecedura de princípios gerais. É essa união de apaixonado interesse pelos fatos pormenorizados com igual dedicação à generalização abstrata que forma a novidade da nossa atual sociedade."
> (Whitehead – *Science and the modern world*.)

▶ INTRODUÇÃO

As correlações entre violência, homicídio, psiquiatria e doença mental, aparentemente evidentes, mostram-se complexas, e até surpreendentes, à medida que se afina o arcabouço conceitual que as contextualiza. Antes de apresentar o esquema que norteará esta investigação, é forçoso lembrar que a palavra "esquema", assim como tantas outras de uso rotineiro e cotidiano, possui uma significação filosófica especial.

No significado simples de forma ou figura, essa palavra é empregada comumente pelos filósofos. Foi Kant quem deu sentido específico a esse termo, entendendo com ele o intermediário entre as categorias e o dado sensível; esse intermediário teria a função de eliminar a heterogeneidade dos dois elementos da síntese, sendo geral como categoria e temporal como o conteúdo da experiência. Nesse sentido, o Esquema Transcendental é "a representação de um procedimento geral graças ao qual a imaginação oferece sua imagem a um conceito" (Kant, Crítica da Razão Pura, Analítica dos Princípios).

Já "violência" é definida como ação contrária à ordem moral ou à disposição da Natureza. Nesse sentido, Aristóteles distinguia o movimento *segundo a Natureza* e o movimento *por violência* (para a Física aristotélica, por exemplo, a natureza de uma pedra é procurar o centro da terra; então, atirá-la para o alto é um ato violento, isto é, contra sua natureza, e por isso ela retornará ao solo). Violência é também conceituada como ação contrária à ordem moral, jurídica ou pública (social). Nesse sentido, fala-se em "cometer" ou "sofrer" violência. Observe-se que, nesse ponto, começam os conceitos a se esfumar e distanciar do senso comum, pois, sob esse aspecto, pode-se falar de "violência virtuosa", já que algumas vezes esse tipo de ato violento foi exaltado por razões políticas.

Sorel fez a distinção entre a violência que se destina a criar uma sociedade nova e a *força*, que é própria do estado burguês. "O socialismo deve à violência os altos valores morais com que oferece salvação ao mundo moderno", declarou ele (Sorel G. Refléxions sur la violence, *apud* Abbagnano N. Dicionário de Filosofia). Também por tais motivos é inconcebível qualquer anistia política que não contemple igualmente os dois lados que estiveram em conflito.

Estabelecidos esses marcos conceituais, a estrutura a ser investigada foi assim constituída:

Homicídio

    Homicídio com violência

    Homicídio sem violência

Homicídio e Psiquiatria

    O homicídio cometido pelo psiquiatra

        Doloso

        Culposo

    O homicídio cometido contra o psiquiatra

        Doloso

        Culposo

O psiquiatra acusado de homicídio doloso

O homicídio cometido pelo doente mental

    Doloso

    Culposo

Homicídio e violência cometidos contra o doente mental

▶ HOMICÍDIO

Ação de matar, voluntariamente ou não, um ser humano. Os textos sagrados proíbem-no desde sempre, e o Direito coloca a vida no topo da hierarquia dos bens e valores. O Corão ordena: "não tireis a vida que Allah tornou sagrada, senão sob a forma da lei e da Justiça" (Surata 6, 151). A Bíblia é mais sucinta: "não matarás" (Êxodo, 20:13).

Mas, mesmo para os autores das Sagradas Escrituras e do Corão Sagrado, matar nem sempre é crime e, às vezes, é um dever. Diz o Corão:

> *Anseiam (os hipócritas) que renegueis, como renegaram eles, para que sejais todos iguais... Se não ficarem neutros, em relação a vós, nem vos propuserem a paz, nem tampouco contiverem suas mãos, capturai-os e matai-os, onde quer que os acheis, porque sobre isso vos concedemos autoridade absoluta.*
> *(Surata 4, 91)*

A Bíblia, como é notório, é sobeja em trechos como esse:

> *Agora, portanto, matai todo macho entre os pequenos e matai toda mulher que tenha conhecido um homem intimamente. Mas todas as meninas que não conheceram homem intimamente, poupe-as para vós. (Números, 31:17-18)*

Mesmo na Boa Nova é possível, por mais que as interpretações variem, encontrar um texto como o de Lucas, 19:26-7:

> *Digo-vos, a quem tem, será dado; mas àquele que não tem será tirado até mesmo o que tem. Quanto a esses meus inimigos, que não queriam que eu reinasse sobre eles, trazei-os aqui e trucidai-os em minha presença.*

O dever de matar é o primeiro do soldado em guerra; se não o fizer, poderá estar cometendo um dos mais desonrosos dos crimes militares, a deserção. Onde existe a pena capital, os carrascos estão obrigados a exercer seu difícil ofício.

Médicos são, por regra, impedidos de participar de atos que sirvam para eliminar a vida humana. Quando o nazismo iniciou seu programa eugênico pela execução de doentes mentais, é provável que alguns tenham participado, sendo certo que auxiliaram os nazistas na implantação da Solução Final. Isso levou alguns antipsiquiatras atuais, autointitulados "antimanicomiais", a alardear a irrisória versão de que foram os psiquiatras que inventaram a câmara de gás. Nos EUA, muitas vezes médicos ficam de plantão nas execuções de prisioneiros, para constatar oficialmente a morte, mas a Associação Médica Americana prescreve que eles não devem participar das execuções em nenhuma posição oficial. Há médicos que defendem e praticam, legalmente ou não, o abortamento, a eutanásia e a ortotanásia, o que coloca outro problema para a conceituação do homicídio: onde começa e onde termina a vida humana? Transcende ela o mero critério biológico, sendo lícito abreviá-la quando não mais pode ser vivida com dignidade, o que justificaria a eutanásia e a ortotanásia? O feto pode ser considerado uma pessoa, detentora de direitos, o primeiro e primordial deles à vida? Os embriões e os anencéfalos são seres humanos vivos? Quanto aos primeiros, nossos tribunais superiores já se pronunciaram; quanto aos segundos, os juristas parecem não compreender que, pela contemporânea concepção médica de vida, esta reside no encéfalo. É difícil compreender a relutância em permitir o abortamento de um ser sem cérebro, mesmo motivo que leva outro a ser declarado morto e permite a retirada de seus órgãos para transplante.

Toda essa discussão passa longe dos irracionais, ainda considerados carentes de uma alma provida por Deus, como antes o eram os escravos e índios, embora esteja crescendo a ação de grupos de defesa dos direitos dos animais.

Homicídio com Violência

Jonathan Swift, o célebre e virulento satírico (que, por caprichos da cultura, ou incultura, é tido e havido como autor de histórias infantis), propôs, em seu famoso panfleto de 1729, "Modesta Proposta para Impedir que os Filhos dos Pobres da Irlanda Pesem sobre seus Pais ou sobre seu País", que as famílias pobres vendessem seus filhos para serem degustados como refinada e sofisticada iguaria pelas famílias ricas. Seguindo a mesma linha, o escritor inglês Thomas de Quincey sugere que existe uma espécie de homicídio que traz em si a motivação estética, algo assim como uma *performance*, uma instalação em um museu ao ar livre. O homicídio-arte. Em sua obra "Do Assassinato Como Uma das Belas-Artes", talvez profetizando o espetáculo midiático em que são transformados certos delitos, ao vivo, em cores e em tempo real, ele escreve:

> *O público começa a discernir que é necessário alguma coisa mais para que se componha um assassinato requintado que dois homens estúpidos; para matar e ser morto, do que uma faca, uma bolsa e uma alameda escura.*

Machadadas desferidas por um marido alcoolizado num ataque de ciúmes, tiros na escuridão, facas, facões, foices, calhaus serão, segundo o irônico Quincey, simples assassinatos "com violência", sem outra preocupação do autor que não eliminar a vítima de forma mais rápida e brutal possível, deixando para trás apenas um cadáver destroçado e muito, muito sangue. Mas há outro tipo de assassinato em que os criminosos apresentam cuidados, por assim dizer, estéticos, e desejo de impressionar seu público.

Homicídio sem Violência

Uma experiência em um Instituto Médico-Legal de qualquer grande cidade mostrará que, realmente, alguns homicidas preparam a cena do crime com intenções voltadas para os que virão depois. Alguns desses indivíduos, às vezes, chegam aos consultórios dos psiquiatras clínicos e forenses. Quase sempre o diagnóstico, quando há algum, é de sociopatia. A abordagem psiquiátrica do crime já engendra problemas suficientes para estudos alentados; Quincey justifica, com ironia, uma aproximação estética do fenômeno:

> *Já bastante foi dado à moralidade; chegou a vez do Gosto e das Belas Artes. Passou-se um acontecimento triste, mas não podemos remediá-lo. Portanto, que nos seja permitido tirar o melhor partido de um mau assunto. Que o tratemos esteticamente, e verifiquemos se o podemos aproveitar dessa maneira. Secamos nossas lágrimas e gozamos a sensação de descobrir que uma transação que, considerada moralmente chocante, se for julgada pelos critérios da Estética, revela-se uma obra muito meritória.*

A imprensa afirma que, nos morros do Rio de Janeiro, alguns chefes do tráfico executam seus inimigos utilizando katanas (espadas japonesas). Além de infligir maior dor e horror, o instrumento carrega variadas camadas de simbolismo fálico e de poderio bélico. Um cadáver chega ao necrotério emasculado e com sinais de cruel espancamento. O pênis está enfiado na boca da vítima. Esse tipo de preparação do corpo, tão comum até há algum tempo no país vizinho que tomou, nos meios policiais, o apelido de "gravata colombiana", serve para aterrorizar estupradores e tem outras conotações publicitárias que deixamos à imaginação dos leitores. Costuma aparecer nas morgues brasileiras, e há variações. Mais do que nunca, sem jamais haverem lido MacLuhan, os facínoras parecem compreender que "o meio é mensagem". Pois, de outra feita, é a própria arma do crime que serve de macabro adorno, sinalizando implacabilidade e força: cravada no crânio do cadáver, já esgorjado, a faca reluzente, vistosa e cara, de cabo trabalhado e lâmina recortada, estilo "faca do Rambo". As intenções de quem de propósito a deixou ali não requerem maior exegese. Está na cara, como se diz coloquialmente. Vale a pena mergulhar nesse submundo sombrio e aterrador? Supondo que um psiquiatra forense tivesse escolha, ainda caberia argumentar, como Quincey (1985):

> Pois o propósito final do assassinato, considerado como uma das Belas Artes, é precisamente o mesmo que tem a Tragédia, no que diz Aristóteles a respeito, a saber, "purgar o coração por meio da piedade e do terror".

Na crônica policial mineira, celebrizou-se o caso de um jovem que, após matar dois colegas de cela em ocasiões diferentes, utilizando apenas uma lâmina de barbeador descartável, de forma lenta e meticulosa, mutilou os corpos e os rearranjou como se fosse ele um bárbaro escultor. Corações, mãos, cabeças, fígado, tudo foi rearranjado como uma instalação pós-moderna. Em um dos casos, os olhos foram arrancados, o nariz, as orelhas e os lábios cortados, e o rosto remontado no chão. O autor da obra viria a ser assassinado no pátio de uma cadeia, alguns meses depois.

▶ HOMICÍDIO E PSIQUIATRIA

O Homicídio Cometido pelo Psiquiatra

Doloso

Nossa pesquisa não encontrou registro de homicídios dolosos cometidos por psiquiatras e que tivessem conexão com a especialidade médica exercida. Da ficção, é impossível não lembrar do Dr. Hannibal Lecter, psiquiatra, *gourmand* e *gourmet* de escol, e que foi considerado, em enquete realizada na Inglaterra, o melhor (ou pior, dependendo do ponto de vista) vilão da história do cinema. O segundo lugar ficou com Darth Vader, que, como todos sabem, nasceu em outra galáxia.

Culposo

No crime culposo, ou seja, não intencional, o resultado advém por imprudência, negligência ou impe-

rícia. São os casos de erro médico em psiquiatria. Teve repercussão nacional uma acusação de homicídio culposo que recaiu sobre um psiquiatra após a morte de um conhecido lutador de jiu-jitsu.

> *Mais magro e com semblante cansado, o médico-psiquiatra..., acusado de ter causado a morte do lutador... em dezembro, após dar a ele um coquetel de remédios, prestou depoimento à Polícia Civil da Bahia, na sede da corporação, no centro de Salvador, capital em que mora há quinze dias*

noticiou um jornal, na ocasião.

Nos homicídios culposos, há que ter havido negligência (não fazer o que deveria ter feito), imprudência (ter feito o que não deveria fazer) ou imperícia (fazer algo para o qual não estava tecnicamente preparado). Fala-se também em omissão de cautela. Em pesquisa realizada no Serviço de Perícia Especializada do Instituto Médico-Legal de Belo Horizonte, onde eram avaliados todos os casos de acusação de erro profissional em Medicina e Odontologia, entre junho de 1997 e junho de 2006 foram registradas 1.574 perícias, das quais apenas 0,5% envolviam psiquiatria, com um resultado positivo (detecção de algum tipo de erro) ainda menor. Em um caso considerado positivo, os peritos consideraram que houve omissão de cuidados em relação a uma paciente internada com alto risco de suicídio e que veio a cometer o ato nas dependências do hospital.

O Homicídio Cometido contra o Psiquiatra

Doloso

Claro que nos atemos aqui àqueles que perderam a vida por circunstâncias diretamente conectadas à atividade profissional. Na maioria dos casos, os agentes atuam em função de ideias delirantes, de ciúmes, influência e outras. Em 19/12/2007 o jornal "O Estado do Maranhão" noticiava que um dentista desferiu três tiros no psiquiatra C.A.S., durante o atendimento no consultório. Embora raros, há outros episódios semelhantes. Em 1999, R.P.R., de 65 anos, foi morto a tiros em seu consultório no Leblon. O assassino era um paciente que sofria de delírio de influência e cria que suas forças estavam sendo sugadas pelo médico. O meio psiquiátrico também se consternou quando, há alguns anos, em São Paulo, o especialista B.N. foi abatido a tiros por uma cliente idosa, também em um quadro de delírio. O risco é maior com pacientes psicóticos que desenvolvem delírios eróticos, persecutórios ou de influência que incluem a figura do médico, mas as ocorrências graves são infrequentes.

Culposo

Nossa pesquisa não encontrou registro de homicídios culposos cuja vítima fosse o profissional e houvesse nexo causal entre seu ofício e o delito.

O Psiquiatra Acusado de Homicídio Doloso

Há alguns anos, a Rede Nacional Internúcleos da Luta Antimanicomial, o Movimento Tortura Nunca Mais, o Conselho Federal e os Conselhos Regionais de Psicologia criaram e distribuíram um cartaz onde a imagem de um "Prontuário Psiquiátrico" mostrava uma evolução escrita onde "contenções físicas" e "sessões de ECT", insinuadamente não indicadas, eram ladeadas por anotações manuscritas (presume-se que do psiquiatra) que ordenavam: "intensificar" e "mais oito sessões". A derradeira anotação do "prontuário" era: "paciente encontrado morto. Estava contido no leito e apresentava escoriações pelo corpo todo e fratura no crânio. Ignorada a causa da morte." O *slogan*, em destaque, é: "Este destino não é justo. O Brasil precisa dar um basta à tortura manicomial." Tal peça de propaganda, difamatória de toda uma classe, incoerente e ideologicamente manipulada (p. ex., as evoluções datam de 1991 a 2000, mas não há referência a psicofármacos), esse panfleto calunioso, que saibamos, não mereceu protesto por nenhuma das associações de classe e ainda hoje pode ser visto nas paredes de muitos órgãos públicos.

▶ O HOMICÍDIO COMETIDO PELO DOENTE MENTAL

Doloso

Não há consenso sobre o grau de periculosidade do doente mental; enquanto alguns pesquisadores a consideram elevada em relação à população em geral, outros defendem que o enfermo mental estará mais propenso a ser vítima de violência do que a praticá-la.

Vejamos alguns exemplos de opiniões divergentes: Cohen (2007) registra que

uma pesquisa realizada em Nova Iorque a respeito da relação entre violência e doença mental não encontrou evidências nas diferenças em doentes mentais sem abuso de substâncias psicoativas, comparadas com a população em geral.

Prossegue assim o mesmo autor:

O risco de violência em indivíduos da população em geral se dá numa maior prevalência em relação ao abuso de álcool ou drogas ilícitas – esse é duas vezes maior do que em pacientes portadores de esquizofrenia e que não usam drogas ilícitas ou álcool. O maior risco para a expressão da violência ocorre na combinação do abuso de álcool ou drogas ilícitas com os indivíduos diagnosticados com transtorno de personalidade antissocial.

Cohen explica que

certamente não se está pregando a desnecessidade do estudo da possível relação entre a doença mental e o crime, o que estamos propondo é que se possa aprofundar esse estudo, para podermos conhecer melhor essa relação entre agressividade-doença mental e crime.

E aponta um problema atual que, em meio aos acalorados debates de cunho ideológico, não tem merecido a devida atenção:

Em um estudo recente, realizado por Fazel e Danesh, podemos observar que o que está acontecendo é justamente o contrário, as cadeias estão prendendo muitos doentes mentais, sem diagnóstico e, pior ainda, sem tratamento adequado. (Cláudio Cohen, op. cit.)

Jozef & Adelino (2000) ressaltam a multifatorialidade que envolve o fenômeno social do comportamento violento e do homicídio, mas observam que

toda uma vertente da pesquisa tende a revalorizar o peso do "fator doença mental", situação que deve ser "enfrentada" pela psiquiatria. Certamente, os doentes mentais não estão entre os grupos mais "perigosos" de uma sociedade, e isto deve ser clarificado.

Insistem também, como Cohen, em que

há evidências crescentes da importância de ser fornecido o cuidado adequado e específico, no âmbito psiquiátrico, àqueles que dele necessitam. Isso é especialmente verdadeiro no que diz respeito a pacientes avaliados como potencialmente violentos, que devem receber um manejo mais amplo e intensivo sob pena de, não raro, vir a sofrer as consequências indesejáveis, sob a forma de uma maior carga de violência para a sociedade.

Concluem que "independentemente da linha de investigação, boa parte dos estudos aponta para a presença de uma associação significativa entre doença mental e comportamento violento/homicida" e insistem na ideia de maior correlação entre doença mental e comportamento violento/homicida, entre populações normais, "em qualquer que seja a vertente estudada". O artigo reafirma que a "presença de comorbidade com uso/abuso de álcool/drogas associa-se a um aumento no risco de tais comportamentos". Jozef (2000) prossegue na mesma linha de investigação.

Mendlowicz *et al.*, 2004 anotam que

a questão da existência de uma associação entre transtornos mentais e comportamento violento suscita amiúde debates acalorados. Muitos consideram qualquer discussão sobre a periculosidade dos doentes mentais um tema tabu, vendo nela nada mais do que uma tentativa mal disfarçada de desfazer os imensos progressos alcançados nas últimas décadas no sentido de "desinstitucionalizar" os doentes mentais [...] Pode-se afirmar que apenas alguns transtornos de personalidade antissocial, as dependências de álcool e de drogas e, em menor grau, a esquizofrenia, parecem estar associados a um risco aumentado de comportamento violento

e remetem a uma revisão crítica sobre o tema, por Eronen *et al.* (1998).

Na literatura do velho continente, a Associação Europeia de Jovens Pesquisadores em Psicopatologia e Psicanálise (Association Europeenne des Jeunes Chercheurs en Psychopathologie et Psychanalyse) pergunta: "Doença mental e violência, uma ligação demonstrada ou um estereótipo?" E a resposta vem num sumário de principais constatações:

> os antecedentes de violência e criminalidade se revelaram os mais importantes preditores da violência e da criminalidade, tanto nos esquizofrênicos quanto nos toxicômanos. Até hoje, não há nenhuma prova consistente para apoiar a hipótese segundo a qual a doença mental que não é agravada por toxicomania constitua um importante fator de risco da violência ou criminalidade, se não há antecedentes criminais. (Maladie mental et violence: un lien démontré ou un stéréotype?)

Em língua inglesa, um estudo publicado no *New England Journal of Medicine* repete pergunta similar à dos pesquisadores franceses: "Violência e doença mental – quão forte é a ligação?" O estudo mostrou que

> pacientes com enfermidades mentais sérias, como esquizofrenia, depressão maior ou transtorno bipolar, tinham duas a três vezes mais probabilidade de serem agressivos que as pessoas sadias.

E os números, segundo o estudo, são relevantes:

> em termos absolutos, a prevalência durante a vida de violência entre pessoas com doenças mentais sérias foi de 16%, em comparação com os 7% entre não portadores de transtornos mentais.

Ponderam os pesquisadores que

> embora nem todos os tipos de doença mental sejam associados com violência – transtornos de ansiedade, por exemplo, não parecem aumentar o risco – e muitos pacientes que sofrem de esquizofrenia, depressão maior o transtorno afetivo bipolar não cometam atos agressivos, a presença de tais enfermidades está significativamente associada ao aumento no risco de comportamento violento.

Concluem que, como transtornos mentais graves são relativamente raros, sua contribuição para a taxa geral de violência na população total – de 3% a 5% – é menor que aquela associada ao uso abusivo de álcool ou drogas (os abusadores de substâncias psicoativas sem doença mental apresentam risco sete vezes maior de comportamento violento que os não abusadores). (Friedman, 2006.)

Pode-se verificar que há consenso absoluto apenas quanto à maior propensão ao cometimento de atos violentos por doentes mentais diagnosticados como sociopatas ou quando, qualquer que seja o diagnóstico, houver comorbidade com alcoolismo e uso abusivo de drogas psicoativas.

Culposo

Eventualmente, um enfermo mental vem a cometer crimes culposos (sem dolo, ou seja, intenção) como resultado de sintomas psicopatológicos. Um paciente em quadro de delírio messiânico viu-se chamado pelo seu Mestre, com urgência absoluta, a determinado ponto da cidade. Ao dirigir seu carro em disparada pelas ruas, chocou-se com um ônibus, provocando ferimentos em várias pessoas (casuística pessoal).

▶ HOMICÍDIO E VIOLÊNCIA COMETIDOS CONTRA O DOENTE MENTAL

Ainda há poucos estudos brasileiros sobre vitimização de doentes mentais, mas são abundantes as evidências de que é mais provável para um deles ser vítima do que agente de atos violentos e há muitas referências sobre o tema. Citamos, apenas como exemplo, a segura afirmação: "Pessoas com doença mental são com mais frequência vítimas de crimes", contida já no título do artigo *People with Mental Illness more often Crime Victims* (Levin, 2005). Eles sofrem mais violência do que a população em geral e mais de um quarto dos enfermos mentais graves são vítimas de crime violento no período de 1 ano, taxa 11 vezes maior do que na população geral, de acordo com pesquisadores da Northwestern University. Estes estimaram que cerca de três milhões de doentes mentais graves são vítimas de crimes a cada ano, nos EUA. São 40 vítimas por 1.000 na população geral contra 168 por 1.000 entre os doentes mentais, segundo a NCVS (National Crime Victimization Survey). Os autores são enfáticos: ao contrário do que pensa o senso comum, pessoas com transtornos mentais sérias têm muito mais chance de serem vítimas de atos violentos do que protagonistas deles. Novamente, afirma-se que "somente enfermos mentais que também abusam de substâncias cometem atos violentos com mais frequência que seus vizinhos".

Outro trabalho aponta falhas na política pública norte-americana de tratamento das pessoas com doenças mentais severas que podem, sem sombra de dúvida, ser transpostas para o atual sistema brasileiro de atenção ao doente mental do SUS: "a vitimização de doentes mentais tratados na comunidade é um grande problema de saúde pública" (Teplin, 2005).

Nas referências bibliográficas, o leitor interessado poderá encontrar indicações de alguns entre muitos estudos que tratam do tema.

Na experiência deste autor, em quase três décadas de exercício da perícia psiquiátrica criminal no IML de Belo Horizonte, as formas de vitimização que mais apareceram foram:

- Suicídios e atos autodestrutivos por falta de tratamento adequado.
- Estupro e abusos sexuais diversos.
- Furto, roubo, estelionato, apropriação indébita.
- Corrupção (utilização como cúmplice).
- Cárcere privado, maus-tratos, lesões corporais.
- Abandono, inclusive pelas políticas públicas.

▶ CONSIDERAÇÕES FINAIS

Em que pesem as diferentes opiniões encontradas na literatura científica, a experiência pessoal deste autor como médico-legista em Minas Gerais, entre 1986 e 2010, mostrou que:

- Os doentes mentais não são mais perigosos que os ditos normais, excluindo-se os sociopatas e quando há envolvimento com álcool e outras drogas.

- Os esquizofrênicos aparecem nos casos de crimes de sangue; oligofrênicos como cúmplices ou agentes de crimes contra a pessoa ou sexuais (impulsividade); demenciados em crimes leves ou molestação.

- Os maníacos em plena crise tendem a infringir leis diversas.

- Deprimidos às vezes matam familiares antes do próprio suicídio.

- A ideia lombrosiana de epilepsia ainda encontra guarida em alguns tribunais.

- Em alguns casos, o tratamento prévio foi inadequado ou inexistente.

- Crimes contra o patrimônio, sob alegação de doença mental, devem ser tomados com reserva.

- O Brasil carece de pesquisas sobre vitimização de doentes mentais, já avançadas em outros países.

▶ REFERÊNCIAS

Abbagnano N. Dicionário de Filosofia. São Paulo: Martins Fontes, 2003.

Abrams *et al*. Gray Murder: characteristics of elderly compared with nonelderly homicide victims in New York City. Am J Public Health 2007; 97:1666-70.

Aristóteles. In: Os Pensadores. São Paulo: Abril Cultural, 1978.

A Bíblia de Jerusalém. São Paulo: Paulus Editora, 1985.

Choe *et al*. Perpetration of violence, violent victimization, and severe mental illness. Balancing Public Health Concerns. Psychiatr Serv 2008; 59:153-64.

Cohen C. Doença mental e crime. In: Ética e Psiquiatria. CREMESP, 2007.

Eisenberg L. Violence and the mentally ill: victims, not perpetrators. Arch Gen Psychiatry 2005; 62:825-6.

Eronen S, Nurmi JE, Salmela-Aro K. Otimista, defensiva-pessimista, impulsivo e fragilizando as autoestratégias em ambientes universitários. Aprendizagem e ensino, 1998; 8:159-77.

Friedman RA. Violence and mental illness – how strong is the link? N Eng J Med, novembro, 2006, 355:2.064-66.

Hodgins *et al*. Aggressive behaviour, victimisation and crime among severely mentally ill patients requiring hospitalization. Br J Psychiatry 2007; 191:343-50.

Josef F, Silva JAR. Homicídio e doença mental. In: Psiquiatria na prática médica. 34,4 2001/2002 Homicídio e doença mental. 1. ed., Rio de Janeiro: Forense 2000, 160 p.

Kant I. In: Os Pensadores. São Paulo: Nova Cultural, 1991.

Le Coran. Paris: Editora Garnier-Flammarion, 1970.

Levin A. People with mental illness more often crime victims. Psychiatr News 2005; 40:16.

Mendlowicz MV, Fontenelle LF, Mecler K. Transtornos do humor e violência. In: Taborda *et al*. Psiquiatria Forense. Porto Alegre: Artmed, 2004.

O Alcorão. Tradução de Mansour Challita. Editora Associação Cultural Internacional Gibran. Rio de Janeiro.

Pandiani *et al*. Crime victims and criminal offenders among adults with serious mental illness. Psychiatr Serv 2007: 58:1483-5.

Perese. Stigma, poverty, and victimization: roadblocks to recovery for individuals with severe mental illness. J Am Psychiatr Nurses Assoc 2007; 13:285-95.

Quincey TD. Do assassinato como uma das belas artes. Porto Alegre: L&PM, 1985.

Segal B. Conditional hospital release: interpreting the message. Psychiatr Serv 2006; 57:1810-11.

Teplin LA, McClelland M, Abram KM, Weiner D. Crime victimization in adults with severe mental illness comparison with the National Crime Victimization Survey. Arch Gen Psychiatry 2005; 62:911-21.

Whitley *et al*. Safety and security in small-scale recovery housing for people with severe mental illness. An Inner-City Case Study. Psychiatr. Serv 2008; 59:165-9.

Wolff *et al*. Physical violence inside prisons: rates of victimization. Criminal Justice and Behavior 2007; 34:588-99.

Wolff *et al*. Rates of sexual victimization in prison for inmates with and without mental disorders. Psychiatr Serv 2007; 58:1087-94.

CAPÍTULO 17

Levantamento Pericial de Local de Crime

Rodrigo Camargos Couto • Luíza Valéria de Abreu Maia

▶ INTRODUÇÃO

Assim como todas as demais atividades relacionadas com a breve passagem do ser humano pela terra, o crime ocupa um lugar no tempo e no espaço. Nos limites desse espaço e naquele lapso de tempo, ocorrem circunstâncias que, se corretamente interpretadas, permitem reconstituir a mecânica de cada delito.[1] Esta fica registrada por apenas algum pequeno lapso de tempo, ou pode permanecer algumas marcas dentro dos limites daquele espaço, que se convencionou chamar de *"local de crime"*. Cada autor que se ocupou do tema elaborou um conceito sobre ele. Eraldo Rabelo bem o definiu como:

> *Local de crime é a porção do espaço compreendido num raio que, tendo por origem o ponto no qual é constatado o fato, se estende de modo a abranger todos os lugares em que, aparente, necessária ou presumivelmente, hajam sido praticados, pelo criminoso, ou criminosa, os atos materiais preliminares ou posteriores à consumação do delito e com este diretamente relacionados.*[2]

É comum esses limites não ficarem restritos àquele sítio sob exame, nem mesmo à área onde se consumou o crime, estendendo-se a pontos distantes dali, onde fatos e circunstâncias anteriores e/ou posteriores ao crime propriamente dito se desenrolaram. O perito, para definir os limites de um local de crime, deve saber como observar, "saber como duvidar" e lembrar sempre que nunca deve se dar como fato consumado o que se observa, pois as coisas nem sempre são o que parecem ser.[1]

A fim de ressaltar a sensibilidade que um local de crime representa para a perícia e a investigação policial, fazemos incluir uma sábia definição em forma de parábola, também do mestre Eraldo Rabelo, um dos mais notáveis peritos do Brasil:[3-5]

> *Local de crime constitui um livro extremamente frágil e delicado, cujas páginas, por terem a consistência de poeira, desfazem-se, não raro, ao simples toque de mãos imprudentes, inábeis ou negligentes, perdendo-se desse modo, para sempre, os dados preciosos que ocultavam à espera da argúcia dos peritos.*

Para melhor entendimento deste capítulo, ele será dividido didaticamente em tópicos para melhor entendimento dos leitores:

- Embasamento legal do exame pericial
- Do local de crime
- Investigação de homicídio no local de crime
- Levantamento pericial do local de crime
- Da prova objetiva
- Local de crime e Odontologia Legal – casuística

▶ EMBASAMENTO LEGAL DO EXAME PERICIAL

Faremos, inicialmente, um apanhado das principais citações que nos trazem os diplomas legais acerca do exame pericial, de maneira geral.

O Código de Processo Penal (CPP), no artigo 158, diz *in verbis*:

Quando a infração deixar vestígios, será indispensável a realização do exame de corpo de delito, direto ou indireto, não podendo supri-lo a confissão do acusado.

Essa determinação legal evidencia, de maneira clara e direta, a importância e a relevância que a perícia representa no contexto probatório, referindo-se taxativamente a sua indispensabilidade, sob pena de nulidade de processos.

Na esfera federal, em 28 de março de 1994, a edição da Lei 8.862/94[6] alterou o CPP, trazendo significativos avanços na produção da prova pericial no Brasil.[3] Em seu artigo 159, passou a exigir que a perícia fosse realizada por dois peritos oficiais com formação universitária e que, nos locais onde não houvesse perito oficial, a perícia fosse realizada por dois profissionais com nível superior:

Já em 2008, a Lei 11.690/2008,[7] de 10 de junho de 2008, trouxe modificações ao texto de alguns artigos do CPP, que serão descritas ao longo do capítulo.

Sabe-se que a perícia é um importante elemento no conjunto probante, cujos fatos ficam evidentes na preocupação do legislador, demonstrado no artigo a seguir, que faz referência direta à prova pericial:

Art. 155. *O juiz formará sua convicção pela livre apreciação da prova produzida em contraditório judicial, não podendo fundamentar sua decisão exclusivamente nos elementos informativos colhidos na investigação, ressalvadas as provas cautelares, não repetíveis e antecipadas. (Redação dada pela Lei 11.690/2008.)*

Esse artigo da lei ressalta dois aspectos importantes da perícia: o primeiro deles pela consagração jurídica do princípio da Doutrina da Criminalística Brasileira do Exame do Corpo de Delito (existente desde 1941) e o segundo pelo destaque da importância da perícia, ainda mais agora, ressalvada pela mencionada lei.

No entanto, houve uma mudança que muito representou para as dinâmicas do dia a dia da perícia criminal, que foi o estabelecimento legal da desnecessidade de dois peritos realizarem os exames, bastando, para tal, apenas um. Isso muda até os quadros funcionais de todos os órgãos que dimensionam seu corpo funcional para a realização plena das perícias, em tese, e apenas em tese, dada a defasagem dos quadros da perícia oficial em todo o país. Onde eram necessários dois peritos, apenas um passou a ser suficiente daquela data em diante. Apesar das consequências práticas benéficas, ainda somos favoráveis ao trabalho em duplas, o que possibilita maior discussão dos casos e, consequentemente, maiores convicção e segurança nas conclusões, mesmo que seja para conferência dos trabalhos periciais.

Art. 159. *O exame de corpo de delito e as outras perícias serão realizados por perito oficial portador de diploma de curso superior.*
§1º. Na falta de perito oficial, o exame será realizado por 2 (duas) pessoas idôneas, portadoras de diploma de curso superior, preferencialmente na área específica dentre as que tiverem habilitação técnica relacionada à natureza do exame.

§2º. Os peritos não oficiais prestarão o compromisso de bem e fielmente desempenhar o encargo.
Estabelecem-se, ainda, os prazos para os trabalhos da perícia.
Art. 160. *Os peritos elaborarão o laudo pericial, onde descreverão minuciosamente o que examinarem, e responderão os quesitos formulados.*
Parágrafo único. *O laudo pericial será elaborado no prazo máximo de 10 (dez) dias, podendo este prazo ser prorrogado, em casos excepcionais, a requerimento dos peritos.*

O laudo pericial é a descrição completa e detalhada dos exames realizados, desde a descrição do objeto examinado, passando pelas análises feitas, até a conclusão a que chegaram os peritos, apresentado na forma escrita, devidamente fundamentado, constando todas as observações pertinentes ao que foi verificado e contendo as respostas aos quesitos formulados pelas partes, quando houver e forem admitidas pelo juiz solicitante do laudo. Sua entrega além do prazo constitui mera irregularidade, não nulidade.[8]

Os peritos deverão fazer descrição minuciosa de todos os fatos constatados no local de crime e/ou no exame pericial realizado, uma vez que a riqueza de detalhes pode ser crucial para as partes na sustentação – ou afastamento – do *modus operandi* do infrator, da presença de uma qualificadora ou aumento de pena e constitui auxílio primordial para o debate da causa em juízo, além da materialidade, logicamente.

Art. 161. *O exame de corpo de delito poderá ser feito em qualquer dia e a qualquer hora.*

É sabido que o nível de acuidade dos sentidos é reduzido em determinados horários, principalmente à noite e de madrugada, mas a urgência na coleta das provas fala mais alto, principalmente de vestígios de caráter não permanente e que podem não ser notados, se transcorrido um lapso de tempo depois de produzidos. Como exemplo, podemos citar o exame no cadáver e outros de natureza efêmera. No entanto, é sensato que haja uma liberalidade quanto ao momento de realização do exame pericial, pois a necessidade de verificação imediata ou não, realizada pelos peritos, é que deve determinar os limites de tempo para a concretização dos exames periciais.

Art. 162. *A autopsia será feita pelo menos 6 horas depois do óbito, salvo se os peritos, pela evidência dos sinais de morte, julgarem que possa ser feita antes daquele prazo, o que declararão no auto.*

Estabelece-se um tempo mínimo de 6 horas, que é o necessário para o surgimento dos sinais tanatológicos demonstrativos da morte real, evitando-se qualquer engano fatal, ou morte aparente (embriaguez, catalepsia, coma epiléptico, asfixia, anestesia, comoção cerebral, síncope etc. simulam morte). Em alguns casos, como de decapitação, acidente aeroviário, ferroviários, queda de altura e muitos outros, a morte inegavelmente ocorreu, podendo o perito, para melhor andamento de suas atribuições, proceder em menor tempo.

*Parágrafo único. Nos casos de morte violenta, bastará o simples exame externo do cadáver, quando não houver infração penal que apurar ou quando as lesões externas permitirem precisar a causa da morte e não houver necessidade de exame interno para a verificação de alguma **circunstância relevante.***

Por precaução, grande percentual de médicos-legistas ainda é favorável à realização da necropsia completa em todos os casos, para descartar fatores nem tão evidentes da *causa mortis* ou de outro detalhe que possa ter interferido no quadro geral da morte, de sua etiologia e dinâmica.

Art. 163. Em caso de exumação para exame cadavérico, a autoridade providenciará para que, em dia e hora previamente marcados, se realize a diligência, da qual se lavrará auto circunstanciado.
Parágrafo único. O administrador do cemitério público ou particular indicará o lugar da sepultura, sob pena de desobediência. Nos casos de recusa ou falta de quem indique a sepultura, ou de encontrar-se o cadáver em lugar não destinado a inumações, a autoridade procederá às pesquisas necessárias, o que tudo constará em auto.

As exumações e, às vezes, as inumações são feitas por ordem judicial (art. 67 da lei das contravenções penais).

Art. 164. Os cadáveres serão sempre fotografados na posição em que foram encontrados, bem como, na medida do possível, todas as lesões externas e vestígios deixados no local do crime.
Art. 165. Para representar as lesões encontradas no cadáver, os peritos, quando possível, juntarão ao laudo do exame provas fotográficas, esquemas ou desenhos, devidamente rubricados.

A fotografia, antes opcional, passou a ser obrigatória para local de crime com cadáver, além de sugerida para outros casos.[5] Tornam-se essenciais as tomadas fotográficas do cadáver, do modo como foi achado, posição, lesões externas presentes, do local onde ocorreu o fato criminoso, mostrando detalhes de localização, pontos indicativos de vestígios, os vestígios propriamente ditos, tudo isso para auxiliar a investigação instaurada. Embora as fotografias não sejam prova única, elas contribuem para a formação da convicção das autoridades que analisarem o inquérito. Segundo dito popular: "Mais vale uma imagem que mil palavras." O mesmo se aplica aos desenhos explicativos e representativos de formas sobre uma determinada superfície ou mesmo esquemas representativos de lesões no corpo humano, indicando ferimentos presentes.

Art. 166. Havendo dúvida sobre a identidade do cadáver exumado, proceder-se-á ao reconhecimento pelo Instituto de Identificação e Estatística ou repartição congênere ou pela inquirição de testemunhas, lavrando-se auto de reconhecimento e de identidade, da qual se descreverá o cadáver, com todos os sinais e indicações.
Parágrafo único. Em qualquer caso, serão arrecadados e autenticados todos os objetos encontrados, que possam ser úteis para a identificação do cadáver.

Em caso de dúvida sobre a identidade, serão feitos a colheita dactiloscópica, a análise dos arcos dentários e o relato testemunhal feito por observação de parentes e amigos, se possível, e/ou por meio de pesquisa de DNA.

Auto de reconhecimento e de identidade é o registro escrito e devidamente autenticado pelos funcionários do órgão encarregado de proceder à identificação a respeito de tudo quanto foi feito para a descoberta da identidade do cadáver, narrando-se o procedimento empregado, as provas realizadas, os confrontos feitos, os sinais encontrados e as pessoas que participaram do ato.[8]

*Art. 167. Não sendo possível o exame de corpo de delito, por haverem desaparecido os vestígios, a **prova testemunhal** poderá suprir-lhe a falta.*

Contudo, é sabido que a prova material é a rainha das provas por motivos evidentes. Ela é fruto do *Visum et repertum* de um olho especializado que, de preferência, deve ser o do perito.

Art. 168. Em caso de lesões corporais, se o primeiro exame pericial tiver sido incompleto, proceder-se-á a exame complementar por determinação da autoridade policial ou judiciária, de fato, de ofício, ou a requerimento do Ministério Público, do ofendido ou do acusado, ou de seu defensor.
§1º. No exame complementar, os peritos terão presente o auto de corpo de delito, a fim de suprir-lhe a deficiência ou retificá-lo.
§2º. Se o exame tiver por finalidade precisar a classificação do delito no artigo 129, §1º do Código Penal Brasileiro, deverá ser feito logo que decorra o prazo de 30 dias, contando da data do crime.
§3º. A falta de exame complementar poderá ser suprida pela nova testemunha.
Art. 169. Para efeito de exame de local onde houver sido praticada a infração, a autoridade providenciará imediatamente para que não se altere o estado das coisas até a chegada dos peritos, que poderão instruir seus laudos com fotografias, desenhos ou esquemas elucidativos.
Parágrafo único. Os peritos registrarão, no laudo, as alterações do estado das coisas e discutirão, no relatório, as consequências dessas alterações na dinâmica dos fatos.

Esclarecemos que local alterado, denominado inidôneo, deve ser periciado da mesma maneira, constando, no laudo, as possíveis alterações, para ciência do juiz.

Art. 170. Nas perícias de laboratório, os peritos guardarão material suficiente para a eventualidade de nova perícia. Sempre que conveniente, os laudos serão ilustrados com provas fotográficas, ou microfotográficas, desenhos ou esquemas.
Art. 171. Nos crimes cometidos com destruição ou rompimento de obstáculos a subtração da coisa, ou por meio de escalada, os peritos, além de descrever os vestígios, indicarão com que instrumentos, por que meios e em que época presumem ter sido o fato praticado.
Art. 172. Proceder-se-á, quando necessário, à avaliação de coisas destruídas, deterioradas ou que constituam produto de crime.
Parágrafo único. Se impossível a avaliação direta, os peritos procederão à avaliação por meios de elementos existentes nos autos e dos que resultarem de diligências.
Art. 173. No caso de incêndio, os peritos verificarão a causa e o lugar em que houver começado o perigo que dele tiver resultado para a vida ou para o patrimônio alheio, a extensão do

dano e o seu valor e as demais circunstâncias que interessarem à elucidação do fato.

Art. 175. Serão sujeitos a exame os instrumentos empregados para a prática da infração a fim de lhes verificar a natureza e a eficiência.

Art. 176. A autoridade e as partes poderão formular quesitos até o ato da diligência.

Os quesitos são questões formuladas sobre um assunto específico, que exigem como respostas opiniões ou pareceres e podem ser oferecidos pelas partes e pela autoridade até o ato da diligência.

Nos Estados, mediante atos normativos, são redigidos quesitos oficiais que padronizam a resposta a determinados pontos tidos como cruciais para a análise pelos juristas. Hoje, por meio do Decreto-Lei 11.690/2008, torna-se cabível também a presença dos quesitos formulados pela Autoridade, bem como pelas partes e admite-se, também, a presença do perito assistente técnico das partes acompanhando a diligência pericial.

Art. 177. No exame por precatória, a nomeação dos peritos far-se-á no juízo deprecado. Havendo, porém, no caso de ação privada, acordo das partes, essa nomeação poderá ser feita pelo juiz deprecante.

Parágrafo único. Os quesitos do juiz e das partes serão transcritos na precatória.

Art. 178. No caso do art. 159, o exame será requerido pela autoridade ao diretor da repartição, juntando-se ao processo o laudo assinado pelos peritos.

Art. 179. No caso do § 1º art. 159, o escrivão lavrará o auto respectivo, que será assinado pelos peritos e, se presente ao exame, também pela autoridade.

Parágrafo único. No caso do art. 160, parágrafo único, o laudo, que poderá ser datilografado, será subscrito e rubricado em suas folhas por todos os peritos.

Art. 180. Se houver divergência entre os peritos, serão consignadas no auto do exame as declarações e respostas de um e de outro, ou cada um redigirá separadamente o seu laudo, e a autoridade nomeará um terceiro; se este divergir de ambos, a autoridade poderá mandar proceder a novo exame por outros peritos.

Art. 181. No caso de inobservância de formalidades, ou no caso de omissões, obscuridades ou contradições, a autoridade judiciária mandará suprir a formalidade, complementar ou esclarecer o laudo.

Parágrafo único. A autoridade poderá também ordenar que se proceda a novo exame, por outros peritos, se julgar conveniente.

Art. 182. O juiz não ficará adstrito ao laudo, podendo aceitá-lo ou rejeitá-lo, no todo ou em parte.

Art. 184. Salvo o exame do corpo de delito, o juiz ou a autoridade policial negará a perícia requerida pelas partes, quando não for necessária ao esclarecimento da verdade.

► DO LOCAL DE CRIME

Qualquer procedimento realizado para o esclarecimento de um delito será iniciado no local onde ocorreu o crime. O local de crime interessa a todos os órgãos de Segurança Pública, porquanto cada um deles executa determinadas tarefas que são complementares entre si, com um objetivo final único: ESCLARECER O CRIME.

Local de crime, portanto, define-se também como a área onde tenha ocorrido um fato que, pelas suas circunstâncias, requer a presença e providências da polícia.[9]

Observa-se, desse modo, que essa conceituação diz respeito ao lugar que apresenta evidências originárias de uma atividade anormal que deixou marcas passíveis de serem descobertas, levantadas e interpretadas tecnicamente e, ainda, instrumentos ou armas relacionadas com ela, cujo estudo irá redundar no levantamento da dinâmica e apresentação das conclusões que conduzirão à autoria do fato.[9]

Deve-se enfatizar que essa conceituação de local de crime abrange os crimes de qualquer espécie, que deixam vestígios, como também todas as ocorrências que devem ser devidamente esclarecidas pelos órgãos de Segurança Pública.

Nesse sentido, o trabalho do primeiro policial que chegar ao local será de importância ímpar para o desenrolar das demais atividades naquele local e, a partir dele, inclusive para os exames periciais.[4]

Um dos grandes problemas das perícias em locais onde ocorrem crimes é a quase inexistente preocupação em isolar e preservar adequadamente um local de infração penal, de maneira a garantir as melhores condições de se realizar um levantamento pericial adequado e da melhor forma possível. Necessitamos repetidamente citar e falar sobre esse tema que tanto preocupa os peritos criminais e que, quando executado de maneira inadequada, prejudica sobremaneira os trabalhos periciais.

A preservação da cena do crime é de fundamental importância para evitar a destruição da prova objetiva.

Essa questão importantíssima abrange três fases distintas:[3] a *primeira* compreende o lapso de tempo entre a ocorrência do crime e a chegada do primeiro policial ao local. Nesse período, que é o mais grave de todos, é que ocorrem os problemas decorrentes da curiosidade natural das pessoas em verificar de perto o ocorrido, além do total desconhecimento por parte das pessoas leigas do dano que estão causando pelo seu deslocamento na cena do crime.

A *segunda* fase compreende o período desde a chegada do primeiro policial até o comparecimento da Autoridade Policial ao local de crime. Essa fase, apesar de menos problemática que a primeira, também apresenta alguns problemas em razão da falta de conhecimento técnico de alguns policiais sobre a importância que representa um local de crime bem isolado e preservado. Nesse caso, as academias deveriam dar melhor atenção para ministrar essas instruções quando dos cursos de formação de policiais.

A *terceira* fase é a que compreende o período entre o momento em que a autoridade policial chega ao local até a chegada dos peritos para o levantamento pericial.

Também nessa fase ocorrem alguns problemas devido à pouca atenção e à falta de percepção, em alguns casos, daquela autoridade quanto à importância do isolamento e preservação adequados do local de crime.

O Isolamento e a Preservação

Um dos requisitos indispensáveis para a realização satisfatória de um exame pericial é que o local esteja adequadamente isolado e preservado, para que não se perca qualquer vestígio que seja produzido pelos integrantes da cena do crime.

O artigo 6º do CPP (Lei 8.862/94) determina, em relação ao local de crime:

> **Art. 6º.** *Logo que tiver conhecimento da prática da infração penal, a autoridade policial deverá:*
>
> *I – dirigir-se ao local, providenciando para que não se alterem o estado e conservação das coisas até a chegada dos peritos criminais;*
>
> *II – apreender os objetos que tiverem relação com o fato, após liberados pelos peritos criminais;*
>
> *III –...*
>
> **Artigo 169 do CPP** – *Para o efeito de exame do local onde houver sido praticada a infração, a autoridade providenciará imediatamente para que não se altere o estado das coisas até a chegada dos Peritos, que poderão instruir seus laudos com fotografias, desenhos ou esquemas elucidativos.*
>
> **Parágrafo único** – *Os Peritos registrarão, no laudo, as alterações do estado das coisas e discutirão, no relatório, as consequências destas alterações na dinâmica dos fatos.*

O Delegado de Polícia, como presidente do Inquérito Policial, detém a responsabilidade geral pelos procedimentos e providências a serem tomadas para isolamento e preservação dos locais de crime, assim como qualquer outra autoridade policial que venha a tomar providências em locais de delito de menor potencial ofensivo ou, ainda, em locais de crime militar. O isolamento do local de crime deveria ser uma das maiores preocupações da Autoridade Policial, uma vez que, quanto mais eficiente for o isolamento do local, maiores as chances de se realizar um exame pericial esclarecedor e, consequentemente, mais eficaz e elucidativo será o relatório do Delegado no Inquérito Policial.

Conforme previsto no CPP, a autoridade policial deverá comparecer ao local assim que tiver conhecimento do delito e tomar as providências cabíveis referentes ao local e à investigação criminal.

O isolamento do local tem como objetivo evitar o acesso de pessoas que não tenham habilitação técnica para o levantamento de provas objetivas e, para que seja possível coletar as provas objetivas, faz-se imprescindível o isolamento com preservação do local de crime. O isolamento deve evitar a movimentação de curiosos, repórteres, familiares, autoridades e outros policiais não relacionados com o levantamento pericial nos limites do local imediato.

Já o objetivo do exame do local de crime é aquilatar as evidências físicas da ocorrência do fato e de sua dinâmica.

É preciso ficar muito claro o quanto é importante preservar adequadamente os vestígios produzidos pelos atores (vítima e agressor) da cena do crime, para proporcionar condições de chegar ao esclarecimento total dos fatos.[3] O objetivo da preservação do local é manter os vestígios intactos até o momento em que estes serão coletados e perpetuados pelos peritos criminais.

Na situação ideal, o isolamento deve prever a área de localização de cada uma das funções no local de crime (Figura 17.1*A* e *B*).

A preservação depende intrinsecamente do isolamento do local de crime, e qualquer alteração neste já prejudica a qualidade dos exames periciais.

Local de Crime – Classificação

Os locais de crime são classificados quanto à natureza da área onde ocorrera o delito, quanto à natureza do fato, ou seja, o tipo penal que define a ação perpetrada em determinado lugar, e quanto a sua preservação, embora todos os locais tenham a mesma peculiaridade técnico-científica aos olhos dos peritos criminais.

Quanto à Natureza da Área

- **Interno:** é o local coberto, podendo estar ou não sua área confinada por paredes, onde os vestígios que possam nele existir ficarão protegidos da ação de agentes atmosféricos (sol, chuva, ventos etc.).
- **Externo:** é o local situado fora das moradias e/ou edificações, estando sujeito à ação de fatores externos, como influências do tempo, que podem alterar ou destruir as evidências físicas.
- **Imediato:** compreende a área onde ocorreu o fato propriamente dito.
- **Mediato:** consiste nas áreas adjacentes e intermediárias entre o fato e o ambiente exterior.
- **Relacionado:** aquele em que o fato ocorre em dois ou mais lugares, distantes um do outro, podendo ser internos, externos, em veículos etc.
- **Aberto ou fechado.**
- **Público ou particular.**

Quanto à Natureza do Fato

- Homicídio
- Suicídio
- Incêndio
- Furto
- Roubo
- Latrocínio
- Aborto etc.

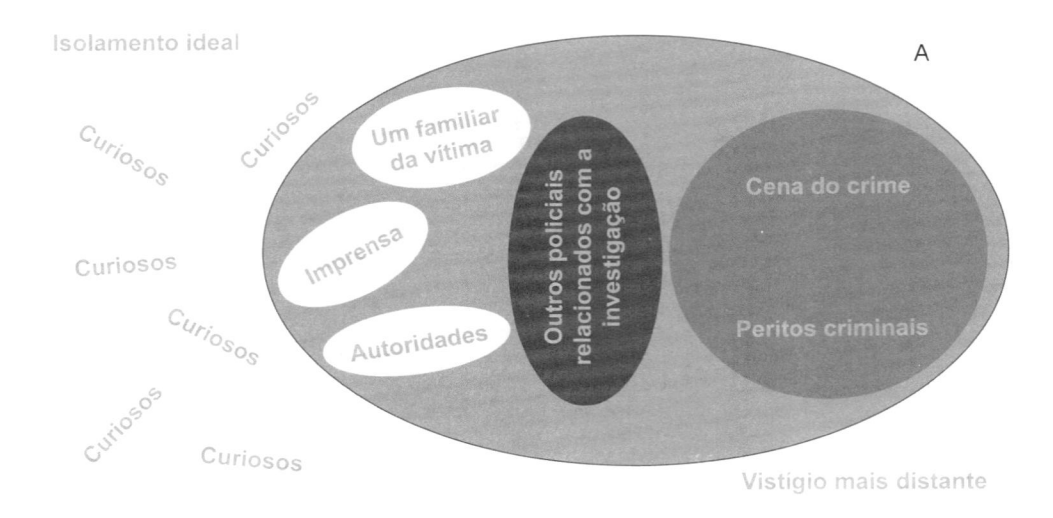

Figura 17.1 ▶ **A** Demonstração esquemática de como deve ser feito um isolamento ideal em locais de crime. **B** Demonstração esquemática de como geralmente os peritos criminais encontram os locais de crime

Quanto à Preservação

- **Local idôneo:** buscando-se no dicionário, significa "próprio para alguma coisa"; apto, capaz, competente, adequado.
- **Local inidôneo:** "impróprio, inapto, incapaz, incompetente, inadequado" (Dicionário Antônio Houaiss).

De acordo com a SENASP/MJ e a partir dessa compreensão, teríamos de interpretar que local de crime idôneo seria aquele que estaria completamente intocado, preservados seus vestígios e mantidas todas as condições deixadas pelos agentes do delito (vítima[s] e agressor[es]).

Entretanto, a prática tem nos mostrado que, mesmo com o precário isolamento e preservação dos locais de crime levados a efeito por nossas polícias, ainda assim é possível obter grandes resultados na análise de vestígios em um local de crime. Portanto, em tese, será muito comum encontrarmos os locais já inidôneos, mas isso jamais deverá ser motivo para que os peritos criminais deixem de realizar o exame.

Aliás, somente o exame é que esclarecerá se o local está idôneo ou inidôneo; o exame deverá ser sempre realizado (artigo 169/CPP).

▶ INVESTIGAÇÃO DE HOMICÍDIO NO LOCAL DE CRIME

O Artigo 6º do CPP preceitua, *in verbis*:

- Logo que tiver conhecimento da prática da infração penal, a autoridade deverá:

  I – Dirigir-se ao local, providenciando para que não se alterem o estado e conservação das coisas, até a chegada dos peritos criminais;

  II – Apreender os objetos que tiverem relação com o fato, após liberados pelos peritos criminais;

  III – Colher todas as provas que servirem para o esclarecimento do fato e suas circunstâncias;

  IV – Ouvir o ofendido;

  V – Ouvir o indiciado, com observância, no que for aplicável, do disposto no Capítulo III do Título VII, deste livro, devendo o respectivo termo ser assinado por 2 (duas) testemunhas que lhe tenham ouvido a leitura;

VI – Proceder a reconhecimento de pessoas e coisas e a acareações;

VII – Determinar, se for o caso, que se proceda a exame de corpo de delito e a quaisquer outras perícias;

VIII – Ordenar a identificação do indiciado pelo processo datiloscópico, se possível, e fazer juntar aos autos sua folha de antecedentes;

IX – Averiguar a vida pregressa do indiciado, sob o ponto de vista individual, familiar e social, sua condição econômica, sua atitude e estado de ânimo antes e depois do crime e durante ele, e quaisquer outros elementos que contribuírem para a apreciação de seu temperamento e caráter.

Podemos ainda destacar, segundo o CPP, os seguintes artigos, também relacionados com a presença da autoridade policial no local de crime: Artigo 7º, Artigo 158, Artigo 159, Artigo 161, Artigo 164, Artigo 167, Artigo 169, Artigo 178, Artigo 423, Artigo 564, inciso III, e alínea "b", já citados e comentados em tópico anterior.

Tarefas do Primeiro Profissional de Segurança Pública no Local de Crime

A população em geral desconhece a importância de um local de crime para a investigação; por isso, é comum, quando um profissional da Segurança Pública chega ao local de crime, encontrar inúmeras pessoas transitando por entre os vestígios, sem se preocupar com sua preservação.

Quando o profissional de Segurança Pública chega em um possível local de crime, é como se estivesse entrando em um quarto escuro, pois ainda nada conhece sobre os fatos e sobre os possíveis agressores. A primeira preocupação, portanto, desse profissional em um atendimento ao local de crime é com sua segurança pessoal, pois se ele próprio não preservar sua vida, nada mais será possível realizar a partir daí. Deve agir sempre acompanhado, para que um policial garanta a segurança do outro.

A primeira e única obrigação do policial que primeiro chega a um local de crime é verificar se a vítima ainda está viva. Se confirmar o óbito, nada mais há o que fazer, a não ser – exclusivamente – preservar os vestígios,[5] adentrando ou não no local; porém, se o fizer, será de sua inteira responsabilidade, pois já é o responsável pelo local, e este somente pode ser vasculhado pelos peritos criminais.

Deve requisitar por meios rápidos (rádio, celular etc.) o comparecimento de equipes de peritos e rabecão (se já não se encontram ou foram avisados). Havendo outras providências a serem tomadas no local, a autoridade policial as adotará de acordo com a necessidade e circunstâncias.

Ao chegar ao local de crime com sua equipe de policiais, a autoridade policial antecipadamente já definiu a missão de cada um, ou seja, como equipe de investigação existe a possibilidade de se "infiltrar" um agente entre os populares e curiosos, a fim de se obterem informações, enquanto dois outros policiais "mais ostensivos", com urbanismo, respeito, porém com firmeza de ação, entabulam investigações em torno do crime em apuração.

O agente de polícia, chegando ao local de crime, em companhia da autoridade policial (equipe de policiais) deverá primeiramente se inteirar de todo o fato, com o primeiro policial que ali compareceu e providenciou o isolamento do local, procurar saber se há cadastro de testemunhas e se há notícias de autoria e motivação.

Objetivando não alterar o local, somente deverá adentrar no recinto demarcado e isolado com a autorização do perito criminal, ou com a completa liberação do local após os trabalhos periciais.

Deverá interagir com o perito criminal, a fim de tomar ciência das circunstâncias em que se deu o evento danoso, possível número de autores e de disparos que levaram a vítima ao óbito e, a partir da observação da cena do crime, com tirocínio policial, traçar sua estratégia de investigação policial.

Deverá sair a campo, com discrição, a fim de obter informações acerca da autoria, motivação e circunstâncias do crime, sempre se reportando à autoridade policial, que irá definir as prioridades de ação, no local, como oitiva de testemunhas, vítimas tentadas, flagrante, outras perícias, arrecadação e apreensão.

O policial investigador deverá anotar todos os detalhes da apuração e em seguida, de modo fidedigno, elaborar um relatório circunstanciado de investigação, cujo documento será parte integrante do competente inquérito policial, em tudo objetivando a apuração dos fatos, lembrando que o resultado final será a soma do trabalho de todos os componentes do sistema de defesa social: Polícia Civil, Polícia Militar, Bombeiros, e outros.

O fator mais importante para o sucesso de uma investigação não é a habilidade de cada indivíduo em sua função, mas a conjugação dos trabalhos, com troca de informações e esforços conjuntos. Por outro lado, de nada adianta termos em mãos diversos elos fortes, porém não conectados, ou seja, não trabalhando em conjunto.

Uma vez no local de crime, sabemos que dificilmente o perito criminal irá apontar, naquela hora e local, o provável autor do crime, pois pode ser que dependa da realização de exames posteriores e complementares. No entanto, as informações colhidas no local, junto aos policiais militares (normalmente são os primeiros a chegar), somadas às informações repassadas pelos peritos criminais, ao final de seu trabalho, aliadas às informações obtidas e levantadas com o trabalho de "perícia" investigativa realizado pelos agentes policiais, certamente promoverão um resultado positivo, ou menos controverso, e que, se não conduzir à autoria delitiva, certamente irá delinear uma boa linha investigativa, fato necessário para a sequência dos trabalhos.

No local de crime, todos os envolvidos têm de ter muita paciência e perseverança, pois algumas horas após o local não será mais o mesmo (será perpetuado por intermédio da perícia), e a cada dia que passa perdem-se mais evidências e desaparecem testemunhas, por mudança de local ou por medo de represálias (daí a necessidade de se procurar obter as informações logo após ter ocorrido o crime).

O importante no local de crime é a total interação entre os agentes ali envolvidos e a conjugação de trabalho e esforços para a resolução do crime, pois o que mais vai importar é o esforço conjunto, e não a atuação individual de cada um.

► LEVANTAMENTO PERICIAL DE LOCAIS DE CRIME

Levantamento é o ato de levantar ou retirar; pesquisa para obtenção de dados.[10]

Sob o aspecto criminalístico, o levantamento de local é o ato de colher nos locais de crime todo e qualquer dado, objeto, fragmento, mancha, sinal, marca, vestígio, por meio dos quais se possa definir o crime, suas circunstâncias, sua dinâmica e, principalmente, sua autoria, reproduzindo, por meio de descrições, desenhos, esquemas, fotografias, modelagens ou outros meios técnicos, no sentido de documentar sua situação em seus efeitos imediatos.[9]

A finalidade do levantamento abrange dois aspectos:
- Documentar a situação do local, quando do comparecimento da polícia.
- Obter a evidência física do fato, existente no local.

A documentação da situação no local do crime permite perpetuar esse local, mostrando seu aspecto para a posteridade; o perito observa as minúcias, anotando-as em relatório (laudo pericial).

Elementos da Cena do Crime

O objetivo do levantamento pericial é detectar, analisar e perpetuar os vestígios da ação delituosa, conjugando-os de modo a tornar possível definir a dinâmica do fato, permitindo que outras pessoas possam ter compreensão do que ocorreu no local. O cadáver e o local "falam" por intermédio do perito.

A cena do crime é composta por diversos elementos, a saber: ambiente físico do local de crime, mobiliário e instalações, vestígios e cadáver.

O levantamento pericial é um trabalho minucioso, que exige atenção e, principalmente, uma metodologia aplicada, que oriente o perito e evite que este se perca na condução de seus trabalhos. A sequência de ações dos peritos, muitas vezes não compreendida pelos populares e nem mesmo por outros policiais presentes no local, procura evitar que fatores preponderantes sejam esquecidos ou alterados.

O perito criminal, uma vez no local do crime, deve dirigir-se e conversar com o primeiro policial que ali compareceu, tomando ciência das providências inicialmente adotadas; cabe ao perito criminal o levantamento das provas objetivas existentes na cena do crime; o comportamento do perito deve ser diametralmente oposto ao comportamento dos agentes de polícia, devendo se concentrar nas provas objetivas e extrair delas as informações para seu trabalho. Para o sucesso de seu trabalho, o perito criminal deve "ouvir" o cadáver e os vestígios no local de crime e com isso contar sua história.

Os primeiros minutos no local de crime são para observação e convencimento do tipo de local, para posterior descrição exata, minuciosa e objetiva do mesmo, o que fornecerá todos os dados necessários para o relato esclarecedor e detalhado sobre o local do fato.

Ao chegar ao local, o perito irá tomar as seguintes atitudes, independentemente da sequência em que ocorram:
- Saudar os colegas policiais presentes no local.
- Proceder às anotações de dados: (a) data e hora da notificação, (b) nome e título da autoridade requisitante, (c) local da ocorrência.
- Verificar e anotar a hora da chegada, endereço exato, condições atmosféricas, visibilidade, odores e peculiaridades pertinentes.
- Dirigir-se à autoridade policial presente no local e buscar informações iniciais acerca dos fatos.
- Anotar os nomes dos policiais militares responsáveis pela lavratura do Boletim de Ocorrência.
- Estabelecer contato com os responsáveis pelo isolamento, apresentando-se e obtendo informações sucintas sobre o fato ocorrido, colhendo dados sobre a vítima e/ou indiciado, orientando os policiais responsáveis pelo isolamento.
- Observar os princípios de segurança própria e dos demais: controle e/ou desvio do trânsito, desabamentos e/ou precipitações, presença de criminoso no local, uso de luvas e outros equipamentos de segurança para não se contaminar e não contaminar o local etc.
- Anotar os nomes dos agentes de polícia responsáveis pela investigação subjetiva.
- Aproximação cuidadosa até o ambiente imediato e proceder à inspeção ocular do local propriamente dito.
- Observar, descrever e fotografar as características físicas do local, tais como tipo de piso, paredes, teto, vias ou meios de acesso, inclinação, dimensões e outras.
- Havendo vítima, o perito deve confirmar, pessoalmente, se está morta.
- Observar, descrever e fotografar a localização e posição do cadáver.
- Observar, descrever, fotografar e coletar os vestígios presentes na cena do crime, iniciando pelos vestígios mais efêmeros, ou seja, impressões papilares, manchas de sangue ou outras, posição de estojos e pro-

jéteis; a inspeção visa reconhecer e garantir o aproveitamento de vestígios perecíveis que, antes de recolhidos, devem ser fotografados e fixados em suas posições exatas, em croquis. As impressões digitais (especialmente as latentes) devem ser pesquisadas o mais breve possível.

- Todos os outros vestígios evidentes ou potenciais são submetidos ao mesmo processo, sendo manuseados de acordo com sua natureza, etiquetados e acondicionados apropriadamente.

- Perpetrar as buscas no corpo e nas vestes do cadáver.

- Descrever e identificar o cadáver.

- Verificar, descrever e fotografar os ferimentos observados no cadáver.

- Repassar à autoridade policial e aos agentes de polícia as informações que foram coletadas, se possível adiantando alguma dinâmica do fato.

- Verificar junto a ele se há alguma nova informação que demande algum exame mais específico ou atenção especial.

- Verificar a necessidade de comparecimento em algum outro local relacionado com o fato.

Terminado o exame do ambiente imediato, o perito faz ainda uma rápida inspeção visual do local, com rememoração de todo o material colhido, visando estabelecer possíveis relações entre os elementos materiais e a dinâmica do fato ocorrido, certificando-se de que não houve omissão de nenhum dado, informação ou constatação.

Efetua-se, a seguir, inspeção do ambiente mediato, para pesquisa de eventuais elementos materiais que poderiam ter alguma relevância para o fato em questão.

Não havendo a necessidade de manter o local isolado e preservado, os peritos criminais liberam a área, orientando a remoção do cadáver (se for o caso), viaturas ou de outros objetos que devam ser recolhidos ou permanecer sob a custódia da polícia.

A sequência de trabalho descrita não tem que seguir necessariamente uma norma rígida, podendo ser utilizada como uma orientação e lembrete ao perito responsável pela realização do levantamento do local, e que será obrigado a aplicar, de acordo com as circunstâncias, as indicações citadas.

▶ DA PROVA OBJETIVA

A investigação criminal é o conjunto de procedimentos e tarefas capazes de criar as condições necessárias para o esclarecimento de um crime.[5]

O motivo de se efetuar uma investigação criminal diz respeito a algum fato acontecido (crime), relacionado com pessoas ou coisas, cometido por pessoas que, na grande maioria das vezes, o fazem utilizando-se de coisas, que, em sua complexidade, constituem o extenso campo da evidência física.[9]

Nas pesquisas dos elementos de prova, o policial deverá compreender o significado dos termos: evidência física, vestígio, indício e prova.

Define-se *prova* como tudo aquilo que demonstra a veracidade de uma proposição ou a realidade de um fato.

Os peritos criminais, ao examinarem um local de crime, procuram toda a sorte de objetos, marcas ou sinais sensíveis que possam ter relação com o fato investigado. Esses elementos são chamados de *vestígios* e podem ser definidos como

> *o material bruto que o perito constata no local do crime e faz parte do conjunto de um exame pericial qualquer, mas somente após examiná-lo adequadamente é que se pode saber se aquele vestígio está ou não relacionado ao evento em estudo.*

Sendo assim, o vestígio, depois de estudado e interpretado pelos peritos, pode se transformar em prova, individualmente ou associado a outros. Entretanto, antes de se transformar em prova, passará pela fase da evidência.

Define-se *evidência física* como todo e qualquer vestígio encontrado em um local de ocorrência, constituído por todos os objetos inanimados, sólidos, líquidos e gasosos relacionados com o fato. É a melhor testemunha da ação criminosa, não mente, não deixa dúvida, não pode estar errada.[9] Consequentemente, evidência é o vestígio analisado e depurado, podendo, então, se transformar em prova por si só ou em conjunto, para ser posteriormente utilizada no esclarecimento dos fatos.

Finalmente, o CPP define *indício,* em seu artigo 239:

> *Considera-se indício a circunstância conhecida e provada que, tendo relação com o fato, autorize, por indução, concluir-se a existência de outra ou outras circunstâncias.*

É um sinal aparente que revela alguma coisa de uma maneira muito provável.

A investigação criminal, portanto, representada *a priori* pelo inquérito policial e presidida pelo delegado de polícia, constitui-se de procedimentos que incluem as evidências físicas (objetivas) e subjetivas segundo a representação esquemática apresentada na Figura 17.2.

Cabe ao perito criminal o levantamento da prova objetiva, ou seja, a detecção e perpetuação da prova objetiva.

Vestígios em Local de Crime

A variedade de vestígios que podem ser encontrados em locais de crime dependerá da natureza do fato, das circunstâncias que o envolveram, do ambiente onde ocorreu, dos meios e modos e das pessoas envolvidas. Alguns dos vestígios são permanentes, enquanto outros são efêmeros; há vestígios de natureza específica, típicos de uma determinada modalidade de crime, enquanto os vestígios genéricos podem ser constatados em qualquer local, independentemente da natureza do crime.

Figura 17.2 ▸ Representação esquemática das fases do inquérito policial

Os vestígios também podem ser classificados em verdadeiros, ilusórios e forjados,[5] descritos a seguir:

- **Vestígio verdadeiro:** é uma depuração total dos elementos encontrados no local de crime; são aqueles produzidos diretamente pelos autores e/ou vítimas da infração e, ainda, que sejam produtos diretos das ações do cometimento do delito em si. Os peritos devem ter muito claro sobre quais são os vestígios verdadeiros em uma cena de crime.

- **Vestígio ilusório:** é todo elemento encontrado no local de crime que não esteja relacionado com as ações dos atores da infração e desde que sua produção não tenha ocorrido de maneira intencional. A produção desse tipo de vestígios não é rara em local de crime, tendo em vista os diversos problemas enfrentados pela falta de isolamento e preservação adequados dos locais de crime. Este é o fato que mais colabora com sua produção; concorrem para isso desde os populares que transitam pela área da produção dos vestígios até os próprios policiais, por sua falta de conhecimento das técnicas de preservação.

- **Vestígio forjado:** todo elemento encontrado em local de crime cujo autor (ou outrem) teve a intenção de produzi-lo com o objetivo de modificar o conjunto dos elementos originais produzidos pelos atores da infração. Um vestígio forjado pode ser produzido por qualquer pessoa que tenha interesse em modificar a cena de um crime, pelas mais diversas razões.

Citaremos, a seguir, alguns dos principais vestígios mais frequentemente encontrados em locais de crime:

Manchas de Origem Fisiológica

Manchas de Sangue

São frequentemente encontradas em locais de crimes contra a vida; seu estudo é muito importante e tem como finalidade principal determinar, primeiramente, se se trata realmente de sangue, se é realmente sangue humano, qual o grupo sanguíneo e o fator Rh (exames realizados em laboratório criminal). A análise dessas manchas não se restringe ao local de crime, sendo necessária, por diversas vezes, a utilização de exames laboratoriais.

A principal análise das manchas de sangue feita em locais de crime envolve o estudo de seu aspecto, o que fornece, na maioria das vezes, elementos para descobrir a forma como ela foi produzida, contribuindo para a determinação da dinâmica do fato.

Sob esse aspecto, as manchas de sangue podem se apresentar dos seguintes modos:[9]

- **Produzidas por gotejamento:** o sangue cai impulsionado somente pela força da gravidade, cujos salpicos se irradiam quase regularmente pela queda perpendicular das gotas, variando seu aspecto em razão da distância entre o foco que as desprende e a superfície em que vão se depositar.

- **Produzidas por projeção ou espargimento:** o sangue cai impulsionado pela força da gravidade, acrescida de uma segunda força de impulsão, cujos salpicos se apresentam sob forma alongada e não se dispõem regularmente.

- **Produzidas por contato:** são produzidas pelo contato de uma parte do corpo, impregnada de sangue, contra uma superfície qualquer, as quais se apresentam sob a forma de sangue amassado, podendo vir da vítima, do agressor ou de terceiros.

- **Produzidas por empoçamento:** decorrem da perda abundante de sangue, geralmente em consequência do ferimento ou por ororragia, rinorragia ou otorragia, estando a vítima já inerte, quase sempre caída. É mais comum o encontro da poça junto ou nas proximidades do cadáver.

- **Produzidas por escorrimento:** são manchas alongadas provenientes do escorrimento de sangue de poças existentes no local, geralmente em consequência de declividade da superfície.

- **Produzidas por impregnação:** são encontradas nas vestes da vítima, do indiciado ou em tecidos, solos permeáveis (terra batida, areia, grama etc.), cabelos e outros meios que permitam a absorção do sangue; nos tecidos, geralmente são encontradas em locais coincidentes com ferimentos.

- **Produzidas por limpeza:** são feitas em tecidos, papéis ou similares, geralmente utilizados pele criminoso para limpar o instrumento utilizado no crime ou mesmo as mãos. Quando existentes na roupa da vítima, evidenciam o estado de ânimo do criminoso que, após golpear a vítima, ainda foi capaz de utilizar a veste da própria para limpar sua arma.

Manchas de Esperma

Em geral, são encontradas nos locais de crime de natureza sexual, sendo pesquisadas com maior incidência nos seguintes suportes:

- nas roupas de cama;
- nas vestes da vítima ou do suspeito;
- no ambiente vaginal;
- no reto;
- em outros pontos ou objetos, de acordo com a tipicidade da área.

Manchas de Fezes e/ou Urina

São encontradas, geralmente, nos locais contra o patrimônio (furto, roubo). O criminoso costuma deixá-las por insolência ou superstição, ou até mesmo por necessidade.

Também são comuns em locais de crimes contra a vida em que a morte sobreveio por asfixia. Nesse caso, a defecação ocorre em virtude do relaxamento do esfíncter após o desfalecimento da vítima. Essas manchas oferecem pouquíssimos resultados práticos.

Manchas de Vômito

Oferecem especial interesse nos casos de envenenamento, porque podem indicar a natureza do veneno ingerido.

Manchas de Saliva

Poderão oferecer algum interesse quando estiverem embebendo tampões que tenham sido utilizados para sufocar a vítima. Também podem ser coletadas em baganas de cigarros, fornecendo material para confronto de material genético.

Manchas de Origem não Fisiológica

Podemos ainda encontrar, nos locais de crime, manchas de substâncias não emanadas pelo corpo humano que, se estiverem relacionadas com o fato, deverão ser descritas e recolhidas posteriormente para os devidos exames de identificação. Podem ser:

- **Tinta:** podem ser consideradas as tintas de diversas espécies (para paredes, para escrever etc.).

- **Cera:** geralmente encontrada nos locais de furtos sob a forma de lágrimas (respingos de velas), acompanhada de palitos de fósforos.

- **Ferrugem:** pode, em alguns casos, apresentar semelhanças com manchas de sangue, podendo também ser encontrada nas vestes do agente ou da vítima, indicando que a arma ou instrumento achava-se oxidado.

- **Lama:** oferece interesse porque pode indicar lugares por onde um indivíduo tenha passado. Pode ser encontrada nos pés descalços, calçados, nas roupas e no local do crime, sendo procedente de terrenos, estradas, ruas sem calçamento etc.

- **Pólvora:** pode ser encontrada no corpo da vítima (geralmente nas imediações do ferimento), nas vestes, nas mãos do autor ou da vítima etc.

- **Pintura:** geralmente é encontrada nas vestes do suspeito, produzida pelo atrito contra as paredes, ou mesmo nas mãos e nos dedos, como consequência do apoio desses contra paredes ou muros.

Impressões Papilares

Devem ser pesquisadas em todos os exames de locais de crime; são provocadas pelo contato de mãos ou pés com superfícies lisas e podem se apresentar sob os seguintes aspectos:

- **Impressões visíveis:** são produzidas pelas extremidades digitais, palmas das mãos ou plantas dos pés, quando essas regiões estão impregnadas de substâncias corantes, como sangue, tinta etc.

- **Impressões modeladas:** são produzidas pelas mesmas regiões anatômicas descritas anteriormente, quando decalcadas sobre substâncias plásticas, como cera, massa de vidro etc. Essas impressões, por serem visíveis, dispensam qualquer processo de revelação, devendo ser fotografadas no local.

- **Impressões latentes:** são produzidas pelas secreções sebáceas e sudoríparas da pele, estando limpas as polpas digitais, as palmas das mãos e as plantas dos pés. São invisíveis a olho nu, podendo ser localizadas por meio da luz oblíqua. Sua visualização se faz mediante um processo de revelação por meio de substâncias químicas, após o que são levantadas por meio de fitas adesivas e acondicionadas em suportes apropriados, para serem enviados ao setor competente, onde, depois de fotografadas e ampliadas, servirão para futuros confrontos com outras extraídas dos arquivos ou apresentadas como suspeitas, para assinalamentos de pontos característicos.

Impacto de Projéteis

As armas de fogo, quando disparadas no interior de um local, podem atingir a própria vítima ou impactar contra determinados suportes, produzindo marcas resultantes da ação física exercida sobre eles, provocando um efeito mecânico de amassamento ou deformação.

A natureza da marca produzida por esse impacto pode apresentar as seguintes conformações:

- **Escarificação:** quando o projétil atinge suportes cuja constituição consta de terra, barro, cimento etc., como paredes, pisos e tetos, entre outros. Ao atingir sua superfície, em razão de sua rotação, o projétil produz uma *escarificação*, deixando no piso, em correspondente posição, fragmentos da constituição da superfície atingida.

- **Mossa:** quando o projétil atinge suportes de maior resistência, causando apenas um afundamento.

- **Perfuração:** quando o projétil atinge suportes cuja estrutura física, por sua consistência, não resiste ao processo de rotação do projétil. Pode se apresentar de duas formas:

  - **Incrustação:** a superfície atingida é resistente o suficiente para impedir a completa passagem do projétil e ele fica ali alojado.
  - **Transfixação:** a superfície atingida é frágil e permite a passagem do projétil, podendo-se observar os pontos de entrada e saída do mesmo.

Outros Tipos de Vestígios

São ainda encontrados nos locais de crimes os seguintes vestígios:

- **Impressões ungueais:** são produzidas pelas unhas e geralmente são encontradas no corpo humano (vítima e autor), sendo mais comuns em crimes sexuais e casos de esganadura.

- **Impressões dentárias:** são produzidas pelos dentes, podendo ser encontradas no corpo humano ou em alimentos.

- **Pegadas:** são produzidas por pés calçados ou descalços. A pegada pode ser dinâmica (ocasionada pelos pés em movimento) ou estática (causada pelos pés em repouso), sendo também possível encontrá-las isoladas ou em conjunto. Seu aproveitamento pode ser feito por meio da fotografia ou da modelagem.

- **Pelos e cabelos:** em muitos casos encontram-se pelos e cabelos nos locais de crimes. Quando ocorre luta entre a vítima e o agente, é possível existir a presença de cabelos nos automóveis, nas mãos da vítima e, até mesmo, nas vestes. Igualmente, é provável o encontro de cabelos da vítima nas roupas do autor. De acordo com o tipo da arma ou instrumento utilizado, pode-se também constatar a presença de cabelos nela.

- **Impressões de veículos:** muitas vezes, o criminoso emprega um veículo para sua fuga. Outras vezes, vai até o local com certo veículo, do qual se retira depois, ou ainda, usa-o para transportar um corpo. Igualmente, há casos em que o objeto do crime é o próprio veículo, como nos casos de atropelamento, assaltos a taxistas etc.

Enfim, são inúmeras as circunstâncias em que o veículo pode estar envolvido direta ou indiretamente em fato delituoso. Sua identificação poderá, muitas vezes, conduzir ao responsável ou a outras pessoas que estejam envolvidas. As marcas deixadas no solo pelas rodas dos veículos em certos casos podem conduzir a determinação de sua espécie ou da direção tomada por eles, podendo-se observar ainda a existência de marcas de frenagens, quando ocorre atropelamento. Essas marcas serão aproveitadas por meio da fotografia ou da modelagem.

- **Peças de indumentária:** observa-se, em muitos locais, a presença de peças de indumentária que podem auxiliar a elucidação do fato em razão dos vestígios que apresentam.

- **Cinzas:** são resíduos da combustão de certos materiais, como papel, madeira etc., sendo mais comumente encontradas nos locais de incêndio. A finalidade do exame é determinar a natureza do material queimado. Embora raramente, também é possível encontrar cinzas nos locais de crimes contra a vida, nos quais os cadáveres são carbonizados, sendo as cinzas provenientes de roupas usadas pelas vítimas ou mesmo de cobertores ou similares utilizados para transportar o corpo.

- **Poeiras:** as poeiras podem ser encontradas sobre os objetos e nas roupas das vítimas ou do autor. Podem oferecer algum resultado prático, quando o crime tiver sido cometido em local interno e o criminoso tiver acesso por escalada, sendo possível então constatar vestígios de poeira no próprio local além, obviamente, das evidências da escalada.

- **Areias e terras:** em certos locais podem ser encontradas pequenas quantidades de areia ou terra, cuja origem difere da ali existente ou nem mesmo existe, como no caso dos locais internos, onde o piso quase sempre é revestido por algum material. Caso sejam constatadas, deverão ser recolhidas para serem comparadas com material padrão ou incriminado.

- **Fibras:** são pequenas estruturas integrantes de tecidos animais e vegetais ou de certas substâncias minerais que podem ser encontradas em alguns locais. Podem estar aderidas às unhas ou às vestes da vítima, portas, ou ainda presas em cercas de arames, janelas etc.

- **Manuscritos:** nos locais de suicídio, muitas vezes são encontrados bilhetes manuscritos pelas vítimas, os quais deverão ser recolhidos, juntamente com padrões de grafismos da vítima, para exame grafotécnico na seção competente.

- **Venenos:** por definição, veneno é toda substância medicamentosa que pode produzir a morte segundo a dosagem. Quando encontrados em locais de crime, deverão ser cuidadosamente embalados para posterior envio ao laboratório, para que se proceda aos devidos exames.

- **Alteração de vestígios:** muitas vezes, os vestígios são alterados ou destruídos, seja de maneira proposital ou acidental, seja pelo criminoso, pela vítima ou por terceiros; nem toda alteração de vestígio irá impedir o trabalho pericial. Cabe ao perito conseguir identificar e interpretar a alteração no local para extrair as informações que ela contém.

Elementos do Cadáver

O exame do cadáver no próprio local onde foi encontrado é condição indispensável para que os peritos possam analisar toda a cena do crime, interligá-lo ou não aos demais vestígios encontrados naquele ambiente e estabelecer, posteriormente, um diagnóstico diferencial.

Esse procedimento é rotineiro nas perícias e deve seguir um método de execução, compreendendo as fases descritas a seguir:

- localização e posição;
- descrição e identificação;
- vestes;
- buscas e
- exame perinecroscópico.

Localização e Posição

Indica a posição geográfica do cadáver na cena do crime; pode indicar fuga da vítima ou transporte do cadáver. Deve ser observada sua posição em relação à via pública, bem como a orientação da cabeça e dos pés em relação ao compartimento onde se encontra; sua posição pode indicar se houve alguma alteração das condições iniciais do cadáver.

Devem ser mencionadas a posição em que o corpo se encontra (decúbito dorsal, ventral, lateral ou outras posições), posição dos membros superiores e inferiores (fletidos, semifletidos eu estendidos) e do tronco, bem como a superfície sobre a qual se encontram apoiados pés e mãos, sem, entretanto, esquecer-se da região cefálica.

Descrição e Identificação

Nos cadáveres desconhecidos, a descrição irá possibilitar a futura identificação da vítima; devem ser anotados dados da vítima (sexo, cútis, compleição, tipo de cabelo, presença de barba, bigode ou alguma característica individual).

A identificação informa quem é a vítima, quando e onde ela nasceu, bem como sua filiação (se possível, utilizando-se de seus documentos).

Vestes

O perito deve fazer uma descrição pormenorizada das vestes usadas pela vítima, objetivando saber seu tipo (calça, camisa, saia), cor e qualidade dos tecidos (algodão, tergal, malha etc.), se estão alinhadas ou não, desgastadas ou com falta de algum elemento próprio, como botões etc. As vestes da vítima podem fornecer aos peritos importantes elementos para a elucidação do evento.

Buscas

Consistem na procura por objetos que estejam de posse da vítima, como pertences pessoais, drogas, armas ou outros. Com relação aos objetos encontrados no interior das vestes, geralmente nos bolsos, estes devem ser retirados pelos peritos para serem examinados e descritos, o que também deve ser feito com os objetos pessoais utilizados pela vítima (relógios, pulseiras, alianças, colares etc.). Deve ser salientado que essas buscas devem sempre ser realizadas na presença de duas testemunhas maiores de idade, anotando-se seus nomes, documentos e respectivos endereços.

Os objetos sem valor criminalístico serão entregues aos parentes presentes ou, em sua ausência, ficarão sob a custódia do policial responsável pela remoção do corpo, ou poderão ser levados para o Instituto de Criminalística para posterior entrega aos familiares.

Exame Perinecroscópico

O exame perinecroscópico é o exame efetuado pelo perito criminal na superfície corporal da vítima que visa identificar o tipo, o número e a localização das lesões nela produzidas pelos diversos instrumentos que podem ser utilizados.

O estudo dos ferimentos do cadáver é primordial para a determinação do instrumento utilizado e a determinação da dinâmica do fato e, até mesmo, das características físicas do agressor, como estatura, porte etc. A análise mais detalhada dos ferimentos é feita pelos médicos legistas, durante os exames necroscópicos.

A Tabela 17.1 demonstra, de maneira resumida, a classificação dos ferimentos constatados nas vítimas e seus respectivos instrumentos causadores, para compreensão básica do leitor, uma vez que esta temática deve ser abordada mais pormenorizadamente em capítulo próprio.

Assim, os seguintes elementos podem ser estudados pelo perito durante o exame perinecroscópico:

- **Tipos de ferimentos:** escoriações, fraturas, luxações, equimoses, contusões, perfurações, hematoma, cortes etc.

- **Número de ferimentos:** a determinação do número de ferimentos apresentados pela vítima fornecerá ao perito a possibilidade de averiguar o número de golpes sofridos por ela, ou o número de disparos efetivados, se for o caso de uso de armas de fogo.

Tabela 17.1 ▸ Classificação dos ferimentos, respectivos instrumentos causadores e exemplos de objetos utilizados

Tipos de feridas	Instrumento utilizado	Exemplos de objetos
Contusa	Contundente	Porrete, pedra
Incisa	Cortante	Faca, bisturi
Punctória	Perfurante	Alfinete, agulha
Perfurocontusa	Perfurocontundente	Projétil, chave de fenda
Perfuroincisa	Perfurocortante	Punhal, peixeira
Cortocontusa	Cortocontundente	Facão, machado, foice

- **Localização dos ferimentos:** a designação pormenorizada da região do corpo onde foram encontrados os ferimentos permite ao perito determinar a posição do agente em relação à vítima. A localização dos ferimentos pode fornecer, ainda, informações sobre possibilidade de reação de defesa por parte da vítima, se ela foi atacada pelas costas, sem condições de defesa, mostrar se houve combate e/ou luta corporal e se a vítima esboçou reação após o ataque.

Além dos ferimentos, outros elementos podem ser avaliados pelos peritos durante a perinecroscopia:

- **Sinais particulares:** devem ser descritos pelos peritos, se existentes, principalmente em se tratando de desconhecidos, e podem constar de tatuagens, cicatrizes, amputações, deformações etc.
- **Determinação do tempo de morte:** nos locais de crime contra a vida em que há a presença de cadáver, é de extrema importância que os peritos procurem determinar, tão exatamente quanto possível, o tempo de morte, estudo denominado *cronotanatognose*.

Exames nos Vestígios

É importante que se tenha a exata noção da complexidade do exame pericial e do tempo que demanda para ser realizado.[5] No que se refere a essa etapa do levantamento de local de crime, faz-se uma divisão didática por fases, que são: busca – constatação – registro – identificação – encaminhamento. É necessário que o perito de local tenha o conhecimento detalhado de cada uma dessas fases de exame nos vestígios para que possa extrair destes todas as informações que possam conter.

A *busca* de um vestígio é o processo inicial que o perito criminal desenvolve mediante o estabelecimento de técnicas específicas recomendadas para atingir as demais fases do exame.

A *constatação* consiste nos procedimentos, rotinas e metodologias para encontrar os vestígios no local do crime. Parece ser um trabalho de fácil execução, mas os peritos criminais sabem o quanto é difícil constatar um vestígio em determinadas situações.

Registro é a descrição detalhada do vestígio encontrado, conforme se encontra no local, sua localização no espaço da área examinada, fazendo-se a chamada "amarração", localizando-o por meio de medições em relação a pontos fixos determinados, as fotografias realizadas, sempre conforme a verificação das necessidades por parte dos peritos criminais. Essa etapa garante idoneidade ao vestígio e a valorização das provas periciais produzidas.

A *identificação* dos vestígios encontrados em locais de crime exige a adoção de alguns cuidados para que se tenha a garantia do objeto identificado em fases posteriores da perícia e também quando da utilização do laudo pericial por outrem. A identificação cuidadosa dos vestígios pelos peritos criminais também irá contribuir sobremaneira para sua idoneidade em qualquer fase de utilização do laudo pericial.

Encaminhamento: durante os exames dos vestígios, os peritos analisam cuidadosamente a necessidade de alguns deles serem encaminhados para laboratório e/ou para exames complementares. Nessa análise, alguns vestígios serão integralmente colhidos (p. ex., uma arma de fogo), ou os peritos apenas colhem amostras de material (p. ex., sangue). Cada tipo de vestígio e/ou amostra coletada exige um protocolo específico de encaminhamento e o perito criminal deverá ter conhecimento aprofundado sobre esse assunto, sob a pena de perder todo o material coletado.

Coleta de Evidências

Para a obtenção da evidência física, é necessário que se faça uma análise minuciosa de três elementos que constituem sua fonte, entre os quais existe uma interligação direta, e que podem estar esquematicamente dispostos em vértices do polígono geométrico conhecido como "Triângulo dos Vestígios" (Figura 17.3). São eles: o local da ocorrência, a vítima e o criminoso (ou suspeito).

Todas as investigações criminais se relacionam tanto com pessoas como com coisas. Somente pessoas cometem crimes, mas elas invariavelmente o fazem por meio de instrumentos. São essas coisas que, juntas, constituem o vasto campo das evidências físicas.[10]

A evidência, segundo definição do dicionário,[11] significa: qualidade do que é evidente ou incontestável; certeza manifesta.

A evidência física não pode estar errada, não fornece falso testemunho, nem estar totalmente ausente. Somente a falha humana em encontrá-la e interpretá-la é que pode diminuir ou eliminar seu valor.[10]

Grande parte dos erros cometidos em relação às evidências ocorre na fase de coleta de amostras.[9] Essas deficiências são atribuíveis à falta e/ou insuficiência de conhecimentos dos princípios que devem orientar a co-

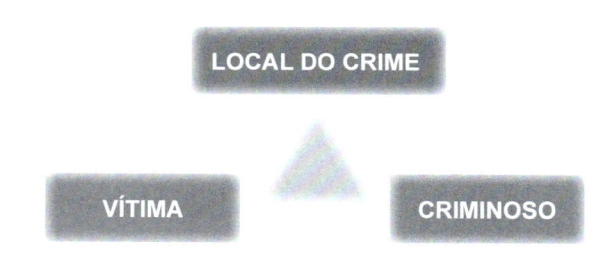

Figura 17.3 ▸ Triângulo dos Vestígios

leta. Os erros mais comuns são a insuficiência da amostra e a falta de fornecimento de padrões comparativos. O emprego da técnica inadequada para coleta resulta, também, na falha em perceber o pleno valor probatório da evidência.

Muitas vezes, é necessária a coleta de um determinado material na cena do crime com o objetivo de uma análise posterior mais detalhada, que usualmente exige a destruição de parte do material; portanto, deve-se coletar uma amostra que seja suficiente para a realização desse procedimento.

O perito é o único especialista habilitado a fazer coleta de vestígios na cena do crime, e esse procedimento varia para cada tipo de vestígio; uma amostra não deve entrar em contato com outra ou com qualquer outro material contaminante. Cada amostra deve ser acondicionada separadamente, e não deve fazer parte de um mesmo recipiente, a não ser que, pelo emprego de invólucros resistentes, seja afastado todo e qualquer perigo de mistura dos materiais.

Uma coleta inadequada certamente irá destruir o vestígio, prejudicando o trabalho pericial; os vestígios biológicos ou químicos exigem atenção máxima na coleta, com o objetivo de evitar contaminação tanto da amostra como do perito.

Algumas vezes é necessário recolher amostras de substâncias variadas (pintura, terra, vegetação, cabelos, fibras etc.) encontradas no local, para servirem de padrões para comparação com a finalidade de estabelecer relações entre o criminoso, as vítimas, os objetos e o próprio local.

A evidência que se apresenta na forma de substância orgânica, como sangue, alimento, esperma ou tecidos corpóreos, pode apresentar algumas dificuldades relacionadas com a preservação. A maior parte dessas substâncias muda de caráter mediante a decomposição natural, e se não forem tomadas as medidas preventivas, seu valor para os exames de laboratório, a fim de serem utilizadas como evidência física, pode ser anulado.

A Tabela 17.2 mostra algumas das técnicas básicas empregadas para a coleta de evidências.

Além dos materiais listados na Tabela 17.2, podem ser encontrados outros tipos de evidências, como peças de roupas, cabelos, pelos, fibras, resíduos provenientes de disparo de armas de fogo, materiais de mossas e fragmentos de pintura de veículos, bilhetes e cartas, entre outros.

Finalizando este tema, é importante ressaltar ainda que os objetos colhidos nos locais e que não forem enviados para exames, como cordas utilizadas em suicídios, por exemplo, deverão ser devidamente embrulhados, colocando-se etiqueta de identificação em cada embalagem, contendo todos os dados básicos: endereço, data, nome da vítima, natureza da ocorrência etc. Os instrumentos de grande porte, como enxadas, machados, porretes etc., também deverão ser etiquetados.

Dinâmica dos Fatos

Um dos objetivos do trabalho pericial é a determinação da dinâmica dos fatos que culminaram com a morte da vítima; nesse momento são arrumadas as peças do quebra-cabeça formado pelo local do crime, pela vítima e pelos vestígios observados.

Na determinação da dinâmica, o perito tentará sempre mostrar detalhes importantes tanto para a investigação como para a condenação do autor. Entre esses detalhes podem ser citados: incapacidade de defesa da vítima, meio insidioso ou cruel, meio utilizado, reação de defesa da vítima e tentativa de socorro.

Essa fase, também denominada mecanismo do fato, baseia-se, predominantemente, nos elementos técnicos encontrados e devidamente analisados e está condicio-

Tabela 17.2 ▸ Exemplos de algumas das técnicas básicas empregadas para a coleta de evidências

Vestígio	Material	Procedimento
Manchas de sangue ou outros vestígios biológicos	Papel filtro ou espátula	Impregnação do papel filtro; raspagem com a espátula
Impressões papilares	Pós para revelação, levantadores e máquina fotográfica	Aspersão do pó a impressão, fotografia em macro e levantamento
Projéteis	Luvas, espátula de madeira ou pinça de plástico	Sobre o piso, coleta com luvas. Na parede, espátula de madeira e pinça de plástico
Pegadas	Máquina fotográfica e/ou gesso	Fotografia em escala e levantamento do molde com gesso
Marcas no cadáver	Máquina fotográfica e escala	Fotografia em escala

nada à presença de vestígios. Por esse motivo, podemos concluir que o exame nos pode oferecer a possibilidade de estabelecer essa dinâmica de maneira completa, incompleta, resumida ou, até mesmo, a impossibilidade de apresentá-la.

A impossibilidade de levantar a dinâmica de um fato criminoso não constitui demérito, assim como não apresentar a diagnose diferencial do evento, pela ausência ou insuficiência de vestígios. É, ao contrário, condição essencial nos trabalhos periciais que se possa fazê-lo somente quando o fato deixou vestígios que possam ser descritos no laudo como elementos técnicos que levariam os peritos àquelas deduções.

► LOCAL DE CRIME E ODONTOLOGIA LEGAL – CASUÍSTICA

Assim como a ciência vai se ramificando em várias áreas, há uma tendência também na Medicina Legal de se buscarem especialistas (médicos ou cirurgiões-dentistas) para a realização de perícias na parte facial das pessoas. O perito odontolegal (também chamado de odontolegista), ao lado do médico legista, realiza os exames necroscópicos.

A Lei Federal 5.081, de 24 de agosto de 1966, que regula o exercício da Odontologia, estabelece em seu artigo 6º:

> **Art. 6º.** Compete ao cirurgião-dentista:
> **I** – praticar todos os atos pertinentes à Odontologia, decorrentes de conhecimentos adquiridos em curso regular ou em cursos de pós-graduação;
> **IV** – proceder à perícia odontolegal em foro civil, criminal, trabalhista e em sede administrativa;
> **IX** – utilizar, no exercício da função de perito odontológico, em casos de necropsia, as vias de acesso do pescoço e da cabeça.

Já a Consolidação das normas para procedimentos nos Conselhos de Odontologia (aprovada pela Resolução CFO-63/2005), na Seção VIII – Odontologia Legal – define essa especialidade e estabelece sua competência:

> **Art. 63.** Odontologia Legal é a especialidade que tem como objetivo a pesquisa de fenômenos psíquicos, físicos, químicos e biológicos que podem atingir ou ter atingido o homem, vivo, morto ou ossada, e mesmo fragmentos ou vestígios, resultando lesões parciais ou totais reversíveis ou irreversíveis.
> **Parágrafo único** – A atuação da Odontologia Legal restringe-se à análise, perícia e avaliação de eventos relacionados com a área de competência do cirurgião-dentista, podendo, se as circunstâncias o exigirem, estender-se a outras áreas, se disso depender a busca da verdade, no estrito interesse da justiça e da administração.
> **Art. 64.** As áreas de competência para atuação do especialista em Odontologia Legal incluem:
> a) identificação humana;
> b) perícia em foro civil, criminal e trabalhista;
> c) perícia em área administrativa;
> d) perícia, avaliação e planejamento em infortunística;
> e) tanatologia forense;

> f) elaboração de: 1) autos, laudos e pareceres; 2) relatórios e atestados;
> g) traumatologia odontolegal;
> h) balística forense;
> i) perícia logística no vivo, no morto, íntegro ou em suas partes em fragmentos;
> j) perícia em vestígios correlatos, inclusive de manchas ou líquidos oriundos da cavidade bucal ou nela presentes;
> l) exames por imagem para fins periciais;
> m) deontologia odontológica;
> n) orientação odontolegal para o exercício profissional; e
> o) exames por imagens para fins odontolegais.

A individualidade da dentição e a singularidade da mordedura conferem a possibilidade do estabelecimento de identificação criminal, quando ocorrem correspondências com impressões dentais da vítima, agressor ou suspeito.

Portanto, o arco dentário é tão individualizador quanto a impressão digital, sendo um meio eficaz de identificação.[3] Os peritos odontolegistas realizam exames de identificação em pessoas mortas por meio dos dentes, exames do palato e outros dados.

Em virtude de as pessoas possuírem dentição característica – ou seja, não existem duas pessoas com dentaduras iguais – esse fato já é suficiente para uma identificação, apesar de os exames odontolegais irem muito além dessa simples assertiva.

O exame odontolegal é realizado nos arcos dentários de um indivíduo (cadáver) e comparado a fichas odontológicas elaboradas por outro profissional odontólogo, geralmente aquele que já prestou anteriormente algum atendimento odontológico ao desconhecido. A presença desses dois elementos de comparação torna mais fácil o processo de identificação. Entretanto, esse procedimento nem sempre é viável, o que não inviabiliza totalmente os exames, pois inúmeras informações podem ser extraídas de uma dentadura e subsidiar a investigação policial na busca de uma identificação final da pessoa examinada, como informações relativas à idade, ao sexo, à espécie, ao grupo racial, à altura e algumas peculiaridades relativas à profissão da vítima (desconhecido).

Outro elemento preciso de identificação são as marcas de mordidas provocadas por pessoas contra objetos, alimentos e, até mesmo, sobre a superfície corporal humana, bem como outros suportes. Sendo única a dentadura de cada pessoa, a mordida provocada também será única e capaz de identificar seu autor.

Às vezes, é o único elemento com o qual o perito pode contar, podendo significar a resolução do problema e a identificação do criminoso. As marcas são comumente encontradas em locais onde ocorreram homicídio, crimes sexuais e casos de violência doméstica. Usualmente o agressor morde a vítima, mas há casos em que a vítima morde o agressor na tentativa de se defender.[12]

O exame para identificar o autor de uma mordida é relativamente simples e, ao ser constatada em um cadáver, deve-se verificar se ela foi produzida *intra vitam ou post mortem* mediante a observação de possível reação vital nas bordas da ferida. Podem ser avaliadas também a recenticidade da lesão, sua intensidade e sequência (se mais de uma).

As características a serem pesquisadas em uma marca de mordida podem incluir: presença de dentes, tamanho do arco dentário, forma do arco dentário, posição dental (vestibularização ou palatinização), giroversões, espaços interdentais, medidas dentais (mesiodistais, vestibulolinguais), curvatura das bordas etc.

Para a identificação do autor, o perito odontolegista poderá se valer de fotografias, moldagens de sua arcada dentária, medições de suas referências internas, formato e posições dentárias, entre muitos outros dados. Esse trabalho deve ser realizado com técnica e minúcia apropriadas, posto que as diferenças são milimétricas e o profissional deverá fazê-lo adequadamente.

São descritos a seguir casos de levantamentos de locais de crime onde a participação dos peritos odontolegistas foi essencial para a elucidação de alguns fatos.

▶ CASO I – CHICLETE MASCADO ELUCIDA O HOMICÍDIO

Este relato foi extraído, na íntegra, do livro *Local de crime*, de Luiz Eduardo Dorea.[1]

Histórico

Conhecendo da Polícia apenas o que se publica nas páginas específicas dos jornais, cujos responsáveis têm como máxima que "notícia positiva não vende", será muito difícil para o leitor comum acreditar que uma simples goma de mascar (chiclete) deixada em local de crime possa vir a ser a prova definitiva contra o suspeito. Mas, de fato, foi isso que aconteceu quando, "poucos dias antes do Natal de 1976", uma equipe de Homicídios do Departamento de Polícia de San Diego forçou a porta de uma residência e encontrou o cadáver de um homem estendido em uma cama. A vítima havia sido apunhalada e baleada.

Naquele local os policiais coletaram e preservaram uma pequena bola de chiclete, deixada em um cinzeiro. Dessa goma foi feito um molde pelos técnicos do Instituto de Medicina Legal, usando silicone, o que possibilitava o manuseio de uma cópia idêntica daquela prova sem os riscos de causar deformações no original, mantido sob a guarda da Polícia.

Pouco tempo depois de iniciadas as investigações, foram presas duas mulheres como suspeitas de estarem envolvidas no homicídio. Uma delas apresentava em um dente da arcada superior um buraco decorrente da perda de uma obturação. O molde do silicone encaixava-se de maneira exata naquele orifício. Ambas confessaram o homicídio e, de acordo com as leis norte-americanas, foram condenadas a 5 anos de reclusão.

A história completa do caso, com fotografias do chiclete coletado, do molde e do furo no dente da suspeita/

autora foi publicada no artigo "SPERBER, Norman D. Chewing-gum: valuable evidence in a recent homicide investigation/Norman D. Sperber FBI Law Enforcement Bulletin, New York, V. 47, n. 4 (April 1978), p. 28-31". O autor do artigo era Odontólogo Legal do Instituto de Medicina Legal do Condado de San Diego, Califórnia. A tradução do artigo e sua divulgação como apostila foram feitas pelo professor Carlos Miranda, ex-diretor do IC do DPT – Ba, 1979.

▶ CASO II – FRAGMENTOS DENTÁRIOS AUXILIAM A DESCOBERTA DE AUTORIA DE ATROPELAMENTO

Histórico

Em meados de 2007, uma moça foi atropelada em uma cidade do interior do Estado de Minas Gerais e o condutor do veículo evadiu-se do local, omitindo socorro à vítima. Felizmente, a vítima do acidente não foi a óbito, mas sofreu várias lesões pelo corpo, fraturas ósseas e avulsões dentárias. Ela foi socorrida e levada para o hospital da cidade. O perito criminal que foi acionado para proceder ao levantamento pericial encontrou no local do atropelamento três elementos dentários da vítima que haviam se soltado de seus arcos dentários; tratava-se dos dentes 2.3 (canino superior esquerdo), 1.1 e 2.1 (incisivos centrais superiores direito e esquerdo, respectivamente), que foram coletados e levados para exames posteriores (Figura 17.4*A* e *B*). O dente 2.3 encontrava-se quase totalmente íntegro, apresentando apenas uma pequena fratura na face medial de sua coroa; já os elementos 1.1 e 2.1 encontravam-se fraturados na região de ângulo mesioincisal, com perda de parte de estrutura coronal.

Durante o andamento das investigações, a Polícia foi informada sobre um veículo suspeito que estava escondido em uma oficina mecânica da cidade, para onde se dirigiu acompanhada da perícia, que, ao proceder à vistoria em tal veículo, encontrou, presos em seu para-choque e ferragens, alguns fragmentos dentários humanos (Figura 17.5*A* a *C*). Estes foram coletados cuidadosamente, acondicionados adequadamente e encaminhados para o Instituto Médico-Legal da capital do Estado, juntamente com os dentes anteriormente encontrados no local, para que os peritos odontolegistas procedessem a seu exame.

Ao aproximarem os fragmentos dentários encontrados na lataria do carro daqueles dentes fraturados encontrados no local do acidente, os peritos odontolegistas constataram tratar-se de partes coincidentes e que se encaixavam naqueles elementos dentários avulsionados da vítima, constatando, inclusive, presença de fragmentos de um quarto elemento dentário correspondente ao dente incisivo lateral superior, não podendo os odontolegistas precisar a que lado correspondia aquele dente, por falta de fragmentos suficientes para tal (Figura 17.6*A* a *D*).

Diante desse fato, ficou esclarecida a autoria do atropelamento mediante a identificação do veículo atropelador e, consequentemente, de seu condutor.

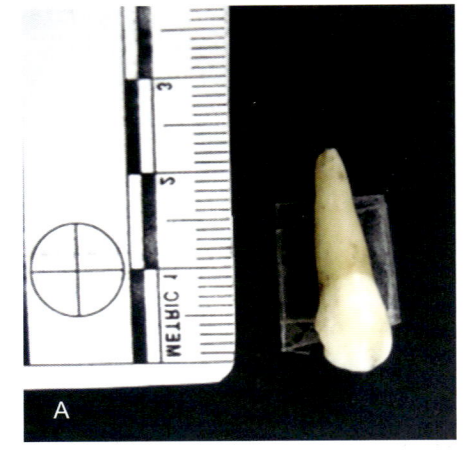
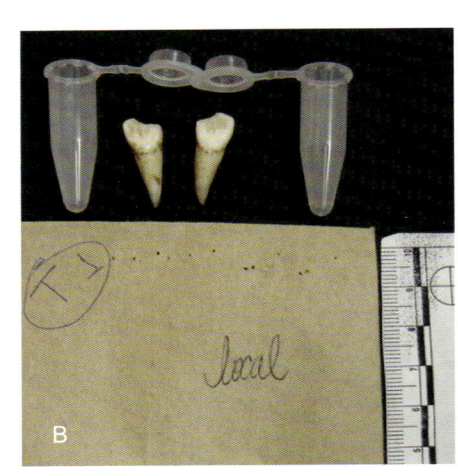

Figura 17.4 ▶ Dentes encontrados no local do atropelamento. **A** Dente 2.3 encontrado no local do atropelamento. **B** Dentes 1.1 e 2.1 encontrados no local do atropelamento. Observe as fraturas dentárias

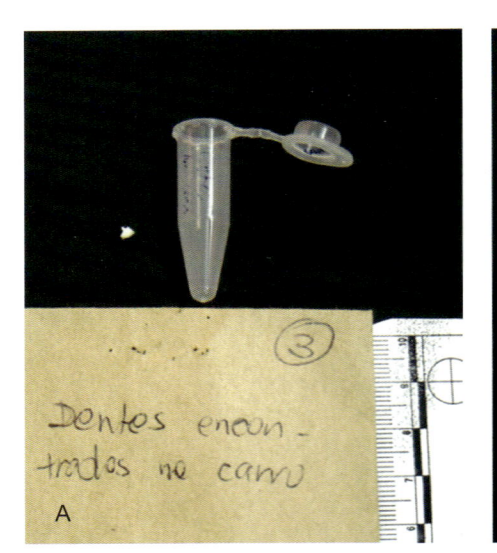
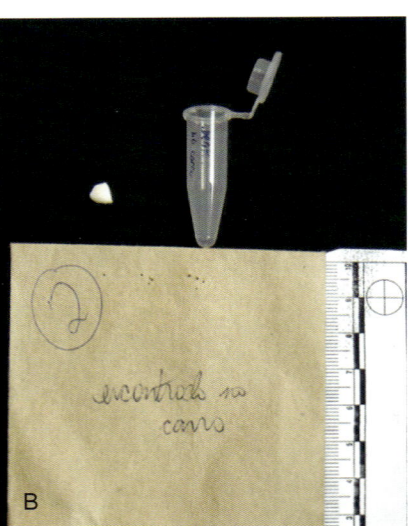
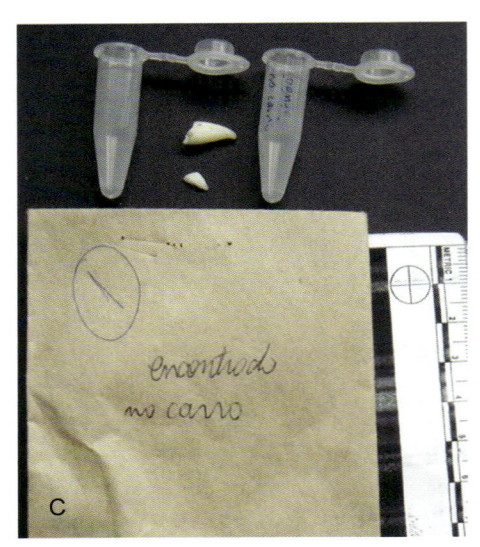

Figura 17.5 ▶ **A** e **B** Fragmentos dos dentes encontrados no veículo quando de sua vistoria na oficina mecânica. **C** Fragmentos do dente incisivo lateral superior encontrados nas ferragens do veículo

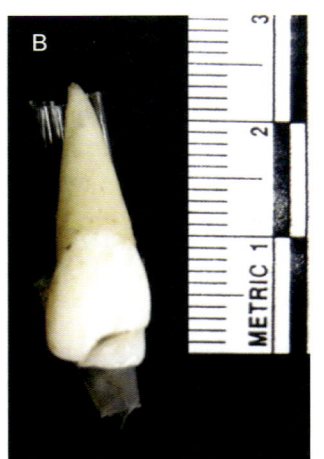

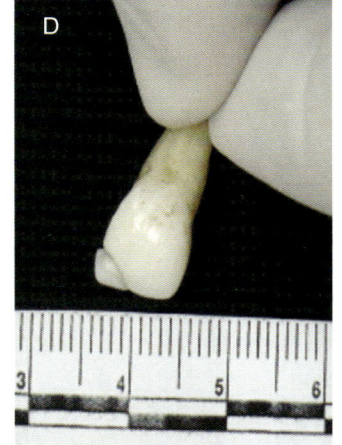

Figura 17.6 ▶ **A** a **D** Aproximação dos fragmentos dentários de seus elementos correspondentes. **A** Dente 1.1, visto em sua face palatina. **B** Dente 1.1, visto em sua face vestibular. Nota-se que o fragmento de dente encontrado no veículo envolvido no acidente se adapta perfeitamente ao dente avulsionado da vítima. **C** Dente 2.1, visto em sua face palatina. **D** Dente 2.1, visto em sua face vestibular

► CASO III – PARTICIPAÇÃO DA ODONTOLOGIA LEGAL NA IDENTIFICAÇÃO DE VÍTIMA EM LOCAL DE CRIME

Histórico

Em 14 de junho de 2007 chegou ao IML de Belo Horizonte o cadáver de um indivíduo do sexo masculino, procedente de um local de homicídio, encontrado no interior de um veículo, possivelmente um táxi, em uma via pública, ambos totalmente carbonizados (corpo e veículo). Os exames odontolegais tiveram início após exame de necropsia realizado pela equipe de médicos-legistas. O corpo do cadáver estava totalmente carbonizado, com o crânio bastante destruído pela ação do calor. A face encontrava-se bastante descaracterizada e a mandíbula totalmente desintegrada também pela ação térmica. A maxila encontrava-se também bastante destruída, restando apenas a região palatina e algumas regiões restritas do processo alveolar, além de alguns fragmentos de raízes de dentes posteriores e um dente molar superior esquerdo (Figuras 17.7 a 17.9).

Figura 17.9 ► Vista aproximada do hemiarco superior esquerdo

O perito odontolegista compareceu ao local onde o veículo se encontrava e, após exame minucioso, utilizando-se de uma peneira de pedreiro, procurou por fragmentos e/ou elementos dentários, trabalhos protéticos etc. (Figura 17.10).

Os achados odontolegais encontrados durante todo o exame foram montados utilizando-se de cola branca, lupa, microscópio e luz direta, entre outros, fotografados e, em seguida, radiografados (Figuras 17.11 a 17.13). Entretanto, na comparação com o material enviado (prontuário odontológico) pela família da suposta vítima, não foi possível estabelecer compatibilidade, pois os achados odontológicos eram insuficientes para estabelecer identificação positiva.

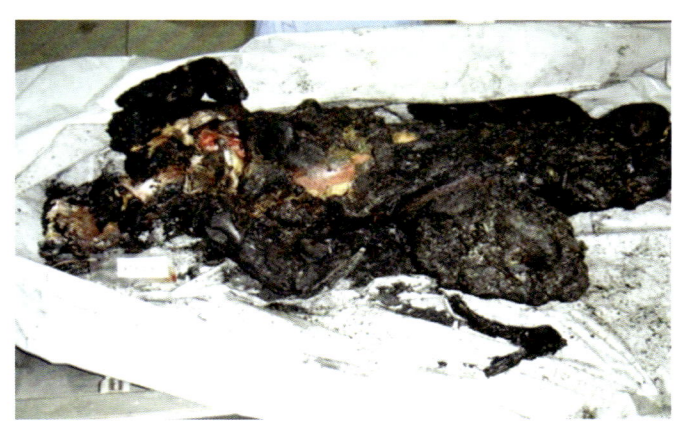

Figura 17.7 ► Cadáver carbonizado, como se apresentava no início dos exames

Figura 17.8 ► Vista aproximada da maxila, com ausência de toda a cortical óssea vestibular e de grande parte do processo alveolar. No hemiarco direito são percebidos fragmentos dentários carbonizados

Figura 17.10 ► Veículo onde foi encontrado o corpo carbonizado

Figura 17.11 ▶ Fragmentos dentários recolhidos

Figura 17.12 ▶ Fragmento da maxila e dentes montados e colados

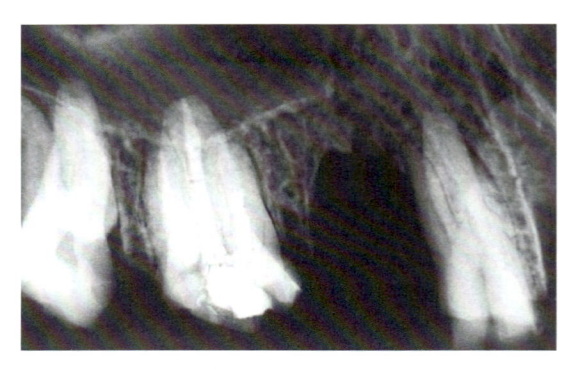

Figura 17.13 ▶ Radiografia dos elementos dentários recolhidos e montados no osso

Em síntese, as diversas equipes especializadas, sejam elas de local de crime, de Medicina Legal, Odontologia Legal e outras perícias especializadas, bem como de dados da investigação policial, devem ter uma integração típica de trabalho em equipe, porque os dados são complementares e muitas vezes definidores, além da *causa-mortis* e da dinâmica dos fatos, do nexo causal e da autoria, elementos essenciais para o esclarecimento dos crimes.

▶ REFERÊNCIAS

1. Dorea LE. Local de crime: novos métodos para antigas práticas. 2. ed. Porto Alegre: Sagra – D.C. Luzzatto, 1995.

2. Rabelo E. Apostila "Local de Crime", ACADEPOL – Curso de Formação 1976/1977 *apud* Dorea LE. Local de crime: novos métodos para antigas práticas. 2. ed. Porto Alegre: Sagra – D.C. Luzzatto, 1995.

3. Espíndula A. Perícia criminal e cível: uma visão geral para peritos e usuários da perícia. 3. ed. Campinas/SP: Editora Millennium, 2009.

4. Espíndula A *et al*. Manual local de crime: isolamento e preservação – exames periciais e investigação criminal. Brasília, 2002.

5. Espíndula A. Curso preservação de local de crime. SENASP/MJ. Ed. Fábrica de Cursos, 2009.

6. Lei 8.862, de 28 de março de 1994. Dá nova redação aos artigos 6º, incisos I e II; 159, caput e § 1º; 160, caput e parágrafo único; 164, caput; 169; e 181 caput, do Decreto-Lei 3.689, de 3 de outubro de 1941 – Código de Processo Penal.

7. Lei 11.690/2008, de 9 de junho de 2008. Altera dispositivos do Decreto-Lei 3.689, de 3 de outubro de 1941 – Código de Processo Penal, relativos à prova, e dá outras providências.

8. Nucci GS. Código penal comentado. 4. ed. São Paulo: Revista dos Tribunais, 2003.

9. ACADEPOL/MG – Divisão Psicopedagógica. Perícias de crimes contra a vida. Curso de Formação Policial/Belo Horizonte, 2002.

10. TSL – Sistemas Tecnológicas de Segurança. Manual de Informações Técnicas – Coleta de Evidências. Distribuição exclusiva no Brasil; Belo Horizonte, 1997.

11. Ferreira ABH. Mini Aurélio Dicionário Eletrônico.

12. Vanrell JP. Odontologia Legal e Antropologia Forense. Rio de Janeiro: Guanabara Koogan, 2002.

CAPÍTULO 18

Desastre de Massa –
Desastre Aéreo

Mario Jorge Tsuchiya • Eduardo de Menezes Gomes
Daniela Mieko Abe • Carla Massaoka • Flávio Veras Nunes de Oliveira

"...Não vamos esquecer a tragédia, nós que esquecemos tão depressa. Não vamos enfeitar a desgraça, disfarçar a omissão... Vamos nadar contra a correnteza. Vamos agir com eficiência e honradez. Vamos honrar nossos cargos públicos, nossos nomes, nossos ofícios. Vamos colocar o bem público acima do nosso bolso, da nossa cobiça, do nosso desejo de mais poder. Vamos cuidar de nossa gente. Vamos ser gente."
(Lya Luft, revista VEJA, 28/04/2010)

▶ INTRODUÇÃO

Com frequência cada vez maior, no Brasil e no mundo, as grandes catástrofes assolam países e cidades, devastando construções, populações, comunidades e culturas milenares. Deixam rastros de indivíduos feridos, mutilados e mortos, além de uma legião de desaparecidos por quem familiares e entes queridos sempre esperam notícias e suas identificações.

Conforme define a Organização Panamericana de Saúde (OPAS-OMS),[1] os desastres de massa se constituem de eventos calamitosos e súbitos, que resultam de fenômenos naturais ou produzidos pelo homem. Os primeiros independem da ação humana (maremotos, enchentes, alagamentos, desmoronamentos, terremotos, tornados, tsunamis), enquanto os desastres provocados pelo homem, deliberadamente ou não, decorrem de uma ação ou omissão que resulta no desequilíbrio ambiental, em desajuste social ou político ou na redução de padrões de segurança coletivos (queda de aeronaves, colisões e descarrilamento de trens, naufrágios, incêndios, atos terroristas, explosões, bombas, ataques suicidas e uso de armamento químico e biológico).

Acidentes coletivos são comumente seguidos da profunda comoção pública, sendo muitas as circunstâncias que impedem o atendimento rápido aos clamores das famílias e às expectativas da sociedade, não se podendo olvidar das repercussões jurídicas. Assim, há que se considerar, por motivos culturais, a necessidade dos familiares de cumprirem os rituais fúnebres, passando pelo respeito à dignidade das pessoas e o tratamento respeitoso ao cadáver. A apuração de responsabilidades criminais e as questões patrimoniais, como transmissão de herança e direito securitário, permeiam as consequências jurídicas.

Sob esta óptica, os desastres de massa exigem ação imediata e coordenada, desde a exigência de ação policial até medidas militares para manter a ordem, em face do local que deve ser preservado, além de poder se constituir em perigo e insegurança aos peritos de local, e controlar a intensa cobertura da mídia, que pode amenizar ou, até mesmo, agravar esse tumultuado ambiente.

É notório que um número elevado de vítimas fatais, fugindo da rotina dos Institutos Médico-Legais, demandará esforços de uma equipe multiprofissional preparada para atuação no episódio, já que constitui circunstância em que os recursos existentes normalmente são insuficientes e seu uso deve ser maximizado para ganhar eficiência.

Independentemente do tipo de evento e do impacto sobre uma localidade, cabe, inicialmente, realizar um diagnóstico da situação, ou seja, verificar o provável número de vítimas com vida, que necessitem de assistência médica, o número de mortos e suas condições para identificação.

O trabalho deve ser integrado com atuação conjunta da Defesa Civil, Polícia Militar, Corpo de Bombeiros, Polícia Civil, médicos, paramédicos (serviços de resgate – SAMU) e os componentes da perícia criminalística, médica e odontológica.

Por exemplo, no Estado de São Paulo, a Defesa Civil teve sua origem após as nefastas consequências das intensas chuvas ocorridas em Caraguatatuba (1967) e dos incêndios dos Edifícios Andraus (1972) e Joelma (1974), que ceifaram inúmeras vidas devido à falta de rápida coordenação entre os órgãos públicos e de integração com a comunidade. A comunidade paulista, à mercê dos desastres, percebeu a necessidade da criação de um órgão que, ao mesmo tempo, pudesse prevenir a ocorrência desses eventos ou, ante sua impossibilidade, ao menos minimizasse seus efeitos. Surgiu assim a Defesa Civil do Estado de São Paulo, criada pelo Decreto 7.550, de 9 de fevereiro de 1976. As ocorrências de maior destaque foram, nas últimas décadas:

- 1983 – Inundações do Vale do Ribeira, Rio Paraná e São Paulo, que atingiram 86 municípios, causando 32 mortos e mais de 65.500 desabrigados;
- 1984 – Incêndio de Vila Socó, em Cubatão, com 93 mortos e 1.500 desabrigados;
- 1985/1986 – Grande estiagem que afetou 199 municípios, com o desenvolvimento de programas que atenderam mais de 316.000 pessoas;
- 1985/1986 – Fenômeno "Buraco de Cajamar", que atingiu 480 residências, desabrigando aproximadamente 2.400 pessoas;
- 1987 – Inundações em 24 municípios da Região Metropolitana de São Paulo, que deixou 53 vítimas fatais e mais de 21.000 desabrigados;
- 1995 – Explosão de depósito clandestino de fogos de artifício no Bairro de Pirituba, em São Paulo, que provocou 15 mortes e deixou 24 pessoas feridas;
- 1996 – Desabamento de parte do Shopping de Osasco, com 37 mortos e 380 feridos;
- 1996 – Queda do avião Fokker 100 da TAM em São Paulo, com 99 vítimas fatais;
- 1997 – Enchentes no Vale do Ribeira, que deixaram quatro mortos e mais de 15.400 pessoas desabrigadas;
- 1998 – Novas enchentes no Vale do Ribeira, com mais de 6.400 desabrigados;
- 1998 – Desabamento do teto da Igreja Universal do Reino de Deus, em Osasco, com 24 mortos e 539 feridos;

- 1998 – Acidente rodoviário do Município de Araras, onde o choque de caminhões de combustível com ônibus de romeiros deixou 54 vítimas fatais e 39 feridos;
- 2000 – Enchentes e escorregamentos de terra no Vale do Paraíba, que causaram 11 vítimas fatais e mais de 6.500 pessoas desabrigadas.
- 2007 – Queda do avião Airbus da TAM em São Paulo, com 199 vítimas fatais.

A preocupação, portanto, não é se o próximo acidente ocorrerá, mas quando e onde. Para tanto, entidades civis e governamentais precisam estar preparadas para agir estrategicamente, conforme um diagnóstico do tipo de acidente, o tempo e o lugar de ocorrência, e o efeito sobre as pessoas.

A perícia médico-legal nessas circunstâncias não procura apenas o estabelecimento da *causa mortis*, o que se torna até secundário, mas busca, primordialmente, identificar as vítimas. A identificação médico-legal consiste no exame do cadáver em busca de sinais particulares, no exame dos arcos dentários e na limpeza dos restos mortais para que se possa examinar a ossada, culminando com o exame de confronto com registros prévios das características individualizadoras da pessoa que se procura, inclusive com o exame de vínculo genético (DNA).

Nesse contexto atua a Odontologia Legal, que é lembrada e ganha relevância no âmbito penal quando da identificação médico-legal, mediante análise, estudo e comparação dos arcos dentários.

Não há dúvida que essa é uma área de trabalho complexo e minucioso, altamente especializado e de grande importância, desenvolvida sempre em conjunto com os médicos legistas. Na maioria dos casos, essa atuação permite abreviar o tempo de identificação, assim como representa enorme economia de recursos, quando comparada com, por exemplo, o alto custo e as dificuldades técnicas de um exame de tentativa de extração de material genético (DNA).

Nos casos com suspeita, muitas vezes, torna-se necessário localizar o cirurgião-dentista responsável pelo tratamento para prestar esclarecimentos sobre os procedimentos odontológicos que realizou em seu paciente.

As informações prestadas pelo profissional devem ser reduzidas a termo, na forma de um documento denominado Termo de Declarações, confeccionado em papel timbrado da respectiva instituição a fim de oficializar esse ato pericial. É também rotina, quando da observância de trabalhos restauradores e/ou protéticos realizados pelo cirurgião-dentista ou pelo técnico em prótese dentária (tpd – protético), exibir a esses profissionais os arcos dentários e/ou peças protéticas para o devido reconhecimento, ou não, de lavra por esses profissionais, que também irão compor o conteúdo do Termo de Declarações.

Assim como um artista é sempre capaz de reconhecer a obra de sua lavra, o reconhecimento do trabalho odontológico e protético é de valor inestimável, tendo em vista que é realizado de maneira artesanal pelo profissional que o executa, atribuindo uma característica única (com particularidades pessoais).

A abordagem e a apresentação deste tema serão baseadas na experiência, mais do que em dados disponíveis na literatura, obedecendo à rotina e ao fluxo de atendimento estabelecido no Instituto Médico-Legal de São Paulo, nos casos de perícias de identificação antropológica, incluindo-se como diferencial apenas o planejamento estratégico.

▶ PLANEJAMENTO OPERACIONAL – ACIDENTE DE MASSA

O protocolo em acidentes de massa remete à ideia de algo hermético, estático, com passos restritos de uma operação anteriormente prevista e treinada pelos profissionais e no caso do planejamento operacional, de maneira diversa, refere-se ao modo de agir adequado a cada situação específica. Assim, exige um diagnóstico preciso do problema, admitindo-se variações na atuação, conforme o momento ou a gravidade do fato que determinará as prioridades.

Embora a literatura nacional e internacional proponha diversos modelos e tipos de protocolos de atuação para tais eventos, em decorrência de nossa experiência adotamos a necessidade de planejamento operacional para cada situação em particular, pois todo e qualquer tipo de protocolo que se estabeleça para um atendimento de acidente de massa pode ser totalmente ineficiente em virtude das particularidades da ocorrência e mesmo da área do fato.

Para isso, torna-se essencial a figura de um coordenador técnico para gerenciar o planejamento e a execução, com capacidade de selecionar e comandar uma equipe de supervisores responsáveis por cada área de atuação necessária para a cobertura do desastre, atendendo, desse modo, ao aspecto multidisciplinar que envolve a situação. Na figura dele centralizam-se todas as ações administrativas, operacionais e sociais.

Destacamos os seguintes pontos como essenciais para o bom desenvolvimento de um planejamento operacional em desastres de massa:

- Coordenador técnico
- Supervisor de local do acidente
- Supervisor de infraestrutura
- Supervisor de logística
- Supervisor de comunicação
- Supervisor de apoio de suprimentos à equipe
- Rotina de exames de identificação

Coordenador

Uma vez indicado o coordenador, sua atuação compreende a organização da equipe técnica, determinação da metodologia e do fluxo do trabalho, conferência dos resultados dos exames realizados, comando dos exames de confronto e identificação e autorização da liberação dos corpos identificados, além de, quando necessário, fornecimento das informações pertinentes ao supervisor de comunicação; obrigatoriamente, todas as informações sobre cada caso e o andamento dos trabalhos periciais ficarão centralizados na figura do coordenador.

São características recomendáveis a esse profissional, além de conhecimento técnico-científico e notoriedade necessários para o bom andamento das perícias, grande experiência prática, controle emocional, capacidade de gerenciamento de crises, ter poder de decisão e ser inflexível às pressões, demonstrar respeito pelos seus pares e despertar influência positiva sobre a equipe de trabalho.

Supervisor de Local

Independentemente do tipo de evento, abrangendo uma população aberta e/ou fechada, inicialmente, deve realizar um diagnóstico da situação, ou seja, verificar o provável número de vítimas com vida, que necessitem de assistência médica, o número de mortos e as condições dos corpos para uma possível identificação. Para um diagnóstico confiável, é imprescindível o encaminhamento para o local do acidente de um membro da equipe responsável pela identificação, a fim de que informações sejam transmitidas da maneira mais fidedigna possível e para que sejam adotadas as primeiras ações no que concerne à identificação.

Em princípio, o local da ocorrência de um evento de massa constitui-se em uma área de interesse da Justiça que, por presumir a configuração de infração penal, exige a presença e as providências da polícia judiciária para seu esclarecimento, devendo, portanto, ter tratamento análogo ao de um local de crime.

Segundo Carlos Kehdy,[2] local de crime é toda área onde tenha ocorrido qualquer fato que reclame providências da polícia. A coleta de provas é realizada para a formalização da convicção, sendo o ponto de partida da investigação criminal. Compreende o local imediato, ou seja, aquele onde se deu o fato, e o local mediato, representado pelas adjacências do imediato. Assim, local de crime não é apenas onde se deu o fato, mas todo e qualquer lugar onde existam vestígios relacionados ao evento.

Preservar o local de crime é garantir sua integralidade para coleta de vestígios que irão fornecer os primeiros elementos norteadores da investigação. Os vestígios são elementos materiais que se encontram nos locais de crime.[3]

O levantamento técnico pericial de um local baseia-se nos seguintes procedimentos:

- **Levantamento descritivo:** apresentação e relato das atividades na forma escrita.
- **Levantamento fotográfico:** complementa, documenta e, muitas vezes, comprova dados do levantamento descritivo.

- **Levantamento topográfico:** tem importância para a análise do local do fato e disposições relativas dos vestígios entre si.

Bajaj[4] fez um relato da operação de tentativa de identificação de milhares de vítimas do tsunami, ocorrido no sudeste da Ásia no Ano-Novo de 2004. Segundo o autor, em um primeiro momento, as equipes de identificação encontraram uma situação caótica de corpos, ora embalados em plásticos ora expostos, misturados a pessoas que procuravam por seus parentes, policiais, imprensa e autoridades. Foi estabelecida uma sequência de procedimentos: obtenção das impressões datiloscópicas, necropsia realizada por patologistas, remoção da mandíbula, registro fotográfico e moldagem de ambos os maxilares, realização de radiografias interproximais e retirada de dois dentes hígidos, com preferência pelos pré-molares, para fins de extração de DNA. Em seguida, os corpos eram embalados e armazenados em contâineres.

Dessa maneira é possível compreender a importância da supervisão do local, tendo em vista realizar o diagnóstico real da situação, coordenar a identificação do local do encontro do corpo, sua identificação numérica e providenciar sua remoção para o posto do IML.

Supervisor de Infraestrutura

Nenhum IML é capaz de responder prontamente a uma demanda muito maior que sua rotina habitual de trabalho. Em geral, não há espaço físico (local apropriado para acondicionamento de corpos) nem recursos humanos (pessoal técnico e administrativo) nos IML para atendimento adequado nessas situações que fogem do cotidiano.

Assim, o trabalho do supervisor de infraestrutura fica centralizado na unidade operacional dotada de melhor estrutura para recebimento do material a ser periciado, e compete a ele providenciar meios e recursos (câmaras frigoríficas, aparelhos de radiografia, acesso a tomógrafos etc.), organizar um núcleo de apoio administrativo, com o máximo de estrutura informatizada, e se encarregar também da equipe de higienização do local dos exames periciais, para dar celeridade aos procedimentos, sem prejuízo à qualidade técnico-científica.

Os critérios para escolha desse centro são as necessidades, a vultuosidade do evento ou a proximidade com o lugar da ocorrência, em vista da facilidade de montagem de um centro de trabalho para a equipe pericial.

Supervisor de Logística

Preliminarmente, deve-se priorizar o acondicionamento dos corpos e/ou fragmentos em local adequado.

Compete ao supervisor de logística o acompanhamento e gerenciamento de todo o fluxo interno no IML, desde o recebimento do material, identificação com numeração do corpo e/ou fragmento e seu acondicionamento em urna funerária de igual numeração, encaminhamento para o exame pericial, guarda após o exame, até a liberação do corpo aos familiares.

Além de providenciar a refrigeração imediata dos corpos em local apropriado, destaque-se que o próprio movimento diário deve ser transferido para outros postos, restringindo-se essa base operacional ao atendimento exclusivo do evento de massa.

Portanto, a logística torna possível a realização das perícias de maneira organizada, com total controle do fluxo dos corpos no IML, estabelecendo e controlando a rotina dos exames periciais, até a liberação dos restos mortais.

Supervisor de Comunicação

A equipe responsável pelos trabalhos periciais costuma sofrer pressões significativas em virtude das dimensões inesperadas que podem atingir o desastre de massa. Essas pressões, em geral, são geradas seja pela cobertura da mídia, ansiosa por informações que garantam manchete, seja pela situação de familiares das vítimas em busca de uma rápida solução para a tragédia pessoal e familiar, e até mesmo por cobranças institucionais, já que na maioria das vezes acabam por envolver autoridades públicas.

Considerado que o coordenador geral da operação pericial não dispõe de tempo para relacionar-se com familiares e tampouco com a imprensa, é pertinente escalar um supervisor de comunicação, oriundo da assessoria de imprensa oficial do governo; assim, toda informação veiculada deve partir de uma única fonte – o coordenador geral dos trabalhos – que a repassará ao supervisor de comunicação, a quem competirá a transmissão dos fatos de interesse à sociedade. Apenas as informações oficiais serão válidas, e não podem ser contraditórias, evitando, a todo custo, macular o bom andamento dos trabalhos.

A pessoa encarregada pela supervisão de comunicação torna-se importante aliada como canal de comunicação único, centralizando o fluxo de informações originárias da coordenação, isolando a equipe pericial e o próprio coordenador, possibilitando que estes não se envolvam com as questões emocionais que gravitam em torno da tragédia, promovendo o ambiente mais tranquilo possível para o desenvolvimento dos trabalhos periciais.

Ressalte-se que os familiares das vítimas devem receber uma atenção especial, acompanhados pelo supervisor de comunicação, que estabelece comunicação direta e permanente com esses familiares, a começar pela organização da equipe responsável pela entrevista inicial, necessária para coleta de informações sobre a vítima procurada. Nessa ocasião, procura-se criar um laço de confiança, transmitindo respeito e zelo pelas vítimas, além de conscientizá-los quanto à importância das informações sobre as características da pessoa procurada e as documentações relevantes para a perícia de identificação. Além disso, representará o canal responsável pelo encaminhamento de informações sobre a evolução dos trabalhos realizados pela equipe pericial.

Não se pode esquecer da relação com a mídia em geral que terá, por meio desse supervisor, acesso às informações oficiais de uma única fonte, com entrevistas coletivas, evitando-se especulações e informações equivocadas ou, até mesmo, privilegiadas.

Do mesmo modo, no caso das autoridades, as informações sobre os procedimentos e resultados devem transitar por esse mesmo canal, recomendando-se utilizar a assessoria de imprensa do órgão.

Não será demais destacar que toda e qualquer divulgação sobre os procedimentos periciais somente poderá ser realizada com a anuência do coordenador, evitando-se controvérsias a respeito dos trabalhos desenvolvidos e, principalmente, jamais deve ser determinado um prazo para o término dos trabalhos, independente dos recursos humanos e técnicos disponíveis para o caso.

O supervisor de comunicação deve ter como características primordiais a experiência, o bom senso e a tranquilidade, uma vez que, em verdade, seu papel é o de gerenciador de crise.

Supervisor de Apoio de Suprimentos à Equipe

Naturalmente, a equipe deve receber suporte no que diz respeito a sua alimentação, higiene pessoal, repouso etc., e para tal deve ser designada uma pessoa específica para prover essas necessidades, possibilitando que a coordenação dos trabalhos periciais seja poupada de tais tarefas não técnicas, porém básicas, permitindo assim que a equipe desenvolva os trabalhos da maneira mais confortável possível diante das circunstâncias do evento.

▶ ROTINA DE EXAMES DE IDENTIFICAÇÃO

A identificação humana é um dos assuntos que maiores desafios trouxe às civilizações ao longo da história.[5] Em nosso meio, é aceita pela Justiça a identificação de pessoas por meio da datiloscopia ou pelo reconhecimento direto, o que é rotineiramente realizado no IML.

Todavia, em se tratando de cadáveres em condições especiais, como carbonizados, esqueletizados ou em avançado processo de putrefação, não é possível o emprego dessas metodologias.

Na impossibilidade da aplicação dos procedimentos citados, torna-se necessário o exame antropológico, buscando identificar os restos mortais de determinada vítima, quando se aplicam o procedimento padrão, que compreende as seguintes etapas:

1. **Entrevista com familiares ou responsáveis:**
   - Explicar ao entrevistado, em local reservado, a importância da precisão dos dados para o exame de confronto para a identificação.

- Obter dados sobre as características da pessoa desaparecida. As entrevistas serão realizadas individualmente, de preferência com a pessoa que manteve relação mais próxima com a vítima e, por isso, mais apta a fornecer detalhes sobre a vida pregressa da pessoa procurada. Em geral, os ascendentes (pai e mãe biológicos) e os descendentes (cônjuge e filhos biológicos) são os mais indicados. Ato contínuo, e oportuno ao comparecimento destes últimos, serão eles submetidos à coleta de material biológico com a finalidade, caso necessário, de realizar o exame de extração de vínculo genético (DNA). Embora rara, não menos importante é a apresentação de amigos e parceiros sexuais para a entrevista, com revelações de foro íntimo e aspectos de grande relevância para o processo de identificação, muitas vezes desconhecidos por familiares.

- Preencher a ficha da pessoa desaparecida com as informações de identificação fornecidas pelos familiares ou profissionais que a atenderam (médicos, dentistas etc.).

- Encaminhar cada entrevista para a logística, para alimentar o banco de dados.

2. **Exame necroscópico:**
   - Fotografar com a identificação numérica de registro.
   - Catalogar e descrever pormenorizadamente vestes, adornos e outros pertences.
   - Realizar minucioso exame cadavérico externo, realizando a raspagem das sujidades na superfície cutânea para a pesquisa de eventuais cicatrizes, tatuagens ou marcas na pele.
   - Coletar impressões digitais, se houver restos de polpas digitais ou possibilidades de sua recuperação por meio de técnicas especiais. Devem ser esgotadas todas as possibilidades de coleta da impressão digital, ainda que se constitua de material em decomposição, encaminhando o próprio material (dedo ou luva cadavérica) ou a impressão coletada para o serviço de necropapiloscopia.
   - O cadáver deve ser sistematicamente radiografado ou submetido à tomografia computadorizada, se possível, em especial nos casos de carbonização, permitindo uma análise preliminar de modo não invasivo e, antecedendo qualquer manipulação do material, a observação de possíveis alterações morfológicas e peculiaridades que contribuam tanto para o estabelecimento da *causa mortis* como para a identificação do indivíduo. Para tanto, é imprescindível que as imagens obtidas tenham qualidade técnica, sejam elas produzidas pelo técnico em radiologia ou pelo odontolegista nas situações que envolvam radiografias do tipo intraoral.
   - Realizar exame necroscópico completo, se preservada qualquer cavidade. Na circunstância de um

desastre de massa, mais do que a causa da morte, muitas vezes evidente, buscam-se particularidades, como anomalias em órgãos internos, presença de intervenções cirúrgicas etc., que possam ser úteis ao processo de identificação.

- Coletar sangue, vísceras ou outros tecidos orgânicos, para eventual exame complementar (como o de DNA, por exemplo), constituindo ato de capital importância a escolha do melhor material biológico diante das circunstâncias.

3. **Exame osteológico e dos arcos dentários:**

- Remover os tecidos moles e limpar os restos cadavéricos esqueletizados ou em estado avançado de decomposição.

- Descrever os arcos dentários e radiografá-los pois, caso os dentes estejam calcinados, o manuseio do corpo poderá desintegrá-los; além disso, pode haver radiografias para confronto. Os arcos dentários, com frequência, permanecem conservados mesmo em cadáveres carbonizados, mutilados ou naqueles cujas características físicas estão muito prejudicadas. E é justamente em ocorrências dessa ordem que a Odontologia Legal pode oferecer subsídios de real valor – senão os únicos – para o estabelecimento da identificação humana, segundo Arbenz.[6] Assim, é possível analisar as particularidades anatômicas presentes nessa região – sejam elas próprias do indivíduo, sejam resultantes de tratamento(s) odontológico(s) realizado(s). A análise dos arcos dentários é realizada de acordo com a necessidade e o direcionamento de cada caso. Após os exames radiográficos e o registro por fotografias, as características dentárias são descritas minuciosamente, sempre dente a dente, iniciando pelo hemiarco superior direito (18-11), hemiarco superior esquerdo (21-28), hemiarco inferior esquerdo (38-31) e, por fim, o hemiarco inferior direito (41-48), utilizando-se da notação dentária preconizada pela FDI (Federação Dentária Internacional). Embora incomum, por vezes é necessário o contato com o profissional que realizou os procedimentos odontológicos a fim de que sejam dirimidas quaisquer dúvidas originadas a partir dos documentos apresentados. Isso ocorre devido à péssima qualidade das informações contidas nos originais ou nas cópias reprográficas dos prontuários. Na maioria dos casos, a Odontologia Legal permite abreviar o tempo de identificação, bem como representa inegável economia de recursos, quando comparada a métodos de alto custo, como os exames de tentativa de extração de material genético (DNA).

- Determinar e registrar sexo, idade, estatura, características ósseas e dentárias peculiares.

- Encaminhar todos os elementos coletados no exame necroscópico à logística, para alimentar o banco de dados que já possui os registros originários da entrevista.

4. **Exame de confronto:** o confronto de elementos característicos da vítima procurada, registrados *ante mortem* e *post mortem*, constitui o trabalho pericial final, no qual o coordenador técnico deve harmonizar todos os elementos coletados, desde o reconhecimento direto e/ou a identificação datiloscópica até os elementos de identificação antropológicos, odontológicos e de vínculo genético, cujos resultados foram direcionados à coordenação. A coincidência de tais elementos, em especial a ausência de elementos discordantes, permite indicar que aqueles restos mortais pertencem à vítima procurada.

5. **Liberação dos corpos:** uma vez confirmada a identificação, o trabalho de identificação é finalizado com a liberação dos restos mortais aos familiares, ou ao representante legal, cabendo lembrar que em alguns casos em que há a opção pela cremação dos restos mortais é necessária a autorização judicial concedida mediante a concordância do médico legista. A custódia se encerra com a entrega do corpo ao serviço funerário.

6. **Guarda de material utilizado nos exames de confronto:** é importante que as documentações médicas e odontológicas, assim como os perfis genéticos utilizados nos processos de identificação, fiquem arquivadas para o caso de eventuais contestações futuras quanto ao processo de identificação.

7. **Expedição dos laudos:** etapa talvez mais onerosa em termos de tempo dispensado, tendo em vista a necessidade de redigir os laudos necroscópicos com os elementos do processo de identificação, que irão compor o inquérito policial da delegacia de polícia que originou as requisições de exame de corpo de delito.

A título ilustrativo, podemos citar dois acidentes aéreos ocorridos em São Paulo. No primeiro – o acidente aéreo com o Fokker 100 da TAM ocorrido em 31 de outubro de 1996[7], – foram contabilizadas 99 vítimas fatais, cujas identificações são mostradas na Tabela 18.1.

Tabela 18.1 ▸ Métodos de identificação no acidente aéreo de 1996

Método	Número de casos
Qualificados	10
Datiloscopia	41
Odontologia Legal	26
Antropologia	8
Vínculo genético (DNA)	14
Total	99

No segundo, o acidente com a *airbus* 320 da TAM, em julho de 2007, foram contabilizadas 199 vítimas fatais, em sua quase totalidade com queimaduras de terceiro grau e carbonizadas, com grande destruição pela ação do fogo consequente ao choque e à explosão da aeronave contra um prédio comercial da própria empresa Tam Express. O evento ocorreu próximo ao aeroporto de Congonhas, em uma das principais vias de trânsito da zona sul na cidade de São Paulo.

O material recebido e diagnosticado como de difícil análise pericial (isto é, sem condições para datiloscopia e reconhecimento visual) foi imediatamente refrigerado em câmara frigorífica à temperatura de –10°C a –15°C, destinado à segunda etapa de exame. Essa seleção de corpos e fragmentos foi realizada pela equipe multidisciplinar do necrotério e possibilitou, por meio da rotina anterior de trabalho e da experiência pessoal, a preservação em local apropriado dos corpos mais destruídos pela ação do fogo. Com o término dos exames dos corpos menos destruídos, iniciou-se a análise dos mais fragmentados. Estes últimos, depois de retirados da câmara frigorífica e separados em local com temperatura em torno dos 4°C, foram submetidos a exames radiológicos e tomográficos, seguidos pela necropsia médico-odontolegista.

Tabela 18.2 ▸ Métodos de identificação no acidente aéreo de 2007

Método	Número de casos
Qualificados	3
Datiloscopia	29
Odontologia Legal	79
Antropologia	45
Vínculo genético (DNA)	39
Total	195

Após a realização dos procedimentos da perícia, foram identificadas 195 vítimas (ver Tabela 18.2).

Não foram encontrados restos mortais de quatro vítimas que estavam no interior da aeronave. Os trabalhos de identificação e liberação dos restos mortais foram finalizados em 33 dias.

Finalmente, vale ressaltar a diferença fundamental entre os desastres aéreos e outras formas de catástrofes. Nestas, poderemos estar diante de uma população de composição indefinida, enquanto naqueles estaremos diante de uma população fechada, constituída pela lista de passageiros embarcados e a tripulação.

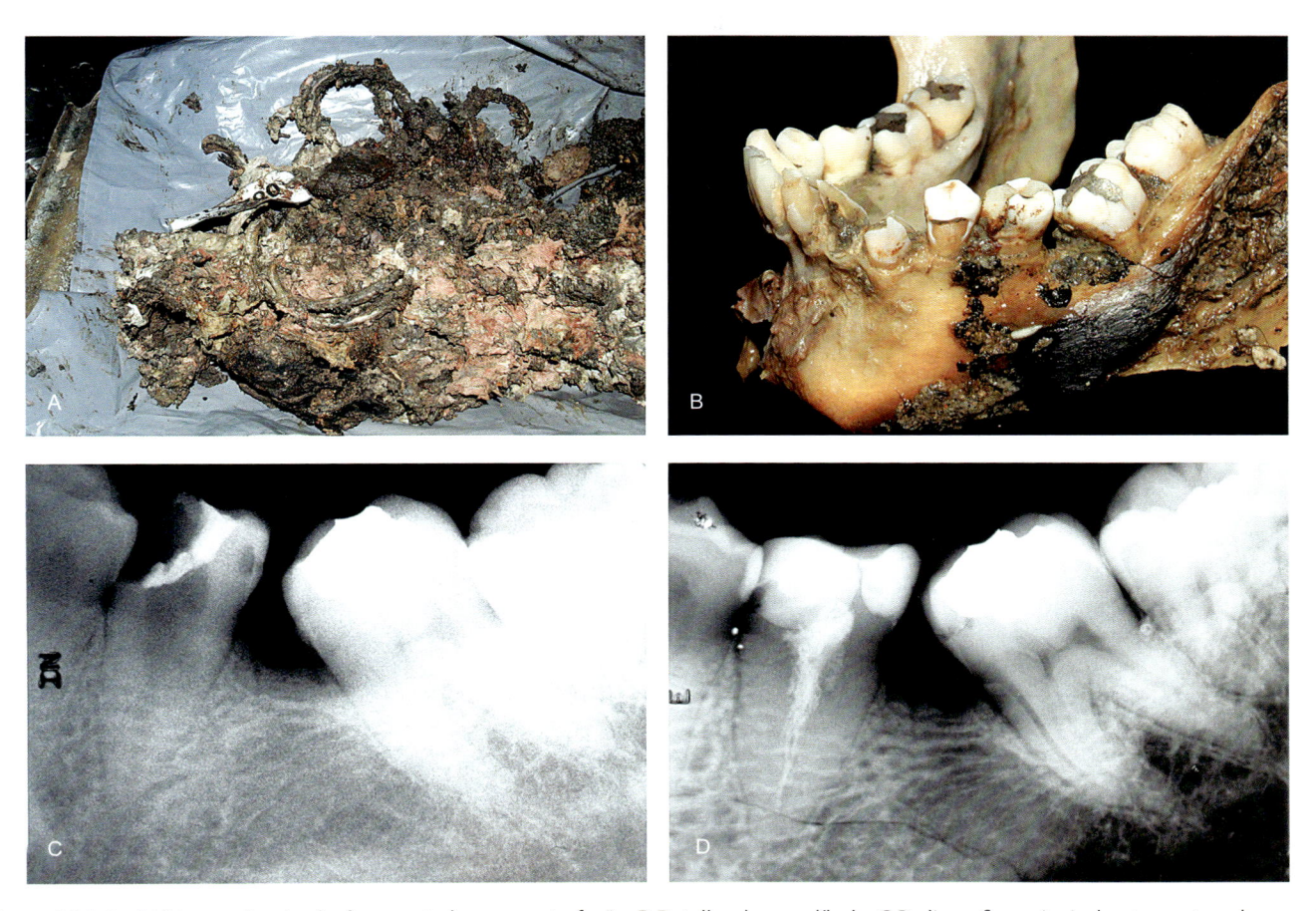

Figura 18.1 ▸ **A** Vítima carbonizada, fragmentada e em putrefação. **B** Detalhe da mandíbula. **C** Radiografia periapical *ante mortem* da suposta vítima. **D** Radiografia periapical *post mortem* do primeiro pré-molar e dos molares inferiores esquerdos

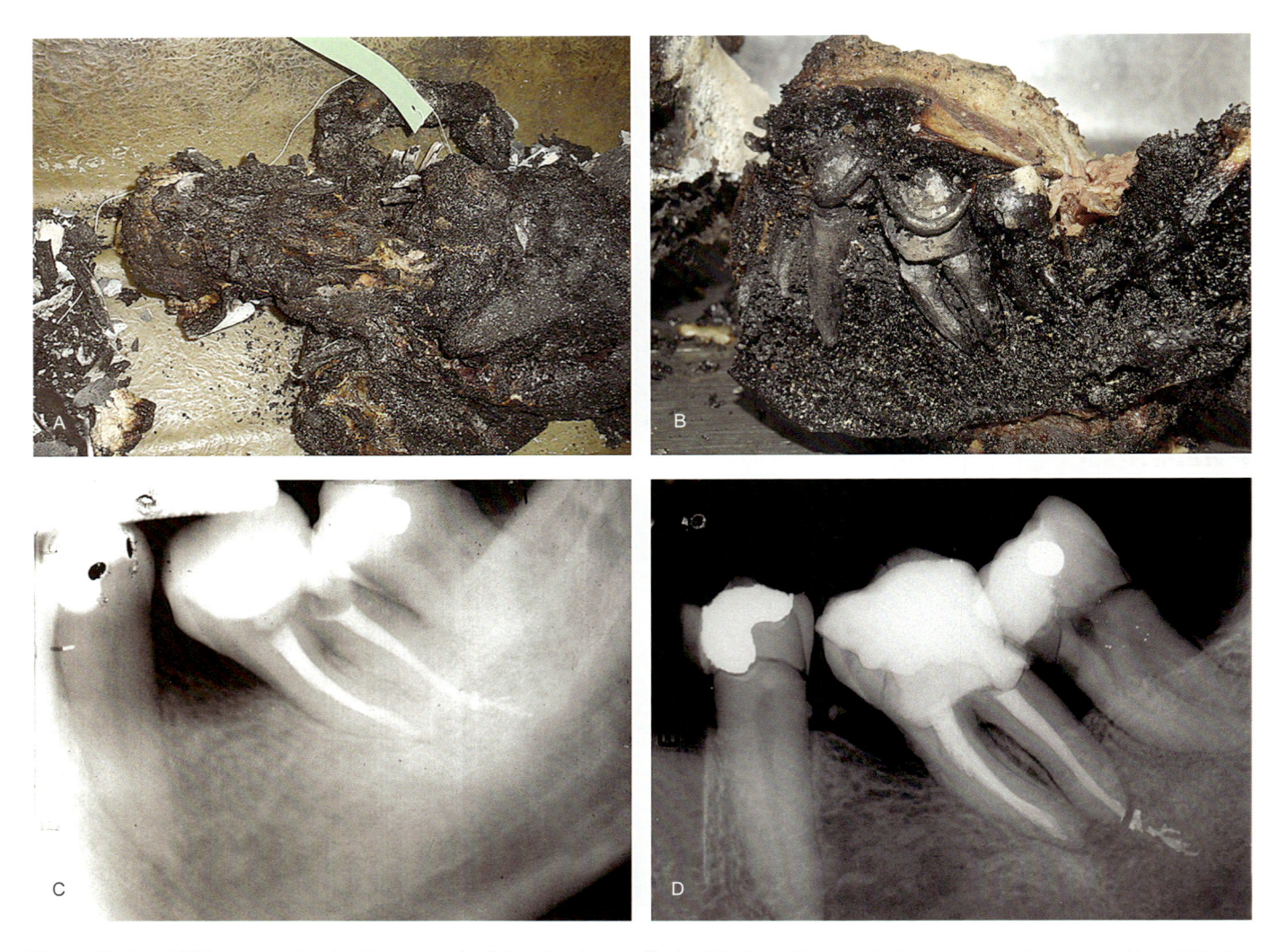

Figura 18.2 ▸ **A** Vítima carbonizada e fragmentada. **B** Detalhe da mandíbula. **C** Radiografia periapical *ante mortem* da suposta vítima. **D** Radiografia periapical *post mortem* do pré-molar e dos molares inferiores esquerdos

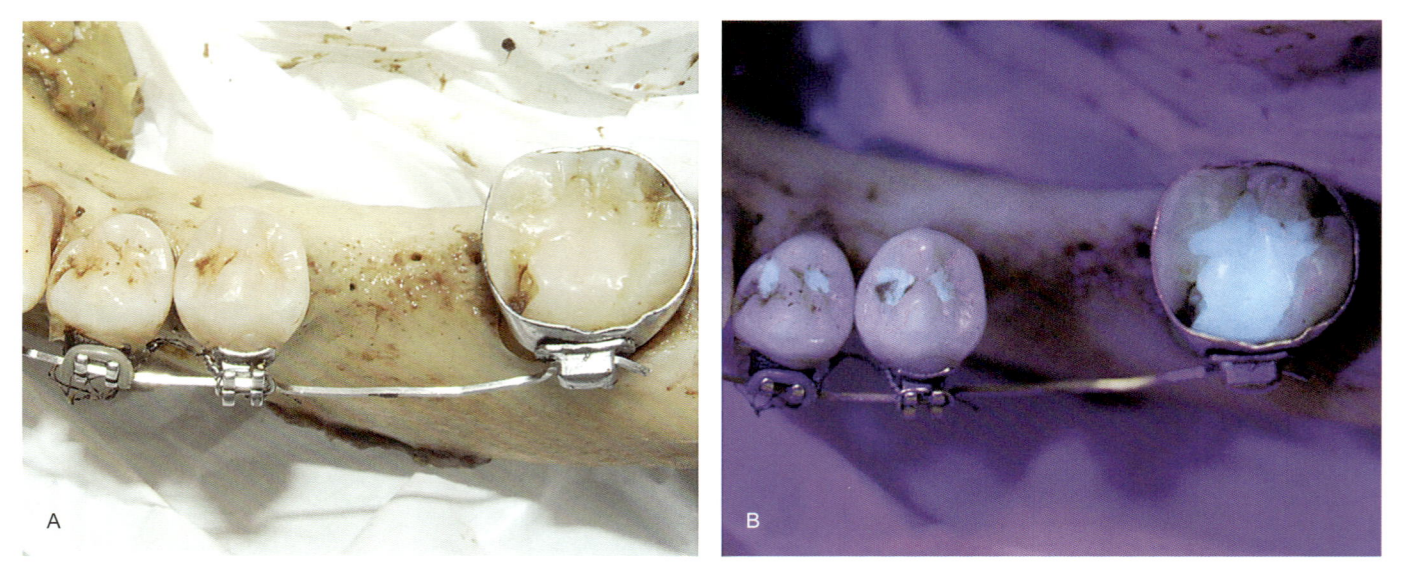

Figura 18.3 ▸ Imagem comparativa do uso da luz ultravioleta para evidenciar alguns tipos de restauração em resina. **A** Iluminação com *flash* fotográfico. **B** Iluminação com luz ultravioleta

▶ DIFICULDADES

Seguem algumas dificuldades que poderão surgir no transcurso dos trabalhos em circunstâncias semelhantes:

- Pressões para liberações de corpos.
- Imprecisão nas informações prestadas sobre as vítimas por familiares e amigos.
- Falta de treinamento técnico específico para catástrofes (voluntário preparado): equipe disponível.
- Trânsito de pessoas estranhas ao trabalho: há a necessidade de isolar todo o local destinado aos procedimentos técnicos e identificar os funcionários envolvidos nos trabalhos periciais (uniforme/crachá).

▶ REFERÊNCIAS

1. Noji EK (ed.). Impacto de los desastres en la salud pública. Bogotá, Colombia: Organización Panamericana de la Salud, 2000 p. 484. Disponível em: http://www.paho.org/Spanish/dd/PED/impacto.htm [28/10/2009].

2. Khedy C. Papiloscopia – Impressões digitais, impressões palmares, impressões plantares. São Paulo: Serviço Gráfico da Secretaria de Segurança Pública, 1962.

3. Rocha LC. Investigação policial – teoria e prática. São Paulo: Saraiva, 1998.

4. Bajaj A. Disaster victim identification: tsunami. Br Dent J 2005; 198(8):504-5.

5. Paiva LAS. Valores matemáticos relacionados ao processo mastóide aplicados à deteminação do sexo em crânios humanos. São Paulo, 1999. 52 f. Dissertação (Mestrado em Medicina Legal), Faculdade de Medicina, Universidade de São Paulo.

6. Arbenz GO. Medicina Legal e Antropologia Forense. Rio de Janeiro: Atheneu, 1988: 105-15.

7. Muñoz DR. Perícia médico-legal nos desastres de massa: análise metodológica e planejamento para a identificação de vítimas de acidente aéreo no Brasil [tese de livre-docência]. São Paulo: Universidade de São Paulo, Faculdade de Medicina; 1999.

CAPÍTULO 19

DNA Forense

Valéria Rosalina Dias e Santos • Fabíola Soares Pereira • Sordaini Maria Caligiorne

▶ INTRODUÇÃO

A análise do ácido desoxirribonucleico (DNA) no âmbito forense, que se baseia nas diferenças genéticas encontradas entre indivíduos, revolucionou todas as técnicas até então utilizadas na identificação humana.[1] Investigações por meio da molécula do DNA constituem instrumento adicional importante na produção de provas, sendo extremamente relevantes para a ação dos poderes Judiciário e Executivo.[2] A determinação de vínculos genéticos pelo DNA pode ser usada para demonstrar a culpabilidade dos criminosos, exonerar os inocentes, identificar corpos e restos humanos em desastres em massa e campos de batalha, determinar paternidade com confiabilidade praticamente absoluta, elucidar trocas de bebês em berçários e detectar substituições e erros de rotulação em laboratórios de patologia clínica.[3] Atualmente, com a disponibilidade de várias ferramentas biotecnológicas que proporcionam sensibilidade, eficiência e rapidez nas análises, é grande a possibilidade de sucesso na resolução de casos envolvendo amostras muito degradadas, contaminadas ou com mínima quantidade de DNA.

A história da identificação humana é muito antiga; já no código de Hamurabi, dos caudeus e babilônios, há referências a formas de identificação dos criminosos, tais como amputação da orelha, mão e, até mesmo, o vazamento dos olhos, variando de acordo com as infrações cometidas. Com a humanização dos costumes, essas formas arbitrárias foram desaparecendo.[4]

A utilização de marcadores genéticos para comparação evidências forenses data do início do século XX. Richter & Landsteiner, os descobridores do sistema "ABO" de tipagem sanguínea, sugeriram que a tipagem de uma mancha de sangue coletada na cena de um crime poderia ajudar na identificação de um possível criminoso.[2] Hoje se sabe que essa ferramenta, apesar de rápida e de baixo custo, não é muito informativa, pois existem apenas quatro possíveis grupos: A, B, AB e O; pelo menos 40% da população é do tipo O; assim, embora esse método possa ser utilizado para excluir uma pessoa de ser a fonte de uma amostra criminal, não é apropriado para uma inclusão.

O avanço da ciência e tecnologia forense teve destaque em meados dos anos 1980, quando as técnicas de identificação fundamentadas na análise direta do DNA tornaram-se uma das mais poderosas ferramentas para a identificação humana e investigações criminais.[5] Em abril de 1985 ocorreu o primeiro caso judicial satisfatoriamente resolvido com provas advindas do DNA, solucionando uma disputa sobre imigração na Inglaterra,[6] mas somente em outubro de 1996 a análise de DNA ocupou definitivamente espaço na criminalística, quando foram coletadas amostras de sêmen e sangue de duas adolescentes estupradas e assassinadas no condado de Leicester, Inglaterra. *Sir* Alec Jeffreys, professor da Universidade de Leicester, após tipagem de grupos sanguíneos de cerca de dez mil homens residentes nos dois vilarejos do condado e análise de DNA dos homens que não puderam ser excluídos como produtores das referidas amostras, pôde inocentar, por meio do DNA, o principal suspeito.

Nos últimos anos, vários casos ganharam notoriedade por terem sido esclarecidos mediante as análises de DNA autossômico nuclear e mitocondrial, como a identificação de membros da família real russa Romanov,[7] a identificação da ossada de Josef Mengele (médico alemão que atuou no campo de extermínio em Auschwitz, durante o regime nazista) e dos corpos das vítimas do atentado terrorista no *World Trade Center* nos EUA, ocorrido em 11 de setembro de 2001.[8,9] No Brasil, a análise de DNA contribuiu para a identificação dos corpos das vítimas do acidente aéreo envolvendo o Boeing 737-800 da companhia aérea Gol Transportes Aéreos e um jato executivo Embraer Legacy 600, em 29 de setembro de 2006, que caiu na Floresta Amazônica, na Serra do Cachimbo, matando todas as 154 pessoas a bordo; outro acidente aéreo envolveu o Airbus A320 da TAM Linhas Aéreas, em 17 de julho de 2007, que incendiou próximo à pista do aeroporto de Congonhas em São Paulo, matando todas as 187 pessoas a bordo e 12 pessoas em terra; também, em 1º de junho 2009, o Airbus A330-200 da Air France, partindo do Aeroporto Internacional do Rio de Janeiro, caiu no oceano, matando 228 pessoas, das quais apenas 50 corpos foram localizados e identificados e cerca de 10 corpos estão em processo de identificação.

O órgão oficial de perícia forense pioneiro em nosso país a realizar, rotineiramente, exames criminais por meio da análise de material genético foi a Divisão de Pesquisa de DNA Forense (DPDNA) da Polícia Civil do Distrito Federal,[10] que iniciou suas atividades em 1994. Posteriormente, foram especificamente equipados para análises forenses laboratórios no Rio Grande do Sul, Paraná, São Paulo, Minas Gerais e Mato Grosso do Sul.

De fundamental importância para a existência de novos laboratórios de DNA ligados aos órgãos oficiais de perícia forense das unidades da federação foi o "Acordo de Cooperação Técnica" elaborado pelo Departamento de Políticas, Programas e Projetos da Secretaria Nacional de Segurança Pública (SENASP), que data do ano de 2005 e teve como objetivo a implementação de uma Rede de Laboratórios Regionais de DNA. Dessa maneira, estados como Amapá, Amazonas, Bahia, Ceará, Espírito Santo, Mato Grosso, Santa Catarina, Rio de Janeiro, Pará, Paraíba e Pernambuco, entre outros, além da Polícia Federal, tiveram acesso a cursos de capacitação, bem como à aquisição de equipamentos.

Em 2009, com a consolidação do Termo de Compromisso firmado entre a Polícia Federal e o FBI (*Federal Bureau Investigation*) para uso do sistema CODIS (*Combined DNA Index System)* no Brasil, foi criada a Rede Integrada dos Bancos de Perfis Genéticos (RIBPG), que permitiu que as Secretarias Estaduais de Segurança Pública e o Departamento de Polícia Federal (DPF), por intermédio de suas respectivas Instituições de Perícia Oficial, compartilhassem e comparassem perfis genéticos de DNA. Além disso, a RIBPG prevê ações conjun-

tas para a padronização de procedimentos e técnicas de análise de DNA, captação de recursos de infraestrutura e adoção de medidas de segurança para garantir a confiabilidade dos dados genéticos que serão armazenados no CODIS. O CODIS é um banco de dados de perfis genéticos de DNA de propriedade do FBI, cuja finalidade é estabelecer vínculos entre amostras biológicas forenses tipadas através de microssatélites de DNA autossômico/Y e também do DNA mitocondrial, em casos de crimes sexuais, evidências encontradas em locais de crimes e também identificação de ossadas e pessoas desaparecidas. A exemplo de outros países, no Brasil o sistema é estruturado em laboratórios de perícia oficial estaduais, com uma coordenação central localizada na Polícia Federal.

Em 2010 completam-se 25 anos da publicação, por *Sir* Alec Jeffreys, do primeiro artigo descrevendo o uso do DNA *fingerprint* (impressão digital de DNA).[11] As metodologias utilizadas até o momento são o resultado de importantes mudanças tecnológicas impulsionadas, em parte, pela demanda, especialmente devido a desastres de massa, como o ataque de 11 de setembro de 2001 sobre o *World Trade Center* ou a tsunami asiática em 2004,[12] mas também pelo grande progresso científico na exploração da variação genética nos cromossomos autossômicos, sexuais e mitocondrial.[13]

Neste capítulo procuramos evidenciar informações básicas das técnicas de análise do DNA e seu uso na Criminalística, no processo de identificação humana.

▶ COLETA E PRESERVAÇÃO DA EVIDÊNCIA

Padrões de conduta rigorosos e próprios para a coleta de material biológico para o exame de DNA em casos criminais são necessários e objetivam garantir a qualidade nas análises, além de evitar perdas desnecessárias de tempo e material. O documento "Padronização de Exames de DNA em Perícias Criminais",[14] elaborado por peritos criminais especialistas em DNA Forense, profissionais dos órgãos oficiais de perícia forense das unidades da Federação e acadêmicos das áreas de Genética e Biologia Molecular, é atualmente um guia básico para ações que poderão assegurar a qualidade, a integridade e a segurança em exames periciais envolvendo a utilização do DNA.

Em um local de crime, deve ser direcionado o máximo de atenção para que elementos que não tenham nenhuma ligação com o fato – por circunstâncias acidentais – sejam considerados pela perícia. O trabalho realizado por policiais responsáveis pela preservação do local e coleta do material é de suma importância, pois vários são os tipos de vestígios biológicos que poderão ser encontrados. Alguns dos vestígios coletados, como manchas de sangue e sêmen, ao serem estocados em local seco, ficam bem-preservados,[15] assim como fios de cabelos,[16] dentes[17] e ossos,[18,19] entretanto amostras de líquidos corporais e tecidos moles de cadáveres devem ser preservadas sob refrigeração.

A capacidade de isolar o DNA de células em quantidade e qualidade representa um requerimento essencial de praticamente todas as análises de biologia molecular envolvendo a identificação de indivíduos.[20] Amostras de líquidos corporais e tecidos moles de cadáveres são comumente utilizadas, mas o sucesso da análise depende do estado de conservação em que tais amostras são encontradas, preservadas e enviadas ao laboratório. A degradação do DNA em tecidos moles de cadáveres deve-se basicamente ao rápido crescimento bacteriano, especialmente quando expostos a altas temperaturas e umidade.[20] Assim, para esses casos, é recomendada a utilização de dentes e ossos. Os dentes são preferenciais por geralmente apresentarem melhor conservação que os ossos e pela facilidade de seu manuseio nas técnicas de extração de DNA atualmente empregadas. Recomenda-se utilizar os dentes molares em função do maior tamanho e da disponibilidade de material biológico. Na ausência desses, segue-se, preferencialmente, a ordem: pré-molares e incisivos. O DNA recuperado de elementos dentários provém da polpa dentária, constituída por diversas células, dentre as quais os fibroblastos são as mais numerosas. Normalmente, em elementos dentários íntegros e livres de restaurações, há em média de 30.000 fibroblastos por milímetro quadrado, com número limitado apenas nas zonas da polpa livres de células e odontoblástica.[21] A maioria do DNA recuperado dos ossos provém dos osteócitos, localizados em cavidades dentro da matriz óssea. Segundo Martin,[22] existem entre 20.000 e 26.000 osteócitos por milímetro cúbico da matriz calcificada do osso. Tecidos de ossos compactos têm quantidade suficiente de células para análise de DNA, mas a matriz óssea, ao mesmo tempo que confere alguma proteção a essas células (e, consequentemente, a seu DNA) contra degradação, dificulta o acesso durante o processo de extração do DNA para análises laboratoriais. Em ossadas, o terço superior do fêmur, na ausência de dentes, é a peça mais frequentemente utilizada para as técnicas de extração de DNA, seguido ainda da crista ilíaca, costela, tíbia, esterno, mandíbula e outros.

A análise de DNA é um teste comparativo. Para a identificação de indivíduos ou vestígios encontrados em locais de crimes, por meio dessa metodologia, é necessária a existência das seguintes amostras biológicas:

- **Amostras-referência:** evidências comprovadamente oriundas da(s) vítima(s), suspeito(s), acusado(s) e/ou dos parentes consanguíneos.

- **Amostras questionadas:** evidências derivadas do local da infração penal, de objetos relacionados a ocorrências criminais ou de quaisquer outros pontos cujas origens não sejam conhecidas ou somente presumidas.

Amostras biológicas de parentes consanguíneos de pessoas desaparecidas são comumente obtidas por pun-

ção venosa, saliva ou raspado da mucosa oral e devem ser solicitadas, preferencialmente, na seguinte ordem: (1º) pai e mãe; (2º) pai ou mãe acompanhados por pelo menos um irmão biológico do desconhecido; (3º) filho acompanhado da mãe biológica; (4º) o maior número possível de irmãos.

Quanto mais próximo o grau de parentesco com o vestígio, maiores são as probabilidades estatísticas obtidas na conclusão do caso em questão; em toda coleta de material biológico de pessoa viva, como suspeitos, vítimas ou parentes, deve ser lavrado um "Termo de Consentimento Livre e Esclarecido", que contém informações pessoais, como o número do documento de identidade, o grau de parentesco com a pessoa desaparecida ou o motivo da doação, além de uma autorização para utilização da amostra biológica doada em bancos de dados genéticos ou trabalhos científicos, entre outras informações.

▶ FUNDAMENTOS DE BIOLOGIA MOLECULAR

No corpo humano existem cerca de 100 trilhões de células. A maioria dessas células, chamadas diploides, possui um núcleo com duas cópias de cada um dos 46 cromossomos, sendo um de origem paterna e o outro, materna. São esses 46 cromossomos que contêm toda informação necessária para a construção e o funcionamento do corpo humano.

O genoma humano é composto de aproximadamente 3,3 giga pares de bases (pb) individuais; é estimado que os *exons* (porções codificantes do genoma) contêm a informação de 20 mil a 25 mil genes individuais, com cada gene ou grupo de genes levando o código genético para a síntese de uma única proteína. Todos os genes humanos são codificados em aproximadamente 10% do genoma (300 milhões de pb); assim, 90%, ou 2,7 bilhões de pb, representam os *introns*, ou seja, porções não codificantes que não contêm informações genéticas diretamente relevantes para a síntese proteica.[23] Uma vez que os genes expressos estão sujeitos à pressão seletiva durante a evolução para manter sua função específica, a variação genética entre indivíduos é bastante limitada. Em contraste, a porção não codificante do genoma não é controlada por pressão seletiva e, assim, a maioria das mutações nessas regiões é normalmente mantida e transmitida à descendência, levando a aumento na variabilidade genética nos *introns* dos genes humanos. Além disso, essas regiões são amplamente informativas para o propósito de individualização genética, mas não usadas para conclusões sobre a personalidade de um dado indivíduo.[23]

O DNA é uma molécula helicoidal com duas fitas complementares constituídas, principalmente, por desoxirribonucleotídeos, cada um composto por um grupo fosfato ligado a um açúcar desoxirribose que se liga a uma base nitrogenada de dois anéis, denominada purina, que pode ser adenina (A) ou guanina (G), ou a uma base nitrogenada de apenas um anel, denominada pirimidina, que pode ser timina (T) ou citosina (C) (Figura 19.1). A complementaridade das duas fitas de DNA ocorre devido a ligações do tipo pontes de hidrogênio, que são específicas entre essas quatro bases nitrogenadas. Assim, adenina sempre está pareada com timina,

o mesmo ocorrendo entre citosina e guanina. A ordem dessas quatro bases na molécula de DNA determina o conteúdo da informação nos genes.[24]

Longos filamentos delgados das moléculas do DNA vão se dobrando e enovelando, formando os cromossomos; alguns cromossomos humanos possuem cerca de 5×10^8 pares de bases (Figura 19.2).[24]

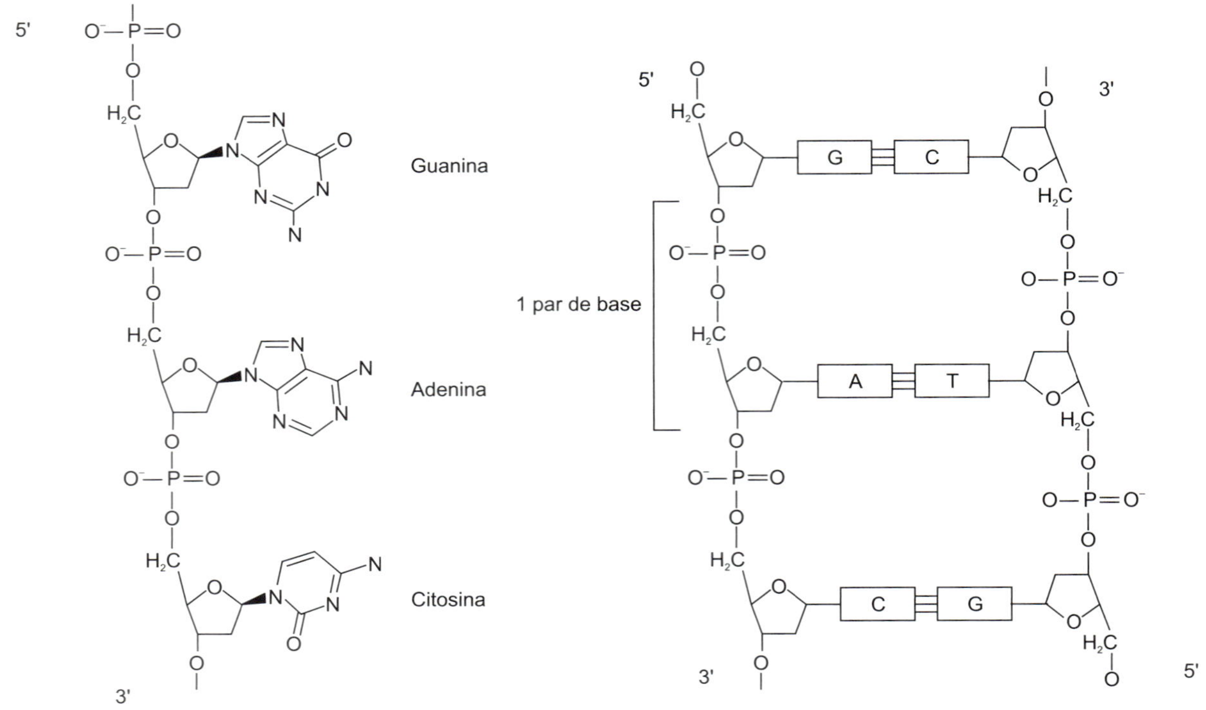

Figura 19.1 ▸ Estrutura da molécula de DNA. À esquerda, representação esquemática da molécula de DNA, evidenciando os nucleotídeos unidos por ligações fosfodiéster. À direita, a molécula de DNA, formada por duas cadeias complementares unidas por pontes de hidrogênio: adenina (A) e timina (T), ligadas por duas pontes de hidrogênio, e guanina (G) e citosina (C), por três pontes de hidrogênio

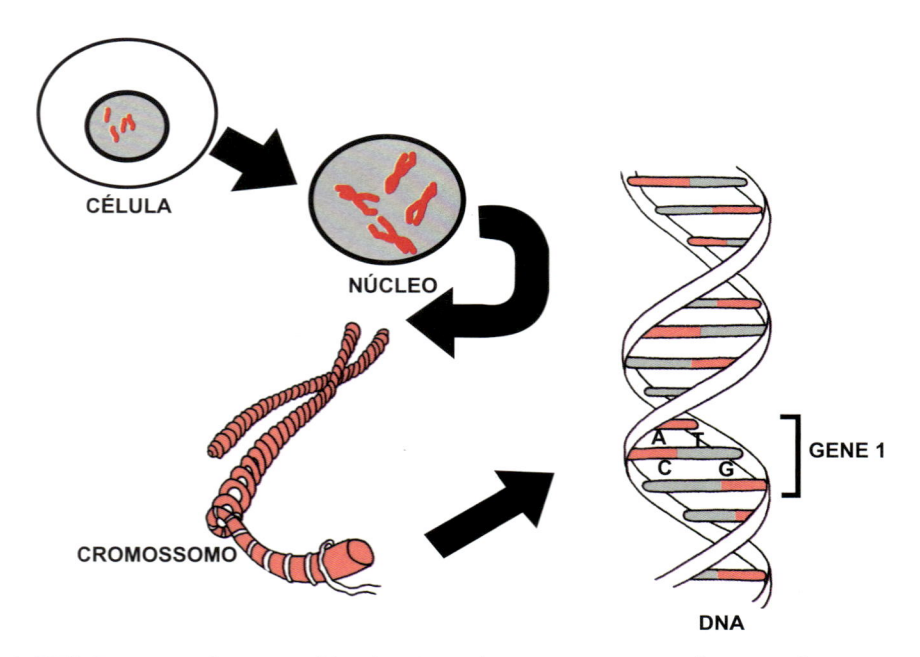

Figura 19.2 ▸ Origem do DNA. Representação esquemática da origem dos cromossomos e cadeias complementares do DNA em formato de dupla hélice (Goodman DR. Medical Cell Biology.)

Polimorfismos de DNA

Nos testes para determinação de vínculos genéticos são estudadas regiões genômicas em que há variação entre pessoas. Essas regiões são chamadas "*loci* gênicos*" ou "*marcadores genéticos*".[3] Esses marcadores foram descritos pela primeira vez como ferramenta útil para a identificação humana no início dos anos 1990[25] e podem ser agrupados em dois tipos: polimorfismos de sequências e polimorfismos de comprimento (Figura 19.3). Segundo Weedn & Swarnen[26] (1998), os polimorfismos de sequência são caracterizados por variações na sequência do DNA, que podem ser substituições, adições ou deleções de pares de bases; já os polimorfismos de comprimento são sequências de nucleotídeos que se repetem, uma após outra, no genoma, conhecidas como VNTR (*variable number of tandem repeats*, ou número variável de repetições consecutivas).[27,28]

A maioria dos sistemas de tipagem forense é baseada em polimorfismos de comprimento, classificados em minissatélites e microssatélites. A variação genética entre indivíduos nesses sistemas não está baseada somente em suas sequências de DNA, mas, antes, no número de vezes e na frequência com que essas sequências de repetições randomicamente arranjadas em múltiplas cópias (repetições em *tandem*) aparecem no genoma, o que determina os diferentes alelos dos diferentes *loci* de DNA encontrados nos indivíduos, possibilitando diferenciá-los.

Os minissatélites humanos possuem sequências de repetição em *tandem* que variam de seis a mais de 100pb, podendo apresentar alelos com mais de 4.000pb de comprimento,[29] o que impede que sejam determinados

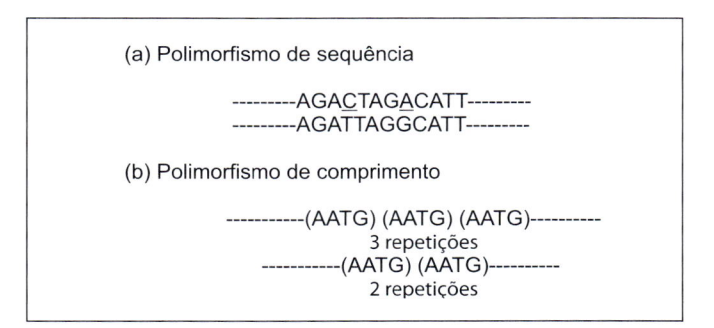

(a) Polimorfismo de sequência

---------AGA**C**TAGA**C**ATT---------
---------AGATTAGGCATT---------

(b) Polimorfismo de comprimento

-----------(AATG) (AATG) (AATG)----------
3 repetições
-----------(AATG) (AATG)----------
2 repetições

Figura 19.3 ▸ Tipos de polimorfismos de DNA. Representação dos polimorfismos de sequência (a) e dos polimorfismos de comprimento (b)

utilizando a "reação em cadeia da polimerase – PCR" (adequada para fragmentos menores que 1.000pb). Apesar de os métodos para detecção de minissatélites apresentarem custo relativamente baixo, existem dificuldades inerentes à técnica, visto que se utiliza de material radioativo e é extremamente trabalhosa. Além disso, o DNA a ser analisado deve estar em uma quantidade suficiente e não degradado, o que não acontece em muitos casos criminais.

Os microssatélites são conhecidos como *short tandem repeats* (sequências simples de repetição, ou STR – Figura 19.4) e consistem em sequências genômicas de 1 a 5pb de comprimento, repetidas tipicamente de cinco a 30 vezes, sendo as repetições tetra e pentanucleotídicas as mais usuais para análises criminais.[30] Esses marcadores tornaram-se os mais utilizados, principalmente, por proporcionarem a tipagem de amostras que apresentam pouquíssimas quantidades de DNA-molde (fragmentos de DNA que serão utilizados como moldes para a PCR) ou que estão muito degradadas, conhecidas como amostras *low copy number* (*LCN*) ou, recentemente, *low template DNA* (*LTD*).

Reação em Cadeia da Polimerase

A reação em cadeia da polimerase (PCR), descrita por Kary Mullis em 1985, revolucionou a biologia molecular por apresentar a habilidade de amplificar milhões de cópias de uma sequência específica de DNA (sequência-alvo) em apenas poucas horas.[31] Esse "xerox" molecular envolve aquecimento e resfriamento de amostras em padrões de termociclagem precisos e a quantidade de DNA é aumentada exponencialmente a cada ciclo (Figura 19.5).

A amplificação é realizada utilizando-se um par de oligonucleotídeos específicos (*primers*) que são complementares às sequências de DNA que flanqueiam a sequência-alvo; além disso, são necessários desoxirribonucleotídeos trifosfatos (dNTP), DNA polimerase termoestável (como, por exemplo, a *Taq DNA polimerase*), cloreto de magnésio, tampão de incubação específico e o DNA-molde. Quando dois ou mais marcadores são amplificados simultaneamente, a reação é chamada PCR *multiplex*. A Figura 19.6 apresenta alguns *kits multiplex* comercialmente viáveis para tipagem de DNA de amostras forenses.

Existem várias metodologias para aumentar a sensibilidade de detecção dos produtos de PCR, recu-

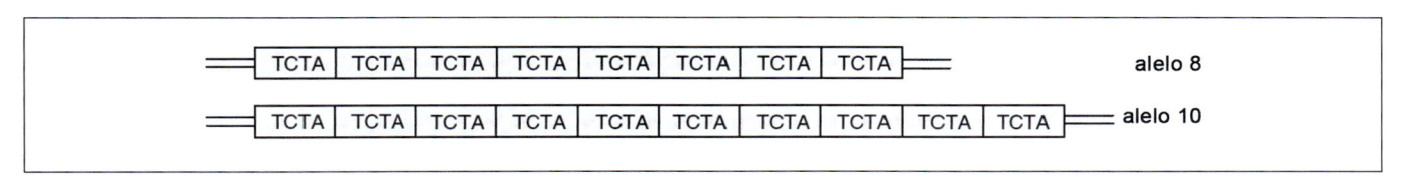

| TCTA | TCTA | TCTA | TCTA | TCTA | TCTA | TCTA | TCTA | alelo 8

| TCTA | TCTA | TCTA | TCTA | TCTA | TCTA | TCTA | TCTA | TCTA | TCTA | alelo 10

Figura 19.4 ▸ Estrutura dos *short tandem repeats*. Sequências de repetições em *tandem* – Indivíduo com par de alelos nomeados de acordo com os diferentes tamanhos no mesmo *locus* gênico, caracterizando heterozigose

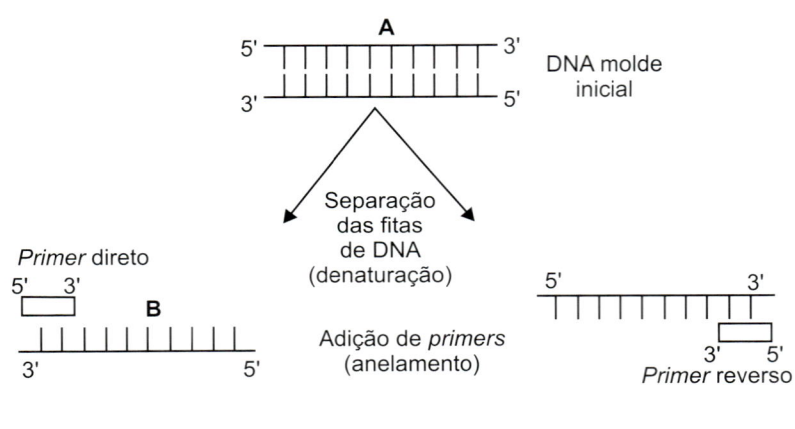

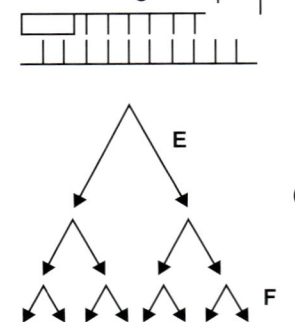

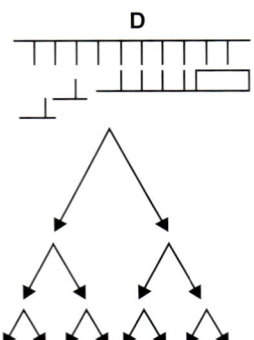

A DNA molde inicial

Separação das fitas de DNA (denaturação)

Adição de *primers* (anelamento)

Primer direto

B

Primer reverso

C Síntese da nova fita de DNA (extensão a partir dos *primers*)

D

E Repetição do ciclo (as fitas de DNA são sintetizadas exponencialmente)

F

Figura 19.5 ▶ Representação esquemática da reação de PCR. **A** O alvo inicial é uma molécula de DNA de fita dupla. **B** As fitas do DNA são separadas por aquecimento. **C** Os *primers* se unem aos dois sítios de ligação e demarcam a região alvo de amplificação. **D** A DNA polimerase sintetiza novas fitas de DNA, complementares ao molde. **E** A mistura é aquecida novamente e as fitas de DNA original e recém-sintetizadas se separam, formando quatro novos sítios de ligação para os iniciadores. **F** A DNA polimerase sintetiza novas fitas complementares

Estados Unidos			Europa			
PP16	**Identifiler**	**MiniFiler**	**ESX/ESI17**	**NGM**	**SEFiler**	**SGMPlus**
TPOX	TPOX					
CSF1PO	CSF1PO	CSF1PO				
D5S818	D5S818					
D7S820	D7S820	D7S820				
D13S317	D13S317	D13S317				
FGA	FGA	FGA	FGA	FGA	FGA	FGA
VWA	VWA		VWA	VWA	VWA	VWA
D3SA358	D3SA358		D3SA358	D3SA358	D3SA358	D3SA358
D8S1179	D8S1179		D8S1179	D8S1179	D8S1179	D8S1179
D18S51	D18S51	D18S51	D18S51	D18S51	D18S51	D18S51
D21S11	D21S11	D21S11	D21S11	D21S11	D21S11	D21S11
TH01	TH01		TH01	TH01	TH01	TH01
D16S539	D16S539	D16S539	D16S539	D16S539	D16S539	D16S539
PENTA D	D2S1338	D2S1338	D2S1338	D2S1338	D2S1338	D2S1338
PENTA E	D19S433		D19S433	D19S433	D19S433	D19S433
			D12S391	D12S391		
			D1S1656	D1S1656		
			D2S441	D2S441		
			D10S1248	D10S1248		
			D22S1045	D22S1045		
			SE33	SE33		

Figura 19.6 ▶ *Kits* comerciais *multiplex* para tipagem de DNA humano

perando assim a informação do DNA das amostras; os *amplicons* STR de tamanho reduzido, ou *mini*-STR, são gerados a partir do movimento dos *primers* para o mais próximo possível da região de repetição em *tandem* de determinado *locus* gênico. Essa ferramenta, descrita por Butler e colaboradores em 2003,[32] é útil quando perfis parciais de DNA são obtidos ou quando há perda da informação em *loci* gênicos que geram *amplicons* maiores em reações de PCR *multiplex*.

Detecção dos *Amplicons*

Produtos de PCR podem ser medidos com precisão em gel de poliacrilamida[33] ou por eletroforese capilar.[34-36] A separação dos *amplicons* é realizada com base na diferença entre seus tamanhos, com os fragmentos menores migrando com mais facilidade que os maiores através de uma matriz que pode ser um gel de poliacrilamida desnaturante[37] ou um polímero que preenche os capilares em uma eletroforese capilar (Figura 19.7). A visualização da localização dos alelos pode ser feita diretamente por coloração pela prata[38] ou brometo de etídio ou, ainda, por meio de picos formados a partir da detecção (Figura 19.8), em equipamentos automatizados, da fluorescência emitida pelos *amplicons* gerados quando *primers* marcados com fluoróforos específicos são utilizados na PCR.[39,40]

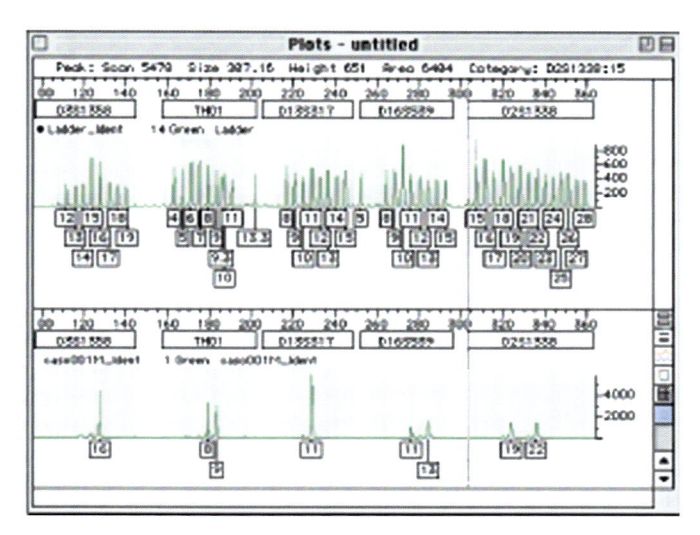

Figura 19.8 ▸ Eletroferograma obtido após reação de PCR *multiplex* e detecção automatizada de uma amostra de DNA. Os *amplicons* são representados por picos. A escada alélica (padrão) está representada na parte superior da imagem

Marcadores Genéticos
Loci Gênicos do Sistema CODIS

Em 1997, os 13 marcadores genéticos STR (CSF1PO, FGA, TH01, TPOX, vWA, D3S1358, D5S818, D7S820, D8S1179, D13S317, D16S539, D18S51 e D21S11) que compõem o sistema *CODIS* foram selecionados pelo FBI e começaram a ser utilizados no banco de dados nacional dos EUA e também em bancos de dados de justiça criminal em todo o mundo. Esses marcadores permitem diferenciar pessoas em razões de possibilidades de encontro de uma a cada 10 trilhões. No Reino Unido e em muitos países europeus, além dos *loci* CODIS FGA, TH01, vWA, D3S1358, D8S1179, D16S539, D18S51 e D21S11, adotaram-se dois *loci* adicionais, D2S1338 e D19S433. Em virtude de seu uso, esses marcadores dominam a informação genética e são disponibilizados em *kits* comerciais validados para a tipagem humana.[41]

Com o objetivo de solucionar casos complexos envolvendo vínculos consanguíneos ou a tipagem de amostras altamente degradadas, e também para melhorar os resultados estatísticos nos laudos periciais, *kits* comerciais contendo marcadores STR não CODIS já são comercializados, havendo nos EUA uma tendência em aumentar o número de marcadores genéticos que compõem o sistema.[42]

Outros Marcadores

A análise dos marcadores autossômicos pode não ser suficiente em casos envolvendo vínculos biológicos complexos; nessas situações, faz-se necessária a análise de outros marcadores cujos resultados de tipagem podem complementar a análise dos autossômicos de maneira muito eficaz.

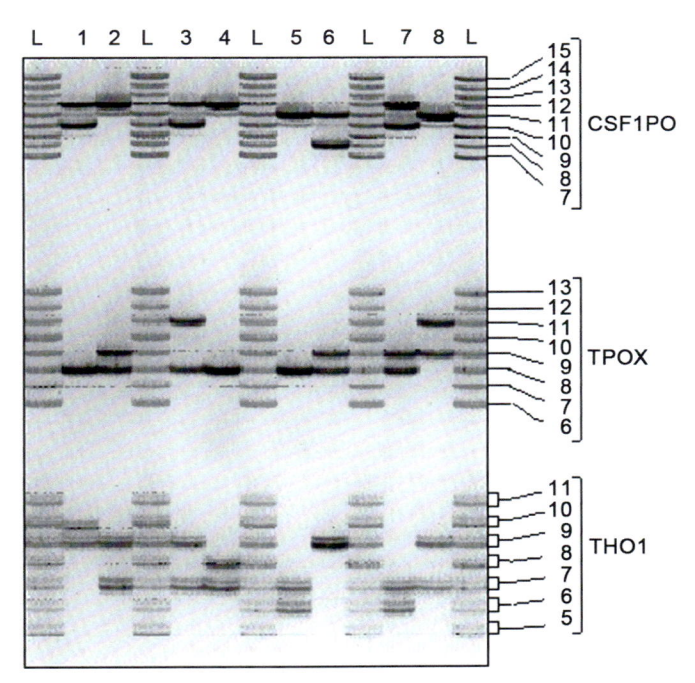

CSF1PO, TPOX, THO1 (CTT) Multiplex

Figura 19.7 ▸ Eletroforese em gel de poliacrilamida 6% evidenciando os alelos dos marcadores CSF1PO, TPOX e TH01, amplificados através de PCR *multiplex*. Os *amplicons* das amostras de DNA (1, 2, 3, 4, 5, 6 e 7) são representados como "bandas" entre escadas alélicas (padrões) representadas pela letra " L"

SNP

Os polimorfismos de substituição de nucleotídeos únicos (*single nucleotide polymorphisms,* ou SNP) e os polimorfismos de inserção ou deleção de um ou mais nucleotídeos (polimorfismos de inserção – deleção, *indels*) são considerados importantes fontes de variabilidade no genoma humano. Esses polimorfismos são gerados pela substituição de uma base ou por pequenos eventos de inserção/deleção, ocorrendo em uma taxa muito baixa, de aproximadamente 10^{-7} alterações por *locus* por geração, ou menos.[43] Ambos os polimorfismos têm como vantagem apresentar produtos de amplificação muito curtos (50pb ou menos), por isso apropriados para tipagem de DNA extremamente degradado, sendo os SNP os mais abundantes e mais bem estudados.

As tecnologias de genotipagem de SNP foram aplicadas primeiramente para desenvolvimento de ensaios diagnósticos para doenças genéticas.[44] Metodologias para testes de exclusão de paternidade e identificação individual também foram desenvolvidas com esses marcadores.[45] O método mais conhecido foi desenvolvido por Sanger *et al.,* na década de 1970, e consiste na separação eletroforética e detecção de fragmentos sequenciados contendo didesoxirribonucleotídeos (ddATP, ddCTP, ddGTP, ddTTP), que são *desoxirribonucleotídeos* que não contêm o grupo hidroxila na porção 3 da molécula de DNA, o que impede sua extensão. Um grande número de tecnologias está sendo desenvolvido para miniaturizar e automatizar os procedimentos para análise de SNP (p. ex., um *microchip* contendo mais de 1.000 marcadores de SNP que podem ser examinados simultaneamente).[46]

Marcadores de Linhagem: DNA Mitocondrial e DNA do Cromossomo Y

Marcadores genéticos autossômicos, como os 13 *loci* do sistema CODIS, são caracterizados por apresentarem recombinação gênica a cada geração, sendo a metade da informação genética individual de origem materna e a outra metade de origem paterna. No entanto, os marcadores do DNA mitocondrial e do cromossomo Y, conhecidos como "marcadores de linhagem", são passados de geração em geração sem quaisquer mudanças (exceto por eventos mutacionais), o que os torna interessantes para análises forenses envolvendo, principalmente, identificação de pessoas em desastres em massa ou casos de crimes sexuais em que é útil identificar apenas a fração masculina da evidência.

DNA MITOCONDRIAL

As mitocôndrias são organelas que aparecem imersas no citoplasma de células eucarióticas e cumprem um papel vital na produção de 90% da energia requerida para o funcionamento celular (Figura 19.9). A quantidade de mitocôndrias por célula varia em função de suas necessidades energéticas, podendo uma única célula chegar a possuir mais de 5.000 cópias dessa organela.[47]

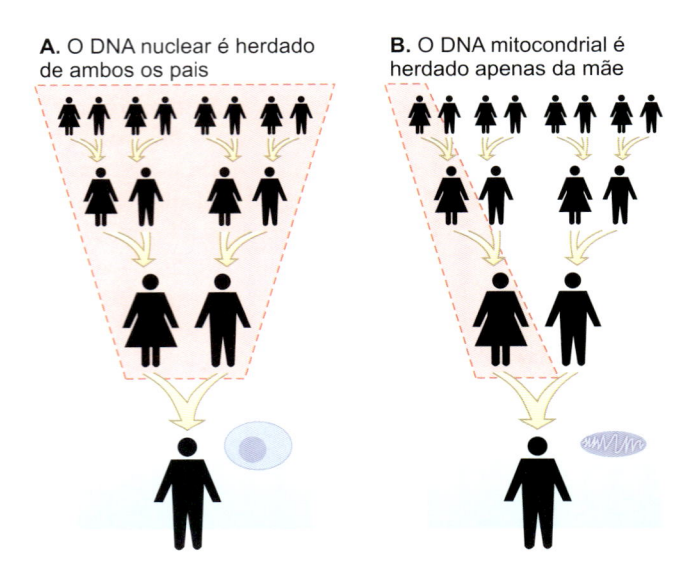

Figura 19.9 ▸ Herança através do DNA. Representação esquemática da transmissão da informação genética pelo DNA nuclear e DNA mitocondrial. **A** representa a transmissão da informação genética de pai e mãe aos descendentes e **B** representa a transmissão da informação genética do DNA mitocondrial apenas pela mãe aos descendentes

O genoma mitocondrial possui 16.659pb; é composto por uma a 15 cópias de DNA circulares (também chamados DNA mitocondrial – mtDNA), de linhagem unicamente matrilínea (ou seja, os descendentes recebem esse DNA apenas da mãe), que carregam a informação genética para a síntese da maioria das proteínas utilizadas no processo de respiração celular; além disso, possuem uma região de 1.122pb denominada controladora ou alça D, que contém a origem de replicação do mtDNA, mas não codifica qualquer produto gênico e é, por isso, amplamente utilizada para fins de identificação humana.[48]

Em razão de sua herança estritamente materna e, consequentemente, em função da falta de um cromossomo homólogo, não existe recombinação durante a meiose mitocondrial. Sendo assim, só identificamos alelos de origem feminina, herdados em bloco dos antepassados femininos. A herança em bloco de alelos do mesmo cromossomo é denominada herança haplotípica, e o conjunto dos alelos é chamado haplótipos.[49]

Na região controladora do mtDNA, os alvos para sequenciamento e análise são as regiões hipervariáveis I e II (HV1/HV2).[50-52] A interpretação é realizada comparando-se polimorfismos encontrados nas regiões hipervariáveis de indivíduos para verificar se possuem a mesma linhagem matrilínea, ou a partir de um banco de dados de haplótipos da população, iniciado em 1981 na Inglaterra, onde é possível comparar novos polimorfismos em relação à sequência de referência inicial, conhecida como "sequência de Anderson" ou "*Cambridge Reference Sequence*" (CRS).

DNA DO CROMOSSOMO Y

Em humanos, o cromossomo Y possui aproximadamente 60Mpb (mega pares de bases) de comprimento e codifica 78 genes, entre eles o gene SRY (*sex-determining region Y*), que codifica uma proteína que desencadeia a formação dos testículos, levando ao desenvolvimento de um feto do gênero masculino. Com exceção de duas regiões conhecidas como regiões pseudoautossômicas 1 e 2 (PAR 1 e PAR 2), nenhuma recombinação ocorre durante a meiose; o restante, 95% do genoma, não sofre recombinação e possui herança exclusivamente patrilínea, ou seja, é passado de pai para os filhos, exceto quando ocorrem mutações.

No DNA do cromossomo Y há um grande número de polimorfismos,[53] incluindo mini e microssatélites, inserções, deleções e SNP, sendo os microssatélites do cromossomo Y (Y-STR) os mais utilizados em análises forenses. As tecnologias para tipagem de Y-STR têm se baseado principalmente no desenvolvimento dos STR autossômicos e vários *multiplex* têm sido criados com o objetivo de aumentar o poder de discriminação desses marcadores. O *"Y Chromosome Haplotype Reference Database"*[54] é um banco de dados onde haplótipos de cromossomo Y podem ser arquivados ou comparados.

Em análises forenses, o DNA do cromossomo Y tem sido usado para solucionar disputas de paternidade de filhos do sexo masculino ou, ainda, casos de crimes sexuais em que a quantidade reduzida ou a ausência de esperma compromete o sucesso na tipagem de marcadores autossômicos, como, por exemplo, quando o agressor é azoospérmico ou vasectomizado, ou ainda quando há misturas de material biológico da vítima e do agressor.

DNA do Cromossomo X

A análise de marcadores do cromossomo X (X-STR) é bastante recente.[55] O cromossomo X é uma molécula de DNA linear com aproximadamente 155Mpb, altamente rica em regiões repetitivas. Estima-se que 4% dos genes humanos estejam presentes nesse genoma; sua região codificadora leva a informação para 1.098 genes, além de pseudogenes e SNP.

Embora haja regiões de recombinação gênica entre os cromossomos X e Y, o cromossomo X apresenta características que são únicas no genoma; como cada indivíduo do sexo masculino conta apenas com um cromossomo X, não havendo um cromossomo homólogo, sua herança é exclusivamente materna e somente pode ser transmitida às suas filhas; assim, no mecanismo de herança genética, o pai transfere seu perfil haplotípico (100%) do cromossomo X para a filha, o que não ocorre com os autossômicos, nos quais apenas 50% da informação genética paterna é herdada. Em virtude dessa propriedade do cromossomo X, a maior vantagem de sua aplicação reside nos casos deficientes de paternidade, nos quais o material biológico do suposto pai não está disponível e o DNA de seus parentes é analisado para a reconstrução de seu perfil genético.[56]

Mutações Genéticas

A mutação consiste em uma alteração na sequência de bases do DNA que, ao ser replicada e transmitida às futuras gerações celulares, torna-se permanente na sequência nucleotídica. Enquanto mutações genéticas ao nível dos genes codificadores de proteínas podem levar à inviabilidade do indivíduo, mutações em regiões de *introns* têm sido toleradas ao longo da evolução humana, uma vez que não têm função fisiológica definida além da estrutural. As mutações podem variar da substituição até a adição ou deleção de um ou mais pares de bases;[24,25,57] sua ocorrência na segregação paterna e/ou materna de 15 marcadores microssatélites alcança uma taxa estimada em 2×10^{-3} por geração,[58] e isso deve ser levado em conta para a adequada interpretação nos testes de paternidade e/ou forenses realizados na investigação desses polimorfismos.

▶ METODOLOGIAS ANALÍTICAS

O trabalho do geneticista forense pode envolver análises de materiais provenientes de cenas de crimes, testes de paternidade, identificação de restos humanos ou, até mesmo, a análise de DNA de plantas, animais ou microrganismos. Vários estágios estão envolvidos nessas análises e cada um deles apresenta particulares. Descrevemos a seguir etapas do processo de análise do DNA em amostras biológicas de casos forenses.

Extração do DNA

Os métodos para extrair e isolar o DNA são numerosos e podem variar de acordo com os requerimentos da aplicação final, suas localizações celulares, origens e características intrínsecas. Há diferentes metodologias para a extração de DNA de sangue,[59] esfregaços vaginais e sêmen,[59] saliva,[17,60-63] dente,[64] osso[65], material parafinado,[66] entre outros. Todos os métodos para extração do DNA requerem lise física ou bioquímica das paredes celulares e membranas, bem como inativação, degradação ou inibição de proteínas intracelulares, especialmente as nucleases. Dois métodos de extração de DNA comumente usados em laboratórios forenses são descritos a seguir.

A extração com uso da resina Chelex®100, composta por copolímeros de estireno-divinilbenzeno, que possui alta afinidade por íons metálicos polivalentes, entre eles o magnésio (Mg^{+2} – cofator da enzima DNAse, um dos principais degradantes do DNA), tem a propriedade de quelar esses íons, removendo-os da solução.[67] A Figura 19.10 apresenta essa extração esquematicamente.

Também conhecida como "extração com fenol-clorofórmio", a extração orgânica (Figura 19.11) envolve adições de reagentes químicos específicos envolvidos na lise das membranas biológicas, desnaturação de proteínas celulares, purificação da fase aquosa e precipitação do DNA (ou centrifugação utilizando filtros

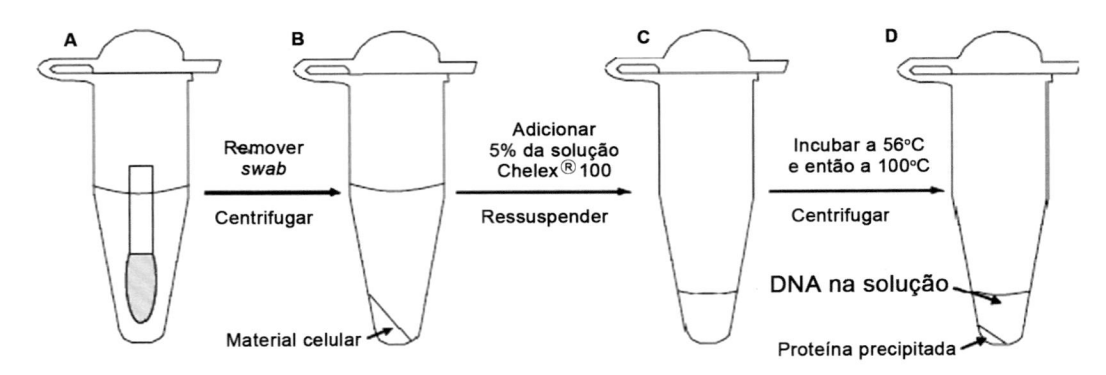

Figura 19.10 ▶ Extração de DNA utilizando a resina Chelex®100. **A** O material celular é adicionado a 1mL de tampão de lise (1mM EDTA, 10mM Tris: pH 8,0) e incubado à temperatura ambiente por 10 a 15 minutos. **B** O tubo é centrifugado em alta velocidade e o sobrenadante removido, restando apenas o *pellet*. **C** O *pellet* é ressuspenso em Chelex® 5% e o tubo é incubado a 56°C por 15 a 30 minutos, colocado em água fervente por 8 minutos e então centrifugado em alta velocidade por 2 a 3 minutos para precipitação de proteínas. **D** O sobrenadante contendo o DNA pode ser usado diretamente na PCR

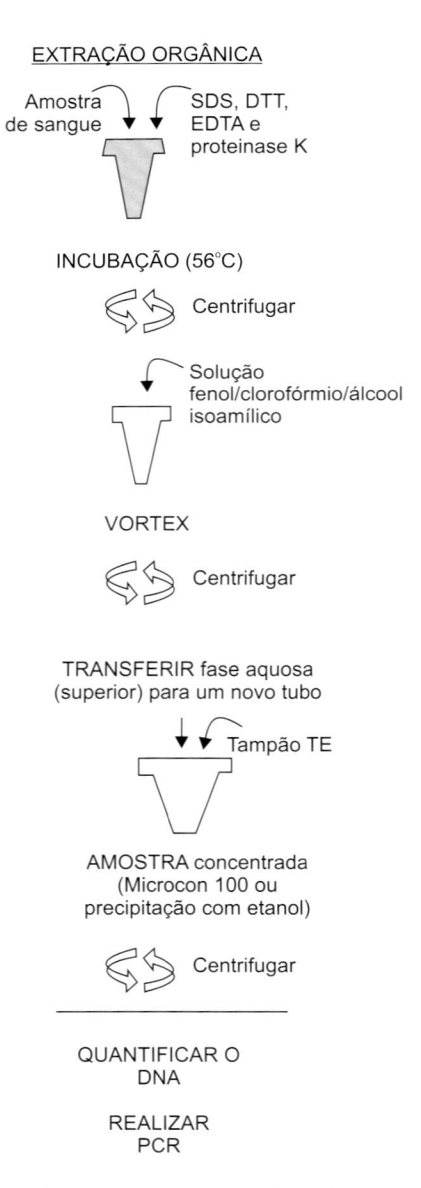

Figura 19.11 ▶ Representação esquemática da extração orgânica de DNA

de membrana com o objetivo de concentrar o DNA).[68] O método produz DNA de alta qualidade, mas apresenta a inconveniência da necessidade de manipulação em vários tubos, além de consumir muito tempo. Esse método foi amplamente utilizado até meados dos anos 1990 e vem sendo gradativamente abandonado, principalmente devido à natureza tóxica do fenol; atualmente, seu uso em laboratórios forenses se dá particularmente para extração de amostras difíceis, como ossos, elementos dentários ou evidências de locais de crimes.

Além dos métodos citados, existem no mercado *kits* rápidos e confiáveis para extrair e purificar DNA,[68,69] como, por exemplo, o *DNA IQ™ System*, que também pode ser utilizado em equipamentos automatizados específicos para extração e purificação de ácidos nucleicos.[67]

Quantificação do DNA

Sabe-se que a quantidade de DNA de uma amostra forense não é conhecida a *priori*[70] e a correta quantificação do DNA nessas amostras torna possível o ajuste da concentração do DNA-molde para obtenção de resultados de tipagem satisfatórios.[71] Existem vários métodos viáveis para quantificação do DNA humano.[60,72-76] Por utilizar pouca quantidade de DNA, ser humano-específica e possibilitar a verificação da presença de inibidores, a quantificação do DNA por meio da PCR em tempo real tem sido empregada principalmente em casos forenses, nos quais a quantidade de DNA é fator limitante para tipagem da amostra; esse método consiste na amplificação e detecção de fragmentos de DNA específicos abundantes no genoma humano; diferencia-se da PCR tradicional, pois os fragmentos amplificados são marcados com fluoróforos, proporcionando sua detecção e quantificação em tempo real; entretanto, para sua realização são necessários equipamento específico e sondas adequadas.

Amplificação do DNA por PCR

Em virtude do alto poder discriminatório da PCR, frequentemente *perfis genéticos* (alelos obtidos a partir da análise de vários *loci* gênicos) são produzidos com poucos moldes de DNA.[77] A técnica permite que quantidades extremamente pequenas de DNA-molde, como o genoma de uma única célula, sejam amplificadas. Suas sensibilidade e especificidade tiveram um grande efeito sobre a tipagem dos vários vestígios forenses, tornando possível a análise de muitas amostras diminutas e altamente degradadas, antes impossíveis de serem analisadas. Apesar disso, em amostras forenses, normalmente coletadas em locais de crimes onde as condições de conservação e preservação não são ideais, problemas potenciais decorrentes da conservação e preservação da amostra (e consequentemente do DNA), da quantidade de DNA disponível para a tipagem e de inibidores da PCR devem ser considerados, uma vez que os resultados de tipagem obtidos no laboratório de DNA devem reproduzir exatamente o que ocorreu no local do crime. Entre os inibidores da PCR presentes em amostras forenses, destacam-se o tanino, componente vegetal usado como corante de tecidos,[78] os ácidos húmico e fúlvico[79] (componentes da matéria orgânica do solo) e a hidroxiapatita[80,81] (um dos componentes dos osteócitos), entre outros.

Análises Estatísticas

A fase final de qualquer caso criminal consiste na apresentação das provas à autoridade policial. A interpretação de todas as evidências e da própria investigação torna o resultado do exame de DNA uma poderosa ferramenta para associar diretamente vítimas e suspeitos ao fato delituoso, e a maneira na qual a evidência do DNA é apresentada deve considerar avaliações estatísticas e/ou raciocínios probabilísticos para assegurar a significância dessa associação; uma inferência estatística adequada exige cuidadosa formulação da questão a ser respondida, incluindo como e quais dados foram recolhidos que, por sua vez, determinam como esses dados serão analisados e interpretados.

Para se determinar a significância da identidade do indivíduo é necessário verificar a frequência com que um conjunto de polimorfismos ocorre na população (frequência alélica ou haplotípica), o que gera a necessidade de um banco de dados populacional. Em análises forenses, polimorfismos pouco frequentes indicam maior probabilidade de a amostra questionada ser realmente de mesma origem da amostra-referência, enquanto polimorfismos muito frequentes indicam menor probabilidade de coincidência, já que muitos indivíduos apresentam o mesmo conjunto naquela população. Os marcadores genéticos utilizados nas análises de DNA criminal são altamente polimórficos e as frequências de seus alelos nas populações já foram estudadas e descritas; essas frequências fornecem os valores que são utilizados para todos os cálculos estatísticos envolvendo probabilidade.[82]

Deve-se salientar, a princípio, que a análise de DNA não identifica um indivíduo, mas fornece a probabilidade, estatisticamente "embasada", de sua inclusão ou exclusão.[83] Quando o perfil de DNA de uma amostra de identidade conhecida (amostra-referência) não coincide com o de uma amostra de identidade desconhecida (questionada) ou quando, em testes para estabelecimento de vínculos genéticos, como o teste de paternidade, os alelos paterno-obrigatórios não estão presentes no perfil da criança analisada, temos um caso de exclusão; segundo o documento "Padronização de Exames de DNA em Perícias Criminais"[14], para assegurar a confiabilidade nesses casos é recomendada a detecção de incompatibilidades em ao menos quatro *loci* STR autossômicos, e quando o número observado de incompatibilidades em estudos de vínculo genético em primeiro grau for inferior a quatro *loci* STR autossômicos, recomenda-se o emprego de marcadores autossômicos adicionais ou uniparentais. Já em um caso de inclusão, uma relação de coincidência é observada e quantificada estatisticamente mediante o confronto entre duas hipóteses, também conhecidas como *odds*, ou chances de probabilidade, que indicam quantas vezes é mais provável aquela amostra questionada ter sido produzida pelo doador da amostra-referência (hipótese do numerador ou "da acusação") do que por qualquer outro indivíduo não relacionado, escolhido ao acaso na população estudada (hipótese do denominador ou "da defesa"), ou, em casos de paternidade, quantas vezes é mais provável que o doador da amostra tenha transmitido o alelo paterno-obrigatório para a criança em relação a qualquer outro homem não relacionado, escolhido ao acaso na população. O valor obtido, resultante da razão dessas duas hipóteses mutuamente condicionais e concorrentes, é conhecido como razão de verossimilhança, ou *likelihood ratio* (LR), e é calculado multiplicando-se os valores individuais obtidos em cada *locus* gênico (regra do produto). Se o LR obtido é maior que 1, a hipótese da acusação é suportada; por outro lado, se o LR obtido é menor que 1, a hipótese da defesa se sobrepõe.

Segundo Coleman & Swenson,[84] o padrão mínimo geralmente aceito para uma inclusão em testes de paternidade, levando-se em consideração um número mínimo de marcadores que assegure a correta associação, é um LR de 100 ou mais, que indica que é 100 vezes mais provável a hipótese na qual o doador da amostra seja o pai da criança em relação a qualquer outro homem na população em questão. No Brasil, as recomendações do Grupo de Trabalho em Estatística contidas no documento "Padronização de Exames de DNA em Perícias Criminais"[14] sugerem um consenso nacional para um LR mínimo de 50 mil em todas as análises criminais, além do número mínimo de marcadores utilizados, devendo seguir os 13 *loci* CODIS (TPOX, D3S1358, D5S818, FGA, CSF1PO, D7S820,

D8S1179, TH01, vWA, D13S317, D16S539, D18S51 e D21S11) e a amelogenina.

Programas gratuitos baseados em plataforma Windows que realizam análises estatísticas de parentesco a partir de perfis de DNA se encontram disponíveis. Esses *softwares* podem ser usados para calcular proporções de probabilidade, probabilidades de paternidade em trios (mãe, filho e suposto pai) e casos nos quais há ausência de um dos progenitores, bem como em casos em que faltam familiares com vínculo direto com a amostra questionada, mas há dados dos avôs ou parentes distantes. Também podem ser usados para computar a probabilidade para dois indivíduos que são irmãos ou meio-irmãos. Entre os programas gratuitos para análises estatísticas de casos forenses, destacam-se o PATCAN,[85] FAMÍLIAS[86] e o DNAMIX.[87]

▶ CONTROLE DE QUALIDADE

Qualquer teste científico que resulta em informações que podem levar à perda da liberdade de um indivíduo acusado de crime precisa ser feito com extremo cuidado; o exame de DNA não é exceção. Por apresentar muitas etapas, as análises devem ser realizadas por pessoal qualificado e treinado, objetivando assegurar a precisão e a garantia nos resultados.

Dois temas são comumente referidos quando se discute a importância da manutenção de boas práticas de laboratório para obter resultados científicos precisos: a garantia de qualidade e o controle de qualidade; a garantia de qualidade refere-se a planos e ações necessários para suprir a confidencialidade dos resultados; por outro lado, o controle de qualidade normalmente se refere às técnicas e atividades operacionais diárias utilizadas para cumprir os requisitos de qualidade.

Cientistas forenses do mundo inteiro reconhecem a importância do controle da qualidade desde o início do desenvolvimento da tecnologia do DNA Forense; o *Technical Working Group on DNA Analysis Methods* (TWGDAM), criado pelo FBI em 1988, a princípio para auxiliar analistas de DNA Forense da América do Norte, participa hoje de encontros internacionais, como o International Symposium on Human Identification, promovendo a discussão do tema com laboratórios de países do mundo inteiro. Além disso, exames de controle de qualidade internos e testes de Proficiência Técnica, como os oferecidos pelos grupos GEP-ISFG (Grupo Espanhol-Português da International Society for Forensic Genetics – www.isfg.org/ e www.gep-isfg.org/) e GITAD/AICEF (Grupo Ibero-americano de Trabajo en ADN/Academia Ibero-americana de Criminalística y Estudios Forenses – http://gitad.ugr.es/principal.htm), recomendados no Brasil pela RIBPG, têm sido realizados com o objetivo de assegurar os padrões de qualidade nas análises de DNA Forense.

São considerados também alguns pontos de extrema relevância para a qualidade total: a devida formação do corpo de profissionais, o espaço físico laboratorial adequado, um eficiente controle de acesso às áreas de trabalho, às amostras objeto da perícia, e outros que podem ser conferidos no documento "Padronização de Exames de DNA em Perícias Criminais".[14]

No Brasil, por meio de um acordo de Cooperação entre o Ministério da Justiça e o INMETRO (Instituto Nacional de Metrologia), foram criados 19 subcomitês técnicos nas diversas áreas de Ciências Forenses em abril de 2010, entre eles o "Grupo de Trabalho de DNA Forense",[88] que, com a interveniência da SENASP e a cooperação da ABTN (Associação Brasileira de Normas Técnicas), terá como clientela os órgãos oficiais de perícia forense das unidades da Federação, objetivando o estabelecimento de normas para garantia e controle da qualidade e acreditação dos laboratórios; apesar de atualmente voluntários,[89] em futuro próximo a adoção desses critérios estará ligada à validação de métodos, ao enquadramento em normas técnicas da ABNT, à acreditação pelo INMETRO, a ensaios de proficiência, inspeções e auditorias.

▶ REFERÊNCIAS

1. Schötterer C. Evolucionary dynamics of microsatellite DNA. Chromosoma 2000; 109:365-71.
2. Moura-neto RS. A investigação de crimes sexuais através do estudo do DNA. Revista Panorama da Justice 1998; 10:44.
3. Pena SD. Segurança Pública: determinação de identidade genética pelo DNA. In: Seminários Temáticos para a 3ª Conferência Nacional de C, T & I. Parcerias Estratégicas 2005; (20):447-60.
4. França GV. Medicina Legal. Rio de Janeiro: Guanabara Koogan, 1985.
5. Benecke M. DNA typing in forensic medicine and in criminal investigations: a current survey. Naturwissenschaften 1997; 84:181-8.
6. Jeffreys AJ, Brookfield JFY, Semeonoff R. Positive identification of an immigration test-case using human DNA fingerprints. Nature 1985 b; 317:818-9.
7. Ivanov PL, Wadhams MJ, Roby RK, Holland MM, Weedn VW, Parsons TJ. Mitochondrial DNA sequence heteroplasmy in the grand duke of russia Georgij Romanov establishes the authenticity of the remains of tsar Nicholas II. Nature Genetics 1996; 12:417-20.
8. Biesecker LG, Bailey-Wison JE, Ballantyne J *et al*. DNA identifications after the 9/11 world trade center attack. Science 2005; 310(5751):1122-3.
9. Budimlija ZM, Prinz MK, Zelson-Mundorff A *et al*. World trade center human identification project: Experiences with individual body identification cases. Croat Med J 2003; 44(3):259-63.
10. Alonso CAM, Malaghini M, Dall'Stella R, Schneider VJ. Análises de material genético na investigação criminal: um relato sobre a evolução dos processos. Revista Laes & Haes 2000; 125.
11. Jeffreys AJ, Wilson V, Thein SL. Hypervariable minisatellite regions in human DNA. Nature 1985a; 314:67-73.
12. Brenner CH. Some mathematical problems in the DNA identification of vitims in the 2004 tsunami and similar mass fatalities. Forensic Sci Int 2006; 157:172-80.
13. Decorte R. Genetic identification in the 21st century – current status and future developments. Forensic Science International 2010; 201:160-4.

14. Secretaria Nacional de Segurança Pública (SENASP). Padronização de Exames de DNA em Perícias Criminais. 2006. Disponível em http://www.mj.gov.br/senasp/susp/pericias/padronizacao_exames.pdf [2008].

15. Rankin DR, Narveson SD, Birkby WH, Lay J. Restriction fragment length polymorphism (RFLP) analysis on DNA from human compact bone. Journal of Forensic Science 1996; 41(1):40-6.

16. Higuchi R,Von Beroldinger CH, Sensabaugh GF, Erlich HA. DNA typing from single hairs. Nature 1998; 332(7):543-5.

17. Sweet D, Dizinno JA. Personal identification through dental evidence-tooth fragments to DNA. Journal Californian Dental Assoc 1996; 24(5):35-42.

18. Hoss M, Paabo S. DNA extraction from pleistocene bones by a silica-based purification method. Nucleic Acids 1993; 21(16):3913-4.

19. Cattaneo C, Craig OE, James NT, Sokol RJ. Comparison of three DNA extraction methods on bone and bloodstains up to 43 years old and amplification of three different gene sequences. J Forensic Sci 1997; 42(6):1126-35.

20. Schierwater B, Streit B, Wagner GP, Desalle R. The use of microsatellite analysis in population biology: background, methods and potential applications. Molecular Ecology and Evolution: Approaches and applications. Switzerland: Birkhauser Verlag Basel, 1994; 184-201.

21. Torneck CD. Dentin-pulp complex. In: Ten Cate AR. Oral histology: development, structure and function. 3rd ed. St. Louis: Mosby, 1994; 169-217.

22. Martin RB, Burr DB. The structure, function and adaptation of cortical bone. New York: Raven Press, 1989. In: Taylor D, Lee TC. Measuring the shape and size of microcracks in bone. Journal of Biomechanics 1998; 31:1177-80.

23. Schneider PM. Basic issues in forensic DNA typing. Forensic Sci Int 1997; 88:17-22.

24. Lehninger AL, Nelson DL, Cox MM. Princípios de Bioquímica. 2. ed. São Paulo: Sarvier, 1995.

25. Edwards A. Genetic variation at five trimeric and tetrameric tandem repeat loci to four human population groups. Genomics 1992; 12:241-53.

26. Weedn VW, Swarnen SL Exames forenses de identificação por análises do DNA. In: Henry JB. Diagnósticos clínicos e tratamento por métodos laboratoriais. 19 ed. São Paulo: Manole, 1998:1427-38.

27. Amar AM, Amar MJA. Investigação de paternidade e maternidade – aplicações médico-legais do DNA. 2. ed. São Paulo: Ícone, 1991.

28. Moller A, Brinkmann B. PCR-VNTRs (PCR-variable number of tandem repeats) in forensic science. Cell Mol Biol 1995; 41(5):715-24.

29. Xiao J, Xin X, Luan X, Wei D, Yang S. A modified simple RFLP-PCR method for single nucleotide polymorphism (SNP) typing. Genetics and Molecular Biology 2004; 29(3):562-5.

30. Snustad DP, Simmons MJ. Aplicações de genética molecular. In: Fundamentos de Genética. 4. ed. Rio de Janeiro: Guanabara Koogan, 2008:523-25.

31. Saiki RK, Gelfand DH, Stoffel S, Sharf SJ, Higuchi R. Primer-directed enzymatic amplification of DNA with a thermostable DNA polymerase. Science 1988; 239:487-91.

32. Butler JM, Shen Y, Mccord BR. The development of reduced size STR amplicons as tools foranalysis of degraded DNA. J Forensic Sci 2003; (48):1054-64.

33. Desmarais D, Zhong Y, Chakraborty R, Perreault C, Busque L. Development of a highly polymorphic STR marker for identity testing purposes at the human androgen receptor gene. J Forensic Sci 1998; 43(5):1046-9.

34. Robertson J, Ziegle J, Kronick M, Madden D, Budowle B. Genetic typing using automated electrophoresis and fluorescence detection. Review 1991; 58:391-8.

35. Sacchetti L, Calcagno G, Coto I, Tinto N, Vuttariello E, Salvatore F. Efficiency of two different nine-loci short tandem repeat systems for DNA typing purposes. Clin Chem 1999; 45(2):178-83.

36. Butler JM, Buel E, Crivellente F, Mccord BR. Forensic DNA typing by capillary electrophoresis using the ABI Prism 310 and 3100 Genetic Analyzers for STR analysis. Electrophoresis 2004; 25(10-11):1397-412.

37. Kuhn S, Hoffstetter-Kuhn S. Capillary electrophoresis. Springer Verlag, Hardcover, 1993.

38. Bassam BJ, Anolles GC, Gresshoff PM. Fast and sensitive silver staining of DNA in polyacrylamide gels. Anal Biochem 1991; 196:80-3.

39. Lazaruk K, Walsh PS, Oaks F et al. Genotyping of forensic short tandem repeat (STR) systems based on sizing precision in a capillary electrophoresis instrument. Electrophoresis 1998; 19:86-93.

40. Sprecher C, Krenke B, Amiott B, Rabbach D, Grooms K. Promega corporation – the powerplex 16 system. Profiles in DNA 2000; 4(1):3-6.

41. Butler JM. Genetics and genomics of core short tandem repeat loci used in human identity testing. J Forensic Sci 2006; 51(2):253-65.

42. Promega. In: Anais 21st International Symposium on Human Identification, 2010.

43. Hammer MF. A recent common ancestry for human Y chromosomes. Nature 1995; (378):376-8.

44. Holloway JW, Beghé B, Turner S et al. Comparison of three methods for single nucleotide polymorphism typing for DNA bank studies: Sequence-specific oligonucleotide probe hybridisation, taqman liquid phase hybridisation, and microplate array diagonal gel electrophoresis (madge). Human Mutations 1999; 14(4):340-7.

45. Heaton MP, Harhay GP, Bennett GL et al. Selection and use of SNP markers for animal identification and paternity analysis in U.S. beef cattle. Mammalian Genome 2002; 13(5):272-81.

46. Wang DG, Fan JB, Siao CJ et al. Large-scale identification mapping and genotyping of single nucleotide polymorphism in the human genome. Science 1998; 15-280 (5366):1077-82.

47. Jobim LF, Jobim MR, Brenner C. Identificação humana pelo DNA: investigação de paternidade e análise de casos forense. In: Tochetto D (coord.). Identificação humana. Porto Alegre: Sagra Luzzato, 1999:237-303.

48. Lutz S, Weisser HJ, Heizmann J, Pollak S. MtDNA as a tool for identification of human remains: identification using mtDNA. Int J Legal Med 1996; 109(4):205-9.

49. Butler JM. Forensic DNA typing: biology, technology, and genetics of str markers. 2. ed. USA: Elsevier, 2005.

50. Lai E, Riley J, Purvis I et al. A 4-Mb high-density single nucleotide polymorphism-based map around human APOE. Genomics 1998; 54(1):31-8.

51. Fahrenkrug SC, Freking BA, Smith TP et al. Single nucleotide polymorphism (SNP) discovery in porcine expressed genes. Animal Genetics 2002; 33(3):186-95.

52. Calvo JH, Martínez-Royo A, Silveri L et al. Isolation, mapping and identification of SNPs for four genes (ACP6, CGN, ANXA9, SLC27A3) from a bovine QTL region on BTA3. Cytogenetics and Genome Research 2006; 114(1):39-43.

53. Honda K, Roewer L, Knijff P. Male DNA typing from 25 year old vaginal swabs using Y chromosomal STR Polymorphisms in a retrial request case. J Forensic Sci 1999; 44(4):868-72.

54. Y-STR haplotype reference database (YHRD). Disponível em http://www.yhrd.org

55. Asamura H, Sakai H, Ota M, Fukushima H. Japanese population data for eight x-str loci using two new quadruplex systems. Int J Legal Med 2006: 303-9.

56. Gomes I, Prinz M, Pereira R et al. Genetic analysis of three US population groups using a X-chromosomal STR decaplex. Int J Legal Med 2007: 198-203.

57. Zhao ZM, Liu Y, Lin Y. Mutations of short tandem repeat loci in identifiler system. 2007; 23(4):290-1 e 294.

58. Albuquerque TK. Identificação humana através de marcadores moleculares. Caderno La Salle Xi, Canoas 2004; 2(1):265-70.

59. Schneider PM. Recovery of high molecular weight DNA from blood and forensic specimens. In: Lincoln PJ, Thompson J. Methods in molecular biology vol 98: Forensic DNA profiling protocols. Totowa: Humana Press, 1998:17.

60. Walsh OS, Varlaro J, Reynolds R. A rapid chemiluminescent method for quantification of human DNA. Nucleic Acids Res 1992; 20:5061-5.

61. Anzai-Kanto E, Ozaki A, Nunes FD, Hirata MH, Oliveira RN. Extração de DNA de saliva humana depositada sobre a pele e sua aplicabilidade aos processos de identificação. Odontol Soc 2001; 3(1-2):5-7.

62. Anzai-Kanto E, Hirata MH, Hirata RD, Nunes FD, Melani RF, Oliveira RN. DNA extraction from human saliva deposited on skin and its use in forensic identification procedures. Braz Oral Res 2005; 19(3):216-22.

63. Carvalho SPM. Avaliação da qualidade do DNA obtido de saliva humana armazenada e sua aplicabilidade na identificação forense em Odontologia Legal [Dissertação]. Bauru: Faculdade de Odontologia de Bauru, Universidade de São Paulo, 2009.

64. Oliveira RN, Anzai EK, Mesquita RA, Daruge E, Nunes FD. Metodologia de extração de DNA de dentes e sua aplicação em odontologia legal. In: Reunião Anual da Sociedade Brasileira de Pesquisas Odontológicas Brasileiras. Águas de Lindoia. Pesquisa Odontológica Brasileira, 2000:14-82.

65. Alves HB, Alves KCS, Da Silva PH et al. Identificação humana pósmorte. Revista Perícia Federal 2000; 32-5.

66. Mesquita RA, Anzai EK, Oliveira RN, Nues FD. Evaluation of 3 methods of DNA extraction form paraffin embedded material for the amplification of genomic DNA using PCR. Pesq Odontol Bras 2001; 15(4):314-9.

67. Coombs NJ, Gough AC, Primrose JN. Optimization of DNA and RNA extraction from archival formalin-fixed tissue. Nucleic Acids Res 1999; 27(16):e12.

68. Hirata MH, Tavares V, Hirata RDC. Da biologia molecular à medicina: métodos comumente utilizados em farmacogenética. Medicina (Ribeirão Preto) 2006; 39(4):522-34.

69. Walker MR, Rapley R. Guia de rotas na tecnologia do gene. São Paulo: Editora Atheneu, 1999.

70. Buckleton J. Validation issues around DNA typing of low level DNA. Forensic Sci International: Genetics 2009; 3:255-60.

71. Nielsen K, Mogensen HS, Hedman J, Niederstatter H, Parson W, Morling N. Comparison of five DNA quantification methods. Forensic Science International: Genetics 2008; 2:226-30.

72. Mandrekar MN, Erickson AM, Kopp K et al. Development of a human DNA quantification system. Croat Med J V 2001; 442:336-9.

73. Andreasson H, Gyllensten U, Allen M. Real-time DNA quantification of nuclear and mitochondrial DNA in forensic analysis. Biotechniques 2002; 33(2):402-4, 407-11.

74. Nicklas JA, Buel E. Development of an *alu*-based, real-time pcr method for quantitation of human dna inforensic samples. J Forensic Sci 2003:1-9.

75. Nicklas JA, Buel E. Simultaneous determination of total human and male DNA using a duplex real-time PCR assay. J Forensic Sci 2006; 51:1005-15.

76. Green RL, Roinestad IC, Boland C, Hennessy LK. Developmental validation of the quantifilertm real-time PCR kits for the quantification of human nuclear DNA samples. J Forensic Sci 2005; 50:1-17.

77. Haff L. Improved quantitative PCR using Nested Primers. Cold Spring Harbor Laboratory Press. November, 2009.

78. Molinari HB, Crochemore ML. Extração de DNA genômico de *Passiflora spp* para análises de PCR-RAPD. Rev Bras Frutic 2001; 23.

79. Paabo S, Higuchi RG, Wilson AC. Ancient DNA and the Polymerase Chain Reaction. The Journal of Biological Chemistry 1989; 264:9709-12.

80. Hanni C, Brousseaul T, Laudet V, Tehelin D. Isopropanol precipitation removes PCR inhibitors from ancient bone extracts. Nucleic Acids Research 1995; 23:881-2.

81. Hagelberg E, Sykes B, Hedeges R. Ancient bone DNA amplified. Nature 1989; 342:485.

82. Evett IW, Weir BS. Interpreting DNA evidence statistical genetics for forensic scientists. Sinaver Associates, Inc, Sunderland, MA. USA 1998.

83. Walker RH. Parentage testing accreditation requirements manual of the american association of blood banks. 3. ed. Bethesda, md. USA, 1998.

84. Coleman H, Swenson E. DNA in the Courtroom: A Trial Watcher's Guide. Chapter 4: DNA in parentage testing. Available at: http://www.genelex.com/paternitytesting/paternitybook.html. 2000

85. Riancho JA, Zarrabeitia MT. A windows-based software for common paternity and sibling analyses. Forensic Sci Int 2003; 135(3):232-4.

86. Drabek J. Validation of software for calculating the likelihood ratio for parentage and kinship. Forensic Sci Int Genetics 2009; 3:112-8.

87. Clayton TM, Whitaker JP, Sparkes R, Gill P. Analysis and interpretation of mixed forensic stains. Forensic Sci Int 1998; 91:55-70.

88. Moura-Neto R. Painel setorial metrologia forense. Grupo de Trabalho em DNA Forense na ABNT CEE disponível em www.inmetro.gov.br/painelsetorial/palestras/rodrigo-moura.pdf [julho].

89. Lima MA Painel setorial metrologia forense. Programa de Acreditação para Laboratórios de Perícias Forenses Metrologia Forense na Análise de DNA. Disponível em www.inmetro.gov.br/painelsetorial/palestras/lima.pdf [julho 2010].

CAPÍTULO 20

Reconstrução Facial Forense

Silvia Virgínia Tedeschi-Oliveira

▶ INTRODUÇÃO

Reconstrução facial é a expressão mais comumente utilizada para designar o processo de projetar a aparência do tecido mole com base na arquitetura do crânio. Como sinônimos são encontrados os termos reprodução facial, restauração facial ou aproximação facial.

A melhor nomenclatura para essa técnica tem sido por vezes discutida, e alguns autores não concordam com o termo "reconstrução", preferindo "aproximação" facial forense. Nos países latinos, como Itália, Portugal e Brasil, o termo de uso corrente ainda é reconstrução facial, mas é consenso que se obtém com essa técnica uma face aproximada do indivíduo, sem que isso diminua o potencial de sua utilização. Sem questionar o mérito da discussão linguística, o termo reconstrução facial forense será o de eleição no presente capítulo, entendendo que o resultado obtido não deverá ser avaliado como uma cópia exata (fiel) da aparência do indivíduo em vida.

Reconstrução facial forense pode ser definida, então, como uma técnica auxiliar de identificação que torna possível direcionar as investigações após o reconhecimento de imagens de uma face inferida sobre um crânio desconhecido, divulgadas nos meios de comunicação.

As características específicas da face humana não são somente de interesse antropológico, mas também de interesse forense, pois é necessário considerar que as inúmeras variações individuais encontradas no homem respaldam o próprio conceito de identidade, segundo o qual cada ser é único também em sua expressão facial. A representação exata da face em vida está fora do alcance das técnicas forenses utilizando-se somente elementos encontrados no crânio.

Quando analisamos as principais técnicas científicas utilizadas na identificação médico/odontolegal, observamos que estas se fundamentam em estudos comparativos de registros produzidos *ante mortem* com registros periciais *post mortem*, a fim de estabelecer uma ligação entre os despojos humanos estudados e algum indivíduo previamente identificado. Entretanto, quando deparamos com um cadáver em adiantado estado de decomposição, esqueletizado, mutilado ou calcinado, essa identificação por comparação torna-se extremamente complexa. Dificuldades ainda maiores surgem diante da inexistência de indícios que direcionem as buscas por registros anteriores. Embora um cadáver represente uma enorme fonte de informações para o patologista forense, odontolegista e antropólogo, nem sempre essa análise forense multidisciplinar pode garantir, ao final, uma identificação positiva. A obtenção de dados pormenorizados no *post mortem* é inútil se estes não puderem ser comparados a dados coletados *ante mortem*.

Assim, a técnica auxiliar de reconstrução facial forense tem sua melhor aplicação nos casos em que despojos humanos apresentam-se sem uma identidade atribuível. Seu uso pode ser considerado um último recurso para desencadear o processo de identificação.

Por meio dela é possível reconstruir os contornos aproximados dos tecidos moles sobre o crânio esqueletizado, obtendo-se uma face e permitindo que características perdidas do indivíduo sejam visualizadas a partir do crânio como matriz onde se fixam os tecidos moles que o recobrem.

A exposição dessa face reconstruída pelos meios de comunicação visa estimular o reconhecimento por parentes e pode conduzir a novas evidências trazidas por estes. Diante de novos achados, uma maior análise comparativa pode ser efetuada para o estabelecimento da identidade, em conjunto com outros métodos corroborativos, como a comparação de registros radiográficos e odontológicos ou mediante análise do DNA de amostras biológicas.

É possível realizar reconstruções da face em duas dimensões, ou seja, por meio de desenho, inferindo o tecido mole correspondente sobre imagem radiográfica ou mesmo fotográfica do crânio. Também o "retrato falado" obtido com o uso de conjuntos preconcebidos de detalhes da face ou artisticamente tem, por vezes, sido classificado como reconstrução facial. Nosso interesse é descrever aqui a técnica em três dimensões, em virtude de seu maior potencial de sucesso e possibilidades futuras.

Reconstruções faciais em três dimensões com finalidade forense podem ser conseguidas tanto por meio de esculturas modeladas em material plástico ou argila como por programas computadorizados.

Assim como no século XIX, ainda hoje a maioria dessas técnicas emprega conjuntos de médias da profundidade de tecidos moles sobre determinados pontos craniométricos, atuando como guias dos contornos faciais. No entanto, a forma dos olhos e das pálpebras, os lábios e a ponta do nariz não têm correspondência óssea estabelecida no crânio, e essas são características importantes no reconhecimento facial, sendo consideradas uma fragilidade da técnica a ser discutida.

O objetivo deste capítulo é apresentar ao leitor a possibilidade de utilização da reconstrução facial na identificação forense, considerando o atual *estado da arte*, e motivar os interessados em Ciências Forenses a buscarem, por meio de outros estudos, o aprimoramento dessa técnica auxiliar.

▶ HISTÓRICO

O crânio humano, como matriz da forma da cabeça e face, tem sido estudado com especial interesse, e numerosos trabalhos foram realizados em busca da validação científica para as técnicas auxiliares de identificação como a reconstrução facial.

Foi no final do século XIX que surgiram as primeiras reconstruções de uma face sobre o crânio esqueletizado. Diferentes metodologias têm sido empregadas desde então. Buscando obter a relação entre os tecidos moles da face, sua base óssea no crânio e sua aparência externa, pioneiros desses estudos realizaram mensurações da espessura dos tecidos moles em pontos anatômicos selecionados no crânio que possibilitariam a reconstrução facial. Por meio dessa técnica foram inicialmente reproduzidas as faces do filósofo alemão Immanuel Kant, em trabalho de 1883, do pintor italiano Rafael, em 1884, e do poeta e dramaturgo alemão Schiller, em 1888, sendo a face do compositor Johann Sebastian Bach reconstruída em 1895.[1]

A partir de então, e nas décadas seguintes, esses métodos foram utilizados principalmente em museus para a reconstrução da face de vários homens pré-históricos.

Sua aplicação em casos forenses de identidade desconhecida surgiu esporadicamente nos anos 1940, sendo popularizada no campo forense por Krogman, que apresentou detalhadamente seu método para reconstrução facial em 1946.[2]

Até então, os trabalhos produzidos eram baseados em uma pequena amostra das medidas de profundidades de tecidos moles, recolhida antes da virada do século XX.

A acurácia do método de reconstrução facial foi testada com a modelagem diretamente sobre dois crânios (feminino e masculino), encontrando-se 26% de acerto para o crânio feminino e 67% para o masculino. Como fatores que interferiram nos resultados, foram apontadas a idade do indivíduo e as variações nas tabelas de profundidade de tecidos moles conhecidas. No entanto, desde a publicação desse trabalho, o interesse por esse campo cresceu rapidamente nos EUA e identificações bem-sucedidas foram relatadas.[3]

Cabe ressaltar que a despeito do sucesso obtido em alguns casos sobre o potencial dos métodos de reconstrução facial, sempre houve certa relutância na validação desse método devido, especialmente, aos inadequados controle e padronização das medidas das espessuras dos tecidos moles.

Nesse sentido, observando os problemas para efetiva validação científica das técnicas de reprodução facial, alguns critérios foram estabelecidos para a coleta de dados sobre a espessura do tecido humano, considerando como possíveis variáveis: a assimetria facial, buscando então obter medições bilaterais; sexo; idade; herança genética ou ancestralidade (originalmente os autores apontam para possível grupo racial), e também estabelecer parâmetros para as medidas compreendidas entre o malar inferior e a borda da mandíbula, área considerada "terra incógnita" pelos autores. Nesse estudo foram examinados 59 cadáveres de indivíduos negros americanos, com tempo de óbito inferior a 12 horas, de ambos os sexos, com idade média de 35 anos; o tecido mole foi mensurando sobre 10 pontos craniométricos na linha média da face e mais 11 pontos bilaterais.[4]

As pesquisas que se seguiram tomaram como base esse trabalho de Rhine & Campbell[4] e, posteriormente, as tabelas de Rhine & Moore[5] obtidas em amostra de indivíduos brancos americanos, objetivando sempre encontrar maior confiabilidade para as medidas obtidas e suas relações entre sexo, idade, ancestralidade, possível assimetria facial e também estado nutricional.

O exame e a mensuração da espessura e forma dos tecidos moles e a compreensão de como esses tecidos estão relacionados com o crânio ampliaram o nível científico nas técnicas de reconstrução facial.

Com base nesse conhecimento das espessuras de tecido mole que recobrem determinados pontos no crânio, diferentes metodologias têm sido aplicadas na reconstrução facial tridimensional por meio de técnicas manuais, como: (1) método americano, em que o crânio é usado como uma base sobre a qual se aplica material de modelagem, esculpindo-se os tecidos moles, utilizando-se determinadas relações anatômicas obtidas durante estudos antropológicos do crânio e da profundidade dos tecidos; (2) método russo, em que os músculos faciais são definidos e modelados em suas inserções um a um sobre o crânio; e (3) método combinado ou de Manchester, que consiste na utilização parcial dessas duas técnicas.

Alternativamente, recentes estudos têm desenvolvido programas para que um computador possa gerar uma imagem inferida da face usando a mesma relação entre os tecidos moles e o crânio.[6]

Uma análise direta do crânio revela que suas relações com os tecidos moles que formam o contorno facial estão presentes na testa, margens dos olhos, ponte do nariz, acima dos lábios, queixo e em outros pontos craniométricos estabelecidos pela literatura de referência para esse tipo de técnica reconstrutiva da face.

Como pressuposto da "identidade" temos que dois indivíduos não são exatamente iguais em todas as suas características mensuráveis; mesmo gêmeos geneticamente idênticos (monozigóticos) diferem em alguns aspectos. Essas características tendem a sofrer mudanças em vários graus, desde o nascimento até a morte, na saúde e na doença, e desde o desenvolvimento do esqueleto são influenciadas por uma série de fatores que produzem diferenças nas proporções esqueléticas entre diferentes áreas geográficas, sendo desejável o desenvolvimento de meios de quantificação das variações que essas características apresentam.

Necessário considerar que a face humana, quando em vida, apresenta inúmeras particularidades, como a expressão do olhar e do sorriso, que dificilmente poderá ser reconstruída, seja por meio da escultura plástica, seja por programas computadorizados. A forma dos olhos e pálpebras, a ponta do nariz e os lábios não podem ser previstos a partir do crânio e são características importantes no reconhecimento facial. O tamanho, a forma e os ângulos do nariz e dos lábios têm sido exaustivamente avaliados em estudos cefalométricos habitualmente realizados no campo da Ortodontia, sendo possível a utilização desses dados como uma necessária referência na reconstrução facial forense. A obtenção da inferência da projeção nasal foi objeto de estudo recente e será discutida ainda neste capítulo.

Há mais de um século diferentes tabelas contendo dados da correspondência entre pontos encontrados no crânio e os tecidos moles que o recobrem foram produzidas, buscando relacioná-los ainda ao sexo, à idade, à etnia e ao estado nutricional.

Ainda não há um consenso quanto aos marcos a serem utilizados para orientar uma rigorosa reconstrução facial forense. Rhine & Campbell[4] e Tedeschi-Oliveira *et al.*[7] mensuraram 32 pontos, 10 na linha mediana e 11 bilaterais (Figura 20.1 e Tabela 20.1); Aulsebrook *et al.*,[8] em

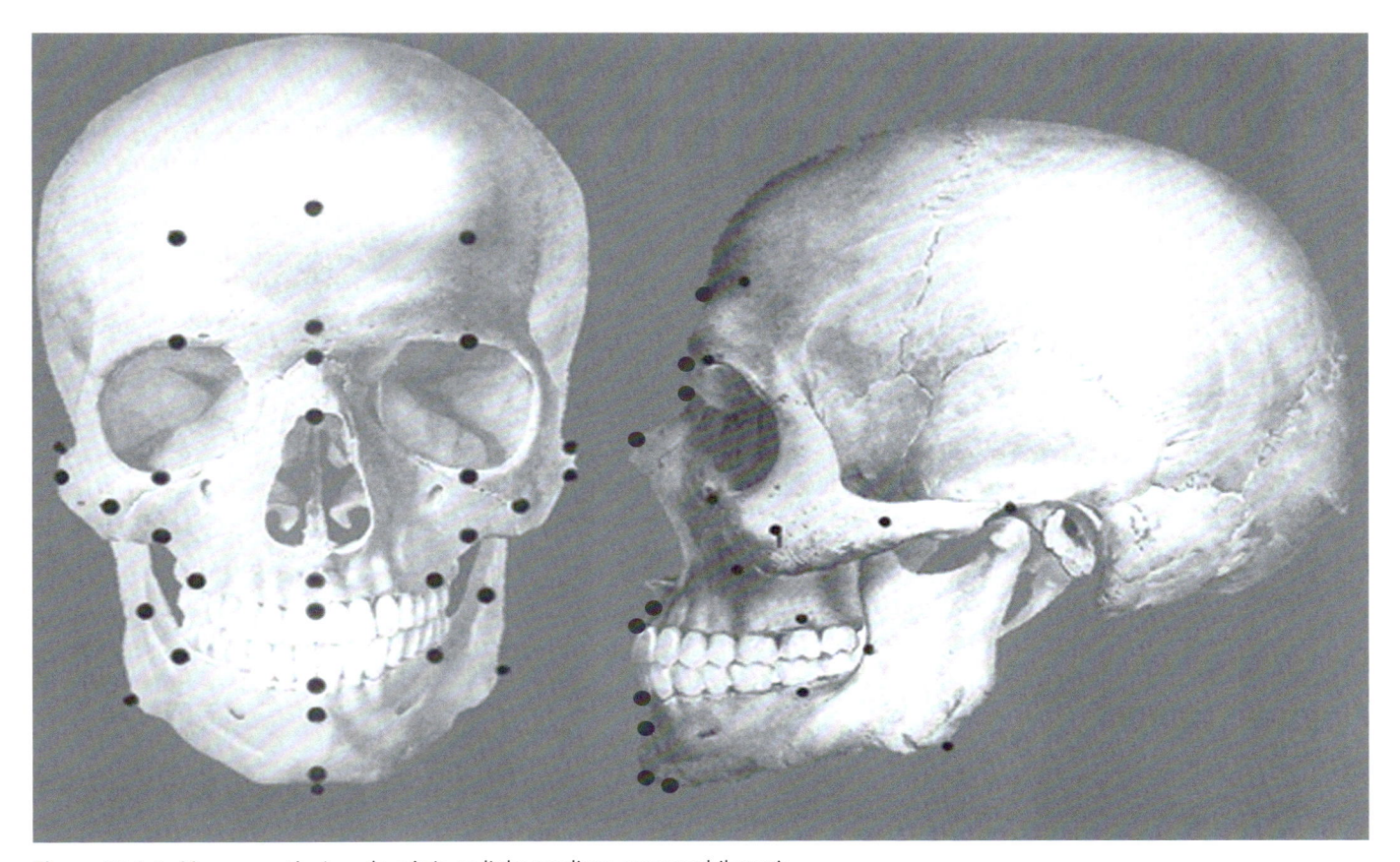

Figura 20.1 ▸ Marcos anatômicos do crânio na linha mediana e pontos bilaterais

Tabela 20.1 ▸ Descrição dos pontos prosopométricos utilizados na reconstrução facial forense por Rhine & Campbell (1980) e Tedeschi-Oliveira *et al.* (2009)

Ponto craniométrico	Descrição
Linha mediana	
1. Supraglabela	Ponto mais anterior na linha mediana, acima da glabela
2. Glabela	Ponto mais proeminente entre o arco supraorbital, no plano mediossagital
3. Násio	Ponto médio da sutura, entre o frontal e os dois nasais
4. Rínio	Ponto anterior e mais inferior dos nasais
5. Filtro médio	Ponto na linha média da maxila, abaixo da curvatura da espinha nasal anterior
6. Supradental	Centro, na maxila, entre os incisivos centrais superiores, ao nível da junção cemento-esmalte
7. Infradental	Centro, na mandíbula, entre os incisivos centrais inferiores, ao nível da junção cemento-esmalte
8. Supramental	Ponto na depressão da linha média, no início da raiz, na mandíbula, entre os dentes e a eminência mentoniana
9. Eminência mentoniana	Ponto projetado mais anteriormente na linha média do mento
10. Mento	Ponto mais inferior na mandíbula, abaixo do mento, na linha mediana
Pontos bilaterais	
11. Eminência frontal	Pontos mais projetados das bossas frontais
12. Supraorbital	Acima da órbita, centrado sobre a margem orbitária
13. Suborbital	Abaixo da órbita, centrado na margem mais inferior da órbita
14. Malar inferior	Na porção inferior da maxila
15. Lateral da órbita	Linha que passa pela borda lateral do olho e o centro do arco zigomático
16. Arco zigomático	É o ponto mais projetado lateralmente no arco zigomático quando o crânio é visto em norma superior
17. Supraglenoide	Acima e ligeiramente adiante do meato acústico externo
18. Gônio	Ponto mais lateral do ângulo da mandíbula
19. Supra M2	Acima do segundo molar superior
20. Linha oclusal	Ponto situado no ramo mandibular, no plano de oclusão dentária
21. Sub M2	Abaixo do segundo molar inferior

54 marcos (16 pontos avaliados em radiografias laterais, 20 em radiografias oblíquas e 18 por meio de ultrassom); Ferrario & Sforza,[9] em 10 pontos na linha média da face; Bishara *et al.*,[10] em oito pontos medianos; Simpson & Henneberg,[11] em 19 marcos, sendo 10 na linha mediana e nove bilaterais; Domaracki & Stephan,[12] 13 pontos (sete na linha mediana e três bilaterais); Sahni *et al.*,[13] 21 pontos (oito na linha média e 13 bilaterais), e um total de 52 pontos avaliados por De Greef *et al.*[14] e Claes *et al.*,[15] em 10 na linha mediana e 21 bilaterais. Desse modo, não existe um conjunto ou tabela padrão para essas medidas, e mesmo quando diferentes tabelas se referem ao mesmo marco, muitas vezes a definição individual dos marcos está em desacordo. Também a metodologia para coletar as espessuras dos tecidos é muitas vezes distinta.

Assim, uma maior confiabilidade da reconstrução da face humana a partir do esqueleto do crânio, não importando a metodologia empregada, tem como fator significativo a avaliação das medidas observadas de espessura dos tecidos moles que o recobrem, próprias para gênero, idade e características étnicas do esqueleto estudado.

▸ MÉTODOS UTILIZADOS PARA DETERMINAR A PROFUNDIDADE DOS TECIDOS MOLES SOBRE A FACE

A antropometria, como conjunto sistematizado de técnicas de medição que expressam quantitativamente as dimensões do corpo humano e do esqueleto, fornece dados objetivos para avaliação da morfologia craniofacial mediante uma série de medidas da cabeça e da face em suas subdivisões respectivas da craniometria e prosopometria.[16]

Na antropometria direta, a medida é obtida diretamente do sujeito por meio de paquímetro, fita métrica ou, como nesse caso, punção de agulha, e na antropometria indireta as medidas são coletadas por meio de fotografias, cefalometrias do perfil do tecido mole e imagens computadorizadas.[17]

A obtenção das medidas tissulares médias para aplicação na técnica de reconstrução facial tem sido realizada por meio de diferentes métodos.

Punção com Agulhas em Cadáveres

Os primeiros trabalhos utilizaram a punctura do tecido em pontos específicos previamente identificados, relacionados a correspondentes marcos ósseos no crânio.

Na metodologia empregada inicialmente por Welcker,[18] o autor obteve uma base de dados de espessuras dos tecidos mediante a inserção de uma lâmina na pele de cadáveres, sobretudo em marcos anatômicos selecionados do crânio (násio, gônio etc.), medindo então a profundidade de penetração da lâmina.

O clássico trabalho de His[19] apresentou a metodologia de Welcker[18] modificada, usando uma agulha fina

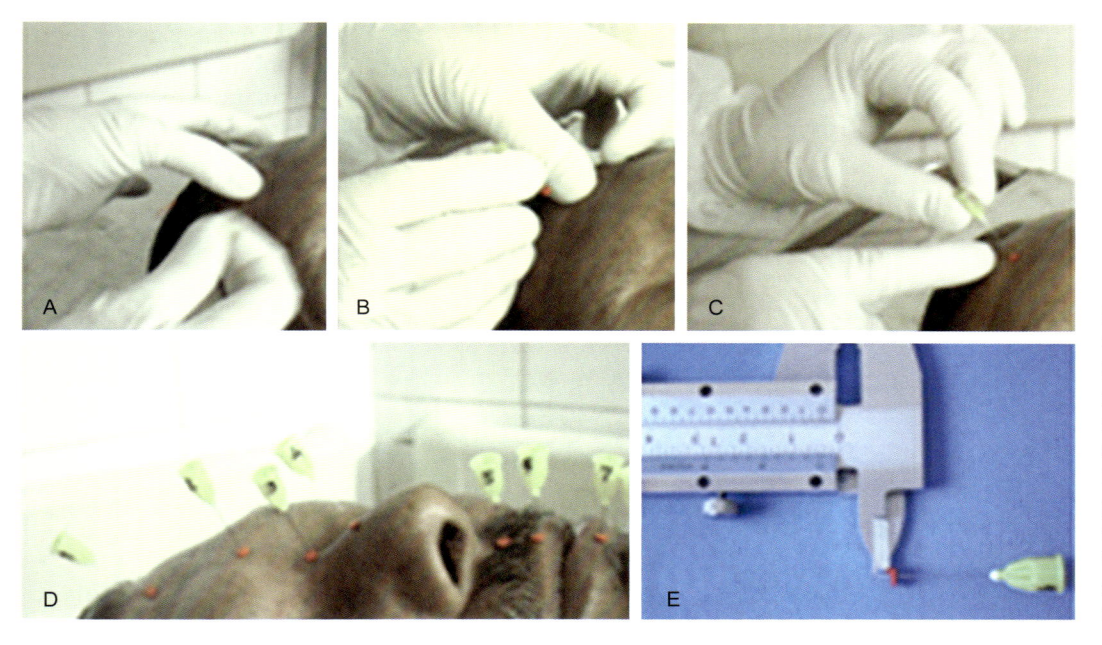

Figura 20.2 ▶ Sequência da técnica de punção para mensuração da espessura de tecidos moles. **A** Localização do marco anatômico. **B** Punção com agulha no local. **C** Marcador deslizando sobre a pele. **D** Pontos da linha média com as agulhas penetradas. **E** Mensuração com paquímetro da ponta ativa da agulha até o marcador

acrescida de um pequeno pedaço de borracha, que foi introduzida dentro do tecido muscular, perpendicularmente ao osso, em uma série de marcos, e até o ponto em que atingiu osso. À medida que a agulha penetrava a pele, a peça de borracha era deslocada para cima a partir do ponto. A distância do ponto até a peça de borracha foi, então, registrada em milímetros como a espessura de tecidos para aquele local (Figura 20.2).

Kollmann & Büchly[20] ampliaram o trabalho de His,[19] também em cadáveres, sendo criadas quatro categorias descritivas de estado nutricional: magro, muito magro, bem-nutrido e muito bem-nutrido, sendo também observadas as diferenças entre sexos.

Esses estudos são tão clássicos que todos os outros trabalhos, desde então, têm testado sua eficácia ou mensurado esses dados de maneira semelhante em outros grupos.

Para tanto, preconiza-se deslizar o marcador de borracha levemente para baixo em contato com a pele com pinças, depois de verificar se a pele não foi enrugada em torno da agulha. A tendência de a agulha comprimir a pele para baixo pode ser corrigida nivelando-se a pele com os dedos da mão livre.[4]

Até meados da década de 1980, todos os estudos para determinar a profundidade dos tecidos só usavam cadáveres e a técnica com agulha.

Uma relação entre a quantidade de tecidos moles presentes na face e o tamanho do osso subjacente foi observada em estudo realizado em cadáveres australianos brancos embalsamados também por meio da técnica de punção preconizada por His,[19] mas utilizando agulhas de uso odontológico, introduzidas nos conhecidos pontos cefalométricos.[11]

Outra variação da técnica de punctura com agulhas avaliou 13 marcos anatômicos em estudo com 33 cadáveres também australianos brancos previamente embalsamados. Nesse trabalho, as agulhas foram cobertas por fuligem proveniente do aquecimento destas em chama, sendo a camada enegrecida limpa quando a agulha foi introduzida na pele. A parcela limpa da agulha foi então medida em uma placa osteométrica com escala de 0,5mm. Os dados foram comparados com outros estudos que usaram os mesmos método e amostra.[12]

Considerando-se que a população brasileira é bastante heterogênea e miscigenada, os valores de referência de tabelas produzidas tendo como referência outros povos apontam para diferenças que devem ser consideradas na aplicação da técnica de reconstrução facial em indivíduos de nossa população.

Uma avaliação dessas medidas foi realizada em brasileiros, em amostra de 40 cadáveres autopsiados na Seção Técnica de Verificação de Óbitos em Guarulhos – São Paulo, por meio do método de punção com agulha sobre pontos craniométricos previamente estabelecidos e consagrados na literatura, buscando estabelecer parâmetros nacionais, o que resultou em uma tabela (Tabela 20.2) que se utilizava dos valores médios encontrados para referência no uso da técnica de reconstrução facial. Nesse estudo não foram encontradas diferenças estatisticamente significativas para as medidas observadas nos lados direito e esquerdo e na cor da pele no Brasil.[7]

A maioria dos dados que constituem as outras tabelas conhecidas foi adquirida manualmente, usando a técnica de punção.

Em pesquisas realizadas com cadáveres é importante considerar o tempo decorrido de óbito, pois este pode estar relacionado com alterações tanatológicas importantes, como *livor mortis* (manchas de hipóstase), *rigor mortis* (rigidez cadavérica) e grau de decomposição. Essas alterações promovem um potencial compro-

Tabela 20.2 ▸ Espessura dos tecidos moles da face (mm) para uma amostra de brasileiros em relação ao sexo (Tedeschi-Oliveira *et al.*, 2009)

Localização	Média masculina (n=26)	Média feminina (n=14)
Linha mediana		
1. Supraglabela	5,0	4,3
2. Glabela	5,5	4,6
3. Násio	5,9	5,0
4. Rínio	5,2	4,2
5. Filtro médio	10,6	7,7
6. Supradental	9,1	8,7
7. Infradental	10,6	9,4
8. Supramental	11,0	9,1
9. Eminência mentoniana	10,6	9,4
10. Mento	10,4	8,7
Laterais		
11. Eminência frontal	4,9	3,9
12. Supraorbital	6,9	5,8
13. Suborbital	6,5	6,0
14. Malar inferior	11,2	10,0
15. Lateral da órbita	9,1	9,2
16. Arco zigomático	9,2	8,8
17. Supraglenoide	11,6	10,8
18. Gônio	12,7	10,9
19. Supra M2	16,4	14,4
20. Linha Oclusal	14,4	11,7
21. Sub M2	14,6	11,3

metimento da integridade dos tecidos moles a serem mensurados quanto maior o tempo decorrido da morte. Alterações tissulares importantes podem ser evitadas avaliando-se a amostra no menor tempo possível depois do óbito, sendo sugerido no máximo 12 horas. Alguma imprecisão provocada por alterações tanatológicas dos tecidos não difere daquela ocorrida pela falta de padronização das tomadas radiográficas observada em avaliações das espessuras dos tecidos feitas em exames realizados com outra finalidade.

Assim, os métodos de mensuração dos tecidos moles em cadáveres podem apresentar alguns fatores negativos, como a deformação da superfície durante a tomada das medidas, a desidratação dos tecidos após a morte e também uma possível imprecisão do examina-

dor na determinação dos pontos craniométricos e ângulo de inserção.[21] Entretanto, apresentam como vantagem o baixo custo, e sua viabilidade é incontestável.

Radiografias Laterais do Crânio – Cefalometrias

A radiografia cefalométrica, também denominada telerradiografia, foi concebida com a finalidade de permitir que, mediante a padronização das tomadas, uma série de medidas do crânio e da face pudesse ser realizada em um mesmo indivíduo para observação, também, de seu padrão de crescimento ósseo e do tecido mole.

O termo "telerradiografia" é usado como sinônimo de radiografias padronizadas da cabeça não porque descreva corretamente o método, mas porque ganhou aceitação geral.

Para que o método radiográfico não apresente falhas graves e se torne adequado para medições é necessário que sejam seguidas condições especiais com relação à distância do foco, à posição fixa da cabeça etc.

A técnica para obtenção preconiza uma distância da fonte de raios X até o plano sagital da cabeça de aproximadamente 1,52m, com o feixe central dos raios X incidindo perpendicularmente ao plano sagital mediano (telerradiografia lateral, mais popularmente usada nas avaliações ortodônticas) ou perpendicularmente ao plano frontal (telerradiografia frontal) e a cabeça perfeitamente posicionada no "cefalostato", para que as superposições das estruturas anatômicas bilaterais sejam coincidentes e projetem imagem única.

A mensuração da espessura dos tecidos faciais utilizando radiografias laterais do crânio com ou sem cefalometrias, analisadas habitualmente por ortodontistas no diagnóstico e plano de tratamento, respaldou diferentes estudos.[9,10,22-25]

No campo da Ortodontia, procura-se observar o esqueleto facial e seus tecidos moles sobrejacentes a fim de determinar a harmonia e o equilíbrio facial. Vários pesquisadores nessa especialidade têm assinalado a importância dos tecidos moles na determinação da estética facial e, assim, têm efetuado mensurações desses com diferentes propósitos. Para utilização em reconstrução facial forense, esses dados nem sempre são aproveitáveis, já que se baseiam em amostra, em geral, muito jovem, entre 8 e 20 anos, época em que ocorre grande parte dos tratamentos ortodônticos.

O método radiográfico também pode se apresentar falho. Radiografias são adequadas para as medições apenas se forem adotadas condições especiais das tomadas e considerado o fator de ampliação fornecido pelo fabricante de cada aparelho na obtenção de medidas lineares. Por meio desse método são obtidas as espessuras tissulares encontradas apenas na linha média da face. É apropriado para estudo das relações crânio/tecido mole da projeção nasal e dos lábios.

Ultrassom

O equipamento de diagnóstico por ultrassom emite um pulso ultrassônico, gerado a partir de energia elétrica através de um cristal. Os ecos são atenuados durante sua passagem através dos tecidos moles por absorção, dispersão e reflexão. Tal como o pulso atinge cada nível ou interface entre os diferentes tecidos, parte do pulso é devolvida novamente à sua fonte, sendo registrada eletronicamente e mensurável como um pico em um tubo de raios catódicos ou na tela de um osciloscópio. A distância entre os picos é proporcional às distâncias entre as interfaces, sendo, portanto, uma indicação da espessura do tecido sobrejacente a esse ponto ósseo.[8]

O ultrassom com o propósito de fornecer dados para posterior reconstrução facial foi usado pela primeira vez em 1979, quando foram mensurados de 17 a 20 pontos antropométricos em um total de 1.695 indivíduos, incluindo uma diversidade racial: russos, americanos, lituanos, entre outros, e com idade determinada entre 20 e 50 anos.[23]

Em outro estudo em larga escala em caucasianos adultos foram analisados, durante 2 anos, 967 indivíduos, sendo 510 mulheres e 457 homens, por meio de um sistema de ultrassom móvel. Cinquenta e dois pontos craniométricos foram incluídos nesse estudo, sendo 21 bilaterais e 10 medianos, sendo também reportados o gênero, a idade e o estado nutricional.[14] O tempo de duração de cada exame foi de 20 minutos e, para encontrar de maneira confiável os marcos na face, os autores utilizaram a própria metodologia validada em estudo anterior.[6] Esse estudo promoveu análises mais refinadas dos possíveis fatores que afetam as profundidades dos tecidos moles faciais.

Ao contrário de métodos anteriores (medições em cadáveres e as conseguidas por meio de raios X com ou sem análise de perfis cefalométricos), a ultrassonografia apresenta uma série de vantagens significativas, especialmente porque esse mecanismo promove estudos em populações amostrais maiores, sem pôr em risco a saúde do indivíduo vivo, e, portanto, oferecendo uma enorme quantidade de informação.[23]

A fim de estabelecer a profundidade dos tecidos faciais em homens adultos da etnia zulu, população de africanos negroides que tem permanecido relativamente livre de mistura genética com outras populações, uma combinação de radiografias cefalométricas e ultrassom foi usada. A amostra foi constituída estritamente por 55 zulus saudáveis, do sexo masculino, com idades entre 20 e 35 anos. As profundidades dos tecidos em marcos estabelecidos foram medidas a partir de radiografias cefalométricas laterais e oblíquas. Essas foram então combinadas com leituras de ultrassons em outras referências, conseguindo um conjunto abrangente de dados.[8]

Os estudos que buscaram o ultrassom como ferramenta para a obtenção das espessuras dos tecidos moles encontraram dificuldades em determinar a exata localização dos pontos craniométricos em sua correspondente porção tecidual.

Tomografia Computadorizada

Grande parte dos problemas com a técnica de reconstrução facial reside na base de dados das profundidades dos tecidos. Avanços na captação de dados digitais a partir de imagens tridimensionais de indivíduos vivos utilizando tomografia computadorizada (TC) ou ressonância magnética (RM) possibilitaram a detecção precisa das margens de ossos e tecidos moles de vários tipos, obtendo-se medições mais acuradas. A qualidade e a quantidade de dados dos tecidos a serem utilizados na reconstrução facial forense podem ser melhoradas significativamente com o uso dessa ferramenta.[26]

Novas abordagens têm utilizado a TC e o ultrassom para recolher com mais precisão as profundidades dos tecidos em seres vivos, mas ainda sofrem com o fator desvantajoso de que os dados são recolhidos apenas em um número limitado (normalmente em torno de 20 a 30) pontos característicos.[21]

A TC também é um exame radiográfico, porém com a vantagem de fornecer informações de tecidos duros e moles sem a sobreposição de estruturas, e quando associada à computação gráfica, possibilita a reconstrução tridimensional das estruturas, aprimorando a mensuração dos tecidos moles da face.

Uma metodologia alternativa para reconstrução facial utilizando a TC, baseada não em marcos específicos e espessuras médias do tecido facial, mas no princípio da "transformação de modelos", assume o pressuposto que, "se crânios têm formas semelhantes, a correspondente face deverá ter as principais características em comum". Então, após digitalizados os dados de dois modelos faciais e dois crânios secos com um *scanner* TC, com cortes de 1mm, as imagens foram processadas em três dimensões, sendo calculada a correspondência de um crânio desconhecido em relação a um crânio com a mesma referência em características antropológicas por meio de um método de transformação algorítmica computadorizada, baseado nas linhas formadas pelas cristas ósseas das principais curvaturas do crânio. Ao ser aplicado o mesmo mapeamento da face-modelo para o crânio desconhecido, o rosto reconstruído deveria ser o do indivíduo sem identidade. Entretanto, a hipótese de uma estreita semelhança entre as principais características da face de referência e do crânio que se deseja identificar não foi comprovada, além de ter havido dificuldades com o exato registro craniofacial e com a precisão da posição de mandíbula, o que sugere que o método necessita de futuras investigações e melhorias.[27]

Também buscando novos caminhos, em um teste preliminar, foi sugerido outro método baseado em transformação volumétrica. A TC foi utilizada para obtenção de uma base de dados de referência da cabeça (crânio e tecido sobrejacente) e de um crânio não identificado. A partir dessa base de referência, foram selecionados aqueles dados que apresentavam sexo e faixa etária similares aos do crânio desconhecido. Em uma próxima fase, os dados de referência e os do crânio desconhecido alimentaram um banco de dados de pontos de controle. A colocação desses pontos de controle em uma série de posições em torno de conhecidas regiões anatômicas do crânio é conseguida por meio de programas que trabalham o volume em correspondência com a base algorítmica. Assim, o programa busca a referência mais próxima de correspondência espacial entre a distribuição de pontos-controle da cabeça e o crânio desconhecido.[28] Entretanto, a própria natureza da TC implicaria uma varredura potencialmente perigosa devido à utilização de altas doses de radiação para a precisão necessária nessa metodologia, no sentido de obter dados referentes aos tecidos moles.

Foi testado um caminho que evitaria o recurso limitado de dados relativos à tabela de pontos anatômicos correspondentes na pele e na superfície do crânio, utilizando as profundidades dos dados originais da TC: o crânio em que se deseja reconstruir a face é digitalizado utilizando-se a TC para obter dados volumétricos. Então uma cabeça de referência é escolhida entre as de mesmos sexo, raça (termo original do autor), idade e características do crânio estudado, em um banco de dados de exames de indivíduos vivos. A partir dos tecidos moles da cabeça de referência, uma correspondência é criada entre o crânio e esta, que é então mapeada sobre a do crânio sem identidade.[21] Esses estudos ainda estão em progresso e os resultados são incertos.

A precisão das medidas lineares realizadas com a TC em três dimensões foi avaliada utilizando-se a craniometria para fins de identificação individual na Odontologia Legal. Por meio de TC espiral, cinco cabeças de cadáveres foram digitalizadas para fins de investigação. Mediante cortes de 3mm de espessura axial e com reconstrução de 2mm por segundo, foram obtidas imagens multiplanares (coronal e sagital) e reconstrução 3D dos protocolos ósseo e tegumentar, simultaneamente. Pontos craniométricos foram localizados e a correspondente medida foi determinada eletronicamente tanto para o protocolo ósseo como para o protocolo tegumentar, obtendo-se medidas lineares consideradas precisas, com altas qualidade e resolução de imagem.[29]

Indiscutivelmente, maiores precisão e acurácia são conseguidas por meio da TC. Esse exame, entretanto, não é livre de radiação, e nem sempre é possível contemplar todos os pontos necessários às técnicas de reconstrução facial sem aumentar o tempo de exposição do paciente, já que esses estudos aproveitam exames diagnósticos de patologias que acometem o indivíduo vivo. Também se trata de uma técnica dispendiosa e nem sempre disponível.

Ressonância Magnética

Com o objetivo de aumentar a precisão da coleta de dados da profundidade dos tecidos moles em indivíduos vivos, a RM apresenta-se como uma nova possibilidade. Equipamentos de RM digitalizam uma face e capturam as imagens como uma série de fatias em 2D armazenadas em forma digital como uma corrente de valores em escala de cinza. Os tecidos moles da face e do osso subjacente contrastam claramente. O uso dessa tecnologia poderá representar um aumento significativo da precisão e da exatidão das reconstruções faciais; no entanto, serão encontradas dificuldades em automatizar o processo de localização dos pontos de referência craniométricos tradicionais.[30]

A metodologia de captação de imagens por RM possibilitou determinar a espessura dos tecidos moles faciais em 29 marcos antropológicos, em 173 mulheres e 127 homens adultos originados do noroeste da Índia. Essa técnica não envolve nenhum risco de radiação e sua confiabilidade é geralmente boa, acreditando-se que as medições são reprodutíveis, porém dispendiosas.[13]

Desse modo, observa-se que todas as metodologias para medir as profundidades de tecidos moles sobre a face apresentam limitações, técnicas ou financeiras. Entretanto, em razão da facilidade de obtenção dessas medidas por meio da punctura com agulhas diretamente sobre os pontos correspondentes na face àqueles existentes no crânio, esse método tem resistido ao desenvolvimento de outros tecnologicamente mais avançados, como se observa em publicações recentes.[7,11,12,31]

Uma maior precisão das medidas nos levaria a uma média da espessura tissular mais precisa, mas não necessariamente a uma reconstrução mais precisa. A média dessas espessuras para um ponto craniométrico a ser recoberto não tem a exata correspondência para aquele determinado crânio que se deseja reconstruir a face. Assim sendo, o que se deseja obter para aprimorar as técnicas de reconstrução facial não é uma medida inquestionável para cada um dos pontos craniométricos, mas sim um direcionamento da relação dos tecidos moles com seu suporte ósseo e as possíveis proporções dessas variações em comparação a sexo, idade, etnia e estado nutricional.

▶ FATORES QUE INFLUENCIAM AS DIFERENTES ESPESSURAS DE TECIDOS MOLES SOBRE A FACE

Mudanças nas espessuras dos tecidos faciais relacionadas com sexo, idade, origem geográfica e estado nutricional têm sido apontadas como causa de algum insucesso nas reconstruções faciais e foram estudadas por diversos autores.

Sexo

A Antropometria aceita que existem diferenças nas medidas craniométricas relativas aos sexos feminino e masculino e que um crânio pode ser identificado quanto ao sexo por elementos que o diferenciam apenas no tecido ósseo. Sendo assim, também para os estudos dos tegumentos da face espera-se que diferenças entre os sexos sejam encontradas.

Para a maioria dos autores que compararam as medidas encontradas quanto ao sexo biológico, os resultados apontaram sempre para medidas maiores no sexo masculino,[4,7,11,13,14,23,25] e essas maiores espessuras de tecido encontradas para o sexo masculino só ocorrem na idade adulta.[9,24] Tradicionalmente, a diferenciação dos crânios pelo sexo é feita por uma base osteológica por meio de características descritivas (traços) esqueléticas em vez de dimensões (tamanho e proporções). A impressão inicial muitas vezes é o fator decisivo: um crânio grande é geralmente do sexo masculino, um crânio pequeno, feminino. Proporções craniofaciais são mantidas, embora para o sexo feminino o esqueleto facial possa ser relativamente mais gracioso. A descrição das diferenças sexuais deve ser limitada às idades de cerca de 20 a 55 anos.[1]

A diferenciação do sexo em crânios humanos modernos é duvidosa, pois as pesquisas de diferenças sexuais existentes se referem, principalmente, às consequências de possível fragilidade muscular feminina, o que pode não ser verdadeiro nas mulheres da sociedade atual.[32]

À parte dessa discussão, foram encontradas diferenças nas medidas dos tecidos moles da face entre homens e mulheres nos trabalhos de grande número de autores.

Grande parte das espessuras dos tecidos das faces femininas é ligeiramente inferior ao correspondente local no sexo masculino e exceções podem ocorrer na região abaixo dos olhos e nas laterais do rosto.[4]

No sexo feminino, o tecido no ponto násio varia mais, independente de outros pontos na face, do que no sexo masculino.[23] O tamanho e a forma dos tecidos na face são mais influenciados pela idade e o sexo do que pela classe esqueletal.[9] É certo que o sexo masculino exibe maiores medidas tissulares na face do que o feminino, mas essa diferença é significativa somente após os 14 anos de idade, não havendo diferenças entre os sexos nas medidas para crianças.

Ao comparar os resultados para homens e mulheres, as diferenças de médias foram evidentes no estudo de Simpson & Henneberg.[11] No entanto, também houve uma considerável sobreposição de valores mínimos e máximos. Os homens tenderam a ter maiores profundidades de tecidos moles, e para as variáveis onde os tecidos moles eram mais espessos no sexo feminino as diferenças raramente eram superiores a 1,5mm.

Entre homens e mulheres sauditas, o sexo masculino tem significativamente menor convexidade dos tecidos moles faciais e menor ângulo de convexidade facial total, além de aumento no comprimento do lábio inferior.[25]

Nenhuma diferença estatisticamente significativa foi encontrada entre os sexos feminino e masculino por Domaracki & Stephan[12] em australianos brancos, mas,

em geral, os homens apresentaram medidas maiores em sete pontos mensurados (glabela, násio, rínio, filtro médio, sulco mentolabial, supraorbital e músculo temporal). A maior diferença encontrada foi de 2,2mm.

A categorização em sexo implica que homens e mulheres diferem o suficiente para que essa distinção venha a ser útil e, estudados os dados para variações quanto ao sexo, a espessura do tecido mole facial encontrada em indianos foi maior no sexo masculino do que no feminino em localidades correspondentes, embora essas diferenças tenham sido geralmente muito pequenas. Exceções só aparecem em alguns marcos laterais do rosto.[13]

As mensurações efetuadas em brasileiros revelaram espessuras teciduais sempre maiores para o sexo masculino, sendo a diferença em relação ao sexo feminino estatisticamente significativa para os pontos craniométricos glabela, filtro médio, supramental, frontal direito, frontal esquerdo, supraorbital direito e linha oclusal esquerda. Os resultados desse estudo reafirmaram que também na população brasileira o sexo masculino apresenta maiores espessuras de tecidos moles do que o feminino, possivelmente em proporção às maiores dimensões craniométricas encontradas para este sexo, e essas diferenças devem ser consideradas para a utilização das técnicas de reconstrução facial.[7]

Idade

O desenvolvimento da morfologia facial é influenciado por processos de crescimento do esqueleto craniofacial e dos elementos sobrejacentes cartilaginoso, muscular e adiposo. Esses tecidos são diferencialmente influenciados por processos de crescimento.[11]

O órgão humano que mais revela o envelhecimento é a pele. O processo de envelhecimento se dá de maneira gradual. O colágeno e a elastina vão perdendo a elasticidade natural em função da redução do número de fibras elásticas e de outros componentes do tecido conjuntivo. O declínio das funções do tecido conjuntivo faz com que as camadas de gordura sob a pele não se consignem uniformes e a degeneração das fibras elásticas, aliada à menor velocidade de troca e oxigenação dos tecidos, provoca a desidratação da pele, dando como resultando as linhas de expressão e flacidez.

As formas do complexo craniofacial se alteram com a idade adulta, e acredita-se que os fatores que podem influenciar essas alterações relacionam a forma, o tamanho e possíveis alterações dos tecidos moles com a configuração esquelética e a idade.[33]

A face do adulto difere da face infantil, mas não é possível relacionar as mudanças observadas como apenas ocasionadas pelo avanço da idade. A maior parte das análises do crescimento facial e sua relação com os tecidos moles descreve o perfil encontrado durante a adolescência,[9,10,24] e inexistem estudos que acompanham um indivíduo além dessa faixa etária.

A regressão em profundidade dos tecidos moles com o aumento da idade é diferente para os diversos marcos estudados, indicando uma mudança não sistemática.[14]

A correlação de espessura dos tecidos moles com a idade nos dois sexos foi estudada por Sahni *et al.*[13] No sexo masculino houve uma correlação estatisticamente significativa da espessura facial com o avanço da idade nos pontos supraglabela, eminência mentoniana, infradental e mento e no sexo feminino, apenas no ponto supra M2. Como um todo, as espessuras de tecido exibiram medições inconsistentes, com correlação negativa em relação ao avanço da idade e aumento de espessura de tecido encontrado em alguns pontos craniométricos, em ambos os sexos.

A estimativa da idade somente por meio de elementos do crânio pode ser considerada subjetiva e, no máximo, consegue-se uma aproximação da idade em décadas. Quando outros ossos estão presentes para análise, a estimativa obtida pela observação do fechamento das suturas cranianas pode corroborar esses achados.[1]

Estimativas de idade são imprecisas e o grau de envelhecimento dos tecidos faciais (p. ex., a exposição aos raios solares) não pode ser previsto pelos elementos encontrados no crânio. As possibilidades de que dados relativos à idade representem algum acréscimo de informações para as técnicas de reconstrução facial estão limitadas à determinação de diferenças entre crianças e adultos.

O estado nutricional apresentado pelo indivíduo tem maior influência do que a idade quanto à espessura de tecidos moles sobre a face.[14]

Estado Nutricional

Nomear o estado nutricional de um indivíduo vivo pode ser uma tarefa complexa, já que relatos de prevalência de desnutrição, sobrepeso ou obesidade poderão diferir significativamente entre os estudos, entre países e ao longo do tempo, utilizando diversos critérios ou pontos de corte ou definições.

No século XIX foram descritas quatro categorias de condições corporais e suas possíveis relações com as espessuras dos tecidos moles da face: magro, muito magro, nutrido e bem-nutrido, baseados na observação visual do pesquisador.[20] Outros estudos definiram três estados nutricionais: magro, normal e obeso, também com base na observação visual.[4,5]

Atualmente, os métodos mais precisos para medir diretamente o total de gordura corporal, subcutânea e visceral são a ressonância nuclear magnética e a TC, entre outros métodos de alta tecnologia, que têm como inconvenientes elevados custos e má acessibilidade. Por outro lado, o IMC (índice de massa corporal – kg/m²) é aceito como um método indireto para a estimativa da quantidade de tecido adiposo em crianças, adolescentes e adultos.[34] Acreditamos que, quando possível, a utiliza-

ção dos IMC<20, 20 <IMC <25, 25 <IMC, definidos para corresponder às subcategorias de condição corporal magra, normal e obesa, respectivamente,[14] propiciará uma base científica para essas observações.

Com relação à face, cabe lembrar que as regiões infraorbital, zigomática e malar inferior apresentam uma tela subcutânea com grande quantidade de tecido adiposo. Nessas regiões encontra-se, entre o músculo bucinador e a margem anterior do músculo masseter, uma massa de gordura denominada corpo adiposo da bochecha ("bola de Bichat"). Esse tecido gorduroso é que dá forma à bochecha e facilita o deslizamento entre os dois músculos citados.

Os efeitos das variações das profundidades de tecido na reconstrução facial, utilizando dados que o classificam quanto ao estado nutricional em magro, normal e obeso, foram analisados mediante a criação de três reconstruções de um mesmo crânio para cada conjunto de medições de tecido. Os resultados da investigação sugerem que o êxito do reconhecimento pode ser aumentado se múltiplas reconstruções foram criadas com diferentes estados nutricionais.[35]

Em estudos que consideraram essas variáveis, as espessuras dos tecidos estão relacionadas com o peso corporal, sendo essa relação maior para os homens.

Entretanto, o estado nutricional não altera significativamente as medidas relacionadas com os pontos situados na linha mediana e os correspondentes às regiões ao redor de olhos, nariz e lábios, em virtude da escassa concentração de tecido gorduroso nessas regiões. Podemos considerar que a publicação de imagens do perfil de uma reconstrução facial estaria isenta da interferência do estado nutricional.[7]

Em termos práticos, para utilização em reconstruções faciais, o estado nutricional apontado nas tabelas existentes não acrescenta informações aproveitáveis, uma vez que no crânio esqueletizado não é possível presumir seu estado nutricional em vida. Caso sejam encontradas junto ao crânio peças de vestimenta, estas podem ser consideradas um indício do estado nutricional, ainda que sua relação com o crânio careça de cuidadosa confirmação.

Variações entre Diferentes Populações

Estudos das variações dos tecidos moles da face têm considerado historicamente diferentes grupos étnicos em suas avaliações e, com frequência, em populações isoladas com características em comum.

Estudos em diferentes populações, como da Ásia Central, caucasianos da Europa e América do Norte, afro-americanos, zulus da África, caucasianos australianos, sauditas, indianos do noroeste da Índia, populações negras miscigenadas na África do Sul, egípcios, mexicanos e também brasileiros, produziram tabelas com médias de espessuras e é consenso que os resultados obtidos são representativos do grupo populacional observado.

Diferenças biológicas entre os seres humanos refletem tanto fatores hereditários como a influência dos ambientes naturais e sociais e, na maioria dos casos, se devem à interação desses. Entretanto, em seu caminho evolutivo, o ser humano moderno distribuiu-se geograficamente e desenvolveu características físicas, incluindo cor da pele, que são adaptações ao ambiente de cada nicho geográfico. Geneticamente, não houve diversificação suficiente entre esses grupos para caracterizar raças em um sentido biológico, não se podendo referir a certos grupos com características físicas em comum como pertencentes a determinada raça. Não existem divisões da raça humana do ponto de vista genético.[36]

Ainda que as características físicas dos seres humanos, ósseas ou tegumentares, apresentem grande variabilidade, influenciadas por fatores como hábitos alimentares, idade e aspectos geográficos sem, entretanto, constituírem ou delimitarem uma raça diversa da humana, estudos relacionados com as diferenças no crescimento e desenvolvimento craniofacial têm dividido, apenas didaticamente, os grupamentos humanos em três tipos: caucasoides, mongoloides e negroides. As características fisionômicas baseadas nesses grupos expressam-se com significância na cor da pele, na largura da base nasal e na espessura dos lábios.[37]

Do ponto de vista pericial, o que se busca obter e analisar são informações que permitam afirmar se determinado esqueleto apresenta características compatíveis com determinado grupo.[38]

Ressalta-se, porém, que qualquer tentativa de classificação dos indivíduos pela cor da pele ou características específicas de herança gênica em uma população altamente miscigenada como a brasileira resultará em equívocos.

Uma classificação dos indivíduos em termos de características étnicas, linguísticas, culturais ou históricas no Brasil está sujeita a uma certa imprecisão, já que o país não possui linhas de demarcação nítidas entre populações.[39] Nossa população índia original recebeu inicialmente contribuição europeia e africana e, nos últimos 100 anos, asiática.

Os brasileiros formam uma das mais heterogêneas populações em todo o mundo, resultado de cinco séculos de intensa miscigenação entre povos de três continentes, de modo que apenas a análise da cor da pele de uma pessoa nesse caso não é suficiente para revelar o quão miscigenada ela é.[40]

Essa miscigenação no país é considerada tão intensa que tem impossibilitado qualquer tentativa de formar grupos distintos. Mediante a análise de marcadores dos cromossomos Y e do DNA mitocondrial em uma amostra de 200 indivíduos (247 para o DNA mitocondrial) distribuídos em quatro das cinco regiões geográficas do Brasil em que homens se autodenominavam brancos (sugestivo da classificação caucasoide,

nota nossa), observou-se que nem sempre esses descendiam de brancos. A maioria descendia de pais europeus, porém com probabilidade de apenas 39% de a mãe também ser europeia. Um terço dessa amostra representava uma linhagem materna ameríndia (mongoloide) e em cerca de 28% a linhagem materna era africana (negroide).[36]

A diferença da cor da pele em brasileiros não apresentou resultados estatisticamente significativos na comparação das médias das medidas com objetivo de estabelecer correlações entre as dimensões cefalométricas angulares, para os gêneros masculino e feminino, nos indivíduos de *raças branca e negra**.[41]

Já na comparação dos parâmetros encontrados nos tecidos moles da face para uma amostra de ambos os sexos, formada por brasileiros brancos adultos com indivíduos também brancos adultos da América do Norte, constatou-se que as diferenças no perfil dos tecidos moles foram menos evidentes no sexo masculino. A projeção do nariz foi menor nos homens e mulheres brasileiros brancos do que nos americanos. Assim, um padrão universal de estética facial não é aplicável a diversas populações brancas.[42]

Em outras populações miscigenadas, essas diferenças também são encontradas, como em negroides da África do Sul, onde, tanto para o sexo masculino como para o feminino, observaram-se maiores espessuras de tecidos moles em todo o rosto do que em seus homólogos de origem racial mista. As faces de homens e mulheres do grupo racial misto apresentaram também notáveis diferenças na espessura dos tecidos moles, quando comparadas com os rostos dos norte-americanos brancos.[43]

Estudo da espessura dos tecidos moles na face de 40 brasileiros miscigenados com diferentes tonalidades de pele por meio da técnica de punção demonstrou não haver diferença estatisticamente significativa dessas medidas para indivíduos classificados quanto à cor da pele no Brasil. Apenas para o ponto násio foi encontrada diferença significativa no grupo dos caucasoides, o que pode ser traduzido por uma curvatura mais suave entre a testa e o nariz devido a uma maior espessura de tecido para essa região. O resultado para a amostra estudada contrasta com os trabalhos realizados em outras populações, que obtiveram resultados diferentes para negroides e caucasoides. Podemos observar que, mesmo não havendo diferenças significativas quanto à cor da pele para o grupo estudado em nossa população, essas diferenças aparecem quando comparadas a grupos originários de outras populações para a mesma cor de pele. Desse modo, caucasoides brasileiros não apresentam espessuras de tecidos moles da face semelhantes a caucasoides norte-americanos, o mesmo ocorrendo para o grupo de negroides. Entendemos, dessa maneira, ser questionável o fato de tabelas produzidas em outras po-

---

*Classificação original utilizada pelos autores.

pulações direcionarem reconstruções faciais em populações miscigenadas.[7]

A importância da ambientação geográfica na variabilidade dos contornos do tegumento sobre o crânio surge como uma nova tendência nas pesquisas relacionadas e pode ser expressa nos estudos delimitados por regiões. Assim, as diferenças encontradas não serão mais relacionadas com a cor da pele ou a etnia, e sim com a origem geográfica das populações.

▶ O NARIZ NA RECONSTRUÇÃO FACIAL FORENSE

Observamos que a determinação da projeção nasal com finalidade de reconstrução facial forense ainda não dispõe de metodologia de consenso entre os pesquisadores e é cercada de muitas críticas, constituindo uma fragilidade da técnica a ser superada.

O nariz tem uma influência decisiva sobre a imagem corporal pessoal, contendo grande valor psicológico e estético devido a sua projeção na face. Somente no homem a pirâmide nasal é projetada para frente em relação ao plano facial, a qual não se projeta nos outros mamíferos, situando-se, ao contrário, no mesmo plano labiobucal. A pirâmide nasal tem um formato triangular com duas faces externas ou ventrais, limitadas cefalicamente pela linha supraorbitária, caudalmente pelo sulco nasolabial e lateralmente pelos sulcos nasopalpebral e nasogeniano, isto é, sulco naso-ótico.[44]

A porção óssea do nariz é mínima e se constitui basicamente dos próprios ossos nasais. O restante de seu suporte ósseo é formado por contribuições de ossos da face, como o osso frontal, o etmoide, o esfenoide e o maxilar superior. Já as cartilagens são as principais responsáveis pela forma do nariz, a qual é estruturada pela cartilagem alar (ponta), pela cartilagem lateral (dorso) e internamente pelo septo cartilaginoso, que se apoia no osso vômer. Externamente, o nariz apresenta os orifícios nasais e as asas nasais separadas pela columela. A pele da porção anterior do nariz é mais espessa e aderida aos planos profundos, apresentando grande quantidade de glândulas sebáceas. No dorso nasal, por sobre os ossos próprios, a pele é mais delgada e móvel.[45]

A variação da espessura do tecido mole (músculos, pele e gordura) que recobre o esqueleto cartilaginoso do nariz não segue o perfil dos ossos nasais ou da cartilagem septal. O tecido mole das estruturas difere em espessura ao longo do dorso, e essas diferenças são individualizadas. É possível encontrar a presença contínua de gordura subcutânea da raiz à ponta; gordura só na ponta, apenas na raiz, ou em ambas as posições. O músculo *nasalis* pode estar presente, assim como os transversais, ou apenas a secção lateral do músculo pode ser identificada. A fronteira superior da cartilagem septal não forma uma extensão linear do perfil do contorno dos ossos nasais, mas ângulos para baixo.[46]

É inegável a importância cognitiva do nariz no reconhecimento da face, relacionando-se muitas vezes um indivíduo a sua morfologia. Estudos em Antropometria ajudam a conhecer as variações morfológicas e desvios de um padrão de normalidade. Entretanto, sua forma e projeção não têm correspondência conhecida na porção óssea. Constituído em sua maior parte por cartilagem e tecido mole, tem sua forma perdida durante a decomposição cadavérica e, em função de sua localização, tamanho e configuração na face, pode influenciar o sucesso ou fracasso do reconhecimento por meio da técnica da Reconstrução Facial.

Entende-se que o comprimento nasal, sua projeção e forma estão associados à altura e ao comprimento da maxila e da mandíbula, porém as análises faciais obtidas e estudadas pela especialidade odontológica da Ortodontia ainda não associaram o comprimento nasal a pontos craniométricos passíveis de serem utilizados para reconstruir uma face somente a partir do crânio.

As técnicas utilizadas até o momento para a previsão da projeção nasal a partir de elementos do crânio apresentaram-se pouco confiáveis, especialmente porque necessitam de traçados cefalométricos complexos e de execução dificultada nas técnicas tridimensionais de reconstrução facial.

As relações do perfil tegumentar do nariz com o crânio são habitualmente estudadas na especialidade da Ortodontia, mas com foco no crescimento e na harmonização do perfil em tecido mole nas movimentações corretivas. A forma e a projeção nasal também são referenciadas em obras específicas da Cirurgia Plástica estética ou reparadora. A Antropometria, por sua vez, tem contribuído para o conhecimento das formas e dimensões nasais mediante mensurações diretas ou indiretas.

Desse modo, a projeção nasal observada tem sido sempre maior para o sexo masculino, com resultados indicativos de proporcionalidade ao tamanho do crânio, o qual é reconhecidamente maior nos homens. Diferenças entre os sexos aparecem somente após a infância, com o crescimento facial acentuando a proeminência nasal mais fortemente nos meninos. Na primeira infância, ambos os sexos apresentam um nariz curto, arredondado e arrebitado.

Há aumento da projeção nasal com a idade, em direção para baixo e para frente, e esse crescimento na região nasal continua mesmo após os 20 anos, idade média considerada como final de crescimento ósseo do indivíduo, continuando mesmo na vida adulta tardia, mas em menor grau.

Existem poucos estudos visando à determinação da projeção nasal para uso específico na reconstrução facial forense no último século, dos quais é possível destacar: Gerasimov,[47] Krogman & Íscan,[1] George,[22] Lebedinskaya *et al.*,[23] Prokopec & Ubelaker[48] e, mais recentemente, Tedeschi-Oliveira.[49] Um estudo crítico testando quatro metodologias[1,22,47,48] para a reconstrução facial forense sugeriu que novos parâmetros necessitariam ser discutidos para relacionar a projeção nasal e pontos reconhecidos no crânio.[50]

Até então, como parâmetros na determinação da projeção nasal, foram utilizados o osso nasal e a espinha nasal,[1,47] o ponto násio e o ponto "A" (ponto no plano sagital médio, onde a borda inferior da espinha nasal anterior encontra-se com a parede frontal do processo alveolar superior – ponto A de Downs).[22] A crista nasal, a altura da abertura piriforme e o comprimento do nariz cartilaginoso, assim como os pontos násio e próstio, já foram considerados.[23,48] Essas metodologias, quando aplicadas em reconstruções em duas dimensões, sobre radiografias laterais ou fotografias de perfil do crânio, podem ser reproduzidas, mas quando se deseja experimentá-las diretamente no crânio em sua forma tridimensional, não se obtém a precisão necessária.

A utilização do násio, localizado no ponto médio da sutura, entre o frontal e os dois ossos nasais, pode ser dificultada em razão de sua angulação em relação ao frontal, prejudicando, em crânio seco, seu acesso no traçado de linhas ou ângulos que possam relacioná-lo ao ponto pronasal.

Buscando uma forma mais prática e reprodutível para a reconstrução da projeção nasal, os pontos craniométricos rínio e próstio foram considerados em estudo que mensurou o ângulo rínio-pronasal-próstio (sendo os pontos rínio e próstio conhecidos e localizados no crânio e a projeção nasal – ponto Pn – determinada pelo vértice desse ângulo). O rínio, extremidade livre ou fim do osso nasal, de fácil localização e acesso, é geralmente bem preservado. Já o próstio, outro ponto de eleição nesse estudo, encontrado na maxila, acompanha os padrões de crescimento ósseo da face e, mesmo quando ocorrem perdas *post mortem* dos dentes incisivos centrais, sua localização é mantida. Os resultados para o ângulo Rhi-Pn-Pr (Figura 20.3) em uma amostra de 600 radiografias cefalométricas de indivíduos brasileiros de ambos os sexos, com idades entre 24 e 77 anos, demonstraram a existência de uma relação entre esses pontos ósseos e a projeção nasal em tecido mole. Apresentando valores entre 80 e 100 graus, independente do sexo ou da idade, sugeriu-se o valor médio de 90 graus para a utilização em reconstruções manuais, assim como para a reconstrução de outros pontos em tecido mole em que se utilizam valores médios. O mesmo estudo apontou uma diferença média de 0,31mm para cada grau diferente de 90 graus, prevendo um erro máximo de 3,10mm (considerando a variação máxima de 10 graus) a mais ou a menos da projeção nasal real, valores ainda inferiores aos encontrados com outros métodos. Essa imprecisão pode ser considerada aceitável dentro da metodologia da reconstrução facial forense.[49]

Mesmo para indivíduos mais idosos, o valor para o ângulo mensurado nesse trabalho se manteve dentro da faixa de 80 e 100 graus, o que sugere que as modificações ocorridas com o envelhecimento ou não atingem os pontos rínio e próstio em sua relação com o pronasal ou as

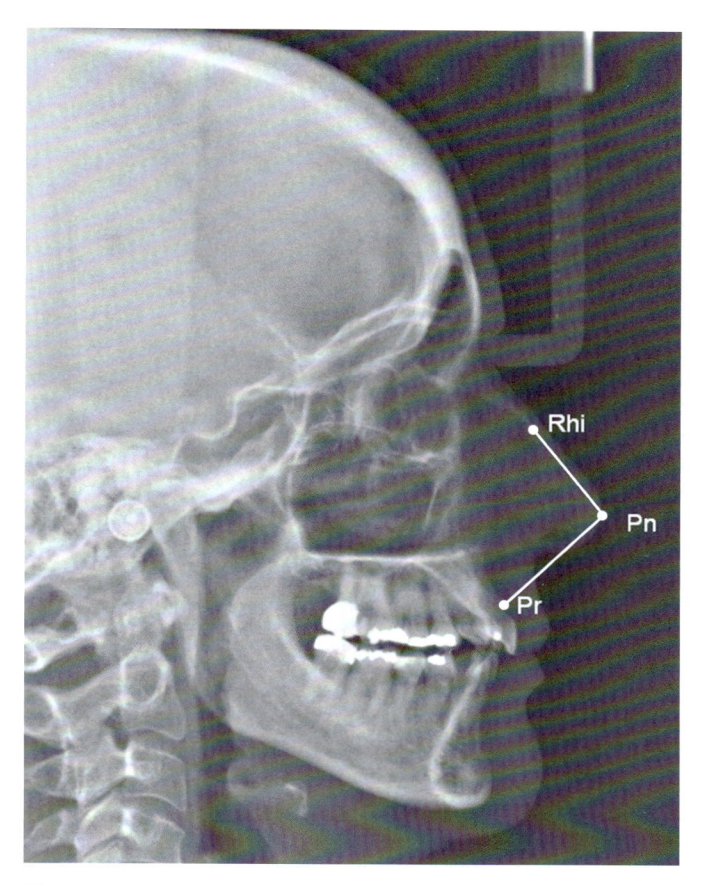

Figura 20.3 ▶ Pontos Pr, Pn e Rhi e ângulo de 90 graus formado entre eles marcados na radiografia cefalométrica

mudanças ocorrem de maneira proporcional para esses pontos e não há alteração no ângulo entre eles.[49]

Esses dados são relevantes para a utilização da técnica da reconstrução facial forense, já que ao exame do crânio na idade adulta a estimativa da idade é prejudicada pelo fechamento das suturas cranianas, impossibilitando a avaliação do lapso de tempo decorrido para essa ocorrência.[1] A possibilidade de utilização de um parâmetro para determinação da projeção nasal apenas distinguindo um crânio infantil do de um adulto trará, certamente, maiores agilidade e praticidade à técnica reconstrutiva.

Para a perfeita compreensão de como a forma e a projeção do nariz em tecido mole se relacionam com a matriz óssea do crânio e determinam sua aparência externa, novos estudos deverão ser conduzidos em nossa população.

▶ ROTEIRO PARA A PRÁTICA DA TÉCNICA MANUAL

As considerações a seguir não têm a pretensão de abranger em detalhes todas as etapas da reconstrução facial forense na prática dos serviços de identificação. Trata-se de breve roteiro para, talvez, provocar a maior utilização das possibilidades oferecidas por essa técnica manual, abrindo espaço para o desenvolvimento de sua natural evolução: as técnicas de reconstrução facial forense computadorizadas.

Como pré-requisito para o método da reconstrução facial é preciso uma grande parte do crânio intacto, de preferência com a mandíbula. Quando lesões ósseas ou destruição estiverem presentes, o crânio deverá ser previamente restaurado.

Toda informação coletada no local do encontro da ossada poderá trazer indícios importantes para a caracterização da reconstrução, como fios de cabelo, brincos, *piercing* etc. Cumprida essa etapa, os passos seguintes são:

Realização do Exame Antropométrico do Crânio

Antes da reconstrução, o crânio e o restante das partes do *post cranium* são antropologicamente investigados e avaliados. É importante reunir o máximo de informações.

A investigação do sexo e a estimativa da idade, em geral, fazem parte da rotina de exames, quando da presença de despojos não identificados. O possível estado nutricional em vida, quando houver indício, deverá ser informado. A cor da pele e/ou a origem geográfica poderiam fornecer informações adicionais, porém, em sua falta, sugerimos a utilização de material com cor neutra, como cinza ou branco total, seguindo os contornos que o crânio apresenta, a partir dos pontos craniométricos de espessuras tegumentares conhecidas. Certamente, essa matriz óssea apresentará mais dados do que podemos

avaliar inicialmente. A forma do crânio determina uma face correspondente e pode ser observada por meio da cranioscopia. A forma dolicocéfala determina uma face que é correspondentemente estreita, longa e protrusiva, com um nariz verticalmente mais longo e muito mais protrusivo, tendendo a seguir a inclinação da testa e com a ponta voltada para baixo. Já a forma braquicéfala estabelece uma face mais larga com nariz mais curto e grosso, tendendo a ser mais reto e com a ponta mais arredondada, voltada para cima, podendo mostrar as narinas.

Confecção de uma Réplica do Crânio

Essa etapa possibilita trabalhar com tranquilidade sobre a cópia do crânio, sem perigo de danificar qualquer de suas partes durante a manipulação e liberando o original para outros exames que se fizerem necessários.

A réplica do crânio pode ser obtida por meio de diferentes metodologias. Quando há disponibilidade, a prototipagem em resina baseada na reconstrução em três dimensões de uma TC oferece precisão e acurácia nas medidas. Outra possibilidade é a moldagem do crânio com material à base de silicone fino e a obtenção do modelo em resina, técnica que promove também grande riqueza de detalhes e mínima distorção (Figura 20.4).

No entanto, em razão dos custos e da indisponibilidade desses recursos, o cirurgião-dentista odontolegista, em virtude de sua familiaridade com materiais e técnicas de moldagem, também conseguirá bons resultados moldando com "alginato" (Figura 20.5) e obtendo o modelo em gesso (Figura 20.6). As alterações nas

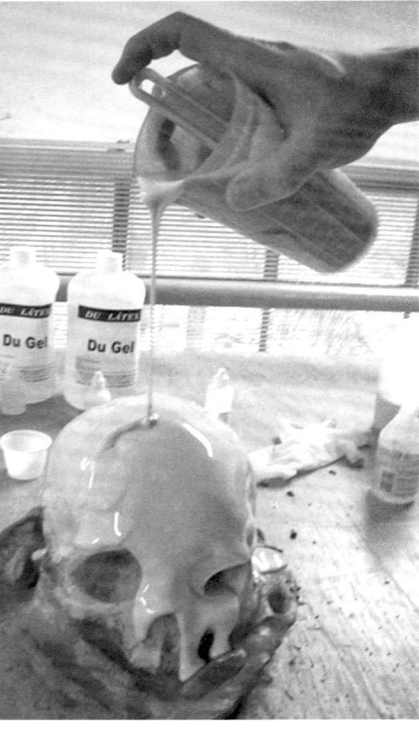

Figura 20.4 ▶ Réplica do crânio – fase de cobertura com silicone fino para se obter o molde

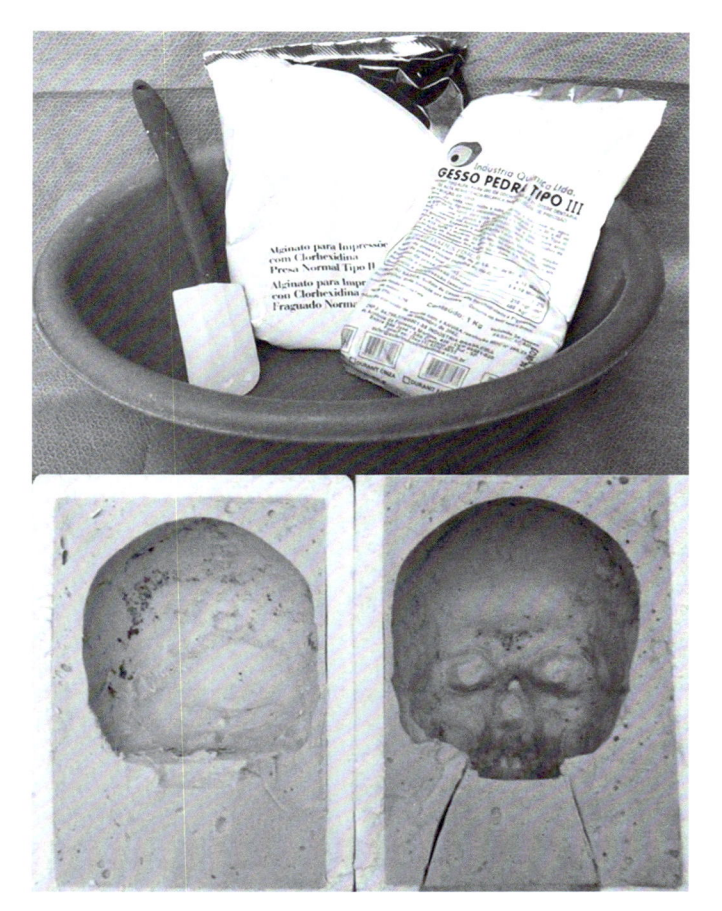

Figura 20.5 ▶ Réplica do crânio – moldagem com alginato em duas partes

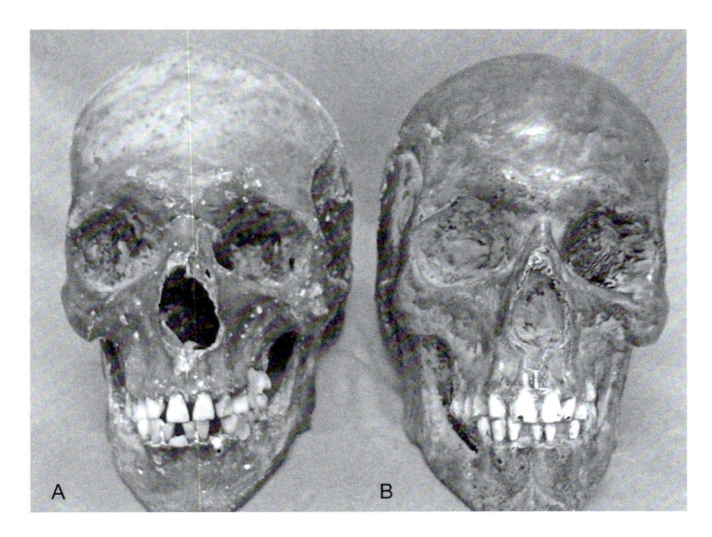

Figura 20.6 ▶ **A** Crânio original. **B** Réplica em gesso

medidas antropométricas são insignificantes no modelo. Para o uso de materiais de moldagem é necessário preparar o crânio, fechando todos os forames com cera, massa plástica ou mesmo argila, para evitar a retenção desse material, o que dificultaria a separação do original de seu molde.[51]

Localização dos Pontos Craniométricos

Sobre cada ponto localizado, a espessura do tecido correspondente é indicada por marcadores contendo o tamanho em milímetros constantes na tabela conhecida para a população de referência. Os marcos cortados no tamanho exato são colados sobre os pontos correspondentes e servirão de guia para o preenchimento com massa plástica (plastilina) ou argila (Figura 20.7).

Para o nariz, após a localização dos pontos rínio e próstio, na linha média a partir desses pontos, fixa-se um ângulo de 90 graus como guia da projeção nasal[49] (Figura 20.7).

Para os olhos, as próteses oculares oferecem um recurso próximo à realidade, porém a cor da íris escolhida pode diferir, criando uma discrepância desnecessária. É possível esculpir os olhos diretamente no material de recobrimento, porém cuidando para demarcar a orientação do canal óptico, para melhor posicionamento da íris.

Ligação dos Pontos

Os pontos craniométricos são ligados com o material de eleição, respeitando-se a orientação das inserções musculares. No caso de presença de dentes, procura-se esculpir os lábios de modo a não ocultá-los, pois são elementos de individualização de grande valor no reconhecimento. Os acidentes anatômicos presentes no crânio deverão ser representados em sua porção tegumentar o mais fielmente possível, como ângulos mandibulares, eminência frontal etc., e também pequenas marcas de fraturas, desvios ou qualquer outra particularidade (Figura 20.8).

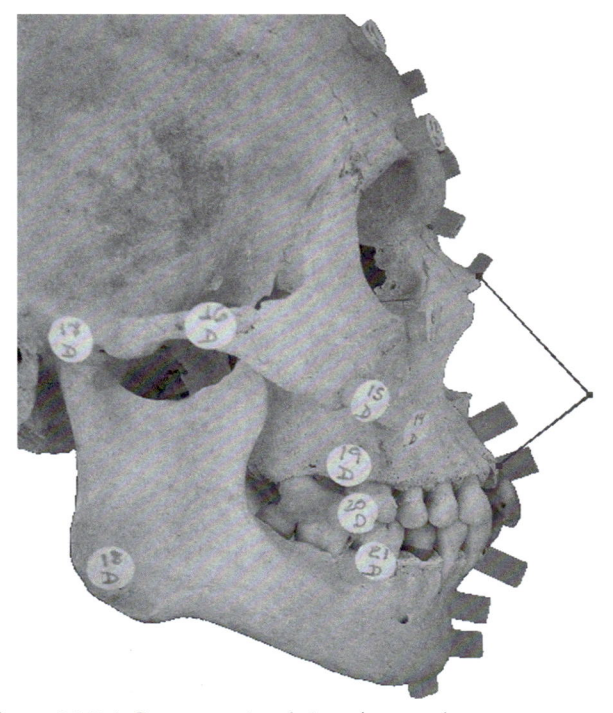

Figura 20.7 ▶ Pontos craniométricos demarcados em suas espessuras e ângulo Rhi-Pn-Pr de 90 graus como guia para a reconstrução dos tecidos moles

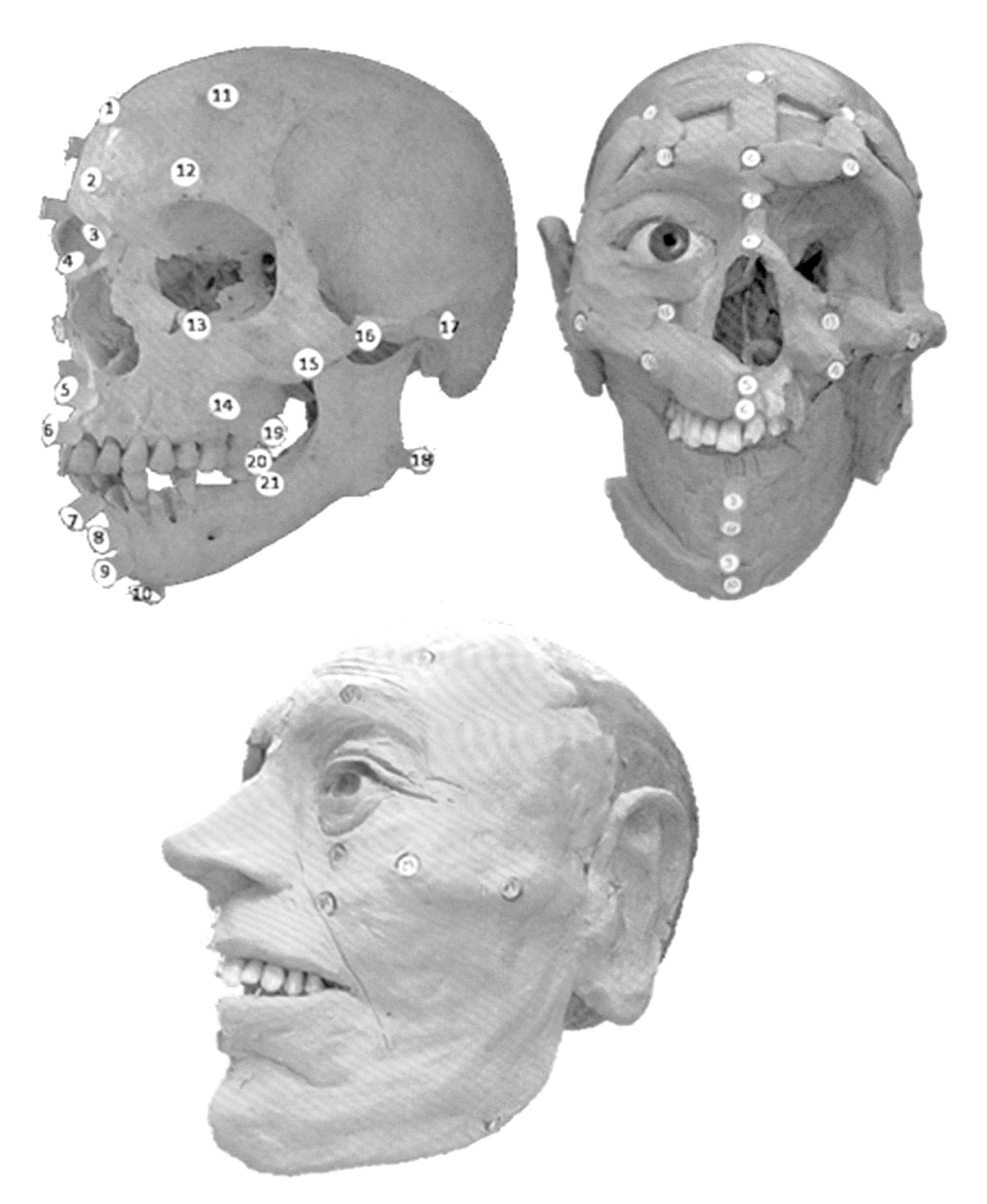

Figura 20.8 ▶ Sequência ilustrativa das fases iniciais da adição de material plástico para a reconstrução dos tecidos moles da face

Caracterização

A partir do material coletado no lugar do encontro dos despojos é possível enriquecer a escultura conseguida com brincos, presilhas, óculos e outros objetos comprovadamente relacionados com o crânio.

Fotografias e Publicação

Preconiza-se a realização de fotografias de frente e perfil, e a opção por publicar as imagens em tons de cinza ou colorida se baseia na quantidade de dados obtidos nas primeiras fases da reconstrução. Dados quantitativa ou qualitativamente pobres podem ser mais bem aproveitados em publicações em "preto e branco", diminuindo o destaque de possíveis discrepâncias.

Na Itália e nos EUA, as imagens de reconstruções faciais são publicadas com frequência em *sites* da rede mundial, sejam páginas de periódicos locais ou dos serviços médico-legais.

▶ CONSIDERAÇÕES FINAIS

A reconstrução da face visando ao reconhecimento de despojos sem identidade atribuível depende do conhecimento das espessuras do tecido mole que recobre pontos craniométricos consagrados. Nos pontos onde essas relações são bem estabelecidas em sua porção tegumentar, obtêm-se imagens aceitas como bem-sucedidas.

Os dados tegumentares têm sido considerados em sua média, fato que por si indica uma certa imprecisão na reprodução de uma face baseada nas tabelas conhecidas. Para os mesmos pontos os valores médios têm apresentado variações importantes. Mesmo sobre pontos prosopométricos consagrados e intimamente relacionados com a cobertura tegumentar, o exame da literatura tem indicado valores por vezes distintos, indiferentes à técnica utilizada para essas mensurações.

Essa imprecisão tem sido bem aceita pela comunidade científica quando se considera a finalidade da reconstrução facial. Não se trata de uma escultura ou "máscara mortuária" daquele indivíduo, mas sim de um instrumento de auxílio na busca por registros que possibilitem sua identificação.

Outras metodologias que se baseiam na transferência das medidas teciduais de um crânio de referência para aquele que se deseja reconstruir, utilizando novas tecnologias computadorizadas, ainda não obtiveram êxito e alguns estudos estão em andamento.

▶ REFERÊNCIAS

1. Krogman WM , Íscan MY. The human skeleton in forensic medicine. Illinois: Charles C. Thomas, Springfield, 1986: 413-57.

2. Iscan MY. Craniofacial image analysis and reconstruction. In: Íscan, MY, Helmer RP. Forensic analysis of the skull: craniofacial analysis, reconstruction and identification. New York: Wiley-Liss, 1993: 1-7.

3. Snow CC, Gatliff BP, McWilliams KR. Reconstruction of facial features from the skull: an evoluation of its usefulness in forensic anthropology. Am J Phys Anthropol 1970; 33(2):221-8.

4. Rhine JS, Campbell HR. Thickness of facial tissues in American blacks. J Forensic Sci 1980; 25:847-58.

5. Rhine JS, Moore CE. Tables of facial tissue thickness of American Caucasoids in forensic anthropology. Maxwell Museum Tech Ser 1984; 1.

6. De Greef A, Willems G. Three-dimensional cranio-facial reconstruction in forensic identification: latest progress and new tendencies in the 21st century. J Forensic Sci 2005; 50(1):1-6.

7. Tedeschi-Oliveira SV, Melani RFH, Almeida NH, Paiva LAS. Facial soft tissue thickness of Brazilian adults. Forensic Sci Int 2009; 193(1):127.

8. Aulsebrook WA, Becker PJ, Íscan MY. Facial soft-tissue thicknesses in the adult male Zulu. Forensic Sci Int 1996; 79:83-102.

9. Ferrario VF, Sforza C. Size and shape of soft tissue facial prolife: effects of age, gender, and skeletal class. Clef Palate Cranifac J 1997; 34(6):498-504.

10. Bishara SE, Jakobsen JR, Hession TJ, Treder JE. Soft tissue profile changes from 5 to 45 years of age. Am J Orthod Dentofacial Orthop 1998; 114 (6):698-706. doi:10.1016/S0889-5406(98)70203-3

11. Simpson E, Henneberg M. Variation in soft-tissue thicknesses on the human face and their relation to craniometric dimensions. Am J Phys Anthropol 2002; 118:121-33.

12. Domaracki M, Stephan CN. Facial soft tissue thicknesses in Australian adult cadavers. J Forensic Sci 2006; 51(1):5-10.

13. Sahni D, Sanjeev, Singh G, Jit I, Singh P. Facial soft tissue thickness in northwest Indian adults. Forensic Sci Int 2008; 176:137-46.

14. De Greef S, Claes P, Vandermeulen D, Mollemans W, Suetens P, Willems G. Large-scale in-vivo Caucasian facial soft tissue database for craniofacial reconstruction. Forensic Sci Int 2006; 159S:S126-S146.

15. Claes P, Vandermeulen D, De Greef S, Willems G, Suetens P. Craniofacial reconstruction using a combined statistical model of face shape and soft tissue depths: methodology and validation. Forensic Sci Int 2006; 159S:S147-S158.

16. Ward RE, Jamison PL, Farkas LG. Craniofacial variability index: a simple measure of normaland abnormal variation in the head and face. Am J Med Genet 1998; 80(3):232-40.

17. Parro FM, Toledo MR, Gomes ICD, Marchesan IQ. Diferenças antropométricas entre mulheres brancas e negras após crescimento puberal. Rev CEFAC 2005; 7(4):459-65.

18. Welcker H. Schiller's Schädel und todenmaske, nebst mittheilungen über Schädel und todenmaske Kants. Braunschweig, 1883.

19. His W. Anatomische Forschungen ueber Johann Sebastian Bach's Gebeine und Antlitz nebst Bemerkungen ueber dessen Bilder. Abh Saechs Ges Wiss Leipz 1895; 22:379-420.

20. Kollmann J, Büchly W. Die persistenz der rassen und die reconstruction der physiognomie prähistorischer schädel. Arch für Anthropol 1898; 25:329-59.

21. Jones MW. Facial reconstruction using volumetric data. Vision, Modeling and Visualisation 2001; 21-23:600-8.

22. George RM. The lateral craniographic method of facial reconstruction. J Forensic Sci 1987; 32:1305-30.

23. Lebedinskaya GV, Balueva TS, Veselovskaya EV. Principles of facial reconstruction. In: Íscan MY, Helmer RP. Forensic analysis of the skull: na craniofacial anlysis, reconstruction and identification. New York: Wiley-Liss, 1993: 183-98.

24. Williamson MA, Nawrocki SP, Rathbun TA. Variation in midfacial tissue thickness of African-american children. J Forensic Sci 2002; 47(1):25-31.

25. Hashim HA, AlBarakati SF. Cephalometric soft tissue prolife anlysis between two different ethnic groups: a comparative study. J Contemp Dent Pract 2003; (4):260-73.

26. Tyrrell AJ, Evison MP, Chamberlain AT, Green MA. Forensic three-dimensional facial reconstruction: historical review and comtemporary developments. J Forensic Sci 1997; 42:653-61.

27. Quatrehomme G, Cotin S, Susol G et al. A fully three-dimensional method for facial reconstruction based on deformable models. J Forensic Sci 1997; 42(4):649-52.

28. Nelson LA, Michael SD. The application of volume deformation to three-dimensional facial reconstruction: a comparison with previous techniques. Forensic Sci Int 1998; 94:167-81.

29. Rocha SS, Ramos DLP, Cavalcanti MGP. Applicability of 3D-CT reconstruction for forensic individual identification. Pesqui Odontol Bras 2003; 17(1):24-8.

30. Evison PM. Modeling age, obesity and ethnicity in a computerized 3-D facial reconstruction. Forensic Sci Commun 2001; 3(1).

31. Codinha S. Facial soft tissue thicknesses for the Portuguese adult population. Forensic Sci Int. 2009; 184(1-3):80.e1-80.e7.

32. Silva M. Estimativa do sexo pelos elementos do crânio. In: Silva M. Compêndio de Odontologia Legal. São Paulo: Medsi, 1997: 117-9.

33. Albert AM, Ricanek Jr K, Patterson E. A review of the literature on the aging adult skull and face: Implications for forensic science research and applications. Forensic Sci Int 2007; 72(1):1-9.

34. Flores-Huerta, S. Antropometría, estado nutricio y salud de los niños: importancia de las mediciones comparables. Bol Med Hosp Infant Mex 2006; 63(2):73-5.

35. Starbuck JM, Ward RE. The affect of tissue depth variation on craniofacial reconstructions. Forensic Sci Int 2007; 172:130-6.

36. Pena SDJ, Carvalho-Silva DR, Alves-Silva J, Prado VF, Santos, FR. Retrato molecular do Brasil. Ciência Hoje 2000; 27(159):16-25.

37. Silva AA. Crescimento e desenvolvimento craniofacial. São Paulo: Ed. Santos, 2006: 153-5.

38. Melani RFH. Estudo do crânio na pesquisa da cor da pele. In: Silva M. Compêndio de Odontologia Legal. São Paulo: Medsi, 1997:149-60.

39. Schwartzman S. Fora de foco, diversidade e identidades éticas no Brasil. Novos Estudos CEBRAP 1999; 55:83-96.

40. Parra FC, Amado RC, Lambertucci JR, Rocha J, Antunes CM, Pena SDJ. Color and genomic ancestry in Brasilians. Proc Natl Acad Sci USA 2003; 100(1):177-82.

41. Pereira ACL, Oliveira FAM, Santos SMMC et al. Cefalometria computadorizada de Ricketts: estudo comparativo, inter-raças e gêneros, de indivíduos com harmonia facial. Anais da 57ª Reunião Anual da Sociedade Brasileira para o Progresso da Ciência –Universidade Estadual do Ceará, Fortaleza, 2005: 17-22.

42. Scavone Jr H, Zahn-Silva W, Valle-Corotti KM, Nahas ACR. Soft tissue profile in white Brazilian adults with normal occlusions and well-balanced faces. Angle Orthod 2008; 78(1):58-63.

43. Phillips VM, Smuts NA. Facial reconstruction: utilization of computerized tomography to measure facial tissue thickness in a mixed racial population. Forensic Sci Int 1996; 83:51-9.

44. Soares M, Andrade O. Anatomia funcional e cirúrgica do nariz. Rev Bras Ororrinolaringol 1974; 40(2):382-9.

45. Virmond M. Anatomia básica do nariz. In: Opromolla DVA, editor. Prevenção de incapacidades e reabilitação em hanseníase. Bauru: Instituto Lauro de Souza Lima, 2003: 132.

46. Anderson KJ, Henneberg M, Norris RM. Anatomy of the nasal profile. J Anat 2008; 213(2):210-6.

47. Gerasimov MM. The face finder. New York: CRC Press, 1971: 395.

48. Prokopec M, Ubelaker DH. Reconstructing the shape of the nose according to the skull. Forensic Sci Commun 2002; (4):1

49. Tedeschi-Oliveira SV. Reconstrução facial forense: projeção nasal [tese]. São Paulo: Universidade de São Paulo, Faculdade de Odontologia, 2010.

50. Stephan CN, Henneberg M, Sampson W. Predicting nose projection and pronasale position in facial approximation: a test of published methods and proposal of new guidelines. Am J Phys Anthrop 2003; 122(3):240-50.

51. Paiva LAS, Almeida NH, Rabelo APAA, Lino WR. Técnica de moldagem de um crânio com objetivo de posterior reconstrução facial. Odontologia e Sociedade 2009; 11(2):1-11.

CAPÍTULO 21

Estimativa de Idade em Humanos

Parte A

Introdução

José Roberto de Rezende Costa

A estimativa de idade em humanos é um procedimento pericial complexo que visa obter uma média ou intervalo mais próximo entre a idade biológica e a idade cronológica do indivíduo.[1] Envolve uma abordagem multidisciplinar que necessita de conhecimentos nas áreas de Medicina, Odontologia, Radiologia e Direito.

A importância da estimativa da idade de um indivíduo não se limita apenas a aspectos de natureza formal. A idade das pessoas é um dos fatores mais relevantes da vida, tanto sob o ponto de vista objetivo como subjetivo, pois a cada época da vida têm-se objetivos distintos, acontecimentos próprios de cada período com importâncias diferentes, bem como com responsabilidades específicas. A idade muda ano após ano por uma padronização de conceitos cronológicos universais, sejam eles matemáticos, físicos e/ou sociais. Parece muito lógico asseverar-se de tal fato, entretanto poucos se dão conta de que o verdadeiro dia que cada um possui como o mais festejado ou importante de sua vida, para si e para aqueles que o cercam, é o próprio dia de seu nascimento. Ou seja, se o momento que é presumivelmente o mais celebrado de cada um para si, ou por si próprio, ante a

família, sociedade, trabalho, instituições etc., como não dar a devida importância à questão da idade?

Sob o ponto de vista médico-legal, por sua vez, são percebidos diversos fatores relevantes, pois a idade é a grande pedra angular para averiguação das responsabilidades, além das decorrências legais de cada fase da vida, sejam elas de natureza criminal, cível, trabalhista, política, social ou outras.

Em função da idade, as legislações de todo o mundo estabelecem direitos civis, penais e políticos para os cidadãos. A legislação alemã define quatro limites de idade relevantes: 14, 16, 18 e 21 anos.[2] A lei austríaca define a idade de 18 anos como o marco para o indivíduo atingir o *status* de adulto.[3] Na Espanha, a maioridade se dá aos 18 anos e os menores de 14 anos são inimputáveis.[4]

A legislação brasileira não é diferente. Apesar de não ser objetivo deste texto determinar, detalhadamente, tais responsabilidades ou direitos à luz da nossa legislação, é imprescindível seu conhecimento; são vários aspectos legais, em diferentes âmbitos jurídicos, que delimitam idades como pontos-chave.

▶ CRIMINALMENTE

- **Idades-chave:** 14, 18, 21, 60 e 70 anos.

A parte geral do Código Penal[5] traz um grande número de variáveis determinadas pela idade, como:

- **Circunstância agravante:** quando o crime é cometido contra criança ou pessoa com mais de 60 anos.
- **Circunstância atenuante:** ter o agente menos de 21 anos na data do fato ou mais de 70 anos na data da sentença.
- **Sursis etário:** para o condenado com mais de 70 anos de idade.
- **Prescrição:** reduz-se o prazo prescricional pela metade se o criminoso, na data do crime, era menor que 21 anos e, na data da sentença, maior que 70 anos.

Da parte especial do Código Penal[5] retiram-se alguns exemplos de crimes nos quais ocorrem aumentos nas penas em decorrência da idade da vítima. São eles:

- **Homicídio doloso:** quando é cometido contra menores de 14 anos ou maiores de 60 anos.
- **Aborto provocado (por terceiro) com consentimento:** a pena aplicada passa a ser a do aborto provocado sem o consentimento, se a gestante for menor que 14 anos.
- **Abandono de incapaz:** se a vítima tiver mais de 60 anos de idade.
- **Maus-tratos:** quando o crime é contra os menores de 14 anos.
- **Calúnia e difamação:** se cometidas contra maiores de 60 anos.
- **Crimes de natureza sexual:** quando a vítima tem entre 14 e 18 anos a pena sofre acréscimo, sendo ainda maior quando ela tem menos de 14 anos, considerada vulnerável pelo Código Penal.

▶ CIVIL

- **Idades-chave:** os 16 e os 18 anos.

De acordo com o Código Civil,[6] os menores de 16 anos são absolutamente incapazes; os maiores de 16 e menores de 18 anos são relativamente incapazes; os maiores de 18 anos estão habilitados à prática de todos os atos da vida civil.

Dispõe, ainda, que a incapacidade, para os menores, cessará:

I – pela concessão dos pais, ou de um deles na falta do outro, mediante instrumento público, independentemente de homologação judicial, ou por sentença do juiz, ouvido o tutor, se o menor tiver dezesseis anos completos;

II – pelo casamento;

III – pelo exercício de emprego público efetivo;

IV – pela colação de grau em curso de ensino superior;

V – pelo estabelecimento civil ou comercial, ou pela existência de relação de emprego, desde que, em função deles, o menor com dezesseis anos completos tenha economia própria.[6]

▶ TRABALHISTA

- **Idades-chave:** 14, 16, 18, 55, 60 e 70 anos.

Na Consolidação das Leis do Trabalho[7] temos que é proibido o trabalho noturno para menores de 18 anos. Também é proibido qualquer trabalho para menores de 16 anos, salvo na condição de aprendiz (a partir de 14 anos).

Existem aposentadorias especiais para as mulheres com idade mínima de 55 ou 60 anos e para os homens com 60 ou 65 anos, bem como as compulsórias, aos 70 anos.[8]

▶ POLÍTICO

- **Idades-chave:** 16, 18, 21, 30, 35 e 70 anos.

O voto é obrigatório para os maiores de 18 anos e facultativo para aqueles que têm entre 16 e 18 anos e para os maiores de 70 anos.[9]

Além disso, a idade é condição de elegibilidade para: Presidente, Vice-Presidente e Senador – 35 anos; Governador, Vice-Governador do Estado e do DF – 30 anos; Deputado Federal, Deputado Estadual ou Distrital, Prefeito, Vice-Prefeito – 21 anos; e Vereador – 18 anos.[9]

▶ CARACTERIZAÇÃO DA CRIANÇA, DO ADOLESCENTE E DO IDOSO

No Estatuto da Criança e do Adolescente[10] considera-se criança a pessoa de até 12 anos, enquanto o adolescente é a pessoa de 12 a 18 anos de idade. Nele estão previstas medidas específicas de proteção em casos de crimes cometidos por crianças e medidas socioeducativas como forma de punição para os adolescentes.

No Estatuto do Idoso,[11] a pessoa com idade igual ou superior a 60 anos é considerada idosa.

Dentro das responsabilidades médico-legais da estimativa da idade (EI) não se revestem de menor relevância as questões acerca da identificação das pessoas pelas características descritivas de cada um, em acordo com a idade aparente. Essa é uma forma importantíssima de se caracterizar ou se descrever alguém que se busca ou se necessite identificar. São parâmetros amplamente utilizados, em várias situações onde se usam informalmente termos como aqueles do tipo: " ...Procuramos um jovem alto..."; "Meu pai é um senhor de meia-idade obeso..."; "Minha avó é uma velhinha muito simpática..."; "...Meu filho é um adolescente muito forte..."; "...Trata-se de uma moça nova..." etc. Analise-se que essas e várias outras colocações já fazem com que se crie instantaneamente um protótipo imaginário daquele que se procura, ou de quem se vê diante de si, e que se faz preciso descrever.

Ora, se na informalidade se valem de descrições acerca da estimativa da idade, então aqueles que são técnicos no assunto devem se guiar de modo metodológico, no sentido de se evitarem disparidades grosseiras.

No contexto médico-legal podem surgir demandas para a realização de perícias de estimativa da idade em: (a) indivíduos vivos, (b) em cadáveres, (c) em corpos em processos de decomposição inicial, ou decomposição flagrantemente instalada, (d) em carbonizados e (e) em ossadas.

Isso porque são inúmeras as situações em que é necessária a estimativa da idade de indivíduos: adoções, menores abandonados, criminalidade juvenil, imputabilidade penal, crimes de natureza sexual, estabelecimento da gradação da pena, identificações de cadáveres desconhecidos e exame de ossadas.[12] A autoridade policial e o magistrado dependem de documentos hábeis, e perícias técnicas o são, para propiciar os encaminhamentos legais que os casos prescindem, bem como auxiliar as sentenças dos processos.

A estimativa da idade baseada na análise de sinais biológicos do desenvolvimento é uma das principais tarefas do especialista em ciências forenses nos casos em que pessoas estão sob investigação e não possuem ou não apresentam documentos que comprovem sua idade.[13] Em indivíduos vivos, a estimativa de idade visa avaliar a probabilidade de o periciado possuir um padrão de idade específica legalmente relevante.[14]

Nos casos de corpos não identificados ou de esqueletos, com vistas à identificação, a estimativa de idade tem sido uma abordagem bastante relevante. O exame pericial vai muito além de declarar um indivíduo como morto, uma vez que a morte acarreta implicações de natureza sentimental para os familiares, éticas, civis, criminais e trabalhistas que não podem ser subestimadas.[14] No Direito Civil, a morte de uma pessoa pode trazer consequências jurídicas para seus familiares; no Direito Penal, a não identificação de um cadáver pode atrapalhar as diligências policiais.[15]

Além da estimativa de idade com finalidade criminal, temos as relacionadas às idades escolares, de benefícios sociais, de cunho empregatício e de casamentos.[16]

Eventos que também levam à solicitação de peritos médicos e odontolegistas em procedimentos periciais de estimativa da idade são os crimes de natureza sexual. Dependendo da idade da vítima de estupro, a pena sofre variações e, em várias ocasiões, essas vítimas estão sem documentação que comprove sua idade ou as têm sob suspeita.

Tal frequência e ainda a gravidade do evento fizeram com que recente modificação no Código Penal[5] criasse a denominada "Lei da Pedofilia",[17] que certamente reforça a necessidade da existência também de odontolegistas como profissionais fundamentais para essa natureza de avaliação nos quadros periciais estaduais brasileiros.

Segundo Silva,[18] as perícias para estimar a idade são solicitadas pela Justiça nas seguintes ocasiões:

- **Primeira infância:** processos de adoção.
- **Sete anos:** direito à escola e ao lazer.
- **Doze anos:** início da adolescência e direito de escolha.
- **Catorze anos:** crimes de natureza sexual.
- **Dezoito anos:** imputabilidade penal.

Campos *et al.*[19] dividiram a estimativa de idade em duas etapas: a primeira etapa na vida intrauterina, mediante o estudo dos elementos indicativos do estado de desenvolvimento fetal (peso, altura, diâmetro cefálico, época de aparecimento dos núcleos de ossificação e comprimento das diáfises dos ossos longos); e a segunda etapa na vida extrauterina, considerando a soldadura dos núcleos de ossificação, ângulo mandibular, grau de sinostose das suturas cranianas, grau de degeneração osteocartilaginosa e as características dentárias (época de erupção dos dentes decíduos e permanentes, processo de mineralização dos dentes, grau de reabsorção da câmara pulpar e dos canais radiculares e grau de desgaste das cúspides).

O Grupo de Estudo em Diagnóstico de Idade Forense (AGFAD) reuniu, em 2000, cientistas da área para obter um consenso sobre os métodos mais apropriados para serem utilizados em diferentes situações de perícias de estimativa de idade, apresentando recomendações e protocolos em procedimentos criminais,[20] civis, de asilos,[21] de pensões[15] e em esqueletos.[22]

De acordo com o AGFAD, a estimativa de idade com propósitos criminais deve ser realizada por meio dos seguintes exames:

1. Exame físico, com observação dos sinais de maturação sexual e identificação de possíveis desordens de desenvolvimento.
2. Radiografia da mão esquerda.
3. Exame dental com registros do estado clínico da dentição e avaliação radiográfica (radiografia panorâmica).[2-4,13,23]

Nos casos de o periciado apresentar idade maior de 21 anos, o AGFAD recomenda também que sejam realizadas radiografias ou tomografia computadorizada da clavícula como meio auxiliar do exame.[24]

Deve-se sempre ressaltar de modo veemente que essa não é uma tarefa de *determinação de idade*, e sim de *estimativa da idade*. Por mais apurada que seja a metodologia empregada, ainda não existem, à luz das ciências mais modernas, quaisquer técnicas com precisão absoluta. Sempre se valerão de exames físicos e/ou complementares que trarão dados de aproximações bioestatísticas em acordo com amostragens estudadas para comparação. Portanto, não se deve considerar a estimativa da idade uma ciência exata, apesar dos números empregados, puramente, para fins de comparação e apenas aproximação probabilística.

Inclusive, assinala-se que esse processo de EI sofre interferências multifatoriais, sendo variáveis das mais diferentes origens (biológicas ou ambientais) que atuam sobre os indivíduos em suas vidas, quais sejam: etnia, cor, sexo, estado nutricional (quantitativo e qualitativo) ao longo da vida, posição geográfica do país onde houve o desenvolvimento do indivíduo, nível de exposição a estresses físicos e psíquicos continuados, padrão de cuidados pessoais ao longo da vida (saúde, higiene etc.), enfermidades coexistentes, como as neuroendócrinas e as infecciosas, a carga genética, fatores ambientais, como acesso a habitação e saneamento básico, nível de renda da família, acesso a bens de consumo, entre tantos outros mais no decurso da vida. Assim sendo, há fatores intrínsecos ou extrínsecos ao organismo que podem causar profundas alterações sobre ele.

Além disso, as análises se tornam ainda mais complexas quando se leva em conta que todas essas variáveis podem interagir entre si. Tal fato prejudica em demasia as conclusões periciais de uma análise menos rigorosa ou criteriosa em um dado indivíduo.

Assim sendo, a pesquisa deve sempre ser feita levando-se em conta que a idade cronológica não caminhará necessariamente em paralelo com a idade biológica do organismo em questão.

▶ REFERÊNCIAS

1. Silva RF, Marinho DEA, Botelho TL, Caria PHF, Bérzin F, Daruge Júnior E. Estimativa da idade por meio de análise radiográfica dos dentes e da articulação do punho: relato de caso pericial. Arquivos em Odontologia 2008; 44(2):93-8.

2. Olze A, Taniguchi M, Schmeling A et al. Studies on the chronology of third molar mineralization in a Japanese population. Leg Med 2004; 6:73-9.

3. Meinl A, Tangl S, Huber C, Maurer B, Watzek G. The chronology of third molar mineralization in the Austrian population – a contribution to forensic age estimation. For Sci Int 2007; 169:161-7.

4. Heras SM, Garcia-Fortea P, Ortega A, Zodocovich S, Valenzuela A. Third molar development according to chronological age in populations from Spanish and Magrebian origin. For Sci Int 2008; 174(1):47-53.

5. Brasil. Presidência da República. Decreto-Lei 2.848, de 7 de dezembro de 1940. Código Penal. Disponível em: < http://www.planalto. gov.br/ccivil/decreto-lei/del2848.htm> [04 fev 2010].

6. Brasil. Presidência da República. Lei 10.406, de 10 de janeiro de 2002. Institui o Código Civil. Disponível em: < http://www.planalto. gov.br/ccivil/leis/2002/L10406.htm> [04 fev 2010].

7. Brasil. Presidência da República. Decreto-Lei 5.452, de 1º de maio de 1943. Aprova a Consolidação das Leis do Trabalho. Disponível em: < http://www.planalto.gov.br/ccivil/decreto-lei/del5452.htm> [14 abr 2010].

8. Brasil. Presidência da República. Lei 8.213, de 24 de julho de 1991. Dispõe sobre os Planos de Benefícios da Previdência Social e dá outras providências. Disponível em: < http://www.planalto.gov.br/ccivil_03/Leis/L8213cons.htm> [14 abr 2010].

9. Brasil. Presidência da República. Constituição da República Federativa do Brasil de 1988. Disponível em: <http://www.planalto.gov.br/ccivil_03/constituicao/constituiçao.htm> [14 abr 2010].

10. Brasil. Presidência da República. Lei 8.069, de 13 de julho de 1990. Dispõe sobre o Estatuto da Criança e do Adolescente e dá outras providências. Disponível em: < http://www.planalto.gov.br/ccivil_03/Leis/L8069.htm > [14 abr 2010].

11. Brasil. Presidência da República. Lei 10.741, de 1º de outubro de 2003. Dispõe sobre o Estatuto do Idoso e dá outras providências. Disponível em: <http://www.planalto.gov.br/ccivil/leis/2003/L10.741.htm> [14 abr 2010].

12. Almeida CSL. Estimativa da idade por radiografias panorâmicas em indivíduos melanodermas. [Dissertação] Piracicaba: Faculdade de Odontologia de Piracicaba, Universidade Estadual de Campinas, 2002.

13. Olze A, Ishikawa T, Zhu BL et al. Studies of the chronological course of wisdom tooth eruption in a Japanese population. For Sci Int 2008; 174(2):203-6.

14. Schmeling A, Geserick G, Reisinger W, Olze A. Age estimation. Forensic Sci Int 2007; 165:178-1.

15. Ritz-Timme S, Cattaneo C, Collins MJ et al. Age estimation: the state of the art in relation to the specific demands of forensic practice. Int J Legal Med 2000; 113:129-36.

16. Gunst K, Mesotten K, Carbonez A, Willems G. Third molar root development in relation to chronological age: a large sample sized retrospective study. For Sci Int 2003; 136:52-7.

17. Brasil. Presidência da República. Lei 12.015, de 7 de agosto de 2009. Altera o Título VI da Parte Especial do Decreto-Lei 2.848, de 7 de dezembro de 1940 – Código Penal, e o art. 1º da Lei 8.072, de 25 de julho de 1990, que dispõe sobre os crimes hediondos, nos termos do inciso XLIII do art. 5º da Constituição Federal e revoga a Lei 2.252, de 1º de julho de 1954, que trata de corrupção de menores. Disponível em: < http://www.planalto.gov.br/ccivil_03/_Ato2007 2010/2009/Lei/L12015.htm> [14 abr 2010].

18. Silva M. Compêndio de Odontologia Legal. Rio de Janeiro (RJ): Medsi, 1997.

19. Campos MS, Mendoza C, Moura G, Melo RB. Compêndio de Medicina Legal Aplicada. 1. ed. Recife (PE): EDUPE, 2000.

20. Schmeling A, Kaatsch H-J, Marré B et al. Rechtsmedizin. 2001; 11:1-3.

21. Lockemann U, Fuhrmann A, Püschel K, Schmeling A, Geserick G. Empfehlungen für die Altersdiagnostik bei Jugendlichen und jungen Erwachsenen außerhalb des Strafverfahrens. Rechtsmedizin 2004; 14:123-5.

22. Rösing FW, Graw M, Marre B et al. Empfehlungen für die forensische Geschlechts- und Altersdiagnose am Skelett. Rechtsmedizin 2005; 15:32-8.

23. Orhan K, Ozer L, Orhan AI, Dogan S, Paksoy CS. Radiographic evaluation of third molar development in relation to chronological age among Turkish children and youth. For Sci Int 2007; 165:46-51.

24. Schmeling A, Reisinger W, Geserick G, Olze A. The current state of forensic age estimation of live subjects for the purpose of criminal prosecution. Forensic Sci Med Pathol 2005; 1(4):239-46.

Parte B

Exame Médico

José Roberto de Rezende Costa

O processo de crescimento, maturação e envelhecimento humano pode ser dividido em algumas fases para fins didáticos e/ou formais. O ciclo vital se divide em etapas, quais sejam: crescimento e desenvolvimento, estabilização e envelhecimento ou regressão natural.

A maturidade biológica de cada organismo será dependente do chamado relógio biológico individual, que regula seu progresso até o estado de maturidade propriamente dito. As medidas da maturidade variam de acordo com o sistema biológico utilizado, e alguns dos indicadores de maturidade mais usados no estudo do crescimento são: a maturidade óssea, a maturidade sexual e a maturidade somática.

▶ MEDIDAS DE MATURIDADE ÓSSEA

A maturidade óssea talvez seja o melhor método para medida da idade biológica ou estado de maturidade. O esqueleto é um indicador ideal de maturidade porque seu desenvolvimento abrange o período inteiro do crescimento. Em outras palavras, em ambos os pontos, iniciais e finais do processo de maturidade, têm-se os conhecimentos, pois a estrutura do esqueleto de todos os indivíduos progride da cartilagem até o osso e sua degeneração. O progresso da maturidade do esqueleto pode ser monitorado com segurança e o uso prudente dos raios X. Os ossos da mão e do punho estão entre os melhores indicadores de maturidade óssea. Existem dois métodos frequentemente usados para medir a maturidade do esqueleto dos ossos da mão e do punho: os métodos de Greulich-Pyle e de Tanner-Whithouse. Todos os métodos para estimar a maturidade óssea representam a idade óssea. A idade óssea (IO) é expressa em relação à idade cronológica (IC) do periciado e, por isso, pode simplesmente ser comparada.

▶ MEDIDAS DA MATURIDADE SEXUAL

A medida da maturidade sexual pode ser baseada no desenvolvimento dos caracteres sexuais secundários como, por exemplo, o desenvolvimento da mama e a menarca (primeira menstruação) na menina, o desenvolvimento do pênis e dos genitais no menino, e o dos pelos pubianos em ambos os sexos, mudanças no timbre de voz etc. O uso dos caracteres sexuais secundários como indicadores do estado de maturidade e seu progresso obviamente está limitado apenas às fases durante a puberdade ou da adolescência e à maturidade. Esses indicadores têm limitada aplicabilidade em relação à idade óssea, porque não podem ser monitorados desde a infância até o adulto jovem, mas somente a partir da adolescência.

▶ MEDIDAS DA MATURIDADE SOMÁTICA

O uso das medidas corporais como indicadores de maturidade exige medidas longitudinais. O estirão do crescimento (pique máximo da velocidade de crescimento) é o indicador mais frequentemente utilizado pela maturidade somática em estudos longitudinais durante a adolescência. O crescimento do comprimento das pernas (membros inferiores), da altura sentado (comprimento do tronco), as larguras biacromial (ombro) e bicristal (quadril) e a força muscular também podem servir como indicadores nessa fase da velocidade máxima de crescimento. Esses dados só são viáveis com estudos longitudinais durante o crescimento.

Então, nesse complexo processo de desenvolvimento humano, deve-se estar atento a alguns dados. As interações de variáveis, conforme já assinalado, são infindáveis até o processo de envelhecimento e a morte natural. Os principais componentes que se inter-relacionam são o crescimento, a maturação, as adaptações e as experiências de cada um; tudo isso sob ações também das esferas psicomotora, cognitiva e afetiva.

Qualquer classificação usada para orientar as fases da vida pode ser considerada falha, incompleta, grosseira, superficial, ou mesmo muito confusa, complexa, pormenorizada ou pouco prática. Para fins médico-legais, podem ser citadas as seguintes fases:

1. **Pré-natal ou vida intrauterina:** fase de embrião até o terceiro mês, e fetal, do quarto mês ao nascimento.

2. **Recém-nascido ou neonatal:** do nascimento até cerca de 30 dias.

3. **Primeira infância:** do anterior até cerca de 6 anos, sendo o lactente até cerca de 2 anos.

4. **Segunda infância ou pré-adolescência:** em torno dos 6 anos até cerca de 12 anos.

5. **Adolescência:** em torno dos 12 anos até cerca de 20 anos.

6. **Adultos jovens:** em torno dos 20 anos até cerca de 35 anos.

7. **Adultos de meia-idade:** em torno dos 35 anos até cerca de 50 a 65 anos.

8. **Velhice ou idosos:** a partir do anterior.

Deve ser frisado que qualquer classificação (por grupos etários) não necessita ser precisa, nem deve ser estanque, além de não ter esses objetivos. Serve simplesmente para nortear fins didáticos e práticos no cotidiano médico-legal. Isso se explica não apenas pelas inúmeras variáveis que podem influenciar as aparências físicas ou clínicas, como também pela ausência de precisão de limites definidos para essas denominações na própria literatura. Ademais, como exemplo, a própria fase da velhice, por sua vez, poderia ser dividida em etapas. Essas etapas seriam: (a) terceira idade: em torno dos 65 anos, aproximadamente (são, do ponto de vista social, os anos que rodeiam a aposentadoria); (b) ancianidade: pode centrar-se entre os 70 e os 75 anos, momento em que ocorrem modificações no sentido de orientação de algumas tarefas e responsabilidades (período muitas vezes com presença de limitações físicas e sociais); (c) última senectude: situada ao redor dos 80 anos (esse período pode ser vivido em grande plenitude; no entanto, é um período caracterizado, particularmente, por limitações de todo tipo e pela real proximidade da morte).

Em geral, as fases mais precoces da vida permitem menor margem de erro no que concerne à EI, pois, apesar das variações individuais ou de certos grupos entre si, ocorrem seguimentos de padrões previamente conhecidos. Logo, deve ser assinalado que a estimativa da idade com o avanço cronológico da vida está sujeita a maiores margens de erro.

▶ ESTIMATIVA DA IDADE DE ACORDO COM AS FASES DA VIDA

Crescimento e Desenvolvimento Físicos

Consistem em um processo normal de aumento de tamanho; o desenvolvimento físico é um processo normal de crescimento e diferenciação (alteração progressiva em função e morfologia).

Conforme mencionado, o crescimento e o desenvolvimento físico são processos multifacetados, envolvendo fatores genéticos, nutricionais e ambientais (físicos e psicológicos), entre outros. Distúrbios em qualquer desses podem alterar o crescimento. Um bom crescimento exige uma saúde perfeita.

O crescimento, do nascimento à adolescência, ocorre (basicamente) em dois padrões distintos. O primeiro (do nascimento até cerca de 2 anos de idade) consiste em um crescimento rápido, mas com desaceleração. O segundo (de cerca de 2 anos até o começo da puberdade) mostra incrementos anuais mais consistentes e constantes. A altura da criança tende a se manter a mesma em relação a seus pares. Uma exceção pode ocorrer durante o primeiro ano de vida, quando uma criança cresce mais rápido ou mais devagar que seus correlatos, antes de estabelecer seu próprio padrão, que é de origem genética primariamente. Essa variação precoce do crescimento pode ser devida a fatores maternos (p. ex., devido ao tamanho uterino) ou outros. Meninos e meninas têm pequenas diferenças nos tamanhos e nas taxas de crescimento durante a lactação e a infância.

Altura/Comprimento

O crescimento linear é medido em comprimento (com a criança deitada), para os menores de 2 anos de idade, e como altura (com a criança em pé), depois dessa faixa etária. Tipicamente, o lactente aumenta seu comprimento em aproximadamente 30% por volta dos 5 meses e em mais cerca de 50% por volta de 1 ano; subsequentemente, a altura dobra à idade de 5 anos. A velocidade de crescimento em estatura continua a diminuir até a chegada da puberdade. Se a puberdade estiver atrasada, o crescimento em altura poderá virtualmente cessar (ver Figuras 21.1 a 21.6). As extremidades crescem mais rapidamente do que o tronco, levando a uma alteração gradual das proporções relativas. A relação cabeça/púbis:púbis/calcanhar é 1,7 ao nascimento, 1,5 com 1 ano, 1,2 aos 5 anos e 1 aos 10 anos. No entanto, a estatura pode ter pouco valor para fins de precisão na EI, embora possa fornecer bons indicativos de aproximação.

Peso

O crescimento em peso segue uma curva similar àquela da altura. O peso do lactente ao nascer dobra aos 5 meses de idade, triplica com 1 ano e quase quadruplica aos 2 anos. Entre os 2 e 5 anos de idade os aumentos anuais são positivamente similares. Subsequentemente, os aumentos anuais crescem vagarosamente, até o começo da puberdade.

Sistemas Orgânicos

Os sistemas linfoide, reprodutivo e nervoso central não acompanham o padrão geral de crescimento de altura e peso. O sistema linfoide cresce regular, constante e rapidamente durante toda a infância, atingindo o máximo imediatamente antes da puberdade. A massa de tecido linfoide subsequentemente diminui, de modo que um adulto apresenta aproximadamente 50% da massa de um pré-adolescente. O sistema reprodutor, exceto por um breve intervalo no período pós-natal imediato, mostra pequeno crescimento até a infância tardia e a puberdade. O crescimento do sistema nervoso central (SNC) ocorre quase exclusivamente durante os primeiros anos de vida. Ao nascimento, o cérebro tem 25% do tamanho do adulto. Ao primeiro aniversário da criança, o cérebro completou metade de seu crescimento pós-natal e tem 75% do tamanho do adulto. Gradualmente diminuindo na taxa de crescimento, ele atinge 80% do tamanho do adulto à idade de 3 anos e 90% à idade de 7 anos.

O desenvolvimento funcional dos órgãos, independente de seu tamanho, ocorre primariamente durante o período de crescimento inicial, com a óbvia exceção do sistema reprodutor. As mudanças mais notáveis ocorrem nas funções renais, imunes e no SNC. Ao nascimento, a função renal em geral é reduzida. Logo depois, entretanto, as capacidades de concentração e acidificação estão funcionalmente similares àquelas dos adultos. Com 1 ano de idade, a taxa de filtração glomerular (TFG), o *clearance* de ureia e os *clearances* tubulares máximos atingem os níveis do adulto. As alterações funcionais do SNC ocorrem ampla e mais rapidamente durante os primeiros 4 ou 5 anos de vida e são mais bem demonstradas no desenvolvimento psicomotor e intelectual da criança.

Composição Corpórea

As alterações mais evidentes antes da puberdade são as quantidades de gordura e água corpóreas. Ao nascimento, a gordura corpórea representa cerca de 12% do peso corpóreo. Sua proporção aumenta rapidamente para 25% aos 6 meses e então, um tanto mais vagarosamente, para 30% com 1 ano, contribuindo para a aparência gorda do lactente de 1 ano de idade. Subsequentemente, há redução vagarosa até a idade de 5 a 6 anos, quando a gordura corpórea se aproxima daquela do período neonatal. Há novamente um aumento vagaroso até o começo da puberdade. O aumento continua nas meninas após essa época, enquanto nos meninos existe tendência a uma discreta redução na gordura corpórea. A água corpórea medida como porcentagem do peso corpóreo é de 75% ao nascimento, caindo para 60% com 1 ano (aproximadamente igual à porcentagem do adulto). Essa mudança é fundamentalmente devida a uma diminuição no fluido extracelular (FEC), de 45% para 28% do peso corpóreo. O fluido intracelular (FIC) fica relativamente constante. Após a idade de 1 ano, há queda vagarosa e um tanto variável no fluido extracelular e aumento no fluido intracelular para níveis de adulto, de aproximadamente 16% e 47%, respectivamente. A quantidade relativamente grande de água corpórea, sua alta taxa de renovação e as perdas de superfície comparativamente altas (devido a uma grande área de superfície proporcional) tornam o lactente mais suscetível à privação líquida que as crianças mais velhas e os adultos.

▶ DESENVOLVIMENTO PSICOMOTOR E INTELECTUAL

O desenvolvimento psicomotor diz respeito à maturação de elementos psicológicos e musculares, os quais constituem o comportamento, enquanto o desenvolvimento intelectual diz respeito à maturação da memória, do raciocínio e do processamento de pensamentos. O desenvolvimento psicomotor e intelectual é um processo contínuo que depende, primariamente, da maturação do SNC, ocorrendo na mesma sequência em todas as crianças. O desenvolvimento, entretanto, varia de criança para criança; até mesmo em uma criança específica, as pausas temporárias podem ocorrer em uma ou mais esferas (p. ex., a fala). O desenvolvimento se procede no sentido distal-caudal, ou seja, da cabeça para baixo (o desenvolvimento funcional da cabeça e das mãos precede o das pernas e pés), e da resposta global ou generalizada para a específica; isto é, a função motora geral se desenvolve antes da função motora mais específica.

O desenvolvimento pode ser um pouco retardado pela falta de prática suficiente (p. ex., em criança cuja atividade seja limitada por doença prolongada), mas, por outro lado, pode ser significativamente acelerado pela aplicação de maior estimulação.

O desenvolvimento psicomotor e intelectual é afetado pela inteligência inata (em geral, quanto maior a inteligência, mais rápido o desenvolvimento); padrões familiares (p. ex., andar tardiamente, falar e controle vesical, todos comumente ocorrendo em determinada família); fatores ambientais (p. ex., a falta de estimulação apropriada pode impedir o desenvolvimento normal) e fatores físicos (p. ex., hipotonia ou surdez podem alterar o desenvolvimento normal). Os principais marcos do desenvolvimento do nascimento até os 5 anos estão resumidos na Tabela 21.1 e podem auxiliar muitos casos mediante correlações com exames clínicos detalhados.

No que concerne ao padrão e às taxas de crescimento, existem inúmeras tabelas e gráficos com as médias das medidas da população pediátrica e adolescente masculina e feminina, todos disponíveis em quaisquer consultórios, ambulatórios, livros-texto de Pediatria, manuais de saúde pública etc. Em tese, eles se aplicariam para fins de análise de crescimento e desenvolvimento; não obstante, nada impede que sejam usados para fins de raciocínio reverso. Ou seja, partindo-se de um pressuposto de o indivíduo ser de um determinado grupo populacional conhecido e apresentar estado nutricionalmente regular, naquele dado grupo, poder-se-ia estimar a idade a partir daqueles dados antropométricos disponíveis sob análise e, assim, serem aplicados às tabelas ou gráficos de referência.

Há, portanto, várias fontes de dados, bem como orientações para coleta adequada e padronizada de dados antropométricos disponíveis, por exemplo, pela Organização Mundial da Saúde (OMS). Além disso, poderão ser diversos os indicadores usados como referencial para análise de idade segundo o desenvolvimento dos indivíduos, como: comprimento (estatura), peso, índice de massa corporal, perímetro cefálico, circunferência

Tabela 21.1 ▸ Principais marcos do desenvolvimento (0 a 5 anos)

Idade	Comportamento
Nascimento	Dorme a maior parte do tempo, consegue se alimentar, limpar suas vias aéreas e responder com choro a desconfortos e invasões
6 semanas	Olha objetos na linha de visão, começa a sorrir quando se fala com ela, deita-se sobre o abdome sem levantar, a cabeça pende quando colocada em posição sentada
3 meses	Sorri espontaneamente, vocaliza e segue objeto em movimento com os olhos. Sustenta a cabeça ereta quando sentada e segura objetos colocados em sua mão
6 meses	Senta com apoio e rola, sustenta-se sozinha em posição sentada, transfere um objeto de uma mão para outra e balbucia para brinquedos
9 meses	Senta-se bem, engatinha e senta-se sozinha; diz "mama" e "dada"; brinca de bater palmas e fazer *tchau* com a mão e segura sua mamadeira
1 ano	Anda com apoio, fala várias palavras e ajuda quando está sendo vestida
18 meses	Anda bem, consegue subir escadas com apoio, vira várias páginas de um livro por vez, fala aproximadamente 10 palavras, puxa brinquedos por um cordão e consegue comer um pouco sozinha
2 anos	Corre bem, sobe e desce escadas sozinha, vira páginas de livro, uma de cada vez, veste roupas simples, faz sentenças de duas ou três palavras e verbaliza necessidades de toalete
3 anos	Anda de triciclo, veste-se bem, exceto botões e laços, conta até 10 e usa plurais, pergunta constantemente e se alimenta sozinha
4 anos	Alterna os pés ao subir e descer escadas, atira uma bola com as mãos, pula em um pé só, copia uma cruz, conhece pelo menos uma cor, lava as mãos e o rosto e cuida de suas necessidades de toalete
5 anos	Pula, pega uma bola, copia um triângulo, conhece quatro cores e se veste e despe sem ajuda

do braço, prega subescapular, prega tricipital, marcos de desenvolvimento motor etc. Nas Figuras 21.1 a 21.6 podem ser vistos os principais dados usados em nosso cotidiano (por razões de maior praticidade), que são a estatura e o peso, em acordo com a idade cronológica, segundo a OMS. As demais variáveis, conforme citado, serão consultadas no banco de dados de interesse do investigador e de acordo com as informações periciais disponíveis nos casos em tela.

Adolescência

Enquanto a adolescência é definida como um período de desenvolvimento, a puberdade é o processo biológico pelo qual uma criança se torna um adulto. Essas mudanças incluem aparecimento das características sexuais secundárias e aumento do tamanho para o de um adulto, além do desenvolvimento da capacidade reprodutiva. A produção pela adrenal de hormônio andrógeno (principalmente o sulfato de deidroepiandrosterona [DHEAS]) pode acontecer até mesmo aos 6 anos de idade, com desenvolvimento de odores nas axilas e aparecimento de pelos genitais raros (adrenarca – aparecimento de pelos pubianos, axilares ou ambos, sem outros sinais de desenvolvimento de puberdade). Os níveis do hormônio luteinizante (LH) e do hormônio folículo-estimulante (FSH) sobem progressivamente ao longo de infância, mas, a princípio, sem grandes efeitos. Mudanças puberais rápidas começam com sensibilida-

de aumentada da pituitária ao hormônio liberador de gonadotropina (GnRH), e a liberação é pulsátil, ocorrendo durante o sono e liberando GnRH, LH e FSH, o que corresponderá a aumentos nos andrógenos e estrógenos gonadais. Os gatilhos para essas mudanças ainda não são completamente entendidos, mas pode haver envolvimento com o desenvolvimento neurológico contínuo ao longo de infância.

O crescimento físico do adolescente inclui a maturação somática e sexual. A idade de início e a rapidez do desenvolvimento variam em cada indivíduo, sendo influenciadas por fatores genéticos e ambientais, conforme já relatado. A maturidade começa em idade mais precoce atualmente que há um século, provavelmente por melhora na nutrição, na saúde em geral e nas condições de vida. Por exemplo, a idade da menarca em países como os EUA diminuiu 2 meses/década entre 1850 e 1950.

O crescimento somático de homens e mulheres inclui o alcance de peso e altura do adulto, crescimento musculoesquelético e aumento do tamanho de todos os órgãos, exceto os vasos linfáticos, que diminuem de tamanho, e o cérebro, que atinge o peso máximo durante a adolescência. O estirão de crescimento em meninos ocorre entre as idades de 13 e 15 anos e meio; um ganho de 10,16cm pode ser esperado no ano de velocidade máxima. Para meninas, o estirão de crescimento começa por volta dos 11 anos de idade e pode alcançar 9cm no ano de velocidade máxima, estando quase com-

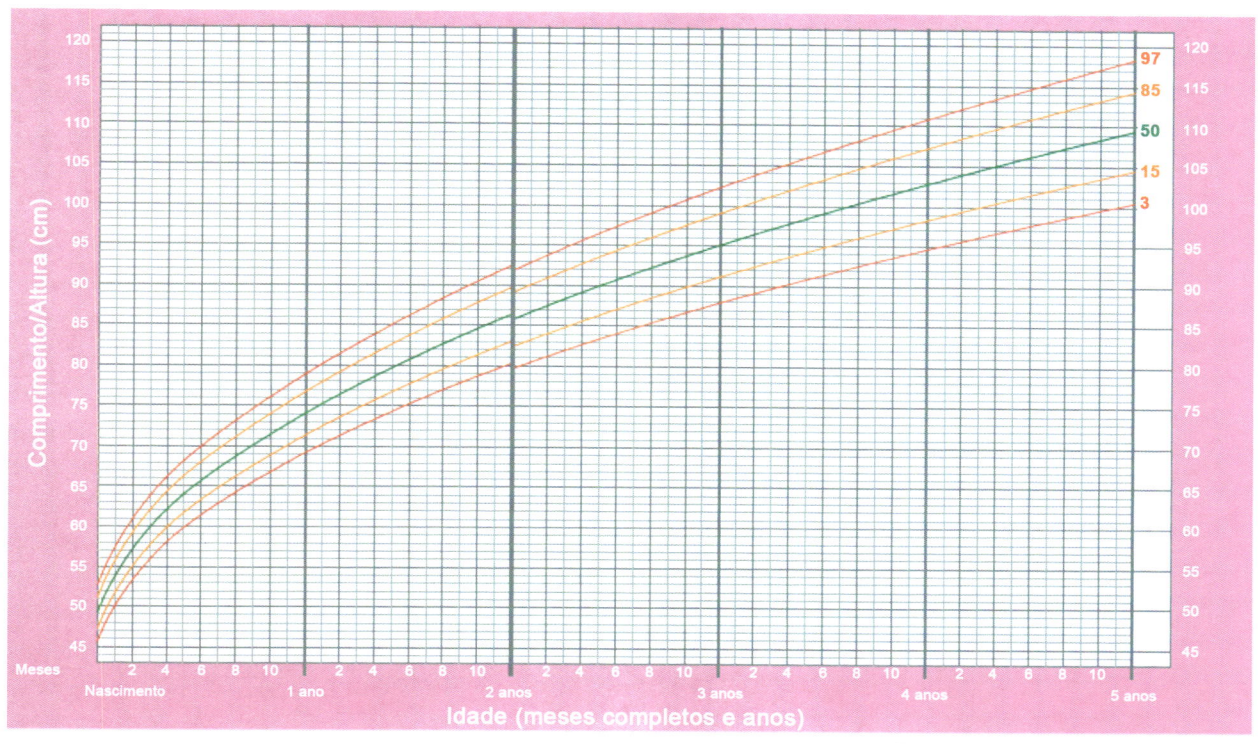

Fonte: WHO Child Growth Standards, 2007

Figura 21.1 ▶ Comprimento/altura × idade, meninas – do nascimento aos 5 anos, percentis

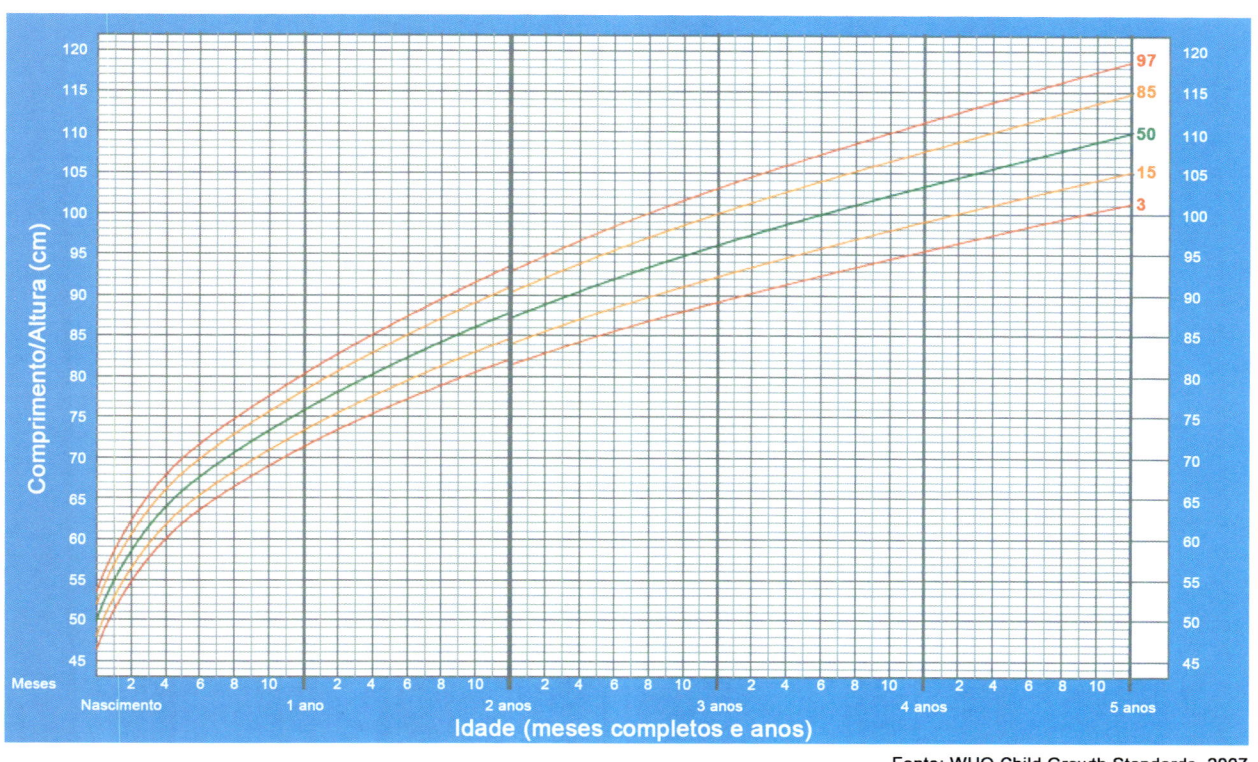

Fonte: WHO Child Growth Standards, 2007

Figura 21.2 ▶ Comprimento/altura × idade, meninos – do nascimento aos 5 anos, percentis

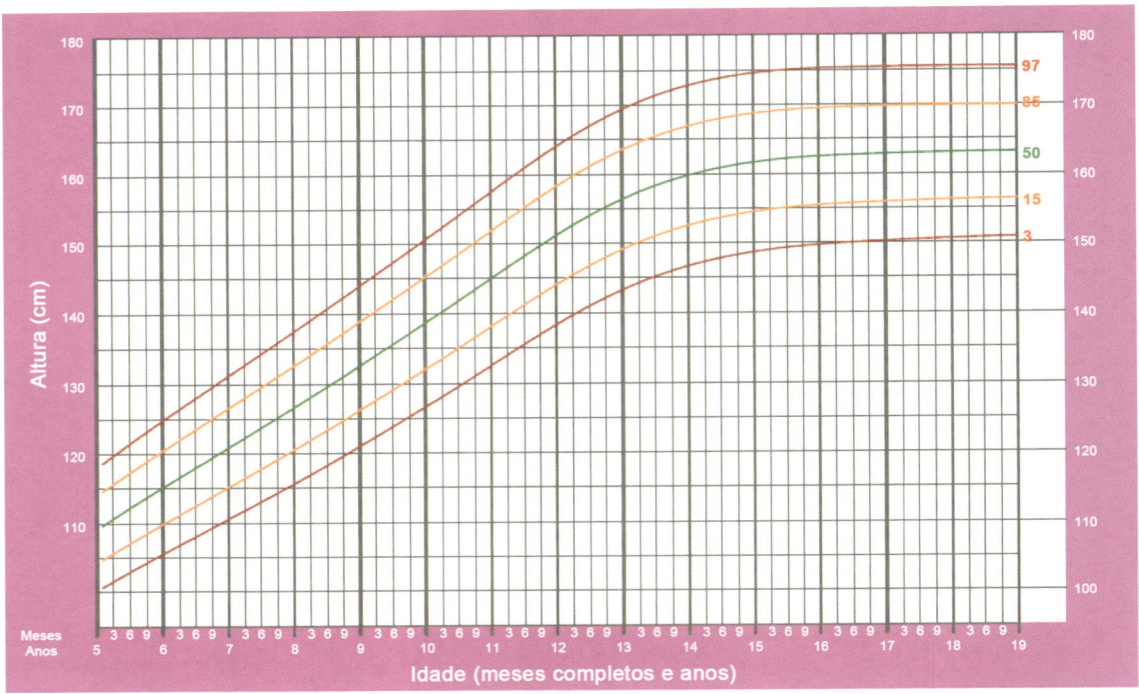

Fonte: WHO reference, 2007

Figura 21.3 ▶ Altura × idade, meninas – dos 5 aos 19 anos, percentis

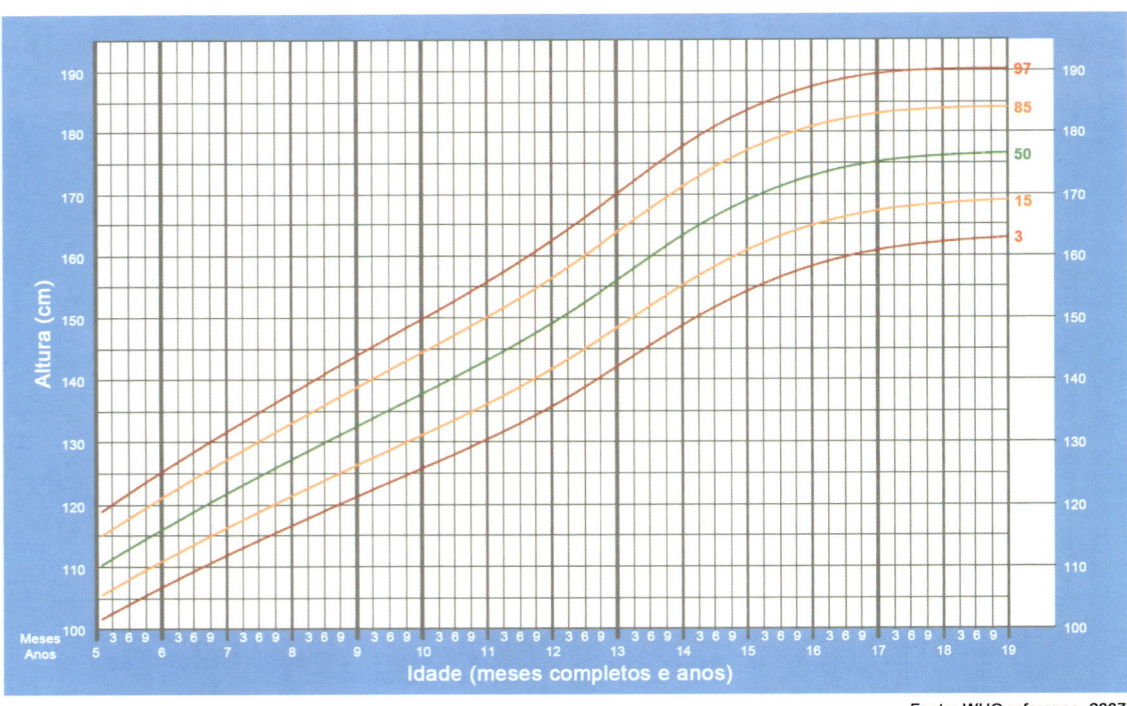

Fonte: WHO reference, 2007

Figura 21.4 ▶ Altura × idade, meninos – dos 5 aos 19 anos, percentis

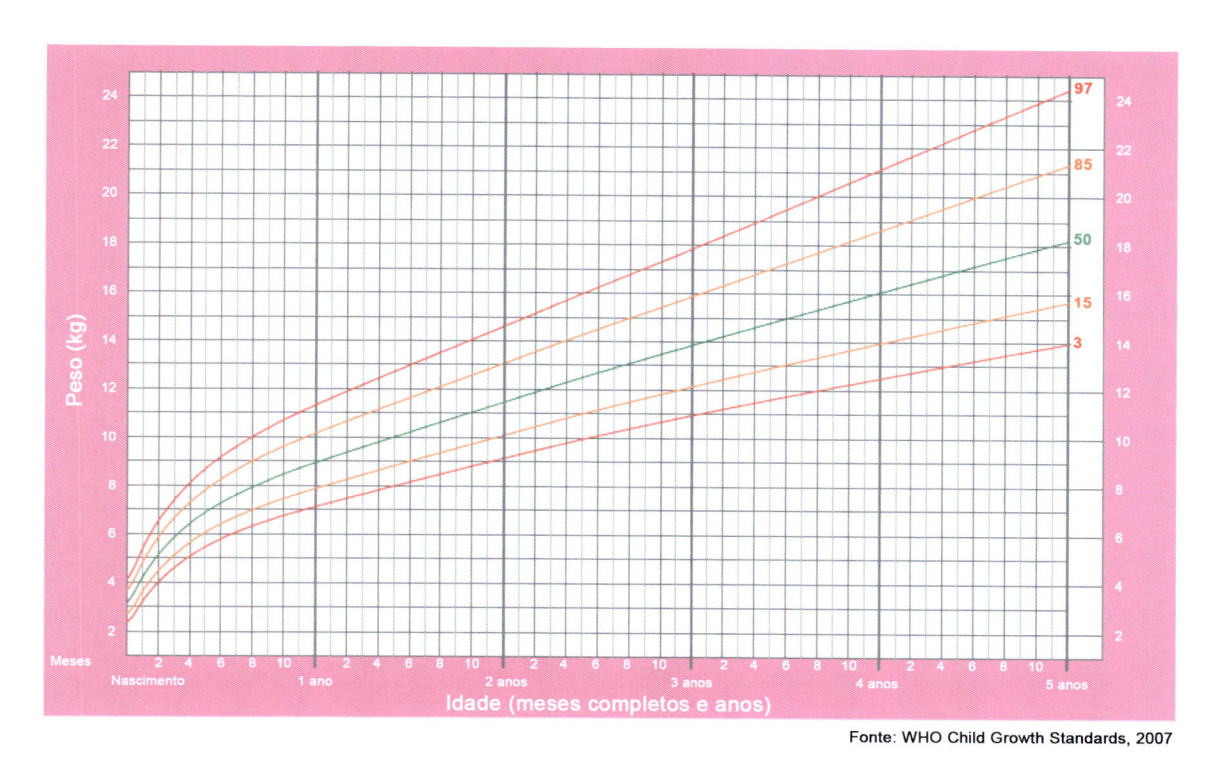

Fonte: WHO Child Growth Standards, 2007

Figura 21.5 ▸ Peso × idade, meninas – do nascimento aos 5 anos, percentis

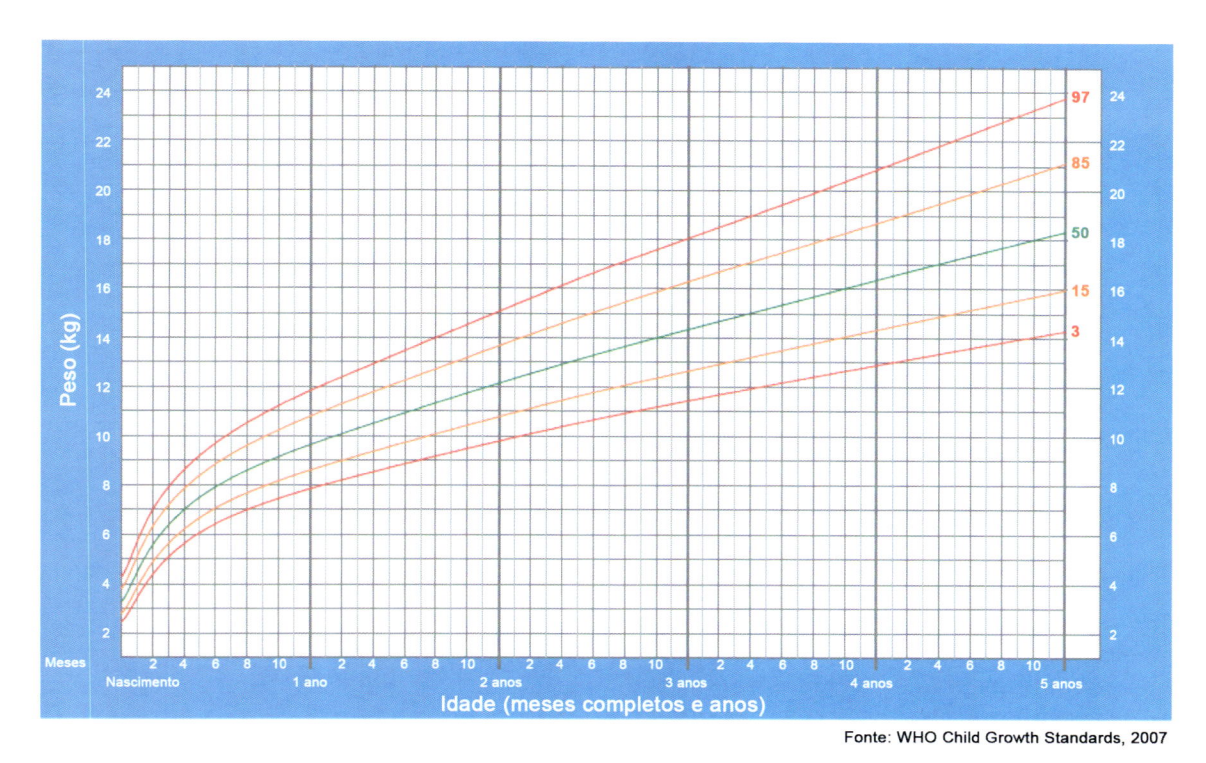

Fonte: WHO Child Growth Standards, 2007

Figura 21.6 ▸ Peso × idade, meninos – do nascimento aos 5 anos, percentis

pleto em torno de 13 anos e meio de idade. Em geral, os meninos são mais pesados e mais altos que as meninas quando o crescimento está completo, porque têm um período de crescimento residual maior. Por volta dos 18 anos de idade, o crescimento está 99% completo nas meninas; restam cerca de 2cm de crescimento para os meninos e um pouco menos para as meninas. Um adolescente pode se desenvolver mais cedo, outro mais tarde, mas ambos podem alcançar a mesma altura.

A maturação sexual geralmente ocorre em uma sequência estabelecida em ambos os sexos. A adrenarca é um evento puberal relacionado com a suprarrenal e geralmente ocorre antes da maturação do eixo hipotálamo--hipófise-gônadas e, portanto, da gonadarca. O progressivo aumento do sulfato de deidroepiandrosterona anuncia o início da adrenarca, enquanto o progressivo aumento da testosterona e do estradiol anuncia a gonadarca no menino e na menina, respectivamente. No sexo masculino, as alterações sexuais começam com o crescimento da bolsa escrotal e dos testículos, seguido do crescimento do pênis, das vesículas seminais e da próstata. O súbito aumento laríngeo leva, então, a mudanças na voz. Em seguida, começam a aparecer os pelos pubianos. Pelos axilares e faciais aparecem cerca de 2 anos após os pelos pubianos. O estirão de crescimento geralmente começa 1 ano após o início do crescimento dos testículos. A média etária para a primeira ejaculação (entre 12 anos e meio e 14 anos de idade nos EUA) é afetada por fatores psicológicos, culturais e biológicos. A primeira ejaculação ocorre cerca de 1 ano após o crescimento acelerado do pênis. A ginecomastia uni ou bilateral é comum em adolescentes jovens e geralmente desaparece em 1 ano.

Na maioria das mulheres, o desenvolvimento das mamas (broto mamário: telarca) é o primeiro sinal visível da maturação, seguido de perto pelo início do estirão de crescimento. Pouco depois, aparecem os pelos pubianos e axilares (pubarca). A menarca, ou a primeira menstruação, ocorre em cerca de 2 a 2 anos e meio após o início do desenvolvimento das mamas e quando ocorre desaceleração do estirão de crescimento, após ter atingido o máximo. Os estágios do crescimento das mamas e dos pelos pubianos podem ser detalhados usando-se os critérios de Tanner (ver Tabela 21.2 e Figuras 21.7 a 21.10).

Na adolescência, a idade cronológica deixa de ser um parâmetro muito seguro para a caracterização biopsicossocial de um determinado indivíduo. Adolescentes de mesma idade frequentemente estão em fases distintas da puberdade, pois esta tem início e ritmo de progressão muito variáveis entre eles. A maioria dos eventos puberais (velocidade máxima de crescimento, menarca, aquisição da estatura final etc.), assim como muitas patologias associadas à puberdade (acne, escoliose, ginecomastia etc.) e algumas dosagens laboratoriais (hemoglobina, fosfatase alcalina, dosagens hormonais etc.), correlaciona-se mais com determinadas fases da puberdade do que com a idade cronológica.

Tabela 21.2 ▶ Características dos estágios de maturação sexual (genitais masculinos, mamas e pelos pubianos)

Genitais (sexo masculino)

G1 Pênis, testículos e escroto de tamanho e proporções infantis

G2 Aumento inicial do volume testicular (>4mL). Pele escrotal muda de textura e torna-se avermelhada. Aumento do pênis mínimo ou ausente

G3 Crescimento peniano, principalmente em comprimento. Maior crescimento dos testículos e do escroto

G4 Continua crescimento peniano, agora principalmente em diâmetro, e com maior desenvolvimento da glande. Maior crescimento dos testículos e do escroto, cuja pele se torna mais pigmentada

G5 Desenvolvimento completo da genitália, que assume tamanho e forma adultos

Mamas (sexo feminino)

M1 Mama infantil, com elevação somente da papila

M2 Broto mamário: aumento inicial da glândula mamária, com elevação da aréola e da papila, formando uma pequena saliência. Aumenta o diâmetro da aréola e modifica-se sua textura

M3 Maior aumento da mama e da aréola, mas sem separação de seus contornos

M4 Maior crescimento da mama e da aréola, sendo que esta agora forma uma segunda saliência acima do contorno da mama

M5 Mamas com aspecto adulto. O contorno areolar novamente incorporado ao contorno da mama

Pelos pubianos (ambos os sexos)

P1 Ausência de pelos pubianos. Pode haver uma leve penugem, semelhante à observada na parede abdominal

P2 Aparecimento de pelos longos e finos, levemente pigmentados, lisos ou pouco encaracolados, principalmente na base do pênis (ou ao longo dos grandes lábios)

P3 Maior quantidade de pelos, agora mais grossos, escuros e encaracolados, espalhando-se esparsamente pela sínfise púbica

P4 Pelos do tipo adulto, cobrindo mais densamente a região púbica, mas ainda sem atingir a face interna das coxas

P5 Pilosidade pubiana igual à do adulto, em quantidade e distribuição, invadindo a face interna das coxas

P6 Extensão dos pelos para cima da região púbica

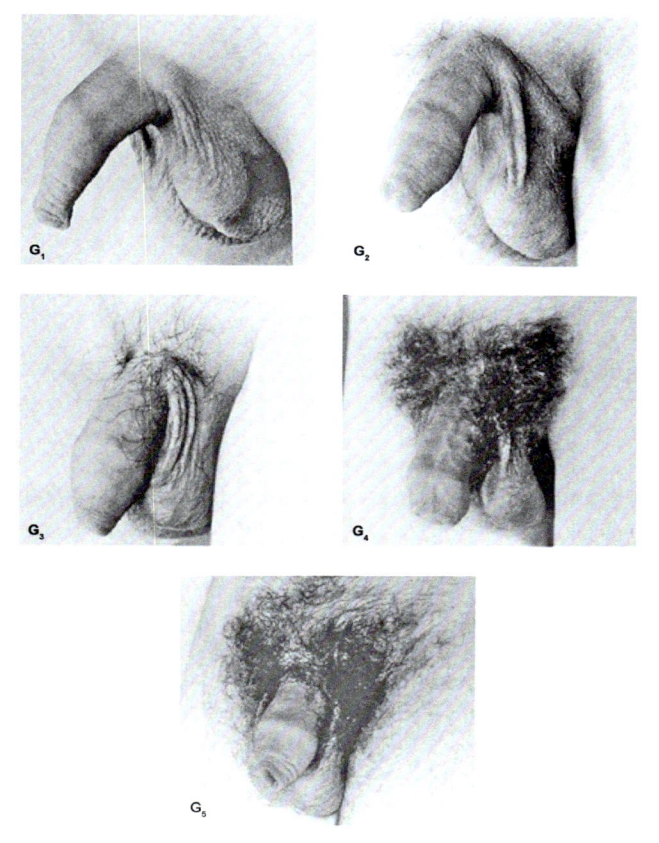

Figura 21.7 ▸ Estágios de maturação sexual masculina – genitais

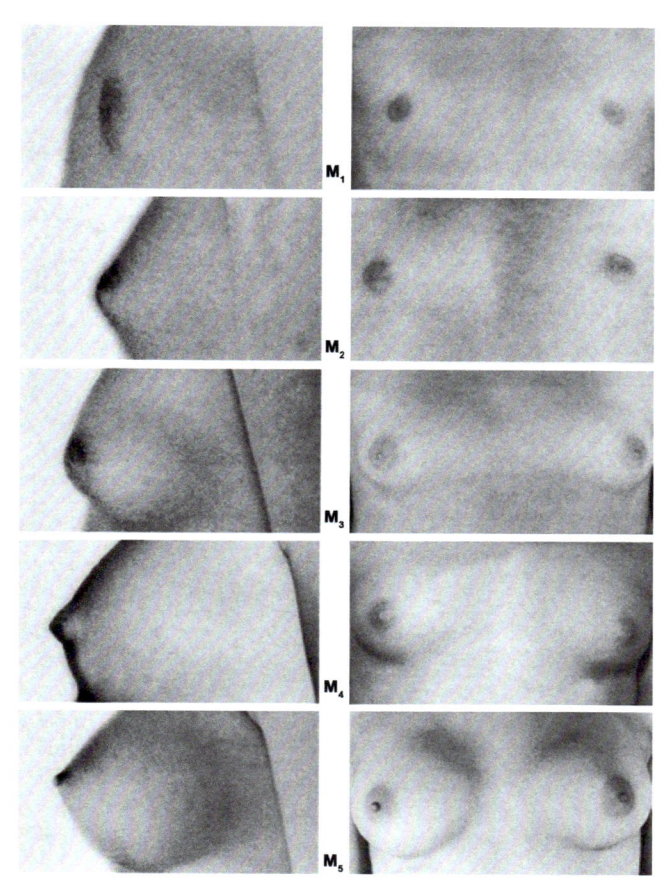

Figura 21.9 ▸ Estágios de maturação sexual feminina – mamas

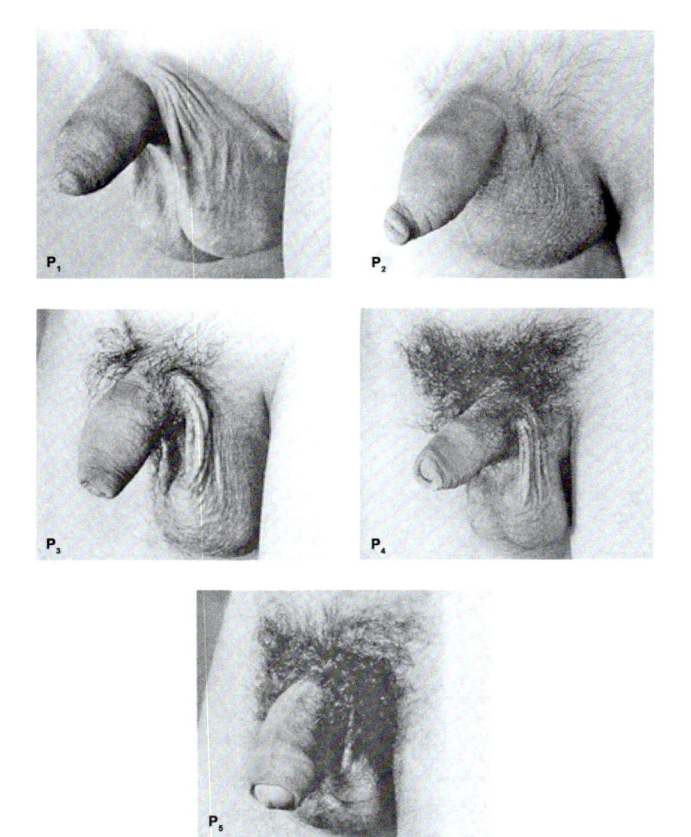

Figura 21.8 ▸ Estágios de maturação sexual masculina – pelos pubianos

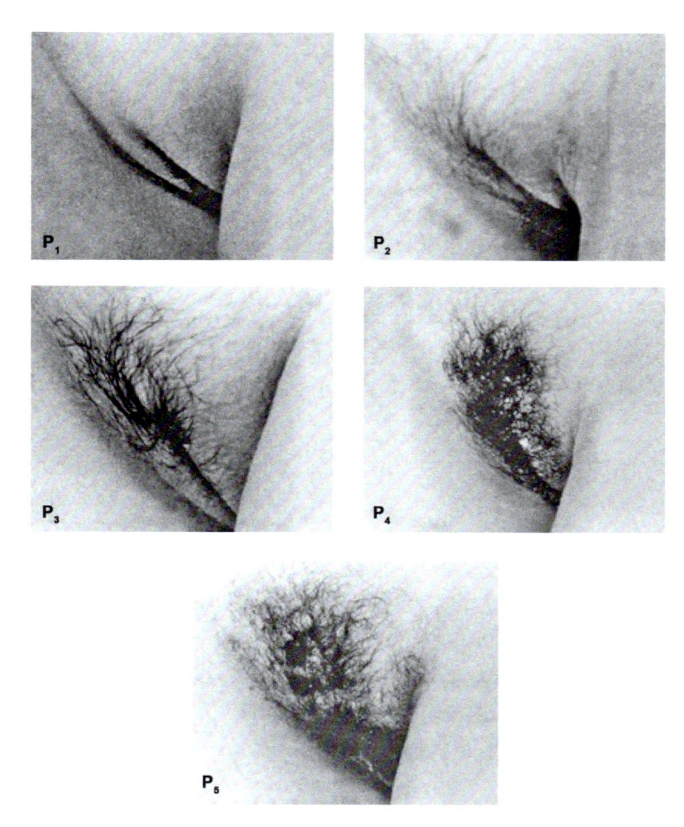

Figura 21.10 ▸ Estágios de maturação sexual feminina – pelos pubianos

Contudo, apesar das inúmeras variáveis que possam causar interferências, existem tabelas, como a Tabela 21.3 (tradução/adaptação deste autor), que trazem aproximações dos estágios de maturação sexual com a média da idade cronológica dos indivíduos.

Fundamental esclarecer que nenhum dado deverá ser empregado isoladamente para a estimativa da idade e que, em cada caso, deverão ser feitas associações dos maiores números de informações e variáveis disponíveis para que se chegue a uma conclusão com maiores probabilidades de acerto. Sempre deve ser frisado e repetido que inúmeros fatores têm capacidade de interfe-rência sobre um organismo, determinando pseudoestimativas para mais ou para menos acerca da idade.

Do Adulto à Velhice – Algumas Notas

Uma vez ultrapassada a adolescência, ocorrem inúmeras mudanças ao longo da vida adulta até a velhice, sejam orgânicas, objetivas e facilmente detectáveis ao exame físico ou por meio de propedêuticas especiais. O fato é que essa fase, da adolescência até a vida adulta, trata-se de um período com maiores dificuldades de precisão clínica das estimativas de idade cronológica.

Então, deve-se atentar bem para os indícios de instalação dos sinais compatíveis com o envelhecimento, tanto para excluí-los em uma caracterização de um suposto adulto jovem como para incluí-los em um adulto já em transição para a velhice, pouco próximo dela ou deliberadamente nela. Dessa maneira será preciso identificar bem os sinais do envelhecimento.

Exame Físico do Idoso

Valiosas informações sobre o estado de um indivíduo podem ser obtidas apenas pela observação cuidadosa às mínimas atividades. O exame físico pode incluir todos os sistemas, inclusive o estado mental. Observam-se o periciado e seus movimentos, como ao entrar na sala de exame, enquanto se assenta ou se acomoda em uma cadeira, ou mesmo enquanto se despe etc. Tudo isso pode prover valiosas informações sobre a caracterização de uma pessoa anciã, que apresenta movimentos mais letárgicos.

Órgão a órgão, todos com menores pesos, poder-se-ia afirmar degeneração gordurosa e/ou fibrosa à anatomia patológica dos tecidos, como pulmões, fígado, rins, baço, testículos, útero, cérebro etc., com exceção da próstata nos homens. Já no sexo feminino, além dos tecidos mamários, podem ser obtidas informações valiosas, como as dos ovários em vida reprodutiva, que apresentam corpos lúteos (amarelos) e, por outro lado, os ovários "envelhecidos", que se mostram com os corpos brancos.

Pele

A observação inicial deve incluir a cor, desde rubores normais, empalidecimentos e cianoses. Nesse exame podem ser verificadas lesões pré-malignas, isquemias de tecidos (escaras em formação ou formadas) ou úlceras de pressão etc. Contusões inexplicadas podem indicar algum tipo de abuso. Dada a perda de peso que ocorre com a idade, há emagrecimento, e por isso a derme se desgasta, ocorrendo redução da massa gorda subcutânea. Assim sendo, equimoses e microtraumas podem acontecer facilmente quando quaisquer regiões da pele forem traumatizadas, frequentemente no antebraço. A pele se afina em virtude da atrofia, podendo adquirir manchas escuras ou embranquecidas, dada a produção

Tabela 21.3 ▶ Relação dos estágios de maturação sexual com a média da idade cronológica dos indivíduos, em anos

Estágio	Idade no estágio (em anos)					
	Não hispânicos brancos		Não hispânicos negros		Mexicanos-americanos	
	Média	DP	Média	DP	Média	DP
FEMININO						
Pelos pubianos						
P2	10,96	0,23	10,25	0,15	11,17	0,21
P3	12,41	0,19	11,37	0,23	12,84	0,18
P4	15,11	0,18	13,69	0,31	14,61	0,26
P5	16,53	0,17	16,05	0,14	16,61	0,12
Desenvolvimento mamário						
M2	11,05	0,18	10,25	0,20	10,70	0,21
M3	12,80	0,19	11,94	0,22	12,61	0,20
M4	15,16	0,32	13,61	0,34	14,03	0,27
M5	16,25	0,18	15,78	0,14	16,21	0,12
MASCULINO						
Pelos pubianos						
P2	11,81	0,16	11,48	0,13	12,20	0,24
P3	13,03	0,27	12,79	0,19	13,44	0,26
P4	14,89	0,18	15,21	0,26	15,25	0,16
P5	16,84	0,13	16,67	0,08	17,14	0,10
Desenvolvimento genital						
G2	11,08	0,18	10,79	0,13	11,09	0,17
G3	12,55	0,29	12,03	0,28	12,97	0,28
G4	15,29	0,19	15,07	0,33	15,38	0,19
G5	16,64	0,15	16,42	0,09	16,85	0,13

DP – desvio-padrão.
Fonte: National estimates of the timing of sexual maturation and racial differences among US children. Pediatrics 2002; 110(5):911-9.

antiga de melanina ou a perda dos melanócitos. São enfermidades conhecidas como hipomelanose *gutata* (pequenos pontos brancos, geralmente em braços e pernas de pessoas de mais idade, que ocorrem devido à exposição solar crônica) e melanose solar (manchas escuras, de coloração castanha a marrom, geralmente pequeninas, mas que podem alcançar alguns centímetros de tamanho – Figura 21.11). Elas surgem apenas nas áreas muito expostas ao sol, como a face, o dorso das mãos e dos braços, o colo e os ombros. São mais frequentes em pessoas de pele clara.

As unhas podem apresentar estrias longitudinais, com ausência ou redução da meia-lua crescente em suas bases, além de sua placa e espessura se afinarem e ficarem mais quebradiças, propensas a fraturas. A fragilidade vascular não tolera mínimos traumas, podendo causar facilmente pequenas hemorragias avermelhadas ou pretas no meio ou no terço distal das unhas.

Rugas e zonas pilosas podem ser de grande auxílio. As rugas se dão tanto pelo desaparecimento da gordura subcutânea como pela redução da elasticidade, o que impede a pele de se retrair, enrugando-se. O fenômeno se inicia por volta dos 30 anos de idade, nas comissuras externas palpebrais ("pés de galinha"), seguindo-se as nasolabiais, por volta dos 40 anos, e em seguida pescoço, fronte e mãos. As rugas pré-trágicas começam na maioria das vezes aos 30 anos, e após os 40 anos são encontradas duas longitudinais. Os pelos dorsais da mão surgem em torno dos 30 anos, e no pavilhão auditivo por volta dos 40 anos (a depender de fatores genéticos/étnicos). Nesta última idade, também de acordo com influências genéticas e irregulares, iniciam-se a calvície (pelo alto da cabeça) e a canície (pelas têmporas). Sempre vale lembrar que os pelos na infância são finos, sendo o corpo recoberto de tênue penugem. Na vida adulta, além dos axilares e pubianos, ocorre surgimento de pelos na linha mediana abdominal e em torno dos mamilos, os quais podem rarear de novo na velhice. Os pelos das pernas e pubianos se embranquecem em torno dos 50 anos de idade.

Especialmente no que tange ao aparecimento das rugas das regiões facial e cervical, é sabido, inequivocamente, que surgem e se avantajam com o passar do tempo. Entretanto, até o presente, os compêndios de Medicina Legal não apontavam qualquer estudo que as caracterizasse como padrão previamente instituído e criteriosamente definido. Com a finalidade de averiguação do envelhecimento, e buscando padronizar esses indicadores, foram criadas classificações das rugas e zonas anatômicas de seus desenvolvimentos. Conforme elencado, a Medicina Legal não apontava essa padronagem; entretanto, pôde-se valer, por analogia e lógica, de literatura encontrada na área de Cirurgia Plástica e que se aplica de maneira muito adequada nesse diapasão, inclusive valendo-se dos preceitos já encontrados em publicações anteriores de Medicina Legal. Foi, então, proposta uma evolução cronológica de acordo com a classificação do trabalho original de Lemperle *et al.* (2001), mostrada a seguir (Figura 21.12):

Cabeça e Pescoço [Figura 21.12]

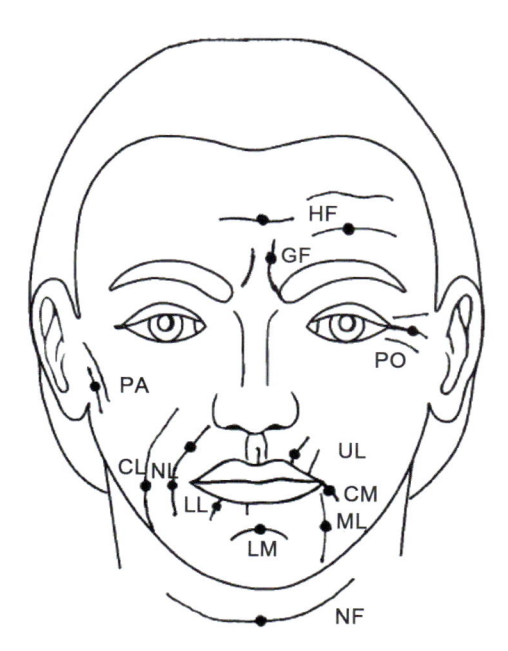

HF – Linhas frontais horizontais
GF – Semblantes glabelares
PO – Linhas periorbitais ("pés de galinha")
PA – Linhas pré-trágicas ou pré-auriculares
CL – Dobras nas bochechas
NL – Pregas nasolabiais
UL – Linhas supralabiais
LL – Linhas infralabiais
CM – Linhas da comissura labial
ML – Linhas da "marionete"
LM – Pregas mentonianas
NF – Dobras cervicais

Figura 21.12 ▸ Pontos referenciais de avaliação que podem ser usados como parâmetros de "envelhecimento" – Propostos por Costa JRR (Reproduzida com permissão expressa de Lemperle. Traduzida e adaptada de Lemperle *et al.*, 2001.)

Figura 21.11 ▸ Melanose solar

Tabela 21.4 ▸ Correlação aproximada da classificação de Lemperle para rugas faciais, com a idade cronológica, segundo Costa

Classificação de Lemperle	Idade estimada (Costa)
0	Adultos jovens
1,2	Adultos com meia-idade
3,4,5	Idosos (em graus variáveis, de acordo com avanço da idade e características individuais de cada um)

Além de sistematizar a localização das rugas, Lamperle também sistematizou uma classificação quanto à intensidade das rugas, dobras ou linhas:

0 – Sem alterações,

1 – Suaves,

2 – Rasas,

3 – Moderadas,

4 – Profundas,

5 – Redundantes.

Se, evidentemente, existe uma evolução das intensidades das rugas com o passar do tempo, pode-se inferir que elas delineiam de modo objetivo a possibilidade de estimativa do avanço da idade. Por conseguinte, foi elaborada a tabela para estimativa da evolução cronológica das linhas (rugas, dobras) cervicofaciais, proposta por Costa com base na classificação de Lemperle (Tabela 21.4).

É fundamental esclarecer que nenhum dado deverá ser empregado isoladamente para a estimativa da idade e que, em cada caso, deverão ser feitas associações dos maiores números de informações e variáveis disponíveis para assim se alcançar uma conclusão com maiores probabilidades de acerto. Deve ser sempre frisado e repetido que inúmeros fatores têm capacidade de interferência sobre um organismo, determinando pseudoestimativas, para mais ou para menos, acerca da idade.

As Figuras 21.13 a 21.19 se referem originalmente à sistematização proposta por Lamperle para fins estéticos (cirurgia plástica estética), sendo agora reformuladas por Costa, sob o diapasão da estimativa da idade cronológica. Então, de acordo com o avançar dos anos, as rugas surgem e se intensificam nas regiões mostradas nas Figuras 21.13 a 21.23.

Face

Achados normais relacionados com a idade podem incluir sobrancelhas que se debruçam abaixo da borda orbital superior, rebaixamento do queixo, perda do ângulo entre a linha submandibular e o pescoço, rugas (supracitado) e pele seca. Pelos do tipo terminal, grossos, se desenvolvem em orelhas, narinas, lábio superior e queixo, inclusive em mulheres.

Nariz

A descida progressiva da ponta nasal é um achado normal. Podem ocorrer alterações cartilaginosas com aumento das dimensões nasais.

Olhos

Há perda de gordura na região orbital, o que pode causar afundamento gradual do olho para trás, na órbita (enoftalmia). Assim, a enoftalmia não é necessariamente um sinal de desidratação no ancião. A enoftalmia se acompanha de afundamento da dobra da pálpebra superior e obstrução leve de visão periférica. Outros achados normais incluem pseudoptose (diminuição do tamanho da abertura palpebral), entrópio (inversão de margens inferiores da pálpebra), ectrópio senil (eversão das bordas inferiores das pálpebras), dermatocalase (excesso de pele palpebral) e o arco senil – *arcus senilis*, *arcus corneae*, arco lipídico, círculo colesterínico ou gerontóxon (um anel branco no limbo ao redor da córnea, em torno dos 60 anos de idade (Figura 21.24). Constituído de várias substâncias, como colesterol, triglicérides e fosfolípides, é mais comum em homens e está presente em 20% dos quadragenários e 100% dos octogenários. É mais frequente e precoce na raça negra e nas mulheres. Com o envelhecer, desenvolve-se a presbiopia, pois a lente fica menos elástica e menos capaz de se acomodar ao focalizar objetos de perto. O exame oftalmológico pode mostrar graves deficiências na acuidade visual, por diversos motivos. Alterações de campimetria e pressão intraocular são muito comuns, inclusive o glaucoma. Há também a possibilidade de cataratas, alterações no nervo óptico ou degeneração macular em razão de hipertensão ou diabetes. Os achados podem ser irrelevantes, a menos que uma desordem sistêmica objetiva esteja presente, porque a retina pode não mudar muito com o envelhecimento. Áreas de pigmentação preta ou hemorragias ao redor da mácula indicam degeneração macular. Ademais, citam-se a pinguécola (mancha da fenda palpebral) e o pterígeo (dobra conjuntival cinzenta e transparente que, vinda do limbo da conjuntiva bulbar, cobre gradualmente a córnea, com formato algo triangular).

Audição

A presbiacusia (em torno dos 65 anos de idade), ou perda acústica relacionada com a idade, é geralmente gradual, bilateral, simétrica e predominantemente deficitária para sons de alta frequência. Assim como ocorre com o nariz, pode haver alterações morfológicas das cartilagens e da pele do ouvido externo, como aumento e flacidez.

Boca

A boca pode apresentar zonas de sangramento ou inchaço aos menores traumas. Dentes soltos, amolecidos ou quebrados são muito comuns. Alterações nas muco-

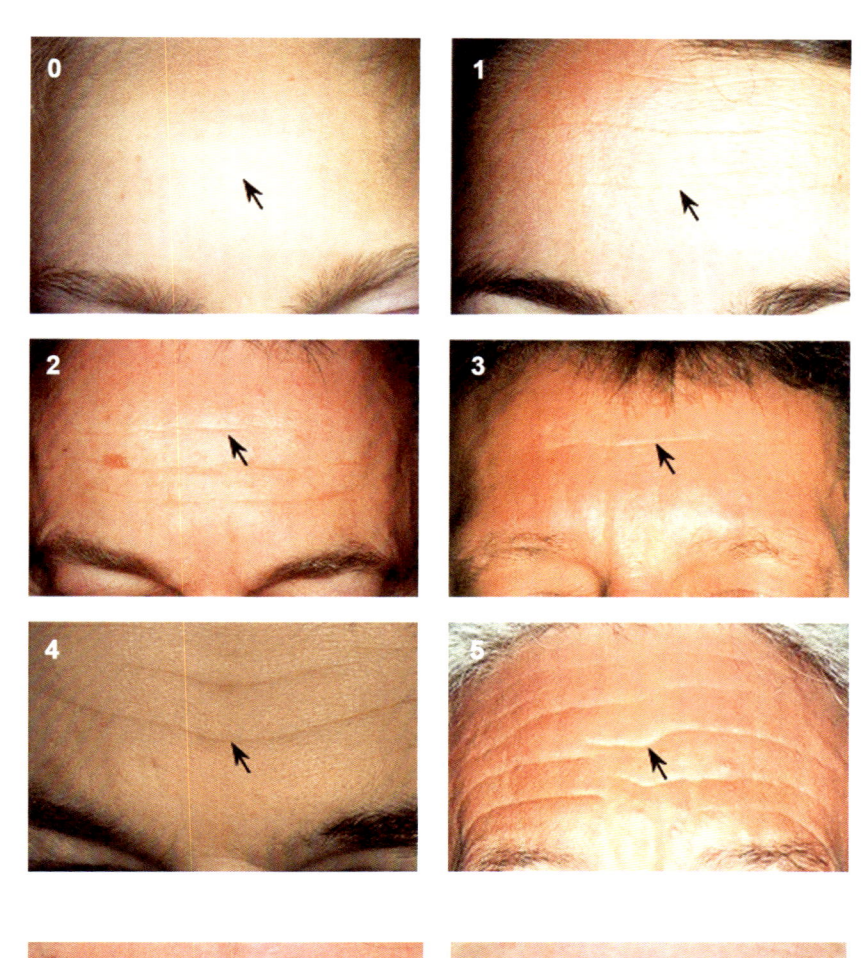

Figura 21.13 ▶ Linhas frontais horizontais

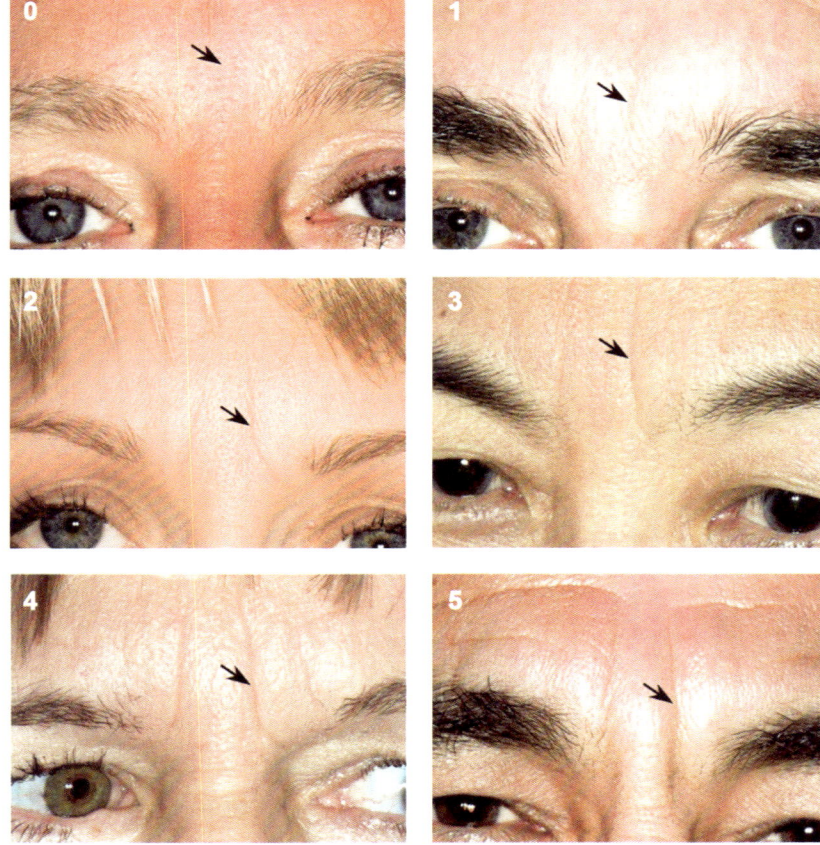

Figura 21.14 ▶ Semblantes glabelares

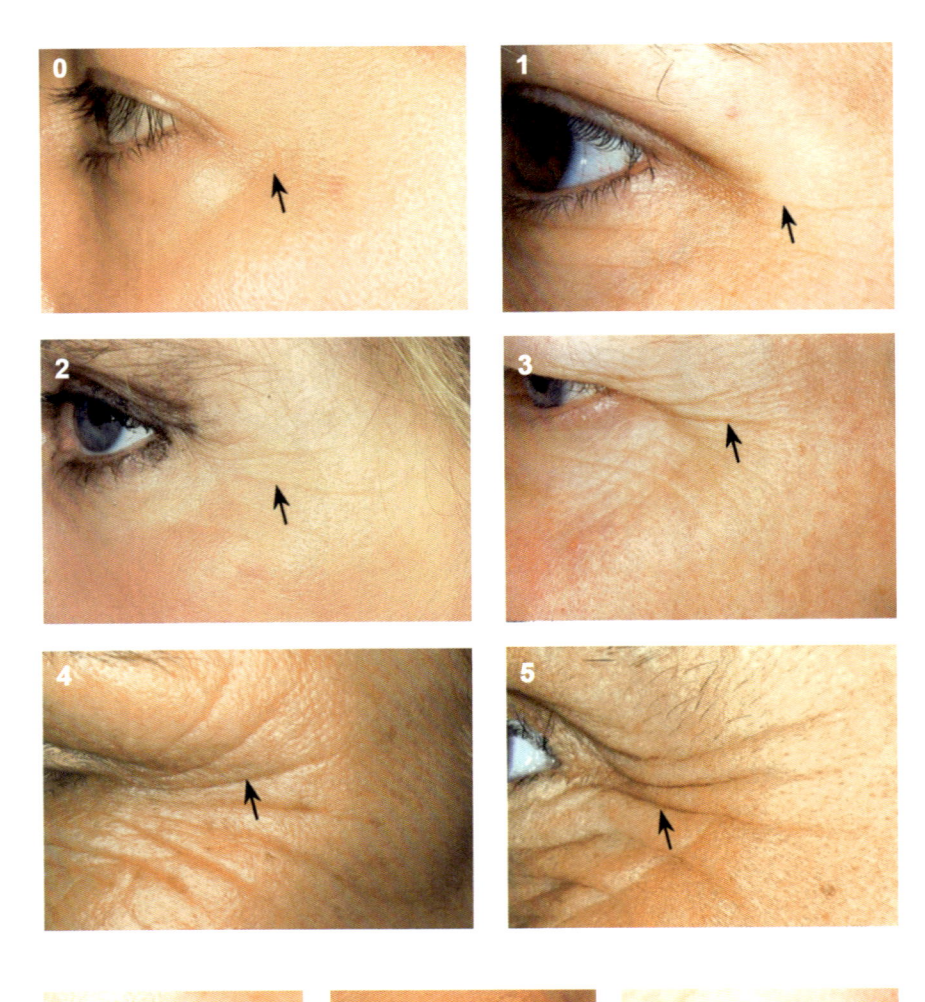

Figura 21.15 ▶ Linhas periorbitais ("pés de galinha")

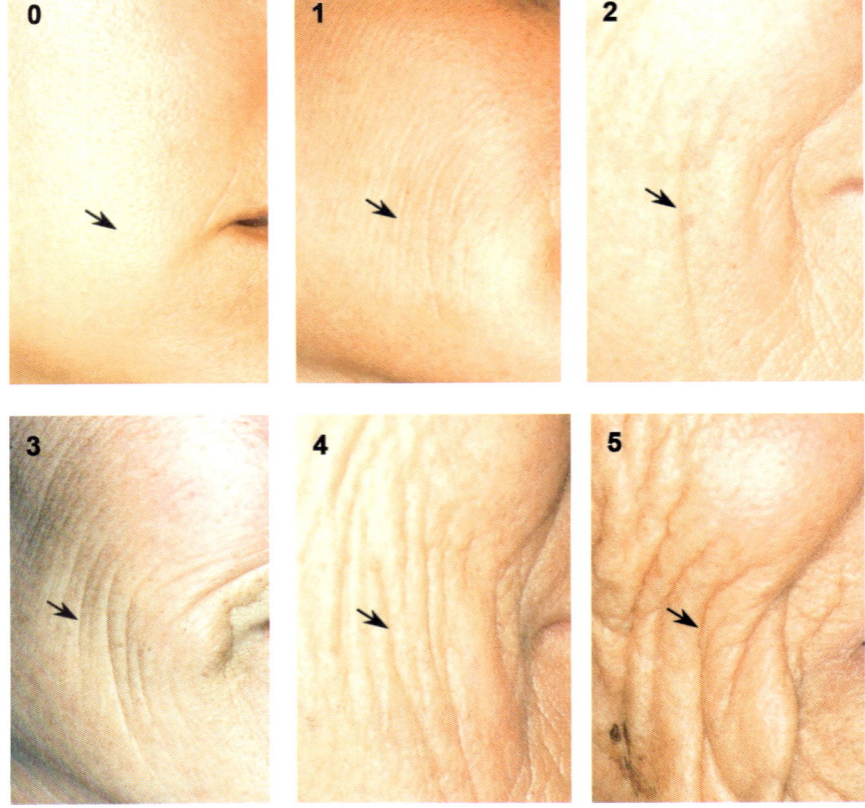

Figura 21.16 ▶ Linhas pré-trágicas (ou pré-auriculares)

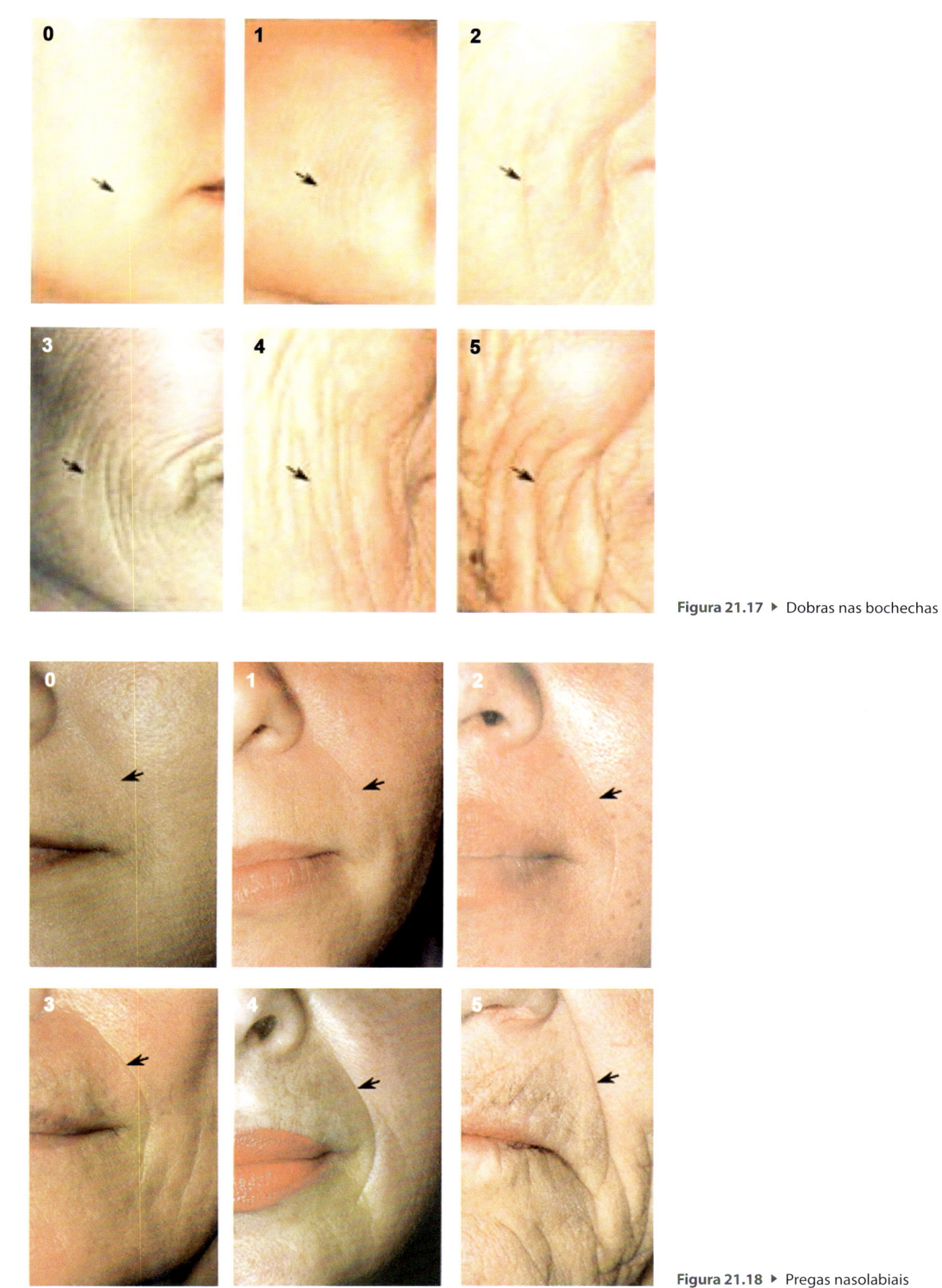

Figura 21.17 ▶ Dobras nas bochechas

Figura 21.18 ▶ Pregas nasolabiais

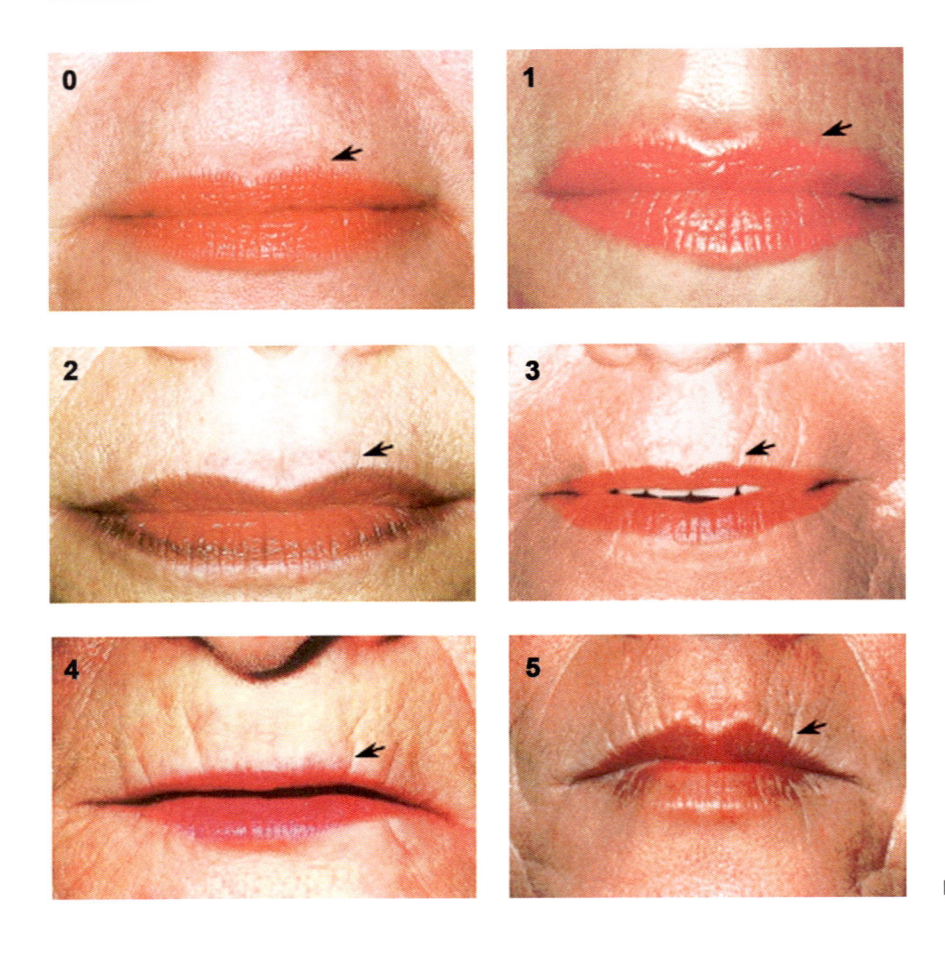

Figura 21.19 ▶ Linhas supralabiais

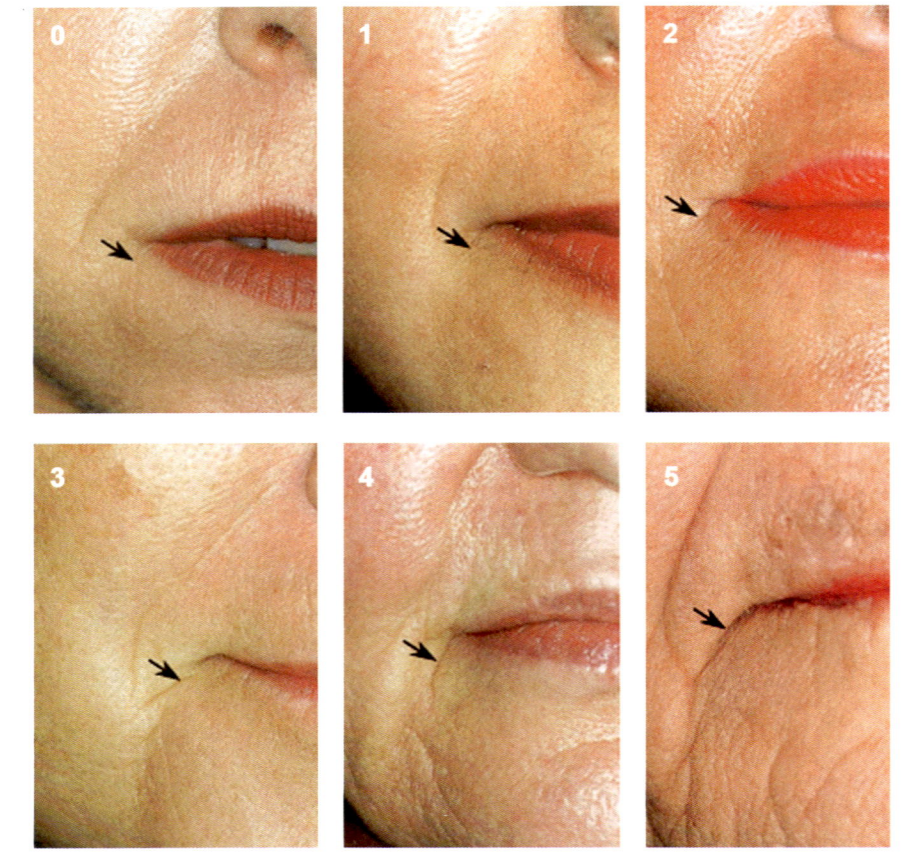

Figura 21.20 ▶ Linhas da comissura labial

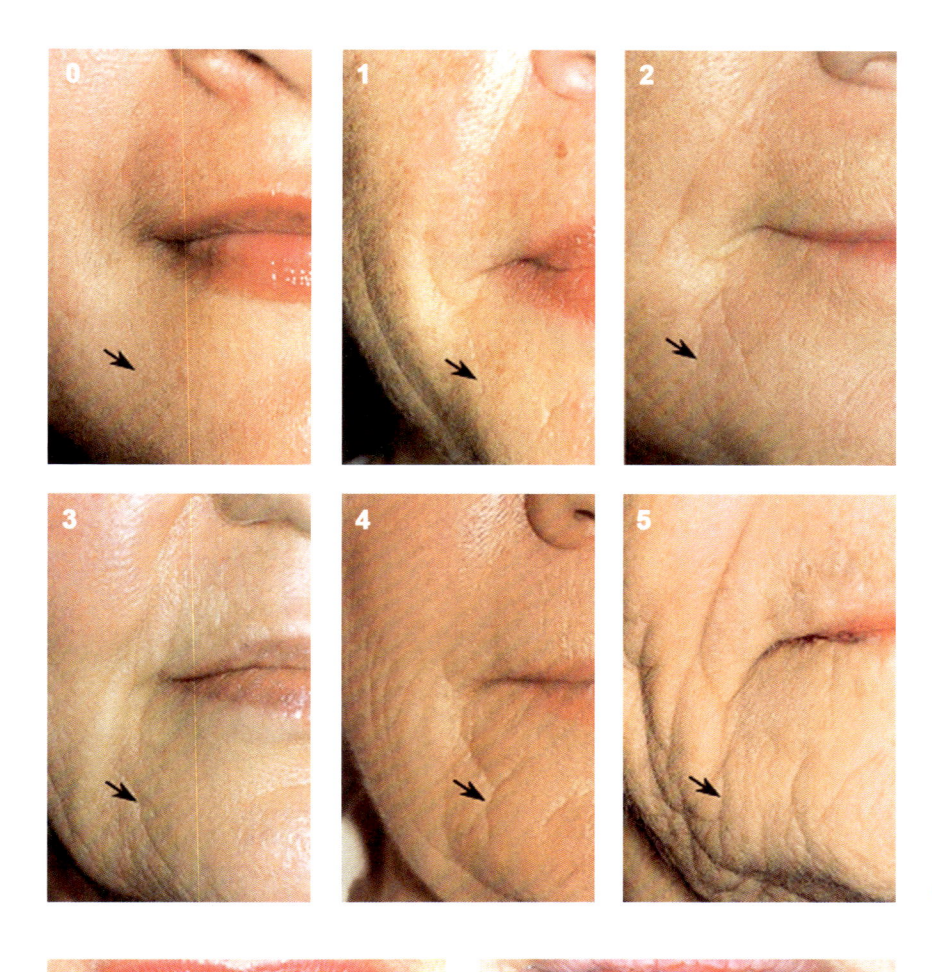

Figura 21.21 ▶ Linhas da "marionete"

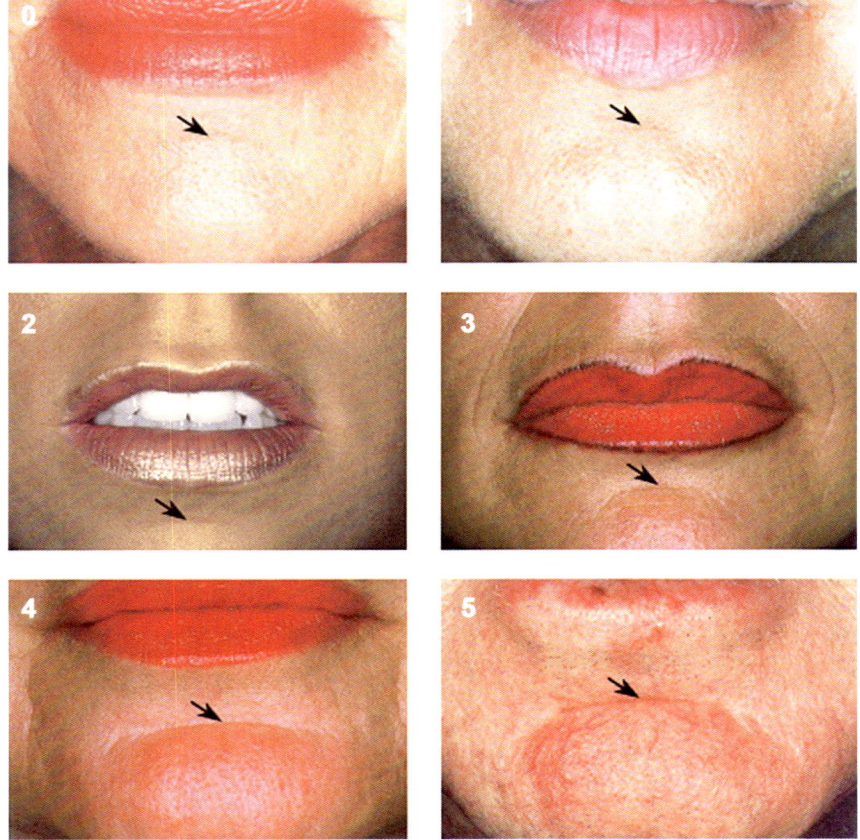

Figura 21.22 ▶ Prega mentoniana

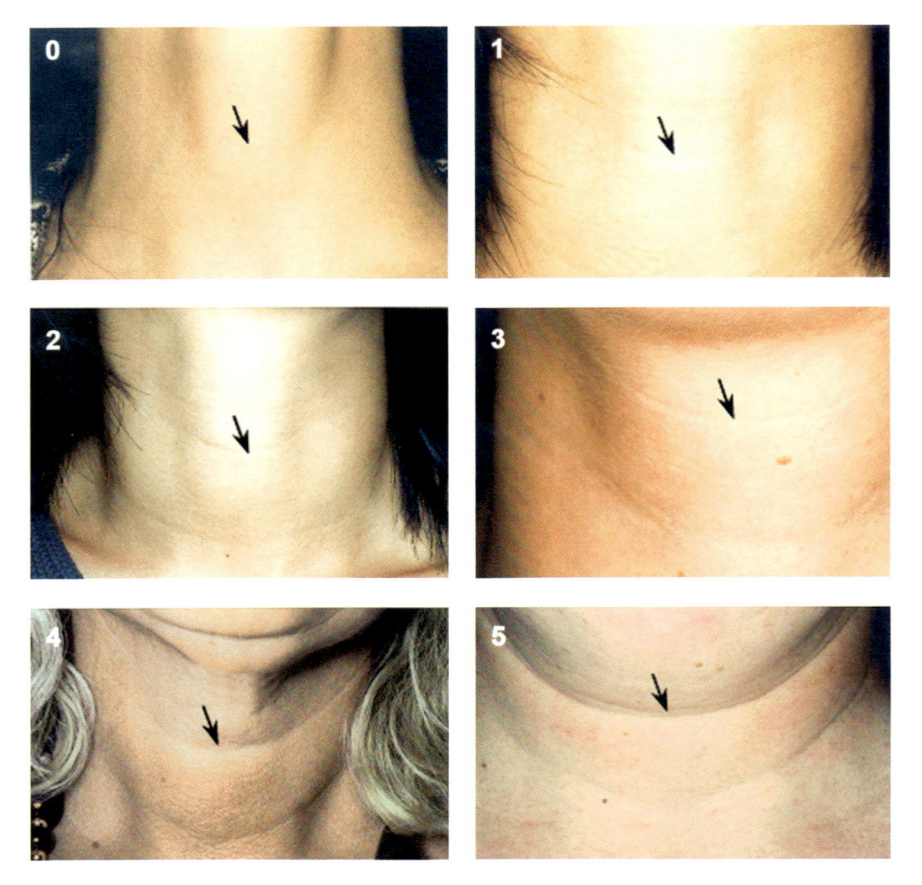

Figura 21.23 ▸ Dobras cervicais

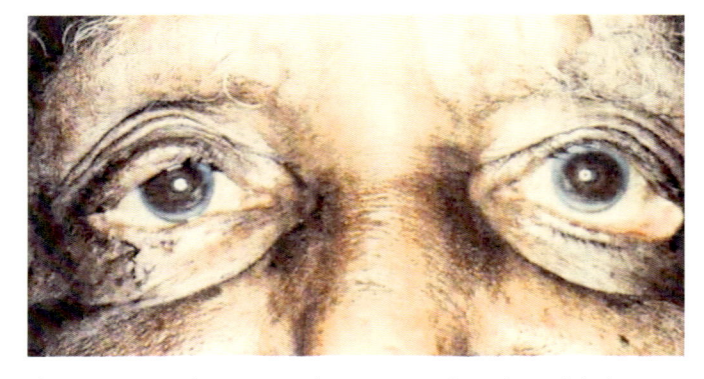

Figura 21.24 ▸ Alterações oculares e perioculares da senilidade, como arco senil, dermatocalase e ectrópio

sas e nas gengivas, como infecções e sinais tumorais, podem ocorrer (p. ex., leucoplasia, eritroplasia, ulceração, massa). Em pacientes com xerostomia, podem ocorrer fissuras na boca e na língua, e a superfície da língua pode aderir à mucosa bucal. Com o envelhecimento, os dentes podem escurecer por causa de manchas extrínsecas e o esmalte ficar menos translúcido. Desordens periodontais são muito comuns. São examinadas as superfícies dorsais e ventrais da língua. Mudanças comuns relacionadas com a idade incluem veias varicosas na superfície ventral, o eritema *migrans* (língua geográfica) e papilas atróficas nas laterais da língua. Em um paciente edenta-

do, a língua pode aumentar para facilitar a mastigação, porém sua amplificação também pode indicar amiloidose ou hipotireoidismo. Uma língua lisa, dolorosa, pode indicar deficiência de vitamina B_{12}. Também é comum em idosos a queilite angular nas comissuras dos lábios.

Articulação Temporomandibular

A degeneração pode levar a osteoartrite, podendo ser indicada por crepitações à palpação da cabeça do côndilo, quando o paciente abre e fecha a mandíbula, ou mediante movimentos dolorosos da mandíbula, ou por ambos. As demais alterações craniofaciais deverão ser analisadas nas seções subsequentes deste texto pela perícia especializada (odontolegal).

Pescoço

Além das alterações da glândula tireoide por aumento ou nodulações, surgem importantes alterações vasculares carotídeas em razão da aterosclerose. A mobilidade cervical torna-se comprometida em todos os sentidos, como rotação, flexão, extensão etc.

Tórax e Dorso

A ausculta pulmonar pode ser de sons respiratórios reduzidos ou ruidosos em função da presença de secreções. A coluna pode mostrar severas alterações e tortuosidades em razão da degeneração óssea e osteoporose.

Seios

A presença de flacidez no tecido mamário é observada frequentemente. Consequentemente, em adição a outros dados, a análise histopatológica do tecido mamário pode ser muito útil no processo de estimativa da idade. Os mamilos podem se inverter em razão da idade ou de doenças subjacentes. A presença de massas tumorais, inclusive neoplásicas, também pode ser comum. Atrofia/hipotrofia muscular é comum naqueles que não se exercitam.

Coração

O tamanho do coração normalmente pode ser aumentado tanto por miocardiopatia hipertrófica como por dilatação e aumento generalizado de câmaras, além do adelgaçamento de paredes cavitárias. Tudo isso pode comprometer as bulhas cardíacas, o ritmo e a pressão arterial sistêmica. Além disso, alterações valvulares, como estenoses ou regurgitações, são comuns e devem ser pesquisadas.

Abdome

Além da flacidez cutânea, o abdome, quando apalpado, evidencia musculatura enfraquecida, o que pode resultar em hérnias. A maioria dos aneurismas de aorta abdominal é palpável, porém nem toda massa pulsátil tem essa correspondência. O baço e o fígado podem estar aumentados ou reduzidos.

Sistema Genital Masculino

A glândula prostática acaba por aumentar, adquirindo nodulações e maior consistência. Há também maior flacidez e frouxidão peniana e escrotal. Além disso, há algum rareamento e embranquecimento dos pelos na genitália e no púbis, em ambos os sexos.

Sistema Reprodutivo Feminino

A mucosa da genitália na vagina e na uretra se resseca devido à falta de hormônios. As pregas rugosas da vagina desaparecem. Pode ocorrer prolapso uterino, vaginal ou uretral. É comum perda involuntária de urina. Tumorações uterinas são frequentes.

Sistema Musculoesquelético

São averiguadas as articulações em termos de sensibilidade, inchaço, subluxações, crepitação, calor e vermelhidão. Os nodos de Heberden (crescimento ósseo nas juntas interfalangianas distais) ou os nodos de Bouchard (crescimento ósseo nas juntas interfalangianas proximais) podem acontecer em pacientes com osteoar-

trites. Subluxação das juntas metacarpofalangianas com divergência ulnar dos dedos pode indicar artropatias inflamatórias crônicas. A hiperextensão da articulação proximal e a flexão da interfalangiana distal (deformidade em pescoço de cisne) e hiperextensão da articulação interfalangiana distal e flexão da proximal (deformidade de Boutonnière) sugerem artrite reumatoide. Uma resistência variável para manipulação passiva das extremidades (Gegenhalten) às vezes pode acontecer com o envelhecimento. São inúmeras as limitações locomotoras, articulares e musculares que vão surgindo. A escápula se torna mais adelgaçada após os 50 anos de idade. Nos ossos sacrais, os corpos vertebrais superiores já se fundiram aos 16 anos, os inferiores aos 18 anos, e o conjunto aos 30 anos, porém a separação pode persistir nos idosos. As cabeças umeral e femoral se tornam mais esponjosas, enquanto as suturas cranianas se fundem com o envelhecimento (sinostoses). Na constituição óssea observa-se, com o passar dos anos, uma descalcificação com redução da densidade óssea e aumento de carbonatos.

Pés

Achados comuns relacionados com a idade incluem o *hallux valgus*, com proeminência mediana da primeira cabeça do metatarso e com divergência lateral/rotação deste grande artelho, podendo ocorrer, ainda, a divergência lateral da quinta cabeça do metatarso. Outras deformidades incluem a hiperflexão da articulação proximal (dedo do pé "em martelo" – que pode acontecer em casos de artrite reumatoide) e a hiperflexão proximal e distal nas articulações dos artelhos (dedo do pé em garra).

Sistema Nervoso

O exame neurológico em pacientes anciãos deve ser semelhante para qualquer adulto, incluindo a avaliação de nervos cranianos, função motora, função sensitiva e estado mental. Todos frequentemente se mostram comprometidos em maior ou menor grau. No entanto, as desordens não neurológicas, comuns entre pessoas anciãs, podem dificultá-lo. Por exemplo, o déficit visual e/ou auditivo pode impedir a avaliação de nervos cranianos; as artrites, especialmente em ombros e quadris, podem interferir com a avaliação da função motora.

Nervos Cranianos

Os idosos têm frequentemente as pupilas pequenas, com reflexos pupilares lentos. Também é diminuído o olfato, tendo em vista que eles têm menos neurônios olfatórios, pois tiveram numerosas infecções respiratórias superiores ou têm rinites crônicas. Pode haver também limitações da função motora relacionadas com os músculos dos nervos cranianos.

Na função motora são avaliados: força, coordenação, marcha e reflexos. Todos podem ter algum déficit, desde leve até intenso. É muito comum o tremor periférico, grosseiro ou fino. A sarcopenia consiste na diminuição da massa muscular e é um achado muito comum relacionado com a idade.

Sensibilidade

Essa avaliação inclui toque, temperatura, propriocepção e vibração, podendo haver comprometimentos isolados ou em associação.

Estado Mental

Diversas alterações neuropsiquiátricas do envelhecimento podem se manifestar com maiores ou imperceptíveis repercussões. Com o envelhecimento, o processamento das informações e a recuperação da memória se tornam mais lentos. Várias enfermidades podem se instalar, como a demência senil, o mal de Parkinson e o mal de Alzheimer, entre outros, os quais promovem alterações no estado mental/cognitivo. Da mesma maneira, as várias medicações empregadas podem desencadear interferências neurocognitivas.

Algumas enfermidades podem cursar desde a infância mais precoce com desordens que promovem o envelhecimento precoce, de modo que mais uma vez se afirma que todos e quaisquer achados necessitam ser contextualizados para cada caso, individualmente, durante a perícia de estimativa da idade. Como exemplos, citam-se a progéria e as síndromes de Down, Werner, Wiedemann-Rautenstrauch e Hutchinson-Gilford.

▶ BIBLIOGRAFIA

Aggrawal A. Age estimation in the living – Some medicolegal considerations. Anil Aggrawal's Internet Journal of Forensic Medicine and Toxicology 2000; 1(2). Disponível em: <http://www.geradts.com/anil/ij/vol_001_no_002/ug001.html> [04 mai 2010].

Alempijevic D, Jecmenica D, Pavlekic S, Savic S, Aleksandric B. Forensic medical examination of victims of trafficking in human beings. Torture 2007; 17(2):117-21.

Almeida Júnior A, Costa Júnior JBOE. Lições de Medicina Legal. 22. ed. São Paulo: Editora Nacional, 1998.

Brasil. Ministério da Saúde. Secretaria de Políticas de Saúde. Departamento de Atenção Básica. Saúde da criança: acompanhamento do crescimento e desenvolvimento infantil. Brasília: Ministério da Saúde, 2002.

Calabuig G. Medicina legal Y toxicologia. 6. ed. España: Elsevier Masson, 2004.

Cameron N. Assessment of maturation. In: Cameron N. Human growth and development. San Diego: Elsevier Science, 2002: 363-82.

Chipkevitch E. Avaliação clínica da maturação sexual na adolescência. J Pediatr 2001; 77(2):S135-S142.

Cunha E, Baccino E, Martrille L et al. The problem of aging human remains and living individuals: a review. Forensic Science International 2009; 193:1-13.

Duarte LRS. Idade cronológica: mera questão referencial no processo de envelhecimento. Estud Interdiscip Envelhec. 1999; 2:35-47.

Duthie EH, Katz PR, Malone M. Practice of geriatrics. 4. ed. Philadelphia: Saunders Elsevier, 2007.

Fernandez AB, Keyes MJ, Pencina M, D'Agostino R, O'Donnell CJ, Thompson PD. Relation of corneal arcus to cardiovascular disease (from the Framingham Heart Study Data Set). Am J Cardiol 2009; 103 (1):64-6.

França GV. Medicina Legal. 8. ed. Rio de Janeiro (RJ): Guanabara Koogan, 2007.

Garamendi PM, Landa MI, Ballesteros J, Solano MA. Reliability of the methods applied to assess age minority in living subjects around 18 years old. A survey on a Moroccan origin population. For Science Int 2005; 154(1):3-12.

Gomes H. Medicina Legal. 31. ed. Rio de janeiro (RJ): Freitas Bastos, 1997.

Grabherr S, Cooper C, Ulrich-Bochsler S et al. Estimation of sex and age of "virtual skeletons" – a feasibility study. Eur Radiol 2009; 19(2):419-29.

Hércules HC. Medicina Legal – texto e atlas. São Paulo (SP): Atheneu, 2005.

Kliegman: Nelson Textbook of Pediatrics. 18. ed. 2007 Saunders, Elsevier. Chapter 12 – Adolescence. Arik V. Marcell.

Leão E, Corrêa FJ, Mota JAC, Viana MB. Pediatria ambulatorial. 4. ed. Belo Horizonte (MG): Coopmed, Editora Médica, 2005.

Lemperle G, Holmes RE, Cohen SR, Lemperle SM. A classification of facial wrinkles. Plast Reconstr Surg 2001; 108(6):1735-50.

Linhares RV, Matta MO, Lima JRP, Dantas, PMS, Costa MB, Fernandes Filho J. Efeitos da maturação sexual na composição corporal, nos dermatóglifos, no somatótipo e nas qualidades físicas básicas de adolescentes. Arq Bras Endocrinol Metab 2009; 53(1):47-54.

Lynnerup N, Belard E, Buch-Olsen K, Sejrsen B, Damgaard-Pedersen K. Intra- and interobserver error of the Greulich-Pyle method as used on a Danish forensic sample. For Sci Int 2008; 179 (2):242.e1-242.e6.

Manual Merck. 17. ed., 2009-2010. Merk & Co. Inc.

Oliveira AC, Anjos CAL, Silva EHAA, Menezes PL. Aspectos indicativos de envelhecimento facial precoce em respiradores orais adultos. Pró-Fono Revista de Atualização Científica 2007; 19(3):305-12.

Olivete Júnior C, Rodrigues ELL. Maturidade óssea: estimação por simplificações do método de Eklof e Ringertz. Radiol Bras 2010; 43(1):13-8.

Olze A, Reisinger W, Geserick G, Schmeling A. Age estimation of unaccompanied minors Part II. Dental aspects. For Sci Int 2006; 159S:S65-S67.

Osborne DL, Simmons TL, Nawrocki SP. Reconsidering the auricular surface as an indicator of age at Death. Journal of Forensic Sciences 2004; 49(5):1-7.

Rakel RE. Textbook of family medicine. 7. ed. Philadelphia: Saunders Elsevier, 2007.

Rejtarová O, Hejna P, Soukup T, Kuchar M. Age and sexually dimorphic changes in costal cartilages. A preliminary microscopic study. Forensic Science International 2009; 193(1):72-8.

Ritz-Timme S, Cattaneo C, Collins MJ et al. Age estimation: the state of the art in relation to the specific demands of forensic practice. Int J Legal Med 2000; 113:129-36.

Santoro V, De Donno A, Marrone M, Campobasso CP, Introna F. Forensic age estimation of living individuals: a retrospective analysis. Forensic Science International 2009; 193(1):129.e1-129.e4.

Santos WDR, Krymchamtowski AV, Duque FG. Medicina Legal. À Luz do Direito Penal e Processual Penal – teoria resumida e questões. 2. ed. Rio de Janeiro (RJ): Impetus, 2001.

Schmeling A *et al*. Forensic age estimation of live adolescents and young adults. In: Tsokos M. Forensic pathology reviews. Vol. 5. Totowa: Humana Press, 2008: 269-88.

Schmeling A, Geserick G, Reisinger W, Olze A. Age estimation. Forensic Sci Int 2007; 165:178-81.

Schmeling A, Grundmann C, Fuhrmann A *et al*. Criteria for age estimation in living individuals. Int J Legal Med 2008; 122:457-60.

Schmeling A, Kaatsch H-J, Marré B *et al*. Empfehlungen für die Altersdiagnostik bei Lebenden im Strafverfahren. Rechtsmedizin 2001; 11:1-3.

Schmeling A, Olze A, Reisinger W, Geserick G Forensic age estimation and ethnicity. Legal Medicine 2005; 7(2):134-7.

Schmeling A, Olze A, Reisinger W, Geserick G. Age estimation of living people undergoing criminal proceedings. The Lancet 2001; 358 (9276):89-90.

Schmeling A, Olze A, Reisinger W, Geserick G. Forensic age diagnostics of living people undergoing criminal proceedings. For Sci Int 2004; 144(2):243-5.

Schmeling A, Olze A, Reisinger W, Knig M, Geserick G. Statistical analysis and verification of forensic age estimation of living persons in the Institute of Legal Medicine of the Berlin University Hospital Charité. Leg Med (Tokyo) 2003; 5(1):S367-S371.

Schmeling A, Olze A, Reisinger W, Rösing FW, Geserick G. Forensic age diagnostics of living individuals in criminal proceedings. Homo 2003; 54(2):162-9.

Schmeling A, Reisinger W, Geserick G, Olze A. Age estimation of unaccompanied minors Part I. General considerations. For Sci Int 2006; 159S:S61-S64.

Schmeling A, Reisinger W, Geserick G, Olze A. The current state of forensic age estimation of live subjects for the purpose of criminal prosecution. Forensic Sci Med Pathol 2005; 1(4):239-46.

Schmidt CM. Estimativa da idade e sua importância forense. [Dissertação]. Piracicaba: Faculdade de Odontologia de Piracicaba da Universidade Estadual de Campinas, 2004.

Schmidt S, Nitz I, Schulz R, Tsokos M, Schmeling A. The digital atlas of skeletal maturity by Gilsanz and Ratib: a suitable alternative for age estimation of living individuals in criminal proceedings? Int J Legal Med 2009; 123(6):489-94.

Sugar A, Farjo QA. Corneal degenerations. In: Yanoff M, Duker JS. Ophthalmology. 3. ed. Printed in China: Mosby Elsevier, 2008, Chapter 4.22.

The Merck Manual of Geriatrics. 2009-2010 Merck Sharp & Dohme Corp., a subsidiary of Merck & Co., Inc., Whitehouse Station, N.J., U.S.A.

Vanrell JP. Odontologia Legal e Antropologia Forense. Rio de Janeiro (RJ): Guanabara Koogan, 2002.

Vieth H, Salotti SRA, Passerotti S. Guia de prevenção de alterações oculares em hanseníase. Centro de Prevenção Oftalmológica Instituto Lauro de Souza Lima, 2009.

White TD, Folkens PA. The skeletal biology of individuals and populations. In: White TD, Folkens PA. The human bone manual. Burligton: Elsevier, 2005: 359-419.

World Health Organization. The Who Child Growth Standards. Disponível em: <http://www.who.int/childgrowth/en/> [13 mai 2010].

Parte C

Exame Odontológico

Adriana de Moraes Correia • Tácio Pinheiro Bezerra

A Odontologia muito tem a contribuir para o esclarecimento de fatos de interesse jurídico por meio das perícias odontolegais. As perícias são operações destinadas a ministrar esclarecimentos técnicos à Justiça e objetivam a elaboração de documentos odontolegais – autos, laudos, pareceres – que funcionarão como provas técnicas a serem analisadas pelo juiz.[1] O crescimento da Odontologia como ciência tem possibilitado a resolução de uma série de problemas jurídicos mediante o desenvolvimento de teorias, doutrinas, hipóteses, métodos e técnicas, servindo ao Direito e, consequentemente, à sociedade. De acordo com as principais normativas que regem o exercício do profissional especialista em Odontologia Legal,[3,4] a perícia é sua principal atividade. Entre as perícias no vivo ou no morto, seja com finalidades civis, penais ou trabalhistas, encontra-se a perícia de estimativa da idade.

A estimativa da idade pode ser conceituada como o processo que consiste em avaliar o estágio de evolução ou involução de um organismo. O perito deve encontrar parâmetros biológicos que propiciem a obtenção do menor intervalo de tempo que englobe a idade real ou cronológica do periciado. No decorrer do tempo, tem-se buscado desenvolver e aprimorar esses métodos, utilizando-se parâmetros indicativos da evolução e involução orgânica.

O processo de estimativa da idade por meio dos elementos dentários pode ser realizado pelos exames clínico e radiográfico. O primeiro, também chamado de método direto, analisa o número de dentes presentes na cavidade oral, a sequência eruptiva e o estado de conservação dos elementos dentários (cáries, abrasões, exodontias, desgastes oclusais, restaurações). O método indireto, realizado mediante o estudo de tomadas radiográficas, nos possibilita observar a cronologia de mineralização dentária.[1,5] A sequência de erupção dental pode ser avaliada pelo método direto ou indireto; no entanto, a análise da mineralização dental só é possível por exame radiográfico específico.[6] Uma vantagem prática dos exames indiretos é a possibilidade de se realizar a estimativa da idade sem a presença do periciado.[1] A experiência clínica, bem como sinais de atrição, alteração de cor e recessões gengivais, deve contar nessa estimativa.[7]

A Odontologia é a área do conhecimento mais importante na estimativa da idade humana, pois os dentes apresentam menor variabilidade na cronologia de eventos e maior perenidade de suas características. As transformações experimentadas pelos tecidos dentários sofrem pequena influência de fatores externos, em comparação com outros parâmetros e, por serem os tecidos mais mineralizados, resistem melhor a inumações, carbonizações, imersões e outras intempéries.[8] Com o uso de técnicas modernas, a estimativa de idade baseada nos dentes é mais adequada que aquela fundamentada nos ossos.[9]

A idade dentária tem alcançado respaldo significativo como excelente indicador do desenvolvimento somático, uma vez que o desenvolvimento dentário é um processo complexo que se inicia com a formação do folículo dentário e atinge a completa formação dos dentes, possibilitando o desempenho de suas funções durante toda a vida.[10]

Arbenz[11] descreveu as etapas do estudo da evolução dentária importantes para o estudo da estimativa da idade: (1) calcificação; (2) rizólise; (3) erupção; (4) modificações tardias.

Os estudos relacionados com a erupção dentária, a cronologia de mineralização dentária e as modificações tardias dos dentes são os mais utilizados para as perícias de estimativa da idade.

► ERUPÇÃO DENTÁRIA

Segundo Silva,[5] o processo de erupção dentária é composto por três fases:

1. **Fase pré-eruptiva:** período entre o início da formação do dente e a formação completa da coroa.

2. **Fase pré-funcional:** período após a formação da coroa até o momento em que atinge seu antagonista.

3. **Fase funcional:** período de atividade funcional do dente pelo exercício da oclusão.

Uma vez que a erupção dentária é um processo que pode ser explicado pela ação de forças que atuam em um relacionamento dinâmico com a remodelação óssea, existem vários fatores que podem modificar a duração desse processo.[12] Raça, sexo, posição no arco dentário, deficiências nutricionais, condições sistêmicas, distúrbios endócrinos, condições locais, clima, hereditariedade, biótipo e ingestão de flúor são alguns desses fatores que podem retardar ou acelerar a erupção dentária.[1,5,12]

Na literatura encontram-se inúmeros trabalhos relatando a influência de fatores internos ou externos que influenciam o processo e a sequência eruptiva dos elementos dentários, como:

- **Raça:** precocidade de erupção na raça negra em relação à raça branca.[13-15]
- **Sexo:** o feminino apresenta erupção dentária mais precoce em relação ao sexo masculino.[1,16-18]
- **Arco:** dentes mandibulares erupcionam primeiro que os maxilares.[1,18-20]
- **Deficiências nutricionais:** alimentação deficiente gera subnutrição e retarda a erupção dentária.[1,21]
- **Condições sistêmicas:** processos patológicos, como o diabetes melito, ou a presença de síndromes podem antecipar ou atrasar o processo eruptivo.[22-25]
- **Distúrbios endócrinos:** condições como hipertireoidismo ou hipotireoidismo podem influenciar o processo de erupção dentária, acelerando-o ou retardando-o.[24,26]
- **Condições locais:** lesões periapicais, pulpites e pulpotomias nos decíduos aceleram o processo da erupção dos dentes permanentes.[27] As perdas precoces dos decíduos podem acelerar ou retardar a erupção do sucessor permanente.[5,28,29] Dente supranumerário, tumores e apinhamentos também podem interferir no processo de erupção dos dentes decíduos ou permanentes.[24,29,30]
- **Clima:** nos países frios, a erupção é mais retardada em relação aos tropicais.[1,29,31]
- **Hereditariedade:** o padrão familiar pode influenciar a erupção dos dentes.[21,29]
- **Biótipo:** crianças obesas podem ter erupção atrasada em relação aos longíneos.[1]
- **Flúor:** o excesso de flúor causa alteração do padrão ósseo, o que dificulta a erupção.[1,32]

Como a erupção dentária sofre a interferência de diversos aspectos, aconselha-se a utilização das tabelas de Arbenz[11] e de Mendel,[35] que ostentam valores relativos à cronologia de erupção e a sequência eruptiva, respectivamente.[33]

Em seu trabalho, Arbenz[34] verificou que, para um dado número de dentes erupcionados, a idade das meninas, em meses completos, era 5 meses menor do que a dos meninos com o mesmo número de dentes, confirmando os resultados de outros estudos anteriores. A partir dos dados obtidos, o autor construiu uma tabela mediante uma análise de regressão entre o número de dentes e a idade e estabeleceu as chamadas estimativas por ponto, associando-se a uma medida do grau de confiança. A tabela pode ser aplicada em processos de estimativa da idade, considerando as diferenças entre os sexos masculino e feminino, em função do número de dentes irrompidos (Tabela 21.5).

Mendel[35] fez um estudo da sequência eruptiva em dentes permanentes do hemiarco superior direito em um grupo de crianças judias e elaborou uma tabela relacionando a erupção dentária com a idade em meses (Tabela 21.6).

Tabela 21.5 ▸ Tabela de Arbenz (1961) – estimativa da idade, em meses completos, em função do número de dentes irrompidos

Número de dentes permanentes irrompidos	Sexo masculino			Sexo feminino		
	Estimativa de ponto	Limites de confiança		Estimativa de ponto	Limites de confiança	
		80%	95%		80%	95%
0		84	84		84	84
1		84	84		84	84
2		84	91		84	85
3		87	95		84	90
4		91	100		86	95
5		95	104		90	99
6		99	108		94	103
7	86	103	111		98	106
8	90	106	114	85	101	109
9	93	109	118	88	104	113
10	96	112	121	91	107	116
11	99	115	124	94	110	119
12	102	86-118	127	97	113	122
13	105	89-121	130	100	84-116	125
14	108	92-124	133	103	87-119	128
15	111	95-127	86-136	106	90-122	131
16	114	98-130	89-139	109	93-125	84-134
17	117	101-133	92-142	112	95-128	87-136
18	120	104-136	95-145	115	99-131	90-140
19	123	107-139	98-148	118	102-134	93-143
20	126	110-142	102-151	121	105-138	97-146
21	130	114-146	105-154	125	109-141	100-149
22	133	117-149	108-158	128	112-144	104-153
23	137	121-153	112-161	132	116-148	107-157
24	141	125-157	116-165	136	120-152	111-161
25	145	129-161	121	140	124-157	116-165
26	151	134-167	126	146	128-162	121
27	157	141	132	152	136	128
28	165	149	140	160	144	135

Fonte: http://www.fo.usp.br/departamentos/social/legal/metodos_eierupcao.htm.[33]

Tabela 21.6 ▸ Tabela de Mendel (1968) – somente hemiarco superior direito

Dente	Presente – Idade mínima (em meses)	Ausente – Idade máxima (em meses)
Segundo molar superior direito	123	162
Primeiro molar superior direito	63	93
Segundo pré-molar superior direito	105	144
Primeiro pré-molar superior direito	87	138
Canino superior direito	105	144
Incisivo lateral superior direito	63	114
Incisivo central superior direito	63	93

Fonte: http://www.fo.usp.br/departamentos/social/legal/metodos_eierupcao.htm.[33]

França[36] afirma que após os 5 meses de vida já é possível estabelecer uma aproximação da idade de um indivíduo, tomando por base a sequência eruptiva das dentições decídua e permanente (Tabelas 21.7 e 21.8).

Mineralização Dentária

A mineralização da coroa dos decíduos tem início entre 3 e 4 meses de vida intrauterina, com a formação das raízes finalizando entre 1 ano e meio e 3 anos de idade. Já o processo de mineralização dos permanentes, que dura aproximadamente 9 anos, tem seu início com o primeiro molar, geralmente iniciando ao nascimento.[37] Schour & Massler[38] relataram que a calcificação poderá ser observada, por meio de exame radiográfico, a partir do quinto mês de vida intrauterina, época em que se inicia a calcificação dos dentes decíduos. Pereira[39] desenvolveu um trabalho sobre a contribuição da radiogra-

Tabela 21.7 ▸ Sequência eruptiva – primeira dentição

	Mínimo (meses)	Máximo (meses)	Média (meses)
Incisivos centrais inferiores	5	12	7
Incisivos centrais superiores	6	14	9
Incisivos laterais superiores	7	18	11
Incisivos laterais inferiores	8	19	13
Primeiros molares superiores	12	26	15
Primeiros molares inferiores	12	25	17
Caninos	16	30	22
Segundos molares	18	36	26

Fonte: França.[36]

Tabela 21.8 ▸ Sequência eruptiva – segunda dentição

	Mínimo (anos)	Máximo (anos)	Média (anos)
Primeiros molares	5	8	5,5 a 6
Incisivos centrais	6	10	6,5 a 10
Incisivos laterais	7	12	8 a 8,5
Primeiros pré-molares	8	14	9 a 9,5
Segundos pré-molares	10	15	10,5 a 11
Caninos	9	15	11
Segundos molares	10	15	12
Terceiros molares	15	28	18

Fonte: França.[36]

fia maxilodentária para a determinação da idade fetal e concluiu que no fim do nono mês o feto apresenta todas as coroas dos dentes decíduos calcificadas; em 1941,[40] concluiu que a calcificação completa das raízes da dentição decídua ocorre aos 3 anos de idade e a da dentição permanente, dos 18 aos 21 anos de idade.

O método indireto, ou radiográfico, para estimativa da idade tem sido descrito como mais favorável, pois, além de analisar todos os quesitos dos métodos diretos, também possibilita uma análise do estágio de mineralização dental[41] e o acompanhamento desde o primeiro sinal de calcificação dental até o fechamento apical do terceiro molar.[42] A análise indireta apresenta menores possibilidades de erros, uma vez que a cronologia de mineralização dos dentes é mais confiável por sofrer pouca interferência de fatores como sexo, arco, biótipo, influências hereditárias, alterações na dentição decídua, tipo de oclusão, alimentação, raça, clima e utilização de flúor. Por todos esses motivos, a análise pura da sequência eruptiva pode levar a índices de erro em torno

de 50%, sendo, portanto, insuficiente para a estimativa da idade.[5]

O método indireto possibilita, ainda, a coleta de informações desde o início da mineralização da coroa até o fechamento apical da raiz dentária, o que nos leva a considerá-lo um indicador mais fiel para a idade.[1] É também um processo mais uniforme e gradual, se comparado com a erupção dentária.[37]

Nolla[43] propôs dez estágios de mineralização, advertindo que iniciam e finalizam mais cedo no sexo feminino (Figura 18.25).

A literatura cita inúmeras pesquisas, geralmente de outros países, acerca do crescimento e do desenvolvimento dos dentes. Estas culminam com a elaboração de tabelas referenciais que, no entanto, apresentam uma realidade diversa da encontrada na população brasileira. Por haver diferenças étnicas, geográficas, culturais e socioeconômicas com a população de referência da tabela, pode haver superestimativa ou subestimativa da idade,[24,44-46] por isso a necessidade de estudos a partir de amostras nacionais e regionaliza-

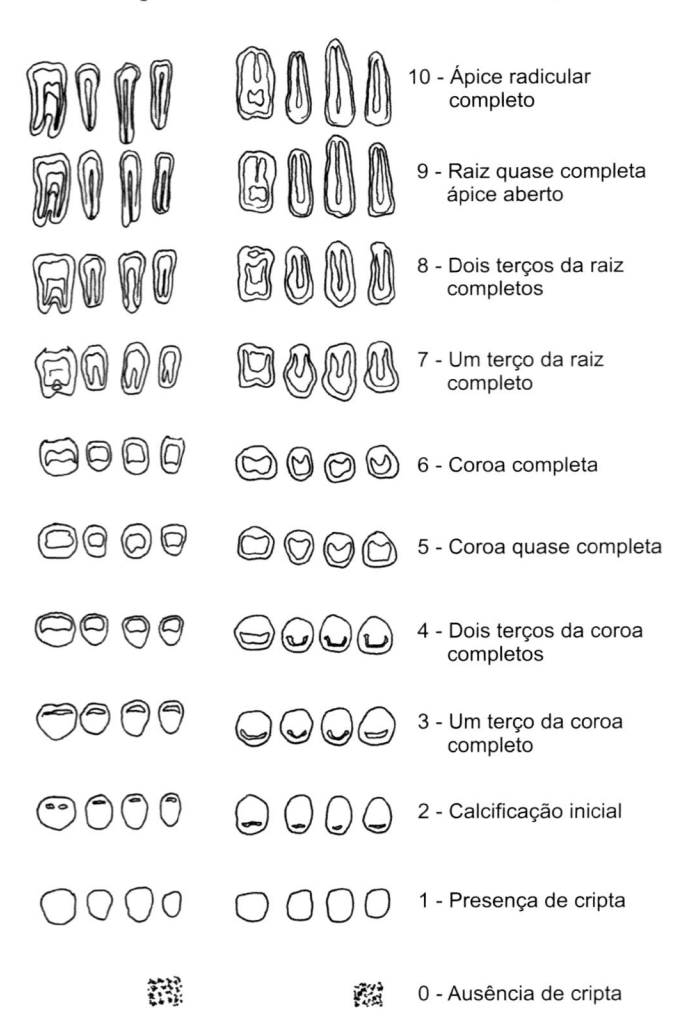

10 - Ápice radicular completo

9 - Raiz quase completa ápice aberto

8 - Dois terços da raiz completos

7 - Um terço da raiz completo

6 - Coroa completa

5 - Coroa quase completa

4 - Dois terços da coroa completos

3 - Um terço da coroa completo

2 - Calcificação inicial

1 - Presença de cripta

0 - Ausência de cripta

Figura 21.25 ▸ Estágios de mineralização dentária, segundo Nolla (Reproduzida de: http://odontologiatotal.blogspot.com/2010/04/estagio-de-nolla-e-cronologia-de.html)

das que representem o comportamento da população brasileira.

Entre os pesquisadores brasileiros, Nicodemo, Moraes & Médici Filho[47] utilizaram as etapas de mineralização dos elementos dentários propostas por Nolla para elaboração de uma tabela cronológica de mineralização dos dentes permanentes especificamente para a população brasileira (Tabela 21.9). Utilizaram oito dos dez estágios de mineralização dentária propostos por Nolla: primeira evidência de mineralização, um terço da coroa formado, dois terços da coroa formados, coroa completa, início da formação radicular, um terço da raiz formado, dois terços da raiz formados e término apical. Os autores não consideraram diferenças significativas entre os hemiarcos direito e esquerdo e entre os sexos masculino e feminino.

Saliba *et al.*[48] salientam que, em perícias visando à estimativa de idade, os elementos dentários se destacam por apresentarem características específicas e compatíveis com diversas fases de desenvolvimento, e que inúmeros trabalhos já foram realizados no senti-

do de se estabelecerem parâmetros cada vez mais precisos para estimativa da idade mediante exame dos dentes em pessoas vivas e mortas. Concluíram que não há diferenças significativas na cronologia de mineralização dos dentes dos lados esquerdo e direito, entretanto observaram precocidade no sexo feminino em relação ao masculino. Sugeriram o uso de equações individualizadas para cada dente e sexo para a estimativa da idade.

Em casos de acidentes coletivos, ou ainda em perícias antropológicas, a idade é uma incógnita completa. Esta deverá ser estimada a partir das características dos diversos fenômenos dependentes da idade. Desse modo, há a necessidade da utilização do maior número possível de tabelas referenciais para evitar erros durante as confrontações entre vítimas e desaparecidos. A aplicação manual de todas as tabelas e equações existentes e a comparação entre elas são praticamente inexequíveis, constituindo tarefa dispendiosa, passível de erros, e resultando na necessidade de uma automação computadorizada.[8] Em sua dissertação de mestrado, Galvão[8] de-

Tabela 21.9 ▶ Tabela cronológica de mineralização dos dentes permanentes de Nicodemo, Moraes & Médici Filho[47]

Dente	Primeira evidência de mineralização	1/3 da coroa	2/3 da coroa	Coroa completa	Início da formação radicular	1/3 da raiz	2/3 da raiz	Término apical
Superiores								
Incisivo central	5-7	8-15	18-30	36-57	60-78	75-90	87-108	100-116
Incisivo lateral	9-15	24-30	33-57	54-72	72-88	84-102	96-112	105-117
Canino	5-6	12-33	36-60	60-78	76-87	90-114	111-141	126-156
Primeiro pré-molar	27-30	48-66	57-75	78-96	87-108	102-126	117-138	129-159
Segundo pré-molar	36-54	51-66	66-84	78-102	93-117	105-129	117-144	141-159
Primeiro molar	1-6	6-16	18-30	36-48	54-66	66-84	75-96	90-104
Segundo molar	39-57	52-66	69-84	81-102	102-126	120-135	129-153	150-162
Terceiro molar	90-132	96-138	102-156	138-174	162-198	180-204	192-234	216-246
Inferiores								
Incisivo central	3,9-6,1	9-12	18-27	28-45	48-68	60-78	76-96	90-102
Incisivo lateral	4,6-5,8	7-12	18-30	18-66	54-78	68-88	80-99	92-102
Canino	4-7	8-30	24-54	51-72	69-93	84-108	105-135	129-156
Primeiro pré-molar	27-36	45-60	51-72	69-90	84-102	102-126	114-141	132-156
Segundo pré-molar	33-54	48-63	66-81	78-96	93-144	108-132	117-144	141-159
Primeiro molar	1-6	6-12	18-28	18-45	54-66	57-81	78-96	90-104
Segundo molar	39-60	51-66	72-87	84-105	102-126	117-135	129-153	150-165
Terceiro molar	90-132	96-138	102-156	138-174	162-198	180-204	192-234	216-246

Fonte: http://www.fo.usp.br/departamentos/social/legal/metodos_eimineralizacao.htm.[41]

senvolveu um programa computacional (Sistema Computadorizado Integrado para Estimativa da Idade pelos Dentes – SISCRO) utilizando-se de referências para mineralização dos dentes permanentes (tabelas de Nicodemo, Moraes & Médici e equações de Saliba), para sequência eruptiva dos dentes decíduos e permanentes (tabelas de Ernestino, Logan, Arey, Abramovicz, Garn & Arbenz) e para alterações dentárias regressivas (equação de Gustafson e equações de Camargo). Entre os resultados, o autor apresenta que o ponto fundamental desse trabalho foi a tradução, em termos matemáticos, e posteriormente em linguagem de programação, dos princípios básicos periciais, em que a exceção pode ter tanto ou mais valor que a regra. O exemplo mais clássico, para entendimento do SISCRO, consiste na utilização simultânea de até seis tabelas eruptivas diferentes, tendo como resultado final a união delas, considerando todas as possibilidades.

Importante ressaltar que essas tabelas referenciais utilizam amostras de indivíduos saudáveis. Uma vez que se necessite realizar estimativa da idade em periciados portadores de síndromes congênitas, deficiências nutricionais, transtornos hormonais ou outros fatores que acelerem ou retardem o processo de desenvolvimento dental, pode haver superestimativa ou subestimativa da idade.[37]

Na infância, a estimativa da idade pode ser usada com muita precisão, uma vez que há um grande número de aspectos do desenvolvimento a serem observados.[49]

Após os 14 anos, os dentes permanentes já estão em estado de estabilização, com a completa formação coronorradicular, com exceção dos terceiros molares. Assim, a avaliação radiográfica do grau de formação dos terceiros molares é um passo fundamental na estimativa de idade forense de adolescentes e adultos jovens. Isso se deve ao fato de que todos os demais dentes permanentes já finalizaram seu desenvolvimento nos indivíduos desse grupo etário. Os terceiros molares seriam os únicos dentes que ainda apresentariam algum desenvolvimento.[50]

Com relação ao desenvolvimento dos terceiros molares, Pereira[40] observou que a completa mineralização dos terceiros molares se dá entre os 18 e os 20 anos de idade. Clow[51] afirmou que nenhuma evidência de formação dos terceiros molares foi encontrada antes dos 7 anos e que não houve início de desenvolvimento após os 14 anos de idade. Edu Rosa et al.[52] encontraram sinais de mineralização a partir dos 4 anos, com a faixa etária entre 7 e 9 anos apresentando maior evidência de formação dos terceiros molares. Também observaram que, após os 15 anos, não houve início de mineralização dos terceiros molares.

Alguns métodos de estimativa da idade pelo exame dental se utilizam da mensuração das partes (¼, ⅓, ½, ⅔ e ¾) das coroas e raízes formadas, seguindo os estágios de Nolla. Tais mensurações dão, no entanto, um critério de subjetividade à determinação dessas propor-

ções. Segundo Marber et al.[53] a baixa precisão do método de Nolla se deve ao número de estágios, sendo permitido ao observador escolher entre dez estágios que também são subclassificados em três opções de subestágios. Essa variabilidade apresenta muitas possibilidades mas, aumentando o número de escolhas, diminui a precisão do método.

Köhler et al.[54] idealizaram uma classificação que estabelece dez estágios da formação do terceiro molar, nesta ordem: formação coronária (estágios 1, 2 e 3), formação radicular (estágios 4, 5, 6, 7 e 8) e fechamento apical (estágios 9 e 10) (Figura 21.26).

Outra classificação do processo de mineralização dos terceiros molares é a de Dermijian et al.[56] (Figura 21.27). Por meio de radiografias panorâmicas em 1.446 meninos e 1.482 meninas franco-canadenses, os auto-

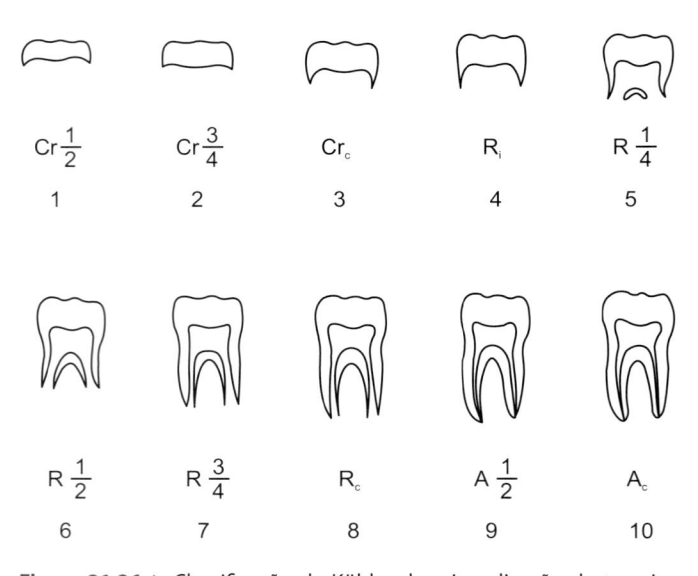

Figura 21.26 ▸ Classificação de Köhler de mineralização do terceiro molar (Reproduzida de Gunst et al.[55])

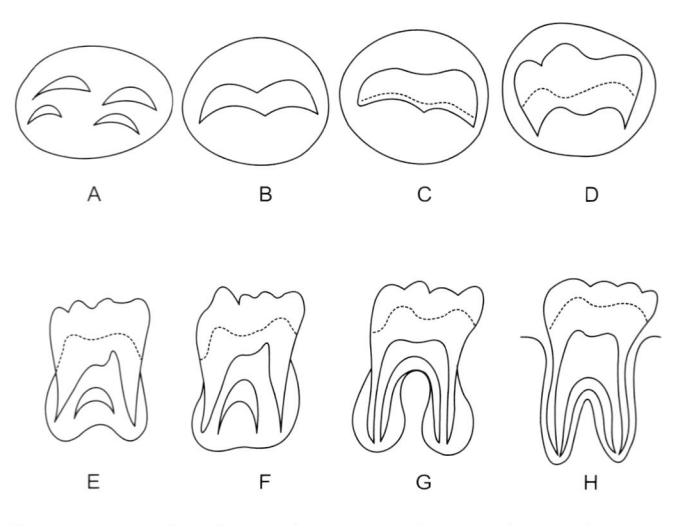

Figura 21.27 ▸ Classificação de Dermijian de mineralização do terceiro molar (Reproduzida de Olze et al.[58])

res classificaram oito estágios de formação dental, com quatro fases de mineralização da coroa e quatro da raiz, distribuídos da seguinte forma: estágio A – início da mineralização das cúspides isoladas; estágio B – fusão das cúspides; estágio C – início da deposição de dentina; estágio D – coroa completa em direção à junção cemento-esmalte; estágio E – comprimento da raiz menor do que a altura da coroa; estágio F – comprimento da raiz igual ou maior do que a altura da coroa; estágio G – paredes do canal radicular paralelas e ainda parcialmente abertas; estágio H – forame apical completo. Assim, desenvolveram um método para a estimativa da idade dental.

Em Odontologia Legal, os estudos mais atuais de estimativa de idade utilizando os terceiros molares aplicam essa classificação, uma vez que esse método define estágios da formação dental caracterizados por pontos específicos[53,57] e pelas formas dos dentes,[58] utilizando-se dos desenhos esquemáticos para comparação com a imagem avaliada e a determinação do estágio.[59,60] Os quatro primeiros estágios (A-D) se relacionam com a formação coronária e os quatro últimos (E-H), com a radicular.[59,60] Esse método é frequentemente utilizado em virtude da praticidade e da adequação metodológica a que se destina.[50]

Marber *et al.*[53] realizaram um estudo no intuito de comparar as idades estimadas pelos métodos de Demirjian e de Nolla com a idade real de modo a calcular a previsibilidade desses métodos. Os autores avaliaram 946 radiografias panorâmicas de crianças entre os 3 e os 16,99 anos e de origens étnicas britânicas e indianas. Não foram encontradas diferenças estatisticamente significativas quanto às diferenças étnicas. Apesar de o método de Demirjian ter apresentado uma superestimativa da idade (0,25 ano para os homens e 0,23 para as mulheres), sem ser no entanto estatisticamente significativa, ele mostrou-se superior ao método de Nolla. Este último apresentou uma subestimativa (–0,87 ano para os homens e –1,18 para as mulheres), a qual é estatisticamente significativa e aumenta à medida que o indivíduo vai envelhecendo.

Apesar de ser o único parâmetro para pacientes adultos jovens, alguns autores defendem que o terceiro molar não é uma boa referência para a estimativa de idade. Muitos desses dentes são congenitamente ausentes, cirurgicamente removidos ou portadores de alterações de desenvolvimento (posição, tamanho, estrutura, formação e tempo para erupção), o que lhes atribui uma grande variabilidade.[55,59-62] São elementos que apresentam grande frequência de agenesia e variação em sua sequência de maturação.[37]

É importante alertar também para o fato de que os estudos realizados excluíram da amostra pacientes que apresentam variações que poderiam influenciar a sequência eruptiva dos dentes, como impacções, ausência de espaço ou alteração do posicionamento do germe dental. Essas exclusões tornam o uso dessas referências útil apenas para os casos em que esses dentes apresentem um processo normal de erupção.[50] Com uma visão diferente, outros autores afirmam que o crescimento radicular de dentes impactados é irregular, mas não há retardo ou aceleração dessa formação por causa da impacção.[63]

Modificações Tardias dos Dentes

Assim como os demais métodos, o exame dos dentes é mais fiel quando é menor a idade cronológica do paciente que está sendo examinado, tanto por possuir mais estruturas a serem analisadas como por haver mais alterações características do processo inicial de formação. À medida que o indivíduo vai evoluindo, vão diminuindo as opções de análises e a possibilidade de estimativa.[1]

Em adultos, não é possível proceder à análise da estimativa de idade por meio do estudo da erupção e mineralização dentária, pois a pessoa já se encontra em processo de regressão orgânica. É preciso que se utilizem métodos embasados na sequência de envelhecimento. Deixa-se de estudar o desenvolvimento e passa-se a analisar as características do envelhecimento resultantes da idade e do uso contínuo (desgaste oclusal, escurecimento, diminuição volumétrica da câmara pulpar, estenose dos canais radiculares, entre outros).

Nessa etapa da vida, os eventos são menos característicos e as variações individuais são menos evidentes, o que faz com que as faixas de referência para as estimativas sejam maiores.

Gustafson[64] analisou aspectos da involução dentária, elaborando uma classificação dos fenômenos pertinentes a essa fase:

- A – Desgaste da superfície de oclusão;
- P – Periodontose;
- S – Desenvolvimento de dentina secundária no interior da cavidade pulpar;
- C – Deposição de cemento da raiz;
- R – Reabsorção da raiz;
- T – Transparência do ápice da raiz.

Cada um desses fenômenos recebeu valores de 0 a 3, conforme a intensidade ou o grau de modificação observados. O somatório desses pontos fornece a idade aproximada do examinando, obtida por meio de reta de regressão construída pelo autor (Figura 21.28).

Após o cálculo da pontuação de cada alteração, estas são então somadas, obtendo-se um número total de pontos, de acordo com a fórmula:

$$Na + Pn + Sn + Cn + Rn + Tn = PONTOS$$

Os estudos realizados pelo autor possibilitaram a elaboração de uma fórmula de regressão com a qual se-

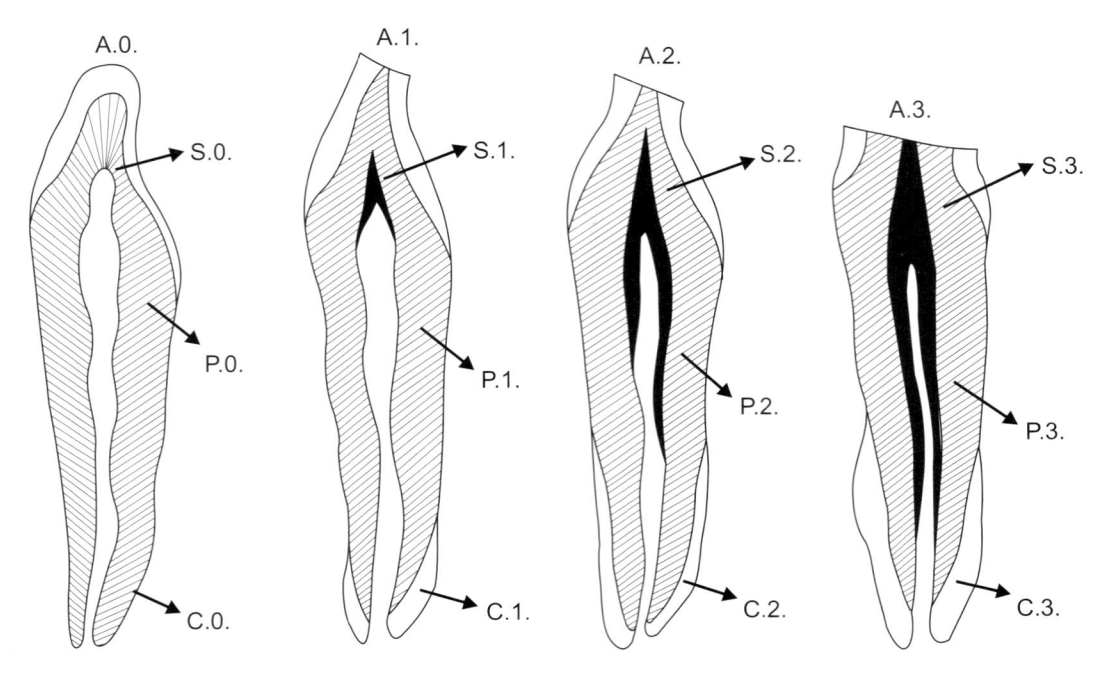

Figura 21.28 ▸ Modificações tardias dos dentes, segundo Gustafson (Reproduzida de Vanrell.[65])

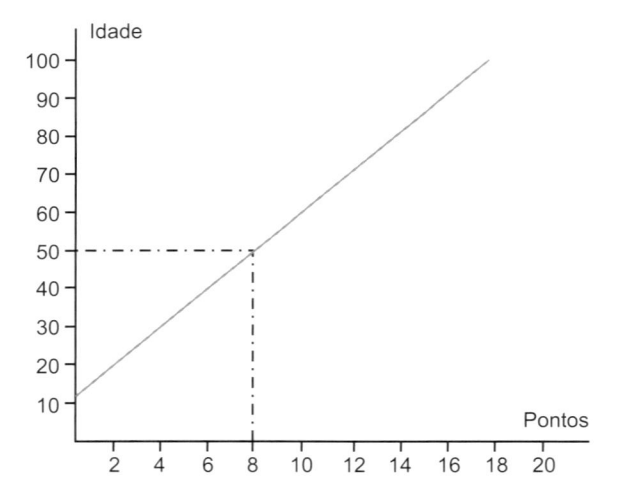

Figura 21.29 ▸ Reta de regressão de Gustafson (Reproduzida de: http://www.fo.usp.br/departamentos/social/legal/metodos_eigustafson.htm.[66])

ria possível a obtenção de um gráfico (Figura 21.29) para relacionar as idades estimadas com os pontos obtidos no exame:[66]

> Fórmula de regressão de Gustafson:
> Y = 11,43 + 4,56X
> Onde: Y = idade
>   X = número de pontos obtidos com a
>   fórmula anterior

A desvantagem desse método é que, para ser tão fiel quanto o preconizado pelo autor, é preciso que se façam exames histológicos dos dentes, o que seria inviável para a estimativa da idade em indivíduos vivos.

Ponsold *apud* Vanrell,[65] estabeleceu que até os 30 anos de idade somente o esmalte sofre desgaste na mastigação normal. Aos 40 anos, a dentina fica descoberta, porém há formação de dentina secundária, dando um colorido mais escuro à superfície trituranteo do dente. Até os 50 anos esse desgaste vai aumentando e, aos 60 anos, pode estar afetada toda a secção transversal do dente, ficando a dentina secundária com cor bem mais escura (Figura 21.30).

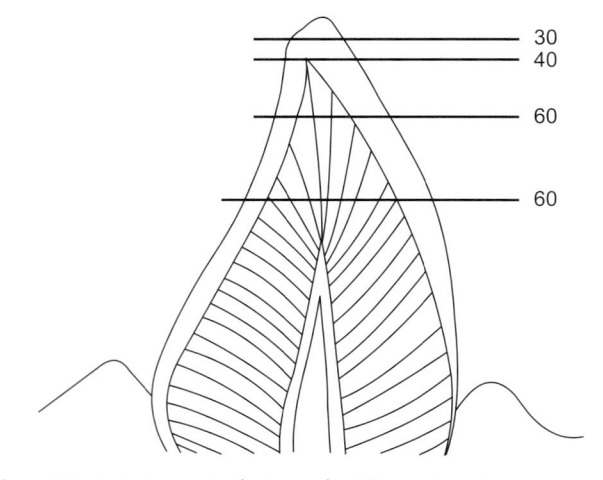

Figura 21.30 ▸ Desgaste da coroa dentária, após os 30 anos, segundo Ponsold (Reproduzida de Vanrell.[65])

Armando Samico *apud* Moreira & Freitas,[67] apresentou trabalho que fornece subsídios para a estimativa da idade acima de 20 anos com base na involução dentomaxilar. Seu estudo se processa mediante a observação de modificações do órgão dentário, do periodonto e dos maxilares, entre os quais merecem maior atenção os desgastes coronários, a esclerose e permeabilidade dentinárias, a redução dos diâmetros das cavidades pulpares, a própria atrofia pulpar, o escurecimento dentário, a atrofia gengival, o espessamento do cemento e a atrofia da parede alveolar e dos rebordos dos maxilares. Os subsídios coletados no estudo dos desgastes das coroas dentárias, embora úteis, podem sofrer influências de fatores diversos, como a dureza dos dentes, o gênero de alimentação, o tipo de oclusão etc., podendo-se admitir como normal a perda de 1mm da coroa em cada decênio de vida, acima dos 20 anos. De maior valor é o estudo da redução dos diâmetros das cavidades pulpares dos dentes permanentes pela aposição de camadas sucessivas de dentina secundária e por outras modificações que a dentina e o cemento dentários podem sofrer. A diminuição da câmara pulpar, que na época da erupção ocupa aproximadamente metade da coroa, processa-se normal e cronologicamente, chegando a ficar obstruída por completo cerca de 50 anos após sua erupção. O conduto dentário também sofre redução de seu diâmetro, chegando, em épocas avançadas da vida, a ficar inteiramente obstruído.

Daruge *et al.*[68] publicaram trabalho sobre a estimativa de idade por meio das medidas da câmara pulpar e dos canais radiculares após os 15 anos de idade. Os autores estudaram 61 dentes humanos, representados por incisivos centrais e caninos superiores. Concluíram, por meio do estudo de análise de regressão linear da amostra, que a área da câmara pulpar representa um dos indicadores de maior segurança na estimativa da idade após os 15 anos, com uma variação de 4 anos em torno da idade estimada.

Estudos mais recentes, como o de Paewinsky *et al.*[69] e Cameriere *et al.*[70] também mostraram que a aposição de dentina secundária é um bom método para estimativa da idade em adulto, uma vez que é um processo contínuo, modificado apenas por cáries ou possíveis abrasões, sofrendo menos interferências de fatores externos do que o desgaste dental.

Paewinsky *et al.*[69] a partir de tomada radiográfica panorâmica e programa de computador, realizaram mensurações da câmara pulpar em seis dentes (um incisivo lateral inferior, um canino inferior, um primeiro pré-molar inferior, um incisivo central superior, um incisivo lateral superior, um pré-molar superior) de 168 pacientes, com idades entre 14 e 81 anos. Concluíram haver relação entre a aposição de dentina secundária e a idade. A vantagem desse estudo é que, contrariamente à maioria dos métodos de estimativa de idade de adultos, não há a destruição do elemento dentário, podendo ser usado em indivíduos vivos.

Cameriere *et al.*[70] estudaram as dimensões da câmara pulpar, relacionando a diminuição da câmara pulpar pela aposição de dentina secundária com o avanço da idade. Avaliaram radiografias periapicais em tomadas vestibulolingual e mesial de caninos superiores e inferiores de 100 esqueletos com idades entre 20 e 79 anos, concluindo que a aposição de dentina secundária é um bom parâmetro para a estimativa da idade em adulto.

Pesquisas recentes, abordando a correlação de aposição de cemento na raiz com a idade, têm sido publicadas, como o estudo de Aggarwal *et al.*[71] Os autores estudaram o número de linhas incrementais no cemento, relacionando-as com a idade, com ajuda de microscópio e programa de computador. Utilizaram cortes longitudinais de 30 dentes de indivíduos de 13 a 69 anos de idade. Concluíram que o método não sofre interferência de sexo, idade, doença periodontal ou tipo de dente utilizado. Entretanto, não houve uma boa correlação entre a idade e o estudo de aposição de cemento para indivíduos com mais de 55 anos, provavelmente devido à diminuição de aposição cementária que ocorre por volta dos 60 anos de idade.

A utilização dos critérios de estimativa da idade pelo exame dos dentes, principalmente na fase adulta, pode não preencher as necessidades de exatidão nas referências. A avaliação da maturidade sexual e do processo de ossificação esquelética para complementar a precisão da estimativa da idade com propósitos forenses pode ser muito útil.[58]

Suturas Cranianas e Mandíbula

As suturas cranianas e o osso mandibular são estruturas que também podem ser utilizadas pelo odontolegista no processo de estimativa da idade. Seus exames estão descritos detalhadamente no capítulo de Antropologia Forense.

Dentro do processo evolutivo de um indivíduo, as suturas cranianas talvez sejam as estruturas que mais tempo levem para concluir seu processo de consolidação. Como esse processo ocorre lentamente e em etapas relativamente constantes, no que se refere ao desenvolvimento cronológico, a análise dessa consolidação passa a ser de grande utilidade para a estimativa da idade em procedimentos periciais necroscópicos, sejam de morte recente, morte tardia ou até em grandes catástrofes.

A mandíbula, por sofrer algumas alterações anatomomorfológicas durante o processo de desenvolvimento e regressão do ser humano, pode servir como referência na estimativa da idade. O ângulo mandibular, a quantidade de osso alveolar, a localização do forame mental e o tamanho do côndilo, por exemplo, sofrem mudanças que podem ser correlacionadas com determinadas faixas etárias.

▶ REFERÊNCIAS

1. Gonçalves AC, Antunes JL. Estimativa da idade em crianças baseada nos estágios de mineralização dos dentes permanentes, com finalidade odontolegal. Odontologia e Sociedade 1999; 1(2):55-62.

2. Almeida CSL. Estimativa da idade por radiografias panorâmicas em indivíduos melanodermas. [Dissertação] Piracicaba: Faculdade de Odontologia de Piracicaba, Universidade Estadual de Campinas, 2002.

3. Brasil. Presidência da República. Lei 5.081, de 24 de agosto de 1966. Regula o exercício da Odontologia. Disponível em: <http://www.planalto.gov.br/ccivil_03/Leis/L5081.htm> [23 abr 2010].

4. Brasil. Conselho Federal de Odontologia. Resolução 63, de 30 de junho de 2005. Consolidação das normas para procedimentos nos Conselhos de Odontologia. Disponível em: <http://www.forp.usp.br/restauradora/etica/res_cfo_63_05_consol.pdf> [23 abr 2010].

5. Silva, M. Compêndio de Odontologia Legal. Rio de Janeiro (RJ): Medsi, 1997.

6. Olze A, Ishikawa T, Zhu BL et al. Studies of the chronological course of wisdom tooth eruption in a Japanese population. For Sci Int 2008; 174(2):203-6.

7. Kvaal SI, Kolltveit M, Thomsenb IO, Solheima T. Age estimation of adults from dental radiographs. Forensic Sci Int 1995; 74:175-85.

8. Galvão MF. Estimativa da idade pelos dentes através de sistema computadorizado integrado. [Dissertação] Piracicaba: Faculdade de Odontologia de Piracicaba, Universidade Estadual de Campinas, 1999.

9. Mesotten K, Gunst K, Carbonez A, Willems G. Dental age estimation and third molars: a preliminary study. Forensic Sci Int 2002; 129:110-5.

10. Cançado RH. Estudo comparativo da cronologia de erupção dos dentes permanentes e da calcificação dos segundos molares nas más oclusões de classe I e classe II de Angle. [Dissertação] Bauru: Faculdade de Odontologia de Bauru, Universidade de São Paulo, 2003.

11. Arbenz OG. Medicina Legal e Antropologia Forense. Rio de Janeiro(RJ)-São Paulo(SP): Atheneu, 1988.

12. Kardos TB. The mechanism of tooth eruption. Br Dent J 1996; 181(3):91-5.

13. Garn SM, Wertheimer F, Sandusky ST, Mc Cann MB. Advanced tooth emergence in negro individuals. J Dent Res 1972; 51(5):1506.

14. Schmeling A, Reisinger W, Geserick G, Olze A. The current state of forensic age estimation of live subjects for the purpose of criminal prosecution. Forensic Sci Med Pathol 2005; 1(4):239-46.

15. Olze A, van Niekerk P, Ishikawa T et al. Comparative study on the effect of ethnicity on wisdom tooth eruption. Int J Legal Med 2007; 121(6):445-8.

16. Garn SM, Lewis AB, Koski K, Polacheck DL. The sex difference in tooth calcification. J Dent Res 1958; 37(3):561-7.

17. Miles AEN. Dentition in the estimation of age. J Dent Res 1963; 42(1):255-63.

18. Wedl JS, Schorder V, Friedrich RE. Tooth eruption timer of permanent teeth in male and female adolescents in Niedersachsen. Arch Kriminol 2004; 213(3-4):84-91.

19. Abramowicz M. Contribuição para o estudo da cronologia de erupção dos dentes permanentes, em judeus do grupo étnico Ashkenozem, de níveis sócio-econômicos elevados. Sua aplicação na estimativa da idade. Rev Fac Odontol São Paulo 1964; 2(1):91-146.

20. Squeff K, Cerveira, GP, Closs LQ, Bosio, JA. Presença de dentes permanentes irrompidos em escolares da região metropolitana de Porto Alegre. Stomatos 2008; 14(26):11-8.

21. Garn SM, Lewis A, Kerewsky RS. Genetic, nutritional and maturational correlates of dental development. J Dent Res 1965; 44(1):228-42.

22. Bohatka L, Wegner H, Adler P. Parameters of the mixed dentition in diabetic children. J Dent Res 1973; 52(1):131-35.

23. Lal S, Cheng B, Kaplan S et al. Accelerated tooth eruption in children with diabetes mellitus. Pediatrics 2008; 121(5):139-43.

24. Frajndlich SB, Oliveira FAM. Fatores que afetam a erupção dentária infantil. Rev Odonto Ciênc 1988; 3(6):7-12.

25. Silva KG, Aguiar SMHA. Erupção dental de crianças portadoras da síndrome de Down e crianças fenotipicamente normais: estudo comparativo. Rev Odontol Araçatuba 2003; 24(1):33-9.

26. Garn SM, Lewis AB, Blizzard RM. Endocrine factors in dental development. J Dent Res 1965; 44(1):243-58.

27. Lauterstein AM, Pruzansky S, Barber TK. Effect of deciduous mandibular molar pulpotomy on the eruption of succedaneous premolar. J D Res 1962; 41(6):1367-72.

28. Adler P. Effect of some environmental factors on sequence of permanent tooth eruption. J Dent Res 1963; 42(2):605-16.

29. Guedes-Pinto AC. Odontopediatria. 7. ed. São Paulo(SP): Santos, 2003.

30. Noffke CE, Chabikuli NJ, Nzima N. Impaired tooth eruption: a review. SADJ 2005; 60(10):422, 424-5.

31. Eveleth P. The effects of climate on growth. Ann N Y Acad Sci 1959; 134:750-9.

32. Freitas JAS, Lopes ES, Alvares LC, Tavano O. Influência da fluoretação na cronologia de erupção dos dentes permanentes. Estomat e Cultura 1971; 5:156-65.

33. Nogi FM, Melani RFH. Método de estimativa de idade pelo exame dos dentes. Disponível em: <http://www.fo.usp.br/departamentos/social/legal/metodos_eierupcao.htm.> [09 mar 2008].

34. Arbenz GO. Contribuição para o estudo da estimativa da idade pelo número de dentes permanentes irrompidos, em escolares da cidade de São Paulo, brancos, nascidos no Brasil [tese]. São Paulo: Faculdade de Odontologia da Universidade de São Paulo, 1961.

35. Abramowicz M. Novo método de estudo da seqüência eruptiva dos dentes permanentes e estimativa da idade. [Tese de Livre-Docência]. São Paulo: Faculdade de Odontologia da USP, 1968.

36. França GV. Medicina Legal. 8. ed. Rio de Janeiro (RJ): Guanabara Koogan, 2007.

37. Prieto JL. La maduración del tercer molar y el diagnóstico de la edad. Evolución y estado actual de la cuestión. Cuad Med Forense 2008; 14(51):11-24.

38. Schour I, Massler BS. Studies in tooth development. The growth pattern of human teeth. J Am Dent Ass 1940; 27(11):1778-93.

39. Pereira M. Contribuição da radiografia maxilo-dentária para determinação da idade fetal. 1940. [Trabalho apresentado à Sociedade de Medicina e Cirurgia]

40. Pereira M. Contribuição da radiografia dentária para determinação da idade no vivo. 1941. [Trabalho apresentado para concorrer ao Prêmio Oscar Freire de Medicina Legal]

41 Nogi FM, Melani RFH. Método de estimativa de idade pelo exame dos dentes. Disponível em: <http://www.fo.usp.br/departamentos/social/legal/metodos_eimineralizacao.htm>[09 mar 2008].

42. Hegde RJ, Sood PB. Dental Maturity as an indicator of chronological age: Radiographic evaluation of dental age in 6 to 13 years children of Belgaum using Demirjian Methods. J Indian Soc Pedo Prev Dent 2002; 20(4):132-8.

43. Nolla CM. The development of de permanent teeth. J Dent Child 1960; 27(4):254-66.

44. Heuzé Y, Cardoso HFV. Testing the quality of nonadult Bayesian dental age assessment methods to juvenile skeletal remains: The Lisbon Collection Children and Secular Trend Effects. Am J Phys Anthropol 2008; 135:275-83.

45. Schmeling A, Grundmann C, Fuhrmann A et al. Criteria for age estimation in living individuals. Int J Legal Med 2008; 122:457-60.

46. Schmeling A, Reisinger W, Geserick G, Olze A. Age estimation of unaccompanied minors Part I. General considerations. For Sci Int 2006; 159S:S61-S64.

47. Nicodemo RA, Moraes LC, Médici Filho E. Tabela cronológica da mineralização dos dentes permanentes, entre brasileiros. Rev Fac Odontol São José dos Campos 1974; 3(1):55-6.

48. Saliba CA, Daruge E, Gonçalves RJ, Saliba TA. Estimativa da idade pela mineralização dos dentes, através de radiografias panorâmicas. ROBRAC 1997; 6(22):14-6.

49. Ritz-Timme S, Cattaneo C, Collins MJ et al. Age estimation: the state of the art in relation to the specific demands of forensic practice. Int J Legal Med 2000; 113:129-36.

50. Meinl A, Tangl S, Huber C, Maurer B, Watzek G. The chronology of third molar mineralization in the Austrian population – a contribution to forensic age estimation. For Sci Int 2007; 169:161-7.

51. Clow IM. A radiographic survey of third molar development: a comparison. Br J Orthod 1984; 11(1):9-15.

52. Rosa JE, Silva RHH, Tzelikis EH. Primeiras evidências de mineralização dos terceiros molares. Rev Gaucha Odontol 1987; 35(6):431-4.

53. Marber M, Liversidge HM, Hector MP. Accuracy of age estimation of radiographic methods using developing teeth. For Sci Int 2006; 159S:S68-S73.

54. Köhler S, Schmelzle R, Louitz C, Puschel K. Die Entwicklung des Weisheitszahnes als Kriterium der Lebensalterbestimmung. Ann Anat 1994; 176:339-45.

55. Gunst K, Mesotten K, Carbonez A, Willems G. Third molar root development in relation to chronological age: a large sample sized retrospective study. For Sci Int 2003; 136:52-7.

56. Demirjian A, Goldstein H, Tanner JM. A new system of dental assessment. Hum Biol Detroit 1973; 45: 11-27.

57. Orhan K, Ozer L, Orhan AI, Dogan S, Paksoy CS. Radiographic evaluation of third molar development in relation to chronological age among Turkish children and youth. For Sci Int 2007; 165:46-51.

58. Olze A, Taniguchi M, Schmeling A et al. Studies on the chronology of third molar mineralization in a Japanese population. Leg Med 2004; 6:73-9.

59. Thorson J, Hagg U. The accuracy and precision of the third mandibular molar as an indicator of chronological age. Swed Dent J 1991; 15:15-22.

60. Heras SM, Garcia-Fortea P, Ortega A, Zodocovich S, Valenzuela A. Third molar development according to chronological age in populations from Spanish and Magrebian origin. For Sci Int 2008; 174(1):47-53.

61. Kullman L, Johanson G, Akesson L. Root development of the lower third molar and its relation to chronological age. Swed Dent J 1992; 16:161-7.

62. Mincer HH, Harris EF, Berryman HE. The A.B.F.O. study of third molar development and its use as an estimator of chronological age. J Forensic Sci 1993; 38:379-90.

63. Friedrich RE, Ulbricht C, Von Maydell LAB. The influence of wisdom tooth impaction on root formation. Ann Anat 2003; 185:481-92.

64. Gustafson G. Age determination on teeth. J Am Dent Assoc 1950; 41:45-54.

65. Vanrell JP. Odontologia Legal e Antropologia Forense. Rio de Janeiro (RJ): Guanabara Koogan, 2002.

66. Nogi FM, Melani RFH. Método de estimativa de idade pelo exame dos dentes. Disponível em: <http://www.fo.usp.br/departamentos/social/legal/ metodos_eigustafson.htm.> [09 mar 2008].

67. Moreira RP, Freitas AZVM. Dicionário de Odontologia Legal. Rio de Janeiro (RJ): Guanabara Koogan, 1999.

68. Daruge E, Camargo JR, Oliveira GF. Estimativa de idade através das medidas da câmara pulpar e canais radiculares após os 15 anos. JBC J Bras Odontol Clín 1997; 1(6):29-32.

69. Paewinsky E, Pfeiffer H, Brinkmann B. Quantification of secondary dentine formation from orthopantomograms – a contribution to forensic age estimation methods in adults. Int J Legal Med 2005; 119:27-30.

70. Cameriere R, Ferrante L, Belcastro MG, Bonfiglioli B, Rastelli E, Cingolani M. Age estimation by pulp/tooth ratio in canines by mesial and vestibular peri-apical X-rays. J Forensic Sci 2007; 52(5):1151-5.

71. Aggarwal P, Saxena S, Bansal P. Incremental lines on root cementum of human teeth: An approach to their role in age estimation using polarizing microscopy. Indian J Dent Res 2008; 19(4):326-30.

Parte D

Exame Complementar: Radiografia de Mão e Punho

Rogério Batista Araújo Filho

A maturação óssea é um processo que evolui cronologicamente. Inicialmente aparecem centros de ossificação e, no final do processo, observa-se osso adulto,[1] podendo assim ser utilizada no processo de estimativa da idade.

Inúmeras são as áreas do corpo que podem ser utilizadas para o estudo dos centros de ossificação, como joelho,[2] vértebras cervicais,[3] quadril e pelve,[4] crânio[5] e região da mão e punho.[6]

Considera-se que o desenvolvimento ósseo da região da mão e punho processa-se paralelamente ao das demais regiões do corpo humano, sendo a região mais utilizada para a avaliação do crescimento e desenvolvimento por diversos fatores:[7] existência de um grande número de centros de ossificação em uma área relativamente pequena, baixo custo,[8] facilidade da técnica radiográfica e observação de suas imagens,[7] além de não conter órgãos vitais, podendo ser submetida a doses de radiação com mais frequência.[9]

Entre os métodos de avaliação da idade óssea utilizando radiografias de mão e punho, destacam-se os métodos inspecionais, em que há a comparação de centros de ossificação, da radiografia obtida, com as de um atlas padrão,[10,11] os métodos que utilizam escores para cada estágio de maturação óssea[6,12] e os métodos que usam medidas dimensionais dos ossos.[13,14]

Segundo Greulich & Pyle,[10] o esqueleto reflete o estado funcional e de desenvolvimento do sistema reprodutivo e provê uma medida mais útil do nível de maturação geral do indivíduo, podendo ser empregado para esse propósito do período do nascimento até o completo desenvolvimento ósseo.[7]

Em 1950, Greulich & Pyle[10] publicaram um atlas radiográfico de desenvolvimento ósseo da mão e punho, baseado no trabalho de Todd.[11] Os autores destacaram a necessidade da criação de um método que proporcionasse informações mais precisas acerca do desenvolvimento de um indivíduo e não apenas informações como estatura, peso e idade cronológica. Nesse método inspecional, a idade óssea é determinada mediante a comparação da radiografia em estudo com as radiografias padrões do atlas.[7]

Em 1959, Tanner & Whitehouse,[12] baseando-se no método de escores de Acheson,[2] desenvolveram um sistema de determinação da idade óssea (TW1). Nesse método, cada osso, dos 20 selecionados da mão e do punho, é classificado separadamente em um dos oito ou nove estágios, aos quais são atribuídos escores. Esses escores são somados e então é dada a idade óssea correspondente.

O sistema TW1 foi revisado, sucedendo o método TW2, no qual foram realizadas alterações no sistema de escores e, ainda, estabelecidos escores diferentes para cada sexo. Esse novo sistema também provê maturações ósseas separadas para o rádio, a ulna e ossos curtos – metacarpos e falanges – (método RUS) e para os ossos carpais (método CARPAIS),[7] bem como a possibilidade de enquadrar o paciente em uma curva de percentual comparado com um grupo de pacientes britânicos.

De acordo com Low,[15] a idade óssea pelo método inspecional é muito influenciada pela presença dos ossos carpais. Foi realizado um estudo da idade óssea de crianças chinesas do sexo masculino de 7 a 9 anos cuja idade foi determinada por meio do método de Greulich & Pyle, levando-se em consideração apenas as epífises. Os resultados mostraram que as médias das idades ósseas estimadas pelo método inspecional foram menos avançadas, quando comparadas com as do método de avaliação de centros ósseos específicos, e que as idades ósseas carpais foram menos avançadas do que as idades ósseas epifisárias.

A utilização desses métodos é respaldada por Tavano[16] e por Haiter Neto et al.[7] que afirmam que, apesar de terem sido formulados com grupos étnicos diferentes, são aplicáveis e apresentam níveis satisfatórios de correlação com a população brasileira.

Em 2001, Tanner et al.[17] modificaram o método TW2, denominando-o TW3. Foi abolido o sistema de 20 ossos e permaneceram os métodos RUS e CARPAIS. Os estágios e os escores atribuídos aos ossos da mão e do punho permaneceram inalterados. Foram modificadas as idades ósseas e as equações de predição da estatura adulta.

Segundo Ortega et al.[18] quando comparado com o método TW2, o método TW3 apresenta maior concordância com a idade cronológica. Entretanto, em nosso serviço, utilizamos a combinação dos métodos TW2 e Greulich & Pyle por apresentarem resultados satisfatórios e, sobretudo, melhor aceitabilidade pelos médicos assistentes.

A Figura 21.31 mostra o modelo de laudo para avaliação radiológica da idade óssea, por meio dos ossos da mão e do punho, utilizado no Hospital Mater Dei.

Cabe ressaltar que a utilização de radiografias, no contexto forense, não se restringe apenas à avaliação da idade, mas também tem utilidade em questões envolvendo erro médico, maus-tratos infantis e identificação de corpos mutilados.[19]

A avaliação da idade óssea, além do cunho pericial, é muito utilizada em pacientes pediátricos para avaliação do crescimento[20] e alterações do desenvolvimento do esqueleto, mediante o aparecimento tardio ou acelerado dos centros de ossificação.[1] É importante também para o diagnóstico e acompanhamento de disfunções endócrinas[20] e síndromes como a SIDA (síndrome da imunodeficiência adquirida).[21]

Nas Figuras 21.32A a D encontram-se quatro imagens de radiografias de mãos e punhos esquerdos para avaliação da idade óssea. Essas radiografias foram analisadas de acordo com os métodos TW2 e Greulich & Pyle, que apresentaram resultados concordantes entre si e com a idade cronológica.

A ANVISA,[22] considerando os riscos inerentes ao uso das radiações ionizantes e a necessidade de se esta-

---

**Radiografia de mão e punho esquerdos
para avaliação da idade óssea**

Idade cronológica: ___ anos e ___ meses.

Segundo os critérios de TW2 (escore ____), a idade óssea estimada é de _____ e encontra-se no percentil _____.

Segundo o atlas de Greulich-Pyle, a idade óssea estimada é de:_____

Figura 21.31 ▸ Modelo de laudo de radiografia de mão e punho para avaliação da idade óssea (Reproduzida com autorização da Mater Imagem – Equipe de Radiologia e Diagnóstico por Imagem do Hospital Mater Dei.)

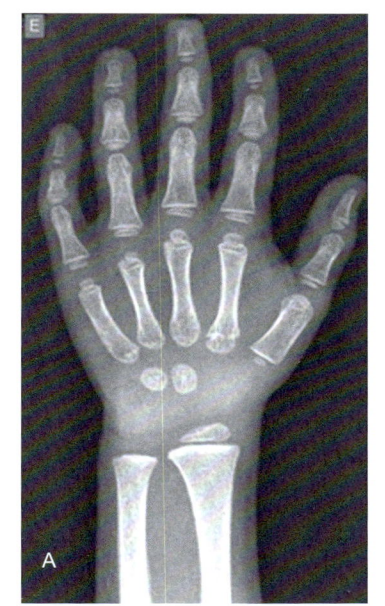 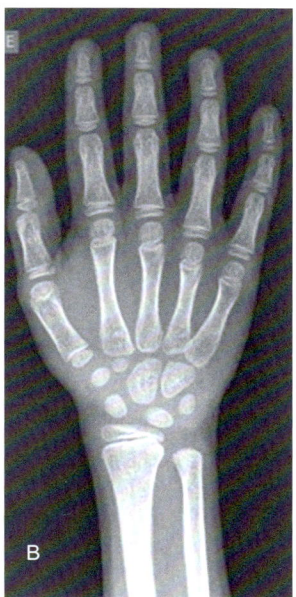

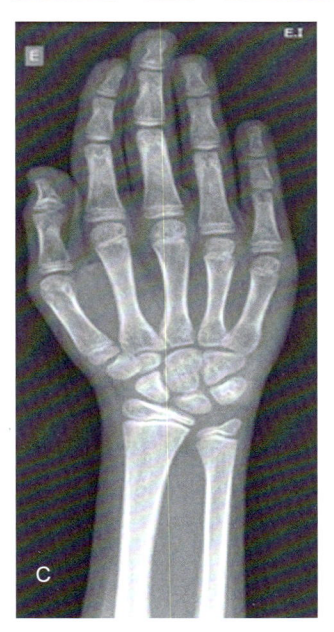 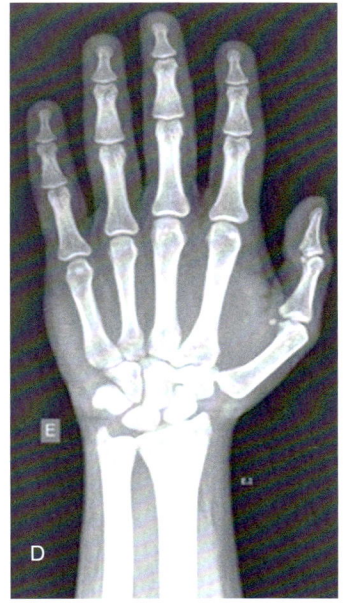

Figura 21.32 ▶ **A** Idade cronológica: 3 anos e 3 meses. Idade óssea: TW2 3,3 anos; Greulich & Pyle: entre 3 anos e 3 anos e 3 meses. Notar a não formação de alguns ossos do carpo e a presença de centros de ossificação. **B** Idade cronológica: 7 anos e 2 meses. Idade óssea: TW2 7,1 anos, Greulich & Pyle: 7 anos. Notar a presença de centros de ossificação. **C** Idade cronológica: 9 anos e 11 meses. Idade óssea: TW2; Greulich & Pyle: 10 anos. Notar a presença de centros de ossificação. **D** Idade cronológica: 19 anos. Idade óssea: TW2 adulto; Greulich & Pyle: 19 anos. Notar a fusão completa dos centros de ossificação (Imagens gentilmente cedidas pela Dra Renata Lopes Furletti Caldeira Diniz.)

belecer uma política nacional de proteção radiológica na área de radiodiagnóstico, por meio da Portaria 453/98, estabelece:

JUSTIFICAÇÃO

2.2 A justificação é o princípio básico de proteção radiológica que estabelece que nenhuma prática ou fonte adscrita a uma

prática deve ser autorizada a menos que produza suficiente benefício para o indivíduo exposto ou para a sociedade, de modo a compensar o detrimento que possa ser causado.

2.3 O princípio da justificação em medicina e odontologia deve ser aplicado considerando:

a) Que a exposição médica deve resultar em um benefício real para a saúde do indivíduo e/ou para sociedade, tendo em conta a totalidade dos benefícios potenciais em matéria de diagnóstico ou terapêutica que dela decorram, em comparação com o detrimento que possa ser causado pela radiação ao indivíduo (...)

2.5 Fica proibida toda exposição que não possa ser justificada, incluindo:

(...)

b) Exames radiológicos para fins empregatícios ou periciais, exceto quando as informações a serem obtidas possam ser úteis à saúde do indivíduo examinado, ou para melhorar o estado de saúde da população (...)

Com base na norma supracitada, é do entendimento dos autores que o emprego dos raios X para fins periciais em indivíduos vivos deve ser feito com critério e justificativa legal, objetivando a busca de benefícios sociais e jurídicos para os periciados e/ou para a sociedade, resguardando os indivíduos de exposição desnecessária à radiação ionizante.

▶ REFERÊNCIAS

1. Scheuer L, Black S. Developmental juvenile osteology. London: Academic Press, 2000.

2. Acheson RM. A method of assessing skeletal maturity from radiographs: a report from the Oxford Child Health Survey. J Anat 1954; 88(4):498-508.

3. Hassel B, Farman AG. Skeletal maturation evaluation using cervical vertebrae. Am J Orthod Dentofacial Orthop 1995; 107(1):58-66.

4. Acheson RM. The oxford method of assessing skeletal maturity. Clin Orthop 1957; 4(10):19-39.

5. Bambha JK, Van Natta P. A longitudinal study of occlusion and tooth eruption in relation to skeletal maturation. Am J Orthodont 1959; 45(11):847-55.

6. Garn SM *et al.* Ossification communalities of the hand and other body parts: their implication to skeletal assessment. Am J Phys Anthropol 1967; 27(1):75-82.

7. Haiter Neto F, Almeida SM, Leite CC. Estudo comparativo dos métodos de estimativa da idade óssea de Greulich & Pyle e Tanner & Whitehouse. Pesqui Odontol Bras 2000; 14(4):378-84.

8. Haiter Neto F. Análise comparativa, manual e computadorizada da estimativa da idade óssea pelo índice de Eklöf & Ringertz. [Tese]. Bauru: Faculdade de Odontologia de Bauru da Universidade de São Paulo, 1995.

9. Olivete Júnior C, Rodrigues ELL. Maturidade óssea: estimação por simplificações do método de Eklof e Ringertz. Radiol Bras 2010; 43(1):13-8.

10. Greulich WW, Pyle SI. Radiographic atlas of skeletal development of the hand and wrist. 2. ed. Standford University Press, 1959.

11. Todd TW. Atlas of skeletal maturation. Part I. Hand. Saint Louis: Mosby, 1937.

12. Tanner JM, Whitehouse RH. Standards for skeletal maturation. Paris: International Children's Center, 1959.

13. Eklof O, Ringertz H. A method for assessment of skeletal maturity. Annals Radiol 1967; 10(3-4):330-6.

14. Schmid F, Moll H. Atlas de normalen und pathologischen handskeleten Entwicklung. Berlin: Springer-Verlag, 1960.

15. Low WD. Assessing skeletal maturity by inspection and bone: specific methods with the atlas of Greulich-Pyle. Z Morph Anthrop 1975; 67(1):1-5.

16. Tavano O. A radiografia carpal como estimador da idade óssea. In: Freitas A, Rosa JE, Souza IF. Radiologia odontológica. 4. ed. São Paulo: Artes Médicas, 2000:583-91.

17. Tanner JM, Healy MJR, Goldstein H, Cameron N. Assessment of skeletal maturity and prediction of adult height (TW3 method). 3. ed. London: W.B. Saunders, 2001.

18. Ortega AI, Haiter Neto F, Ambrosano GMB, Bóscolo FN, Almeida SM, Casanova MS. Comparison of TW2 and TW3 skeletal age differences in a Brazilian population. J Appl Oral Sci [on line] 2006; 14(2):142-6.

19. Silva RF, Pinto RN, Mendes SDSC, Marinho DEA, Teixeira EA. Importância pericial das radiografias da articulação do punho para a identificação humana. Rev Imagem 2007; 29(4):165-7.

20. Gilsanz VO, Ratib O. Hand bone age. A digital atlas of skeletal maturity. Germany: Springer-Verlag Berlin Heidelberg, 2005.

21. Oliveira HW, Veeck EB, Souza PHC, Fernandes A. Avaliação radiográfica da idade óssea em crianças infectadas pelo HIV por via vertical. Radiol Bras [online] 2006; 39(1):27-31.

22. Brasil. Ministério da Saúde. Portaria/MS/SVS 453, de 1º de junho de 1998. Aprova o Regulamento Técnico que estabelece as diretrizes básicas de proteção radiológica em radiodiagnóstico médico e odontológico, dispõe sobre o uso dos raios-x diagnósticos em todo território nacional e dá outras providências. D.O.U. 02./06/98: ANVISA, 1998.

CAPÍTULO 22

Toxicologia Forense

Marco Antonio Ribeiro Paiva • Valter Miguel da Silva
Silberto Marques de Assis Azevedo • Marcus Luiz de Oliveira Penido

▶ INTRODUÇÃO

Partindo do princípio de Paracelsus (século XIV) de que toda substância é veneno, dependendo da dosagem, conclui-se então que a Toxicologia, em um sentido amplo, é a ciência que estuda o efeito tóxico de qualquer substância. A Toxicologia Forense tem como objetivo principal delinear evidências consistentes que permitam concluir que um evento ilícito ou crime teve como causa uma substância química, estando inserida no contexto dos Institutos Periciais (Institutos de Criminalística, Institutos Médico-Legais, Institutos Gerais de Perícia etc.) como ferramenta fundamental na elucidação do ato ilícito.

A prática da Toxicologia Forense exige, sobretudo, conhecimentos relativos à Química Analítica, necessários para detecção, identificação e quantificação de substâncias. São importantes ainda os conhecimentos relativos à Bioquímica, à Fisiologia e à Farmacologia, necessários para o melhor entendimento do material biológico a ser analisado, para entender a repercussão da metabolização de substâncias nos procedimentos analíticos e para a interpretação adequada dos resultados da análise.

Outro aspecto relevante na abordagem do exame toxicológico é que este deve se referenciar também em normas de qualidade, que incluem a padronização e a validação dos métodos utilizados. Assim, os laboratórios forenses deveriam ter a infraestrutura adequada para funcionarem como tal, incluindo o quadro de profissionais devidamente qualificados, a estrutura física e o instrumental analítico adequado para processar a amostra, analisá-la, liberar um laudo pericial confiável e, ainda, armazenar contraprovas por tempo suficiente para a conclusão de todas as etapas legais do evento a ser investigado e julgado. O exame toxicológico deve ter a qualidade garantida porque, de outro modo, a prova material que ele representa não terá validade legal e será facilmente desqualificada nos tribunais.

Esse conceito de qualidade deve se aplicar até mesmo nos procedimentos que antecedem a entrada no laboratório dos recipientes contendo as amostras coletadas. É a fase pré-analítica do exame toxicológico. Nela, amostras de tecidos e fluidos biológicos do cadáver, como estômago, amostras de fígado, cérebro, rim, sangue, urina, esperma, humor vítreo, pelos, unhas e outras, deverão ser coletadas, identificadas, acondicionadas e armazenadas adequadamente na origem, até serem transportadas com total segurança ao laboratório por profissional qualificado. É na fase pré-analítica que ocorrem os principais erros que poderão influenciar a qualidade e a confiabilidade da análise como um todo. Por exemplo, a refrigeração inadequada da amostra ou sua imersão em soluções usadas na conservação de cadáveres, muitas vezes, leva a processos que alteram a quantidade, na amostra, de um xenobiótico eventualmente presente (definido como qualquer substância estranha ao corpo humano), tornando mais difícil sua análise.[1-3]

A amostra, alvo da análise, ao se tornar a prova material do ato ilícito, muitas vezes poderá ser considerada a peça-chave do processo judicial e, portanto, deverá ser absolutamente idônea. Para assegurar essa qualidade, todas as informações relevantes pertinentes à amostra, desde sua coleta até a conclusão da análise química e o armazenamento de contraprova, deverão ser clara e objetivamente documentadas, incluindo-se aí o nome de todos os profissionais sob cuja guarda esteve. Esse processo é denominado cadeia de custódia, sem o qual a prova poderá ser considerada não idônea e sem valor legal.[2,4]

Na fase analítica da perícia toxicológica, o objetivo será responder à pergunta: há um xenobiótico envolvido com o fato? A abordagem aplicada deverá sempre obedecer a uma sequência de intervenções, começando com a observação macroscópica da amostra e a percepção sensorial,[5] que poderão desde já sugerir algumas substâncias. Por exemplo, o tom avermelhado brilhante de uma amostra de sangue nos sugere a presença de concentração elevada de monóxido de carbono e o odor característico de amêndoas amargas nos faz pressupor a presença do íon cianeto. Muitas vezes, na etapa da análise toxicológica, a amostra é extraída e o extrato purificado. Deve-se considerar a informação de possíveis suspeitas antes de processar a extração ou mesmo a partir da observação do conteúdo estomacal. Quando se observa a presença de medicamentos na forma de comprimidos, por exemplo, pode-se simplificar o processo de extração e facilitar a identificação do agente. Podem ser empregados métodos de extração líquido-líquido, mais tradicionais, ou processos de extração em fase sólida[5] (SPE), ou ainda microextração em fase sólida (SPME), métodos mais recentes e que têm a grande vantagem de utilizar ou necessitar de quantidades menores da amostra e produzir extratos mais puros em relação às substâncias que se pretende analisar. Em seguida, os extratos purificados obtidos são alvos de testes de triagem, análises preliminares que sugerem a presença ou não de substâncias de interesse médico-legal, muitas vezes já indicando a provável identidade da substância(s) detectada(s).[2]

Os resultados dos testes de triagens que indicam a presença de um xenobiótico precisam ser confirmados. Para isso existem os chamados testes confirmatórios, que envolvem metodologias mais sofisticadas que promovem a identificação inequívoca e a quantificação das substâncias detectadas. A partir da interpretação desses dados, qualitativa e quantitativamente, é possível avaliar a possível relação causa-efeito entre uma substância presente no organismo do periciado e o evento investigado. Aqui, os métodos cromatográficos e espectrométricos preponderam, sendo os mais utilizados a cromatografia em fase gasosa e líquida, a espectrometria de massas e o acoplamento dessas técnicas.

No exame toxicológico, a metodologia empregada baseia-se então na sequência: triagem, confirmação e quantificação, com todos os processos devidamente descritos, padronizados e, sobretudo, validados para que o resultado final tenha confiabilidade.[6]

Portanto, neste capítulo serão abordados aspectos importantes das etapas que compõem o exame toxico-lógico, desde a coleta da amostra, os métodos analíticos empregados, até a interpretação dos resultados, considerando a influência de processos fisiológicos, fenômenos *post mortem* e alterações *in vitro*. Em caso de morte suspeita por intoxicação exógena, por exemplo, quando a vítima é atendida em serviços de pronto-socorro e vem a óbito, cabe ao perito toxicologista apontar o agente ou os agentes químicos relacionados com a intoxicação em meio a mais de 10 mil possíveis medicamentos ou entre milhões de produtos químicos possíveis, o que constitui tarefa árdua na definição da origem da intoxicação e resolução final do caso policial.[6a]

▶ FASE PRÉ-ANALÍTICA

É fato que os avanços tecnológico e científico vêm contribuindo com as ciências forenses de modo a melhorar a capacidade de reunir evidências utilizadas na solução em processos criminais ou civis. Contudo, esses avanços não representam, por si, garantia de que essas evidências serão aceitas como prova pericial pela Justiça. Os procedimentos relacionados com a fase pré-analítica (coleta, identificação e transporte da amostra), sem os devidos cuidados e sem a observação de condições mínimas de segurança, podem acarretar a falta de integridade da prova, provocando danos irrecuperáveis no material coletado, comprometendo a idoneidade do processo e prejudicando sua rastreabilidade.[2,7]

Assim, é necessário que alguns controles e registros, como, por exemplo, a cadeia de custódia, sejam implementados e seguidos de maneira cuidadosa na fase pré-analítica. Isso reforça as questões da qualidade das perícias e os cuidados do ponto de vista legal.[2,8]

Como a cadeia de custódia é usada para registrar as informações de campo, de laboratório e das pessoas que manusearam a amostra, pressupõe-se um trabalho de equipe que envolve todas as partes, internas e externas ao laboratório de análises toxicológicas forenses, englobando os responsáveis pela coleta, recebimento, análise e disposição final da amostra, que deverão desenvolver suas atividades conforme um programa previamente estabelecido e acordado pela instituição, com conscientização e treinamento sobre suas respectivas responsabilidades, lembrando que na maioria das vezes as amostras são únicas e sua perda significa grande prejuízo e pode inviabilizar ou prejudicar a perícia.

Portanto, o fato de assegurar a memória de todas as fases do processo constitui um protocolo legal que possibilita garantir a idoneidade do resultado e rebater os possíveis questionamentos.

Assim, a responsabilidade dos profissionais envolvidos não tem apenas implicação legal, mas também moral, visto que o destino das vítimas e dos réus depende do resultado da perícia. Desse modo, manter a idoneidade da amostra deve ser uma preocupação de todos os envolvidos no processo, incluindo os laboratórios de Toxicologia Forense.

Requisição dos Exames

A realização dos exames tem como pré-requisito a solicitação formal por parte de quem compete fazê-la, e não devem ser recebidos materiais para exames sem a requisição.

A requisição deve obrigatoriamente conter, no mínimo, os seguintes dados em letra legível: nome e sobrenome do solicitante, data, exame solicitado, nome completo do periciado, descrição do material coletado (p. ex., fígado, estômago com conteúdo e sangue) e procedência da solicitação (regional, cidade, unidade etc.).

Se disponíveis, devem constar também as seguintes informações: suspeitas (p. ex., uso de drogas, ingestão de raticida, intoxicação com propranolol etc.), achados clínicos ou de necropsia relevantes, breve histórico (p. ex., acidente de trânsito, homicídio a tiro, morte na residência), idade e ocupação do periciado e tempo aproximado de morte.

Identificação da Amostra

Para a garantia de que o resultado do exame realizado em um material biológico de fato se refira ao periciado que consta na requisição, o material coletado deve ser criteriosamente identificado, não sendo recebidos materiais com identificação inadequada.

As etiquetas devem ser feitas de modo a permitir a identificação do material a longo prazo (p. ex., não devem se soltar das embalagens, não devem borrar etc.). Deve haver uma etiqueta para cada embalagem/frasco contendo material para exames (p. ex., para dois frascos de sangue e um saco de vísceras de um mesmo periciado, deve haver três etiquetas).

Etiquetas devem obrigatoriamente conter os seguintes dados em letra legível: nome completo do periciado, material coletado* e data de coleta.

O nome e os sobrenomes do periciado constantes na etiqueta devem ser *idênticos* aos que constam na requisição. Sugere-se que a identificação do material de um periciado seja feita antes da coleta do material de outro periciado, evitando-se identificações e resultados de exames trocados.

Orientações Gerais

- Todas as pessoas envolvidas com a solicitação, coleta de material e/ou transporte devem ser treinadas e habilitadas nesse processo.
- No transporte do material até o laboratório, deve-se ter cuidado para que não haja vazamentos ou ruptura dos frascos/embalagens.
- Para o transporte, quando for necessária refrigeração, acondicionar os frascos/embalagens em caixa de isopor com gelo. Sugere-se uso de gelo reciclável.

*A natureza do material coletado nem sempre é de fácil identificação, como, por exemplo, em caso de vísceras em estado de putrefação.

- Todos os utensílios ou recipientes utilizados devem ser rigorosamente limpos antes de cada coleta ou, sempre que possível, ser descartáveis.
- Não é recomendado o uso de frascos/embalagens reaproveitados (p. ex., garrafas PET, vidros de maionese, frascos de álcool ou acetona etc.).
- A prestação de informações sobre o caso é de extrema importância, sobretudo no que tange às substâncias potencialmente administradas ao/pelo periciado. Há casos que exigem uma abordagem analítica diferente da rotineiramente utilizada.
- O formol não pode ser utilizado para a conservação dos materiais para exames toxicológicos.
- Para cada material coletado, recomenda-se manter registro do profissional responsável por sua coleta, bem como de todas as pessoas que estiverem de sua posse (cadeia de custódia).
- Quantidade mínima: é a quantidade mínima de amostra suficiente para realização de uma análise laboratorial, sem a possibilidade de repetição do ensaio e armazenamento de contraprova.
- Quantidade recomendável: é a quantidade necessária e ideal de amostra suficiente para realização de análises laboratoriais, com a possibilidade de repetição do ensaio e armazenamento de contraprova.

Sugestão de um Padrão de Coleta das Amostras

Como exemplo, apresentamos a seguir uma sugestão de padronização dos procedimentos de coleta, bem como um fluxograma (Figura 22.1), indicando os materiais a serem coletados em função dos históricos mais comumente encontrados. A padronização e o fluxograma visam otimizar a pesquisa das substâncias ou elementos mais relevantes para cada histórico em função das técnicas disponíveis no laboratório ao qual será encaminhada a amostra e, portanto, este deverá ser previamente consultado.

Pesquisa Toxicológica em Urina

Material:

- Urina

Local e Forma de Coleta:

- **Vivo:** solicitar ao periciado que colete a amostra em recipiente adequado.
- **Morto:** retirar urina da bexiga do periciado e transferir para recipiente adequado.

Quantidade:

- **Mínimo:** 5mL (drogas de abuso) ou 20mL (sem suspeita específica).

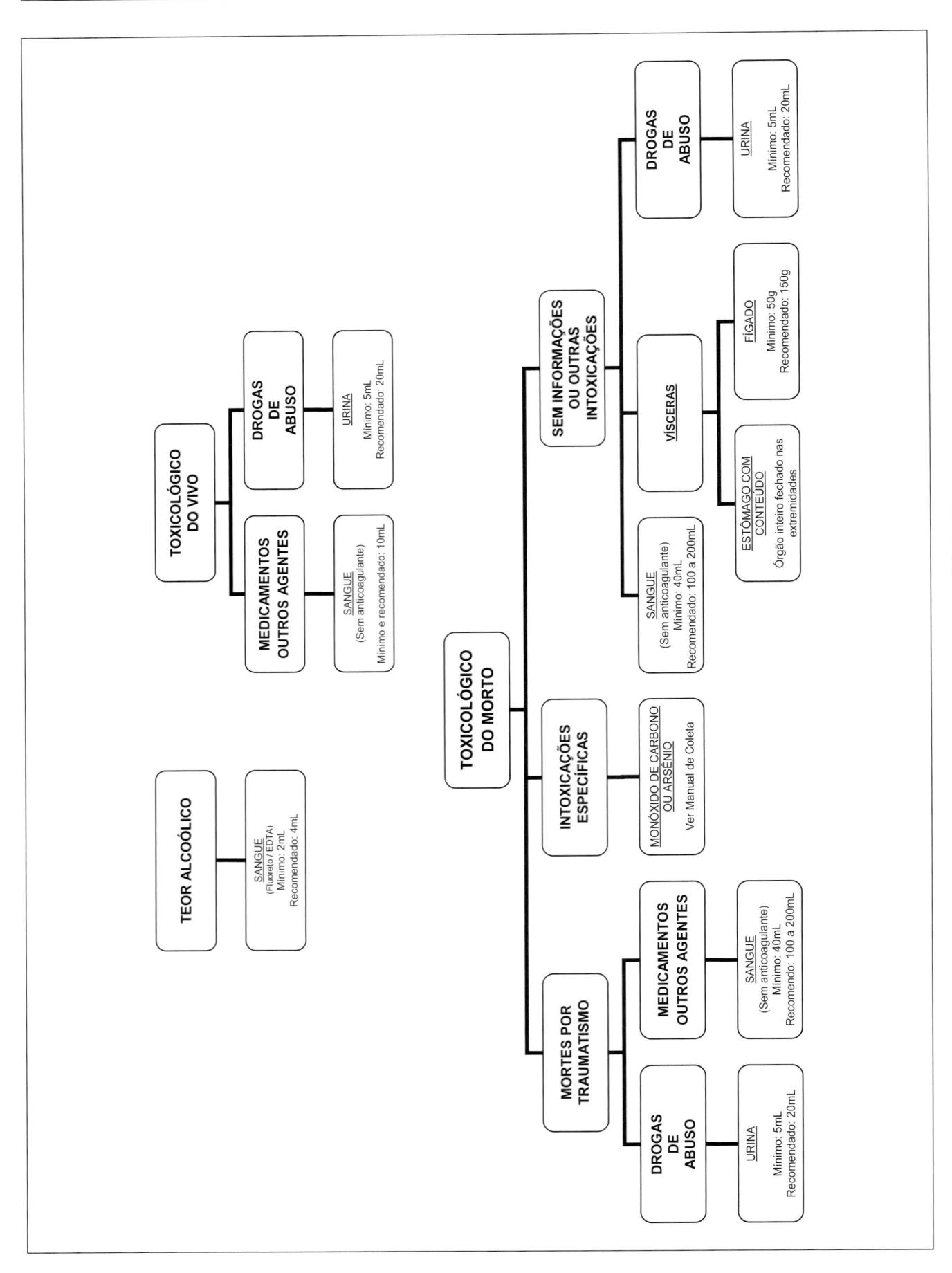

Figura 22.1 ▶ Sugestão de um padrão de boleta de amostra

- **Recomendado:** 20mL (drogas de abuso) ou 50 a 100mL (sem suspeita específica).

Tipo de Embalagem:

- Frasco plástico padrão de 40mL ou 80mL de capacidade, devidamente identificado e fechado.

Conservação até a Data do Envio:

- Se enviado até 48h após coleta → sob refrigeração de 2 a 8°C (geladeira).
- Após este prazo → congelar.

Pesquisa Toxicológica em Sangue

Material:

- Sangue

Local e Forma de Coleta:

- **Vivo:** coletar através de punção venosa.
- **Morto:** coletar através de punção em câmaras cardíacas ou coletar sangue periférico da veia femoral.

Quantidade:

- **Vivo:**
  - Mínimo e recomendado: 10mL sem anticoagulante.
- **Morto:**
  - Mínimo: 40mL sem anticoagulante.
  - Recomendado: 100mL a 200mL sem anticoagulante.

Tipo de Embalagem:

- Frasco plástico padrão de 250mL de capacidade, devidamente identificado e fechado.

Conservação até a Data do Envio:

- Se enviado até 48h após coleta → sob refrigeração de 2 a 8°C (geladeira).
- Após este prazo → congelar.

Observações:

- Para exames quantitativos é recomendável a coleta de amostras de ambos os locais (central e periférico). Ver item relativo à interpretação de resultados obtidos em sangue, mas adiante neste texto.
- A não ser que não seja possível proceder de outra forma, *não se deve* coletar o sangue que extravasa para a cavidade peritoneal (como nos casos de politraumatismo, por exemplo), pois pode haver interferência nos resultados quantitativos.

Pesquisa Toxicológica em Vísceras

Material:

- Estômago com conteúdo e fígado

Local e Forma de Coleta:

- **Estômago e conteúdo:** coletar o órgão inteiro e amarrá-lo em ambas as extremidades, evitando a perda do conteúdo estomacal.
- **Fígado:** coletar fragmento hepático do lobo direito, dando prioridade, quando for o caso, a áreas menos putrefatas.

Quantidade:

- Mínimo: totalidade do estômago e seu conteúdo e 50g de fígado.
- Recomendado: totalidade do estômago e seu conteúdo e 150g de fígado.

Tipo de Embalagem:

- Saco plástico devidamente identificado e fechado. Deve-se guardar estômago e conteúdo em um saco plástico separado do fígado ou demais órgãos eventualmente enviados.

Conservação até a Data do Envio:

- Se enviado até 24h após coleta → sob refrigeração de 2 a 8°C (geladeira).
- Após este prazo → congelar.

Pesquisa de Arsênio

Material:

- Fígado, cabelo ou unhas

Local e Forma de Coleta:

- **Cabelo ou unhas:** cortar o mais próximo possível da base.
- **Fígado:** coletar fragmento hepático de qualquer lóbulo do fígado, dando prioridade, quando for o caso, a áreas menos putrefatas.

Quantidade:

- **Fígado:** 5g (mínimo) e 20g (recomendável).
- **Cabelo:** 1g.
- **Unhas:** o que conseguir.

Tipo de Embalagem:

- Saco plástico (fígado) ou frasco plástico (fígado, cabelo ou unhas) devidamente identificado e fechado.

Conservação até a Data do Envio:

- **Fígado:**
  - Se enviado até 24h após coleta → sob refrigeração de 2 a 8°C (geladeira).
  - Após este prazo → congelar.
- **Cabelo e unhas:** temperatura ambiente ou sob refrigeração.

Pesquisa de Monóxido de Carbono

Material:

- Sangue

Local e Forma de Coleta:

- **Vivo:** coletar através de punção venosa.
- **Morto:** coletar através de punção em câmaras cardíacas ou coletar sangue periférico.

Quantidade:

- **Mínimo:** 5mL.
- **Recomendado:** 10mL.

Tipo de Embalagem:

- Tubo contendo heparina sódica, devidamente identificado e fechado.

Conservação até a Data do Envio:

- Frasco deve ser imediatamente congelado.

Dosagem do Teor Alcoólico

Material:

- Sangue

Local e Forma de Coleta:

- **Vivo:** coletar através de punção venosa.
- **Morto:** coletar através de punção em câmaras cardíacas ou coletar sangue periférico.

Quantidade:

- **Mínimo:** 2mL.
- **Recomendado:** 4mL.

Tipo de Embalagem:

- Tubo contendo fluoreto/EDTA, devidamente identificado e fechado.

Conservação até a Data do Envio:

- Se enviado até 48h após coleta → sob refrigeração de 2 a 8°C (geladeira).
- Após este prazo → congelar.

Observação:

- A não ser que não seja possível proceder de outra forma, *não se deve* coletar o sangue que extravasa para a cavidade peritoneal (como nos casos de politraumatismo, por exemplo), pois pode haver interferência nos resultados quantitativos.
- Procedimentos de limpeza e desinfecção da pele e dos instrumentos devem ser feitos com produtos não alcoólicos, ou deve-se assegurar que haja evaporação total do álcool.

▶ O QUE SE PODE PESQUISAR

As substâncias químicas, quando introduzidas no organismo, são geralmente biotransformadas em compostos mais hidrossolúveis, que são eliminados pela urina, saliva ou suor, podendo inclusive, dependendo da substância e dos metabólitos, ser detectados em cabelo, unha, sangue e vísceras.

As intoxicações constituem problema de saúde pública em todo o mundo. Entre os mais de 12 milhões de produtos químicos conhecidos, menos de 3.000 causam a maioria das intoxicações acidentais ou premeditadas. Contudo, praticamente qualquer substância ingerida em grande quantidade pode ser tóxica. As fontes comuns de venenos incluem drogas, produtos domésticos, produtos agrícolas, plantas, produtos químicos industriais e substâncias alimentícias. A Organização Mundial da Saúde (OMS) estima que 1,5% a 3% da população é intoxicada anualmente. Para o Brasil, isso representa até 4.800.000 novos casos a cada ano. Aproximadamente 0,1% a 0,4% das intoxicações resultam em óbito.[9]

Análises Toxicológicas

As análises toxicológicas são usadas na identificação e quantificação de agentes tóxicos para diversas finalidades, entre elas a terapêutica e a médico-legal.

Outra aplicação das análises toxicológicas se refere ao controle de farmacodependência ou "dependência química" no ambiente ocupacional, ressaltando-se principalmente a vigilância de condutores de transporte coletivos.[10]

As análises toxicológicas apresentam ainda importância crucial na materialização de crimes e no auxílio ao diagnóstico das intoxicações nas diferentes áreas da Toxicologia.

Um resultado analítico, para ser inequívoco, precisa ser gerado em nível de excelência, e para tanto os preceitos da Segurança da Qualidade Analítica devem ser observados. Para esse objetivo, estão envolvidos os procedimentos e processos administrativos e técnicos que controlam a qualidade dos resultados provenientes dos ensaios realizados no laboratório, tornando possível, assim, decidir sobre a confiabilidade dos resultados.[11]

Na Toxicologia Forense, numerosos fatores contribuem para essa confiabilidade de resultados, incluindo o próprio evento, o intervalo de tempo entre o fato e a necropsia ou o exame, a coleta do material biológico, sua estocagem e transporte, bem como sua preparação para análise, envolvendo a atividade de vários profissionais.

A espécie a ser investigada toxicologicamente pode ser selecionada com base no histórico, respeitando sempre aspectos legais e a viabilidade do caso. As espécies rotineiramente analisadas incluem os fluidos humanos, como sangue e urina, o conteúdo gástrico (no indivíduo vivo ou morto) e os tecidos, como as vísceras.[12]

A detecção dos analitos deve ser feita por meio de métodos de triagem e confirmada por técnica diferente daquela utilizada na triagem. Há vários preceitos a serem observados nos métodos confirmatórios, e ainda que o uso de espectrômetro de massas seja considerado de eleição, por suas características de elucidar a estrutura da molécula, outros podem ser utilizados. De maneira geral, preconiza-se que o método de confirmação deva ser mais específico e apresentar limite de detecção menor que o teste de triagem para o alvo analítico, observando assim a máxima do direito do *"in dubio pro reu"* (em dúvida, a favor do réu).[13]

O exame toxicológico deve ser capaz de detectar qualquer substância química exógena presente no material objeto da perícia. O fato de existir um elevado número de substâncias potencialmente tóxicas constitui uma limitação importante na realização dessas perícias, e a maior parte dos laboratórios concentra sua investigação na procura daqueles que, segundo a casuística da respectiva área de atividade, estão implicados na maior parte dos casos. Para a seleção dos tóxicos a serem pesquisados, são fundamentais a informação sobre o evento (policial, clínico, familiar) e a descrição dos achados da autopsia, uma vez que cada caso tem suas próprias particularidades.[14]

Intoxicação e Pesquisas de Fármacos

De 1993 a 1996 foram registrados no Brasil, pelo Sistema Nacional de Informações Tóxico-Farmacológicas (Sinitox), 217.512 casos de intoxicação humana, com um total de 1.483 óbitos. Nesse período, os medicamentos se destacaram entre os agentes tóxicos, contribuindo com 27% dos casos registrados pela Rede de Centros de Controle de Intoxicações e ocupando o primeiro lugar nas estatísticas relativas a esses eventos. No conjunto dos 13 agentes tóxicos considerados pelo Sinitox, os medicamentos responderam por 62% das tentativas de suicídio registradas no período.[15]

Intoxicações mais Frequentes

Seria impossível uma abordagem adequada de todas as intoxicações em tão curto espaço. Sendo assim, priorizamos aquelas que são mais frequentes em nosso meio e descrevemos apenas alguns agentes que podem causar intoxicação.

Anticonvulsivantes

As intoxicações por anticulvulsivantes são extremamente comuns, sendo os óbitos frequentes quando associados a outros depressores do sistema nervoso central (SNC).

Os anticonvulsivantes são fármacos utilizados na prevenção de episódios convulsivos na epilepsia. Seu mecanismo de ação está relacionado com diminuição da excitabilidade celular, incluindo a inibição de canais de sódio e cálcio, aumento da disponibilização do neurotransmissor inibitório GABA (ácido gama-aminobutírico) e diminuição do neurotransmissor excitatório glutamato, tendo como efeito final a diminuição da excitabilidade neuronal em geral.

Apresentam ainda efeitos sedativos, ansiolíticos e relaxante muscular, papel atribuído aos benzodiazepínicos, como o midazolam e o clonazepam, bem como a diminuição excitatória de todos os tecidos, principalmente o nervoso, como acontece com a administração de barbitúricos, como o fenobarbital.

Entre os diversos fármacos disponíveis, aqueles mais comumente associados às intoxicações são os anticonvulsivantes fenitoína, carbamazepina, ácido valproico, os barbituratos e os benzodiazepínicos.[16]

Antidepressivos

A intoxicação por antidepressivos tricíclicos é frequente e potencialmente grave. Representa a principal causa de morte por intoxicação medicamentosa, muitas vezes relacionada com a tentativa de autoextermínio. Os de primeira geração (amitriptilina, imipramina, clomipramina e nortriptilina) inibem a recaptação de noradrenalina e serotonina. Os de segunda geração (fluoxetina, paroxetina e sertralina) são inibidores seletivos da recaptação de serotonina.[17]

O primeiro grupo de fármacos para o tratamento da depressão surgiu na década de 1960, designado como tricíclicos (ADT), tendo a imipramina e a amitriptilina como os protótipos dessa geração,[18,19] surgindo mais tarde outros representantes, como a clomipramina e a nortriptilina.

Em 1987, a agência reguladora de medicamentos e alimentos dos EUA, a Food and Drug Administration

(FDA), aprovou os primeiros fármacos (fluoxetina e sertralina) do grupo dos inibidores seletivos da recaptura de serotonina (ISRS).[19]

A principal diferença entre essas duas classes de fármacos antidepressivos é que os ISRS não causam efeitos adversos sobre o sistema cardiovascular por não apresentarem efeitos anticolinérgicos, o que ocorre com o uso dos antidepressivos tricíclicos (ADT).

Betabloqueadores

Os betabloqueadores adrenérgicos constituem uma classe terapêutica que apresenta como mecanismo de ação comum o bloqueio dos receptores beta-adrenérgicos com consequente inibição da ação de catecolaminas, como adrenalina, noradrenalina e dopamina.[20]

São fármacos amplamente utilizados, principalmente no tratamento de doenças cardíacas, como insuficiência coronariana, arritmias e hipertensão arterial, além de serem eficazes no controle da enxaqueca.

A maioria absoluta dos casos de intoxicação por betabloqueadores, atendidos no Serviço de Toxicologia do Hospital João XXIII, é de tentativas de autoextermínio, e o agente mais comum é o propranolol.[16]

Digitálicos

Constituem um grupo de fármacos usados no tratamento de doenças cardíacas, notadamente nas arritmias e na insuficiência cárdica congestiva (ICC).[21]

Os fármacos mais utilizados derivam da folha das espécies *Digitalis purpure* e *Digitalis lanata*. A digoxina e a digitoxina, os representantes mais prescritos, apresentam como mecanismo de ação a inibição reversível da bomba $Na^+/K^+ATPase$, resultando como efeito final no aumento da quantidade de cálcio intracelular. O aumento consequente de cálcio provoca aumento da mobilização do íon pelas proteínas actina-miosina, produzindo assim uma facilitação da contração cardíaca.[16]

A intoxicação por digitálicos pode ocorrer durante o uso terapêutico da droga, porque a dose terapêutica é muito próxima da dose tóxica. Apesar de raro, esse tipo de intoxicação reveste-se de particular interesse, na medida em que poderá ter consequências potencialmente fatais, principalmente decorrentes do órgão-alvo.[22]

Cianeto

O gás cianídrico ou cianeto é incolor e tem o odor característico de "amêndoas amargas", perceptível por aproximadamente 60% da população.

Pode ser usado como praguicida, em processo de revelação de fotografia e síntese química. Pode ser encontrado em alguns vegetais, como a mandioca, e em sementes de pera, maçã ou ameixa. Medicamentos como o nitroprussiato de sódio podem produzir cianeto por conversão metabólica.[16]

Uma importante fonte de intoxicação por cianeto ocorre no estado do Pará, mediante a produção de farinha através da mandioca. O vegetal pertence ao grupo de plantas cianogênicas por apresentar glicosídeos cianogênicos em sua composição. Esses glicosídeos, conhecidos como linamarina, após ruptura da estrutura celular da raiz, entram em contato com as enzimas presentes (linamarase), degradando esses compostos e liberando ácido cianídrico (HCN), que é o princípio tóxico da mandioca e cuja ingestão ou mesmo inalação representa sério perigo à saúde, podendo ocorrer casos extremos de envenenamento.[23]

O cianeto produz hipóxia grave, ligando-se reversivelmente ao íon férrico (Fe^{3+}) no sistema citocromo-oxidase mitocondrial. A inibição desta enzima paralisa o funcionamento da cadeia transportadora de elétrons, provocando incapacidade de utilização do oxigênio e morte celular por depleção de ATP.

O Serviço de Toxicologia do Hospital João XXIII registrou, de 1994 a 1997, 11 casos de intoxicação por cianeto. Desses casos, seis foram em decorrência da ingestão de mandioca-brava e os outros cinco por causa de compostos cianogênicos. Dos 11 casos, três evoluíram para óbito.[16]

Monóxido de Carbono (Co)

Aproximadamente 60% do CO presente na troposfera se origina das atividades humanas pelos processos de combustão incompleta de materiais orgânicos constituídos de carbono, como madeira, papel, óleo, gás e gasolina, entre outros.[24]

O CO inalado atravessa rapidamente a membrana alveolocapilar e liga-se à hemoglobina, formando a carboxiemoglobina (HbCO).

O monóxido de carbono possui afinidade química com a hemoglobina cerca de 250 vezes maior que o oxigênio. Quando a carboxiemoglobina (COHb) é formada, a capacidade dos glóbulos vermelhos de transportarem oxigênio aos tecidos é reduzida. As células privadas de oxigênio acabam morrendo, o que torna o CO um agente asfixiante. As partes do corpo que mais necessitam de oxigênio, como o cérebro e o coração, são as mais profundamente afetadas.[25]

Já em 1912, Haldane observou que uma mistura de gás de 245 moléculas de oxigênio e 12 de monóxido de carbono dão igual proporção de oxiemoglobina e carboxiemoglobina. O equilíbrio dessa saturação é extremamente rápido. Quando a tensão de carboxiemoglobina ultrapassa 40%, pode haver colapso circulatório.[26]

Praguicidas

A ampla utilização dos praguicidas tem resultado em aumento do número de intoxicações humanas e animais, principalmente em países em desenvolvimento. São relatados cerca de 3 milhões de vítimas anualmente e mais de 220 mil mortes no mundo todo. No Brasil, dados mais recentes do Sinitox mostram que, no ano de 2003, os praguicidas em geral foram responsáveis por 12.788 (15,47%) casos de intoxicações no ser humano.[27]

Os praguicidas são agentes aos quais os seres vivos estão expostos diariamente. Existem no Brasil cerca de 300 princípios ativos e 2.000 produtos comerciais diferentes. Os mais utilizados estão distribuídos nos grupos dos inseticidas, fungicidas e herbicidas, e estão distribuídos e classificados quanto a sua ação e grupos químicos.[28]

Os inseticidas orgânicos estão distribuídos em quatro grandes classes: organoclorados, organofosforados, carbamatos e piretroides.

Organoclorados

O DDT (dicloro-difenil-tricloroetano), o BHC (benzeno hexacloro), a aldrina e a dieldrina são representantes dessa classe. Tiveram sua utilização proibida em quase todos os países do mundo, em virtude de sua alta toxicidade e grande persistência no meio ambiente.[29] Agem em canais de sódio e potássio, alterando a transmissão do impulso nervoso. Além disso, o DDT reduz a taxa de repolarização mediante inibição da bomba $Na^+/K^+APTase$ e diminuição da atividade GABA.

Organofosforados e Carbamatos

Os compostos organofosforados, como malationa, parationa e diazinona, e os carbamatos carbofurana e aldicarbe são muito empregados por sua eficiência no controle de pragas. São biodegradáveis e não se acumulam nos tecidos, porém podem provocar intoxicações agudas graves por serem agentes que bloqueiam a atividade da colinesterase, enzima que degrada a acetilcolina.[30] A acetilcolina participa na transmissão de impulso nervoso no SNC. A inibição de acetilcolinesterase resulta no acúmulo de acetilcolina nas sinapses nervosas, o que impede a interrupção da propagação do impulso elétrico. Consequentemente, o SNC continuará sendo estimulado, desencadeando o processo de paralisia que pode culminar com a morte.[31]

Piretroides

São compostos sintéticos com estruturas semelhantes à piretrina, substância existente nas flores do *Chrysantemum cinenarialfolium*. Sua elevada atividade inseticida permite seu emprego em pequenas dosagens.

Os piretroides apresentam modo de ação similar ao do organoclorado DDT. Atuam, aparentemente, mantendo abertos os canais de sódio das membranas dos neurônios.[31]

Drogas de Abuso

O uso de drogas de abuso é um problema comum e crescente em todo o mundo. Entretanto, pouco se co-

nhece sobre os mecanismos neuronais envolvidos com a motivação para a autoadministração dessas substâncias. Circuitos neuronais dos sistemas límbico e mesocortical e neurotransmissores, como dopamina e serotonina, parecem representar um papel importante no uso abusivo de drogas.[32]

O uso de álcool e outras drogas continua sendo um grande problema de saúde pública, repercutindo de maneira assustadora na sociedade em geral.[33]

Embora todas atuem no SNC, as drogas dividem-se em diferentes categorias e são classificadas de acordo com os efeitos que produzem no indivíduo.[34] Desse modo, dividem-se em depressores que, produzindo um efeito sedativo geral, deprimem a atividade cerebral (p. ex., álcool); narcóticos, que provocam um efeito entorpecente sobre experiências sensoriais (p. ex., opiáceos); estimulantes, que exercem um efeito estimulante geral, contribuindo para o aumento da atividade cerebral (p. ex., cocaína), e alucinógenos, que exercem um efeito de distorção sobre as experiências sensoriais, atuando sobre o cérebro e distorcendo a percepção da realidade por alteração dos sentidos (p. ex., LSD, canabinoides).

O período de duração da detectabilidade das drogas varia de acordo com a frequência e a intensidade do uso. Esse período pode variar de poucas horas a dias.

A análise toxicológica para verificação do consumo de drogas vem sendo utilizada no meio profissional, no esporte, no auxílio e acompanhamento da recuperação de usuários em clínicas de tratamento, em pesquisas e na área forense.

Considerações Finais

Diante do exposto, percebe-se que é possível detectar qualquer tipo de substância em análises toxicológicas forenses, com cada uma delas apresentando suas particularidades.

O histórico do caso e a forma de coleta, conservação e transporte da substância a ser analisada têm um papel preponderante para a detectabilidade de analitos em qualquer laboratório de toxicologia do mundo.

▶ INTERPRETAÇÃO DOS EXAMES TOXICOLÓGICOS

Quando uma perícia de qualquer natureza é solicitada, deseja-se que ela traga informações que permitam o esclarecimento do evento que está sendo investigado. No caso dos exames toxicológicos, procura-se dar respostas a perguntas do tipo: o periciado fez uso de ou a ele foi administrada uma dada substância? O periciado estava sob efeito da substância detectada? Essa substância estava em quantidade suficiente para causar ou contribuir de maneira decisiva para que o evento investigado tenha ocorrido?

Muitas vezes, um laudo toxicológico pode trazer informações de dois tipos: quais as substâncias detectadas (resultado qualitativo) e quais suas concentrações nas amostras analisadas (resultado quantitativo). Para que essas informações possam ser interpretadas e traduzidas em respostas às perguntas formuladas, é necessário ter em mente alguns processos fisiológicos e *post mortem* que governam a distribuição e a ação das substâncias (sejam elas fármacos, drogas de abuso ou praguicidas) em nosso organismo, bem como a relevância de cada um desses dois tipos de informação (qualitativa e quantitativa).

Aspectos Fisiológicos de Relevância Toxicológica

Cinética das Substâncias no Organismo

Para que as substâncias possam exercer sua ação terapêutica ou tóxica, elas devem penetrar no organismo por alguma via, para então se difundirem pelo corpo e alcançar seu local de ação, seja ele um neurônio, uma célula miocárdica ou uma molécula de hemoglobina de uma hemácia, por exemplo.

A *via de administração* se refere à forma como a substância entrou no organismo, podendo ser por via oral, pulmonar, nasal, dérmica, intravenosa, intramuscular, entre outras.[1,5] Após a administração ocorre a *absorção*, que consiste na passagem da substância do local de administração para a circulação sanguínea.[1] Uma vez no sangue, ocorre a *distribuição*, que consiste no transporte da substância pela circulação e daí para os diversos órgãos e tecidos.[1] É essencial ter em mente que é nos tecidos, e não no sangue, que a maioria das substâncias exerce de fato sua ação. Além da distribuição, pode ocorrer a *redistribuição*, um fenômeno inverso que se refere à saída da substância dos tecidos de volta para o sangue. Paralelamente à absorção, à distribuição e à redistribuição, ocorre a eliminação da substância, que se dá mediante dois processos: a *biotransformação* (ou metabolização), que ocorre principalmente no fígado, e a *excreção*, que ocorre principalmente nos rins. Ambos os processos levam à diminuição da quantidade, no organismo como um todo, da substância originalmente administrada.[5] A Figura 22.2 ilustra a circulação sanguínea de maneira esquemática, tornando possível visualizar melhor essa sequência de eventos.

Os processos descritos no parágrafo anterior determinam o movimento, ou cinética, da substância no organismo. Desse modo, a cada instante após a administração encontram-se concentrações diferentes da substância em locais diferentes do corpo. Suponhamos, por exemplo, a administração oral de um fármaco. Esse fármaco passará pela boca, esôfago e estômago, órgãos nos quais sofre pouca ou nenhuma absorção. Após passar pelo estômago, o fármaco alcança o intestino, estando em quantidades relativamente altas nesse momento. À medida que a absorção ocorre no intestino, há aumento da concentração do fármaco na veia porta e no fígado (Figura 22.2) e diminuição da quantidade intestinal. Por

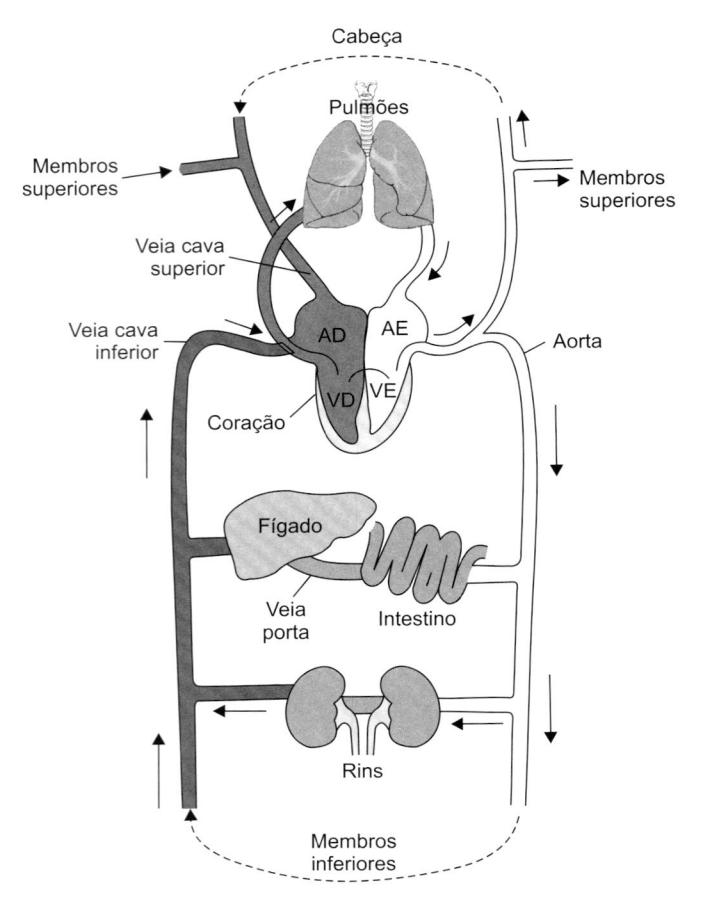

Figura 22.2 ▶ Desenho esquemático ilustrando, em linhas gerais, a circulação sanguínea humana. As setas indicam o sentido da circulação. Os vasos de cor cinza contêm sangue venoso, enquanto os de cor branca contêm sangue arterial (AD: átrio direito; AE: átrio esquerdo; VD: ventrículo direito; VE: ventrículo esquerdo.)

ação da circulação sanguínea, há aumento progressivo da concentração no sangue como um todo, à medida que a absorção continua e, por distribuição, verifica-se também aumento na concentração do fármaco nos órgãos e tecidos. Uma vez que a biotransformação pode começar assim que uma substância entra no organismo (sendo particularmente importante a biotransformação sofrida na primeira passagem pelo fígado), sua concentração no sangue e nos tecidos vai ser determinada essencialmente pela competição entre os processos de absorção, distribuição, redistribuição e eliminação, vindo a diminuir quando os processos de eliminação superarem os de absorção (Figura 22.3). À medida que a excreção progride, as concentrações urinárias do fármaco ou de seus metabólitos vão aumentando.

Consequentemente, quando amostras de fluidos ou tecidos biológicos são retiradas de uma pessoa à qual *certamente* foi administrada uma substância, a presença ou ausência da substância em uma dada amostra (p. ex., fígado, sangue ou urina), bem como sua concentração, vai depender da fase cinética em que a substância se encontrava no momento da amostragem. Portanto, assim como ocorre com tantas outras perícias, o exame toxi-

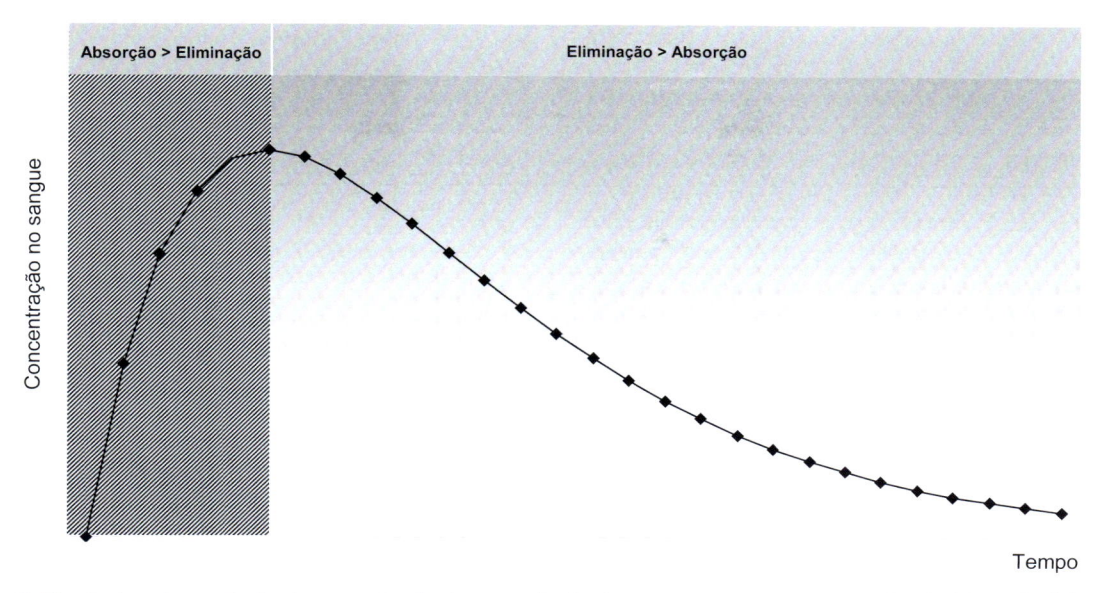

Figura 22.3 ▸ Gráfico ilustrando a variação da concentração de uma substância no sangue com o tempo, após administração única por via oral. A concentração no sangue aumenta enquanto os processos absortivos superam os de eliminação (*área hachurada*). Quando essa relação se inverte, a concentração cai

cológico possibilita "fotografar" apenas um momento de um processo que é, na verdade, dinâmico, sendo a interpretação do laudo um meio de reconstruir essa dinâmica.

Os aspectos cinéticos são os conceitos mais básicos e importantes que se deve ter em mente ao interpretar um resultado de uma análise, já que o tipo de tecido ou fluido coletado, bem como o momento em que a coleta ocorreu, varia grandemente em função da diversidade de casos com que a Toxicologia Forense lida. Por exemplo, a administração intravenosa de "barbitúricos" de modo muito rápido pode ser letal, mesmo que a dose total esteja dentro dos limites terapêuticos. Nesse caso, é possível que os níveis sanguíneos do barbitúrico administrado estejam abaixo do que normalmente seria considerado letal.[8] Outro exemplo, em situação oposta à anterior, é a detecção de benzoilecgonina (um metabólito da cocaína) na urina de um periciado envolvido em um acidente de trânsito que fez uso da droga várias horas ou, até mesmo, dias antes do ocorrido, uma vez que esse metabólito pode ser detectado até cerca de 2 ou 3 dias após o uso intranasal de 100mg.[1,35]

Valores de Referência: Níveis Terapêuticos, Níveis Tóxicos e Níveis Letais

A intensidade dos efeitos de uma substância em um indivíduo é tanto maior quanto mais elevadas forem as concentrações dessa substância em seus locais de atuação dentro do organismo, podendo ser esses locais os neurônios do centro respiratório no SNC, as células contráteis do músculo cardíaco ou as moléculas transportadoras de oxigênio no sangue, por exemplo. Considera-se que as concentrações da substância em seu local de atuação, devido ao processo de distribuição, correla-

cionam-se com as concentrações ou *níveis sanguíneos*, os quais, por sua vez, correlacionam-se com a quantidade administrada da substância, denominada dose.[36] Assim, espera-se que doses mais altas gerem níveis sanguíneos mais elevados, que por sua vez geram concentrações mais altas nos tecidos, que em última instância resultam em efeitos mais pronunciados da substância administrada, sendo este o princípio teórico que possibilita fazer correlações entre dose e efeito ou entre nível sanguíneo e efeito. Embora todos esses dados possam ser relevantes na interpretação dos resultados toxicológicos, os níveis sanguíneos são de longe os mais comumente usados.

Diante do exposto, tem-se que uma substância só vai gerar um efeito, seja ele uma mudança em algum parâmetro fisiológico, alteração de comportamento ou mesmo a morte do indivíduo, se estiver em um nível sanguíneo suficiente para tal. Para uma mesma substância tem-se ainda que efeitos distintos podem surgir para diferentes doses e, consequentemente, para diferentes níveis no sangue. Por exemplo, os fármacos do grupo dos benzodiazepínicos têm ação ansiolítica e hipnótica (induzem o sono), sendo sua ação ansiolítica alcançada com doses menores do que as necessárias para sua ação hipnótica. O lorazepam, fármaco desse grupo, é usado em doses de 1 a 2mg para tratamento da ansiedade, sendo usado em doses de 2 a 4mg antes de se deitar para tratamento da insônia.[37]

O mesmo raciocínio anterior se aplica para diferenciar níveis terapêuticos e tóxicos. Os fármacos, quando usados com finalidades terapêuticas, são administrados em doses e frequências suficientes apenas para gerar níveis sanguíneos que se mantenham acima da menor concentração capaz de produzir os efeitos desejados (concentração eficaz mínima). Entretanto, quando os níveis ultrapassam a concentração tóxica mínima, podem começar a surgir os efeitos tóxicos (Figura 22.4). Para alguns fármacos, a distinção entre níveis terapêuticos e tóxicos é muito tênue ou até inexistente. Por exemplo, os digitálicos e alguns antitumorais apresentam efeitos tóxicos a partir de valores muito próximos aos níveis terapêuticos, sendo o uso desses fármacos, apesar de sua alta toxicidade, tolerado em virtude da gravidade das patologias para as quais são indicados.[36] Tal distinção também é dificultada em situações em que ocorre acentuada tolerância, de modo que níveis ou doses que seriam tóxicas para um indivíduo comum são terapêuticas ou até ineficazes em indivíduos tolerantes. O fenômeno da tolerância e sua influência na interpretação de resultados serão mais bem discutidos no tópico seguinte.

Ao se considerarem as concentrações eficaz e tóxica mínimas, bem como outros valores de referência estabelecidos na literatura, deve-se ter em mente que esses dados são obtidos estatisticamente a partir de testes com animais ou com voluntários humanos. Assim, não devem ser usados de maneira simplista em casos individuais, já que pode existir significativa variabilidade de resposta entre os seres humanos e as espécies testadas e, até mesmo, entre indivíduos de nossa espécie,[36] em função de diferenças em parâmetros como absorção, metabolização, tolerância e estado fisiológico, entre outros. Cuidado adicional é exigido no uso de valores de referência em periciados mortos, como discutido adiante neste texto.

Com relação ao uso de valores de referência em Toxicologia Forense, merecem destaque os valores de dose letal ou concentração letal. Esses valores são obtidos experimentalmente, aplicando-se diferentes quantidades da substância a ser testada em cobaias e verificando-se, para cada dose ou nível sanguíneo, qual a porcentagem de morte entre os indivíduos testados. Obtêm-se, assim, os valores de DL_{50} (dose necessária para matar 50% dos indivíduos testados), CL_{50} (concentração sanguínea da substância necessária para matar 50% dos indivíduos testados), DL_{100}, CL_{100} etc. Por motivos óbvios, esses dados restringem-se a animais experimentais, ficando sua utilidade relativamente limitada pelas diferenças de suscetibilidade entre as espécies testadas e o ser humano. Embora seja bastante comum que se questione sobre isso em quesitos oficiais, *não existem, entretanto, valores estabelecidos de doses ou concentrações letais em seres humanos.*[36] O que existe na literatura são apenas relatos de casos nos quais se descrevem as concentrações das substâncias encontradas em periciados cuja morte foi atribuída à intoxicação. O livro *Clarke's analysis of drugs and poisons* apresenta uma excelente compilação dessas concentrações *post mortem* para inúmeras substâncias de interesse em Toxicologia Forense.[38]

Vale destacar ainda que é preciso atenção para que se baseie a interpretação no valor de referência correto. É relativamente comum que se confundam níveis sanguíneos, séricos e plasmáticos, que não se referem à mesma coisa e não apresentam necessariamente os mesmos valores, como explicado mais adiante. Também é comum que se confundam os termos "doses tóxicas" e "níveis tóxicos", apesar de os termos "dose" e "nível" se referirem a coisas absolutamente distintas, conforme definido no começo deste tópico. Deve-se estar atento ainda às unidades relativas aos valores de

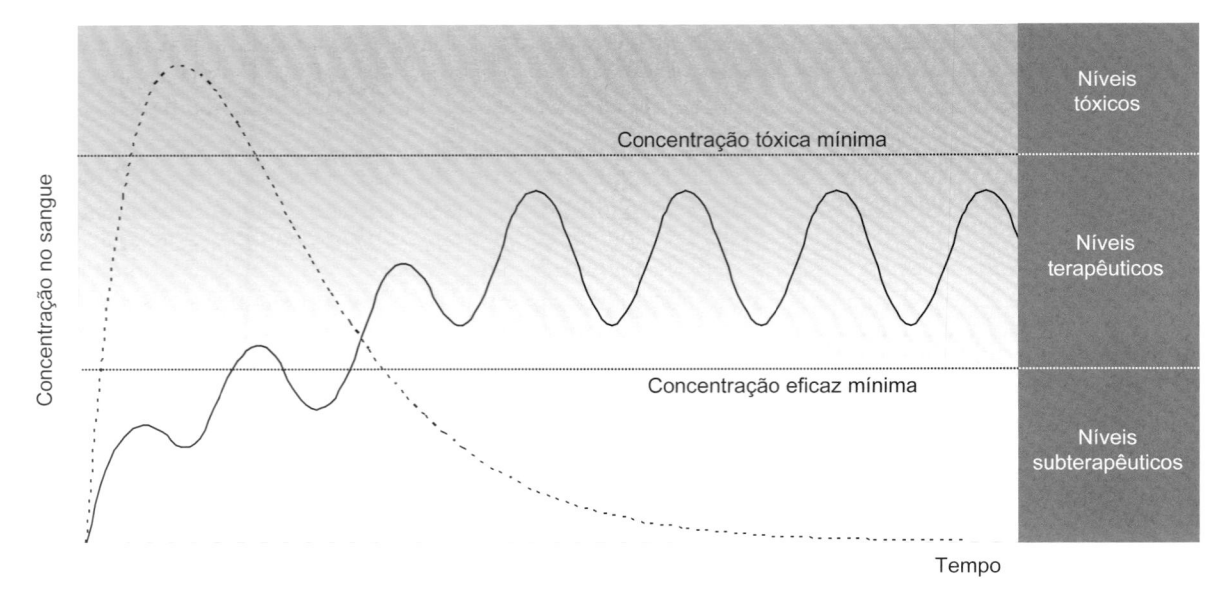

Figura 22.4 ▶ Gráfico ilustrando os conceitos de níveis terapêuticos e níveis tóxicos. A linha contínua ilustra a administração de várias doses de um fármaco com objetivos terapêuticos. Observar que, após algumas doses, os níveis se mantêm dentro da janela terapêutica. A linha pontilhada ilustra a administração única de uma dose tóxica do mesmo fármaco

referência e aos resultados que constam no laudo. Por exemplo, níveis plasmáticos de nortriptilina na faixa de 50 a 150ng/mL são considerados terapêuticos[38] e níveis na faixa de 2.000 a 3.000ng/mL são considerados letais[39] (valores de referência). Portanto, o achado de um nível plasmático de 8µg/mL desse antidepressivo em um periciado sugere intoxicação fatal, já que isso corresponde a 8.000ng/mL.

Tolerância

Muitos fármacos e drogas de abuso induzem no organismo o fenômeno de tolerância, que pode ser definido como um estado de resposta reduzida a um efeito de uma substância, resultante de exposição anterior a essa substância ou a outra de estrutura química ou mecanismo de ação semelhante.[5]

A tolerância se dá por meio de dois mecanismos distintos, sendo assim classificada em dois tipos: a *tolerância farmacodinâmica* (ou tissular) e a *tolerância metabólica* (ou disposicional). Na tolerância farmacodinâmica, tem-se uma resposta diminuída para uma dada concentração do fármaco ou droga de abuso em seu sítio de ação. Na tolerância metabólica, há uma mudança na cinética da substância no organismo, de modo que uma menor quantidade da substância chega a seu local de ação.[1,5]

Em ambos os tipos, passa a ser necessária a administração de uma dose maior ao indivíduo que se tornou tolerante para que a mesma intensidade de efeito seja obtida em relação a quando não havia tolerância. Porém, na tolerância farmacodinâmica, níveis maiores do fármaco ou droga precisam ser alcançados, ao passo que o aumento de dose na tolerância metabólica visa obter os mesmos níveis alcançados antes do surgimento da tolerância.

Desse modo, indivíduos que desenvolveram tolerância farmacodinâmica a uma substância podem apresentar níveis altíssimos dela no sangue sem que isso ocasione a ocorrência de efeitos tóxicos pronunciados (ou, até mesmo, efeito tóxico algum). No caso do etanol, por exemplo, existe registro na literatura de uma paciente que ainda era capaz de falar mesmo quando seus níveis de etanol no soro estavam acima de 150dg/L, embora concentrações superiores a 50dg/L sejam consideradas potencialmente fatais.[36,40] Fica patente, portanto, a importância de se considerar a tolerância farmacodinâmica na interpretação de exames toxicológicos. Na tolerância metabólica, como a alteração que se dá ocorre entre dose e efeito, e não entre concentração e efeito, a interpretação de exames toxicológicos quantitativos é relativamente mais simples.

Ainda com relação ao fenômeno de tolerância, deve-se considerar também a ocorrência de *tolerância cruzada*, que ocorre quando a tolerância adquirida a uma dada substância se estende a outras, mesmo que essas nunca tenham sido administradas ao indivíduo. Cons-

tituem exemplos a tolerância metabólica cruzada que ocorre entre etanol e barbitúricos e a tolerância farmacodinâmica cruzada que ocorre entre etanol e anestésicos gerais inalados.[1] O etanol é um exemplo interessante, pois ilustra a possibilidade de que haja, simultaneamente, ambos os tipos de tolerância.

Níveis Sanguíneos, Séricos e Plasmáticos

Em laboratório, o sangue humano pode ser trabalhado diretamente como tal ou pode ser separado em função de suas frações líquida e celular. Dá-se o nome de *soro* à fração líquida quando esta é obtida de uma amostra de sangue que se permitiu coagular, recebendo o nome de *plasma* a fração líquida obtida de um sangue não coagulado. A escolha de sangue total (não separado), soro ou plasma se dá em função dos exames que se pretende realizar e das técnicas disponíveis para isso.

Em Toxicologia Forense, todas as três opções podem ser usadas para as análises, sendo o uso de sangue total extremamente comum quando se lida com periciados mortos, já que o fenômeno de autólise das células impede a separação entre as frações líquida e celular do sangue. Entretanto, para um mesmo periciado, os resultados obtidos em cada uma dessas matrizes podem ser totalmente diferentes entre si, exigindo cuidado na interpretação dos níveis de fármacos, drogas de abuso ou outras substâncias eventualmente encontradas ao se basear em valores de referência previamente estabelecidos.[41] Assim, resultados obtidos em soro devem ser comparados com valores de referência séricos, e não com valores de referência plasmáticos ou em sangue total, e vice-versa.

A diferença entre essas matrizes ocorre porque a distribuição das substâncias dentro do sangue pode não ser homogênea entre suas frações líquida e celular. Um dos principais contribuintes para essa heterogeneidade é o grau de ligação da substância às proteínas plasmáticas.[41] Por exemplo, o diazepam apresenta ligação às proteínas plasmáticas de 98% a 99%, de modo que sua concentração no plasma é maior do que sua concentração dentro das hemácias. Como consequência, é de cerca de 1,8:1 a razão entre as concentrações de diazepam no plasma e no sangue total.[41] Fato semelhante se verifica para o Δ^9-THC, que também apresenta taxa de ligação às proteínas plasmáticas de 95% a 99%, ficando 90% do Δ^9-THC presente no sangue distribuído no plasma e apenas 10% nas hemácias, com uma concentração plasmática cerca de duas vezes superior àquela encontrada no sangue total.[1,42,43] No caso do etanol, a razão plasma:sangue total de cerca de 1,2:1 se explica pelo maior conteúdo de água no plasma do que no líquido intracelular.[41]

No caso da interpretação de exames toxicológicos em periciados vivos, atenção deve ser dada ao material que foi usado na análise (se soro, plasma ou sangue total) para que os níveis encontrados sejam comparados com valores de referência apropriados. No caso da interpretação de resultados *post mortem*, deve-se ter em mente que alguns fenômenos cadavéricos alteram a ligação das substâncias às proteínas plasmáticas, bem como sua distribuição entre plasma e hemácias, o que, juntamente com outros fenômenos *post mortem*, exige que a interpretação dos níveis encontrados seja bem mais cuidadosa.[36,39,41] Esses e demais aspectos *post mortem* de relevância em Toxicologia Forense serão discutidos mais adiante neste capítulo.

Acumulação nos Tecidos

Como já explicado, após a absorção, as substâncias são distribuídas do sangue para os diferentes tecidos. Entretanto, algumas delas apresentam a capacidade de se acumular em partes específicas do organismo, seja por um processo de transporte ativo, seja por ligação a proteínas presentes nos tecidos onde se acumulam, ou seja, por maior solubilidade em lípides.[5] A acumulação pode ocorrer nos tecidos onde a substância exerce sua ação, sendo, portanto, um fator de aumento de toxicidade. É o caso que ocorre com o paraquat, que tem alta afinidade pelo pulmão, órgão onde exerce sua ação tóxica e onde sua concentração pode chegar a valores de seis a dez vezes maiores do que seus níveis plasmáticos.[44] Por outro lado, a acumulação pode ocorrer em tecidos onde a substância não exerce qualquer ação farmacológica ou tóxica, tornando-se um mecanismo de proteção à ação da substância. É o caso, por exemplo, dos praguicidas organoclorados e dos barbitúricos, que se acumulam no tecido adiposo por serem substâncias de elevada lipossolubilidade.[5,42] É o caso também do chumbo e do fluoreto, que se acumulam nos ossos por serem capazes de substituir alguns ânions e cátions que compõem a estrutura óssea.[5]

Na área forense, tal característica é singularmente importante para o caso da maconha, uma planta cujo principal componente ativo, o delta-9-tetra-hidrocanabinol (Δ⁹-THC), é de uso proscrito em nosso país.[45] O Δ⁹-THC é extremamente lipossolúvel, o que determina uma significativa acumulação no tecido adiposo e, uma vez cessado o uso, uma lenta e contínua liberação a partir desse tecido para o sangue.[42] Consequentemente, o principal metabólito do Δ⁹-THC (o 11-nor-9-carboxi-Δ⁹-THC ou THC-COOH) é normalmente detectado na urina de usuários ocasionais por até cerca de 3 a 5 dias após interrompido o uso.[35,42,46] Como é de se esperar, verifica-se acumulação mais intensa para usuários crônicos e uma janela de detecção consequentemente maior, havendo registros na literatura de detecção do THC-COOH em urina por intervalos superiores a 30 dias após a interrupção do uso.[35,42,46]

ra morfológica dos tecidos por ação do metabolismo de micro-organismos, sendo comum a necessidade de se proceder a exames toxicológicos em amostras putrefatas. Embora existam inúmeros exemplos de análises bem-sucedidas em amostras dessa natureza,[2] a putrefação traz dois grandes inconvenientes: a degradação de substâncias de interesse e a formação de interferentes.

Na putrefação, a degradação de substâncias de interesse toxicológico ocorre tanto pela ação do metabolismo dos micro-organismos sobre elas como pela ação de fatores ambientais, como temperatura e umidade. A consequência disso é que fármacos, praguicidas, drogas de abuso e outras substâncias eventualmente presentes nos fluidos ou tecidos no momento da morte podem não ser detectados após a putrefação e, se o forem, podem estar em concentrações muito inferiores às originais.[2] A formação de interferentes, embora restrita a um número menor de substâncias, também constitui um grande problema na medida em que pode levar a resultados falso-positivos. O exemplo mais clássico se refere ao etanol, que pode tanto ser consumido pelos micro-organismos como produzido por eles mediante fermentação alcoólica.[2,40,47] Outro exemplo são os falso-positivos causados por interferentes decorrentes da putrefação no *screening* de anfetamínicos por imunoensaios.[2]

Além da putrefação, os procedimentos usados para a conservação dos cadáveres, como o embalsamamento e a tanatopraxia, também podem interferir nas análises toxicológicas. Os fluidos usados nesses procedimentos podem diluir ou, até mesmo, extrair os compostos de interesse, novamente impedindo a detecção ou alterando suas concentrações.[2] O formol, normalmente presente nesses fluidos, é altamente reativo, levando também à degradação.[2]

Em ambos os casos (putrefação e uso de conservantes), ainda é possível obter resultados bem-sucedidos, embora esse sucesso varie de acordo com as substâncias eventualmente presentes e com o tipo de amostra usado para a análise. O uso de humor vítreo é altamente recomendado nesses casos, tendo em vista que em um compartimento bem isolado e, portanto, menos suscetível a tais alterações.[2]

Autólise, Difusão Post Mortem e Redistribuição Post Mortem

Após a morte, quando já não há mais renovação dos suprimentos energéticos celulares, a atividade da Na⁺/K⁺ ATPase cessa, promovendo alterações nas concentrações intra e extracelulares desses íons.[36] Como consequência, ocorre um desequilíbrio osmótico que, juntamente com a ação de enzimas hidrolíticas naturalmente presentes no interior das células, leva ao rompimento (*autólise*) das células.[2,48]

Uma consequência imediata desse processo de desequilíbrio iônico e autólise das células é a alteração das concentrações de sódio e potássio no soro. Por exemplo,

Aspectos Post Mortem de Relevância Toxicológica

Putrefação e Conservação de Cadáveres

A putrefação é um fenômeno cadavérico que consiste na alteração da composição química e da estrutu-

o nível sérico de potássio anterior à morte é de cerca de 3,5mmol/L, indo para 18mmol/L 1 hora após a morte e para 25mmol/L 24 horas após a morte.[4] Em uma pessoa viva, concentrações superiores a 8mmol/L são comumente fatais, de modo que a dosagem de potássio e de outros eletrólitos no sangue de um periciado morto não permite maiores inferências sobre seus níveis imediatamente antes da morte.[36] Essa limitação pode ser contornada pelo uso do humor vítreo como matriz alternativa ao sangue, tendo se mostrado útil na dosagem de cloreto, sódio, creatinina e ácido úrico, entre outros.[39] Intoxicações intencionais envolvendo cloreto de potássio e outros eletrólitos são particularmente relevantes em crimes envolvendo profissionais da saúde.[49] Em 1999, ficou famoso o caso de um enfermeiro do Rio de Janeiro que confessou ter matado cinco pacientes (e do qual se suspeitava a autoria da morte de cerca de outras 100 vítimas) utilizando, para isso, a injeção de cloreto de potássio.[49,50] Este exemplo ilustra a importância de se conhecerem os processos *post mortem*, que influem na escolha das amostras a serem coletadas de um periciado, bem como na interpretação dos resultados obtidos pela análise toxicológica.

Outro fenômeno de importância em Toxicologia Forense se refere ao deslocamento de fármacos, drogas de abuso e outras substâncias pelo corpo após a morte, de acordo com um gradiente de concentração. Dois termos são usados para se referir a tal deslocamento: difusão *post mortem* e redistribuição *post mortem*. Embora não haja na literatura uma diferenciação clara entre os termos, o termo redistribuição *post mortem* geralmente se refere à liberação de substâncias a partir de áreas de maior concentração dos tecidos de um órgão para os capilares e veias de maior calibre desse órgão, enquanto a difusão *post mortem* se refere à simples difusão de acordo com um gradiente de concentração, com o deslocamento ocorrendo da região de maior concentração para a de menor concentração.[38]

Um exemplo clássico e bem estabelecido de redistribuição *post mortem* é o observado com a digoxina, um glicosídeo cardiotônico de alta toxicidade usado no tratamento da insuficiência cardíaca congestiva. Diversos pesquisadores notaram que as concentrações de digoxina em sangue coletado das cavidades cardíacas eram muito superiores às verificadas em amostras colhidas simultaneamente da veia femoral,[5] tendo observado ainda que as concentrações *post mortem* eram superiores às *ante mortem*.[2,5,51] O valor médio da razão entre os níveis plasmáticos *post mortem* e *ante mortem* de digoxina verificados em um estudo foi de 1,42, tendo sido encontrado um valor semelhante em um estudo conduzido com sangue venoso.[2,51] Uma vez que a digoxina apresenta afinidade pelo tecido miocárdico, acredita-se que a elevação *post mortem* do nível desse glicosídeo no sangue cardíaco se dê por redistribuição a partir da própria parede do coração.[39]

O fenômeno da redistribuição/difusão *post mortem* não foi apenas observado em casos reais, tendo sido também demonstrado por meio de experimentos realizados em cadáveres humanos. Em um desses experimentos, uma solução contendo quantidades equivalentes a dez comprimidos de amitriptilina, paracetamol e carbonato de lítio foi introduzida diretamente no estômago de alguns cadáveres humanos, nos quais se provou não haver previamente nenhuma dessas substâncias (por meio de exames em amostras de sangue colhidas em veia femoral e avaliação de histórico). Os resultados obtidos 48 horas após a administração mostraram haver difusão dessas três substâncias para vários órgãos da cavidade toracoabdominal, como fígado, rins, pulmões e baço, observando-se uma correlação entre proximidade com o estômago e os níveis de substância encontrados.[52]

Esse fenômeno de deslocamento *post mortem* de substâncias ocorre porque os processos que levaram ao estabelecimento de concentrações diferenciadas dentro do organismo foram alterados após a morte. Por exemplo, os gradientes de concentração formados por transporte ativo cessam após a interrupção do fornecimento de energia,[36] como já exemplificado para o sódio e o potássio. *In vivo*, a estrutura dos tecidos forma barreiras e delimita compartimentos, barreiras essas que sofrem progressiva deterioração *post mortem* e concomitante aumento de sua permeabilidade às substâncias. Isso é particularmente bem documentado quanto ao etanol, para o qual se verifica um aumento da permeabilidade gástrica após a morte e consequente difusão a partir do estômago para o sangue cardíaco e outros tecidos adjacentes.[36,39,40,47] Outro fator que leva à formação de concentrações diferenciadas *in vivo* é a ligação de fármacos, drogas e outras substâncias às proteínas plasmáticas e teciduais, o que faz com que o sangue e órgãos como o fígado e o pulmão se tornem um reservatório de substâncias que apresentem alto grau de ligação às proteínas que os constituem.[5,36,39] A liberação de substâncias ligadas a essas proteínas após a morte também constitui um mecanismo possível para o fenômeno de redistribuição. A interrupção dos processos celulares, bem como o aumento da acidez no sangue e nos tecidos, levaria a uma mudança na conformação das proteínas e a um deslocamento do equilíbrio entre as formas ionizada e não ionizada das substâncias ligadas, alterando suas propriedades de ligação e a proporção de substância livre *versus* ligada.[36,39]

Embora os fenômenos de difusão e redistribuição *post mortem* certamente proporcionem uma dificuldade bastante significativa na interpretação de resultados das análises toxicológicas em periciados mortos, esse problema pode ser minimizado com a coleta adequada de amostras em locais menos suscetíveis a esse deslocamento *post mortem* de substâncias, como o sangue das veias femorais e o humor vítreo.[39] Assim, ao deparar com um caso que exija exame toxicológico, deve-se atentar para essa particularidade da toxicologia *post mortem* no momento da coleta, de modo a evitar dificuldades posteriores na interpretação dos resultados. Para casos em que não for possível a coleta de sangue da veia femoral em quantidade suficiente (p. ex., mortes traumáticas), é interessante ainda que se pesquise se existe registro na literatura da ocorrência de redistribuição/difusão *post mortem* para a substância eventualmente detectada, uma vez que é possível que esses fenômenos não ocorram ou não sejam significativos para a substância em questão.

Resultados Qualitativos
Versus Resultados Quantitativos

Resultados Qualitativos

Um resultado qualitativo é aquele que fornece informações apenas sobre a detecção de uma dada substância, e não sobre as quantidades detectadas. A simples presença de uma substância não é prova definitiva de que ela tenha causado ou contribuído de maneira decisiva para que o evento investigado tenha ocorrido, uma vez que a substância eventualmente detectada pode estar em quantidades inferiores às necessárias para causar um dado efeito (como a sedação por benzodiazepínicos em um caso de acidente de trânsito ou a depressão respiratória grave em uma intoxicação fatal por barbitúricos). Entretanto, um resultado qualitativo pode ser uma prova que reforça uma suspeita ou aponta novas linhas de investigação para um fato. Por exemplo, uma morte sem assistência médica de um periciado idoso, que já apresentava diversas patologias comuns à idade e cujo óbito se deu sem causas aparentes, pode passar de uma morte aparentemente por causas naturais para uma morte suspeita de ter se dado por suicídio ou homicídio,[53] caso se detecte a presença de aldicarb em grânulos encontrados no conteúdo estomacal durante a necropsia (o aldicarb é um praguicida altamente tóxico do grupo dos carbamatos[53a]).

Em um caso relatado na literatura,[54] a convicção sobre o assassinato de várias pacientes por seu médico, o inglês Dr. Shipman, se deu, em parte, pela detecção de morfina em músculo esquelético colhido após exumação de várias de suas vítimas, a maioria das quais era idosa. Esses achados foram relevantes, pois a maioria das vítimas apresentava apenas doenças comuns a sua faixa etária, como artrite reumatoide, osteoporose e hipertensão, não havia evidências de que elas tivessem o hábito de fazer uso de morfina ou outros opioides, opioides não haviam sido prescritos a nenhuma delas, foram encontradas irregularidades na prescrição de diamorfina pelo Dr. Shipman, como prescrição para pacientes recentemente mortos, entre outros indícios. A suspeita sobre a conduta do médico inglês só surgiu quando ele tentou falsificar o testamento de uma de suas vítimas, cuja filha era advogada.

No caso dos resultados "negativos", "não reativos" ou "não detectados", deve-se estar atento para o fato de que não detectar não implica provar a ausência das substâncias pesquisadas, uma vez que as metodologias empregadas podem não ser capazes de detectar algu-mas substâncias específicas ou, se o fazem, apresentam um limite de detecção que as impede de detectar níveis da substância inferiores a esse limite. Esses limites são particularmente importantes para substâncias mais potentes, como o fentanil, capaz de levar a óbito quando em concentrações ainda na faixa de poucos nanogramas por mililitro de sangue.[38] Resultados falso-negativos também podem ocorrer em razão da degradação da substância eventualmente presente na amostra analisada, o que pode se dar por conservação inadequada da amostra (amostra formolizada ou sem refrigeração) ou por fenômenos putrefativos.[2,55]

Resultados Quantitativos

Como mostrado no tópico anterior, um resultado qualitativo pode ser extremamente relevante para o esclarecimento de um caso. No entanto, seu valor é limitado e sua utilidade é altamente dependente de outras informações obtidas com a investigação, uma vez que não permite elaborar, por si só, qualquer suposição, inferência ou conclusão razoável a respeito do efeito da substância no organismo do periciado e, consequentemente, a respeito de sua relevância no caso em questão. A intensidade do efeito de uma substância no organismo é determinada por sua concentração em seu sítio de ação, de modo que resultados quantitativos permitem fazer inferências muito mais significativas a respeito do papel da substância detectada nos eventos investigados.

A maneira como os resultados quantitativos são interpretados sofreu mudanças significativas ao longo dos anos, à medida que o conhecimento na área também avançou. No começo do século passado, eram poucas as substâncias que podiam ser quantificadas de maneira adequada e eram bastante limitadas as informações relativas aos níveis dessas substâncias encontrados no organismo (valores de referência), de modo que a interpretação dependia profundamente da análise do histórico do periciado, das circunstâncias do caso e dos levantamentos feitos pela investigação policial.[39] Em meados do século passado, verificou-se um grande avanço no conhecimento de como as substâncias se movimentam e se distribuem no organismo, passando-se a entender melhor os fenômenos de absorção, distribuição, biotransformação e excreção, com concomitante acúmulo de informações clínicas a respeito de níveis terapêuticos e tóxicos nos pacientes. Esses conhecimentos foram rapidamente incorporados à Toxicologia Forense, sendo aplicados na interpretação de casos que envolviam periciados vivos e estendidos aos periciados mortos, assumindo-se que as concentrações *ante mortem* equivaliam às *post mortem*.[39] Entretanto, observou-se uma mudança de paradigma no final do século XX e começo deste século, quando os fenômenos de difusão/redistribuição *post mortem* ficaram bem estabelecidos e reconhecidos pela comunidade científica internacional,[2,4,36,40,47,48,51,52,56] exigindo maior cautela no uso dos valores de referência e na interpretação dos resultados obtidos em periciados mortos.

O que se observa no cenário atual é que a interpretação dos resultados obtidos com as análises toxicológicas deve, obrigatoriamente, considerar inúmeras variáveis, como a cinética das substâncias e sua estabilidade, o modo de coleta das amostras usadas na análise, os fenômenos de tolerância e acumulação, o uso adequado dos valores de referência e as alterações *post mortem*, como já explicado, justificado e exemplificado nos tópicos anteriores. Essa complexidade, embora certamente acarrete dificuldades na execução e aplicação das perícias toxicológicas, é inerente a sistemas biológicos como o corpo humano, não sendo possível evitá-la, apenas contorná-la. O ideal, portanto, é que se gere e se disponibilize para todos os profissionais envolvidos o máximo de informações possíveis e viáveis, sendo ainda ideal para os casos mais complexos que elas sejam analisadas em conjunto, com interação entre médicos legistas, peritos toxicologistas, peritos de local, delegados, investigadores e demais profissionais.

No caso dos periciados vivos, o problema é mais simples, sendo importante que a interpretação conjugue os achados laboratoriais com os obtidos no exame clínico e leve em consideração informações médicas do periciado eventualmente relevantes, como o uso de medicamentos prescritos que possam interferir nas técnicas disponíveis no laboratório forense. Essas interferências podem ocorrer com o uso de imunoensaios, por exemplo. O correto é que sejam adotadas técnicas de confirmação que não sejam suscetíveis a interferências desse tipo, como a cromatografia gasosa acoplada à espectrometria de massas. Porém, em virtude de seu custo, nem sempre estão disponíveis. Essa conduta não difere significativamente da conduta que deve ser adotada para a interpretação de resultados laboratoriais no contexto clínico.

No caso dos periciados mortos, do ponto de vista analítico, a pluralidade de informações é obtida com a coleta adequada de amostras variadas (sangue cardíaco, sangue femoral, fragmentos hepáticos de lobos diferentes, urina etc.) e a quantificação das substâncias em todas elas. Com isso é possível, por exemplo, avaliar melhor a ocorrência e a significância da redistribuição/difusão *post mortem*, a via de administração e a fase cinética em que a substância se encontrava no momento do óbito, entre outros parâmetros importantes na interpretação dos resultados.

Considerações por Tipo de Amostra

Além das considerações gerais a respeito de aspectos fisiológicos e fenômenos *post mortem* que repercutem na interpretação dos resultados de exames toxicológicos, e que devem ser considerados em todos os casos, existem particularidades relativas a cada tipo de amostra que não foram abordadas ou que precisam ser enfatizadas de modo mais específico, o que faremos a seguir.

Sangue

O sangue é um dos materiais biológicos mais importantes em uma análise toxicológica, uma vez que as deduções a respeito do efeito de uma substância no organismo se baseiam sobretudo nas concentrações encontradas nesse material. Isso se deve ao fato de que a maior parte dos valores de referência disponíveis (níveis terapêuticos, níveis tóxicos, CL_{50} etc.) é obtida nesse fluido biológico.

Como o próprio termo sugere, valores de referência são apenas uma referência, um guia para a interpretação do resultado obtido, não devendo ser utilizados de maneira simplista. Aspectos relativos ao histórico, tolerância, interações entre substâncias, cinética da substância no organismo, acumulação, intervalos de detecção da substância, achados no exame clínico ou na necropsia e resultados de outros exames pertinentes devem ser considerados em todos os casos. Nos casos de periciados mortos, deve-se considerar ainda a interferência de fenômenos *post mortem*, como degradação/formação de substâncias em amostras putrefatas, autólise e redistribuição. Para resultados obtidos em sangue, deve-se atentar para as diferenças existentes entre as referências relativas a sangue total, soro e plasma.

Um aspecto pré-analítico de extrema relevância e que deve ser considerado na interpretação de um resultado obtido em sangue é o local de coleta do material para análise. No caso do periciado morto, são inúmeras as opções de locais de coleta, cada uma com suas vantagens, desvantagens e repercussões na interpretação do resultado. Como explicado anteriormente, os fenômenos de difusão e redistribuição *post mortem* podem alterar as concentrações presentes no sangue no momento do óbito, sendo alguns sítios mais suscetíveis a esse fenômeno, particularmente aqueles mais próximos de órgãos com alto potencial de apresentar grandes concentrações de substâncias de interesse toxicológico, como o estômago.

A retirada de sangue da cavidade cardíaca, embora apresente a grande vantagem de permitir a coleta de volumes maiores de amostra, tem como grande inconveniente a obtenção de uma amostra heterogênea, devido à anatomia do sistema circulatório (Figura 22.2). Por exemplo, a coleta de sangue cardíaco a partir do ventrículo direito com o uso de seringa acaba drenando sangue pulmonar, da veia cava inferior e do fígado.[39] Uma vez que este último órgão recebe diretamente do intestino as substâncias absorvidas, e já que o fígado é capaz de metabolizar um grande número de substâncias logo após a absorção intestinal, espera-se que os níveis de uma substância que sofra significativa metabolização hepática e que tenha sido administrada por via oral sejam maiores no fígado do que na circulação que o sucede (veia cava inferior e coração). Logo, a coleta de sangue do ventrículo direito contaminado com sangue hepático poderia, hipoteticamente, resultar em níveis artificialmente altos da substância detectada no "sangue cardíaco", com interpretações consequentemente equivocadas do resultado obtido pela análise toxicológica.

Uma excelente maneira de contornar os problemas de redistribuição *post mortem* e de drenagem de sangue de outras regiões que não a de interesse consiste na coleta de sangue da veia femoral (Figura 22.5). A vantagem do sangue coletado nesse local é sua posição afastada da cavidade toracoabdominal, estando, portanto, menos sujeito aos problemas de redistribuição e difusão *post mortem*. Para a coleta, é interessante que se corte a veia ilíaca durante a necropsia de modo a evitar que haja drenagem de sangue a partir da veia cava inferior e, possivelmente, do fígado.[39,48] Outra alternativa é que se tenha o cuidado de coletar volumes pequenos (em torno de 5mL), minimizando tal drenagem.[39] A principal desvantagem da coleta de sangue periférico a partir da veia femoral é a limitação da quantidade de material passível de ser colhido, podendo acarretar dificuldades nos procedimentos analíticos, dada a dificuldade intrínseca das análises toxicológicas forenses. Idealmente, devem ser coletadas amostras cardíacas na maior quantidade

possível (para as análises de detecção e identificação) e amostras de sangue periférico da veia femoral (para a quantificação das substâncias eventualmente detectadas e identificadas), garantindo material suficiente para as análises toxicológicas e facilitando a interpretação dos resultados. A coleta de sangue periférico e cardíaco é interessante também quanto à comparação de resultados, já que a obtenção de níveis semelhantes é um bom indicativo de difusão/distribuição *post mortem* ausente ou pouco significativa.

No caso de mortes traumáticas, é possível que a coleta de sangue a partir de órgãos ou locais específicos não seja possível em razão da ruptura destes, ficando sangue disponível apenas na cavidade toracoabdominal. Nesses casos, o sangue obtido é bastante heterogêneo (mistura de sangue de vários locais do organismo), sendo ainda muito provável que ele sofra contaminação por conteúdo gástrico extravasado do estômago, caso este órgão esteja rompido. Essa contaminação, caso ocorra, facilmente irá gerar níveis sanguíneos muito elevados de uma substância eventualmente presente no estômago, que não corresponderão aos níveis *ante mortem*.[39]

Outro aspecto pré-analítico com repercussões na interpretação de resultados se refere à estabilidade das substâncias de interesse toxicológico e à conservação da amostra. Embora um grande número de substâncias

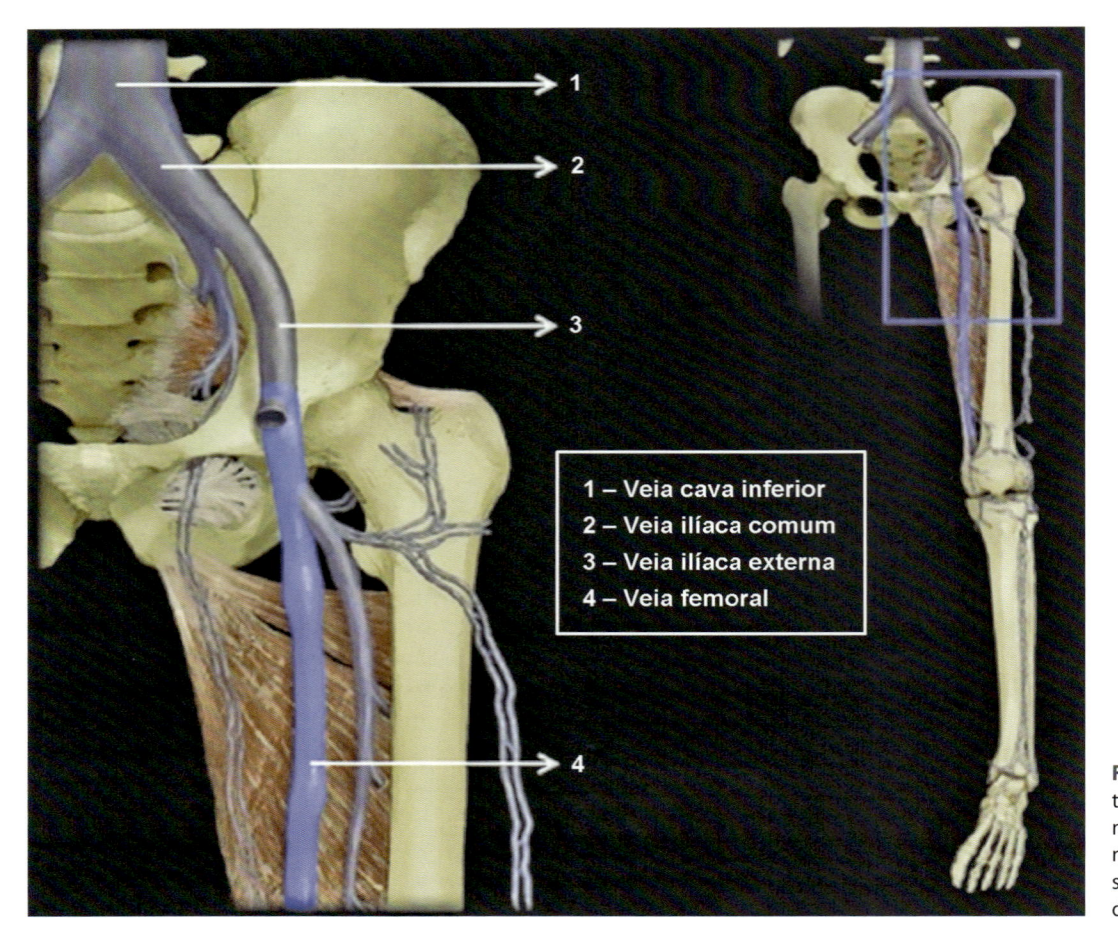

1 – Veia cava inferior
2 – Veia ilíaca comum
3 – Veia ilíaca externa
4 – Veia femoral

Figura 22.5 ▶ Desenho ilustrando a circulação venosa dos membros inferiores. Nele são mostradas as principais veias a serem consideradas na coleta de sangue periférico

apresente considerável estabilidade em amostras biológicas, existem diversos exemplos de substâncias de interesse toxicológico que podem sofrer degradação parcial ou até mesmo total, particularmente quando as amostras não são conservadas de maneira adequada.[55] Por exemplo, a cocaína é muito instável em amostras não conservadas e pode ser convertida *in vivo* e *in vitro* em seus metabólitos benzoilecgonina e éster metilecgonina, conversão esta que pode se dar por enzimas hepáticas e do sangue ou por mecanismos não enzimáticos.[1,57,58] Tal conversão pode ser minimizada pela coleta da amostra de sangue em recipientes contendo fluoreto de sódio, que inibe a conversão da cocaína a éster metilecgonina pela enzima sanguínea butiril-colinesterase.[57] O congelamento da amostra também é crucial, uma vez que inibe a atividade da butiril-colinesterase, a conversão não enzimática e ainda a atividade de metil-esterases, enzimas presentes no sangue que convertem a cocaína em benzoilecgonina.[57] Entretanto, apenas o resfriamento não é suficiente para impedir totalmente a degradação da cocaína a longo termo.[57]

Outro exemplo de degradação *in vitro* é a sofrida por alguns anti-hipertensivos bloqueadores de canais de cálcio (como a nifedipina) e o LSD, que são sensíveis à luz e exigem coleta em frascos não transparentes.[55,59,60] Já os benzodiazepínicos são bastante estáveis quando o plasma é refrigerado a –20°C, podendo ser parcial ou totalmente degradados se a conservação se der em temperaturas mais altas.[55,61] A repercussão da instabilidade de algumas substâncias nas perícias toxicológicas é óbvia, exigindo atenção na coleta, no transporte, no armazenamento, no procedimento analítico laboratorial e na interpretação dos resultados qualitativos e quantitativos. É essencial que quaisquer aspectos relevantes nesse sentido, como uso de conservantes ou refrigeração inadequados, sejam documentados e relatados no laudo, para que ele possa ser interpretado adequadamente. Esses aspectos do exame toxicológico evidenciam também a importância da cadeia de custódia, já que os responsáveis pela coleta, armazenamento, transporte, análise laboratorial e interpretação do resultado, muitas vezes, são pessoas distintas e a cadeia de custódia é uma forma de registro e formalização das responsabilidades de cada um dos envolvidos quanto à garantia de obtenção de um resultado confiável.

Fígado

O fígado é considerado por muitos peritos toxicologistas a melhor matriz para a interpretação de resultados, depois do sangue,[39] existindo na literatura um volume considerável de informações a respeito de níveis encontrados nesse órgão, em especial para antidepressivos tricíclicos e fenotiazinas.[2,39] Por este motivo, o fígado é particularmente útil nos casos em que a coleta de sangue não é possível, o que pode ocorrer em virtude de um estágio de decomposição mais avançado, da ação do fogo ou de uma perda intensa de sangue, por exemplo.[2,38] Do ponto de vista da análise toxicológica, ele também é uma matriz interessante para a pesquisa de fármacos desses dois grupos, bem como de outras substâncias que apresentam alto grau de ligação às suas proteínas e de solubilidade em lípides, uma vez que tendem a se concentrar no tecido hepático.[2,39,48]

Em função de sua posição anatômica próxima ao estômago, o fígado é um órgão propenso a sofrer difusão *post mortem*, com consequentes implicações na interpretação dos níveis hepáticos de substâncias eventualmente detectadas na análise toxicológica. De modo semelhante ao que ocorre com as amostras de sangue, o problema da difusão *post mortem* pode ser minimizado com a coleta de amostras a partir do lobo direito do fígado, que se localiza distalmente ao estômago. De fato, experimentos conduzidos em cadáveres humanos mostraram que as concentrações das substâncias testadas eram maiores no lobo esquerdo do que no lobo direito do fígado.[52] Pode ser interessante a coleta de amostras distintas de ambos os lobos para avaliar a magnitude e a relevância da difusão *post mortem* em casos individuais, verificando se existe diferença significativa nas concentrações encontradas em cada um.

A interpretação dos níveis encontrados no fígado em conjunto com os achados em outras matrizes é bastante útil para o entendimento de casos em que supostamente houve intoxicação. Em um exemplo hipotético, o achado de níveis de um anti-hipertensivo no sangue da veia femoral em valores muito superiores aos níveis terapêuticos (níveis tóxicos), a observação desse mesmo anti-hipertensivo na forma de comprimidos dissolvidos no estômago (administração por via oral), a obtenção de concentrações semelhantes entre os lobos direito e esquerdo do fígado (ausência de redistribuição a partir do estômago), acompanhadas de níveis hepáticos em valores muito superiores aos níveis encontrados no sangue da veia femoral (óbito na fase absortiva), sugerem uma intoxicação fatal com administração do anti-hipertensivo por via oral, tendo o óbito ocorrido ainda na fase absortiva.

Urina

Por ser uma matriz de composição mais simples e onde as substâncias e/ou seus metabólitos se acumulam, a urina é relativamente fácil de analisar, sendo útil para um *screening* de eventuais substâncias administradas ao periciado, o que por sua vez pode orientar as análises nas demais matrizes. Entretanto, ela apresenta valor interpretativo muito pobre quando não analisada em conjunto com outros tipos de amostras, já que as concentrações urinárias de uma substância variam enormemente em função de fatores como desidratação, ingestão de água, pH da urina e taxa de metabolismo, não sendo possível (com raras exceções) fazer correlações entre as concentrações urinária e sanguínea.[2,39] Existem alguns trabalhos publicados em literatura científica que tentam superar o problema da diluição ou concentração fisiológica da urina na interpretação de resultados usando concentrações corrigidas pela dosagem de creatinina.[2,43] Entretanto, a dosagem de creatinina não permite corrigir alterações nas concentrações urinárias decorrentes de variações no pH da urina e patologias que afetam a função renal, entre outras. Inclusive, a própria excreção de creatinina pode se encontrar alterada em função de patologias hepáticas, renais e musculares, de modo que seu uso é questionado, até mesmo, como indicador de urinas adulteradas por diluição intencional.[62]

Outra limitação do uso da urina é que a excreção da maioria das substâncias se dá essencialmente através de metabólitos, os quais muitas vezes não são exclusivos de uma única substância, podendo ser produtos de biotransformação comuns a outros compostos do mesmo grupo. Como consequência, a detecção desses metabólitos inespecíficos não permite determinar qual foi a substância originalmente administrada. A biotransformação dos opiáceos ilustra bem esse conceito[1] (Figura 22.6). Pela figura, percebe-se que a detecção da morfina ou da morfina 3-glicuronídeo na urina não permite distinguir se a substância administrada foi a codeína (presente em medicamentos de uso controlado), a heroína ou a própria morfina. Essa distinção só é possível quando se detecta a própria substância administrada (desde que ela não seja um possível metabólito de outra substância) ou quando se detecta um metabólito específico (como a 6-monoacetilmorfina, no caso da heroína).

Um cuidado em particular que se deve ter na interpretação de resultados em urina se refere aos intervalos de detecção. Algumas substâncias permanecem no organismo mesmo tendo passado várias horas ou até mesmo dias após sua administração, muitas vezes o fazendo em concentrações mais baixas e sem manifestações clínicas ou fisiológicas aparentes. Uma vez que os rins filtram substâncias presentes no sangue e as concentram na urina, verifica-se para algumas delas um extenso intervalo entre a administração e a detecção na urina, não sendo possível correlacionar detecção na urina com recenticidade de administração na ausência de outras informações. Por outro lado, a não detecção de uma substância ou de seus metabólitos na urina, acompanhada de sua detecção em sangue, por exemplo, sugere um intervalo bastante curto entre a administração e a coleta do material (no caso de periciados vivos) ou entre a administração e o óbito.

Portanto, a detecção de uma substância na urina permite inferir apenas que essa substância ou outra que lhe dê origem por biotransformação foi administrada, sendo pouco ou nada útil, quando interpretada isoladamente dos resultados obtidos em outras matrizes, para fazer inferências relativas à recenticidade da administração da substância, correlacionar os níveis urinários com os sanguíneos ou estimar a intensidade do efeito por ela gerado no organismo. Apesar disso, a urina persiste como uma matriz relevante em Toxicologia Forense, já que seus resultados orientam as análises nas demais matrizes, podendo ser significativos quando interpretados em conjunto com os resultados obtidos nos outros tipos de amostra, e já que mesmo resultados puramente qualitativos podem ser valiosos para a investigação (ver anteriormente).

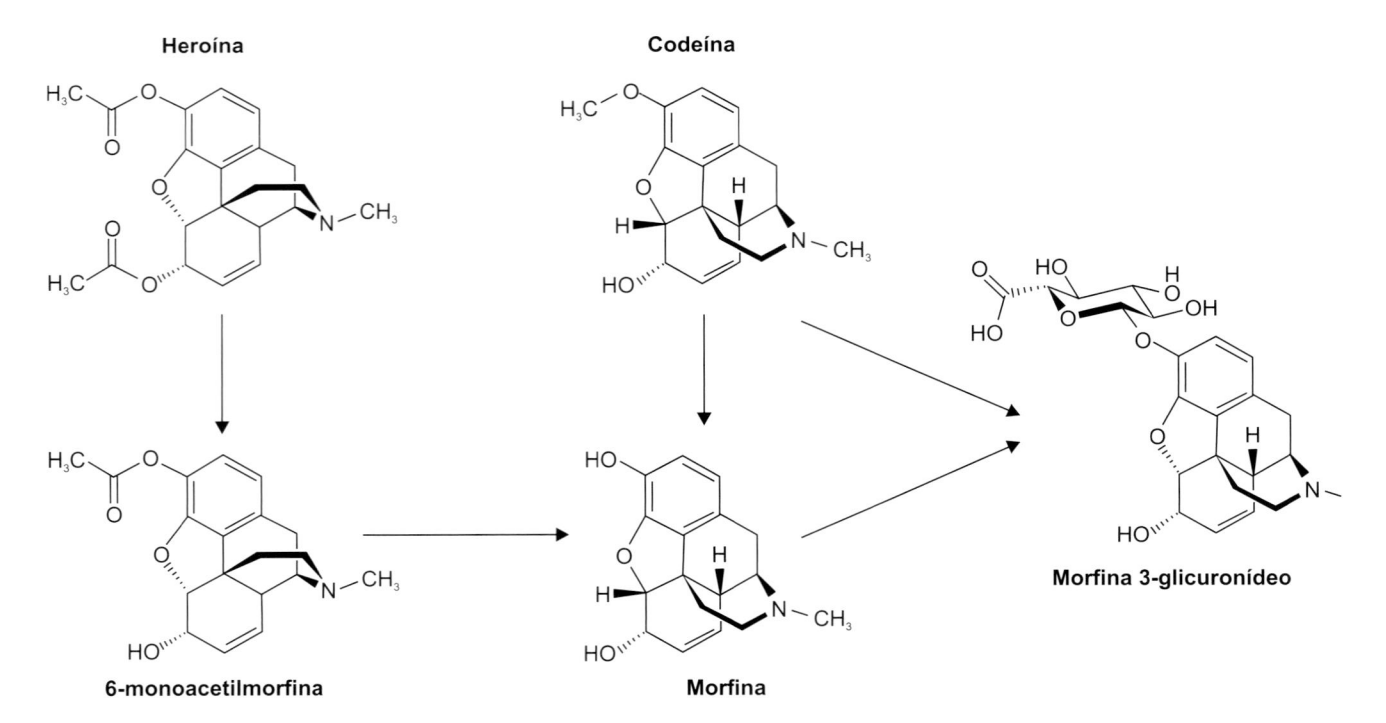

Heroína   **Codeína**

6-monoacetilmorfina   **Morfina**   **Morfina 3-glicuronídeo**

Figura 22.6 ▸ Desenho esquemático mostrando a biotransformação de heroína, codeína e morfina. As setas indicam a conversão de um opioide em outro no organismo

Estômago e Conteúdo Gástrico

Tanto fármacos como praguicidas, etanol e, até mesmo, algumas drogas de abuso são administrados preferencialmente por via oral,[2] o que justifica que a coleta e a análise do estômago e de seu conteúdo sejam rotina para casos *post mortem*. A administração de várias unidades de comprimido ou outra formulação sólida propicia a formação de grumos no estômago que não são facilmente dispersos e dissolvidos, de modo que, em casos de intoxicação, é muito comum que se encontrem cápsulas, comprimidos, grânulos e outras formulações praticamente íntegras ou parcialmente dissolvidas no interior do estômago, que, por seu aspecto, cor ou cheiro, podem sugerir algumas substâncias a serem buscadas durante a pesquisa toxicológica e que, pela concentração de material, podem às vezes facilitar sobremaneira a análise.[2,39] Exemplos típicos são os organofosforados, que apresentam odor aliáceo,[2] e o raticida popularmente conhecido como "chumbinho", vendido ilegalmente na forma de grânulos escuros que contêm praguicidas do grupo dos carbamatos e dos organofosforados (sendo o "aldicarb" o praguicida mais comumente encontrado em Minas Gerais e em outros estados).

Apesar de serem comuns os achados de resíduos no estômago da substância administrada, a ausência de tais resíduos não afasta a possibilidade de intoxicação, havendo relatos de diversos casos de intoxicação intencional em que a vítima veio a óbito várias horas após a ingestão da substância,[39] tempo suficiente para que ocorra esvaziamento gástrico total ou parcial. Como consequência, é possível, até mesmo, que reste no estômago apenas uma quantidade de fármaco compatível com uma dose terapêutica.[39] Deve-se considerar ainda que a ocorrência de vômitos é muito comum em intoxicações, o que também pode levar a um esvaziamento gástrico.[39]

Ao contrário do que ocorre com os resultados quantitativos obtidos em outras matrizes, é a quantidade de substância encontrada no estômago, e não sua concentração, que constitui uma informação útil para a interpretação dos resultados. Por exemplo, a carbamazepina é um anticonvulsivante cujas doses terapêuticas são inicialmente de 100 a 400mg ao dia, podendo chegar a 1.600mg ao dia.[38] Existe no mercado como formulações de 200mg ou 400mg, em caixas com 20 comprimidos. A identificação de carbamazepina na concentração de 10mg/g em 50g de conteúdo gástrico é totalmente compatível com uma dose terapêutica, já que isso corresponde a 500mg do fármaco. No entanto, se a mesma concentração de 10mg/g for encontrada em 800g de conteúdo gástrico, tem-se claramente uma dose tóxica, uma vez que isso corresponderia a 8.000mg de carbamazepina (ou a uma caixa de 20 comprimidos de 400mg), quantidade cinco vezes superior à dose terapêutica máxima.

Humor Vítreo

O humor vítreo é uma substância de consistência gelatinosa e viscosa que preenche a maior parte do globo ocular, ficando entre a retina e o cristalino. A grande vantagem de se usar tal matriz está em sua localização bastante isolada da cavidade toracoabdominal, sendo por isso muito pouco propensa a sofrer difusão *post mortem*. Além disso, esse isolamento confere ao humor vítreo uma proteção bem maior à colonização pelos micro-organismos que se espalham pelo corpo após a morte, fazendo com que seja uma matriz menos suscetível de sofrer as alterações causadas pelo metabolismo microbiano, tanto de degradação como de formação de substâncias de interesse toxicológico (ver anteriormente). O uso do humor vítreo em Toxicologia Forense tem sido bastante estudado, em particular para a digoxina, que sofre distribuição *post mortem* do tecido miocárdico para o sangue cardíaco, e para o etanol, que pode ser artificialmente gerado pelo metabolismo microbiano.[2,39] Sua utilidade prática ainda é restringida pela carência de estudos que tentem relacionar os níveis encontrados no humor vítreo com os níveis sanguíneos.[2]

Outras Amostras

O cérebro é o órgão-alvo da ação de muitas substâncias de indiscutível interesse toxicológico, como a cocaína, os benzodiazepínicos, os antidepressivos, os derivados anfetamínicos, os antipsicóticos, o etanol, os anticonvulsivantes e os opioides, entre outros.[2] E assim como ocorre com o humor vítreo, sua posição afastada o torna menos propenso ao fenômeno de difusão *post mortem*.[39] Essas características fazem com que seja um órgão com grande potencial de uso nas análises toxicológicas. Entretanto, seu uso ainda é limitado pelo fato de poder haver variação considerável na concentração de uma dada substância entre as diferentes regiões cerebrais e por haver poucos estudos que considerem tal variação ao descrever as concentrações encontradas.[2,39] Por exemplo, um estudo com a olanzepina mostrou concentrações que variaram de 0,17 a 0,86mg/kg, dependendo da região cerebral analisada.[56]

Os pulmões são órgãos cuja análise pode ser interessante para a detecção de substâncias inaladas, injetadas via intravenosa ou que apresentem tendência de neles se acumular (como o paraquat). Já os rins e a bile podem ser interessantes para a detecção de metabólitos, embora a bile apresente como vantagem a capacidade de acumular várias substâncias em níveis bem superiores aos sanguíneos. Os músculos também apresentam grande potencial na análise toxicológica e interpretação dos resultados, uma vez que estão presentes em grandes quantidades pelo corpo e alguns deles se localizam em locais pouco propensos a sofrer difusão *post mortem*. Assim como ocorre com o uso do cérebro como amostra, a aplicação desses órgãos e fluidos biológicos se vê grandemente limitada pela escassez de valores de referência disponíveis na literatura.[2,39,44]

▶ REFERÊNCIAS

1. Oga S. Fundamentos de toxicologia. 2. ed. São Paulo: Atheneu, 2003.

2. Skopp G. Preanalytic aspects in postmortem toxicology. Forensic Science International 2004; 142: 75-100.

3. Johnson RA, Noll EC, MacMillan R. Survival after a serum ethanol concentration of 1 ½ %. Lancet 1982; 2: 1934.

4. Jetter W. Postmortem biochemical changes. J Forensic Sci 1959; 4: 330-41.

5. Klaassen CD. Casarett and Doull's toxicology: the basic science of poisons. 7. ed. New York: McGraw-Hill, 2008.

6. Chamberlain J. Drugs in biological fluids. 2. ed. Boca Raton: CRC Press, 1995.

6a. Moreira AHP, Caldas LQA. Intoxicações agudas, bases do diagnóstico clínico-laboratorial de urgência. 1. ed. Rio de Janeiro: Revinter, 2001.

7. Irjala KM, Gronroos PE. Preanalytical and analytical factors affecting laboratory results. Ann Med 1998; 30: 267-72.

8. Poklis A. Analytic/Forensic toxicology. In: Klaassen CD (ed.) Casarett & Doll's toxicology: the basic science of poisons. 5. ed. New York: McGraw-Hill, 1996: 1089-108.

9. Guimarães SJ et al. Perfil das intoxicações exógenas em um hospital universitário. Revista Médica de Minas Gerais 2008; 18(1): 5-10.

10. Cazenave SOS. Drogas: classificação e efeitos no organismo. In: Drogas: prevenção. Manual da FEBRACT – Federação Brasileira de Comunidades Terapêuticas. Campinas, 1998: 25-32.

11. Chasin AAM. Parâmetros de confiança analítica e irrefutabilidade do Laudo Pericial em Toxicologia Forense. Revista Brasileira de Toxicologia, 2001; 14(1):40-6.

12. Forrest ARW Obtaining samples at post mortem examination for toxicological and biochemical analyses. J Clin Pathol 1993; 46: 292-6.

13. Cazenave SOS, Chasin AAM. Análise toxicológica e a questão ética. Revista Intertox de Toxicologia, Risco Ambiental e Sociedade 2009; 2(2).

14. Alves SR. Toxicologia forense e saúde pública: desenvolvimento e avaliação de um sistema de informações como potencial ferramenta para a vigilância e monitoramento de agravos decorrentes da utilização de substâncias químicas. Tese de Doutorado em Saúde Pública. Escola Nacional de Saúde Pública – FIOCRUZ, 2005.

15. Bortoletto ME, Bochner R. Impacto dos medicamentos nas intoxicações humanas no Brasil. Cad Saúde Pública, Rio de Janeiro, 1999; 15(4): 859-69.

16. Andrade Filho A, Campolina D, Dias MB. Toxicologia na prática clínica. Folium Comunicação, 2001.

17. Oliveira RDR, Menezes JB. Exogenous intoxications in clinical medicine. Medicina, Ribeirão Preto, 2004; 36:472-9.

18. Potter WZ, Hollister LE. Fármacos antidepressivos. In: Katzung BG (ed.). Farmacologia básica e clínica. 9. ed. Rio de Janeiro: Guanabara Koogan, 2005: 404-15.

19. Ward HE, Azzaro AJ. Drogas usadas nos distúrbios do humor. In: Craig CR, Stitzel RE (eds.). Farmacologia moderna com aplicações clínicas. 6. ed. Rio de Janeiro: Guanabara Koogan, 2005: 361-71.

20. Bortolotto LA, Consolim-Colombo FM. Betabloqueadores adrenérgicos, Rev Bras Hipertensão 2009; 16(4): 215-20.

21. Santos RML. Utilização de digitálicos em Medicina Geral e Familiar. Rev Port Clin Geral 2001; 17: 287-93.

22. Neto C, Teixeira C, Medeiros R, Fernandes AP. Intoxicação com digoxina. Acta Pediatr Port 2007; 38(5): 197-9.

23. Chisté et al. Quantificação de cianeto total nas etapas de processamento das farinhas de mandioca dos grupos seca e d'água. 2010; 40(1): 221-6.

24. Lacerda A, Leroux T, Morata T. Efeitos ototóxicos da exposição ao monóxido de carbono: uma revisão. Pró-Fono Revista de Atualização Científica, Barueri (SP). 2005; 17(3): 403-12.

25. Hansen SJ. Managing indoor air quality. Lilburn: Fairmont Press, 1991.

26. Goldsmith JR, Aronow WS. Carbon monoxide and coronary heart disease: a review. Environ Res 1975; 10: 236-48.

27. Xavier FG, Abbud Righi D, Spinola HS. Toxicologia do praguicida aldicarb ("chumbinho"): aspectos gerais, clínicos e terapêuticos em cães e gatos. Ciência Rural, Santa Maria, 2007; 37(4): 1206-11.

28. Moreira HM et al. Reversão de intoxicação experimental por praguicidas organofosforados em ratos com medicamentos homeopáticos. Brazilian Homeopathic Journal 2008; 10(1): 1-7.

29. Lazarini CA, Vassilieff I. Does magnesium chloride modify aldrin-induced neurotoxicity in rats? Veterinary and Human Toxicology, Manhattan, 1998; 40(5): 257-9.

30. Ecobichon DJ. Toxic effects of pesticides. In: Klaassen CD (ed.). Casarett and Doull's toxicology: the basic science of poisons. 5. ed. New York: McGraw-Hill, 1996: 643-89.

31. Braga IA, Valle D. Aedes aegypti: inseticidas, mecanismos de ação e resistência. Epidemiol Sev Saúde, Brasília, 2007; 16(4): 279-93.

32. Vasconcelos SMM et al. Motivação, vias neuronais e drogas de abuso. Rev Psiq Clín 2002; 29 (3): 130-4.

33. Yamaguchi ET et al. Drogas de abuso e gravidez. Rev Psiq Clín 2008; 35(Supl 1):44-7.

34. Holmes DS. Dependência e abuso de substância. In: Psicologia dos transtornos. Informe mundial sobre las drogas. Disponível em: http://www.google.com.

35. Maurer HH, Sauer C, Theobald DS. Toxicokinetics of drugs of abuse: current knowledge of the isoenzymes involved in the human metabolism of tetrahydrocannabinol, cocaine, heroine, morphine and codeine. Ther Drug Monit 2006; 28(3): 447-53.

36. Ferner RE. Post-mortem clinical pharmacology. Br J Clin Pharmacol 2008; 66 (4): 430-43.

37. Katzung BG. Basic and clinical pharmacology. 9. ed. New York: McGraw-Hill, 2004.

38. Moffat AC, Osselton MF, Widdop B. Clarke's analysis of drugs and poisons. 3. ed. London: Pharmaceutical Press, 2004.

39. Karch SB. Postmortem toxicology of abused drugs. 1. ed. Boca Raton: CRC Press, 2008.

40. Karch SB. Forencis issues in alcohol testing. 1. ed. Boca Raton: CRC Press, 2008.

41. Jones AW, Larsson H. Distribution of diazepam and nordiazepam between plasma and whole blood and the influence of hematocrit. Ther Drug Monit 2004; 26(4): 380-5.

42. Grotenhermen F. Pharmacokinetics and pharmacodynamics of cannabinoids. Clin Pharmacokinet 2003; 42(4): 327-60.

43. Musshoff F, Madea B. Review of biological matrices (urine, blood, hair) as indicators of recent or ongoing cannabis use. Ther Drug Monit 2006; 28(2): 155-63.

44. Dinis-Oliveira RJ, Duarte JÁ, Sánchez-Navarro A, Remião F, Bastos ML, Carvalho F. Paraquat poisonings: mechanisms of lung toxicity, clinical features and treatment. Crit Rev Toxicol 2008; 38: 13-71.

45. Portaria 344, de 12 de maio de 1998. Agência Nacional de Vigilância Sanitária.

46. Verstraete AG. Detection times of drugs of abuse in blood, urine and oral fluid. Ther Drug Monit 2004; 26(2): 200-5.

47. Kugelberg FC, Jones AW. Interpreting results of ethanol analysis in postmortem specimens. Forensic Sci Int 2007; 165: 10-29.

48. Yarema MC, Becker CE. Key concepts in postmortem drug redistribution. Clinical Toxicology 2005; 43: 235-41.

49. Yorker BC, Kizer KW, Lampe P, Forrest AR, Lannan JM, Russel DA. Serial murder by healthcare professionals. J Forensic Sci 2006; 51(6): 1362-71.

50. Revista Veja de 12/5/1999. Disponível em: http://veja.abril.com.br/120599/p_044.html. Acesso em 13 de junho de 2010.

51. Vorpahl TE, Coe JI. Correlation of antemortem and postmortem digoxin levels. J Forensic Sci 1978; 23: 329-34.

52. Pounder DJ, Fuke C, Cox DE, Smith D, Kuroda N. Postmortem diffusion of drugs from gastric residue: an experimental study. Am J Forensic Med Pathol 1996; 17(1): 1-7.

53. Brandt-Casadevall C, Krompecher T, Giroud C, Mangin P. A case of suicide disguised as natural death. Science & Justice 2003; 43: 41-3.

53a. Ragoucy-Sengler C, Tracqui A, Chavonnet A *et al*. Aldicarb poisoning. Hum Exp Toxicol 2000; 19: 657-62.

54. Pounder DJ. The case of Dr Shipman. Am J Forensic Med Pathol 2003; 24: 219-26.

55. Peters FT. Stability of analytes in biosamples – an important issue in clinical and forensic toxicology? Anal Bioanal Chem 2007; 388: 1505-19.

56. Merrick TC, Felo JA, Jenkins AJ. Tissue distribution of olanzapine in a postmortem case. Am J Forensic Med Pathol 2001; 22: 270-74.

57. Warner A, Norman AB. Mechanisms of cocaine hydrolysis and metabolism in vitro and in vivo: A clarification. Ther Drug Monitor 2000; 22(3): 266-70.

58. Passagli M. Toxicologia Forense. 1. ed. Campinas: Millenium, 2008.

59. Baranda AB, Alonso RM, Jiménez RM, Weinmann W. Instability of calcium channel antagonists during sample preparation for LC-MS-MS analysis of serum samples. Forensic Sci Int 2006; 156: 23-34.

60. Li Z, McNally AJ, Wang H, Salamone SJ. Stability study of LSD under various storage conditions. J Anal Toxicol 22(6): 520-5.

61. Kratzsch C, Tenberken O, Peters FT, Weber AA, Kraemer T, Maurer HH. Screening, library-assisted identification and validated quantification of 23 benzodiazepines, flumazenil, zaleplone, zolpidem and zopiclone in plasma by liquid chromatography/mass spectrometry with atmospheric pressure chemical ionization. J Mass Spectrom 2004; 39: 856-72.

62. Arndt T. Urine-creatinine concentration as a marker of urine dilution: reflections using a cohort o 45000 samples. Forensic Science International 2009; 186: 48-51.

CAPÍTULO 23

Patologia Forense

Daniela Savi • Cibele Fontes Alves • José Roberto de Rezende Costa

▶ INTRODUÇÃO

O presente capítulo se propõe a fornecer orientações gerais sobre as bases da anatomia patológica, bem como sobre sua importância como método auxiliar nas perícias médicas ou odontológicas para fins judiciais de qualquer natureza. Esses exames, embora subsidiários (ou complementares) em relação ao exame macroscópico do corpo humano, muitas vezes podem servir como pedra angular para o balizamento de questões, por meio de exames de diagnósticos específicos que poderão determinar conclusões que culminarão nas finalidades precípuas da perícia forense.

Portanto, na cadeia de trabalho dos Institutos Médico-Legais (IML), é um setor de vital importância, pois é uma tarefa que também proporciona maior resolutividade à demanda judicial.

O Instituto Médico-Legal de Belo Horizonte é uma instituição pública, de natureza policial, voltada para realização de laudos de perícias no ser humano, as quais farão parte de um inquérito investigativo, ou outro, com finalidade jurídica. Todos os setores dessa instituição devem atuar de maneira integrada para a elaboração de laudos cada vez mais detalhados e com valor probatório consistente para o devido atendimento à sociedade, contribuindo para a melhoria do bem comum, da segurança pública e da paz social.

Estando a Medicina Legal dentro do arcabouço da Secretaria de Defesa Social, na maioria dos estados subordinada à Polícia Civil, deverão ser seguidos, então, os preceitos da Lei Orgânica da Polícia Civil que, em Minas Gerais, a título de ilustração, em seu artigo 62, determina que o médico-legista é o servidor policial que tem a seu encargo os exames macroscópicos, microscópicos e de laboratório, em cadáveres e em vivos, para determinação da *causa mortis*, ou da natureza de lesões, e a consequente elaboração de laudos periciais.

A necropsia médico-legal tem como objetivo principal fornecer subsídios a autoridades requisitantes para a determinação da causa jurídica da morte, seja natural ou violenta (acidentais, suicidas ou criminosas),[14] além da elucidação das mortes consideradas suspeitas, de qualquer origem. Auxilia também a elucidação do *modus operandi* dos agressores e das circunstâncias dos crimes contra a pessoa.

A patologia é, basicamente, o estudo das alterações estruturais e funcionais expressas por meio de doenças em órgãos e sistemas.[22]

A patologia engloba diferentes áreas da Medicina, entre elas:[3,4]

- a etiologia das doenças (estudo das causas);
- a patogênese (estudo dos mecanismos);
- a fisiopatologia (estudo das alterações funcionais dos órgãos afetados);
- a anatomia patológica (estudo das alterações morfológicas dos tecidos que, em conjunto, recebem o nome de lesões).

A lesão ou processo patológico constitui o conjunto de alterações morfológicas, moleculares e/ou funcionais que surgem nos tecidos por agressões das mais variadas origens (biológicas, físicas, químicas etc.) e que podem ser observadas macroscopicamente, ao microscópio óptico ou eletrônico, e também por meio de métodos bioquímicos e de biologia molecular.[3]

A Patologia Forense entra nesse contexto estudando, do ponto de vista macro e microscópico, o material enviado pelos médicos-legistas para detectar alterações morfológicas em órgãos ou tecidos, contribuindo, assim, para a detecção da causa de morte.

Entretanto, mesmo com a assistência da anatomia patológica e eventuais outros exames complementares adicionais, podem ocorrer, de acordo com alguns estudos,[6] até 13,30% de necropsias sem causas classificáveis, as chamadas "necropsias brancas", ou de causa indeterminada.

▶ IMPORTÂNCIA DA MACROSCOPIA PARA A MEDICINA LEGAL

Na Medicina Legal, o exame macroscópico é realizado pelo médico-legista que realiza a necropsia. Ele é o responsável por fornecer as informações ao Laboratório de Patologia Forense, bem como coletar, acondicionar e encaminhar fragmentos ou apenas secções de tecidos.

O conhecimento dos conceitos básicos da anatomia e da patologia propicia ao médico-legista suspeitar de um diagnóstico baseado no exame macroscópico, descrever corretamente as lesões e solicitar adequadamente o exame microscópico complementar.[23]

Esse estudo microscópico trata-se de um exame complementar e carece de informações adequadas para que cumpra sua função de auxiliar o esclarecimento de alguma dúvida diagnóstica.

O médico-legista pode encontrar dificuldade na escolha da metodologia adequada e da terminologia exata para realização de uma descrição minuciosa e de fácil entendimento dos achados durante a necropsia, principalmente daqueles órgãos que serão submetidos a exames microscópicos.[2]

A descrição adequada deve ser feita em duas etapas: (a) informações sobre as características gerais do material a ser enviado para estudo microscópico e (b) informações sobre as lesões encontradas.

As informações sobre as características gerais do material, quando completas, incluem a natureza do material, isto é, reconhecimento do tecido ou do órgão que representa e o número de fragmentos retirados; descrição da cápsula do órgão, se presente ou não (superfície, transparência, cor, consistência e espessura); peso e dimensões nos três planos: comprimento, largura e espessura; cor e consistência dos órgãos; aspecto da superfície de corte (cor e consistência).

Normalmente, as serosas são translúcidas, lisas e brilhantes, deixando ver, por transparência, a cor do parênquima ou da musculatura subjacente. As mucosas são delicadas (finas) ou mais espessas, brilhantes e lisas

ou aveludadas com dobras, vilosidades ou trabéculas, segundo sua topografia (Tabela 23.1).

Cada órgão tem forma própria e determinado volume. A cápsula apresenta sempre certa tensão, é lisa e brilhante, firme e elástica. Se enrugada, há indício de ter ocorrido redução volumétrica do órgão (p. ex., a pleura torna-se rugosa quando ocorre atelectasia em grande extensão do parênquima pulmonar). Quando sem alterações, é incolor e translúcida, e quanto mais espessa e brancacenta, mais sugestiva de apresentar algum processo patológico.

Todos os órgãos são constituídos por um estroma e um parênquima. A consistência dos tecidos depende, principalmente, da riqueza de seu estroma em fibras colágenas e elásticas que se estendem da cápsula ao hilo do órgão, formando septos e mantendo o parênquima frouxo ou densamente unido.

A cor do órgão varia, particularmente, com o grau de depleção sanguínea atual dos vasos sanguíneos que transitam no estroma, do acinzentado (menos sangue) ao róseo ou avermelhado (mais sangue), modificando-se ligeiramente com a cor própria do parênquima. Nos tecidos fixados, a cor se altera, variando do branco-acinzentado (menos irrigado) ao pardo ou pardo-avermelhado (mais irrigado). A consistência também varia (Tabela 23.2).

Na superfície de corte do material busca-se distinguir seu arranjo estrutural próprio (desenho lobular, identificação da cortical e medular, proporção entre o es-

Tabela 23.1 ▶ Características das mucosas[2]

Tipo de mucosa	Características
Laringe, traqueia e brônquios	Fina, aveludada (pregueada longitudinalmente na porção não cartilaginosa da traqueia), róseo-esbranquiçada
Esôfago	Espessa, pregueada longitudinalmente, avermelhada no segmento proximal e róseo-acinzentada no segmento distal
Estômago	Fina, aveludada, pregueada longitudinalmente, rósea ou branco-acinzentada
Duodeno, jejuno e íleo	Fina, aveludada, vilosa, rósea
Ceco, cólons e sigmoide	Fina, aveludada, vilosa, róseo-esbranquiçada
Vesícula biliar	Fina, malha poligonal de pregas (trabeculação), pardo-avermelhada sobre fundo aveludado esverdeado
Bexiga	Fina, lisa, róseo-pálida
Endocérvice uterina	Fina, ligeiramente aveludada, rósea
Endométrio	Fina, lisa, vermelha ou parda, com espessura entre 0,5 e 1mm

Tabela 23.2 ▶ Características dos órgãos em estado normal[2]

Órgão	Características
Adrenal	Mole e friável. Córtex: amarelo-brilhante; medula: vermelho-escura a pardo-pálida ou pardo-acinzentada
Baço	Mole e friável, vermelho-vinhoso a cinza-avermelhado
Coração	Firme e elástico, vermelho-acinzentado ou vermelho-pardacento, rosa-claro ao vermelho-escuro
Cordão umbilical	Mole e elástico, branco-acinzentado ou branco-azulado, liso e gelatinoso ao corte
Encéfalo	Mole e friável
Fígado	Mole e friável, pardo-avermelhado escuro, de estrutura lobular indistinta
Linfonodo	Firme e elástico, róseo-acinzentado
Mama	Mole a firme-elástica. Parênquima esbranquiçado, estroma amarelado (tecido adiposo)
Ovário	Na jovem: firme e elástico, róseo-acinzentado, liso. Na idosa: duro, cinza opaco ou branco-acinzentado, bocelado
Pâncreas	Firme e elástico, róseo-esbranquiçado a pardo, finamente lobulado
Placenta	Mole, esponjosa, róseo-violácea ou vermelho-escura
Próstata	Firme e elástica, esbranquiçada a cinza-avermelhada
Pulmões	Elásticos, esponjosos, crepitantes. No recém-nascido (a) não expandidos: vermelho-escuros e (b) expandidos: róseo-esbranquiçados. No adulto: acinzentados ou vermelho-azulados salpicados de pontos negros (pigmento antracótico)
Rim	Firme e elástico. Córtex: vermelho-acastanhado claro. Medula: vermelho-acastanhada escura
Timo	Mole e elástico, róseo-acinzentado a vermelho-acinzentado
Tireoide	Firme e elástica, amarelo-pardacenta a róseo-pardacenta. Ao corte, é brilhante
Útero	Firme e elástico, róseo-claro a róseo-acinzentado

troma e o parênquima), uniformidade (lisa ou irregular), umidade (superfície úmida ou seca), sua cor em função da repleção sanguínea e sua consistência em função dos componentes do estroma.

Com relação aos órgãos musculares ocos, é importante registrar seu conteúdo e descrever a mucosa.

Supondo-se que não sejam encontradas alterações macroscópicas, não se deve empregar o termo "normal". Sugerem-se as seguintes alternativas: à macroscopia não são observadas alterações dignas de nota, não são visualizadas peculiaridades dignas de menção etc.

No que concerne às lesões, devem ser assinalados:

1. Número, configuração, aspecto da superfície externa, distribuição e topografia.

2. Dimensões em superfície e profundidade.

3. Cor e consistência (superfície externa e superfície de corte).

4. Adjacências (relação com estruturas vizinhas).

A configuração das lesões é variável: mácula; elevações sólidas (crostas, placas, tumefações, nódulos); soluções de continuidade (pertuitos, rupturas, lacerações); extravasamentos sanguíneos (hemorragias) e crescimentos expansivos (abscessos, hiperplasias, neoplasias).

Além da configuração, são importantes aspectos a superfície de corte das lesões (lisa ou rugosa, uniforme ou irregular), a eventual distribuição (isolada, confluente ou difusa), a topografia (relacionando a lesão a pontos anatômicos ou outras lesões), as dimensões na superfície e sua extensão para a profundidade.

Na descrição da consistência, empregam-se as seguintes denominações:

- **Quebradiça:** esfarela-se por compressão moderada.
- **Friável:** desfaz-se em fragmentos com facilidade, quando manuseada.
- **Pastosa:** depressível, não retomando sua configuração original.
- **Mole:** depressível, não tendendo a reassumir logo sua configuração original.
- **Firme:** opõe resistência à depressão.
- **Dura:** não é depressível, não deforma.
- **Elástica:** depressível, tendendo logo a retornar a sua configuração original.
- **Esponjosa:** aspecto arejado ou poroso.

Para a descrição do conteúdo encontrado nos vasos, ductos, nas formações císticas, diverticulares e cavitárias, utilizam-se os termos: fluido, viscoso, arenoso, purulento ou caseoso.

A exploração das relações da lesão com as adjacências visa determinar seus limites (bem ou mal definidos) com as estruturas vizinhas.

Da mesma maneira, é muito importante que os peritos tenham conhecimento das características naturais e do volume dos líquidos corpóreos que se encontram presentes em cavidades, como peritônio, pleuras e pericárdio. Ademais, os transudatos e os exsudatos patológicos, sejam inflamatórios ou infecciosos, devem ser do domínio dos investigadores, os quais devem ser capazes de estabelecer conceitos de trombos, coágulos formados em vida ou *post mortem*, além dos mais variados tipos de êmbolos factíveis de ocorrer.

▶ OBJETIVO DA PATOLOGIA FORENSE

A solicitação do exame anatomopatológico deve corresponder a uma dúvida, cuja elucidação é a finalidade do laboratório.[23]

O envio de materiais provenientes de mortes essencialmente violentas, como em casos de acidentes de trânsito, com vísceras laceradas e traumatismos cranianos (extensas hemorragias meníngeas e intracranianas), foge (a princípio) ao objetivo do laboratório de Patologia Forense, visto que o diagnóstico é macroscópico e, consequentemente, necroscópico.

Existem situações em que os exames microscópicos são de pouca resolutividade, como nos casos de vísceras de cadáveres putrefatos, ou ainda nos quadros da maior parte das vítimas de intoxicações, em que as alterações orgânicas são funcionais e não necessariamente morfológicas, e por isso não identificáveis ao exame microscópico. Outra situação ocorre quando a identificação microscópica da lesão depende do espaço de tempo entre a agressão e o desenvolvimento da alteração morfológica, como nos casos de infarto agudo do miocárdio e lesão axonal difusa.[5,7]

Entretanto, há uma vasta gama de situações em que o exame microscópico auxilia, complementa e, em alguns casos, diagnostica a causa ou os fatores que levaram ao óbito.

Existem casos em que a solicitação do exame anatomopatológico é imprescindível, e nesses casos estão incluídos:

- Verificação de docimasia histológica pulmonar.
- Auxílio nos casos suspeitos de morte por asfixia (afogamento, constrição cervical, entre outros) e pela ação do fogo ou calor.
- Pesquisa histopatológica de reação vital.
- Auxílio para o diagnóstico da *causa mortis* de periciados custodiados.
- Auxílio para o diagnóstico nos casos de apuração de denúncia de "erro médico" ou, melhor dizendo, responsabilidade profissional.
- Mortes súbitas e que possam gerar suspeição (mortes suspeitas).
- Pesquisa de gravidez e aborto.

▶ SOLICITAÇÃO DE ESTUDO ANATOMOPATOLÓGICO

Na requisição do exame microscópico, o legista deverá informar dados necessários para orientar o estudo, assim como a idade, o sexo, o estado geral do cadáver e as possibilidades diagnósticas, pois, como nas outras áreas da Medicina, ao solicitar um exame complementar, o médico deve ter em mente algumas hipóteses que justifiquem seu pedido. Caso estejam disponíveis informações sobre atendimento médico prévio, essas também deverão ser fornecidas ao laboratório de Patologia Forense.

▶ AMOSTRAGEM E CONSERVAÇÃO DO MATERIAL PARA ESTUDO ANATOMOPATOLÓGICO

Deve-se ter em mente que a responsabilidade pericial é do médico-legista que executa a necropsia.[23]

A orientação ao auxiliar de necropsia de como retirar e de onde e como acondicionar o material é da responsabilidade do perito.

Não existe manual específico para a orientação de que local deve ser retirado esse ou aquele fragmento, mas sim orientações gerais que devem ser seguidas para evitar artefatos ou situações que podem prejudicar a análise:

- Cada fragmento de órgão deve ter no máximo 3cm em seu maior diâmetro e ser colocado em frasco ou recipiente apropriado, de boca larga e com solução fixadora (formol 10%) em quantidade no mínimo três vezes maior que o tamanho do material. A importância do tamanho adequado dos fragmentos está na preocupação com a penetração da solução fixadora e consequente preservação das características teciduais.
- Devem ser evitadas áreas de hipóstases viscerais, e o material nunca deve ser enviado em soro fisiológico, a fresco ou congelado.

Algumas Notas Importantes Acerca da Coleta de Determinados Materiais[23]

- **Encéfalo:** retirar sempre fragmento com a leptomeninge, substâncias branca e cinzenta.
- **Coração:** retirar as áreas alteradas ou fragmentos das câmaras cardíacas direita e esquerda com representação de toda a espessura, para avaliação da área suspeita, abrangendo o tecido adiposo adjacente.
- **Pulmões:** dar preferência às áreas menos congestas (lembrar que para avaliação de embolias e afogamentos é necessária a retirada de vários fragmentos de ambos os lobos, incluindo a região do hilo).
- **Lesões de pele** (pesquisa de reação vital, ação pelo fogo, eletricidade etc.): retirar, além da área afetada, uma margem de pele sem alterações para comparação.
- **Região cervical:** devem ser enviados fragmentos abrangendo partes moles, ósseas e cartilaginosas, porém o envio de monoblocos de grande tamanho pode prejudicar a avaliação microscópica em virtude da má fixação, merecendo, desse modo, atenção especial.

O estudo anatomopatológico de órgãos como baço, rim, fígado, pâncreas e tubo digestivo deve ser solicitado apenas em casos justificados.

Papel da Patologia Forense na Pesquisa de Reação Vital

Muito interessa à Justiça o diagnóstico diferencial entre as lesões em vida e *post mortem*, porque permite o esclarecimento de questões relacionadas ou não com a causa da morte.

Em 1954, Strassman conceituou reação vital baseando-se em uma definição prévia de Plenk, de 1786, como "aquela quando aparece em tecidos e órgãos, sendo necessária a presença de células vivas". Vinte séculos antes, o médico romano Aulo Cornélio Celso (século I d.C.) descreveu os sintomas que caracterizam essa reação nas feridas cutâneas: calor, rubor, tumor e dor.

Uma das características dos tecidos vivos é sua capacidade de responder aos estímulos externos. Quando o estímulo é uma agressão traumática (biológica, física ou química), a reação tissular é uma resposta constituída essencialmente por reação inflamatória aguda, geralmente proporcional à magnitude da agressão, com o objetivo de destruir a agressão e reparar o dano produzido.[11-13]

É sempre necessário determinar a vitalidade da ferida ou a idade do ferimento para avaliação correta de sua relação com a morte. Assim, a determinação da vitalidade ou da idade da ferida é um tema clássico, mas ainda moderno em Patologia Forense.[16,19]

Legrand du Salle diferencia as lesões vitais por meio de diversas características, entre elas as bordas das feridas, que ficam aumentadas (por edema), ocorrendo infiltração de sangue e separação pela retração da derme e tecidos subjacentes, ocorrendo a presença de exsudato, supuração e hemorragia abundante inicialmente, com infiltrado de sangue nos tecidos adjacentes. Posteriormente, encontra-se sangue coagulado no fundo da ferida e na pele. Já as lesões *post mortem* se caracterizam por bordas de cor branca nas feridas, não edemaciadas, aproximadas, não havendo retração tecidual. Não ocorre exsudação ou supuração, nem hemorragia arterial ou venosa, infiltração nos tecidos ou coagulação sanguínea. Ressalte-se que pode ocorrer coagulação sanguínea em casos de pouco tempo de morte. No entanto, sabe-se que esse coágulo *post mortem* pode ser facilmente removido, o que difere dos coágulos feitos em vida, que aderem às bordas da lesão.[11,14]

Assim, alguns elementos tornam possível afirmar com segurança que uma lesão foi produzida em vida: a reação inflamatória e posteriormente o processo de reparação e regeneração. No entanto, com relação à resposta inflamatória, os eventos só podem ser visualizados após um período superior a alguns minutos. A presença de edema e de hemorragia sugere lesão feita em vida.[14]

Conforme o mecanismo da morte, podem ser encontrados sinais que demonstram a reação vital. Um exemplo é a morte por afogamento, em que a presença de corpos estranhos em segmentos distais da árvore respiratória sugere evento aspirativo, contribuindo para atestar que o processo ocorreu em vida.[14]

O mesmo ocorre em cadáveres encontrados em locais de incêndio, quando a presença de fuligem nas vias aéreas, desde a traqueia até os alvéolos, indica que o processo ocorreu enquanto a vítima estava respirando.[8,14]

Outros exemplos de reação vital são trombose e embolia, que ocorrem apenas quando há circulação sanguínea.[14,18]

▶ PAPEL DA PATOLOGIA FORENSE EM CASOS DE ASFIXIA

Asfixia deve ser conceituada como um estado de hipoxia e hipercapnia no sangue arterial e apresenta diversas alterações morfológicas comuns a vários mecanismos determinantes, detectáveis tanto macro como microscopicamente.[1,10,14]

As petéquias, focos puntiformes de hemorragia, são encontradas tanto na pele e nas conjuntivas oculares como nas serosas que revestem as vísceras e grandes cavidades, em diferentes formas de asfixia. São causadas pela rotura de vênulas com o aumento súbito da pressão venosa. No entanto, podem ser vistas em casos de hipoxia sem hipercapnia, em intoxicações exógenas, nos processos sépticos e em distúrbios de coagulação sanguínea.[11,14]

Uma alteração histopatológica presente com frequência em várias formas de asfixia é o edema pulmonar, que pode ocorrer por ação direta da hipoxia sobre o leito vascular dos alvéolos, cuja intensidade depende do tempo transcorrido entre o início dos fenômenos asfíxicos e a morte, sendo mais acentuado nos casos de morte lenta.[11,14]

Entretanto, o estudo histopatológico pulmonar minucioso pode ser utilizado para apoiar o diagnóstico de diferentes causas de asfixia. Algumas alterações morfológicas encontradas em pulmões podem se correlacionar com diferentes causas de asfixia, como aspiração, enforcamento, afogamento e estrangulamento. O estudo microscópico de pulmões que exibem congestão, hemorragia de septos alveolares e presença de corpos estranhos em vários segmentos da árvore respiratória é sugestivo de evento aspirativo. Hiperinsuflação dos espaços aéreos distais, edema intersticial e constrição bronquiolar são encontrados em casos de enforcamento. Edema intra-alveolar, dilatação dos espaços alveolares com compressão secundária dos capilares septais, auxilia o diagnóstico em casos de afogamento. Vítimas de estrangulamento mostram, frequentemente, acentuada hemorragia alveolar, com colapso alveolar, associado a dilatação bronquiolar.[10,17,19,21]

Há outras alterações que contribuem para a determinação da causa da asfixia. Os pulmões dos afogados geralmente estão aumentados de peso e volume. Observa-se, em alguns casos, a presença de hiperdistensão dos espaços aéreos, formando pequenas vesículas, vistas macroscopicamente, e principalmente ao estudo microscópico, configurando o enfisema aquoso. As manchas de Paltauf também são valiosas para o diagnóstico de afogamento, sendo resultado da hiperdistensão do parênquima pulmonar e consequente rotura de paredes alveolares. Diferem das manchas de Tardieu, presentes nas diversas formas de asfixia e situadas no tecido conjuntivo subpleural, e não no parênquima pulmonar.[11,14]

▶ PAPEL DA PATOLOGIA FORENSE NOS CASOS DE AÇÃO DO FOGO OU CALOR

Nas autopsias de vítimas com evidente ação do fogo, ao lado do rotineiro rigor técnico que exige a prática pericial forense, atenção especial deve ser dada à determinação da causa e da maneira da morte. Objetivo nem sempre fácil de atingir, dadas as extensas modificações produzidas nos corpos nessa circunstância, podendo levar a confusão na interpretação, como rupturas da pele, fraturas da calota craniana e hematoma extradural. Uma avaliação da extensão da área corporal comprometida e da profundidade e localização das lesões, assim como da presença ou não de reação vital, deve ser realizada com o intuito inicial de determinar se havia vida no momento da ação do fogo e se o comprometimento causado por essa ação seria, por si, capaz de produzir a morte.[8,9]

Entre os grandes desafios com que deparam os patologistas forenses em autopsias de vítimas que apresentam sinais de que sofreram ação do fogo está a constatação de que a vítima tinha vida no momento dessa ação.

A determinação, na perícia, de que a morte ocorreu por ação do fogo nem sempre é tarefa fácil. Há autores que chegam a afirmar que, por meio do exame macroscópico, é usualmente impossível distinguir formas agudas de queimaduras produzidas em vida daquelas produzidas *post mortem*. Mesmo o exame microscópico da área da lesão não se apresenta proveitoso, a não ser que a vítima tenha sobrevivido tempo suficiente para desenvolver uma resposta inflamatória.

Nas mortes imediatas pela ação do fogo, lesão pulmonar pode ser a principal fonte de mortalidade, sendo importante para documentar os achados histopatológicos, com a finalidade de excluir outras formas de morte. Nesse contexto, um grupo de alterações morfológicas pulmonares, como dilatação bronquiolar, hiperinsuflação de ductos e sacos alveolares, além de focos de hemorragia recente, pode auxiliar o diagnóstico de lesão pulmonar ocasionada pela ação do fogo. Entretanto, esses achados, que em última análise representariam a existência de fenômenos vitais durante a ação do fogo, não se apresentam com a desejável regularidade. Entre as principais evidências relatadas pela grande maioria dos autores está a presença de fuligem em vias aéreas e vias digestivas (indicadores de inalação e deglutição de fumaça, respectivamente) e de carboxiemoglobina (resultante da combinação do monóxido de carbono com a hemoglobina) ou de cianeto no sangue (produto presente em certos gases tóxicos oriundos de alguns materiais após queimados). Entretanto, o contrário não é verdadeiro, ou seja, a ausência de fuligem e de elevada concentração de carboxiemoglobina pode ocorrer em casos de formação rápida de labaredas, como em explosão por gasolina em veículos, em que pouca fuligem e monóxido são produzidos.[8,9,14]

No que se concerne às lesões de pele produzidas pela ação do calor, contrariamente ao acreditado, flictenas na pele, características de queimaduras do segundo grau, não indicam necessariamente reação vital, podendo se formar até pouco tempo depois da morte, e não se distinguem das fases precoces da putrefação. Além disso, fino halo avermelhado, observado ao redor de áreas de pele queimada, resulta de sangue e fluidos teciduais acumulados e não é indicativo de resposta inflamatória. Queimaduras produzidas experimentalmente em cadáver, principalmente em regiões de lividez visível, confirmam o aparecimento dessa área circundante avermelhada. A dificuldade de estabelecer se a morte ocorreu antes ou depois da ação do fogo ocorre com frequência, mesmo com a utilização do exame microscópico. Isso porque, em alguns casos, o exame histopatológico em queimaduras do terceiro grau de pacientes que faleceram com 2 ou 3 dias de evolução não apresentava reação inflamatória, presumivelmente em razão da trombose dos vasos da derme, o que impede as células inflamatórias de alcançarem a área de queimadura e produzirem a reação.[8,9,11,14]

▶ PAPEL DA PATOLOGIA FORENSE NA DOCIMASIA PULMONAR

Deverá ser emitida a declaração de óbito:[14]

- Quando a criança nascer viva e morrer logo após o nascimento, independentemente da duração da gestação, do peso do recém-nascido e do tempo que tenha permanecido vivo (Brasil, Ministério da Saúde, Declaração de óbito: documento necessário e importante/Ministério da Saúde, Conselho Federal de Medicina. Brasília: Ministério da Saúde, 2006; Série A. Normas e Manuais Técnicos).

- No óbito fetal, se a gestação teve duração igual ou superior a 20 semanas, ou se o feto pesava 500 gramas ou mais, ou estatura igual ou superior a 25 centímetros (Resolução CFM 1.779/2005).

Lei dos Registros Públicos (6.015 de 31/12/1973)
Art. 53. No caso de ter a criança nascido morta ou de ter morrido na ocasião do parto, será, não obstante, feito o assento com os elementos que couberem e com remissão ao óbito.
§ 2º. No caso de a criança morrer na ocasião do parto, tendo, entretanto, respirado, serão feitos os dois assentos, o de nascimento e o de óbito, com os elementos cabíveis e com remissões recíprocas.

No âmbito jurídico, a docimasia é relevante porque contribui para a determinação do momento da morte, pois se a pessoa vem à luz viva ou morta, as consequências jurídicas serão diferentes em cada caso.

A palavra docimasia tem origem no grego *dokimasia* e no francês *docimasie* (experiência, prova). Trata-se de medida pericial, de caráter médico-legal, aplicada com a finalidade de verificar se uma criança nasceu viva ou morta e, portanto, se chegou a respirar. Dois tipos de docimasia são mais utilizados em nosso meio: a docimasia pulmonar hidrostática de Galeno e a docimasia histológica.[11,14]

Após a respiração, o feto tem os pulmões cheios de ar, os quais, quando colocados em um vasilhame com água, flutuam, o que não acontece com os pulmões que não respiram. Se afundarem, é porque não houve respiração; se não afundarem, é porque houve respiração e, consequentemente, vida, advindo daí a denominação docimasia pulmonar hidrostática de Galeno.

A docimasia histológica é a prova mais perfeita e é indispensável em casos duvidosos. Consiste no estudo microscópico dos pulmões por meio da técnica histológica comum. O pulmão de fetos natimortos apresenta padrão monótono e regular, em que os sacos alveolares e os ductos estão pouco distendidos, tendo paredes como que pregueadas.[14]

Quando o pulmão é arejado pelas primeiras incursões respiratórias, o aspecto histológico se altera bastante. Os ductos alveolares e os alvéolos têm suas paredes distendidas, de modo que perdem seu aspecto enrugado e evidenciam um desenho de formas mais precisas e linhas mais finas. Os bronquíolos passam a ter luz circular ou oval, dependendo da incidência do corte, e sua mucosa mostra um revestimento epitelial de superfície mais regular, com achatamento das células epiteliais, além de haver aumento do volume dos capilares em virtude do afluxo sanguíneo. No caso de se tratar de pulmão imaturo, a distensão dos espaços aéreos costuma ser irregular. Eles parecem insuflados sob pressão e estão separados uns dos outros por quantidade variada de tecido conjuntivo, na dependência da idade gestacional.[14]

A ocorrência de putrefação, que não é rara em pulmões de recém-nascidos e natimortos, introduz modificações nos padrões histológicos descritos anteriormente. Tratando-se de pulmão fetal, que não respirou, a monotonia do parênquima é interrompida de modo esparso por bolhas volumosas, bem demarcadas, que rechaçam os tecidos vizinhos e não guardam relação com os espaços aéreos, também comprimidos. No entanto, sendo de recém-nascido que respirou, as bolhas de gás são muito mais numerosas, próximas entre si e se localizam, quase que totalmente, nos espaços aéreos, distendendo-os.

A histologia resolve problemas de falso-negativos (houve respiração, mas a docimasia hidrostática indica que não), em casos de ocorrência de pneumonia de evolução rápida após o nascimento. Nesses casos, o exame mostra espaços alveolares ocupados por edema e pelo exsudato inflamatório. Além dos casos em que ocorreu respiração e, durante as horas seguintes, uma reabsorção do ar contido nos alvéolos, como a que ocorre na doença das membranas hialinas, faz com que o pulmão apresente o aspecto colapsado.

Além disso, em casos de falso-positivo (não houve respiração, mas a docimasia hidrostática indica que sim), a histologia é determinante. Os principais mecanismos associados aos falso-positivos são a putrefação e a execução de manobras de ressuscitação.[11,14]

Os gases formados pela putrefação oferecem a maior dificuldade na realização da docimasia hidrostática. Ressalta-se que a putrefação dos corpos dos natimortos não segue os mesmos passos da que se instala em recém-nascidos que respiraram, visto que os pulmões dos fetos natimortos não apresentam contaminação difusa pelas bactérias do meio ambiente. Contudo, é possível que, no curso da decomposição do corpo como um todo, haja invasão parcial dos pulmões pela flora putrefativa e se formem algumas bolhas gasosas na intimidade do parênquima pulmonar. Apesar de a distribuição e o número de bolhas serem muito maiores no pulmão dos que respiraram, estudo histológico deve ser realizado para que se obtenha um resultado mais confiável.[11,14]

▶ MORTES SÚBITA x SUSPEITA

A morte pode ser natural ou violenta. No entanto, há casos em que a origem violenta só pode ser afastada depois de minucioso exame do local onde ocorreu o óbito, complementado por cuidadosa necropsia. A morte é considerada suspeita sempre que houver a possibilidade de sua causa não ter sido natural. Os motivos da suspeição ora decorrem de circunstâncias do local, ora dependem de características do cadáver.[14] A morte súbita pode enquadrar-se, em alguns, casos, como morte suspeita, já que o conceito de morte súbita prende-se mais à inexistência de uma patologia prévia que pudesse explicar o óbito. A morte súbita inclui tanto a morte fulminante, em que a pessoa aparentemente normal sofre uma crise repentina e morre, como os casos em que a doença se instala em indivíduo considerado sadio e evolui para óbito em torno de 1 dia.

A morte súbita inexplicada em crianças[15] e jovens é incomum, embora a magnitude real seja desconhecida. Suas características clínicas e fisiopatológicas estão mal definidas. No entanto, tem grande significado clínico, pois afeta as pessoas de boa saúde e ocorre sem sintomas de advertência. Assim, a realização de uma necropsia minuciosa pode ser útil para identificação de alterações que justifiquem o óbito, como o diagnóstico de anormalidades cardíacas, hemorragias intracranianas e processos infecciosos, entre outros.

▶ CONSIDERAÇÕES FINAIS

Muito cuidado deve ser tomado no sentido de se evitarem conclusões precipitadas, com base apenas no exame macroscópico do cadáver. Há várias situações em que o auxílio da anatomia patológica pode ser crucial para desvendar a verdadeira razão da morte ou as circunstâncias que a cercam. O médico-legista, como perito oficial que é, ao receber um cadáver com solicitação de necropsia médico-legal expedida por autoridade legal, seja qual for, deve, a rigor, considerar todas as possibilidades. A partir do momento em que for expedida uma guia de solicitação pericial, na maioria absoluta das vezes por autoridade policial, há que se considerar *a priori*, uma abertura de inquérito policial para fins criminais.

Mortes "essencialmente violentas" podem ser oriundas da tentativa de acobertar um crime (p. ex., uma pessoa já morta, por qualquer outro motivo, que seja atirada pela janela de um edifício de grande altura, onde haja simulação de suicídio – do já morto, ou muito ferido). A anatomia patológica pode confirmar e evidenciar ausência de reações vitais em grandes lacerações, lesões, fraturas etc., bem como pode confirmar a presença dessas reações vitais em áreas onde havia "sinais de defesa", em provável luta corporal quando em vida.

Com frequência é citado o clássico caso do sabidamente cardiopata (ou gravemente enfermo de outra afecção, como acidentes vasculares cerebrais, pneumopatia, neoplasia metastática avançada etc.) que morreu naturalmente e foi levado à via férrea para simulação de morte violenta com fins escusos securitários e pecuniários. Além da pesquisa da reação vital, possíveis achados histopatológicos de relevância da respectiva enfermidade serão comprovados à luz da histopatologia, associada a um exame macroscópico minucioso.

Certas doenças nem sempre são determináveis a olho nu, necessitando de exame histopatológico, como, por exemplo, a pneumonia. Essa enfermidade, em suas fases iniciais, nem sempre é perceptível no necrotério e é passível de concorrer facilmente para morte rápida de um idoso já previamente debilitado e descuidado pelo seu suposto responsável legal (muitas vezes interessado em seu legado *post mortem*), como pode ocorrer em outras enfermidades do tipo pielonefrite, um câncer desse ou daquele órgão, entre tantos outros diagnósticos a serem dados pelo patologista, em face do exame histológico detalhado.

São casos em que tipicamente poderiam passar despercebidas enfermidades, ou em que poderiam ser incluídos achados de relevância médico-legal *stricto sensu*, com diagnósticos subjacentes à luz da histopatologia, e que podem corroborar ou excluir tipos penais acerca da morte, inclusive a comprovação de lesões, a exclusão de lesões ou a presença ou ausência de reação vital.

Em situações em que há demanda de responsabilidade profissional na área médica, o mesmo raciocínio também se aplica. Se a morte se segue a dúvidas com relação à atuação médica, logo surgem as denúncias do tipo "erro médico". Ora, nesses casos passa a existir uma suspeição, e havendo suspeição, há que se realizar a necropsia, pois envolve a possibilidade de, no mínimo, averiguação de culpa do profissional envolvido. A perícia detalhada irá dirimir toda e qualquer dúvida acerca de presença ou ausência de diagnósticos, complicações previstas em literatura médica, condutas e procedimentos realizados ou não, enfim, será feita a apuração minuciosa de tudo aquilo que é reclamado por uma parte, bem como contra-argumentado pela outra. É nesse diapasão que a microscopia óptica de um patologista experiente poderá mudar cursos de acusações infundadas ou mesmo consubstanciá-las.

Portanto, a tarefa da decisão por parte do perito de quando se deve pedir exames subsidiários ou quando não se deve pedi-los é árdua, extremamente complexa e cercada de responsabilidades legais. Deve-se precaver, por um lado, ao se fazer a necropsia, de não se perder uma oportunidade única de comprovação (ou exclusão) diagnóstica através dos referidos exames subsidiários e, por outro lado, também deve se precaver de solicitações de análises laboratoriais ou outras, francamente desnecessárias, que só onerariam e sobrecarregariam o sistema, sem nada acrescentar de palpável ao procedimento em curso. Para isso, fundamental se faz uma transparente, rica e documentada comunicação de quem solicita um exame necroscópico ao perito médico-legista. Apenas por meio das informações fundamentadas é possível tomar decisões responsáveis e dirigidas às peculiaridades de cada caso, sem incorrer em risco de erros (ou desacertos) desnecessários. Desse modo, o legista se verá desonerado de assumir responsabilidades que não são de sua competência, de maneira regular e compromissada e que, muitas vezes, poderiam lhe ser imputadas levianamente. Ademais, são inúmeros os fatos típicos, à luz do Código Penal, que podem requerer um exame adicional, seja histopatológico ou qualquer outro.

Então, pode-se considerar que, em um IML, a verificação de morte de causa supostamente clínica, em tese, deveria ser exceção, mas nem sempre o será. Além dos pontos já mencionados, é do interesse médico-legal a determinação da causa clínica de morte em um custodiado (excluindo violência, que necessariamente já demanda) e nos casos de responsabilidade profissional, em ambas as situações com a finalidade de diagnosticar (ou excluir) condições desde complicações inerentes ao ato médico (ou mesmo um caso de imperícia, negligência e imprudência), bem como das responsabilidades de cuidados do Estado com o custodiado.

É nesse contexto que a Patologia Forense avança como importante ferramenta na determinação da causa de mortes violentas (homicídio, suicídio, acidente), mortes suspeitas e em casos que mereçam atenção técnica mais elaborada.

▶ REFERÊNCIAS

1. Azmak, D. Asphyxial deaths. A retrospective study and review of the Literature. Am J Forensic Med Pathol 2006; 27: 134-44.

2. Becker P. Manual de patologia cirúrgica. Guanabara Koogan, 1977: 17-25.

3. Brasileiro Filho G. Bogliolo Patologia. 5. ed. Guanabara Koogan, 1994.

4. Brasileiro Filho G. Bogliolo Patologia. 7 ed. Guanabara Koogan, 2006.

5. Buja L, Krueger G. Atlas de Patologia Humana de Netter. Artmed, 2007:1.

6. Calabuig JAG, Cañadas EV. Medicina legal y toxicologia. 6. ed. Barcelona: Elsevier Masson, 2004: 274.

7. Cheng L, Bostwick D. Essencials of anatomic pathology. Humana Press, 2002:5-17.

8. De Paiva LAS. Forensic pathology in deaths caused by fire. Saúde, Ética & Justiça 2006; 11(1/2): 1-7.

9. De Paiva LAS, Parra ER, da Rosa DC, Farhat C, Delmonte C, Capelozzi VL. Autopsy-proven determinants of immediate fire death in lungs. Am J Forensic Med Pathol 2008 29(4): 323-9.

10. Delmonte C, Capelozzi VL. Morphologic determinants of asphyxia in lungs. A semiquantitative study in forensic autopsies. Am J Forensic Med Pathol 2001 22(2): 139-49.

11. França GV. Medicina Legal. 8. ed. Guanabara Koogan, 2008.

12. Grellner W, Madea B. Demands on scientific studies: vitality of wounds and wound age estimation. Forensic Science International 165 2007: 150-4.

13. Hernández-Cueto C, Girela E, Sweet DJ. Advances in the diagnosis of wound vitality: a review. Am J Forensic Med Pathol 2000 21(1): 21-31.

14. Hercules HC. Medicina Legal – Texto e atlas. Atheneu, 2005.

15. Iwadate K, Doy M, Ito Y. Screening of milk aspiration in 105 infant death cases by immunostaining with anti-human alpha-lactalbumin antibody. Forensic Sci Int 2001 122(2-3): 95-100.

16. Kondo T. Timing of skin wounds. Leg Med (Tokyo) 2007 9(2): 109-14.

17. Krous HF, Chadwick AE, Haas EA, Stanley C. Pulmonary intra-alveolar hemorrhage in SIDS and suffocation. J Forensic Leg Med 2007 14(8): 461-70.

18. Nikolić S, Micić J, Savić S, Uzelac-Belovski Z. Post-traumatic pulmonary and systemic fat embolism in forensic practice. Prospective histological study. Srp Arh Celok Lek 2000 128(3-4): 90-3.

19. Oehmichen M. Vitality and time course of wounds. Forensic Science International 2004; 144: 221-31.

20. Ohshima, T. Forensic wound examination. Forensic Science International 2000; 113: 153-64.

21. Piette MHA, De Letter EA. Drowning: still a difficult autopsy diagnosis. Forensic Science International 2006; 163: 1-9.

22. Rubin R, Strayer D. Rubin's Pathology. 5. ed. Lippincott Williams & Wilkins, 2008: 1.

23. Zappa JEB, Galvão LC. Exames auxiliares em Medicina Legal (apostila). 2008.

CAPÍTULO 24

Avaliação de Marcas de Mordidas

Jeidson Antônio Morais Marques • Jamilly de Oliveira Musse

▶ INTRODUÇÃO

Uma importante área de estudo e análise no campo da Odontologia Legal consiste no reconhecimento e na interpretação de marcas e lesões produzidas por mordidas humanas, que podem ser observadas tanto na pele como em alimentos e objetos. Em casos de estupros, sequestros, lutas e violência infantil, a mordida deixada pode significar a resolução de um crime e ter papel decisivo na identificação do criminoso. Normalmente, as marcas de mordidas são realizadas pelo criminoso; no entanto, na tentativa de defender-se, a vítima pode também mordê-lo.[1-3]

Uma vez identificada a mordida, é necessário tomar algumas providências, como notificação e descrição detalhada da lesão, além do registro fotográfico. O registro imediato das mordidas, uma boa técnica de coleta das impressões e uma avaliação detalhada de todas as evidências disponíveis serão elementos imprescindíveis para a análise técnico-científica.[4]

A pele é um pobre material de impressão. Quatro fatores devem ser considerados na interpretação de mordeduras nessa superfície: os dentes do agressor, a ação da língua, lábios e bochecha durante a ação da mordida, o estado mental do agressor e a parte do corpo que foi atingida. Outros pontos importantes a serem observados são: momento da agressão (em casos antes ou depois da morte), reação dos tecidos adjacentes à lesão, posição do corpo quando encontrado e a posição do corpo quando ocorreu a mordida.[5-8]

▶ COLEÇÃO DE EVIDÊNCIAS

As marcas de mordida representam dois principais tipos de evidências: física e biológica. A aparência física da lesão e a presença de características únicas podem ser estudadas mediante análise métrica e análise comparativa com a dentição do suspeito.

Todas as informações referentes à lesão devem ser relatadas e documentadas, incluindo localização anatômica, orientação de estruturas adjacentes, contorno das superfícies, natureza da pele, forma, cor, dimensões da marca e tipo da lesão. Em seguida, devem ser feitas as fotografias.

▶ REGISTRO FOTOGRÁFICO

A fotografia é um dos melhores métodos para documentar a análise das mordidas. A técnica deve ser cuidadosa, lembrando que para evitar distorções recomenda-se manter o paralelismo entre o filme e a marca e incluir sempre uma escala ou régua milimetrada.

O local da lesão deve ser extensivamente fotografado, usando-se filmes coloridos, em preto e branco ou com câmeras digitais. A fotografia é considerada a parte mais barata do protocolo de recuperação da lesão e, em alguns casos, tem sido considerada a mais significante e útil evidência.

Em virtude da mudança da lesão com o passar do tempo, tanto para vítimas vivas como em óbito, as fotografias devem ser repetidas a intervalos regulares de tempo por vários dias. Intervalos de 24 horas por 5 dias têm sido efetivos para reprodução da maturação da lesão.

Segundo o protocolo do American Bureau of Forensic Odontology (ABFO),[3] as fotografias devem ser feitas de acordo com os seguintes passos:

- fazer fotografia de orientação com visão mais afastada e em *close*;
- utilizar resolução que permita qualidade;
- fazer fotografia com e sem escala no local (deverá ser uma escala nº 2 do ABFO – Figura 24.1);
- utilizar a escala no mesmo plano e adjacente à mordida;
- fotografar em ângulo que elimine distorções;
- fazer fotografias em série, em caso de vítimas vivas.

A câmera deve ser montada preferencialmente em um tripé e ser posicionada em um ângulo de 90 graus com o plano da impressão. Se a lesão não estiver localizada em um único plano focal, cada plano deve ser separadamente fotografado. As fotografias formam uma parte essencial das evidências de marcas de mordida. Elas podem ser o único registro atual da lesão perante um tribunal e podem ser usadas meses ou anos após o crime.

A escala nº 2 do ABFO (Figura 24.1) é rígida e linear, com formato de "L", e contém três círculos nas extremidades, para possibilitar a correção de possíveis distorções quando o plano do filme não está paralelo ao da escala. Durante a fotografia, o plano da lente da máquina deve estar paralelo à escala, evitando imagens defeituosas (Figura 24.2).

Fotografias feitas com alta qualidade e com exposições corretas constituem o método mais importante de

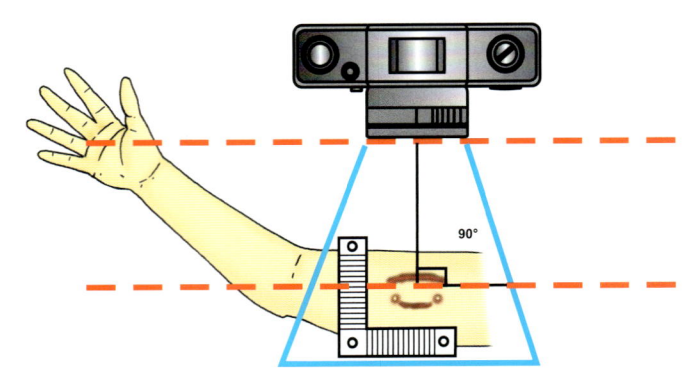

Figura 24.2 ▶ Ilustração do registro fotográfico com plano da lente da câmera paralelo ao plano de impressão da mordida

documentação de uma mordedura e são cruciais para alguma comparação subsequente entre a lesão e a dentadura do suspeito.

▶ ESTUDO DA SALIVA PRESENTE NAS MORDEDURAS

Traços de saliva presentes no local da mordida podem ser provas bastante úteis na investigação, pois não é possível causar uma mordida sem que haja presença de saliva. Por meio da saliva poderá ser feito o exame sorológico a fim de identificar o tipo sanguíneo do autor, se ele é secretor do sistema ABO e o exame de DNA.

Mesmo se a saliva e as células estiverem secas, elas devem ser coletadas com um *swab* estéril com água destilada, seco e colocado em um tubo ou envelope de papelão. Uma amostra de controle deve ser obtida da região da pele não envolvida. Os *swabs* devem ser secos ao ar livre e, em seguida, armazenados em envelope de papel, para evitar a ação de fungos.[10]

A quantidade de saliva depositada na pele é frequentemente muito pequena em casos de marca de mordida, sendo necessária a utilização de métodos cujos resultados promovam a recuperação da quantidade máxima possível de células salivares e minimizem qualquer chance de contaminação pelas células da pele da vítima.

Para recuperação da saliva, recomenda-se a técnica do *swab* duplo. Essa técnica, descrita e testada por David Sweet, baseia-se na utilização de dois *swabs* estéreis distintos (Figura 24.3).[9] O primeiro *swab* é imerso em água destilada, e sua ponte esponjosa é umedecida completamente. A parte esponjosa é então rolada pela superfície da pele, com pressão moderada e movimentos circulares (Figura 24.4).

No movimento citado, deve-se realizar a rotação do *swab*, permitindo o máximo contato entre o *swab* e a pele, umedecendo a saliva seca e coletando o máximo de evidência possível. O segundo *swab* não é umedecido, mas deve-se usar pressão e movimentos similares ao primeiro, recuperando a mistura remanescente sobre a superfície da pele.

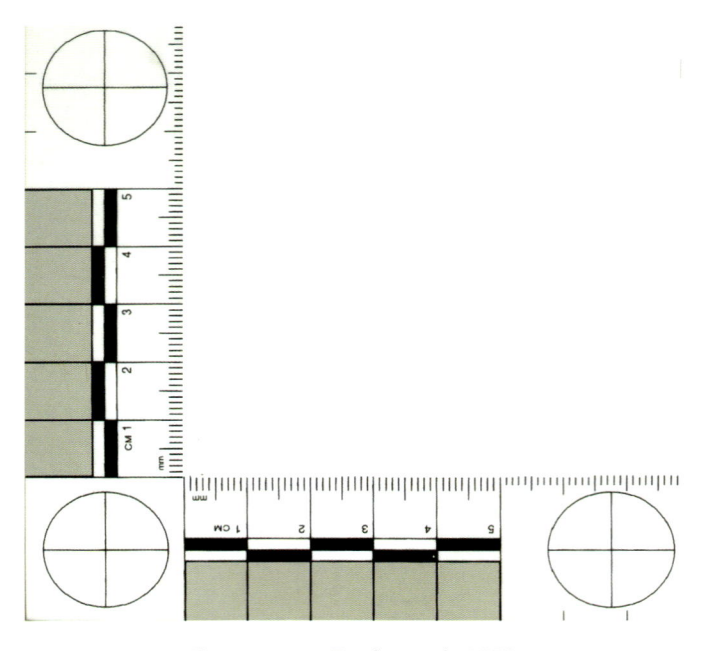

Figura 24.1 ▶ Escala nº 2 do ABFO

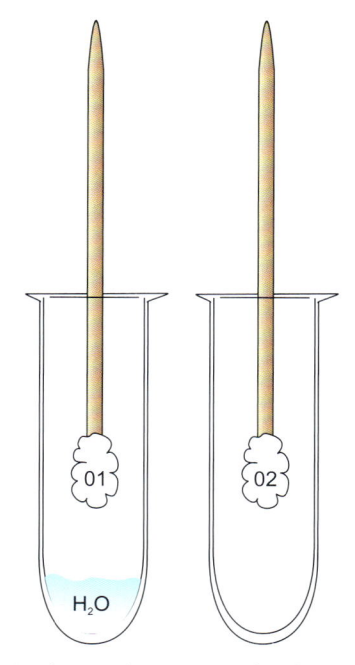

Figura 24.3 ▶ *Swabs* úmido e seco utilizados para aplicação da técnica

Figura 24.4 ▶ Coleta inicial de saliva utilizando o *swab* umedecido em água destilada

Ambos os *swabs* devem ser secos ao ar livre e acondicionados em envelopes de papel para evitar contaminação e proliferação de micro-organismos.

▶ MOLDAGEM

Deverão ser feitas as moldagens dos suspeitos e da vítima. O material mais utilizado para a moldagem dos arcos dentários é o alginato, em razão de seu baixo custo e fácil manipulação (Figuras 24.5 e 24.6).

Existem no mercado vários materiais de moldagem, de diversos fabricantes, que apresentam diversas propriedades. A escolha do material de impressão deve ser feita segundo a preferência pessoal do perito, desde que sejam seguidas as instruções do fabricante quanto ao preparo e à manipulação do material.[11-13]

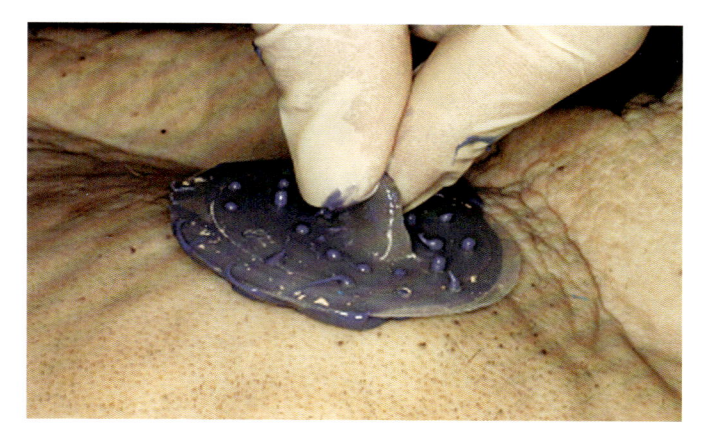

Figura 24.5 ▶ Moldagem de mordida na pele com poliéster

Figura 24.6 ▶ Molde da impressão dentária em silicone de adição

▶ ANÁLISE DAS MORDEDURAS

A análise não se limita exclusivamente ao estudo dos dentes do agressor,[14-16] devendo ser levadas em consideração também a ação da língua, dos lábios e das bochechas, em virtude de ação da musculatura, e a parte do corpo que foi afetada.[5]

Além da própria identificação do agente, quatro pontos fundamentais na investigação forense podem ser elucidados pela análise minudente das marcas de mordida:

- violência da agressão;
- precedência ou sequência na produção das mordidas, quando mais do que uma;
- reação vital das lesões, para determinar se foram produzidas *intra vitam* ou *post mortem*;
- data aproximada das mordidas, isto é, tempo transcorrido entre sua produção e o exame.

A elasticidade e a retratilidade dos tecidos, em razão da posição do corpo, podem respectivamente, quando da mordida, aumentar ou diminuir o tamanho da impressão deixada, causando distorção. Recomenda-se ao perito o reposicionamento do corpo para a documentação fotográfica e o estudo do caso.[5]

Na análise de mordeduras, o perito deve:

- observar se a mordida é humana ou de animal;
- não descartar a possibilidade de que seja uma mordida simulada;
- verificar a localização topográfica no corpo;
- observar se a lesão representa a impressão de duplo arco ou não;
- diagnosticar se as lesões foram produzidas em vida ou *post mortem*.

O protocolo de análise para comparação de marcas de mordida é feito por meio de duas categorias: primeiramente, as mensurações de locais específicos, como distância intercanina, chamada *análise métrica*, e, secundariamente, o emparelhamento físico ou comparação da forma e padrão da lesão, chamado *associação padrão*.[17,18]

Na análise métrica, cada detalhe ou traço do dente do suspeito que é capturado na lesão deve ser medido e registrado. O comprimento, a largura e a profundidade das marcas de cada dente específico devem ter a dimensão e a forma do local da lesão e devem ser calculadas outras dimensões, como a distância intercanina, o espaço entre as marcas dos dentes, as indicações de mau posicionamento ou ausência de dentes. As medidas (em milímetros) das particularidades podem ser notificadas de acordo com o escore preconizado pelo ABFO.

A *associação padrão* tem como principal instrumento a sobreposição das imagens. Diversas técnicas de sobreposição utilizam a imagem do objeto conhecido diretamente sobre a imagem do objeto em questão, avaliando os pontos coincidentes e os divergentes. Um método de sobreposição bastante utilizado para comparação do padrão da mordida dos dentes do suspeito consiste na produção da imagem das superfícies incisais dos dentes superiores e inferiores sobre uma matriz plástica transparente. Com o desenho do arco feito a partir dos modelos em tamanho real, será feita a sobreposição com a fotografia da marca de mordida, sucedida pela avaliação do odontolegista.[5]

A sobreposição das imagens pode ser feita de várias formas, manuais ou por meio de imagens digitalizadas. As formas manuais utilizam folhas de acetato transparentes ou semitransparentes posicionadas sobre os modelos de gesso, proporcionando a cópia das superfícies incisais e posteriormente sobrepostas às impressões dentárias. As técnicas digitalizadas podem ser feitas mediante o escaneamento das imagens ou de fotografias digitais e podem ser manipuladas por meio do programa Adobe Photoshop.

Melani[5] descreve duas metodologias para a obtenção do registro do contorno das superfícies incisais e oclusais dos dentes feito com folhas transparentes de acetato para a sobreposição com a fotografia da lesão.

Uma delas consiste em obter-se uma fotografia do modelo para posteriormente copiar o registro em papel transparente; na outra, realiza-se o registro em folha transparente ao efetuar um contato direto do modelo de gesso com esta.

O perito odontolegal deve ter conhecimento das vantagens e desvantagens de várias técnicas utilizadas na comparação de marcas de mordidas. O uso de um único método ou em combinação com outros utilizados pelo perito dependerá da localização, do tipo de objeto em que ocorreu a mordida ou da qualidade da impressão, pois não há um método melhor que possa ser utilizado em todas as situações ou materiais.

Durante a análise das mordeduras, os peritos podem chegar a diversos níveis de conclusão. De acordo com o ABFO,[3] a classificação de possíveis conclusões incluem:

1. **Identificação positiva:** o suspeito é identificado por diversos métodos e critérios utilizados pelos peritos. Outros especialistas com experiências semelhantes, após análise, podem afirmar com o mesmo grau de certeza.

2. **Provável identificação:** é mais provável que o suspeito tenha efetuado a impressão do que o contrário.

3. **Possível identificação:** não exclusivo, os dentes do suspeito podem ter efetuado a marca, porém outros indivíduos também podem tê-la efetuado.

4. **Dados insuficientes para avaliação:** inconclusivo, existem detalhes ou evidências insuficientes que levem a uma conclusão precisa da ligação entre a dentição do suspeito e a marca da mordida.

5. **Identificação negativa:** exclusão, existem discrepâncias entre a impressão e a dentadura do suspeito que excluem a possibilidade de o suspeito ter feito a mordida.

▶ EXIBIÇÃO DOS RESULTADOS

O peso dado a uma conclusão no tribunal é baseado no número de características observadas na impressão. O número de pontos coincidentes necessários para comprovar a ligação de um suspeito à impressão dentária varia de caso para caso.

O perito deve expressar os resultados da maneira mais clara possível. Os resultados podem ser exibidos por meio de *slides*, multimídia, fitas de vídeo, modelos, impressões, álbuns de fotografias apropriados e outros recursos visuais.

▶ REFERÊNCIAS

1. Marques JAM. Metodologias de identificação dês marcas de mordidas. [Dissertação de Mestrado]. São Paulo. Faculdade de Odontologia da Universidade de São Paulo, 2004, 190p.

2. Marques JAM, Barros GB, Musse JO, Cardoso PEC, Silva M. Estudo da distância intercanina no processo de identificação de marcas de mordidas humanas. Rev APCD 2005; 59(5): 363-6.

3. American Board of Forensic Odontology (ABFO). Bitemark Methodology Guidelines. Disponível em: http://www. abfo.org [2006 set. 18].

4. Bernitz H, van Niekerk PJ. Bungled bite mark evidence collection: a proposed protocol for the prevention thereof. SADJ 2003; 58(1): 16-9.

5. Melani RFH. Marcas de mordidas. In: Silva M. Compêndio de Odontologia Legal. São Paulo: Medsi, 1997: 475-83.

6. Marques JAM, Galvão LCC. Estudo pericial de marcas de mordidas. In: Galvão LC. Medicina Legal. Ed. Santos, 2008.

7. Marques JAM, Silva M, Galvão LCC. Marcas de mordidas. Feira de Santana. Ed. UEFS, 2007.

8. Marques JAM. Prevalência de lesões causadas por mordidas humanas e desenvolvimento de técnica para análise de mordidas na pele em investigações criminais. [Tese]. Araçatuba: UNESP – Universidade Estadual Paulista, 2007.

9. Musse JO, Silva RHA, Oliveira RN, Melani R. Human bite mark identification and DNA technology in forensic dentistry. Brazilian Journal of Oral Science 2006; 5(19): 1193-7.

10. Anzai-Kanto E, Hirata MH, Hirata RD, Nunes FD, Melani RF, Oliveira RN. DNA extraction from human saliva deposited on skin and its use in forensic identification procedures. Braz Oral Res 2005; 19(3): 216-22.

11. Bernitz H, van Niekerk PJ. Bungled bite mark evidence collection: a proposed protocol for the prevention thereof. SADJ 2003; 58(1): 16-9.

12. Campelo RIC, Genú PR. O estudo das marcas de mordida. In: Vanrell JP. Odontologia Legal e Antropologia Forense. Rio de Janeiro: Guanabara Koogan, 2002: 68-72.

13. Leal MCC, Zimmerman RD. Processos odontológicos de identificação. In: Campos MS et al. Compêndio de Medicina Legal aplicada. Recife: Edupe, 2000: 55-68.

14. Silva M, Ramos DLP, Turano LM. Identificação por meio de impressões dentárias: relato de caso. Temas. Museu Paulista de Antropol 1989; 4: 27-32.

15. Daruge E, Massini N. Identificação pela mordedura. Quintessência, Rev de Odontologia Clínica, 4 de abril de 1997.

16. Silva M. Perícias odontolegais. In: Figini ARL, Silva JRL, Jobim LF, Silva M da. Identificação humana. 2. ed. São Paulo: Milennium, 2003: 325-416.

17. Sweet D, Pretty IA. A look at forensic dentistry – Part 2: teeth as weapons of violence-identification of bitemark perpetrators. Br Dent J 2001; 190(8).

18. Sweet D. Human bitemarks: examination, recovery and analysis. In: Bowers CM, Bell GL. Manual of forensic odontology. 3. ed. American Society Forensic Odontol, 1997: 148-69.

CAPÍTULO 25

Responsabilidade Civil por Danos à Saúde

Eduardo Camargos Couto • Karla C. Giacomin

▶ INTRODUÇÃO

A saúde é "um estado dinâmico de completo bem-estar físico, mental, espiritual e social, e não apenas a ausência de doença ou enfermidade". Este conceito data de 1948 e foi reafirmado, em 1983, durante a Assembleia Mundial de Saúde da Organização Mundial da Saúde (OMS).

Os serviços de saúde, prestados por profissionais de saúde e por instituições de assistência à saúde, têm como finalidade primeira promover saúde, prevenir males, tratar as doenças e reabilitar os doentes.

Mais recentemente, os avanços biotecnológicos têm contribuído para a melhora do diagnóstico e o aumento das chances de cura. Enfermidades antes não enfrentadas por falta de conhecimento e tecnologia são hoje tratadas, mas esse desenvolvimento cria novos riscos inerentes aos próprios exames, tratamentos e intervenções (muitas vezes invasivos) para os que se submetem a eles: os usuários dos serviços de saúde, também denominados pacientes.[1]

Nos últimos 6 anos, a quantidade de processos envolvendo erro médico que chegaram ao Superior Tribunal de Justiça aumentou 200%. Em 2002, foram 120 processos. Em 2010, até o final do mês de outubro, já eram 360 novos processos autuados por esse motivo, em sua maioria recursos questionando a responsabilidade civil do profissional.[2] Levantamento parcial realizado pelo Conselho Nacional de Justiça (CNJ) constatou que em 20 dos 91 tribunais brasileiros existem mais de 112 mil processos sobre demandas na área de saúde em andamento (112.324, no total). Em São Paulo, o Tribunal de Justiça possui 44.690 processos do tipo e o Tribunal de Justiça do Rio de Janeiro tem 25.234.[3] Grande parte dessas ações está relacionada com erros e danos causados à saúde das pessoas atendidas por serviços de saúde.

Daí a necessidade de que os serviços de assistência à saúde e o fornecimento de produtos que interfiram na saúde caminhem rapidamente para se tornarem atividades mais objetivas, mensuráveis, seguras. Nesse sentido, a regulação estatal e organizações certificadoras de instituições prestadoras de serviços de saúde definem, cada vez mais, os parâmetros mínimos aceitáveis de segurança sanitária que devem ser observados por todos.

Quando há dano à saúde, seja patrimonial ou moral, e dúvida sobre a responsabilidade de alguém pelo

[1] A palavra paciente tem várias denominações. Do latim: *patiens*, de *patior*, que significa sofrer, suportar, aturar. Entre as nove definições que constam no Aurélio, além de resignado, tranquilo, há vítima, pessoa que padece, doente. Padecer pode ser mesmo uma condição do paciente do serviço de saúde, mas isso não significa que ele tenha que ser paciente no sentido de aceitar o tratamento a que vem se submetendo sem questionar sua qualidade e seu acerto.

[2] www.stj.gov.br/portal_stj/publicacao (em 21 de novembro de 2010).
[3] www.tj.sp.gov.br/Noticias/Noticia (em 17 de novembro de 2010).

dano, a perícia judicial especializada é o meio de prova,[4] normalmente, mais considerado.[5] Por se tratar de uma matéria muito técnica, o perito oficial, bem como os peritos assistentes, fará seu trabalho com maior segurança e, consequentemente, apresentará laudos e pareceres técnicos mais consistentes, na mesma proporção em que encontrar registros fidedignos, que tragam tangibilidade a aspectos anteriores à intervenção e durante e após esta.

O desafio de compreender os limites da aplicação da responsabilidade civil em serviços de saúde é uma oportunidade para refletir sobre os dilemas vivenciados na prática de usuários, prestadores e gestores de serviços de saúde e os operadores do Direito. O princípio sustentáculo da ideia da responsabilidade civil é: responderá pelo dano quem o causa (responsabilidade subjetiva) ou quem exerce atividade de risco independentemente de culpa (responsabilidade objetiva).

O interesse crescente no entendimento dessa matéria suscita questões fundamentais quanto à partilha de responsabilidades dos envolvidos diante da condição de saúde:

- a corresponsabilidade do paciente para o sucesso ou não de sua saúde;
- a corresponsabilidade do profissional de saúde, por meio de um comportamento ético e da sua proficiência técnica;
- a corresponsabilidade da instituição prestadora de serviço de saúde, garantindo a máxima segurança sanitária;
- a corresponsabilidade do Estado na efetivação do direito à saúde;
- a exclusão da responsabilidade devido à ocorrência de caso fortuito ou força maior, evolução natural da doença, entre outros.

Este capítulo apresenta os limites e dilemas da partilha de responsabilidades diante do dano entre o paciente, o profissional de saúde, o serviço e o sistema de saúde, em um Estado de Direito, gerido por leis e normas ordenadoras. Além disso, sugere uma discussão acadêmica e doutrinária profunda, em várias áreas do conhecimento, com a finalidade de promover maior segurança sanitária e jurídica para pacientes, profissionais e instituições que prestem serviços e/ou forneçam produtos de interesse da saúde.

---

[4]**CC, Art. 212.** Salvo o negócio a que se impõe forma especial, o fato jurídico pode ser provado mediante: I – confissão; II – documento; III – testemunha; IV – presunção; V – perícia.
[5]**CPC – Código de Processo Civil: Art. 131.** O juiz apreciará livremente a prova, atendendo aos fatos e circunstâncias constantes dos autos, ainda que não alegados pelas partes; mas deverá indicar, na sentença, os motivos que lhe formaram o convencimento. **CPC, Art. 1.107.** Os interessados podem produzir as provas destinadas a demonstrar as suas alegações; mas ao juiz é lícito investigar livremente os fatos e ordenar de ofício a realização de quaisquer provas.

► GLOSSÁRIO DE INSTITUTOS JURÍDICOS E DE SIGLAS

Nesta seção são apresentados alguns dos institutos jurídicos que regem o tema da Responsabilidade Civil em saúde, no Direito brasileiro, os quais se encontram na Constituição Federal (CF, 1988), no Código Civil (CC) e no Código de Defesa do Consumidor (CDC, 1990) (Diniz, 2009; Reale, 2009; Silva, 2008). Sem qualquer pretensão de entrar em minúcias de conceitos ou em divergências doutrinárias, o glossário visa subsidiar e facilitar a compreensão do leitor não necessariamente afeito a termos, institutos jurídicos,[6] profissional de outras áreas, interessado em conhecer as normas e os principais dispositivos legais que regem seu ofício no que diz respeito ao tema da Responsabilidade Civil.

Siglas utilizadas no capítulo:

CC	–	Código Civil
CDC	–	Código de Defesa do Consumidor
CEM	–	Código de Ética Médico
CEO	–	Código de Ética Odontológico
CPC	–	Código de Processo Civil
CP	–	Código Penal
CPP	–	Código de Processo Penal
CF	–	Constituição Federal
STJ	–	Superior Tribunal de Justiça

- **Abuso de direito:** comete ato ilícito o titular de um direito que, ao exercê-lo, excede manifestamente os limites impostos pelo seu fim econômico ou social, pela boa-fé ou pelos bons costumes.[7] São *atos abusivos* que geram responsabilidade civil: (a) intenção de lesar outrem, ou seja, no exercício de um direito com o intuito exclusivo de prejudicar, que deverá ser provado por quem o alega; (b) ausência de interesse sério e legítimo; (c) exercício do direito fora de sua finalidade econômica e social. A violação ocorre no exceder dos limites impostos ao exercício de um direito (p. ex., um profissional de saúde proceder a uma intervenção cirúrgica em um paciente e o lesar, tendo feito uso de uma técnica nova que ainda não goza de aprovação científica, sem que o paciente tenha lhe dado o *consentimento esclarecido*). Nesta situação ocorrerá o abuso de direito. A "ilicitude" do ato praticado com abuso de direito tem natureza objetiva, aferível independentemente de culpa.[8]

- **Ação comissiva ilícita:** é fazer o que não se devia praticar. Por exemplo, quando um profissional decide sem consultar o paciente nem obter deste sua anuência sobre a condução do caso, ele comete ato ilícito, pois o Código de Ética da profissão reconhece a autonomia do paciente.

---

[6]Reale, 2009.
[7]**CC, Art. 187.**
[8]Nery, 2005.

- **Ação omissiva ilícita:** refere-se à não observância de um dever de agir ou da prática de certo ato que deveria realizar-se (p. ex., o profissional de saúde descumprir o dever de informar previamente o paciente das possíveis consequências de um tratamento, uma cirurgia, fisioterapia, quimioterapia, implante dentário, administração medicamentosa etc.).

- **Anuência direta do paciente:** trata-se de uma das excludentes de responsabilidade civil, ou seja, significa que a vítima livremente consente na lesão a seu próprio direito. Geralmente há uma opção do indivíduo em assumir os riscos na expectativa de possíveis ganhos. Por exemplo, se um indivíduo gravemente enfermo consente, estando devidamente esclarecido, em tomar um novo remédio em experimentação, mas cujos efeitos não são conhecidos, para conseguir sua cura, o médico não responderá civilmente pelas consequências.[9] Nesse caso, a anuência da vítima não gera responsabilidade civil porque o dano sofrido teve seu prévio e esclarecido consentimento. Diante de um risco de vida emergencial, o profissional tomará atitudes pautadas no conhecimento técnico atualizado para salvar-lhe a vida, sem coletar a devida anuência por impossibilidade prática, e fica livre da responsabilização civil pelo resultado. Outra situação seria a de a pessoa consciente e informada não anuir expressamente para uma operação destinada a amputar-lhe um membro gangrenado. Nesse caso, o profissional de saúde deverá responder civilmente pelos resultados da intervenção cirúrgica.

- **Anuência indireta, tácita e consentimento esclarecido do paciente:** acontece quando a pessoa aceita os riscos normais de um procedimento. Para que o autor do eventual dano não seja responsabilizado civilmente é necessário que esse consentimento seja livre, por pessoa capaz, no domínio de informações suficientes e claras, e de suas faculdades mentais que lhe garantam a compreensão sobre os riscos a que se expõe. Por exemplo, se um indivíduo concorda em se submeter a um tratamento dentário, estando bem informado sobre os benefícios e os riscos, estará aceitando os riscos normais do processo, mas não os anormais, como no caso de lesões sofridas por condutas contrárias à ética odontológica ou aos protocolos odontológicos cientificamente aprovados. Esse consentimento deve ser expresso, verbalmente ou por escrito, sendo obrigatoriamente por escrito se algum dispositivo legal assim determinar. Aconselha-se sempre tentar obter o consentimento por escrito do paciente ou responsável nas situações de maior risco.

- **Ato ilícito:** ação contrária ao direito, sendo o agente consciente da ilicitude do resultado.[10] Para que haja imputabilidade, a pessoa deve agir por uma vontade livre e capaz. São exceções a imputabilidade a menoridade, a demência ou grave desequilíbrio mental que torne o agente incapaz de controlar suas ações, e anuência da vítima, exercício normal de direito, legítima defesa e estado de necessidade. Não constituem atos ilícitos: aqueles praticados em legítima defesa ou no exercício regular de um direito reconhecido; a deterioração ou destruição da coisa alheia, ou a lesão à pessoa, a fim de remover perigo iminente, somente quando as circunstâncias o tornarem absolutamente necessário, não excedendo os limites do indispensável para a remoção do perigo.

- **Atos ilícitos culposos:** em sentido estrito, são atos em que o agente não tem a intenção de praticar o ilícito, mas o pratica por negligência, imperícia ou imprudência. Negligência é a inobservância de normas que ordenam agir com atenção, capacidade, solicitude e discernimento. Imperícia é a falta de habilidade ou inaptidão para praticar certo ato. Imprudência é a precipitação ou o ato de proceder sem cautela.

- **Atos ilícitos dolosos:** são atos nos quais a ação ilícita é desejada e voluntária. O agente quer atingir o efeito de sua ação ou assume o risco em provocá-lo (dolo eventual).

- **Atos lícitos:** aqueles não vedados em lei; também, as exceções legais ao exercício de um ato ilícito, estes chamados excludentes de ilicitudes, como os praticados em legítima defesa ou no exercício regular de um direito reconhecido; a deterioração ou destruição da coisa alheia, ou a lesão à pessoa, a fim de remover perigo iminente, somente quando as circunstâncias o tornarem absolutamente necessário, não excedendo os limites do indispensável para a remoção do perigo (CC, Art. 188).

- **Boa-fé:** trata-se de um dever efetivo de pretender o fim justo de qualquer ação, como dever de honestidade, lealdade, cooperação, de solidariedade na busca da pretensão definida, nos padrões que se espera do "homem comum".

- **Bons costumes:** são regras de convivência consideradas no tempo e no espaço e para certa comunidade. Há diferenças entre regras jurídicas e regras da moral, embora algumas regras da moral sejam também regras do Direito: aquelas às quais a sociedade atribui importância a ponto de querer que sejam obrigatórias e consequentemente, se descumpridas, sejam sancio-

---

[9]Diniz, 2009.

[10]Diniz esclarece que "o ilícito tem duplo fundamento: a infração de um dever preexistente e a imputação do resultado à consciência do agente. (...) Assim, a ação contrária ao direito, praticada sem que o agente saiba que é ilícita, não é ato ilícito, embora seja antijurídica". E exemplifica: "se alguém se apossa de um objeto pertencente a outrem, na crença de que é seu." A consciência da ilicitude faz parte do elemento subjetivo da culpa.

nadas pelo poder público. O direito deve ser cumprido seja ou não da vontade daquele que sofre os efeitos do ordenamento jurídico.

- **Contrato:** é um acordo firmado entre pessoas – sejam elas jurídicas ou físicas –, o qual tem, dentre outros, o pressuposto da livre manifestação da vontade. O contrato pode ser expresso – verbalmente, por escrito ou por qualquer outro sinal que expresse a manifestação de vontade – ou tácito – qualquer manifestação, comportamento ou atitude que denote a manifestação de vontade que não seja a expressa. Por exemplo, se uma pessoa procura um profissional em seu consultório e solicita um tratamento, e o profissional aceita o caso clínico e inicia o tratamento sem nenhum documento escrito, iniciou-se um contrato sem forma escrita, ou seja, o contrato entre o profissional e o paciente é, nesse caso, tácito ou verbal.

- **Culpa:** é a constatação de que o agente influiu para o resultado. No sentido amplo inclui o dolo (vontade consciente de praticar o ilícito) e culpa no sentido estrito (ato praticado com imperícia, negligência e imprudência).

- **Culpa contratual:** é aquela resultante do não cumprimento do contrato.[11] A relação entre o paciente e o profissional de saúde e/ou a relação paciente-instituição de prestação de serviços de saúde é contratual. Um contrato pode gerar uma *obrigação de meio ou de resultado*, bem como *subjetiva ou objetiva*. Saber se ocorreu o não cumprimento do contrato irá depender dos institutos e conceitos que envolvem a relação contratual.

- **Contrato expresso escrito:** é aquele que ocorre por meio de manifestação de vontade escrita. Em geral, o profissional ou instituição de saúde propõe os termos e o paciente ou responsável sugere alterações que quer incluir ou modificar e, estando ambos de acordo, assinam. Isso denota que os signatários concordam com os termos e cláusulas vigentes. Por exemplo, quando há um procedimento de risco, é de praxe solicitar ao paciente ou responsável que assine um contrato.

- **Contrato expresso verbal:** é aquele que ocorre por meio de manifestação oral. Por exemplo, caso as partes tenham dito frases do tipo: *"Doutor, estou procurando-o para que trate de um problema de saúde"* e/ou o profissional: *"Tudo bem, vamos começar o tratamento"*.

- **Contrato não expresso ou tácito:** aquele em que, sem que tenha havido nenhuma formalidade ou manifestação expressa entre as partes, está implícita a vontade de ambos em pactuar uma relação entre prestador de serviços de saúde e paciente. Por exemplo, se o paciente é recebido pelo profissional e descreve os

sintomas, o profissional diagnostica o problema, elabora um plano de tratamento e começa a tratá-lo, sem que nenhum deles tenha verbalmente ou por escrito manifestado suas vontades, por estarem implícitas ou pressupostas, em consequência daquela atitude ou comportamento e fruto da relação que surgiu daquele procedimento, que se denomina relação profissional/paciente. Outro exemplo, quando um passageiro utiliza um transporte coletivo faz-se tacitamente um contrato entre as partes passageiro-empresa de transporte coletivo. Ao adentrar no ônibus, o passageiro está manifestando a vontade de fazer uso da prestação daquele serviço de transporte. O ônibus, ao parar para o passageiro, está manifestando a vontade da empresa em prestar tal serviço. Pronto, está selado o contrato. Portanto, a empresa tem obrigações para com o passageiro e o passageiro o dever de uma contraprestação, que é pagar pelo transporte.

- **Culpa extracontratual:** é aquela em que a relação entre o agente que causou o dano e a vítima não se faz por meio de contrato, mas na qual o autor descumpre um dever legal (p. ex., se o profissional de saúde recusa o atendimento a um paciente em estado grave em um serviço de saúde de emergência).

- **Da obrigação de indenizar:** aquele que, por ato ilícito, causar dano a outrem fica obrigado a repará-lo, independentemente de culpa, nos casos especificados em lei, ou quando a atividade normalmente desenvolvida pelo autor do dano implicar, por sua natureza, risco para os direitos de outrem.[12]

- **Dano:** é o prejuízo moral ou material sofrido pela vítima da lesão.

- **Dano moral ou extrapatrimonial ou não patrimonial:** aquele que atinge elementos de cunho pecuniário e moral,[13] em que a vítima experimenta sofrimento por lesão em direito personalíssimo, ilicitamente causado por outra pessoa, independentemente de ter havido um dano patrimonial. Tanto uma ofensa a um direito personalíssimo (como honra, reputação, fama) pode determinar prejuízos patrimoniais como uma ofensa ao patrimônio pode repercutir em um dano moral.

- **Dano patrimonial:** é o prejuízo ressarcível experimentado pelo lesado, traduzindo-se pela diminuição patrimonial sofrida por alguém em razão de ação deflagrada pelo agente.[14]

- **Direitos da personalidade:** ou *direitos personalíssimos* são os que pertencem ao homem e são também chamados de direitos inatos, absolutos, originários, naturais, indisponíveis, inalienáveis, intransmissíveis, imprescritíveis, irrenunciáveis, direitos essenciais da pessoa. São direitos personalíssimos porque têm a característica de serem únicos e particulares: direito à vida, à liberdade

---

[11]**CC, Art. 389.** Não cumprida a obrigação, responde o devedor por perdas e danos, mais juros e atualização monetária segundo índices oficiais regularmente estabelecidos, e honorários de advogado.

[12]**CC, Art. 927.**
[13]Bittar *apud* Diniz, 2009.
[14]Idem.

física ou intelectual, a seu corpo, a sua imagem e a tudo aquilo que ele crê ser sua honra são exemplos de direitos da personalidade.[15] Por serem inerentes à pessoa humana, saem da órbita patrimonial. São considerados: (a) indisponíveis, porque o indivíduo não pode deles dispor conforme sua vontade; (b) inalienáveis, porque não podem ser objeto de transação comercial, além de insuscetíveis de valoração econômica; (c) intransmissíveis, porque não há como transferir ou ceder sua fruição para outra pessoa; (d) imprescritíveis, pois o direito a sua defesa não desaparece com o tempo, não prescreve; e (e) irrenunciáveis, por não serem algo de que se possa abrir mão, sendo inerentes ao ser humano e dele não podendo ser destacados.

- **Estado de necessidade:** é a situação que se caracteriza pelo sacrifício de um bem alheio, lesão à pessoa, para remover do perigo iminente quando as circunstâncias o tornarem absolutamente necessário, não excedendo os limites do indispensável para a remoção do perigo. O criador da situação de risco é o responsável pela reparação do dano. Nesse caso, para que a responsabilidade de indenizar o dano possa ser afastada por lei, o perigo deve ser certo e iminente (p. ex., o médico amputar a perna de um paciente, vítima de um acidente, para salvar-lhe a vida). Não se confunde o estado de necessidade com o estado de perigo da seara criminal.

- **Excludentes de ilicitude:** são as situações previstas em lei nas quais por uma prévia justificação legal, aquela ação ou omissão passa a ser considerada lícita, isentando o lesante da responsabilidade civil. As causas excludentes de ilicitude são: (a) a anuência da vítima; (b) o exercício regular de um direito; (c) a legítima defesa; e (d) o estado de necessidade.

- **Exercício regular de um direito reconhecido:** ainda que o procedimento resulte em lesão de direitos alheios, fica isento da responsabilidade pelo prejuízo o profissional que o executou no exercício regular de sua profissão. Por exemplo, a extensão de um procedimento cirúrgico para além do inicialmente previsto, em razão de uma situação não prevista que assim exigiu.

- **Fato ilícito:** é o não cumprimento de um dever jurídico, tanto legal como contratual, em que ficam caracterizados: (a) violação do direito ou dano causado a outrem; (b) ação ou omissão do agente; (c) culpa (em sentido amplo: dolo e culpa em sentido estrito).[16]

- **Fim econômico ou social do direito:** o exercício regular do direito está balizado pelo seu fim econômico ou social. Ou seja, considerar-se-ão não apenas as pretensões individuais, mas os interesses e o respeito aos valores econômicos de toda a coletividade. Logo haverá *abuso de direito* por parte de seu titular se este o utilizar em desacordo com sua finalidade social ou tiver um caráter antieconômico e prejudicar alguém.

- **Imperícia:** palavra de origem latina, *imperitia*, de *imperitus* (ignorante, inábil, inexperiente), entende-se, no sentido jurídico, quando se demonstra a falta de prática ou ausência de conhecimentos que se mostram necessários para o exercício de uma profissão ou de uma arte qualquer. Revela-se na ignorância, na inexperiência ou na inabilidade acerca de matéria que deveria ser conhecida para que se leve a bom termo ou se execute com eficiência o encargo ou serviço que foi confiado a alguém. Também chamada de culpa profissional ou técnica, é a falta de aptidão ou atitudes adequadas no exercício de arte ou profissão.

- **Imprudência:** consiste na violação da regras de condutas ensinadas pela experiência. Resulta da imprevisão do agente ou da pessoa em relação às consequências de seu ato ou ação, quando devia ou podia prevê-las. É a atuação sem precaução, de maneira precipitada, imponderada. Uma característica fundamental da imprudência é que a culpa se desenvolve paralelamente à ação, isto é, enquanto o agente pratica a conduta comissiva ocorre, simultaneamente, a imprudência.

- **Imputabilidade:** para que haja responsabilidade, a pessoa deve agir por uma vontade livre e capaz, por isso são exceções: a menoridade, a demência ou grave desequilíbrio mental que torne o agente incapaz de controlar suas ações e as excludentes da responsabilidade: anuência da vítima, exercício normal de direito, legítima defesa e estado de necessidade.[17]

- **Indenização:** é a compensação ao dano que deriva de uma ação ou omissão do lesante que infringe um dever legal, contratual ou social[18] Para que os danos sejam passíveis de indenização é necessário demonstrar: (a) a diminuição de um bem jurídico, patrimonial ou moral, pertencente a uma pessoa; (b) a relação de causa entre o dano e a conduta de seu causador; (c) a certeza ou efetividade do dano; (d) a atualidade ou subsistência do dano; (e) a pessoalidade do dano; (f) a legitimidade do autor para pleitear a indenização; e (g) a ausência de causas excludentes de responsabilidade.

- **Moral:** é um código de condutas respeitado por questões de foro íntimo, de maneira espontânea naquela sociedade. Ao contrário do Direito, no qual o

---

[15]**CC, Art. 12.** Pode-se exigir que cesse a ameaça, ou a lesão, a direito da personalidade, e reclamar perdas e danos, sem prejuízo de outras sanções previstas em lei. **Art. 13.** Salvo por exigência médica, é defeso o ato de disposição do próprio corpo, quando importar diminuição permanente da integridade física, ou contrariar os bons costumes. Parágrafo único. O ato previsto neste artigo será admitido para fins de transplante, na forma estabelecida em lei especial. **Art. 14.** É válida, com objetivo científico, ou altruístico, a disposição gratuita do próprio corpo, no todo ou em parte, para depois da morte.
[16]Pereira, 2004.

---

[17]Diniz, 2009.
[18]"Se o dano material e o moral decorrerem do mesmo fato, as indenizações serão cumuláveis" (**STJ, Súmula 37**).

Estado define as normas e aplica sanções em caso de descumprimento, a moral não possui essa obrigatoriedade nem gera sanções ou punições. Na moral, caso a pessoa descumpra seu código moral pessoal, a sanção pode ser de cunho interno (arrependimento, culpa) ou aplicada pelo grupo social (modificação do tratamento pelo grupo a título de reprimenda) ou ambas.

- **Negligência:** configura-se em uma falta de cuidados necessários para impedir a ocorrência de um dano. Na negligência pressupõem-se uma conduta negativa (omissão) e um dever jurídico preexistente. É o contrário da diligência.

- **Patrimônio:** trata-se dos bens materiais disponíveis a uma pessoa. Do ponto de vista jurídico, conceitua-se como "a universalidade jurídica constituída pelo conjunto dos bens economicamente úteis que se encontram dentro do poder de disposição de uma pessoa".[19]

- **Perícia:** é a habilidade para exercer sua profissão. Engloba três perspectivas, definidas por Sander (1995): eficiência, eficácia e efetividade.

- **Responsabilidade civil:** é a consequência fundamental do ato ilícito ou da ilicitude, na qual reside a obrigação de reparação. Pode ser de duas naturezas: a dependente da culpa ou subjetiva (depende do sujeito) e a independente da culpa ou objetiva (só depende do aspecto objetivo, material, da ocorrência do dano).

- **Responsabilidade civil objetiva:** é a obrigação de reparar o dano que independe da ocorrência ou da verificação da ocorrência da culpa. O que se verifica é a ocorrência do dano e se há nexo causal entre o produto ou a prestação de serviço e o dano.

- **Responsabilidade civil subjetiva:** exige descumprimento legal (ato ilícito) e dano e depende da ocorrência da culpa entre a conduta do agente e a lesão, podendo ocorrer por dolo, ação ou omissão voluntária,[20] ou por culpa em sentido estrito (negligência,

imprudência, imperícia). Os bens do causador do ato ilícito servirão para ressarcir a vítima pelos prejuízos. Se houver mais de um causador do dano, todos respondem pelo mesmo solidariamente, podendo o titular da ação de indenização acionar um ou todos judicialmente.

- **Titular de um direito:** sujeito que possui determinadas prerrogativas de agir conforme o Direito e de invocar sua proteção, em virtude da norma estabelecida. É aquele que tem a permissão dada por uma norma para fazer ou não fazer alguma coisa, para ter ou não ter alguma coisa, ou, também, a autorização para exigir por meio do poder público o cumprimento da norma infringida ou a reparação do prejuízo causado pela violação da norma.

▶ DA RESPONSABILIDADE CIVIL

Responsabilidade Civil no Direito Brasileiro

A relação entre um prestador de serviço de saúde – seja pessoa física ou jurídica – e um paciente tem sido alvo de muita controvérsia no campo jurídico, a partir do advento do CDC (1990).

É fato que o profissional de saúde e o paciente dividem responsabilidades no cuidado à saúde. Embora tenham ocorrido ganhos inegáveis na esperança de vida ao nascer, o ser humano é finito e a morte é o evento último da vida. Essa constatação beiraria o óbvio, não fora a relutância das ciências médicas e da humanidade em aceitar a morte como algo natural (Giacomin, 2005). Além disso, o avanço no conhecimento científico pós-moderno trouxe transformações, conquistas e perdas ainda não completamente dimensionadas pela sociedade:

- Até poucas gerações atrás, a maioria das pessoas morria em casa, enquanto hoje mais 70% dos óbitos acontecem em hospitais;

- As condições modernas de vida e os cuidados de saúde têm sido capazes de assegurar que a maioria das pessoas sobreviva e que a morte aconteça, na maior parte dos casos, na velhice;

- À medida que o conhecimento aumenta, também aumentam a subespecialização, a tecnologia de ponta e os riscos nos procedimentos propedêuticos e terapêuticos;

- Se anteriormente o cuidado era personalizado, ainda que não fosse acessível à maior parte da população, hoje o acesso está assegurado constitucionalmente e tem-se ampliado, mas à custa de uma massificação do atendimento e/ou de uma mercantilização dos procedimentos e, finalmente,

- A relação profissional-paciente, que é responsável pelo estabelecimento da confiança fundamental para a eficiência de qualquer tratamento e deveria estar embasada em uma abordagem, além de tecnicamente ajustada à *lex arts* médica, personalizada e humani-

---

[19]Ficher *apud* Diniz, 2009:67.

[20]Voluntária no sentido de que a ação ou omissão foi livre e capaz por parte do autor. Há que ser livre da coação: a coação é tratada pelo Código Civil nos artigos do capítulo IV, Dos Defeitos do Negócio Jurídico: **CC, Art. 151.** A coação, para viciar a declaração da vontade, há de ser tal que incuta ao paciente fundado temor de dano iminente e considerável à sua pessoa, à sua família, ou aos seus bens. **Parágrafo único.** Se disser respeito a pessoa não pertencente à família do paciente, o juiz, com base nas circunstâncias, decidirá se houve coação.
CC, Art. 152. No apreciar a coação, ter-se-ão em conta o sexo, a idade, a condição, a saúde, o temperamento do paciente e todas as demais circunstâncias que possam influir na gravidade dela.
CC, Art. 153. Não se considera coação a ameaça do exercício normal de um direito, nem o simples temor reverencial.
CC, Art. 154. Vicia o negócio jurídico a coação exercida por terceiro, se dela tivesse ou devesse ter conhecimento a parte a que aproveite, e esta responderá solidariamente com aquele por perdas e danos.
CC, Art. 155. Subsistirá o negócio jurídico, se a coação decorrer de terceiro, sem que a parte a que aproveite dela tivesse ou devesse ter conhecimento; mas o autor da coação responderá por todas as perdas e danos que houver causado ao coacto.
Já mencionados anteriormente.

zada, mas que em muitos casos tem sido reduzida a uma mera questão de consumo.

Uma relação profissional de saúde-paciente adequada pressupõe a competência profissional e o comprometimento do prestador, a participação do paciente nas decisões que lhe cabem e a viabilidade financeira, entre outros fatores, de ambos. Contudo, o que se observa é que as falhas nos processos de cuidado, as dificuldades no trato das questões econômicas e as dificuldades de comunicação dos envolvidos têm trazido todas essas questões aos tribunais, com a judicialização da saúde.

Se um prestador de serviços causar danos a um consumidor, surge a obrigação de reparação por parte do responsável. Essa obrigação denomina-se responsabilidade civil.

No Brasil, três instrumentos jurídicos tratam da responsabilidade civil: o Código Civil (CC, 1916), a Constituição Federal (CF, 1988) e o Código de Defesa do Consumidor (CDC, 1990). O CC (1916) previa a obrigação de reparação do dano, mas isso ocorria somente mediante apuração da culpa. A CF (1988) introduziu a reparação de danos causados por fabricantes de produtos ou fornecedores de serviços, antes isentos dessa obrigação, dada a dificuldade por parte do lesado em construir provas. Para corrigir esse desequilíbrio, o CDC trouxe a responsabilidade objetiva[21] e a possibilidade da inversão do ônus da prova,[22] antes responsabilidade do autor da causa. Ou seja, ao consumidor lesado cabe alegar que sofreu um dano e que esse dano se deveu à conduta do produtor ou do prestador de serviços. Ao suposto lesante caberá provar que não houve tal dano ou que não houve nexo de causalidade entre sua ação e o dano alegado.

Para o Direito, em uma relação processual deve haver a paridade de condições entre as partes e, regra geral, o ônus da prova é do autor da ação[23] (da vítima do dano). Ora, fica evidente que nas relações de consumo esta equivalência não era alcançada, pois o consumidor se encontrava em uma posição hipossuficiente, economicamente mais frágil em relação à indústria, ao comerciante, ao prestador de serviços, bem como ele não detinha os conhecimentos técnicos e instrumentais para provar o erro cometido ou provar a culpa ou o nexo causal entre o dano e o causador do dano. Para corrigir

essa desigualdade, o CDC prevê a inversão do ônus da prova em duas situações: quando, a critério do juiz, a alegação do consumidor for verossímil (isto é, parecer ser verdadeira ou se houver indícios fortes, plausíveis, acreditáveis), ou quando o consumidor for considerado hipossuficiente. Ademais, o ônus da prova pode ser objeto de convenção (acordo) quando se tratar de direitos disponíveis (direitos sobre os quais o indivíduo pode dispor conforme sua vontade). No entanto, os direitos da personalidade, por serem indisponíveis, não são suscetíveis de convenção ou, mesmo que ela aconteça, será considerada nula.[24]

Em uma relação de consumo entre o prestador de serviços pessoa jurídica e o consumidor, a culpa não precisa ser averiguada (responsabilidade civil objetiva), pois ela sempre existe como uma presunção absoluta. A exceção à regra é aquela que disciplina a responsabilidade dos profissionais liberais como sendo subjetiva,[25] isto é, deve ser apurada mediante verificação da culpa.

Dano

Qualquer lesão (diminuição ou destruição) que uma pessoa sofra contra sua vontade, em qualquer bem ou interesse jurídico, patrimonial ou moral, devida a alguma situação ou evento ilícito ou não, constitui um dano. Há várias maneiras de analisá-lo. Por exemplo, ele pode ocorrer por ato omissivo ou comissivo do autor ou de terceiro por quem o autor responde ou por animal ou coisa vinculada ao autor. Pode ser de cunho moral, patrimonial, moral em função do prejuízo patrimonial e/ou patrimonial em função do dano moral, ou a cumulação de um dos tipos com o outro. Pode ser direto, quando é consequência imediata da lesão, ou indireto, quando se trata de uma consequência mediata (tardia) do fato lesivo, e consiste ainda em:

- **Dano ao direito da personalidade:** a personalidade são os atributos da pessoa. Direitos da personalidade são os direitos subjetivos da pessoa de defender o que lhe é próprio, ou seja, a identidade, a liberdade, a sociabilidade, a reputação, a honra, a autoria etc. São direitos da personalidade: a integridade física e tudo que se relaciona com ela, a integridade intelectual, a integridade moral. O dano a um direito da personalidade (moral e patrimonial) pode gerar reparação de perdas e danos.

- **Dano patrimonial:** é a redução do valor patrimonial, o qual pode ser medido pecuniariamente em função da diferença entre a situação do patrimônio antes e depois do prejuízo.

---

[21]**CDC: Art. 14**. O fornecedor de serviços responde, independentemente da existência de culpa, pela reparação dos danos causados aos consumidores por defeitos relativos à prestação dos serviços, bem como por informações insuficientes ou inadequadas sobre sua fruição e riscos.

[22]**CDC: Art. 6º** São direitos básicos do consumidor: **VIII** – a facilitação da defesa de seus direitos, inclusive com a inversão do ônus da prova, a seu favor, no processo civil, quando, a critério do juiz, for verossímil a alegação ou quando for ele hipossuficiente, segundo as regras ordinárias de experiências.

[23]**CPC, Art. 333**. O ônus da prova incumbe: I – ao autor, quanto ao fato constitutivo do seu direito; II – ao réu, quanto à existência de fato impeditivo, modificativo ou extintivo do direito do autor.

---

[24]**CPC, Art. 333**. O ônus da prova incumbe: **Parágrafo único**. É nula a convenção que distribui de maneira diversa o ônus da prova quando: I – recair sobre direito indisponível da parte; II – tornar excessivamente difícil a uma parte o exercício do direito.

[25]**CPC: Art. 14, § 4º** A responsabilidade pessoal dos profissionais liberais será apurada mediante a verificação de culpa.

- **Dano moral:** é a lesão ou prejuízo que se configura como uma dor psíquica, uma emoção, um incômodo. Danos morais são danos extrapatrimoniais, como os danos aos direitos da personalidade, danos à honra, à intimidade, ao nome, à imagem, à liberdade sexual. Cabe uma ressalva: o dano diretamente ao corpo também é considerado de natureza extrapatrimonial, por ser a integridade física um direito da personalidade, mas, mesmo assim, uma lesão ao corpo humano pode gerar indenização econômica e moral,[26] além de se constituir em ilícito penal.[27] O dano corporal pode ser: anatômico (escoriação, equimose, ferida, luxação, fratura, cicatriz, aleijão, mutilação etc.), podendo acarretar ou não perturbação funcional (alteração na sensibilidade, na motricidade, nas funções vegetativas – digestão, respiração, circulação, excreção –, na atividade sexual, no psiquismo).

- **Dano estético:** entendido como uma lesão morfológica à pessoa que lhe cause desgosto ou exposição ao ridículo ou complexo de inferioridade, diminuição da autoestima, angústia, ou seja, dano psíquico (Diniz, 2009). O dano estético faz surgir responsabilidade civil por dano ao direito da personalidade, com reflexo ou não no patrimônio. O dano estético exerce ou não influência sobre a capacidade laborativa. Se houver dano patrimonial, será possível cumular dano material ao dano estético. O dano estético é um aspecto do dano moral. A cumulação por dano moral e estético não é ponto pacífico na doutrina nem na jurisprudência.

- **Dano ao corpo:** lesão ao corpo humano pode gerar indenização econômica e moral, por ser a integridade física um direito da personalidade. Materializa-se, conforme Diniz, em: dano anatômico (escoriação, equimose, ferida, luxação, fratura, cicatriz, aleijão, mutilação etc.), que poderá acarretar ou não perturbação funcional (alteração na sensibilidade, na motricidade, nas funções vegetativas – digestão, respiração, circulação, excreção –, na atividade sexual, no psiquismo). Dano ao corpo de outrem é um ato ilícito, portanto, passível de indenização.[28]

Do Nexo de Causalidade entre o Dano e a Ação que o Produziu

O vínculo entre o dano e a ação que o causou, o nexo causal, é requisito necessário para que exista responsabilidade civil. O dano ocorreria caso a ação não acontecesse? Esta deve ser a pergunta para verificar se um dano tem ou não relação com a ação supostamente danosa. Caso o dano ocorresse mesmo sem a ação, conclui-se que não existe nexo de causalidade entre o dano e a ação suspeita.

O dano pode ser por resultado indireto da ação, mas continuar a ser uma consequência necessária da ação. Por exemplo, uma pessoa sofreu uma intervenção cirúrgica desnecessária. A cirurgia foi realizada sem problemas aparentes. Caso ela falecesse na cirurgia, o responsável arcaria com dano direto. No entanto, ela foi liberada do hospital passando bem e foi para casa. Algumas horas depois começa com um estado febril e mais tarde diagnostica-se ter contraído infecção hospitalar, seu quadro clínico caminha para uma infecção generalizada e em poucos dias vem a falecer. Caso a cirurgia não houvesse acontecido, a pessoa não contrairia uma infecção hospitalar. Então a morte do paciente tem nexo de causalidade necessário com a cirurgia, e o médico responsável pelo procedimento, por não seguir protocolo médico referente ao caso, indicando uma cirurgia que não era necessária, foi imperito e pode ser responsabilizado civilmente. Responde o médico, caso não tenha vínculo trabalhista com o hospital e seja provada sua culpa (responsabilidade civil subjetiva). Responde o hospital, caso seja funcionário do hospital (responsabilidade civil objetiva), mesmo sem necessidade de se provar, neste caso específico, que o hospital era negligente no controle da infecção hospitalar, pois basta provar que a morte (dano) tem nexo com a cirurgia. Observamos que o hospital pode mover ação de regresso contra o médico, provando sua imperícia. Portanto, o dano que causou sua morte não foi imediato, direto (a cirurgia), mas mediato, indireto (infecção hospitalar).

Entretanto, não haveria nexo de causalidade, nesse caso, se acontecesse interferência de terceiro, da vítima, de força maior ou de caso fortuito que levasse o paciente à morte e que afastasse o nexo de causalidade com o fato primitivo (a cirurgia), ou seja, o fato superveniente que não tem derivação causal do fato antecedente. Exemplo de fato superveniente: o paciente (que contraiu infecção hospitalar) é vítima de um acidente de carro e vem a falecer por traumas de tamanhas proporções em que a infecção não influiu para sua morte. O trauma por si foi o causador da morte.

Outra situação é aquela em que o dano indireto deriva de fato antecedente. Por exemplo, uma pessoa é atropelada e vem a falecer em consequência de uma anestesia (não por culpa do anestesista) por causa de um choque anafilático, risco previsível nestes casos (mesmo que em percentual muito baixo). A pergunta nesse caso seria: a pessoa morreria caso não fosse atropelada? E a resposta seria: não. Ou seja, a anestesia é resultado indireto do fato antecedente, o atropelamento. Caso não fosse atropelada, não teria sido exposta ao risco da anestesia. Outro exemplo: o paciente está internado e falece em consequência de uma infecção preexistente a sua internação. A pergunta seria: a pessoa morreria caso não fosse internada? A resposta é: sim. Portanto, a morte é resultado indireto do fato antecedente, infecção preexistente.

---

[26]CC, Art. 949. No caso de lesão ou outra ofensa à saúde, o ofensor indenizará o ofendido das despesas do tratamento e dos lucros cessantes até o fim da convalescença, além de algum outro prejuízo que o ofendido prove haver sofrido.

[27]CP, Art. 129.

[28]CC, Arts. 186 e 927.

Fica evidente que o nexo de causalidade é uma questão factual, devendo ser apreciada, caso a caso, pelo juiz da causa. Observa-se que o Direito Civil só se envolve com dano a bem de outros. A automutilação ou danificação não é punível, a não ser que seja com a intenção de lesar outras pessoas.

Da Culpa e das Situações que Excluem a Responsabilidade Civil

Constatado o nexo causal, ainda cabe analisar se houve a intenção de lesar (dolo) ou culpa, no sentido estrito (negligência, imperícia ou imprudência), por parte do agente.

Fala-se de culpa *in concreto* quando, em julgamento, analisa-se a imprudência, a negligência ou a imperícia do agente, e *in abstrato* quando o ato do agente é avaliado mediante comparação com o do homem médio ou pessoa normal. Nesse caso, a pergunta a ser feita é se a ação do lesante seria a mesma da maioria das pessoas vivenciando uma situação semelhante. Se a resposta for sim, descaracteriza-se a culpa.

Quanto à gravidade, a culpa pode ser considerada levíssima, leve ou grave. Levíssima é aquela em que o agente só poderia evitar o dano realizado se tivesse tomado extraordinária atenção. Culpa leve é aquela em que a conduta do lesante ocasiona dano que poderia ser evitado com atenção ordinária. *Lata* ou grave é a culpa em que o causador do dano atua de maneira muito incompatível com o homem médio ou pessoa normal. Nela o agente atua com extrema displicência, assumindo o risco do resultado que, embora não previsto, era perfeitamente previsível.

O causador do dano pode se ver livre de responsabilidade nos casos em que ficar caracterizada alguma das excludentes da culpa:

- **Culpa exclusiva da vítima:** apenas a vítima responde pela culpa. Por exemplo, um paciente, em sã consciência, tenta suicidar-se desligando o respirador artificial, quando esse aparelho ainda se faz imprescindível à manutenção de sua vida naquele momento.

- **Culpa concorrente da vítima e do agente:**[29] neste caso, o juiz pode fazer uso de critérios que imputem a responsabilidade da reparação a cada um dos atores, na proporção em que cada um contribuiu para o dano. Note-se que a concorrência de culpa não exclui o ilícito, apenas tende a reduzir o *quantum* indenizatório a ser fixado pelo juiz.[30] Por exemplo, um hospital que tem a obrigatoriedade de monitorar ininter-

ruptamente um enfermo no Centro de Tratamento Intensivo (CTI) não pode alegar culpa concorrente do enfermo caso este, inconscientemente e ao movimentar-se na cama, venha a desligar um dos aparelhos essenciais a sua própria sobrevivência naquele momento, e que por negligência do funcionário do hospital que deveria religar imediatamente o aparelho, assim não o fez por estar desatento ou excessivamente sonolento em serviço. No mesmo sentido, responderá o hospital caso o paciente ainda não totalmente refeito dos efeitos anestésicos (não totalmente consciente) seja deixado em um quarto do hospital e venha a cair da cama e sofrer qualquer lesão. Ao hospital é devida a responsabilidade objetiva pela superveniente incapacidade do enfermo em função da queda e deve arcar com todos os gastos relativos aos danos emergentes (tratamentos necessários, medicamentos, pessoa cuidadora, equipamentos etc.) e aos lucros cessantes.

- **Culpa comum:** caso a vítima e o agente concorram na mesma proporção para o dano, o juiz poderá compensar as culpas e as responsabilidades pelo dano, de tal modo que uma anule a outra, não cabendo qualquer reparação por nenhuma das partes.

- **Culpa exclusiva de um terceiro:** se a culpa pelo dano não é nem da vítima nem do agente, só a este cabe a responsabilidade em sanear os prejuízos. O agente, caso demandado judicialmente a reparar o dano, pode pedir que o juízo o exclua da responsabilidade ou o autor do dano pode propor ação regressiva para que seja ressarcido da importância que despendeu para reparar o dano.[31] Ação semelhante poderá ser proposta pelo agente contra aquele em defesa do qual ele causou o dano.[32]

- **Razão de força maior ou caso fortuito:** não há culpa do agente quando o evento não poderia ser evitado por ser de força maior, ou seja, a força do acidente (fato da natureza) extrapola a condição do agente em evitar o dano, além de ser imprevisível, como nos casos de um temporal, um raio ou por fato de terceiro, como uma greve ou mudança de governo.[33]

- **Cláusula de irresponsabilidade contratual:** mesmo que, no contrato, uma das partes declare explicitamente, com a expressa concordância da outra parte, que se exonera da responsabilidade por qualquer dano, essa cláusula de irresponsabilidade normalmente não tem eficácia em relação à obrigação de cuidar da integridade da vida e da saúde nem em casos de dolo do contratante que quer se livrar de eventual responsabilidade.[34]

---

[29]**CC, Art. 945.** Se a vítima tiver concorrido culposamente para o evento danoso, a sua indenização será fixada tendo-se em conta a gravidade de sua culpa em confronto com a do autor do dano.
[30]**CC, Art. 944.** A indenização mede-se pela extensão do dano. **Parágrafo único.** Se houver excessiva desproporção entre a gravidade da culpa e o dano, poderá o juiz reduzir, equitativamente, a indenização.

[31]**CC, Art. 930** *Caput.*
[32]**CC , Art. 930 e parágrafo único do Art. 930.**
[33]**CC , Art. 393.**
[34]O CDC (1990) não permite a estipulação desta cláusula nas relações de consumo.

Pressupostos da Responsabilidade Civil

São pressupostos da responsabilidade civil *subjetiva*:

- dano ou prejuízo do credor (vítima), patrimonial ou moral;
- nexo de causalidade entre a obrigação não cumprida e o consequente dano;
- culpa (dolo, culpa no sentido estrito).

São pressupostos da responsabilidade civil *objetiva contratual*:

- obrigação violada: o prejuízo do credor contratual será correspondente ao conteúdo da obrigação não cumprida (do objeto do contrato);
- nexo de causalidade entre a obrigação não cumprida e o consequente dano.

São pressupostos da responsabilidade civil *objetiva extracontratual*:

- dano ou prejuízo do credor (vítima), patrimonial ou moral;
- nexo de causalidade entre a obrigação não cumprida e o consequente dano.

Da Responsabilidade Civil e da Responsabilidade Criminal

A responsabilidade civil[35] procura proteger interesses de ordem privada e a criminal, da ordem social ou pública. Há relação entre as duas:

- Se o juízo penal condenar o réu por ato ilícito, ele deverá ser assim considerado no juízo cível, não se permitindo mais questionar judicialmente quem seja o autor do fato e sobre a existência do fato.[36]
- Se o réu for absolvido no juízo criminal, caso a sentença criminal negue a existência ou a autoria do fato, da mesma maneira o réu deve ser considerado no cível.
- Se o réu foi absolvido no criminal, porque sua culpa não foi reconhecida, mas se tiver causado prejuízo a alguém, ele pode ser obrigado a reparar o dano no juízo cível.[37]

- Se a sentença penal excluir a punibilidade por alguma razão, assim deve ser considerado no cível.[38]
- Mesmo se a decisão julgar extinta a punibilidade e a sentença decidir que o fato imputado não constitui crime, demonstrado o dano e ação (atividade) relacionada ao dano, é possível a propositura da ação civil.[39]

Além disso, decisões provisórias no juízo criminal não impedirão o processo no cível; o mesmo ocorrerá com o despacho que arquive inquérito policial e com o decreto que concede anistia ou perdão judicial (Diniz, 2009).

Da Responsabilidade Solidária dos Autores do Dano

Os autores da lesão ou dano são solidariamente responsáveis pela sua reparação.[40,41] Da mesma maneira, o direito de exigir reparação e a obrigação de prestá-la transmitem-se com a herança.[42]

---

[35]**CC, Art. 935.** A responsabilidade civil é independente da criminal, não se podendo questionar mais sobre a existência do fato, ou sobre quem seja o seu autor, quando estas questões se acharem decididas no juízo criminal.

[36]**CPP, Art. 63.** Transitada em julgado a sentença condenatória, poderão promover-lhe a execução, no juízo cível, para o efeito da reparação do dano, o ofendido, seu representante legal ou seus herdeiros.
CC, Art. 64. Sem prejuízo do disposto no artigo anterior, a ação para ressarcimento do dano poderá ser proposta no juízo cível, contra o autor do crime e, se for caso, contra o responsável civil. **Parágrafo único.** Intentada a ação penal, o juiz da ação civil poderá suspender o curso desta, até o julgamento definitivo daquela.

[37]**CC, Art. 66.** Não obstante a sentença absolutória no juízo criminal, a ação civil poderá ser proposta quando não tiver sido, categoricamente, reconhecida a inexistência material do fato.

[38]**CPP, Art. 65.** Faz coisa julgada no cível a sentença penal que reconhecer ter sido o ato praticado em estado de necessidade, em legítima defesa, em estrito cumprimento de dever legal ou no exercício regular de direito.

[39]**CC, Art. 67.** Não impedirão igualmente a propositura da ação civil: I – o despacho de arquivamento do inquérito ou das peças de informação; II – a decisão que julgar extinta a punibilidade; III – a sentença absolutória que decidir que o fato imputado não constitui crime.

[40]**CC, Art. 942.** Os bens do responsável pela ofensa ou violação do direito de outrem ficam sujeitos à reparação do dano causado; e, se a ofensa tiver mais de um autor, todos responderão solidariamente pela reparação. **Parágrafo único.** São solidariamente responsáveis com os autores os coautores e as pessoas designadas no CC, Art. 932. **CC, Art. 932.** São também responsáveis pela reparação civil: I – os pais, pelos filhos menores que estiverem sob sua autoridade e em sua companhia; II – o tutor e o curador, pelos pupilos e curatelados, que se acharem nas mesmas condições; III – o empregador ou comitente, por seus empregados, serviçais e prepostos, no exercício do trabalho que lhes competir, ou em razão dele; IV – os donos de hotéis, hospedarias, casas ou estabelecimentos onde se albergue por dinheiro, mesmo para fins de educação, pelos seus hóspedes, moradores e educandos; V – os que gratuitamente houverem participado nos produtos do crime, até a concorrente quantia.

[41]**CC, Art. 264.** Há solidariedade, quando na mesma obrigação concorre mais de um credor, ou mais de um devedor, cada um com direito, ou obrigado, à dívida toda. **CC, Art. 275.** O credor tem direito a exigir e receber de um ou de alguns dos devedores, parcial ou totalmente, a dívida comum; se o pagamento tiver sido parcial, todos os demais devedores continuam obrigados solidariamente pelo resto. **Parágrafo único.** Não importará renúncia da solidariedade a propositura de ação pelo credor contra um ou alguns dos devedores.

[42]Também em relação aos devedores solidários: **CC, Art. 276.** Se um dos devedores solidários falecer deixando herdeiros, nenhum destes será obrigado a pagar senão a quota que corresponder ao seu quinhão hereditário, salvo se a obrigação for indivisível; mas todos reunidos serão considerados como um devedor solidário em relação aos demais devedores.

Da Responsabilidade da Vítima

O dano à saúde do paciente por não cumprimento de sua parte das recomendações feitas pelo profissional de saúde desonera este último de qualquer responsabilidade em um caso extremo, ou de parte dela, na proporção em que a ação ou omissão da vítima influenciou para o dano ou para o insucesso do tratamento, desde que fique evidente que o paciente havia sido devidamente informado e ainda assim não cumpriu sua parte no cuidado. Se o paciente não tiver compreendido a recomendação, o profissional é responsabilizado, pois o entendimento por parte do paciente sobre as recomendações do profissional é de responsabilidade deste.

Da Responsabilidade Civil Objetiva

O progresso tecnológico em todas as áreas da atividade humana trouxe, além dos benefícios, uma série de novas situações de risco e de acidentes. A responsabilidade civil fundamentada na culpa mostrou-se insuficiente para solucionar os desequilíbrios nas relações da sociedade por danos causados e não reparados. Como já dito, muitas pessoas lesadas ficavam sem reparação em virtude da dificuldade de se achar o verdadeiro causador do dano ou de produzirem provas por não dominarem a tecnologia e/ou as informações necessárias. Por isso, criou-se o instituto jurídico da responsabilidade objetiva, independente da verificação de culpa. Para caracterizar responsabilidade civil objetiva é preciso que aconteçam o dano e o nexo causal entre a ação e o dano. A subjetividade relacionada com o fato não interessa.[43]

Da Responsabilidade Civil da Pessoa Física Profissional de Saúde

A responsabilidade pessoal dos profissionais liberais será apurada mediante a verificação de culpa.[44]

O diploma obtido pelo profissional de saúde, após as provas regulamentares da graduação universitária, constitui presunção de capacidade deste para executar ou orientar a execução de procedimentos relacionados com sua atividade, mas não é garantia de perícia. Por exemplo, o profissional de saúde diplomado, mas desatualizado, pode fazer uso de técnica ultrapassada e lesar o paciente. Nessa situação, fica patente sua imperícia. Por isso mesmo, quem se propõe a cuidar da saúde de alguém deve estar sempre apto e ciente das melhores e atualizadas práticas. Desse modo, estará em condições de prevenir ou minorar os riscos inerentes à atividade, como o *erro diagnóstico*: ninguém está livre de erros. Independentemente de sua origem (decorrer de anamnese malfeita, do desconhecimento da sintomatologia de uma doença, de exame mal-interpretado etc.), o efeito do erro de diagnóstico, em função da evolução da doença, reduzirá as oportunidades de intervenção em estágio menos adiantado ou mesmo acarretará danos irreversíveis e, até mesmo, a morte. Tanto mais caracterizado estará o erro de diagnóstico quanto mais grosseiro ele for, quanto menos investigado for o problema apresentado antes de se tomar a decisão do tratamento (seja por propedêutica, seja por pesquisa na literatura). Em algumas situações, pode não haver a responsabilização do profissional de saúde, como nos casos de doença muito rara, em que haveria dificuldade de diagnóstico diferencial com a sintomatologia apresentada pelo paciente.

As profissões que têm funções sociais têm responsabilidades que independem de prévio contrato ou manifestação da vontade. Este é o caso da Medicina, da Odontologia, da Psicologia, da Enfermagem, dos profissionais de reabilitação e das outras áreas de saúde. O profissional deverá observar as normas reguladoras de seu ofício, umas vezes por força de contrato e outras, em virtude de lei (Diniz, 2009). Várias regras para o exercício das profissões de saúde estão definidas em lei, nos estatutos e normas dos conselhos profissionais, bem como em outros dispositivos legais. De tal sorte que descumprir essas normas representa infração, que resulta em uma responsabilidade dita extracontratual, isto é, que não existe por força do contrato, mas que se encontra em outra norma maior que rege a profissão (p. ex., código de ética). Diniz exemplifica:

> Se um médico fez uma operação altamente perigosa e não consentida, sem observar as normas regulamentares de sua profissão, o caso será de responsabilidade extracontratual, visto que não houve inadimplemento contratual, mas violação a um dever, sancionado pela lei.

Entre os melhores preceitos éticos, está o *dever de informar*: todos os códigos de ética dos profissionais de saúde valorizam a comunicação com o paciente. O Código de Ética Médica (CEM), por exemplo, obriga o médico a informar o diagnóstico, o prognóstico, os riscos, os objetivos do tratamento, os custos etc.[45] A maneira de informar ao doente merece todo o cuidado e habilidade do profissional, para que não traga uma exagerada desesperança, nem um despropositado otimismo.

Outro ponto comum é a exigência de *consentimento prévio e informado*: o profissional de saúde deve esclarecer sobre o tratamento mediante forma, linguagem e didática que garantam o total entendimento por parte do paciente e com antecedência ao tratamento. A natureza contratual da relação profissional de saúde-paciente pressupõe o acordo de vontades livres e esclarecidas. Portanto, o conhecimento por parte do paciente de todas as possibilidades, limitações, riscos, cuidados e custos do tratamento a que se submeterá, entre outros, é pressuposto necessário para sua decisão livre e esclarecida

---

[43]CDC, Art. 14 *caput*; CC, parágrafo único do Art. 927.
[44]CDC, § 4º Art. 14.

[45]O Código de Ética Médica traz uma exceção à comunicação direta ao enfermo, nos casos em que puder provocar dano ao enfermo, neste caso, a comunicação deverá ser feita ao responsável legal.

em contratar ou não a prestação de serviços proposta pelo profissional de saúde.[46]

Também são considerados práticas que geram responsabilidade objetiva os *atos desnecessários, proibidos ou de caráter meramente mercantilista.*

Outro erro punível é *abandonar o paciente* sem os devidos cuidados (ato negligente).

Quanto aos registros dos atendimentos e procedimentos, usualmente eles estão escritos em prontuários. As informações prestadas ao médico ou à instituição de saúde só poderão ser usadas em benefício do doente, sendo de caráter confidencial e pertencentes à vida privada da pessoa e, portanto, invioláveis.

O Conselho Federal de Medicina (CFM) define o prontuário médico como

o documento único constituído de um conjunto de informações, sinais e imagens registradas, geradas a partir de fatos, acontecimentos e situações sobre a saúde do paciente e a assistência a ele prestada, de caráter legal, sigiloso e científico, que possibilita a comunicação entre membros da equipe multiprofissional e a continuidade da assistência prestada ao indivíduo.

Deve conter o histórico dos sintomas iniciais, a evolução da doença, os exames realizados e os respectivos resultados, o diagnóstico, as prescrições, os procedimentos adotados e os profissionais que assistiram o enfermo.

Os prontuários são eficazes meios de provas para eventuais questionamentos judiciais das condutas médicas. O Código Civil legaliza como prova documental os registros médicos existentes nos documentos médicos, como no caso dos prontuários, sejam eles manuscritos ou eletrônicos. O sigilo dos prontuários não é absoluto, e eles podem ser apresentados em defesa própria perante a autoridade competente, com a observação de que a matéria seja mantida sob sigilo profissional. O Código de Processo Civil prevê que a testemunha não é obrigada a depor sobre fatos a cujo respeito, por estado ou profissão, deva guardar sigilo. O sigilo médico só pode ser quebrado quando o interesse público prevalecer, por dever legal, ou por autorização expressa do doente.

total sucesso desse procedimento, ainda que feito com todo o cuidado e seguindo as melhores técnicas, pois, por questões orgânicas alheias ao domínio do profissional, pode haver problemas que levem ao insucesso da empreitada. Por isso, é dever do profissional (médico, dentista, fisioterapeuta, entre outros) esclarecer e advertir o paciente sobre as possibilidades ou não em se atingir o resultado, bem como sobre os riscos envolvidos no serviço, de modo que permita ao paciente optar de maneira consciente e clara a se submeter ou não ao serviço.

Uma obrigação de meio pode gerar responsabilidade civil, caso a vítima prove que o dano ou que o fato de não atingir o resultado desejado pelo cliente se deveu à culpa do profissional, por este ter agido com dolo, imprudência, negligência ou imperícia. Todavia, não poderá ser exigido a nenhum profissional de saúde que, infalivelmente, cure um paciente. Assim, se o tratamento de saúde não trouxer o resultado esperado pelo paciente, e o paciente tiver optado por se submeter ao tratamento no uso de um "consentimento esclarecido", o não atendimento do resultado não isentará o paciente de pagar pelo serviço que lhe foi prestado. Caso o profissional não obtenha tal *consentimento esclarecido*, ele é responsável e sujeito a pagar indenização se o resultado for danoso, mesmo sem culpa do profissional.

Obrigação de resultado é aquela na qual o profissional se responsabiliza em executar sua obrigação e produzir o resultado contratado. Caso o resultado não seja aquele combinado, fica caracterizado o não cumprimento da obrigação, ficando o profissional responsável por indenizar o paciente. Para não se ver responsabilizado, o profissional deve provar a sua não culpa, por alguma das excludentes de culpa, caso fortuito, força maior, culpa exclusiva da vítima ou de terceiros. Se não tiver cumprido a obrigação, o profissional não terá direito ao recebimento do pagamento pelo serviço, independentemente de provar ou não sua culpa. Por exemplo, um trabalho protético com fins estéticos deve alcançar o fim pretendido (padrão estético condizente com as possibilidades e os padrões aceitos).

Um Exemplo: a Responsabilidade dos Cirurgiões-Dentistas

Como regra geral, o dentista assume uma obrigação de meio à semelhança de todos os profissionais de saúde. No entanto, conforme Diniz (2009):

o dentista assume uma obrigação de resultado, no que diz respeito aos problemas de ordem estética, principalmente em matéria de ortodontia ou de prótese, p. ex., na colocação de um pivô, na feitura de uma jaqueta.

A responsabilidade do dentista será de meio quando se tratar do tratamento de uma enfermidade bucal com uma cirurgia, um tratamento de gengiva infeccionada ou obturação de uma cárie. Em muitos casos o

Obrigação de Meio/Obrigação de Resultado

Em uma relação profissional de saúde-paciente, regida por contrato, o profissional se compromete com obrigações de meio e de resultado.

Entende-se por *obrigação de meio* aquela em que o prestador se compromete a executar o serviço fazendo tudo o que puder para atingir o resultado desejado pelo paciente, porém não garante o resultado, pois este não depende exclusivamente de sua vontade e zelo. Por exemplo, o dentista pode comprometer-se a realizar um implante dentário, mas não pode garantir o

dentista deve aliar o tratamento odontológico curativo a questões estéticas. Por exemplo, ao tratar de uma cárie do dente incisivo, o dentista deve recuperar a estética anterior à sua intervenção.

O dentista, a exemplo de outros profissionais de saúde que fazem uso de procedimentos invasivos, poderá cometer falta profissional, ou erro técnico. Por exemplo, o erro de diagnóstico, erro e acidente na anestesia, erro de prognóstico, erro de tratamento, falta de higiene e erro na perícia são faltas técnicas, e a extração desnecessária de dentes, para aumentar a conta do cliente, é falta ordinária. O dentista responderá civilmente por esses erros.

Uma Situação Especial: o Fim da Vida

Todos sabem dos limites da ciência diante da irreversibilidade de certas situações. Nessas situações, certos diagnósticos e terapêuticas são injustificáveis, além de aumentarem a agonia e os sofrimentos. Os tratamentos de doentes terminais diferem daqueles que têm alguma chance de cura, bem como daqueles para tentar prolongar a vida de maneira inútil e obstinada. Paliar significa amenizar, atenuar. Cuidado paliativo se traduz em atitudes, procedimentos que não têm a intenção de curar e sim de abrandar sofrimentos e proporcionar conforto e carinho ao doente e sua família na proximidade da morte.

O CEM veda a eutanásia, no capítulo V, em seu artigo 41: "abreviar a vida do paciente, ainda que a pedido deste ou de seu representante legal." A eutanásia – o uso de técnicas para encurtar a vida – é hipótese de homicídio privilegiado. Entretanto, o novo CEM (2010) instituiu a ortotanásia, que consiste na morte com dignidade, sem dor, podendo o médico renunciar a tratamentos sem sentido, considerando a precariedade do quadro médico, mas não permitiu a distanásia, ou seja, excesso terapêutico, manutenção sem sentido da vida, com sofrimento para o doente e sua família.

Portanto, para o profissional médico cessar o tratamento, é prudente a solicitação de uma declaração aos familiares ou responsáveis autorizando-o a fazê-lo, para que não seja alegada omissão por parte do médico ou da instituição de saúde.

Segundo Décio Policastro (2010),[47] as declarações nas quais a pessoa expressa o desejo de ser submetida a determinados procedimentos médicos caso venha padecer de doença incurável, cuja irreversibilidade leve-a à fase terminal e torne impossível sua manifestação de vontade, não têm a mesma força dos testamentos regulados pelo Código Civil, em seus artigos 1.858 a 1.880. Caberá aos familiares, junto ao médico, decidir se acatarão ou não o desejo do declarante. Quando possível, devem respeitá-lo sem, todavia, ultrapassar os limites da lei e da ética.

O que diz o Código de Ética Médica:

- **Princípios Fundamentais, inciso XXII:** "nas situações clínicas irreversíveis e terminais, o médico evitará a realização de procedimentos diagnósticos e terapêuticos desnecessários e propiciará aos pacientes sob sua atenção todos os cuidados paliativos apropriados".

- **Parágrafo único do artigo 41:** "nos casos de doença incurável e terminal, deve o médico oferecer todos os cuidados paliativos disponíveis, sem empreender ações diagnósticas ou terapêuticas inúteis ou obstinadas, levando sempre em consideração a vontade expressa do paciente ou, na sua impossibilidade, a de seu representante legal".

Responsabilidade Civil da Pessoa Jurídica

"O contrato é fonte de obrigações, sua inexecução também o será" (Diniz, 2009).

A responsabilidade contratual surge com o não cumprimento ou atraso de qualquer obrigação decorrente do contrato, seja ele expresso ou tácito. A inexecução contratual, seja de pessoa física ou jurídica, faz surgir a responsabilidade civil, isto é, a obrigação de reparar o prejuízo consequente.

A relação de consumo entre pessoa jurídica prestadora de serviço de saúde e usuário ou consumidor é regida por contrato e a responsabilidade civil é objetiva. O dano ao paciente pode existir em razão de:

- **Descumprimento contratual:** a pessoa jurídica descumpre o contrato,[48] por exemplo, ao não assegurar um ambiente com risco de infecção hospitalar dentro de padrões mínimos aceitáveis; e/ou

- **ato ilícito extracontratual:** a pessoa jurídica, por intermédio de seu empregado ou preposto, age de maneira não prevista no contrato,[49] por exemplo, ao utilizar uma técnica cirúrgica inovadora sem a anuência do paciente.

O Código de Defesa do Consumidor traz a responsabilização contratual e extracontratual nas relações de consumo entre o usuário e o fornecedor de serviços de saúde, pessoa jurídica, oriunda do risco da atividade.[50] O Código Civil (2002) introduz a obrigação de reparar o dano, independentemente de culpa.[51]

---

[47]Policastro, 2010.

[48]**CC, Art. 389**.

[49]**CC, Art. 186**.

[50]**CDC, Art. 14**. O fornecedor de serviços responde, independentemente da existência de culpa, pela reparação dos danos causados aos consumidores por defeitos relativos à prestação dos serviços, bem como por informações insuficientes ou inadequadas sobre sua fruição e riscos.

[51]**CC, Art. 927, parágrafo único**. Haverá obrigação de reparar o dano, independentemente de culpa, nos casos especificados em lei, ou quando a atividade normalmente desenvolvida pelo autor do dano implicar, por sua natureza, risco para os direitos de outrem.

O empregador responde objetivamente por danos de seus prepostos[52] ou serviçais quando no exercício de seu trabalho.[53] Segundo Diniz (2009), citando Comporti:[54]

> *todo aquele que desenvolve atividade lícita que possa gerar perigo para outrem deverá responder pelo risco, exonerando-se o lesado da prova da culpa do lesante. A vítima deverá apenas provar o nexo causal.*

Lembrando que CDC imprime ao juiz o dever de inverter o ônus da prova toda vez que for verossímil a alegação e quando o consumidor for hipossuficiente, segundo as regras ordinárias de experiências. No caso em que o empregador responder pelo dano, tendo o empregado culpa, o empregador pode propor ação para reaver o que pagou. É o chamado direito de regresso.[55]

No entanto, se a responsabilidade civil do profissional de saúde enquanto pessoa física é ponto pacífico na jurisprudência, a responsabilidade civil dos prestadores de serviços de saúde, pessoas jurídicas, sejam eles instituições de saúde públicas ou privadas, ainda é polêmica. Há situações semelhantes que, quando levadas a juízo, são julgadas ora como responsabilidade civil, ora subjetiva, quando se esperaria que tivessem um único entendimento jurídico. Essa situação coloca os consumidores e empresários em um ambiente de insegurança jurídica em relação a esta matéria.

A relação fornecedor de serviço de saúde-consumidor deve ser tratada caso a caso, dependendo da origem do dano. Ou seja, para que haja responsabilidade civil do prestador de serviço deve ocorrer um "serviço defeituoso",[56] e para tanto há que se avaliar a segurança que o serviço oferece, conforme a expectativa que o consumidor dele pode ter. Somente existindo o serviço defeituoso, haverá nexo de causalidade entre o dano e os serviços prestados. Por exemplo, ao ser atendido em um hospital, o consumidor espera estar seguro em relação a sua integridade física e moral, espera que os equipamentos funcionem adequadamente, que os funcionários e prepostos saibam exercer as tarefas e os procedimentos terapêuticos, que os cuidados de prevenção de infecção hospitalar sejam executados, ou seja, que tudo seja feito no sentido de que sua saúde se restabeleça da melhor maneira possível. Ao mesmo tempo, todos sabem que o paciente também espera ou sabe previamente que ainda perduram riscos e resultados que extrapolam a responsabilidade das instituições de saúde, apesar de o serviço ser prestado com todos os cuidados pressupostos.

Os danos à saúde são consequência de fatores variados, os quais podem ou não se configurar em serviços defeituosos. Caso o dano não se origine de um serviço defeituoso, não ocorrerá o nexo de causalidade entre o serviço de saúde prestado e o dano:

- **Condição orgânica do paciente ou evolução natural da doença:** o dano ocorreria mesmo sem influência da conduta do profissional, ou não por sua culpa. Ou seja, em saúde, o conhecimento científico demonstra a multicausalidade da maioria das enfermidades. Assim, mesmo o profissional de saúde usando a melhor técnica, com todos os cuidados e recomendações da melhor literatura médica, com prudência, ocorre um resultado diverso do pretendido e esperado, causando dano. A pessoa jurídica não poderá ser responsabilizada civilmente, por não se tratar de um serviço defeituoso.

- **Falha no serviço do hospital**, por empregados, serviçais e prepostos, no exercício do trabalho que lhes competir ou em razão de mau funcionamento de aparelhos ou processos (falta de estrutura, restrição de autonomia do profissional de saúde pela instituição de saúde, hotelaria inadequada). Nesse caso, configura-se a responsabilidade objetiva por parte do empre-

---

[52]**Preposto:** pessoa que por nomeação, delegação ou incumbência de outra, o proponente, dirige negócio seu ou lhe presta, em caráter permanente, serviço de determinada natureza.

[53]**CC, Art. 932.** São também responsáveis pela reparação civil: I – os pais, pelos filhos menores que estiverem sob sua autoridade e em sua companhia; II – o tutor e o curador, pelos pupilos e curatelados, que se acharem nas mesmas condições; III – o empregador ou comitente, por seus empregados, serviçais e prepostos, no exercício do trabalho que lhes competir, ou em razão dele; IV – os donos de hotéis, hospedarias, casas ou estabelecimentos onde se albergue por dinheiro, mesmo para fins de educação, pelos seus hóspedes, moradores e educandos; V – os que gratuitamente houverem participado nos produtos do crime, até a concorrente quantia.

CC, Art. 933. As pessoas indicadas nos incisos I a V do artigo antecedente, ainda que não haja culpa de sua parte, responderão pelos atos praticados pelos terceiros ali referidos.

CC, Art. 934. Aquele que ressarcir o dano causado por outrem pode reaver o que houver pago daquele por quem pagou, salvo se o causador do dano for descendente seu, absoluta ou relativamente incapaz.

[54]Comporti *apud* Diniz, 2009:53.

[55]Também o CC: Art. 43. As pessoas jurídicas de direito público interno são civilmente responsáveis por atos dos seus agentes que nessa qualidade causem danos a terceiros, ressalvado direito regressivo contra os causadores do dano, se houver, por parte destes, culpa ou dolo.

[56]**CDC, Art. 14.** O fornecedor de serviços responde, independentemente da existência de culpa, pela reparação dos danos causados aos consumidores por defeitos relativos à prestação dos serviços, bem como por informações insuficientes ou inadequadas sobre sua fruição e riscos. § 1º O serviço é defeituoso quando não fornece a segurança que o consumidor dele pode esperar, levando-se em consideração as circunstâncias relevantes, entre as quais: I – o modo de seu fornecimento; II – o resultado e os riscos que razoavelmente dele se esperam; III – a época em que foi fornecido. § 2º O serviço não é considerado defeituoso pela adoção de novas técnicas. § 3º O fornecedor de serviços só não será responsabilizado quando provar: I – que, tendo prestado o serviço, o defeito inexiste; II – a culpa exclusiva do consumidor ou de terceiro.

gador relacionada ao estabelecimento empresarial. Aqui se verifica o serviço defeituoso.

- **Erro na conduta do profissional de saúde por culpa em sentido amplo,** dolo, imperícia, negligência ou imprudência – responsabilidade subjetiva quando o profissional não tem vínculo empregatício com a pessoa jurídica ou responsabilidade objetiva da instituição empregadora. Aqui se verifica o serviço defeituoso.

- **Culpa do profissional de saúde servidor público:** cabe a responsabilidade objetiva do Estado, com direito de regresso provada a culpa do servidor. Aqui se verifica o serviço defeituoso.

- **Falta ou ineficiência do serviço no sistema de saúde público:** responsabilidade subjetiva do Estado. Nesse caso, haverá culpa por omissão ou ineficiência por parte do órgão público.

- **Iatrogenia** (dano em consequência do processo terapêutico): a responsabilidade da pessoa jurídica a depender da origem do dano. Por exemplo, uma pessoa submetida a imunossupressão por necessidade do tratamento está vulnerável a adquirir infecção oportunista. Essa infecção é que configura o dano iatrogênico. Como, nesse caso, tal dano é previsível, todas as medidas especiais de biossegurança devem ser tomadas pela instituição. A pessoa jurídica somente não será responsabilizada em um processo de dano iatrogênico se demonstrar que agiu eficientemente, evitando o risco ou tratando o dano devidamente. Caso contrário, configura-se o serviço defeituoso e a consequente responsabilidade objetiva por parte da instituição de saúde.

- **Idiopático, de origem desconhecida ou atribuído:** não é possível identificar a razão do dano. Nesse caso, a instituição não poderá ser responsabilizada. Não há como provar a causa do serviço defeituoso.

Logo, para responsabilizar a pessoa jurídica prestadora de serviços de saúde por danos à saúde há que se verificar a ocorrência ou não do serviço defeituoso. Conforme o CDC, o serviço é defeituoso

> *quando não fornece a segurança que o consumidor dele pode esperar, levando-se em consideração as circunstâncias relevantes, entre as quais, o modo de seu fornecimento, o resultado e os riscos que razoavelmente dele se esperam, à época em que foi fornecido. O fornecedor de serviços só não será responsabilizado quando provar: que, tendo prestado o serviço, o defeito inexiste; a culpa exclusiva do consumidor ou de terceiro.*

Portanto, para possibilitar a construção de provas sobre a origem dos danos é fundamental que as instituições prestadoras de serviços de saúde mantenham os registros descritos, tanto dos procedimentos médicos como dos hospitalares, a fim de garantir a rastreabilidade necessária à pesquisa da causalidade do dano

por parte de perito especializado. Assegurar a rastreabilidade das causas ou não de danos é fator de segurança para todos os envolvidos no processo de assistência médica. Afinal, tanto é injusto imputar a reparação por ato ilícito a quem não o cometeu como deixar sem reparação o prejudicado quando o dano poderia ter sido evitado.

Como nos ensina Kfouri Neto (2003),[57] ao concluir sobre responsabilização de hospitais por danos causados aos pacientes por infecção hospitalar, levando em conta os diversos fatores que a originam:

> *Repelimos, por fim, a adoção da teoria do risco, derivante aguda da responsabilidade objetiva, que redundaria na imposição do dever de indenizar tão só em face do dano e da permanência do enfermo no hospital. Nesse caso, nem mesmo a infecção preexistente, ou decorrente da própria enfermidade, poderia afastar a obrigação do hospital. Tal exacerbação não se coaduna com a ordem jurídica vigente entre nós.*

No mesmo sentido:

> *Porém observam-se diferenças no tratamento da responsabilização da pessoa jurídica prestadora de serviços médicos. Como nos ensina Washington Monteiro de Barros: "(...), há vezes em que se aplica a responsabilidade civil subjetiva nas relações de consumo. Exemplos típicos de adequação da teoria da culpa apresentam-se na área de saúde, em que, para responsabilização da pessoa jurídica prestadora de serviços médicos, é necessária a apuração da culpa do profissional da área médica que os prestou".[58]*

Da Indenização ou do Ressarcimento do Dano

O dano a um patrimônio ou interesse jurídico deve ser certo, provado. Além disso, como pressuposto da

---

[57] Kfouri Neto, 2003: 143.

[58] Nota de rodapé 37, da página 575 do livro Monteiro, Washington de Barros, curso de Direito Civil, 5: direito das obrigações 2ª parte: "(...) 1 – A responsabilidade dos hospitais, no que tange à atuação técnico-profissional dos médicos que neles atuam ou a eles sejam ligados por convênio, é subjetiva, ou seja, dependente da comprovação de culpa dos prepostos, presumindo-se a dos preponentes. Neste sentido são as normas dos Arts. (...) 186 e 951 do novo Código Civil, bem como a súmula 341 – STF (É presumida a culpa do patrão ou comitente pelo ato culposo do empregado ou preposto). 2 – Em razão disso, não se pode (...) excluir, de modo expresso, a culpa dos médicos e, ao mesmo tempo, admitir a responsabilidade objetiva do hospital, para condená-lo a pagar indenização por morte de paciente. 3 – O Art. 14 do CDC, conforme melhor doutrina, não conflita com essa conclusão, dado que a responsabilidade objetiva do hospital circunscreve-se apenas aos serviços única e exclusivamente relacionados com o estabelecimento empresarial propriamente dito, ou seja, aqueles que digam respeito à estadia do paciente (internação), instalações, equipamentos, serviços auxiliares (enfermagem, exames, radiologia) etc., e não aos serviços técnico-profissionais dos médicos que ali atuam, permanecendo estes na relação subjetiva de preposição (culpa). 4 – (...) REsp 258.389/SP, 4ª T., Rel Min. Fernando Gonçalves, j. 16-6-2005, DJ, 22-8-2005, p. 275)."

responsabilidade civil, o dano deve ser reparado ou compensado por questões de justiça e paz social.

A obrigação de indenizar o dano pode ter origem em um:

- fato ilícito, caso contrarie dever previsto no ordenamento, ou por ato que contrarie uma determinação legal. Nesse caso, há obrigação de indenizar, havendo ou não a demonstração da culpa;

- evento lícito no qual há risco envolvido na atividade do responsável pelo dano: quando há determinação legal, a obrigação de indenizar independe de culpa. Ou seja, nesta não interessa a análise da culpa para geração da responsabilidade civil;

- contrato, caso uma das partes não cumpra o que está estabelecido;[59]

- abuso de direito: quando a pessoa exerce um direito por meios ou atos desproporcionais aos fins que a norma ou o senso comum supõe necessários para se atingir o propósito legal, causando dano a alguém.

Para que haja dano indenizável deve ocorrer (Diniz, 2009):

- a diminuição ou destruição de um bem jurídico, patrimonial ou moral, pertencente a uma pessoa, podendo o lesado ser a própria pessoa (vítima direta) ou outra pessoa (vítima indireta – p. ex., o cônjuge e filho que dependiam do trabalho da vítima para sobreviver);

- a efetividade ou certeza do dano, baseada na constatação de fato atual que poderá se projetar, no futuro, na consequência necessária (p. ex., quando uma pessoa é vítima de lesões corporais em um acidente de trânsito no qual perde um braço, situação em que pode ter sua capacidade de trabalho diminuída);

- a causalidade, ou seja, o dano deve estar relacionado com a causa produzida pelo lesante (p. ex., o doente vem a falecer em consequência de ato médico culposo e sua morte prejudica o filho menor que dele dependia financeiramente). Trata-se do dano de mero reflexo;

- a subsistência do dano no momento da reclamação do lesado. Se o dano já foi reparado pelo responsável ou por terceiro, o prejuízo é insubsistente, mas, se o foi pela vítima, a lesão subsiste pelo *quantum* da reparação;

- a legitimidade, pois a vítima, para que possa pleitear a reparação, precisará ser titular do direito atingido, o qual pode ser o próprio lesado ou seu beneficiário, isto é, pessoa que dele dependa ou passe a reclamar alimentos;

- a ausência de causas excludentes de responsabilidade; e por fim,

- a lesão não poderá ser hipotética, salvo nos casos de dano presumido.

Sob a perspectiva da vítima, a finalidade da responsabilidade civil tem um caráter reparatório (para que o bem juridicamente protegido recupere a condição que tinha antes de sofrer o dano) ou compensatório (quando não for possível recuperar o bem, para que a vítima tenha algum benefício que se contraponha a seu prejuízo) (Diniz, 2009).

Sob o ponto de vista do causador do dano, a responsabilidade civil cumpre o papel reparatório além de servir como desestímulo a que o próprio lesante repita sua ação e para que sirva de exemplo coercitivo a todos da sociedade, mostrando que o patrimônio de cada um é um valor protegido juridicamente pela sociedade, e para aqueles que não o respeitem ao Estado foi delegado o poder de fazer com que respeite ou repare, mesmo contra a vontade do infrator (efeito penal da responsabilidade civil) (Diniz, 2009).

Para o causador do dano a indenização em dinheiro também tem esse caráter de sanção indireta, penalizando o infrator. Dessa maneira, restabelecendo o equilíbrio patrimonial e inibindo comportamentos lesivos, o Direito procura manter a paz social.

No dano patrimonial, três situações merecem ser consideradas:

- **o dano patrimonial positivo ou emergente:** aquele que afeta direitos já existentes na titularidade da vítima por ocasião do evento lesivo – por exemplo, os gastos oriundos a partir da ocorrência da lesão, como a necessidade de reabilitação de um membro lesado (como a lesão da mão após um erro médico);

- o dano negativo ou lucro cessante – medido pela diferença entre a situação atual (momento do dano) e a situação em que o patrimônio estaria caso não houvesse o prejuízo (dano a direitos ainda não pertencentes ao lesado no tempo do ato prejudicial); e, finalmente,

- caso se consiga restituir a situação do bem à situação que se encontrava antes do prejuízo (reconstituição natural), não se cogita em reparação em dinheiro.

A reparação do dano abrangerá, além do que a vítima perdeu, o que ela deixou de ganhar. Por exemplo, se por causa da falta da habilidade manual a pessoa não puder exercer sua profissão, serão lucro cessante os ganhos e as vantagens que o agredido obteria se não tivesse sofrido o dano.

No dano moral, lesão a um direito da personalidade, o valor pecuniário reparador do dano moral não pretende se equivaler à lesão extrapatrimonial, mas sim compensar o mal-estar sofrido. Além desse caráter compensatório, a indenização pretende ser um fator de coerção ao ser um exemplo educativo para o autor ou

---

[59] **CC, Art. 389.** Não cumprida a obrigação, responde o devedor por perdas e danos, mais juros e atualização monetária segundo índices oficiais regularmente estabelecidos, e honorários de advogado.

mesmo para qualquer membro da sociedade no sentido de evitar tais situações danosas (caráter penal da reparação moral).

Em se tratando de dano ao corpo, a reparação direta é a cura, enquanto todas as outras modalidades de reparação ou compensação são indiretas.[60] Quando a cura não for possível, poderá haver um dano indireto ao patrimônio (dano emergente e lucro cessante). O autor da lesão, além de cobrir os custos da reabilitação do lesado, é obrigado a provê-lo de uma pensão mensal que corresponda à perda parcial ou integral em seus rendimentos, conforme a incapacidade gerada pelo dano. O lesado pode optar por receber a indenização definida pelo juízo de uma só vez ou pode receber uma pensão mensal.[61]

No caso de morte, o lesante deve arcar com o dano moral e também com o dano patrimonial àqueles, lesados indiretos, que dependiam do morto em valores correspondentes ao prejuízo que sofreram em relação ao que recebiam do falecido durante o período futuro, considerando a expectativa de vida do morto.[62]

Para estabelecer o montante da indenização, seja por dano moral ou patrimonial, o juiz considerará a culpa e a capacidade econômica do autor do dano, além de outros aspectos, como a extensão do dano.[63]

Responsabilidade Civil do Estado

As pessoas jurídicas de direito público e as de direito privado prestadoras de serviços públicos responderão pelos danos que seus agentes, nessa qualidade, causarem a terceiros (responsabilidade civil objetiva). A pessoa jurídica é obrigada a reparar os danos, porém, se ficar provado que houve alguém responsável por dolo ou culpa, a pessoa jurídica tem o direito de processar este funcionário para que lhe seja restituído o que foi gasto na reparação dos danos, além de outras consequências de cunho trabalhista. Essa ação tem a denominação de ação de regresso contra o causador do dano.[64]

O termo agentes, aqui citado, tem um significado amplo, incluindo todos os prestadores de serviços, tais como funcionários, rede de assistência à saúde credenciada, entidades conveniadas, médicos credenciados etc.

A responsabilidade dos entes federados – União, Distrito Federal, Estados, Municípios – é objetiva. Respondem pelos danos causados por ato omissivo ou comissivo de seus agentes.

A omissão pode ser uma condição para que outro evento cause o dano, mas ela própria (omissão) não pode

produzir o efeito danoso. A omissão poderá ter condicionado sua ocorrência, mas não o causou. Portanto, no caso de dano por comportamento omissivo, a responsabilidade do Estado é subjetiva, porquanto supõe dolo ou culpa em suas modalidades de negligência, imperícia ou imprudência, embora possa tratar-se de uma culpa não individualizável na pessoa de tal ou qual funcionário, mas atribuída ao serviço estatal genericamente. É a culpa anônima ou falta de serviço que ocorre.

Como diz Bandeira de Mello (2007), ocorre a culpa do serviço ou a "falta de serviço" quando este não funciona quando deveria funcionar, quando funciona mal ou se funciona atrasado. Mello ainda acrescenta que não é exigido da vítima da "falta de serviço" a comprovação da negligência, imprudência ou imperícia por parte da Administração Pública, pois a culpa é presumida por se tratar de uma conduta "objetivamente inferior aos padrões normais" de diligência, prudência ou perícia devida. E completa:

> por isso é sempre responsabilidade por comportamento ilícito quando o Estado, devendo atuar, e de acordo com certos padrões não atua ou atua insuficientemente para deter o evento lesivo.

O princípio da legalidade norteia as ações do Estado. Portanto, para executar ou não qualquer serviço, este deve estar previsto em lei. A lei ou seu regulamento estabelece os parâmetros e padrões para a prestação de serviços de saúde. Logo, para se verificar se o Estado foi omisso na prestação de serviço, ou mesmo se prestou serviços fora de padrões esperados, é necessário observar o que determina ou prevê a lei. Lei, aqui, pressupõe todo o ordenamento, incluindo os princípios da Administração pública, como eficiência, economicidade, publicidade e planejamento, entre outros.

Os danos oriundos da prestação de serviços públicos de saúde também podem advir de má qualidade, erro de qualquer profissional de saúde, atendimento desrespeitoso e ineficiente, deficiência nos serviços de centros de saúde, hospitais públicos ou credenciados, prontos-socorros etc. Nesse caso, o Estado deve responder, na pessoa dos agentes do governo, solidariamente aos prestadores de serviços que não estejam em funcionamento ou profissionais de saúde que não estejam trabalhando ou quando o serviço deixar a desejar e, em consequência dessa ineficiência, venham a causar danos ou criar condições para que o dano ocorra (Diniz, 2009). E assim deve ocorrer nos vários níveis de governo e nos diversos setores que estejam funcionando mal, por exemplo, a vigilância e promoção da saúde, o setor de imunização, de zoonoses, da saúde do trabalhador, do meio ambiente, de obras, de posturas, entre outros.

Responsabilidade das Empresas de Saúde Suplementar

O Sistema Brasileiro de Saúde é composto por dois subsistemas: o público, formado por estabelecimentos

---

[60]CC, **Art. 949**. No caso de lesão ou outra ofensa à saúde, o ofensor indenizará o ofendido das despesas do tratamento e dos lucros cessantes até ao fim da convalescença, além de algum outro prejuízo que o ofendido prove haver sofrido.
[61]CC, **Art. 950, parágrafo único.**
[62]CC, **Art. 948.**
[63]CC, **Arts. 944 e 945.**
[64]CC, **Art. 43.**

estatais e privados conveniados e/ou contratados ao Sistema Único de Saúde (SUS), e o privado, constituído pelo setor exclusivamente privado e pelo setor de saúde suplementar.

Em 2006, o SUS produziu 422 milhões de consultas e 11,3 milhões de internações. Nesse mesmo ano, os números da Saúde Suplementar foram 184 milhões e 6,7 milhões, respectivamente, ou 60% e 44% da produção do SUS. No entanto, a proporção da população brasileira coberta pela Saúde Suplementar era pouco menor do que 20%, mas constituía uma importante parcela do mercado de assistência médica no Brasil. Entretanto, somente em 1998, com a criação da Lei 9.656, é que o Estado brasileiro passa a regulamentar e regular esse setor com o advento da Agência Nacional de Saúde (ANS). Dados dessa agência indicam que 44 milhões de brasileiros confiam sua saúde aos cuidados das operadoras. Há também um conjunto de planos exclusivamente para a cobertura de serviços odontológicos – cerca de 9,5 milhões de pessoas.[65]

A Saúde Suplementar ainda é alvo de muitas reclamações à ANS e ações judiciais, o que faz com que muitos usuários de planos de saúde suplementar voltem a frequentar o SUS. O grau de insatisfação dos clientes levou o setor a ocupar, em 2009, pela décima vez consecutiva, o primeiro lugar entre os que mais geraram reclamações ao Instituto Brasileiro de Defesa do Consumidor (idec).[66]

O ordenamento brasileiro vem, paulatinamente, regulamentando e melhorando a legislação visando equilibrar as relações entre usuários, prestadores de serviços, operadoras de planos de saúde, setor público regulador e profissionais de saúde. A ANS vem, por meio de Resoluções Normativas, definindo parâmetros e tornando mais transparentes os deveres e obrigações de cada uma das partes envolvidas nesse tipo de assistência à saúde.

Os planos privados de assistência à saúde podem ser muito variados, individuais, coletivos familiares, coletivos empresariais, dos tipos ambulatorial, hospitalar, com ou sem exames laboratoriais, com rede própria ou credenciada etc. No entanto, há certas coberturas que são comuns e obrigatórias a todos eles.[67] Nesse contrato de prestação de serviços, o princípio contratual da função social do contrato tem como objeto a proteção de um dos mais relevantes bens da vida, a saúde. Os interesses judiciais, portanto, pautam-se em proteger, além dos interesses de toda a sociedade. Com relação ao contrato, são nulas as cláusulas consideradas abusivas, com fins de a operadora se esquivar ou restringir o cumprimento de obrigação fundamental inerente à natureza do contrato.

Outra questão relevante, uma vez que traz muitos problemas à relação usuários-operadora, refere-se à informação, que nesse caso é dever das operadoras. O contrato, por ser de adesão e muito detalhado, muitas vezes é mal-interpretado e mal-entendido, além de muitos contratantes nem chegarem a lê-lo. No caso de dúvidas, conforme preceitua o CDC, a interpretação deve ser conforme a boa-fé e a favor do consumidor.

Os planos de assistência suplementar, além de responderem pelas obrigações contratuais, respondem solidariamente por todos os danos causados por sua rede de prestadores de serviços credenciada, sejam elas pessoas físicas ou jurídicas. A relação entre a empresa prestadora de serviços médico-hospitalares e seus prestadores de serviços assemelha-se à de um preposto, ensejando a solidariedade.

Há casos julgados em que esse vínculo de solidariedade não é assim considerado (p. ex., no caso em que o usuário tem a liberdade de escolha do profissional de saúde, da instituição de assistência, cabendo ao plano de assistência suplementar apenas reembolsar os gastos do usuário ou mesmo efetivar o pagamento pelos serviços diretamente aos prestadores escolhidos pelo usuário).

Caso haja limitação de procedimentos, exames laboratoriais ou quaisquer intervenções por parte da operadora que interfira na autonomia dos profissionais de saúde, o plano responde objetivamente pelo eventual dano, caso esse dano tenha nexo de causalidade com essas determinações restritivas. O Código de Ética Médica[68] veda ao médico permitir que interesses pecuniários, ou de quaisquer outras ordens, de seu empregador ou superior hierárquico ou do financiador público ou privado da assistência à saúde interfiram na escolha dos melhores meios de prevenção, diagnóstico ou tratamento disponíveis e cientificamente reconhecidos no interesse da saúde do paciente ou da sociedade.

A responsabilização do tipo objetiva que o CDC traz para a má prestação de serviços por planos de saúde será tratada conforme a origem do dano, da mesma maneira que o discorrido no item de Responsabilidade dos Prestadores de Serviço de Saúde – Pessoa Jurídica. Ou seja, as operadoras dos planos de saúde solidarizam-se com os prestadores de serviços de sua rede credenciada, respondendo objetivamente pelos danos causados pelo serviço de hotelaria do hospital e por danos causados pela conduta culposa do profissional por culpa em sentido amplo, dolo, imperícia, negligência ou imprudência. Não responde, por falta de nexo de causalidade, por danos causados pela condição orgânica do paciente, que ocorreria mesmo sem a conduta do profissional ou, se ocorre em consequência da conduta do profissional, não por sua culpa, nem por eventos de origem desconhecida.

O dano moral, nas ações indenizatórias, tem sido reconhecido pelo Judiciário quando os danos extrapolam o mero descumprimento contratual sob o argumento de que ofende o direito da personalidade, pois agrava a situação de aflição psicológica e de angústia de quem foi lesado em seu direito.

---

[65]Pietrobon *et al.*, 2008.
[66]http://www.idec.org.br/noticias_listar.asp
[67]**CC, Art. 10 da Lei 9.656, de 3.6.1998** (plano ou seguro-referência de assistência à saúde).

---

[68]**CEM, Art. 20.**

Observa-se o início de um movimento interessante, por parte das próprias pessoas e das operadoras, de inversão da lógica do planejamento de saúde como um todo, saindo da ênfase e esforço focado no tratamento para prevenção e promoção da saúde em todas as fases da vida. Assim, têm sido propagadas e estimuladas práticas que melhoram e mantêm a saúde. Espera-se, com esse esforço, reduzir ações de danos.

▶ COMO SE MUNIR, PREVIAMENTE, DE PROVAS PARA SUBSIDIAR A PERÍCIA

Para averiguar a origem de um dano, necessário se faz percorrer todo o caminho inverso, da ocorrência do dano a sua origem. Rastreabilidade é o nome que se dá a essa procura que percorre todas as etapas do tratamento. A rastreabilidade só será possível se houver procedimentos descritos e cientificamente aprovados (protocolos de tratamento) para cada tipo de tratamento e as respectivas intervenções para cada evolução e resposta do paciente. É sabido que, por vezes, há diversas maneiras de se tratar uma mesma enfermidade, todas elas aprovadas pela literatura médica especializada. O procedimento escolhido pelo médico em comum acordo com o paciente ou responsável será o procedimento descrito a ser "percorrido" na pesquisa da origem do dano. Nessa conferência deve-se atentar tanto para a correção da descrição do protocolo usado como para se a descrição foi fielmente executada ou não. Fica patente, então, a importância da anotação, na ficha médica do paciente, de todas as técnicas e procedimentos utilizados e de todos os detalhes específicos ocorridos e/ou verificados no transcorrer do caso.

A rastreabilidade passa também pela conferência, como descrito previamente, de todos os processos que, caso executados incorretamente, possam acarretar o dano, como: processos da Central de Esterilização de Equipamentos, lavagem das mãos, esterilidade dos produtos utilizados, desinsetização do estabelecimento hospitalar etc., assim como de toda e qualquer intervenção no tratamento, com data, nome do profissional, medidas e parâmetros utilizados.

Para um eventual questionamento judicial, a rastreabilidade só será confiável a ponto de fazer prova caso existam procedimentos descritos e anotações claras e detalhadas de tudo que foi feito, usado e por quem, na ficha do paciente.

No Judiciário, o perito especialista, nomeado pelo juiz, ou os peritos contratados pelas partes do processo,[69] rastreando tudo que envolveu o tratamento, farão pareceres técnicos, indicando as probabilidades de ocorrência dos erros ou mesmo a inocorrência dos erros, apesar dos danos. O convencimento do juiz para emitir sua sentença dando fim ao processo pode ou não estar fundamentado nessas perícias. Por se tratar de assunto técnico-científico muito especializado, a perícia é uma das provas mais consideradas para formar o convencimento do juiz sobre a questão.

Como Evitar o Risco de Dano à Saúde

A prevenção do risco em qualquer instituição passa pela organização da gestão em termos gerais. Na área da saúde não é diferente.

Uma instituição nasce para prestar algum serviço de interesse social. Para que cumpra sua missão social é necessário assegurar a qualidade de seu sistema de gestão. Sander (1995) conceitua os critérios de eficiência, eficácia, efetividade e relevância e os articula dialeticamente na composição de seu conceito de qualidade na gestão:

- **Eficiência:** "[...] é o critério econômico que revela a capacidade administrativa de produzir o máximo de resultados com o mínimo de recursos, energia e tempo" (p. 43). É um critério de dimensões instrumental e extrínseco.

- **Eficácia:** "[...] é o critério institucional que revela a capacidade administrativa para alcançar as metas estabelecidas ou os resultados propostos" (p. 46). Esse critério é de dimensão instrumental e preocupa-se com a consecução dos objetivos intrínsecos, vinculados, especificamente, aos aspectos pedagógicos da educação.

- **Efetividade** "[...] é o critério político que reflete a capacidade administrativa para satisfazer as demandas concretas feitas pela comunidade externa" (p. 47). É um critério substantivo extrínseco que reflete a capacidade de a educação responder às preocupações, exigências e necessidades da sociedade.

- **Relevância**, por sua vez, "[...] é o critério cultural que mede o desempenho administrativo em termos de importância, significação, pertinência e valor" (p. 50).

Um exemplo muito emblemático da relação entre a prestação de um serviço de saúde seguro e o sistema de gestão administrativa da instituição é o controle de infecção hospitalar. Garcia *et al.* (2000)[70] expõem, de maneira muito clara, que a revisão histórica do controle de infecção nas últimas quatro décadas mostra que a área evoluiu de um trabalho investigativo com o objetivo de compreender a ocorrência das infecções para uma atividade de métodos preventivos efetivos com grande impacto na prática clínica e redução efetiva dos danos à saúde.

---

[69]Assim determina o **CPC, Art. 145.** Quando a prova do fato depender de conhecimento técnico ou científico, o juiz será assistido por perito, segundo o disposto no **Art. 421.** O juiz nomeará o perito, fixando de imediato o prazo para a entrega do laudo. **§ 1º** Incumbe às partes, dentro em 5 (cinco) dias, contados da intimação do despacho de nomeação do perito: **I** – indicar o assistente técnico; **II** – apresentar quesitos.

[70]Garcia, 2000; 28(6):30-43.

Assim, foi a partir do entendimento da multiplicidade de causalidade das infecções hospitalares que houve a incorporação da qualidade de desempenho dos diversos processos hospitalares como forma de prevenção e controle do risco de infecção. A qualidade deixou de ser atributo apenas do produto ou serviço, passando a exigir visão sistêmica, para integrar ações de pessoas, máquinas e informações em um *sistema viável* (Seara, 2003).[71] O controle exercido por todos para atender às necessidades dos clientes foi denominado Controle da Qualidade Total (TQC). Há várias ferramentas de gestão de administração em saúde que buscam assegurar a qualidade do serviço e a redução de riscos e danos, como a *International Organization for Standardization* 31000 (ISO 31000), que é uma norma de Gestão da Qualidade específica para hospitais. A ISO 31000 estabelece princípios, estrutura e um processo para gerenciar qualquer tipo de risco de maneira transparente e sistemática. O controle de riscos dentro das instituições de saúde é objeto da *Teoria da Gestão de Risco*, que trabalha com a prevenção e o tratamento do risco (Couto & Pedrosa, 2007).

Da mesma maneira como existem as normas de qualidade da gestão de saúde válidas para um serviço privado de excelência, há normas regulamentadoras do Estado para os prestadores de serviços de saúde que têm como finalidade garantir a segurança sanitária. O Estado e os conselhos de classe intervêm na organização da gestão de serviços de saúde por meio de leis regulamentadoras como as do SUS,[72] o CEM,[73] dos Códigos de Saúde das cidades e estados da Federação, das Resoluções de Diretoria Colegiada[74] da Agência Nacional de Vigilância Sanitária (Anvisa – que dispõe sobre o gerenciamento de tecnologias em saúde em estabelecimentos de saúde),[75] como também

o Manual de Acreditação[76] das Organizações Prestadoras de Serviços Hospitalares (2003), elaborado pelo convênio entre a Anvisa e a Organização Nacional de Acreditação (ONA).

Todos os profissionais de saúde e as instituições que queiram estabelecer um sistema de prestação de serviço de saúde-seguro (com ocorrência mínima de danos) devem introduzir mecanismos e estratégias de gestão com base na qualidade (Couto & Pedrosa, 2007). Para facilitar a apropriação do leitor de tais normas, com fins a observar se o leitor já incorporou em sua atividade essas práticas e ainda para orientar a reflexão das equipes de cuidado e gestores das instituições de saúde, os autores sugerem a leitura cuidadosa do sumário da norma da ONA e a RDC 2/2010, que dispõem sobre o gerenciamento de tecnologias em saúde em estabelecimentos de saúde, expedidas pela Anvisa.

O sumário do Manual de Acreditação das Organizações Prestadoras de Serviços Hospitalares – 4ª edição (2003) deve servir como orientador (*checklist*) para as práticas a serem efetivadas no exercício da prestação de saúde por todos os prestadores de serviço comprometidos em evitar riscos.

▶ MANUAL DE ACREDITAÇÃO DAS ORGANIZAÇÕES PRESTADORAS DE SERVIÇOS HOSPITALARES (2003)

Nesse material, elaborado pelo convênio entre a Anvisa (Agência Nacional de Vigilância Sanitária) e a ONA (Organização Nacional de Acreditação), a gestão de serviços é tratada em capítulos cujos títulos estão listados a seguir. Há uma vasta literatura sobre gestão de serviços que deve ser consultada para o aprofundamento dos temas (Couto & Pedrosa, 2007).

Direção e Liderança – Nível 1

Dispõe de responsável habilitado ou capacitado para a direção e liderança; atende aos requisitos formais e técnicos para a segurança das atividades; estrutura de acordo com o perfil e o grau de complexidade da organização.

Direção e Liderança – Nível 2

Manual(is) de normas, rotinas e procedimentos documentado(s), atualizado(s), disponível(is) e aplicado(s) ao gerenciamento de um processo de direção e liderança; estatísticas básicas para o planejamento de melhorias; programa de capacitação e educação continuadas

---

[71]Seara *apud* Couto, 2003.

[72]**Lei 8.080/90, Lei 8.432/90, NOB/96** – Norma Operacional Básica.

[73]Código de Ética Médica (CEM), **em vigor a partir de 13/4/2010:** "I – O presente Código de Ética Médica contém as normas que devem ser seguidas pelos médicos no exercício de sua profissão, inclusive no exercício de atividades relativas ao ensino, à pesquisa e à administração de serviços de saúde, bem como no exercício de quaisquer outras atividades em que se utilize o conhecimento advindo do estudo da Medicina. II – As organizações de prestação de serviços médicos estão sujeitas às normas deste Código."

[74]A **Anvisa**, Agência Nacional de Vigilância Sanitária, é dirigida por uma diretoria colegiada de quatro diretores.

[75]**Anvisa, RDC 2/2010: Art. 2º** Este regulamento estabelece os critérios mínimos, a serem seguidos pelos estabelecimentos de saúde, para o gerenciamento de tecnologias em saúde utilizadas na prestação de serviços de saúde, de modo a garantir a sua rastreabilidade, qualidade, eficácia, efetividade e segurança e, no que couber, desempenho, desde a entrada no estabelecimento de saúde até seu destino final, incluindo o planejamento dos recursos físicos, materiais e humanos, bem como da capacitação dos profissionais envolvidos no processo destes.

[76]Habilitação, licença sanitária, alvará, acreditação, todos são certificações relacionadas com a saúde expedidas por organizações ou órgãos governamentais, após avaliação para auferir conformidade das instituições em relação às leis, regulamentos, padrões de qualidade e de segurança sanitária.

voltado para o processo de direção e liderança; evidências de integração com outros processos de administração e serviços da organização.

Direção e Liderança – Nível 3

Dispõe de sistema de análise da satisfação dos clientes internos e externos; participa ativamente do programa institucional da qualidade e produtividade, com evidências de ciclos de melhoria; contribui para a gestão de risco; seus serviços estão integrados ao sistema de informação da organização, dispondo de dados e indicadores que permitem a avaliação do serviço e comparações com referenciais externos.

Gestão de Pessoas – Nível 1

Gestão Administrativa e Financeira – Nível 1

Gestão de Materiais e Suprimentos

Gestão da Qualidade

Gestão da Qualidade – Nível 1

Equipe habilitada ou capacitada para a administração da qualidade; atende aos requisitos formais e técnicos para a segurança das atividades; estrutura de acordo com o perfil e o nível de complexidade da organização.

Gestão da Qualidade – Nível 2

Manual(is) de normas, rotinas e procedimentos documentado(s), atualizado(s), disponível(is) e aplicado(s) ao gerenciamento e à melhoria da qualidade; estatísticas básicas para o planejamento; programa de capacitação e educação continuadas; evidências de integração com outros serviços da organização.

Gestão da Qualidade – Nível 3

Dispõe de sistema de análise da satisfação dos clientes internos e externos; desenvolve e coordena o programa institucional da qualidade e produtividade, com evidências de ciclos de melhoria; contribui para a gestão de risco; seus processos estão integrados ao sistema de informação da organização, dispondo de dados e indicadores que permitem a avaliação do serviço e comparações com referenciais externos.

▶ SERVIÇOS PROFISSIONAIS E ORGANIZAÇÃO DA ASSISTÊNCIA

Subseções atuais: Corpo Clínico; Enfermagem.

Corpo Clínico – Nível 1

Corpo Clínico, legalmente habilitado, que atua no acompanhamento contínuo dos pacientes internados, nas 24 horas, de acordo com as normas definidas no Regimento Interno; conta com uma direção médica que supervisiona as ações assistenciais prestadas pela equipe médica.

Itens de Orientação

- Corpo clínico habilitado e organizado.
- Existência de regimento interno com conhecimento formal de todo o Corpo Clínico.
- Responsável técnico pela assistência médica, que supervisiona as decisões sobre diagnóstico e tratamento e assume a responsabilidade final pela conduta adotada.
- Médico assistente designado para cada paciente.
- Pacientes com conhecimento do nome do médico que lhes assiste e informados sobre seu diagnóstico e procedimentos a realizar ou realizados.
- Relação dos médicos contratados e credenciados.
- Escala de médicos de plantão ativo ou a distância.
- Continuidade do atendimento ao paciente (visitas, prescrições e evoluções médicas).
- Registros no prontuário de todos os atendimentos realizados.
- Prontuários e laudos completos, legíveis e assinados com a respectiva identificação.
- Definição dos consentimentos informados para os procedimentos de risco.
- Comissões obrigatórias do Corpo Clínico e institucional.

Corpo Clínico – Nível 2

Manual(is) de normas, rotinas e procedimentos documentado(s), atualizado(s), disponível(is) e aplicado(s). O médico desenvolve suas ações com base em procedimentos voltados para a melhoria de processos assistenciais e dos procedimentos médico-sanitários; dispõe de um programa de capacitação e educação continuadas; as ações médicas são auditadas mediante registros no prontuário; dispõe de estatísticas básicas para a tomada de decisão clínica e gerencial.

Itens de Orientação

- Manual(is) de normas rotinas e procedimentos documentado(s), atualizado(s), disponível(is) e aplicado(s).
- Procedimentos padronizados, como protocolos clínicos, para as patologias de maior prevalência.
- Programa de capacitação e educação continuada, com evidências de melhorias.
- Grupos de trabalho para a melhoria de processos, integração institucional, análise crítica dos casos atendidos, melhoria da técnica, controle de problemas, minimização de riscos e efeitos colaterais.

- Mecanismos de auditoria médica (sistemas internos e/ou externos) e seus resultados.
- Procedimentos voltados para a continuidade de cuidados ao cliente/paciente e seguimento de casos.
- Reuniões clínicas periódicas para discutir casos selecionados.
- Estatísticas básicas para a tomada de decisão clínica e gerencial.

Corpo Clínico – Nível 3

Participa ativamente do modelo assistencial, com base em enfoque multiprofissional e interdisciplinar; integra o programa institucional da qualidade e produtividade, com evidências de ciclos de melhoria; dispõe de sistema de análise da satisfação dos clientes internos e externos e de avaliação do serviço; sistema de informação baseado em dados e indicadores que permitam análises comparativas com referenciais e monitoramento de resultados.

Itens de Orientação

- Assistência ao cliente/paciente segue um planejamento em níveis de complexidade com enfoque multiprofissional e interdisciplinar.
- Avaliação dos procedimentos padronizados, como protocolos clínicos, e de seus resultados.
- Indicadores epidemiológicos utilizados no planejamento e na definição do modelo assistencial.
- Registros, atas, relatórios e estatísticas referentes às atividades de avaliação da qualidade da assistência, com série histórica.
- Comparações de resultados com referenciais e análise do impacto Comunidade.
- Sistema de análise da satisfação dos clientes internos e externos.

Enfermagem

Serviços de Atenção ao Paciente/Cliente

Esta seção agrupa todas as unidades e serviços tipicamente assistenciais, com características de contato direto com o usuário, processo ou serviço médico assistencial desenvolvido, equipe multiprofissional e interdisciplinar envolvida, conjunto de insumos e espaço(s) institucional(is) específico(s) a seus respectivos processos.

Subseções atuais: internação; recepção, transferência, referência e contrarreferência; atendimento ambulatorial; emergência; centro cirúrgico; anestesiologia; obstetrícia; neonatologia; tratamento intensivo; hemoterapia; reabilitação; medicina nuclear; radioterapia.

Serviços de Apoio ao Diagnóstico

Esta seção agrupa todos os serviços voltados para o apoio ao diagnóstico.

Subseções atuais: laboratório clínico; diagnóstico por imagem; métodos gráficos; anatomia patológica.

Serviços Assistenciais e de Abastecimento

Esta seção agrupa todos aqueles serviços que envolvem uma ação técnica especializada, que inclui os processos de abastecimento, produção e/ou serviços técnicos especializados de apoio e ação assistencial.

Subseções atuais: sistema de informação do paciente; prevenção e controle de infecções; assistência farmacêutica; assistência nutricional; central de processamento de roupas – lavanderia; central de processamento de materiais e esterilização; higiene; segurança e saúde ocupacional; serviço social; material e suprimentos

Assistência Farmacêutica

Conjunto de ações sistemáticas e contínuas que visam aos procedimentos de assistência farmacêutica e de farmacovigilância.

Assistência Nutricional

Conjunto de atividades destinadas à oferta de alimentos nutricionalmente balanceados e dietas que atendam às necessidades específicas do cliente/paciente, bem como educação nutricional.

Central de Processamento de Roupas – Lavanderia

Conjunto de atividades destinadas ao processamento da roupa e sua distribuição em perfeitas condições de higiene e conservação em quantidade compatível com as atividades desenvolvidas pela organização.

Processamento de Materiais e Esterilização

Conjunto de atividades destinadas a preparo, esterilização, guarda e distribuição dos materiais para as unidades.

Higiene

Conjunto de atividades destinadas à higienização específica nas diferentes áreas da organização.

Segurança e Saúde Ocupacional

Conjunto de atividades destinadas a prevenir acidentes de trabalho e promover a saúde ocupacional.

Serviço Social

Conjunto de atividades destinadas ao atendimento prestado ao paciente e a seus familiares quanto às questões socioeconômicas e à reintegração social.

Materiais e Suprimentos

Atividades relacionadas com a organização e a coordenação dos processos relativos a planejamento, aquisição, armazenamento, rastreabilidade e disponibilização de materiais e suprimentos.

Serviços de Infraestrutura e Apoio Logístico

Esta seção agrupa os serviços de gerenciamento da infraestrutura física e de apoio logístico.

Subseções atuais: gestão de projetos físicos; gestão da estrutura físico-funcional; gestão de manutenção predial; gestão de resíduos; gestão de equipamentos médico-hospitalares; gestão da segurança.

Gestão de Projetos Físicos

Documentação e registro referentes à estrutura física da organização, aprovada pelos órgãos competentes.

Gestão da Estrutura Físico-Funcional

Gerenciamento da estrutura físico-funcional, dos acessos e circulações das pessoas e materiais.

Gestão da Manutenção Predial

Serviços existentes referentes a planejamento, operação e manutenção predial, de instalações, mobiliário, equipamentos e infraestrutura.

Gestão de Resíduos

Gerenciamento dos resíduos gerados nos serviços de saúde em estado sólido, semissólido e líquido cuja particularidade torne inviável seu lançamento em rede pública de coleta e tratamento de esgoto.

Gestão de Equipamentos Médico-Hospitalares

Atividades destinadas à gestão do parque tecnológico da organização durante todo seu ciclo de vida. Contempla o planejamento, a aquisição, o recebimento, o teste de aceitação, a capacitação, a operação, a manutenção e a desativação dos equipamentos médico-hospitalares.

Gestão da Segurança

Serviço existente para garantir a integridade dos clientes internos e externos mediante infraestrutura adequada e procedimentos de prevenção de acidentes, sinistros, violência e riscos para a clientela e os circundantes.

Ensino e Pesquisa

Esta seção agrupa todos os componentes que se relacionem com as funções educativas e de pesquisa da organização, de modo a permitir realizar um diagnóstico da estrutura disponibilizada para a capacitação funcional, para a educação permanente, para o processo de formação de recursos humanos e para a geração de novos conhecimentos.

Subseções atuais: educação continuada; ensino; e pesquisa.

(...) Fortalecer e divulgar o processo de acreditação é necessário para atingir o reconhecimento pelo cidadão. É a sociedade quem deve validar este processo, não apenas os profissionais da área da saúde. Quando atingir este ponto, o sistema estará maduro, não apenas como instrumento de gestão e avaliação, mas como efetivo instrumento de controle social (Couto & Pedrosa, 2007).

6 – RDC 2, Publicada no DOU 17 seção 01, de 26/01/2010. Dispõe sobre o gerenciamento de tecnologias em saúde em estabelecimentos de saúde.

Art. 1º. *Fica aprovado o regulamento técnico que estabelece os requisitos mínimos para o Gerenciamento de Tecnologias em Saúde em estabelecimentos de saúde.*

CAPÍTULO I
DAS DISPOSIÇÕES INICIAIS
Seção I
Objetivo
Art. 2º. *Este regulamento possui o objetivo de estabelecer os critérios mínimos, a serem seguidos pelos estabelecimentos de saúde, para o gerenciamento de tecnologias em saúde utilizadas na prestação de serviços de saúde, de modo a garantir a sua rastreabilidade, qualidade, eficácia, efetividade e segurança e, no que couber, desempenho, desde a entrada no estabelecimento de saúde até seu destino final, incluindo o planejamento dos recursos físicos, materiais e humanos, bem como da capacitação dos profissionais envolvidos no processo destes.*

Seção II
Abrangência
Art. 3º. *Este Regulamento se aplica às seguintes tecnologias em saúde, utilizadas na prestação de serviços de saúde:*

I – produtos para saúde, incluindo equipamentos de saúde;
II – produtos de higiene e cosméticos;
III – medicamentos; e
IV – saneantes.

§ 1º. Excluem-se das disposições deste regulamento os equipamentos de saúde definidos como equipamentos gerais.
§ 2º. A aplicabilidade deste regulamento se restringe aos estabelecimentos de saúde em âmbito hospitalar, ambulatorial e domiciliar e aqueles que prestam serviços de apoio ao diagnóstico e terapia, intra ou extra-hospitalar.
§ 3º. Excluem-se das disposições deste regulamento as farmácias não privativas de unidade hospitalar ou equivalente de assistência médica e drogarias, por possuírem regulamentação específica.

Seção III
Definições
Art. 4º. *Para efeito deste regulamento técnico são adotadas as seguintes definições:*

I – cosmético: produto de uso externo, destinado à proteção ou ao embelezamento das diferentes partes do corpo;
II – educação continuada em estabelecimento de saúde: processo de permanente aquisição de informações pelo trabalhador, de todo e qualquer conhecimento obtido formalmente, no âmbito institucional ou fora dele;

III – equipamento de proteção individual: dispositivo ou produto de uso individual utilizado pelo trabalhador, destinado à proteção de riscos suscetíveis de ameaçar a segurança e a saúde no trabalho;

IV – equipamento de saúde: conjunto de aparelhos e máquinas, suas partes e acessórios utilizados por um estabelecimento de saúde onde são desenvolvidas ações de diagnose, terapia e monitoramento. São considerados equipamentos de saúde os equipamentos de apoio, os de infra-estrutura, os gerais e os médico-assistenciais;

V – equipamento de apoio: equipamento ou sistema, inclusive acessório e periférico, que compõe uma unidade funcional, com características de apoio à área assistencial. São considerados equipamentos de apoio: cabine de segurança biológica, destilador, deionizador, liquidificador, batedeira, banho-maria, balanças, refrigerador, autoclave, dentre outros;

VI – equipamento de infraestrutura: equipamento ou sistema, inclusive acessório e periférico, que compõe as instalações elétrica, eletrônica, hidráulica, fluido-mecânica ou de climatização, de circulação vertical destinadas a dar suporte ao funcionamento adequado das unidades assistenciais e aos setores de apoio;

VII – equipamentos gerais: conjunto de móveis e utensílios com características de uso geral, e não específico, da área hospitalar. São considerados equipamentos gerais: mobiliário, máquinas de escritório, sistema de processamento de dados, sistema de telefonia, sistema de prevenção contra incêndio, dentre outros;

VIII – equipamento médico-assistencial: equipamento ou sistema, inclusive seus acessórios e partes, de uso ou aplicação médica, odontológica ou laboratorial, utilizado direta ou indiretamente para diagnóstico, terapia e monitoração na assistência à saúde da população, e que não utiliza meio farmacológico, imunológico ou metabólico para realizar sua principal função em seres humanos, podendo, entretanto, ser auxiliado em suas funções por tais meios;

IX – estabelecimento de saúde: denominação dada a qualquer local destinado à realização de ações e serviços de saúde, coletiva ou individual, qualquer que seja o seu porte ou nível de complexidade;

X – evento adverso: agravo à saúde ocasionado a um paciente ou usuário em decorrência do uso de um produto submetido ao regime de vigilância sanitária, tendo a sua utilização sido realizada nas condições e parâmetros prescritos pelo fabricante;

XI – gerenciamento de tecnologias em saúde: conjunto de procedimentos de gestão, planejados e implementados a partir de bases científicas e técnicas, normativas e legais, com o objetivo de garantir a rastreabilidade, qualidade, eficácia, efetividade, segurança e em alguns casos o desempenho das tecnologias de saúde utilizadas na prestação de serviços de saúde. Abrange cada etapa do gerenciamento, desde o planejamento e entrada no estabelecimento de saúde até seu descarte, visando à proteção dos trabalhadores, à preservação da saúde pública e do meio ambiente e à segurança do paciente;

XII – gerenciamento de risco: aplicação sistemática de políticas de gestão, procedimentos e práticas na análise, avaliação, controle e monitoramento de risco;

XIII – medicamento: produto farmacêutico, tecnicamente obtido ou elaborado, com finalidade profilática, curativa, paliativa ou para fins de diagnóstico;

XIV – plano de gerenciamento: documento que aponta e descreve os critérios estabelecidos pelo estabelecimento de saúde para a execução das etapas do gerenciamento das diferentes

tecnologias em saúde submetidas ao controle e fiscalização sanitária abrangidas nesta Resolução, desde o planejamento e entrada no estabelecimento de saúde, até sua utilização no serviço de saúde e descarte;

XV – produto médico: produto para a saúde, de uso ou aplicação médica, odontológica ou laboratorial, destinado a prevenção, diagnóstico, tratamento, reabilitação ou anticoncepção e que não utiliza meio farmacológico, imunológico ou metabólico para realizar sua principal função em seres humanos, podendo, entretanto, ser auxiliado em suas funções por tais meios;

XVI – produto para diagnóstico de uso in vitro: produtos que são utilizados unicamente para prover informação sobre amostras obtidas do organismo humano e contribuem para realizar uma determinação qualitativa, quantitativa ou semiquantitativa de uma amostra proveniente do corpo humano, desde que não estejam destinados a cumprir alguma função anatômica, física ou terapêutica, e não sejam ingeridos, injetados ou inoculados em seres humanos;

XVII – produto para saúde: é aquele enquadrado como produto médico ou produto para diagnóstico de uso in vitro;

XVIII – produto de higiene: produto para uso externo, antisséptico ou não, destinado ao asseio ou à desinfecção corporal, compreendendo os sabonetes, xampus, dentifrícios, enxaguatórios bucais, antiperspirantes, desodorantes, produtos para barbear e após o barbear, estípticos e outros;

XIX – rastreabilidade: capacidade de traçar o histórico, a aplicação ou a localização de um item por meio de informações previamente registradas;

XX – saneante: substância ou preparação destinada a higienização, desinfecção ou desinfestação domiciliar, em ambientes hospitalares ou não, coletivos, públicos e privados, em lugares de uso comum e no tratamento da água; e

XXI – tecnologias em saúde: conjunto de equipamentos, de medicamentos, de insumos e de procedimentos utilizados na prestação de serviços de saúde, bem como das técnicas de infraestrutura desses serviços e de sua organização.

CAPÍTULO II
DO GERENCIAMENTO DE TECNOLOGIAS EM SAÚDE

Art. 5º. *O estabelecimento de saúde deve definir e padronizar critérios para cada etapa do gerenciamento de tecnologias em saúde abrangidas por este regulamento técnico e utilizadas na prestação de serviços de saúde.*

Parágrafo único. *O estabelecimento de saúde deve possuir, para execução das atividades de gerenciamento de tecnologias em saúde, normas e rotinas técnicas de procedimentos padronizadas, atualizadas, registradas e acessíveis aos profissionais envolvidos, para cada etapa do gerenciamento.*

Art. 6º. *Os estabelecimentos de saúde devem elaborar e implantar Plano de Gerenciamento para as seguintes tecnologias em saúde abrangidas por este regulamento técnico:*

I – produtos para saúde, incluindo equipamentos de saúde;
II – produtos de higiene e cosméticos;
III – medicamentos; e
IV – saneantes.

§ 1º. A elaboração do Plano de Gerenciamento, bem como as etapas e critérios mínimos para o gerenciamento de cada tecnologia em saúde abrangida por este regulamento, deve ser compatível com as tecnologias em saúde utilizadas no estabelecimento para prestação de serviços de saúde, obedecer a cri-

térios técnicos, à legislação sanitária vigente e seguir as orientações dispostas no Guia de Gerenciamento de Tecnologias em Saúde publicado pela Anvisa.

§ 2º. Para o estabelecimento de saúde composto por mais de um serviço, com alvarás de licenciamento sanitários individualizados, o Plano de Gerenciamento pode ser único e contemplar todos os serviços existentes, sob a responsabilidade técnica do estabelecimento.

§ 3º. O Plano de Gerenciamento pode ser único, abrangendo todas as tecnologias utilizadas pelo serviço de saúde, ou individualizado para cada tecnologia, e deve estar disponível para consulta sob solicitação da autoridade sanitária competente.

Art. 7º. A execução das atividades de cada etapa do gerenciamento pode ser terceirizada, quando não houver impedimento legal, devendo a terceirização obrigatoriamente ser feita mediante contrato formal.

Parágrafo único. A terceirização de qualquer das atividades de gerenciamento não isenta o estabelecimento de saúde contratante da responsabilização perante a autoridade sanitária.

Art. 8º. O estabelecimento de saúde deve designar profissional com nível de escolaridade superior, com registro ativo junto ao seu conselho de classe, quando couber, para exercer a função de responsável pela elaboração e implantação do Plano de Gerenciamento de cada tecnologia utilizada na prestação de serviços de saúde.

§ 1º. É permitida a designação de profissionais distintos para coordenar a execução das atividades de cada etapa do gerenciamento das diferentes tecnologias de saúde.

§ 2º. O profissional definido no caput deste artigo deve monitorar a execução do Plano de Gerenciamento e promover a avaliação anual da sua efetividade.

Art. 9º. O estabelecimento de saúde deve registrar de forma sistemática a execução das atividades de cada etapa do gerenciamento de tecnologias em saúde.

Art. 10. O estabelecimento de saúde deve manter disponíveis, a todos os profissionais envolvidos, os resultados da avaliação anual das atividades de gerenciamento constantes neste regulamento.

Art. 11. O estabelecimento de saúde deve possuir estrutura organizacional documentada, com as atividades de gerenciamento definidas em seu organograma.

Art. 12. O estabelecimento de saúde deve elaborar, implantar e implementar um programa de educação continuada para os profissionais envolvidos nas atividades de gerenciamento, com registro de sua realização e participação.

Art. 13. O estabelecimento de saúde deve garantir que todas as atribuições e responsabilidades profissionais estejam formalmente designadas, descritas, divulgadas e compreendidas pelos envolvidos nas atividades de gerenciamento.

Art. 14. O estabelecimento de saúde deve fornecer e assegurar que todo profissional faça uso de equipamento de proteção individual e coletiva, compatíveis com as atividades por ele desenvolvidas.

Art. 15. O estabelecimento de saúde deve garantir que nas áreas destinadas ao recebimento, armazenagem, preparo e distribuição de medicamentos e insumos farmacêuticos, produtos para saúde, inclusive equipamentos de saúde, produtos de higiene, cosméticos e saneantes, não seja permitida a guarda e consumo de alimentos e bebidas, bem como demais objetos alheios ao setor.

Art. 16. O estabelecimento de saúde deve dispor de mecanismos que permitam a rastreabilidade das tecnologias definidas no art. 3º, conforme Guia de Gerenciamento de Tecnologias em Saúde a que se refere o § 1º do art. 6º deste regulamento.

Art. 17. A documentação referente ao gerenciamento das tecnologias em saúde deve ser arquivada, em conformidade com o estabelecido em legislação específica vigente ou, na ausência desta, por um prazo mínimo de 5 (cinco) anos, para efeitos de ações de vigilância sanitária.

Art. 18. A infraestrutura física para a realização das atividades de gerenciamento de tecnologias em saúde deve ser compatível com as atividades desenvolvidas, conforme os requisitos contidos neste Regulamento Técnico e na RDC 50, de 21 de fevereiro de 2002, da Anvisa.

Art. 19. O estabelecimento de saúde deve possuir uma sistemática de monitorização e gerenciamento de risco das tecnologias em saúde, visando à redução e à minimização da ocorrência dos eventos adversos.

Art. 20. O estabelecimento de saúde deve notificar ao Sistema Nacional de Vigilância Sanitária os eventos adversos e queixas técnicas envolvendo as tecnologias em saúde, conforme disposto em normas e guias específicos.

CAPÍTULO III
DAS DISPOSIÇÕES FINAIS E TRANSITÓRIAS

Art. 21. Os estabelecimentos de saúde abrangidos por esta Resolução terão prazo de 18 (dezoito) meses contados a partir da data de sua publicação para promover as adequações necessárias ao regulamento técnico.

Art. 22. A Anvisa terá prazo de 180 (cento e oitenta) dias para elaboração do Guia de Gerenciamento de Tecnologias em Saúde citado no art. 6º deste regulamento.

Art. 23. O descumprimento das disposições contidas nesta Resolução e no regulamento por ela aprovado constitui infração sanitária, nos termos da Lei Federal 6.437, de 20 de agosto de 1977, sem prejuízo das responsabilidades civil, administrativa e penal cabíveis.

Art. 24. Revogam-se as disposições em contrário.

Art. 25. Esta Resolução entra em vigor na data de sua publicação.

▶ A ISO 31000 (INTERNATIONAL ORGANIZATION FOR STANDARDIZATION)

A ISO 31000 estabelece princípios, estrutura e um processo para gerenciar qualquer tipo de risco de modo transparente e sistemático. Essa norma é uma ferramenta poderosa em propiciar o sucesso de uma atividade de saúde em todos os níveis organizacionais. Assegura, além de cumprimento da missão da instituição, o controle dos riscos com consequente diminuição de danos evitáveis. A norma se propõe a facilitar, entre outros objetivos, que a instituição:

- cumpra sua missão;
- crie uma gestão participativa;
- identifique e trate os riscos (de toda natureza) da organização;

- identifique oportunidades e ameaças;
- cumpra os regulamentos estatais e atinentes à atividade;
- gerencie melhor a organização (financeira, pessoal, satisfação de clientes etc.);
- planeje melhor;
- execute melhor o planejado;
- monitore melhor a execução quanto a sua correção e resultado;
- previna e minimize perdas, bem como maximize ganhos;
- propicie aprendizagem organizacional;
- garanta sua sobrevivencia em função de sua excelência.

► CONSIDERAÇÕES FINAIS

Fica claro que o tema da responsabilidade civil é dinâmico, complexo e polêmico. Este capítulo não pretende esgotá-lo, mas contribuir para que mais profissionais e serviços de saúde se conscientizem da responsabilidade jurídica envolvida nas práticas profissionais e nas relações contratuais e de consumo envolvidas.

Nesse percurso, cada um dos envolvidos tem um papel importante a cumprir, cabendo:

- aos pacientes conhecer e exigir seus direitos, bem como cumprir com sua parte no cuidado à saúde.
- a cada um, profissional ou prestador de serviço pessoa jurídica, incorporar em sua prática os melhores preceitos científicos, éticos e de gestão na busca por um serviço seguro e de qualidade. Isso inclui zelar pelo estabelecimento de uma relação profissional-paciente adequada, melhorar a comunicação com o paciente, assegurando-lhe a compreensão dos riscos envolvidos e da possibilidade de insucesso dos procedimentos. Tão logo ocorra o erro ou se verifique o dano, o responsável deve pesquisar a origem do dano para corrigir suas causas, assumi-lo perante o lesado e ressarcir os prejuízos porventura causados;
- ao Estado assumir sua responsabilidade pela saúde universal e integral dos brasileiros, de maneira mais efetiva e coordenada, incorporando as melhores práticas também em sua prestação direta de serviços de saúde, a saber: melhorando as condições de trabalho para seus servidores, por meio de recursos propedêuticos e terapêuticos necessários, capacitação continuada de seus funcionários, além de implementação de serviços de regulação e monitoramento para prevenir e monitorar os riscos;
- ao Judiciário aprimorar seus critérios de julgamento, aplicar o CDC entendendo que a relação profissional

ou prestador de serviço de saúde-paciente traz peculiaridades que precisam ser observadas para que não se deixe sem reparar quem foi prejudicado nem impute a reparação a quem não é de fato responsável pelo dano.

Afinal, nesse processo de melhoria da qualidade da prestação de serviços de saúde todos ganham.

► BIBLIOGRAFIA

Bittar CA. Derecho de obligaciones. Revista de Derecho Privado, 1959, r. 2:64-65. In: Diniz MH. Curso de Direito Civil brasileiro. 7º Volume: Responsabilidade civil. 23 ed. São Paulo: Saraiva, 2009:63.

Código Civil – Lei 10.406, de 10 de janeiro de 2002.

Código de Defesa do Consumidor – Lei 8.078, de 11 de setembro de 1990.

Código de Ética Médico (aprovado pela Resolução CFM 1931/2009 – publicada no DOU de 24 de setembro de 2009, Seção I, p. 90).

Código de Ética Odontológica (aprovado pela Resolução CFO 42, de 20 de maio de 2003).

Código de Processo Civil – Lei 5.869, de 11 de janeiro de 1973.

Código Penal – Decreto-lei 2.848, de 7 de dezembro de 1940.

Código de Processo Penal – Decreto-lei 3.689, de 3 de outubro de 1941.

Comporti M. Esposizione al pericolo e responsabilita civile. In: Diniz MH. Curso de Direito Civil brasileiro. 7º volume: Responsabilidade civil. 23 ed. São Paulo: Saraiva, 2009:53.

Constituição da República Federativa do Brasil de 1988.

Couto RC, Pedrosa TMG. Hospital: acreditação e gestão em saúde. 2. ed. Rio de Janeiro: Guanabara Koogan, 2007.

De Silva P. Vocabulário jurídico. 27. ed. Rio de Janeiro: Forense 2008.

Diniz MH. Curso de Direito Civil brasileiro. 7º volume: responsabilidade civil. 23. ed. reformada. São Paulo: Ed. Saraiva, 2009.

Ficher HA. Reparação dos danos em Direito Civil. In: Diniz MH. Curso de Direito Civil brasileiro. 7º Volume: Responsabilidade Civil. 23 ed. São Paulo: Saraiva, 2009:67.

Garcia R, Barnard B, Kennedy V. The fifth evolutionary era in infection control: interventional epidemiology. Am J Infect Control [S. I.] 2000; 28(6): 30-43. In: Pedrosa TMG. Estabelecimento da correspondência entre os requisitos do instrumento de acreditação hospitalar brasileiro da Organização Nacional de Acreditação – ONA (2004) – e as normas da série NBR ISO 9000: 2000. Tania Moreira Grillo Pedrosa. Belo Horizonte, 2004. xiv, 136f. Dissertação (Mestrado). Medicina Tropical. Faculdade de Medicina da UFMG.

Giacomin KC. Cuidados paliativos. In: Tavares A. Compêndio de neuropsiquiatria geriátrica. Rio de Janeiro: Medsi-Guanabara Koogan, 2005: 535-70.

Kfouri Neto M. Responsabilidade civil do médico. 5. ed. rev. e atual. à luz do novo Código Civil, com acréscimo doutrinário e jurisprudencial. São Paulo: Revista dos Tribunais, 2003.

Mello CAB. Curso de Direito Administrativo. 22. ed. São Paulo: Malheiros, 2007.

Monteiro WB. Curso de Direito Civil, Direito das obrigações. 2ª parte/ Monteiro WB, Maluf CAD, da Silva RBT. 37. ed. São Paulo: Saraiva, 2010.

NBR ISO 31000/2009. International Organization for Standardization 31000/2009.

Nery Jr. N. Código Civil comentado e legislação extravagante. 3. ed. São Paulo: Revista dos Tribunais, 2005.

ONA – Organização Nacional de Acreditação, Pietrobon L, Silva CM da, Batista LRV, Caetano JC. Planos de assistência à saúde: interfaces entre o público e o privado no setor odontológico. Revista Ciência e Saúde Coletiva, Rio de Janeiro, sept/oct 2008:13(5). Consulta na internet em 23 de novembro de 2010 no endereço eletrônico http://www.scielo.br

Pereira CMS. Instituições de Direito Civil. 20. ed. Vol. 1 Atualizadora: Maria Lelim Bodrim de Moraes. Rio de Janeiro: Editora Forense, 2004.

Pietrobon L, da Silva CM, Batista LRV, Caetano JC. Planos de Assistência à saúde: interfaces entre o público e o privado no setor odontológico. Revista Ciência e Saúde Coletiva (Rio de Janeiro) Set./Out. 2008; 13(5). Consultado na internet em 23/11/2010 no endereço eletrônico: http://www.scielo.br

Policastro D. Erro médico e suas consequências jurídicas. 3. ed. (revista, ampliada e atualizada). De acordo com o novo texto do Código de Ética Médica, em vigor a partir de 13.4.2010). Belo Horizonte: Del Rey, 2010. 364p.

Reale M. Lições preliminares de Direito. 27. ed. São Paulo: Saraiva, 2009.

Sander B. Gestão da educação na América Latina: construção e reconstrução do conhecimento. Campinas, SP: Autores Associados, 1995.

Seara AC. Gestão da complexidade hospitalar; usando o modelo de sistema variável (VSM). In: Couto RC, Pedrosa TMG (eds.). Hospital: gestão operacional e sistemas de garantia da qualidade – viabilizando a sobrevivêncvia. Rio de Janeiro: Medsi, 2003.

Superior Tribunal de Justiça (http://www.stj.gov.br/portal_stj/publicacao); Lei 9.656, de 3 de junho de 1998. Dispõe sobre os planos e seguros privados de assistência à saúde.

▶ SITES

www. stj.gov.br/portal_stj.
www.tj.sp.gov.br/Noticias/Noticia.

CAPÍTULO 26

Fotografia no Trabalho
Pericial Odontolegal

Anderson Flores Busnello • Carlos Eduardo Palhares Machado

▶ INTRODUÇÃO

O perito em Odontologia Legal deve ter a fotografia como sua grande aliada, visto que ela geralmente figura como principal meio de documentação dos vestígios e, não raro, constitui o único registro permanente das lesões visualizadas no momento do exame.

O tema "fotografia" é presença quase obrigatória nos conteúdos dos principais livros que versam sobre Odontologia Legal. Todavia, observa-se que, na maioria das vezes, o tema é tratado de modo técnico e descontextualizado da realidade pericial.

O objetivo deste capítulo é oferecer uma abordagem abrangente e simplificada do tema "fotografia", com o mínimo de aprofundamentos técnicos, mas com a informação necessária para a adequada utilização da fotografia na atividade pericial. Ele terá início com informações gerais sobre o tema, discorrendo sobre os equipamentos e as bases da técnica fotográfica e, por fim, trará considerações sobre a aplicação da fotografia no campo pericial.

Definitivamente, este capítulo não postula ser um curso de fotografia, mas se presta a elucidar dúvidas, reunir informações úteis ao cotidiano da perícia e auxiliar os que aqui buscarem conhecimento no aprendizado e na fixação daquilo que já sabem sobre o emprego da fotografia no meio da perícia odontológica.

▶ IMPORTÂNCIA DA FOTOGRAFIA NO TRABALHO PERICIAL ODONTOLEGAL

O registro fotográfico dos cadáveres nas perícias de local de crime, já nos primórdios da Criminalística, tinha tamanha importância que levou o legislador brasileiro a redigir um artigo que versa sobre a obrigatoriedade de tal documentação no âmbito judicial (art. 164 do CPP[1]).

Entretanto, o mesmo diploma legal explicita que o juiz não ficará adstrito ao laudo, podendo, inclusive, rejeitar o relatório do perito em sua totalidade ou em parte (art. 182 do CPP), ou seja, o juiz é livre para formar sua convicção pela livre apreciação das provas (art. 157 do CPP), sejam essas técnicas ou não.

Pelo exposto no parágrafo anterior, fica evidente que o perito deve não apenas primar pela qualidade e perspicácia quando da realização dos exames, mas também deverá elaborar o laudo com o máximo de informações de qualidade acerca do caso em tela, evitando que o destinatário final do relatório, ou de suas partes, tenha qualquer dúvida sobre a metodologia adotada, os achados e as conclusões.

Os objetivos desse zelo na elaboração do relatório, portanto, visam à melhor ilustração do produto da atividade pericial, minimizando a possibilidade de intimação do perito para prestar esclarecimentos sobre o que consta no laudo, fazendo com que o reportado pelos entendidos na matéria técnica seja compreendido e utilizado para a

---

[1]Código de Processo Penal.

formação da convicção dos julgadores. Uma imagem, ou um conjunto destas, além de carregar dados que muitas vezes não poderiam ser contidos em vários parágrafos ou páginas, transmite informação de forma muito rápida, além de perpetuar o que foi visto pelos expertos.

▶ OS DIVERSOS USOS DA FOTOGRAFIA NA PERÍCIA ODONTOLEGAL

Conforme o caso em que estiver atuando o perito odontolegista, o ocupante de cargo análogo a este, ou ainda o incumbido da realização dos exames (p. ex., perito *ad hoc*), a fotografia poderá apresentar variações quanto a seu emprego. Caberá ao perito avaliar cada situação. A Tabela 26.1 busca exemplificar de maneira genérica algumas das possíveis particularidades do emprego da fotografia em quatro das muitas atividades típicas dos peritos odontólogos.

▶ FOTOGRAFIA DIGITAL

A tecnologia de produção de imagens em meio digital, antes cara e pouco acessível, dominou o mundo moderno. Estima-se que 99% das câmeras fotográficas vendidas atualmente são digitais. Por este motivo, atenção especial será dada a esse tipo de tecnologia no decorrer do capítulo.

A fotografia digital apresenta inúmeras vantagens quando comparada à fotografia com filmes (analógica). Entre elas, podem ser citadas:

- **A ausência de filme** barateou o processo de produção de fotografias, eliminando a necessidade de processamento para visualização das imagens. Com isso, podem ser realizadas inúmeras fotografias de um mesmo motivo, com variações de angulação, configurações da câmera, luz e outros.

- **Resultados mais rápidos e seguros**, uma vez que as câmeras digitais permitem a **conferência imediata** das fotografias, fazendo com que as imagens sejam deletadas e repetidas quantas vezes forem necessárias para que se obtenha o resultado desejado.

- **Ajuste de sensibilidade** do sensor **à luz (ISO) com um simples toque de botão**, não sendo necessária a abertura da câmera para troca do filme.

- Manuseio mais prático, uma vez que elas **geralmente são mais leves** e os cartões de memória não estão

Tabela 26.1 ▶ Particularidades do emprego da fotografia em atividades do odontolegista (exemplos)

Caso concreto	Utilidade do registro fotográfico	Particularidades	Digital/Analógica
Exame de lesões corporais	Registrar as lesões para ilustrar o relatório Perpetuar a imagem de marcas de mordida (quando estas forem as lesões) para estudos posteriores	Poderão ser feitas tentativas de captura de imagens na faixa de luz não visível (UV* e IR**) mediante a aplicação de filtros. Essa manobra poderá revelar lesões subclínicas ou possibilitar melhor estudo das características da lesão pelo não aparecimento das crostas sanguinolentas	Ambos os sistemas podem ser utilizados
Perícia em marca de mordida	Perpetuar o estigma da ação dos dentes e relacioná-los a uma referência métrica (escala) para estudos e confrontos posteriores, além de registrar as mordidas para ilustrar o relatório	É fundamental a utilização de escala métrica que possibilite o cálculo de possíveis distorções. Exemplo seria a escala da ABFO. Também poderão ser realizadas tentativas de captura de imagens na faixa de luz não visível (UV e IR)	Ambos os sistemas podem ser utilizados
Identificação em desastres de massa	Além de ilustrarem os relatórios, serivrão, acima de tudo, para a composição de bancos de dados que possibilitarão a elucidação de dúvidas que porventura surjam durante os confrontos, poupando a equipe de um retorno ao necrotério	Serão fotografados não apenas os arcos dentários em norma oclusal, lateral direita e esquerda, e detalhes de trabalhos odontológicos presentes, mas também tatuagens, pertences e outros achados que possam auxiliar a identificação	Como um dos objetivos é a formação de um banco de dados de imagens, o sistema digital está mais indicado em razão da facilidade de organização das imagens geradas. Deve-se considerar que, em situações como essas, a quantidade de fotografias será grande
Perícia antropológica	Ilustrar o relatório	Em casos que envolvam o odontolegista na recuperação dos restos mortais, a foto da posição em que os ossos foram encontrados, por exemplo, é importante	Ambos os sistemas podem ser utilizados

*Abreviação de *ultraviolet*. O ultravioleta é a radiação eletromagnética com comprimento de onda menor que o da luz visível e maior que o dos raios X.

**Abreviação de infravermelho. O *infrared* (infravermelho) é a radiação eletromagnética trom comprimento de onda maior que o da luz visível.

sujeitos ao velamento pela exposição à luz ou equipamentos de raios X (eles, contudo, podem ser afetados por magnetismo ou calor).

- Por ter um arquivo digital como seu produto, **podem ser realizadas cópias de segurança sem custo adicional**, que terão exatamente a mesma qualidade do arquivo original. As cópias também podem ser disponibilizadas e compartilhadas com colegas de trabalho ou via internet (em alguns casos, contudo, a reprodutibilidade pode ser considerada uma desvantagem, especialmente por motivos de segurança da informação).

Tempos atrás, citava-se o alto custo como uma das desvantagens da tecnologia digital. A massificação do processo produtivo, em especial nos países asiáticos, levou o preço dos dispositivos de fotografia e vídeo digitais a preços inimagináveis. Atualmente, observa-se que vários fabricantes incorporam câmeras digitais em seus produtos sem custos adicionais, como no caso de computadores, agendas eletrônicas, tocadores MP3 e aparelhos celulares.

Talvez a principal desvantagem das câmeras digitais, quando comparadas às câmeras com filmes, esteja na qualidade das imagens capturadas, em especial, para fins profissionais. Enquanto as câmeras digitais com sensores de alta resolução tendem a ter um custo mais elevado, as câmeras analógicas possibilitam o incremento de sua qualidade em função da simples troca do filme. Nestas últimas, podem ser capturadas imagens de altíssima resolução, além de excelentes contraste e cor, a custos relativamente baixos.

Embora as máquinas analógicas continuem sendo utilizadas e existam algumas polêmicas acerca de qual tipo de equipamento seria o melhor, o analógico ou o digital, a praticidade fornecida pela tecnologia digital tem feito com que esses equipamentos venham sendo empregados cada vez mais em campos como o jornalismo, a plublicidade, a arte e, inclusive, a perícia.

Resolução das Imagens Digitais

A resolução é um dos conceitos mais importantes a serem compreendidos pelo perito para a criteriosa escolha e configuração dos equipamentos fotográficos.

Uma grande confusão permeia este tema, uma vez que uma mesma imagem pode ser descrita de maneiras diferentes:

- **Nas câmaras fotográficas:** utiliza-se o termo *megapixel*, que se refere à quantidade de milhões de *pixels* que o sensor de imagem da câmera é capaz de capturar para produzir uma imagem digital.
- **Nos monitores:** a resolução é definida por pixels por polegada (*pixels per inch*, ou ppi), ou por dimensões em *pixels*, que se refere à quantidade de "pontos de resolução" que uma determinada imagem tem em sua largura e altura (como 1.024 por 768 *pixels*).
- **Nas impressoras:** a resolução é medida em pontos por polegadas (*dots per inch*, ou dpi), muito semelhantes aos *pixels* por polegada, contudo, medidos no papel.

As diferenças de unidades envolvendo o tratamento de uma mesma imagem, muitas vezes, torna um desafio ao perito saber qual resolução seria compatível com determinada impressão, aparência no monitor e tamanho de arquivo. Se o perito tem a intenção de imprimir duas fotografias por página do seu laudo, qual seria a resolução mínima necessária de captura?

A Tabela 26.2 mostra a relação entre resolução da imagem (em *megapixels*), a dimensão máxima da impressão em alta resolução, as dimensões da imagem em *pixels* e o tamanho aproximado do arquivo, considerando a ausência de compressão em formato RAW 12 bits.

Pela análise da tabela, conclui-se que resoluções de dois ou três *megapixels* já seriam suficientes para a impressão de duas fotografias por página de laudo, com boa qualidade. Todavia, os autores consideram que o ideal seria que todas as imagens para fins de pe-

Tabela 26.2 ▶ Relação entre resolução da imagem (em *megapixels*), a dimensão máxima da impressão em alta resolução, as dimensões da imagem em *pixels* e o tamanho aproximado do arquivo, considerando a ausência de compressão em formato RAW 12 bits.

Resolução em *megapixel*	Dimensão máxima de impressão em cm (300 dpi)	Dimensões da imagem em *pixels* (4:3)	Tamanho aproximado do arquivo em MB (RAW 12 bits)
1	9,8 × 7,3	1.152 × 864	1,5
2	13,8 × 10,4	1.632 × 1.224	3
3	19,6 × 12,7	2.000 × 1.504	4,5
5	21,9 × 16,4	2.584 × 1.936	7,5
6	24 × 18	2.832 × 2.128	9
8	27,6 × 20,7	3.264 × 2.448	12
10	30,9 × 23,2	3.648 × 2.736	15
12	33,9 × 25,4	4.000 × 3.000	18

rícia fossem registradas com resolução máxima. Fotografias em alta resolução tornam possível a observação de detalhes e recortes que possam evidenciar objetos que não foram adequadamente visualizados no momento da tomada fotográfica. Recomenda-se que o perito invista em dispositivos de armazenamento, para que possa realizar quantas tomadas forem necessárias para que ele se sinta seguro. O progressivo barateamento dos cartões de memória favorece, cada vez mais, a realização de registros completos.

Destaca-se que a resolução em *megapixels* não é o único fator que define a qualidade das imagens fotográficas. Por se tratar de registro realizado por meio da luz, a qualidade das lentes do dispositivo será fundamental para obtenção de imagens de boa qualidade. Outro fator muito importante refere-se ao tamanho do sensor das câmeras digitais. Como sensores maiores são capazes de absorver mais luz, eles promoverão a captação de detalhes mais nítidos, melhores cores e, também, o registro de melhores imagens em condições de baixa luminosidade. Este é um dos motivos pelos quais, muitas vezes, as câmeras reflex produzem resultados melhores que as câmeras compactas, mesmo em situações em que as primeiras apresentam resoluções em *megapixels* inferiores às das últimas.

Formato das Imagens Digitais

Basicamente, as câmeras digitais produzem suas imagens em dois tipos de formatos: os não comprimidos, que privilegiam a quantidade de informação armazenada mas demandam maior capacidade de armazenamento, e os comprimidos, que resultam em arquivos menores, contudo, ao custo da perda de informação das imagens.

Ao realizarem o armazenamento da imagem em formato não comprimido, as câmeras digitais geralmente produzem um arquivo em formato RAW. Nos casos em que se observa a compressão, o formato normalmente utilizado é o JPEG. A seguir, será apresentada uma breve discussão sobre cada um deles.

Formato RAW

Este é o termo utilizado para referir-se ao arquivo gerado a partir do registro do sensor da câmera digital. Não é considerado um formato de imagem em sentido estrito, uma vez que cada fabricante possui um formato RAW proprietário e é necessário utilizar um *software* específico para visualizá-lo.

A vantagem de se utilizar o formato RAW está no fato de a imagem ser armazenada em formato bruto, sem qualquer tipo de compressão ou processamento, possibilitando maior flexibilidade de ajustes no momento da conversão do arquivo. Como desvantagens, citam-se o tamanho relativamente grande dos arquivos e, principalmente, a necessidade de convertê-los para que os aplicativos possam visualizar as imagens.

Apesar das desvantagens apresentadas, o formato RAW deve ser considerado o de eleição para as fotografias para fins forenses, uma vez que traz o máximo de informação acerca do objeto ou tema fotografado.

Formato JPEG

A maior vantagem do formato JPEG (*Joint Photographic Expert Group*) está em sua praticidade e conveniência, uma vez que esse é o tipo de arquivo de imagem mais utilizado na atualidade, e praticamente todas as aplicações são capazes de suportá-lo.

A principal vantagem do JPEG está na grande redução do tamanho do arquivo, que pode chegar a menos de 10% do tamanho do arquivo não comprimido. Com isso, esses arquivos mostram-se altamente flexíveis, podendo ser facilmente armazenados em dispositivos portáteis, incorporados em documentos ou compartilhados via rede de computadores.

A desvantagem dos arquivos JPEG reside na perda de qualidade e informação que ocorre no momento de sua compressão, destacando-se o fato de que tal compressão representa um processo irreversível. Por esse motivo, o formato JPEG não é recomendado como principal registro para fins forenses, mas apenas como formato pós-processado, produzido a partir do arquivo original não comprimido.

Apesar da predileção pelos arquivos não comprimidos, observa-se que grande parte das câmeras compactas não oferece a possibilidade de armazenamento em formato RAW, permitindo tão-somente o ajuste da resolução em *megapixels* para registro em formato JPEG. Nesses casos, recomenda-se que o operador utilize a maior opção de resolução e qualidade da imagem disponível no equipamento.

▶ UTILIZAÇÃO DA FOTOGRAFIA DIGITAL NA PERÍCIA

O emprego de sistemas digitais de captação de imagens para fins de prova, a serviço da Justiça, já foi combatido, alegando-se que esses processos possibilitariam editoração das imagens, montagens e outros ardis que pudessem mascarar a realidade dos fatos, alterando o curso de um inquérito policial e/ou de uma persecução penal.

De certo modo, essa possibilidade existe, e de maneira bem mais expressiva do que quando se fala em fotografia analógica. Contudo, a perícia é imparcial, existindo a previsão legal de crimes como falsa perícia (art. 342 do CP[2]), no qual poderia ser enquadrada a conduta de uma eventual montagem com intenção de alterar o curso da apuração de um crime. Também cabe ressaltar que, antes mesmo do advento da fotografia digital, um experto imbuído de intenções ilegais poderia manipular o corpo do texto de seu relatório, podendo vir a ser enquadrado na mesma conduta contida no CP.

---

[2]Código Penal.

Às vezes, magistrados podem requisitar os negativos das fotos que ilustram o laudo pericial. Isso ocorre porque a lei processual penal (art. 3º do CPP) admite interpretação extensiva e aplicação analógica, bem como o suplemento dos princípios gerais do Direito, sendo, consequentemente, aplicado o disposto no inciso 1º do artigo 385 do CPC,[3] ou seja, quando a prova for uma fotografia, esta deverá ser acompanhada do respectivo negativo.

No entanto, no caso de uma fotografia que integra um laudo pericial, a prova constitui todo o conjunto composto pelo exame realizado, metodologias aplicadas, tomadas fotográficas e o relatório. Temos, então, uma prova técnica, complexa, sendo a fotografia apenas um dos elementos utilizados no conjunto. Segundo esse ponto de vista, a foto é apenas um recurso utilizado no laudo. Uma analogia que pode ser feita é a de que os arquivos originais, que devem estar em posse do perito que realizou os exames, podem suprir a inexistência dos negativos, uma vez que as imagens tenham sido tomadas apenas digitalmente, sem o uso de máquinas com filmes. Sendo requisitados os negativos, na inexistência destes por não terem as fotos sido produzidas por equipamentos analógicos, cópias dos arquivos digitais originais deverão ser encaminhadas em uma mídia (p. ex., um CD). Conjuntamente à mídia deverá ser enviado o *hash*[4] de seu conteúdo, o qual será a garantia, ao destinatário, de que os arquivos ali contidos não sofreram qualquer alteração desde que saíram da posse do perito, garantindo assim a cadeia de custódia.

Como abordado anteriormente, a fotografia digital, quando comparada à fotografia convencional (com emprego de filmes), revela-se mais prática. Exemplo disso é a possibilidade de o experto conferir se a exposição foi correta logo após o *click*, descartando a necessidade de um profundo conhecimento fotográfico por parte do experto ou fotógrafo criminal, cargo que integra aos quadros de servidores de alguns Institutos Médico-Legais e de Criminalística em nosso país. Antes do advento do sistema digital, os peritos e fotógrafos tinham que intuir se a quantidade de luz teria ou não sido suficiente para a sensibilização da película no grau certo, lançando mão, como forma de garantir que alguma foto restaria satisfatória quando da revelação, da técnica conhecida como *brakleting*.[5]

³Código de Processo Civil.
⁴O *hash* identifica e individualiza um arquivo ou informação. A alteração de um pixel que seja na imagem será suficiente para a geração de um *hash* completamente diferente. Ele é uma sequência de *bits* gerada por um algoritmo de dispersão. Exemplos de algoritmos empregados para gerar *hashes* são o MD5 e o SHA-1.
⁵Técnica fotográfica segundo a qual o operador do aparelho realiza diversas tomadas de um mesmo objeto ou situação, alterando ou não as variáveis (tempo de exposição, abertura do diafragma, ISO, aplicando filtros, entre outras) para depois selecionar a imagem que melhor atende a suas necessidades. Normalmente utilizada em ocasiões nas quais o operador crê ser difícil a obtenção de uma imagem satisfatória com apenas um *click*.

Enfim, o emprego de fotografia digital em exames periciais, desde que os arquivos sejam acessíveis apenas aos que realizaram a perícia, é plenamente admitido. Não há que se suspeitar da credibilidade do experto, exceto quando for constatada uma das situações descritas no artigo 254 do CPP, lembrando que, segundo o artigo 280 do mesmo diploma legal, é extensivo aos peritos o disposto acerca da suspeição dos juízes.

▶ EQUIPAMENTOS FOTOGRÁFICOS
Câmera

A câmera, genericamente, pode ser definida como uma caixa que isola o meio interno da luz, oferecendo a oportunidade de penetração à luz, na intensidade e velocidade desejadas pelo operador, quando este assim o quiser. Essa caixa é equipada de um elemento óptico que leva a imagem até o filme, onde será registrada.

Os elementos básicos da fotografia, dos quais dependem as variáveis com as quais o operador terá de lidar para realizar os registros fotográficos da melhor maneira possível, são basicamente o filme (ou sensores eletrônicos, no caso das máquinas digitais), a objetiva, o obturador e o diafragma. No caso das máquinas analógicas, o filme não é um elemento da câmera, ao passo que no caso dos equipamentos digitais, o que por analogia entende-se como sendo o filme, ou seja, os sensores eletrônicos, integra a estrutura da máquina. Mais adiante, esses elementos, bem como a forma de lidar com as variáveis que deles dependem, serão mais bem explanados.

Existem muitos modelos, desde máquinas descartáveis até as mais sofisticadas. As digitais, as analógicas, as com objetivas intercambiáveis ou não, as reflex, as compactas, enfim, as diferenças entre os equipamentos podem ser bem consideráveis, de modo que abordaremos, do modo mais direto possível, os aspectos e as características mais facilmente constantes nos equipamentos atualmente encontrados no mercado.

Em alguns momentos abordaremos questões relacionadas com equipamentos analógicos e em outros falaremos acerca de características de equipamentos digitais; entretanto, os conceitos que servem para um caso ou são os mesmos que se aplicam ao outro tipo de aparelho ou facilitam o entendimento de seu funcionamento. Exemplo disso são os filmes fotográficos, que nas câmeras digitais são substituídos pelos sensores eletrônicos CCD ou CMOS.

Como há filmes de 35mm, 120mm e 220mm, devemos saber que cada filme será empregado em um tipo de câmera. No meio pericial, comumente utilizamos as máquinas que se valem dos filmes de 35mm. Quando falamos desse tipo de equipamento, temos basicamente duas famílias: as compactas e as reflex (Figura 26.1).

As compactas são normalmente mais leves, mais simples de manusear e as mais comumente vistas pelas ruas. Entretanto, quanto à simplicidade de operação, cabe ressaltar que existem aquelas que apresentam várias possibilidades de ajustes de variáveis, de modo que podem acabar não sendo tão fáceis de operar como se espera. Nesses modelos, o usuário não enquadra o objeto com a mesma objetiva que transporta a imagem até o filme ou sensor eletrônico. Isso pode levar o fotógrafo a erro quanto ao foco ou enquadramento.

Já os equipamentos reflex, também conhecidos por SLR (sigla para *Single Lens Reflex*), facilitam o enquadramento, evitando que parte dos motivos seja cortada.

Figura 26.1 ▸ Exemplo de câmera reflex, à esquerda, e compacta, à direita

	Compactas	Reflex (SLR ou TLR)
Vantagens	Preço menor Baixa massa e tamanho pequeno (portabilidade) Simplicidade de manuseio	A imagem vista pelo operador pelo visor corresponde à transmitida para o filme ou sensor Possibilidade de troca de objetivas Normalmente são câmeras de arquitetura mais encorpada, o que lhes confere maiores durabilidade e resistência
Desvantagens	Possibilidade de corte de parte do motivo. A imagem vista pelo operador no enquadramento não corresponde fielmente àquela transmitida para o filme ou sensor	Normalmente apresentam um custo inicial mais elevado, quando comparadas à maioria dos modelos compactos Massa mais elevada e tamanho maior As máquinas reflex nas quais muitas das variáveis são ajustadas mecanicamente exigem que o fotógrafo "pense mais fotograficamente".*

*"Pensar fotograficamente" refere-se, por exemplo, ao fato de o operador decidir acerca de qual a melhor velocidade de obturação e/ou qual o melhor grau de abertura do diafragma para obter o resultado desejado na captura de uma imagem em determinada circunstância.

Esses modelos também possibilitam que as objetivas (lentes) sejam trocadas, promovendo adequação da configuração do equipamento conforme o caso. Também existem as câmeras reflex com dupla objetiva, as quais seriam as TLR.

Pelo exposto acerca das características dos equipamentos compactos × reflex, indicamos o emprego dos últimos em virtude de oferecerem melhores condições de adaptação das objetivas, permitirem seu intercâmbio e, principalmente, valer-se de uma mesma objetiva para o enquadramento do motivo e para o transporte da imagem até o filme ou sensor, o que elimina a possibilidade de erro quanto ao foco e ao corte indesejados nas fotografias.

Em que pese o exposto, não querem os autores dizer que o perito, em muitos casos, não logre boas fotos com dispositivos compactos. Em última análise, o experto é quem irá eleger o equipamento a ser utilizado, podendo escolher livremente, desde que não haja prejuízo ao registro das imagens. Os conceitos básicos da fotografia serão os mesmos independentemente da máquina escolhida.

Filme Fotográfico

Os filmes são necessários às máquinas analógicas, sendo substituídos nas máquinas digitais pelos sensores eletrônicos. Exemplos de sensores utilizados nas máquinas digitais são o CCD (*charge coupled device*) e o CMOS (*complementary metal oxide semiconductor*). Apesar de existirem em vários tamanhos, os filmes de 35mm são os mais utilizados para fins periciais (Figura 26.2).

Os filmes convencionais consistem em uma base polimérica transparente, recoberta por uma emulsão disposta em uma ou mais camadas. Essa emulsão apresenta grãos de haletos de prata, os quais, ao sofrerem a ação da luz, passam por uma alteração estrutural. Em seguida, nos processos de revelação e fixação, uma série de reações químicas fará com que a imagem passe a existir em uma forma não latente no filme fotográfico.

A diferença entre os filmes preto e branco (P&B) e os filmes coloridos é a quantidade de camadas da emulsão. No filme P&B há apenas uma camada sensível à luz. Já os filmes coloridos apresentam três camadas, cada uma delas sensível às cores primárias ciano, magenta e

Figura 26.2 ▸ À esquerda, vemos um exemplo de filme 35mm, muito utilizado na fotografia analógica. À direita, observa-se um sensor CCD de uma câmera digital. As imagens não estão em escala

verde. As demais cores são obtidas a partir da interação entre essas três cores iniciais.

Uma característica muito importante dos filmes é sua sensibilidade à luz, também conhecida como velocidade do filme. A velocidade dos filmes é representada pela sigla ISO (abreviação de Institute Standard Organization, antiga ASA). Uma consequência da utilização de filmes muito sensíveis é a maior granulação da fotografia, uma vez que filmes mais sensíveis contêm grânulos maiores. Por isso, aconselha-se a utilização, sempre que possível, de filmes menos sensíveis à luz, para que as imagens não restem granulosas.

Da mesma maneira que o operador de uma máquina analógica escolhe o ISO do filme que será empregado, o usuário de uma máquina digital pode selecionar o grau de sensibilidade do sensor eletrônico. Evidentemente, no caso dos aparelhos digitais esse procedimento é mais simples, uma vez que o ajuste será realizado por meio de uma chave ou botão, não sendo necessária a abertura da câmera para a substituição do filme.

Objetiva

A lente, ou objetiva, após a experiência do fotógrafo, é o elemento de maior peso na obtenção de boas fotografias (Figura 26.3). As lentes são confeccionadas em polímeros ou em cristais, as quais apresentam melhor desempenho. Como já vimos, uma das vantagens das câmeras reflex é o fato de possibilitarem ao operador a mudança das lentes conforme o tipo de foto que este queira realizar. Por isso, a objetiva pode ser considerada uma variável com a qual se pode trabalhar quando da realização do registro. Já no caso das câmeras compactas, o operador ficará adstrito à objetiva constante no aparelho. A função primordial da objetiva é captar a imagem e enviá-la para o registro no filme ou sensor.

As objetivas podem ser basicamente classificadas em três tipos: grandes angulares, normais e teleobjetivas. Denominamos distância focal o tamanho do espaço existente entre o sensor ou filme e o centro óptico da objetiva. Assim, uma objetiva de 50mm tem o mesmo valor de distância focal.

Já o ângulo de abrangência é o ângulo que a objetiva conseguirá transferir para o filme ou sensor. As objetivas de 50mm apresentam grande proximidade com o ângulo de visão do olho humano, que gira em torno de 45 graus.

O operador deverá sempre lembrar que, quanto maior a distância focal, maior o poder de aproximação da objetiva e menor o ângulo de abrangência:

	Grandes angulares	Normais	Teleobjetivas
Ampliação	Menor	Intermediário	Maior
Ângulo de visão	Maior	Intermediário	Menor
Faixa de distância focal	8 a 40mm	40 a 55mm	Acima de 55mm

Utilizamos uma grande angular, por exemplo, para registrar um monumento grande, quando estamos muito próximo deste. Esse tipo de lente permitirá que todo o motivo (p. ex., um prédio histórico) apareça na fotografia.

Já as teleobjetivas são basicamente empregadas para fotografar temas que estejam distantes, quando o fotógrafo não pode se aproximar do objeto.

No cotidiano, as objetivas normais (com distância focal em torno de 50mm) podem ser utilizadas para a maioria dos trabalhos de perícia odontolegal, uma vez que "enxergam" de maneira muito similar ao olho humano (quanto ao grau de abrangência) e provocam menores distorções. Normalmente, as grandes angulares causam uma distorção acentuada nas bordas da imagem (quanto menor a distância focal, maior a distorção nas bordas da imagem).

As objetivas ainda podem ser Zoom e Macro. No caso das lentes Zoom, o operador pode variar a distância focal, facilitando o trabalho do enquadramento. Em situações normais, as objetivas Zoom são menos luminosas, o que significa que necessitaremos de mais luz para realizar um registro fotográfico com a distância focal ajustada para 55mm do que se estivéssemos utilizando uma objetiva fixa de 55mm. Também poder-se-ia solucionar o impasse com a utilização de um filme mais sensível (mais rápido). É claro que a luminosidade de uma objetiva também depende de outros fatores, como, por exemplo, o material do qual são constituídas as lentes.

No caso de uma objetiva não muito luminosa, uma das formas de obter mais luz para fotografar consiste em aumentar o tempo de exposição, o que pode levar a fotos tremidas. Nesses casos, o uso de um tripé pode ser importante.

Figura 26.3 ▸ Objetivas

Um caso prático de aplicação do exposto no parágrafo anterior no universo da perícia odontológica forense:

Pensando fotograficamente

Durante o trabalho de registros fotográficos dos objetos pessoais das vítimas do acidente com o voo 447 da Air France (etapa do processo de identificação dos cadáveres), realizado na ilha de Fernando de Noronha, em determinados momentos fez-se necessário fotografar nomes delicadamente gravados na face interna de alianças. Ocorre que, mesmo valendo-se da luz abundante de um dia ensolarado e da utilização do ISO mais alto disponível no equipamento (filme mais sensível), a objetiva de que dispunha o perito, embora permitisse o foco e a visualização plenamente satisfatória do tema (nome gravado) através do visor, não permitia um registro útil (onde se pudesse ler o nome gravado), uma vez que a pouca luminosidade da objetiva fazia com que o tempo de exposição tivesse de ser demasiadamente elevado, resultando em fotos tremidas. A solução para o caso foi a utilização de um tripé, conseguindo-se assim um bom registro com o equipamento existente na ocasião.

As objetivas Macro permitem grandes aproximações, servindo para fotografar detalhes e objetos muito pequenos.

Diafragma

O diafragma é uma estrutura existente na objetiva responsável por deixar passar maior ou menor quantidade de luz, o que, como visto anteriormente, será responsável por sensibilizar o filme ou sensor digital, gravando a imagem. O diafragma dosa a quantidade de luz que "entrará" na câmera durante o tempo de exposição. O tempo de exposição dependerá do obturador. O obturador é outra parte fundamental das câmeras fotográficas. Estudaremos as características desse elemento mais adiante.

O grau de abertura do diafragma, além de regular a quantidade de luz que atingirá a região de gravação da imagem, também influenciará a profundidade de campo. Quando falamos de profundidade de campo, estamos nos referindo ao número de planos focalizados que estarão contidos na imagem, considerando todos os seus planos, desde bem próximo à câmera até o infinito (Figura 26.4).

O número "f" é a razão entre a distância focal da objetiva e o valor do diâmetro do orifício do diafragma. Na Figura 26.5 são mostradas variações dos números "f".

A escala de aberturas do diafragma dependerá da objetiva utilizada. Isso significa que nem todas as

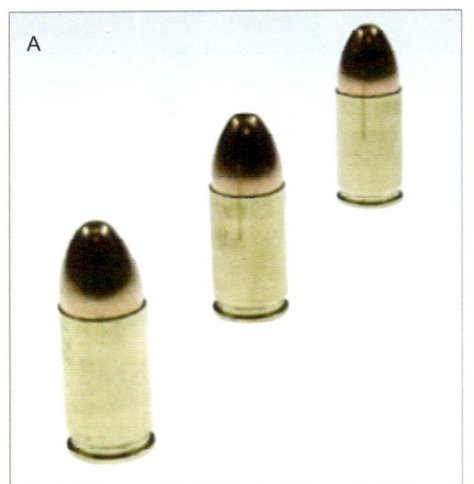
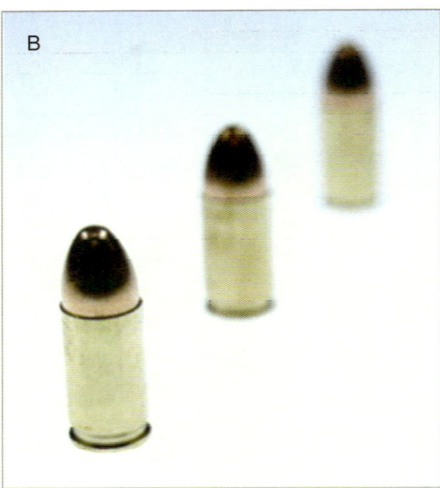
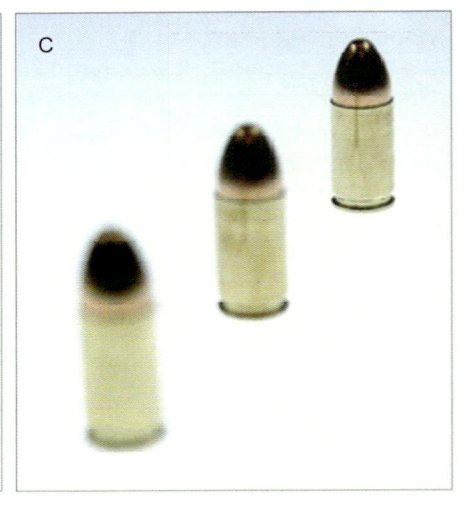

Figura 26.4 ▶ Em **A**, onde foi utilizado o número "f" 36 (pequena abertura do diafragma), os três cartuchos aparecem razoavelmente focalizados e há uma profundidade de campo superior à observada em **B** e **C**, nas quais foi utilizada uma abertura de diafragma maior (número "f" 5.6)

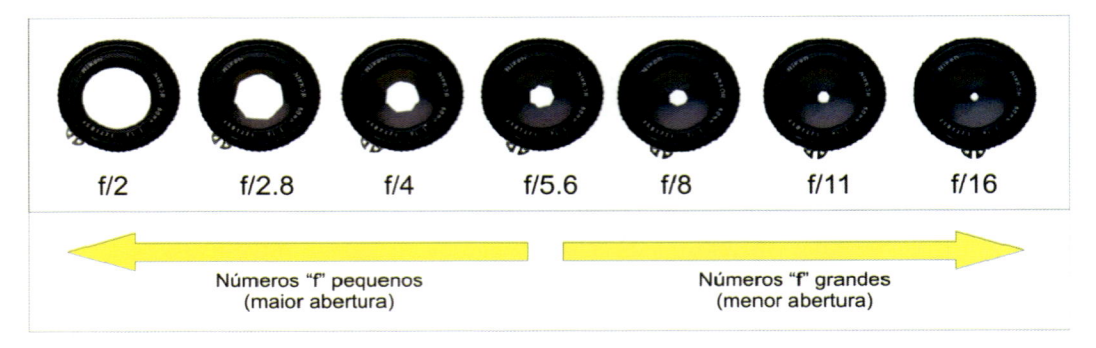

Figura 26.5 ▶ Variações dos números "f" no diafragma

objetivas encontradas no mercado contêm a escala na íntegra. Existem objetivas que apresentam escalas reduzidas (p. ex., variando de f 4 a f 22).

Pensando fotograficamente

Quando quisermos que uma fotografia seja tomada com uma grande profundidade de campo, o que significa uma pequena abertura do diafragma (número "f" grande), podemos recorrer a um aumento no tempo de exposição, variável esta que depende do obturador (tempo de obturação), ainda não estudado neste capítulo. Entretanto, o "pensar fotográfico" não para por aqui. O operador deve saber que pode obter um mesmo resultado configurando as variáveis de seu equipamento de diversas maneiras. Por exemplo, se a cena que o operador, do caso hipotético anteriormente colocado, quisesse registrar fosse uma cena de movimento, possivelmente a imagem conteria borramentos (pois o fotógrafo configurou seu equipamento para um tempo de exposição maior de modo a compensar o número "f" alto = pequena abertura do diafragma = grande profundidade de campo). Para solucionar o problema o operador poderia diminuir o tempo de exposição, aumentando o ISO de seu equipamento, no caso de um equipamento digital, ou substituindo o filme por outro de ISO mais elevado, no caso de uma máquina analógica.

Obturador

O obturador, ao lado do diafragma, é o responsável pela dosagem da quantidade de luz que irá penetrar na máquina para sensibilizar a região de gravação da imagem. Ele também é o responsável pelo congelamento dos movimentos nas imagens ou pela sensação de movimento nas mesmas.

O obturador pode ser comparado a uma cortina que, enquanto permanece aberta, permite a passagem da luz através do orifício do diafragma. Essa cortina pode abrir e fechar a diferentes velocidades. O tempo é medido em segundo ou frações destes.

Os obturadores podem ser de dois tipos: os de cortina e os centrais. Os primeiros são localizados no corpo das máquinas. Antigamente produzidos em tecido de cor preta, são atualmente confeccionados com finas lâminas metálicas encaixadas milimetricamente e que se expandem e contraem como uma cortina. Já os obturadores centrais estão situados nas objetivas das câmeras compactas e são pequenos discos metálicos que se movem, obstruindo ou liberando a passagem da luz.

Quanto maior for a velocidade do obturador, maior será a capacidade de congelar o movimento de uma cena dinâmica. Ao utilizarmos o tempo de exposição 30s, o filme ou sensor receberá luz durante 30 segundos. Já o tempo de exposição 1/4.000 significa que o filme receberá luz durante o tempo equivalente a um segundo dividido por 4.000 (quatro milésimos de segundo), o que poderá fazer com que, por exemplo, as hélices de um helicóptero pareçam estar paradas, mesmo estando girando em alta velocidade enquanto a aeronave encontra-se no ar (Figuras 26.6 e 26.7).

Figura 26.6 ▶ Nesta fotografia, tirada durante o voo de uma aeronave Hércules, da Força Aérea Brasileira, através de uma de suas janelas, as hélices parecem paradas, embora estivessem girando. O tempo de obturação empregado foi de 1/4.000s.

Figura 26.7 ▶ Fotos de um mesmo tema (chafariz). Em **A** foi utilizada a velocidade 1/15s. A água, que estava em movimento, aparece borrada. Em **B** foi utilizada a velocidade 1/125s. Como a velocidade de obturação foi bem mais curta, a água em movimento não ficou tão borrada, tornando possível "congelar" seu movimento.

Normalmente, quando utilizamos tempos de exposição inferiores a 1/60, temos a necessidade, senão de um tripé, ao menos de um apoio para evitar fotos tremidas.

Luz

A luz é o primeiro elemento a ser considerado para o ajuste das variáveis que dependem do conhecimento do fotógrafo do equipamento disponibilizado para a realização dos registros. Todo bom fotógrafo deve saber avaliar as condições de luminosidade e as características da luz disponível para, então, preparar o equipamento.

A luz visível é branca, entretanto ela é composta por cores que apresentam diversos comprimentos de onda (todos situados na faixa do espectro visível). Podemos ver as cores que compõem a luz branca ao admirar um arco-íris, o qual funciona como um prisma, decompondo a luz branca em vermelho, amarelo, verde, azul, azul-esverdeado e violeta.

Enxergamos a folha de uma árvore na cor verde, pois se trata de um corpo que absorve todos os comprimentos de onda que compõem a luz visível, refletindo apenas o comprimento de onda referente à cor verde. Um objeto branco reflete todas as cores. Já um pedaço de carvão (preto) absorve todas as cores.

Existem filmes confeccionados para realização de fotografias à luz do dia e outros desenvolvidos para serem utilizados em situações onde há luz artificial. Da mesma maneira, nas máquinas digitais, podemos fazer ajustes que consideram o tipo de luz existente no ambiente onde se realizarão as fotos. Sempre que possível, o operador deverá realizar esses ajustes conforme a fonte de luz seja natural, artificial com lâmpadas incandescentes, artificial com lâmpadas frias, e assim por diante.

Flash

O *flash* possibilita a realização de fotografias com iluminação semelhante à de um dia de sol em ambientes com pouca luminosidade. Existem vários tipos de *flashes*. Algumas máquinas fotográficas reflex e compactas já o trazem embutido. Mesmo os equipamentos reflex que possuem *flashes* integrados à sua estrutura possibilitam o uso de outros *flashes* mais potentes, que se farão necessários quando o tema da fotografia estiver um pouco mais distante da câmera (Figura 26.8).

Em geral, o uso do *flash* é associado a fotos realizadas durante a noite, ou em ambientes escuros. Entretanto, mesmo em ambientes iluminados, quando o motivo a ser fotografado apresentar sombras ou tiver muita luz por detrás, será aconselhado o uso do *flash* como uma luz de preenchimento, uma vez que este fará chegar a luz nas áreas de interesse (conforme seu ângulo de aplicação).

Pensando fotograficamente

Um exemplo dessa aplicação, na perícia odontológica, é a realização de fotos intraorais. No caso de uma foto frontal com o objetivo de mostrar lesões corporais nos dentes e mucosas, é conveniente que os elementos dentários, desde os incisivos até os molares, apareçam na imagem, porém, em virtude de a boca ser uma cavidade, mesmo a foto sendo realizada em uma sala bem iluminada, é possível que as áreas mais ao fundo da boca apresentem sombreamentos. Para resolver o problema podemos utilizar um flash que, conforme seu ângulo de aplicação, irá fornecer uma luz de preenchimento. Para facilitar a vida do experto em uma situação como essa, existem flashes circulares, os quais são localizados em torno da objetiva, propiciando uma iluminação em ângulo certo para o caso de tomadas fotográficas intraorais.

O uso do flash em situações de fotografias intraorais também auxilia a resolução de outro problema. Como é de se esperar, quando o tema do fotógrafo estiver no interior da cavidade oral, a luminosidade em seu interior será menor do que fora. Para contornar a situação, o perito pode ser levado a aumentar a abertura do diafragma (para que mais luz sensibilize o filme). No entanto, lembremo-nos que, ao realizar esse procedimento, também estará diminuindo a profundidade de campo, e nem todos os elementos dentários poderão estar contidos em planos focalizados. A utilização do flash, nesse caso, também propiciaria ao operador a utilização de menor abertura do diafragma, acabando, também, com a falta de foco em alguns planos da imagem.

Nas máquinas que possuem *flash* embutido, seu disparo ocorrerá de pronto quando o equipamento estiver sendo utilizado no modo automático e a situação for de baixa luminosidade. A intensidade com que o objeto-tema será iluminado dependerá da distância do *flash* e de sua potência. Quanto mais longe estiver o objeto, menos luz chegará a este e menos intensa será sua iluminação.

Os *flashes* acessórios (não embutidos) são acoplados às máquinas por meio de um encaixe chamado sapata ou, ainda, por meio de cabo. Como o *flash* produz apenas um lampejo de curta duração, ele deverá ser sin-

Figura 26.8 ▶ Câmera reflex com *flash* embutido, à esquerda, e *flash* externo, à direita

Figura 26.9 ▸ *Flash* circular, indicado para fotografias com grande aproximação (macro) e tomadas intrabucais

cronizado com a velocidade do obturador, sob pena de existirem áreas escuras na fotografia obtida. Quando se utilizam máquinas dotadas de *flashes* embutidos, o ajuste dos tempos dar-se-á automaticamente, não sendo necessário qualquer processo de sincronização.

Um tipo de *flash* que pode ser muito útil nas fotografias em Odontologia Legal é o circular, especialmente indicado para fotografias intrabucais, quando se busca uma iluminação uniforme para as estruturas dentárias (Figura 26.9). Esse tipo de *flash* também é indicado para tomadas fotográficas com grande aproximação (macro), em que a proximidade da lente em relação ao objeto fotografado impede a iluminação natural ou o adequado uso do *flash* convencional.

Acessórios

São inúmeros os acessórios destinados ao trabalho fotográfico, alguns dos quais são tidos como fundamentais para o trabalho pericial em Odontologia:

Bolsas para Acondicionamento do Material Fotográfico

O uso de bolsas específicas para proteção e acondicionamento dos equipamentos é fundamental para a durabilidade destes e também como forma de mantê-los organizados, de modo a evitar o esquecimento, por exemplo, de alguma objetiva ou do cabo do carregador de baterias. Existem diversos modelos de bolsas para acondicionamento de material fotográfico no mercado. O perito pode ter em seu *kit* um tecido de fundo com cor neutra e não reflexivo, escalas métricas, etiquetas para preenchimento com os dados da foto, canetas, lanterna, baterias sobressalentes, afastadores, jogo de espelhos intraorais, entre outros materiais que serão necessários em uma fotografia pericial de Odontologia.

Tripés

O uso do tripé pode ser fundamental em situações de baixa luminosidade, quando o tempo de exposição

tiver de ser elevado para que entre no sistema luz suficiente para a sensibilização do filme ou sensor. Nesses casos, o tripé estabilizará a posição da câmera, evitando que a imagem saia tremida.

Baterias e/ou Pilhas Sobressalentes

Mesmo que o perito deixe sempre o equipamento em condições de uso, e isso significa que as baterias devem estar sempre carregadas, é aconselhável ter à disposição pilhas ou baterias (conforme o equipamento) adicionais, tendo em vista que, em uma situação de esgotamento da bateria/pilha que se encontra em uso, pode não haver tempo para recarregá-la. O experto, nesses casos, pode estabelecer um rodízio entre as baterias, ou seja, enquanto uma está sendo utilizada, a outra está em processo de carregamento.

Filtros

Existem muitos filtros fotográficos (Figura 26.10). Eles são dispositivos que são encaixados na parte frontal da objetiva e que possibilitam a correção de cores, a aproximação do tema, a visualização de detalhes visíveis somente ao comprimento de onda do infravermelho, a proteção da lente da objetiva, a diminuição de reflexos e muitos outros efeitos.

Alguns filtros que podem ser úteis ao perito em Odontologia Legal:

- **Filtro vermelho:** esse filtro realça fluorescências (quando são aplicadas, por exemplo, luzes forenses ou reagentes como o luminol).
- **Filtro laranja:** também é utilizado para fotografias cujo objetivo é realçar fluorescências.
- **Filtro FLW:** em ambientes fechados, iluminados com lâmpadas frias, é capaz de remover o tom esverdeado das imagens (obviamente, deve ser utilizado em casos em que não esteja disponível a opção do balanço de branco).
- **Filtro polarizador:** diminui os reflexos pela luz que incide sobre superfícies reflexivas, como vidro, espelhos, esmalte dentário, mucosa bucal úmida etc.
- **Filtro 18 A KODAK WRATTEN:** filtro UV que possibilita a pesquisa de lesões corporais antigas em tecidos moles, não mais visualizadas sob luz visível.

Figura 26.10 ▸ Filtros

▸ ESPECTRO ELETROMAGNÉTICO E SUA IMPORTÂNCIA PARA A FOTOGRAFIA EM ODONTOLOGIA FORENSE

O processo de registro fotográfico decorre da captura da radiação eletromagnética (luz) em comprimentos de onda específicos. A luz visível, que está compreendida entre uma faixa de radiação eletromagnética passível de visualização pelo olho humano, varia de 400 a 460nm (nanômetros).

O espectro eletromagnético completo varia de comprimentos de onda muito curtos, que compreen-

dem a radiação gama e os raios X, até comprimentos de onda maiores, que compreendem as micro-ondas e as frequências de rádio e televisão. Imediatamente abaixo da frequência da luz visível encontra-se a faixa de luz *ultravioleta*, que vai de 100 a 400nm. Imediatamente acima, na faixa que vai de 700 a 1100nm, está a luz *infravermelha* (Figura 26.11).

Quanto maior o comprimento de onda, maior será sua penetração na pele humana. Desse modo, se adotarmos o espectro visível como referencial, veremos que a luz ultravioleta apresenta menor potencial de penetração na pele, enquanto a luz infravermelha tem potencial maior (Figura 26.12).

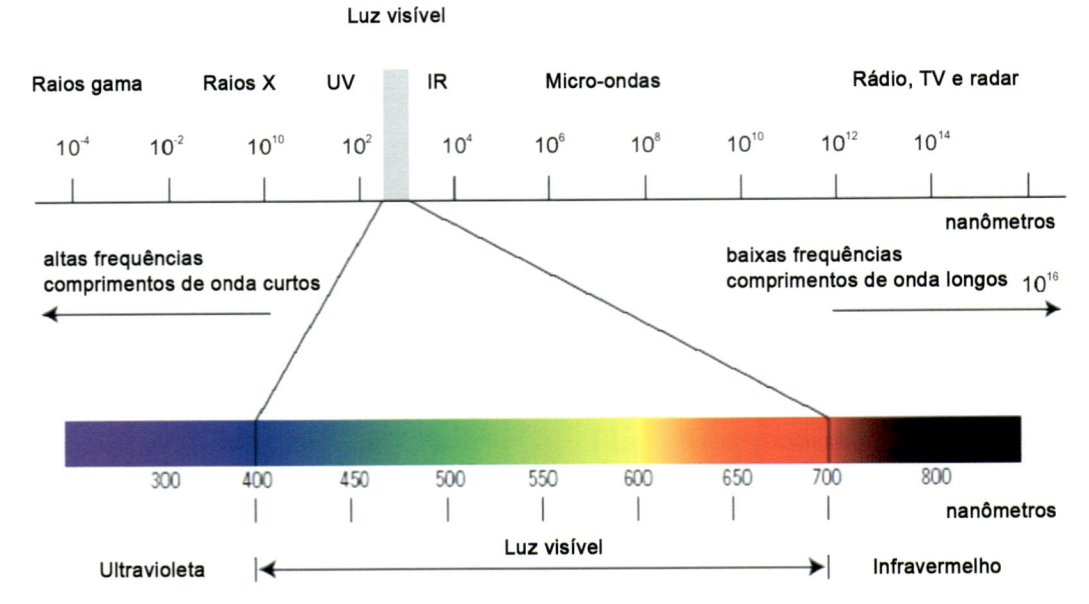

Figura 26.11 ▸ O espectro visível é uma faixa de cores presentes nos comprimentos de onda compreendidos entre 400 e 700nm. A luz ultravioleta compreende os comprimentos de onda imediatamente inferiores ao da luz visível, e a luz infravermelha, os comprimentos imediatamente superiores

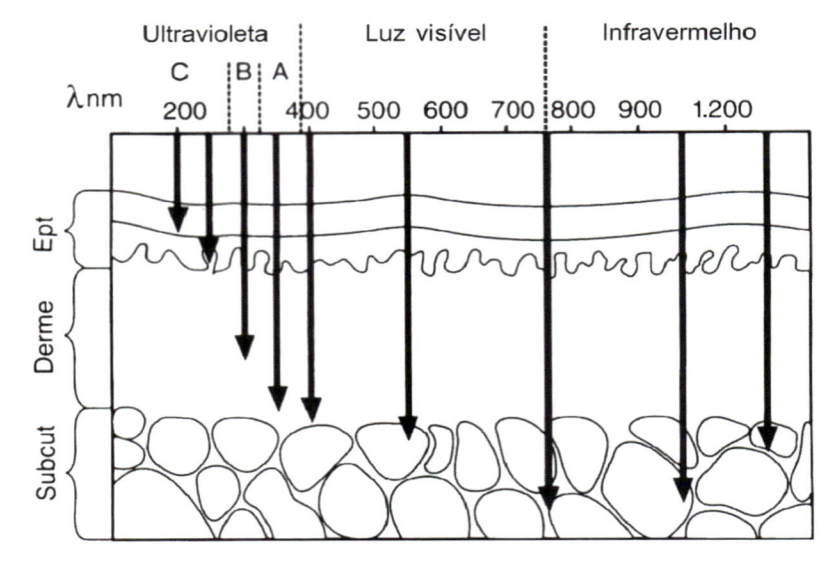

Figura 26.12 ▸ Potencial de penetração na pele das luzes ultravioleta, visível e infravermelha

Quando a luz atinge a pele, ocorrem quatro eventos simultâneos:

- **Reflexão:** ocorre quando a radiação eletromagnética bate na pele e é refletida, não havendo penetração de suas ondas. A quantidade de luz refletida depende das características da pele e do comprimento de onda da luz.

- **Absorção:** ocorre quando a radiação eletromagnética penetra abaixo da epiderme, sendo mais comum com os comprimentos de onda mais longos. Os elementos físicos da derme (feixes vasculares, nevos, pelos e glândulas) e os produtos de uma lesão são responsáveis pela absorção da luz. Os tecidos sadios e lesionados respondem de maneira diferente a esse fenômeno.

- **Fluorescência:** a luz que incide sobre a pele também produz excitação em nível molecular. Ao retornarem a seu estado normal de energia, as moléculas deixam para trás um brilho discreto, conhecido como fluorescência. Os tecidos sadios e lesionados respondem de maneira diferente a esse fenômeno.

- **Difusão:** também chamada de transmissão, é entendida como a dispersão da luz nas camadas celulares da pele, até que sua energia seja dissipada.

O conhecimento sobre as diferentes penetrações dos comprimentos de onda na pele humana, associado ao fato de que os tecidos sadios e lesionados respondem de maneira diferenciada à luz, leva à conclusão de que existem fenômenos não visualizados pelo olho humano e à fotografia convencional. Para esses casos, o perito pode lançar mão das técnicas de *fotografia com luz não visível*.

Valendo-se da técnica de fotografia com luz não visível, a partir de variações no comprimento de onda da luz utilizada para iluminação fotográfica e o ajuste da configuração apropriada da câmera, lente, filtro e filme, torna-se possível fotografar qualquer um dos quatro eventos citados de modo independente. Essa habilidade propicia a oportunidade para o registro de imagens importantes, especialmente nos casos de contusões ou outras lesões de pele, como marcas de mordida. Detalhes nítidos podem ser visualizados com a luz ultravioleta, enquanto imagens das camadas profundas da pele podem ser vistas com o uso de luz infravermelha.

Existem técnicas específicas para realização de fotografias com ultravioleta e infravermelho, mas elas não serão discutidas aqui. Para obtenção de conhecimento detalhado da técnica, os autores aconselham a leitura da literatura de suporte, utilizada para a elaboração do presente capítulo.

▶ DICAS GERAIS PARA AS FOTOS PERICIAIS

- A utilização de planos de fundo opacos (que não apresentem reflexos) e de cores que contrastem com o objeto a ser fotografado é sempre aconselhada (Figura 26.13).

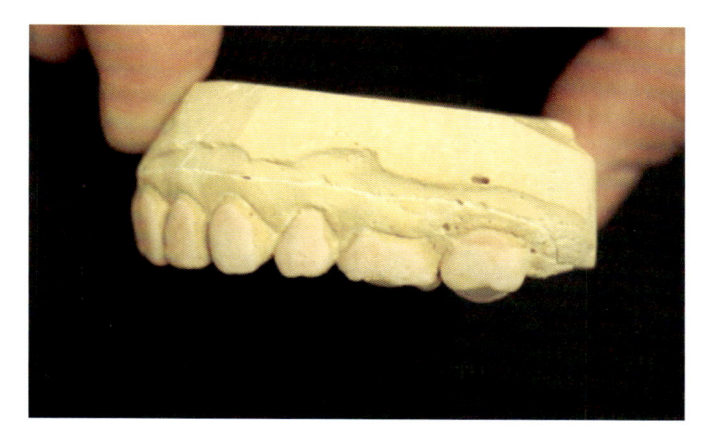

Figura 26.13 ▶ Emprego de plano de fundo opaco e de cor que contrasta com o objeto fotografado

- Assim como nas perícias de local de crime as fotos devem ser sempre iniciadas das mais gerais para as mais específicas (fotografia da fachada da casa onde se encontra o cadáver, fotografia do número da casa, fotografia do cômodo em que o corpo foi encontrado, fotografia do corpo como um todo, fotografia das lesões, e assim sucessivamente), na perícia odontolegal deve-se sempre realizar as fotografias do todo para o específico.

- Para o caso de vestígios pequenos e marcas de mordida, recomenda-se o uso da escala número 2 da American Board of Forensic Odontology (ABFO) (Figura 26.14), que deverá ser posicionada no mesmo plano da marca ou vestígio. Esse cuidado reduzirá as distorções.

- Sempre deverão ser realizadas fotografias com e sem escala. No caso das primeiras, deve-se sempre manter o paralelismo entre o plano frontal da objetiva e a escala (Figura 26.15).

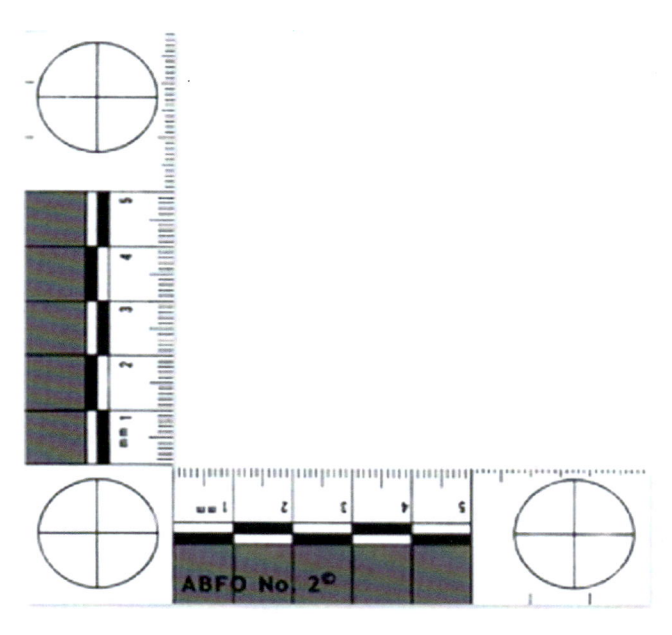

Figura 26.14 ▶ Escala ABFO número 2

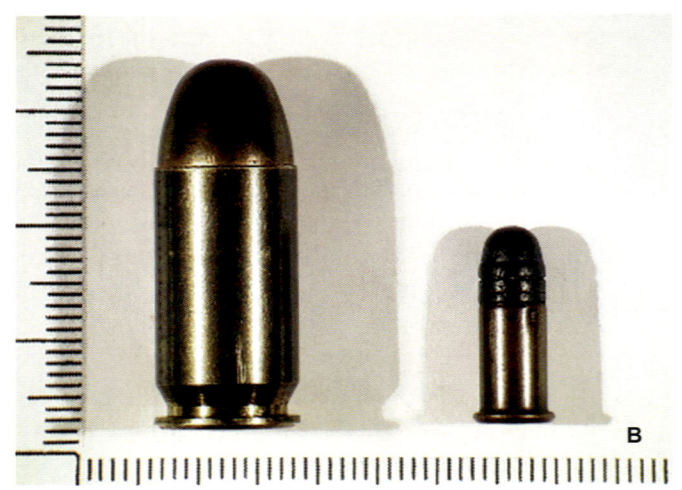

Figura 26.15 ▶ **A** e **B** As imagens demonstram a importância da utilização da escala de referência milimétrica. Em **A**, os cartuchos de calibres 22 e 45 aparentam ter o mesmo tamanho

- Quando as fotografias forem de lesões em tecidos moles, variar a iluminação, ou seja, realizar fotografias com luz natural, com *flash*, coloridas, em preto e branco, com filtro infravermelho. Nesses casos também é aconselhável a realização de tomadas em dias consecutivos (até o quinto dia), como foi abordado nos casos de marcas de mordida.

- Nos casos de identificação de cadáveres, quando existirem fotos com certa qualidade e aproximação nas quais a pessoa desaparecida esteja sorrindo (que permitam a visualização de particularidades presentes nos arcos dentais), pode-se tentar proceder à identificação por cotejo de imagens. Para isso, deve-se

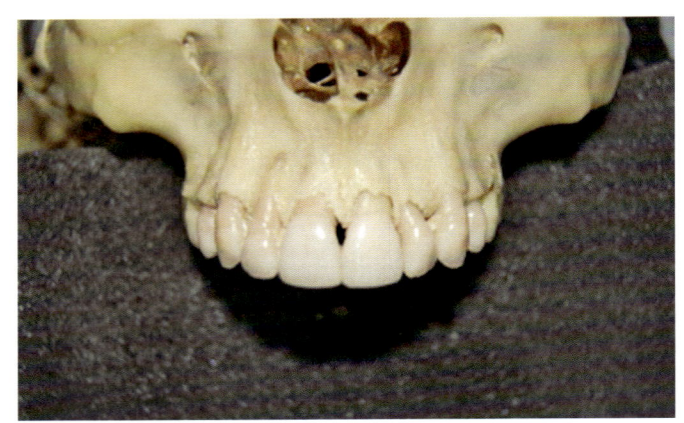

Figura 26.16 ▶ Nesta imagem, embora o foco não esteja ideal, o uso de um fundo escuro e não reflexivo possibilitou a visualização do contorno das faces incisais, bem como de detalhes do posicionamento dentário

buscar a realização de fotografias específicas dos restos mortais, na maior parte dos casos dos segmentos anteriores dos arcos dentais. O ângulo das tomadas a serem realizadas dependerá daquele em que a pessoa aparece na foto (p. ex., se a pessoa aparece sorrindo com o rosto levemente inclinado para a frente e pouco girado para a esquerda, buscar-se-á orientar o crânio ou os arcos dentais dos restos mortais da mesma forma em relação à câmera). Para que sejam ressaltadas as características das peças dentárias sugere-se o uso de plano de fundo que contraste com a cor dos arcos dentais e dentes (Figura 26.16).

▶ BIBLIOGRAFIA

Dorion RBJ. Bitemark evidence. Marcel Dekker, 2005: 87-167.

Eismann K, Duggan S, Grey T. Real world digital photography. 3. ed. Peachpit Press, 2011.

Farace J. Complete guide to digital infrared photography. Lark Books, 2006.

Jacobson R *et al*. The manual of photography: photographic and digital imaging. 9. ed. Focal Press, 2000.

Langford M. Basic photography. 7. ed. Focal Press, 2000.

Präkel D. The visual dictionary of photography. AVA Publishing SA, 2010.

Robinson EM. Crime scene photography. 2. ed. Elsevier, 2010.

Robinson L. Art of professional photography. Global Media, 2007.

Russ JC. Forensic uses of digital imaging. CRC Press, 2001.

Sheppard R. Simply digital photography. Wiley Publishing, Inc., 2010.

Stimson PG, Mertz CA. Forensic dentistry. CRC Press, 1997: 101-35.

White R. How digital photography works. 2. ed. Que, 2007.

Código de Ética Médica

Resolução Conselho Federal de Medicina (CFM) nº 1.931/2009
Informações: Aprova o Código de Ética Médica

▶ CONSELHO FEDERAL DE MEDICINA

Resolução CFM Nº 1.931, de 17 de setembro de 2009

Diário Oficial da União; Poder Executivo, Brasília, DF, 24 set. 2009. Seção I, p. 90-2 Diário Oficial da União; Poder Executivo, Brasília, DF, 13 out. 2009. Seção I, p. 173 – RETIFICAÇÃO

Aprova o Código de Ética Médica

O CONSELHO FEDERAL DE MEDICINA, no uso das atribuições conferidas pela Lei nº 3.268, de 30 de setembro de 1957, regulamentada pelo Decreto nº 44.045, de 19 de julho de 1958, modificado pelo Decreto nº 6.821, de 14 de abril de 2009 e pela Lei nº 11.000, de 15 de dezembro de 2004, e, consubstanciado na Lei nº 6.828, de 29 de outubro de 1980, e Lei nº 9.784, de 29 de janeiro de 1999; e

CONSIDERANDO que os Conselhos de Medicina são ao mesmo tempo julgadores e disciplinadores da classe médica, cabendo-lhes zelar e trabalhar, por todos os meios ao seu alcance, pelo perfeito desempenho ético da Medicina e pelo prestígio e bom conceito da profissão e dos que a exerçam legalmente;

CONSIDERANDO que as normas do Código de Ética Médica devem submeter-se aos dispositivos constitucionais vigentes;

CONSIDERANDO a busca de melhor relacionamento com o paciente e a garantia de maior autonomia à sua vontade;

CONSIDERANDO as propostas formuladas ao longo dos anos de 2008 e 2009 e pelos Conselhos Regionais de Medicina, pelas Entidades Médicas, pelos médicos e por instituições científicas e universitárias para a revisão do atual Código de Ética Médica;

CONSIDERANDO as decisões da IV Conferência Nacional de Ética Médica que elaborou, com participação de Delegados Médicos de todo o Brasil, um novo Código de Ética Médica revisado;

CONSIDERANDO o decidido pelo Conselho Pleno Nacional reunido em 29 de agosto de 2009;

CONSIDERANDO, finalmente, o decidido em sessão plenária de 17 de setembro de 2009, resolve:

Art. 1º. Aprovar o Código de Ética Médica, anexo a esta Resolução, após sua revisão e atualização.

Art. 2º. O Conselho Federal de Medicina, sempre que necessário, expedirá Resoluções que complementem este Código de Ética Médica e facilitem sua aplicação.

Art. 3º. O Código anexo a esta Resolução entra em vigor cento e oitenta dias após a data de sua publicação e, a partir daí, revoga-se o Código de Ética Médica aprovado pela Resolução CFM nº 1.246, publicada no Diário Oficial da União, no dia 26 de janeiro de 1988, Seção I, páginas 1574-1579, bem como as demais disposições em contrário.

EDSON DE OLIVEIRA ANDRADE
Presidente do Conselho

LÍVIA BARROS GARÇÃO
Secretária-Geral

► CÓDIGO DE ÉTICA MÉDICA

Preâmbulo

I – O presente Código de Ética Médica contém as normas que devem ser seguidas pelos médicos no exercício de sua profissão, inclusive no exercício de atividades relativas ao ensino, à pesquisa e à administração de serviços de saúde, bem como no exercício de quaisquer outras atividades em que se utilize o conhecimento advindo do estudo da Medicina.

II – As organizações de prestação de serviços médicos estão sujeitas às normas deste Código.

III – Para o exercício da Medicina impõe-se a inscrição no Conselho Regional do respectivo Estado, Território ou Distrito Federal.

IV – A fim de garantir o acatamento e a cabal execução deste Código, o médico comunicará ao Conselho Regional de Medicina, com discrição e fundamento, fatos de que tenha conhecimento e que caracterizem possível infração do presente Código e das demais normas que regulam o exercício da Medicina.

V – A fiscalização do cumprimento das normas estabelecidas neste Código é atribuição dos Conselhos de Medicina, das comissões de ética e dos médicos em geral.

VI – Este Código de Ética Médica é composto de 25 princípios fundamentais do exercício da Medicina, 10 normas diceológicas, 118 normas deontológicas e quatro disposições gerais. A transgressão das normas deontológicas sujeitará os infratores às penas disciplinares previstas em Lei.

► CAPÍTULO I

PRINCÍPIOS FUNDAMENTAIS

I – A Medicina é uma profissão a serviço da saúde do ser humano e da coletividade e será exercida sem discriminação de nenhuma natureza.

II – O alvo de toda a atenção do médico é a saúde do ser humano, em benefício da qual deverá agir com o máximo de zelo e o melhor de sua capacidade profissional.

III – Para exercer a Medicina com honra e dignidade, o médico necessita ter boas condições de trabalho e ser remunerado de forma justa.

IV – Ao médico cabe zelar e trabalhar pelo perfeito desempenho ético da Medicina, bem como pelo prestígio e bom conceito da profissão.

V – Compete ao médico aprimorar continuamente seus conhecimentos e usar o melhor do progresso científico em benefício do paciente.

VI – O médico guardará absoluto respeito pelo ser humano e atuará sempre em seu benefício. Jamais utilizará seus conhecimentos para causar sofrimento físico ou moral, para o extermínio do ser humano ou para permitir e acobertar tentativa contra sua dignidade e integridade.

VII – O médico exercerá sua profissão com autonomia, não sendo obrigado a prestar serviços que contrariem os ditames de sua consciência ou a quem não deseje, excetuadas as situações de ausência de outro médico, em caso de urgência ou emergência, ou quando sua recusa possa trazer danos à saúde do paciente.

VIII – O médico não pode, em nenhuma circunstância ou sob nenhum pretexto, renunciar à sua liberdade profissional, nem permitir quaisquer restrições ou imposições que possam prejudicar a eficiência e a correção de seu trabalho.

IX – A Medicina não pode, em nenhuma circunstância ou forma, ser exercida como comércio.

X – O trabalho do médico não pode ser explorado por terceiros com objetivos de lucro, finalidade política ou religiosa.

XI – O médico guardará sigilo a respeito das informações de que detenha conhecimento no desempenho de suas funções, com exceção dos casos previstos em lei.

XII – O médico empenhar-se-á pela melhor adequação do trabalho ao ser humano, pela eliminação e pelo controle dos riscos à saúde inerentes às atividades laborais.

XIII – O médico comunicará às autoridades competentes quaisquer formas de deterioração do ecossistema, prejudiciais à saúde e à vida.

XIV – O médico empenhar-se-á em melhorar os padrões dos serviços médicos e em assumir sua responsabilidade em relação à saúde pública, à educação sanitária e à legislação referente à saúde.

XV – O médico será solidário com os movimentos de defesa da dignidade profissional, seja por remuneração digna e justa, seja por condições de trabalho compatíveis com o exercício ético-profissional da Medicina e seu aprimoramento técnico-científico.

XVI – Nenhuma disposição estatutária ou regimental de hospital ou de instituição, pública ou privada, limitará a escolha, pelo médico, dos meios cientificamente reconhecidos a serem praticados para o estabelecimento do diagnóstico e da execução do tratamento, salvo quando em benefício do paciente.

XVII – As relações do médico com os demais profissionais devem basear-se no respeito mútuo, na liberdade e na independência de cada um, buscando sempre o interesse e o bem-estar do paciente.

XVIII – O médico terá, para com os colegas, respeito, consideração e solidariedade, sem se eximir de denunciar atos que contrariem os postulados éticos.

XIX – O médico se responsabilizará, em caráter pessoal e nunca presumido, pelos seus atos profissionais, resultantes de relação particular de confiança e executados com diligência, competência e prudência.

XX – A natureza personalíssima da atuação profissional do médico não caracteriza relação de consumo.

XXI – No processo de tomada de decisões profissionais, de acordo com seus ditames de consciência e as previsões legais, o médico aceitará as escolhas de seus pacientes, relativas aos procedimentos diagnósticos e terapêuticos por eles expressos, desde que adequadas ao caso e cientificamente reconhecidas.

XXII – Nas situações clínicas irreversíveis e terminais, o médico evitará a realização de procedimentos diagnósticos e terapêuticos desnecessários e propiciará aos pacientes sob sua atenção todos os cuidados paliativos apropriados.

XXIII – Quando envolvido na produção de conhecimento científico, o médico agirá com isenção e independência, visando ao maior benefício para os pacientes e a sociedade.

XXIV – Sempre que participar de pesquisas envolvendo seres humanos ou qualquer animal, o médico respeitará as normas éticas nacionais, bem como protegerá a vulnerabilidade dos sujeitos da pesquisa.

XXV – Na aplicação dos conhecimentos criados pelas novas tecnologias, considerando-se suas repercussões tanto nas gerações presentes quanto nas futuras, o médico zelará para que as pessoas não sejam discriminadas por nenhuma razão vinculada a herança genética, protegendo-as em sua dignidade, identidade e integridade.

▶ CAPÍTULO II

DIREITOS DOS MÉDICOS

É direito do médico:

I – Exercer a Medicina sem ser discriminado por questões de religião, etnia, sexo, nacionalidade, cor, orientação sexual, idade, condição social, opinião política ou de qualquer outra natureza.

II – Indicar o procedimento adequado ao paciente, observadas as práticas cientificamente reconhecidas e respeitada a legislação vigente.

III – Apontar falhas em normas, contratos e práticas internas das instituições em que trabalhe quando as julgar indignas do exercício da profissão ou prejudiciais a si mesmo, ao paciente ou a terceiros, devendo dirigir-se, nesses casos, aos órgãos competentes e, obrigatoriamente, à comissão de ética e ao Conselho Regional de Medicina de sua jurisdição.

IV – Recusar-se a exercer sua profissão em instituição pública ou privada onde as condições de trabalho não sejam dignas ou possam prejudicar a própria saúde ou a do paciente, bem como a dos demais profissionais. Nesse caso, comunicará imediatamente sua decisão à comissão de ética e ao Conselho Regional de Medicina.

V – Suspender suas atividades, individualmente ou coletivamente, quando a instituição pública ou privada para a qual trabalhe não oferecer condições adequadas para o exercício profissional ou não o remunerar digna e justamente, ressalvadas as situações de urgência e emergência, devendo comunicar imediatamente sua decisão ao Conselho Regional de Medicina.

VI – Internar e assistir seus pacientes em hospitais privados e públicos com caráter filantrópico ou não, ainda que não faça parte do seu corpo clínico, respeitadas as normas técnicas aprovadas pelo Conselho Regional de Medicina da pertinente jurisdição.

VII – Requerer desagravo público ao Conselho Regional de Medicina quando atingido no exercício de sua profissão.

VIII – Decidir, em qualquer circunstância, levando em consideração sua experiência e capacidade profissional, o tempo a ser dedicado ao paciente, evitando que o acúmulo de encargos ou de consultas venha a prejudicá-lo.

IX – Recusar–se a realizar atos médicos que, embora permitidos por lei, sejam contrários aos ditames de sua consciência.

IX – Estabelecer seus honorários de forma justa e digna.

▶ CAPÍTULO III

RESPONSABILIDADE PROFISSIONAL

É vedado ao médico:

Art. 1º. Causar dano ao paciente, por ação ou omissão, caracterizável como imperícia, imprudência ou negligência.

Parágrafo único. A responsabilidade médica é sempre pessoal e não pode ser presumida.

Art. 2º. Delegar a outros profissionais atos ou atribuições exclusivos da profissão médica.

Art. 3º. Deixar de assumir responsabilidade sobre procedimento médico que indicou ou do qual participou, mesmo quando vários médicos tenham assistido o paciente.

Art. 4º. Deixar de assumir a responsabilidade de qualquer ato profissional que tenha praticado ou indicado, ainda que solicitado ou consentido pelo paciente ou por seu representante legal.

Art. 5º. Assumir responsabilidade por ato médico que não praticou ou do qual não participou.

Art. 6º. Atribuir seus insucessos a terceiros e a circunstâncias ocasionais, exceto nos casos em que isso possa ser devidamente comprovado.

Art. 7º. Deixar de atender em setores de urgência e emergência, quando for de sua obrigação fazê-lo, expondo a risco a vida de pacientes, mesmo respaldado por decisão majoritária da categoria.

Art. 8º. Afastar-se de suas atividades profissionais, mesmo temporariamente, sem deixar outro médico encarregado do atendimento de seus pacientes internados ou em estado grave.

Art. 9º. Deixar de comparecer a plantão em horário preestabelecido ou abandoná-lo sem a presença de substituto, salvo por justo impedimento.

Parágrafo único. Na ausência de médico plantonista substituto, a direção técnica do estabelecimento de saúde deve providenciar a substituição.

Art. 10. Acumpliciar-se com os que exercem ilegalmente a Medicina ou com profissionais ou instituições médicas nas quais se pratiquem atos ilícitos.

Art. 11. Receitar, atestar ou emitir laudos de forma secreta ou ilegível, sem a devida identificação de seu número de registro no Conselho Regional de Medicina da sua jurisdição, bem como assinar em branco folhas de receituários, atestados, laudos ou quaisquer outros documentos médicos.

Art. 12. Deixar de esclarecer o trabalhador sobre as condições de trabalho que ponham em risco sua saúde, devendo comunicar o fato aos empregadores responsáveis.

Parágrafo único. Se o fato persistir, é dever do médico comunicar o ocorrido às autoridades competentes e ao Conselho Regional de Medicina.

Art. 13. Deixar de esclarecer o paciente sobre as determinantes sociais, ambientais ou profissionais de sua doença.

Art. 14. Praticar ou indicar atos médicos desnecessários ou proibidos pela legislação vigente no País.

Art. 15. Descumprir legislação específica nos casos de transplantes de órgãos ou de tecidos, esterilização, fecundação artificial, abortamento, manipulação ou terapia genética.

§ 1º. No caso de procriação medicamente assistida, a fertilização não deve conduzir sistematicamente à ocorrência de embriões supranumerários.

§ 2º. O médico não deve realizar a procriação medicamente assistida com nenhum dos seguintes objetivos:

I – criar seres humanos geneticamente modificados;

II – criar embriões para investigação;

III – criar embriões com finalidades de escolha de sexo, eugenia ou para originar híbridos ou quimeras.

§ 3º. Praticar procedimento de procriação medicamente assistida sem que os participantes estejam de inteiro acordo e devidamente esclarecidos sobre o mesmo.

Art. 16. Intervir sobre o genoma humano com vista à sua modificação, exceto na terapia gênica, excluindo-se qualquer ação em células germinativas que resulte na modificação genética da descendência.

Art. 17. Deixar de cumprir, salvo por motivo justo, as normas emanadas dos Conselhos Federal e Regionais de Medicina e de atender às suas requisições administrativas, intimações ou notificações no prazo determinado.

Art. 18. Desobedecer aos acórdãos e às resoluções dos Conselhos Federal e Regionais de Medicina ou desrespeitá-los.

Art. 19. Deixar de assegurar, quando investido em cargo ou função de direção, os direitos dos médicos e as demais condições adequadas para o desempenho ético-profissional da Medicina.

Art. 20. Permitir que interesses pecuniários, políticos, religiosos ou de quaisquer outras ordens, do seu empregador ou superior hierárquico ou do financiador público ou privado da assistência à saúde interfiram na escolha dos melhores meios de prevenção, diagnóstico ou tratamento disponíveis e cientificamente reconhecidos no interesse da saúde do paciente ou da sociedade.

Art. 21. Deixar de colaborar com as autoridades sanitárias ou infringir a legislação pertinente.

▶ **CAPÍTULO IV**

DIREITOS HUMANOS

É vedado ao médico:

Art. 22. Deixar de obter consentimento do paciente ou de seu representante legal após esclarecê-lo sobre o procedimento a ser realizado, salvo em caso de risco iminente de morte.

Art. 23. Tratar o ser humano sem civilidade ou consideração, desrespeitar sua dignidade ou discriminá-lo de qualquer forma ou sob qualquer pretexto.

Art. 24. Deixar de garantir ao paciente o exercício do direito de decidir livremente sobre sua pessoa ou seu bem-estar, bem como exercer sua autoridade para limitá-lo.

Art. 25. Deixar de denunciar prática de tortura ou de procedimentos degradantes, desumanos ou cruéis, praticá-las, bem como ser conivente com quem as realize ou fornecer meios, instrumentos, substâncias ou conhecimentos que as facilitem.

Art. 26. Deixar de respeitar a vontade de qualquer pessoa, considerada capaz física e mentalmente, em greve de fome, ou alimentá-la compulsoriamente, devendo cientificá-la das prováveis complicações do jejum prolongado e, na hipótese de risco iminente de morte, tratá-la.

Art. 27. Desrespeitar a integridade física e mental do paciente ou utilizar-se de meio que possa alterar sua personalidade ou sua consciência em investigação policial ou de qualquer outra natureza.

Art. 28. Desrespeitar o interesse e a integridade do paciente em qualquer instituição na qual esteja recolhido, independentemente da própria vontade.

Parágrafo único. Caso ocorram quaisquer atos lesivos à personalidade e à saúde física ou mental dos pacientes confiados ao médico, este estará obrigado a denunciar o fato à autoridade competente e ao Conselho Regional de Medicina.

Art. 29. Participar, direta ou indiretamente, da execução de pena de morte.

Art. 30. Usar da profissão para corromper costumes, cometer ou favorecer crime.

▶ **CAPÍTULO V**

RELAÇÃO COM PACIENTES E FAMILIARES

É vedado ao médico:

Art. 31. Desrespeitar o direito do paciente ou de seu representante legal de decidir livremente sobre a execução de práticas diagnósticas ou terapêuticas, salvo em caso de iminente risco de morte.

Art. 32. Deixar de usar todos os meios disponíveis de diagnóstico e tratamento, cientificamente reconhecidos e a seu alcance, em favor do paciente.

Art. 33. Deixar de atender paciente que procure seus cuidados profissionais em casos de urgência ou emergência, quando não haja outro médico ou serviço médico em condições de fazê-lo.

Art. 34. Deixar de informar ao paciente o diagnóstico, o prognóstico, os riscos e os objetivos do tratamento, salvo quando a comunicação direta possa lhe provocar dano, devendo, nesse caso, fazer a comunicação a seu representante legal.

Art. 35. Exagerar a gravidade do diagnóstico ou do prognóstico, complicar a terapêutica ou exceder-se no número de visitas, consultas ou quaisquer outros procedimentos médicos.

Art. 36. Abandonar paciente sob seus cuidados.

§ 1º. Ocorrendo fatos que, a seu critério, prejudiquem o bom relacionamento com o paciente ou o pleno desempenho profissional, o médico tem o direito de renunciar ao atendimento, desde que comunique previamente ao paciente ou a seu representante legal, assegurando-se da continuidade dos cuidados e fornecendo todas as informações necessárias ao médico que lhe suceder.

§ 2º. Salvo por motivo justo, comunicado ao paciente ou aos seus familiares, o médico não abandonará o paciente por ser este portador de moléstia crônica ou incurável e continuará a assisti-lo ainda que para cuidados paliativos.

Art. 37. Prescrever tratamento ou outros procedimentos sem exame direto do paciente, salvo em casos de urgência ou emergência e impossibilidade comprovada de realizá-lo, devendo, nesse caso, fazê-lo imediatamente após cessar o impedimento.

Parágrafo único. O atendimento médico à distância, nos moldes da telemedicina ou de outro método, dar-se-á sob regulamentação do Conselho Federal de Medicina.

Art. 38. Desrespeitar o pudor de qualquer pessoa sob seus cuidados profissionais.

Art. 39. Opor-se à realização de junta médica ou segunda opinião solicitada pelo paciente ou por seu representante legal.

Art. 40. Aproveitar-se de situações decorrentes da relação médico-paciente para obter vantagem física, emocional, financeira ou de qualquer outra natureza.

Art. 41. Abreviar a vida do paciente, ainda que a pedido deste ou de seu representante legal.

Parágrafo único. Nos casos de doença incurável e terminal, deve o médico oferecer todos os cuidados paliativos disponíveis sem empreender ações diagnósticas ou terapêuticas inúteis ou obstinadas, levando sempre em consideração a vontade expressa do paciente ou, na sua impossibilidade, a de seu representante legal.

Art. 42. Desrespeitar o direito do paciente de decidir livremente sobre método contraceptivo, devendo sempre esclarecê-lo sobre indicação, segurança, reversibilidade e risco de cada método.

▶ CAPÍTULO VI

DOAÇÃO E TRANSPLANTE DE ÓRGÃOS E TECIDOS

É vedado ao médico:

Art. 43. Participar do processo de diagnóstico da morte ou da decisão de suspender meios artificiais para prolongar a vida do possível doador, quando pertencente à equipe de transplante.

Art. 44. Deixar de esclarecer o doador, o receptor ou seus representantes legais sobre os riscos decorrentes de exames, intervenções cirúrgicas e outros procedimentos nos casos de transplantes de órgãos.

Art. 45. Retirar órgão de doador vivo quando este for juridicamente incapaz, mesmo se houver autorização de seu representante legal, exceto nos casos permitidos e regulamentados em lei.

Art. 46. Participar direta ou indiretamente da comercialização de órgãos ou de tecidos humanos.

▶ CAPÍTULO VII

RELAÇÃO ENTRE MÉDICOS

É vedado ao médico:

Art. 47. Usar de sua posição hierárquica para impedir, por motivo de crença religiosa, convicção filosófica, política, interesse econômico ou qualquer outro, que não técnico-científico ou ético, que as instalações e os demais recursos da instituição sob sua direção sejam utilizados por outros médicos no exercício da profissão, particularmente se forem os únicos existentes no local.

Art. 48. Assumir emprego, cargo ou função para suceder médico demitido ou afastado em represália à atitude de defesa de movimentos legítimos da categoria ou da aplicação deste Código.

Art. 49. Assumir condutas contrárias a movimentos legítimos da categoria médica com a finalidade de obter vantagens.

Art. 50. Acobertar erro ou conduta antiética de médico.

Art. 51. Praticar concorrência desleal com outro médico.

Art. 52. Desrespeitar a prescrição ou o tratamento de paciente, determinados por outro médico, mesmo quando em função de chefia ou de auditoria, salvo em situação de indiscutível benefício para o paciente, devendo comunicar imediatamente o fato ao médico responsável.

Art. 53. Deixar de encaminhar o paciente que lhe foi enviado para procedimento especializado de volta ao médico assistente e, na ocasião, fornecer-lhe as devidas informações sobre o ocorrido no período em que por ele se responsabilizou.

Art. 54. Deixar de fornecer a outro médico informações sobre o quadro clínico de paciente, desde que autorizado por este ou por seu representante legal.

Art. 55. Deixar de informar ao substituto o quadro clínico dos pacientes sob sua responsabilidade ao ser substituído ao fim do seu turno de trabalho.

Art. 56. Utilizar-se de sua posição hierárquica para impedir que seus subordinados atuem dentro dos princípios éticos.

Art. 57. Deixar de denunciar atos que contrariem os postulados éticos à comissão de ética da instituição em que exerce seu trabalho profissional e, se necessário, ao Conselho Regional de Medicina.

▶ CAPÍTULO VIII

REMUNERAÇÃO PROFISSIONAL

É vedado ao médico:

Art. 58. O exercício mercantilista da Medicina.

Art. 59. Oferecer ou aceitar remuneração ou vantagens por paciente encaminhado ou recebido, bem como por atendimentos não prestados.

Art. 60. Permitir a inclusão de nomes de profissionais que não participaram do ato médico para efeito de cobrança de honorários.

Art. 61. Deixar de ajustar previamente com o paciente o custo estimado dos procedimentos.

Art. 62. Subordinar os honorários ao resultado do tratamento ou à cura do paciente.

Art. 63. Explorar o trabalho de outro médico, isoladamente ou em equipe, na condição de proprietário, sócio, dirigente ou gestor de empresas ou instituições prestadoras de serviços médicos.

Art. 64. Agenciar, aliciar ou desviar, por qualquer meio, para clínica particular ou instituições de qualquer natureza, paciente atendido pelo sistema público de saúde ou dele utilizar-se para a execução de procedimentos médicos em sua clínica privada, como forma de obter vantagens pessoais.

Art. 65. Cobrar honorários de paciente assistido em instituição que se destina à prestação de serviços públicos, ou receber remuneração de paciente como complemento de salário ou de honorários.

Art. 66. Praticar dupla cobrança por ato médico realizado.

Parágrafo único. A complementação de honorários em serviço privado pode ser cobrada quando prevista em contrato.

Art. 67. Deixar de manter a integralidade do pagamento e permitir descontos ou retenção de honorários, salvo os previstos em lei, quando em função de direção ou de chefia.

Art. 68. Exercer a profissão com interação ou dependência de farmácia, indústria farmacêutica, óptica ou qualquer organização destinada à fabricação, manipulação, promoção ou comercialização de produtos de prescrição médica, qualquer que seja sua natureza.

Art. 69. Exercer simultaneamente a Medicina e a Farmácia ou obter vantagem pelo encaminhamento de procedimentos, pela comercialização de medicamentos, órteses, próteses ou implantes de qualquer natureza, cuja compra decorra de influência direta em virtude de sua atividade profissional.

Art. 70. Deixar de apresentar separadamente seus honorários quando outros profissionais participarem do atendimento ao paciente.

Art. 71. Oferecer seus serviços profissionais como prêmio, qualquer que seja sua natureza.

Art. 72. Estabelecer vínculo de qualquer natureza com empresas que anunciam ou comercializam planos de financiamento, cartões de descontos ou consórcios para procedimentos médicos.

▶ CAPÍTULO IX

SIGILO PROFISSIONAL

É vedado ao médico:

Art. 73. Revelar fato de que tenha conhecimento em virtude do exercício de sua profissão, salvo por motivo justo, dever legal ou consentimento, por escrito, do paciente.

Parágrafo único. Permanece essa proibição:

a) mesmo que o fato seja de conhecimento público ou o paciente tenha falecido;

b) quando de seu depoimento como testemunha. Nessa hipótese, o médico comparecerá perante a autoridade e declarará seu impedimento;

c) na investigação de suspeita de crime, o médico estará impedido de revelar segredo que possa expor o paciente a processo penal.

Art. 74. Revelar sigilo profissional relacionado a paciente menor de idade, inclusive a seus pais ou representantes legais, desde que o menor tenha capacidade de discernimento, salvo quando a não revelação possa acarretar dano ao paciente.

Art. 75. Fazer referência a casos clínicos identificáveis, exibir pacientes ou seus retratos em anúncios profissionais ou na divulgação de assuntos médicos, em meios de comunicação em geral, mesmo com autorização do paciente.

Art. 76. Revelar informações confidenciais obtidas quando do exame médico de trabalhadores, inclusive por exigência dos dirigentes de empresas ou de instituições, salvo se o silêncio puser em risco a saúde dos empregados ou da comunidade.

Art. 77. Prestar informações a empresas seguradoras sobre as circunstâncias da morte do paciente sob seus cuidados, além das contidas na declaração de óbito, salvo por expresso consentimento do seu representante legal.

Art. 78. Deixar de orientar seus auxiliares e alunos a respeitar o sigilo profissional e zelar para que seja por eles mantido.

Art. 79. Deixar de guardar o sigilo profissional na cobrança de honorários por meio judicial ou extrajudicial.

► **CAPÍTULO X**

DOCUMENTOS MÉDICOS

É vedado ao médico:

Art. 80. Expedir documento médico sem ter praticado ato profissional que o justifique, que seja tendencioso ou que não corresponda à verdade.

Art. 81. Atestar como forma de obter vantagens.

Art. 82. Usar formulários de instituições públicas para prescrever ou atestar fatos verificados na clínica privada.

Art. 83. Atestar óbito quando não o tenha verificado pessoalmente, ou quando não tenha prestado assistência ao paciente, salvo, no último caso, se o fizer como plantonista, médico substituto ou em caso de necropsia e verificação médico-legal.

Art. 84. Deixar de atestar óbito de paciente ao qual vinha prestando assistência, exceto quando houver indícios de morte violenta.

Art. 85. Permitir o manuseio e o conhecimento dos prontuários por pessoas não obrigadas ao sigilo profissional quando sob sua responsabilidade.

Art. 86. Deixar de fornecer laudo médico ao paciente ou a seu representante legal quando aquele for encaminhado ou transferido para continuação do tratamento ou em caso de solicitação de alta.

Art. 87. Deixar de elaborar prontuário legível para cada paciente.

§ 1º. O prontuário deve conter os dados clínicos necessários para a boa condução do caso, sendo preenchido, em cada avaliação, em ordem cronológica com data, hora, assinatura e número de registro do médico no Conselho Regional de Medicina.

§ 2º. O prontuário estará sob a guarda do médico ou da instituição que assiste o paciente.

Art. 88. Negar, ao paciente, acesso a seu prontuário, deixar de lhe fornecer cópia quando solicitada, bem como deixar de lhe dar explicações necessárias à sua compreensão, salvo quando ocasionarem riscos ao próprio paciente ou a terceiros.

Art. 89. Liberar cópias do prontuário sob sua guarda, salvo quando autorizado, por escrito, pelo paciente, para atender ordem judicial ou para a sua própria defesa.

§ 1º. Quando requisitado judicialmente o prontuário será disponibilizado ao perito médico nomeado pelo juiz.

§ 2º. Quando o prontuário for apresentado em sua própria defesa, o médico deverá solicitar que seja observado o sigilo profissional.

Art. 90. Deixar de fornecer cópia do prontuário médico de seu paciente quando de sua requisição pelos Conselhos Regionais de Medicina.

Art. 91. Deixar de atestar atos executados no exercício profissional, quando solicitado pelo paciente ou por seu representante legal.

► **CAPÍTULO XI**

AUDITORIA E PERÍCIA MÉDICA

É vedado ao médico:

Art. 92. Assinar laudos periciais, auditoriais ou de verificação médico-legal quando não tenha realizado pessoalmente o exame.

Art. 93. Ser perito ou auditor do próprio paciente, de pessoa de sua família ou de qualquer outra com a qual tenha relações capazes de influir em seu trabalho ou de empresa em que atue ou tenha atuado.

Art. 94. Intervir, quando em função de auditor, assistente técnico ou perito, nos atos profissionais de outro médico, ou fazer qualquer apreciação em presença do examinado, reservando suas observações para o relatório.

Art. 95. Realizar exames médico-periciais de corpo de delito em seres humanos no interior de prédios ou de dependências de delegacias de polícia, unidades militares, casas de detenção e presídios.

Art. 96. Receber remuneração ou gratificação por valores vinculados à glosa ou ao sucesso da causa, quando na função de perito ou de auditor.

Art. 97. Autorizar, vetar, bem como modificar, quando na função de auditor ou de perito, procedimentos propedêuticos ou terapêuticos instituídos, salvo, no último caso, em situações de urgência, emergência ou iminente perigo de morte do paciente, comunicando, por escrito, o fato ao médico assistente.

Art. 98. Deixar de atuar com absoluta isenção quando designado para servir como perito ou como auditor, bem como ultrapassar os limites de suas atribuições e de sua competência.

Parágrafo único. O médico tem direito a justa remuneração pela realização do exame pericial.

► **CAPÍTULO XII**

ENSINO E PESQUISA MÉDICA

É vedado ao médico:

Art. 99. Participar de qualquer tipo de experiência envolvendo seres humanos com fins bélicos, políticos, étnicos, eugênicos ou outros que atentem contra a dignidade humana.

Art. 100. Deixar de obter aprovação de protocolo para a realização de pesquisa em seres humanos, de acordo com a legislação vigente.

Art. 101. Deixar de obter do paciente ou de seu representante legal o termo de consentimento livre e esclarecido para a realização de pesquisa envolvendo seres humanos, após as devidas explicações sobre a natureza e as consequências da pesquisa.

Parágrafo único. No caso do sujeito de pesquisa ser menor de idade, além do consentimento de seu representante legal, é necessário seu assentimento livre e esclarecido na medida de sua compreensão.

Art. 102. Deixar de utilizar a terapêutica correta, quando seu uso estiver liberado no País.

Parágrafo único. A utilização de terapêutica experimental é permitida quando aceita pelos órgãos competentes e com o consentimento do paciente ou de seu representante legal, adequadamente esclarecidos da situação e das possíveis consequências.

Art. 103. Realizar pesquisa em uma comunidade sem antes informá-la e esclarecê-la sobre a natureza da investigação e deixar de atender ao objetivo de proteção à saúde pública, respeitadas as características locais e a legislação pertinente.

Art. 104. Deixar de manter independência profissional e científica em relação a financiadores de pesquisa médica, satisfazendo interesse comercial ou obtendo vantagens pessoais.

Art. 105. Realizar pesquisa médica em sujeitos que sejam direta ou indiretamente dependentes ou subordinados ao pesquisador.

Art. 106. Manter vínculo de qualquer natureza com pesquisas médicas, envolvendo seres humanos, que usem placebo em seus experimentos, quando houver tratamento eficaz e efetivo para a doença pesquisada.

Art. 107. Publicar em seu nome trabalho científico do qual não tenha participado; atribuir-se autoria exclusiva de trabalho realizado por seus subordinados ou outros profissionais, mesmo quando executados sob sua orientação, bem como omitir do artigo científico o nome de quem dele tenha participado.

Art. 108. Utilizar dados, informações ou opiniões ainda não publicados, sem referência ao seu autor ou sem sua autorização por escrito.

Art. 109. Deixar de zelar, quando docente ou autor de publicações científicas, pela veracidade, clareza e imparcialidade das informações apresentadas, bem como deixar de declarar relações com a indústria de medicamentos, órteses, próteses, equipamentos, implantes de qualquer natureza e outras que possam configurar conflitos de interesses, ainda que em potencial.

Art. 110. Praticar a Medicina, no exercício da docência, sem o consentimento do paciente ou de seu representante legal, sem zelar por sua dignidade e privacidade ou discriminando aqueles que negarem o consentimento solicitado.

▶ CAPÍTULO XIII
PUBLICIDADE MÉDICA

É vedado ao médico:

Art. 111. Permitir que sua participação na divulgação de assuntos médicos, em qualquer meio de comunicação de massa, deixe de ter caráter exclusivamente de esclarecimento e educação da sociedade.

Art. 112. Divulgar informação sobre assunto médico de forma sensacionalista, promocional ou de conteúdo inverídico.

Art. 113. Divulgar, fora do meio científico, processo de tratamento ou descoberta cujo valor ainda não esteja expressamente reconhecido cientificamente por órgão competente.

Art. 114. Consultar, diagnosticar ou prescrever por qualquer meio de comunicação de massa.

Art. 115. Anunciar títulos científicos que não possa comprovar e especialidade ou área de atuação para a qual não esteja qualificado e registrado no Conselho Regional de Medicina.

Art. 116. Participar de anúncios de empresas comerciais, qualquer que seja sua natureza, valendo-se de sua profissão.

Art. 117. Apresentar como originais quaisquer ideias, descobertas ou ilustrações que na realidade não o sejam.

Art. 118. Deixar de incluir, em anúncios profissionais de qualquer ordem, o seu número de inscrição no Conselho Regional de Medicina.

Parágrafo único. Nos anúncios de estabelecimentos de saúde devem constar o nome e o número de registro, no Conselho Regional de Medicina, do diretor técnico.

▶ CAPÍTULO XIV
DISPOSIÇÕES GERAIS

I – O médico portador de doença incapacitante para o exercício profissional, apurada pelo Conselho Regional de Medicina em procedimento administrativo com perícia médica, terá seu registro suspenso enquanto perdurar sua incapacidade.

II – Os médicos que cometerem faltas graves previstas neste Código e cuja continuidade do exercício profissional constitua risco de danos irreparáveis ao paciente ou à sociedade poderão ter o exercício profissional suspenso mediante procedimento administrativo específico.

III – O Conselho Federal de Medicina, ouvidos os Conselhos Regionais de Medicina e a categoria médica, promoverá a revisão e atualização do presente Código quando necessárias.

IV – As omissões deste Código serão sanadas pelo Conselho Federal de Medicina.

▶ JURAMENTO MÉDICO

Prometo que ao exercer a arte de curar, mostrar-me-ei sempre fiel aos preceitos da honestidade, da caridade e da ciência. Penetrando no interior dos lares, meus olhos serão cegos, minha língua calará aos segredos que me forem revelados, os quais terei como preceito de honra. Nunca me servirei da profissão para corromper os costumes, ou favorecer o crime. Se eu cumprir esse juramento com fidelidade, goze eu, para sempre, a minha vida e a minha arte, de boa reputação entre os homens. Se os infringir ou deles me afastar, suceda-me o contrário.

APÊNDICE **B**

Código de Ética Odontológica

Resolução Conselho Federal de Medicina (CFO) – 42/2003

O Presidente do Conselho Federal de Odontologia, no exercício de suas atribuições regimentais, cumprindo a deliberação do Plenário, em reunião extraordinária, realizada nesta data, RESOLVE:

Art. 1º. Fica revogado o Código de Ética Odontológica, aprovado pela resolução CFO/151, de 16 de julho de 1983.

Art. 2º. Fica aprovado o Código de Ética Odontológica, que com este se publica.

Art. 3º. Esta Resolução entra em vigor no dia 1º de janeiro de 1992.

Rio de Janeiro, 19 de dezembro de 1991.

ORLANDO LIMONGI, CD
SECRETÁRIO-GERAL

JOÃO HILDO DE CARVALHO FURTADO, CD
PRESIDENTE

▶ CÓDIGO DE ÉTICA ODONTOLÓGICA

Alterado pelo Regulamento nº 01, de 05 de junho de 1998.

O texto baseou-se no Relatório Final da I CONFERÊNCIA NACIONAL DE ÉTICA ODONTOLÓGICA (I CONEO), realizada em Vitória (ES), pelo Conselho Federal e Conselhos Regionais de Odontologia em 1991.

Sumário

▶ CAPÍTULO I

DISPOSIÇÕES PRELIMINARES

Art. 1º. Código de Ética Odontológica regula os direitos e deveres dos profissionais e das entidades com inscrição nos Conselhos de Odontologia, segundo suas atribuições específicas.

Art. 2º. A Odontologia é uma profissão que se exerce, em benefício da saúde do ser humano e da coletividade, sem discriminação de qualquer forma ou pretexto.

▶ CAPÍTULO II

DOS DIREITOS FUNDAMENTAIS

Art. 3º. Constituem direitos fundamentais dos profissionais inscritos, segundo suas atribuições específicas:

I – diagnosticar, planejar e executar tratamentos, com liberdade de convicção, nos limites de suas atribuições, observados o estado atual da ciência e sua dignidade profissional;

II – resguardar o segredo profissional;

III – contratar serviços profissionais de acordo com os preceitos deste Código;

IV – recusar-se a exercer a profissão em âmbito público ou privado onde as condições de trabalho não sejam dignas, seguras e salubres.

▶ CAPÍTULO III

DOS DEVERES FUNDAMENTAIS

Art. 4º. Constituem deveres fundamentais dos profissionais inscritos:

I – exercer a profissão mantendo comportamento digno;

II – manter atualizados os conhecimentos profissionais e culturais necessários ao pleno desempenho do exercício profissional;

III – zelar pela saúde e pela dignidade do paciente;

IV – guardar segredo profissional;

V – promover a saúde coletiva no desempenho de suas funções, cargos e cidadania, independentemente de exercer a profissão no setor público ou privado;

VI – elaborar as fichas clínicas dos pacientes, conservando-as em arquivo próprio;

VII – apontar falhas nos regulamentos e nas normas das instituições em que trabalhe, quando as julgar indignas para o exercício da profissão ou prejudiciais ao paciente, devendo dirigir-se, nesses casos, aos órgãos competentes;

VIII – propugnar pela harmonia na classe;

IX – abster-se da prática de atos que impliquem mercantilização da Odontologia ou sua má conceituação;

X – assumir responsabilidade pelos atos praticados;

XI – resguardar a privacidade do paciente durante todo o atendimento.

▶ CAPÍTULO IV

DAS AUDITORIAS E PERÍCIAS ODONTOLÓGICAS

Art. 5º. Constitui infração ética:

I – deixar de atuar com absoluta isenção quando designado para servir como perito ou auditor, assim como ultrapassar os limites de suas atribuições e de sua competência.

II – intervir, quando na qualidade de auditor ou perito nos atos de outro profissional, ou fazer qualquer apreciação na presença do examinado, reservando suas observações, sempre fundamentadas, para o relatório sigiloso e lacrado.

▶ CAPÍTULO V

DO RELACIONAMENTO

Seção I

Com o Paciente

Art. 6º. Constitui infração ética:

I – exagerar em diagnóstico, prognóstico ou terapêutica;

II – deixar de esclarecer adequadamente os propósitos, riscos, custos e alternativas do tratamento;

III – executar ou propor tratamento desnecessário ou para o qual não esteja capacitado;

IV – abandonar paciente, salvo por motivo justificável, circunstância em que serão conciliados os honorários e indicado substituo;

V – deixar de atender paciente que procure cuidados profissionais em caso de urgência, quando não haja outro cirurgião-dentista em condições de fazê-lo;

VI – iniciar tratamento de menores sem autorização de seus responsáveis ou representantes legais, exceto em casos de seus responsáveis ou representantes legais, exceto em casos de urgência ou emergência;

VII – desrespeitar ou permitir que seja desrespeitado o paciente;

VIII – adotar novas técnicas ou materiais que não tenham efetiva comprovação científica;

IX – fornecer atestado que não corresponda à veracidade dos fatos codificados (cid) ou dos quais não tenha participado.

Seção II

Com a Equipe de Saúde

Art. 7º. No relacionamento entre os membros da equipe de saúde serão mantidos o respeito, a lealdade e a colaboração técnico-científica.

Art. 8º. Constitui infração ética:

I – desviar cliente de colega;

II – assumir emprego ou função sucedendo o profissional demitido ou afastado em represália por atitude de defesa de movimento legítimo da categoria ou da aplicação deste código;

III – praticar ou permitir que se pratique concorrência desleal;

IV – ser conivente em erros técnicos ou infrações éticas;

V – negar, injustificadamente, colaboração técnica de emergência ou serviços profissionais a colega;

VI – criticar erro técnico-científico de colega ausente, salvo por meio de representação ao Conselho Regional;

VII – explorar colega nas relações de emprego ou quando compartilhar honorários;

VIII – ceder consultório ou laboratório, sem a observância da legislação pertinente;

IX – utilizar-se de serviços prestados por profissionais não habilitados legalmente.

▶ CAPÍTULO VI

DO SIGILO PROFISSIONAL

Art. 9º. Constitui infração ética:

I – revelar, sem justa causa, fato sigiloso de que tenha conhecimento em razão do exercício de sua profissão;

II – negligenciar na orientação de seus colaboradores quanto ao sigilo profissional.

§ 1º. Compreende-se como justa causa, principalmente:

a) notificação compulsória de doença;

b) colaboração com a justiça nos casos previstos em lei;

c) perícia odontológica nos seus exatos limites;

d) estrita defesa de interesse legítimo dos profissionais inscritos;

e) revelação de fato sigiloso ao responsável pelo incapaz.

§ 2º. Não constitui quebra de sigilo profissional a declinação do tratamento empreendido, na cobrança judicial de honorários profissionais.

▶ CAPÍTULO VII

DOS HONORÁRIOS PROFISSIONAIS

Art. 10º. Na fixação dos honorários profissionais, serão considerados:

I – a condição socioeconômica do paciente e da comunidade;

II – o conceito do profissional;

III – o costume do lugar;

IV – a complexidade do caso;

V – o tempo utilizado no atendimento;

VI – o caráter de permanência, temporariedade ou eventualidade do trabalho;

VII – a circunstância em que tenha sido prestado o tratamento;

VIII – a cooperação do paciente durante o tratamento;

IX – o custo operacional.

Art. 11º. Constitui infração ética:

I – oferecer serviços gratuitos a quem possa remunerá-los adequadamente;

II – receber ou dar gratificação por encaminhamento de paciente;

III – instruir cobrança através de procedimento mercantilista;

IV – abusar da confiança do paciente, submetendo-o a tratamento de custo inesperado;

V – receber ou cobrar honorários complementares de paciente atendido em instituições públicas;

VI – receber ou cobrar remuneração adicional de cliente atendido sob convênio ou contrato;

VII – agenciar, aliciar ou desviar, por qualquer meio, paciente de instituição pública ou privada para a clínica particular;

VIII – cobrar ou receber honorários inferiores aos da Tabela Nacional para Convênios e Credenciados ou outra que a substitua, desde que aprovada por todas as entidades nacionais da Odontologia.

▶ CAPÍTULO VIII

DAS ESPECIALIDADES

Art. 12º. O exercício e o anúncio das especialidades em Odontologia obedecerão ao disposto neste Capítulo e às normas do Conselho Federal.

Art. 13º. O especialista, atendendo paciente encaminhado por cirurgião-dentista, atuará somente na área da sua especialidade.

Parágrafo único. Após o atendimento, o paciente será devolvido com os informes pertinentes.

Art. 14º. É vedado intitular-se especialista sem inscrição no Conselho Regional.

Art. 15º. Para fins de diagnóstico e tratamento o especialista poderá conferenciar com outros profissionais.

▶ CAPÍTULO IX

DA ODONTOLOGIA HOSPITALAR

Art. 16º. Compete ao cirurgião-dentista internar e assistir paciente em hospitais públicos e privados, com e sem caráter filantrópico, respeitadas as normas técnico-administrativas das instituições.

Art. 17º. As atividades odontológicas exercidas em hospital obedecerão às normas do Conselho Federal.

Art. 18º. Constitui infração ética, mesmo em ambiente hospitalar, executar intervenção cirúrgica fora do âmbito da Odontologia.

▶ CAPÍTULO X

DAS ENTIDADES PRESTADORAS DE ATENÇÃO À SAÚDE BUCAL

Art. 19º. Às clínicas, cooperativas, empresas e demais entidades prestadoras e/ou contratantes de serviços odontológicos aplicam-se as disposições deste Capítulo e as do Conselho Federal.

Art. 20º. Os profissionais inscritos, quando proprietários, ou o responsável técnico responderão solidariamente com o infrator pelas infrações éticas cometidas.

Art. 21º. As entidades mencionadas no artigo ficam obrigadas a:

I – manter a qualidade técnico-científica dos trabalhos realizados;

II – proporcionar ao profissional condições mínimas de instalações, recursos materiais, humanos e tecnológicos definidas pelo Conselho Federal de Odontologia, as quais garantam o seu desempenho pleno e seguro, exceto em condições de emergência ou iminente perigo de vida;

III – manter auditorias odontológicas constantes, através de profissionais capacitados;

IV – restringir-se à elaboração de planos ou programas de saúde bucal que tenham respaldo técnico, administrativo e financeiro;

V – manter os usuários informados sobre os recursos disponíveis para atendê-los.

Art. 22º. Constitui infração ética:

I – apregoar vantagens irreais visando a estabelecer concorrência com entidades congêneres;

II – oferecer tratamento abaixo dos padrões de qualidade recomendáveis;

III – executar e anunciar trabalho gratuito com finalidade de aliciamento;

IV – anunciar especialidades sem as respectivas inscrições de especialistas no Conselho Regional;

V – valer-se do poder econômico visando a estabelecer concorrência com entidades congêneres ou profissionais individualmente;

VI – propor remuneração pelos serviços prestados por profissionais a ela vinculados em bases inferiores à Tabela Nacional de Convênios e Credenciamentos;

VII – não manter os usuários informados sobre os recursos disponíveis para o atendimento e deixar de responder às reclamações dos mesmos.

▶ CAPÍTULO XI

DO MAGISTÉRIO

Art. 23º. No Exercício do magistério, o profissional inscrito exaltará os princípios éticos e promoverá a divulgação deste Código.

Art. 24º. Constitui infração ética:

I – utilizar-se do paciente de forma abusiva em aula ou pesquisa;

II – eximir-se de responsabilidade nos trabalhos executados em pacientes pelos alunos;

III – utilizar-se da influência do cargo para aliciamento e/ou encaminhamento de pacientes para clínica particular.

▶ CAPÍTULO XII

DAS ENTIDADES DA CLASSE

Art. 25º. Compete às entidades da classe, através de seu presidente, fazer as comunicações pertinentes que sejam de indiscutível interesse público.

Parágrafo único. Esta atribuição poderá ser delegada, sem prejuízo da responsabilidade solidária do titular.

Art. 26º. Cabe ao presidente e ao infrator a responsabilidade pelas infrações éticas cometidas em nome da entidade.

Art. 27º. Constitui infração ética:

I – servir-se da entidade para promoção própria ou vantagens pessoais;

II – prejudicar moral ou materialmente a entidade;

III – usar o nome da entidade para promoção de produtos comerciais sem que os mesmos tenham sido testados e comprovada sua eficácia na forma da Lei;

IV – desrespeitar entidade, injuriar ou difamar os seus diretores.

▶ CAPÍTULO XIII[1]

DA COMUNICAÇÃO

Art. 28º. A comunicação em Odontologia obedecerá ao disposto neste Capítulo e às especificações dos Conselhos Regionais, aprovados pelo Conselho Federal.

Seção I

Do Anúncio, da Propaganda e da Publicidade

Art. 29º. Os anúncios, a propaganda e a publicidade poderão ser feitos através dos veículos de comunicação, obedecidos os preceitos deste Código e da veracidade, da decência, da responsabilidade e da honestidade.

Art. 30º. Nos anúncios, placas e impressos deverão constar:

– o nome do profissional;

– a profissão;

– o número de inscrição no Conselho Regional.

Parágrafo único. Poderão ainda constar:

I – as especialidades nas quais o cirurgião-dentista esteja inscrito;

II – os títulos de formação acadêmica "stricto sensu" e do magistério relativos à profissão;

III – endereço, telefone, fax, endereço eletrônico, horário de trabalho, convênios e credenciamentos;

IV – instalações, equipamentos e técnicas de tratamento;

V – logomarca e/ou logotipo;

VI – a expressão "CLÍNICO GERAL", pelos profissionais que exercem atividades pertinentes à Odontologia decorrentes de conhecimentos adquiridos em curso de graduação.

Art. 31º. Constitui infração ética:

I – anunciar preços e modalidade de pagamento;

II – anunciar títulos que não possua;

III – anunciar técnicas e/ou tratamentos que não tenham comprovação científica;

---

[1] Redação dada pelo Regulamento nº 1, de 05/06/98.

IV – criticar técnicas utilizadas por outros profissionais como sendo inadequadas ou ultrapassadas;

V – dar consulta, diagnóstico ou prescrição de tratamento por meio de qualquer veículo de comunicação de massa, bem como permitir que sua participação na divulgação de assuntos odontológicos deixe de ter caráter exclusivo de esclarecimento e educação da coletividade;

VI – divulgar nome, endereço ou qualquer outro elemento que identifique o paciente, a não ser com o seu consentimento livre e esclarecido, ou de seu responsável legal;

VII – aliciar pacientes;

VIII – induzir a opinião pública a acreditar que exista reserva de atuação clínica para determinados procedimentos;

IX – anunciar especialidade odontológica não regulamentada pelo Conselho Federal de Odontologia;

X – divulgar ou permitir que sejam divulgadas publicamente observações desabonadoras sobre a atuação clínica ou qualquer manifestações relativa à atuação de outro profissional.

Art. 32º. Às empresas que exploram os vários ramos da Odontologia, tais como clínicas, cooperativas, planos de assistência à saúde, convênios, credenciamentos, administradoras, intermediadoras, seguradoras de saúde e congêneres aplicam-se as normas deste Capítulo.

▶ SEÇÃO II

Da Entrevista

Art. 33º. O profissional inscrito pode utilizar-se de veículos de comunicação para conceder entrevistas ou divulgar palestras públicas sobre assuntos odontológicos de sua atribuição, com finalidade educativa e interesse social.

▶ SEÇÃO III

Da Publicação Científica

Art. 34º. Constitui infração ética:

I – aproveitar-se de posição hierárquica para fazer constar seu nome na coautoria de obra científica;

II – apresentar como sua, no todo ou em parte, obra científica de outrem, ainda que não publicada;

III – publicar, sem autorização, elemento que identifique o paciente;

IV – utilizar-se, sem referência ao autor ou sem sua autorização expressa, de dados, informações ou opiniões coletadas em partes publicadas ou não de sua obra;

V – falsear dados estatísticos ou deturpar sua interpretação.

▶ CAPÍTULO XIV

DA PESQUISA CIENTÍFICA

Art. 35º. Constitui infração ética:

I – desatender às normas do órgão competente e à legislação sobre pesquisas em saúde;

II – utilizar-se de animais de experimentação sem objetivos claros e honestos de enriquecer os horizontes do conhecimento odontológico e, consequentemente, de ampliar os benefícios à sociedade;

III – desrespeitar as limitações legais da profissão nos casos de experiência *in anima nobili*;

IV – infringir a legislação que regula a utilização do cadáver para estudo e/ou exercícios de técnicas cirúrgicas;

V – infringir a legislação que regula os transplantes de órgãos e tecidos *post mortem* e do "próprio corpo vivo".

VI – realizar pesquisa em ser humano sem que este ou seu responsável, ou representante legal, tenha dado consentimento, por escrito, após ser devidamente esclarecido sobre a natureza e as consequências da pesquisa;

VII – usar, experimentalmente, sem autorização da autoridade competente. E sem o conhecimento e o consentimento prévios do paciente ou de seu representante legal, qualquer tipo de terapêutica ainda não liberada para uso no país.

▶ CAPÍTULO XV

DAS PENAS E SUAS APLICAÇÕES

LEI 4.324 DE 14/04/1964 / DECRETO 68.704 DE 03/06/1971

Art. 36º. Os preceitos deste Código são de observância obrigatória e sua violação sujeitará o infrator e quem, de qualquer modo, com ele concorrer para a infração às seguintes penas previstas no artigo 17 do Estatuto, de 10 de julho de 1998:

I – advertência reservada;

II – censura pública;

III – suspensão do exercício profissional, até cento e oitenta (180) dias, "ad referendum" do Conselho Federal;

IV – suspensão do exercício profissional até trinta (30) dias;

V – cassação do exercício profissional "ad referendum" do Conselho Federal.

Art. 37º. Salvo nos casos de manifesta gravidade e que exijam aplicação imediata de penalidade mais grave, a imposição das penas obedecerá à gradação do artigo anterior.

Parágrafo único. Avalia-se a gravidade pela extensão do dano e por suas consequências.

Art. 38º. Considera-se de manifesta gravidade, principalmente:

I – imputar a alguém fato antiético de que o saiba inocente, dando causa a instauração de processo ético;

II – acobertar ou ensejar o exercício ilegal da profissão;

III – exercer, após ter sido alertado, atividade odontológica em entidade ilegal, inidônea ou irregular;

IV – ocupar cargo cujo profissional dele tenha sido afastado por motivo de movimento classista;

V – exercer ato privado de cirurgião-dentista, sem estar para isso legalmente habilitado;

VI – manter atividade profissional durante a vigência de penalidade suspensiva;

VII – praticar ou ensejar atividade torpe.

Art. 39º. A alegação de ignorância ou a má compreensão dos preceitos deste Código não exime de penalidade o infrator.

Art. 40º. São circunstâncias que podem atenuar a pena:

I – não ter sido antes condenado por infração ética;

II – ter reparado ou minorado o dano.

Art. 41º. Cumulativamente, poderá ser aplicada ao infrator pena pecuniária que variará de uma a cinquenta vezes o valor da anuidade em vigor, podendo ainda ser convertida em serviço gratuito comunitário, a requerimento do apenado.

▶ CAPÍTULO XVI

DISPOSIÇÕES FINAIS

Art. 42º. O profissional, condenado por infração ética às penas previstas no artigo 36 deste Código, poderá ser objeto de reabilitação, na forma prevista no Código de Processo Ético Odontológico.

Art. 43º. As alterações deste Código são da competência exclusiva do Conselho Federal, ouvidos os Conselhos Regionais.

Art. 44º. Este Código entrará em vigor no dia 1º de janeiro de 1992.

Código de Nuremberg

Tribunal Internacional de Nuremberg – 1947
Julgamento de criminosos de guerra perante os
Tribunais Militares de Nuremberg.
Control Council Law 1949; 10(2):181-182

Depois da Segunda Guerra Mundial, durante os trabalhos do Tribunal Militar de Nuremberg, apresentou-se um tipo singular de crime: o de experiências de pesquisa, frequentemente fatais, realizadas em prisioneiros de guerra por parte de médicos nazistas. O Código de Nuremberg foi formulado em agosto de 1947 por juízes dos EUA para julgar os médicos nazistas acusados. O julgamento dos médicos começou em dezembro de 1946 e terminou em julho de 1947. Foram 23 réus, dos quais somente três não eram médicos. Dezesseis foram declarados culpados, sete dos quais foram sentenciados à pena de morte e cinco à prisão perpétua. Sete foram absolvidos. Para o fiscal acusador, o julgamento era de assassinato. Apesar disso, ele sustentou que não era um "mero julgamento de assassinato", porque os réus eram médicos que tinham realizado o juramento de Hipócrates de não causar o mal. Os defensores alegaram que o Estado tinha ordenado aos médicos que realizassem experimentos no campo de concentração de Dachau para determinar como proteger e tratar melhor os soldados e aviadores alemães. Eles argumentaram que esses experimentos eram necessários e que o "bem do Estado" tem precedência sobre o bem do indivíduo. O acusador declarou que "o Estado pode ordenar experimentos fatais em seres humanos, mas os médicos permanecem responsáveis por não realizá-los". Os juízes de Nuremberg, apesar de conhecerem a importância do juramento Hipocrático e a consequente obrigação de não maleficência (isto é, a obrigação do médico de, em primeiro lugar, não fazer mal a seu paciente), reconheceram que isso não era suficiente para proteger os

voluntários de uma pesquisa. Portanto, elaboraram um conjunto de 10 princípios centrados não no pesquisador, mas no sujeito participante da pesquisa. No relacionamento médico-paciente inspirado pela tradição de Hipócrates, o paciente é silencioso, somente fala de seus sintomas e obedece ao médico. O Código de Nuremberg estabelece um paciente falante e que tem autonomia para decidir o que é melhor para ele e agir em consequência. Ele requer que o pesquisador proteja os melhores interesses de seu paciente, mas também proclama que os sujeitos podem ativamente proteger-se a si próprios. Em particular, os voluntários têm tanta autoridade para terminar sua participação no estudo quanto os próprios pesquisadores.

Este Código, junto com a Declaração de Helsinque (1964-1996) em suas versões sucessivas* e as Diretrizes para Pesquisa em Seres Humanos da CIOMS (Conselho Internacional de Organizações de Ciências Médicas, 1993)* constituem os pilares da moderna ética em pesquisa em seres humanos.

1. O consentimento voluntário do ser humano é absolutamente essencial. Isso significa que as pessoas que serão submetidas ao experimento devem ser legalmente capazes de dar consentimento; essas pessoas devem exercer o livre direito de escolha sem qualquer intervenção de elementos de força, fraude, mentira, coação, astúcia ou outra forma de restrição posterior; devem ter conhecimento suficiente do as-

*Extraído de artigo de Evelyn Shuster no New England Journal of Medicine, Nov 13, 1997, 37; 20:1436-40.

sunto em estudo para tomarem uma decisão lúcida. Esse último aspecto exige que sejam explicados às pessoas a natureza, a duração e o propósito do experimento; os métodos segundo os quais o experimento será conduzido; as inconveniências e os riscos esperados; os efeitos sobre a saúde ou sobre a pessoa do participante, que eventualmente possam ocorrer, devido a sua participação no experimento. O dever e a responsabilidade de garantir a qualidade do consentimento repousam sobre o pesquisador que inicia ou dirige um experimento ou se compromete nele. São deveres e responsabilidades pessoais que não podem ser delegados a outrem impunemente.

2. O experimento deve ser tal que produza resultados vantajosos para a sociedade, que não possam ser buscados por outros métodos de estudo, mas não podem ser casuísticos ou desnecessários em sua natureza.

3. O experimento deve ser baseado em resultados de experimentação em animais e no conhecimento da evolução da doença ou outros problemas em estudo; dessa maneira, os resultados já conhecidos justificam a realização do experimento.

4. O experimento deve ser conduzido de maneira a evitar todo sofrimento físico ou mental desnecessário e danos.

5. Não deve ser conduzido qualquer experimento quando existirem razões para acreditar que pode ocorrer morte ou invalidez permanente; exceto, talvez, quando o próprio médico pesquisador se submeter ao experimento.

6. O grau de risco aceitável deve ser limitado pela importância humanitária do problema que o experimento se propõe a resolver.

7. Devem ser tomados cuidados especiais para proteger o participante do experimento de qualquer possibilidade de dano, invalidez ou morte, mesmo que remota.

8. O experimento deve ser conduzido apenas por pessoas cientificamente qualificadas. O mais alto grau de habilidade e cuidado deve ser requerido daqueles que conduzem o experimento, através de todos os estágios deste.

9. O participante do experimento deve ter a liberdade de se retirar no decorrer do experimento, se ele chegou a um estado físico ou mental no qual a continuação da pesquisa lhe parecer impossível.

10. O pesquisador deve estar preparado para suspender os procedimentos experimentais em qualquer estágio, se ele tiver motivos razoáveis para acreditar, no exercício da boa-fé, habilidade superior e cuidadoso julgamento, que a continuação do experimento provavelmente resulte em dano, invalidez ou morte para o participante.

APÊNDICE D

Declaração de Helsinque

▶ HISTÓRICO

Antes do Código de Nuremberg, em 1947, não havia um código de conduta que regesse os aspectos éticos das pesquisas com seres humanos, embora alguns países, como Alemanha e Rússia, tivessem políticas nacionais.[2]

Reconhecendo algumas falhas no Código de Nuremberg, realizado no fim da Segunda Guerra Mundial, por ocasião dos julgamentos em Nuremberg, a Associação Médica Mundial elaborou a Declaração de Helsinque, em junho de 1964, durante a 18ª Assembleia Médica Mundial, em Helsinque, na Finlândia. A partir de então, esse documento se tornou referência na maioria das diretrizes nacionais e internacionais, defendendo em primeiro lugar a afirmação de que "o bem-estar do ser humano deve ter prioridade sobre os interesses da ciência e da sociedade" e dando importância especial ao consentimento livre e firmado em pesquisas médicas que envolvam seres humanos.

A Declaração desenvolveu os dez primeiros princípios defendidos no Código de Nuremberg e aliou-os à Declaração de Genebra (1948), uma declaração de deveres éticos do médico. Dirigida mais à investigação clínica, solicitou mudanças na prática médica a partir do conceito de "Experimentação Humana" utilizada no Código de Nuremberg, sendo uma delas a flexibilização das condições de autorização, que era "absolutamente essencial" em Nuremberg. Os médicos foram convidados à obtenção do consentimento "se possível" e a possibilidade de investigação foi autorizada sem o consentimento, o qual poderia ser conseguido por intermédio de um guardião legal.

Revisões e Alterações

A Declaração foi revisada e alterada mais seis vezes, sendo elas:

1. Primeira revisão ocorrida por ocasião da 29ª Assembleia Médica Mundial, em Tóquio, no Japão, em 1975.
2. Segunda revisão na 35ª Assembleia, em Veneza, na Itália, em 1983.
3. Terceira revisão na 41ª Assembleia, em Hong Kong, em 1989.
4. Quarta revisão na 48ª Assembleia em Sommerset West, na África do Sul, em 1996.
5. Quinta revisão na 52ª Assembleia, em Edimburgo, na Escócia, em outubro de 2000.
6. Sexta revisão na 59ª Assembleia, em Seul, Coreia do Sul, em outubro de 2008.

Além das revisões, ocorreram duas alterações:

1. Alteração ocorrida na 53ª Assembleia, em Washington, Estados Unidos, em 2002 (Nota no parágrafo 29)
2. Alteração ocorrida na 55ª Assembleia, em Tóquio, Japão, em 2004 (Nota no parágrafo 30)

▶ CARACTERÍSTICAS DAS REVISÕES

Na primeira revisão, os princípios básicos, que na declaração original eram cinco, em 1975 passaram a ser 12, acrescentando-se a eles a preocupação pelo aspecto legal da pesquisa, seja no aspecto da pesquisa clínica terapêutica, seja no aspecto da pesquisa biomédica puramente científica. As revisões posteriores, entre 1975 e 2000, foram relativamente menores. A segunda revisão, em 1983, incluiu a busca do consentimento dos menores, sempre que possível, enquanto a terceira revisão, em 1989, tratou de definir a função e estrutura da "comissão independente".

A partir de 1982, a Declaração contou com a colaboração de um guia universal da CIOMS[3] e da Organização Mundial da Saúde (OMS), as quais desenvolveram suas Diretrizes Éticas Internacionais para Pesquisas Biomédicas Envolvendo Seres Humanos.[4]

Estudo da sífilis não tratada de Tuskegee, foto de 1953, no Alabama.

A revisão realizada em 2000 foi resultado das duras críticas direcionadas a estudos conduzidos na África, que testaram o AZT na prevenção da transmissão vertical do HIV e que foram controlados por placebo. Essa revisão mais atualizada inclui, portanto, relevantes questões presentes nas pesquisas atuais, como o uso de controles por placebo, e propõe que qualquer método novo deve ser testado em comparação com os melhores métodos profiláticos, diagnósticos e terapêuticos comprovados atuais. A declaração revisada também afirma que "a pesquisa médica só é justificada se houver uma probabilidade razoável de que as populações entre as quais a pesquisa for realizada obterão benefícios através dos resultados" e exige acesso aos benefícios para todos os participantes do estudo.

O documento salienta também a necessidade de proteção adicional para pessoas com autonomia diminuída e suscita precaução, por parte do médico-pesquisador, quando este envolve seus próprios pacientes na pesquisa.

▶ CARACTERÍSTICAS

A Declaração de Helsinque apresenta sempre uma introdução, na qual conclama as responsabilidades da missão do médico, e busca diferenciar a pesquisa médica que tem como objetivo essencial o diagnóstico ou a terapia para um paciente da pesquisa médica puramente científica e sem um valor direto diagnóstico ou terapêutico para a pessoa sujeita à pesquisa.

Após a introdução, a Declaração apresenta seus princípios básicos, onde expõe a responsabilidade e as precauções que devem ser tomadas na pesquisa envolvendo seres humanos, salientando os riscos e a avaliação das consequências.

A Declaração apresenta uma série de pré-requisitos para a pesquisa, diferenciando-a em pesquisa clínica terapêutica, que visa ao tratamento do doente, e a pesquisa não terapêutica, com aplicação puramente científica.

▶ DECLARAÇÃO DE HELSINQUE I

Adotada por ocasião da 18ª Assembleia Médica Mundial, realizada em Helsinque, Finlândia, em 1964.

Introdução

É missão do médico resguardar a saúde do povo. Seu conhecimento e sua consciência são dedicados ao cumprimento dessa missão.

A Declaração de Genebra da Associação Médica Mundial estabelece o compromisso do médico com as seguintes palavras: "A Saúde do meu paciente será minha primeira consideração", e o Código Internacional de Ética Médica declara: "Qualquer ato ou notícia que possa enfraquecer a resistência do ser humano só pode ser usado em seu benefício".

Porque é essencialmente importante que os resultados de experiência de laboratório sejam aplicados aos seres humanos para incremento do conhecimento científico e para ajudar a humanidade que sofre, a Associação Médica Mundial preparou as seguintes recomendações, como um guia de todo médico que trabalha na pesquisa clínica. É preciso acentuar que os padrões, como apresentados, são somente um guia para os médicos em todo o mundo. Os médicos não são isentos das responsabilidades criminais, civis e éticas de seus próprios países.

No campo da pesquisa clínica, uma diferença fundamental deve ser reconhecida entre a pesquisa clínica cujo propósito é essencialmente terapêutico para um paciente e a pesquisa clínica cujo objetivo principal é puramente científico e sem valor terapêutico para a pessoa submetida à pesquisa.

Princípios Básicos

1. A pesquisa clínica deve adaptar-se aos princípios morais e científicos que justificam a pesquisa médica e deve ser baseada em experiências de laboratório e

com animais ou em outros fatos cientificamente determinados.

2. A pesquisa clínica deve ser conduzida somente por pessoas cientificamente qualificadas e sob a supervisão de alguém medicamente qualificado.

3. A pesquisa não pode ser legitimamente desenvolvida, a menos que a importância do objetivo seja proporcional ao risco inerente à pessoa exposta.

4. Todo projeto de pesquisa clínica deve ser precedido de cuidadosa avaliação dos riscos inerentes, em comparação aos benefícios previsíveis para a pessoa exposta ou para outros.

5. Precaução especial deve ser tomada pelo médico ao realizar a pesquisa clínica na qual a personalidade da pessoa exposta é passível de ser alterada pelas drogas ou pelo procedimento experimental.

A Pesquisa Clínica Combinada com o Cuidado Profissional

1. No tratamento da pessoa enferma, o médico deve ser livre para empregar novos métodos terapêuticos, se, em julgamento, eles oferecem esperança de salvar uma vida, restabelecendo a saúde ou aliviando o sofrimento. Sendo possível, e de acordo com a psicologia do paciente, o médico deve obter o livre consentimento deste, depois de lhe ter sido dada uma explicação completa. Em caso de incapacidade legal, o consentimento deve ser obtido do responsável legal; em caso de incapacidade física, a autorização do responsável legal substitui a do paciente.

2. O médico pode combinar a pesquisa clínica com o cuidado profissional, desde que o objetivo represente a aquisição de uma nova descoberta médica, apenas na extensão em que a pesquisa clínica é justificada pelo seu valor terapêutico para o paciente.

A Pesquisa Clínica Não Terapêutica

1. Na aplicação puramente científica da pesquisa clínica, desenvolvida num ser humano, é dever do médico tornar-se protetor da vida e da saúde do paciente objeto da pesquisa.

2. A natureza, o propósito e o risco da pesquisa clínica devem ser explicados pelo médico ao paciente.

3. **a** – A pesquisa clínica em um ser humano não pode ser empreendida sem seu livre consentimento, depois de totalmente esclarecido; se legalmente incapaz, deve ser obtido o consentimento do responsável legal. **b** – O paciente da pesquisa clínica deve estar em estado mental, físico e legal que o habilite a exercer plenamente seu poder de decisão. **c** – O consentimento, como é norma, deve ser dado por escrito. Entretanto, a responsabilidade da pesquisa clínica é sempre do pesquisador; nunca recai sobre o paciente, mesmo depois de ter sido obtido seu consentimento.

4. **a** – O investigador deve respeitar o direito de cada indivíduo de resguardar sua integridade pessoal, especialmente se o paciente está em relação de dependência do investigador. **b** – Em qualquer momento, no decorrer da pesquisa clínica, o paciente ou seu responsável serão livres para cancelar a autorização de prosseguimento da pesquisa. O investigador ou a equipe da investigação devem interromper a pesquisa quando, em julgamento pessoal ou de equipe, seja a mesma prejudicial ao indivíduo.

▶ DECLARAÇÃO DE HELSINQUE II

A primeira revisão da Declaração de Helsinque foi realizada por ocasião da 29ª Assembleia Mundial de Médicos, em Tóquio, Japão, em 1975.

Em sua introdução, além das preocupações da Declaração anterior, delineia-se já uma preocupação ambiental e com os animais envolvidos na pesquisa.

Os princípios básicos, que na primeira declaração eram cinco, em 1975 passam a ser 12, acrescentando-se a eles a preocupação pelo aspecto legal da pesquisa, seja no tocante à pesquisa clínica terapêutica, seja no aspecto da pesquisa biomédica puramente científica. Entre tais aspectos, há uma preocupação na formalização de protocolos experimentais, os quais devem ser transmitidos a uma "comissão independente" especialmente nomeada, para consideração, comentário e orientação, e precauções no tocante à publicação dos resultados da pesquisa se apoiam na observância aos princípios contidos na Declaração, de maneira formal e escrita, além da nomeação de considerações éticas envolvidas.

Em suas considerações sobre a pesquisa não terapêutica, de interesse puramente científico, a Declaração de Helsinque II defende que "em pesquisa com o homem, o interesse da ciência e da sociedade nunca deve ter precedência sobre considerações relacionadas com o bem-estar do indivíduo". Assim, foi dada primazia ao indivíduo sobre a sociedade.

▶ DECLARAÇÃO DE HELSINQUE III

Redigida de acordo com a segunda revisão, realizada na 35ª Assembleia Mundial de Médicos, em Veneza, Itália, em 1983.

Conservando a introdução da Declaração anterior, a Declaração de Helsinque III, após revisão, segue o mesmo número de princípios (12) e os mesmos regulamentos para pesquisas com finalidade terapêutica e pesquisas com objetivo puramente científico, incluindo a busca, sempre que possível, do consentimento de menores.

▶ DECLARAÇÃO DE HELSINQUE IV

Redigida de acordo com a terceira revisão, realizada na 41ª Assembleia Mundial de Médicos, em Hong Kong, 1989.

A Declaração de Helsinque IV conserva a mesma introdução das Declarações II e III, assim como defende o mesmo número e qualidade dos princípios fundamentais, tratando de definir a função e a estrutura da "comissão independente".

▶ DECLARAÇÃO DE HELSINQUE V

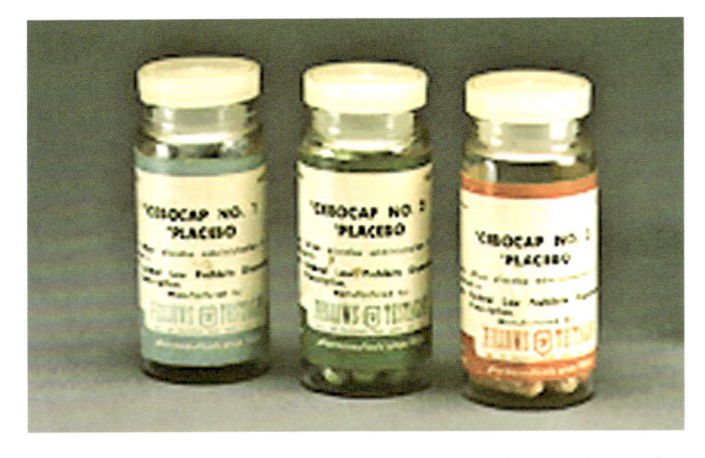

A utilização de estudos com placebo em sociedades não desenvolvidas e que não têm acesso à terapêutica adequada é um dos alvos das revisões da Declaração de Helsinque.

Redigida de acordo com a quarta revisão, realizada na 48ª Assembleia Médica Mundial, em Sommerset West, África do Sul, em 1996.

A Declaração de Helsinque V conserva a mesma introdução das Declarações II, III e IV, assim como defende o mesmo número e qualidade dos princípios fundamentais.

Um estudo clínico sobre placebos no tratamento da AIDS (Clinical Trials Group – ACTG-076 – Estudo de zidovudina na transmissão materno-infantil do HIV) havia sido publicado em 1994 (Connor et al. 1994). O início posterior de mais ensaios clínicos controlados com placebo em países em desenvolvimento e financiados pelos Estados Unidos levantou preocupação quando se soube que os pacientes estadunidenses tiveram acesso irrestrito, essencialmente, à droga, o mesmo não ocorrendo em países não desenvolvidos. Esses ensaios pareciam estar em direto conflito com as diretrizes recentemente publicadas para a investigação internacional CIOMS.[5] Na verdade, uma divisão entre o universalismo ético[6] e o pluralismo ético[7] já era aparente antes da revisão de 1993.

Essa foi uma das revisões mais significativas, porque acrescentou ao texto a frase "Isso não exclui o uso de placebo inerte em estudos onde não há nenhum método comprovado de diagnóstico ou de terapêutica comprovada".

▶ DECLARAÇÃO DE HELSINQUE VI

Redigida de acordo com a quinta revisão, realizada na 52ª Assembleia Médica Mundial, em Edimburgo, Escócia, em outubro de 2000.

Após a quarta revisão, em 1996, houve uma pressão quase imediata para a revisão da Declaração, com uma abordagem mais fundamental. Os ensaios continuavam nos países em desenvolvimento de forma antiética. A questão do uso de placebo levantou questões sobre o padrão de atendimento nos países em desenvolvimento e, como Marcia Angell escreveu, "seres humanos em qualquer parte do mundo devem ser protegidos por um conjunto irredutível de padrões éticos"[6].

A Associação Médica Americana apresentou uma proposta de revisão em novembro daquele ano,[8] e uma proposta de revisão foi divulgada no ano seguinte,[9] causando considerável debate e resultando em uma série de simpósios e conferências.[10] Muitos editoriais e comentários foram publicados, refletindo uma variedade de pontos de vista, incluindo a preocupação de que a Declaração foi sendo enfraquecida por uma mudança na eficiência de base e normas utilitárias, e uma edição inteira do Boletim de Ética Médica foi dedicada ao debate. No entanto, o que havia começado como uma controvérsia em torno de uma série específica de ensaios e seus projetos na África Subsaariana agora tinha implicações potenciais para toda a investigação.

Mesmo que a maioria das reuniões em torno da proposta de revisão não tenha chegado a um consenso, e muitos alegassem que a Declaração devia permanecer inalterada, ou apenas minimamente alterada, a justificativa para a revisão foi, em parte, a expansão da investigação biomédica desde 1975. Isso envolveu uma reestruturação do documento, incluindo renumeração e reordenamento de todos os artigos.

A Introdução estabelece os direitos do paciente e descreve a tensão inerente entre a necessidade de investigação para melhorar o bem comum e os direitos do indivíduo. Os Princípios Básicos estabelecem um guia para avaliar em que medida a proposta de pesquisa atende aos padrões esperados de ética. A distinção entre terapêutica e investigação não terapêutica introduzida no documento original foi removida para enfatizar a aplicação mais geral de princípios éticos. O âmbito da revisão ética foi aumentado para incluir o tecido humano e de dados, a necessidade de a responsabilidade pelo paciente ser designada a indivíduo medicamente qualificado e nunca a critério do próprio paciente, "mesmo que este tenha dado seu consentimento para tal", bem como o estabelecimento da primazia das exigências éticas sobre as leis e regulamentos.

Entre as muitas mudanças dessa revisão, a maior ênfase ficou na necessidade de beneficiar as comunidades em que a pesquisa é realizada e a atenção para os problemas éticos da experimentação sobre aqueles que não se beneficiariam da pesquisa, como os países em desenvolvimento, nos quais medicamentos inovadores não estão disponíveis. O artigo 19 introduz o conceito de justiça social e estende o alcance dos indivíduos para a comunidade como um todo, afirmando que "a investigação só se justifica se houver uma probabilidade razoável de que as populações nas quais a pesquisa é realizada se beneficiarão dos resultados da investigação". O artigo 27 ampliou o conceito de ética à publicação, acrescentando a necessidade de divulgação de conflitos de interesse e de incluir o viés de publicação entre um comportamento eticamente problemático.

Princípios Complementares

O artigo 29 reafirma o uso de placebo em situações em que "nenhuma intervenção comprovada" existe. Surpreendentemente, embora a formulação tenha ficado praticamente inalterada, isso criou mais protesto nessa revisão. A implicação é que os placebos não seriam permitidos quando comprovadas as intervenções disponíveis. A questão do placebo já fora um debate ativo antes da quarta revisão, mas foi intensificada e, ao mesmo tempo, ainda causa polêmica no cenário internacional. Esta revisão implica que, na escolha de um planejamento de estudo, desenvolveram-se padrões mundiais sobre os cuidados, que devem ser aplicáveis a qualquer pesquisa realizada com seres humanos, incluindo nos países em desenvolvimento.

O artigo 30 apresenta ainda mais um conceito novo, em que, após a conclusão do estudo, os pacientes "devem ter a garantia de acesso à intervenção melhor comprovada" resultante do estudo, numa questão de justiça.

Consequências

Devido à falta de consenso sobre várias questões antes da quinta revisão, os debates continuaram inabaláveis e revelaram diferenças nas perspectivas entre países desenvolvidos e em desenvolvimento. Mais tarde, notas de esclarecimento dos artigos 29 e 30 foram acrescentadas, em 2002 e 2004, respectivamente, pois parecia haver "interpretações diversas e, possivelmente, confusão". Em seguida, foram delineadas as circunstâncias em que um placebo pode ser "eticamente aceitável", ou seja, as "condições de menor gravidade", em que o "risco de dano grave ou irreversível" foi considerada baixo. Por essa razão, a nota indica que o texto deve ser interpretado à luz de todos os outros princípios da Declaração.

O artigo 30 foi debatido na sessão de 2003, com outro esclarecimento proposto, mas não resultou em qualquer convergência de pensamento, e assim as decisões foram adiadas por mais 1 ano, mas com um compromisso de proteger os mais vulneráveis. Um novo grupo de trabalho analisou o artigo 30 e recomendou que não seria alterado, em janeiro de 2004.[11] Mais tarde, naquele ano, a Associação Médica Americana propôs uma nova nota de esclarecimento, que foi incorporada; nesse esclarecimento, a questão dos cuidados pós-julgamento agora se tornava algo a considerar, não uma garantia absoluta. Apesar dessas mudanças, o consenso não estava próximo, e a Declaração foi considerada, por alguns, fora de contato com o pensamento contemporâneo.

▶ DECLARAÇÃO DE HELSINQUE VII

Redigida de acordo com a sexta revisão, realizada na 59ª Assembleia Médica Mundial, em Seul, Coreia do Sul, em outubro de 2008.

O sexto ciclo de revisão começou em maio de 2007 e consistiu em um convite à apresentação de alegações, concluído em agosto de 2007. A Associação Médica Mundial (WMA) convidou todas as associações médicas nacionais filiadas a identificarem pontos que precisariam ser revistos devido aos avanços tecnológicos.

Foi criado um grupo de trabalho, do qual faziam parte Brasil, África do Sul, Alemanha, Japão e Suécia, designados a compilar as sugestões dos países e apresentar as versões do texto ao Comitê de Ética Médica e ao Conselho da Associação Médica Mundial em Seul, na Coreia do Sul. Os termos de referência incluíam apenas a revisão limitada em relação a 2000,[12,13] e foram emitidos para consulta até fevereiro de 2008 e levados a Helsinque em março.[14] Essas observações foram em seguida incorporadas num segundo projeto de maio.[15] Outros seminários foram realizados em Cairo e São Paulo e os comentários recolhidos em agosto de 2008. O texto final foi desenvolvido pelo Grupo de Trabalho para apreciação pelo Comitê de Ética e, finalmente, a Assembleia Geral, que o aprovou em 18 de outubro. O debate público foi relativamente pequeno em comparação aos ciclos anteriores, e em geral de suporte.[16]

Princípios

A Declaração é moralmente obrigatória para os médicos, e essa obrigação substitui quaisquer leis nacionais ou locais ou regulamentos. A Declaração prevê um maior nível de proteção aos seres humanos do que a última, e os investigadores têm a obrigatoriedade de respeitar a legislação local.

O princípio fundamental é o respeito ao indivíduo (artigo 8), seu direito à autodeterminação e o direito de tomar decisões informadas (artigos 20, 21 e 22) quanto à participação na investigação, quer no início, quer no decurso da investigação. O bem-estar do indivíduo deve sempre prevalecer sobre os interesses da ciência e da sociedade (artigo 5), e as considerações de ordem ética devem sempre prevalecer sobre as leis e regulamentos (artigo 9).

O reconhecimento da maior vulnerabilidade de determinados indivíduos e grupos exige vigilância especial (artigo 8), e é reconhecido que, quando o participante da pesquisa é incompetente, física ou mentalmente incapaz de dar consentimento, ou seja, um menor (artigos 23, 24), deve ser considerado o consentimento substituto por um indivíduo agindo no melhor interesse do sujeito.

A investigação deve ser baseada em um conhecimento profundo do contexto científico (artigo 11), uma avaliação cuidadosa dos riscos e benefícios (artigos 16 e 17), e deve ter uma probabilidade razoável de benefícios para a população estudada (artigo 19). Deve ser conduzida por pesquisadores adequadamente treinados (artigo 15), utilizando protocolos aprovados, sujeitos a revisão ética independente e fiscalização por uma comissão devidamente convocada (artigo 13). O protocolo deverá abordar as questões éticas e indicar se está em conformidade com a Declaração (artigo 14).

Os estudos deverão ser interrompidos se as informações disponíveis indicarem que as considerações originais já não são cumpridas (artigo 17), e informações sobre o estudo devem estar disponíveis ao público (artigo 16). Os interesses do paciente, após a conclusão do estudo, deverão fazer parte da avaliação geral de ética, inclusive garantindo seu acesso ao melhor tratamento comprovado (artigo 30). Sempre que possível, métodos não comprovados devem ser testados no contexto de pesquisa onde há possibilidade razoável de benefício possível (artigo 32).

As controvérsias e divisões sobre o texto têm continuado. Embora a Declaração seja um documento central que norteia a prática da investigação, seu futuro é controverso. Os desafios a enfrentar incluem o aparente conflito entre os diversos documentos que tratam da ética na pesquisa. Outro desafio é se o documento deve se concentrar em princípios de base, em vez de ser mais exigente e, portanto, controverso. As recentes controvérsias prejudicam a autoridade do documento, assim como facilitam seu abandono aparente por entidades importantes, uma vez que mudanças contínuas no texto não implicam autoridade, e levanta-se a questão de saber se a utilidade do documento deve ser mais formalmente avaliada, em vez de depender apenas de tradição.

Pesquisa Médica Envolvendo Seres Humanos

A pesquisa médica envolvendo seres humanos tem sido prática comum na evolução científica e contribuiu, sem dúvidas, para melhorar a qualidade de vida do homem. Uma questão, porém, tem se apresentado insistentemente, em função de um desejo de desenvolvimento e justiça social crescentes na evolução das sociedades mais primitivas até nossos dias, causando desconforto e questionamentos: a questão da experimentação abusiva, desnecessária e sem critérios. Ao longo dos séculos, a falta de normas vigentes para nortear tais experimentos incorreu, muitas vezes, na prática abusiva de experimentações sem critérios, de forma aleatória e discriminativa, em prejuízo de grupos sociais restritos ou minoritários, economicamente mais carentes e desamparados. Tais fatos mereceram da sociedade a atenção e a tentativa crescente de regulamentar a pesquisa dentro da ética necessária à evolução social pretendida.

Ao mesmo tempo que a sociedade se beneficia com os resultados dos experimentos, mostra-se temerosa ante o fato da utilização de seres humanos na pesquisa científica; tal sentimento paradoxal se explica pela crença, de certa forma ingênua, de que se poderia experimentar um novo tratamento apenas em cobaias. O efeito de um tratamento no homem só pode ser observado, porém, no próprio homem, e o progresso da medicina depende em grande parte dessa experimentação. No entanto, ao longo do tempo, o homem criou padrões aceitáveis de ética e de qualidade para a experimentação, de acordo com as crenças de valores da sociedade, para que a continuidade da evolução científica, em especial na área médica, seja garantida sem ameaçar a justiça social.

Benefícios da Experimentação Científica

Vacinação durante a erradicação da varíola em Niger, fevereiro de 1969.

Atualmente, as pesquisas são planejadas sob financiamento, e o avanço de conhecimentos na área médica, assim como em outras áreas, se processa de maneira sistemática. Cada nova descoberta é discutida no meio científico, nos congressos e revistas especializadas, porém ainda carrega o peso da questão central: a pesquisa se faz em seres humanos.

A melhoria da qualidade de vida da humanidade se deve, em grande parte, às experimentações e pesquisas feitas com a participação de seres humanos e, em virtude das controvérsias criadas pelos abusos cometidos através da história do homem, o momento atual requer vigilância por meio da legislação e da ética em garantia da beneficência.

Incontáveis experimentações feitas em seres humanos trouxeram benefícios à sociedade, citando entre elas a prevenção do escorbuto, a vacina contra a varíola, a vacina contra a raiva; a descoberta da insulina, os estudos sobre a febre amarela, a prevenção da pelagra, as pesquisas sobre a dengue e a história das pesquisas em anestesiologia.

A vacina contra a varíola, exemplo bem-sucedido que marcou um avanço incontestável na ciência médica, com a erradicação da tão temida doença, pode ser citada como exemplo positivo, a despeito de ter resultado da experimentação em seres humanos. As epidemias de varíola costumavam dizimar populações inteiras, através dos séculos, e já na Antiguidade surgiram pesquisas e experiências objetivando a prevenção adequada.[17] Na antiga China, para fins de pesquisa, os estudiosos colocavam crostas de pústula de varíola na mucosa nasal de pessoas sadias. No Oriente Médio, costumava-se fazer desenhos cruciformes, com agulha infectada com varíola, no queixo e na bochecha de pessoas sadias, o que era chamado "método grego".[18]

Em 1768, o médico inglês Edward Jenner, influenciado pelo relato popularizado de que os ordenhadores, ao adquirirem a varíola do gado, tornarem-se imunes à varíola humana, teve a ideia de inocular líquido da varíola bovina nas pessoas para torná-las imunes, e inoculou a varíola bovina no braço do menino James Phipps, usando material retirado das mãos da ordenhadora Sarah Nelmes, que estava com a doença.[19] Alguns meses após, repetiu a inoculação, e estava inventada, assim, a vacina; Jenner publicou seu trabalho em 1798.

Abusos Cometidos pela Experimentação em Seres Humanos

Mulheres prisioneiras no campo de concentração de Ravensbrück, onde eram realizados experimentos nazistas.

No século XIX, o médico dublinense William Wallace inoculou sífilis em cinco pessoas saudáveis, entre 19 e 35 anos, com a finalidade de observação e estudo; todos tiveram sífilis, e ele publicou seus trabalhos em 1851. Outro médico, o alemão Waller, publicou em seguida uma experiência similar, feita com pré-adoles-

centes de 12 e 15 anos. Por meio desses relatos passados de experimentação, pode-se ter ideia da prioridade que a ciência ocupou, ao longo dos séculos, em comparação ao indivíduo e seus interesses sociais. As histórias de abusos muitas vezes passaram despercebidas dos meios científicos, chegando até os dias atuais encobertas pela possibilidade de benefícios que se poderiam obter de seus resultados.

Médico injetando placebo em paciente durante experimento de Tuskegge, que ocorreu entre 1932 e 1973.

Grupo de participantes do Estudo da Sífilis Não Tratada de Tuskegee, no Alabama, EUA.

Pode-se considerar, porém, que um dos pontos culminantes e que mais chamaram a atenção para a necessidade de regulamentação ética na pesquisa tenha sido a experimentação cometida na Segunda Guerra Mundial, nos campos de concentração nazistas. Prisioneiros raciais, políticos e militares foram colocados à disposição dos médicos para todo tipo de pesquisa, sem qualquer consentimento ou respaldo ético. Ali foram conduzidos, por exemplo, experimentos sobre malária, quando pessoas sadias foram contaminadas por injeções de extratos das glândulas secretoras dos mosquitos, ou sobre febre tifoide, com inoculação de bactérias em pessoas sadias, apenas para manter as bactérias vivas, com o objetivo de produzir vacinas. Os prisioneiros eram utilizados em experimentos com venenos, com sulfanilamida, testes de altitude e temperatura, e até para organizações de coleções de esqueletos para universidades. No fim da guerra, durante os Julgamentos de Nuremberg, muitos médicos alegaram que tais abusos eram justificados pela ausência de uma regulamentação, ao longo da história, para a prática de tais experimentos.

Abusos foram cometidos, porém, nas mais diversas sociedades, sob a euforia da busca rápida de resultados, muitas vezes ignorados pela comunidade científica. Entre 1932 e 1973, nos EUA, foi realizado um experimento sobre sífilis que resultou em 13 trabalhos publicados, em que vários pacientes foram mantidos sem tratamento, em Tuskegee, no Alabama. Os pacientes eram negros e pobres, e não foram avisados de que estavam sendo submetidos a uma experiência, mas sim que "era um tratamento especial gratuito". O estudo durou 40 anos, e só foi suspenso quando denunciado por um jornalista no "Washington Star".

Houve diversos casos de experimentação controversa e sem benefícios para seus integrantes, mas só mais recentemente começaram os protestos contra o abuso de tais tipos de experimentos, daí a importância de regulamentação através da atitude ética e vigilância social e científica.

Declaração Universal dos Direitos Humanos

Adotada e proclamada pela Resolução 217 A (III)/1948 da
Assembleia Geral das Nações Unidas

▶ PREÂMBULO

Considerando que o reconhecimento da dignidade inerente a todos os membros da família humana e de seus direitos iguais e inalienáveis é o fundamento da liberdade, da justiça e da paz no mundo,

Considerando que o desprezo e o desrespeito pelos direitos humanos resultaram em atos bárbaros que ultrajaram a consciência da Humanidade e que o advento de um mundo em que os homens gozem de liberdade de palavra, de crença e da liberdade de viverem a salvo do temor e da necessidade foi proclamado como a mais alta aspiração do homem comum,

Considerando essencial que os direitos humanos sejam protegidos pelo Estado de Direito, para que o homem não seja compelido, como último recurso, rebelião contra tirania e a opressão,

Considerando essencial promover o desenvolvimento de relações amistosas entre as nações,

Considerando que os povos das Nações Unidas reafirmaram, na Carta, sua fé nos direitos humanos fundamentais, na dignidade e no valor da pessoa humana e na igualdade de direitos dos homens e das mulheres, e que decidiram promover o progresso social e melhores condições de vida em uma liberdade mais ampla,

Considerando que os Estados-Membros se comprometeram a desenvolver, em cooperação com as Nações Unidas, o respeito universal aos direitos humanos e liberdades fundamentais e a observância desses direitos e liberdades,

Considerando que uma compreensão comum desses direitos e liberdades é da mais alta importância para o pleno cumprimento desse compromisso,

A Assembleia Geral proclama

A presente Declaração Universal dos Diretos Humanos como o ideal comum a ser atingido por todos os povos e todas as nações, com o objetivo de que cada indivíduo e cada órgão da sociedade, tendo sempre em mente esta Declaração, se esforce, através do ensino e da educação, por promover o respeito a esses direitos e liberdades e, pela adoção de medidas progressivas de caráter nacional e internacional, por assegurar o seu reconhecimento e a sua observância universais e efetivos, tanto entre os povos dos próprios Estados-Membros, quanto entre os povos dos territórios sob sua jurisdição.

▶ ARTIGO I

Todas as pessoas nascem livres e iguais em dignidade e direitos. São dotadas de razão e consciência e devem agir em relação umas às outras com espírito de fraternidade.

▶ ARTIGO II

Toda pessoa tem capacidade para gozar os direitos e as liberdades estabelecidos nesta Declaração, sem distinção de qualquer espécie, seja de raça, cor, sexo, língua, religião, opinião política ou de outra natureza, origem nacional ou social, riqueza, nascimento, ou qualquer outra condição.

▶ ARTIGO III

Toda pessoa tem direito à vida, à liberdade e à segurança pessoal.

▶ ARTIGO IV

Ninguém será mantido em escravidão ou servidão, a escravidão e o tráfico de escravos serão proibidos em todas as suas formas.

▶ ARTIGO V

Ninguém será submetido à tortura, nem a tratamento ou castigo cruel, desumano ou degradante.

▶ ARTIGO VI

Toda pessoa tem o direito de ser, em todos os lugares, reconhecida como pessoa perante a lei.

▶ ARTIGO VII

Todos são iguais perante a lei e têm direito, sem qualquer distinção, a igual proteção da lei. Todos têm direito a igual proteção contra qualquer discriminação que viole a presente Declaração e contra qualquer incitamento a tal discriminação.

▶ ARTIGO VIII

Toda pessoa tem direito a receber dos tributos nacionais competentes remédio efetivo para os atos que violem os direitos fundamentais que lhe sejam reconhecidos pela constituição ou pela lei.

▶ ARTIGO IX

Ninguém será arbitrariamente preso, detido ou exilado.

▶ ARTIGO X

Toda pessoa tem direito, em plena igualdade, a uma audiência justa e pública por parte de um tribunal independente e imparcial, para decidir de seus direitos e deveres ou do fundamento de qualquer acusação criminal contra ela.

▶ ARTIGO XI

1. Toda pessoa acusada de um ato delituoso tem o direito de ser presumida inocente até que a sua culpabilidade tenha sido provada de acordo com a lei, em julgamento público no qual lhe tenham sido asseguradas todas as garantias necessárias à sua defesa.

2. Ninguém poderá ser culpado por qualquer ação ou omissão que, no momento, não constituíam delito perante o direito nacional ou internacional. Tampouco será imposta pena mais forte do que aquela que, no momento da prática, era aplicável ao ato delituoso.

▶ ARTIGO XII

Ninguém será sujeito a interferências na sua vida privada, na sua família, no seu lar ou na sua correspondência, nem a ataques à sua honra e reputação. Toda pessoa tem direito à proteção da lei contra tais interferências ou ataques.

▶ ARTIGO XIII

1. Toda pessoa tem direito à liberdade de locomoção e residência dentro das fronteiras de cada Estado.

2. Toda pessoa tem o direito de deixar qualquer país, inclusive o próprio, e a este regressar.

▶ ARTIGO XIV

1. Toda pessoa, vítima de perseguição, tem o direito de procurar e de gozar asilo em outros países.

2. Este direito não pode ser invocado em caso de perseguição legitimamente motivada por crimes de direito comum ou por atos contrários aos propósitos e princípios das Nações Unidas.

▶ ARTIGO XV

1. Toda pessoa tem direito a uma nacionalidade.

2. Ninguém será arbitrariamente privado de sua nacionalidade, nem do direito de mudar de nacionalidade.

▶ ARTIGO XVI

1. Os homens e mulheres de maior idade, sem qualquer retrição de raça, nacionalidade ou religião, têm o direito de contrair matrimônio e fundar uma família. Gozam de iguais direitos em relação ao casamento, sua duração e sua dissolução.

2. O casamento não será válido senão com o livre e pleno consentimento dos nubentes.

▶ ARTIGO XVII

1. Toda pessoa tem direito à propriedade, só ou em sociedade com outros.

2. Ninguém será arbitrariamente privado de sua propriedade.

▶ ARTIGO XVIII

Toda pessoa tem direito à liberdade de pensamento, consciência e religião; este direito inclui a liberdade de mudar de religião ou crença e a liberdade de manifestar essa religião ou crença, pelo ensino, pela prática, pelo culto e pela observância, isolada ou coletivamente, em público ou em particular.

▶ ARTIGO XIX

Toda pessoa tem direito à liberdade de opinião e expressão; este direito inclui a liberdade de, sem interferência, ter opiniões e de procurar, receber e transmitir informações e ideias por quaisquer meios e independentemente de fronteiras.

▶ ARTIGO XX

1. Toda pessoa tem direito à liberdade de reunião e associação pacíficas.
2. Ninguém pode ser obrigado a fazer parte de uma associação.

▶ ARTIGO XXI

1. Toda pessoa tem o direito de tomar parte no governo de seu país, diretamente ou por intermédio de representantes livremente escolhidos.
2. Toda pessoa tem igual direito de acesso ao serviço público do seu país.
3. A vontade do povo será a base da autoridade do governo; esta vontade será expressa em eleições periódicas e legítimas, por sufrágio universal, por voto secreto ou processo equivalente que assegure a liberdade de voto.

▶ ARTIGO XXII

Toda pessoa, como membro da sociedade, tem direito à segurança social e à realização, pelo esforço nacional, pela cooperação internacional e de acordo com a organização e recursos de cada Estado, dos direitos econômicos, sociais e culturais indispensáveis à sua dignidade e ao livre desenvolvimento da sua personalidade.

▶ ARTIGO XXIII

1. Toda pessoa tem direito ao trabalho, à livre escolha de emprego, a condições justas e favoráveis de trabalho e à proteção contra o desemprego.
2. Toda pessoa, sem qualquer distinção, tem direito a igual remuneração por igual trabalho.
3. Toda pessoa que trabalhe tem direito a uma remuneração justa e satisfatória, que lhe assegure, assim como à sua família, uma existência compatível com a dignidade humana, e a que se acrescentarão, se necessário, outros meios de proteção social.

4. Toda pessoa tem direito a organizar sindicatos e neles ingressar para proteção de seus interesses.

▶ ARTIGO XXIV

Toda pessoa tem direito a repouso e lazer, inclusive a limitação razoável das horas de trabalho e férias periódicas remuneradas.

▶ ARTIGO XXV

1. Toda pessoa tem direito a um padrão de vida capaz de assegurar a si e a sua família saúde e bem-estar, inclusive alimentação, vestuário, habitação, cuidados médicos e os serviços sociais indispensáveis, e direito à segurança em caso de desemprego, doença, invalidez, viuvez, velhice ou outros casos de perda dos meios de subsistência fora de seu controle.
2. A maternidade e a infância têm direito a cuidados e assistência especiais. Todas as crianças nascidas dentro ou fora do matrimônio gozarão da mesma proteção social.

▶ ARTIGO XXVI

1. Toda pessoa tem direito à instrução. A instrução será gratuita, pelo menos nos graus elementares e fundamentais. A instrução elementar será obrigatória. A instrução técnico-profissional será acessível a todos, bem como a instrução superior, esta baseada no mérito.
2. A instrução será orientada no sentido do pleno desenvolvimento da personalidade humana e do fortalecimento do respeito pelos direitos humanos e pelas liberdades fundamentais. A instrução promoverá a compreensão, a tolerância e a amizade entre todas as nações e grupos raciais ou religiosos, e coadjuvará as atividades das Nações Unidas em prol da manutenção da paz.
3. Os pais têm prioridade de direito na escolha do gênero de instrução que será ministrada a seus filhos.

▶ ARTIGO XXVII

1. Toda pessoa tem o direito de participar livremente da vida cultural da comunidade, de fruir as artes e de participar do processo científico e de seus benefícios.
2. Toda pessoa tem direito à proteção dos interesses morais e materiais decorrentes de qualquer produção científica, literária ou artística da qual seja autor.

▶ ARTIGO XVIII

Toda pessoa tem direito a uma ordem social e internacional em que os direitos e liberdades estabelecidos na presente Declaração possam ser plenamente realizados.

▶ ARTIGO XXIV

1. Toda pessoa tem deveres para com a comunidade, em que o livre e pleno desenvolvimento de sua personalidade é possível.

2. No exercício de seus direitos e liberdades, toda pessoa estará sujeita apenas às limitações determinadas pela lei, exclusivamente com o fim de assegurar o devido reconhecimento e respeito dos direitos e liberdades de outrem e de satisfazer às justas exigências da moral, da ordem pública e do bem-estar de uma sociedade democrática.

3. Esses direitos e liberdades não podem, em hipótese alguma, ser exercidos contrariamente aos propósitos e princípios das Nações Unidas.

▶ ARTIGO XXX

Nenhuma disposição da presente Declaração pode ser interpretada como o reconhecimento a qualquer Estado, grupo ou pessoa, do direito de exercer qualquer atividade ou praticar qualquer ato destinado à destruição de quaisquer dos direitos e liberdades aqui estabelecidos.

Índice Remissivo